CONCRETE MATHEMATICS

Concrete Mathematics
A Foundation for Computer Science 2/E
by Ronald L. Graham, Donald E. Knuth, Oren Patashnik

컴퓨터과학의 기초를 다지는 단단한 수학
CONCRETE MATHEMATICS 구체 수학

초판 1쇄 발행 2018년 4월 20일 **3쇄 발행** 2020년 7월 10일 **지은이** 로널드 그레이엄 · 도널드 커누스 · 오렌 파타슈닉 **옮긴이** 류광 **펴낸이** 한기성 **펴낸곳** 인사이트 **편집** 이지연 **제작 · 관리** 신승준, 박미경 **용지** 월드페이퍼 **출력 · 인쇄** 현문인쇄 **후가공** 이지앤비 **제본** 자현제책 **등록번호** 제2002-000049호 **등록일자** 2002년 2월 19일 **주소** 서울시 마포구 연남로5길 19-5 **전화** 02-322-5143 **팩스** 02-3143-5579 **블로그** http://blog.insightbook.co.kr **이메일** insight@insightbook.co.kr **ISBN** 978-89-6626-220-5 책값은 뒤표지에 있습니다. 잘못 만들어진 책은 바꾸어 드립니다. 이 책의 정오표는 http://blog.insightbook.co.kr에서 확인하실 수 있습니다. 이 도서의 국립중앙도서관 출판예정도서목록(CIP)은 서지정보유통지원시스템 홈페이지(http://seoji.nl.go.kr)와 국가자료종합목록 구축시스템(http://kolis-net.nl.go.kr)에서 이용하실 수 있습니다.(CIP제어번호: CIP2018010047)

프로그래밍 인사이트

CONCRETE MATHEMATICS

구체 수학

로널드 그레이엄 · 도널드 커누스 · 오렌 파타슈닉 지음 | 류광 옮김

인사이트

차례

옮긴이의 글

커누스 교수가 저술 또는 공저한 책을 번역하는 것이 이번으로 벌써 다섯 번째입니다. 다섯 권의 명저를 번역하게 된 것은 개인적으로 과분한 영광이자 행운이라고 생각하고 있습니다. 『컴퓨터 프로그래밍의 예술』(*The Art of Computer Programming*) 시리즈처럼 이 책 역시 이 분야의 전문가가 갖추어야 할 좀 더 근본적인 지식을 다루고 있습니다. 그 시리즈와 함께 이 번역서가, 겉모습과 성과에 대한 압박 때문에 허약해지기 쉬운 국내 IT 산업의 '토대'를 단단히 다지는 데 도움이 되면 좋겠습니다. 이 책의 내용을 제가 저자 서문에 나온 것보다 더 잘 소개하는 것은 불가능한 일이므로, 번역에 관한 이야기로 넘어가는 게 좋겠습니다.

우선, 번역에 사용한 판본은 2015년 8월 자 '디지털 릴리스 제1판'입니다. PDF로 된 이 판본에는 원서 홈페이지(https://www-cs-faculty.stanford.edu/~knuth/gkp.html) 정오표의 모든 사항이 반영되어 있습니다. 또한, 그 PDF 외에 원서 저자들이 제공한 최신 원고(TeX 파일)에 있는 일부 변경 사항도 번역에 반영했습니다.

다음으로, 수학 용어들은 주로 대한수학회의 수학용어집(http://www.kms.or.kr/mathdict/list.html)을 기준으로 하되 한국어 위키백과(http://ko.wikipedia.org/)를 참고했고, 기존 용어가 없는 경우에는 역시 수학용어집과 위키백과의 용어들에 쓰인 조어법을 참고해서 새 용어를 만들었습니다. 기존 용어를 기계적으로 따르지는 않았으며, 일관성을 중시하되 필요하다면 다양성을 적용하기도 했습니다. 예를 들어 합성어의 띄어쓰기가 대한수학회 용어집과 다를 때도 있고, 또한 '1차'와 '일차' 등 같은 발음의 용어를 다른 식으로 표기한 예도 있습니다. 이런 차이들이 혼란을 주기보다는, 해당 문구의 의미가 좀 더 명확해지거나 문장의 지루함이 줄어드는 등으로 이로운 효과를 냈길 바랄 뿐입니다.

그런데 수학에 관한 글을 쓸 때는 개별 수학 용어뿐만 아니라 수학 용어들과 일상적인 한국어 단어들의 조합과 호응 관계를 통해서 드러나는 '수학의 어법'도 대단히 중요합니다. 예를 들어 "$0 \leq k \leq n$에 관해 a_k들을 합산한다"라는 문장에서 '관하여'가 합산 색인 k의 범위에 관한 언급이라는 점은 합산에 관련한 수학 어법에 의한 것으로, 국어 사전의 자동사 '관하다' 항목에 나오지는 않습니다. 이 책을 번역하면서 흔히 통용되는(적어도 제가 알기로는) 수학의 어법을 주로 사용했지만, 때에 따라서는 독자에게 생소할 수도 있는 어법을 사용하기도 했습니다. 특정 어법의 의미를 독자가 추측하기 힘들 것 같을 때는 역주를 달아두었지만, 그런 역주가 해당 어법을 충분히 설명하지 못할 수도 있고, 또 독자에게 생소한 어법인데도 제가 역주를 달지 않은 경우도 있을 것입니다. 혹시라도 그런 경우를 발견한다면 제 홈페이지(occamsrazr.net)에 마련된 이 책에 관한 페이지(찾기가 어렵지 않을 것입니다)에서 질문해 주시기 바랍니다. 또한, 이 책에 관한 의견이나 오역, 오타 보고도 그 페이지에서 해주시면 이후 이 번역서를 좀 더 개선하는 데 큰 도움이 될 것입니다.

마지막으로, 이 번역서의 출간을 직, 간접적으로 도운 모든 분에게 감사의 말씀을 전하고자 합니다. 특히, "수학 공식 하나마다 독자가 절반으로 줄어든다"라는 말이 있음에도 수학 공식이 가득한 이 책을 선택해서 제게 번역을 맡겨주신 도서출판 인사이트 한기성 사장님과 조판 및 교정 과정을 진행해 주신 이지연 편집자님, 그리고 수식과 교차 참조 등 일반적인 서적에 비해 훨씬 까다로운 조판 요구사항을 훌륭하게 처리해 주신 최우정 님께 고맙습니다. 또한, 죄송하게도 일일이 이름을 나열하지는 못하지만, 여러 수학 용어 및 개념과 관련해서 많은 참고가 된 대한수학회 수학용어집과 위키백과 수학 관련 페이지들, 그리고 인명 표기에 큰 도움이 된 한글라이즈 서비스(hangulize.org) 관계자분들도 정말 고맙습니다. 마지막으로, 제가 놓친 신기한 오타(이를테면 스텅릴 수, 기하급소 등)와 중대한 오역을 무수히 잡아내서 저를 눈뜬장님처럼 느끼게 만든 교정 전문가 오현숙 님께 사랑과 감사의 마음을 보냅니다.

재미있게 읽으시길!

— 옮긴이 류광

서문

"대상 독자, 수준, 처리 방식 — 책의 서문에서는 이런 주제들을 설명해야 마땅하다."
— P. R. 헐모시Halmos,
[173]

이 책은 스탠퍼드 대학교에서 1970년부터 매년 가르쳐 온 동명의 강좌에 기초한 것이다. 해마다 약 50명의 학생이 이 강의를 수강했다. 학부 3, 4학년들도 있지만, 대부분은 대학원생들이다. 그리고 이 수업을 들은 졸업생들이 다른 곳에서 비슷한 수업을 진행하기 시작했다. 따라서 강의 내용을 좀 더 많은 대상에게(학부 2학년들도 포함해서) 제공할 때가 무르익었다고 본다.

구체 수학 수업이 탄생한 때의 전후 10년간은 어둡고 폭풍우 치는 밤과 같았다. 그 소란스러운 시절에는 오랜 가치들이 끊임없이 의문시되었으며, 대학 캠퍼스들은 논쟁의 온상이었다. 대학 교과과정 자체도 도전에 직면했는데, 수학 역시 재검토의 칼을 피하지 못했다. 당시 존 해머슬리John Hammersley는 "'현대 수학' 및 학교와 대학에서 가르치는 그와 비슷한 유약한 지적 쓰레기에 의한 수학 능력 저하에 관해[176]"라는, 많은 것을 생각하게 하는 글을 발표했다. 수학을 걱정하는 다른 수학자들은 "과연 수학을 구할 수 있을까?"라고[332] 질문하기까지 했다. 이 책의 저자 중 한 명은 『컴퓨터 프로그래밍의 예술』(*The Art of Computer Programming*) 시리즈의 저술을 시작했는데, 그 시리즈의 제1권을 쓰면서 그(Donald E. Knuth, DEK)는 중요한 수학적 도구들이 자신의 레퍼토리에 없음을 알게 되었다. 컴퓨터 프로그램을 상세하게, 그리고 근거 있게 이해하는 데 필요한 수학은 그가 대학에서 수학을 전공하면서 배운 것과는 상당히 달랐다. 그래서 그는 새로운 교과 과정을 도입해서 누군가에게 배우길 바랐던 내용을 학생들에게 가르치기 시작했다.

"실제로 사람들은 소위 전문용어를 남발함으로써 잠시나마 권위를 획득한다. 그들이 피상적인 전문지식을 뽐낼 수는 있다. 그러나 교육받은 수학자들에게 물어볼 것은 장광설을 늘어놓을 수 있는지, 기존의 집적된 수학적 지식을 외우고 있는지가 아니라, 자신이 배운 것으로 무엇을 할 수 있는가, 현실에서 나타나는 수학 문제를 실제로 풀 수 있는가이다. 간단히 말해서, 우리가 추구하는 것은 말이 아니라 실천이다.
— J. 해머슬리, [176]

'구체 수학(Concrete Mathematics)'이라는 교과명은 원래 '추상 수학(Abstract Mathematics)'의 해독제로 고안된 것이다. 당시 현대적인 수학 교과과정에서는 흔히 '새수학(New Math)'이라고 부르는 추상적 개념들의 새로운 파도가 구체적인 고전적 수학 결과들을 빠르게 밀어내고 있었다. 추상 수학은 멋진 주제이며, 그 자체에 뭔가 잘못된 것이 있는 것은 아니다. 추상 수학은 아름답고, 일반적이고, 유용하다. 그러나 추상 수학에 대한 집착 때문에 다른 수학 분야가 그보다 못한, 그리고 더 이상 주목할 가치가 없는 것이라는 잘못된 믿음이 생겼다. 일반화라는 목표가 너무나 유행하다 보니 한 세대의 수학자들이 구체적인 것에서 아름다움을 보지 못하거나, 정량적 문제 풀이의 도전을 즐기지 못하거나, 기법의 가치를 헤아리지 못하게 되었다. 추상 수학은 배타적이고 현실과 동떨어진 분야가 되고 있었다. 수학 교육이 건강상의 균형을 되찾으려면 구체적인 평형추가 필요했다.

스탠퍼드에서 처음으로 구체 수학을 가르칠 때 DEK는 이런 다소 이상한 교과명을 설명하면서, 부드러운 것이 아니라 단단한 수학 교과 과정을 가르치겠다는 의도에서 이런 이름을 붙였다고 말했다. 일부 동료의 기대와는 달리 그는 총합 이론(Theory of Aggregates)이나 스톤의 매장 정리(Stone's Embedding Theorem)는 물론이고 스톤-체흐 콤팩트화(Stone-Čech compactification)도† 가르치지 않겠다고 공지했다. (그러자 도시공학과 학생 여러 명이 일어나서 조용히 교실을 나갔다.)

비록 구체 수학이 다른 경향에 대한 반발로 시작하긴 했지만, 이 강좌의 주된 존재 이유는 부정적이 아니라 긍정적이었다. 그리고 이 강좌가 교과과정에서 인기 있는 수업으로 자리잡으면서, 그 내용이 "양생"되고 다양한 새 응용 분야에서 가치가 있음이 증명되었다. 그 와중에, 교과명의 이름이 적절하다는 증명이 또 다른 방향에서 제공되었다. 바로, Z. A. 멜자크Melzak가 *Companion to Concrete Mathematics*[267]라는 제목으로 두 권의 책을 출판한 것이다.

구체 수학의 내용이 처음에는 잡다한 요령을 모아둔 것처럼 보일 수 있다. 그러나 연습을 거치면 그 요령들이 하나의 잘 정리된 도구 모음으로 변한다. 사실, 이 책의 기법들에는 많은 사람의 마음을 강하게 끄는 일관성이 깔려 있다. 저자 중 한 명 (Ronald L. Graham, RLG)이 1979년에 이 강좌를 처음으로 가르쳤을 때, 수업이 너무 재미있어서 학생들은 1년 후에 동창회를 열기로 할 정도였다.

그런데 구체 수학이 정확히 무엇일까? 구체 수학의 'Concrete'는 연속수학(continuous mathematics)의 continuous와 이산수학(discrete mathematics)의 discrete를 섞은 것이다. 좀 더 구체적으로 말하면, 구체 수학은 수학 공식들을 일단의 문제 해결 기법들을 이용해서 통제된 방식으로 조작操作(manipulation)하는 것이다. 일단 이 책의 내용을 익히고 나면, 냉철한 머리와 커다란 종이 한 장, 그리고 꽤 괜찮은 필기 능력만 있다면 끔찍해 보이는 합을 평가할 수 있고, 복잡한 점화식을 풀 수 있고, 자료에서 미묘한 패턴들을 발견할 수 있다. 대수적 기법에 너무나 능숙해진 나머지, 완전한 결과를 얻는 것이 근사적인 답(제한된 의미로만 유효한)을 구하는 것보다 더 쉽게 느껴지는 일도 많을 것이다.

구체 수학은 추상 수학으로 가는 다리(bridge)이다.

---

† (옮긴이) aggregates에는 총합이라는 뜻과 함께 토목·건설에 쓰이는 혼합재(골재)라는 뜻이 있다. embedding과 compactification 역시 수학 용어로도(전자는 미분기하학, 후자는 위상수학), 콘크리트와 관련된 용어로도 해석할 수 있다.

"너무 초보적으로 보이는 내용을 건너뛰는 상급 독자가, 너무 복잡해 보이는 내용을 건너뛰는 덜 상급의 독자보다 더 많은 것을 놓칠 수도 있다."
— G. 포여Pólya, [297]

이 책에서 다루는 주요 주제는 합, 점화식, 기초 정수론, 이항계수, 생성함수, 이산 확률, 점근법 등이다. 기존의 정리나 조합적 추론보다는 수식을 조작하는 기법을 강조한다. 이 책의 목표는, 마치 미적분을 배우는 학생이 연속수학의 연산들(절댓값 함수, 부정적분 등)에 익숙해지듯이, 독자가 이산수학의 연산들(최대 정수 함수, 무한 합산 등)에 익숙해지는 것이다.

이러한 주제들이 요즘 학부생들에게 '이산수학'이라는 이름으로 가르치는 주제들과는 상당히 다르다는 점에 주목하기 바란다. 따라서 이 주제들에는 개별적인 이름이 필요한데, '구체 수학'이 다른 이름들만큼이나 적합함이 증명되었다.

(우리가 Distinuous 수학이라는 이름을 시도할 정도로 대담하지는 않았다.)

처음에 스탠퍼드에서 구체 수학을 가르칠 때는 『컴퓨터 프로그래밍의 예술』[207]의 §1.2 "수학적 기초" 절을 교재로 사용했다. 그런데 110쪽 분량의 그 절은 설명이 너무 간결했기 때문에, 또 다른 저자(Oren Patashnik, OP)가 꽤 많은 보충 노트들의 초안을 작성하게 되었다. 지금 이 책은 그 노트들에서 자라난 것이다. 이 책은 "수학적 기초"의 내용을 확장한, 그리고 그 내용에 좀 더 재미있게 접근할 수 있게 만든 것이라 할 수 있다. "수학적 기초"의 내용 중 좀 더 상급에 해당하는 일부는 생략되었으며, 전체적인 이야기를 완성하기 위해 거기에는 없던 여러 주제가 추가되었다.

주제가 굳어지고 스스로 생명을 갖추어 나가기 시작하는 모습을 직접 목격하다 보니, 이 책을 함께 만드는 것이 아주 재미있었다. 책이 마치 저절로 작성되는 것처럼 보일 정도였다. 더 나아가서, 이 책의 여러 곳에 쓰인 새로운(관례에서 벗어난) 접근 방식들이 너무나 잘 맞아떨어지는 경우를 여러 해에 걸쳐 경험하다 보니, 이제는 이 책이 우리가 선호하는 수학 연구·실천 방식에 관한 일종의 선언서처럼 느껴질 정도이다. 그래서 우리는 이 책이 수학적 아름다움과 놀라움에 관한 이야기로 변했다고 생각하며, 독자 역시 우리가 이 책을 쓰면서 겪은 즐거움을 적어도 ϵ만큼이라도 공유하길 희망한다.

"... 추상의 바다에서 허우적거리는 학생들에게 던져진 구체적인 구명대."
— W. 고트샤크Gottschalk

이 책은 대학교 환경에서 탄생했으므로, 대학 교실의 분위기를 반영해서 비형식적인 문체를 채용했다. 수학은 진지한 학문이므로 차갑고 건조해야 한다고 생각하는 사람도 있지만, 우리는 수학이 재미있다고 생각하며, 그런 생각을 밝히는 것이 부끄럽지 않다. 일과 놀이 사이에 엄격한 경계선을 그을 필요가 어디 있는가? 구체 수학은 매력적인 패턴들로 가득하다. 수식을 조작하기가 항상 쉽지는 않지만, 그 답이 놀랄 만큼 매혹적일 수 있다. 이 책에는 수학 실천의 즐거움과 슬픔이 명시적으로 반영되어 있다. 왜냐하면, 그러한 즐거움과 슬픔이 우리 인생의 일부이기 때문이다.

예나 지금이나 학생이 선생보다 많이 알고 있으므로, 우리는 이 내용의 첫 학생들에게 솔직한 의견을 책 여백의 '낙서'로 표현해 달라고 요청했다. 여백의 낙서 중에는 그냥 진부한 익살도 있었지만, 심오한 것도 있었다. 애매하거나 난해한 부분을 지적하는 것도 있었고 교실 뒷줄에 앉는 영리한 학생이 흔히 하는 논평도 있었다. 긍정적인 것도 있고 부정적인 것도 있었으며 중립적인 것도 있었다. 어쨌든 그 모든 낙서는 학생들의 진술한 느낌들을 반영하고 있었으며, 따라서 배우기 쉬운 교재를 만드는 데 꼭 필요한 재료였다. (여백의 낙서를 활용하는 것은 *Approaching Stanford*라는 학생용 지침서에서 착안한 것이다. 그 책에서는 대학교의 공식적인 문장을 학교를 떠나는 학생의 논평이 받아친다. 예를 들어 스탠퍼드가 "스탠퍼드라고 하는 이 무정형의 공간에서 여러분이 결코 놓칠 수 없는 것이 몇 가지 있습니다"라고 말하면 여백(margin)에는 "무정형이라고? 그게 뭔 소리야? 전형적인 사이비 지식인이 쓴 거 아냐?"가 있고, 스탠퍼드가 "이곳에서 함께 지내는 학생 집단의 잠재력에는 끝이 없습니다"라고 말하면 낙서에는 "스탠퍼드 기숙사는 관리인 없는 동물원 같아."라고 받아치는 등이다.)

또한, 여백에는 지난 세대 유명 수학자들을 직접 인용한 문구도 있다. 이들은 해당 수학자 자신의 근본적인 발견을 공표한 실제 문장이다. 라이프니츠와 오일러, 가우스 등의 글을 수학을 계속해서 연구할 사람들의 글과 섞는 것은 나름대로 의미가 있는 일이다. 왜냐하면, 수학은 세상 모든 곳에서 사람들이 계속 이어나가는 노력이기 때문이다. 수많은 가닥이 모여서 다채로운 천이 만들어진다.

이 책에는 500개 이상의 연습문제가 있는데, 연습문제들은 다음 여섯 범주로 나뉜다.

- **몸풀기** 문제는 이 책의 내용을 처음 보는 모든 독자가 반드시 풀어야 하는 연습문제이다.

- **기초** 문제는 다른 누군가의 설명을 읽는 대신 스스로 유도해 보는 것이 가장 좋은 학습 방법인 사실들을 익히기 위한 연습문제이다.

수학 낙서:
킬로이는 하르가 아니었다.[†]
군$群$을 석방하라.
핵에 핵공격을!
n에게 권력을!
$N = 1 \Rightarrow P = NP$.

난 이 주제에 대해서는 최소한의(marginal) 관심밖에 없어.

내가 들은 수업 중 이 수업이 제일 재미있었다. 그렇지만 수업을 진행하면서 가끔 내용을 요약해 주면 더 좋았을 거야.

알았어: 구체(concrete) 수학은 훈련(drilling)을 뜻해.

[†] (옮긴이) 첫 낙서의 원문은 "Kilroy wasn't Haar."로, 제2차 세계 대전 당시 유행한 낙서인 "Kilroy was here."(킬로이 다녀감)와 수학자 알프레드 하르Alfréd Haar를 결합한 익살로 해석할 수 있다. 둘째 낙서의 원문은 "Free the group."으로, group이 수학 용어이기도 하다는 점을 이용한 것이다. 셋째 낙서와 넷째 낙서는 각각 "Nuke the kernel."과 "Power to the n."인데, 역시 단어의 중의성을 이용한 농담이다. 다섯째 낙서는 유명한 난제인 P-NP 문제를, P와 N을 그냥 보통의 변수로 취급해서 간단하게 해결해 버린 것이다.
　이후에 나오는 여백 낙서 중에는 이처럼 영어 단어의 중의성이나 특정 '밈meme' 또는 수학적 지식을 이용한 농담이 꽤 있는데, 이들을 농담의 핵심까지 포함해서 온전히 한국어로 옮기기는 불가능하거나 어렵다. 그래서 문장을 그냥 통상적인 방식으로 번역하되, 동음이의어 관계를 짐작할 수 있는 단서를 낙서나 해당 본문 문구에 포함하는 정도로 (이를테면 원래의 영어 단어를 병기하는 등) 처리했다. 그리고 매번 이런 역주를 다는 것은 오히려 독자의 주의를 흐트러뜨릴 수 있으므로, 특별한 경우가 아닌한 낙서에 대한 부연 설명은 생략했음을 양해해 주기 바란다. 일부 낙서에 관한 추가 설명은 옮긴이 홈페이지(옮긴이의 글 참고)에서 제공한다.

- **숙제**는 해당 장(chapter)의 내용을 좀 더 깊게 이해하는 것이 목적인 연습문제이다.

- **시험** 문제에는 대체로 둘 이상의 장들에 나온 개념들이 동시에 관여한다. 일반적으로 이런 연습문제들은 수업 후에 풀어오는 소위 테이크홈take-home 시험(교실에서 제한된 시간 안에 푸는 시험 말고)을 위해 만들어진 것이다.

- **보너스** 문제는 이 책에 기초한 구체 수학 강좌를 수강하는 평균적인 학생이 처리할 수 있는 것 이상을 요구하는 문제이다. 이 문제들은 본문의 내용을 흥미로운 방식으로 확장한다.

- **연구** 문제는 아직 해답이 없는, 그리고 사람이 풀 수 있는지도 아직 밝혀지지 않은 문제들이지만, 이 책에 실린 것은 (시간제한 없이) 시도할 만한 가치가 있는 문제들이다.

부록 A에는 모든 연습문제의 해답이 나온다. 문제의 해답과 함께 관련 결과에 관한 추가 정보를 제공하는 때도 많다. (연구 문제에 관한 '해답'은 당연히 불완전하다. 그래도 풀이에 도움이 될만한 부분적인 결과나 힌트는 제공한다.) 가능하면 해답을 보지 말고 문제를 풀어본 다음에야 해답을 보길 권한다. 특히 몸풀기 문제들은 꼭 그렇게 하길 추천한다.

교육적인 문제를 고안하는 데에는 상당한 창의력 또는 행운이(또는 둘 다) 필요한 경우가 많은 만큼, 우리 저자들은 부록 C에 각 연습문제의 출처를 제대로 제시하는 데 공을 들였다. 안타깝게도 수학자들은 아무 말 없이 연습문제를 빌려다 쓰는 전통을 만들어버렸다. 우리는 그 반대의 전통을, 이를테면 체스에 관한 책이나 잡지에 통용되는 관례(원래의 체스 문제의 출제자 이름과 날짜, 장소를 당연한 듯이 명시하는)가 훨씬 낫다고 믿는다. 그러나 전승傳乘(folklore)의 일부가 된 여러 문제의 출처를 정확히 파악하지는 못했다. 만일 우리의 인용 표시가 누락되거나 부정확한 어떤 연습문제의 기원을 아는 독자가 있다면 관련 세부사항을 꼭 우리에게 알려주길 바란다. 그러면 이 책의 이후 판들에서 오류를 바로잡겠다.

이 책의 수학 공식들에 쓰인 서체는† 헤르만 차프Hermann Zapf가 새로이 디자인해서 [227] 미국 수학회(American Mathematical Society, AMS)에 제출한, 그리고 한 위원회의 도움으로 개발한 것이다. 그 위원회에는 B. 비턴Beeton, R. P. 보아스Boas, L. K. 더스트Durst, D. E. 커누스Knuth, P. 머독Murdock, R. S. 팔레Palais, P. 렌츠Renz, E. 스완

---

† (옮긴이) 이 문단의 내용은 번역서와는 무관하지만, 기본적으로 '감사의 글'에 속하므로, 그리고 관심이 있는 독자들도 있을 수 있으므로, 생략하지 않고 그대로 두었다.

슨^{Swanson}, S. B. 위든^{Whidden}, W. B. 울프^{Woolf}가 참여했다. 차프의 디자인에 깔린 철학은 글씨를 잘 쓰는 수학자가 썼을 법한 수식의 느낌을 살린다는 것이었다. 사람들은 일반적으로 펜이나 연필, 분필로 수식을 쓰므로, 기계적인 스타일보다 필기체 스타일이 더 적합하다. (예를 들어, 새 디자인의 두드러진 특징 중 하나는 숫자 영의 기호 '0'이 위쪽으로 살짝 뾰족한 형태라는 것인데, 이는 손으로 0을 쓸 때 곡선이 다시 원래의 출발점으로 돌아와서 매끄럽게 원이 닫히는 경우는 별로 없다는 점을 반영한 것이다.) 영문자들은 기울어진 이탤릭이 아니라 거의 똑바로 선 형태이다. 이 덕분에 아래 첨자와 위 첨자, 액센트 부호들이 보통의 기호와 좀 더 잘 어울린다. 이 새 서체 모음의 이름은 오늘날 알고 있는 수학의 상당 부분을 발견한 위대한 스위스 수학자 레온하르트 오일러(1707-1783)를 기려 *AMS Euler*라고 붙였다. 이 서체에는 Euler Text($Aa\,Bb\,Cc$에서 $Xx\,Yy\,Zz$까지), Euler Fraktur($\mathfrak{Aa\,Bb\,Cc}$에서 $\mathfrak{Xx\,Yy\,Zz}$까지), Euler Script Capitals($\mathcal{ABC}$에서 $\mathcal{XYZ}$까지) 같은 영문자들이 포함되어 있으며, 그리스 글자들인 Euler Greek($A\alpha\,B\beta\,\Gamma\gamma$에서 $X\chi\,\Psi\psi\,\Omega\omega$까지)와 $\wp$나 $\aleph$ 같은 특수 기호들도 있다. 이 AMS Euler 서체 모음을 이 책에 사용할 수 있게 되어서 너무나 기쁘다. 왜냐하면, 이 책의 모든 페이지에는 레온하르트 오일러의 정신이 여실히 살아 있기 때문이다. 구체 수학은 오일러 수학이다.

저자들은 스탠퍼드에서 수년간 구체 수학 강좌를 가르치면서 이 책에 크게 기여한 안드레이 브로더$^{Andrei\ Broder}$, 에른스트 마이어$^{Ernst\ Mayr}$, 앤드류 야오$^{Andrew\ Yao}$, 프랜시스 야오$^{Frances\ Yao}$에게 매우 감사한다. 또한, 매년 교실에서 일어난 일을 창조적으로 기록한, 그리고 시험 문제를 고안하는 데 도움을 준 조교들에게 1,024개의 감사를 전한다. 이 조교들의 이름이 부록 C에 나와 있다. 본질적으로 16년 분량의 강의 노트들을 모은 것이라 할 수 있는 이 책은 그들의 일급 노력이 없었다면 나올 수 없었을 것이다.

그 외에도 많은 사람이 이 책의 탄생에 도움을 주었다. 예를 들어 우리는 이 책에 실린 낙서를 제공하고 첫 초안의 버그를 잡는 데 도움을 준 브라운^{Brown}, 컬럼비아^{Columbia}, CUNY, 프린스턴^{Princeton}, 라이스^{Rice}, 스탠퍼드 대학교의 학생들을 칭찬하고 싶다. 출판사 애디슨-웨슬리$^{Addison-Wesley}$의 담당 직원들은 대단히 효율적이고 도움이 되었다. 특히 우리는 발행인(피터 고든$^{Peter\ Gordon}$), 제작 총책임자(베티 아론슨$^{Bette\ Aaronson}$), 디자이너(로이 브라운$^{Roy\ Brown}$), 조판 편집자(린 듀프레$^{Lyn\ Dupré}$)에게 감사한다. 미국 국립과학재단(National Science Foundation)과 미국 해군 연구국(Office of Naval Research)은 값을 헤아릴 수 없는 지원을 제공했다. 셰릴 그레이엄$^{Cheryl\ Graham}$은 이 책의 찾아보기를 준비하는 데 엄청난 도움을 주었다. 그리고 무엇

개인적으로 이 서체 좀 낯설다.

친애하는 교수님: (1) 말장난과 (2) 강의 내용에 감사드립니다.

이 책에서 배운 것이 과연 도움이 될지 잘 모르겠어.

보다도 우리를 참아주고, 지원하고, 격려하고, 아이디어를 제공한 우리의 아내들(판Fan, 질Jill, 에이미Amy)에게 감사의 마음을 전한다.

이 제2판에는 제1판이 인쇄소로 가고 얼마 안 있어 도론 차일베르거Doron Zeilberger가 발견한 몇 가지 중요한 착안들을 설명하는 새 §5.8이 추가되었다. 또한, 제1판1쇄에 비해 거의 모든 페이지가 크고 작게 개선되었다.

우리는 완벽한 책을 만들고자 노력했지만, 우리가 완벽한 저자들은 아니다. 따라서, 우리는 이 책에 있는 모든 실수를 바로잡는 데 독자들이 도와주길 요청한다. 수학 오류이든, 역사나 조판 오류이든, 그 어떤 오류라도 처음 보고한 사람에게는 기꺼이 $2.56의 상금을 제공하겠다.[†]

1998년 5월과 1993년 10월,

뉴저지 머리 힐과

캘리포니아 스탠퍼드에서.

— RLG

DEK

OP

이 수업 들으면서 고생을 많이 했지만, 내 수학 능력과 사고 능력이 날카로워진 것은 확실하다.

별생각 없이 건성으로 이 수업을 들으려는 학생은 다시 생각해 보길 권한다.

[†] (옮긴이) 이 역시 번역서와는 무관함을 밝혀 둔다.

표기법에 관해

이 책의 일부 표기법과 기호는 (아직도?) 표준이 되지 않았다. 다음은 다른 책에서 비슷한 내용을 배운 적이 있는 독자라면 생소할 만한 표기법들을 나열한 것이다. 해당 표기법을 설명하는 페이지 번호도 표시해 두었다. (좀 더 표준적인 표기법을 설명하거나 언급하는 페이지들은 이 책 끝의 찾아보기를 보기 바란다.)

표기	이름	페이지
$\ln x$	자연로그: $\log_e x$	326
$\lg x$	이진로그: $\log_2 x$	85
$\log x$	상용로그: $\log_{10} x$	530
$\lfloor x \rfloor$	바닥: $\max\{n \mid n \le x,\ \text{정수 } n\}$	81
$\lceil x \rceil$	천장: $\min\{n \mid n \ge x,\ \text{정수 } n\}$	81
$x \bmod y$	나머지: $x - y\lfloor x/y \rfloor$	99
$\{x\}$	분수부: $x \bmod 1$	84
$\sum f(x)\delta x$	부정합산	59
$\sum_a^b f(x)\delta x$	정합산	60
$x^{\underline{n}}$	내림 차례거듭제곱: $x!/(x-n)!$	58, 249
$x^{\overline{n}}$	올림 차례거듭제곱: $\Gamma(x+n)/\Gamma(x)$	58, 249
$n\mathsf{i}$	준계승: $n!/0! - n!/1! + \cdots + (-1)^n n!/n!$	231
$\Re z$	실수부: $z = x + iy$의 x	77
$\Im z$	허수부: $z = x + iy$의 y	77
H_n	조화수: $1/1 + \cdots + 1/n$	36
$H_n^{(x)}$	일반화된 조화수: $1/1^x + \cdots + 1/n^x$	327
$f^{(m)}(z)$	f의 m차 도함수의 z에서의 값	554

이 페이지 하단의 **xviii**가 무슨 뜻인지 모른다면 수학 교수가 아니라 라틴어 교수에게 물어볼 것.

$\begin{bmatrix} n \\ m \end{bmatrix}$	스털링 순환마디 개수('제1종')	306
$\begin{Bmatrix} n \\ m \end{Bmatrix}$	스털링 부분집합 개수('제2종')	304
$\left\langle \begin{matrix} n \\ m \end{matrix} \right\rangle$	오일러 수	316
$\left\langle\!\!\left\langle \begin{matrix} n \\ m \end{matrix} \right\rangle\!\!\right\rangle$	2차 오일러 수	319
$(a_m \dots a_0)_b$	$\sum_{k=0}^{m} a_k b^k$의 기수 표기	14
$K(a_1,\dots,a_n)$	연항식	355
$F\!\left(\begin{matrix} a,b \\ c \end{matrix}\,\middle|\,z\right)$	초기하함수	243
$\#A$	농도(집합의 크기): 집합 A의 원소 개수	48
$[z^n]f(z)$	$f(z)$에서 z^n의 계수	234
$[\alpha..\beta]$	폐구간: 집합 $\{x \mid \alpha \le x \le \beta\}$	89
$[m = n]$	만일 $m = n$이면 1, 그렇지 않으면 0*	31
$[m \setminus n]$	만일 m이 n을 나누면(즉, n이 m으로 나누어떨어지면) 1, 그렇지 않으면 0*	123
$[m \setminus\!\!\setminus n]$	만일 m이 n을 완전히 나누면 1, 그렇지 않으면 0*	176
$[m \perp n]$	만일 m이 n과 서로 소이면 1, 그렇지 않으면 0*	139

* 일반적으로, 만일 S가 참 또는 거짓인 어떤 명제이면, 그것을 대괄호로 감싼 $[S]$는 만일 S가 참이면 1이고 그렇지 않으면 0이다.

이 책 전체에서 작은따옴표(‘...’)는 기록된 텍스트를, 큰따옴표(“...”)는 구술된 문구를 나타낸다.† 따라서, 글자들로 이루어진 문자열 ‘string’을 종종 “string”이라고 부르기도 한다.

‘a/bc’ 형태의 수식은 $a/(bc)$와 같은 뜻이다. 더 나아가서, $\log x / \log y = (\log x)/(\log y)$이고 $2n! = 2(n!)$이다.

---

† (옮긴이) 이 번역서에서는 작은따옴표는 간접 인용, 큰따옴표는 직접 인용에 사용한다는 통상적인 관례를 따른 경우가 더 많다. 또한, 작은따옴표는 강조(굵은 글씨나 기울어진 글씨보다는 약함) 또는 ‘이른바’나 ‘문자 그대로’라는 의미로도 쓰였다.

1장

C o n c r e t e M a t h e m a t i c s

재귀적인 문제들

이번 장에서는 이 책의 이후 내용을 짐작게 하는 예제 문제 세 개를 살펴본다. 이 문제들에는 공통점이 두 가지 있다. 하나는 수학자들이 거듭 연구해 온 문제들이라는 점이고, 또 하나는 그 해답들이 모두 재귀(recurrence; 또는 recursion)라는 개념을 사용한다는 점이다. 즉, 이 문제들의 답은 같은 문제의 더 작은 사례에 대한 답들에 의존한다.

1.1 하노이의 탑

먼저 하노이의 탑(Tower of Hanoi)이라고 부르는 깔끔하고 간단한 퍼즐을 살펴보자. 이 퍼즐은 프랑스 수학자 에두아르 뤼카$^{Edouard Lucas}$가 1883년에 고안했다. 이 퍼즐은 원반 여덟 개로 된 탑으로 시작한다. 원반들은 세 개의 기둥 중 하나에 큰 것부터 크기순으로 쌓여 있다(꼭대기에 제일 작은 원반이 놓이도록).

이 퍼즐 처음 본 사람 손 좀 들어 보세요.
자, 손 안 든 사람들은 식 (1.1)로 넘어가도 됩니다.

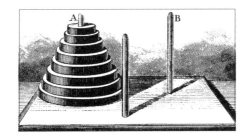

퍼즐의 목표는 원반을 하나씩 이동해서 탑 전체를 다른 기둥으로 옮기는 것이다. 단, 작은 원반 위에 큰 원반을 놓아서는 안 된다는 규칙을 지켜야 한다.

뤼카는 훨씬 더 큰 브라마의 탑(Tower of Brahma)에 관한 낭만적인 전설로 자신의 장난감을 치장했다.[260] 전설에 따르면 브라마의 탑은 다이아몬드 바늘 세 개와 순금으로 된 원반 64개로 이루어졌다고 한다. 태초에 신이 그 황금 원반들을 첫 바늘에 쌓고는 일단의 사제들에게 그 원반들을 셋째 바늘로 옮기라고(앞에서 말한 규칙을 지키면서) 명했다. 사제들은 그 과업을 완수하기 위해 밤낮으로 일한다고 한다. 그 과업이 끝나면 탑이 무너지고 세상은 종말을 맞는다.

이 퍼즐에 해가 있는지가 즉시 명백하지는 않겠지만, 잠깐 생각해 보면(또는, 이 문제를 이전에 보았다면) 해가 존재한다는 점은 의문의 여지가 없다. 그보다는 다음 질문이 더 중요하다. 최선의 해는 무엇일까? 즉, 과업을 완수하기에 필요한, 그리고 충분한 이동 횟수는 얼마일까?

이런 질문을 공략하는 가장 좋은 방법은 문제를 약간 더 일반화하는 것이다. 브라마의 탑은 원반이 64개이고 하노이의 탑은 8개이다. 우리는 원반이 n개인 경우를 고찰하기로 하자.

이런 일반화의 한 가지 장점은 문제의 규모를 훨씬 줄일 수 있다는 점이다. 실제로, 이 책에는 작은 사례(small case)들을 살펴보는 것이 유익한 경우가 자주 나온다. 원반이 하나나 둘밖에 없는 탑을 옮기는 방법은 아주 쉽다. 그리고 약간의 실험을 거치면, 원반이 세 개인 탑을 옮기는 방법도 파악할 수 있다.

문제를 푸는 다음 단계는 적절한 표기법을 도입하는 것이다. 이를테면 명명정복(name and conquer)이라고 할 수 있겠다. 그럼 한 기둥에서 원반 n개를 뤼카의 규칙하에서 다른 한 기둥으로 옮기는 데 필요한 최소한의 이동 횟수를 T_n으로 표기하기로 하자. T_1이 1이고 $T_2 = 3$임은 자명하다.

또한, 모든 경우에서 가장 간단한 사례를 고찰해 보면 또 다른 정보를 공짜로 얻을 수 있다. 바로, $T_0 = 0$임이 명백하다는 것이다. 원반이 $n = 0$개인 탑을 옮기는 데에는 원반 이동이 전혀 필요하지 않으므로 이는 당연하다! 똑똑한 수학자들은 작게 생각하는(think small) 것을 부끄러워하지 않는다. 극단적인 사례들을 잘 이해하고 나면(심지어 자명한 사례들이라고 해도) 일반적인 패턴을 파악하기가 쉬워지기 때문이다.

그러나 이번에는 크게 생각하는(think big) 쪽으로 관점을 바꾸어서, 높은 탑을 옮기는 방법을 고찰해보자. 원반 세 개짜리 탑으로 실험을 좀 해보면, 최상위 두 원반을 가운데 기둥으로 옮기고, 마지막 원반을 셋째 기둥으로 옮기고, 다른 두 원반을 셋째 기둥으로 옮기는 것이 승리의 비결임을 알 수 있을 것이다. 여기에 n개의 원반을 옮기는 일반적인 문제에 대한 힌트가 있다. 바로, 먼저 가장 작은 원반 $n-1$

와, 순금이라고?
우리가 옮길 원반들은 콘크리트겠지?

개를 다른 기둥으로 옮기고(필요한 이동 횟수는 T_{n-1}), 가장 큰 원반을 또 다른 기둥으로 옮기고(필요 이동 횟수 1), 마지막으로 가장 작은 원반 $n-1$개를 가장 큰 원반 위로 옮기는 것이다(필요 이동 횟수 T_{n-1}). 따라서 원반 n개(여기서 $n > 0$)의 이동 횟수는 $2T_{n-1}+1$을 넘지 않는다.

$$T_n \leq 2T_{n-1}+1, \quad n > 0\text{에 대해.}$$

이 공식에는 '='이 아니라 '$\leq$'가 쓰였는데, 이는 앞의 논법이 탑을 옮기는 데 $2T_{n-1}+1$회의 이동으로 충분함을 증명할 뿐이기 때문이다. $2T_{n-1}+1$회의 이동이 필요조건이라는 점은, 즉 적어도 그만큼의 이동이 필요하다는 점은 아직 증명하지 못했다. 어쩌면 영리한 누군가가 그보다 적은 수의 이동으로 탑을 옮길 수도 있다.

그런데 정말로 더 나은 해법이 있는 것일까? 사실은 없다. 언젠가는 가장 큰 원반을 옮겨야 하는데, 그러면 반드시 $n-1$개의 가장 작은 원반들이 하나의 기둥에 쌓여 있어야 한다. 그 원반들이 그 기둥에 쌓이는 데에는 적어도 T_{n-1}회의 이동이 필요했음이 틀림없다. 주의를 기울이지 않았다면 가장 큰 원반을 여러 번 옮길 수도 있다. 어쨌거나, 가장 큰 원반을 마지막으로 옮긴 후에는 반드시 작은 원반 $n-1$개(이 경우에도 이들은 반드시 하나의 기둥에 놓여 있어야 한다)를 가장 큰 원반 위로 옮겨야 한다. 여기에도 T_{n-1}회의 이동이 필요하다. 따라서 다음이 성립한다.

$$T_n \geq 2T_{n-1}+1, \quad n > 0\text{에 대해.}$$

이상의 두 부등식과 $n = 0$인 경우에 대한 자명한 해답을 조합하면 다음이 나온다.

$$\begin{aligned} &T_0 = 0; \\ &T_n = 2T_{n-1}+1, \quad n > 0\text{에 대해.} \end{aligned} \tag{1.1}$$

(이 공식들은 알려진 값들인 $T_1 = 1$ 및 $T_2 = 3$과도 부합함을 주목하기 바란다. 작은 사례들로 한 실험이 일반식을 발견하는 데 도움이 되었을 뿐만 아니라, 바보 같은 실수를 저지르지는 않았는지 손쉽게 점검하는 수단까지 제공한 것이다. 이런 점검은 이후의 장들에서 좀 더 복잡한 수식 조작을 수행할 때 특히나 유용하다.)

식 (1.1) 같은 일단의 등식들을 흔히 점화식(recurrence formula) 또는 점화관계식 (recurrence relation)이라고 부른다. 또는, 재귀식이나 재귀관계식(recursion relation)이라고 부르기도 한다. 점화식은 경곗값(boundary value)과 등식(방정식)으로 구성되는데, 그 등식은 일반항의 값을 그 이전 값들로 서술한다. 일반항을 서술하

뤼카의 문제에 대한 대부분의 출판된 '해법'들(초기 앨러다이스Allardice와 프레이저 Fraser의 책 [7] 등)은 T_n이 반드시 $\geq 2T_{n-1}+1$이어야 하는 이유를 설명하지 않는다.

그래그래, 이 용어 본 적 있어.

는 등식 하나만 점화식이라고 부르기도 하지만, 엄밀히 말하면 경곗값이 있어야 점화식이 완성된다.

점화식이 있으면 임의의 n에 대해 T_n을 계산할 수 있다. 그러나 n이 크다면 점화식을 이용해서 값을 계산하기가 마땅치 않다. 시간이 너무 많이 걸리기 때문이다. 점화식은 간접적이고 국소적인 정보만 제공한다. 만일 점화식의 해(solution)가 있다면, 다시 말해서 n이 아주 크더라도 T_n을 빠르게 계산할 수 있는 적절하고 깔끔한 '닫힌 형식(closed form)'의 공식이 있다면 아주 좋을 것이다. 그런 닫힌 형식이 있다면, T_n의 진짜 정체를 이해할 수 있다.

그렇다면 점화식의 해를 어떻게 구해야 할까? 한 가지 방법은 정확한 해를 추측한 후 그것이 실제로 정확함을 증명하는 것이다. 그리고 정확한 해를 추측하는 가장 좋은 방법은 (이번에도) 작은 사례들을 살펴보는 것이다. 그럼 이동 횟수 몇 개를 직접 계산해 보자. $T_3 = 2 \cdot 3 + 1 = 7$이고 $T_4 = 2 \cdot 7 + 1 = 15$, $T_5 = 2 \cdot 15 + 1 = 31$, $T_6 = 2 \cdot 31 + 1 = 63$이다. 아하! 아마도 해는 다음일 것이다.

$$T_n = 2^n - 1, \quad n \geq 0\text{에 대해.} \tag{1.2}$$

적어도 $n \leq 6$에 대해서는 이 공식이 유효하다.

수학적 귀납법(mathematical induction)은 정수 n에 관한 어떤 명제가 모든 $n \geq n_0$에 대해 참임을 증명하는 일반적인 방법이다. 수학적 귀납법에서는 우선 그 명제를 n의 가장 작은 값 n_0에 대해 증명한다. 이를 기초(basis) 단계라고 부른다. 그런 다음에는 명제가 n_0에서 $n-1$까지의 값들에 대해 이미 증명되었다는 가정하에서 $n > n_0$에 대해 명제를 증명한다. 이를 귀납(induction) 단계라고 부른다. 이러한 증명은 유한한 노력으로 무한한 결과를 제공한다.

수학적 귀납법은 점화식을 푸는 데 이상적이다. 예를 들어 지금 문제에서는 식 (1.1)로부터 식 (1.2)를 손쉽게 끌어낼 수 있다. $T_0 = 2^0 - 1 = 0$이므로 기초 단계는 자명하다. 귀납 단계는 다음과 같다. $n > 0$인 $n-1$에 대해 식 (1.2)가 성립한다는 가정하에서, 식 (1.1)과 식 (1.2)로부터 다음과 같은 등식을 얻을 수 있다.

$$T_n = 2T_{n-1} + 1 = 2(2^{n-1} - 1) + 1 = 2^n - 1.$$

따라서 식 (1.2)는 n에 대해서도 성립한다. 이렇게 해서 T_n의 정체를 밝히려는 우리의 탐험이 성공리에 완수되었다!

수학적 귀납법은 사다리의 맨 밑 발판에 올라갈 수 있음을 증명하고(기초) 한 발판에서 그다음 발판으로 올라갈 수 있음을 증명함으로써(귀납) 우리가 사다리를 얼마든지 높이 오를 수 있음을 증명하는 것이다.

물론 사제들의 과업은 아직 끝나지 않았다. 아직도 그들은 충실하게 원반들을 옮기고 있으며, 한동안은 계속 옮겨야 할 것이다. $n = 64$일 때 $2^{64} - 1$(약 1.8×10^{19}) 회의 이동이 필요하기 때문이다. 원반 하나를 1마이크로초로 옮긴다고 가정해도(이는 사실 불가능하다), 브라마의 탑을 옮기려면 5,000세기, 즉 50만 년이 넘는 시간이 필요하다. 뤼카의 원래의 퍼즐은 좀 더 현실적이다. 하노이의 탑을 옮기는 데에는 $2^8 - 1 = 255$회의 이동이 필요한데, 민첩한 사람이라면 4분 정도 걸릴 것이다.

하노이의 탑 점화식은 모든 종류의 응용에서 나타나는 수많은 점화식의 전형을 보여준다. T_n 같은 어떤 관심 있는 수량의 닫힌 형식 공식을 찾을 때는 다음과 같은 세 단계를 거친다.

1 작은 사례들을 살펴본다. 그러면 문제에 대한 통찰을 얻을 수 있고, 단계 2와 3에서도 도움이 된다.

2 관심 있는 수량에 대한 수학 공식을 구하고 증명(proof)을 만든다. 하노이의 탑 문제의 경우 그러한 공식은 식 (1.1)에 나온, 임의의 n에 대해 T_n을 구할 수 있는(그럴 마음과 시간이 있다면) 점화식이다.

proof란? "술의 표준 도수 (1 proof = 순수 알코올 0.5%)".

3 그 수학 공식의 닫힌 형식을 구하고 증명한다. 하노이의 탑 문제에서는 점화식의 해, 즉 식 (1.2)를 증명하면 된다.

이 책 전반에서, 이 세 단계 중 초점을 두는 것은 단계 3이다. 사실 단계 1과 2는 아예 건너뛰는 경우가 많다. 출발점으로 삼을 수 있는 수학 공식이 제시되기 때문이다. 그렇긴 하지만, 세 단계를 모두 거쳐야 해답이 나오는 부분 문제들도 만나게 될 것이다.

앞에서 하노이의 탑 문제를 분석해서 정답을 얻긴 했지만, 그 과정에서 '귀납적 비약(inductive leap)'이 필요했다. 애초에 점화식의 해를 '추측'해야 했던 것이(다행히 정답으로 밝혀지긴 했지만) 바로 그 부분이다. 이 책의 주요 목표 중 하나는 투시 능력을 갖춘 사람이 아니더라도 점화식의 해를 구할 방법을 설명하는 것이다. 예를 들어, 식 (1.1)에 나온 점화식의 양변에 1을 더하면 공식이 간단해진다.

$$T_0 + 1 = 1;$$
$$T_n + 1 = 2T_{n-1} + 2, \quad n > 0 에 \ 대해.$$

신기하게도, **빼기**가 아니라 **더하기**를 이용해서 식 (1.1)에서 $+1$을 빼버린 셈이군.

이제 $U_n = T_n + 1$로 두면 다음이 나온다.

$$U_0 = 1;$$
$$U_n = 2U_{n-1}, \quad n > 0 \text{에 대해.} \tag{1.3}$$

이 점화식의 해가 그냥 $U_n = 2^n$임은 천재가 아니라도 파악할 수 있다. $T_n = 2^n - 1$이기 때문이다. 이 정도는 컴퓨터도 할 수 있는 일이다.

1.2 평면의 선들

두 번째 예제 문제는 기하학적인 맛이 좀 더 강하다. 문제는 이렇다: 피자 칼로 피자를 n번 직선으로 자른다고 할 때 피자 조각이 최대 몇 개나 나올까? 좀 더 학술적으로 표현하자면, 평면에 놓인 n개의 선(직선)으로 정의되는 영역의 최대 개수 L_n이 무엇인가?[†] 이 문제는 1826년 스위스 수학자 야콥 슈타이너Jacob Steiner가 처음으로 풀었다.[338]

(스위스 치즈가 들어간 피자?)

이번에도 작은 사례들을 고찰하는 것으로 출발하자. 가장 작은 사례로 시작하는 것을 잊으면 안 된다. 선이 하나도 없는 평면의 영역은 하나이다. 선이 하나이면 영역이 두 개가 되고, 선이 둘이면 네 개가 된다.

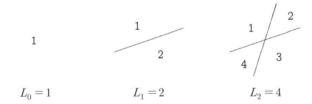

$$L_0 = 1 \qquad\qquad L_1 = 2 \qquad\qquad L_2 = 4$$

(각 선은 양방향으로 무한히 뻗어 나간다.)

그렇다면 $L_n = 2^n$임이 분명하다! 선을 하나 추가하면 그냥 영역의 수가 두 배가 되니 말이다. 그러나 안타깝게도 이는 오답이다. n번째 선이 기존의 모든 영역을 각각 둘로 분할한다면 영역의 수가 두 배가 되긴 한다. 하나의 선이 기존 영역을 많아야 둘로 나눌 수 있음은 확실하다. 기존의 각 영역은 볼록꼴(convex)이기 때문이다. (하나의 직선은 하나의 볼록 영역을 많아야 둘로 분할한다. 분할된 두 영역역시 볼록 영역이다.) 그러나 세 번째 선(아래 그림의 굵은 선)을 추가해 보면, 하나의 직선으로 기존 영역 중 최대 세 개의 영역을 둘로 분할할 수 있음을 알 수 있다. 처음 두 선이 어떻게 놓여 있든 상관없이 이는 참이다.

하나의 영역이 영역 안의 임의의 두 점 사이의 모든 선분을 포함한다면, 그 영역은 볼록 영역이다. (사전에 나오는 것은 아니지만, 수학자들은 이렇게 믿는다.)

---

† (옮긴이) '개수'와의 호응을 생각하면 "얼마인가"가 더 자연스럽겠지만, 구체적인 수치가 아니라 성질(property)을 다룬다는 대수학의 추상성을 강조하기 위해 "무엇인가"라는 표현을 쓰기로 한다.

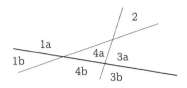

따라서 선이 세 개일 때 우리가 얻을 수 있는 최대 영역 개수는 $L_3 = 4+3 = 7$이다.

이를 좀 더 생각해 보면 적당한 일반식을 생각해 낼 수 있다. 만일 n번째 선(여기서 $n > 0$)이 분할하는 기존 영역이 k개이면, 그리고 오직 그럴 때만,[†] 그 선에 의해 영역의 수는 k만큼 증가한다. 그리고 그 선이 기존 영역 k개를 분할할 필요충분조건은 그 선이 기존의 선들과 $k-1$개의 서로 다른 점에서 만난다는 것이다. 두 선은 많아야 하나의 점에서 만날 수 있다. 따라서, 하나의 새 선은 기존의 선 $n-1$개와 많아야 $n-1$개의 서로 다른 점에서 교차한다. 그리고 $k \le n$임은 자명하다. 이로부터 다음과 같은 상계(upper bound)를 얻을 수 있다.

$$L_n \le L_{n-1} + n, \quad n > 0\text{에 대해.}$$

더 나아가서, 이 부등식을 등식으로 만들 수 있음을 귀납법을[‡] 이용해서 증명하는 것이 어렵지 않다. 그냥 n번째 선을 기존의 그 어떤 선과도 평행하지 않게(그러면 기존의 모든 선과 교차한다), 그리고 그 어떤 기존의 교차점도 지나지 않게(그러면 기존 선들과 모두 다른 점에서 교차한다) 배치하면 영역 개수의 상계를 달성할 수 있다. 결론적으로, 점화식은 다음과 같다.

$$L_0 = 1;$$
$$L_n = L_{n-1} + n, \quad n > 0\text{에 대해.} \tag{1.4}$$

이 점화식은 L_1과 L_2, L_3의 알려진 값들과 모두 일치한다. 그럼 이 점화식을 채택하기로 하자.

다음으로 할 일은 닫힌 형식의 해를 구하는 것이다. 이전처럼 추측으로 해를 구할 수도 있겠지만, 1, 2, 4, 7, 11, 16, …에서는 어떤 패턴을 찾기가 힘들다. 따라서 다른 쪽으로 공략해 보자. 점화식을 다음처럼 끝까지 "펼치거나(unfold)" "풀어(unwind)" 보면 점화식을 좀 더 잘 이해할 수 있는 경우가 많다.

[†] (옮긴이) "만일 P이면, 그리고 오직 그럴 때만 Q이다"라는 표현은 "Q if and only if P"를 옮긴 것으로, 만일 P가 참이면 Q도 참이고, 반대로 만일 Q가 참이면 P도 참이라는 뜻이다. 문맥에 따라서는 "P와 Q는 동치이다" 또는 "P가 성립할 필요충분조건은 Q이다"라고 표현하기도 하며, 기호로는 $P \Leftrightarrow Q$로 표기하기도 한다.

[‡] (옮긴이) 엄밀히 말하면 그냥 귀납(추론 방법의 하나인)과 수학적 귀납은 다른 것이지만, 이 책에서는 간결함을 위해 '수학적'을 생략하기도 한다.

$$
\begin{aligned}
L_n &= L_{n-1} + n \\
&= L_{n-2} + (n-1) + n \\
&= L_{n-3} + (n-2) + (n-1) \quad + n \\
&\;\;\vdots \\
&= L_0 + 1 + 2 + \cdots + (n-2) + (n-1) \; + n \\
&= 1 + S_n, \text{ 여기서 } S_n = 1 + 2 \; + 3 + \cdots \; + (n-1) + n.
\end{aligned}
$$

펼치기? '대입(plugging in)' 이라고 부르는 게 나을 듯.

다른 말로 하면, L_n은 처음 n개의 정수들의 합 S_n에 1을 더한 것이다.

S_n이라는 수량이 자주 등장하므로, 작은 값들에 대한 표를 만들어 두면 좋을 것 같다. 그러면 나중에 이 수량이 나왔을 때 해당 값들을 좀 더 쉽게 파악할 수 있을 것이다.

n	1	2	3	4	5	6	7	8	9	10	11	12	13	14
S_n	1	3	6	10	15	21	28	36	45	55	66	78	91	105

이 값들을 삼각수(triangular number)라고 부르기도 한다. 그런 이름이 붙은 것은, S_n이 n행 삼각 배열의 볼링 핀 개수이기 때문이다. 예를 들어 전형적인 네 줄짜리 볼링 핀 배치 ∴ 의 핀 수는 $S_4 = 10$이다.

S_n의 값은 가우스^{Gauss}가 1786년에 아홉 살의 나이로 생각해 냈다고 하는 요령으로 구할 수 있다.[88] 그리고 이 요령은 이미 아르키메데스^{Archimedes}가 나선에 관한 그의 고전의 명제 10과 11에서 사용한 바 있다. 어쨌거나, 해는 다음과 같다.

가우스가 생각해 냈다고 하는 게 많은 것 같은데, 아마도 아주 똑똑한 사람이었거나, 아니면 아주 뛰어난 홍보 담당자를 두었거나.

그냥 자석처럼 사람들을 끌어 들이는 매력이 있었을지도.

$$
\begin{array}{rccccccc}
S_n = & 1 & + & 2 & + & 3 & + \cdots + (n-1) + & n \\
+\, S_n = & n & + & (n-1) & + & (n-2) & + \cdots + \quad 2 \quad + & 1 \\
\hline
2S_n = & (n+1) & + & (n+1) & + & (n+1) & + \cdots + (n+1) + & (n+1)
\end{array}
$$

그냥 S_n의 항들에 그 항들을 역순으로 뒤집어서 더하면, 우변의 n개의 항 모두 $n+1$이 됨을 알 수 있다. 이를 정리하면 다음이 나온다.

사실 가우스는 사상 최고의 수학자라고 불리는 경우가 많다. 따라서 그의 발견 중 적어도 하나를 이해할 수 있게 되는 것은 좋은 일이다.

$$
S_n = \frac{n(n+1)}{2}, \quad n \geq 0 \text{에 대해.} \tag{1.5}
$$

이제 답이 나왔다.

$$
L_n = \frac{n(n+1)}{2} + 1, \quad n \geq 0 \text{에 대해.} \tag{1.6}
$$

실무에서라면, 이상의 유도 과정에 만족하고(비록 펼치기와 뒤집기에서 스리슬쩍 넘어간 부분이 있긴 하지만) 이것을 하나의 증명으로 간주해도 될 것이다. 그러나 수학을 배우는 학생으로서의 우리는 좀 더 엄격한 기준을 추구해야 할 것이다. 그런 만큼, 귀납법에 의한 엄격한 증명을 구축해 보는 것이 좋겠다. 핵심적인 귀납 단계는 다음과 같다.

$$L_n = L_{n-1} + n = \left(\frac{1}{2}(n-1)n + 1\right) + n = \frac{1}{2}n(n+1) + 1.$$

의심스러울 때는 단어를 살펴보라. "열린"이 아니라 "닫힌"이라고 부르는 이유는 무엇일까? 머릿속에 어떤 심상이 떠오르는가?
답: 자기 자신으로 정의되지 않은 공식은 "닫혀 있다." 재귀(점화식)로 이어지는 문이 닫혀 있는 것이라 할 수 있다. 은유가 중요하다.

이제 식 (1.6)의 닫힌 형식이 옳다는 점에는 의문의 여지가 없다.

그런데 앞에서 '닫힌 형식'이라는 용어를 정확한 정의 없이 그냥 사용했다. 보통의 경우 닫힌 형식은 자명하다. 식 (1.1)과 식 (1.4) 같은 점화식은 닫힌 형식이 아니다. 이들은 주어진 수량을 그 수량 자신을 이용해서 표현하기 때문이다. 그러나 식 (1.2)와 식 (1.6) 같은 해들은 닫힌 형식이다. $1 + 2 + \cdots + n$ 같은 합은 닫힌 형식이 아니다. …라는 속임수를 사용하기 때문이다. 그러나 $n(n+1)/2$ 같은 수식은 닫힌 형식이다. 대충 정의하자면, 어떤 수량 $f(n)$에 대한 공식이 주어졌을 때, 만일 '잘 알려진' 표준 연산들을 n과는 독립적인 고정된 최대 횟수 이내로 사용해서 그 공식의 값을 계산할 수 있다면 그 공식은 닫힌 형식이다. 예를 들어 $2^n - 1$과 $n(n+1)/2$는 닫힌 형식이다. 오직 덧셈, 뺄셈, 곱셈, 나눗셈, 거듭제곱을 명시적인 방식으로 적용하기만 하면 이들을 계산할 수 있기 때문이다.

간단한 닫힌 형식의 해는 유한하다. 간단한 닫힌 형식의 해가 없는 점화식들도 존재한다. 그런 점화식이 거듭 등장해서 중요한 것으로 판명된다면, 새로운 연산들을 우리의 레퍼토리에 추가한다. 그러다 보면 "간단한" 닫힌 형식으로 풀 수 있는 문제의 범위가 대단히 넓어질 수 있다. 예를 들어 처음 n개의 정수의 곱 $n!$은 중요한 수량으로 판명되었기 때문에, 이제는 그것을 하나의 기본('잘 알려진') 연산으로 간주한다. 따라서 '$n!$'이라는 계승 공식 자체는 닫힌 형식이다(비록 그와 동등한 '$1 \cdot 2 \cdot \ldots \cdot n$'은 닫힌 형식이 아니지만).

'지그'가 전문용어인가?

그럼 평면의 선 문제를 조금 변형한 문제를 간략히 살펴보자. 이번에는 직선 대신 꺾인 선(bent line)을 사용하기로 한다. 하나의 꺾인 선에는 하나의 '지그^{zig}'가[†] 있다. 평면에 놓인 n개의 꺾인 선들이 정의하는 영역들의 최대 개수 Z_n은 무엇인가? Z_n은 아마 L_n의 두 배는 될 것이며, 어쩌면 세 배일 수도 있다. 한번 살펴보자.

---

† (옮긴이) 지그는 선의 방향이 크게 변하는 것을 말한다. 지그와 반대 방향으로 꺾이면 '재그^{zag}'이다.

$$Z_1 = 2 \qquad\qquad Z_2 = 7$$

이 작은 사례들을 가지고 잠깐 생각해 보면, 하나의 꺾인 선은 두 개의 직선이 각자 영역을 둘로 나누되, "두" 직선의 교점 너머에 있는 영역들이 하나로 합쳐지는 효과를 낸다는 점을 깨달을 것이다.

... 그리고 나중에 좀 더 생각해 보면...

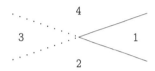

영역 2, 3, 4는 만일 직선 두 개였다면 개별적인 영역들이겠지만, 꺾인 선에서는 하나의 영역이 된다. 그런데 꺾인 선들을 잘 배치한다면, 즉 지그 점이 다른 선과의 교점 '너머에' 놓이게 하면, 세 개가 아니라 두 개의 영역만 잃게 된다. 그 이상의 영역은 잃을 필요가 없다. 결론적으로, 꺾인 선 하나당 두 개의 영역만 잃게 되는 것이다. 따라서 다음이 성립한다.

연습문제 18에 세부사항이 나온다.

$$
\begin{aligned}
Z_n = L_{2n} - 2n &= 2n(2n+1)/2 + 1 - 2n \\
&= 2n^2 - n + 1. \qquad n \ge 0 \text{에 대해.}
\end{aligned}
\tag{1.7}
$$

식 (1.6)과 (1.7)의 닫힌 형식들을 비교해 보면, 큰 n에 대해 다음이 성립함을 알 수 있다.

$$
\begin{aligned}
L_n &\sim \tfrac{1}{2}n^2, \\
Z_n &\sim 2n^2.
\end{aligned}
$$

즉, 직선들로 분할되는 영역들의 수는 꺾인 선들로 분할되는 영역들의 수의 약 네 배이다. (이후 장들에서 n이 클 때 정수 함수의 근사적인 습성을 분석하는 방법을 논의할 것이다. $\sim$ 기호는 §9.1에서 정의한다.)

1.3 요세푸스 문제

(아렌스Ahrens의 [5, 권 2]와 헤르슈타인Herstein 및 카플란스키Kaplansky의 [187]은 이 문제의 흥미로운 역사를 논의한다. 요세푸스 본인이 쓴 책 [19]은 설명이 조금 모호하다.)

입문용 예제 문제의 마지막은 1세기의 유명한 역사가인 플라비우스 요세푸스^{Flavius} ^{Josephus}의 이름을 딴 고대의 문제를 조금 변형한 것이다. 전해지는 바에 따르면, 요세푸스는 수학적 재능이 없었다면 그렇게 유명해지지 않았을 것이라고 한다. 제1차 유대-로마 전쟁 도중 로마군은 41명의 유대인 반역자들을 한 동굴에 가두어 놓았는데, 요세푸스도 그중 한 명이었다. 갇혀 있기보다는 자결을 원한 반역자들은 둥글게 둘러앉아서 원을 따라 매 세 번째 사람(즉, 두 사람 건너뛴 다음 사람)을 자신들이 직접 처형하는 식으로 모두 자결하기로 했다. 그러나 요세푸스는, 그리고 알려지지 않은 한 공모자는, 그러한 자결이 말도 되지 않는다고 생각했다. 그래서 요세푸스는 자신과 친구가 살아남으려면 그 사악한 원의 어디에 있어야 할지 계산했다.

… 덕분에 그의 이야기가 지금까지 전해지게 되었다.

지금 살펴볼 변형된 문제에서는 1에서 n까지의 번호가 매겨진 n명의 사람이 원을 형성하며, 오직 한 사람이 남을 때까지 매 두 번째 사람이 죽는다. 예를 들어 다음은 $n = 10$일 때의 초기 구성이다.

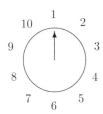

처형 순서는 2, 4, 6, 8, 10, 3, 7, 1, 9이므로, 5번 사람이 살아남는다. 우리가 풀 문제는, 생존자의 번호 $J(n)$을 구하는 것이다.

이 문제는 $n = 0$이 말이 되지 않는 사례이다.

방금 보았듯이 $J(10) = 5$이다. n이 짝수일 때 $J(n) = n/2$라고 추측할 수도 있겠다. 실제로, $n = 2$일 때 $J(2) = 1$이므로 그 추측이 맞다. 그러나 다른 작은 사례들을 살펴보면 그 추측을 기각할 수밖에 없다. $n = 4$과 $n = 6$일 때 그 추측은 참이 아니다.

n	1	2	3	4	5	6
$J(n)$	1	1	3	1	3	5

그렇긴 하지만, 나쁜 추측이 시간 낭비는 아니다. 문제에 좀 더 몰두하게 되기 때문이다.

다시 칠판으로 돌아가서, 더 나은 답을 추측해보자. 흠... $J(n)$은 항상 홀수인 것 같다. 실제로, 그럴만한 좋은 이유가 있다. 짝수 번호들은 첫 바퀴에서 모두 처형되기 때문이다. 더 나아가서, n 자체가 짝수이면, 원을 한 바퀴 돌고 나면 초기 구성과 비슷한, 그러나 전체 인원이 절반이 되고 번호가 다시 매겨진 구성이 된다.

그럼 시작 시점의 사람 수가 $2n$이라고 하자. 첫 바퀴 후에는 다음이 남는다.

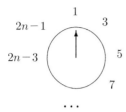

이제 다음 처형 대상은 3이다. 이 구성은 애초에 n명으로 시작하되 번호를 두 배로 한 후 1을 뺀 것 구성과 동일하다. 이를 수식으로 표현하면 다음과 같다.

$$J(2n) = 2J(n) - 1, \quad n \geq 1 \text{에 대해.}$$

여기가 어려운 부분이다. 이 제, $newnumber(k) = 2k - 1$ 이라고 할 때, $J(2n) = newnumber(J(n))$이다.

이제 큰 n에 대해서도 생존자 번호를 쉽게 구할 수 있다. 예를 들어 $J(10) = 5$임을 알고 있으므로,

$$J(20) = 2J(10) - 1 = 2 \cdot 5 - 1 = 9$$

이다. 마찬가지로 $J(40) = 17$이고, 이로부터 $J(5 \cdot 2^m) = 2^{m+1} + 1$을 이끌어낼 수 있다.

그럼 사람들이 홀수인 경우는 어떨까? 사람이 $2n+1$명일 때를 생각해 보면, 1번은 $2n$번이 처형된 바로 다음에 처형된다. 그러면 다음이 남는다.

홀수인 경우(odd case)? 에이, 내 동생은 빼 줘.

이 경우도 원래 n명이었던 상황과 거의 비슷하다. 단, 이번에는 사람들의 번호가 원래의 두 배 더하기 1이다. 이를 수식으로 표현하면 다음과 같다.

$$J(2n+1) = 2J(n) + 1, \quad n \geq 1 \text{에 대해.}$$

이상의 수식들을 $J(1) = 1$과 결합하면 모든 경우에서 J를 정의하는 다음과 같은 점화식이 나온다.

$$J(1) \quad = 1;$$
$$J(2n) \quad = 2J(n) - 1, \quad n \geq 1\text{에 대해};$$
$$J(2n+1) = 2J(n) + 1, \quad n \geq 1\text{에 대해}. \tag{1.8}$$

이 점화식은 $J(n-1)$에서 $J(n)$을 구하지 않는다. 적용할 때마다 n이 2 이상의 계수로 줄어든다는 점에서, 이 점화식은 이전의 점화식들보다 훨씬 '효율적'이다. 예를 들어 $J(1000000)$을 계산하는 데에는 식 (1.8)을 19번만 적용하면 된다. 그래도 이 점화식의 해를 구해 보기로 하자. 닫힌 형식이 있으면 답을 더 빨리 계산할 수 있고, 점화식에 대한 정보도 더 많이 얻을 수 있기 때문이다. 무엇보다도, 생사가 달린 문제인 만큼 계산이 빠를수록 좋다.

우리의 점화식을 이용하면 작은 값들의 표를 아주 빠르게 만들어 낼 수 있다. 그런 표를 보면 아마 패턴을 발견해서 해를 추측할 수 있을 것이다.

n	1	2 3	4 5 6 7	8 9 10 11 12 13 14 15	16
$J(n)$	1	1 3	1 3 5 7	1 3 5 7 9 11 13 15	1

짜잔! 표에서 보듯이, 번호들을 2의 거듭제곱에 해당하는 개수의 그룹들로 묶을 수 있다(표에 그룹들이 수직선으로 구분되어 있다). 하나의 그룹에서 $J(n)$은 항상 1로 시작해서 2씩 증가한다. 따라서, n을 $n = 2^m + l$로 두면(여기서 2^m은 n을 넘지 않는 가장 큰 2의 거듭제곱이고 l은 그 나머지), 다음이 이 점화식의 해라고 추측할 수 있다.

$$J(2^m + l) = 2l + 1, \quad \text{여기서 } m \geq 0\text{이고 } 0 \leq l < 2^m. \tag{1.9}$$

(만일 $2^m \leq n < 2^{m+1}$이면 나머지 $l = n - 2^m$이 $0 \leq l < 2^{m+1} - 2^m = 2^m$을 만족함을 주목하라.)

이제 식 (1.9)가 맞는지 증명해야 한다. 이전처럼 귀납법을 사용하되, 이번에는 귀납의 대상이 m이다. $m = 0$일 때는 반드시 $l = 0$이므로, 점화식 (1.9)의 기초 단계는 $J(1) = 1$이 된다. 이는 참이다. 귀납 단계는 l이 짝수냐 홀수냐에 따라 두 부분으로 나뉜다. 만일 $m > 0$이고 어떤 k에 대해 정수 $2^m + l$이 $2k$와 같으면, l은 짝수이고 식 (1.8)과 귀납 가설에 의해

$$J(2^m + l) = 2J(2^{m-1} + l/2) - 1 = 2(2l/2 + 1) - 1 = 2l + 1$$

이다. 이는 앞에서 추측한 해와 일치한다. $2^m + l = 2k + 1$인 홀수 경우도 이와 비슷하게 증명할 수 있다. 또한, 식 (1.8)이 다음을 함의한다는 점도 주목하자.

그런데 더 쉬운 방법이 있다! 핵심은 모든 m에 대해 $J(2^m) = 1$이라는 점이다. 이 점은 첫 등식 $J(2n) = 2J(n) - 1$에서 바로 나온다. 따라서 n이 2의 거듭제곱이면 항상 첫 번째 사람(1번)이 살아남음을 알 수 있다.
그리고 $n = 2^m + l$인 일반적인 경우에서 사람들의 수는 처형 1회마다 2의 어떤 거듭제곱으로 줄어든다. 그 시점에서 남아 있는 첫 사람, 즉 생존자의 번호는 $2l + 1$이다.

$$J(2n+1) - J(2n) = 2.$$

결국, 홀수와 짝수 모두에 대해 귀납이 성립하며, 따라서 식 (1.9)가 증명되었다.

$J(100)$의 계산을 예로 삼아서 식 (1.9)의 해를 시험해 보자. 이 경우 $100 = 2^6 + 36$이므로, $J(100) = 2 \cdot 36 + 1 = 73$이다.

이제 단단한(어려운) 부분은 끝났으니(문제의 해답을 얻었다), 부드러운 부분을 살펴보자. 모든 문제의 해는 그보다 좀 더 넓은 부류의 문제들에 적용되도록 일반화할 수 있다. 그리고 하나의 기법을 배우고 나면 그것을 자세히 살펴보고 최대한 많은 대상에 적용해 보는 것이 학습에 도움이 된다. 그래서 이번 절의 나머지 부분에서는 식 (1.9)의 해를 조사하고 식 (1.8)에 나온 점화식의 몇 가지 일반화를 살펴보겠다. 그러다 보면 그런 부류의 모든 문제에 깔린 구조가 드러날 것이다.

점화식의 해를 구하는 과정에서 2의 거듭제곱이 중요한 역할을 했으므로, n과 $J(n)$의 기수 2 표현(radix 2 representation)을 살펴보는 것이 자연스러운 절차일 것이다. n의 이진 전개가 다음과 같다고 하자.

$$n = (b_m b_{m-1} \dots b_1 b_0)_2.$$

즉,

$$n = b_m 2^m + b_{m-1} 2^{m-1} + \cdots + b_1 2 + b_0$$

이다. 여기서 각 b_i는 0 또는 1이고, 선행(leading) 비트 b_m은 1이다. $n = 2^m + l$이므로, 다음이 차례로 성립한다.

$$\begin{aligned}
n &= (1\, b_{m-1} b_{m-2} \dots b_1 b_0)_2, \\
l &= (0\, b_{m-1} b_{m-2} \dots b_1 b_0)_2, \\
2l &= (b_{m-1} b_{m-2} \dots b_1 b_0\, 0)_2, \\
2l+1 &= (b_{m-1} b_{m-2} \dots b_1 b_0\, 1)_2, \\
J(n) &= (b_{m-1} b_{m-2} \dots b_1 b_0\, b_m)_2.
\end{aligned}$$

(마지막 단계는 $J(n) = 2l + 1$이라는 점과 $b_m = 1$이라는 점에서 비롯된 것이다.) 이에 의해 다음이 증명되었다.

$$J((b_m b_{m-1} \dots b_1 b_0)_2) = (b_{m-1} \dots b_1 b_0\, b_m)_2. \tag{1.10}$$

컴퓨터 프로그래밍의 어법으로 말하자면, n에 왼쪽으로 비트 하나만큼 순환 자리이동(cyclic shift)을 적용하면 $J(n)$이 나온다. 마치 마법과 같다. 예를 들어 $n = 100 =$

$(1100100)_2$이면 $J(n) = J((1100100)_2) = (1001001)_2$인데, 이는 $64 + 8 + 1 = 73$이다. 처음부터 이진 표기법을 사용했다면 이 패턴을 즉시 발견했을 것이다.

(여기서 '반복(iteration)'은 함수를 함수 자신에게 적용하는 것을 뜻한다.)

n에서 시작해서 J 함수를 $m + 1$번 반복하면 1비트 순환 자리이동을 $m + 1$회 적용하게 된다. 그런데 n는 $(m + 1)$비트 수이므로, 그러면 결국 다시 n이 될 것이라고 기대할 수 있다. 그러나 실제로는 그렇지 않다. 예를 들어 $n = 13$일 때 $J((1101)_2) = (1011)_2$이지만, 그다음에는 $J((1011)_2) = (111)_2$가 되어서 과정이 깨진다. 선행 비트(제일 왼쪽 비트)가 0이 되면 그 0이 사라져 버리는 것이다. 사실 $J(n)$은 생존자의 번호이므로, $J(n)$은 항상 반드시 $\leq n$이어야 한다. 따라서 만일 $J(n) < n$이면 함수를 아무리 반복한다고 해도 다시 n으로 돌아가는 일은 생기지 않는다.

J를 거듭 적용하면 값이 점점 작아지는 수열이 만들어지며, 그 수열은 $J(n) = n$에서 하나의 '고정점(fixed point)'에 도달한다. 순환 자리이동 성질을 생각하면 그 고정점이 어떤 값일지 쉽게 짐작할 수 있다. 함수를 충분히 여러 번 반복하면 항상 모든 비트가 1인 패턴이 산출되며, n의 2진수 표현에 있는 비트 1들의 개수가 $\nu(n)$이라 할 때 그 패턴의 값은 $2^{\nu(n)} - 1$이다. 따라서, $\nu(13) = 3$이므로, 다음이 성립한다.

$$\overbrace{J(J(\ldots J(13)\ldots))}^{\text{2개 이상의 } J\text{들}} = 2^3 - 1 = 7$$

신기하게도, 만일 M이 컴팩트 C^∞ n-다양체($n > 1$)이면, M에서 $\mathbb{R}^{2n - \nu(n)}$으로의 미분 가능 넣기(immersion)가 존재하나, $\mathbb{R}^{2n - \nu(n) - 1}$로의 그러한 넣기가 반드시 존재하지는 않는다. 혹시 요세푸스가 비밀리에 위상수학을 연구하지는 않았을까?

비슷하게,

$$\overbrace{J(J(\ldots J((101101101101011)_2)\ldots))}^{\text{8개 이상}} = 2^{10} - 1 = 1023$$

이다. 이상하지만 사실이다.

잠시 첫 번째 추측, 즉 n이 짝수일 때 $J(n) = n/2$라는 추측으로 돌아가자. 이 추측이 일반적으로 참은 아님이 명백하지만, 이제는 이 추측이 실제로 참인 경우를 정확히 판정할 수 있다.

$$J(n) = n/2,$$
$$2l + 1 = (2^m + l)/2,$$
$$l = \frac{1}{3}(2^m - 2).$$

만일 이 수 $l = \frac{1}{3}(2^m - 2)$가 정수이면 $n = 2^m + l$은 하나의 해가 된다. 왜냐하면 l이 2^m보다 작기 때문이다. m이 홀수일 때 $2^m - 2$가 3의 배수이지만 m이 짝수일 때는 그렇지 않음을 증명하는 것이 어렵지 않다. (그런 문제들은 제4장에서 공부할 것이다.) 따라서, 방정식 $J(n) = n/2$에는 무한히 많은 해가 존재한다. 다음은 그중 처음 몇 개이다.

m	l	$n = 2^m + l$	$J(n) = 2l+1 = n/2$	n(이진수)
1	0	2	1	10
3	2	10	5	1010
5	10	42	21	101010
7	42	170	85	10101010

제일 오른쪽 열의 패턴에 주목하기 바란다. 이들은 왼쪽으로 한 자리 순환 이동했을 때와 오른쪽으로 한 자리 순환 이동(반감)했을 때 같은 결과가 나오는 이진수들이다.

이제 J 함수를 상당히 잘 이해하게 되었다. 다음 단계는 이 함수를 일반화하는 것이다. 식 (1.8)과 비슷하지만 상수들이 다른 점화식을 푸는 문제가 나오면 어떻게 해야 할까? 상수들에 따라서는 해가 너무 괴상해서 운 좋게 해를 추측하지 못할 수도 있다. 이 점을 고찰하기 위해, 상수 α, β, γ를 도입해서 점화식을 다음과 같이 좀 더 일반화하고, 이 점화식의 닫힌 형식 해를 찾아보자.

뭔 말인지 모르겠네. 그리스어 같아.

$$
\begin{aligned}
f(1) &= \alpha; \\
f(2n) &= 2f(n) + \beta, \quad n \geq 1\text{에 대해;} \\
f(2n+1) &= 2f(n) + \gamma, \quad n \geq 1\text{에 대해.}
\end{aligned}
\tag{1.11}
$$

(원래의 점화식은 $\alpha = 1$, $\beta = -1$, $\gamma = 1$이었다.) $f(1) = \alpha$로 시작해서 점화식을 적용해 보자. 다음은 작은 n 값들에 대해 나온 수량들이다.

n	$f(n)$
1	α
2	$2\alpha + \beta$
3	$2\alpha \qquad + \gamma$
4	$4\alpha + 3\beta$
5	$4\alpha + 2\beta + \gamma$
6	$4\alpha + \beta + 2\gamma$
7	$4\alpha \qquad + 3\gamma$
8	$8\alpha + 7\beta$
9	$8\alpha + 6\beta + \gamma$

$$\tag{1.12}$$

α의 계수가 n을 넘지 않는 가장 큰 2의 거듭제곱인 것 같다. 더 나아가서, 인접한 2의 거듭제곱들 사이에서 β는 0이 될 때까지 1씩 감소하고 γ는 0에서부터 1씩 증가한다. α, β, γ에 대한 의존성을 분리해서, $f(n)$을 다음과 같이 표현할 수 있다.

$$f(n) = A(n)\alpha + B(n)\beta + C(n)\gamma, \tag{1.13}$$

그리고 아마도

$$\begin{aligned} A(n) &= 2^m; \\ B(n) &= 2^m - 1 - l; \\ C(n) &= l \end{aligned} \tag{1.14}$$

안전벨트를 매라. 이제부터 처음 보는 내용이 나온다.

인 것으로 보인다. 여기서, 이전처럼 $n \geq 1$에 대해 $n = 2^m + l$이고 $0 \leq l < 2^m$이다.

식 (1.13)과 식 (1.14)를 귀납법으로 증명하는 것이 엄청나게 어렵지는 않지만, 과정이 복잡하고 별로 배울 것도 없다. 다행히 더 나은 진행 방법이 있다. 구체적인 값들을 선택해서 조합해 보는 것이다. 그럼 $\alpha = 1$이고 $\beta = \gamma = 0$인 특별한 경우를 통해서 그 방법을 살펴보자. 그런 경우 $f(n)$은 $A(n)$과 같을 것이라고 예상할 수 있다. 이제 점화식 (1.11)은 다음이 된다.

$$\begin{aligned} A(1) &= 1; \\ A(2n) &= 2A(n), \quad n \geq 1\text{에 대해}; \\ A(2n+1) &= 2A(n), \quad n \geq 1\text{에 대해}. \end{aligned}$$

$A(2^m + l) = 2^m$이 참임은 명확하다(m에 대한 귀납법에 의해).

다음으로, 점화식 (1.11)과 식 (1.13)의 해를 거꾸로 적용해 보자. 즉, 간단한 함수 $f(n)$으로 시작해서 그것을 정의하는 임의의 상수 (α, β, γ)가 있는지 찾아보는 것이다. 상수 함수 $f(n) = 1$을 식 (1.11)에 대입하면 다음을 알 수 있다.

멋진 발상이야!

$$\begin{aligned} 1 &= \alpha; \\ 1 &= 2 \cdot 1 + \beta; \\ 1 &= 2 \cdot 1 + \gamma. \end{aligned}$$

이 방정식들을 만족하는 값 $(\alpha, \beta, \gamma) = (1, -1, -1)$을 적용해 보면 $A(n) - B(n) - C(n) = f(n) = 1$이 된다. 비슷하게, $f(n) = n$을 대입하면 다음이 나온다.

$$\begin{aligned} 1 &= \alpha; \\ 2n &= 2 \cdot n + \beta; \\ 2n+1 &= 2 \cdot n + \gamma. \end{aligned}$$

$\alpha = 1$, $\beta = 0$, $\gamma = 1$일 때는 이 등식들이 모든 n에 대해 성립하므로, 이 매개변수들이 $f(n) = n$을 정의한다는 점을 귀납법으로 증명할 필요는 없다. 우리는 그런 경우 $f(n) = n$이 해라는 사실을 이미 알고 있다. 점화식 (1.11)이 n의 모든 값에 대해 $f(n)$을 고유하게 정의하기 때문이다.

이로써 증명이 사실상 끝난 셈이다. 이상의 논증은 식 (1.13)의 함수 $A(n)$, $B(n)$, $C(n)$(식 (1.11)의 일반해를 구성하는)이 다음 등식들을 만족함을 보여준다.

$$A(n) = 2^m, \quad \text{여기서} \ n = 2^m + l \text{이고} \ 0 \le l < 2^m;$$
$$A(n) - B(n) - C(n) = 1;$$
$$A(n) + C(n) = n.$$

그리고 이로부터 식 (1.14)의 추측들이 즉시 확인된다. 그 방정식들을 풀면 $C(n) = n - A(n) = l$과 $B(n) = A(n) - 1 - C(n) = 2^m - 1 - l$이 나오기 때문이다.

이러한 접근방식은 점화식을 푸는 데 놀랄 만큼 유용한 레퍼토리법(repertoire method)의 예이다. 레퍼토리법에서는 우선 알고 있는 해에 대한 일반적인 매개변수들의 설정들을 구한다. 그러면 우리가 풀 수 있는 특별한 경우들에 대한 레퍼토리가 마련된다. 그런 다음에는 특별한 경우들을 결합해서 일반적인 경우를 얻는다. 이를 위해서는 독립 매개변수 개수(지금 예에서는 α, β, γ 세 개)만큼의 개별적인 특수해들이 필요하다. 연습문제 16에서 20까지에 이러한 레퍼토리 접근 방식의 또 다른 예들이 나온다.

우리는 원래의 J 점화식에 하나의 마법 같은 해가 있음을 알고 있다. 다음은 그 해를 이진으로 표현한 것이다.

$$J\big((b_m b_{m-1} \dots b_1 b_0)_2\big) = (b_{m-1} \dots b_1 b_0 b_m)_2, \quad \text{여기서} \ b_m = 1.$$

일반화된 요세푸스 문제의 점화식에도 이런 마법이 가능할까?

물론 가능하다(그렇지 않을 이유가 있겠는가?). $\beta_0 = \beta$, $\beta_1 = \gamma$로 둔다면 일반화된 점화식 식 (1.11)을 다음과 같이 다시 쓸 수 있다.

$$f(1) = \alpha;$$
$$f(2n+j) = 2f(n) + \beta_j, \quad j = 0, 1 \text{과} \ n \ge 1 \text{에 대해}. \tag{1.15}$$

그리고 이 점화식을 이진으로 펼치면 다음이 된다.

$$
\begin{aligned}
f\big((b_m b_{m-1} \dots b_1 b_0)_2\big) &= 2f\big((b_m b_{m-1} \dots b_1)_2\big) + \beta_{b_0} \\
&= 4f\big((b_m b_{m-1} \dots b_2)_2\big) + 2\beta_{b_1} + \beta_{b_0} \\
&\ \ \vdots \\
&= 2^m f\big((b_m)_2\big) + 2^{m-1}\beta_{b_{m-1}} + \cdots + 2\beta_{b_1} + \beta_{b_0} \\
&= 2^m \alpha + 2^{m-1}\beta_{b_{m-1}} + \cdots + 2\beta_{b_1} + \beta_{b_0}.
\end{aligned}
$$

주의: 저자들은 레퍼토리법을 하향식으로 설명하는 대신 우리가 직접 겪어 보면서 파악하길 기대한다. 레퍼토리법은 '선형(일차)' 점화식에 가장 잘 적용된다. 여기서 선형이란 해들을 식 (1.13)에서처럼 n의 함수들에 곱해지는 임의의 매개변수들의 합으로 표현할 수 있다는 뜻이다. 식 (1.13)이 핵심이다.

('완화' = '파괴')

이제 이진 표기법의 규칙을 완화해서, 0과 1만 사용할 수 있는 것이 아니라 임의의 숫자를 사용할 수 있다고 하자. 위의 유도 과정에서 다음을 알 수 있다.

$$f((b_m b_{m-1} \ldots b_1 b_0)_2) = (\alpha \beta_{b_{m-1}} \beta_{b_{m-2}} \ldots \beta_{b_1} \beta_{b_0})_2. \tag{1.16}$$

알 것 같아.
$A(n)$, $B(n)$, $C(n)$의 이진 표현들에서 1들이 모두 다른 자리에 있어.

좋다. 식 (1.12)를 다음과 같이 표현했다면 이 패턴을 좀 더 일찍 발견했을 것이다.

n	$f(n)$
1	α
2	$2\alpha + \beta$
3	$2\alpha + \gamma$
4	$4\alpha + 2\beta + \beta$
5	$4\alpha + 2\beta + \gamma$
6	$4\alpha + 2\gamma + \beta$
7	$4\alpha + 2\gamma + \gamma$

예를 들어 $n = 100 = (1100100)_2$일 때, 원래의 요세푸스 값 $\alpha = 1$, $\beta = -1$, $\gamma = 1$을 적용한다면 다음과 같은 결과가 나온다.

$$
\begin{array}{rccccccccl}
n = & (\ 1 & 1 & 0 & 0 & 1 & 0 & 0 \ )_2 & = & 100 \\
\hline
f(n) = & (\ 1 & 1 & -1 & -1 & 1 & -1 & -1 \ )_2 & & \\
= & +64 & +32 & -16 & -8 & +4 & -2 & -1 & = & 73
\end{array}
$$

이는 이전의 결과와 같다. 순환 이동 성질이 유지되는 이유는, n의 이진 표현에서 각각의 이진 숫자 블록 $(10 \ldots 00)_2$들이 다음으로 변환되기 때문이다.

$$(1 - 1 \ldots -1 -1)_2 = (00 \ldots 01)_2.$$

"일반화는 다음 두 종류이다. 하나는 싸구려이지만 다른 하나는 가치가 있다.
작은 개념을 큰 전문용어로 희석해서 일반화하기는 쉽다. 여러 가지 좋은 재료에서 정련되고 압축된 정수精髓를 뽑는 것은 훨씬 어려운 일이다.
— G. 포여 [297]

결과적으로, 표기법에 변화를 주었더니 간결한(compact) 해 (1.16)이 나왔다. 제약을 더욱 없애서 일반화를 좀 더 밀고 나가 보자. 다음은 이전에 나온 점화식과 거의 같은 점화식이다.

$$
\begin{aligned}
f(j) &= \alpha_j, & 1 \le j < d\text{에 대해;} \\
f(dn+j) &= cf(n) + \beta_j, & 0 \le j < d\text{와 } n \ge 1\text{에 대해,}
\end{aligned} \tag{1.17}
$$

단, 이전과는 달리 처음 수들의 기수가 d이고, 산출하는 수들은 기수가 c이다. 즉, 이 점화식의 해는 중간에서 기수가 변한다.

$$f((b_m b_{m-1} \ldots b_1 b_0)_d) = (\alpha_{b_m} \beta_{b_{m-1}} \beta_{b_{m-2}} \ldots \beta_{b_1} \beta_{b_0})_c. \tag{1.18}$$

예를 들어, 운 좋게 다음과 같은 점화식이 주어졌으며, $f(19)$를 계산해야 한다고 하자.

어쩌면 운이 *나쁜* 것일 수도.

$$f(1) = 34;$$
$$f(2) = 5;$$
$$f(3n) = 10f(n) + 76, \quad n \geq 1\text{에 대해};$$
$$f(3n+1) = 10f(n) - 2, \quad n \geq 1\text{에 대해};$$
$$f(3n+2) = 10f(n) + 8, \quad n \geq 1\text{에 대해}.$$

이 예에서 $d = 3$이고 $c = 10$이다. $19 = (201)_3$이므로, 기수가 변하는 해에 따르면 숫자별로 기수 3을 10으로 바꾸면 답이 나올 것이다. 그러면 선행 숫자 2는 5가 되고, 0과 1은 76과 −2가 된다. 따라서 답은

$$f(19) = f((201)_3) = (5\ 76\ -2)_{10} = 1258$$

이다.

이상에서 보듯이, 요세푸스와 제1차 유대-로마 전쟁은 몇 가지 흥미로운 일반적인 점화식으로 이어졌다.

그러나 나는 일반적으로 전쟁의 점화에 반대한다.

연습문제

몸풀기

1 모든 말(馬)이 같은 색임을, 주어진 집합에 속한 말들의 번호에 대한 수학적 귀납법으로 다음과 같이 증명할 수 있다. "만일 말이 한 마리뿐이면, 그 말의 색이 곧 그 집합의 모든 말의 색이므로, 기초 단계는 자명하다. 귀납 단계는 이렇다. n마리의 말에 1에서 n까지의 번호를 부여했다고 하자. 귀납 가설에 의해, 1번에서 $n-1$번까지의 말들은 모두 같은 색이다. 마찬가지로 2에서 n까지도 같은 색이다. 2번에서 $n-1$번까지의 말들은 그 두 집합에 동시에 속하는데, 그렇다고 그 말들의 색이 집합에 따라 달라질 수는 없다. 이들은 카멜레온이 아니기 때문이다. 따라서 추이법칙에 의해 1번 말과 n번 말도 같은 색이어야 한다. 그러므로 n마리의 말들은 모두 같은 색이다. QED(증명 끝)." 만일 이 추론이 옳지 않다면, 어디가 틀렸을까?

모든 장(chapter)의 몸풀기 문제를 모두 풀도록 하세요!
– 관리자

2 원반을 왼쪽 기둥 A에서 오른쪽 기둥 B로 직접 이동할 수 없다는 제약하에서, 원반이 n개인 탑을 기둥 A에서 기둥 B로 옮기는 가장 짧은 이동열(일련의 이동들로 이루어진 순차열)을 구하라. (각 이동은 반드시 가운데 기둥(A도, B도 아닌)

에서 출발하거나 가운데 기둥으로 가야 한다. 본문의 문제와 마찬가지로, 큰 원반을 작은 원반 위에 쌓을 수는 없다.)

3 문제 2의 제약하에서 탑을 옮기다 보면 세 기둥에 n개의 원반을 적절히 쌓는 모든 가능한 구성이 나타나게 됨을 보여라.

4 기둥 세 개에 놓인 원반 n개를 뤼카의 원래의 규칙하에서 옮긴다고 할 때, 필요한 이동 횟수가 $2^n - 1$을 초과하는 시작 구성과 종료 구성의 조합이 존재하는가?

5 집합 세 개에서 비롯되는 모든 가능한 부분집합 8개를 흔히 다음과 같은 '벤 다이어그램Venn diagram'으로 표시한다.

집합 네 개의 16가지 부분집합을 이처럼 네 개의 겹치는 원으로 표현할 수 있을까?

6 평면의 선 n개로 정의되는 영역들에는 무한한 영역도 있고 유한한 영역도 있다. 유한한 영역의 최대 개수는 무엇인가?

7 $H(n) = J(n+1) - J(n)$이라고 하자. 식 (1.8)에 따르면 모든 $n \geq 1$에 대해 $H(2n) = 2$이고 $H(2n+1) = J(2n+2) - J(2n+1) = (2J(n+1)-1) - (2J(n)+1)$ $= 2H(n) - 2$이다. 따라서 모든 n에 대해 $H(n) = 2$임을 n에 대한 귀납으로 증명할 수 있을 것 같지만, 실제로는 그렇지 않다. 무엇이 문제일까?

숙제

8 다음 점화식의 해를 구하라.

$$Q_0 = \alpha; \quad Q_1 = \beta;$$
$$Q_n = (1 + Q_{n-1})/Q_{n-2}, \quad n > 1$$에 대해.

모든 $n \geq 0$에 대해 $Q_n \neq 0$이라고 가정하라. [힌트: $Q_4 = (1+\alpha)/\beta$.]

9 때에 따라서는 귀납법을 거꾸로 적용할 수도 있다. 즉, $n-1$에서 n이 아니라 ... 색이 다른 말이 나왔군. n에서 $n-1$의 방향으로 뭔가를 증명할 수도 있는 것이다. 예를 들어 다음 명제를 생각해 보자.

$$P(n): \ x_1 \dots x_n \le \left(\frac{x_1 + \cdots + x_n}{n}\right)^n, \ \text{만일} \ x_1, \dots, x_n \ge 0 \text{이면.}$$

$(x_1 + x_2)^2 - 4x_1 x_2 = (x_1 - x_2)^2 \ge 0$이므로, $n = 2$일 때 이 명제는 참이다.

a $x_n = (x_1 + \cdots + x_{n-1})/(n-1)$로 두고, $n > 1$이면 항상 $P(n)$이 $P(n-1)$을 함의함을 증명하라.[†]

b $P(n)$ 그리고(AND) $P(2)$가 $P(2n)$을 함의함을 보여라.

c 위의 두 명제가 참이면, 모든 n에 대해 $P(n)$이 참이다. 왜 그런지 설명하라.

10 원반을 항상 시곗바늘 돌듯이 옮겨야 한다는 규칙하에서 원반이 n개인 탑을 기둥 A에서 B로 옮기는 데 필요한 최소 이동 횟수를 Q_n이라고 하자. 여기서 "시곗바늘 돌듯이"란 A에서 B로, B에서 C로, C에서 A로의 이동만 허용된다는 뜻이다. 그리고 그런 제약하에서 탑을 B에서 다시 A로 옮기는 데 필요한 최소 이동 횟수를 R_n이라고 하자. 다음을 증명하라.

$$Q_n = \begin{cases} 0, & \text{만일} \ n = 0 \text{이면}; \\ 2R_{n-1} + 1, & \text{만일} \ n > 0 \text{이면}; \end{cases} \qquad R_n = \begin{cases} 0, & \text{만일} \ n = 0 \text{이면}; \\ Q_n + Q_{n-1} + 1, & \text{만일} \ n > 0 \text{이면}. \end{cases}$$

(이 점화식들의 해를 구할 필요는 없다. 해를 구하는 방법은 제7장에 나온다.)

11 하노이의 이중 탑(Double Tower of Hanoi)은 총 $2n$개의 원반들로 이루어지는데, 원반의 크기가 n가지이고 크기당 원반이 두 개씩 있다. 이전과 마찬가지로 한 번에 한 원반만 옮길 수 있으며, 작은 원반 위에 큰 원반을 놓으면 안 된다.

a 같은 크기의 두 원반을 구분할 수 없다고 할 때, 하나의 이중 탑을 한 기둥에서 다른 기둥으로 옮기는 데 필요한 이동 횟수는 무엇인가?

b 최종 구성에서 같은 크기의 모든 원반이 원래의 위에서 아래 순서가 되어야 한다는 제약이 추가된다면 필요한 이동 횟수는 무엇인가? [힌트: 이 문제는 어렵지 않다. 사실 이것은 '보너스 문제'이다.]

[†] (옮긴이) "A가 B를 함의한다(imply)"라는 것은 "만일 A가 참이면 B도 참이다"라는 뜻이다.

12 문제 11을 좀 더 일반화해서, 원반 크기가 n가지이고, 크기가 k인 원반이 정확히 m_k개 있다고 하자. 같은 크기의 원반들을 구분할 수 없다고 할 때, 하나의 탑을 옮기는 데 필요한 최소 이동 횟수 $A(m_1, ..., m_n)$을 구하라.

13 평행한 무한 반직선 두 개가 하나의 직선 선분으로 연결된 형태의 지그재그 선 n개로 정의할 수 있는 영역의 최대 개수는 무엇인가?

$$ZZ_2 = 12$$

치즈를 제자리에 놔두기가 쉽지는 않겠지만.

14 치즈 덩어리 하나를 직선으로 다섯 번 잘라서 얻을 수 있는 치즈 조각은 몇 개일까? (치즈를 자를 때 항상 치즈가 제자리에 놓여 있어야 하며, 각 치즈 조각은 3차원 공간의 한 평면에 대응되어야 한다.) n개의 서로 다른 평면으로 정의할 수 있는 3차원 영역들의 최대 개수 P_n에 대한 점화식을 구하라.

15 요세푸스의 친구는 마지막 사람 바로 전 위치에 있어서 살아남았다. 매 두 번째 사람을 처형한다고 할 때, 마지막 바로 전 생존자의 번호 $I(n)$은 무엇인가?

16 레퍼토리법을 사용해서 다음과 같은 매개변수 네 개짜리 일반 점화식의 해를 구하라.

$$g(1) = \alpha;$$
$$g(2n+j) = 3g(n) + \gamma n + \beta_j, \quad j = 0, 1 \text{과 } n \geq 1 \text{에 대해.}$$

힌트: 함수 $g(n) = n$을 시험해 볼 것.

시험 문제

17 기둥이 세 개가 아니라 네 개인 설정에서 원반이 n개인 탑을 한 기둥에서 다른 기둥으로 옮기는 데 필요한 최소 이동 횟수가 W_n이라고 하자. 다음이 성립함을 보여라.

$$W_{n(n+1)/2} \leq 2W_{n(n-1)/2} + T_n, \quad n > 0 \text{에 대해.}$$

(여기서 $T_n = 2^n - 1$은 보통의 3 기둥 설정에서의 최소 이동 횟수이다.) 그리고 이 부등식을 이용해서, 모든 $n \geq 0$에 대해 $W_{n(n+1)/2} \leq f(n)$임을 만족하는 닫힌 형식 $f(n)$을 구하라.

18 다음과 같은 n개의 꺾인 선들이 Z_n개의 영역을 정의함을 보여라. 여기서 Z_n은 식 (1.7)에 정의된 것이다. $1 \leq j \leq n$에 대해, j번째의 꺾인 선은 점 $(n^{2j}, 0)$에서 크게 꺾이고(지그), 점 $(n^{2j} - n^j, 1)$과 $(n^{2j} - n^j - n^{-n}, 1)$을 지난다.

19 각 지그에서의 각도가 $30°$일 때, n개의 꺾인 선들이 Z_n개의 영역을 만들어 낼 수 있을까?

20 레퍼토리법을 사용해서 다음과 같은 매개변수 다섯 개짜리 일반(general) 점화식의 해를 구하라.

$$h(1) = \alpha;$$
$$h(2n+j) = 4h(n) + \gamma_j n + \beta_j, \quad j = 0, 1 과 \ n \geq 1 에 \ 대해.$$

힌트: 함수 $h(n) = n$과 $h(n) = n^2$을 시험해 볼 것.

<aside>점화식 계의 오성장군 (five-star general)?</aside>

21 $2n$명의 사람이 원을 이룬다고 하자. 처음 n명은 '좋은 사람들'이고 마지막 n명은 '나쁜 놈들'이다. 원을 따라 매 q번째 사람을 처형한다고 할 때, 나쁜 놈들만 먼저 처형되게 하는 어떤 정수 $q(n$에 의존하는)가 항상 존재함을 보여라. (예를 들어 $n = 3$일 때 $q = 5$로, $n = 4$일 때는 $q = 30$으로 두면 나쁜 놈들만 먼저 처형된다.)

보너스 문제

22 주어진 n개의 집합으로 만들어 낼 수 있는 2^n개의 부분집합 전부를 나타내는 벤 다이어그램을, 한 점을 중심으로 회전한 닮은꼴(합동) 다각형 n개로 만들어 낼 수 있음을 보여라.

23 매 q번째 사람이 처형되며, 요세푸스가 자신의 위치 j를 알고 있다고 하자. 만일 요세푸스가 처형 매개변수 q를 선택할 수 있다면, 그는 항상 살아남을 수 있을까?

연구 문제

24 다음 형태의 점화식 중에서 그 해가 초기 값 $X_0, ..., X_{k-1}$과는 무관하게 주기적인 (periodic) 점화식들을 모두 구하라.

$$X_n = \frac{1 + a_1 X_{n-1} + \cdots + a_k X_{n-k}}{b_1 X_{n-1} + \cdots + b_k X_{n-k}}.$$

25 4 기둥 하노이의 탑의 무한히 많은 사례를, 연습문제 17의 점화식에서 등호가 성립함을 증명해서 풀어라.

26 연습문제 23을 일반화해서, $\{1,2,...,n\}$ 의 부분집합 중 어떤 q에 대해 다른 $n-k$개의 번호들에 해당하는 사람들이 먼저 처형됨을 만족하는 k개의 번호들로 이루어진 부분집합을 요세푸스 부분집합이라고 부르기로 하자. (그 부분집합은 요세푸스가 구하고자 하는 '좋은 사람들'의 위치 k개에 해당한다.) 예를 들어 $n=9$일 때, 총 2^9개의 부분집합 중 요세푸스 부분집합이 아닌 것은 세 개로, 구체적으로 말하면 $\{1,2,5,8,9\}$ 와 $\{2,3,4,5,8\}$, $\{2,5,6,7,8\}$ 이다. $n=12$일 때는 비요세푸스 부분집합이 13개이고, $n \le 12$일 때는 그런 부분집합이 존재하지 않는다. 큰 n에서 비요세푸스 부분집합이 드물까?

드물다. 이걸 독자 스스로 증명했다면, 아주 잘한 것이다.

2장

C o n c r e t e   M a t h e m a t i c s

합

합(sum)은 수학의 어디에나 등장하므로, 합을 다루는 기본 도구가 필요하다. 이번 장에서는 합산(summation)에 유용한 표기법과 일반적인 기법들을 살펴본다.

2.1 표기법

1부터 n까지의 정수들의 합을 계산하는 방법을 제1장에서 배웠다. 제1장에서는 그 합을 $1+2+3+ \cdots +(n-1)+n$이라고 표기했다. 이런 수식에서 $\cdots$은 그 주변 항들에서 유추한 패턴을 채우라는 뜻이다. 물론 $1+7+ \cdots +41.7$ 같은 합은 주의가 필요하다. 이런 합은 추가적인 정보를 담은 맥락이 없으면 무의미하기 때문이다. 반대로, 3과 $(n-1)$ 같은 항을 포함하는 것은 좀 지나친 일일 것이다. 그냥 $1+2+ \cdots +n$이라고만 표기해도 패턴이 명확하기 때문이다. 때에 따라서는 좀 더 대담하게 그냥 $1+ \cdots +n$이라고 표기하기도 한다.

이번 장에서는 다음과 같은 일반적인 형식의 합을 다룬다.

$$a_1+a_2+ \cdots +a_n, \tag{2.1}$$

여기서 각 a_k는 좀 더 구체적인 정의가 주어지는 어떤 수이다. 이러한 표기법의 장점은, 상상력을 적당히 동원한다면 모든 항을 나열한 완전한 형태의 합을 이 패턴을 통해서 "볼" 수 있다는 점이다.

합의 각 성분 a_k를 항^{項}(term)이라고 부른다. 합의 항들이 어떤 공식(패턴을 쉽게 파악할 수 있는)으로만 암묵적으로 주어지는 경우도 많다. 그런 경우 항들을 좀 더

term은 이 강좌가 지속되는 기간이다.

풀어써야 합의 의미가 명확해지는 때가 종종 있다. 예를 들어 다음이 2^{n-1}개의 항들이 아니라 n개의 항들의 합을 나타낸 것이라고 하자.

$$1+2+ \cdots +2^{n-1}.$$

그렇다면 다음과 같이 표기하는 것이 좀 더 명확하다.

$$2^0+2^1+ \cdots +2^{n-1}.$$

용도가 많긴 하지만, 이러한 3점 표기법은 뜻이 애매하거나 표기가 장황해질 수 있다. 다른 표기법들이 있는데, 특히 다음과 같이 항들의 한계(범위)를 명시하는 표기법이 유명하다.

$$\sum_{k=1}^{n} a_k, \tag{2.2}$$

그리스 글자 Σ(대문자 시그마)를 사용하기 때문에 이를 시그마 표기(Sigma-notation)라고 부른다. 이 표기법은 이것이 항 a_k들의 합이라는 점과 항들의 정수 색인(아래 첨자) k가 하계 1에서 상계 n까지임을 명확히 말해준다. 다른 말로 하면, 이는 "1에서 n까지의 k들에 관해 합하라"는 뜻이다. 조제프 푸리에[Joseph Fourier]가 1820년에 도입한 이러한 한계 명시 $\sum$ 표기법은 순식간에 수학계를 장악했다.

덧붙이자면, $\sum$ 기호 다음의 수량(지금 예에서는 a_k)을 피가수(summand)라고 부른다.

식 (2.2)에서, 색인 변수 k가 $\sum$에 묶여 있다(bound)고 말한다. 이는 a_k의 k가 시그마 표기 바깥에 등장하는 다른 k와는 무관하기 때문이다. k 대신 다른 영문자를 사용한다고 해도 식 (2.2)의 의미가 변하지는 않는다. 흔히 i가 쓰이지만, 이 책에서는 주로 k를 사용한다. i는 $\sqrt{-1}$을 뜻하는 기호로 남겨 두는 것이 좋기 때문이다.

알고 보면, 일반화된 시그마 표기가 한계 명시 시그마 표기보다 더 유용하다. 이 표기법에서는 합산을 진행할 색인들의 집합을 규정하는 하나 이상의 조건을 $\sum$ 아래에 표기한다. 예를 들어 식 (2.1)과 식 (2.2)의 합들을 다음과 같이 표기할 수 있다.

"Le signe $\sum_{i=1}^{i=\infty}$ indique que l'on doit donner au nombre entier i toutes ses valeurs 1, 2, 3, ..., et prendre la somme des termes."[†]
— J. 푸리에, [127]

글쎄, 식 (2.2)에서 k 대신 a나 n을 색인 변수로 사용하고 싶지는 않다. 그 글자들은 $\sum$ 바깥에서 의미가 있는 '자유 변수(free variable)'들이니까.

---

† (옮긴이) 영어 이외의 언어로 된 인용문은 굳이 번역하지 않았음을 양해 바란다. 기계번역을 활용하고자 하는 독자의 편의를 위해, 복사해 붙일 수 있는 비영어 인용문을 옮긴이 홈페이지(옮긴이의 글 참고)를 통해서 제공한다.

$$\sum_{1 \le k \le n} a_k. \tag{2.3}$$

지금 예만 보면 식 (2.2)보다 특별히 나을 것이 없지만, 이러한 일반형을 이용하면 연속되지 않은 정수들로 이루어진 색인 집합에 관한 합도 표기할 수 있다. 예를 들어 다음은 100 미만의 모든 홀수 정수의 제곱의 합을 표현한 것이다.

$$\sum_{\substack{1 \le k < 100 \\ k \text{는 홀수}}} k^2.$$

이 합에 해당하는 한계 명시 표기는 다음과 같다.

$$\sum_{k=0}^{49} (2k+1)^2.$$

이는 일반형보다 장황하고 의미도 불명확하다. 비슷하게, 다음은 1에서 N까지의 모든 소수素數(prime number)의 역수의 합이다.

$$\sum_{\substack{p \le N \\ p \text{는 소수}}} \frac{1}{p}.$$

이를 한계 명시 표기법으로 표현한다면 다음과 같이 써야 한다.

$$\sum_{k=1}^{\pi(N)} \frac{1}{p_k}.$$

여기서 p_k는 k번째 소수이고 $\pi(N)$은 $\le N$인 소수들의 개수이다. (첨언하자면, 이 합은 N 부근의 정수 확률변수의 서로 다른 소인수들의 평균 개수와 대략 비슷하다. 이는 그런 정수들의 약 $1/p$개가 p로 나누어떨어지기 때문이다. 큰 N에 대해 이 합의 값은 약 $\ln \ln N + M$인데, 여기서 $M \approx 0.26149721284764278375542683860869585905515666$은 메르텐스 상수(Mertens's constant; [271])이다. $\ln x$는 x의 자연로그이고 $\ln \ln x$는 $\ln(\ln x)$를 뜻한다.)

일반 시그마 표기의 가장 큰 장점은, 한계 명시 형식보다 더 다루기 쉽다는 것이다. 예를 들어 색인 변수 k를 $k+1$로 변경해야 한다고 하자. 일반형에서는 다음이 성립한다.

합산 기호가 찌그러진 팩맨처럼 생겼네.

$$\sum_{1 \le k \le n} a_k = \sum_{1 \le k+1 \le n} a_{k+1}.$$

이 경우에는 무엇을 바꾸면 되는지 쉽게 파악할 수 있으며, 거의 머리를 쓰지 않고도 해당 대입을 처리할 수 있다. 그러나 한계 명시 형식에서는 다음과 같이 두어야 한다.

$$\sum_{k=1}^{n} a_k = \sum_{k=0}^{n-1} a_{k+1}.$$

무엇을 바꾸어야 하는지 파악하기가 더 어렵고, 따라서 실수할 가능성이 커진다.

그렇긴 하지만 한계 명시 형식이 아예 쓸모없는 것은 아니다. 한계 명시 형식은 깔끔하고 단정하며(tidy), 더 빨리 표기할 수 있다. 식 (2.2)에는 기호가 일곱 개지만 식 (2.3)에는 여덟 개이다. 그래서 이 책에서는 어떤 문제를 제시하거나 결과를 표시할 때는 상계와 하계가 있는 $\sum$를 주로 사용하고, 색인 변수들을 변환해야 하는 합을 조작할 때는 조건식들이 밑에 표기된 $\sum$를 주로 사용한다.

이 책에는 $\sum$ 기호가 1,000번 이상 나온다. 따라서 이 기호의 정확한 의미를 반드시 알아 두어야 한다. 공식적으로, 다음과 같은 표기는

$$\sum_{P(k)} a_k \tag{2.4}$$

주어진 성질(property) $P(k)$를 만족하는 정수 k들에 대응되는 모든 a_k 항의 합을 나타낸다. (여기서 "성질 $P(k)$"는 참 또는 거짓으로 평가되는, k에 관한 임의의 명제이다.) 일단 지금은, $P(k)$를 만족하며 $a_k \neq 0$인 정수 k들의 개수가 유한하다고 가정한다. 그런 가정이 없으면 무한히 많은 0이 아닌 수들이 더해지기 때문에 합을 다루기가 조금 까다로워진다. 반대편 극단으로, 만일 모든 정수 k에 대해 $P(k)$가 거짓이면 그 합은 '빈(empty)' 합이다. 그리고 빈 합의 값은 0으로 정의된다.

개별적인 행으로 표시된 수식이 아니라 문단 중간에 합이 나올 때는 (2.4)를 조금 변형한 $\sum_{P(k)} a_k$ 형태의 표기를 사용한다. 이처럼 성질 $P(k)$를 $\sum$의 아래 색인으로 붙이면 수식 때문에 문단의 줄 간격이 너무 넓어지는 문제를 피할 수 있다. 그와 비슷하게, 식 (2.2) 같은 형태를 문단의 한 행으로 한정하고자 할 때는 $\sum_{k=1}^{n} a_k$를 사용한다.

종종 사람들은

$$\sum_{k=0}^{n} k(k-1)(n-k) \text{를} \quad \sum_{k=2}^{n-1} k(k-1)(n-k)$$

a tidy sum은 목돈.

별거 아님. 일리아스에 Σ가 얼마나 많이 나오는데.

로 바꾸어 표기하고 싶은 유혹에 빠진다. 이유는, 원래의 합에서 $k = 0, 1, n$의 항들이 0이라는 것이다. 사실 $n - 2$개의 항을 더하는 것이 $n + 1$개의 항을 더하는 것보다 효율적인 것 같긴 하다. 그러나 이런 유혹에 굴복하면 안 된다. 계산의 효율성이 항상 이해의 효율성과 같지는 않다! 차차 알게 되겠지만, 합산 색인의 상계와 하계는 최대한 간단하게 유지하는 것이 이롭다. 이는 경계가 간단하면 합을 좀 더 쉽게 조작할 수 있기 때문이다. 실제로, $\sum_{k=2}^{n-1}$ 형태의 합은 위험할 정도로 모호할 수 있다. $n = 0$이나 $n = 1$일 때 그 의미가 명확하지 않다는 점에 주목하기 바란다(연습문제 1 참고). 값이 0인 항들이 문제가 되지는 않는다. 오히려 그런 항들 덕분에 수고가 크게 줄어드는 경우도 많다.

지금까지 논의한 표기법들은 상당히 표준적인 것들이다. 이제부터는 전통과는 상당히 벗어난 표기법들을 소개한다. 케네스 E. 아이버슨Kenneth E. Iverson은 그의 프로그래밍 언어 APL에서 훌륭한 착안 하나를 소개했다.[191, p. 11; p. 220도 보라] 이후에 보겠지만, 그 착안을 이용하면 이 책에서 하고자 하는 많은 것들이 크게 단순화된다. 착안은 간단하다. 참 또는 거짓으로 평가되는 명제를 대괄호 쌍으로 감싸고, 만일 그 명제가 참이면 표기의 결과가 1이고 거짓이면 0이라고 정의하는 것이다. 예를 들면 다음과 같다.

주목: 다른 책들에서 본 "크로네커 델타Kronecker Delta(만일 $k = n$이면 1이고 그렇지 않으면 0인 δ_{kn})는 이 아이버슨의 관례의 한 특수 사례일 뿐이다. 대신 $[k = n]$ 이라고 표기할 수 있다.

$$[p\text{는 소수}] = \begin{cases} 1, & \text{만일 } p\text{가 소수이면}; \\ 0, & \text{만일 } p\text{가 소수가 아니면}. \end{cases}$$

아이버슨의 관례를 이용하면 합산의 색인에 대한 제약이 전혀 없는 합들도 표현할 수 있다. 식 (2.4)를 다음과 같은 형태로 표현할 수 있음을 주목하자.

$$\sum_k a_k [P(k)]. \tag{2.5}$$

만일 $P(k)$가 거짓이면 항 $a_k[P(k)]$는 0이므로, 합산되는 항들에 이 항을 포함해도 안전하다. 이런 형태에서는 경계 조건을 두고 장황하게 명시할 필요가 없으므로 합산의 색인을 조작하기 쉽다.

"나는 [이 표기법의] 새롭고 중요한 응용에 놀라곤 한다."
— B. 드피네티B. de Finetti, [123]

여기서 약간 전문적인 세부 사항 한 가지를 언급할 필요가 있겠다. 종종 a_k가 일부 k에 대해 정의되지 않을 때가 있다. 이 책에서는 $P(k)$가 거짓일 때 $[P(k)]$가 "아주 강하게 0"이라고 가정함으로써 그러한 어려움을 피해 나간다. 즉, $[P(k)]$가 0이나 다름 없기 때문에, a_k가 정의되지 않는다고 해도 $a_k[P(k)]$가 0과 같다고 간주하는 것이다. 예를 들어 $\leq N$인 소수의 역수들의 합을 아이버슨의 관례에 따라 표기하면 다음과 같다.

$$\sum_p [p는 \ 소수][p \leq N]/p.$$

$p = 0$일 때 0으로 나누기가 발생하지만, 문제가 되지 않는다. 지금의 관례에서는 그냥 $[0은 \ 소수][0 \leq N]/0 = 0$이기 때문이다.

그럼 지금까지 합에 관해 논의한 것들을 정리해 보자. 항들의 합을 표기하기에 좋은 방법은 크게 두 가지이다. 하나는 …을 사용하고 또 하나는 $\sum$를 사용한다. 종종, 3점 형태의 표기에서 합산을 조작하는 유용한 방법을 발견하기도 한다. 특히 인접한 항들을 조합하는 방법을 발견하기 좋은데, 이는 항들이 눈앞에 실제로 나열되어 있어서 합을 단순화하는 패턴을 파악할 수 있기 때문이다. 그러나 세부사항이 너무 많아서 오히려 눈이 멀 수도 있다. 시그마 표기법은 간결하고, 가족이나 친구에게 뻐길 수도 있다. 또한, 3점 형태에서는 발견하기 어려운 조작 방법을 발견하게 되는 경우도 많다. 시그마로 표기된 합을 다룰 때는 0인 항들이 별로 문제가 되지 않는다. 사실 0들이 있으면 $\sum$을 조작하기 쉬워지는 경우가 많다.

… 그리고 시험에서 "엄밀함의 부족"으로 점수를 잃을 확률도 줄어든다.

2.2 합과 점화식

이제 멋진 표기법으로 합을 표현하는 방법은 이해했다. 이제는 합의 값을 실제로 구하는 방법을 살펴볼 차례이다. 한 가지 방법은 합과 점화식 사이에 밀접한 관계가 있다는 점에 주목하는 것이다. 합

$$S_n = \sum_{k=0}^{n} a_k$$

은 다음 점화식과 동등하다.

S_n을 하나의 수로 생각하지 말고 모든 $n \geq 0$에 대해 정의되는 수열이라고 생각할 것.

$$S_0 = a_0;$$
$$S_n = S_{n-1} + a_n, \quad n > 0에 \ 대해. \tag{2.6}$$

따라서, 제1장에서 배운, 점화식의 닫힌 형식 해를 구하는 방법을 닫힌 형식으로 된 합을 평가하는 데 적용할 수 있다.

예를 들어 a_n이 n의 한 배수에 어떤 상수를 더한 것과 같다고 하자. 그러면 식 (2.6)의 합-점화식은 다음과 같은 일반적 점화식이 된다.

$$R_0 = \alpha;$$
$$R_n = R_{n-1} + \beta + \gamma n, \quad n > 0에 \ 대해. \tag{2.7}$$

제1장에서처럼 진행해서 $R_1 = \alpha + \beta + \gamma$, $R_2 = \alpha + 2\beta + 3\gamma$ 등의 구체적인 사례들을 모은다. 그리고 이로부터 다음과 같은 일반해를 유도한다.

$$R_n = A(n)\,\alpha + B(n)\,\beta + C(n)\,\gamma, \qquad\qquad (2.8)$$

여기서 $A(n)$, $B(n)$, $C(n)$은 일반 매개변수 α, β, γ에 종속적인 계수들이다.

다음으로, 레퍼토리법에 따라, 간단한 n의 함수들을 R_n에 대입해 보면서 해가 특하나 간단해지는 상수 매개변수 α, β, γ를 찾아본다. $R_n = 1$로 두면 $\alpha = 1$, $\beta = 0$, $\gamma = 0$이 되며, 따라서

$$A(n) = 1$$

이다. $R_n = n$으로 둔다면 $\alpha = 0$, $\beta = 1$, $\gamma = 0$이므로

$$B(n) = n$$

이다. $R_n = n^2$으로 두면 $\alpha = 0$, $\beta = -1$, $\gamma = 2$이므로

$$2C(n) - B(n) = n^2$$

이며, 따라서 $C(n) = (n^2 + n)/2$다. 식은 파이 먹기만큼이나 쉽다.

그러므로, 만일 합

$$\sum_{k=0}^{n} (a + bk)$$

을 평가해야 한다면, 합-점화식 (2.6)은 $\alpha = \beta = a$, $\gamma = b$인 식 (2.7)이 되며, 답은 $aA(n) + aB(n) + bC(n) = a(n+1) + b(n+1)n/2$이다.

반대로, 점화식 중에는 합으로 축약되는 것들이 많다. 그래서, 이번 장에서 나중에 배울 특별한 합 평가 방법들을 이용하면 다른 방법으로는 풀기 어려운 점화식도 풀 수 있다. 하노이의 탑 점화식을 예로 들겠다.

$$T_0 = 0;$$
$$T_n = 2T_{n-1} + 1, \quad n > 0\text{에 대해.}$$

이 점화식의 양변을 2^n으로 나누면 식 (2.6)의 한 특수 형태가 된다.

$$T_0/2^0 = 0;$$
$$T_n/2^n = T_{n-1}/2^{n-1} + 1/2^n, \quad n > 0\text{에 대해.}$$

사실은 더 쉽다: $\pi = \sum_{n \geq 0} \frac{8}{(4n+1)(4n+3)}$.

$S_n = T_n/2^n$으로 두어서 이 식을 단순화하면 다음이 나온다.

$$S_0 = 0;$$
$$S_n = S_{n-1} + 2^{-n}, \quad n > 0 \text{에 대해.}$$

이제 이를 합으로 표현할 수 있다.

$$S_n = \sum_{k=1}^{n} 2^{-k}.$$

(이 합에서는 $k=0$에 대한 행을 제외했음을 주목할 것.) 이번 장에서 나중에 유도하겠지만, 기하급수(등비급수) $2^{-1} + 2^{-2} + \cdots + 2^{-n} = (\frac{1}{2})^1 + (\frac{1}{2})^2 + \cdots + (\frac{1}{2})^n$의 값은 $1 - (\frac{1}{2})^n$이다. 따라서 $T_n = 2^n S_n = 2^n - 1$이다.

이 유도 과정에서는 점화식을 2^n으로 나눌 수 있다는 점에 착안해서 T_n을 S_n으로 바꾸었다. 이 요령은 지금부터 설명할 일반적인 기법의 한 특수 사례이다. 이 기법을 이용하면 다음 형태의 거의 모든 점화식을 합으로 축약할 수 있다.

$$a_n T_n = b_n T_{n-1} + c_n \tag{2.9}$$

이 기법의 핵심은 양변에 합산 인수 s_n을 곱한다는 것이다.

$$s_n a_n T_n = s_n b_n T_{n-1} + s_n c_n.$$

이 인수는 다음을 만족하도록 현명하게 선택된 것이어야 한다.

$$s_n b_n = s_{n-1} a_{n-1}.$$

이제 $S_n = s_n a_n T_n$으로 두면 합-점화식이 나온다.

$$S_n = S_{n-1} + s_n c_n.$$

따라서

$$S_n = s_0 a_0 T_0 + \sum_{k=1}^{n} s_k c_k = s_1 b_1 T_0 + \sum_{k=1}^{n} s_k c_k$$

이며, 원래의 점화식 (2.9)의 해는

$$T_n = \frac{1}{s_n a_n} \left(s_1 b_1 T_0 + \sum_{k=1}^{n} s_k c_k \right) \tag{2.10}$$

s_1의 값은 소거되므로, 0이 아니기만 하면 어떤 값이어도 된다.

이다. 예를 들어 $n=1$일 때 $T_1 = (s_1 b_1 T_0 + s_1 c_1)/s_1 a_1 = (b_1 T_0 + c_1)/a_1$이다.

그런데 s_n을 잘 선택할 수 있을 정도로 현명하지는 못한 사람은 어떻게 해야 할까? 걱정할 필요는 없다. 관계식 $s_n = s_{n-1} a_{n-1}/b_n$을 전개해 보면, 분수

$$s_n = \frac{a_{n-1} a_{n-2} \dots a_1}{b_n b_{n-1} \dots b_2} \tag{2.11}$$

또는 이 분수의 편리한 상수 배가 적절한 합산 인수임을 알게 될 것이기 때문이다. 예를 들어 하노이의 탑 점화식에서는 $a_n = 1$이고 $b_n = 2$이다. 앞에서 유도한 일반적인 방법에 따르면, 만일 점화식을 합으로 축약하고자 한다면 $s_n = 2^{-n}$이 적절한 곱수이다. 이 곱수는 어떤 기발한 착상이나 영감이 없어도 찾아낼 수 있다.

단, 항상 그렇듯이 0으로 나누기가 발생하지 않도록 하는 데에는 신경을 써야 한다. 합산 인수 방법은 모든 a와 모든 b가 0이 아닐 때 잘 통한다.

(빠른정렬은 호어Hoare가 1962년에 고안했다.[189])

그럼 이 착안들을, 아주 중요한 정렬 방법의 하나인 '빠른정렬(quicksort)'을 연구하다 보면 나오는 한 점화식에 적용해 보자. 빠른정렬의 전형적인 구현을 무작위 순 항목 n개에 적용했을 때 실행되는 비교 횟수의 평균은 다음 점화식을 만족한다.

$$C_0 = C_1 = 0;$$
$$C_n = n+1+\frac{2}{n}\sum_{k=0}^{n-1} C_k, \quad n > 1 \text{에 대해.} \tag{2.12}$$

흠. 이 점화식은 지금까지 나온 점화식들보다 훨씬 무서워 보인다. 이 점화식에는 이전의 모든 값에 대한 합이 포함되어 있으며, n으로 나누기도 있다. 작은 사례들을 시험해 보면 약간의 자료가 나오지만($C_2 = 3$, $C_3 = 6$, $C_4 = \frac{19}{2}$), 우리의 공포를 누그러뜨릴 뭔가가 발견되지는 않는다.

그러지만, 식 (2.12)의 복잡성을 체계적으로 줄이는 것이 가능하다. 우선 나누기를 제거하는 것으로 시작해서, $\sum$ 기호까지 제거하자. 여기서 핵심은 양변에 n을 곱하는 것이다. 그러면 점화식은 다음과 같은 모습이 된다.

$$nC_n = n^2 + n + 2\sum_{k=0}^{n-1} C_k, \quad n > 1 \text{에 대해.}$$

그리고 n을 $n-1$로 대체해서 다음을 얻는다.

$$(n-1)C_{n-1} = (n-1)^2 + (n-1) + 2\sum_{k=0}^{n-2} C_k, \quad n-1 > 1 \text{에 대해.}$$

이제 이 수식을 첫 수식에서 빼면 $\sum$ 기호가 사라진다.

$$nC_n - (n-1)C_{n-1} = 2n + 2C_{n-1}, \quad n > 2 \text{에 대해.}$$

따라서 C_n에 대한 원래의 점화식은 다음과 같이 훨씬 간단한 점화식으로 축약된다.

$$C_0 = C_1 = 0; \; C_2 = 3;$$
$$nC_n = (n+1)C_{n-1} + 2n, \quad n > 2 \text{에 대해.}$$

이는 큰 성과이다. 이 점화식은 식 (2.9)에서 $a_n = n$, $b_n = n+1$, 그리고

$$c_n = 2n - 2[n=1] + 2[n=2]$$

인 경우에 해당하므로, 이제는 합산 인수법을 적용할 수 있다. 앞에서 설명한 일반적인 합산 인수 선택 방법을 적용해 보면, 지금 문제에서 적절한 합산 인수가 다음의 어떤 배수임을 알 수 있다.

$$s_n = \frac{a_{n-1}a_{n-2}\ldots a_1}{b_n b_{n-1}\ldots b_2} = \frac{(n-1)\cdot(n-2)\cdot\ldots\cdot 1}{(n+1)\cdot n\cdot\ldots\cdot 3} = \frac{2}{(n+1)n}.$$

따라서, 식 (2.10)에 따르면, 답은 다음과 같다.

$$C_n = 2(n+1)\sum_{k=1}^{n}\frac{1}{k+1} - \frac{2}{3}(n+1), \quad n > 1 \text{에 대해.}$$

점화식의 $\sum$를 애써 제거했는데, 합산 인수를 적용하니 다른 $\sum$가 생겼다. 합이 좋은 거야 나쁜 거야...

남아 있는 합은 실제 응용에서 자주 나오는 한 수량과 아주 비슷하다. 그 수량이 너무나 자주 나오기 때문에, 아예 다음과 같은 특별한 이름과 특별한 표기법을 부여했다.

$$H_n = 1 + \frac{1}{2} + \cdots + \frac{1}{n} = \sum_{k=1}^{n}\frac{1}{k}. \tag{2.13}$$

H자는 "harmonic"을 뜻한다. 이 H_n을 조화수(harmonic number)라고 부르는데, 이 이름은 바이올린의 한 현에서 나오는 k번째 배음(harmonic)의 길이가 그 현의 $1/k$인 현이 내는 기본음과 같다는 점에서 비롯되었다.[†]

---

† (옮긴이) 이름의 유래를 생각하면 조화수보다는 '배음수'나 '화음수'가 더 적합할 것이다. 그러나 조화수라는 이름이 전혀 엉뚱한 것은 아니다. 애초에 한 기본음의 배음들은(적어도 여섯 번째 배음까지는) 기본음과 "조화를 이루어서" 화음을 형성하기 때문이다.

식 (2.12)의 빠른정렬 점화식에 관한 연구를 마무리하는 의미에서, C_n의 닫힌 형식을 구해보자. 만일 C_n을 H_n으로 표현할 수 있다면 그러한 닫힌 형식을 만들 수 있을 것이다. C_n에 대한 점화식에서 합은 다음과 같다.

$$\sum_{k=1}^{n} \frac{1}{k+1} = \sum_{1 \le k \le n} \frac{1}{k+1}.$$

이를 H_n과 연관시키는 것은 그리 어렵지 않다. k를 $k-1$로 바꾸고 경계 조건들을 적절히 갱신하면 된다.

$$\begin{aligned}
\sum_{1 \le k \le n} \frac{1}{k+1} &= \sum_{1 \le k-1 \le n} \frac{1}{k} \\
&= \sum_{2 \le k \le n+1} \frac{1}{k} \\
&= \left(\sum_{1 \le k \le n} \frac{1}{k} \right) - \frac{1}{1} + \frac{1}{n+1} = H_n - \frac{n}{n+1}.
\end{aligned}$$

하지만 맞춤법은 안조아요 (alwrong).

조아(Alright)! 이제 이 합의 값으로 식 (2.12)의 해를 완성할 수 있다. 무작위순으로 된 n개의 자료 항목에 빠른정렬을 적용할 때 수행되는 평균 비교 횟수는 다음과 같다.

$$C_n = 2(n+1)H_n - \frac{8}{3}n - \frac{2}{3}, \quad n > 1 \text{에 대해.} \tag{2.14}$$

이전처럼 작은 사례들로 해를 검산해 보자. $C_2 = 3$이고 $C_3 = 6$이다.

2.3 합의 조작

합을 다룰 때는 주어진 $\sum$를 그보다 더 단순한, 또는 어떤 목표에 좀 더 가까운 형태로 바꾸는 능력이 꼭 필요하다. 그리고 몇 가지 기본적인 변환 규칙들을 배우고 응용문제를 통해서 연습해 보면 그런 능력을 쉽사리 키울 수 있다.

금융 관련 능력을 말하는 게 아니다.

K가 임의의 유한 정수 집합이라고 하자. 다음은 K의 원소들에 대한 합을 변환하는 데 사용할 수 있는 세 가지 간단한 규칙이다.

다른 수학책에는 이 법칙들의 정의가 다르게 나와 있던데.

$$\sum_{k \in K} c a_k = c \sum_{k \in K} a_k; \qquad \text{(분배법칙)} \tag{2.15}$$

$$\sum_{k \in K} (a_k + b_k) = \sum_{k \in K} a_k + \sum_{k \in K} b_k; \quad \text{(결합법칙)} \tag{2.16}$$

$$\sum_{k \in K} a_k = \sum_{p(k) \in K} a_{p(k)}. \qquad (\text{교환법칙}) \qquad\qquad (2.17)$$

분배법칙(distributive law) 덕분에 상수들을 $\sum$ 밖으로 빼내거나 안으로 집어 넣을 수 있다. 결합법칙(associative law) 덕분에 하나의 $\sum$를 두 부분으로 나누거나 두 $\sum$를 하나로 합칠 수 있다. 교환법칙(commutative law) 덕분에 항들의 순서를 우리가 원하는 대로 바꿀 수 있다. 여기서 $p(k)$는 모든 정수로 이루어진 집합에 대한 임의의 치환(permutation)이다.[†] 예를 들어 $K = \{-1, 0, +1\}$이고 $p(k) = -k$라 할 때, 세 법칙 덕분에 다음이 성립한다.

그럼 교환법칙이 아니라 치환법칙이라고 하는 게 낫지 않을까?

$$
\begin{aligned}
& ca_{-1} + ca_0 + ca_1 = c(a_{-1} + a_0 + a_1); && (\text{분배법칙}) \\
& (a_{-1} + b_{-1}) + (a_0 + b_0) + (a_1 + b_1) \\
& \quad = (a_{-1} + a_0 + a_1) + (b_{-1} + b_0 + b_1); && (\text{결합법칙}) \\
& a_{-1} + a_0 + a_1 = a_1 + a_0 + a_{-1}. && (\text{교환법칙})
\end{aligned}
$$

제1장에 나온 가우스의 요령은 이 세 기본 법칙의 한 응용이라 할 수 있다. 다음과 같은 등차수열의 일반합을 계산한다고 하자.

$$S = \sum_{0 \le k \le n} (a + bk).$$

교환법칙에 따라 k를 $n-k$로 대체할 수 있다. 그러면 다음이 나온다.

이는 적분 안에서 변수를 바꾸는 것과 비슷하지만 더 쉽다.

$$S = \sum_{0 \le n-k \le n} (a + b(n-k)) = \sum_{0 \le k \le n} (a + bn - bk).$$

두 등식을 더하고 결합법칙을 이용해서 정리하면 다음이 된다.

$$2S = \sum_{0 \le k \le n} ((a+bk) + (a+bn-bk)) = \sum_{0 \le k \le n} (2a + bn).$$

이제 분배법칙을 적용하면 합이 아주 간단해져서 바로 평가할 수 있다.

$$2S = (2a + bn) \sum_{0 \le k \le n} 1 = (2a+bn)(n+1).$$

이를 2로 나누면 다음이 증명된다.

"1 더하기 1 더하기 1 더하기 1 더하기 1 더하기 1 더하기 1 더하기 1 더하기 1 더하기 1은?"
"모르겠어,"라고 앨리스가 말했다. "세다가 놓쳤어."
"얘는 덧셈도 못 하는구나."
— 루이스 캐럴, [50]

$$\sum_{k=0}^{n} (a+bk) = \left(a + \frac{1}{2}bn\right)(n+1). \qquad\qquad (2.18)$$

[†] (옮긴이) permutation은 문맥에 따라 순열 또는 치환으로 번역된다. 치환은 순서집합의 원소들의 순서를 특정한 방식으로 바꾸는 변환에 해당하고, 순열은 그러한 변환으로 만들어진 결과에 해당한다.

우변이 첫 항과 마지막 항의 평균, 즉 $\frac{1}{2}(a+(a+bn))$에 항들의 개수, 즉 $(n+1)$을 곱한 것으로 생각하면 이 공식을 좀 더 수월하게 외울 수 있을 것이다.

식 (2.17)에 나온 일반적인 교환법칙의 함수 $p(k)$가 모든 정수에 대한 하나의 치환을 뜻한다는 점을 염두에 두는 것이 중요하다. 다른 말로 하면, 모든 정수 n에 대해 $p(k)=n$을 만족하는 정수 k가 정확히 하나 존재한다. 그렇지 않다면 교환법칙이 깨질 수 있다. 연습문제 3은 이 점을 아주 거칠게 보여준다. $p(k)=k+c$나 $p(k)=c-k$ 같은 변환들(여기서 c는 하나의 정수 상수)은 항상 치환이며, 따라서 항상 작동한다.

한편, 치환에 대한 제약을 조금 완화하는 것도 가능하다. 즉, 모든 정수 n이 아니라 색인 집합 K의 한 원소인 n에 대해서만 $p(k)=n$인 정수 k가 정확히 하나 존재하면 된다. 만일 $n\notin K$이면(즉, n이 K의 원소가 아니면), $p(k)=n$이 여러 번 성립하거나 한 번도 성립하지 않아도 무방하다. 그런 k는 어차피 합에 관여하지 않을 것이기 때문이다. 따라서, 예를 들어 다음이 성립한다.

응? 추가적인?

$$\sum_{\substack{k\in K\\ k\text{는 짝수}}} a_k = \sum_{\substack{n\in K\\ n\text{은 짝수}}} a_n = \sum_{\substack{2k\in K\\ 2k\text{는 짝수}}} a_{2k} = \sum_{2k\in K} a_{2k}. \tag{2.19}$$

$n\in K$이고 n이 짝수일 때 $2k=n$인 k는 정확히 하나이기 때문이다.

아이버슨의 관례를 이용하면 수치 0 또는 1로 평가되는 논리 명제를 수식 안에 집어넣을 수 있다. 그리고 이를 분배, 결합, 교환법칙과 함께 사용하면 합의 추가적인 성질들을 이끌어낼 수 있다. 예를 들어 다음은 서로 다른 색인 집합을 결합할 때 중요한 규칙이다. 만일 K와 K'이 임의의 정수 집합이면,

$$\sum_{k\in K} a_k + \sum_{k\in K'} a_k = \sum_{k\in K\cap K'} a_k + \sum_{k\in K\cup K'} a_k \tag{2.20}$$

이다. 이 등식은 다음과 같은 일반 공식

$$\sum_{k\in K} a_k = \sum_{k} a_k[k\in K] \tag{2.21}$$

와

$$[k\in K]+[k\in K'] = [k\in K\cap K']+[k\in K\cup K']. \tag{2.22}$$

에서 이끌어낼 수 있다.

규칙 (2.20)은 다음처럼 거의 서로 소인 두 색인 집합을 합치는 데 흔히 쓰인다.

$$\sum_{k=1}^{m} a_k + \sum_{k=m}^{n} a_k = a_m + \sum_{k=1}^{n} a_k, \quad 1 \le m \le n \text{에 대해.}$$

또는, 다음처럼 한 합에서 항 하나를 분리해 낼 때도 그 규칙을 사용한다.

$$\sum_{0 \le k \le n} a_k = a_0 + \sum_{1 \le k \le n} a_k, \quad n \ge 0 \text{에 대해.} \tag{2.23}$$

(식 (2.20)의 양변이 맞바뀐 형태이다.)

이처럼 항 하나를 뽑아내는 연산은 **섭동법**(perturbation method)의 기초가 된다. 섭동법을 이용하면 합을 닫힌 형식으로 평가할 수 있게 되는 경우가 많다. 이 방법은 미지의 합으로 시작한다. 그 합을 S_n이라고 하자.

$$S_n = \sum_{0 \le k \le n} a_k.$$

(명명정복.) 그런 다음에는 S_{n+1}을 합의 마지막 항과 첫 항을 뽑아낸 두 가지 형태로 표현해서 정리한다.

$$\begin{aligned} S_n + a_{n+1} = \sum_{0 \le k \le n+1} a_k &= a_0 + \sum_{1 \le k \le n+1} a_k \\ &= a_0 + \sum_{1 \le k+1 \le n+1} a_{k+1} \\ &= a_0 + \sum_{0 \le k \le n} a_{k+1}. \end{aligned} \tag{2.24}$$

이제 마지막 합을 적절히 조작해서 S_n으로 표현해 본다. 그게 성공하면, 우리가 구하는 합의 해에 해당하는 등식이 나온 것이다.

한 예로, 다음과 같은 일반적인 **등비수열**의 합을 이 접근방식을 이용해서 구해보자.

등비수열을 기하수열이라고도 하니, 기하학적인 증명도 있어야겠지.

$$S_n = \sum_{0 \le k \le n} ax^k.$$

식 (2.24)의 일반적인 섭동 방안을 적용하면 다음이 나온다.

$$S_n + ax^{n+1} = ax^0 + \sum_{0 \le k \le n} ax^{k+1}.$$

분배법칙에 따라, 우변의 합은 $x \sum_{0 \le k \le n} ax^k = xS_n$ 이다. 따라서 $S_n + ax^{n+1} = a + xS_n$ 이며, 이를 S_n에 대해 정리하면 다음이 나온다.

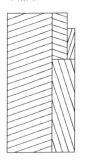

$$\sum_{k=0}^{n} ax^k = \frac{a - ax^{n+1}}{1-x}, \quad x \neq 1 \text{에 대해.} \tag{2.25}$$

아, 고등학교 때는 이 공식을 무작정 외었지.

(물론, $x=1$일 때는 이 합이 그냥 $(n+1)a$이다.) 우변을 외우는 한 방법은, 이것이 합에 포함된 첫 항에서 합으로부터 제외된 첫 항(마지막 항 다음 항)을 뺀 후 1 빼기 공비로 나눈 것이라고 생각하는 것이다.

이 문제는 너무 쉬웠던 게 아닌가 싶다. 그럼 다음과 같은 약간 더 어려운 합에 섭동 기법을 적용해 보자.

$$S_n = \sum_{0 \le k \le n} k2^k.$$

이 경우 $S_0 = 0$, $S_1 = 2$, $S_2 = 10$, $S_3 = 34$, $S_4 = 98$이다. 일반식은 무엇일까? 식 (2.24)에 따르면 다음이 성립한다.

$$S_n + (n+1)2^{n+1} = \sum_{0 \le k \le n} (k+1)2^{k+1}.$$

우변을 S_n으로 표현하면 답이 나올 것이다. 그런데 결합법칙을 이용하면 우변을 다음과 같이 두 개의 합으로 분리할 수 있다.

$$\sum_{0 \le k \le n} k2^{k+1} + \sum_{0 \le k \le n} 2^{k+1}.$$

두 합 중 앞의 것은 $2S_n$이다. 그리고 다른 합은 등비수열의 합이므로, 식 (2.25)에 의해 $(2 - 2^{n+2})/(1-2) = 2^{n+2} - 2$이다. 따라서 $S_n + (n+1)2^{n+1} = 2S_n + 2^{n+2} - 2$이며, 대수학 법칙들에 따라 이를 좀 더 정리하면 다음이 나온다.

$$\sum_{0 \le k \le n} k2^k = (n-1)2^{n+1} + 2.$$

이제 $S_3 = 34$인 이유가 밝혀졌다. $2 \cdot 17$이 아니라 $32 + 2$인 것이다.

만일 2 대신 x가 있는 문제가 주어졌다면, 비슷한 유도 과정을 통해서 $S_n + (n+1)x^{n+1} = xS_n + (x - x^{n+2})/(1-x)$가 나왔을 것이다. 이로부터 다음을 이끌어 낼 수 있다.

$$\sum_{k=0}^{n} kx^k = \frac{x - (n+1)x^{n+1} + nx^{n+2}}{(1-x)^2}, \quad x \neq 1 \text{에 대해.} \tag{2.26}$$

한 가지 흥미로운 것은, 이 닫힌 형식을 미분학의 기본 기법들을 이용해서 지금까지 와는 완전히 다른 방식으로 유도하는 것도 가능하다는 점이다. 다음과 같은 공식으로 시작해서,

$$\sum_{k=0}^{n} x^k = \frac{1-x^{n+1}}{1-x}$$

양변에서 x의 도함수를 취하면 다음이 나온다.

$$\sum_{k=0}^{n} kx^{k-1} = \frac{(1-x)\left(-(n+1)x^n\right)+1-x^{n+1}}{(1-x)^2} = \frac{1-(n+1)x^n+nx^{n+1}}{(1-x)^2}.$$

이는, 합의 도함수가 항들의 도함수들의 합과 같기 때문이다. 미적분과 이산수학의 연결점들을 이후의 장들에서 좀 더 많이 만나게 될 것이다.

2.4 다중합

합의 항들을 하나가 아니라 둘 이상의 색인으로 지정할 수도 있다. 예를 들어 다음은 두 색인 j와 k가 관장하는(govern) 9항(nine-term) 이중합(double sum)이다.

$$\sum_{1 \le j,k \le 3} a_j b_k = a_1 b_1 + a_1 b_2 + a_1 b_3 \\ + a_2 b_1 + a_2 b_2 + a_2 b_3 \\ + a_3 b_1 + a_3 b_2 + a_3 b_3.$$

이런, 9선(nine-term) 주지사(governor)라니.

모든 $j \ge 1$과 모든 $k \le 3$에 대한 합이 아님을 주의할 것.

이런 합에도 색인이 하나인 합에서와 동일한 표기법 및 조작 방법을 적용한다. 즉, $P(j,k)$가 j와 k의 한 성질이라 할 때, $P(j,k)$가 참인 모든 항 $a_{j,k}$의 합을 두 가지 방식으로, 즉 아이버슨의 관례를 따르는 형태와 정수 j와 k의 모든 쌍에 대한 합의 형태로 표기할 수 있다.

$$\sum_{P(j,k)} a_{j,k} = \sum_{j,k} a_{j,k}[P(j,k)].$$

합의 색인이 여러 개지만 $\sum$ 기호는 하나만 있으면 된다. $\sum$는 적용되는 모든 색인 조합에 대한 합을 나타낸다.

그런데 $\sum$를 두 개 사용하는 경우도 있다. 합들의 합을 다룰 때 그렇다. 예를 들어

$$\sum_j \sum_k a_{j,k}[P(j,k)]$$

는 다음을 줄여 쓴 것이다.

$$\sum_j \left(\sum_k a_{j,k}[P(j,k)] \right).$$

다중합은 오른쪽에서 왼쪽으로(안에서 밖으로)의 순서로 평가된다.

이것은 모든 정수 j에 대한 $\sum_k a_{j,k}[P(j,k)]$들의 합이다. 그리고 후자(인쪽의 합)는 $P(j,k)$가 참인 모든 정수 k에 대한 모든 $a_{j,k}$ 항의 합이다. 이런 경우 이중합이 "먼저 k에 관해 합해진다"라고 말한다. 반면, 하나의 합이 둘 이상의 색인에 의존하는 경우에는 그 색인 중 어떤 것을 제일 먼저 적용해도 같은 결과가 나온다.

이와 관련해서, 다음과 같은 합산 순서 교환(interchanging the order of summation)이라는 기본 법칙이 있다. 이 법칙은 이전에 본 결합법칙 (2.16)을 일반화한 것이다.

$$\sum_j \sum_k a_{j,k}[P(j,k)] = \sum_{P(j,k)} a_{j,k} = \sum_k \sum_j a_{j,k}[P(j,k)]. \qquad (2.27)$$

이 법칙의 가운데 항은 두 색인에 대한 합이다. 좌변의 $\sum_j\sum_k$는 먼저 k에 관해 합한 후 j에 관해 합하는 것이고, 우변의 $\sum_k\sum_j$는 먼저 j에 관해 합한 후 k에 관해 합하는 것이다. 실제 응용에서는 닫힌 형식으로 된 이중합을 평가해야 하는 경우, 어떤 색인에 관해 먼저 합산을 수행하느냐에 따라 계산이 쉬워지기도 하고 어려워지기도 한다. 따라서 계산이 편한 색인을 골라야 한다.

누가 겁먹어? 이 규칙은 제1장에 나온 일부 내용에 비하면 아주 쉬운 것 같은데.

합들의 합이라고 해서 겁먹을 필요는 없다. 그렇긴 하지만 초보자에게는 좀 헷갈릴 수 있으므로, 예제를 좀 더 풀어보자. 이번 절 처음에 나온 9항 합은 다중합의 조작 방법을 설명하기에 좋은 예이다. 합을 실제로 단순화할 수 있으며, 그러한 단순화 과정이 $\sum\sum$에 적용할 수 있는 전형적인 조작 방법에 해당하기 때문이다.

$$\begin{aligned}
\sum_{1 \le j,k \le 3} a_j b_k &= \sum_{j,k} a_j b_k[1 \le j,k \le 3] = \sum_{j,k} a_j b_k[1 \le j \le 3][1 \le k \le 3] \\
&= \sum_j \sum_k a_j b_k[1 \le j \le 3][1 \le k \le 3] \\
&= \sum_j a_j[1 \le j \le 3] \sum_k b_k[1 \le k \le 3] \\
&= \sum_j a_j[1 \le j \le 3]\left(\sum_k b_k[1 \le k \le 3] \right) \\
&= \left(\sum_j a_j[1 \le j \le 3] \right)\left(\sum_k b_k[1 \le k \le 3] \right) \\
&= \left(\sum_{j=1}^{3} a_j \right)\left(\sum_{k=1}^{3} b_k \right).
\end{aligned}$$

이 수식의 첫 행은 특별한 순서가 적용되지는 않는 하나의 9항 합을 나타낸다. 제2행은 항들을 세 묶음으로 나눈다. 즉, $(a_1b_1 + a_1b_2 + a_1b_3) + (a_2b_1 + a_2b_2 + a_2b_3) + (a_3b_1 + a_3b_2 + a_3b_3)$ 이다. 제3행은 분배법칙을 이용해서 a를 빼낸다. 이것이 가능한 것은 a_j와 $[1 \le j \le 3]$이 k에 의존하지 않기 때문이다. 이때 합은 $a_1(b_1 + b_2 + b_3) + a_2(b_1 + b_2 + b_3) + a_3(b_1 + b_2 + b_3)$의 형태이다. 제4행은 제3행과 같되, 제5행의 의미가 명확해지도록 여분의 괄호를 추가했다. 제5행은 j의 각 값 $(a_1 + a_2 + a_3) \cdot (b_1 + b_2 + b_3)$에 나타나는 $(b_1 + b_2 + b_3)$을 밖으로 빼낸 것이다. 마지막 행은 제5행의 또 다른 표현이다. 이러한 유도 방법을 이용하면, 색인 J와 K의 모든 집합에 대해 성립하는 다음과 같은 일반 분배법칙(general distributive law)을 증명할 수 있다.

$$\sum_{\substack{j \in J \\ k \in K}} a_j b_k = \left(\sum_{j \in J} a_j \right) \left(\sum_{k \in K} b_k \right). \tag{2.28}$$

식 (2.27)의 합산 순서 교환 기본 법칙에는 여러 가지 변형이 있는데, 그런 변형들은 모든 정수 j와 k에 대한 합이 아니라 제한된 특정 범위의 색인들에 대한 합을 다룰 때 나온다. 그런 변형들은 크게 두 종류인데, 하나는 평범한 바닐라 맛이고 또 하나는 딱딱한 견과류 등이 박혀 있는 소위 돌밭 길(rocky road) 맛이다. 우선 평범한 버전을 보자.

$$\sum_{j \in J} \sum_{k \in K} a_{j,k} = \sum_{\substack{j \in J \\ k \in K}} a_{j,k} = \sum_{k \in K} \sum_{j \in J} a_{j,k}. \tag{2.29}$$

아이버슨식 표기에서 $[j \in J, k \in K]$를 $[j \in J][k \in K]$로 분해할 수 있다는 점을 생각하면 이것이 그냥 식 (2.27)를 다르게 표현한 것일 뿐임을 알 수 있다. 바닐라맛 법칙은 j와 k의 한계들이 서로 독립적일 때 적용된다.

합산 순서 교환의 돌밭 길 공식은 좀 더 까다롭다. 이 버전은 안쪽 합의 범위가 바깥쪽 합의 색인 변수에 의존할 때 적용된다.

$$\sum_{j \in J} \sum_{k \in K(j)} a_{j,k} = \sum_{k \in K'} \sum_{j \in J'(k)} a_{j,k}. \tag{2.30}$$

여기서 집합 J, $K(j)$, K', $J'(k)$는 반드시 다음 관계를 만족해야 한다.

$$[j \in J][k \in K(j)] = [k \in K'][j \in J'(k)].$$

원칙적으로는 이런 종류의 인수분해(factorization)가 항상 가능하다. $J = K'$을 모든 정수의 집합으로 두고 $K(j)$와 $J'(k)$를 이중합을 관장하는 성질 $P(j,k)$에 대응되는 집합들이라고 두면 된다. 그러나 집합 J, $K(j)$, K', $J'(k)$가 단순한 형태인 중요한 특수 사례들이 존재한다. 그리고 응용에서는 그런 사례들이 자주 나타난다. 예를 들어 다음은 특히나 유용한 인수분해이다.

$$[1 \le j \le n][j \le k \le n] = [1 \le j \le k \le n] = [1 \le k \le n][1 \le j \le k]. \tag{2.31}$$

이 아이버슨식 공식을 이용하면 합들의 합을 다음과 같이 변환할 수 있다.

$$\sum_{j=1}^{n}\sum_{k=j}^{n} a_{j,k} = \sum_{1 \le j \le k \le n} a_{j,k} = \sum_{k=1}^{n}\sum_{j=1}^{k} a_{j,k}. \tag{2.32}$$

<aside>(이 시점에서 몸풀기 연습문제 4와 6을 풀어 보면 좋을 것이다.)
(또는 냉장고에 혹시 초콜릿 아이스크림이 남아 있으면 당을 보충하는 것도 좋겠지.)</aside>

이러한 두 가지 합들의 합 중 하나가 다른 하나보다 평가하기 쉬울 때가 많다. 식 (2.32)를 이용하면 평가하기 어려운 합들의 합을 평가하기 쉬운 것으로 바꿀 수 있다.

이 착안들을 유용한 예에 적용해 보자. 다음은 n^2개의 곱 $a_j a_k$로 이루어진 배열(행렬)이다.

$$\begin{bmatrix} a_1 a_1 & a_1 a_2 & a_1 a_3 & \dots & a_1 a_n \\ a_2 a_1 & a_2 a_2 & a_2 a_3 & \dots & a_2 a_n \\ a_3 a_1 & a_3 a_2 & a_3 a_3 & \dots & a_3 a_n \\ \vdots & \vdots & \vdots & \ddots & \vdots \\ a_n a_1 & a_n a_2 & a_n a_3 & \dots & a_n a_n \end{bmatrix}$$

우리의 목표는 다음 합을 좀 더 단순한 공식으로 표현하는 것이다.

$$S_{\lhd} = \sum_{1 \le j \le k \le n} a_j a_k.$$

이 합은 앞의 배열의 주대각 성분들과 그 위 성분들, 즉 '상삼각 배열'의 성분들을 모두 합한 것이다. $a_j a_k = a_k a_j$이므로 이 배열은 주대각을 기준으로 대칭이다. 따라서 $S_{\lhd}$은 모든 성분(주대각 성분들을 고려한 수정 인자(fudge factor)는 제외)의 절반과 대략 같을 것이다.

<aside>돌밭 길에 퍼지 사탕이 있다고?</aside>

이상의 고려사항들로부터, 다음과 같은 조작 방법을 시도해 볼 수 있다. (j,k)를 (k,j)로 바꿀 수 있으므로, 다음과 같은 변환이 가능하다.

$$S_{\lhd} = \sum_{1 \le j \le k \le n} a_j a_k = \sum_{1 \le k \le j \le n} a_k a_j = \sum_{1 \le k \le j \le n} a_j a_k = S_{\rhd}.$$

더 나아가서,

$$[1 \le j \le k \le n] + [1 \le k \le j \le n] = [1 \le j, k \le n] + [1 \le j = k \le n]$$

이므로 다음이 성립한다.

$$2S_{\lrcorner} = S_{\lrcorner} + S_{\ulcorner} = \sum_{1 \le j, k \le n} a_j a_k + \sum_{1 \le j = k \le n} a_j a_k.$$

첫 합은 식 (2.28)의 일반 분배법칙에 따라 $\left(\sum_{j=1}^{n} a_j\right)\left(\sum_{k=1}^{n} a_k\right) = \left(\sum_{k=1}^{n} a_k\right)^2$ 이다. 그리고 둘째 합은 $\sum_{k=1}^{n} a_k^2$ 이다. 따라서 다음이 성립한다.

$$S_{\lrcorner} = \sum_{1 \le j \le k \le n} a_j a_k = \frac{1}{2}\left(\left(\sum_{k=1}^{n} a_k\right)^2 + \sum_{k=1}^{n} a_k^2\right). \tag{2.33}$$

이는 상삼각 배열의 합을 좀 더 단순한 단일합으로 표현한 것이다.

이런 성공에 힘입어서, 다음과 같은 또 다른 이중합을 살펴보자.

$$S = \sum_{1 \le j < k \le n} (a_k - a_j)(b_k - b_j).$$

이 경우에도 j와 k의 교환에 대칭성이 존재한다.

$$S = \sum_{1 \le k < j \le n} (a_j - a_k)(b_j - b_k) = \sum_{1 \le k < j \le n} (a_k - a_j)(b_k - b_j).$$

따라서, 다음과 같은 항등식을 활용해서 S를 자기 자신에 더할 수 있다.

$$[1 \le j < k \le n] + [1 \le k < j \le n] = [1 \le j, k \le n] - [1 \le j = k \le n].$$

그러면 다음이 나온다.

$$2S = \sum_{1 \le j, k \le n} (a_j - a_k)(b_j - b_k) \ - \sum_{1 \le j = k \le n} (a_j - a_k)(b_j - b_k).$$

여기서 둘째 합은 0이다. 첫 합은 어떨까? 첫 합은 다음과 같은 네 개의 개별 합들로 전개되는데, 네 합 모두 바닐라 맛이다.

$$\sum_{1 \le j, k \le n} a_j b_j \ - \sum_{1 \le j, k \le n} a_j b_k \ - \sum_{1 \le j, k \le n} a_k b_j \ + \sum_{1 \le j, k \le n} a_k b_k$$
$$= 2 \sum_{1 \le j, k \le n} a_k b_k \ - 2 \sum_{1 \le j, k \le n} a_j b_k$$
$$= 2n \sum_{1 \le k \le n} a_k b_k \ - 2\left(\sum_{k=1}^{n} a_k\right)\left(\sum_{k=1}^{n} b_k\right).$$

마지막 단계에서는 두 합 모두 식 (2.28)의 일반 분배법칙에 따라 단순화되었다. 첫 합의 조작이 잘 이해가 되지 않는 독자를 위해, 다음은 해당 조작을 좀 더 풀어쓴 것이다.

$$\begin{aligned}
2 \sum_{1 \le j,k \le n} a_k b_k &= 2 \sum_{1 \le k \le n} \sum_{1 \le j \le n} a_k b_k \\
&= 2 \sum_{1 \le k \le n} a_k b_k \sum_{1 \le j \le n} 1 \\
&= 2 \sum_{1 \le k \le n} a_k b_k n = 2n \sum_{1 \le k \le n} a_k b_k.
\end{aligned}$$

피가수에 나오지 않는 색인 변수(이 경우 j)가 있는 경우, 그 변수를 제거한 후 그 변수가 속한 색인 집합의 크기(이 경우 n)를 곱해서 수식을 단순화할 수 있다.

다시 앞으로 돌아가서, 모든 것을 2로 나누고 적절히 정리하면 다음과 같은 흥미로운 공식이 나온다.

$$\left(\sum_{k=1}^{n} a_k\right)\left(\sum_{k=1}^{n} b_k\right) = n \sum_{k=1}^{n} a_k b_k - \sum_{1 \le j < k \le n} (a_k - a_j)(b_k - b_j). \tag{2.34}$$

(사실 체비쇼프가 증명한 것은 합이 아니라 적분에 대한 해당 부등식
$$\left(\int_a^b f(x)dx\right) \cdot \left(\int_a^b g(x)dx\right)$$
$$\le (b-a)$$
$$\cdot \left(\int_a^b f(x)g(x)dx\right)$$
이다.[58] 여기서 $f(x)$와 $g(x)$는 단조 비감소 함수들이다.)

다음의 **체비쇼프 단조 부등식**(Chebyshev's monotonic inequalities)은 이 항등식의 한 특수 사례이다.

$$\left(\sum_{k=1}^{n} a_k\right)\left(\sum_{k=1}^{n} b_k\right) \le n \sum_{k=1}^{n} a_k b_k, \text{ 만일 } a_1 \le \cdots \le a_n \text{이고 } b_1 \le \cdots \le b_n \text{이면};$$

$$\left(\sum_{k=1}^{n} a_k\right)\left(\sum_{k=1}^{n} b_k\right) \ge n \sum_{k=1}^{n} a_k b_k, \text{ 만일 } a_1 \le \cdots \le a_n \text{이고 } b_1 \ge \cdots \ge b_n \text{이면}.$$

(일반화해서, 만일 $a_1 \le \cdots \le a_n$이고 p가 $\{1,...,n\}$의 한 치환이면, $\sum_{k=1}^{n} a_k b_{p(k)}$의 최댓값은 $b_{p(1)} \le \cdots \le b_{p(n)}$일 때 나오고 최솟값은 $b_{p(1)} \ge \cdots \ge b_{p(n)}$일 때 나온다. 이를 증명하는 것은 어렵지 않다.)

다중합과 단일합의 일반적인 합산 색인 변경 연산 사이에는 흥미로운 관계가 존재한다. $p(k)$가 정수 집합에 대한 임의의 치환이라 할 때, 교환법칙에 의해 다음이 성립함은 이미 알고 있다.

$$\sum_{k \in K} a_k = \sum_{p(k) \in K} a_{p(k)}.$$

그런데 색인 변수 k를 $f(j)$로 대체한다면 어떨까? 여기서 f는 정수 $j \in J$를 정수 $f(j) \in K$로 사상하는 임의의 함수, 즉

$$f : J \to K$$

이다. 이 경우 색인 치환의 일반식은 다음과 같다.

$$\sum_{j \in J} a_{f(j)} = \sum_{k \in K} a_k \# f^-(k). \tag{2.35}$$

여기서 $\# f^{-(k)}$는 집합

$$f^-(k) = \{ j \mid f(j) = k \}$$

의 원소 개수, 다시 말해서 $f(j)$와 k가 같음을 만족하는 $j \in J$ 값들의 개수이다.
식 (2.35)는 합산 순서 교환을 이용해서 손쉽게 증명할 수 있다.

$$\sum_{j \in J} a_{f(j)} = \sum_{\substack{j \in J \\ k \in K}} a_k \left[f(j) = k \right] = \sum_{k \in K} a_k \sum_{j \in J} \left[f(j) = k \right]$$

인데, $\sum_{j \in J} [f(j) = k] = \# f^-(k)$이므로 결국 식 (2.35)가 나온다. f가 J와 K 사이의
일대일 대응인 특수 경우에서는 모든 k에 대해 $\# f^-(k) = 1$이며, 그러면 일반식
(2.35)는 다음으로 축약된다.

$$\sum_{j \in J} a_{f(j)} = \sum_{f(j) \in K} a_{f(j)} = \sum_{k \in K} a_k.$$

이는 이전에 식 (2.17)에서 본 교환법칙과 글자 몇 개만 다를 뿐이다.

지금까지 나온 다중합의 예들에는 항상 a_k나 b_k 같은 일반항이 쓰였다. 그런데
원래 이 책은 구체적인(concrete) 기술을 다루기로 했으므로, 실질적인 수들에 등장
하는 다음과 같은 다중합을 살펴보자. 다음이 그러한 다중합이다.

$$S_n = \sum_{1 \le j < k \le n} \frac{1}{k-j}.$$

예를 들어 $S_1 = 0$이고 $S_2 = 1$; $S_3 = \frac{1}{2-1} + \frac{1}{3-1} + \frac{1}{3-2} = \frac{5}{2}$이다.

보통의 경우 이중합을 평가할 때는 j나 k 중 하나를 선택해서 그에 대한 합을
계산하는 것으로 시작한다. 그럼 두 선택지를 모두 시험해 보자.

$$\begin{aligned}
S_n &= \sum_{1 \le k \le n} \sum_{1 \le j < k} \frac{1}{k-j} \quad \text{먼저 } j\text{에 관해 합산} \\
&= \sum_{1 \le k \le n} \sum_{1 \le k-j < k} \frac{1}{j} \quad j\text{를 } k-j\text{로 대체}
\end{aligned}$$

다른 수학 교수님은 이걸 "전단사(bijection)"라고 부른다. 언젠가는 그 단어를 좋아하게 될지도 모르겠다. 과연 그럴까...

주의: 저자들은 j나 k, n이 "실질적인 수"라고 생각하나 보다.

$$= \sum_{1 \le k \le n} \sum_{0 < j \le k-1} \frac{1}{j} \qquad j \text{의 경계들을 정리}$$

$$= \sum_{1 \le k \le n} H_{k-1} \qquad \text{식 (2.13)에 나온 } H_{k-1} \text{의 정의에 의해}$$

$$= \sum_{1 \le k+1 \le n} H_k \qquad k \text{를 } k+1 \text{로 대체}$$

$$= \sum_{0 \le k < n} H_k. \qquad k \text{의 경계들을 정리}$$

채찍을 꺼내자.

안타깝게도, 우리는 아직 조화수들의 합을 닫힌 형식으로 구하는 방법을 알지 못한다.

그럼 다른 색인을 먼저 시도해 보자.

$$S_n = \sum_{1 \le j \le n} \sum_{j < k \le n} \frac{1}{k-j} \qquad \text{먼저 } j \text{에 관해 합산}$$

$$= \sum_{1 \le j \le n} \sum_{j < k+j \le n} \frac{1}{k} \qquad k \text{를 } k+j \text{로 대체}$$

$$= \sum_{1 \le j \le n} \sum_{0 < k \le n-j} \frac{1}{k} \qquad k \text{의 경계들을 정리}$$

$$= \sum_{1 \le j \le n} H_{n-j} \qquad \text{식 (2.13)에 나온 } H_{k-1} \text{의 정의에 의해}$$

$$= \sum_{1 \le n-j \le n} H_j \qquad j \text{를 } n-j \text{로 대체}$$

$$= \sum_{0 \le j < n} H_j. \qquad j \text{의 경계들을 정리}$$

이번에도 같은 장애물에 막혔다.

그런데 또 다른 진행 방법이 있다. 바로, S_n을 합들의 합으로 축약하기 전에 k를 $k+j$로 대체하는 것이다.

$$S_n = \sum_{1 \le j < k \le n} \frac{1}{k-j} \qquad \text{주어진 합을 다시 복사}$$

$$= \sum_{1 \le j < k+j \le n} \frac{1}{k} \qquad k \text{를 } k+j \text{로 대체}$$

$$= \sum_{1 \le k \le n} \sum_{1 \le j \le n-k} \frac{1}{k} \qquad \text{먼저 } j \text{에 대해 합산}$$

$$= \sum_{1 \le k \le n} \frac{n-k}{k} \qquad j \text{에 대한 합은 자명함}$$

$$= \sum_{1 \le k \le n} \frac{n}{k} - \sum_{1 \le k \le n} 1 \qquad \text{결합법칙에 의해}$$

$$= n \left(\sum_{1 \le k \le n} \frac{1}{k} \right) - n \qquad \text{통찰에 의해}$$

$$= nH_n - n. \qquad \text{식 (2.13)에 나온 } H_n \text{의 정의에 의해.}$$

아하! 이제 S_n의 해가 나왔다. 이를 이전의 실패한 시도들과 결합하면 다음과 같은 또 다른 항등식을 보너스로 얻게 된다.

여기서는 $k \le n-1$이라고 하는 것보다 $k \le n$이라고 하는 것이 더 현명하다. 경계가 간단하면 에너지가 절약된다.

$$\sum_{0 \le k < n} H_k = nH_n - n. \tag{2.36}$$

이상의 풀이에 쓰인 요령을 두 가지 관점으로, 그러니까 대수학적 관점과 기하학적 관점으로 이해해보자. (1) 대수학의 관점에서, 이 예제는 만일 이중합의 항들에 $k + f(j)$가 관여한다면(여기서 f는 임의의 함수) k를 $k - f(j)$로 대체하고 j에 대해 합산하는 것이 바람직함을 말해준다. (2) 기하학의 관점에서는 $n = 4$일 때의 S_n의 특수 사례를 살펴보는 것이 도움이 될 것이다.

$$
\begin{array}{lcccc}
 & k=1 & k=2 & k=3 & k=4 \\
j=1 & & \dfrac{1}{1} + & \dfrac{1}{2} + & \dfrac{1}{3} \\
j=2 & & & \dfrac{1}{1} + & \dfrac{1}{2} \\
j=3 & & & & \dfrac{1}{1} \\
j=4 & & & &
\end{array}
$$

앞에서 먼저 j에 대해 (즉, 열을 따라) 합산했을 때와 먼저 k에 대해(즉, 행을 따라) 합산했을 때는 $H_1 + H_2 + H_3 = H_3 + H_2 + H_1$이 나와서 더 나아가지 못했다. 그다음에 제대로 푼 것은 항들을 대각선을 따라 합해서 $\frac{3}{1} + \frac{2}{2} + \frac{1}{3}$을 얻은 것에 해당한다.

2.5 일반적인 방법들

한 가지 예제를 여러 각도로 살펴보면서 지금까지 배운 것을 정리해 보자. 이제부터 몇 페이지에서는 처음 n개의 제곱수들의 합에 대한 닫힌 형식을 구해본다. 그러한 합을 $\square_n$으로 표기하기로 하자.

$$\square_n = \sum_{0 \le k \le n} k^2, \quad n \ge 0\text{에 대해.} \tag{2.37}$$

차차 보겠지만, 이 문제를 푸는 서로 다른 방법은 여덟 개 이상이다. 그 방법들을 살펴보는 과정에서, 합을 공략할 때 유용한 일반 전략들을 배우게 될 것이다.

항상 그랬듯이, 먼저 작은 사례들부터 살펴보자.

n	0	1	2	3	4	5	6	7	8	9	10	11	12
n^2	0	1	4	9	16	25	36	49	64	81	100	121	144
$\square_n$	0	1	5	14	30	55	91	140	204	285	385	506	650

안타깝게도 $\square_n$의 닫힌 형식이 바로 떠오르지는 않는다. 그러나 나중에 닫힌 형식을 구하게 되면, 이 값들을 그 해를 점검하는 용도로 사용할 것이다.

방법 0: 답을 찾아본다.

처음 n개의 제곱수들의 합을 구하는 것 같은 문제들은 이미 이전에 누군가가 풀었을 것이다. 그리고 그런 문제의 답은 휴대용 참고서에 있을 가능성이 크다. 실제로, *CRC Standard Mathematical Tables*[28]의 p. 36에 다음과 같은 답이 나온다.

$$\square_n = \frac{n(n+1)(2n+1)}{6}, \quad n \geq 0\text{에 대해.} \tag{2.38}$$

책을 잘못 읽지는 않았음을 확인하기 위해 앞의 작은 사례 중 하나로 이 공식을 시험해 보자. $\square_5 = 5 \cdot 6 \cdot 11/6 = 55$이다. 덧붙여 말하자면, *CRC Tables*의 p. 36에는 세제곱수, ..., 십제곱수의 합에 관한 정보도 나온다.

수학 공식들에 관한 궁극의 참고서는 아브라모위츠^{Abramowitz}와 스테건^{Stegun}이 엮은 *Handbook of Mathematical Functions*[2]이다. 그 책의 pp. 813–814에는 $n \leq 100$에 대한 $\square_n$의 값들이 나와 있고, p. 804와 p. 809에는 식 (2.38)과 동등한 공식과 세제곱수, ..., 십오제곱수의 합들(부호가 번갈아 바뀌는 것과 바뀌지 않는 것 모두)에 대한 공식들이 나온다.

그러나 수열에 관한 질문의 답을 찾기에 가장 좋은 자료는 슬론^{Sloane}이 쓴 *Handbook of Integer Sequences*[330]라는 멋진 작은 책이다. 그 책에는 수천 개의 수열이 해당 수치에 따라 나열되어 있다. 누군가가 연구했을 법한 어떤 점화식을 만났을 때, 다른 유명한 점화식과 구별하기에 충분한 개수의 항들을 계산한 후 슬론의 *Handbook*을 찾아보면 관련 문헌에 대한 정보를 얻을 수 있을 가능성이 크다. 예를 들어 우리의 1, 5, 14, 30, ...은 사실 슬론의 책에 나온 1574번 수열인데, 이 수열에는 '제곱 피라미드수(square pyramidal numbers)'라는 이름이 붙어 있다(정사각형 밑면이 n^2개의 공으로 이루어진 피라미드의 전체 공 수가 바로 $\square_n$이기 때문에 이런 이름이 붙었다). 슬론은 세 가지 참고문헌을 제시하는데, 그중 하나는 앞에서 언급한 아브라모위츠와 스테건의 참고서이다.

좀 더 어려운 합의 공식들은 한센^{Hansen}의 상세한 표 [178]에 나온다.

이 세상에 축적된 수학적 지혜의 보고를 탐색하는 방법이 또 있다. 바로, 기호 조작을 위한 도구들을 제공하는 컴퓨터 프로그램(이를테면 Axiom, MACSYMA, Maple, Mathematica 등)을 사용하는 것이다. 그런 프로그램은 아주 유용하며, 커다란 공식을 다루어야 하는 사람들에게 특히나 요긴하다.

독자가 정보의 표준적인 출처에 익숙해지는 것은 바람직한 일이다. 그런 출처가 아주 큰 도움이 될 수 있기 때문이다. 그러나 방법 0이 이 책의 취지와 아주 잘 맞는 것은 아니다. 이 책의 저자들은 독자 스스로 답을 찾아내는 방법을 갖추길 원하기 때문이다. 참고문헌 참조 방법은 누군가가 연구하기로 한 과거의 문제들에만 한정된다. 새로운 문제들은 그런 참고문헌에 나오지 않는다.

또는, 적어도 누군가가 연구하기로 한 문제와 *답*이 같은 문제들에만.

방법 1: 답을 추측하고 귀납법으로 증명한다

어쩌면 작은 새가 우리 귀에 문제의 답을 속삭일 수도 있다. 즉, 어떤 덜 엄밀한 수단을 통해서 닫힌 형식을 발견할 수도 있다. 어떤 경로로든 답을 떠올렸다면, 그것이 맞는지 증명하기만 하면 된다.

예를 들어 우리가 $\square_n$의 값들에 비교적 작은 소인수들이 있음을 문득 깨닫고는, n의 작은 값들에 대해 잘 맞는 (2.38)과 같은 공식을 만들었다고 하자. 더 나아가서, 그와 동등한 다음 공식을 추측할 수도 있을 것이다.

$$\square_n = \frac{n(n+\frac{1}{2})(n+1)}{3}, \quad n \geq 0 \text{에 대해.} \tag{2.39}$$

기억하기 쉽다는 점에서는 이 공식이 (2.38)보다 낫다. 작은 사례들에서 얻은 여러 증거가 식 (2.39)을 지지하긴 하지만, 그 어떤 합리적 의심의 여지도 남기지 않으려면 이 추측을 엄밀하게 증명해야 한다. 수학적 귀납법은 바로 그러한 목적으로 만들어진 것이다.

"존경하는 재판장님, 우리는 $\square_0 = 0 = 0(0+\frac{1}{2})(0+1)/3$임을 알고 있으므로 기초 단계는 자명합니다. 귀납 단계의 경우, $n > 0$이라고 가정하고, n을 $n-1$로 대체해도 (2.39)가 성립한다고 가정합니다. 그러면,

$$\square_n = \square_{n-1} + n^2$$

이므로

$$3\square_n = (n-1)(n-\frac{1}{2})(n) + 3n^2$$
$$= (n^3 - \frac{3}{2}n^2 + \frac{1}{2}n) + 3n^2$$
$$= (n^3 + \frac{3}{2}n^2 + \frac{1}{2}n)$$
$$= n(n+\frac{1}{2})(n+1)$$

입니다. 따라서 식 (2.39)는 합리적 의심의 여지 없이 모든 $n \geq 0$에 대해 성립합니다." 무한한 지혜의 소유자인 와프너 판사(Judge Wapner)는 이에 동의한다.

이러한 귀납법은 중요한 방법이며, 그냥 답을 찾아보는 것보다는 이 책의 목적에 좀 더 잘 맞는다. 그러나 이것이 우리가 추구하는 것과 정확히 일치하지는 않는다. 지금까지 이번 장에서 살펴본 다른 모든 합은 귀납법 없이 그 해를 구했다. $\square_n$ 같은 합의 해 역시 추측과 귀납법 없이 전적으로 우리 힘으로 구할 수 있어야 마땅하다. 즉, 어떤 번뜩이는 영감 같은 것이 필요하지는 않아야 한다. 우리는 머리가 잘 돌아가지 않는 날에도 합을 구할 수 있어야 한다.

방법 2: 합을 어지럽힌다(섭동)

그럼 식 (2.25)의 등비수열에 잘 통했던 섭동법으로 돌아가서, $\square_{n+1}$의 첫 항과 마지막 항을 추출해서 $\square_n$의 공식을 만들어 보자.

$$\square_n + (n+1)^2 = \sum_{0 \leq k \leq n} (k+1)^2 = \sum_{0 \leq k \leq n} (k^2 + 2k + 1)$$
$$= \sum_{0 \leq k \leq n} k^2 + 2 \sum_{0 \leq k \leq n} k + \sum_{0 \leq k \leq n} 1$$
$$= \square_n + 2 \sum_{0 \leq k \leq n} k + (n+1).$$

이런, 이번에는 $\square_n$들이 서로 소거되었다. 이처럼, 아무리 최선을 다해도 섭동법으로는 $\square_n = \square_n$ 같은 것이 나와서 패배하는 경우가 종종 있다.

비긴 것에 더 가깝지 않을까?

그렇긴 하지만 이러한 유도 과정이 아무 쓸모 없는 것은 아니다. 유도된 수식을 보면 처음 몇 개의 음이 아닌 정수들의 합에 대한 닫힌 형식의 해가 드러나 있다(비록 우리가 원했던 것은 첫 정수들의 제곱들의 합이었지만). 정리하자면 다음과 같다.

$$2 \sum_{0 \leq k \leq n} k = (n+1)^2 - (n+1).$$

혹시 정수 세제곱들의 합($\square_n$이라고 표기하자)으로 시작하면 정수 제곱들의 합에 대한 수식이 나타나지 않을까? 한 번 시도해 보자.

$$\boxed{⬚⬚}_n + (n+1)^3 = \sum_{0 \le k \le n} (k+1)^3 = \sum_{0 \le k \le n} (k^3 + 3k^2 + 3k + 1)$$
$$= \boxed{⬚⬚}_n + 3\square_n + 3\frac{(n+1)n}{2} + (n+1).$$

아니나 다를까, 실제로 $\boxed{⬚⬚}_n$들이 소거되었고, 귀납법 없이 $\square_n$을 구하기에 충분한 정보가 나왔다.

방법 2′: 조교를 헷갈리게 한다(perturb).

$$3\square_n = (n+1)^3 - 3(n+1)n/2 - (n+1)$$
$$= (n+1)(n^2 + 2n + 1 - \frac{3}{2}n - 1) = (n+1)(n+\frac{1}{2})n.$$

방법 3: 레퍼토리를 구축한다

식 (2.7)의 점화식을 약간 일반화하면 n^2이 관여하는 피가수들의 합을 표현하기에 충분한 공식이 나온다. 점화식

$$R_0 = \alpha;$$
$$R_n = R_{n-1} + \beta + \gamma n + \delta n^2, \quad n > 0\text{에 대해} \tag{2.40}$$

의 해의 일반형은 다음과 같다.

$$R_n = A(n)\alpha + B(n)\beta + C(n)\gamma + D(n)\delta. \tag{2.41}$$

그런데 $A(n)$과 $B(n)$, $C(n)$은 이미 결정되었다. $\delta = 0$일 때 식 (2.40)이 식 (2.7)과 같기 때문이다. 이제 여기에 $R_n = n^3$을 대입하면, $\alpha = 0$, $\beta = 1$, $\gamma = -3$, $\delta = 3$일 때 해가 n^3임을 알 수 있다. 따라서

$$3D(n) - 3C(n) + B(n) = n^3$$

이다. 이로부터 $D(n)$을 구할 수 있다.

우리의 관심사는 합 $\square_n$인데, 이는 $\square_{n-1} + n^2$과 같다. 따라서, 식 (2.40)과 (2.41)에서 $\alpha = \beta = \gamma = 0$과 $\delta = 1$로 두면 $\square_n = R_n$이 나온다. 그러므로 $\square_n = D(n)$이다. $B(n)$과 $C(n)$으로 $D(n)$을 계산할 때 대수학은 필요하지 않다. 답이 무엇인지 이미 알고 있기 때문이다. 그러나 혹시라도 마음속에 의혹이 남아 있는 독자를 위해 다음을 제시하겠다.

$$3D(n) = n^3 + 3C(n) - B(n) = n^3 + 3\frac{(n+1)n}{2} - n = n(n+\frac{1}{2})(n+1).$$

방법 4: 합을 적분으로 대체한다

이산수학이 아니라 미적분을 배우면서 자란 사람들은 $\sum$ 보다 $\int$ 에 더 익숙한 경향이 있다. 그런 사람들에게는 $\sum$ 를 $\int$ 으로 대체한 수식이 더 자연스럽게 느껴진다. 이 책의 목표 중 하나는 독자가 $\int$ 을 $\sum$ 보다 더 어렵게 느낄(적어도 근삿값이 아니라 참값을 구해야 하는 경우에는) 정도로 $\sum$ 에 익숙해지게 하는 것이다. 그렇긴 하지만, $\sum$ 와 $\int$ 의 관계를 살펴보는 것은 좋은 일이다. 합산과 적분은 아주 비슷한 착안에 기초하기 때문이다.

미적분학에서 적분(integral)은 곡선 아래 영역의 면적으로 간주할 수 있다. 그리고 그 면적은 곡선에 닿는 길고 얇은 직사각형들의 면적을 더해서 근사(approximation)할 수 있다. 그리고 그 반대 방향으로 갈 수도 있다. 즉, 길고 얇은 직사각형들이 주어졌을 때 그 면적들의 합을 해당 곡선 아래 영역의 면적을 이용해서 근사할 수도 있는 것이다. $\square_n$ 은 길이가 1×1, 1×4,..., $1\times n^2$ 인 직각형들의 면적의 합이므로, 그 값은 0과 n 사이에서의 곡선 $f(x)=x^2$ 아래 면적과 근사적으로 같다.

이 그래프에서 수평축의 축척은 수직축의 10배이다.

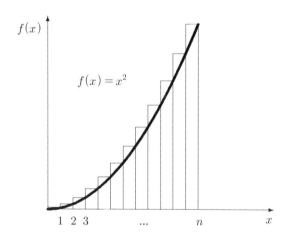

이 곡선 아래의 면적은 $\int_0^n x^2 dx = n^3/3$ 이다. 따라서 $\square_n$ 은 대략 $\frac{1}{3}n^3$ 이다.

이 사실을 활용하는 한 가지 방법은 근사치의 오차 $E_n = \square_n - \frac{1}{3}n^3$ 을 조사해 보는 것이다. $\square_n$ 는 점화식 $\square_n = \square_{n-1} + n^2$ 을 만족하므로, E_n 은 다음과 같은 좀 더 단순한 점화식을 만족한다.

$$E_n = \square_n - \frac{1}{3}n^3 = \square_{n-1} + n^2 - \frac{1}{3}n^3 = E_{n-1} + \frac{1}{3}(n-1)^3 + n^2 - \frac{1}{3}n^3$$
$$= E_{n-1} + n - \frac{1}{3}.$$

적분 접근 방식을 따르는 또 다른 방법은, 쐐기꼴 오차항들의 면적을 합해서 E_n의 공식을 구해 보는 것이다. 지금 예의 경우 다음이 성립한다.

미적분에 중독된 사람들을 위한 방법이다.

$$\square_n - \int_0^n x^2\,dx = \sum_{k=1}^n \left(k^2 - \int_{k-1}^k x^2\,dx\right)$$
$$= \sum_{k=1}^n \left(k^2 - \frac{k^3-(k-1)^3}{3}\right) = \sum_{k=1}^n \left(k - \frac{1}{3}\right).$$

어떤 방법으로든 E_n을 구할 수 있으며, 그것을 이용해서 $\square_n$을 구할 수 있다.

방법 5: 늘리고 줄인다

$\square_n$의 닫힌 형식을 구하는 또 다른 방법은 원래의 합을 그보다 더 복잡해 보이는, 그러나 적절히 주무른다면 사실은 더 단순화할 수 있는 어떤 이중합으로 대체하는 것이다.

$$\square_n = \sum_{1\le k\le n} k^2 = \sum_{1\le j\le k\le n} k$$
$$= \sum_{1\le j\le n}\sum_{j\le k\le n} k$$
$$= \sum_{1\le j\le n}\left(\frac{j+n}{2}\right)(n-j+1)$$
$$= \frac{1}{2}\sum_{1\le j\le n}\left(n(n+1)+j-j^2\right)$$
$$= \frac{1}{2}n^2(n+1) + \frac{1}{4}n(n+1) - \frac{1}{2}\square_n = \frac{1}{2}n\left(n+\frac{1}{2}\right)(n+1) - \frac{1}{2}\square_n.$$

(양변에 미지수가 있는 등식이 나온다는 점에서, 이 방법의 마지막 단계는 섭동법의 마지막 단계와 좀 비슷하다.)

단일합에서 이중합으로 가는 것이 처음에는 퇴보인 것처럼 보이겠지만, 사실은 진보이다. 그렇게 하면 다루기 쉬운 합들이 나타나기 때문이다. 모든 문제를 단순화, 단순화, 단순화만 거듭해서 풀 수는 없다. 오르막길만으로는 산의 최고봉에 올라갈 수 없는 것과 마찬가지 이치이다.

방법 6: 유한 미적분을 사용한다.
방법 7: 생성함수를 사용한다.

$\square_n = \sum_{k=0}^n k^2$을 계산하는 좀 더 흥미로운 방법들이 있으니 기대하기 바란다. 이번 장의 다음 절과 이후 장들에서 또 다른 기법들을 배우게 될 것이다.

2.6 유한·무한 미적분

지금까지 합을 직접 다루는 다양한 방법을 배웠다. 이제 합산 문제를 좀 더 높은 수준에서 조망하면서 관점을 더 넓힐 때가 되었다. 수학자들은 좀 더 전통적인 무한 미적분(infinite calculus)과 비슷한 "유한 미적분(finite calculus)"이라는 것을 만들었다. 유한 미적분으로는 깔끔하고 체계적인 방식으로 합산에 접근할 수 있다.

무한 미적분은 다음과 같이 정의되는 미분연산자(differential operator)[†] D의 성질들에 기초한다.

$$Df(x) = \lim_{h \to 0} \frac{f(x+h) - f(x)}{h}.$$

반면, 유한 미적분은 다음과 같이 정의되는 차분연산자(difference operator) Δ의 성질들에 기초한다.

$$\Delta f(x) = f(x+1) - f(x). \tag{2.42}$$

이것은 도함수의 유한 버전에 해당하는 것으로, h가 반드시 양의 정수 값이어야 한다는 제약이 있다. 이 제약 때문에, $h \to 0$에 따른 '극한'에 가장 가까운 것은 $h = 1$이다. 즉, $\Delta f(x)$는 $h = 1$일 때의 $(f(x+h) - f(x))/h$의 값이다.

기호 D와 Δ를 연산자(operator; 또는 작용소)라고 부르는 것은, 이들이 함수에 "작용해서" 또 다른 함수를 만들어 내는 '연산'이기 때문이다. 즉, 이 연산자들은 함수를 산출하는 함수의 함수이다. 만일 f가 실수를 실수로 사상하는 적절히 매끄러운 함수(function)이면 Df도 실수에서 실수로의 함수이다. 그리고 만일 f가 실수에서 실수로의 임의의 함수이면 Δf도 실수에서 실수로의 함수이다. 점 x에서 함수 Df와 Δf의 값은 위의 정의들에 따라 주어진다.

카세트 기능(cassette function)과는 달리 매끄러운.

앞에서 미적분을 언급할 때 우리는 D가 거듭제곱 함수 $f(x) = x^m$에 어떻게 작용하는지 배웠다. 그런 경우 $Df(x) = mx^{m-1}$이다. 이를 다음과 같이 f를 생략해서 덜 공식적으로 표기하기도 한다.

$$D(x^m) = mx^{m-1}.$$

---

† (옮긴이) 원문은 derivative operator로, 엄밀히 말하면 미분연산자가 아니라 도함수연산자이다. 그러나 적어도 이 책에서 둘의 구분은 별로 의미가 없으므로, 좀 더 익숙한(그리고 잠시 후에 나오는 차분연산자와 운이 맞는) 미분연산자로 대체했다. 또한, 대한수학회 용어집에서 operator에 대응되는 단어는 '작용소'이지만, 이 책에서는 전산학 및 프로그래밍 관련 문서나 의사소통에서 좀 더 흔히 쓰이는 '연산자'를 사용하기로 한다.

만일 Δ 연산자가 이와 동등한 수준으로 우아한 결과를 낸다면 좋겠지만, 안타깝게도 그렇지는 않다. 이를테면

$$\Delta(x^3) = (x+1)^3 - x^3 = 3x^2 + 3x + 1$$

이다. 그러나 Δ를 적용했을 때 우아하게 변환되는 종류의 'm제곱(mth power)' 함수들도 존재한다. 우리가 유한 미적분에 관심을 두는 것은 바로 그런 종류의 거듭제곱 함수 때문이다. 그런 참신한 m제곱 함수들은 다음과 같은 규칙에 따라 정의된다.

Math power의 약자인가?

$$x^{\underline{m}} = \overbrace{x(x-1)\dots(x-m+1)}^{m \text{개의 인수들}}, \quad \text{정수 } m \geq 0. \tag{2.43}$$

m자에 밑줄이 있음을 주목하기 바란다. 이는 m개의 인수들이 한 단계씩 계속 내려감을(즉, 1씩 감소함을) 의미한다. 반대로, 인수들이 한 단계씩 올라가는 종류의 거듭제곱 함수도 있다.

$$x^{\overline{m}} = \overbrace{x(x+1)\dots(x+m-1)}^{m \text{개의 인수들}}, \quad \text{정수 } m \geq 0. \tag{2.44}$$

$m = 0$일 때는 $x^{\underline{0}} = x^{\overline{0}} = 1$이다. 인수가 하나도 없는 곱을 1로 간주하는 것이(항이 하나도 없는 합을 0으로 간주하는 것과 마찬가지로) 관례이기 때문이다.

$x^{\underline{m}}$이라는 수량을 소리 내어 읽어야 한다면, "x의 m 내림제곱"이라고 읽으면 된다. 비슷하게, $x^{\overline{m}}$은 "x의 m 올림제곱"이다. 이 함수들을 내림(내려가는) 차례거듭제곱(falling factorial power)과 올림(올라가는) 차례거듭제곱(rising factorial power) 이라고 부르기도 하는데,[†] 이는 이들이 계승 함수 $n! = n(n-1)\dots(1)$과 밀접하게 연관되어 있기 때문이다. 실제로, $n! = n^{\underline{n}} = 1^{\overline{n}}$이다.

수학 문헌들에는 차례거듭제곱을 이와는 다르게 표기하는 사례들이 여럿 있는데, 특히 주목할 것은 $x^{\overline{m}}$이나 $x^{\underline{m}}$에 해당하는 포흐하머^{Pochhammer} 기호 $(x)_m$이다. 또한, $x^{\underline{m}}$을 $x^{(m)}$이나 $x_{(m)}$으로 표기하는 때도 있다. 그러나 이 책에서 사용하는 밑줄·윗줄 관례는 쓰기 쉽고 기억하기 쉬우며 여분의 괄호가 필요하지 않다는 점에서 매력적이다.

수학 용어는 종종 미친 것 같다. 사실 포흐하머는 차례거듭제곱이 아니라 이항 계수 $\binom{x}{m}$을 $(x)_m$으로 표기했다.[293]

내림 거듭제곱 $x^{\underline{m}}$은 Δ에 대해 아주 잘 맞는다. 특히,

---

† (옮긴이) 차례거듭제곱은 계승(factorial)을 차례곱이라고도 부른다는 점에 착안해서 차례곱과 거듭제곱(power)을 합쳐서 만든 용어이다. '내림'이나 '올림'이 붙어서 보통의 거듭제곱과 혼동할 위험이 없을 때는 내림 거듭제곱, 올림 거듭제곱처럼 '차례'를 생략하기도 하겠다.

$$\Delta(x^{\underline{m}}) = (x+1)^{\underline{m}} - x^{\underline{m}}$$
$$= (x+1)x \ldots (x-m+2) - x \ldots (x-m+2)(x-m+1)$$
$$= mx(x-1) \ldots (x-m+2)$$

이다. 따라서, 유한 미적분에는 $D(x^m) = mx^{m-1}$에 대응되는 다음과 같은 법칙이 존재한다.

$$\Delta(x^{\underline{m}}) = mx^{\underline{m-1}}. \tag{2.45}$$

이것이 기본적인 계승적 사실(factorial fact)이다.

무한 미적분의 D 연산자에는 역함수가 존재한다. 바로 반도함수(anti-derivative) 연산자인데, 다름 아닌 적분 기호 $\int$이다. 미적분의 기본정리(Fundamental Theorem of Calculus)에 의해, D와 $\int$ 사이에는 다음과 같은 관계가 성립한다.

만일 $\int g(x)dx = f(x) + C$이면, 그리고 오직 그럴 때만 $g(x) = Df(x)$.

여기서 $g(x)$의 부정적분 $\int g(x)dx$는 그 도함수가 $g(x)$인 함수들의 부류(class)를 나타낸다. 비슷한 방식으로, Δ도 역함수가 있다. 반차분(anti-difference) 연산자가 바로 그것인데, 다름 아닌 합산 기호 $\sum$이다. 또 다른 근본 정리에 의해 다음이 성립한다.

만일 $\sum g(x)\delta x = f(x) + C$이면, 그리고 오직 그럴 때만
$g(x) = \Delta f(x).$ (2.46)

여기서 $g(x)$의 부정합(indefinite sum) $\sum g(x)\delta x$는 차분이 $g(x)$인 함수들의 부류를 나타낸다. (소문자 d와 대문자 D가 대응되듯이, 소문자 δ와 대문자 Δ가 대응됨을 주목하기 바란다.) 부정적분의 'C'는 임의의 상수이다. 부정합의 'C'는 $p(x+1) = p(x)$를 만족하는 임의의 함수 $p(x)$이다. 예를 들어 C가 주기함수 $a + b\sin 2\pi x$일 수도 있다. 그런 함수들은 차분을 취하면 소거되는데, 이는 도함수를 취하면 상수들이 소거되는 것과 비슷하다. x가 정수 값일 때 함수 C는 상수이다.

이제 이번 절의 펀치 라인$^{punch\ line}$(핵심이 되는 문구)에 거의 도달했다. 무한 미적분에는 정적분도 있다. 만일 $g(x) = Df(x)$이면

$$\int_a^b g(x)dx = f(x) \Big|_a^b = f(b) - f(a)$$

"Quemadmodum ad differentiam denotandam usi sumus signo Δ, ita summam indicabimus signo Σ. ... ex quo aequatio $z = \Delta y$, si invertatur, dabit quoque $y = \Sigma z + C$."
— L. 오일러, [110]

이다. 이에 대응해서, 좀 더 유명한 사촌을 충실하게 흉내 내는 우리의 유한 미적분에
는 정합(definite sum)이 있다. 만일 $g(x) = \Delta f(x)$이면

$$\sum_a^b g(x)\delta x = f(x) \mid_a^b = f(b) - f(a) \tag{2.47}$$

이다. 이전의 공식이 $\int_a^b g(x)dx$를 정의하듯이, 이 공식은 $\sum_a^b g(x)\delta x$라는 표기법에
의미를 부여한다.

그런데 아직은 $\sum_a^b g(x)\delta x$가 실제로 의미하는 바를 직관적으로 이해하기 힘든 독
자도 있을 것이다. 사실 앞에서 우리는 이를 필요가 아니라 비유를 따라 정의했다.
그 비유는 유한 미적분의 규칙들을 기억하는 데 도움이 되므로 계속 유지하는 것이
바람직하다. 그러나, 우리가 표기법의 의미를 이해하지 못한다면 그 표기법은 쓸모
가 없다. 그럼 $g(x) = \Delta f(x) = f(x+1) - f(x)$라고 가정하고 몇 가지 특수 사례들을
살펴보면서 그 의미를 유도해 보자. 만일 $b = a$이면 다음이 성립한다.

$$\sum_a^a g(x)\delta x = f(a) - f(a) = 0.$$

다음으로, 만일 $b = a+1$이면 결과는 다음과 같다.

$$\sum_a^{a+1} g(x)\delta x = f(a+1) - f(a) = g(a).$$

좀 더 일반화해서, 만일 b가 1씩 증가하면 다음이 성립한다.

$$\sum_a^{b+1} g(x)\delta x - \sum_a^b g(x)\delta x = (f(b+1) - f(a)) - (f(b) - f(a))$$
$$= f(b+1) - f(b) = g(b).$$

이러한 관찰들과 수학적 귀납법을 동원하면, a와 b가 $b \geq a$를 만족하는 정수들일
때 $\sum_a^b g(x)\delta x$의 구체적인 의미를 유도할 수 있다. 바로 다음과 같다.

$$\sum_a^b g(x)\delta x = \sum_{k=a}^{b-1} g(k) = \sum_{a \leq k < b} g(k), \quad b \geq a인 \ 정수 \ a,b에 \ 대해. \tag{2.48}$$

다른 말로 하면, 정합은 상, 하계가 있는 보통의 합에서 상계에 해당하는 항을 제외한
것이다.

이를 약간 다른 방식으로 정리해 보겠다. 주어진 미지의 합을 닫힌 형식으로 평가해
야 한다고 가정하자. 그리고 닫힌 형식의 해를 $\sum_{a \leq k < b} g(k) = \sum_a^b g(x)\delta x$ 형태로 표현
해야 한다고 하자. 유한 미적분의 이론에 따르면, 만일 부정합, 즉 $g(x) = f(x+1) -$

이런 걸 펀치 라인이라고
부르십니까?

$f(x)$를 만족하는 반차분 함수 f를 구할 수만 있다면 답을 $f(b) - f(a)$로 표현할 수 있다. 이러한 원리를 이해하는 한 가지 방법은 $\sum_{a \le k < b} g(k)$를 3점 표기법을 이용해서 충분히 전개해 보는 것이다.

$$\sum_{a \le k < b} (f(k+1) - f(k)) = (f(a+1) - f(a)) + (f(a+2) - f(a+1)) + \cdots$$
$$+ (f(b-1) - f(b-2)) + (f(b) - f(b-1)).$$

우변에서는 $f(b) - f(a)$를 제외한 모든 것이 소거된다. 따라서 $f(b) - f(a)$가 바로 합의 값이다. ($\sum_{a \le k < b} (f(k+1) - f(k))$ 형태의 합들을 접힌 망원경에 비유해서 망원합(telescoping sum)이라고 부르는데, 이는 접힌 망원경의 두께가 전적으로 가장 바깥쪽 원통의 바깥 반지름과 가장 안쪽 원통의 안쪽 반지름에 의해 결정되기 때문이다.)

그런데 규칙 (2.48)은 $b \ge a$일 때에만 적용된다. $b < a$이면 어떻게 될까? 글쎄, 식 (2.47)에 따르면 반드시 다음이 성립해야 한다.

$$\sum_a^b g(x)\delta x = f(b) - f(a)$$
$$= -(f(a) - f(b)) = -\sum_b^a g(x)\delta x.$$

이는 정적분의 해당 공식에 비견되는 공식이다. 적분에 적용되는 항등식 $\int_a^b + \int_b^c = \int_a^c$의 합산 버전인 $\sum_a^b + \sum_b^c = \sum_a^c$도 비슷한 논거를 통해서 증명할 수 있다. 정리하자면, 모든 정수 a, b, c에 대해 다음이 성립한다.

$$\sum_a^b g(x)\delta x + \sum_b^c g(x)\delta x = \sum_a^c g(x)\delta x. \tag{2.49}$$

여기까지 오면, 아마 이 모든 병렬성과 비유가 우리에게 어떻게 도움이 되는지 궁금하기 시작한 독자들이 꽤 있을 것이다. 하나를 들자면, 정합을 이용하면 내림 거듭제곱들의 합을 간단하게 구할 수 있다. 식 (2.45)와 식 (2.47), 식 (2.48)의 기본 법칙들은 다음과 같은 일반 법칙을 함의한다.

$$\sum_{0 \le k < n} k^{\underline{m}} = \frac{k^{\underline{m+1}}}{m+1} \bigg|_0^n = \frac{n^{\underline{m+1}}}{m+1}, \quad \ge 0 \text{인 정수 } m\text{과 } n\text{에 대해.} \tag{2.50}$$

이 공식은 좀 더 익숙한 $\int_0^n x^m dx = n^{m+1}/(m+1)$과 아주 비슷하므로 외우기가 어렵지 않을 것이다.

특히 주목할 것은, $m = 1$일 때 $k^{\underline{1}} = k$라는 점이다. 따라서, 유한 미적분의 원리들을 기억한다면, 다음과 같은 사실도 쉽게 기억해 둘 수 있을 것이다.

$$\sum_{0 \le k < n} k = \frac{n^{\underline{2}}}{2} = n(n-1)/2.$$

정합 방법은 또한 범위 $0 \le k < n$에 관한 합들이 $1 \le k \le n$에 관한 합들보다 더 간단하리라고 짐작게 한다. 전자는 그냥 $f(n) - f(0)$이지만 후자는 반드시 $f(n+1) - f(1)$로 평가해야 한다.

보통의 거듭제곱들의 합도 이러한 새로운 방식으로 구할 수 있다. 먼저 내림 거듭 제곱들로 표현해 보면 된다. 예를 들어

$$k^2 = k^{\underline{2}} + k^{\underline{1}}$$

이므로,

$$\sum_{0 \le k < n} k^2 = \frac{n^{\underline{3}}}{3} + \frac{n^{\underline{2}}}{2} = \frac{1}{3}n(n-1)(n-2+\frac{3}{2}) = \frac{1}{3}n(n-\frac{1}{2})(n-1)$$

이다. n을 $n+1$로 대체하면 우리의 오랜 친구인 $\square_n = \sum_{0 \le k \le n} k^2$의 값을 닫힌 형식으로 계산하는 또 다른 방법이 나온다. 친구였던가...

그런데 이건 너무 쉽다. 사실, 이전 절에서 이 공식을 완전히 패배시킨 수많은 방법 중 그 어떤 것보다도 쉽다. 그럼 수준을 한 단계 높여서, 제곱을 넘어서 세제곱으로 가보자. 잠깐 계산해 보면,

$$k^3 = k^{\underline{3}} + 3k^{\underline{2}} + k^{\underline{1}}$$

임을 알 수 있다. (제6장에서 공부할 스털링 수를 이용하면 언제라도 보통의 거듭제곱을 차례거듭제곱으로, 또는 그 반대로 변환하는 것이 가능하다.) 따라서

$$\sum_{a \le k < b} k^3 = \frac{k^{\underline{4}}}{4} + k^{\underline{3}} + \frac{k^{\underline{2}}}{2} \bigg|_a^b$$

이다.

이상에서 보듯이, 내림 거듭제곱은 합에 아주 적합하다. 그런데 그런 장점 외에 다른 장점은 없을까? 익숙한 보통의 거듭제곱을 먼저 내림 거듭제곱으로 바꾸어서 합산한 후 다시 변환하는 수밖에 없을까? 사실은 있다. 차례거듭제곱의 또 다른 성질들 덕분에, 차례거듭제곱을 직접 다루는 것이 가능한 경우가 많다. 예를 들어 $(x+y)^2 = x^2 + 2xy + y^2$인 것처럼 $(x+y)^{\underline{2}} = x^{\underline{2}} + 2x^{\underline{1}}y^{\underline{1}} + y^{\underline{2}}$이다. 그리고 $(x+y)^m$과 $(x+y)^{\underline{m}}$ 사이

에도 그에 해당하는 관계가 성립한다. (이러한 "계승 이항 정리"를 연습문제 5.37에서 증명해 볼 것이다.)

지금까지는 지수가 음이 아닌 내림 거듭제곱만 고찰했다. 보통의 거듭제곱에 대한 비유를 지수가 음인 경우에까지 확장하기 위해서는 $m < 0$일 때의 x^m을 적절히 정의할 필요가 있다. 이를 위해, 먼저 작은 사례들을 살펴보자.

$$x^3 = x(x-1)(x-2),$$
$$x^2 = x(x-1),$$
$$x^1 = x,$$
$$x^0 = 1.$$

x^3에서 x^2, x^1, x^0으로 내려가는 과정에서 $x-2$로 나누기, $x-1$로 나누기, x로 나누기가 있었음에 주목하자. 따라서, x^0을 $x+1$로 나누면 x^{-1}이 되리라고 생각하는 것이 합리적이다(필연적은 아니더라도). 즉, $x^{-1} = 1/(x+1)$이라고 추측할 수 있다. 계속해서 처음 몇 개의 음의 내림 거듭제곱(지수가 음수인 내림 거듭제곱)들을 나열해보자.

$$x^{-1} = \frac{1}{x+1},$$
$$x^{-2} = \frac{1}{(x+1)(x+2)},$$
$$x^{-3} = \frac{1}{(x+1)(x+2)(x+3)},$$

이로부터, 음의 내림 거듭제곱의 일반적인 정의를 이끌어낸다면 다음과 같다.

$$x^{-m} = \frac{1}{(x+1)(x+2)\dots(x+m)}, \quad m > 0 \text{에 대해.} \tag{2.51}$$

(지수 m이 실수인 내림 차례거듭제곱을 정의하는 것이 가능하며, 심지어(even) 복소수인 경우도 가능하다. 이 문제는 제5장에서 다루기로 한다.)

복소수가 어떻게 짝수(even)일 수 있을까?

이러한 정의에서, 내림 거듭제곱에는 몇 가지 근사한 성질들이 추가된다. 아마도 가장 중요한 것은 일반 지수법칙일 것이다. 보통의 거듭제곱에 대해서는 다음과 같은 법칙이 성립한다.

$$x^{m+n} = x^m x^n$$

내림 거듭제곱의 버전은 다음과 같다.

$$x^{\underline{m+n}} = x^{\underline{m}}(x-m)^{\underline{n}}, \quad \text{정수 } m \text{과 } n \text{에 대해.} \tag{2.52}$$

예를 들어 $x^{\underline{2+3}} = x^{\underline{2}}(x-2)^{\underline{3}}$이다. 그리고 n이 음일 경우에는

$$x^{\underline{2-3}} = x^{\underline{2}}(x-2)^{\underline{-3}} = x(x-1)\frac{1}{(x-1)x(x+1)} = \frac{1}{x+1} = x^{\underline{-1}}$$

이다. 만일 $x^{\underline{-1}}$을 $1/(x+1)$이 아니라 $1/x$로 정의했다면, 지수법칙(law of exponent) (2.52)는 $m=-1$이나 $n=1$ 같은 경우에서 성립하지 않는다. 사실 법칙 (2.52)는 지수가 음일 때 내림 거듭제곱을 어떻게 정의해야 하는지를 정확히 알려 준다. $m=-n$으로 두면 된다. 좀 더 많은 사례를 포괄하기 위해 기존 표기법을 확장하는 경우, 일반적인 법칙들이 계속해서 성립하도록 정의들을 공식화하는 것이 항상 최선이다.

법규(law)에는 옹호자 (exponent)와 비방자 (detractor)가 있다.

이번에는 우리에게 꼭 필요한 차분 성질이 내림 거듭제곱의 새로운 정의에서도 성립하는지 확인해보자. 다시 말해, $m<0$일 때 $\Delta x^{\underline{m}} = m x^{\underline{m-1}}$이 성립할까? 예를 들어 $m=-2$일 때 차분은 다음과 같다.

$$\begin{aligned}
\Delta x^{\underline{-2}} &= \frac{1}{(x+2)(x+3)} - \frac{1}{(x+1)(x+2)} \\
&= \frac{(x+1)-(x+3)}{(x+1)(x+2)(x+3)} \\
&= -2 x^{\underline{-3}}
\end{aligned}$$

성립한다! 모든 $m<0$에 대해서도 비슷한 논거가 적용된다.

따라서 식 (2.50)의 합산 성질은 지수가 양인 내림 거듭제곱뿐만 아니라 지수가 음인 내림 거듭제곱에서도 성립한다(0으로 나누기가 발생하지 않는 한). 정리하자면 다음과 같다.

$$\sum\nolimits_a^b x^{\underline{m}} \delta x = \left.\frac{x^{\underline{m+1}}}{m+1}\right|_a^b, \quad m \neq -1 \text{에 대해.}$$

그런데 $m=-1$일 때는 어떨까? 적분에서는 $m=-1$일 때 다음 공식을 적용함을 기억할 것이다.

$$\int_a^b x^{-1} dx = \left. \ln x \right|_a^b$$

우리가 원하는 것은 이 $\ln x$의 유한 미적분 버전이다. 다른 말로 하면, 다음을 만족하는 함수 $f(x)$를 찾아야 한다.

$$x^{-1} = \frac{1}{x+1} = \Delta f(x) = f(x+1) - f(x).$$

다음이 바로 그런 함수임은 쉽게 확인할 수 있다(x가 정수일 때).

$$f(x) = \frac{1}{1} + \frac{1}{2} + \cdots + \frac{1}{x}.$$

그리고 이 수량은 다름 아닌 식 (2.13)에 나온 조화수 H_x이다. 즉, H_x는 연속함수 $\ln x$의 이산 버전이다. (제6장에서 정수가 아닌 x에 대한 H_x를 정의하겠지만, 지금 논의에서는 정수 값들로도 충분하다. 또한, 제9장에서는 큰 x에 대해 $H_x - \ln x$의 값이 근사적으로 $0.577 + 1/(2x)$임을 알게 될 것이다. 따라서 H_x와 $\ln x$는 비슷한 정도가 아니라 꽤나 가깝다. 그 값들의 차이는 대체로 1 미만이다.)

0.577이 참값인가?
혹시 $1/\sqrt{3}$의 근삿값은
아닌지?
다시 생각해 보니 아닐 수도
있고.

이제 내림 거듭제곱들의 합을 나타내는 완전한 공식을 만들 수 있다.

$$\sum\nolimits_a^b x^m \delta x = \begin{cases} \dfrac{x^{m+1}}{m+1} \Big|_a^b, & \text{만일 } m \neq -1\text{이면;} \\ H_x \big|_a^b, & \text{만일 } m = -1\text{이면.} \end{cases} \tag{2.53}$$

이 공식은 빠른정렬의 분석 같은 이산 문제의 해답에서 조화수가 튀어나오는(마치 연속 문제의 해답에서 소위 자연로그가 튀어나오는 것처럼) 이유를 말해준다.

$\ln x$의 이산 버전을 찾았으니, e^x의 이산 버전이 있는지도 살펴보자. 즉, 항등식 $De^x = e^x$에 해당하는 성질인 $\Delta f(x) = f(x)$를 만족하는 함수 $f(x)$는 무엇일까? 이 문제는 쉽다. 다음을 만족하는 함수를 구하면 된다.

$$f(x+1) - f(x) = f(x) \quad \Leftrightarrow \quad f(x+1) = 2f(x).$$

이는 간단한 점화식이며, 결론적으로 지수 함수의 이산 버전은 $f(x) = 2^x$이다.

임의의 c에 대한 c^x의 차분 역시 상당히 쉽다. 다음과 같다.

$$\Delta(c^x) = c^{x+1} - c^x = (c-1)c^x.$$

그러므로, $c \neq 1$일 때 c^x의 반차분은 $c^x/(c-1)$이다. 이 사실과 식 (2.47) 및 식 (2.48)에 나온 근본 법칙들을 결합하면 다음과 같은 공식을 유도할 수 있다. 이는 등비수열의 합의 일반식을 정연하게 이해하는 방법이다.

$$\sum_{a \le k < b} c^k = \sum\nolimits_a^b c^x \delta x = \frac{c^x}{c-1} \bigg|_a^b = \frac{c^b - c^a}{c-1}, \quad c \ne 1 \text{에 대해.}$$

이제, 닫힌 형식으로 사용하기에 유용할 만한 어떤 함수 f를 발견하면 항상 그 차분 $\Delta f = g$를 구해 보기 바란다. 그러면 부정합 $\sum g(x) \delta x$가 알려진 함수 g를 얻게 된다. 표 67에 합산에 유용한 몇 가지 차분/반차분들의 조합이 나와 있다.

표 67은 페이지 67에 있습니다. 이해했죠?

　이처럼 연속수학과 이산수학은 여러모로 병렬적이지만, 연속수학에만 있고 이산수학에는 없는 개념들도 있다. 예를 들어 무한 미적분의 연쇄법칙(chain rule)은 함수의 함수의 도함수를 다룰 때 편리한데, 유한 미적분에는 그에 대응되는 연쇄 법칙이 없다. 이는 $\Delta f(g(x))$를 적절한 형식으로 나타내기가 불가능하기 때문이다. 이산수학에서는 x를 $c \pm x$로 바꾸는 몇몇 경우를 제외하면 변수 바꿈(change-of-variables)도 어렵다.

　그렇지만 $\Delta(f(x)g(x))$에는 상당히 적절한 형식이 존재하며, 그 형식으로부터 부분합산(summation by parts)을 위한 규칙을 만들어 낼 수 있다. 부분합산은 미적분의 부분적분(integration by parts)에 대응된다. 우선, 무한 미적분의 공식

$$D(uv) = uDv + vDu$$

에서 다음과 같은 부분적분 규칙이 나온다는 점을 떠올려 보자.

$$\int uDv = uv - \int vDu.$$

유한 미적분에서도 이와 비슷한 유도가 가능하다.

　먼저, 차분연산자를 두 함수 $u(x)$와 $v(x)$에 적용한다.

$$
\begin{aligned}
\Delta(u(x)v(x)) &= u(x+1)v(x+1) - u(x)v(x) \\
&= u(x+1)v(x+1) - u(x)v(x+1) \\
&\qquad\qquad + u(x)v(x+1) - u(x)v(x) \\
&= u(x)\Delta v(x) + v(x+1)\Delta u(x).
\end{aligned}
\tag{2.54}
$$

다음과 같이 정의되는 자리이동 연산자(shift operator) E를 이용하면 이 공식을 좀 더 편리한 형식으로 바꿀 수 있다.

$$Ef(x) = f(x+1).$$

이제 식 (2.54)의 $v(x+1)$에 $Ev(x)$를 대입하면 곱의 차분에 대한 간결한 규칙이 나온다.

표 67 차분 목록

$f = \Sigma g$	$\Delta f = g$	$f = \Sigma g$	$\Delta f = g$
$x^{\underline{0}} = 1$	0	2^x	2^x
$x^{\underline{1}} = x$	1	c^x	$(c-1)c^x$
$x^{\underline{2}} = x(x-1)$	$2x$	$c^x/(c-1)$	c^x
$x^{\underline{m}}$	$mx^{\underline{m-1}}$	cu	$c\Delta u$
$x^{\underline{m+1}}/(m+1)$	$x^{\underline{m}}$	$u + v$	$\Delta u + \Delta v$
H_x	$x^{\underline{-1}} = 1/(x+1)$	uv	$u\Delta v + Ev\Delta u$

$$\Delta(uv) = u\Delta v + Ev\Delta u. \tag{2.55}$$

무한 미적분에서는 1→0으로 두어서 E를 피한다.

(여기서 E는 다소 성가시지만, 등호가 성립하려면 이것이 필요하다.) 이제 이 등식의 양변에서 부정합을 취하고 항들을 적절히 정리하면, 앞에서 말한 부분합산 규칙이 나온다.

$$\sum u\Delta v = uv - \sum Ev\Delta u. \tag{2.56}$$

무한 미적분에서처럼 세 항 모두에 한계들을 부여할 수 있으며, 그러면 부정합은 정합이 된다.

이 규칙은 좌변의 합이 우변의 것보다 더 평가하기 어려울 때 유용하다. 그럼 예를 하나 보자. 흔히 부분적분으로 적분하는 함수로 $\int xe^x dx$가 있다. 이것의 이산 버전은 $\sum x2^x \delta x$인데, 이번 장에서 $\sum_{k=0}^{n} k2^k$의 형태로 이미 만나본 적이 있다. 이를 부분합산을 이용해서 평가해 보자. 우선 $u(x) = x$, $\Delta v(x) = 2^x$로 둔다. 그러면 $\Delta u(x) = 1$, $v(x) = 2^x$, $Ev(x) = 2^{x+1}$이다. 이를 식 (2.56)에 대입하면 다음이 나온다.

아마 1의 작은 값들에 대해 $e^x = 2^x$일 거야.

$$\sum x2^x \delta x = x2^x - \sum 2^{x+1}\delta x = x2^x - 2^{x+1} + C.$$

이제 이전에 했던 것처럼 한계들을 부여해서 이 합을 평가한다.

$$\begin{aligned}
\sum_{k=0}^{n} k2^k &= \sum_{0}^{n+1} x2^x \delta x \\
&= x2^x - 2^{x+1} \Big|_{0}^{n+1} \\
&= \left((n+1)2^{n+1} - 2^{n+2}\right) - (0 \cdot 2^0 - 2^1) = (n-1)2^{n+1} + 2.
\end{aligned}$$

이런 방식으로 합을 구하는 것이 섭동법으로 구하는 것보다 쉽다. 특별히 머리를 쓸 필요가 없기 때문이다.

수학의 궁극의 목표는 지능적 사고의 필요성을 완전히 제거하는 것이다.

이번 장의 앞에서 $\sum_{0 \le k < n} H_k$에 대한 공식 하나를 보았다. 만일 부분합산 방법을 알고 있었다면 식 (2.36)을 체계적인 방식으로 구할 수 있었을 것이다. 정말로 그런지 검증하는 의미로, 좀 더 어려워 보이는 합인 $\sum_{0 \le k < n} kH_k$를 공략해 보겠다. $\int x \ln x\, dx$에 대한 비유를 지침으로 삼는다면 답을 구하기가 그리 어렵지 않다. 우선 $u(x) = H_x$, $\Delta v(x) = x = x^{\underline{1}}$으로 둔다. 그러면 $\Delta u(x) = x^{\underline{-1}}$, $v(x) = x^{\underline{2}}/2$, $Ev(x) = (x+1)^{\underline{2}}/2$이고,

$$\sum x H_x \delta x = \frac{x^{\underline{2}}}{2} H_x - \sum \frac{(x+1)^{\underline{2}}}{2} x^{\underline{-1}} \delta x$$
$$= \frac{x^{\underline{2}}}{2} H_x - \frac{1}{2} \sum x^{\underline{1}} \delta x$$
$$= \frac{x^{\underline{2}}}{2} H_x - \frac{x^{\underline{2}}}{4} + C$$

이다. (첫 줄에서 둘째 줄로 넘어갈 때, 두 내림 거듭제곱 $(x+1)^{\underline{2}} x^{\underline{-1}}$을 식 (2.52)의 지수법칙을 적용해서($m = -1$, $n = 2$) 하나의 내림 거듭제곱으로 합쳤다.) 이제 한계들을 부여해서 해를 완성하면 된다.

$$\sum_{0 \le k < n} kH_k = \sum_0^n x H_x \delta x = \frac{n^{\underline{2}}}{2}\left(H_n - \frac{1}{2}\right). \tag{2.57}$$

2.7 무한합

이번 장의 시작에서 $\sum$ 표기법을 정의할 때, 무한합(infinite sum)의 문제를 "나중으로 미루고, 지금은 0이 아닌 항의 개수가 유한한 합만 있다고 가정하자"라는 뜻의 말로 교묘하게 피해 갔다. 그러나 이제는 더 미룰 수 없다. 이제 무한한 합에 정면으로 맞서 보기로 하자. 알고 보면, 무한합은 우리에게 좋은 소식과 나쁜 소식을 모두 전해준다.

_그게_ 교묘했다고?

우선 나쁜 소식부터 말하자면, 지금까지 $\sum$의 조작에 사용한 방법들이 무한합에 대해 항상 유효한 것은 아니다. 다음으로 좋은 소식은, 크고 쉽게 이해할 수 있는 무한합들의 부류가 있는데, 그 부류의 무한합들에 대해서는 지금까지 수행한 모든 연산이 완벽하게 적법하다. 이 두 소식의 근거는 합산에 깔린 의미를 좀 더 자세히 살펴보면 명확해질 것이다.

유한합(finite sum)이 어떤 것인지는 누구나 알고 있다. 일단의 항들을 하나씩 모두 더하면 답이 나온다. 그러나 무한합은 좀 더 세심하게 정의할 필요가 있다. 그렇지 않으면 모순적인 상황에 빠지기 때문이다.

예를 들어 다음과 같은 무한합이 2와 같다고 정의하는 것은 자연스럽다.

$$S = 1 + \frac{1}{2} + \frac{1}{4} + \frac{1}{8} + \frac{1}{16} + \frac{1}{32} + \cdots$$

양변에 2를 곱해 보면 이 정의가 옳음을 즉시 알 수 있다.

$$2S = 2 + 1 + \frac{1}{2} + \frac{1}{4} + \frac{1}{8} + \frac{1}{16} + \cdots = 2 + S.$$

그러나, 다음의 무한합에는 그런 방식이 통하지 않는다.

$$T = 1 + 2 + 4 + 8 + 16 + 32 + \cdots.$$

양변을 두 배로 하면 다음이 나오는데, 그러면 이 무한합이 -1과 같다는 엉뚱한 결론이 나오기 때문이다.

$$2T = 2 + 4 + 8 + 16 + 32 + 64 + \cdots = T - 1.$$

양수들을 더했는데 음수가 나온다면 뭔가 단단히 잘못된 것이다. 차라리 T가 정의되지 않는다고 두는 게 더 나아 보인다. 아니면 $T = \infty$라고 할 수도 있다. T에 더해지는 항들이 그 어떤 고정된, 유한한 수보다 커질 것이기 때문이다. (∞는 방정식 $2T = T - 1$의 또 다른 '해'이며, $2S = 2 + S$의 해이기도 하다.)

그럼 K가 무한 집합일 수도 있는 일반 합 $\sum_{k \in K} a_k$의 값을 잘 정의하는 공식을 찾아보자. 일단은 모든 항 a_k가 음이 아니라는 가정으로 시작한다. 그런 가정하에서는 적절한 정의를 찾는 것이 어렵지 않다. 만일 모든 유한 부분집합 $F \subset K$에 대해

$$\sum_{k \in F} a_k \leq A$$

인 어떤 경계 상수(bounding constant) A가 존재한다면, $\sum_{k \in K} a_k$를 그러한 A의 최솟값으로 정의할 수 있다. (이는 그런 A들을 모두 포함하는 집합에는 항상 가장 작은 원소가 존재한다는 실수의 잘 알려진 성질에서 비롯된다.) 그런 경계 상수 A가 존재하지 않는다면 $\sum_{k \in K} a_k = \infty$로 두면 될 것이다. 이는, A가 임의의 실수라 할 때 그 합이 A보다 큰 유한한 개수의 항 a_k들의 집합이 존재한다는 뜻이다.

아니, -1이 맞다. 워드 크기가 무한한 이진 컴퓨터에서 $1 + 2 + 4 + 8 + \cdots$는 수 -1의 '무한 정밀도' 표현이다.

앞 문단의 정의는 색인 집합 K에 존재할 수 있는 그 어떤 순서에도 의존하지 않도록 세심하게 공식화한 것이다. 그 덕분에, 지금부터 제시할 논거들은 정수들의 집합에 관한 합뿐만 아니라 다수의 색인 $k_1, k_2, \ldots$ 에 대한 다중 합들에도 적용된다.

K가 음이 아닌 정수들의 집합인 특수 경우에서, 음이 아닌 항 a_k들에 대한 이 정의는 다음을 함의한다.

$$\sum_{k \geq 0} a_k = \lim_{n \to \infty} \sum_{k=0}^{n} a_k.$$

심지어 집합 K가 불가산 집합일 수도 있다. 그러나, 만일 경계 상수 A가 존재한다면, 0이 아닌 항들의 개수를 셀 수 있어야 한다. $\geq 1/n$인 항들은 많아야 nA개이기 때문이다.

이유는 이렇다. 임의의 비감소 실수 수열에는 한계(상계)가 존재한다(그 한계가 ∞일 수도 있다). A가 그러한 한계이고 F가 원소들이 모두 $\leq n$인 임의의 음이 아닌 정수 유한 집합이라 할 때, $\sum_{k \in F} a_k \leq \sum_{k=0}^{n} a_k \leq A$가 성립한다. 따라서 $A = \infty$이거나 A는 하나의 경계 상수이다. 그리고 만일 A'이 언급한 한계 A보다 작은 임의의 수라고 하면, $\sum_{k=0}^{n} a_k > A'$을 만족하는 n이 존재한다. 따라서 유한 집합 $F = \{0, 1, \ldots, n\}$은 A'이 한계 상수가 아님을 말해주는 증거이다.

방금 제시한 정의를 이용하면 특정 무한합들의 값을 손쉽게 계산할 수 있다. 예를 들어 $a_k = x^k$일 때

$$\sum_{k \geq 0} x^k = \lim_{n \to \infty} \frac{1 - x^{n+1}}{1 - x} = \begin{cases} 1/(1-x), & \text{만일 } 0 \leq x < 1\text{이면;} \\ \infty, & \text{만일 } x \geq 1\text{이면} \end{cases}$$

이다. 구체적인 예로, 좀 전에 살펴본 무한합 S와 T의 값은 예상대로 각각 2와 ∞이다. 다음은 또 다른 흥미로운 예이다.

$$\sum_{k \geq 0} \frac{1}{(k+1)(k+2)} = \sum_{k \geq 0} k^{\underline{-2}}$$
$$= \lim_{n \to \infty} \sum_{k=0}^{n-1} k^{\underline{-2}} = \lim_{n \to \infty} \frac{k^{\underline{-1}}}{-1} \bigg|_0^n = 1.$$

이번에는 음이 아닌 항들뿐만 아니라 음의 항들이 있을 수도 있는 합을 생각해 보자. 예를 들어 다음 합의 값은 얼마일까?

$$\sum_{k \geq 0} (-1)^k = 1 - 1 + 1 - 1 + 1 - 1 + \cdots ?$$

항들을 다음과 같이 둘씩 묶으면

$$(1-1) + (1-1) + (1-1) + \cdots = 0 + 0 + 0 + \cdots$$

"Aggregatum quantitatum $a - a + a - a + a - a$ etc. nunc est $= a$, nunc $= 0$, adeoque continuata in infinitum serie ponendus $= a/2$, fateor acumen et veritatem animadversionis tuæ."
— G. 그란디Grandi, [163]

이다. 따라서 합은 0이다. 그러나 첫 항을 건너뛰고 항들을 묶으면

$$1 - (1-1) - (1-1) - (1-1) - \cdots = 1 - 0 - 0 - 0 - \cdots$$

이 되는데, 그러면 합은 1이다.

이전에 $0 \le x < 1$일 때 성립함을 증명했던 공식 $\sum_{k \ge 0} x^k = 1/(1-x)$에서 $x = -1$로 두어서 답을 구해 볼 수도 있다. 그러나 그러면 이 무한합의 값이 $\frac{1}{2}$이 된다. 정수들을 합했는데 분수가 나온 것이다!

또 다른 흥미로운 예는 $k \ge 0$에 대해 $a_k = 1/(k+1)$이고 $k < 0$에 대해 $a_k = 1/(k-1)$인 이중 무한합 $\sum_k a_k$이다. 이를 다음과 같이 표현해 보자.

$$\cdots + (-\tfrac{1}{4}) + (-\tfrac{1}{3}) + (-\tfrac{1}{2}) + 1 + \tfrac{1}{2} + \tfrac{1}{3} + \tfrac{1}{4} + \cdots. \tag{2.58}$$

'중앙' 원소에서 시작해서 바깥쪽으로 넓혀 가면서 이 합을 평가한다면,

$$\cdots + \left(-\tfrac{1}{4} + \left(-\tfrac{1}{3} + \left(-\tfrac{1}{2} + (1) + \tfrac{1}{2}\right) + \tfrac{1}{3}\right) + \tfrac{1}{4}\right) + \cdots$$

값은 1이 된다. 그리고 모든 괄호 쌍을 한 단계 왼쪽으로 옮겨도 1이 나온다.

$$\cdots + \left(-\tfrac{1}{5} + \left(-\tfrac{1}{4} + \left(-\tfrac{1}{3} + (-\tfrac{1}{2}) + 1\right) + \tfrac{1}{2}\right) + \tfrac{1}{3}\right) + \cdots$$

이는 제일 안쪽 괄호 쌍 n개 안에 있는 모든 수의 합이

$$-\frac{1}{n+1} - \frac{1}{n} - \cdots - \frac{1}{2} + 1 + \frac{1}{2} + \cdots + \frac{1}{n-1} = 1 - \frac{1}{n} - \frac{1}{n+1}$$

이기 때문이다. 비슷한 논거를 이용해서, 괄호들을 임의의 고정된 횟수로 왼쪽 또는 오른쪽으로 이동해도 값이 1이 됨을 증명할 수 있다. 이는 값이 실제로 1이라는 심증을 굳혀주는 증거이다. 한편, 항들을 다음과 같이 묶을 수도 있다.

$$\cdots + \left(-\tfrac{1}{4} + \left(-\tfrac{1}{3} + \left(-\tfrac{1}{2} + 1 + \tfrac{1}{2}\right) + \tfrac{1}{3} + \tfrac{1}{4}\right) + \tfrac{1}{5} + \tfrac{1}{6}\right) + \cdots.$$

이 경우 안쪽에서 바깥쪽으로 n번째의 괄호 쌍 안에 있는 수들은 다음과 같다.

$$-\frac{1}{n+1} - \frac{1}{n} - \cdots - \frac{1}{2} + 1 + \frac{1}{2} + \cdots + \frac{1}{2n-1} + \frac{1}{2n} = 1 + H_{2n} - H_{n+1}.$$

$\lim_{n\to\infty}(H_{2n}-H_{n+1})=\ln 2$임은 제9장에서 증명할 것이다. 따라서, 항들을 이런 식으로 묶으면 이중 무한합은 사실 $1+\ln 2$와 같아야 한다.

이처럼 항들을 더하는 방식에 따라 값이 달라지는 합에는 뭔가 불안정한(flaky) 면이 있다. 고급 해석학 교과서들에는 이런 병적인 합에 의미 있는 값을 배정하는 다양한 정의들이 나온다. 그런데 우리가 그런 정의들을 받아들인다면, 지금까지 해왔던 것처럼 $\sum$ 표기를 자유롭게 운용할 수 없게 된다. 이 책의 목적에서는 '조건부 수렴(conditional convergence)' 같은 정교한 정련들이 필요하지 않다. 따라서 이 책에서는 이번 장에서 지금까지 해온 모든 연산의 유효성을 유지하는, 다음과 같은 무한합 정의를 따르기로 한다.

사실 우리가 따르려는 무한합 정의는 상당히 간단하다. K가 임의의 집합이고 a_k가 각 $k\in K$에 대해 정의되는 실수 값 항이라고 하자. (여기서 'k'는 사실 다수의 색인 $k_1, k_2, \ldots, K$를 대표하는 것일 수 있다. 즉, 다차원 색인일 수 있다.) 임의의 실수 x를 다음과 같이 양수부와 음수부의 차이로 표현할 수 있다.

$$x = x^+ - x^-, \quad \text{여기서 } x^+ = x \cdot [x>0] \text{이고 } x^- = -x \cdot [x<0].$$

($x^+=0$이거나, $x^-=0$이거나, 둘 다 0이다). a_k^+과 a_k^-는 음이 아니므로, 무한합 $\sum_{k\in K} a_k^+$와 $\sum_{k\in K} a_k^-$의 값들은 이전에 설명한 방법으로 정의할 수 있다. 정리하자면, 우리가 따르는 무한합의 일반적인 정의는 다음과 같다.

$$\sum_{k\in K} a_k = \sum_{k\in K} a_k^+ - \sum_{k\in K} a_k^-. \tag{2.59}$$

단, 우변의 두 합이 모두 ∞와 같은 경우에는 이 정의가 적용되지 않는다. 그런 경우에는 $\sum_{k\in K} a_k$가 정의되지 않는 것으로 둔다.

$A^+ = \sum_{k\in K} a_k^+$이고 $A^- = \sum_{k\in K} a_k^-$라고 하자. 만일 A^+와 A^-가 둘 다 유한하면, 합 $\sum_{k\in K} a_k$를 가리켜 값 $A = A^+ - A^-$에 **절대수렴한다**(converge absolutely)고 말한다. 만일 $A^+ = \infty$이지만 A^-가 유한하면, 합 $\sum_{k\in K} a_k$를 가리켜 $+\infty$로 **발산한다**(diverge)고 말한다. 마찬가지로, 만일 $A^- = \infty$이지만 A^+가 유한하면 $\sum_{k\in K} a_k$를 가리켜 $-\infty$로 발산한다고 말한다. $A^+ = A^- = \infty$일 때는 모든 것이 무의미하다.

지금까지 우리는 음의 항들이 있는 합에도 적용할 수 있는 정의를 찾는 것으로 시작해서 그것을 실수 값 항들의 합으로까지 확장했다. 더 나아가서, 마찬가지의 자명한 방식을 적용해서 합의 정의를 a_k들이 복소수인 경우로도 확장할 수 있다. 즉, 합 $\sum_{k\in K} a_k$는 $\sum_{k\in K} \Re a_k + i \sum_{k\in K} \Im a_k$인데, 여기서 $\Re a_k$와 $\Im a_k$는 각각 a_k의

다른 말로 하면, 절대수렴은 절댓값들의 합이 수렴한다는 뜻이다.

실수부와 허수부이다. 물론 이 정의는 실수부들의 합과 허수부들의 합이 모두 정의되는 경우에만 유효하고, 그렇지 않다면 $\sum_{k \in K} a_k$는 정의되지 않는다. (연습문제 18을 보라.)

앞에서 언급한 나쁜 소식은, 몇몇 무한합들은 정의되지 않은 채로 남겨 둘 수밖에 없다는 점이다. 이는 그런 합들에 지금까지 해온 조작들을 가하면 일관되지 않은 결과가 나오기 때문이다. (연습문제 34를 보라.) 좋은 소식은, 앞의 정의에 따라 절대수렴하는 합들을 다룰 때는 이번 장의 모든 조작이 완벽하게 유효하다는 것이다.

좋은 소식이 사실인지는 지금까지 나온 각각의 변환 규칙에 대해 절대 수렴 합들의 값이 유지되는지 보면 확인할 수 있다. 좀 더 구체적으로 말하면, 분배법칙과 결합법칙, 교환법칙, 그리고 한 색인 변수부터 먼저 합산하는 규칙이 유효한지 점검해야 한다. 이번 장에 나온 다른 모든 법칙과 기법은 합산에 관한 그 네 가지 기본 연산들로부터 유도한 것이다.

식 (2.15)의 분배법칙을 좀 더 정밀하게 공식화한다면 이렇다. 만일 $\sum_{k \in K} a_k$가 A에 절대수렴한다면, 그리고 만일 c가 임의의 복소수이면, $\sum_{k \in K} \alpha a_k$는 cA에 절대수렴한다. 이 정리는 합을 앞에서처럼 실수부와 허수부로 분할하고 양수부와 음수부로 분할함으로써, 그리고 $c > 0$이고 각 항 a_k가 음이 아닌 특수 경우를 증명함으로써 증명할 수 있다. 그러한 특수 경우는 모든 유한 집합 F에 대해 $\sum_{k \in F} \alpha a_k = c \sum_{k \in F} a_k$라는 사실을 이용해서 증명할 수 있으며, 그 사실 자체는 F의 크기에 대한 귀납법으로 증명할 수 있다.

결합법칙 (2.16)은 다음과 같이 공식화할 수 있다. 만일 $\sum_{k \in K} a_k$와 $\sum_{k \in K} b_k$가 각각 A와 B에 절대수렴하면, $\sum_{k \in K} (a_k + b_k)$는 $A + B$에 절대수렴한다. 알고 보면 이는 잠시 후에 증명할 좀 더 일반적인 정리의 한 특수 경우이다.

교환법칙 (2.17)은 사실 증명할 필요가 없다. 이미 식 (2.35) 다음의 논의에서 이를 합산 순서 교환의 일반 법칙의 한 특수 경우로서 유도했기 때문이다.

우리가 증명해야 할 주된 결과는 다중 합의 근본 원리, 즉 "둘 이상의 색인들에 관한 절대수렴 합은 항상 그 색인 중 하나에 관해 먼저 합산할 수 있다."는 명제이다. 좀 더 공식화해서 말하자면, 만일 J와 $\{K_j \mid j \in J\}$의 원소들이

이 페이지를 처음 보는 학생은 그냥 넘어가는 게 좋습니다.
— 친절한 조교

$$\sum_{\substack{j \in J \\ k \in K_j}} a_{j,k} \text{가 } A\text{에 절대수렴한다}$$

라는 조건을 만족하는 색인들의 임의의 집합들이면, 각 $j \in J$에 대해 다음 두 조건을 모두 만족하는 복소수 A_j들이 존재한다.

$$\sum_{k \in K_j} a_{j,k} \text{가 } A_j \text{에 절대수렴하고,}$$

$$\sum_{j \in J} A_j \text{가 } A \text{에 절대수렴한다.}$$

이 단언은 모든 항이 음이 아닌 경우에 대해서만 증명하면 된다. 음의 항이 있는 일반적인 경우는 모든 것을 이전처럼 실수부와 허수부로, 그리고 양수부와 음수부로 분할해서 증명할 수 있기 때문이다. 그러므로, 모든 쌍 $(j,k) \in M$에 대해 $a_{j,k} \geq 0$이라고 가정하자. 여기서 M은 주 색인 집합 $\{(j,k) \mid j \in J, k \in K_j\}$이다.

이제 $\sum_{(j,k) \in M} a_{j,k}$는 유한합이다. 다시 말해 모든 유한 부분집합 $F \subseteq M$에

$$\sum_{(j,k) \in F} a_{j,k} \leq A$$

이고, A는 그러한 최소의 상계이다. j가 J의 임의의 원소라고 할 때, $\sum_{k \in F_j} a_{j,k}$ 형태(여기서 F_j는 K_j의 한 유한 부분집합)의 각 합의 상계는 A이다. 따라서 이 유한 합들의 최소 상계는 $A_j \geq 0$이며, 정의에 의해 $\sum_{k \in K_j} a_{j,k} = A_j$이다.

모든 유한 부분집합 $G \subseteq J$에 대해 $\sum_{j \in G} A_j$의 최소 상계가 A라는 점도 증명해야 한다. G가 J의 유한 부분집합 중 $\sum_{j \in G} A_j = A' > A$를 만족하는 한 유한 부분집합이라고 하자. $A_j > 0$인 각 $j \in G$에 대해 $\sum_{k \in F_j} a_{j,k} > (A/A')A_j$를 만족하는 유한 부분집합 $F_j \subseteq K_j$들을 구할 수 있다. 그러한 j가 적어도 하나는 존재한다. 그러나 $\sum_{j \in G, k \in F_j} a_{j,k} > (A/A') \sum_{j \in G} A_j = A$이며, 이는 모든 유한 부분집합 $F \subseteq M$에 대해 $\sum_{(j,k) \in F} a_{j,k} \leq A$가 성립한다는 사실과 모순이다. 따라서 모든 유한 부분집합 $G \subseteq J$에 대해 $\sum_{j \in G} A_j \leq A$이다.

마지막으로, A'이 A보다 작은 임의의 실수라고 하자. 만일 $\sum_{j \in G} A_j > A'$인 어떤 유한 집합 $G \subseteq J$를 찾을 수 있다면 우리의 증명이 완성된다. $\sum_{(j,k) \in F} a_{j,k} > A'$인 유한 집합 $F \subseteq M$이 존재함은 알고 있다. G가 이 F에 속한 j들의 집합이라고 하자. 그리고 $F_j = \{k \mid (j,k) \in F\}$라고 하자. 그러면 $\sum_{j \in G} A_j \geq \sum_{j \in G} \sum_{k \in F_j} a_{j,k} = \sum_{(j,k) \in F} a_{j,k} > A'$이다. 증명 끝.

자, 이제 우리는 정당하다. 항들의 절댓값들의 모든 유한합에 대해 어떤 유한한 경계가 존재하기만 한다면, 지금까지 우리가 무한합에 적용한 모든 조작은 정당성을 확보한다. 식 (2.58)의 이중 무한합은 평가 방식에 따라 서로 다른 두 가지 답이 나온다. 그 합의 양의 항들의 합, 즉 $1 + \frac{1}{2} + \frac{1}{3} + \cdots$은 ∞로 발산해야 마땅하다. 그렇지 않다면, 항들을 어떻게 묶든 같은 값이 나왔을 것이다.

그럼 요즘 "조화로운 수렴 (harmonic convergence)" 이라는 말이 자주 들리는 것은 왜일까?

연습문제

몸풀기

1 다음 표기법의 의미는 무엇일까?

$$\sum_{k=4}^{0} q_k$$

2 수식 $x \cdot ([x > 0] - [x < 0])$을 단순화하라.

3 독자의 $\sum$ 표기법 이해 정도를 확인하기 위해, 다음 두 합을 완전히 전개하라.

$$\sum_{0 \le k \le 5} a_k, \sum_{0 \le k^2 \le 5} a_{k^2}$$

(주의: 둘째 합은 다소 까다롭다.)

4 삼중 합

$$\sum_{1 \le i < j < k \le 4} a_{ijk}$$

를 다음 두 가지 세 겹 합산(즉, $\sum$가 세 개 있는 형태)으로 표현하라.

a k, j, i 순으로 합산.
b i, j, k 순으로 합산.

또한, 삼중합을 $\sum$ 표기법을 사용하지 않고 완전히 전개하되, 어떤 항들을 먼저 합하는지 알 수 있도록 괄호를 석절히 추가하라.

5 다음 유도의 문제는 무엇인가?

$$\left(\sum_{j=1}^{n} a_j\right)\left(\sum_{k=1}^{n} \frac{1}{a_k}\right) = \sum_{j=1}^{n}\sum_{k=1}^{n} \frac{a_j}{a_k} = \sum_{k=1}^{n}\sum_{k=1}^{n} \frac{a_k}{a_k} = \sum_{k=1}^{n} n = n^2.$$

6 j와 n의 함수로서의 $\sum_k [1 \le j \le k \le n]$의 값은 무엇인가?

신흥 권력(rising power)에
굴복하라(yield).

7 $\nabla f(x) = f(x) - f(x-1)$이라고 하자. $\nabla(x^{\overline{m}})$은 무엇인가?

8 m이 주어진 한 정수일 때 0^m의 값은 무엇인가?

9 식 (2.52)의 지수법칙에 대응하는 올림 차례거듭제곱의 지수법칙은 무엇인가? 그 법칙을 이용해서 $x^{\overline{-n}}$을 정의하라.

10 본문에서는 곱의 차분을 나타내는 다음과 같은 공식을 유도했다.

$$\Delta(uv) = u\Delta v + Ev\Delta u.$$

이 공식의 좌변은 u와 v에 대해 대칭이지만 우변은 그렇지 않다. 그럼에도 이 공식이 옳은 이유는 무엇인가?

기초

11 식 (2.56)의 일반 부분합산 법칙은 다음과 동치이다.

$$\sum_{0 \le k < n} (a_{k+1} - a_k)\, b_k = a_n b_n - a_0 b_0$$
$$- \sum_{0 \le k < n} a_{k+1}(b_{k+1} - b_k),\ n \ge 0\text{에 대해.}$$

이 공식을 분배, 결합, 교환법칙을 이용해서 직접 증명하라.

12 c가 정수일 때는 항상 함수 $p(k) = k + (-1)^k c$가 정수 전체 집합의 한 치환임을 보여라.

13 레퍼토리법을 이용해서 $\sum_{k=0}^{n} (-1)^k k^2$의 닫힌 형식을 구하라.

14 $\sum_{k=1}^{n} k 2^k$을 다중합 $\sum_{1 \le j \le k \le n} 2^k$으로 표현해서 평가하라.

15 $\boxed{\square}_n = \sum_{k=1}^{n} k^3$을 본문의 방법 5를 이용해서 평가하라. 우선 $\boxed{\square}_n + \square_n = 2\sum_{1 \le j \le k \le n} jk$로 두고, 식 (2.33)을 적용할 것.

16 두 분모 모두 0이 아닌 한 $x^m / (x-n)^m = x^n / (x-m)^n$임을 증명하라.

17 모든 정수 m에 대해, 다음 공식들을 올림 차례거듭제곱을 내림 차례거듭제곱으로, 그리고 그 반대로 변환하는 데 사용할 수 있음을 보여라.

$$x^{\overline{m}} = (-1)^m (-x)^{\underline{m}} = (x+m-1)^{\underline{m}} = 1/(x-1)^{\underline{-m}};$$
$$x^{\underline{m}} = (-1)^m (-x)^{\overline{m}} = (x-m+1)^{\overline{m}} = 1/(x+1)^{\overline{-m}}.$$

($x^{\overline{-m}}$의 정의는 연습문제 9의 답에 나온다.)

18 $\Re z$와 $\Im z$가 복소수 z의 실수부와 허수부라고 하자. 절댓값 $|z|$는 $\sqrt{(\Re z)^2+(\Im z)^2}$ 이다. 복소수 항 a_k들의 합 $\sum_{k\in K} a_k$의 실숫값 합 $\sum_{k\in K} \Re a_k$와 $\sum_{k\in K} \Im a_k$가 둘 다 절대수렴할 때, 원래의 복소수 합을 가리켜 절대수렴한다고 말한다. 만일 모든 유한 부분집합 $F \subseteq K$에 대해 $\sum_{k\in F}|a_k| \le B$를 만족하는 경계 상수 B가 존재하면, 그리고 오직 그럴 때만, $\sum_{k\in K} a_k$가 절대수렴함을 증명하라.

숙제

19 합산 인수를 이용해서 다음 점화식의 해를 구하라.

$$T_0 = 5;$$
$$2T_n = nT_{n-1}+3\cdot n!, \quad n > 0$$에 대해.

20 합 $\sum_{k=0}^{n} kH_k$를 섭동법으로 평가해 보고, 그로부터 $\sum_{k=0}^{n} H_k$의 값을 유도하라.

21 합 $S_n = \sum_{k=0}^{n}(-1)^{n-k}$과 $T_n = \sum_{k=0}^{n}(-1)^{n-k}k$, $U_n = \sum_{k=0}^{n}(-1)^{n-k}k^2$을 섭동법으로 평가하라. $n \ge 0$이라고 가정할 것.

175여 년 전에 죽은 누군가의 항등식을 증명하기란 어려운 일이다.

22 다음과 같은 라그랑주 항등식(Lagrange's identity)을 증명하라(귀납법을 사용하지 말고).

$$\sum_{1 \le j < k \le n} (a_j b_k - a_k b_j)^2 = \left(\sum_{k=1}^{n} a_k^2\right)\left(\sum_{k=1}^{n} b_k^2\right) - \left(\sum_{k=1}^{n} a_k b_k\right)^2.$$

그리고 좀 더 일반적인 이중 합

$$\sum_{1 \le j < k \le n} (a_j b_k - a_k b_j)(A_j B_k - A_k B_j).$$

에 대한, 앞의 항등식에 대응되는 항등식을 증명하라(이것이 이번 문제의 진짜 목적이다).

23 합 $\sum_{k=1}^{n}(2k+1)/k(k+1)$을 다음 두 방식으로 평가하라.

a $1/k(k+1)$을 '부분분수' $1/k-1/(k+1)$로 대체한다.

b 부분합산을 적용한다.

24 $\sum_{0 \le k < n} H_k/(k+1)(k+2)$는 무엇인가? 힌트: 식 (2.57)의 유도를 일반화해 볼 것.

25 $\prod_{k \in K} a_k$라는 표기는 모든 $k \in K$에 대한 수 a_k들의 곱을 나타낸다. 단순함을 위해, 오직 유한한 개수의 k들에 대해서만 $a_k \neq 1$이라고 가정하자. 그러면 무한 곱은 정의할 필요가 없다. $\sum$에 대해 성립하는 배분법칙, 결합법칙, 교환법칙에 대응하는, 이 $\prod$ 표기가 만족하는 법칙들은 무엇인가?

이 표기법은 1892년에 야코비Jacobi가 도입했다.[192]

26 이중 곱 $P = \prod_{1 \leq j \leq k \leq n} a_j a_k$를, $\prod$ 표기를 적절히 조작해서 단일 곱 $\prod_{k=1}^{n} a_k$의 관점에서 표현하라. (이 연습문제의 답은 식 (2.33)의 상삼각 항등식의 곱 버전에 해당한다.)

27 $\Delta(c^x)$을 계산하고, 그것을 이용해서 $\sum_{k=1}^{n}(-2)^k/k$의 값을 유도하라.

28 다음의 유도 과정은 어느 지점에서부터 잘못되었을까?

$$
\begin{aligned}
1 = \sum_{k \geq 1} \frac{1}{k(k+1)} &= \sum_{k \geq 1}\left(\frac{k}{k+1} - \frac{k-1}{k}\right) \\
&= \sum_{k \geq 1}\sum_{j \geq 1}\left(\frac{k}{j}[j=k+1] - \frac{j}{k}[j=k-1]\right) \\
&= \sum_{j \geq 1}\sum_{k \geq 1}\left(\frac{k}{j}[j=k+1] - \frac{j}{k}[j=k-1]\right) \\
&= \sum_{j \geq 1}\sum_{k \geq 1}\left(\frac{k}{j}[k=j-1] - \frac{j}{k}[k=j+1]\right) \\
&= \sum_{j \geq 1}\left(\frac{j-1}{j} - \frac{j}{j+1}\right) = \sum_{j \geq 1}\frac{-1}{j(j+1)} = -1.
\end{aligned}
$$

시험 문제

29 합 $\sum_{k=1}^{n}(-1)^k k/(4k^2-1)$을 평가하라.

30 카드 게임 크리비지Cribbage 플레이어들은 $15 = 7+8 = 4+5+6 = 1+2+3+4+5$ 임을 오래전부터 알고 있었다. 1050을 연속된 양의 정수들의 합으로 표현하는 방법의 수를 구하라. (자명한 표현인 '1050' 자체도 한 가지 방법으로 친다. 따라서, 15를 연속된 양의 정수들로 표현하는 방법은 세 가지가 아니라 네 가지이다. 첨언하자면, 크리비지의 규칙을 안다고 해서 이 문제를 푸는 데 도움이 되지는 않는다.)

31 리만Rieman 제타 함수 $\zeta(k)$는 다음과 같은 무한합으로 정의된다.

$$
1 + \frac{1}{2^k} + \frac{1}{3^k} + \cdots = \sum_{j \geq 1}\frac{1}{j^k}.
$$

$\sum_{k \geq 2} (\zeta(k) - 1) = 1$임을 증명하라. $\sum_{k \geq 1} (\zeta(2k) - 1)$의 값은 무엇인가?

32 $a \dot{-} b = \max(0, a - b)$라고 하자. 모든 $x \geq 0$에 대해

$$\sum_{k \geq 0} \min(k, x \dot{-} k) = \sum_{k \geq 0} (x \dot{-} (2k + 1))$$

임을 증명하고, 이 합들을 닫힌 형식으로 평가하라.

보너스 문제

33 각 a_k가 실수 또는 $\pm \infty$라는 가정하에서, $\bigwedge_{k \in K} a_k$가 수 a_k들의 최솟값을(또는, K가 무한집합일 때는 최대 하계를) 나타낸다고 하자. $\sum$와 $\prod$에 대해 성립하는 법칙들에 해당하는, $\bigwedge$ 표기에 대해 유효한 법칙들은 무엇인가? (연습문제 25를 보라.)

정글의 법칙.

34 식 (2.59)에 따라서는 정의되지 않는 합 $\sum_{k \in K} a_k$는 다음과 같은 의미에서 극도로 불안정함을 증명하라. A^-와 A^+가 임의의 주어진 실수라고 할 때, 다음을 만족하는 K의 유한 부분집합들의 수열 $F_1 \subset F_2 \subset F_3 \subset \cdots$을 구하는 것이 가능하다.

$$\sum_{k \in F_n} a_k \leq A^-, \ n\text{이 홀수일때}; \quad \sum_{k \in F_n} a_k \geq A^+, \ n\text{이 짝수일때}.$$

35 골드바흐^{Goldbach}의 정리

$$1 = \frac{1}{3} + \frac{1}{7} + \frac{1}{8} + \frac{1}{15} + \frac{1}{24} + \frac{1}{26} + \frac{1}{31} + \frac{1}{35} + \cdots = \sum_{k \in P} \frac{1}{k-1}$$

완전한 권력(perfect power) 은 완전히 부패한다.

을 증명하라. 여기서 P는 다음과 같이 재귀적으로 정의되는 '완전거듭제곱수 (perfect power)'이다.

$$P = \{m^n \mid m \geq 2, \quad n \geq 2, m \notin P\}.$$

36 솔로몬 골롬$^{\text{Solomon Golomb}}$의 '자기서술 수열(self-describing sequence)' $< f(1), f(2), f(3), \ldots >$은 양의 정수들의 비감소 수열 중 각 k에 대해 k가 정확히 $f(k)$ 번 나타난다는 성질을 만족하는 유일한 수열이다. 잠깐 생각해보면, 이 수열이 반드시 다음으로 시작해야 함을 알 수 있다.

n	1	2	3	4	5	6	7	8	9	10	11	12
$f(n)$	1	2	2	3	3	4	4	4	5	5	5	6

$f(m) = n$인 가장 큰 정수 m을 $g(n)$으로 표기하기로 하자. 다음을 증명하라.

a $g(n) = \sum_{k=1}^{n} f(k)$.

b $g(g(n)) = \sum_{k=1}^{n} k f(k)$.

c $g(g(g(n))) = \frac{1}{2} n g(n)(g(n)+1) - \frac{1}{2} \sum_{k=1}^{n-1} g(k)(g(k)+1)$.

연구 문제

37 $k \geq 1$인 모든 $1/k \times 1/(k+1)$ 직사각형이 1×1 정사각형에 들어갈까? (그런 직사각형들의 면적을 합하면 1이 됨을 기억할 것.)

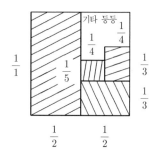

3장

정수 함수

정수(integer 또는 whole number)는 이산수학의 골간을 이룬다. 그리고 우리는 분수나 임의의 실수를 정수로 변환해야 하는 경우를 흔히 만나게 된다. 이번 장의 목표는 독자가 그러한 변환에 익숙해져서 변환을 능숙하게 수행할 수 있게 하는 것과 몇 가지 주목할만한 성질들을 배우는 것이다.

3.1 바닥과 천장

우선 주어진 수보다 작은 최대 정수를 뜻하는 바닥(floor) 함수와 주어진 수보다 큰 최소 정수를 뜻하는 천장(celing) 함수부터 살펴보자. 이들은 모든 실수 x에 대해 다음과 같이 정의된다.

$$\lfloor x \rfloor = x\text{보다 작거나 같은 최대 정수;}$$
$$\lceil x \rceil = x\text{보다 크거나 같은 최소 정수.} \tag{3.1}$$

이 표기법과 '천장', '바닥'이라는 용어는 케네스 E. 아이버슨[Kenneth E. Iverson]이 1960년대 초에 도입했다.[191, p. 12] 그는 식자공들이 보통의 대괄호 '['와 ']'의 위와 아래를 깎아서 이 기호들을 표현할 수 있음을 알게 되었다. 그의 표기법은 충분히 유명해져서, 이제는 기술 논문에서 이 기호들의 의미를 따로 설명하지 않고도 자유로이 쓸 수 있을 정도이다. 최근까지 사람들은 $\le x$인 가장 큰 정수를 흔히 '$[x]$'로 표기했는데, 그에 대응되는 최소 정수 함수에 대한 적당한 표기법은 나오지 않았다. '$]x[$'를 사용하는 저자들도 있었지만, 짐작하듯이 별 성공은 거두지 못했다.

)어이쿠.(

표기법에 다양한 변형이 있는 것처럼, 이 함수들 자체도 여러 변형이 있다. 예를 들어 일부 휴대용 계산기에는 INT 함수가 있는데, 이 함수는 x가 양수일 때 $\lfloor x \rfloor$로, x가 음수일 때는 $\lceil x \rceil$로 정의된다. 그런 계산기의 설계자는 아마도 INT 함수가 항등식 $\mathrm{INT}(-x) = -\mathrm{INT}(x)$를 만족하길 원했을 것이다. 그러나 여기서는 보통의 바닥 함수와 천장 함수만 다루기로 한다. 그 둘이 바람직한 성질들을 다른 변형들보다 더 많이 가지고 있기 때문이다.

바닥 함수와 천장 함수에 익숙해지는 한 가지 좋은 방법은 함수의 그래프를 이해하는 것이다. 이 함수들의 그래프는 선 $f(x) = x$ 위와 아래에서 계단 같은 패턴을 형성한다.

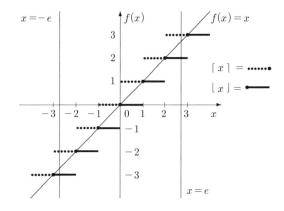

이 그래프에서 이를테면 다음을 파악할 수 있다.

$$\lfloor e \rfloor = 2, \quad \lfloor -e \rfloor = -3,$$
$$\lceil e \rceil = 3, \quad \lceil -e \rceil = -2.$$

이는 $e = 2.71828...$이라는 사실과 잘 부합한다.

이 그래프를 유심히 살펴보면 바닥과 천장에 관한 몇 가지 사실을 관찰할 수 있다. 첫째로, 바닥 함수는 대각선 $f(x) = x$에 있거나 그 아래에 있으므로, $\lfloor x \rfloor \le x$이다. 마찬가지로 $\lceil x \rceil \ge x$이다. (사실, 두 함수의 정의를 생각하면 당연하다.) 정수 점들에서는 두 함수가 정확히 상등이다.

$$\lfloor x \rfloor = x \iff x\text{는 정수} \iff \lceil x \rceil = x.$$

("$P \iff Q$"라는 표기는 "만일 P이면, 그리고 오직 그럴 때만(if and only if) Q이다"을 뜻한다.) 더 나아가서, 두 함수가 다를 때는 천장이 바닥보다 정확히 1만큼 크다.

$$\lceil x \rceil - \lfloor x \rfloor = [x\text{는 정수가 아님}]. \tag{3.2}$$

만일 대각선을 한 단위 아래로 옮기면 대각선은 완전히 바닥 함수의 아래에 놓인다. 즉, $x-1 < \lfloor x \rfloor$ 이다. 마찬가지로 $x+1 > \lceil x \rceil$ 이다. 이 두 사실을 결합하면 다음이 나온다.

$$x-1 < \lfloor x \rfloor \le x \le \lceil x \rceil < x+1. \tag{3.3}$$

마지막으로, 두 함수는 두 좌표축 모두에 대해 서로 대칭이다.

$$\lfloor -x \rfloor = - \lceil x \rceil; \quad \lceil -x \rceil = - \lfloor x \rfloor. \tag{3.4}$$

따라서 한 함수로 다른 함수를 표현하는 것은 간단한 일이다. 이 사실은 천장 함수에 독자적인 표기법이 없었던 이유를 설명해준다. 그러나 천장 함수는 상당히 자주 등장하기 때문에 독자적인 기호를 부여하는 것이 마땅하다. 이는 내림 차례거듭제곱을 위한 특별한 표기뿐만 아니라 올림 차례거듭제곱을 위한 표기도 따로 두는 것과 마찬가지이다. 오래전부터 수학자들은 사인과 코사인, 탄젠트와 코탄젠트, 시컨트와 코시컨트, 최댓값과 최솟값을 따로 표기해왔다. 이제 우리는 바닥과 천장도 따로 표기한다.

　　바닥 함수와 천장 함수에 관한 성질들을 그냥 그래프를 보고 관찰만 할 것이 아니라 실제로 정의해 보자. 이를 위해서는 다음 네 규칙이 특히나 유용하다.

$$\begin{aligned}
\lfloor x \rfloor = n &\Leftrightarrow n \le x < n+1, \text{ (a)} \\
\lfloor x \rfloor = n &\Leftrightarrow x-1 < n \le x, \text{ (b)} \\
\lceil x \rceil = n &\Leftrightarrow n-1 < x \le n, \text{ (c)} \\
\lceil x \rceil = n &\Leftrightarrow x \le n < x+1. \text{ (d)}
\end{aligned} \tag{3.5}$$

(네 경우 모두에서 n이 정수이고 x는 실수라고 가정한다.) 규칙 (a)와 (c)는 정의 (3.1)에서 바로 유도된 것이다. 규칙 (b)와 (d)도 마찬가지이나, n이 가운데로 오도록 부등식들을 재배치했다.

　　정수 항을 바닥(또는 천장)의 바깥으로 빼거나 안으로 집어넣는 것이 가능하다.

$$\lfloor x+n \rfloor = \lfloor x \rfloor + n, \quad n\text{은 정수}. \tag{3.6}$$

(식 (3.5)의 규칙 (a)에 의해, 이 단언은 부등식 $\lfloor x \rfloor + n \le x+n < \lfloor x \rfloor + n+1$과 동치이다.) 그러나 상수 인수를 빼내는 등의 이와 비슷한 연산들이 일반적으로 가능하지는 않다. 예를 들어 $n=2$이고 $x=1/2$일 때 $\lfloor nx \rfloor \ne n \lfloor x \rfloor$ 이다. 이는 바닥

대괄호 쌍과 천장 대괄호 쌍이 비교적 유연하지 못함을 의미한다. 일반적으로 우리는 수식에서 그런 괄호 쌍들을 제거할 수 있기를, 또는 그런 괄호 쌍들이 꼭 필요한 이유를 밝힐 수 있기를 원한다.

실제로 바닥, 천장 대괄호들이 필요 이상으로 많은 경우가 많다. 그런 경우 필요에 따라 대괄호 쌍을 더 추가하거나 삭제할 수 있다. 예를 들어 실수와 정수 사이의 임의의 부등식은 정수들 사이의 바닥 또는 천장 부등식과 동등하다.

$$\begin{aligned}
x < n &\Leftrightarrow \lfloor x \rfloor < n, &\text{(a)} \\
n < x &\Leftrightarrow n < \lceil x \rceil, &\text{(b)} \\
x \leq n &\Leftrightarrow \lceil x \rceil \leq n, &\text{(c)} \\
n \leq x &\Leftrightarrow n \leq \lfloor x \rfloor. &\text{(d)}
\end{aligned} \tag{3.7}$$

이 규칙들은 쉽게 증명할 수 있다. 예를 들어 만일 $x < n$이면 당연히 $\lfloor x \rfloor < n$이다. $\lfloor x \rfloor \leq x$이기 때문이다. 반대로, $x < \lfloor x \rfloor + 1$이고 $\lfloor x \rfloor + 1 \leq n$이므로, 만일 $\lfloor x \rfloor < n$이면 반드시 $x < n$이다.

식 (3.7)의 네 규칙을 증명하기 쉬운 만큼이나 쉽게 외울 수 있으면 좋을 것이다. 바닥이나 천장이 없는 부등식이 바닥이나 천장이 있는 부등식에 각각 대응된다는 점은 자명하다. 그러나 오른쪽 부등식에 바닥이 있어야 하는지 천장이 있어야 하는지를 결정하려면 두 번 생각해야 한다.

x와 $\lfloor x \rfloor$의 차이를 x의 **분수부**(fractional part)라고 부른다. 실제 응용에서 분수부가 꽤 자주 등장하기 때문에, 다음과 같은 개별적인 표기법이 마련되어 있다.

$$\{x\} = x - \lfloor x \rfloor. \tag{3.8}$$

$x = \lfloor x \rfloor + \{x\}$라는 점에서 $\lfloor x \rfloor$를 x의 **정수부**(integer part)라고 부르기도 한다. 실수 x를 $x = n + \theta$로 표기한다고 하자. 여기서 n은 정수이고 $0 \leq \theta < 1$이다. 그러면, 식 (3.5)의 (a)에 의해 $n = \lfloor x \rfloor$이고 $\theta = \{x\}$이다.

항등식 (3.6)은 n이 임의의 실수이면 성립하지 않는다. 그러나 일반적으로 $\lfloor x+y \rfloor$는 두 가지 경우 중 하나임을 유도할 수 있다. 만일 $x = \lfloor x \rfloor + \{x\}$, $y = \lfloor y \rfloor + \{y\}$로 둔다면, $\lfloor x+y \rfloor = \lfloor x \rfloor + \lfloor y \rfloor + \lfloor \{x\} + \{y\} \rfloor$이다. 그리고 $0 \leq \{x\} + \{y\} < 2$이므로, $\lfloor x+y \rfloor$는 경우에 따라 $\lfloor x \rfloor + \lfloor y \rfloor$이거나, 그렇지 않으면 $\lfloor x \rfloor + \lfloor y \rfloor + 1$이다.

흠. 분수부를 $\{x\}$로 표기하는 것은 바람직하지 않다. x가 유일한 원소인 집합과 혼동할 수 있으니까.

후자의 경우는 만일 소수부 $\{x\}$와 $\{y\}$가 더해져서 소수점 위치에서 '올림(carry)'이 생기면, 그리고 오직 그럴 때만 발생한다.

3.2 바닥·천장 함수의 응용

이렇게 해서 바닥과 천장을 다루는 기본적인 도구들을 살펴보았다. 그럼 이들을 활용해 보자. 우선 간단한 문제로 시작하자. $\lceil \lg 35 \rceil$는 얼마일까? (여러 저자가 개별적으로 제안한 관례에 따라, 기수 2 로그를 'lg'로 표기하겠다.) 어렵지 않다. $2^5 < 35 \le 2^6$이며, 로그를 취하면 $5 < \lg 35 \le 6$이다. 따라서 식 (3.5)의 (c)에 의해 $\lceil \lg 35 \rceil = 6$이다.

35라는 수는 기수 2 표기법으로 표현하면 6비트임을 주목하자. $35 = (100011)_2$이다. 그렇다면, $\lceil \lg n \rceil$이 항상 n을 이진수로 표기했을 때의 길이(비트 수)일까? 그렇지는 않다. $32 = (100000)_2$ 역시 비트가 여섯 개 필요하다. 따라서 $\lceil \lg n \rceil$은 그 문제의 답이 아니다. (이 답이 맞지 않는 경우는 n이 2의 거듭제곱일 때뿐이다. 그러나 그런 경우는 무한히 많다.) $2^{m-1} \le n < 2^m$을 만족하는 각 수 n을 이진수로 표현하려면 m개의 비트가 필요하다는 점을 깨닫는다면 정답을 구할 수 있다. 식 (3.5)의 (a)에 의해 $m - 1 = \lfloor \lg n \rfloor$이므로, $m = \lfloor \lg n \rfloor + 1$이다. 즉, 모든 $n > 0$에 대해 n을 이진수로 표현하는 데에는 $\lfloor \lg n \rfloor + 1$개의 비트가 필요하다. 또는, 비슷한 유도 과정을 통해서 $\lceil \lg(n+1) \rceil$이라는 정답을 얻을 수도 있다. 이 공식은 $n = 0$에 대해서도 성립한다. $n = 0$을 이진수로 표현하려면 0개의 비트가 필요하다고 말하는 것이 어법에 맞는다면 말이다.

다음으로, 바닥과 천장이 여러 개 나오는 수식들을 살펴보자. $\lceil \lfloor x \rfloor \rceil$는 무엇일까? 쉽다. $\lfloor x \rfloor$는 정수이므로, $\lceil \lfloor x \rfloor \rceil$는 그냥 $\lfloor x \rfloor$이다. 제일 안쪽에 $\lfloor x \rfloor$가 있고 그것을 임의의 개수의 바닥들과 천장들이 감싸고 있는 형태의 모든 수식도 마찬가지이다.

좀 더 어려운 문제를 보자. 다음과 같은 단언을 증명 또는 반증하라.

$$\lfloor \sqrt{\lfloor x \rfloor} \rfloor = \lfloor \sqrt{x} \rfloor, \quad \text{실수 } x \ge 0. \tag{3.9}$$

(아무렴, 제일 먼저 시도해 볼 실수는 당연히 π와 e, ϕ이지.)

x가 정수일 때는 $x = \lfloor x \rfloor$이므로 등호(상등)가 성립함이 자명하다. 그리고 $\pi = 3.14159\ldots$, $e = 2.71828\ldots$, $\phi = (1 + \sqrt{5})/2 = 1.61803\ldots$ 등의 특수한 사례들에서도 등호가 성립한다. 그런 경우 $1 = 1$이 나오기 때문이다. 반례를 찾지 못했다는 것은 등호가 일반적으로 성립할 것임을 암시한다. 따라서 이 단언을 반증하려 노력하지 말고 증명해보자.

덧붙이자면, 이런 "증명 또는 반증하라" 문제를 만났을 때는 먼저 반례를 찾아서 반증을 해보는 것이 대체로 낫다. 이유는 두 가지이다. 반증이 잠재적으로 더 쉽고

(반례를 하나만 찾으면 된다), 뭔가 꼬치꼬치 흠을 잡으려 하면 창의력이 자극된다. 그리고 주어진 단언이 참이라고 해도, 반례를 찾다 보면 반례가 없는 이유를 깨달아서 증명으로 넘어가는 경우도 많다. 게다가, 회의적인 태도를 취하는 것은 일신에 도움이 된다.

$\lfloor \sqrt{\lfloor x \rfloor} \rfloor = \lfloor \sqrt{x} \rfloor$ 를 미적분의 기법들을 이용해서 증명하려 한다면, 먼저 x를 정수부와 소수부 $\lfloor x \rfloor + \{x\} = n + \theta$로 분해하고 제곱근을 이항정리를 이용해서 전개하는 것으로, 즉 $(n+\theta)^{1/2} = n^{1/2} + n^{-1/2}\theta/2 - n^{-3/2}\theta^2/8 + \cdots$로 두는 것으로 시작하면 될 것이다. 그러나 이러한 접근방식을 따르면 수식이 상당히 지저분해진다.

그보다는, 이 책에서 우리가 만들어 온 도구들을 사용하는 것이 훨씬 쉽다. 이를테면 다음과 같은 전략이 가능하다. $\lfloor \sqrt{\lfloor x \rfloor} \rfloor$ 에서 바깥쪽 바닥과 제곱근을 어떻게든 벗겨내고, 안쪽 바닥도 제거하고, 그런 다음 바깥쪽 것들을 다시 추가해서 $\lfloor \sqrt{x} \rfloor$ 를 얻는다. 그럼 시도해 보자. $m = \lfloor \sqrt{\lfloor x \rfloor} \rfloor$ 로 두고, 식 (3.5)의 (a)를 적용해서 $m \le \sqrt{\lfloor x \rfloor} < m+1$을 얻는다. 그러면 그 어떤 정보도 잃지 않고 바깥쪽 바닥 대괄호가 사라진다. 부등식의 세 수식은 모두 음수가 아니므로, 전체를 제곱해도 부등식이 성립한다. 즉, $m^2 \le \lfloor x \rfloor < (m+1)^2$이다. 이제 제곱근이 사라졌다. 다음으로는 바닥을 제거해 보자. 왼쪽 부등식에 식 (3.7)의 (d)를, 오른쪽에 식 (3.7)의 (a)를 적용하면 $m^2 \le x < (m+1)^2$이 나온다. 이제 단계별로 다시 돌아가는 것은 간단한 일이다. 제곱근을 취해서 $m \le \sqrt{x} < m+1$을 얻고, 식 (3.5)의 (a)를 적용해서 $m = \lfloor \sqrt{x} \rfloor$를 얻는다. 그러면 $\lfloor \sqrt{\lfloor x \rfloor} \rfloor = m = \lfloor \sqrt{x} \rfloor$이며, 따라서 단언은 참이다. 다음 단언도 비슷한 방식으로 증명할 수 있다.

$$\lceil \sqrt{\lceil x \rceil} \rceil = \lceil \sqrt{x} \rceil, \quad \text{실수 } x \ge 0.$$

방금 본 증명은 제곱근의 성질들에 그리 크게 의존하지 않는다. 증명을 좀 더 자세히 살펴보면, 좀 더 많은 문제에 적용할 수 있도록 증명 기법을 일반화할 수 있다. $f(x)$가 어떤 실수 구간(interval)에 대한 임의의 연속 단조증가 함수이며, 다음 성질을 만족한다고 하자.

$$f(x) = \text{정수} \quad \Rightarrow \quad x = \text{정수}.$$

('$\Rightarrow$' 기호는 '함의 관계'를 뜻한다.) 그러면, $f(x)$, $f(\lfloor x \rfloor)$, $f(\lceil x \rceil)$가 정의된다면 항상 다음이 성립한다.

$$\lfloor f(x) \rfloor = \lfloor f(\lfloor x \rfloor) \rfloor \quad \text{그리고} \quad \lceil f(x) \rceil = \lceil f(\lceil x \rceil) \rceil. \tag{3.10}$$

회의주의(skepticism)는 일정한 한계까지만 도움이 된다. 증명과 프로그램(특히 자기가 짠)에 대해 회의적이면 학점이 좋아지고 일자리도 상당히 튼튼해진다. 그러나 회의주의가 과하면 운동을 하거나 여가를 즐기지 않고 공부와 일만 하게 될 위험이 있다. 과도한 회의주의는 정확함과 엄격함에 집착해서 아무 일도 끝내지 못하는 '사후 경직 상태'로 가는 지름길이다.
— 한 회의주의자

(이 사실은 R. J. 맥엘리스 McEliece가 대학원생일 때 알아냈다.)

이번에는 이 두 일반 법칙 중 천장에 대한 것을 증명해 보자. 바닥에 관한 법칙은 앞에서 한 번 증명했고, 또 이제부터 살펴볼 증명을 바닥에도 거의 그대로 적용할 수 있기 때문이다. 만일 $x = \lceil x \rceil$ 이면 증명할 것이 없다. 그렇지 않다면 $x < \lceil x \rceil$ 인데, f가 증가함수이므로 $f(x) < f(\lceil x \rceil)$ 이다. 그러면 $\lceil f(x) \rceil \leq \lceil f(\lceil x \rceil) \rceil$ 이다($\lceil \ \rceil$ 이 비감소 함수이므로). 만일 $\lceil f(x) \rceil < \lceil f(\lceil x \rceil) \rceil$ 라면, $x \leq y < \lceil x \rceil$ 이고 $f(y) = \lceil f(x) \rceil$ 인 어떤 수 y가 반드시 존재한다(f가 연속함수이므로). f의 특별한 성질 때문에, 그러한 y는 정수이어야 한다. 그런데 $\lfloor x \rfloor$ 보다 크고 $\lceil x \rceil$ 보다 작은 정수는 존재하지 않는다. 이는 모순이므로, 반드시 $\lceil f(x) \rceil = \lceil f(\lceil x \rceil) \rceil$ 이다.

이 정리의 중요한 특수 경우가 하나 있는데, 명시적으로 언급할 필요가 있겠다. 바로, m과 n이 정수이고 분모 n이 양수일 때

$$\left\lfloor \frac{x+m}{n} \right\rfloor = \left\lfloor \frac{\lfloor x \rfloor + m}{n} \right\rfloor \quad \text{그리고} \quad \left\lceil \frac{x+m}{n} \right\rceil = \left\lceil \frac{\lceil x \rceil + m}{n} \right\rceil \tag{3.11}$$

이라는 것이다. 예를 들어 $m = 0$이라고 하자. 그러면 $\lfloor \lfloor \lfloor x/10 \rfloor /10 \rfloor /10 \rfloor = \lfloor x/1000 \rfloor$ 이다. 10으로 나누어서 일의 자리를 버리는 과정을 세 번 반복하는 것은 1000으로 나누어서 소수부를 버리는 것과 같다.

이제 또 다른 명제를 증명 또는 반증해보자.

$$\lceil \sqrt{\lfloor x \rfloor} \rceil \overset{?}{=} \lceil \sqrt{x} \rceil, \quad \text{실수 } x \geq 0.$$

이 명제는 $x = \pi$일 때와 $x = e$일 때는 성립하지만 $x = \phi$일 때는 성립하지 않는다. 따라서 이 명제는 일반적으로 참이 아니다.

더 나아가기 전에 잠시 곁가지로 빠져서, 수학책에 나오는 문제들의 여러 수준을 논의해 보자.

수준 1. 명시적 객체(object)† x와 명시적 성질 $P(x)$가 주어졌을 때 $P(x)$가 참임을 증명하는 문제들. 이를테면 "$\lfloor \pi \rfloor = 3$을 증명하라"가 그러한 문제이다. 이 수준의 문제들은 주어진 사실의 증명을 구하는 과정이 관여한다.

수준 2. 명시적 집합 X와 명시적 성질 $P(x)$가 주어졌을 때 모든 $x \in X$에 대해 $P(x)$가 참임을 증명하는 문제들. 이를테면 "모든 실수 x에 대해 $\lfloor x \rfloor \leq x$를 증명하라"

---

† (옮긴이) 여기서 객체는 수학 연산을 적용할 수 있는 모든 개별적인 '어떤 것'을 통칭하는 용어이다. '대상(역시 object)'이라고도 한다.

가 그러한 문제이다. 이 수준의 문제에도 증명 구하기가 관여하지만, 증명이 좀 더 일반적이다. 이 수준에서는 산술(arithmetic)이 아니라 대수학을 다룬다.

수준 3. 명시적 집합 X와 명시적 성질 $P(x)$가 주어졌을 때 모든 $x \in X$에 대해 $P(x)$가 참임을 증명 또는 반증하는 문제들. 이를테면 "모든 $x \geq 0$에 대해 $\lceil \sqrt{\lfloor x \rfloor} \rceil = \lceil \sqrt{x} \rceil$를 증명하라"가 그러한 문제이다. 여기에는 추가적인 수준의 불확실성이 존재한다. 주어진 명제가 참인지 아닌지도 확실하지 않은 것이다. 이는 수학자가 매일 마주하는 실제 상황에 좀 더 가깝다. 책에 나오는 단언들은 참인 경향이 있지만, 새로운 것들은 편견을 가지고 볼 필요가 있다. 주어진 명제가 거짓이면, 반례를 찾아야 한다. 명제가 참이면 수준 2에서처럼 증명을 구해야 한다.

내가 가진 다른 교과서들에 나오는 "증명 또는 반증하라" 문제들은 99.44%의 경우에서 "증명하라" 문제와 같은 것으로 보인다. 그러나 이 책의 문제들은 그렇지 않다.

수준 4. 명시적 집합 X와 명시적 성질 $P(x)$가 주어졌을 때 $P(x)$가 참일 필요충분조건 $Q(x)$를 찾는 문제들. 이를테면 "$\lfloor x \rfloor \geq \lceil x \rceil$의 필요충분조건을 구하라"가 그러한 문제이다. 이 문제들에서는 $P(x) \Leftrightarrow Q(x)$를 만족하는 어떤 Q를 구해야 한다. 물론 항상 자명한 답이 존재한다. $Q(x) = P(x)$로 두면 그만인 것이다. 그러나 암묵적으로 문제가 요구하는 것은 최대한 단순한 조건을 구하는 것이다. 문제가 요구하는 단순한 조건을 발견하려면 창의력이 필요하다. (이를테면, 지금 예에서는 "$\lfloor x \rfloor \geq \lceil x \rceil \Leftrightarrow x$는 정수" 등.) $Q(x)$를 구하는 데 필요한 추가적인 발견 요소 때문에 이런 문제들은 앞의 수준들보다 좀 더 어렵지만, '현실 세상'에서 수학자들이 마주치는 전형적인 문제들에 좀 더 가깝다. 마지막으로, 정답이 되려면 만일 $Q(x)$가 참이면, 그리고 오직 그럴 때만 $P(x)$가 참임에 대한 증명을 제시해야 함은 물론이다.

그러나 필요 이상으로 단순하지는 않게(no simpler). — A. 아인슈타인Einstein

수준 5. 명시적 집합 X가 주어졌을 때 그 원소들의 어떤 흥미로운 성질 $P(x)$를 찾는 문제들. 이는 학생들이 완전히 혼란스러운 세계로 생각할 수도 있는, 살벌한 순수 연구의 영역이다. 이것이 진짜 수학이다. 교과서를 집필하는 저자들이 수준 5의 문제를 감히 제시하는 경우는 드물다.

다시 본론으로 돌아가서, 마지막으로 살펴본 수준 3의 문제를 수준 4로 바꾸어 보자. 즉, $\lceil \sqrt{\lfloor x \rfloor} \rceil = \lceil \sqrt{x} \rceil$일 필요충분조건은 무엇인가? 앞에서 보았듯이 $x = 3.142$일 때는 등식이 성립하지만 $x = 1.618$일 때는 성립하지 않는다. 좀 더 실험해 보면, x가 9와 10 사이일 때에도 등식이 성립하지 않음을 알 수 있다. 오호^{Oho} 그렇다. $m^2 < x < m^2 + 1$일 때는 항상 등식의 좌변이 m, 우변이 $m+1$이 되어서 상등이 실패한다. $\sqrt{x}$가 정의되는 다른 모든 경우, 즉 $x = 0$이거나 $m^2 + 1 \leq x \leq (m+1)^2$인 모든 경우에서는 상등이 성립한다. 따라서, 상등의 필요충분조건에 해당하는 명제는 바로 "x가 정수이거나, $\sqrt{\lfloor x \rfloor}$가 정수가 아니다"이다.

털리도 머드헨스Toledo Mudhens의 연고지.

다음으로 살펴볼 문제에서는 C. A. R. 호어^{Hoare}와 라일 램쇼$^{Lyle\ Ramshaw}$가 제안한, 실수 수직선의 구간들에 대한 새로운 편리한 표기법을 고찰한다. $[\alpha..\beta]$라는 표기는 $\alpha \le x \le \beta$를 만족하는 실수 x들의 집합을 나타낸다. 두 끝점 α와 β가 구간에 포함된다는 의미에서, 그러한 집합을 닫힌 구간(closed interval) 또는 폐구간이라고 부른다. 두 끝점 모두 포함하지 않는 구간, 즉 $\alpha < x < \beta$인 모든 x로 구성된 구간을 $(\alpha..\beta)$로 표기하고 열린 구간(open interval) 또는 개구간이라고 부른다. 비슷한 방식으로 정의되는, 끝점을 하나만 포함하는 구간 $[\alpha..\beta)$와 $(\alpha..\beta]$를 반개구간(half-open interval)이라고 부른다.

(또는, 비관론자들은 반폐구간이라고 부른다.)

그러한 구간들에 정수가 몇 개나 있을까? 반개구간이 더 쉬우므로 그것부터 살펴보자. 사실 반개구간은 다루기가 열린 구간이나 닫힌 구간보다 거의 항상 더 쉽다. 예를 들어 반개구간은 가법적(additive)이다. 즉, 두 반개구간 $[\alpha..\beta)$와 $[\beta..\gamma)$를 더하면 하나의 반개구간 $(\alpha..\gamma)$가 된다. 열린 구간에서는 점 β가 배제되므로 이런 조작이 통하지 않는다. 닫힌 구간에서는 β가 두 번 포함되어서 문제가 생긴다.

다시 문제로 돌아가서, 만일 α와 β가 정수라면 답은 간단하다. $\alpha \le \beta$이고 둘 다 정수일 때 $[\alpha..\beta)$는 $\beta - \alpha$개의 정수 $\alpha, \alpha+1, \ldots, \beta-1$을 포함한다. 마찬가지로 그런 경우 $(\alpha..\beta]$에는 $\beta - \alpha$개의 정수가 있다. 그러나 지금 문제에서는 α와 β가 임의의 실수이며, 따라서 답을 내기가 간단하지 않다. 그렇지만, n이 정수일 때 식 (3.7)에 의해

$$\alpha \le n < \beta \iff \lceil \alpha \rceil \le n < \lceil \beta \rceil,$$
$$\alpha < n \le \beta \iff \lfloor \alpha \rfloor < n \le \lfloor \beta \rfloor$$

라는 사실을 이용하면 문제를 좀 더 쉬운 형태로 변환할 수 있다. 우변의 구간들은 양 끝점이 정수이고, 끝점들이 실수인 좌변의 해당 구간과 같은 개수의 정수들을 포함한다. 따라서 구간 $[\alpha..\beta)$에는 정확히 $\lceil \beta \rceil - \lceil \alpha \rceil$개의 정수가 있고, $(\alpha..\beta]$에는 $\lfloor \beta \rfloor - \lfloor \alpha \rfloor$개가 있다. 이는 바닥이나 천장 대괄호들을 제거하는 것이 아니라 새로 도입하는 것이 실제로 바람직한 사례이다.

"In fourteen hundred and ninety-three/Columbus sailed the deep blue sea."로 시작하는 노래를 부르면서 콜럼버스의 연대표를 외우는 것과 비슷한 방식.

그나저나, 언제 바닥을 적용하고 언제 천장을 적용하는지 외우기 힘들다면, 다음과 같은 법칙을 기억하기 바란다. 대체로, 왼쪽 끝점을 포함하고 오른쪽은 포함하지 않는 반개구간(이를테면 $0 \le \theta < 1$)이 오른쪽 끝점을 포함하고 왼쪽 것을 포함하지 않는 반개구간보다 약간 더 흔하다. 그리고 바닥이 천장보다 약간 더 흔하다. 따라서, 머피의 법칙에 의해, 정확한 규칙은 $[\alpha..\beta)$에는 천장을, $(\alpha..\beta]$에는 바닥을 적용하라는 것이다.

비슷한 분석을 통해서, 닫힌 구간 $[\alpha..\beta]$에 정확히 $\lfloor\beta\rfloor - \lceil\alpha\rceil + 1$개의 정수가 있고 열린 구간 $(\alpha..\beta)$에 $\lceil\beta\rceil - \lfloor\alpha\rfloor - 1$개가 있음을 밝힐 수 있다. 그런데 후자에서는 $\alpha \neq \beta$라는 추가적인 제약이 필요하다. 그런 제약이 없으면 빈 구간 $(\alpha..\alpha)$에 -1개의 정수가 있다는 엉뚱한 답이 나오기 때문이다. 지금까지 유도한 사실들을 정리하면 다음과 같다.

$$\begin{array}{lcl} \text{구간} & \text{포함하는 정수 개수} & \text{제약} \\ [\alpha..\beta] & \lfloor\beta\rfloor - \lceil\alpha\rceil + 1 & \alpha \leq \beta, \\ [\alpha..\beta) & \lceil\beta\rceil - \lceil\alpha\rceil & \alpha \leq \beta, \\ (\alpha..\beta] & \lfloor\beta\rfloor - \lfloor\alpha\rfloor & \alpha \leq \beta, \\ (\alpha..\beta) & \lceil\beta\rceil - \lfloor\alpha\rfloor - 1 & \alpha < \beta. \end{array} \tag{3.12}$$

이제 피해 갈 수 없는 문제에 맞서 보자. 구체 수학 클럽(Concrete Math Club)에는 도박장(이 책의 구매자만 출입 가능)이 있고, 그 도박장에는 슬롯 천 개에 1에서 1000까지의 번호가 매겨진 룰렛이 있다. 만일 룰렛 바퀴를 돌려서 나온 번호 n을 그것의 세제곱근의 바닥으로 나누었을 때 나누어떨어진다면, 다시 말해

$$\lfloor\sqrt[3]{n}\rfloor \setminus n$$

이면, 도박장은 고객에게 \$5를 지급한다. 나누어떨어지지 않으면 고객이 도박장에 \$1을 지급해야 한다. ($a \setminus b$라는 표기는 b가 a의 정수배라는 뜻으로, "b가 a로 나누어 떨어진다"라고 읽으면 된다.) 제4장에서 이 관계식을 세심하게 조사할 것이다. 이 게임에서 고객이 돈을 딸 수 있을까?

그럼 평균 상금, 즉 플레이 1회에 얻는 상금(또는 벌금)의 평균을 구해보자. 1,000개의 번호 중 승리에 해당하는 번호의 개수가 W라고 하고 패배에 해당하는 번호들의 개수가 $L = 1000 - W$라고 하겠다. 1,000회의 플레이에서 모든 번호가 정확히 한 번씩 나온다고 하면, 고객이 받는 상금은 $5W$달러이고 내야 할 판돈은 L달러이다. 따라서 평균 상금은

$$\frac{5W - L}{1000} = \frac{5W - (1000 - W)}{1000} = \frac{6W - 1000}{1000}.$$

이다. 그러므로 모든 번호 중 승리 번호가 167개 이상이면 고객이 돈을 따는 것이고, 그렇지 않으면 도박장이 돈을 번다.

이제 필요한 것은 1에서 1000까지의 번호 중 승리 조건을 만족하는 번호의 개수를 구하는 것이다. 다행히 패턴을 감지하기가 어렵지 않다. 1에서 $2^3 - 1 = 7$까지의 번

(여기서 수강생들의 의견을 물었는데, 28명은 이 게임을 하지 않는 게 좋다는 생각이었고 13명은 도전해 보겠다고 했다. 나머지는 너무 헷갈려서 답을 하지 못했다.)
(그래서 우리는 그 학생들을 콘크리트제 수학 곤봉(Concrete Math Club)으로 때려주었다.)

호들은 모두 $\lfloor \sqrt[3]{n} \rfloor = 1$이므로 승리에 해당한다. $2^3 = 8$에서 $3^3 - 1 = 26$까지의 번호 중에는 짝수만 승리에 해당하고, $3^3 = 27$에서 $4^3 - 1 = 63$까지는 3으로 나누어떨어지는 번호들만 승리에 해당한다. 나머지 번호들도 비슷한 방식으로 승리 번호 개수를 셀 수 있다.

만일 제2장의 합산 기법들을 이용하면, 그리고 0 또는 1로 평가되는 논리 명제에 대한 아이버슨의 관례를 활용하면 이 모든 것을 체계적으로 분석할 수 있다.

$$
\begin{aligned}
W &= \sum_{n=1}^{1000} [n \text{은 승리 번호}] \\
&= \sum_{1 \le n \le 1000} [\lfloor \sqrt[3]{n} \rfloor \setminus n] = \sum_{k,n} [k = \lfloor \sqrt[3]{n} \rfloor][k \setminus n][1 \le n \le 1000] \\
&= \sum_{k,m,n} [k^3 \le n < (k+1)^3][n = km][1 \le n \le 1000] \\
&= 1 + \sum_{k,m} [k^3 \le km < (k+1)^3][1 \le k < 10] \\
&= 1 + \sum_{k,m} [m \in [k^2 .. (k+1)^3/k)][1 \le k < 10] \\
&= 1 + \sum_{1 \le k < 10} (\lceil k^2 + 3k + 3 + 1/k \rceil - \lceil k^2 \rceil) \\
&= 1 + \sum_{1 \le k < 10} (3k + 4) = 1 + \frac{7 + 31}{2} \cdot 9 = 172.
\end{aligned}
$$

이 유도 과정을 세심하게 연구하면 학습에 도움이 될 것이다. 제6행에서는 공식 (3.12)을 이용해서 반개구간의 정수 개수를 구했다. 이 유도에서 유일하게 "어려운" 부분은 제3행과 제4행 사이에서 $n = 1000$을 특별한 경우로 취급하기로 결정하는 것이다. ($k = 10$일 때는 부등식 $k^3 \le n < (k+1)^3$을 $1 \le n \le 1000$와 합치기가 쉽지 않다.) 대체로, $\sum$를 조작할 때 핵심은 경계 조건들이다.

맞는 말이다.

이 도박장이 어디 있다고?

제일 마지막 행에서 보듯이 $W = 172$이다. 이를 플레이당 평균 상금 공식에 대입하면 $(6 \cdot 172 - 1000)/1000$달러가 나오는데, 이는 3.2센트이다. \$1씩 100번 플레이하면 \$3.20을 벌 수 있는 것이다. (물론 도박장은 특정 번호들이 더 자주 나오게 손을 써 두었을 것이다.)

방금 푼 도박장 문제는 "$1 \le n \le 1000$이라 할 때, $\lfloor \sqrt[3]{n} \rfloor \setminus n$을 만족하는 정수 n은 몇 개인가?"라는 좀 더 심심한 문제를 그럴듯하게 치장한 것이다. 이 두 문제는 수학적으로 같다. 그러나 이처럼 문제를 치장하는 것이 바람직할 때가 있다. 문제를 치장하면 사용할 수 있는 어휘가 풍부해지며(이번 문제의 '승리', '패배' 등), 그러면 상황을 파악하는 데 도움이 된다.

그럼 문제를 좀 더 일반화해서, 1000을 1000000으로, 또는 그보다 더 큰 어떤 수 N으로 바꾼다고 하자. (도박장이 연줄을 동원해서 좀 더 큰 룰렛 바퀴를 얻을 수 있다고 가정하자). 그렇다면 승리 번호는 몇 개인가?

이 문제에도 이전과 같은 논증이 적용된다. 그러나 k의 최댓값을 좀 더 세심하게 다룰 필요가 있다. 편의상 그 최댓값을 K라고 부르기로 하자.

$$K = \lfloor \sqrt[3]{N} \rfloor.$$

(이전에는 K가 10이었다.) 일반적인 N에 대한 승리 번호 개수는 다음과 같다.

$$
\begin{aligned}
W &= \sum_{1 \le k < K} (3k+4) + \sum_m [K^3 \le Km \le N] \\
&= \frac{1}{2}(7+3K+1)(K-1) + \sum_m [m \in [K^2 .. N/K]] \\
&= \frac{3}{2}K^2 + \frac{5}{2}K - 4 + \sum_m [m \in [K^2 .. N/K]].
\end{aligned}
$$

남아 있는 합은 $\lfloor N/K \rfloor - \lceil K^2 \rceil + 1 = \lfloor N/K \rfloor - K^2 + 1$이다. 따라서, 크기가 N인 룰렛의 승리 번호 개수를 구하는 일반식은 다음과 같다.

$$W = \lfloor N/K \rfloor + \frac{1}{2}K^2 + \frac{5}{2}K - 3, \quad K = \lfloor \sqrt[3]{N} \rfloor. \tag{3.13}$$

이 공식의 처음 두 항은 근사적으로 $N^{2/3} + \frac{1}{2}N^{2/3} = \frac{3}{2}N^{2/3}$이다. 나머지 항들은 N이 큰 값일 때 처음 두 항의 합보다 훨씬 작다. 제9장에서 다음과 같은 형태의 수식을 유도하는 방법을 배울 것이다.

$$W = \frac{3}{2}N^{2/3} + O(N^{1/3}).$$

여기서 $O(N^{1/3})$은 $N^{1/3}$에 어떤 상수를 곱한 것보다 크지 않은 수량을 나타낸다. 그 상수가 어떤 것이든, N과는 독립적이다. 따라서 N이 클 때 O 항이 W에 기여하는 양은 $\frac{3}{2}N^{2/3}$에 비하면 상당히 작다. 예를 들어 다음은 $\frac{3}{2}N^{2/3}$이 W와 얼마나 가까운지 보여주는 표이다.

표를 보면 이것이 상당히 좋은 근사임을 알 수 있다.

근사 공식은 바닥이나 천장이 있는 공식보다 간단하다는 점에서 유용하다. 그러나 참값이 중요한 경우도 많다. 특히, 실제 응용에서 N의 값이 작은 경향이 있을 때

N	$\frac{3}{2}N^{2/3}$	W	%오차
1,000	150.0	172	12.791
10,000	696.2	746	6.670
100,000	3231.7	3343	3.331
1,000,000	15000.0	15247	1.620
10,000,000	69623.8	70158	0.761
100,000,000	323165.2	324322	0.357
1,000,000,000	1500000.0	1502497	0.166

그렇다. 예를 들어 도박장 주인이 $N=1000$일 때 승리 번호가 $\frac{3}{2}N^{2/3}=150$개뿐이라고 잘못 가정했다고 하자(그 가정이 맞다면 도박장이 플레이당 10센트를 벌게 된다). 이번 절의 마지막 응용문제는 소위 스펙트럼^{spectrum}에 관한 것이다. 어떤 양의 실수 α의 스펙트럼은 다음과 같은 정수의 무한 중복집합(다중집합)이다.

$$\text{Spec}(\alpha) = \{\,\lfloor\alpha\rfloor,\,\lfloor 2\alpha\rfloor,\,\lfloor 3\alpha\rfloor,\,...\}.$$

(중복집합이란 같은 원소가 여러 개 있을 수 있는 집합을 말한다.) 예를 들어 1/2의 스펙트럼은 $\{0,1,1,2,2,3,3,...\}$으로 시작한다.

서로 다른 실수의 두 스펙트럼이 상등인 경우는 없음을, 즉 만일 $\alpha \neq \beta$이면 $\text{Spec}(\alpha) \neq \text{Spec}(\beta)$임을 증명하기는 어렵지 않다. $\alpha < \beta$라고 가정해도 일반성을 잃지 않으므로(without loss), $m(\beta-\alpha) \geq 1$을 만족하는 양의 정수 m이 존재한다.

(사실 임의의 $m \geq \lceil 1/(\beta-\alpha) \rceil$ 면 되지만, 바닥과 천장에 대한 지식을 매번 뽐낼 필요는 없다.) 따라서 $m\beta - m\alpha \geq 1$이고 $\lfloor m\beta \rfloor > \lfloor m\alpha \rfloor$이다. 그러므로 $\text{Spec}(\beta)$의 원소 개수는 $\leq \lfloor m\alpha \rfloor$인데, 이는 m보다 작다. 그러나 $\text{Spec}(\alpha)$의 원소 개수는 적어도 m개이다.

스펙트럼에는 아름다운 성질이 많이 있다. 예를 들어 다음 두 중복집합을 생각해 보자.

$$\text{Spec}(\sqrt{2}) = \{1,2,4,5,7,8,9,11,12,14,15,16,18,19,21,22,24,...\}$$
$$\text{Spec}(2+\sqrt{2}) = \{3,6,10,13,17,20,23,27,30,34,37,40,44,47,51,...\}.$$

"만일 x가 단위원보다 작은 통분 불가능(incommensurable) 수이면, m이 정수라 할 때 수량 m/x, $m/(1-x)$들의 급수(series) 중 연속한 정수들 사이에 있는 하나를 구할 수 있다. 그리고 그런 수량은 오직 하나만 구할 수 있다.
— 레일리^{Rayleigh}, [304]

$\text{Spec}(\sqrt{2})$는 휴대용 계산기로 쉽게 계산할 수 있다. 그리고 $\text{Spec}(2+\sqrt{2})$의 n번째 원소는 $\text{Spec}(\sqrt{2})$의 n번째 원소보다 $2n$만큼 크다(식 (3.6)에 의해). 좀 더 자세히 살펴보면, 두 스펙트럼 사이에는 훨씬 더 놀라운 관계가 존재한다. 언뜻 보기에,

한 스펙트럼에 없는 수가 다른 스펙트럼에 있고, 두 스펙트럼에 공통으로 있는 수는 없다! 실제로 이는 사실이다. 양의 정수들은 $\text{Spec}(\sqrt{2})$와 $\text{Spec}(2+\sqrt{2})$의 분리 합집합(disjoint union)이다. 이를 가리켜, 그 두 스펙트럼이 양의 정수들의 한 분할(partition)을 형성한다고† 말한다.

이러한 단언을 증명하기 위해, $\text{Spec}(\sqrt{2})$의 원소 중 $\leq n$인 것들의 개수와 $\text{Spec}(2+\sqrt{2})$의 원소 중 $\leq n$인 것들의 개수를 구해 보자. 모든 n에 대해 두 개수의 합이 n이면 두 스펙트럼은 실제로 하나의 분할을 형성하는 것이다.

$\alpha > 0$일 때 $\text{Spec}(\alpha)$의 원소 중 $\leq n$인 것들의 개수는 항상 다음과 같다.

$$
\begin{aligned}
N(\alpha,n) &= \sum_{k>0} [\, \lfloor k\alpha \rfloor \leq n \,]. \\
&= \sum_{k>0} [\, \lfloor k\alpha \rfloor < n+1 \,] \\
&= \sum_{k>0} [k\alpha < n+1] \\
&= \sum_{k} [\, 0 < k < (n+1)/\alpha \,] \\
&= \lceil (n+1)/\alpha \rceil - 1.
\end{aligned}
\tag{3.14}
$$

맞다. n을 1 증가할 때마다 두 개수 중 딱 하나만 증가하기 때문이다.

이 유도에서 관심 있게 볼 지점은 두 가지이다. 첫째로, 이 유도는

$$
m \leq n \Leftrightarrow m < n+1, \quad \text{정수 } m \text{과 } n
\tag{3.15}
$$

라는 법칙을 이용해서 '$\leq$'을 '$<$'로 바꾼다. 그러면 식 (3.7)에 따라 바닥 대괄호들을 제거할 수 있기 때문이다. 또한(좀 더 미묘한 부분인데), $k \geq 1$이 아니라 $k > 0$인 범위에 관해 합산을 수행한다는 점도 중요하다. 이는 n과 α의 값에 따라서는 $(n+1)/\alpha$가 1보다 작을 수 있기 때문이다. 만일 $(0..(n+1)/\alpha)$가 아니라 $[1..(n+1)/\alpha)$의 정수 개수를 식 (3.12)를 이용해서 구하려 했다면 정답을 얻었을 것이다. 그러나 지금 유도에서는 적용 가능 조건들이 만족되지 않기 때문에 그렇게 하면 유도가 틀리게 된다.

$N(\alpha,n)$의 공식이 나왔으니, 이제 $\text{Spec}(\sqrt{2})$와 $\text{Spec}(2+\sqrt{2})$가 정말로 양의 정수들의 한 분할인지 확인할 수 있다. 모든 정수 $n > 0$에 대해 $N(\sqrt{2},n) + N(2+\sqrt{2},n) = n$인지를 식 (3.14)을 이용해서 판정하면 된다.

---

† (옮긴이) "집합의 한 분할을 형성한다"를 간결하게 "집합을 분할한다"라고 표현하기도 하겠다.

$$\left\lceil \frac{n+1}{\sqrt{2}} \right\rceil - 1 + \left\lceil \frac{n+1}{2+\sqrt{2}} \right\rceil - 1 = n$$

$$\Leftrightarrow \left\lfloor \frac{n+1}{\sqrt{2}} \right\rfloor + \left\lfloor \frac{n+1}{2+\sqrt{2}} \right\rfloor = n, \qquad \text{식 (3.2)에 의해;}$$

$$\Leftrightarrow \frac{n+1}{\sqrt{2}} - \left\{ \frac{n+1}{\sqrt{2}} \right\} + \frac{n+1}{2+\sqrt{2}} - \left\{ \frac{n+1}{2+\sqrt{2}} \right\} = n, \quad \text{식 (3.8)에 의해.}$$

다음의 멋진 항등식을 이용하면 마지막 행을 아주 간단하게 정리할 수 있다.

$$\frac{1}{\sqrt{2}} + \frac{1}{2+\sqrt{2}} = 1.$$

이를 적용하면, 앞의 조건은 모든 $n > 0$에 대해

$$\left\{ \frac{n+1}{\sqrt{2}} \right\} + \left\{ \frac{n+1}{2+\sqrt{2}} \right\} = 1$$

이 성립하는지로 축약된다. 그런데 이들은 서로 더했을 때 정수 $n+1$이 되는 두 비정수의 분수부들이다. 따라서 실제로 분할이 맞다.

3.3 바닥·천장 점화식

바닥과 천장은 점화관계식의 연구에 흥미로운 새로운 차원을 추가한다. 우선 다음 점화식을 생각해 보자.

$$\begin{aligned} &K_0 = 1; \\ &K_{n+1} = 1 + \min(2K_{\lfloor n/2 \rfloor},\ 3K_{\lfloor n/3 \rfloor}), \quad n \geq 0\text{에 대해.} \end{aligned} \tag{3.16}$$

예를 들어 K_1은 $1 + \min(2K_0, 3K_0) = 3$이다. 이 점화식의 수열은 $1, 3, 3, 4, 7, 7, 7, 9, 9,$ $10, 13, \ldots$으로 시작한다. 이 책의 저자 중 한 명은 이런 수들을 커누스 수(Knuth numbers)라고 부르기로 조심스레 결정했다.

연습문제 25는 모든 $n \geq 0$에 대해 $K_n \geq n$임을 증명 또는 반증하라고 요구한다. 앞에 나열한 처음 몇 개의 K 값들은 그 부등식을 만족하므로, 그 부등식이 일반적으로 참일 가능성이 있다. 그럼 수학적 귀납법을 시도해 보자. $n = 0$일 때의 기초 단계는 점화식의 정의 자체로 주어진다. 귀납 단계에서는 어떤 고정된 비음수 n까지의 모든 값에 대해 부등식이 성립한다는 가정에 따라 $K_{n+1} \geq n+1$임을 보이면 된다. 점화식의 정의에 따라 $K_{n+1} = 1 + \min(2K_{\lfloor n/2 \rfloor}, 3K_{\lfloor n/3 \rfloor})$이고, 귀납 가설에 따라 $2K_{\lfloor n/2 \rfloor} \geq 2\lfloor n/2 \rfloor$ 이고 $3K_{\lfloor n/3 \rfloor} \geq 3\lfloor n/3 \rfloor$ 이다. 그런데 $2\lfloor n/2 \rfloor$는 최소 $n-1$

일 수 있으며, $3 \lfloor n/3 \rfloor$은 최소 $n-2$일 수 있다. 귀납 가설에서 최대한 이끌어낼 수 있는 것은 $K_{n+1} \geq 1+(n-2)$ 정도이다. 이는 $K_{n+1} \geq n+1$에는 못 미치는 결론이다.

그렇다면 $K_n \geq n$이 참이 아닐 수도 있다. 따라서 이번에는 이를 반증해 보자. 만일 $2K_{\lfloor n/2 \rfloor} < n$이거나 $3K_{\lfloor n/3 \rfloor} < n$인, 다시 말해

$$K_{\lfloor n/2 \rfloor} < n/2 \quad \text{또는} \quad K_{\lfloor n/3 \rfloor} < n/3$$

인 n의 값을 하나라도 찾는다면, $K_{n+1} < n+1$이 된다. 이것이 가능할까? 연습문제 25를 푸는 즐거움을 망치지 않기 위해, 여기서 답을 제시하지는 않겠다.

바닥이나 천장이(또는 둘 다) 관여하는 점화식은 컴퓨터과학에서 자주 보게 된다. 이는, 중요한 기법인 '분할정복(divide and conquer)'을 크기가 n인 문제에 적용하면 n의 분수에 해당하는 정수 크기의 비슷한 문제들의 답을 구하는 것으로 축약되는 경우가 많기 때문이다. 예를 들어 n개의 레코드를 정렬하는(여기서 $n > 1$) 한 가지 방법은 그 레코드들을 개수가 거의 비슷한 두 그룹으로 나누어서 정렬하는 것이다. 이때 한 그룹의 크기는 $\lceil n/2 \rceil$이고 다른 그룹의 크기는 $\lfloor n/2 \rfloor$이다. (덧붙이자면, 다음의 관계에 주목하기 바란다.

$$n = \lceil n/2 \rceil + \lfloor n/2 \rfloor. \tag{3.17}$$

이 공식이 아주 편리한 경우가 자주 있다.) 각 그룹을 개별적으로(같은 방법을 재귀적으로 적용해서) 정렬한 후에는 레코드들을 최종 순서로 병합해서 정렬을 마친다. 그러한 병합에 필요한 추가 비교 횟수 $f(n)$은 다음과 같이 정의된다.

$$\begin{aligned} &f(1) = 0; \\ &f(n) = f(\lceil n/2 \rceil) + f(\lfloor n/2 \rfloor) + n-1, \quad n > 1\text{에 대해.} \end{aligned} \tag{3.18}$$

이 점화식의 해는 연습문제 34에 나온다.

제1장의 요세푸스 문제에도 비슷한 점화식이 있는데, 바닥을 이용해서 그 점화식을 표현하면 다음과 같다.

$$\begin{aligned} &J(1) = 1; \\ &J(n) = 2J(\lfloor n/2 \rfloor) - (-1)^n, \quad n > 1\text{에 대해.} \end{aligned}$$

지금 우리는 제1장에서 사용하던 것보다 더 많은 도구를 갖추었으므로, 매 두 번째가 아니라 매 세 번째 사람이 처형되는 원래 버전의 요세푸스 문제를 고려해 보자.

제1장에서 성공적으로 사용했던 방법들을 좀 더 어려운 이 문제에 적용하면 다음과 같은 점화식이 나온다.

$$J_3(n) = \left(\left\lceil \frac{3}{2} J_3\left(\left\lfloor \frac{2}{3}n \right\rfloor \right) + a_n \right\rceil \bmod n \right) + 1.$$

여기서 'mod'는 잠시 후에 살펴볼 것인데, 일단 지금은 $n \bmod 3 = 0$, 1, 2에 따라 $a_n = -2$, $+1$, $-\frac{1}{2}$이 된다는 점만 알면 된다. 어쨌거나, 이 점화식은 너무 복잡해서 더 조작하는 것이 무의미하다.

다행히, 이 요세푸스 문제에 대해 훨씬 나은 설정으로 이어지는 또 다른 접근방식이 있다. 한 사람을 지나칠 때마다 그 사람에게 새 번호를 부여한다. 첫 바퀴에서 1번과 2번은 $n+1$번과 $n+2$번이 되고, 3번이 처형된다. 4번과 5번은 $n+3$번과 $n+4$번이 되고 6번이 처형된다. 그런 식으로, $3k+1$번과 $3k+2$번은 $n+2k+1$번과 $n+2k+2$이 되고 $3k+3$번이 처형되며, 마지막으로 $3n$이 처형된다(또는 살아남는다). 예를 들어 $n=10$일 때 번호들은 다음과 같다.

1	2	3	4	5	6	7	8	9	10
11	12		13	14		15	16		17
18			19	20			21		22
			23	24					25
			26						27
			28						
			29						
			30						

이러한 설정에서, k번째로 처형되는 사람의 번호는 $3k$이다. 따라서 최종적으로 $3n$번이 되는 사람의 원래의 번호를 알아낸다면 생존자를 알아낼 수 있다.

$N > n$이라고 할 때, N번 사람은 이전에 다른 번호를 부여받았을 것이다. 그 번호는 다음과 같이 구할 수 있다. $N = n+2k+1$이거나 $N = n+2k+2$이므로, $k = \lfloor (N-n-1)/2 \rfloor$이다. 그러면 이전 번호는 $3k+1$이거나 $3k+2$이다. 즉, 이전 번호는 $3k+(N-n-2k) = k+N-n$이다. 따라서, 생존자 번호 $J_3(n)$을 다음과 같이 계산할 수 있다.

$N := 3n;$
while $N > n$ do $N := \left\lfloor \dfrac{N-n-1}{2} \right\rfloor + N - n;$
$J_3(n) := N.$

이것이 $J_3(n)$의 닫힌 형식은 아니다. 사실 점화식도 아니다. 그러나 적어도, n이 클 때 답을 비교적 빠르게 계산하는 방법은 알려 준다.

다행히, 이 알고리즘을 좀 더 간단하게 만드는 것이 가능하다. 우선 공식의 N들에 $D = 3n + 1 - N$이라는 변수를 대입한다. (이러한 표기상의 변경은 1번을 $3n$번으로 바꾸는 것이 아니라 $3n$번을 1번으로 바꾸는 것에 해당한다. 일종의 카운트다운이라 할 수 있다.) 그러면 N에 대한 복잡한 배정(assignment)이 다음과 같이 간단해진다.

$$D := 3n + 1 - \left(\left\lfloor \frac{(3n+1-D)-n-1}{2} \right\rfloor + (3n+1-D) - n \right)$$
$$= n + D - \left\lfloor \frac{2n-D}{2} \right\rfloor = D - \left\lfloor \frac{-D}{2} \right\rfloor = D + \left\lceil \frac{D}{2} \right\rceil = \left\lceil \frac{3}{2} D \right\rceil$$

이제 알고리즘을 다음과 같이 표현할 수 있다.

> $D := 1;$
> **while** $D \leq 2n$ **do** $D := \left\lceil \dfrac{3}{2} D \right\rceil$;
> $J_3(n) := 3n + 1 - D.$

아하! 훨씬 나아졌다. 이제는 n이 계산에 아주 단순한 방식으로 관여한다. 일반화하면, 매 q번째 사람이 처형될 때의 생존자 번호 $J_q(n)$을 다음과 같이 계산할 수 있음을 보이는 것도 가능하다.

> $D := 1;$
> **while** $D \leq (q-1)n$ **do** $D := \left\lceil \dfrac{q}{q-1} D \right\rceil$; $\hspace{2cm}$ (3.19)
> $J_q(n) := qn + 1 - D.$

우리가 익히 잘 아는 $q = 2$인 경우, 이 알고리즘에 따르면 $n = 2^m + l$이라 할 때 D는 2^{m+1}로 증가한다. 따라서 $J_2(n) = 2(2^m + l) + 1 - 2^{m+1} = 2l + 1$이다. 좋다.

다음 점화식으로 정의되는 정수 수열을 식 (3.19)의 조리법으로 계산할 수 있다.

> $D_0^{(q)} = 1;$
> $D_n^{(q)} = \left\lceil \dfrac{q}{q-1} D_{n-1}^{(q)} \right\rceil, \quad n > 0$에 대해. $\hspace{2cm}$ (3.20)

$q = 2$인 경우를 제외하면 이러한 수열들이 우리에게 익숙한 어떤 함수와 연관되지는 않는 것 같다. 따라서 이런 수열에는 깔끔한 닫힌 형식이 없을 가능성이 크다. 그러나 수열 $D_n^{(q)}$을 '기지수(이미 알고 있는 수량)'로 간주한다면, 일반화된 요세푸스 문제의

이를테면 조화수를 기지수로 두는 것과 마찬가지이다. A. M. 오들리츠코Odlyzko와 H. S. 빌프Wilf는 $D_n^{(3)} = \left\lfloor \left(\frac{3}{2} \right)^n C \right\rfloor$ 임을(여기서 $C \approx 1.622270503$) 보였다.[283]

해를 다음과 같이 간단하게 서술할 수 있다: k가 $D_k^{(q)} > (q-1)n$을 만족하는 최소의 값이라고 할 때 생존자 번호 $J_q(n)$은 $qn+1-D_k^{(q)}$이다.

3.4 'mod': 이항 연산

m과 n이 양의 정수일 때, n을 m으로 나눈 몫은 $\lfloor n/m \rfloor$이다. 그러한 나눗셈의 나머지를 간단히 표기하는 방법이 있으면 편리할 것이다. $n \bmod m$이 바로 그것이다. 다음과 같은 기본 공식이 성립한다.

$$n = m \underbrace{\lfloor n/m \rfloor}_{\text{몫}} + \underbrace{n \bmod m}_{\text{나머지}}$$

이 공식은 $n \bmod m$을 $n - m\lfloor n/m \rfloor$으로 표현할 수 있음을 말해준다. 이를 음의 정수들로도, 더 나아가서 임의의 실수들로도 일반화할 수 있다.

$$x \bmod y = x - y\lfloor x/y \rfloor, \quad y \neq 0\text{에 대해.} \tag{3.21}$$

이에 의해 'mod'는 하나의 이항 연산(binary operation)으로 정의된다. 덧셈이나 뺄셈이 이항 연산인 것과 마찬가지이다. 수학에서 이항 연산으로서의 나머지 연산은 오래전부터 비공식적으로 쓰였다. 수학자들은 이를테면 어떤 수를 10으로 나눈 나머지나 2π로 나눈 나머지를 다루었다. 그러나 이를 구체적인 표기법과 정의로 공식화한 지는 20여 년 밖에 되지 않았다. 개념은 오래되었지만 표기법은 새롭다.

이번 절의 제목이 "'mod': 이항 연산"인 이유는 무엇일까? 그 의문은 오싹한 다음 장에서 밝혀질 것이니 기대하시길!

x와 y가 양의 실수일 때의 $x \bmod y$의 의미는 둘레가 y인 원에 $[0..y)$ 구간의 실수들이 고르게 배정되어 있다고 상상해 보면 직관적으로 이해할 수 있다. 0에 해당하는 지점에서 원을 따라 거리 x만큼 이동하면 $x \bmod y$에 도달한다. (그리고 그 과정에서 0과 만나는 횟수는 $\lfloor x/y \rfloor$이다.)

x나 y가 음수일 때 $x \bmod y$의 정확한 의미를 이해하려면 정의를 세심하게 살펴볼 필요가 있다. 다음은 몇 가지 정숫값들의 예이다.

이와는 다른 정의를 사용하는 컴퓨터 언어들을 조심할 것.

$$
\begin{aligned}
5 \bmod 3 &= 5 - 3\lfloor 5/3 \rfloor &&= 2; \\
5 \bmod -3 &= 5 - (-3)\lfloor 5/(-3) \rfloor &&= -1; \\
-5 \bmod 3 &= -5 - 3\lfloor -5/3 \rfloor &&= 1; \\
-5 \bmod -3 &= -5 - (-3)\lfloor -5/(-3) \rfloor &&= -2.
\end{aligned}
$$

'mod' 오른쪽의 수를 법(modulus)이라고 부른다. 'mod' 왼쪽의 수를 무엇이라고 부를 것인지는 아직 아무도 결정하지 못했다. 실제 응용에서 법은 대체로 양수이지만,

그 수를 modumor라고 부르면 어떨까?

법이 음수일 때에도 앞의 정의는 완벽하게 유효하다. 두 경우 모두, $x \bmod y$의 값은 0과 법 사이에 있다. 즉, 다음이 성립한다.

$$0 \le x \bmod y < y, \quad y > 0 \text{에 대해};$$
$$0 \ge x \bmod y > y, \quad y < 0 \text{에 대해}.$$

$y = 0$일 때는 어떨까? 정의 (3.21)에 따르면 그런 경우 나머지는 정의되지 않는다 (0으로 나누기를 피하기 위해). 그러나 완전함을 위해서는 다음과 같이 정의할 수 있다.

$$x \bmod 0 = x. \tag{3.22}$$

이러한 관례는 $x \bmod y$와 x의 차이가 항상 y의 배수라는 성질을 유지한다. ($x \bmod 0 = \lim_{y \to 0} x \bmod y = 0$으로 정의해서 나머지 함수가 0에서 연속이 되게 하는 게 더 자연스럽다고 생각하는 독자도 있을 것이다. 그러나 제4장에서 보겠지만 그러한 정의는 훨씬 덜 유용하다. 나머지 연산에서 연속성은 중요한 측면이 아니다.)

이전에 x를 정수부와 분수부의 합, 즉 $x = \lfloor x \rfloor + \{x\}$로 표현할 수 있음을 배웠다. 그런데 여기에 mod의 한 특수 경우가 숨어 있다. 이 수식에서 분수부를 $x \bmod 1$로도 표현할 수 있다. 왜냐하면 다음이 성립하기 때문이다.

$$x = \lfloor x \rfloor + x \bmod 1.$$

이 공식에 괄호가 필요하지 않음을 주목하기 바란다. 이 책에서는 mod가 덧셈이나 뺄셈보다 피연산자들에 더 강하게 묶인다고 가정한다.

바닥 함수는 mod의 정의에 쓰였는데, 천장 함수는 그런 기회가 없었다. 어쩌면 천장 함수를 이용해서 다음과 같은 mod의 변형을 정의할 수도 있을 것이다.

$$x \text{ mumble } y = y \lceil x/y \rceil - x.$$

원의 비유에서 이 함수는 x의 거리를 이동한 후에 다시 출발점 0으로 돌아가는 데 필요한 거리에 해당한다. 물론 'mumble(웅얼웅얼)'보다 더 나은 이름이 필요하긴 하다. 이후 이 함수의 응용 대상이 충분히 많이 발견된다면, 그에 따라 적절한 이름이 제시될 것이다.

배분법칙은 mod의 가장 중요한 대수학적 성질이다. 모든 c, x, y에 대해 다음이 성립한다.

$$c(x \bmod y) = (cx) \bmod (cy). \tag{3.23}$$

70년대에는 '모드'가 최신 유행이던 때가 있었다. 새로운 mumble 함수를 '펑크'라고 불러야 하지 않을까?
아니, 나는 'mumble'이 좋아.
$x \text{ mumble } y = (-x) \bmod y$임을 주목할 것.

(곱셈이 mod보다 더 강하게 묶인다는 관례를 선호하는 사람들은 우변의 괄호들을 생략할 수 있을 것이다.) 이 법칙은 식 (3.21)에서 쉽게 증명할 수 있다. 만일 $cy \neq 0$ 이면

$$c(x \bmod y) = c(x - y \lfloor x/y \rfloor) = cx - cy \lfloor cx/cy \rfloor = cx \bmod cy$$

이기 때문이다. 그리고 법이 0인 경우의 증명은 자명하다. 앞에 나온 ± 5와 ± 3을 이용한 네 가지 예들에는 $c = -1$일 때의 이 법칙이 두 번씩 나와 있다. 'mod'가 대충 정의된 것이 아니라고 믿을만한 이유를 제시한다는 점에서, 식 (3.23) 같은 항등식을 보면 마음이 든든해진다.

'나머지'란 말이지?

이번 절의 나머지에서는 'mod'가 도움이 되는(비록 중심적인 역할을 하지는 않는다고 해도) 응용문제 하나를 살펴본다. 이 문제는 다양한 상황에서 자주 발생한다. 바로, n개의 사물을 최대한 평등하게 m개의 그룹으로 분할하는 문제이다.

예를 들어 n개의 짧은 행(line)들로 된 텍스트를 m개의 열(column)로 배치한다고 하자. 미학적인 이유로, 그 열들을 길이가 줄어드는(좀 더 정확히는, 증가하지 않는) 순서로 배치하고자 한다. 그리고 열들의 길이는 대략 같아야 한다. 좀 더 구체적으로 말하면, 임의의 두 열의 길이 차이는 많아야 텍스트 한 행이어야 한다. 만일 37개의 텍스트 행을 다섯 개의 열로 분할한다면, 다음 예의 왼쪽이 아니라 오른쪽이 되어야 한다.

8	8	8	8	5		8	8	7	7	7
line 1	line 9	line 17	line 25	line 33		line 1	line 9	line 17	line 24	line 31
line 2	line 10	line 18	line 26	line 34		line 2	line 10	line 18	line 25	line 32
line 3	line 11	line 19	line 27	line 35		line 3	line 11	line 19	line 26	line 33
line 4	line 12	line 20	line 28	line 36		line 4	line 12	line 20	line 27	line 34
line 5	line 13	line 21	line 29	line 37		line 5	line 13	line 21	line 28	line 35
line 6	line 14	line 22	line 30			line 6	line 14	line 22	line 29	line 36
line 7	line 15	line 23	line 31			line 7	line 15	line 23	line 30	line 37
line 8	line 16	line 24	line 32			line 8	line 16			

더 나아가서, 텍스트 행들을 열 우선으로 분배하고자 한다. 즉, 첫 열에 몇 개의 행이 들어갈지 결정한 다음에 둘째 열, 셋째 열 등으로 나아가야 한다. 그것이 사람들이 행들을 읽는 순서와 부합하기 때문이다. 행 우선으로 분배한다면 각 열의 행 수는 올바르게 되겠지만 텍스트 행들의 순서가 잘못된다. (앞의 예를 행 우선으로 배분한다면 각 열의 행 수는 이전과 같겠지만, 이를테면 제1열에 행 $1, 2, 3, \ldots, 8$이 아니라 $1, 6, 11, \ldots, 36$이 배치될 것이다.)

행 우선 배분 전략은 최종적인 답을 구하는 데 사용할 수는 없지만, 각 열에 몇 개의 행을 넣을지를 파악하는 데에는 도움이 된다. n이 m의 배수가 아니라고 할 때, 행 우선 절차를 생각해 보면 긴 열의 행 수는 $\lceil n/m \rceil$ 이어야 하고 짧은 열의

행 수는 $\lfloor n/m \rfloor$ 이어야 함이 명백하다. 긴 열은 정확히 $n \bmod m$개이다(그리고 알고 보면 짧은 열은 정확히 $n \operatorname{mumble} m$개이다).

그럼 용어를 일반화해서, 이제부터는 '행'과 '열'을 '사물'과 '그룹'이라고 부르기로 하자. 방금 보았듯이 첫 그룹에는 $\lceil n/m \rceil$개의 사물을 담아야 한다. 따라서 다음과 같은 순차적 분배 방안을 적용하면 될 것이다. n개의 사물을 m개의 그룹으로(여기서 $m > 0$) 분배하려면, 사물 $\lceil n/m \rceil$개를 한 그룹에 넣고, 동일한 절차를 재귀적으로 적용해서 남아 있는 $n' = n - \lceil n/m \rceil$개의 사물들을 $m' = m - 1$개의 추가적인 그룹에 넣는다.

예를 들어 $n = 314$이고 $m = 6$일 때 사물들은 다음과 같이 분배된다.

남은 사물 개수	남은 그룹 개수	$\lceil$사물/그룹$\rceil$
314	6	53
261	5	53
208	4	52
156	3	52
104	2	52
52	1	52

올바른 결과이다. 법이 계속 바뀌었음에도, 대략 같은 크기의 그룹들이 나왔다.

이러한 절차가 왜 올바른 결과를 낼까? 절차를 일반화해서 $n = qm + r$로 두어 보자. 여기서 $q = \lfloor n/m \rfloor$이고 $r = n \bmod m$이다. $r = 0$일 때는 절차가 간단하다. 첫 그룹에는 $\lceil n/m \rceil = q$개의 사물이 들어간다. 그 후 n이 $n' = n - q$로 대체되며, $n' = qm'$개의 남은 사물들을 $m' = m - 1$개의 남은 그룹에 넣는 절차를 반복한다. 만일 $r > 0$일 때는 첫 그룹에 $\lceil n/m \rceil = q + 1$개의 사물이 들어가고 n이 $n' = n - q - 1$로 대체되어서 $n' = qm' + r - 1$개의 남은 사물을 추가적인 그룹들에 넣는 문제가 된다. 새로운 나머지는 $r' = r - 1$이지만 q는 이전과 같다. 따라서 나머지 사물들은 $q + 1$개짜리 그룹 r개와 q개짜리 그룹 $m - r$개로 분배된다.

k번째 그룹에는 몇 개의 사물이 들어갈까? 만일 $k \le n \bmod m$이면 $\lceil n/m \rceil$으로 평가되고 그러지 않으면 $\lfloor n/m \rfloor$으로 평가되는 공식을 구해야 할 것이다. 다음이 바로 그런 조건을 만족하는 공식임을 확인하기란 어렵지 않다.

$$\left\lceil \frac{n - k + 1}{m} \right\rceil.$$

이전 문단에서처럼 $n = qm + r$이라고 두면, 이 공식은 $q + \lceil (r - k + 1)/m \rceil$으로 정리된다. 이때 $q = \lfloor n/m \rfloor$이다. 만일 $1 \le k \le m$이고 $0 \le r < m$이면

$\lceil (r-k+1)/m \rceil = [k \le r]$이다. 결론적으로, 다음은 n을 m개의 가능하면 비슷한 크기의, 그리고 증가하지 않는 순서의 부분들로 배분하는 분할을 표현하는 항등식이다.

$$n = \left\lceil \frac{n}{m} \right\rceil + \left\lceil \frac{n-1}{m} \right\rceil + \cdots + \left\lceil \frac{n-m+1}{m} \right\rceil. \tag{3.24}$$

이 항등식은 모든 양의 정수 m과 모든 정수 n(양, 음, 0 모두)에 대해 유효하다. $m = 2$인 경우는 식 (3.17)에서 이미 만나보았다(그 식에서는 $n = \lceil n/2 \rceil + \lfloor n/2 \rfloor$으로 조금 다르게 표기했지만).

부분들을 비감소 순서로, 즉 작은 것들이 큰 것들보다 먼저 나오는 순서로 나열하고자 한다면, 이전의 절차를 따르되 첫 그룹에 $\lfloor n/m \rfloor$개의 사물을 넣으면 된다. 그러한 절차로부터 다음과 같은 항등식을 유도할 수 있다.

$$n = \left\lfloor \frac{n}{m} \right\rfloor + \left\lfloor \frac{n+1}{m} \right\rfloor + \cdots + \left\lfloor \frac{n+m-1}{m} \right\rfloor. \tag{3.25}$$

식 (3.25)와 식 (3.24)를 식 (3.4) 또는 연습문제 12의 항등식을 이용해서 상호 변환할 수 있다.

다음으로, 만일 식 (3.25)의 n을 $\lfloor mx \rfloor$로 대체하고 규칙 (3.11)을 적용해서 바닥 안의 바닥들을 제거하면, 모든 실수 x에 대해 성립하는 다음과 같은 항등식이 나온다.

무엇이든 mx로 대체하는 것은 너무 위험한 일이라고 주장하는 사람들이 있다.

$$\lfloor mx \rfloor = \lfloor x \rfloor + \left\lfloor x + \frac{1}{m} \right\rfloor + \cdots + \left\lfloor x + \frac{m-1}{m} \right\rfloor. \tag{3.26}$$

바닥 함수가 실숫값을 정수로 근사하는 함수이긴 하지만, 좌변의 근사 하나가 우변의 여러 근사의 합과 같다는 점은 상당히 놀랍다. $\lfloor x \rfloor$가 평균적으로 대략 $x - \frac{1}{2}$이라고 가정할 때, 좌변은 대략 $mx - \frac{1}{2}$이고 우변은 대략 $(x - \frac{1}{2}) + (x - \frac{1}{2} + \frac{1}{m}) + \cdots + (x - \frac{1}{2} + \frac{m-1}{m}) = mx - \frac{1}{2}$이다. 이 모든 대략적인 근삿값들의 합이 사실은 참값으로 판명된 것이다!

3.5 바닥·천장 합

식 (3.26)은 $\lfloor \ \rfloor$이 관여하는 합 중 적어도 한 종류는 닫힌 형식의 해를 구할 수 있음을 보여준다. 다른 종류의 합들도 그럴까? 대체로 이런 부류의 문제들에는 새로운 변수를 도입해서 바닥이나 천장을 제거하는 기법이 잘 통한다.

예를 들어 다음 합을 닫힌 형식으로 평가할 수 있을지 살펴보자.

$$\sum_{0 \le k < n} \lfloor \sqrt{k} \rfloor$$

한 가지 착안은 $m = \lfloor \sqrt{k} \rfloor$ 이라는 변수를 도입하는 것이다. 룰렛 문제에서 했던 것처럼 진행하면 이를 '기계적으로' 처리할 수 있다.

$$\begin{aligned}
\sum_{0 \le k < n} \lfloor \sqrt{k} \rfloor &= \sum_{k,m \ge 0} m [k < n] [m = \lfloor \sqrt{k} \rfloor] \\
&= \sum_{k,m \ge 0} m [k < n] [m \le \sqrt{k} < m+1] \\
&= \sum_{k,m \ge 0} m [k < n] [m^2 \le k < (m+1)^2] \\
&= \sum_{k,m \ge 0} m [m^2 \le k < (m+1)^2 \le n] \\
&\quad + \sum_{k,m \ge 0} m [m^2 \le k < n < (m+1)^2].
\end{aligned}$$

이번에도 경계 조건들이 다소 까다롭다. 그럼 $n = a^2$이라고, 즉 n이 완전제곱수라고 가정하자. 그러면 둘째 합은 0이 되며, 첫 합은 다음과 같이 통상적인 방식으로 평가할 수 있다.

$$\begin{aligned}
\sum_{k,m \ge 0} m &[m^2 \le k < (m+1)^2 \le a^2] \\
&= \sum_{m \ge 0} m((m+1)^2 - m^2)[m+1 \le a] \\
&= \sum_{m \ge 0} m(2m+1)[m < a] \\
&= \sum_{m \ge 0} (2m^{\underline{2}} + 3m^{\underline{1}})[m < a] \\
&= \sum_0^a (2m^{\underline{2}} + 3m^{\underline{1}})\delta m \\
&= \frac{2}{3}a(a-1)(a-2) + \frac{3}{2}a(a-1) = \frac{1}{6}(4a+1)a(a-1).
\end{aligned}$$

내림(falling) 거듭제곱은 합을 무너뜨린다.

일반적으로는 $a = \lfloor \sqrt{n} \rfloor$으로 두면 된다. 그러면 $a^2 \le k < n$인 항들만 더하면 되는데, 그 항들은 모두 a와 같다. 따라서 합은 $(n-a^2)a$이다. 이로부터, 우리가 원했던 다음과 같은 닫힌 형식이 나온다.

$$\sum_{0 \le k < n} \lfloor \sqrt{k} \rfloor = na - \frac{1}{3}a^3 - \frac{1}{2}a^2 - \frac{1}{6}a, \quad a = \lfloor \sqrt{n} \rfloor . \tag{3.27}$$

이런 합을 평가하는 또 다른 접근방식은 $\lfloor x \rfloor$ 형태의 수식을 $\sum_j [1 \le j \le x]$로 대체하는 것이다. $x \ge 0$이면 항상 이러한 대체가 적법하다. 다음은 $\lfloor$ 제곱근 $\rfloor$들의 합에 이 접근방식을 적용한 것인데, 이전처럼 $n = a^2$이라고 가정한다.

$$\sum_{0 \le k < a^2} \lfloor \sqrt{k} \rfloor = \sum_{j,k} [1 \le j \le \sqrt{k}][0 \le k < a^2]$$
$$= \sum_{1 \le j < a} \sum_k [j^2 \le k < a^2]$$
$$= \sum_{1 \le j < a} (a^2 - j^2) = a^3 - \frac{1}{3}a(a + \frac{1}{2})(a+1), \text{ 정수 } a.$$

그럼 변수 변경이 합의 변환으로 이어지는 또 다른 예를 보자. 1909년에 세 명의 수학자 볼^{Bohl}, 시에르핀스키^{Sierpiński}, 바일^{Weyl}이 거의 같은 시기에 훌륭한 정리 하나를 각자 발견했다(각각 [34], [326], [368]). 바로, "만일 α가 무리수이면, 분수부 $\{n\alpha\}$는 $n \to \infty$에 따라 0과 1 사이에 아주 고르게 분포된다"는 것이다. 이를, 모든 무리수 α와 거의 모든 곳에서 연속인 모든 유계 함수 f에 대해

$$\lim_{n \to \infty} \frac{1}{n} \sum_{0 \le k < n} f(\{k\alpha\}) = \int_0^1 f(x)dx \qquad (3.28)$$

라고 표현할 수 있다. 예를 들어 $f(x) = x$로 두면 $\{n\alpha\}$의 평균값이 나오는데, 그 값은 $\frac{1}{2}$이다. (이는 우리의 예상과 정확히 일치한다. 그러나 α가 아무리 무리수라고 해도† 이것이 증명 가능하게 참임을 알아 두는 것은 좋은 일이다.)

볼, 시에르핀스키, 바일의 정리는 '계단 함수(step function)'를 이용해서 $f(x)$를 위, 아래로 근사해 보면 증명할 수 있다. 여기서 계단 함수는 다음과 같은 간단한 함수들의 선형 결합이다.

경고: 이 부분은 상당히 높은 수준이다. 처음 읽는 학생은 다음 두 페이지를 대강 훑어보기만 하는 것이 나을 것이다. 이 부분이 꼭 필요하지는 않다.
— 친절한 조교

훑어보기 시작
▼

$$f_v(x) = [0 \le x < v].$$

여기서 $0 \le v \le 1$이다. 그런데 이 정리의 증명이 우리의 목적은 아니다. 그런 증명은 미적분학에서 다루어야 마땅하다. 그렇긴 하지만 이 정리가 성립하는 기본적인 이유는 파악할 필요가 있겠다. 이를 위해 $f(x) = f_v(x)$라는 특수한 경우에 이 정리가 얼마나 잘 적용되는지 살펴보자. 다른 말로 하면, n이 크고 α가 무리수일 때 합

---

† (옮긴이) 원문은 how irrational α is인데, irrational이 일반적으로 '비합리적·비이성적'이라는 뜻으로 쓰인다는 점을 이용한 말장난으로 보인다. 이와 관련해서, '유리수', '무리수'는 일종의 오역이고 '유비수', '무비수'라고 불러야 한다는 주장도 있다.

$$\sum_{0 \le k < n} [\{k\alpha\} < v]$$

이 '이상적인' 값 nv에 얼마나 가까워지는지 살펴보자.

논의를 위해 불일치도(discrepancy)라는 것을 정의하겠다. 불일치도 $D(\alpha, n)$은 모든 $0 \le v \le 1$에 관한 다음 합의 최대 절댓값이다.

$$s(\alpha, n, v) = \sum_{0 \le k < n} ([\{k\alpha\} < v] - v). \tag{3.29}$$

우리의 목표는 이 $D(\alpha, n)$이 n보다 "그리 크지 않음"을, α가 무리수일 때 $|s(\alpha, n, v)|$가 항상 적당히 작은 값임을 보임으로써 증명하는 것이다. $0 < \alpha < 1$이라고 가정해도 일반성은 손실되지 않는다.

먼저 $s(\alpha, n, v)$를 더 간단한 형태로 표기하고, 새로운 색인 변수 j를 도입하자.

$$\begin{aligned}
\sum_{0 \le k < n} ([\{k\alpha\} < v] - v) &= \sum_{0 \le k < n} (\lfloor k\alpha \rfloor - \lfloor k\alpha - v \rfloor - v) \\
&= -nv + \sum_{0 \le k < n} \sum_{j} [k\alpha - v < j \le k\alpha] \\
&= -nv + \sum_{0 \le j < \lceil n\alpha \rceil} \sum_{k < n} [j\alpha^{-1} \le k < (j+v)\alpha^{-1}].
\end{aligned}$$

운이 좋다면 k에 관한 합을 구할 수 있을 것이다. 그러나 공식이 너무 지저분해지지 않도록 새로운 변수 몇 개를 도입하는 것이 바람직하겠다. 다음과 같이 두기로 하자.

$$\begin{aligned}
a &= \lfloor \alpha^{-1} \rfloor, & \alpha^{-1} &= a + \alpha'; \\
b &= \lceil v\alpha^{-1} \rceil, & v\alpha^{-1} &= b - v'.
\end{aligned}$$

그러면 $\alpha' = \{\alpha^{-1}\}$는 α^{-1}의 분수부이고 v'은 $v\alpha^{-1}$의 mumble-분수부이다.

이번에도 경계 조건들이 지저분한데, 이것만 해결하면 된다. 일단은 '$k < n$'이라는 제약을 잊기로 하고, 그 제약 없이 k에 관해 합을 평가해 보자.

$$\begin{aligned}
\sum_{k} [k \in [j\alpha^{-1} .. (j+v)\alpha^{-1})] &= \lceil (j+v)(a+\alpha') \rceil - \lceil j(a+\alpha') \rceil \\
&= b + \lceil j\alpha' - v' \rceil - \lceil j\alpha' \rceil.
\end{aligned}$$

이제 수식이 아주 간단해졌다. 적절히 대입하면 다음이 나온다.

$$s(\alpha, n, v) = -nv + \lceil n\alpha \rceil b + \sum_{0 \le j < \lceil n\alpha \rceil} (\lceil j\alpha' - v' \rceil - \lceil j\alpha' \rceil) - S. \tag{3.30}$$

그렇죠. 명명정복입니다.
핵심은 변수 k를 j로 바꾸었
다는 것!
— 친절한 조교.

여기서 S는 앞에서 배제하지 못했던 $k \geq n$인 경우들을 보정하는 항이다. α가(따라서 α'이) 무리수이므로, $j\alpha'$이라는 수량은 $j = 0$일 때에만 정수가 된다. 그리고 $j\alpha' - v'$이 정수가 되는 j의 값은 많아야 하나이다. 따라서 천장 항들을 바닥으로 바꿀 수 있다.

$$s(\alpha, n, v) = -nv + \lceil n\alpha \rceil b - \sum_{0 \leq j < \lceil n\alpha \rceil} (\lfloor j\alpha' \rfloor - \lfloor j\alpha' - v' \rfloor) - S + \{0 \text{ 또는 } 1\}.$$

(공식 {0 또는 1}은 0이거나 1인 뭔가를 나타낸다. 0인지 아니면 1인지 밝히려고 할 필요는 없다. 그 세부사항은 별로 중요하지 않다.)

흥미롭게도, 닫힌 형식이 나온 것이 아니라 $s(\alpha, n, v)$와 비슷해 보이지만 매개변수들이 다른, 그러니까 α 대신 α', n 대신 $\lceil n\alpha \rceil$, v 대신 v'인 합이 나왔다. 이렇게 나아가면 $s(\alpha, n, v)$에 대한 점화식이 나올 것이다. 그리고 그 점화식은 (바라건대) 불일치도 $D(\alpha, n)$의 점화식으로 이어질 것이다. 따라서 다음을

$$s(\alpha', \lceil n\alpha \rceil, v') = \sum_{0 \leq j < \lceil n\alpha \rceil} (\lfloor j\alpha' \rfloor - \lfloor j\alpha' - v' \rfloor - v')$$

어떻게든 다음과 연관시켜야 한다.

$$s(\alpha, n, v) = -nv + \lceil n\alpha \rceil b - \lceil n\alpha \rceil v' - s(\alpha', \lceil n\alpha \rceil, v') - S + \{0 \text{ 또는 } 1\}.$$

그런데 $b - v' = v\alpha^{-1}$이다. 이에 착안에서 $\lceil n\alpha \rceil (b - v')$을 $n\alpha(b - v') = nv$로 대체하면 모든 것이 멋지게 단순화된다.

$$s(\alpha, n, v) = -s(\alpha', \lceil n\alpha \rceil, v') - S + \epsilon + \{0 \text{ 또는 } 1\}.$$

여기서 ϵ은 $v\alpha^{-1}$보다 작은 양의 오차이다. 그와 비슷하게 S가 0과 $\lceil v\alpha^{-1} \rceil$ 사이의 값인데, 이는 연습문제 18에서 증명할 것이다. 더 나아가서, 합에서 $j = \lceil n\alpha \rceil - 1 = \lfloor n\alpha \rfloor$도 제거할 수 있다. 그 값은 어차피 v' 아니면 $v' - 1$이기 때문이다. 따라서, 만일 모든 v에 관해 절댓값들의 최댓값을 취하면, 다음과 같은 부등식이 나온다.

$$D(\alpha, n) \leq D(\alpha', \lfloor \alpha n \rfloor) + \alpha^{-1} + 2. \tag{3.31}$$

이후의 장들에서 배울 방법들을 이용하면, n이 충분히 클 때 $D(\alpha, n)$가 항상 n보다 훨씬 작다는 결론을 이 점화식으로부터 이끌어낼 수 있다. 그러므로 정리 (3.28)은 참이다. 그러나 한계로의 수렴이 항상 아주 빠르게 일어나지는 않는다. (연습문제 9.45와 9.61을 보라.)

훑어보기 끝

    휴, 합과 바닥, 천장을 여러 가지로 조작해야 답이 나오는 상당한 연습문제였다. "오차가 작음을 증명하는" 문제에 익숙하지 않은 독자라면 저런 이상하게 생긴 합을

만나고도 용감하게 계속 문제를 풀어나가는 사람이 있을 거라고 믿기 어려울 것이다. 그러나 사실은, 합을 다시 살펴보면 전체 계산을 관통하는 간단한 흐름을 발견하고 거기서 힘을 얻을 수 있다. 주된 착안은, 항들이 n개인 어떤 합 $s(\alpha, n, v)$를 항들이 많아야 $\lceil \alpha n \rceil$개인 비슷한 합으로 축약할 수 있다는 것이다. 경계 주변의 항들에서 남은 찌꺼기를 제외한 나머지 모든 것은 소거되어 버린다.

그럼 호흡을 고른 후 합 문제를 하나 더 풀어 보자. 이번 것도 자명한 합은 아니지만, 닫힌 형식의 해가 나오므로 답을 손쉽게 점검할 수 있다는 커다란 장점(방금 푼 문제에 비하면)이 있다. 이번 문제에서 우리의 목표는 다음을 위한 공식을 구해서 식 (3.26)의 합을 일반화하는 것이다.

$$\sum_{0 \le k < m} \left\lfloor \frac{nk+x}{m} \right\rfloor, \quad \text{정수 } m > 0, \text{ 정수 } n.$$

<aside>이것이 바닥들의 더 어려운 합일까, 아니면 더 어려운 바닥들의 합일까?</aside>

이 합의 닫힌 형식을 구하는 것은 지금까지 해온 문제들보다 어렵다(방금 살펴본 불일치도 문제를 제외할 때). 그러나 배울 것이 많기 때문에, 이번 장의 나머지 부분에서는 이 문제를 공략해 보겠다.

항상 그렇듯이, 그리고 어려운 문제에서는 더욱 그렇지만, 작은 사례들을 살펴보는 것으로 시작하자. $n = 1$인 특수 경우는 식 (3.26)에서 x를 x/m으로 대체한 것에 해당한다.

$$\left\lfloor \frac{x}{m} \right\rfloor + \left\lfloor \frac{1+x}{m} \right\rfloor + \cdots + \left\lfloor \frac{m-1+x}{m} \right\rfloor = \lfloor x \rfloor.$$

<aside>미리 경고함: 이것은 하나의 장(chapter)이 호기심 이외의 동기부여는 별로 없는, 길고 어려운 문제의 해답으로 끝나는 패턴의 시작이다.
— 학생들</aside>

그리고 제1장에서처럼, $n = 0$인 경우로 하향 일반화해서 좀 더 많은 자료를 얻는 것이 유용하다.

$$\left\lfloor \frac{x}{m} \right\rfloor + \left\lfloor \frac{x}{m} \right\rfloor + \cdots + \left\lfloor \frac{x}{m} \right\rfloor = m \left\lfloor \frac{x}{m} \right\rfloor.$$

<aside>들켰네. 그러나 여러분, 꼭 응용 분야를 이야기해야 흥미를 느낄 수 있는 건 아니죠. 이 합은 이를테면 난수 발생과 검사의 연구에 등장합니다. 그러나 수학자들은 "바닥에 깔린" 등차수열의 합을 구하는 방법이 있는지 궁금해 하는 게 당연하다고 생각했기 때문에, 컴퓨터가 나오기 오래전부터 이 합을 연구했습니다.
— 여러분의 교수</aside>

이 문제에는 m과 n이라는 두 개의 매개변수가 있다. 그럼 m에 대한 작은 사례 몇 개를 살펴보자. $m = 1$일 때는 합의 항이 $\lfloor x \rfloor$ 하나 뿐이다. $m = 2$일 때 합은 $\lfloor x/2 \rfloor + \lfloor (x+n)/2 \rfloor$이다. 바닥 함수의 안에서 n을 제거하면 x와 n 사이의 상호작용을 제거할 수 있지만, 그렇게 하려면 n이 짝수일 때와 홀수일 때를 따로 고찰해야 한다. 만일 n이 짝수이면 $n/2$는 정수이므로 다음과 같이 바닥에서 제거할 수 있다.

$$\left\lfloor \frac{x}{2} \right\rfloor + \left(\left\lfloor \frac{x}{2} \right\rfloor + \frac{n}{2} \right) = 2 \left\lfloor \frac{x}{2} \right\rfloor + \frac{n}{2}.$$

만일 n이 홀수이면 $(n-1)/2$가 정수이므로 다음과 같은 식이 나온다.

$$\left\lfloor \frac{x}{2} \right\rfloor + \left(\left\lfloor \frac{x+1}{2} \right\rfloor + \frac{n-1}{2} \right) = \lfloor x \rfloor + \frac{n-1}{2}.$$

마지막 단계는 $m=2$로 둔 식 (3.26)에 의한 것이다.

짝수와 홀수 n에 대한 이 공식들은 $n=0$과 1에 대한 공식들과 조금 비슷하지만, 아직 뚜렷한 패턴이 드러나지는 않았다. 따라서 작은 사례들을 좀 더 살펴보는 것이 좋겠다. $m=3$일 때 합은 다음이 된다.

$$\left\lfloor \frac{x}{3} \right\rfloor + \left\lfloor \frac{x+n}{3} \right\rfloor + \left\lfloor \frac{x+2n}{3} \right\rfloor.$$

그럼 n이 3의 배수이거나, 3의 배수에 1을 더한 값이거나, 아니면 3의 배수에 2를 더한 값인 경우들, 다시 말해 $n \bmod 3 = 0$, 1, 2인 세 가지 경우를 따로 살펴보자. 만일 $n \bmod 3 = 0$이면 $n/3$과 $2n/3$은 정수들이므로 합은 다음이 된다.

$$\left\lfloor \frac{x}{3} \right\rfloor + \left(\left\lfloor \frac{x}{3} \right\rfloor + \frac{n}{3} \right) + \left(\left\lfloor \frac{x}{3} \right\rfloor + \frac{2n}{3} \right) = 3 \left\lfloor \frac{x}{3} \right\rfloor + n.$$

만일 $n \bmod 3 = 1$이면 $(n-1)/3$과 $(2n-2)/3$이 정수이므로 다음이 성립한다.

$$\left\lfloor \frac{x}{3} \right\rfloor + \left(\left\lfloor \frac{x+1}{3} \right\rfloor + \frac{n-1}{3} \right) + \left(\left\lfloor \frac{x+2}{3} \right\rfloor + \frac{2n-2}{3} \right) = \lfloor x \rfloor + n - 1.$$

이 경우에도 마지막 단계는 식 (3.26)에 의한 것인데, 이번에는 $m=3$이다. 마지막으로, 만일 $n \bmod 3 = 2$이면

$$\left\lfloor \frac{x}{3} \right\rfloor + \left(\left\lfloor \frac{x+2}{3} \right\rfloor + \frac{n-2}{3} \right) + \left(\left\lfloor \frac{x+1}{3} \right\rfloor + \frac{2n-1}{3} \right) = \lfloor x \rfloor + n - 1$$

이다.

우리의 좌뇌는 $m=3$인 경우에 대한 고찰을 마쳤지만, 우뇌는 아직 패턴을 인식하지 못했다. 따라서 $m=4$인 경우로까지 가 봐야 하겠다.

$$\left\lfloor \frac{x}{4} \right\rfloor + \left\lfloor \frac{x+n}{4} \right\rfloor + \left\lfloor \frac{x+2n}{4} \right\rfloor + \left\lfloor \frac{x+3n}{4} \right\rfloor.$$

"창조적인 천재에게는 왕성한 연습을 위한 조건으로서의 즐거운 지적 활동이 요구된다. '필요는 발명의 어머니이다'는 어리석은 격언이다. '필요는 무익한 속임수의 어머니이다'가 진실에 훨씬 더 가깝다. 현대적 발명은 과학을 기반으로 성장하며, 과학은 거의 전적으로 즐거운 지적 호기심에서 자라난다."
— A. N. 화이트헤드 Whitehead, [371]

이제 우리는 적어도 $n \bmod m$에 기초한 경우들을 고찰하기에 충분한 지식을 갖추었다. 만일 $n \bmod 4 = 0$이면

$$\left\lfloor \frac{x}{4} \right\rfloor + \left(\left\lfloor \frac{x}{4} \right\rfloor + \frac{n}{4} \right) + \left(\left\lfloor \frac{x}{4} \right\rfloor + \frac{2n}{4} \right) + \left(\left\lfloor \frac{x}{4} \right\rfloor + \frac{3n}{4} \right) = 4 \left\lfloor \frac{x}{4} \right\rfloor + \frac{3n}{2}$$

이다. 그리고 만일 $n \bmod 4 = 1$이면

$$\left\lfloor \frac{x}{4} \right\rfloor + \left(\left\lfloor \frac{x+1}{4} \right\rfloor + \frac{n-1}{4} \right) + \left(\left\lfloor \frac{x+2}{4} \right\rfloor + \frac{2n-2}{4} \right) + \left(\left\lfloor \frac{x+3}{4} \right\rfloor + \frac{3n-3}{4} \right)$$
$$= \lfloor x \rfloor + \frac{3n}{2} - \frac{3}{2}.$$

이다. 계산해 보면, $n \bmod 4 = 3$인 경우에도 같은 답이 나온다. 마지막으로, $n \bmod 4 = 2$인 경우에는 약간 다른 뭔가가 나오는데, 이 합의 일반적인 습성에 관한 중요한 단서가 된다.

$$\left\lfloor \frac{x}{4} \right\rfloor + \left(\left\lfloor \frac{x+2}{4} \right\rfloor + \frac{n-2}{4} \right) + \left(\left\lfloor \frac{x}{4} \right\rfloor + \frac{2n}{4} \right) + \left(\left\lfloor \frac{x+2}{4} \right\rfloor + \frac{3n-2}{4} \right)$$
$$= 2 \left(\left\lfloor \frac{x}{4} \right\rfloor + \left\lfloor \frac{x+2}{4} \right\rfloor \right) + \frac{3n}{2} - 1 = 2 \left\lfloor \frac{x}{2} \right\rfloor + \frac{3n}{2} - 1.$$

이 수식의 마지막 단계를 좀 더 정리하면 $\lfloor y/2 \rfloor + \lfloor (y+1)/2 \rfloor$가 나오는데, 이 역시 식 (3.26)의 한 특수 경우이다.

다음은 작은 m에 대한 합의 값들을 정리한 것이다.

m	$n \bmod m = 0$	$n \bmod m = 1$	$n \bmod m = 2$	$n \bmod m = 3$
1	$\lfloor x \rfloor$			
2	$2\left\lfloor \dfrac{x}{2} \right\rfloor + \dfrac{n}{2}$	$\lfloor x \rfloor + \dfrac{n}{2} - \dfrac{1}{2}$		
3	$3\left\lfloor \dfrac{x}{3} \right\rfloor + n$	$\lfloor x \rfloor + n - 1$	$\lfloor x \rfloor + n - 1$	
4	$4\left\lfloor \dfrac{x}{4} \right\rfloor + \dfrac{3n}{2}$	$\lfloor x \rfloor + \dfrac{3n}{2} - \dfrac{3}{2}$	$2\left\lfloor \dfrac{x}{2} \right\rfloor + \dfrac{3n}{2} - 1$	$\lfloor x \rfloor + \dfrac{3n}{2} - \dfrac{3}{2}$

이런 사례들로 볼 때, 아마도 합은 다음 형태일 것이다.

$$a \left\lfloor \frac{x}{a} \right\rfloor + bn + c.$$

그리고 a와 b, c는 어떤 방식으로든 m과 n에 의존할 것이다. 근시인 사람이라도 b가 $(m-1)/2$라고 추측할 수 있다. a의 공식을 밝혀내기는 좀 더 어렵다. 그러나

$n \bmod 4 = 2$인 경우를 보면 a가 아마도 $\gcd(m,n)$, 즉 m과 n의 최대공약수일 것이라는 힌트를 얻을 수 있다. 이는 분수 n/m을 가장 작은 항들로 약분할 때 m과 n에서 빼는 값이 바로 $\gcd(m,n)$이라는 점과 지금 합에 분수 n/m에 관여한다는 점에 부합한다. ($\gcd$ 연산은 제4장에서 자세히 살펴볼 것이다.) c의 값은 좀 더 신비하지만, 아마도 a와 b에 대한 증명들에서 소거될 것이다.

작은 m에 대해 합을 계산하는 과정에서 우리는 합의 각 항을 사실상 다음과 같이 표현했다.

$$\left\lfloor \frac{x+kn}{m} \right\rfloor = \left\lfloor \frac{x+kn \bmod m}{m} \right\rfloor + \frac{kn}{m} - \frac{kn \bmod m}{m}.$$

이는 $(kn - kn \bmod m)/m$이 바닥 대괄호 쌍 안에서 제거할 수 있는 정수이기 때문이다. 이 점에 착안해서, 원래의 합을 다음과 같이 표 형식으로 전개해 보자.

$$
\begin{aligned}
&\quad\ \left\lfloor \frac{x}{m} \right\rfloor &&+\ \frac{0}{m} &&-\ \frac{0 \bmod m}{m} \\
&+\ \left\lfloor \frac{x+n \bmod m}{m} \right\rfloor &&+\ \frac{n}{m} &&-\ \frac{n \bmod m}{m} \\
&+\ \left\lfloor \frac{x+2n \bmod m}{m} \right\rfloor &&+\ \frac{2n}{m} &&-\ \frac{2n \bmod m}{m} \\
&\qquad\ \vdots &&\quad\ \vdots &&\quad\ \vdots \\
&+\ \left\lfloor \frac{x+(m-1)n \bmod m}{m} \right\rfloor &&+\ \frac{(m-1)n}{m} &&-\ \frac{(m-1)n \bmod m}{m}.
\end{aligned}
$$

앞에서 m의 작은 값들을 시험해 보았는데, 이 세 열은 각각 그때의 $a\lfloor x/a \rfloor$와 bn, c로 이어진다.

그럼 b가 어떻게 나오는지 구체적으로 살펴보자. 둘째 열은 등차수열이고, 그 합은 이미 알고 있듯이 첫 항과 마지막 항의 평균에 항들의 개수를 곱한 것이다.

$$\frac{1}{2}\left(0 + \frac{(m-1)n}{m}\right) \cdot m = \frac{(m-1)n}{2}.$$

이로써 $b = (m-1)/2$라는 추측이 옳았음이 증명되었다.

첫 열과 셋째 열은 좀 더 어려워 보인다. a와 c를 구하려면 다음 수열을 자세히 살펴볼 필요가 있다.

$$0 \bmod m, n \bmod m, 2n \bmod m, \ldots, (m-1)n \bmod m.$$

예를 들어 $m=12$이고 $n=5$라고 하자. 이 수열을 시계의 시간들이라고 생각한다면, 수들은 0시(12시를 0으로 간주), 5시, 10시, 3시($=15$시), 8시 등으로 나아간다. 따져 보면, 이런 식으로 모든 시(정각)를 정확히 한 번씩 거쳐 감을 알 수 있다.

이제 $m=12$이고 $n=8$이라고 하자. 그러면 수들은 0시, 8시, 4시($=16$시)이지만 그 후부터는 0,8,4가 되풀이된다. 8과 12는 둘 다 4의 배수이므로, 그리고 수들이 0(이 역시 4의 배수)에서 시작하므로, 이 패턴을 벗어날 길은 없다. 따라서 수들은 반드시 4의 배수이다.

두 경우에서 $\gcd(12,5)=1$이고 $\gcd(12,8)=4$이다. 다음 장에서 증명할 일반 법칙에 의하면, 만일 $d=\gcd(m,n)$이면 수 $0,d,2d,\dots,m-d$가 어떤 순서로 나오고 그다음에 같은 수열이 $d-1$번 되풀이된다. 예를 들어 $m=12$이고 $n=8$이면 0,8,4의 패턴이 네 번 나온다.

보조 정리(lemma) 먼저, 딜레마dilemma는 나중에.

이제는 이 합의 첫 열의 의미가 명확해졌다. 첫 열은 항 $\lfloor x/m \rfloor$, $\lfloor (x+d)/m \rfloor$, $\dots$, $\lfloor (x+m-d)/m \rfloor$이 어떤 순서로 나열된 수열이 d번 되풀이되는 형태이다. 따라서 그 합은 다음과 같다.

$$d\left(\left\lfloor \frac{x}{m} \right\rfloor + \left\lfloor \frac{x+d}{m} \right\rfloor + \cdots + \left\lfloor \frac{x+m-d}{m} \right\rfloor \right)$$
$$= d\left(\left\lfloor \frac{x/d}{m/d} \right\rfloor + \left\lfloor \frac{x/d+1}{m/d} \right\rfloor + \cdots + \left\lfloor \frac{x/d+m/d-1}{m/d} \right\rfloor \right)$$
$$= d\left\lfloor \frac{x}{d} \right\rfloor .$$

이번에도 마지막 단계는 식 (3.26)의 응용이다. 이제 a에 대한 추측이 옳았음이 확인되었다.

$$a = d = \gcd(m,n).$$

또한, 앞에서 추측했듯이 c도 구할 수 있다. 이제는 셋째 열을 분석하기가 쉬워졌기 때문이다. 셋째 열은 등차수열 $0/m, d/m, 2d/m, \dots, (m-d)/m$이 d번 되풀이되는 형태이며, 그 합은

$$d\left(\frac{1}{2}\left(0 + \frac{m-d}{m} \right) \cdot \frac{m}{d} \right) = \frac{m-d}{2}$$

이다. 그런데 셋째 열은 사실 더해지는 것이 아니라 빼지므로,

$$c = \frac{d-m}{2}.$$

이다.

미스터리가 풀렸고 임무가 완수되었다. 구하고자 했던 닫힌 형식은 다음과 같다.

$$\sum_{0 \le k < m} \left\lfloor \frac{nk+x}{m} \right\rfloor = d \left\lfloor \frac{x}{d} \right\rfloor + \frac{m-1}{2}n + \frac{d-m}{2}.$$

여기서 $d = \gcd(m,n)$이다. 확인의 의미로, 답을 이미 알고 있는 $n = 0$과 $n = 1$의 특수 경우들로 이 공식을 점검해 보자. $n = 0$일 때 $d = \gcd(m,0) = m$이다. 공식의 마지막 두 항은 0이므로 공식은 $m\lfloor x/m \rfloor$이라는 정답을 낸다. $n = 1$일 때는 $d = \gcd(m,1) = 1$이며, 마지막 두 항이 딱 소거되므로 합은 그냥 $\lfloor x \rfloor$이다.

닫힌 형식을 조금 조작하면 m과 n에 대해 대칭이 되게 만들 수 있다.

$$\begin{aligned}
\sum_{0 \le k < m} \left\lfloor \frac{nk+x}{m} \right\rfloor &= d \left\lfloor \frac{x}{d} \right\rfloor + \frac{m-1}{2}n + \frac{d-m}{2} \\
&= d \left\lfloor \frac{x}{d} \right\rfloor + \frac{(m-1)(n-1)}{2} + \frac{m-1}{2} + \frac{d-m}{2} \qquad (3.32) \\
&= d \left\lfloor \frac{x}{d} \right\rfloor + \frac{(m-1)(n-1)}{2} + \frac{d-1}{2}.
\end{aligned}$$

이는 놀라운 일이다. 이런 합이 대칭적이어야 할만한 대수학적 이유가 없기 때문이다. 이로써 우리는 "상호법칙(reciprocity law)"을 증명했다.

$$\sum_{0 \le k < m} \left\lfloor \frac{nk+x}{m} \right\rfloor = \sum_{0 \le k < n} \left\lfloor \frac{mk+x}{n} \right\rfloor, \quad \text{정수 } m,n > 0.$$

예를 들어 $m = 41$이고 $n = 127$일 때 왼쪽 합의 항은 41개이고 오른쪽은 127개이다. 그래도 모든 실수 x에 대해 등식이 성립한다.

연습문제

몸풀기

1 제1장에서 요세푸스 문제를 분석할 때, $0 \le l < 2^m$인 $n = 2^m + l$ 형태의 임의의 양의 정수 n을 해로 제시했다. l과 m을 바닥 또는 천장 대괄호(또는 둘 다)를 이용해서 n의 함수로 나타내는 명시적인 공식을 각각 제시하라.

2 주어진 실수 x에 가장 가까운 정수를 나타내는 공식은 무엇인가? 그런 정수가 둘일 때, 즉 x가 두 정수 사이의 정확히 중앙에 있는 값일 때, (a) 반올림, 즉 $\lceil x \rceil$를 산출하는 공식과 (b) 버림, 즉 $\lfloor x \rfloor$를 산출하는 공식을 제시하라.

3 m과 n이 양의 정수이고 α가 n보다 큰 무리수일 때 $\lfloor \lfloor m\alpha \rfloor n/\alpha \rfloor$을 평가하라.

4 본문에서는 1에서 5까지의 문제 수준들을 설명했다. 수준 0의 문제는 무엇일까? (참고로 이 연습문제는 수준 0 문제가 아니다.)

5 n이 양의 정수일 때 $\lfloor nx \rfloor = n \lfloor x \rfloor$일 필요충분조건을 구하라. (그 조건에는 $\{x\}$가 관여해야 한다.)

6 $f(x)$이 x가 정수일 때만 정숫값을 산출하는 연속 단조감소 함수일 때, $\lfloor f(x) \rfloor$에 뭔가 특기할 만한 것이 있는가?

7 다음 점화식의 해를 구하라.

$$X_n = n, \qquad 0 \le n < m \text{에 대해;}$$
$$X_n = X_{n-m} + 1, \quad n \ge m \text{에 대해.}$$

8 다음과 같은 디리클레 상자 원리(Dirichlet box principle)를 증명하라: 만일 n개의 물건을 m개의 상자에 집어넣는다면, $\ge \lceil n/m \rceil$개의 물건이 들어가는 상자와 $\le \lfloor n/m \rfloor$개의 물건이 들어가는 상자가 반드시 존재한다.

> Dirichlet를 '디리클레'라고 발음하는 이유를 따로 설명하지 않는 책으로 공부한다면, 당신은 대학생.

9 기원전 1800년대에 이집트 수학자들은 0과 1 사이의 유리수를 단위분수들의 합 $1/x_1 + \cdots + 1/x_k$로 표현했다. 여기서 x들은 서로 다른 양의 정수들이다. 예를 들어 이집트 수학자들은 $\frac{2}{5}$가 아니라 $\frac{1}{3} + \frac{1}{15}$로 표현했다. 이러한 수식을 다음과 같은 체계적인 방식으로 구하는 것이 항상 가능함을 증명하라: 만일 $0 < m/n < 1$이면

$$\frac{m}{n} = \frac{1}{q} + \left\{ \frac{m}{n} - \frac{1}{q}\text{의 표현} \right\}, \quad q = \left\lceil \frac{n}{m} \right\rceil.$$

(이것은 서기 1202년 레오나르도 피보나치[Leonardo Fibonacci]가 고안한 피보나치 알고리즘(Fibonacci's algorithm)과 같다.)

기초

10 수식

$$\left\lceil \frac{2x+1}{2} \right\rceil - \left\lceil \frac{2x+1}{4} \right\rceil + \left\lfloor \frac{2x+1}{4} \right\rfloor$$

이 항상 $\lfloor x \rfloor$ 아니면 $\lceil x \rceil$가 됨을 보여라. 그리고 그 수식이 $\lfloor x \rfloor$가 되는 조건과 $\lceil x \rceil$가 되는 조건을 밝혀라.

11 $\alpha < \beta$일 때 열린 구간 $(\alpha..\beta)$에는 정확히 $\lceil \beta \rceil - \lfloor \alpha \rfloor - 1$개의 정수가 있음을 증명할 수 있다고 본문에서 언급했다. 이를 실제로 증명하라. 그 증명이 정확하려면 $\alpha = \beta$인 경우를 배제해야 하는 이유는 무엇인가?

12 모든 정수 n과 모든 양의 정수 m에 대해

$$\left\lceil \frac{n}{m} \right\rceil = \left\lfloor \frac{n+m-1}{m} \right\rfloor$$

임을 증명하라. [식 (3.4)의 반사법칙 대신 이 항등식으로도 바닥과 천장을 상호 변환할 수 있다.]

13 α와 β가 양의 실수라고 하자. Spec(α)와 Spec(β)는 만일 α와 β가 무리수이고 $1/\alpha + 1/\beta = 1$이면, 그리고 오직 그럴 때만 양의 정수들을 분할함을 증명하라.

14 다음을 증명 또는 반증하라.

$(x \bmod ny) \bmod y = x \bmod y$,   정수 n.

15 식 (3.26)과 비슷하되 바닥이 아니라 천장을 사용하는 항등식이 있는가?

16 $n \bmod 2 = (1-(-1)^n)/2$임을 증명하라. 그리고 $n \bmod 3$에 대한 비슷한 항등식을 구해서 증명하라. 그 항등식의 우변은 $a + b\omega^n + c\omega^{2n}$의 형태인데, 여기서 ω는 복소수 $(-1 + i\sqrt{3})/2$이다. 힌트: $\omega^3 = 1$이고 $1 + \omega + \omega^2 = 0$이다.

17 $x \geq 0$인 경우에서 합 $\sum_{0 \leq k < m} \lfloor x + k/m \rfloor$을 평가하라.
$\lfloor x + k/m \rfloor$을 $\sum_j [1 \leq j \leq x + k/m]$으로 대체하고 먼저 k에 관해 합해 볼 것. 답이 식 (3.26)과 부합하는가?

18 식 (3.30)의 경곗값 오차항 S가 $\lceil \alpha^{-1} v \rceil$보다 크지 않음을 증명하라. 힌트: j의 작은 값들이 관여하지 않음을 보일 것.

숙제

19 모든 $x \geq 1$에 대해

$\lfloor \log_b x \rfloor = \lfloor \log_b \lfloor x \rfloor \rfloor$

이 성립할, 실수 $b > 1$에 대한 필요충분조건을 구하라.

20 $x > 0$이라고 할 때, x의 배수 중 닫힌 구간 $[\alpha..\beta]$ 안에 있는 모든 배수의 합을 구하라.

21 $0 \le m \le M$이라고 할 때, 십진수 표기에서 선행 숫자가 1인 2^m은 몇 개인가?

22 합 $S_n = \sum_{k \ge 1} \left\lfloor n/2^k + \frac{1}{2} \right\rfloor$ 과 $T_n = \sum_{k \ge 1} 2^k \left\lfloor n/2^k + \frac{1}{2} \right\rfloor^2$ 을 평가하라.

23 다음 수열의 n번째 원소가 $\left\lfloor \sqrt{2n} + \frac{1}{2} \right\rfloor$ 임을 보여라.

$$1,2,2,3,3,3,4,4,4,4,5,5,5,5,5,...$$

(이 수열에는 m이 정확히 m번 나온다.)

24 연습문제 13은 α가 > 1인 임의의 무리수일 때 두 중복집합 $\mathrm{Spec}(\alpha)$와 $\mathrm{Spec}(\alpha/(\alpha-1))$ 사이의 흥미로운 관계를 확립한다($1/\alpha + (\alpha-1)/\alpha = 1$이므로 해당 명제가 적용된다). α가 임의의 양의 실수일 때 두 중복집합 $\mathrm{Spec}(\alpha)$와 $\mathrm{Spec}(\alpha/(\alpha+1))$ 사이의 흥미로운 관계를 찾고 증명하라.

25 식 (3.16)에 정의된 커누스 수가 모든 음이 아닌 n에 대해 $K_n \ge n$을 만족함을 증명 또는 반증하라.

26 식 (3.20)의 보조 요세푸스 수가 다음을 만족함을 보여라.

$$\left(\frac{q}{q-1} \right)^n \le D_n^{(q)} \le q \left(\frac{q}{q-1} \right)^n, \quad n \ge 0 에 \ 대해$$

27 식 (3.20)으로 정의되는 수 $D_n^{(3)}$들에 짝수가 무한히 많음을 증명하라. 홀수가 무한히 많음도 증명하라.

28 다음 점화식의 해를 구하라.

$$a_0 = 1;$$
$$a_n = a_{n-1} + \left\lfloor \sqrt{a_{n-1}} \right\rfloor, \quad n > 0 에 \ 대해.$$

29 식 (3.31)과 더불어 다음도 성립함을 보여라.

이 공식과 식 (3.31) 사이에는 불일치가 존재한다.

$$D(\alpha, n) \ge D(\alpha', \lfloor \alpha n \rfloor) - \alpha^{-1} - 2.$$

30 m이 2보다 큰 정수일 때, 다음 점화식의 해가 $X_n = \lceil \alpha^{2^n} \rceil$임을 보여라.

$$X_0 = m,$$
$$X_n = X_{n-1}^2 - 2, \quad n > 0 \text{에 대해.}$$

단, $\alpha + \alpha^{-1} = m$이고 $\alpha > 1$이다. 예를 들어 $m = 3$일 때 해는 다음과 같다.

$$X_n = \lceil \phi^{2^{n+1}} \rceil, \quad \phi = \frac{1 + \sqrt{5}}{2}, \quad \alpha = \phi^2.$$

31 다음을 증명 또는 반증하라: $\lfloor x \rfloor + \lfloor y \rfloor + \lfloor x+y \rfloor \leq \lfloor 2x \rfloor + \lfloor 2y \rfloor$.

32 $\| x \| = \min(x - \lfloor x \rfloor, \lceil x \rceil - x)$가 x와 그에 가장 가까운 정수 사이의 거리를 나타낸다고 할 때, 다음 합을 평가하라.

$$\sum_k 2^k \| x/2^k \|^2$$

(이 합이 이중 무한합일 수 있음을 주의하기 바란다. 예를 들어 $x = 1/3$일 때 $k \to -\infty$에 따라, 또한 $k \to +\infty$에 따라 0이 아닌 항들이 발생한다.)

시험 문제

33 지름이 $2n - 1$ 단위인 원 하나를 $2n \times 2n$ 체스판에 대칭적으로 그린다고 하자. 다음은 $n = 3$일 때의 예이다.

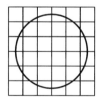

a 체스판의 칸 중 원의 일부를 포함하는 칸은 몇 개인가?

b 원 안에 완전히 포함되는 칸들의 개수가 $\sum_{k=1}^{n-1} f(n,k)$임을 만족하는 함수 $f(n,k)$를 구하라.

34 $f(n) = \sum_{k=1}^{n} \lceil \lg k \rceil$이라고 하자.

a $n \geq 1$일 때 $f(n)$의 닫힌 형식을 구하라.

b 모든 $n \geq 1$에 대해 $f(n) = n - 1 + f(\lceil n/2 \rceil) + f(\lfloor n/2 \rfloor)$임을 증명하라.

35 공식 $\lfloor (n+1)^2 n! \, e \rfloor \bmod n$을 더 간단하게 정리하라.

간단하게 만들되 값을 바꾸면 안 됨.

36 n이 음이 아닌 정수라고 가정하고 다음 합의 닫힌 형식을 구하라.

$$\sum_{1 < k < 2^{2^n}} \frac{1}{2^{\lfloor \lg k \rfloor} 4^{\lfloor \lg \lg k \rfloor}}$$

37 모든 양의 정수 m과 n에 대한 항등식

$$\sum_{0 \le k < m} \left(\left\lfloor \frac{m+k}{n} \right\rfloor - \left\lfloor \frac{k}{n} \right\rfloor \right) = \left\lfloor \frac{m^2}{n} \right\rfloor - \left\lfloor \frac{\min(m \bmod n, (-m) \bmod n)^2}{n} \right\rfloor$$

을 증명하라.

38 $x_1, \ldots, x_n$이 모든 양의 정수 m에 대해 성립하는 항등식

$$\sum_{k=1}^{n} \lfloor m x_k \rfloor = \left\lfloor m \sum_{1 \le k \le n} x_k \right\rfloor$$

을 만족하는 실수들이라고 하자. $x_1, \ldots, x_n$에 관한 흥미로운 사실을 찾고 증명하라.

39 모든 실수 $x \ge 1$과 모든 정수 $b > 1$에 대해 이중 합

$$\sum_{0 \le k \le \log_b x} \sum_{0 < j < b} \lceil (x + j b^k)/b^{k+1} \rceil$$

이 $(b-1)(\lfloor \log_b x \rfloor + 1) + \lceil x \rceil - 1$과 같음을 증명하라.

40 아래 그림에 나온 나선 함수 $\sigma(n)$은 음이 아닌 정수 n을 정수 순서쌍 $(x(n), y(n))$으로 사상한다. 예를 들어 이 함수는 $n = 9$를 순서쌍 $(1, 2)$로 사상한다.

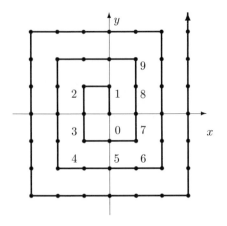

남반구에 사는 사람들은 이와는 다른 나선을 사용한다.

a 만일 $m = \lfloor \sqrt{n} \rfloor$ 이면

$$x(n) = (-1)^m \left((n - m(m+1)) \cdot \left[\lfloor 2\sqrt{n} \rfloor \text{ 은 짝수} \right] + \left\lceil \frac{1}{2} m \right\rceil \right)$$

임을 증명하고, $y(n)$에 대한 비슷한 공식을 구하라. 힌트: 나선을 $\lfloor 2\sqrt{n} \rfloor = 4k-2,\ 4k-1,\ 4k,\ 4k+1$에 따라 구역 $W_k,\ S_k,\ E_k,\ N_k$로 분류해 볼 것.

b 반대로, 다음과 같은 형태의 공식을 이용해서 $\sigma(n)$으로부터 n을 구할 수 있음을 증명하라.

$$n = (2k)^2 \pm (2k + x(n) + y(n)), \quad k = \max(|x(n)|, |y(n)|).$$

부호가 $+$일 때의 규칙과 $-$일 때의 규칙을 제시하라.

보너스 문제

41 f와 g가, 집합 $\{f(1), f(2), \ldots\}$와 $\{g(1), g(2), \ldots\}$가 양의 정수들을 분할한다는 조건을 만족하는 증가함수들이라고 하자. 그리고 f와 g가 모든 $n > 0$에 대해 $g(n) = f(f(n)) + 1$이라는 조건을 만족하는 관계라고 가정하자. $\phi = (1 + \sqrt{5})/2$ 라고 할 때 $f(n) = \lfloor n\phi \rfloor$이고 $g(n) = \lfloor n\phi^2 \rfloor$임을 증명하라.

42 $\text{Spec}(\alpha)$와 $\text{Spec}(\beta)$, $\text{Spec}(\gamma)$가 양의 정수들의 집합을 분할한다는 조건을 만족하는 실수 α, β, γ가 존재할까?

43 점화식 (3.16)을 펼쳐서, 커누스 수에서 발견할 수 있는 흥미로운 사실을 찾아 보라.

44 $D_n^{(q)}$이 식 (3.20)의 해라고 할 때, 다음을 만족하는 정수 $a_n^{(q)}$과 $d_n^{(q)}$이 존재함을 보여라.

$$a_n^{(q)} = \frac{D_{n-1}^{(q)} + d_n^{(q)}}{q-1} = \frac{D_n^{(q)} + d_n^{(q)}}{q}, \quad n > 0\text{에 대해.}$$

그리고 이 사실을 이용해서, 일반화된 요세푸스 문제의 다음과 같은 또 다른 형태의 해를 구하라.

$$J_q(n) = 1 + d_k^{(q)} + q(n - a_k^{(q)}), \quad a_k^{(q)} \le n < a_{k+1}^{(q)}\text{에 대해.}$$

45 연습문제 30의 기법을 확장해서 다음 점화식의 닫힌 형식 해를 구하라.

$$Y_0 = m,$$
$$Y_n = 2Y_{n-1}^2 - 1, \quad n > 0 \text{에 대해.}$$

여기서 m은 양의 정수이다.

46 m과 l이 음이 아닌 정수들이라고 할 때, 만일 $n = \lfloor (\sqrt{2}^l + \sqrt{2}^{l-1})m \rfloor$ 이면 $\lfloor \sqrt{2n(n+1)} \rfloor = \lfloor (\sqrt{2}^{l+1} + \sqrt{2}^l)m \rfloor$ 임을 증명하라. 이 주목할만한 성질을 이용해서 다음 점화식의 닫힌 형식 해를 구하라.

$$L_0 = a, \quad \text{정수 } a > 0;$$
$$L_n = \lfloor \sqrt{2L_{n-1}(L_{n-1}+1)} \rfloor, \quad n > 0 \text{에 대해.}$$

힌트: $\lfloor \sqrt{2n(n+1)} \rfloor = \lfloor \sqrt{2}\left(n + \frac{1}{2}\right) \rfloor$.

47 모든 양의 정수 m에 대해 다음을 만족하는 함수 $f(x)$를 가리켜 반복 가능 (replicative; 복제적) 함수라고 부른다.

$$f(mx) = f(x) + f\left(x + \frac{1}{m}\right) + \cdots + f\left(x + \frac{m-1}{m}\right)$$

다음 함수가 반복 가능일, 실수 c에 대한 필요충분조건을 각각 구하라.

a $f(x) = x + c$.

b $f(x) = [x + c\text{는 정수}]$.

c $f(x) = \max(\lfloor x \rfloor, c)$.

d $f(x) = x + c\lfloor x \rfloor - \frac{1}{2}[x\text{는 정수가 아님}]$.

48 항등식

$$x^3 = 3x\lfloor x\lfloor x \rfloor \rfloor + 3\{x\}\{x\lfloor x \rfloor\} + \{x\}^3 - 3\lfloor x \rfloor\lfloor x\lfloor x \rfloor \rfloor + \lfloor x \rfloor^3$$

을 증명하고, $n > 3$일 때 x^n에 대한 비슷한 항등식을 구하는 방법을 보여라.

49 실수 $0 \le \alpha < 1$과 $\beta \ge 0$에 대해, 다음과 같은 값들의 무한 중복집합으로부터 α와 β를 결정할 수 있을 필요충분조건(α와 β에 대한)을 구하라.

$$\{\lfloor n\alpha \rfloor + \lfloor n\beta \rfloor \mid n > 0\}.$$

연구 문제

50 음이 아닌 실수 α와 β에 대해, 다음과 같은 값들의 무한 중복집합으로부터 α와 β를 결정할 수 있을 필요충분조건(α와 β에 대한)을 구하라.

$$\{ \lfloor \lfloor n\alpha \rfloor \beta \rfloor \mid n > 0 \}.$$

51 x가 $\geq \phi = \frac{1}{2}(1 + \sqrt{5}\,)$인 실수라고 하자. 점화식

$$Z_0(x) = x,$$
$$Z_n(x) = Z_{n-1}(x)^2 - 1, \quad n > 0$$에 대해

의 해를 $Z_n(x) = \lceil f(x)^{2^n} \rceil$로 표기할 수 있다. 여기서 x는 정수이고

$$f(x) = \lim_{n \to \infty} Z_n(x)^{1/2^n}$$

이다(x가 정수이면 $Z_n(x) - 1 < f(x)^{2^n} < Z_n(x)$이므로). 이 함수 $f(x)$가 가진 또 다른 흥미로운 성질들을 찾아보라.

52 $\alpha > 0$이고 $\alpha + \beta > 0$인 음이 아닌 실수 α와 β가 주어졌을 때,

$$\mathrm{Spec}(\alpha;\beta) = \{ \lfloor \alpha + \beta \rfloor, \lfloor 2\alpha + \beta \rfloor, \lfloor 3\alpha + \beta \rfloor, \ldots \}$$

이 문제, 어렵다고 명시해 (spec) 둘 것.

이 $\mathrm{Spec}(\alpha) = \mathrm{Spec}(\alpha;0)$을 일반화한 중복집합이라고 하자. 다음을 증명 또는 반증하라: 만일 $m \geq 3$개의 중복집합 $\mathrm{Spec}(\alpha_1;\beta_1), \mathrm{Spec}(\alpha_2;\beta_2), \ldots, \mathrm{Spec}(\alpha_m;\beta_m)$이 양의 정수들을 분할한다면, 그리고 매개변수 $\alpha_1 < \alpha_2 < \cdots < \alpha_m$들이 서로 다르면, 다음이 성립한다.

$$\alpha_k = \frac{2^m - 1}{2^{m-k}}, \quad 1 \leq k \leq m$$에 대해.

53 피보나치 알고리즘(연습문제 9)은 매 단계에서 구할 수 있는 가장 작은 q를 선택한다는 점에서 '탐욕적(greedy)'이다. 좀 더 정교한 알고리즘으로는 n이 홀수인 모든 분수 m/n을 분모가 홀수인 서로 다른 단위 분수들의 합 $1/q_1 + \cdots + 1/q_k$로 표현할 수 있다. 그러한 표현을 구하는 탐욕적 알고리즘이 항상 종료할까?

4장

정수론

정수는 이 책에서 강조하는 이산수학의 중추이다. 따라서 정수의 성질을 다루는 수학의 중요한 한 분야인 정수론(number theory, 또는 수론)을 살펴보는 것은 바람직한 일이다.

제3장에서 'mod'와 'gcd'라는 이항 연산들을 배우면서 정수론의 바다에 발을 살짝 담갔다. 이번 장에서는 이 주제에 뛰어들어 푹 잠겨보자.

다시 말해, 물에 빠질 준비를 하시라.

4.1 나누어떨어짐

$m > 0$이고 비(ratio) n/m이 정수일 때, n이 m으로 나누어떨어진다고(또는 m이 n을 나눈다고) 말한다. 이러한 성질은 모든 정수론에 깔려 있으므로, 특별한 표기법을 정해두면 편리할 것이다. 이 책에서는 다음과 같은 표기법을 사용한다.

$$m \backslash n \Leftrightarrow m > 0 \text{이고 } n = mk \text{인 어떤 정수 } k \text{가 존재함.} \tag{4.1}$$

(사실 요즘 수학 문헌들에서는 '$m \backslash n$'보다 '$m | n$'이 훨씬 많이 쓰인다. 그러나 수직선은 절댓값, 집합 구분자, 조건부 확률 등에 남용되고 있다. 반대로 역슬래시는 너무 덜 쓰인다. 게다가 '$m \backslash n$'은 m이 주어진 비의 분모라는 인상을 준다. 그래서 이 책에서는 나누어떨어짐을 나타내는 기호를 과감하게 왼쪽으로 기울이기로 한다.)

만일 m이 n을 나누지 않으면 '$m \backslash n$'이라고 표기한다.

이와 비슷한 관계로 "n은 m의 배수이다"가 있다. 이는 m이 반드시 양수일 필요는 없다는 점만 빼면 나누어떨어짐 관계와 같다. 배수 관계는 그냥 $n = mk$인 어떤 정수

k가 존재함을 뜻한다. 따라서, 예를 들어 0의 배수는 단 하나이지만(바로 0 자신), 0으로 나누어떨어지는 수는 없다. 모든 정수는 −1의 배수이지만, −1로 나누어떨어지는 정수는 없다(엄밀히 말한다면). 이러한 정의들은 m과 n이 임의의 실수일 때 적용된다. 예를 들어 2π는 π로 나누어떨어진다. 그러나 이번 장에서 정수가 아닌 m과 n에 대해 이 관계를 사용하는 경우는 거의 없다. 어차피 이번 장은 정수론에 관한 것이니 당연한 일이다.

"…−1로 나누어떨어지는 정수는 없다(엄밀히 말한다면)."
— 그레이엄, 커누스, 파타슈닉. [161]

두 정수 m과 n의 최대공약수(greatest common divisor)는 말 그대로 두 수 모두를 나누는 가장 큰 정수이다.

$$\gcd(m,n) \;=\; \max\{k \mid k \setminus m \text{이고 } k \setminus n\}. \tag{4.2}$$

영국에서는 이를 'hcf' (highest common factor, 최고공통인수)라고 부른다.

예를 들어 $\gcd(12,18)=6$이다. 최대공약수는 이미 독자에게 익숙한 개념이다. 초등학교에서 분수 m/n을 기약분수로 약분할 때, 이를테면 $12/18=(12/6)/(18/6)=2/3$으로 갈 때 구하는 공통의 인수가 바로 최대공약수이기 때문이다. $n>0$일 때 $\gcd(0,n)=n$임을 주목하기 바란다. 0은 모든 양의 정수로 나누어떨어지며, n은 자신의 가장 큰 약수이기 때문이다. $\gcd(0,0)$의 값은 정의되지 않는다.

또 다른 익숙한 개념으로 최소공배수(least common multiple)가 있다.

$$lcm(m,n) \;=\; \min\{k \mid k>0,\ m \setminus k \text{이고 } n \setminus k\}. \tag{4.3}$$

최대공배수(greatest common multiple)와 혼동하지 말 것.

$m \le 0$이거나 $n \le 0$일 때는 최소공배수가 정의되지 않는다. 초등학교 산수 시간에 분모가 m과 n인 두 분수를 더할 때 찾았던 최소 공통분모가 바로 이 최소공배수이다. 예를 들어 $lcm(12,18)=36$인데, 이를테면 $\frac{7}{12}+\frac{1}{18}=\frac{21}{36}+\frac{2}{36}=\frac{23}{36}$은 초등학생도 계산할 수 있다. lcm은 gcd와 다소 비슷하나, gcd가 훨씬 좋은 성질들을 가지고 있으므로 이번 장에서 lcm을 gcd만큼 많이 다루지는 않는다.

gcd의 아주 좋은 성질 중 하나는 유클리드 알고리즘(또는 유클리드 호제법)이라고 하는 2,300년 묵은 방법을 이용해서 손쉽게 계산할 수 있다는 것이다. 유클리드 호제법에서는 두 값 $0 \le m < n$이 주어졌을 때 다음과 같은 점화식을 이용해서 $\gcd(m,n)$을 계산한다.

$$\begin{aligned}\gcd(0,n) &\;=\; n;\\\gcd(m,n) &\;=\; \gcd(n \bmod m, m), \quad m>0 \text{에 대해.}\end{aligned} \tag{4.4}$$

이에 따르면, 예를 들어 $\gcd(12,18)=\gcd(6,12)=\gcd(0,6)=6$이다. m과 n의 임의의 공약수가 m과 $n \bmod m$(이는 곧 $n-\lfloor n/m \rfloor m$이다)의 공약수이기도 하다는

점을 생각하면 이 점화식이 유효하다는 점을 이해할 수 있을 것이다. 그러나 $\mathrm{lcm}(m,n)$에 대해서는 이만큼 간단한 점화식이 없는 것으로 보인다. (연습문제 2를 보라.)

유클리드의 알고리즘에서 얻을 것이 더 있다. 이 알고리즘을 확장하면, 다음을 만족하는 정수 m'과 n'을 계산하는 데에도 사용할 수 있다.

$$m'm + n'n = \gcd(m,n). \tag{4.5}$$

(m'이나 n'이 음수가 될 수도 있음을 주의할 것.)

방법은 이렇다. 만일 $m=0$이면 그냥 $m'=0$과 $n'=1$을 취한다. 그렇지 않으면 $r = n \bmod m$으로 두고 m과 n 대신 r과 m으로 같은 방법을 재귀적으로 적용해서 다음을 만족하는 $\bar{r}$과 $\bar{m}$을 계산한다.

$$\bar{r}r + \bar{m}m = \gcd(r,m).$$

$r = n - \lfloor n/m \rfloor m$이고 $\gcd(r,m) = \gcd(m,n)$이므로, 이 등식으로부터 다음을 이끌어낼 수 있다.

$$\bar{r}(n - \lfloor n/m \rfloor m) + \bar{m}m = \gcd(m,n).$$

좌변을 다음과 같이 정리하면 m과 n에 대한 의존성이 드러난다.

$$(\bar{m} - \lfloor n/m \rfloor \bar{r})m + \bar{r}n = \gcd(m,n).$$

따라서 $m' = \bar{m} - \lfloor n/m \rfloor \bar{r}$과 $n' = \bar{r}$은 식 (4.5)에 필요한 정수들이다. 예를 들어 자주 언급한 $m=12$, $n=18$의 예에 이 방법을 적용하면 $6 = 0 \cdot 0 + 1 \cdot 6 = 1 \cdot 6 + 0 \cdot 12 = (-1) \cdot 12 + 1 \cdot 18$이 나온다.

식 (4.5)는 아주 멋진 결과이다. 주된 이유는, 수 m'과 n'이 유클리드의 알고리즘이 임의의 구체적인 경우에서 정확한 답을 산출했음을 실제로 증명한다는 느낌을 주기 때문이다. 컴퓨터가 오랜 시간 계산을 수행해서 $\gcd(m,n) = d$이고 $m'm + n'n = d$라는 답을 냈다고 하자. 이를 회의적으로 받아들여서, 사실은 그보다 더 큰 최대공약수가 있는데 컴퓨터가 놓쳤을 거라고 의심할 수도 있다. 그러나 그런 일은 발생할 수 없다. m과 n의 공약수들은 모두 $m'm + n'n$의 약수이며, 따라서 d의 약수이다. 그러므로 반드시 $\le d$이다. 더 나아가서, d가 실제로 m과 n을 둘 다 나눈다는(즉, 둘의 공약수라는) 사실도 증명할 수 있다. (자신이 옳다는 증명을 스스로 출력하는 알고리즘을 가리켜 자가인증(self-certifying) 알고리즘이라고 부른다.)

식 (4.5)는 이번 장의 나머지에서 자주 쓰인다. 식 (4.5)에서 비롯되는 중요한 결과 하나는 다음과 같은 소정리(mini-theorem)이다.

$$k \setminus m \quad \text{그리고} \quad k \setminus n \quad \Leftrightarrow \quad k \setminus \gcd(m,n).$$ (4.6)

(증명: 만일 k가 m과 n을 둘 다 나눈다면, k는 $m'm + n'n$도 나눈다. 따라서 k는 $\gcd(m,n)$을 나눈다. 반대로, 만일 k가 $\gcd(m,n)$을 나눈다면, k는 m의 한 약수이자 n의 한 약수이다. 따라서 k는 m과 n을 둘 다 나눈다.) m과 n의 임의의 공약수가 반드시 최대공약수보다 작거나 같다는 사실은 이미 알고 있다. 최대공약수의 정의 자체가 그렇기 때문이다. 그러나, 임의의 공약수가 최대공약수의 한 약수라는 점은 이번에 알게 되었다.

n의 모든 약수를 더해야 할 때가 종종 있다. 그런 경우 다음과 같은 규칙이 아주 편리하다.

$$\sum_{m \setminus n} a_m = \sum_{m \setminus n} a_{n/m}, \quad \text{정수} \ n > 0.$$ (4.7)

이 등식이 성립하는 이유는, m이 n의 모든 약수를 훑고 지나감에 따라 n/m도 n의 모든 약수를 훑고 지나가기 때문이다. 예를 들어 $n = 12$일 때 이 규칙은 $a_1 + a_2 + a_3 + a_4 + a_6 + a_{12} = a_{12} + a_6 + a_4 + a_3 + a_2 + a_1$ 임을 말해 준다.

이보다 약간 더 일반적인 항등식도 있다.

$$\sum_{m \setminus n} a_m = \sum_{k} \sum_{m > 0} a_m [n = mk].$$ (4.8)

이는 정의 (4.1)에서 직접 유도되는 결과이다. 만일 n이 양수이면, 식 (4.8)의 우변은 $\sum_{k \setminus n} a_{n/k}$이다. 따라서 식 (4.8)은 식 (4.7)을 함의한다. 그리고 식 (4.8)은 n이 음수일 때에도 유효하다. (그런 경우, k가 n의 한 약수의 음수일 때 우변에 0이 아닌 항들이 나온다.)

더 나아가서, 약수들에 관한 이중 합을 다음 법칙에 따라 "교환"할 수 있다.

$$\sum_{m \setminus n} \sum_{k \setminus m} a_{k,m} = \sum_{k \setminus n} \sum_{l \setminus (n/k)} a_{k,kl}.$$ (4.9)

예를 들어 $n = 12$일 때 이 법칙은 다음과 같은 형태가 된다.

$$a_{1,1} + (a_{1,2} + a_{2,2}) + (a_{1,3} + a_{3,3}) \\ + (a_{1,4} + a_{2,4} + a_{4,4}) + (a_{1,6} + a_{2,6} + a_{3,6} + a_{6,6})$$

$$+ (a_{1,12} + a_{2,12} + a_{3,12} + a_{4,12} + a_{6,12} + a_{12,12})$$
$$= (a_{1,1} + a_{1,2} + a_{1,3} + a_{1,4} + a_{1,6} + a_{1,12})$$
$$+ (a_{2,2} + a_{2,4} + a_{2,6} + a_{2,12}) + (a_{3,3} + a_{3,6} + a_{3,12})$$
$$+ (a_{4,4} + a_{4,12}) + (a_{6,6} + a_{6,12}) + a_{12,12}.$$

식 (4.9)를 아이버슨식 조작으로 증명할 수 있다. 좌변은

$$\sum_{j,l} \sum_{k,m > 0} a_{k,m}[n = jm][m = kl] = \sum_j \sum_{k,l > 0} a_{k,kl}[n = jkl]$$

이고 우변은

$$\sum_{j,m} \sum_{k,l > 0} a_{k,kl}[n = jk][n/k = ml] = \sum_m \sum_{k,l > 0} a_{k,kl}[n = mlk].$$

인데, 둘은 그냥 색인 이름만 다를 뿐이다. 이 예는 제2장에서 배운 기법들이 정수론을 공부하는 데에도 유용함을 보여준다.

4.2 소수

약수가 단 두 개인 양의 정수 p를 소수素數(prime)라고 부른다. 두 개의 약수는 바로 1과 p 자신이다. 이번 장의 나머지 부분에서, 명시적으로(explicitly) 언급하지 않아도 영문자 p는 항상 소수를 나타낸다. 1은 소수가 아니라고 간주하는 것이 관례이므로, 소수열은 다음과 같이 시작한다.

'explicitly' 안의 p도 소수인가?

$$2, 3, 5, 7, 11, 13, 17, 19, 23, 29, 31, 37, 41, \ldots.$$

소수처럼 보이지만 사실은 아닌 수들도 있다. $91 (= 7 \cdot 13)$이나 $161 (= 7 \cdot 23)$이 그런 예다. 이들처럼 자명하지 않은 약수(즉, 1과 자기 자신을 제외한 약수)가 있는 수를 합성수(composite)라고 부른다. 1보다 큰 모든 정수는 소수이거나 합성수이다. 소수이면서 합성수인 정수는 없다.

소수는 대단히 중요하다. 모든 양의 정수의 기본적인 구축 요소가 소수들이기 때문이다. 임의의 양의 정수 n을 다음과 같이 소수들의 곱으로 표기할 수 있다.

$$n = p_1 \ldots p_m = \prod_{k=1}^m p_k, \quad p_1 \leq \cdots \leq p_m. \tag{4.10}$$

예를 들어 $12 = 2 \cdot 2 \cdot 3$이고 $11011 = 7 \cdot 11 \cdot 11 \cdot 13$, $11111 = 41 \cdot 271$이다. (연습문제 2.25에서 설명했듯이, $\prod$로 표기하는 곱(product)은 $\sum$로 표기하는 합에 대응

된다. $m = 0$일 때는 빈 곱으로 간주하며, 그 값은 정의에 의해 1이다. 그 덕분에 식 (4.10)은 $n = 1$에 대해서도 유효하다.) 이러한 인수분해(소인수분해)는 항상 가능하다. 왜냐하면, 만일 $n > 1$이 소수가 아니면 $1 < n_1 < n$인 약수 n_1이 있을 것이므로 $n = n_1 \cdot n_2$로 표기할 수 있고, n_1과 n_2 역시 소수들의 곱으로 표기할 수 있기 때문이다(이는 수학적 귀납법으로 증명할 수 있다).

더 나아가서, 식 (4.10)의 전개는 유일하다(unique). 즉, n을 비감소 순서의 소수들의 곱으로 표기하는 방법은 단 하나이다. 이 명제를 산술의 기본정리(Fundamental Theorem of Arithmetic)라고 부른다. 사실 이 명제는 증명이 필요 없다고 느낄 정도로 너무나 당연하게 들린다. 서로 다른 두 소수 집합의 곱들이 같아질 수 있을까? 물론 그럴 수는 없다. 그러나 그럴 수 없는 이유가 단지 "소수의 정의에 의해"는 아니다. 예를 들어 m과 n이 정수라고 할 때 $m + n\sqrt{10}$ 형태의 모든 실수의 집합을 생각해 보자. 그런 임의의 두 실수의 곱도 같은 형태일 것이며, 자명하지 않은 방식으로 인수분해할 수 없는 그런 수를 '소수'라고 불러도 합당할 것이다. 연습문제 36에서 보겠지만, 이 수체계에서 2와 $3, 4 + \sqrt{10}, 4 - \sqrt{10}$은 모두 '소수'이다. 그런데 6이라는 합성수는 두 가지 방식으로 인수분해된다. $2 \cdot 3 = (4 + \sqrt{10})(4 - \sqrt{10})$이기 때문이다.

따라서, 식 (4.10)이 실제로 유일한지를 엄격하게 증명할 필요가 있다. $n = 1$일 때는 가능성이 단 하나뿐이다. 그런 경우 곱은 반드시 빈 곱이기 때문이다. 그러므로 $n > 1$이라고 가정하고, n보다 작은 모든 수가 유일하게 인수분해된다고 가정하자. 이제, n이 두 가지 방식으로 소인수분해된다고 가정해 보자.

$$n = p_1 \dots p_m = q_1 \dots q_k, \quad p_1 \leq \dots \leq p_m \text{ 그리고 } q_1 \leq \dots \leq q_k.$$

여기서 p들과 q들은 모두 소수이다. 우선 $p_1 = q_1$임을 증명해야 한다. 만일 둘이 같지 않다면 $p_1 < q_1$이라고 가정할 수 있으며, 그러면 p_1은 모든 q보다 작다. 그런데 p_1과 q_1은 소수이므로 둘의 gcd는 반드시 1이다. 유클리드의 자가인증 알고리즘 이용해서 $ap_1 + bq_1 = 1$을 만족하는 정수 a와 b를 구할 수 있다. 그러면 다음과 같은 등식을 세울 수 있다.

$$ap_1 q_2 \dots q_k + bq_1 q_2 \dots q_k = q_2 \dots q_k.$$

$q_1 q_2 \dots q_k = n$이므로, p_1은 좌변의 두 항을 모두 나눈다. 따라서 p_1은 우변 $q_2 \dots q_k$를 나눈다. 그러므로 $q_2 \dots q_k / p_1$은 하나의 정수이고, $q_2 \dots q_k$의 소인수분해에는 반드시

p_1이 포함된다. 그런데 $q_2 \ldots q_k < n$이므로, 반드시 유일한 소인수분해가 존재한다(귀납에 의해). 따라서 p_1은 $q_2, \cdots, q_n$ 중 하나이다. 그렇지만 가정에 의해 p_1은 반드시 그 인수들보다 작다. 이는 모순이므로, p_1은 q_1과 같아야 한다. 그러므로 n의 두 인수분해는 p_1로 나누어떨어지며, 그러면 $p_2 \ldots p_m = q_2 \ldots q_k < n$이다. 다른 인수들도 마찬가지로 상등이며(귀납에 의해), 이로써 유일성에 대한 증명이 완성되었다.

이 기본정리를 조금 다른 형태로 말하는 것이 더 유용할 때가 있다. 바로, "모든 양의 정수를

$$ n \;=\; \prod_p p^{n_p}, \quad (\text{여기서 각 } n_p \geq 0). \tag{4.11} $$

유일한 것은 정리가 아니라 인수분해이다.

의 형태로 유일하게 표기할 수 있다"는 것이다. 우변은 무한히 많은 소수들의 곱인데, 임의의 특정한 n에 대해 대부분의 지수가 0이다. 즉, 대부분의 인수가 1인 것이다. 따라서 이것은 사실 유한곱이다. 항들이 대부분 0인 무한합이 사실상 유한합인 것과 마찬가지이다.

식 (4.11)은 n을 유일하게(고유하게) 표현한다. 따라서 수열 $< n_2, n_3, n_5, \ldots >$을 양의 정수들을 표현하는 하나의 수체계(number system)로 간주할 수 있다. 예를 들어 12의 '소수-지수 표현(prime-exponent representation)은 $< 2, 1, 0, 0, \ldots >$이고 18의 소수-지수 표현은 $< 1, 2, 0, 0, \ldots >$이다. 이 수체계에서 임의의 두 수를 곱할 때는 그냥 해당 표현들을 더하면 된다. 다른 말로 하면, 다음이 성립한다.

$$ k = mn \;\;\Leftrightarrow\;\; k_p = m_p + n_p, \text{ 모든 } p\text{에 대해.} \tag{4.12} $$

이는 다음을 함의한다.

$$ m \setminus n \;\;\Leftrightarrow\;\; m_p \leq n_p, \text{ 모든 } p\text{에 대해.} \tag{4.13} $$

그리고 이로부터 다음과 같은 결과들이 즉시 도출된다.

$$ k \;=\; \gcd(m,n) \;\;\Leftrightarrow\;\; k_p \;=\; \min(m_p, n_p), \text{ 모든 } p\text{에 대해;} \tag{4.14} $$
$$ k \;=\; \mathrm{lcm}(m,n) \;\;\Leftrightarrow\;\; k_p \;=\; \max(m_p, n_p), \text{ 모든 } p\text{에 대해.} \tag{4.15} $$

예를 들어 $12 = 2^2 \cdot 3^1$이고 $18 = 2^1 \cdot 3^2$이므로, 두 수의 공통의 지수들의 최솟값과 최솟값이 곧 두 수의 gcd와 lcm이다.

$$ \gcd(12,18) \;=\; 2^{\min(2,1)} \cdot 3^{\min(1,2)} \;=\; 2^1 \cdot 3^1 \;=\; 6; $$
$$ \mathrm{lcm}(12,18) \;=\; 2^{\max(2,1)} \cdot 3^{\max(1,2)} \;=\; 2^2 \cdot 3^2 \;=\; 36. $$

유일한 인수분해 정리에 의해, 만일 소수 p가 곱 mn을 나눈다면 p는 m 또는 n을 나누며, 어쩌면 둘 다 나눌 수도 있다. 그러나 합성수에는 이런 성질이 없다. 예를 들어 비소수 4는 $60 = 6 \cdot 10$을 나누지만, 6이나 10을 나누지는 않는다. 이유는 간단하다. 인수분해 $60 = 6 \cdot 10 = (2 \cdot 3)(2 \cdot 5)$에서 $4 = 2 \cdot 2$의 두 소인수는 두 부분으로 분리되었으며, 따라서 4는 두 부분 모두 나누지 않는다. 그러나 소수는 분리할 수 없으므로, 반드시 원래의 인수 중 하나를 나눈다.

4.3 소수의 예

소수가 몇 개나 될까? 아주 많다. 사실 무한히 많다. 유클리드는 이 점을 오래전에 자신의 정리 9:20에서 증명했다. 증명은 다음과 같다. 임의의 유한 소수 집합 $\{P_1, P_2, ..., P_k\}$를 생각해 보자. 유클리드는 다음과 같은 수를 고찰해야 한다고 말했다.

$$M = P_1 \cdot P_2 \cdot ... \cdot P_k + 1.$$

이 k개의 소수 중 M의 약수는 없다. 이 소수들은 모두 $M-1$을 나누기 때문이다. 따라서 M을 나누는 다른 어떤 소수가 존재해야 한다. 어쩌면 M 자체가 소수일 수도 있다. 따라서 모든 유한 소수 집합은 완전집합(complete set)이 아니다.

유클리드의 증명에 착안해서, 다음과 같은 점화식으로 유클리드 수(Euclid numers)를 정의해 보자.

$$e_n = e_1 e_2 \ldots e_{n-1} + 1, \quad n \geq 1 일 \ 때. \tag{4.16}$$

다음은 이 점화식으로 정의되는 수열의 처음 몇 수이다.

$$
\begin{aligned}
e_1 &= 1 + 1 = 2; \\
e_2 &= 2 + 1 = 3; \\
e_3 &= 2 \cdot 3 + 1 = 7; \\
e_4 &= 2 \cdot 3 \cdot 7 + 1 = 43;
\end{aligned}
$$

여기까지는 모두 소수이지만, 그다음 수인 e_5는 $1807 = 13 \cdot 139$이다. 더 계산해 보면, $e_6 = 3263443$은 소수이지만 그다음 둘은 아니다.

$$
\begin{aligned}
e_7 &= 547 \cdot 607 \cdot 1033 \cdot 31051; \\
e_8 &= 29881 \cdot 67003 \cdot 9119521 \cdot 6212157481.
\end{aligned}
$$

"Οἱ πρῶτοι ἀριθμοὶ πλείους εἰσὶ παντὸς τοῦ προτεθέντος πλήθους πρώτων ἀριθμῶν."
— 유클리드, [98]
[번역: "주어진 임의의 소수 집합에 있는 것보다 더 많은 소수가 존재한다."]

$e_9,...,e_{17}$이 합성수임이 알려졌으며, 나머지 e_n들도 아마 합성수일 것이다. 그런데 유클리드 수들은 서로 소(relatively prime)이다. 즉, 다음이 성립한다.

$$\gcd(e_m,e_n) \; = \; 1, \quad m \neq n \text{일 때.}$$

이다. 다음에서 보듯이, 이 사실은 유클리드의 알고리즘을(다른 무슨 알고리즘이겠는가?) 돌려보면 짧은 세 단계로 확인된다.

$$\gcd(e_m,e_n) \; = \; \gcd(1,e_m) \; = \; \gcd(0,1) \; = \; 1.$$

이는 $n > m$일 때 $e_n \bmod e_m = 1$이기 때문이다. 결론적으로, q_j가 모든 $j \geq 1$에 대한 e_j의 가장 작은 소인수일 때, 서로 다른 무한히 많은 소수로 이루어진 수열 $q_1, q_2, q_3,...$이 나온다.

잠시 발을 멈추고, 유클리드 수를 제1장의 관점에서 고찰해보자. e_n을 닫힌 형식으로 표현할 수 있을까? 점화식 (4.16)에서 마침표 세 개를 제거할 수만 있다면 식이 좀 더 간단해질 것이다. 만일 $n > 1$이면 다음이 성립한다.

$$e_n \; = \; e_1 ... e_{n-2}e_{n-1}+1 \; = \; (e_{n-1}-1)e_{n-1}+1 \; = \; e_{n-1}^2 - e_{n-1}+1.$$

따라서 e_n의 자릿수(십진 숫자 개수)는 e_{n-1}의 것의 약 두 배이다. 다음을 만족하는 상수 $E \approx 1.264$가 존재함을 연습문제 37에서 증명해 볼 것이다.

$$e_n = \left\lfloor E^{2^n} + \frac{1}{2} \right\rfloor . \tag{4.17}$$

그리고 연습문제 60에는 이와 비슷한, 오직 소수들만 산출하는 다음과 같은 공식이 나온다.

$$p_n = \left\lfloor P^{3^n} \right\rfloor . \tag{4.18}$$

여기서 P는 어떤 상수이다. 그런데 식 (4.17)이나 (4.18) 같은 공식을 닫힌 형식이라고 생각하기는 어렵다. 왜냐하면, 상수 E와 P가 사실은 다소 은밀한 방식으로 수 e_n과 p_n으로부터 계산되기 때문이다. 수학적으로 흥미로운 다른 상수들과 이들을 연결짓는 독립적인 관계는 아직 알려진 바 없고, 그런 관계가 아예 존재하지 않을 가능성도 있다.

사실, 임의의 큰 소수들을 산출하되 오직 소수들만 산출하는 유용한 공식은 전혀 발견되지 않았다. 단, 셰브론 지오사이언스Chevron Geosciences의 컴퓨터 과학자들이

1984년에 수학적 유전을 발견한 사건은 언급할 필요가 있겠다. 새로 나온 Cray X-MP 슈퍼컴퓨터를 시험하는 도중, 그들은 데이비드 슬로윈스키$^{David\ Slowinski}$가 개발한 프로그램을 이용해서 당시 알려진 가장 큰 소수를 발견했다. 바로 다음과 같다.

$$2^{216091} - 1.$$

개인용 컴퓨터로 이 수를 계산하는 데에는 몇 밀리초밖에 걸리지 않는다. 현대적인 컴퓨터는 이진 표기법을 사용하는데, 이 수는 그냥 $(11\ldots1)_2$이기 때문이다. 즉, 이 소수는 216,091개의 비트가 모두 '1'인 수이다. 그러나 이 수가 소수임을 증명하는 것은 훨씬 어렵다. 수가 너무 크기 때문이다. 사실 소수 증명뿐만 아니라, 시간이 많이 필요한 그 어떤 계산도 마찬가지로 어렵다. 예를 들어, 아주 정교한 알고리즘을 적용한다고 해도 PC에서 $2^{216091} - 1$을 십진수로 변환하려면 몇 분이 걸린다. 그 십진수는 65,050자리의 수이며, 북미 기준으로 이를 출력해서 일등급 우편으로 보내려면 78센트짜리 우표가 필요하다.

덧붙이자면, $2^{216091} - 1$은 원반이 216,091개인 하노이의 탑 문제를 푸는 데 필요한 이동 횟수이다. 다음과 같은 형태의 수를 메르센 수(Mersenne numbers)라고 부른다.

$$2^p - 1$$

(이번 장에서 항상 그렇듯이, 여기서 p는 소수이다.) 메르센 수라는 용어는 17세기에 소수의 성질을 연구한 마린 메르센$^{Marin\ Mersenne}$ 신부의 이름을 딴 것이다[269]. 소수인 메르센 수를 메르센 소수라고 부르는데, 1998년까지 $p = 2, 3, 5, 7, 13, 17, 19, 31, 61,$ $89, 107, 127, 521, 607, 1279, 2203, 2281, 3217, 4253, 4423, 9689, 9941, 11213, 19937,$ $21701, 23209, 44497, 86243, 110503, 132049, 216091, 756839, 859433, 1257787,$ $1398269, 2976221$이 메르센 소수임이 밝혀졌다.

n이 합성수이면 수 $2^n - 1$은 소수일 수 없다. 왜냐하면, $2^{km} - 1$은 반드시 $2^m - 1$로 나누어떨어지기 때문이다.

$$2^{km} - 1 = (2^m - 1)(2^{m(k-1)} + 2^{m(k-2)} + \cdots + 1).$$

그런데 p가 소수라고 해서 $2^p - 1$이 반드시 소수인 것도 아니다. $2^{11} - 1 = 2047 =$ $23 \cdot 89$는 그런 메르센 수 중 소수가 아닌 가장 작은 예이다. (메르센도 이 점을 알았다.)

큰 수의 소인수분해와 소수 판정은 오늘날 뜨거운 주제이다. 1981년까지 알려진 것들이 [208]의 §4.5.4에 개괄되어 있으며, 그 후에도 새로운 결과가 계속 발견되고 있다. 그 책의 pp. 391-394는 메르센 수에 특화된 소수 판정 방법 하나를 설명한다.

아마 독자가 이 글을 읽는 시점에서는 그보다 더 많은 돈이 들 것이다.

지난 500년 중 대부분의 기간에서, 알려진 가장 큰 소수는 메르센 소수였다. 메르센 소수 자체가 몇 개 발견되지 않았음에도 그랬다. 더 큰 메르센 소수를 찾으려 노력하는 사람들이 많지만, 찾기가 점점 더 어려워지고 있다. 따라서, 명예에(부는 아닐지라도) 관심이 있고 기네스 세계 기록(Guinness World Records)에 꼭 이름을 올리고 싶은 사람이라면, 메르센 수 대신 k가 3이나 5 같은 작은 값들인 $2^n k + 1$ 형태의 수를 시도하는 것이 나을 것이다. 이 수들의 소수성은 메르센 수에 대한 것만큼이나 빠르게 판정할 수 있다. 자세한 사항은 [208]의 연습문제 4.5.4-27에 나와 있다.

소수가 얼마나 많은가라는 질문에는 아직 완전하게 답하지 않았다. 소수는 무한히 많지만, 무한 집합에는 '밀도(density)'라는 것이 있다. 예를 들어 양의 정수 중 짝수도 무한히 많고 완전제곱수도 무한히 많지만, 몇 가지 중요한 관점에서 볼 때 짝수가 완전제곱수보다 더 많다(밀도가 더 높다). 한 가지 관점은 n번째 값의 크기를 비교하는 것이다. n번째 짝수 정수는 $2n$이고 n번째 완전제곱수는 n^2이다. 큰 n에 대해 $2n$이 n^2보다 훨씬 작으므로, n번째 짝수 정수가 n번째 완전제곱수보다 훨씬 빨리 등장한다. 따라서 완전제곱수보다 짝수 정수가 더 많다고 말할 수 있다. 또 다른 예로, x를 넘지 않는 값들의 개수로 보아도 같은 결론이 나온다. 그런 짝수 정수는 $\lfloor x/2 \rfloor$개이고 완전제곱수는 $\lfloor \sqrt{x} \rfloor$개이다. 큰 x에 대해 $x/2$가 $\sqrt{x}$보다 훨씬 크므로, 역시 짝수 정수가 더 많다고 말할 수 있다.

그런 두 관점에서 소수들을 바라보면 어떨까? 우선, n번째 소수 P_n의 크기는 n의 자연로그의 약 n배이다.

$$P_n \sim n \ln n.$$

(기호 '$\sim$'는 "점근적으로 같다(asymptotic to)"라고 읽는다. 좀 더 구체적으로, 이는 n이 무한대에 접근함에 따른 비 $P_n / n \ln n$의 극한이 1임을 뜻한다.) 마찬가지로, 다음은 x를 넘지 않는 소수들의 개수 $\pi(x)$의 공식이다. 이를 소수 정리(prime number theorem)라고 부른다.

$$\pi(x) \sim \frac{x}{\ln x}.$$

이 두 사실의 증명은 이 책의 범위를 넘는 것이다. 그러나 두 사실이 서로를 함의한다는 점은 쉽게 증명할 수 있다. 제9장에서 함수가 무한대에 접근하는 속도를 논의할 때 나오겠지만, P_n의 근사인 함수 $n \ln n$이 점근적으로 $2n$과 n^2 사이에 놓인다. 따라서 소수는 짝수 정수보다는 적지만 완전제곱수보다는 많다.

이상해. 짝수 정수와 완전제곱수 사이에 일대일 대응 관계가 성립하므로 둘의 개수가 같다고 생각했는데.

$n \to \infty$ 또는 $x \to \infty$에 따른 극한에서만 성립하는 이 공식들을 좀 더 정확한 근사치로 대체하는 것이 가능하다. 예를 들어 로서^{Rosser}와 숀펠드^{Schoenfeld}는 다음과 같은 편리한 한계들을 확립했다.[312]

$$\ln x - \frac{3}{2} < \frac{x}{\pi(x)} < \ln x - \frac{1}{2}, \qquad\qquad x \geq 67\text{에 대해}; \qquad (4.19)$$

$$n\left(\ln n + \ln\ln n - \frac{3}{2}\right) < P_n < n\left(\ln n + \ln\ln n - \frac{1}{2}\right), \quad n \geq 20\text{에 대해}. \qquad (4.20)$$

'무작위(확률)' 정수 n이 소수일 확률은 약 $\ln n$분의 1이다. 예를 들어 10^{16} 부근의 수들을 살펴본다면, $16\ln 10 \approx 36.8$여개의 수를 살펴봐야 소수가 하나 나올 것이다. (밝혀진 바로는, $10^{16} - 370$과 $10^{16} - 1$ 사이에는 정확히 열 개의 소수가 있다.) 그렇지만 소수의 분포에는 불규칙성이 많이 존재한다. 예를 들어 $P_1 P_2 \ldots + P_n + 2$에서 $P_1 P_2 \ldots P_n + P_{n+1} - 1$까지의 모든 수는 합성수이다. '쌍둥이 소수' p와 $p+2$의 예가 많이 알려져 있지만(5와 7,11과 13,17과 19,29와 31,...,9999999999999641과 9999999999999643) 그런 쌍둥이 소수 쌍이 무한히 많은지의 여부는 아직 누구도 알지 못한다. (하디^{Hardy}와 라이트^{Wright} [181, §1.4와 §2.8] 참고.)

$\leq x$인 모든 소수($\pi(x)$개)를 계산하는 간단한 절차로 '에라토스테네스의 체(sieve of Eratosthenes)라는 것이 있다. 우선 2에서 x까지의 모든 정수를 적는다. 그런 다음 2에 동그라미를 쳐서 그것이 소수임을 표시하고, 2의 배수들에 모두 가위표를 한다. 그런 다음 동그라미도 가위표도 없는 가장 작은 수에 동그라미를 치고, 그 수의 배수들에 모두 가위표를 한다. 이를 모든 수에 동그라미나 가위표가 표시될 때까지 반복하고 나면, 동그라미가 쳐진 수들이 바로 소수들이다. 예를 들어 $x = 10$이라고 하면 2에서 10까지 적고, 2에 동그라미를 치고, 배수 4, 6, 8, 10에 가위표를 친다. 그러면 동그라미도 가위표도 없는 가장 작은 수는 3이다. 이제 그것에 동그라미를 치고 6과 9에 가위표를 친다. 그러면 가장 작은 수는 5이므로 동그라미를 치고 10에 가위표를 친다. 마지막으로 7에 동그라미를 친다. 동그라미가 있는 수는 2, 3, 5, 7이며, 따라서 10을 넘지 않는 소수들의 개수는 $\pi(10) = 4$이다.

4.4 계승과 인수

이번에는 고도로 합성된 수라는 점에서 흥미로운 수인 계승(factorial)의 인수분해를 살펴보자.

"Je me sers de la notation très simple $n!$ pour désigner le produit de nombres décroissans depuis n jusqu'à l'unité, savoir $n(n-1)(n-2) \ldots .3.2.1$ L'mploi continuel de l'analyse combinatoire que je fais dans la plupart de mes démonstrations, a rendu cette notation indispensable."
— Ch. 크람^{Kramp}, [228]

$$n! \; = \; 1 \cdot 2 \cdot \, ... \, \cdot n \; = \; \prod_{k=1}^{n} k, \quad \text{정수 } n \geq 0. \tag{4.21}$$

빈 곱에 대한 이 책의 관례에 따라, 이 공식에 따르면 0!은 1로 정의된다. 따라서 모든 양의 정수 n에 대해 $n! = (n-1)! n$이다. 이는 서로 다른 사물 n개의 순열(permutaion)들의 개수이다. 즉, 이는 n개의 사물을 서로 다른 순서로 배치(arrangement)하는 방법의 수이다. 첫 자리로 선택할 수 있는 사물은 n개이고, 그러한 선택마다 둘째 자리로 선택할 수 있는 것은 $n-1$가지이다. 그리고 그러한 $n(n-1)$개의 선택마다 셋째 자리의 선택은 $n-2$가지이다. 그런 식으로 나아가면, 전체적으로는 $n(n-1)(n-2) \, ... \, (1)$가지의 배치가 가능하다. 다음은 이러한 계승 함수의 처음 값들 몇 개다.

n	0	1	2	3	4	5	6	7	8	9	10
$n!$	1	1	2	6	24	120	720	5040	40320	362880	3628800

처음 여섯 개 정도의 계승 값들을 외워 두면 유용하게 쓸 일이 있을 것이다. 또한 10!이 약 350만 정도라는 점도 기억해 두면 좋을 것이다. 계승에 관한 또 다른 흥미로운 사실은, $n \geq 25$일 때 $n!$의 자릿수(십진 숫자 개수)가 n을 넘는다는 점이다.

$n!$이 상당히 큰 값임은 제1장에 나온 가우스의 요령과 비슷한 방식으로 증명할 수 있다.

$$n!^2 \; = \; (1 \cdot 2 \cdot \, ... \, \cdot n)(n \cdot \, ... \, \cdot 2 \cdot 1) \; = \; \prod_{k=1}^{n} k(n+1-k).$$

이때 $n \leq k(n+1-k) \leq \frac{1}{4}(n+1)^2$이다. 이차다항식

$$k(n+1-k) = \frac{1}{4}(n+1)^2 - \left(k - \frac{1}{2}(n+1) \right)^2$$

은 $k=1$일 때와 $k=n$일 때 최소가 되고 $k = \frac{1}{2}(n+1)$일 때 최대가 되기 때문이다. 따라서

$$\prod_{k=1}^{n} n \; \leq \; n!^2 \; \leq \; \prod_{k=1}^{n} \frac{(n+1)^2}{4}$$

이다. 즉, 다음이 성립한다.

$$n^{n/2} \leq n! \leq \frac{(n+1)^n}{2^n}. \tag{4.22}$$

이 관계식은 계승 함수가 지수적으로 증가함을 말해준다!

큰 n에 대해 $n!$을 좀 더 정확하게 근사하려면, 제9장에서 유도할 다음과 같은 스털링 공식(Stirling's formula)을 사용하면 된다.

$$n! \sim \sqrt{2\pi n}\left(\frac{n}{e}\right)^n. \tag{4.23}$$

그리고 이보다도 정확한 어떤 근사 공식을 이용하면 스털링 공식의 점근적 상대 오차도 알아낼 수 있다. 스털링 공식으로 구한 근사치는 $n!$에 약 $1/(12n)$의 비율로 못 미친다. n이 상당히 작은 경우에도 이 좀 더 정확한 추정치는 상당히 좋다. 식 (4.23)의 스털링 근사는 $n = 10$일 때 3598696에 가까운 값을 산출하는데, 이는 참값에 비해 $0.83\% \approx 1/120$ 정도만 모자란다. 점근은 좋을 것이다.

다시 소수로 돌아가서, 이번에는 임의의 소수 p가 주어졌을 때 p의 거듭제곱 중 $n!$을 나누는 가장 큰 거듭제곱을 구하는 문제를 살펴보자. 다시 말하면 $n!$의 유일한 인수분해에서 p의 지수를 구하자는 것이다. 그 지수를 $\epsilon_p(n!)$이라고 표기하기로 하겠다. $p = 2$와 $n = 10$인 작은 사례를 살펴보는 것으로 시작하자. $10!$은 열 개의 수를 곱한 것이므로, 그 열 개의 수에 대한 2의 거듭제곱들의 기여들을 합하면 $\epsilon_2(10!)$을 구할 수 있다. 그러한 합을 계산하는 것은 다음 배열의 열들을 합하는 것에 해당한다.

	1 2 3 4 5 6 7 8 9 10	2의 거듭제곱 개수
2로 나누어떨어짐	✓ ✓ ✓ ✓ ✓	$5 = \lfloor 10/2 \rfloor$
4로 나누어떨어짐	✓ ✓	$2 = \lfloor 10/4 \rfloor$
8로 나누어떨어짐	✓	$1 = \lfloor 10/8 \rfloor$
2의 거듭제곱 개수	0 1 0 2 0 1 0 3 0 1	8

(열 합들은 ⌐⌐⌐⌐⌐⌐⌐⌐⌐⌐⌐⌐⌐⌐의 인치 미만 눈금들의 길이와 비슷하다는 이유로 눈금자 함수(ruler function)라고 부르기도 하는 $\rho(k)$를 형성한다.) 이 열 개의 합들의 합은 8이다. 따라서 2^8은 $10!$을 나누지만 2^9은 그렇지 않다.

강력한 통치자(ruler).

이와는 달리 행들의 기여들을 합해서 답을 구할 수도 있다. 배열의 첫 행에는 2의 거듭제곱이 하나만 기여하는(따라서 2로 나누어떨어지는) 수들이 표시되어 있다. 그런 수들은 $\lfloor 10/2 \rfloor = 5$개이다. 둘째 행에는 2의 거듭제곱이 하나 더 기여하는 수들이 표시되어 있는데, 그 개수는 $\lfloor 10/4 \rfloor = 2$이다. 그리고 셋째 행에는 2의 거듭제곱이 세 개 기여하는 $\lfloor 10/8 \rfloor = 1$개의 수가 표시되어 있다. 2의 거듭제곱들의 기여는 그것이 전부이므로, $\epsilon_2(10!) = 5 + 2 + 1 = 8$이다.

이 방법을 임의의 n으로 일반화하면 다음과 같다.

$$\epsilon_2(n!) = \left\lfloor \frac{n}{2} \right\rfloor + \left\lfloor \frac{n}{4} \right\rfloor + \left\lfloor \frac{n}{8} \right\rfloor + \cdots = \sum_{k \geq 1} \left\lfloor \frac{n}{2^k} \right\rfloor.$$

이 합은 사실 유한하다. $2^k > n$일 때 피가수가 0이기 때문이다. 0이 아닌 항은 $\lfloor \lg n \rfloor$개 뿐이므로 계산하기가 상당히 쉽다. 예를 들어 $n = 100$일 때는 다음과 같다.

$$\epsilon_2(100!) = 50 + 25 + 12 + 6 + 3 + 1 = 97.$$

각 항은 그냥 이전 항의 절반의 바닥일 뿐이다. 이는 모든 n에 대해 참인데, 왜냐하면 식 (3.11)의 특수 경우에서 $\lfloor n/2^{k+1} \rfloor = \lfloor \lfloor n/2^k \rfloor /2 \rfloor$ 이기 때문이다. 수들을 이진수로 표기하면 상황을 파악하기가 엄청나게 쉬워진다.

$$
\begin{aligned}
100 &= (1100100)_2 = 100 \\
\lfloor 100/2 \rfloor &= (110010)_2 = 50 \\
\lfloor 100/4 \rfloor &= (11001)_2 = 25 \\
\lfloor 100/8 \rfloor &= (1100)_2 = 12 \\
\lfloor 100/16 \rfloor &= (110)_2 = 6 \\
\lfloor 100/32 \rfloor &= (11)_2 = 3 \\
\lfloor 100/64 \rfloor &= (1)_2 = 1
\end{aligned}
$$

그냥 한 항의 최하위 비트를 제거하면 그다음 항이 된다.

이진 표현에서 다음과 같은 또 다른 공식도 유도할 수 있다.

$$\epsilon_2(n!) = n - \nu_2(n). \tag{4.24}$$

여기서 $\nu_2(n)$은 n의 이진 표현에 있는 1들의 개수이다. 이러한 단순화가 유효한 것은, n의 값에 2^m을 기여하는 각 1이 $\epsilon_2(n!)$의 값에는 $2^{m-1} + 2^{m-2} + \cdots + 2^0 = 2^m - 1$을 기여하기 때문이다.

이상의 발견을 같은 논리에 따라 임의의 소수 p로 일반화하면 다음이 된다.

$$\epsilon_p(n!) = \left\lfloor \frac{n}{p} \right\rfloor + \left\lfloor \frac{n}{p^2} \right\rfloor + \left\lfloor \frac{n}{p^3} \right\rfloor + \cdots = \sum_{k \geq 1} \left\lfloor \frac{n}{p^k} \right\rfloor. \tag{4.25}$$

그런데 $\epsilon_p(n!)$이 얼마나 클까? 그냥 피가수에서 바닥을 제거하고 무한 등비수열의 합을 구하면, 계산의 간단함에 비해 꽤 괜찮은 상계가 나온다.

$$\epsilon_p(n!) \;<\; \frac{n}{p} + \frac{n}{p^2} + \frac{n}{p^3} + \cdots$$
$$= \; \frac{n}{p}\left(1 + \frac{1}{p} + \frac{1}{p^2} + \cdots\right)$$
$$= \; \frac{n}{p}\left(\frac{p}{p-1}\right)$$
$$= \; \frac{n}{p-1}.$$

$p = 2$이고 $n = 100$일 때 이 부등식은 $97 < 100$이 된다. 따라서 상계 100은 옳을 뿐만 아니라, 참값 97에 가깝다. 사실, 일반적으로 $n - \nu_2(n)$의 참값은 $\sim n$이다. 점근적으로 $\nu_2(n) \le \lceil \lg n \rceil$ 이 n보다 훨씬 작기 때문이다.

$p = 2$일 때와 3일 때 이 공식에 의해 $\epsilon_2(n!) \sim n$이고 $\epsilon_3(n!) \sim n/2$이므로, 가끔은 $\epsilon_3(n!)$이 정확히 $\epsilon_2(n!)$의 정확히 절반일 때가 있을 것이다. 이를테면 $n = 6$일 때와 $n = 7$일 때 실제로 그렇다($6! = 2^4 \cdot 3^2 \cdot 5 = 7!/7$이므로). 그러나 그런 우연이 무한히 자주 발생하는지는 아직 누구도 증명하지 못했다.

$\epsilon_p(n!)$에 대한 한계로부터 $p^{\epsilon_p(n!)}$(p가 $n!$에 기여하는 양)의 한계를 이끌어낼 수 있다.

$$p^{\epsilon_p(n!)} \;<\; p^{n/(p-1)}.$$

그리고 $p \le 2^{p-1}$라는 점을 이용해서 이 공식을 단순화할 수 있다(상계가 크게 느슨해질 위험이 있긴 하지만). 즉, $p^{n/(p-1)} \le (2^{p-1})^{n/(p-1)} = 2^n$이다. 다른 말로 하면, 임의의 한 소수가 $n!$에 기여하는 양은 2^n보다 작다.

소수가 무한히 많음을 이러한 관찰을 이용해서 또 다른 방식으로 증명할 수 있다. 소수가 k개뿐이라면, 즉 $2, 3, \ldots, P_k$가 모든 소수이면, 모든 $n > 1$에 대해 $n! < (2^n)^k = 2^{nk}$이 성립할 것이다. 각 소수가 기여하는 양은 $2^n - 1$의 한 인수를 넘지 못하기 때문이다. 그런데 n을 충분히 크게 잡으면 부등식 $n! < 2^{nk}$의 반례를 찾을 수 있다. $n = 2^{2k}$으로 두면

$$n! \;<\; 2^{nk} \;=\; 2^{2^{2k}k} \;=\; n^{n/2}$$

이며, 이는 식 (4.22)에서 유도한 부등식 $n! \ge n^{n/2}$과 모순이다. 따라서 이번에도 소수가 무한히 많다는 결론이 나온다.

이러한 논법을 좀 더 강화하면, n을 넘지 않는 소수들의 개수 $\pi(n)$에 대한 대략적인 한계를 구하는 것이 가능하다. 그런 소수는 2^n 미만의 인수를 $n!$에 기여한다. 따라서, 이전처럼

$$n! \; < \; 2^{n\pi(n)}$$

이다. 여기서 $n!$을 식 (4.23)의 스털링 근사(하나의 하계이다)로 대체하고 로그를 취하면 다음이 나온다.

$$n\pi(n) \; > \; n\lg(n/e) + \frac{1}{2}lg(2\pi n)$$

따라서

$$\pi(n) \; > \; \lg(n/e)$$

이다. 이 하계는 참값 $\pi(n) \sim n/\ln n$에 비해 상당히 약하다. n이 클 때 $\lg(n/e)$가 $n/\ln n$보다 아주 작기 때문이다. 그러나 이 하계는 구하기 쉽고, 약하긴 해도 하계는 하계이다.

4.5 서로 소 성질

$\gcd(m,n) = 1$이면 정수 m과 n에는 공통의 인수가 없는 것이다. 이를 가리켜 둘이 서로 소(relatively prime)라고 말한다.

이러한 개념은 실제 응용에서 아주 중요하기 때문에, 특별한 표기법을 마련해야 마땅하다. 그러나 정수론 연구자들이 아주 좋은 하나의 표기법을 합의하지는 못했다. 따라서 본서의 저자들은 다음과 같이 호소한다. 전 세계의 수학자여, 우리의 호소를 들어라! 더 이상 우리를 기다리지 않게 하라! 당장 새 표기법을 채용하면 수많은 공식을 더 명확하게 표현할 수 있다! 만일 m과 n이 서로 소이면 '$m \perp n$'이라고 쓰고 "m은 n에 대해 소수이다"라고 읽는 데 모두 동의해 주시라! 다른 말로 하면, 다음과 같은 정의를 도입하기로 하자.

수직인 직선들에 공통의 방향이 없듯이, 수직인 수들에는 공통의 인수가 없다.

$$m \perp n \;\; \Leftrightarrow \;\; m \text{과 } n \text{은 정수이고 } \gcd(m,n) = 1. \tag{4.26}$$

분수 m/n은 만일 $m \perp n$이면, 그리고 오직 그럴 때만 기약분수이다. 분수를 기약분수로 약분할 때는 분모와 분자를 그 둘의 최대공약수로 나눈다. 그 점에 착안해서, 일반적으로 다음이 성립하리라고 추측해 보자.

$$m/\gcd(m,n) \perp n/\gcd(m,n). \tag{4.27}$$

실제로 이는 참이다. 이 관계는 연습문제 14에서 증명하는 좀 더 일반적인 법칙 $\gcd(km,kn) = k\gcd(m,n)$에서 유도된다.

수의 소수-지수 표현에서 $\perp$ 관계는 다음과 같이 간단하게 표현된다. 이는 gcd 법칙 (4.14)에서 비롯된 것이다.

$$m \perp n \quad \Leftrightarrow \quad \min(m_p, n_p) = 0, \text{ 모든 } p\text{에 대해.} \tag{4.28}$$

더 나아가서, m_p와 n_p가 음수가 아니므로, 이를 다음과 같이 표현할 수도 있다.

직교하는 벡터들처럼, 이 내적은 0이다.

$$m \perp n \quad \Leftrightarrow \quad m_p n_p = 0, \text{ 모든 } p\text{에 대해} \tag{4.29}$$

이상의 관찰을 이용해서, 좌변이 동일한 두 $\perp$ 관계식을 분리하고 결합하는 데 사용할 수 있는 중요한 법칙 하나를 증명할 수 있다. 바로 다음과 같다.

$$k \perp m \text{ 그리고 } k \perp n \quad \Leftrightarrow \quad k \perp mn. \tag{4.30}$$

식 (4.29)의 관점에서 이 법칙은 "m_p와 n_p가 음수가 아닐 때, 만일 $k_p(m_p + n_p) = 0$이면, 그리고 오직 그럴 때에만 $k_p m_p = 0$이고 $k_p n_p = 0$"이라는 명제와 동등하다.

$m \perp n$을 만족하는 모든 음이 아닌 분수 m/n들의 집합을 구축하는 아름다운 방법이 하나 있다. 그런 집합을 슈테른-브로코 트리$^{\text{Stern-Brocot tree}}$라고 부르는데, 이는 그런 집합을 독일의 수학자 모리츠 슈테른$^{\text{Moritz Stern}}$과[339] 프랑스의 시계공 아킬 브로코 $^{\text{Achille Brocot}}$가[40] 각자 발견했기 때문이다. 이 방법에서는 두 분수 $\left(\frac{0}{1}, \frac{1}{0}\right)$로 시작해서 다음 연산을 필요한 만큼 반복한다.

다른 사람들이라면 반드시 "발명했다"라고 말할 것을 수학자들은 "발견했다"라고 말하는 걸 보면 재미있다.

인접한 두 분수 $\dfrac{m}{n}$과 $\dfrac{m'}{n'}$ 사이에 $\dfrac{m+m'}{n+n'}$을 삽입한다.

삽입된 새 분수 $(m+m')/(n+n')$을 m/n과 m'/n'의 메디언트^{mediant}라고 부른다. 예를 들어 $\frac{0}{1}$과 $\frac{1}{0}$에 이 방법을 적용하면, 첫 단계에서는 둘 사이에 새 항목이 하나 삽입된다.

$$\frac{0}{1}, \frac{1}{1}, \frac{1}{0}.$$

그다음 단계에서는 새 항목이 두 개 더 삽입된다.

$$\frac{0}{1}, \frac{1}{2}, \frac{1}{1}, \frac{2}{1}, \frac{1}{0}.$$

그다음에는 네 개가 삽입된다.

$$\frac{0}{1}, \frac{1}{3}, \frac{1}{2}, \frac{2}{3}, \frac{1}{1}, \frac{3}{2}, \frac{2}{1}, \frac{3}{1}, \frac{1}{0}.$$

계속해서 $8, 16, \ldots$개의 새 항목들이 삽입된다. 전체적인 배열은 하나의 무한 이진 트리(binary tree)로 간주할 할 수 있다. 그러한 트리의 최상위 수준들은 다음과 같은 모습이다.

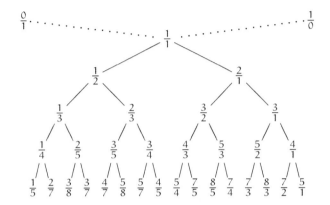

각 분수는 $\frac{m+m'}{n+n'}$이고, 그 분수의 위와 왼쪽으로 가장 가까운 조상은 $\frac{m}{n}$이다. 그리고 위와 오른쪽으로 가장 가까운 조상 노드는 $\frac{m'}{n'}$이다. (여기서 '조상(ancestor)'은 가지를 위쪽으로 따라갈 때 도달할 수 있는 분수를 말한다.) 이 트리에서 수많은 패턴을 관찰할 수 있다.

이러한 구축 방법이 통하는 이유는 무엇일까? 예를 들어 트리에 나타난 각 메디언트 분수 $(m+m')/(n+n')$이 반드시 기약분수인 것은 왜일까? (만일 m과 m', n, n'이 모두 홀수이면 메디언트 분수는 짝수/짝수가 된다. 어찌된 일인지, 이 구축법에서는 분모와 분자가 홀수인 분수들이 인접하게 놓이는 경우가 발생하지 않는다.) 그리고 모든 가능한 분수 m/n이 정확히 한 번씩만 나타나는 것은 또 왜일까? 특정 분수가 두 번 나타나거나 아예 나타나는 일이 발생하지 않는 이유는 무엇일까?

이 모든 질문에는 놀랄 만큼 간단한 답이 있다. 그리고 그 답들은 "만일 m/n과 m'/n'이 구축 과정의 임의의 단계에서 인접한 분수이면, 반드시

$$m'n - mn' = 1 \tag{4.31}$$

이다"라는 근본적인 사실에서 비롯된다. 구축 과정의 첫 단계에서 관계식 (4.31)이 참이다$(1 \cdot 1 - 0 \cdot 0 = 1)$. 그리고 새 메디언트 $(m+m')/(n+n')$을 삽입하면 다음과 같은 관계들이 나오는데, 이들이 참임을 확인해야 한다.

1/0은 무한대를 '기약분수'로 표현한 것이라고 추측할 수 있다.

패러디parody를 보존하라.

$$(m+m')n - m(n+n') = 1;.$$
$$m'(n+n') - (m+m')n' = 1.$$

두 등식 모두, 이들이 대체하는 원래의 조건 (4.31)과 동등하다. 따라서 식 (4.31)은 구축 과정의 모든 단계에서 항상 성립하는 하나의 불변식(invariant)이다.

더 나아가서 만일 $m/n < m'/n'$이면, 그리고 모든 값이 음수가 아니면, 다음이 성립한다(증명은 어렵지 않다).

$$m/n < (m+m')/(n+n') < m'/n'.$$

메디언트 분수가 두 조상의 딱 중간에 있는 값은 아니지만, 둘 사이의 어떤 값인 것은 맞다. 따라서 이 구축법은 순서를 보존하며, 같은 분수(fraction)가 서로 다른 두 장소에 나타나는 일은 발생하지 않는다.

아직도 질문 하나가 남아 있다. $a \perp b$를 만족하는 임의의 양의 분수 a/b가 트리에 나타나지 않는 경우가 있을까? 답은 "그럴 수 없다"이다. 이를 확인해 보자. 트리 구축을 a/b의 바로 옆 이웃들로만 한정할 수 있으며, 그러면 그 영역 안에서의 구축 과정을 분석하기가 쉬워진다. 초기 단계에서는 다음이 성립한다.

$$\frac{m}{n} = \frac{0}{1} < \left(\frac{a}{b}\right) < \frac{1}{0} = \frac{m'}{n'}.$$

$\frac{a}{b}$에 괄호를 친 것은, 이 분수가 아직 트리에 나타나지 않았음을 뜻한다. 이후 어떤 단계에서 만일

$$\frac{m}{n} < \left(\frac{a}{b}\right) < \frac{m'}{n'}$$

이면, $(m+m')/(n+n')$ 형태의 분수가 트리에 삽입된다. 이를 세 가지 경우로 나눌 수 있다. 만일 $(m+m')/(n+n') = a/b$이면 답이 확인된 것이다. 만일 $(m+m')/(n+n') < a/b$이면 $m \leftarrow m+m'$, $n \leftarrow n+n'$으로 설정하면 된다. 만일 $(m+m')/(n+n') > a/b$이면 $m' \leftarrow m+m'$, $n' \leftarrow n+n'$으로 설정하면 된다. 이러한 절차가 무한하게 반복될 수는 없다. 조건

$$\frac{a}{b} - \frac{m}{n} > 0 \quad \text{그리고} \quad \frac{m'}{n'} - \frac{a}{b} > 0$$

이 다음을 함의하기 때문이다.

맞는 말이다. 그러나 복합 골절(compound fracture)이면 병원에 가봐야 한다.

$$an - bm \geq 1 \quad \text{그리고} \quad bm' - an' \geq 1.$$

따라서

$$(m' + n')(an - bm) + (m + n)(bm' - an') \geq m' + n' + m + n$$

인데, 식 (4.31)에 의해 이는 $a + b \geq m' + n' + m + n$과 같다. 각 단계에서 m, n, $m'n'$ 중 하나만 증가하므로, 많아야 $a + b$단계 후에는 $\frac{a}{b}$가 나온다.

분모가 N 이하인 0과 1 사이의 모든 분수를 증가순으로 나열한 수열을 N차 페리 급수(Farey series)라고[†] 부르고 $\mathcal{F}_N$으로 표기한다. 예를 들어 $N = 6$일 때

$$\mathcal{F}_6 = \frac{0}{1}, \frac{1}{6}, \frac{1}{5}, \frac{1}{4}, \frac{1}{3}, \frac{2}{5}, \frac{1}{2}, \frac{3}{5}, \frac{2}{3}, \frac{3}{4}, \frac{4}{5}, \frac{5}{6}, \frac{1}{1}$$

이다. $\mathcal{F}_N$을 구하는 일반적인 방법은 $\mathcal{F}_1 = \frac{0}{1}, \frac{1}{1}$에서 시작해서 분모가 너무 커지지 않는 한에서 계속 메디언트들을 삽입하는 것이다. 이렇게 하면 요구된 모든 분수가 생성된다. 슈테른-브로코 구축법은 그 어떤 분수도 빼먹지 않고 생성하며, 분모가 $> N$인 분수로부터 분모가 $\leq N$인 메디언트가 만들어지는 경우는 없기 때문이다. (다른 말로 하면, $\mathcal{F}_N$은 슈테른-브로코 트리에서 불필요한 가지들을 잘라냈을 때 나오는 하나의 부분 트리(subtree)를 정의한다.) 이로부터, m/n과 m'/n'이 페리 급수의 인접한 원소들일 때 $m'n - mn' = 1$이라는 결과가 도출된다.

이러한 구축 방법을 잘 생각해 보면 $\mathcal{F}_{N-1}$에서 간단하게 $\mathcal{F}_N$을 구하는 방법을 떠올릴 수 있다. 바로, $\mathcal{F}_{N-1}$의 분수 중 분모들의 합이 N인 인접한 두 분수 m/n과 m'/n' 사이에 분수 $(m + m')/N$을 끼워 넣는 것이다. 예를 들어 $\mathcal{F}_6$의 원소들로 $\mathcal{F}_7$을 얻는 것은 간단하다. 방금 말한 규칙대로 $\frac{1}{7}, \frac{2}{7}, \frac{6}{7}, \ldots$을 삽입하면 된다.

$$\mathcal{F}_7 = \frac{0}{1}, \frac{1}{7}, \frac{1}{6}, \frac{1}{5}, \frac{1}{4}, \frac{2}{7}, \frac{1}{3}, \frac{2}{5}, \frac{3}{7}, \frac{1}{2}, \frac{4}{7}, \frac{3}{5}, \frac{2}{3}, \frac{5}{7}, \frac{3}{4}, \frac{4}{5}, \frac{5}{6}, \frac{6}{7}, \frac{1}{1}.$$

N이 소수이면 $N - 1$개의 새로운 분수가 삽입된다. 소수가 아니면 새로운 분수는 $N - 1$개 미만이다. 이 방법에서는 분자가 N과 서로 소인 분수들만 삽입되기 때문이다.

이번 장에서 한참 전에 증명한 식 (4.5)는 만일 $m \perp n$이고 $0 < m \leq n$이면 항상 다음을 만족하는 정수 a와 b를 구할 수 있음을 말해준다.

[†] (옮긴이) 일반적으로 series는 급수, 즉 수열의 모든 항의 합을 의미하므로, 이것은 급수가 아니라 수열이라고 불러야 할 것이다. 그러나 저자의 선택을(그리고 일부 관례를) 존중해서 그냥 '페리 급수'라는 용어를 사용하기로 한다.

$$ma - nb = 1. \tag{4.32}$$

(원래는 $m'm + n'n = \gcd(m,n)$ 이었지만, $\gcd(m,n)$ 을 1로 표기하고 m' 을 a로, $-n'$ 을 b로 표기해도 마찬가지이다.) 그리고 식 (4.32)을 페리 급수를 이용해서 다음과 같은 방식으로도 증명할 수 있다. b/a가 $\mathcal{F}_n$에서 m/n보다 먼저 나오는 분수라고 하자. 그러면 식 (4.5)는 식 (4.31)과 사실상 같은 의미가 된다. 예를 들어 $3a - 7b = 1$의 한 해는 $a = 5, b = 2$이다. $\frac{2}{5}$가 $\mathcal{F}_7$에서 $\frac{3}{7}$보다 먼저 나오기 때문이다. 이러한 구축법은 $0 < m \le n$이라고 할 때 식 (4.32)의 해들 중 $0 \le b < a \le n$를 만족하는 해를 항상 구할 수 있음을 함의한다. 마찬가지로, 만일 $0 \le n < m$이고 $m \perp n$이면, a/b를 $\mathcal{F}_m$에서 n/m 다음에 나오는 분수로 둠으로써 식 (4.32)의 $0 < a \le b \le m$인 해를 구할 수 있다.

페리 급수에서 인접한 세 항으로 이루어진 수열은 멋진 성질 하나를 가지고 있는데, 이는 연습문제 61에서 증명해 볼 것이다. 그런데 페리 급수는 이 정도로 마무리하기로 하자. 알고 보면 슈테른브로코 트리 자체가 훨씬 더 흥미롭기 때문이다.

이 정도면 됐죠(Farey' nough).

슈테른브로코 트리에는 모든 양의 기약분수가 정확히 한 번씩만 나오므로, 이 트리를 유리수를 나타내는 하나의 수체계(number system)로 간주할 수 있다. 트리의 뿌리(root)에서 특정한 분수로 내려가는 과정에서 왼쪽 가지를 택하는 것과 오른쪽 가지를 택하는 것을 각각 대문자 L과 R로 표기하기로 하자. 그러면, L들과 R들로 이루어진 하나의 문자열은 트리의 한 지점을 유일하게 식별한다. 예를 들어 $LRRL$은 $\frac{1}{1}$에서 왼쪽 가지를 택해서 $\frac{1}{2}$로 가고, 오른쪽 가지를 택해서 $\frac{2}{3}$으로 가고, 오른쪽 가지를 택해서 $\frac{3}{4}$로 가고, 왼쪽 가지를 택해서 $\frac{5}{7}$에 도달하는 것을 뜻한다. 따라서 $LRRL$을 $\frac{5}{7}$의 한 표현으로 생각할 수 있다. 모든 양의 분수는 이런 식으로 유일한(고유한) L, R 문자열에 대응된다.

그런데 사실은 이 방식에는 분수 $\frac{1}{1}$이 빈 문자열에 대응된다는 사소한 문제가 있다. 이를 해결하려면 특별한 표기법을 도입해야 한다. 그럼 그러한 분수를, 모습이 1과 비슷하고 'identity(곱셈의 항등원)'를 암시하는 대문자 I로 표기하기로 하자.

이러한 표현 방식에서 다음 두 가지 질문이 자연스럽게 떠오른다. (1) $m \perp n$인 양의 정수 m과 n이 주어졌을 때, m/n에 대응되는 L, R 문자열은 무엇인가? (2) L, R 문자열이 하나 주어졌을 때, 그에 대응되는 분수는 무엇인가? 질문 2가 더 쉬워 보이므로 그것부터 풀어보자. 우선, S가 L들과 R들의 문자열이라고 할 때

$$f(S) = S\text{에 대응되는 분수}$$

라고 정의하자. 예를 들어 $f(LRRL) = \frac{5}{7}$ 이다.

트리의 구축법에 따르면, 만일 m/n 과 m'/n' 이 트리의 상위 수준들에서 $f(S)$ 의 이전과 이후에 있는 가장 가까운 분수들이면, $f(S) = (m+m')/(n+n')$ 이다. 초기에는 $m/n = 0/1$ 이고 $m'/n' = 1/0$ 이다. 이후 트리에서 왼쪽 또는 오른쪽으로 이동함에 따라 각각 m/n 또는 m'/n' 을 메디언트 $(m+m')/(n+n')$ 으로 대체하는 과정이 반복된다.

이러한 습성을 다루기 쉬운 수학 공식으로 표현하려면 어떻게 해야 할까? 약간의 실험을 거치면, $f(S)$ 를 감싼 조상 분수 m/n 과 m'/n' 에 관여하는 네 가지 수량으로 이루어진 다음과 같은 2×2 행렬을 사용하는 것이 가장 좋은 방법임을 알 수 있다.

$$M(S) \;=\; \begin{pmatrix} n & n' \\ m & m' \end{pmatrix}.$$

분수의 형태를 반영해서 m 들을 위 행에 두고 n 들을 아래 행에 둘 수도 있지만, 이렇게 분자, 분모가 뒤집힌 배치가 실제로는 다루기 쉽다. 왜냐하면, 절차의 시작에서 $M(I) = \binom{1\,0}{0\,1}$ 인데, 전통적으로 $\binom{1\,0}{0\,1}$ 을 항등행렬 I 라고 부르기 때문이다.

왼쪽으로 이동하는 단계에서는 n' 이 $n+n'$ 으로, m' 이 $m+m'$ 으로 대체된다. 따라서

$$M(SL) \;=\; \begin{pmatrix} n & n+n' \\ m & m+m' \end{pmatrix} \;=\; \begin{pmatrix} n & n' \\ m & m' \end{pmatrix}\begin{pmatrix} 1 & 1 \\ 0 & 1 \end{pmatrix} \;=\; m(s)\begin{pmatrix} 1 & 1 \\ 0 & 1 \end{pmatrix}$$

이다. (이는 일반적인 2×2 행렬 곱셈 규칙

$$\begin{pmatrix} a & b \\ c & d \end{pmatrix}\begin{pmatrix} w & x \\ y & z \end{pmatrix} \;=\; \begin{pmatrix} aw+by & ax+bz \\ cw+dy & cx+dz \end{pmatrix}$$

행렬에 익숙하지 않다고 해서 당황할 필요는 없다. 이 책에서 행렬은 여기에만 나온다.

의 특수한 경우이다.) 오른쪽 이동의 경우도 마찬가지 방식으로 분석할 수 있다.

$$M(SR) \;=\; \begin{pmatrix} n+n & n' \\ m+m & m' \end{pmatrix} \;=\; M(S)\begin{pmatrix} 1 & 0 \\ 1 & 1 \end{pmatrix}.$$

따라서, 만일 L 과 R 을 다음과 같은 2×2 행렬로 정의한다면,

$$L = \begin{pmatrix} 1 & 1 \\ 0 & 1 \end{pmatrix}, \quad R = \begin{pmatrix} 1 & 0 \\ 1 & 1 \end{pmatrix} \tag{4.33}$$

S 의 길이에 대한 귀납을 이용해서 간단한 공식 $M(S) = S$ 를 얻을 수 있다. 멋지지 않은가? (대문자 L 과 R 이 이중으로, 즉 행렬을 나타내는 기호이자 문자열 표현을 구성하는 문자로 쓰였음을 주목하기 바란다.) 예를 들어

$$M(LRRL) = LRRL = \begin{pmatrix} 1 & 1 \\ 0 & 1 \end{pmatrix}\begin{pmatrix} 1 & 0 \\ 1 & 1 \end{pmatrix}\begin{pmatrix} 1 & 0 \\ 1 & 1 \end{pmatrix}\begin{pmatrix} 1 & 1 \\ 0 & 1 \end{pmatrix} = \begin{pmatrix} 2 & 1 \\ 1 & 1 \end{pmatrix}\begin{pmatrix} 1 & 1 \\ 1 & 2 \end{pmatrix} = \begin{pmatrix} 3 & 4 \\ 2 & 3 \end{pmatrix}$$

이다. $LRRL = \frac{5}{7}$를 감싸는 조상 분수들은 $\frac{2}{3}$와 $\frac{3}{4}$이다. 그리고 이러한 구축법을 이용해서 질문 2의 답을 구할 수 있다. 다음과 같다.

$$f(S) = f\left(\begin{pmatrix} n & n' \\ m & m' \end{pmatrix}\right) = \frac{m+m'}{n+n'}. \tag{4.34}$$

질문 1은 어떨까? 이제는 트리 노드들과 2×2 행렬들 사이의 근본적인 관계를 이해하고 있으므로, 그 질문의 답도 쉽게 얻을 수 있다. $m \perp n$인 양의 정수 m과 n이 주어졌을 때, 슈테른-브로코 트리 안에서 m/n의 위치를 다음과 같은 '이진 검색(binary search)'을 이용해서 찾을 수 있다.

$$S := I;$$
$$\textbf{while } m/n \neq f(S) \textbf{ do}$$
$$\quad \textbf{if } m/n < f(S) \textbf{ then } (\text{output}(L);\ S := SL)$$
$$\quad\quad\quad\quad\quad\quad\quad\quad \textbf{else } (\text{output}(R);\ S := SR).$$

이 알고리즘은 요구된 L, R 문자열을 출력한다(output).

상태 S를 관리하는 대신 m과 n을 변경하는 방식으로도 같은 결과를 얻을 수 있다. S가 임의의 2×2 행렬이라 할 때,

$$f(RS) = f(S)+1$$

이다. RS는 S와 같다. 최상위 행이 최하위 행에 추가된 행렬이기 때문이다. (이를 느린 동작으로 살펴보면,

$$S = \begin{pmatrix} n & n' \\ m & m' \end{pmatrix}; \quad RS = \begin{pmatrix} n & n' \\ m+n & m'+n' \end{pmatrix}$$

이므로 $f(S) = (m+m')/(n+n')$이고 $f(RS) = ((m+n)+(m'+n'))/(n+n')$이다.) $m > n$인 분수 m/n에 이진 검색 알고리즘을 적용하면, 첫 번째 출력은 R이다. 따라서 알고리즘의 이후 작동에서 $f(S)$는 m/n이 아니라 $(m-n)/n$으로 시작했을 때보다 정확히 1만큼 큰 값이 된다. L에 대해서도 비슷한 성질이 성립한다. 이로부터 다음과 같은 관계들을 얻을 수 있다.

$$\frac{m}{n} = f(RS) \quad \Leftrightarrow \quad \frac{m-n}{n} = f(S), \quad m > n \text{일 때};$$

$$\frac{m}{n} = f(LS) \quad \Leftrightarrow \quad \frac{m}{n-m} = f(S), \quad m < n \text{일 때}.$$

이는 이진 검색 알고리즘을 다음과 같이 행렬이 관여하지 않는 절차로 변환할 수 있음을 뜻한다.

```
while m ≠ n do
    if m < n then (output(L); n := n−m)
            else (output(R); m := m−n).
```

예를 들어 $m/n = 5/7$이 주어졌을 때 단순화된 알고리즘은 다음과 같이 진행된다.

$$\begin{array}{llllll}
m = & 5 & 5 & 3 & 1 & 1 \\
n = & 7 & 2 & 2 & 2 & 1 \\
\text{output} & L & R & R & L &
\end{array}$$

무리수는 슈테른-브로코 트리에 나타나지 않지만, 무리수에 "가까운" 모든 유리수는 나타난다. 예를 들어 분수 m/n이 아니라 수 $e = 2.71828\ldots$으로 이진 검색 알고리즘을 실행해 보면, 다음으로 시작하는 무한히 긴 L, R 문자열이 나온다.

$$RRLRRLRLLLLRLRRRRRLRLLLLLLLLRLR \ldots.$$

이 무한 문자열을 수 e의 슈테른-브로코 수체계 표현으로 간주할 수 있다. 이는 e를 십진수체계에서 무한소수 $2.718281828459\ldots$으로 표현하거나 이진수 체계에서 무한 이진 분수 $(10.101101111110\ldots)_2$로 표현하는 것과 다를 바 없다. 첨언하자면, 슈테른-브로코 수체계에서 e의 표현에는 규칙적인 패턴이 존재한다.

$$e = RL^0RLR^2LRL^4RLR^6LRL^8RLR^{10}LRL^{12}RL \ldots.$$

이는 오일러가 24세일 때 발견한[105] 어떤 공식의 특수한 경우에 해당한다.

이 표현에서 이끌어낼 수 있는 사실 하나는, 다음 분수들이 e의 가장 간단한 유리수 상계, 하계 근삿값들이라는 것이다.

$$\begin{array}{cccccccccccccccccc}
R & R & L & R & R & L & R & L & L & L & L & R & L & R & R & R & R \\
\frac{1}{1}, & \frac{2}{1}, & \frac{3}{1}, & \frac{5}{2}, & \frac{8}{3}, & \frac{11}{4}, & \frac{19}{7}, & \frac{30}{11}, & \frac{49}{18}, & \frac{68}{25}, & \frac{87}{32}, & \frac{106}{39}, & \frac{193}{71}, & \frac{299}{110}, & \frac{492}{181}, & \frac{685}{252}, & \frac{878}{323}, & \cdots
\end{array}$$

헤르만 민코프스키Hermann Minkowski는 1904년 하이델베르크에서 열린 세계수학자 대회에서 이 주목할만한 이진 표현을 보여주었다.

이는, 만일 이 분수 목록에 m/n이 없다면, 분자가 $\leq m$이고 분모가 $\leq n$인 어떤 분수가 m/n과 e 사이의 어딘가에 있을 것이기 때문이다. 예를 들어 $\frac{27}{10}$ 보다는 이 목록에 나타나는 $\frac{19}{7} = 2.714\ldots$이 더 간단한, 그리고 e에 더 가까운 근삿값이다. 이 점은 슈테른브로코 트리가 모든 유리수를 포함할 뿐만 아니라 그 유리수들을 순서대로 포함한다는 점을 생각하면, 그리고 항상 분모와 분자가 더 작은 분수들이 그보다 더 복잡한 분수들보다 트리의 위쪽에 나타난다는 점을 생각하면 이해할 수 있을 것이다. 즉, $\frac{27}{10} = RRLRRLL$은 $\frac{19}{7} = RRLRRL$보다 작고, 후자는 $e = RRLRRLR\ldots$ 보다 작다. 이런 식으로 나아가면 아주 좋은 근삿값을 얻을 수 있다. 예를 들어 $\frac{878}{323} \approx 2.718266 \approx .999994\,e$이다. 이 분수는 e의 슈테른브로코 표현의 처음 16자에서 얻은 것으로, 정밀도는 e를 16비트 이진수로 표현한 것에 상응한다.

앞에서 본 행렬 없는 이진 검색 절차를 조금 수정하면 무리수 α의 무한 표현을 찾는 다음과 같은 절차가 된다.

$$\text{if } \alpha < 1 \text{ then } (\text{output}(L); \ \alpha := \alpha/(1-\alpha))$$
$$\text{else } (\text{output}(R); \ \alpha := \alpha - 1).$$

(이 단계들을 지쳐서 더 이상 진행할 수 없을 때까지 무한히 반복하면 된다.) 만일 α가 유리수이면, 이 절차는 이전의 방법으로 얻은 α의 (유한) 표현의 오른쪽 끝에 RL^∞를 덧붙인 것과 같은 무한 표현을 산출한다. 예를 들어 $\alpha = 1$이면 $RLLL\ldots$이 나오는데, 이는 분수들의 무한수열 $\frac{1}{1}, \frac{2}{1}, \frac{3}{2}, \frac{4}{3}, \frac{5}{4}, \ldots$에 대응된다(그리고 그 무한수열의 극한은 1에 접근한다). L이 0이고 R이 1이라고 생각하면 이는 통상적인 이진 표현과 딱 맞게 대응된다. $[0..1)$ 구간의 모든 실수 x에 끝에서 1들만 반복되지는 않는 무한 이진 표현 $(.b_1 b_{2b_3} \ldots)_2$이 존재하듯이, $[0..\infty)$ 구간의 모든 실수 α에는 끝에서 R들만 반복되지는 않는 무한 슈테른브로코 표현 $B_1 B_2 B_3 \ldots$이 존재한다. 따라서, $0 \leftrightarrow L$, $1 \leftrightarrow R$로 둔다면, $[0..1)$과 $[0..\infty)$ 사이에는 순서가 보존되는 일대일 대응 관계가 성립한다.

유클리드의 알고리즘과 유리수의 슈테른브로코 표현 사이에는 밀접한 관계가 하나 있다. $\alpha = m/n$이 주어졌을 때, 처음에는 R이 $\lfloor m/n \rfloor$개, L이 $\lfloor n/(m \bmod n) \rfloor$개 나오고, 그다음에는 R이 $\lfloor (m \bmod n)/(n \bmod (m \bmod n)) \rfloor$개 등으로 이어진다. 여기에 등장하는 수 $m \bmod n$, $n \bmod (m \bmod n)$, $\ldots$은 바로 유클리드 알고리즘에서 조사하는 수들이다. (R이 무한히 많이 나오지 않게 하려면 끝부분을 조금 손봐야 한다.) 이 관계는 제6장에서 좀 더 살펴보겠다.

4.6 'mod' : 합동 관계

나머지식 산술(modular arithmetic; 또는 합동 산술)은 정수론이 제공하는 주요 도구의 하나이다. 제3장에서 이항 연산 'mod'를 사용할 때 이 나머지식 산술을 조금 맛보았다. 그때 mod는 하나의 수식을 구성하는 여러 연산 중 하나로 쓰일 뿐이었다. 이번 장에 쓰이는 'mod'는 주어진 수식 전체에 영향을 미친다. 편의상 다음과 같이 이전과는 조금 다른 표기법을 도입하기로 한다.

$$a \equiv b (\bmod m) \quad \Leftrightarrow \quad a \bmod m = b \bmod m. \tag{4.35}$$

예를 들어 $9 \equiv -16 \ (\bmod 5)$이다. $9 \bmod 5 = 4 = (-16) \bmod 5$이기 때문이다. $a \equiv b (\bmod m)$이라는 공식은 "a는 m을 법으로 하여(modulo)† b와 합동이다"라는 뜻이다. 이러한 정의는 a와 b, m이 임의의 실수일 때에도 유효하지만, 이 책에서는 거의 항상 정수들에만 이 정의를 사용한다.

$x \bmod m$과 x의 차이는 m의 배수이므로, 합동(congruence) 관계를 다음과 같이 이해할 수도 있다.

$$a \equiv b (\bmod m) \quad \Leftrightarrow \quad a-b \text{는 } m \text{의 배수}. \tag{4.36}$$

증명은 이렇다. 만일 $a \bmod m = b \bmod m$이면 식 (3.21)의 'mod'의 정의에 따라 $a-b = a \bmod m + km - (b \bmod m + lm) = (k-l)m$인 어떤 정수 k와 l이 존재한다. 반대로, 만일 $a-b = km$이면, $m=0$일 때는 $a=b$이고 그 외의 경우에는

$$\begin{aligned} a \bmod m &= a - \lfloor a/m \rfloor m = b+km - \lfloor (b+km)/m \rfloor m \\ &= b - \lfloor b/m \rfloor m = b \bmod m \end{aligned}$$

이다. 식 (4.36)에 나온 $\equiv$의 정의가 식 (4.35)의 것보다 적용하기 쉽다. 예를 들어 $8 \equiv 23 (\bmod 5)$가 성립하는지 확인하려면 $8-23 = -15$가 5의 배수인지만 보면 된다. $8 \bmod 5$와 $23 \bmod 5$를 모두 계산할 필요가 없는 것이다.

편리하게도 합동 기호 '$\equiv$'는 '$=$'와 비슷한 모습이다. 이는 합동이 상등과 거의 같기 때문이다. 예를 들어 합동이라는 관계는 동치관계(equivalence relation)의 일종이다. 즉, 합동은 반사법칙 '$a \equiv a$'와 대칭법칙 '$a \equiv b \Rightarrow b \equiv a$', 추이법칙(전이법칙) '$a \equiv b \equiv c \Rightarrow a \equiv c$'를 만족한다. 어떤 함수 f에 대해 '$a \equiv b \Leftrightarrow f(a) = f(b)$'를 만족하는 임의의 관계 '$\equiv$'는 하나의 동치관계라는 사실을 이용하면 이 법칙들을 모두 쉽게

---

† (옮긴이) "법 m에 대해(respect to)"라는 표현도 쓰인다.

증명할 수 있다. (지금의 경우에서는 $f(x) = x \bmod m$ 이다.) 더 나아가서, 합동식의 요소들을 더하거나 빼도 합동 관계가 유지된다.

$$a \equiv b \text{ 그리고 } c \equiv d \implies a+c \equiv b+d \pmod{m};$$
$$a \equiv b \text{ 그리고 } c \equiv d \implies a-c \equiv b-d \pmod{m}.$$

이는, 만일 $a-b$과 $c-d$ 둘 다 m의 배수이면 $(a+c)-(b+d) = (a-b)+(c-d)$와 $(a-c)-(b-d) = (a-b)-(c-d)$도 그렇기 때문이다. 덧붙이자면, '$\equiv$'가 나올 때마다 매번 '$(\bmod m)$'을 써줄 필요는 없다. 법이 상수이면 그냥 한 번만 언급해서 문맥을 확립하면 된다. 이는 합동 표기법의 아주 편리한 점 중 하나이다.

정수들에 한할 때, 곱셈도 가능하다.

$$a \equiv b \text{ 그리고 } c \equiv d \implies ac \equiv bd \pmod{m},$$
$$\text{정수 } b,c.$$

증명: $ac-bd = (a-b)c + b(c-d)$. 이 곱셈 성질을 여러 번 적용하면 거듭제곱이 된다.

$$a \equiv b \implies a^n \equiv b^n \pmod{m}, \quad \text{정수 } a,b;$$
$$\text{정수 } n \geq 0.$$

예를 들어 $2 \equiv -1 \pmod{3}$이므로 $2^n \equiv (-1)^n \pmod{3}$이다. 이는 만일 n이 짝수이면, 그리고 오직 그럴 때만 $2^n - 1$이 3의 배수임을 뜻한다.

정리하자면, 상등에 대해 우리가 익숙하게 적용해 온 거의 모든 대수 연산을 합동에도 적용할 수 있다. 그러나 '모든'이 아니라 '거의 모든'이다. 나눗셈이 예외임은 명백하다. $ad \equiv bd \pmod{m}$이라고 해도 항상 $a \equiv b$라고 결론지을 수는 없다. 예를 들어 $3 \cdot 2 \equiv 5 \cdot 2 \pmod{4}$이지만 $3 \not\equiv 5$이다.

다행히, d과 m이 서로 소인 경우(흔히 그렇다)에는 합동식에서도 공통의 인수를 나누어 소거할 수 있다.

$$ad \equiv bd \Leftrightarrow a \equiv b \pmod{m}, \tag{4.37}$$
$$a, b, d, m \text{은 정수이고 } d \perp m.$$

예를 들어, 법 m이 5의 배수가 아닌 한, $15 \equiv 35 \pmod{m}$로부터 $3 \equiv 7 \pmod{m}$이라는 결론을 이끌어내는 것은 적법하다.

이러한 성질을 증명해보자. 이번에도 확장된 gcd 법칙 (4.5)를 이용해서 $d'd + m'm = 1$을 만족하는 d'과 m'을 구한다. 만일 $ad \equiv bd$이면 합동의 양변에 d'을 곱해서 $ad'd \equiv bd'd$를 얻을 수 있다. 그런데 $d'd \equiv 1$이므로 $ad'd \equiv a$이고 $bd'd \equiv b$이다. 따라서 $a \equiv b$이다. 이 증명에서 보듯이, m을 법으로 한 합동 관계에서 수 d'은 $1/d$와 거의 같은 방식으로 행동한다. 그런 의미에서 이 수를 "m을 법으로 한 d의 역수"라고 부른다.

합동식에 나눗셈을 적용하는 또 다른 방법은, 다른 수들뿐만 아니라 법도 나누는 것이다.

$$ad \equiv bd \pmod{md} \quad \Leftrightarrow \quad a \equiv b \pmod{m}, \ d \neq 0 \text{에 대해.} \tag{4.38}$$

이 법칙은 모든 실수 a, b, d, m에 대해 성립한다. 왜냐하면, 이 법칙이 배분법칙 $(a \bmod m)d = ad \bmod md$에만 의존하기 때문이다(배분법칙과 관련해서, $a \bmod m = b \bmod m \Leftrightarrow (a \bmod m)d = (b \bmod m)d \Leftrightarrow ad \bmod md = bd \bmod md$가 성립한다). 따라서, 예를 들어 $3 \cdot 2 \equiv 5 \cdot 2 \pmod 4$로부터 $3 \equiv 5 \pmod 2$를 이끌어낼 수 있다.

식 (4.37)과 식 (4.38)을 결합하면 법을 최소한으로만 변경하는 다음과 같은 일반 법칙이 나온다.

$$\begin{aligned} ad &\equiv bd \pmod m \\ &\Leftrightarrow a \equiv b \left(\bmod \frac{m}{\gcd(d,m)}\right), \ \text{정수} \ a, b, d, m. \end{aligned} \tag{4.39}$$

$d'd + m'm = \gcd(d,m)$을 만족하는 d'를 $ad \equiv bd$에 곱하면 합동식 $a \cdot \gcd(d,m) \equiv b \cdot \gcd(d,m) \pmod m$이 나온다. 이 합동식의 양변과 법을 $\gcd(d,m)$으로 나누면 이 법칙이 증명된다.

법의 변경이라는 개념을 좀 더 자세히 살펴보자. 만일 $a \equiv b \pmod{100}$이면 반드시 $a \equiv b \pmod{10}$이다. 100의 임의의 약수를 법으로 해도 마찬가지이다. $a - b$가 100의 배수라고 말하는 것이 10의 배수라고 말하는 것보다 더 강한 단언이다. 일반화하면, 다음이 성립한다.

$$a \equiv b \pmod{md} \Rightarrow a \equiv b \pmod m, \ \text{정수} \ d, \tag{4.40}$$

md의 임의의 배수는 m의 배수이기도 하기 때문이다.

소법(modulito)?

반대로, 만일 작은 두 법에 대해 $a \equiv b$임을 알고 있다면, 두 법 중 큰 것에 대해 $a \equiv b$라고 결론지을 수 있을까? 있다. 규칙은 다음과 같다.

$$a \equiv b(\bmod m) \;\; \text{그리고} \;\; a \equiv b(\bmod n)$$
$$\Leftrightarrow a \equiv b(\bmod \operatorname{lcm}(m,n)), \quad \text{정수} \;\; m,n > 0. \tag{4.41}$$

예를 들어 법 12와 18에 대해 $a \equiv b$이면 $a \equiv b(\bmod 36)$이라고 결론지어도 안전하다. 이유는, 만일 $a-b$가 m과 n의 한 공배수이면 $\operatorname{lcm}(m,n)$의 배수이기 때문이다. 이 사실은 유일 인수분해 원리에서 비롯된다.

이 법칙에서 $m \perp n$인 특수 경우는 극도로 중요하다. m과 n이 서로 소일 때 $\operatorname{lcm}(m,n) = mn$이기 때문이다. 아주 중요하기 때문에, 다음과 같이 명시적으로 단언할 필요가 있겠다.

$$a \equiv b(\bmod mn)$$
$$\Leftrightarrow a \equiv b(\bmod m) \;\; \text{그리고} \;\; a \equiv b(\bmod n), \;\; \text{만일} \;\; m \perp n \text{이면}. \tag{4.42}$$

예를 들어 $a \equiv b(\bmod 100)$일 필요충분조건은 $a \equiv b(\bmod 25)$ 그리고 $a \equiv b(\bmod 4)$이다. 다른 말로 하면, 만일 $x \bmod 25$와 $x \bmod 4$를 알고 있다면, 그 두 값만으로 충분히 $x \bmod 100$을 구할 수 있다. 이는 중국인의 나머지 알고리즘(Chinese Remainder Theorem, 중국식 나머지 정리)의 한 특수 경우이다(연습문제 30 참고). 중국인의 나머지 알고리즘이라는 이름은 그 알고리즘을 서기 350년경에 중국의 손자孫子가 발견했기 때문에 붙었다.

식 (4.42)의 법 m과 n을 서로 소인 인수들로 더욱 분해해서, 결국에는 서로 다른 모든 소수가 분리되게 할 수도 있다. 따라서, 식 (4.11)에 따라 m의 소인수분해가 $\prod_p p^{m_p}$이라고 할 때, 다음이 성립한다.

$$a \equiv b(\bmod m) \;\; \Leftrightarrow \;\; a \equiv b(\bmod p^{m_p}), \;\; \text{모든} \;\; p\text{에 대해}$$

소수의 거듭제곱을 법으로 한 합동식은 정수를 법으로 한 모든 합동식의 구축 요소이다.

4.7 독립 잉여

합동 관계의 한 가지 중요한 응용은 잉여 수체계(residue number system), 줄여서 잉여계이다. 이 수체계에서는 정수 x를 서로 소인 법들에 대한 잉여(나머지)들의 수열로 표현한다.

$$\operatorname{Res}(x) = (x \bmod m_1, \ldots, x \bmod m_r), \;\; \text{만일} \;\; 1 \le j < k \le r \text{에 대해} \;\; m_j \perp m_k \text{이면}.$$

$x \bmod m_1, \ldots, x \bmod m_r$이라는 수열로부터 x에 관한 모든 것을 알아낼 수는 없다. 그러나, m이 곱 $m_1 \ldots m_r$이라고 할 때 이 수열을 통해서 $x \bmod m$의 값을 구할 수는 있다. 실제 응용에서는 x가 속한 구간이 구체적으로 주어지는 경우가 많다. 그런 경우, 만일 $x \bmod m$을 알고 있다면, 그리고 m이 충분히 크다면, x에 관한 모든 것을 알 수 있다.

잉여 수체계의 작은 사례를 하나 살펴보자. 다음은 법이 3과 5 두 개뿐인 잉여 수체계의 예이다.

$x \bmod 15$	$x \bmod 3$	$x \bmod 5$
0	0	0
1	1	1
2	2	2
3	0	3
4	1	4
5	2	0
6	0	1
7	1	2
8	2	3
9	0	4
10	1	0
11	2	1
12	0	2
13	1	3
14	2	4

각각의 순서쌍 $(x \bmod 3, x \bmod 5)$는 서로 다르다. 이는, 만일 $x \bmod 15 = y \bmod 15$이면, 그리고 오직 그럴 때만, $x \bmod 3 = y \bmod 3$이고 $x \bmod 5 = y \bmod 5$이기 때문이다.

합동 관계의 규칙들 덕분에, 수의 두 성분을 서로 독립적으로 더하고, 빼고, 곱할 수 있다. 예를 들어 15를 법으로 하여 $7 = (1,2)$에 $13 = (1,3)$을 곱한다면, 그냥 $1 \cdot 1 \bmod 3 = 1$과 $2 \cdot 3 \bmod 5 = 1$을 계산하면 된다. 답은 $(1,1) = 1$이다. 따라서 $7 \cdot 13 \bmod 15$는 반드시 1과 같다. 당연히 그렇다.

이러한 독립 원리는 컴퓨터 응용에서 유용하다. 서로 다른 성분들을 분리해서(이를테면 서로 다른 컴퓨터에서) 처리할 수 있기 때문이다. 각각의 법 m_k가 서로 다른 소수 p_k라고 할 때, 그리고 2^{31}보다 약간 작은 소수를 그러한 법으로 선택했다고 때, 기본 산술 연산이 $[-2^{31} .. 2^{31})$ 범위의 정수를 다루도록 설계된 컴퓨터라면 p_k를

이를테면 메르센 소수 $2^{31} - 1$이 잘 작동한다.

법으로 한 합, 차, 곱을 손쉽게 계산할 수 있다. 그러한 소수들이 r개라고 할 때, 거의 최대 $31r$비트의 '다중정밀도 수(multiple-precision number)'를 더하고, 빼고, 곱하는 것이 가능하다. 그리고 잉여계를 이용해서 큰 수들을 통상적인 방식과는 다른 방식으로 더하고 빼고 곱한다면 그러한 계산을 좀 더 빠르게 수행할 수 있다.

적절한 상황에서는 나눗셈도 할 수 있다. 예를 들어서 어떤 큰 정수 행렬의 행렬식(determinant)의 참값을 계산한다고 하자. 그 결과는 하나의 정수 D이며, $|D|$의 한계들은 행렬 성분들의 크기에 의존할 것이다. 그런데 지금까지 알려진, 행렬식을 빠르게 구하는 방법들은 모두 나눗셈을 사용하며, 그러면 계산 과정에서 분수가 나오게 된다(그리고 이진 근사에 의존한다면 정밀도가 소실된다). 해결책은 다양한 큰 소수 p_k에 대해 $D \bmod p_k = D_k$를 평가하는 것이다. 제수가 하필 p_k의 배수가 아닌 한, p_k를 법으로 한 나눗셈은 안전하다. 제수가 그런 배수일 때는 안타깝게도 나눗셈이 불가능하지만, 그럴 때는 다른 소수를 택하면 된다. 마지막으로, 충분히 많은 소수에 대해 D_k를 알게 된다면, D를 구하는 데 필요한 정보를 충분히 갖춘 것이다.

그런데 주어진 잉여 수열 $(x \bmod m_1, \ldots, x \bmod m_r)$로부터 $x \bmod m$을 구하는 방법은 아직 설명하지 않았다. 이러한 변환이 원칙적으로 가능함은 앞에서 보았지만, 그 계산이 너무나 복잡해서 실제 응용에서는 이러한 변환을 엄두도 내지 못할 정도였다. 다행히 그런 변환을 비교적 간단하게 수행하는 방법이 있다. 그럼 앞의 표에 나온 $(x \bmod 3, x \bmod 5)$를 예로 들어서 그 방법을 설명해 보겠다. 관건은 $(1,0)$과 $(0,1)$이라는 두 가지 사례에 대해 문제를 푸는 것이다. $(1,0) = a$와 $(0,1) = b$로 두었을 때 $(x,y) = (ax + by) \bmod 15$이므로(합동식들을 더하거나 곱할 수 있음을 기억할 것), 두 사례를 풀면 다른 수들도 풀 수 있다.

이 경우 $a = 10$이고 $b = 6$임은 표를 보고 알 수 있다. 그런데 법들이 아주 클 때는 a와 b를 어떻게 구해야 할까? 다른 말로 해서, $m \perp n$이라고 할 때 다음 등식들이 항상 성립하는 수 a와 b를 구하는 좋은 방법은 무엇인가?

$$a \bmod m = 1, \; a \bmod n = 0, \; b \bmod m = 0, \; b \bmod n = 1.$$

이번에도 식 (4.5)의 도움을 받으면 된다. 유클리드 알고리즘을 이용하면 다음을 만족하는 m'과 n'을 구할 수 있다.

$$m'm + n'n = 1.$$

이제 $a = n'n$, $b = m'm$으로 두고, 필요하다면 mn을 법으로 해서 둘을 약분하면 된다.

법들이 클 때 계산을 최소화하려면 추가적인 요령이 필요하다. 그 세부사항은 이 책의 범위를 넘는 주제인데, [208, p. 274]에 나와 있다. 잉여들을 그에 대응되는 원래의 수로 변환할 수 있으면 좋긴 하지만, 그 과정이 너무나 느리기 때문에 일련의 모든 연산을 잉여계 안에서 수행한 후에 최종적으로 원래의 수로 변환할 수 있는 경우에만 전체적인 시간이 절약된다.

그럼 작은 문제 하나를 풀어 보면서 이러한 합동 개념들을 공고히 하자. 문제는, 다음 합동식의 해가 몇 개나 될 것인가이다.

$$x^2 \equiv 1 \pmod{m}. \tag{4.43}$$

단, 만일 $x \equiv x'$이면 해 x와 x'이 같다고(즉, 하나의 해로) 간주한다.

앞에서 설명한 일반 원리들에 따라, 먼저 m이 소수의 거듭제곱 p^k인 경우(여기서 $k > 0$)부터 고려해야 마땅하다. 그런 경우 합동식 $x^2 \equiv 1$을 다음과 같이 쓸 수 있다.

$$(x-1)(x+1) \equiv 0 \pmod{p^k}.$$

이는 $x-1$ 또는 $x+1$ 또는 둘 다 p로 나누어떨어짐을 뜻한다. 그런데 $p = 2$인 경우를 제외하면 p가 $x-1$과 $x+1$ 둘 다를 나눌 수는 없다. $p = 2$인 경우는 잠시 후로 미루겠다. 만일 $p > 2$이면 $p^k \backslash (x-1)(x+1) \Leftrightarrow p^k \backslash (x-1)$이거나 $p^k \backslash (x+1)$이다. 따라서 $x \equiv +1$과 $x \equiv -1$이 해이다. 즉, 해는 정확히 두 개이다.

$p = 2$인 경우는 조금 다르다. 만일 $2^k \backslash (x-1)(x+1)$이면 $x-1$이나 $x+1$이 2로 나누어떨어지지만 4로는 나누어떨어지지 않으므로, 다른 하나는 반드시 2^{k-1}로 나누어떨어진다. 이는 $k \geq 3$일 때 해가 네 개임을, 즉, 해가 $x \equiv \pm 1$과 $x \equiv 2^{k-1} \pm 1$임을 뜻한다. (예를 들어 $p^k = 8$일 때 네 개의 해는 $x \equiv 1, 3, 5, 7 \pmod 8$이다. 임의의 홀수의 제곱이 $8n+1$ 형태임을 알아 두면 유용하게 써먹을 때가 많다.)

이제, 만일 m의 완전 인수분해에서 $m_p > 0$을 만족하는 모든 소수 p에 대해 $x^2 \equiv 1 \pmod{p^{m_p}}$이면, 그리고 오직 그럴 때만, $x^2 \equiv 1 \pmod{m}$이다. 이때 각 소수는 다른 소수들과는 독립적이며, $p = 2$인 경우를 제외하면 $x \bmod p^{m_p}$는 정확히 두 가지 값 중 하나이다. 따라서, 만일 m이 정확히 r개의 서로 다른 소인수들의 곱이라면, $x^2 \equiv 1$의 해는 총 2^r개이다. 단, m이 짝수인 경우에는 보정이 필요하다. 그런 경우를 포함한 일반적인 경우에서 해의 정확한 개수는

$$2^{r + [8 \backslash m] + [4 \backslash m] - [2 \backslash m]} \tag{4.44}$$

이다. 예를 들어 "12를 법으로 한 단위원(root)의 제곱근"은 네 개이다. 1,5,7,11이 바로 그것이다. $m = 15$일 때 법 3과 5에 대해 잉여가 ± 1인 수는 네 개로, $(1,1)$과 $(1,4),(2,1),(2,4)$가 바로 그것이다. 이 해들은 보통의 수체계(십진수)의 1,4,11,14에 해당한다.

4.8 추가 응용

제3장에서 증명하지 않고 넘어간 것이 하나 있다. 바로, m개의 수로 이루어진 수열

$$0 \bmod m, n \bmod m, 2n \bmod m, \ldots, (m-1)n \bmod m \tag{4.45}$$

이 다음과 같은 m/d개의 수

$$0, d, 2d, \ldots, m - d$$

가 어떠한 순서로 나열된 수열을 정확히 d번 되풀이한 것임을 증명하는 문제였다. 여기서 $d = \gcd(m,n)$이다. 예를 들어 $m = 12$이고 $n = 8$일 때 $d = 4$이며, 원래의 수열은 0,8,4,0,8,4,0,8,4,0,8,4이다.

증명의 첫 번째 부분은 그 수열이 처음 m/d개의 값들을 d번 되풀이한 것임을 보이는 것인데, 이는 자명하다. 왜냐하면, 식 (4.38)에 의해 다음이 성립하기 때문이다.

> 수학자들은 뭔가가 자명하다 (trivial)고 말하길 좋아한다.

$$jn \equiv kn \pmod{m} \iff j(n/d) \equiv k(n/d) \pmod{m/d}.$$

따라서 $0 \le k < m/d$이면 항상 해당 값들의 복사본이 d번 나타난다.

다음으로, 그 m/d개의 값이 $\{0,d,2d,\ldots,m-d\}$를 어떠한 순서로 나열한 것임을 증명해야 한다. $m = m'd$, $n = n'd$라고 두자. 그러면 배분법칙 (3.23)에 의해 $kn \bmod m = d(kn' \bmod m')$이다. 따라서 $0 \le k < m'$일 때 나오는 값들은 다음 수들에 d를 곱한 것이다.

$$0 \bmod m', n' \bmod m', 2n' \bmod m', \ldots, (m'-1)n' \bmod m'.$$

그런데 식 (4.27)에 의해 $m' \perp n'$이다. 즉, 이들은 자신들의 gcd로 약분되었다. 따라서 $d = 1$인 경우, 즉 m과 n이 서로 소인 경우만 고찰하면 된다.

그럼 $m \perp n$이라고 가정하자. 이 경우 식 (4.45)의 수들이 그냥 $\{0,1,\ldots,m-1\}$이 어떠한 순서로 나열된 것임은 '비둘기집 원리(pigeonhole principle)'를 이용해서 손쉽게 증명할 수 있다. 비둘기집 원리란, m개의 비둘기를 m개의 비둘기집

에 넣는다고 할 때 빈집이 생길 필요충분조건은 한 집에 둘 이상의 비둘기를 집어넣는다는 것이다. (연습문제 3.8에서 증명한 디리클레 상자 원리도 이와 비슷하다.) 식 (4.45)의 수들이 서로 다름은 알고 있다. 왜냐하면, $m \perp n$일 때

$$jn \equiv kn \pmod{m} \quad \Leftrightarrow \quad j \equiv k \pmod{m}$$

이기 때문이다. 이것은 식 (4.37)이다. 따라서 m개의 서로 다른 수는 반드시 비둘기 집 $0, 1, \ldots, m-1$을 모두 채운다. 이로써 제3장에서 남겨 둔 문제가 마무리되었다.

이 증명은 완결되었지만, 만일 간접적인 비둘기집 논법에 의존하지 않고 직접적인 방법을 사용한다면 더 많은 것을 증명할 수 있다. $m \perp n$이라고 하자. 그리고 하나의 값 $j \in [0..m)$이 주어졌다고 하자. 이때, 다음 합동식을 k에 대해 풀면 $kn \bmod m = j$를 만족하는 $k \in [0..m)$을 명시적으로 계산할 수 있다.

$$kn \equiv j \pmod{m}.$$

그냥 이 합동식의 양변에 $m'm + n'n = 1$을 만족하는 n'을 곱하면

$$k \equiv jn' \pmod{m}$$

이 나온다. 따라서 $k = jn' \bmod m$이다.

방금 증명한 사실을 이용해서 1640년에 피에르 드 페르마$^{\text{Pierre de Fermat}}$가 발견한 중요한 결과 하나를 확인할 수 있다. 페르마는 미적분과 수학의 다른 여러 분야의 발견에 기여한 위대한 수학자이다. 그는 수십 개의 정리를 증명 없이 적은 공책들을 남겼는데, 이후 그 정리들이 모두 증명되었다. 그중 가장 유명한 정리는 350년 이상 세계 최고의 수학자들을 괴롭혔는데, 바로 '페르마의 마지막 정리'이다. 이 정리는, 모든 양의 정수 a, b, c, n에 대해, $n > 2$일 때

$$a^n + b^n \neq c^n \tag{4.46}$$

이라는 것이다. (방정식 $a + b = c$와 $a^2 + b^2 = c^2$의 해는 물론 많이 있다.) 이 정리는 앤드류 와일스$^{\text{Andrew Wiles}}$가 명백히 증명했다. 식 (4.46)에 대한 그의 난해하고 획기적인 증명이 *Annals of Mathematics* (2) 141 (1995), pp. 443-551에 나온다.

1640년에 페르마가 발견한 정리는 확인하기가 훨씬 쉽다. 페르마의 소정리(Fermat's Little Theorem) 또는 그냥 페르마의 정리라고 불리는 이 정리는 다음과 같다.

$$n^{p-1} \equiv 1 \pmod{p}, \quad \text{만일 } n \perp p \text{이면.} \tag{4.47}$$

증명: 항상 그렇듯이 p는 소수이다. $p-1$개의 수 $n \bmod p, 2n \bmod p, \ldots, (p-1)n \bmod p$는 수 $1, 2, \ldots, p-1$을 어떠한 순서로 나열한 것임은 이미 알고 있다. 따라서, 이들을 모두 곱하면 다음이 나온다.

$$\begin{aligned} n \cdot (2n) \cdot &\ldots \cdot ((p-1)n) \\ &\equiv (n \bmod p) \cdot (2n \bmod p) \cdot \ldots \cdot ((p-1)n \bmod p) \\ &\equiv (p-1)!. \end{aligned}$$

이 합동식의 법은 p이다. 이는 다음을 함의한다.

$$(p-1)! \, n^{p-1} \equiv (p-1)! \pmod{p}.$$

$(p-1)!$은 p로 나누어떨어지지 않으므로, 양변에서 $(p-1)!$을 소거할 수 있다. QED.

페르마의 정리를 다음과 같이 표현하면 더 편리하게 적용할 수 있는 경우가 종종 있다.

$$n^p \equiv n \pmod{p}, \quad \text{정수 } n. \tag{4.48}$$

이 합동식은 모든 정수 n에 대해 성립한다. 증명은 쉽다. 만일 $n \perp p$이면 그냥 식 (4.47)에 n을 곱하면 된다. 그렇지 않다면, $p \backslash n$이므로 $n^p \equiv 0 \equiv n$이다.

식 (4.47)을 발견한 그해에 메르센에게 보낸 편지에서 페르마는 수

$$f_n = 2^{2^n} + 1$$

이 모든 $n \geq 0$에 대해 소수라고 추측했다. 그는 처음 다섯 사례가 실제로 소수임을 알았다.

$$2^1 + 1 = 3; \ 2^2 + 1 = 5; \ 2^4 + 1 = 17; \ 2^8 + 1 = 257; \ 2^{16} + 1 = 65537.$$

그러나 그다음 경우인 $2^{32} + 1 = 4294967297$이 소수임을 증명하는 방법은 알지 못했다.

재미있는 것은, 만일 페르마 자신이 당시 발견한 정리를 적용해서 곱셈을 몇십 번 정도 수행했다면 $2^{32} + 1$이 소수가 아님을 증명할 수 있었을 것이라는 점이다. 식 (4.47)에서 $n = 3$으로 두면 다음과 같은 합동식을 유도할 수 있다.

$$3^{2^{32}} \equiv 1 \pmod{2^{32} + 1}, \quad \text{만일 } 2^{32} + 1 \text{이 소수이면.}$$

"... laquelle proposition, si elle est vraie, est de très grand usage."
— P. 드 페르마de Fermat, [121]

그리고 이 합동 관계가 참인지를 손으로 직접 확인하는 것이 가능하다. 3으로 시작해서 제곱을 서른두 번 수행하되 $2^{32}+1$을 법으로 한 나머지만 남기면 된다. 첫 단계에서는 $3^2=9$이고, 그다음은 $3^{2^2}=81$, 그다음은 $3^{2^3}=6561$ 등으로 나아가다 보면 다음에 도달한다.

만일 이것이 페르마의 소정리라면, 다른 하나는 "마지막이지만 덜 중요한 것은 아닌 (last but not least)" 정리일 것이다.

$$3^{2^{32}} \equiv 3029026160 \pmod{2^{32}+1}.$$

결과가 1이 아니므로, $2^{32}+1$은 소수가 아니다. 이러한 반증 방법은 인수들이 구체적으로 무엇인지에 대한 단서는 전혀 제공하지 않지만, 인수들이 존재한다는 증명은 된다. (인수들은 641과 6700417인데, 1732년에 오일러가[102] 처음으로 발견했다.)

$3^{2^{32}}$이 $2^{32}+1$을 법으로 하여 1과 합동이라는 결과가 나왔다고 해도, $2^{32}+1$이 소수임이 증명되는 것은 아니다. 단지 반증이 실패할 뿐이다. 그러나 연습문제 47에서는 페르마 정리의 역(converse)이 나오는데, 그것을 이용하면 큰 소수들이 서로 소임을 엄청난 양의 고된 산술 계산 없이도 증명할 수 있다.

앞에서는 한 합동식의 양변에서 $(p-1)!$을 소거해서 페르마의 정리를 증명했다. 그런데 p를 법으로 하여 $(p-1)!$이 항상 -1과 합동임이 밝혀졌다. 이는 윌슨 정리라고 하는 고전적인 결과의 일부이다.

$$(n-1)! \equiv -1 \pmod n \quad \Leftrightarrow \quad n\text{은 소수}, \quad \text{만일 } n>1\text{이면.} \tag{4.49}$$

이 정리의 절반은 자명하다. 만일 $n>1$이 소수가 아니면, $(n-1)!$의 인수들 중 하나인 소인수 p가 있을 것이다. 따라서 $(n-1)!$은 -1과 합동일 수 없다. (만일 $(n-1)!$이 n을 법으로 하여 -1과 합동이면 p를 법으로 하여서도 -1과 합동이어야 하는데, 그렇지는 않다.)

윌슨 정리의 나머지 절반은 $(p-1)! \equiv -1 \pmod p$라는 것이다. 이 절반은 수들을 p를 법으로 한 해당 역수들과 짝지어서 증명할 수 있다. 이전에 보았듯이, 만일 $n \perp p$이면, 다음을 만족하는 n'이 반드시 존재한다.

$$n'n \equiv 1 \pmod p.$$

따라서 n'은 n의 역수이고, 반대로 n은 n'의 역수이다. n의 임의의 두 역수는 반드시 서로 합동이다. $nn' \equiv nn''$은 $n' \equiv n''$을 함의하기 때문이다.

p가 prime(소수)이면 p'피 프라임은 prime prime인가?

1과 $p-1$ 사이의 각 수를 해당 역수와 짝짓는다고 하자. 한 수와 그 역수의 곱은 1과 합동이므로, 모든 역수 쌍의 모든 수의 곱도 1과 합동이다. 따라서 $(p-1)!$은

1과 합동일 것이다. 이를 확인해보자. 이를테면 $p = 5$일 때 $4! = 24$이다. 그런데 이것은 5를 법으로 하여 1이 아니라 4와 합동이다. 이런, 무엇이 잘못되었을까? 그럼 역수들을 좀 더 자세히 살펴보자.

$$1' = 1, \quad 2' = 3, \quad 3' = 2, \quad 4' = 4.$$

아하, 2와 3은 해당 역수와 쌍을 이루지만 1과 4는 그렇지 않다. 이들은 자신의 역수이기 때문이다.

앞의 분석을 되살리려면 반드시 자신의 역수와 같은 수들을 알아내야 한다. 만일 x가 자신의 역수이면 $x^2 \equiv 1 \pmod{p}$이다. 그리고 $p > 2$일 때 이 합동식의 해가 정확히 두 개임은 이미 증명했다. ($p = 2$일 때는 당연히 $(p-1)! \equiv -1$이므로 신경 쓰지 않아도 된다.) 그 해는 1과 $p-1$이며, 다른 수들(1과 $p-1$ 사이의)은 자신의 역수와 쌍을 이룬다. 따라서, 우리가 원했듯이

$$(p-1)! \equiv 1 \cdot (p-1) \equiv -1$$

이다.

안타깝게도 계승을 효율적으로 계산할 수는 없다. 따라서 윌슨 정리가 소수 판정에 실용적이지는 않다. 그냥 하나의 정리일 뿐이다.

4.9 피$^{\varphi}$와 뮤$^{\mu}$

정수 $\{0, 1, \ldots, m-1\}$ 중 m과 서로 소인 것은 몇 개나 될까? 이 개수는 중요한 수량이라서 특별한 이름과 표기가 있다. 이 개수를 m의 '토티언트^{totient}'라고 부르고 $\varphi(m)$으로 표기한다(토티언트라는 이름은 새로운 용어를 만들기 좋아했던 영국의 수학자 J. J. 실베스터^{Sylvester}가 고안했다[347]). $\varphi(1) = 1$이고 $\varphi(p) = p-1$이며, 모든 합성수 m에 대해 $\varphi(m) < m-1$이다.

φ 함수를 오일러의 토티언트 함수라고 부르는데, 이는 이를 처음으로 연구한 이가 오일러이기 때문이다. 오일러는 이를테면 페르마의 정리 식 (4.47)을 다음과 같이 소수가 아닌 법들로 일반화할 수 있음을 발견했다.

$$n^{\varphi(m)} \equiv 1 \pmod{m}, \quad \text{만일 } n \perp m \text{이면.} \tag{4.50}$$

(연습문제 32는 오일러의 정리의 증명을 요구한다.)

"Si fuerit N ad x numerus primus et n numerus partium ad N primarum, tum potestas x^n unitate minuta semper per numerum N erit divisibilis."
— L. 오일러, [111]

m이 소수 거듭제곱 p^k일 때는 $\varphi(m)$을 계산하기가 쉽다. 그런 경우 $n\perp p^k \Leftrightarrow$ $p\nmid n$이기 때문이다. $\{0,1,...,p^k-1\}$에서 p의 배수들은 $\{0,p,2p,...,p^k-p\}$이다. 그 개수는 p^{k-1}이며, $\varphi(p^k)$은 p의 배수가 아닌 수들의 개수이다.

$$\varphi(p^k) \;=\; p^k - p^{k-1}.$$

$k=1$일 때도 이 공식이 $\varphi(p)=p-1$이라는 올바른 답을 냄을 주목하기 바란다.

만일 $m>1$이 소수 거듭제곱이 아니면 $m=m_1 m_2$라고 쓸 수 있다. 여기서 $m_1\perp m_2$이다. 그러면 $0\le n<m$인 수들을 잉여 수체계에서 $(n \bmod m_1, n \bmod m_2)$로 표현할 수 있다. 식 (4.30)과 식 (4.4)에 의해

$$n\perp m \quad\Leftrightarrow\quad n \bmod m_1 \perp m_1 \text{ 그리고 } n \bmod m_2 \perp m_2$$

가 성립한다. 그러므로, 서로 소 성질이 좋은 것이라고 할 때, 만일 $n \bmod m_1$과 $n \bmod m_2$가 둘 다 "좋으면", 그리고 오직 그럴 때만, $n \bmod m$은 "좋다". 이제, m을 법으로 하여 좋은 값들의 전체 개수를 재귀적으로 계산할 수 있다. 그 개수는 $\varphi(m_1)\varphi(m_2)$이다. 잉여계 표현에서 첫 성분 $n \bmod m_1$을 좋은 값으로 선택하는 방법이 $\varphi(m_1)$가지이고 둘째 성분 $n \bmod m_2$를 좋은 값으로 선택하는 방법이 $\varphi(m_2)$가지이기 때문이다.

예를 들어 $\varphi(12)=\varphi(4)\varphi(3)=2\cdot2=4$이다. 만일 $n \bmod 4=(1$ 또는 $3)$이고 $n \bmod 3=(1$ 또는 $2)$이면, 그리고 오직 그럴 때만 n이 12와 서로 소이기 때문이다. 잉여 수체계에서 12와 서로 소인 네 값은 $(1,1),(1,2),(3,1),(3,2)$인데, 보통의 십진수로는 $1,5,7,11$이다. 오일러의 정리에 따르면, $n\perp12$이면 항상 $n^4\equiv1\,(\bmod\,12)$이다.

만일 $f(m)$이 양의 정수들의 함수이고 $f(1)=1$이면, 그리고

$$m_1\perp m_2 \text{이면 항상 } f(m_1 m_2) \;=\; f(m_1)f(m_2) \tag{4.51}$$

이면, 그러한 함수 f를 가리켜 곱셈적 함수(multiplicative function)라고 부른다. $\varphi(m)$이 곱셈적 함수임은 조금 전에 증명했다. 그리고 이번 장의 앞부분에서 곱셈적 함수의 예를 이미 보았다. 바로, $x^2\equiv1\,(\bmod\,m)$의 비합동(incongruent) 해들의 수가 하나의 곱셈적 함수이다. 또 다른 예로, 임의의 지수 α에 대해 $f(m)=m^\alpha$은 곱셈적 함수이다.

"Si sint A et B numeri inter se primi et numerus partium ad A primarum sit $=a$, numerus vero partium ad B primarum sit $=b$, tum numerus partium ad productum AB primarum erit $=ab$."
— L. 오일러, [111]

곱셈적 함수는 오직 소수 거듭제곱에서의 함숫값들로만 정의된다. 왜냐하면, 임의의 양의 정수 m을 소수 거듭제곱 인수들로 분해할 수 있는데, 그 인수들은 모두 서로 소이기 때문이다. 다음과 같은 일반식은 함수 f가 곱셈적일 때만 성립한다.

$$f(m) = \prod_p f(p^{m_p}), \quad \text{만일 } m = \prod_p p^{m_p}\text{이면.} \tag{4.52}$$

특히, 이 공식을 이용하면 일반적인 m에 대한 오일러의 토티언트 함수의 값을 구할 수 있다.

$$\varphi(m) = \prod_{p \backslash m} (p^{m_p} - p^{m_p - 1}) = m \prod_{p \backslash m} \left(1 - \frac{1}{p}\right). \tag{4.53}$$

예를 들어 $\varphi(12) = (4-2)(3-1) = 12(1-\frac{1}{2})(1-\frac{1}{3})$이다.

그럼 φ 함수를 1을 법으로 한 유리수의 연구에 적용하는 예를 하나 살펴보자. $0 \le m < n$인 분수 m/n을 진분수(basic fraction)라고 부른다. 따라서 $\varphi(n)$은 분모가 n인 기약 진분수의 개수이고, 페리 급수 $\mathcal{F}_n$에는 분모가 n 이하인 모든 기약 진분수가 있다(또한, 진분수가 아닌 $\frac{1}{1}$도 있다).

다음은 분모가 12인, 아직 기약 분수로 약분되지 않은 모든 진분수의 집합이다.

$$\frac{0}{12}, \frac{1}{12}, \frac{2}{12}, \frac{3}{12}, \frac{4}{12}, \frac{5}{12}, \frac{6}{12}, \frac{7}{12}, \frac{8}{12}, \frac{9}{12}, \frac{10}{12}, \frac{11}{12}.$$

기약분수로 약분하면 다음과 같은 집합이 나온다.

$$\frac{0}{1}, \frac{1}{12}, \frac{1}{6}, \frac{1}{4}, \frac{1}{3}, \frac{5}{12}, \frac{1}{2}, \frac{7}{12}, \frac{2}{3}, \frac{3}{4}, \frac{5}{6}, \frac{11}{12}.$$

이를 분모별로 묶으면 다음과 같다.

$$\frac{0}{1}; \frac{1}{2}; \frac{1}{3}, \frac{2}{3}; \frac{1}{4}, \frac{3}{4}; \frac{1}{6}, \frac{5}{6}; \frac{1}{12}, \frac{5}{12}, \frac{7}{12}, \frac{11}{12}.$$

이로부터 어떤 사실을 관찰할 수 있을까? 한 가지는, 12의 모든 약수 d가 분모로 등장하며, 모든 $\varphi(d)$가 분자로 등장한다는 것이다. 분모들은 모두 12의 약수들이다. 따라서 다음이 성립한다.

$$\varphi(1) + \varphi(2) + \varphi(3) + \varphi(4) + \varphi(6) + \varphi(12) = 12.$$

임의의 m에 대한 약분되지 않은 분수 $\frac{0}{m}, \frac{1}{m}, \ldots, \frac{m-1}{m}$으로 시작해도 비슷한 일이 벌어짐이 명백하다. 그러므로 다음이 성립한다.

$$\sum_{d \setminus m} \varphi(d) = m. \tag{4.54}$$

이번 장 도입부에서, 정수론의 문제들을 풀려면 한 수의 약수들에 관한 합을 구해야 하는 경우가 많다고 말했다. 실제로 식 (4.54)가 그러한 합이므로, 그 말이 사실임이 입증되었다. (이후에 또 다른 예들이 나온다.)

다음으로, 신기한 사실 하나를 보자. 만일 임의의 함수 f가 관여하는 합

$$g(m) = \sum_{d \setminus m} f(d)$$

가 곱셈적이면, f 자체도 곱셈적이다. (이 결과와 식 (4.54), 그리고 $g(m) = m$이 당연히 곱셈적이라는 사실을 결합하면 $\varphi(m)$이 곱셈적 함수인 또 다른 이유가 된다.) 이 신기한 사실은 m에 대한 수학적 귀납법으로 증명할 수 있다. 기초 단계는 간단하다. 그냥 $f(1) = g(1) = 1$이다. $m > 1$이라고 하자. 그리고 $m_1 \perp m_2$이고 $m_1 m_2 < m$이면 항상 $f(m_1 m_2) = f(m_1) f(m_2)$라고 가정하자. 만일 $m = m_1 m_2$이고 $m_1 \perp m_2$이면

$$g(m_1 m_2) = \sum_{d \setminus m_1 m_2} f(d) = \sum_{d_1 \setminus m_1} \sum_{d_2 \setminus m_2} f(d_1 d_2)$$

이고 $d_1 \perp d_2$이다. 이는 m_1의 모든 약수가 m_2의 모든 약수와 서로 소이기 때문이다. $d_1 = m_1$일 때와 $d_2 = m_2$일 때는 예외일 수 있지만, 귀납 가설에 의해 $f(d_1 d_2) = f(d_1) f(d_2)$이다. 따라서 다음과 같은 등식을 만들 수 있다.

$$\left(\sum_{d_1 \setminus m_1} f(d_1) \sum_{d_2 \setminus m_2} f(d_2) \right) - f(m_1) f(m_2) + f(m_1 m_2)$$
$$= g(m_1) g(m_2) - f(m_1) f(m_2) + f(m_1 m_2).$$

그런데 이는 $g(m_1 m_2) = g(m_1) g(m_2)$와 같으므로, $f(m_1 m_2) = f(m_1) f(m_2)$이다.

반대로, 만일 $f(m)$이 곱셈적 함수이면 약수에 관한 합 함수 $g(m) = \sum_{d \setminus m} f(d)$는 항상 곱셈적이다. 사실 연습문제 33에서는 그 이상의 결과가 참임을 보여준다. 따라서, 신기한 사실과 그 역은 둘 다 실제로 사실이다.

19세기 수학자 아우구스트 뫼비우스^{August Möbius}의 이름을 딴(유명한 '뫼비우스의 띠' 역시 이 수학자가 고안한 것이다) 뫼비우스 함수(Möbius function) $\mu(m)$은 모든 정수 $m \geq 1$에 대해 다음과 같이 정의된다.

$$\sum_{d \backslash m} \mu(d) = [m = 1].$$ (4.55)

이 등식은 사실 하나의 점화식이다. 좌변이 $\mu(m)$과 $d < m$인 $\mu(d)$의 어떤 값들로 구성되기 때문이다. 예를 들어 $m = 1, 2, \ldots, 12$를 차례로 대입해서 처음 12개의 값을 구하면 다음과 같다.

m	1	2	3	4	5	6	7	8	9	10	11	12
$\mu(m)$	1	-1	-1	0	-1	1	-1	0	0	1	-1	0

리하르트 데데킨트^{Richard Dedekind}와[77] 조세프 리우빌^{Joseph Liouville}은[251] 1857년에 다음과 같은 중요한 '반전(inversion)'에 주목했다.

$$g(m) = \sum_{d \backslash m} f(d) \quad \Leftrightarrow \quad f(m) = \sum_{d \backslash m} \mu(d) g\left(\frac{m}{d}\right).$$ (4.56)

이 원리에 따라, μ 함수는 $\sum_{d \backslash m} f(d)$를 알고 있는 임의의 함수 $f(m)$을 이해하는 새로운 방법을 제공한다.

> 이 시점에서 몸풀기 연습문제 11을 풀어보는 것이 좋겠다.

식 (4.56)의 증명은 이번 장 시작 부근에서 설명한 식 (4.7)과 식 (4.9)의 두 요령을 사용한다. 만일 $g(m) = \sum_{d \backslash m} f(d)$이면

$$\begin{aligned}
\sum_{d \backslash m} \mu(d) g\left(\frac{m}{d}\right) &= \sum_{d \backslash m} \mu\left(\frac{m}{d}\right) g(d) \\
&= \sum_{d \backslash m} \mu\left(\frac{m}{d}\right) \sum_{k \backslash d} f(k) \\
&= \sum_{k \backslash m} \sum_{d \backslash (m/k)} \mu\left(\frac{m}{kd}\right) f(k) \\
&= \sum_{k \backslash m} \sum_{d \backslash (m/k)} \mu(d) f(k) \\
&= \sum_{k \backslash m} [m/k = 1] f(k) = f(m)
\end{aligned}$$

이다. 식 (4.56)의 나머지 절반도 비슷한 방식으로 증명할 수 있다(연습문제 12를 보라).

관계식 (4.56)은 뫼비우스 함수의 유용한 성질 하나를 제공한다. 그리고 뮤 함수의 처음 12개의 값은 앞에서 구해 보았다. 그런데 m이 클 때 $\mu(m)$의 값은 무엇일까? 점화식 (4.55)의 해를 어떻게 구해야 할까? 우선, 함수 $g(m) = [m = 1]$이 곱셈적 함수임이 명백하다는 점에 주목하자. 그 함수는 $m = 1$일 때를 제외하면 항상 0이다. 따라서, 몇 분 전에 증명한 신기한 사실에 의해, 식 (4.55)에 정의된 뫼비우스 함수도 반드시 곱셈적이다. 그러므로, 만일 $\mu(p^k)$을 계산한다면 $\mu(m)$의 정체도 밝힐 수 있다.

$m = p^k$일 때 식 (4.55)를 적용하면, 모든 $k \geq 1$에 대해

$$\mu(1) + \mu(p) + \mu(p^2) + \cdots + \mu(p^k) = 0$$

임을 알 수 있다. p^k의 약수들이 $1,\ldots,p^k$이기 때문이다. 이로부터 다음과 같은 사실을 이끌어낼 수 있다.

$$\mu(p) = -1; \quad \mu(p^k) = 0, \quad k > 1 \text{에 대해.}$$

따라서, 식 (4.52)에 의해, 다음과 같은 일반식이 성립한다.

$$\mu(m) = \prod_{p \backslash m} \mu(p^{m_p}) = \begin{cases} (-1)^r, & \text{만일 } m = p_1 p_2 \ldots p_r \text{이면}; \\ 0, & \text{만일 } m \text{이 어떤 } p^2 \text{으로 나누어떨어지면}. \end{cases} \tag{4.57}$$

이것이 바로 μ의 정체이다.

식 (4.54)를 함수 $\varphi(m)$에 대한 하나의 점화식으로 간주한다면, 데데킨트-리우빌 법칙 (4.56)을 이용해서 점화식의 해를 구할 수 있다. 그 법칙을 적용하면 다음이 나온다.

$$\varphi(m) = \sum_{d \backslash m} \mu(d) \frac{m}{d}. \tag{4.58}$$

예를 들어

$$\begin{aligned} \varphi(12) &= \mu(1) \cdot 12 + \mu(2) \cdot 6 + \mu(3) \cdot 4 + \mu(4) \cdot 3 + \mu(6) \cdot 2 + \mu(12) \cdot 1 \\ &= 12 - 6 - 4 + 0 + 2 + 0 = 4 \end{aligned}$$

이다. m이 r개의 서로 다른 소수 $\{p_1,\ldots,p_r\}$로 나누어떨어진다고 하자. 그러면 식 (4.58)의 합에는 0이 아닌 항이 2^r개뿐이다(μ 함수의 값이 0인 경우가 많으므로). 이 점을 생각하면, 식 (4.58)이 사실상 식 (4.53)과 일치함을 알 수 있다. 다음은 $\varphi(m)$을 식 (4.53)의 형태로 표현한 것이다.

$$\varphi(m) = m\left(1 - \frac{1}{p_1}\right) \dots \left(1 - \frac{1}{p_r}\right).$$

r개의 인수 $(1 - 1/p_j)$를 곱해서 전개하면 식 (4.58)의 0이 아닌 항 2^r개가 나온다. 뫼비우스 함수는 이 예 말고도 다른 여러 상황에 적용된다는 장점이 있다.

예를 들어 페리 급수 $\mathcal{F}_n$에 있는 분수 개수를 구해 보자. 그 개수는 곧 $[0..1]$에 있는, 분모가 n을 넘지 않는 기약분수들의 개수이다. 만일 따라서, $\Phi(n)$을 다음과 같이 정의한다면,

$$\Phi(x) = \sum_{1 \le k \le x} \varphi(k). \tag{4.59}$$

그 개수는 $\Phi(n)$보다 1만큼 크다. (마지막 분수 $\frac{1}{1}$ 때문에 반드시 $\Phi(n)$에 1을 더해야 한다.) 식 (4.59)의 합이 어려워 보이지만, 모든 실수 $x \ge 0$에 대해

$$\sum_{d \ge 1} \Phi\left(\frac{x}{d}\right) = \frac{1}{2} \lfloor x \rfloor \lfloor 1 + x \rfloor \tag{4.60}$$

라는 다음 사실을 이용하면 $\Phi(x)$를 간접적으로 구할 수 있다. 항등식 (4.60)이 왜 성립할까? 꽤나 멋진, 그리고 우리의 이해 범위를 그리 크게 벗어나지는 않는 이유가 있다. $0 \le m < n \le x$인 진분수 m/n은 총 $\frac{1}{2} \lfloor x \rfloor \lfloor 1 + x \rfloor$개이다. 우변이 바로 그것이다. 그리고 $\gcd(m,n) = d$를 만족하는 그런 분수는 $\Phi(x/d)$개이다. 그런 분수 들의 m을 $m'd$로, n을 $n'd$로 대체하고 나면 $0 \le m' < n' \le x/d$인 m'/n'이 되기 때문이다. 즉, 우변은 좌변과 같은 분수들을 다른 방식으로 세는 것일 뿐이며, 따라서 이 항등식은 반드시 참이다.

식 (4.59)와 식 (4.60)을 좀 더 명확하게 이해하기 위해, 상황을 좀 더 자세히 살펴보자. $\Phi(x)$의 정의에 따라 $\Phi(x) = \Phi(\lfloor x \rfloor)$이다. 그런데 알고 보면, $\Phi(x)$를 정수뿐만 아니라 임의의 실수에 대해서도 정의하면 편리하다. 다음은 몇 가지 정숫 값들에서의 이 함수의 값들이다.

(알고리즘 분석에서 마주치는 여러 점화식에 이러한 실수로 의 확장이 유용하게 쓰인다.)

n	0	1	2	3	4	5	6	7	8	9	10	11	12
$\varphi(n)$	–	1	1	2	2	4	2	6	4	6	4	10	4
$\Phi(n)$	0	1	2	4	6	10	12	18	22	28	32	42	46

예를 들어 $x = 12$일 때 식 (4.60)이 실제로 성립하는지 확인해 보자.

$$\Phi(12) + \Phi(6) + \Phi(4) + \Phi(3) + \Phi(2) + \Phi(2) + 6 \cdot \Phi(1)$$
$$= 46 + 12 + 6 + 4 + 2 + 2 + 6 = 78 = \frac{1}{2} \cdot 12 \cdot 13.$$

놀랍다.

사실 뫼비우스는 식 (4.56)이 아니라 식 (4.61) 때문에 뫼비우스 함수를 고안했다. [273]

항등식 (4.60)을 $\Phi(x)$에 대한 하나의 '암묵적 점화식(implicit recurrence)'으로 간주할 수 있다. 예를 들어 $m < 12$인 $\Phi(m)$의 어떤 값들로부터 $\Phi(12)$를 계산할 수 있음을 방금 보았다. 그리고 뫼비우스 함수의 또 다른 성질을 이용하면 이런 점화식의 해를 구할 수 있다. 바로, 다음과 같은 성질이다.

$$g(x) = \sum_{d \geq 1} f(x/d) \quad \Leftrightarrow \quad f(x) = \sum_{d \geq 1} \mu(d)\, g(x/d). \tag{4.61}$$

이러한 반전 법칙(inversion law)은 $\sum_{k,d \geq 1} |f(x/kd)| < \infty$를 만족하는 모든 함수 f에 대해 성립한다. $g(x) = \sum_{d \geq 1} f(x/d)$라고 하자. 그러면

$$\sum_{d \geq 1} \mu(d)\, g(x/d) = \sum_{d \geq 1} \mu(d) \sum_{k \geq 1} f(x/kd)$$
$$= \sum_{m \geq 1} f(x/m) \sum_{d,k \geq 1} \mu(d)[m = kd]$$
$$= \sum_{m \geq 1} f(x/m) \sum_{d \backslash m} \mu(d) = \sum_{m \geq 1} f(x/m)[m = 1] = f(x)$$

이다. 다른 방향으로의 증명도 본질적으로 이와 같다.

이제 이를 이용해서 $\Phi(x)$에 대한 점화식 (4.60)의 해를 구해 보자.

$$\Phi(x) = \frac{1}{2} \sum_{d \geq 1} \mu(d) \lfloor x/d \rfloor \lfloor 1 + x/d \rfloor. \tag{4.62}$$

이는 항상 유한합이다. 이를테면

$$\Phi(12) = \frac{1}{2}(12 \cdot 13 - 6 \cdot 7 - 4 \cdot 5 + 0 - 2 \cdot 3 + 2 \cdot 3$$
$$- 1 \cdot 2 + 0 + 0 + 1 \cdot 2 - 1 \cdot 2 + 0)$$
$$= 78 - 21 - 10 - 3 + 3 - 1 + 1 - 1 = 46$$

이다. 제9장에서는 식 (4.62)를 이용해서 $\Phi(x)$의 좋은 근사를 구하는 방법이 나온다. 사실 그 부분에서는 1874년에 메르텐스가 밝힌[270] 다음과 같은 결과를 증명해 볼 것이다.

$$\Phi(x) = \frac{3}{\pi^2} x^2 + O(x \log x).$$

이 정의는 함수 $\Phi(x)$가 "매끄럽게" 증가함을 말해준다. 이는 $\varphi(k)$의 변덕스러운 습성이 평균에 의해 완화되기 때문이다.

저번 장에서 확립한 전통에 따라, 지금까지 살펴본 내용의 대부분이 적용될 뿐만 아니라 다음 장의 내용과도 연결되는 문제 하나로 이번 장을 마무리하기로 하겠다. 서로 다른 n가지 색으로 된 구슬들이 있다고 하자. 목표는, 그 구슬들을 한 줄로 꿰어서 길이(구슬 개수)가 m인 원형의 목걸이를 만드는 방법의 수를 세는 것이다. 이 문제에 '명명정복' 전략을 적용해서, 서로 다른 목걸이의 수(즉, 그런 식으로 목걸이를 만드는 방법의 수)를 $N(m,n)$이라고 표기하기로 하자.

예를 들어 구슬 색깔이 빨간색(R)과 검은색(B) 두 가지고 목걸이 길이가 4이면, 목걸이를 만드는 방법의 수는 $N(4,2)=6$이다.

목걸이를 회전해도 목걸이가 변하지는 않으므로, 여기에 나오지 않는 다른 방법들은 모두 여기에 나온 것과 동등하다. 그러나 반사(뒤집기)는 서로 다른 목걸이로 간주해야 한다. 예를 들어 $m=6$일 때

서로 다른 목걸이이다. 이런 구성들을 세는 문제는 P. A. 맥머흔[MacMahon]이 1892년에 처음으로 풀었다.[264]

지금 당장 $N(m,n)$에 대한 점화식이 떠오르지는 않는다. 대신, 각 목걸이를 m가지 방식으로 끊어서 직선의 문자열 조각들로 나누어 보자. 예를 들어 $m=4$이고 $n=2$일 때 다음과 같은 문자열들을 만들어 낼 수 있다.

```
RRRR    RRRR    RRRR    RRRR
RRBR    RRRB    BRRR    RBRR
RBBR    RRBB    BRRB    BBRR
RBRB    BRBR    RBRB    BRBR
RBBB    BRBB    BBRB    BBBR
BBBB    BBBB    BBBB    BBBB
```

이 $mN(m,n)$개의 문자열들의 배열에는 가능한 n^m가지·패턴들이 각각 적어도 한 번씩은 나타난다. 여러 번 나타나는 패턴도 있다. $a_0 \ldots a_{m-1}$ 패턴이 몇 번이나 나타날까? 이는 쉬운 문제이다. 그 횟수는 원래의 패턴 $a_0 \ldots a_{m-1}$과 동일한 패턴을 산출하는 순환 자리이동 $a_k \ldots a_{m-1} a_0 \ldots a_{k-1}$들의 개수이다. 예를 들어 $BRBR$는 두 번 나타나는데, 왜냐하면 $BRBR$을 포함하는 목걸이를 잘랐을 때 네 개의 순환 자리이동 $(BRBR, RBRB, BRBR, RBRB)$가 나오는 방법은 네 가지이기 때문이다. 그중 둘은 $BRBR$ 자체와 동일하다. 이상의 논법에 의해 다음이 증명된다.

$$mN(m,n) = \sum_{a_0,\ldots,a_{m-1}\in S_n} \sum_{0\le k<m} \left[a_0 \ldots a_{m-1} = a_k \ldots a_{m-1} a_0 \ldots a_{k-1} \right]$$
$$= \sum_{0\le k<m} \sum_{a_0,\ldots,a_{m-1}\in S_n} \left[a_0 \ldots a_{m-1} = a_k \ldots a_{m-1} a_0 \ldots a_{k-1} \right].$$

여기서 S_n은 서로 다른 n가지 색상들의 집합이다.

그럼 k가 주어졌을 때 $a_0 \ldots a_{m-1} = a_k \ldots a_{m-1} a_0 \ldots a_{k-1}$을 만족하는 패턴이 몇 개인지 살펴보자. 예를 들어 $m = 12$이고 $k = 8$일 때 다음 방정식의 해의 개수를 구하고자 한다.

$$a_0 a_1 a_2 a_3 a_4 a_5 a_6 a_7 a_8 a_9 a_{10} a_{11} = a_8 a_9 a_{10} a_{11} a_0 a_1 a_2 a_3 a_4 a_5 a_6 a_7.$$

양변을 비교해 보면 $a_0 = a_8 = a_4$이고 $a_1 = a_9 = a_5, a_2 = a_{10} = a_6, a_3 = a_{11} = a_7$임을 알 수 있다. 따라서 a_0, a_1, a_2, a_3의 값들을 선택하는 방법은 n^4가지이고, 나머지 a들은 그 값들에 따라 결정된다. 어디서 본 문제 같지 않은가? 일반화하면, 방정식

$$a_j = a_{(j+k) \bmod m}, \quad 0 \le j < m \text{에 대해}$$

의 해들은 $l = 1, 2, \ldots$에 대해 a_j와 $a_{(j+kl) \bmod m}$이 상등이 되게 한다. 그리고, $d = \gcd(k,m)$이라 할 때 m을 법으로 한 k의 배수들이 $\{0, d, 2d, \ldots, m-d\}$임은 이미 알고 있다. 따라서 일반적인 해법은, $a_0, \ldots, a_{d-1}$을 독립적으로 선택하고 $d \le j < m$에 대해 $a_j = a_{j-d}$로 두는 것이다. 해의 개수는 n^d이다.

방금 우리는 다음을 증명했다.

$$mN(m,n) = \sum_{0\le k<m} n^{\gcd(k,m)}.$$

이 합에는 $d \backslash m$인 n^d개의 항들만 있으므로, 합을 더 단순하게 만드는 것이 가능하다. $d = \gcd(k,m)$을 대입하면 다음이 나온다.

$$N(m,n) = \frac{1}{m} \sum_{d \setminus m} n^d \sum_{0 \le k < m} [d = \gcd(k,m)]$$

$$= \frac{1}{m} \sum_{d \setminus m} n^d \sum_{0 \le k < m} [k/d \perp m/d]$$

$$= \frac{1}{m} \sum_{d \setminus m} n^d \sum_{0 \le k < m/d} [k \perp m/d].$$

(k가 d의 배수임이 틀림없으므로, k/d를 k로 대체해도 된다.) 마지막으로, 정의에 의해 $\sum_{0 \le k < m/d} [k \perp m/d] = \varphi(m/d)$이다. 정리하면 다음과 같은 공식이 나오는데, 이것이 바로 맥머흔이 구한 공식이다.

$$N(m,n) = \frac{1}{m} \sum_{d \setminus m} n^d \varphi\left(\frac{m}{d}\right) = \frac{1}{m} \sum_{d \setminus m} \varphi(d) n^{m/d}. \tag{4.63}$$

예를 들어 $m=4$이고 $n=2$일 때 목걸이의 수는 $\frac{1}{4}(1 \cdot 2^4 + 1 \cdot 2^2 + 2 \cdot 2^1) = 6$인데, 이는 앞에서 한 추측과 일치한다.

그런데 맥머흔의 합으로 정의되는 $N(m,n)$의 값은 하나는 정수이다! 이 점이 자명하게 이해되지는 않을 것이다. 그럼, 목걸이와 관련된 것이라는 힌트를 사용하지 않고 다음을 직접 증명해보자.

$$\sum_{d \setminus m} \varphi(d) n^{m/d} \equiv 0 \pmod{m}. \tag{4.64}$$

m이 소수인 특수 경우에서 이 합동식은 $n^p + (p-1)n \equiv 0 \pmod{p}$로 축약된다. 즉, $n^p \equiv n$이 되는 것이다. 식 (4.48)에서 보았듯이, 이 합동식은 페르마의 정리의 또 다른 형태이다. 따라서 식 (4.64)는 $m=p$일 때 성립한다. 이를, 페르마의 정리를 법이 소수가 아닌 경우로 확장한 것이라고 간주할 수 있다. (식 (4.50)에 나온 오일러의 일반화는 이와는 다른 것이다.)

앞에서 우리는 식 (4.64)를 모든 소수 법에 대해 증명했다. 그럼 남아 있는 가장 작은 사례인 $m=4$의 경우를 살펴보자. 다음을 증명해야 한다.

$$n^4 + n^2 + 2n \equiv 0 \pmod{4}.$$

짝수 경우와 홀수 경우를 따로 고찰하면 쉽게 증명할 수 있다. 만일 n이 짝수이면 좌변의 세 항은 모두 4를 법으로 하여 0과 합동이며, 세 항의 합도 0과 합동이다. n이 홀수이면 n^4과 n^2은 각각 1과 합동이고, $2n$은 2와 합동이다. 그러므로 좌변은 4를 법으로 하여 $1+1+2$와 합동이며, 따라서 0과 합동이다. 이로써 증명이 끝났다.

이번에는 조금 과감하게 $m = 12$인 경우에 도전해 보자. 이러한 m의 값은 상당히 작긴 하지만 인수가 많다는 점에서, 그리고 인수 중에 소수의 제곱이 있다는 점에서 흥미롭다. (또한, 12에 대한 증명을 일반적인 m에 대한 증명으로 일반화할 수 있을 가능성도 크다.) 우리가 증명해야 할 합동식은 다음과 같다.

$$n^{12} + n^6 + 2n^4 + 2n^3 + 2n^2 + 4n \equiv 0 \pmod{12}.$$

어떻게 증명해야 할까? 식 (4.42)에 의해, 이 합동식이 성립할 필요충분조건은 이 합동식이 법 3과 법 4에 대해서도 성립한다는 것이다. 그럼 이 합동식이 법 3에 대해 성립하는지 증명해보자. 합동식 (4.64)는 소수들에 대해 성립하므로, $n^3 + 2n \equiv 0 \pmod 3$이다. 세심하게 살펴보면, 이 사실을 이용해서 더 큰 합의 항들을 다음과 같이 묶을 수 있음을 알 수 있다.

$$\begin{aligned} n^{12} + n^6 &+ 2n^4 + 2n^3 + 2n^2 + 4n \\ &= (n^{12} + 2n^4) + (n^6 + 2n^2) + 2(n^3 + 2n) \\ &\equiv 0 + 0 + 2 \cdot 0 \equiv 0 \pmod 3. \end{aligned}$$

따라서 이 합동식은 법 3에 대해 성립한다.

이제 증명의 절반이 끝났다. 법 4에 대한 합동도 같은 요령으로 증명할 수 있다. 앞에서 증명한 $n^4 + n^2 + 2n \equiv 0 \pmod 4$를 이용해서 항들을 묶으면 다음과 같다.

$$\begin{aligned} n^{12} + n^6 &+ 2n^4 + 2n^3 + 2n^2 + 4n \\ &= (n^{12} + n^6 + 2n^3) + 2(n^4 + n^2 + 2n) \\ &\equiv 0 + 2 \cdot 0 \equiv 0 \pmod 4. \end{aligned}$$

QED: Quite Easily Done (꽤 쉽게 끝났음).

따라서 $m = 12$인 경우에 대한 증명도 끝났다. QED.

지금까지 식 (4.6.4)의 합동식을 소수 m과 $m = 4$, $m = 12$에 대해 증명했다. 그럼 소수 거듭제곱들에 대해 증명해 보자. 간결함을 위해, 어떤 소수 p에 대해 $m = p^3$이라고 가정하겠다. 그러면 식 (4.64)의 좌변은 다음이 된다.

$$\begin{aligned} n^{p^3} &+ \varphi(p)n^{p^2} + \varphi(p^2)n^p + \varphi(p^3)n \\ &= n^{p^3} + (p-1)n^{p^2} + (p^2 - p)n^p + (p^3 - p^2)n \\ &= (n^{p^3} - n^{p^2}) + p(n^{p^2} - n^p) + p^2(n^p - n) + p^3 n. \end{aligned}$$

만일 $n^{p^3} - n^{p^2}$이 p^3으로 나누어떨어지고 $n^{p^2} - n^p$이 p^2으로, $n^p - n$이 p로 나누어떨어짐을 증명한다면 합동식이 p^3을 법으로 하여 0과 합동임을 보일 수 있다. 이는,

전자가 참이라는 것은 전체가 p^3으로 나누어떨어진다는 뜻이기 때문이다. 페르마 정리의 또 다른 형태에 의해 $n^p \equiv n \pmod{p}$이다. 따라서 p는 $n^p - n$을 나눈다. 그러므로, 다음을 만족하는 어떤 정수 q가 존재한다.

$$n^p = n + pq.$$

이 등식의 양변을 지수 p로 거듭제곱하고 우변을 이항정리(제5장에서 만나게 된다)에 따라 전개해서 정리하면 다음이 나온다.

$$n^{p^2} = (n+pq)^p = n^p + (pq)^1 n^{p-1}\binom{p}{1} + (pq)^2 n^{p-2}\binom{p}{2} + \cdots$$
$$= n^p + p^2 Q$$

여기서 Q는 다른 어떤 정수이다. 둘째 항에서 $\binom{p}{1} = p$이므로, 그리고 $(pq)^2$의 한 인수가 그 이후의 모든 항에 나타나므로, p^2의 한 인수를 바깥으로 꺼낼 수 있다. 따라서 $n^{p^2} - n^p$는 p^2로 나누어떨어진다.

앞의 등식의 양변을 이번에도 지수 p로 거듭제곱해서 전개하고 적절히 정리해서 다음을 얻는다. Q는 또 다른 어떤 정수이다.

$$n^{p^3} = (n^p + p^2 Q)^p$$
$$= n^{p^2} + (p^2 Q)^1 n^{p(p-1)}\binom{p}{1} + (p^2 Q)^2 n^{p(p-2)}\binom{p}{2} + \cdots$$
$$= n^{p^2} + p^3 Q.$$

따라서 $n^{p^3} - n^{p^2}$은 p^3으로 나누어떨어진다. 이는 p^3가 식 (4.64)의 우변을 나눈다는 뜻이므로, $m = p^3$인 경우에 대한 증명이 끝났다.

더 나아가서, 어떤 마지막(글꼴이 다 떨어져서 마지막이다) 정수 ☊에 대해

$$n^{p^k} = n^{p^{k-1}} + p^k ☊$$

임을 귀납법으로 증명할 수 있다. 따라서 다음이 성립한다.

$$n^{p^k} \equiv n^{p^{k-1}} \pmod{p^k}, \quad k > 0 \text{에 대해.} \tag{4.65}$$

그러므로 식 (4.64)의 좌변, 즉

$$(n^{p^k} - n^{p^{k-1}}) + p(n^{p^{k-1}} - n^{p^{k-2}}) + \cdots + p^{k-1}(n^p - n) + p^k n$$

은 p^k으로 나누어떨어지며, 따라서 p^k을 법으로 하여 0과 합동이다.

이제 거의 다 왔다. 방금 우리는 식 (4.64)를 소수 거듭제곱에 대해 증명했다. 남은 것은, 합동식이 m_1과 m_2에 대해 참이라는 가정하에서 $m_1 \perp m_2$인 $m = m_1 m_2$에 대해 합동식이 성립함을 증명하는 것이다. 앞에서 $m = 12$인 경우를 $m = 3$과 $m = 4$인 경우로 분해해서 성공적으로 증명을 마친 경험이 있으니, 이번에도 그런 접근방식이 잘 통할 것이다.

앞에서 보았듯이 φ 함수는 곱셈적 함수이다. 따라서 다음이 성립한다.

$$\sum_{d \backslash m} \varphi(d) n^{m/d} = \sum_{d_1 \backslash m_1, d_2 \backslash m_2} \varphi(d_1 d_2) n^{m_1 m_2 / d_1 d_2}$$
$$= \sum_{d_1 \backslash m_1} \varphi(d_1) \left(\sum_{d_2 \backslash m_2} \varphi(d_2) \left(n^{m_1/d_1} \right)^{m_2/d_2} \right).$$

그런데, 식 (4.64)가 m_2에 대해 성립한다고 가정했으므로, 안쪽 합은 m_2을 법으로 하여 0과 합동이다. 따라서 전체 합은 m_2를 법으로 하여 0과 합동이다. 대칭 논법에 의해, 전체 합이 m_1을 법으로 하여 0과 합동이기도 하다. 따라서 식 (4.42)는 m을 법으로 하여 0과 합동이다. QED.

연습문제

몸풀기

1 $1 \le k \le 6$이라 할 때, 약수가 정확히 k개인 가장 작은 양의 정수는 무엇인가?

2 $\gcd(m,n) \cdot \mathrm{lcm}(m,n) = m \cdot n$임을 증명하고, 이 항등식을 이용해서 $\mathrm{lcm}(m,n)$을 $\mathrm{lcm}(n \bmod m, m)$으로 표현하라. 단, $n \bmod m \ne 0$이다. 힌트: 식 (4.12)와 식 (4.14), 식 (4.15)를 사용할 것.

3 $\pi(x)$가 x보다 크지 않은 소수들의 개수라고 하자. 다음을 증명 또는 반증하라.

$$\pi(x) - \pi(x-1) = [x \text{는 소수}].$$

4 슈테른-브로코 구축법을 $\left(\frac{0}{1}, \frac{1}{0} \right)$이 아니라 다섯 분수 $\left(\frac{0}{1}, \frac{1}{0}, \frac{0}{-1}, \frac{-1}{0}, \frac{0}{1} \right)$으로 시작하면 어떻게 될까?

5 L과 R이 식 (4.33)에 나온 2×2 행렬들이라 할 때, L^k과 R^k을 나타내는 간단한 공식을 구하라.

6 '$a \equiv b \pmod 0$'은 무슨 뜻인가?

7 요세푸스 문제에서처럼, 1부터 10까지의 번호가 매겨진 사람 열 명이 원을 형성하고 있으며 매 m번째 사람이 처형된다고 하자. (m의 값이 10보다 훨씬 클 수 있다.) 임의의 k에 대해, 처음으로 처형되는 세 사람의 번호가 $10, k, k+1$(이 순서대로)일 수는 없음을 증명하라.

8 본문에서 고찰한 잉여 수체계 $(x \bmod 3, x \bmod 5)$에는 13이 그와 모습이 거의 같은 $(1,3)$에 대응된다는 신기한 성질이 있다. 그런 우연의 일치가 발생하는 모든 사례를, 열 다섯 가지 잉여 쌍들을 전부 계산하지 않고도 찾아내는 방법을 설명하라. 다른 말로 하면, 다음 합동식들의 해들 중 이 문제와 관련된 모든 해를 구하라.

$$10x + y \equiv x \pmod 3, \quad 10x + y \equiv y \pmod 5.$$

힌트: $10u + 6v \equiv u \pmod 3$이고 $10u + 6v \equiv v \pmod 5$라는 사실을 활용할 것.

9 $(3^{77} - 1)/2$가 홀수이자 합성수임을 보여라. 힌트: $3^{77} \bmod 4$는 무엇인가?

10 $\varphi(999)$를 계산하라.

11 다음과 같은 성질을 가진 함수 $\sigma(n)$을 구하라.

$$g(n) = \sum_{0 \le k \le n} f(k) \quad \Leftrightarrow \quad f(n) = \sum_{0 \le k \le n} \sigma(k) g(n-k).$$

(이는 뫼비우스 함수와 비슷하다. 식 (4.56)을 보라.)

12 공식 $\sum_{d \backslash m} \sum_{k \backslash d} \mu(k) g(d/k)$를 단순화하라.

13 임의의 $m > 1$에 대해 m^2으로 나누어떨어지지 않는 양의 정수 n을 가리켜 제곱 인수가 없는(squarefree) 정수라고 부른다. n이 제곱 인수가 없는 정수일 필요충분조건을 구해서

a n의 소수-지수 표현(식 (4.11))으로 표현하고,

b $\mu(n)$으로 표현하라.

기초

14 다음을 증명 또는 반증하라.

a $\gcd(km, kn) = k \gcd(m, n)$.

b $\text{lcm}(km, kn) = k \text{lcm}(m, n)$.

15 모든 소수가 어떤 유클리드 수 e_n의 한 인수로 나타나는가?

16 처음 n개의 유클리드 수들의 역수들의 합은 무엇인가?

17 f_n이 '페르마 수' $2^{2^n}+1$이라고 하자. 만일 $m < n$이면 $f_m \perp f_n$임을 증명하라.

18 만일 2^n+1이 소수이면 n이 2의 거듭제곱임을 보여라.

19 n이 양의 정수일 때 다음 항등식들을 증명하라.

$$\sum_{1 \le k < n} \left\lfloor \frac{\varphi(k+1)}{k} \right\rfloor = \sum_{1 < m \le n} \left\lfloor \left(\sum_{1 \le k < m} \lfloor (m/k)/\lceil m/k \rceil \rfloor \right)^{-1} \right\rfloor$$
$$= n-1-\sum_{k=1}^{n} \left\lceil \left\{ \frac{(k-1)!+1}{k} \right\} \right\rceil.$$

힌트: 함정 문제이다. 답은 상당히 간단하다.

20 모든 양의 정수 n에 대해, $n < p \le 2n$을 만족하는 소수 p가 존재한다. (이것은 본질적으로 베르트랑 공준(Bertrand's postulate)에 해당한다. 이 공준을 조제프 베르트랑[Joseph Bertrand]이 1845년에 $n < 3000000$에 대해 증명했고, 1850년에는 체비쇼프[Chebyshev]가 모든 n에 대해 증명했다.) 베르트랑 공준을 이용해서, 다음 수들이 모두 소수임을 만족하는 상수 $b \approx 1.25$가 존재함을 증명하라.

$$\lfloor 2^b \rfloor, \ \lfloor 2^{2^b} \rfloor, \ \lfloor 2^{2^{2^b}} \rfloor, \ \dots$$

21 P_n이 n번째 소수라고 하자. 다음을 만족하는 상수 K를 구하라.

$$\left\lfloor (10^{n^2} K) \bmod 10^n \right\rfloor = P_n.$$

사시斜視 판정 문제인가?

22 수 1111111111111111111이 소수라고 하자. 임의의 기수 b에 대해, $(11 \dots 1)_b$는 오직 1들의 개수가 소수일 때만 소수일 수 있음을 증명하라.

23 본문에서 $\epsilon_2(n!)$을 논의할 때 나온 눈금자 함수 $\rho(k)$를 정의하는 점화식을 제시하라. 그리고 $\rho(k)$가 n 원반 하노이의 탑을 2^n-1회의 원반 이동으로 옮긴다고 할 때 k번째로 이동한(여기서 $1 \le k \le 2^n-1$) 원반과 관련이 있음을 보여라.

엄마, 나 곁눈질 덧셈 (sideways addition) 할 줄 알아.

24 $\epsilon_p(n!)$을 $\nu_p(n)$(즉, n의 기수 p 표현의 숫자들의 합)으로 표현하라. 이는 곧 식 (4.24)의 일반화이다.

25 만일 $m \setminus n$이고 $m \perp n/m$이면, m이 n을 완전히 나눈다(exactly divide)고 말하고 $m \setminus\!\!\setminus n$으로 표기한다. 예를 들어 본문의 계승 인수에 관한 논의에서 $p^{\epsilon_p(n!)} \setminus\!\!\setminus n!$이다. 다음을 증명 또는 반증하라.

   a $k \setminus\!\!\setminus n$ 그리고 $m \setminus\!\!\setminus n$ $\Leftrightarrow$ $km \setminus\!\!\setminus n$, 만일 $k \perp m$이면.

   b 모든 $m, n > 0$에 대해 $\gcd(m,n) \setminus\!\!\setminus m$이거나 $\gcd(m,n) \setminus\!\!\setminus n$이다.

26 $mn \leq N$을 만족하고 음수가 아닌 모든 기약분수 m/n의 수열 $\mathcal{G}_N$을 고찰한다. 예를 들어

$$\mathcal{G}_{10} = \frac{0}{1}, \frac{1}{10}, \frac{1}{9}, \frac{1}{8}, \frac{1}{7}, \frac{1}{6}, \frac{1}{5}, \frac{1}{4}, \frac{1}{3}, \frac{2}{5}, \frac{1}{2}, \frac{2}{3}, \frac{1}{1}, \frac{3}{2}, \frac{2}{1}, \frac{5}{2}, \frac{3}{1}, \frac{4}{1}, \frac{5}{1}, \frac{6}{1}, \frac{7}{1}, \frac{8}{1}, \frac{9}{1}, \frac{10}{1}$$

이다. $\mathcal{G}_N$에서 m/n이 m'/n' 바로 앞의 분수이면 항상 $m'n - mn' = 1$일까?

27 슈테른-브로코 수체계에서 L들과 R들의 문자열로 표현된 두 유리수의 대소를 비교하는 간단한 규칙을 제시하라.

28 π의 슈테른-브로코 표현은 다음과 같다.

$$\pi = R^3 L^7 R^{15} LR^{292} LRLR^2 LR^3 LR^{14} L^2 R \ldots .$$

이를 이용해서, 분모가 50보다 작은 π의 가장 간단한 유리수 근사들을 모두 구하라. $\frac{22}{7}$가 그중 하나인가?

29 본문에서 $[0..1)$ 구간의 이진 실수 $x = (.b_1 b_2 b_3 \ldots)_2$과 $[0..\infty)$ 구간의 슈테른-브로코 실수 $\alpha = B_1 B_2 B_3 \ldots$ 사이의 대응 관계를 설명했다. 만일 x가 α에 대응되고 $x \neq 0$이라면, $1 - x$에 대응되는 수는 무엇인가?

30 다음 명제(중국인의 나머지 정리)를 증명하라: $m_1, \ldots, m_r$이 $1 \leq j < k \leq r$에 대해 $m_j \perp m_k$인 양의 정수들이라고 하자. $m = m_1 \ldots m_r$이라고 하자. 그리고 $a_1, \ldots, a_r, A$가 정수들이라고 하자. 이때 다음을 만족하는 정수 a는 단 하나만 존재한다.

$$a \equiv a_k \pmod{m_k}, \quad 1 \leq k \leq r \text{과 } A \leq a < A + m \text{에 대해.}$$

31 십진 표기법으로 표현된 수는 만일 그 숫자들의 합이 3으로 나누어떨어지면, 그리고 오직 그럴 때만, 3으로 나누어떨어진다. 잘 알려진 이 규칙을 증명하고 일반화하라.

'Euler'는 '오일러'라고 발음하면서 'Euclid'는 왜 '유클리드'라고 발음하는 걸까?

32 식 (4.47)의 증명을 일반화해서 오일러의 정리 식 (4.50)을 증명하라.

33 만일 $f(m)$과 $g(m)$이 곱셈적 함수들이면 $h(m) = \sum_{d \backslash m} f(d)g(m/d)$도 곱셈적 함수임을 보여라.

34 식 (4.56)이 식 (4.61)의 한 특수 경우임을 증명하라.

숙제

35 m과 n이 음이 아닌 정수이고 $m \neq n$이라고 할 때, $I(m,n)$가 다음 관계식을 만족하는 함수라고 하자.

$$I(m,n)m + I(n,m)n = \gcd(m,n).$$

그러면 식 (4.5)에서 $I(m,n) = m'$이고 $I(n,m) = n'$이고, $I(m,n)$의 값은 n을 법으로 하여 m의 역수이다. $I(m,n)$을 정의하는 점화식을 구하라.

36 집합 $Z(\sqrt{10}) = \{m + n\sqrt{10} \mid$ 정수 $m,n\}$을 생각해 보자. $m^2 - 10n^2 = \pm 1$을 만족하는 수 $m + n\sqrt{10}$을 단위(unit)라고 부르는데, 이는 그러한 수에 역수가 존재하기 때문이다(즉, $(m + n\sqrt{10}) \cdot \pm(m - n\sqrt{10}) = 1$이다). 예를 들어 $3 + \sqrt{10}$은 하나의 단위이고, $19 - 6\sqrt{10}$도 하나의 단위이다. 서로 소거되는 두 단위의 쌍은 그 어떤 인수분해에도 끼워 넣을 수 있으므로, 그런 단위들은 무시해도 된다. $Z(\sqrt{10})$의 비단위(단위가 아닌 수)들 중 다른 두 비단위의 곱으로 표현할 수 없는 수를 가리켜 소수라고 부른다. 2와 3, $4 \pm \sqrt{10}$이 모두 $Z(\sqrt{10})$의 소수들임을 보여라. 힌트: 만일 $2 = (k + l\sqrt{10})(m + n\sqrt{10})$이면 $4 = (k^2 - 10l^2)(m^2 - 10n^2)$이다. 더 나아가서, 10을 법으로 한 임의의 정수 제곱은 $0, 1, 4, 5, 6, 9$ 중 하나이다.

37 식 (4.17)을 증명하라. 힌트: $e_n - \frac{1}{2} = (e_{n-1} - \frac{1}{2})^2 + \frac{1}{4}$임을 보이고, $2^{-n} \ln(e_n - \frac{1}{2})$을 고찰할 것.

38 만일 $a \perp b$이고 $a > b > 0$이면

$$\gcd(a^m - b^m, a^n - b^n) = a^{\gcd(m,n)} - b^{\gcd(m,n)}, \quad 0 \leq m < n$$

임을 증명하라. (모든 변수는 정수이다.) 힌트: 유클리드 알고리즘을 사용할 것.

39 증가하는 정수 수열

$$m = a_1 < a_2 < \cdots < a_t = n$$

의 $a_1 a_2 \ldots a_t$가이 완전제곱수라는 조건을 만족하는 가장 작은 양의 정수 n을 $S(m)$이라고 부르기로 하자. (만일 m이 완전제곱수이면 $t=1, n=m$으로 둘 수 있다.) 예를 들어 $S(2)=6$이다. 그런 조건을 만족하면서 마지막 항이 가장 작은 수열은 $a_1=2, a_2=3, a_3=6$이기 때문이다. 이 수의 처음 몇 가지 값은 다음과 같다.

n	1	2	3	4	5	6	7	8	9	10	11	12
$S(n)$	1	6	8	4	10	12	14	15	9	18	22	20

$0 < m < m'$이면 항상 $S(m) \neq S(m')$임을 증명하라.

40 n의 기수 p 표현이 $(a_m \ldots a_1 a_0)_p$라고 할 때, 다음을 증명하라.

$$n!/p^{\epsilon_p(n!)} \equiv (-1)^{\epsilon_p(n!)} a_m! \ldots a_1! a_0! \pmod{p}.$$

(좌변은 그냥 $n!$에서 p개의 인수들이 모두 제거된 것이다. $n=p$일 때 이 공식은 윌슨의 정리로 축약된다.)

윌슨의 정리:
"마사, 저 꼬마 녀석은 골칫거리야."

41 다음을 증명하라.

a 만일 $p \bmod 4 = 3$이면, p가 n^2+1을 나눈다는 조건을 만족하는 정수 n이 존재하지 않음을 보여라. 힌트: 페르마의 정리를 사용할 것.

b 그러나 만일 $p \bmod 4 = 1$이면 그런 정수가 존재함을 보여라. 힌트: $(p-1)!$을 $\prod_{k=1}^{(p-1)/2} k(p-k)$로 표현하고, 윌슨의 정리를 생각해 볼 것.

42 두 기약분수 m/n과 m'/n'을 생각해 보자. 둘의 합 $m/n + m'/n'$을 기약분수로 약분했을 때 그 분모가 nn'이 될 필요조건은 $n \perp n'$임을 증명하라. (다른 말로 하면, $(mn' + m'n)/nn'$은 만일 n과 n'에 공약수가 없으면, 그리고 오직 그럴 때만 이미 기약분수임을 증명해야 한다.)

43 슈테른-브로코 트리의 수준 k에 있는 노드는 총 2^k개이다. 그 노드들은 행렬 $L^k, L^{k-1}R, \ldots, R^k$에 대응된다. L^k로 시작해서 $1 \le n < 2^k$에 대해 다음을 연달아 곱해서 그러한 행렬 수열을 얻을 수 있음을 보여라.

$$\begin{pmatrix} 0 & -1 \\ 1 & 2\rho(n)+1 \end{pmatrix}$$

여기서 $\rho(n)$은 눈금자 함수이다.

라디오 아나운서:
"...투수 마크 르쉬프가 2루타를 쳤습니다! 타율이 .080인 마크의 올해 두 번째 안타!"
뭐가 잘못 되었을까?

44 평균 타율이 .316인 야구 선수의 타수가 적어도 19임을 증명하라. (만일 타수가 n이고 안타수가 m이면, $m/n \in [0.3155..0.3165)$이다.)

45 9376라는 수는 다음과 같은 독특한 재생산 성질을 가지고 있다.

$$9376^2 = 87909376.$$

$x^2 \bmod 10000 = x$를 만족하는 네 자리 수 x는 몇 개인가? $x^2 \bmod 10^n = x$를 만족하는 n자리 수 x는 몇 개인가?

46 다음을 증명하라.

a 만일 $n^j \equiv 1$이고 $n^k \equiv 1 \pmod{m}$이면 $n^{\gcd(j,k)} \equiv 1$임을 증명하라.

b 만일 $n > 1$이면 $2^n \not\equiv 1 \pmod{n}$임을 보여라. 힌트: n의 최소 소인수를 고찰할 것.

47 만일 $p \setminus (m-1)$인 모든 소수 p에 대해 $n^{m-1} \equiv 1 \pmod{m}$이고 $n^{(m-1)/p} \not\equiv 1 \pmod{m}$이면 m은 소수임을 보여라. 힌트: 이 조건이 성립하면 $1 \le k < m$에 대해 수 $n^k \bmod m$들이 서로 다름을 보일 것.

48 윌슨의 정리 (4.49)를, $m > 1$일 때 수식 $(\prod_{1 \le n < m,\ n \perp m} n) \bmod m$의 값을 밝혀서 일반화하라.

49 $R(N)$이 $1 \le m \le N$, $1 \le n \le N$, $m \perp n$인 정수쌍 (m,n)들의 개수라고 하자.

a $R(N)$을 Φ 함수로 표현하라.

b $R(N) = \sum_{d \ge 1} \lfloor N/d \rfloor^2 \mu(d)$를 증명하라.

50 m이 양의 정수이고

$$\omega = e^{2\pi i/m} = \cos(2\pi/m) + i\sin(2\pi/m)$$

부조화(disunity)의 근원(root)은 무엇인가?

이라고 하자. $\omega^m = e^{2\pi i} = 1$이라는 점에서, ω를 단위원의(또는 1의) m제곱근(mth root of unity)이라고 부른다. 사실, m개의 복소수 $\omega^0, \omega^1, \ldots, \omega^{m-1}$은 각각 단위원의 m제곱근이다. $(\omega^k)^m = e^{2\pi ki} = 1$이기 때문이다. 따라서 $0 \le k < m$에 대해

$z - \omega^k$는 다항식 $z^m - 1$의 한 인수이다. 그런 인수들은 서로 다르므로, 복소수에 관한 $z^m - 1$의 완전한 인수분해는 다음이어야 마땅하다.

$$z^m - 1 = \prod_{0 \le k < m} (z - \omega^k).$$

a $\Psi_m(z) = \prod_{0 \le k < m, k \perp m} (z - \omega^k)$이라고 하자. (이 $\varphi(m)$차 다항식을 m차 원분다항식(cyclotomic polynomial)이라고 부른다.) 다음을 증명하라.

$$z^m - 1 = \prod_{d \backslash m} \Psi_d(z).$$

b $\Psi_m(z) = \prod_{d \backslash m} (z^d - 1)^{\mu(m/d)}$를 증명하라.

시험 문제

51 페르마의 정리 (4.48)을, $(1 + 1 + \cdots + 1)^p$을 다항정리로 전개해서 증명하라.

52 n과 x가 양의 정수들이고, x에는 $\le n$인 약수가 없다고 하자(1은 예외). p는 소수이다. 수 $\{x - 1, x^2 - 1, ..., x^{n-1} - 1\}$ 중 적어도 $\lfloor n/p \rfloor$개가 p의 배수임을 증명하라.

53 $n \backslash \lceil (n-1)!/(n+1) \rceil$을 만족하는 모든 양의 정수 n을 구하라.

54 $1000! \bmod 10^{250}$의 값을 손으로 직접 계산해서 구하라.

55 P_n이 $\prod_{k=1}^{n} k!$, 즉 처음 n개의 계승들의 곱이라고 하자. 모든 양의 정수 n에 대해 P_{2n}/P_n^4이 하나의 정수임을 증명하라.

56 다음이 2의 거듭제곱임을 보여라.

$$\left(\prod_{k=1}^{2n-1} k^{\min(k, 2n-k)} \right) \Big/ \left(\prod_{k=1}^{n-1} (2k+1)^{2n-2k-1} \right).$$

57 $S(m, n)$이 다음을 만족하는 모든 정수 k의 집합이라고 하자.

$$m \bmod k + n \bmod k \ge k.$$

예를 들어 $S(7, 9) = \{2, 4, 5, 8, 10, 11, 12, 13, 14, 15, 16\}$이다. 다음을 증명하라.

$$\sum_{k \in S(m,n)} \varphi(k) = mn.$$

힌트: 우선 $\sum_{1 \le m \le n} \sum_{d \setminus m} \varphi(d) = \sum_{d \ge 1} \varphi(d) \lfloor n/d \rfloor$ 을 증명하고, 그런 다음 $\lfloor (m+n)/d \rfloor - \lfloor m/d \rfloor - \lfloor n/d \rfloor$ 를 고찰할 것.

58 $f(m) = \sum_{d \setminus m} d$ 라고 하자. $f(m)$ 이 2의 거듭제곱일 필요충분조건을 구하라.

보너스 문제

59 만일 $x_1, \ldots, x_n$ 이 $1/x_1 + \cdots + 1/x_n = 1$ 을 만족하는 양의 정수들이면 $\max(x_1, \ldots, x_n) < e_n$ 임을 증명하라. 힌트: 다음과 같은 좀 더 강한 결과를 귀납법으로 증명할 것:

"$x_1, \ldots, x_n$ 이 양의 정수들이고 α 가 $\ge \max(x_1, \ldots, x_n)$ 인 유리수일 때, 만일 $1/x_1 + \cdots + 1/x_n + 1/\alpha = 1$ 이면 $\alpha + 1 \le e_{n+1}$ 이고 $x_1 \ldots x_n(\alpha+1) \le e_1 \ldots e_n e_{n+1}$ 이다." (증명은 자명하지 않다.)

60 식 (4.18)이 항상 소수로만 평가되는 어떤 상수 P 가 존재함을 증명하라. 다음과 같은 (전혀 자명하지 않은) 사실을 사용해도 좋다: $\theta > \frac{6}{11}$ 라고 할 때, 모든 충분히 큰 p 에 대해, p 와 $p + p^\theta$ 사이에 소수가 존재한다.

61 만일 m/n 과 m'/n', m''/n'' 이 $\mathcal{F}_N$ 의 인접한 원소들이면

$$m'' = \lfloor (n+N)/n' \rfloor m' - m,$$
$$n'' = \lfloor (n+N)/n' \rfloor n' - n$$

임을 증명하라. (이 점화식을 이용하면 $\frac{0}{1}$ 과 $\frac{1}{N}$ 로 시작해서 $\mathcal{F}_N$ 의 원소들을 차례로 계산할 수 있다.)

62 이진수 ↔ 슈테른-브로코 대응관계에서, e 에 대응되는 이진수는 무엇인가? (답을 하나의 무한합으로 표현하라. 닫힌 형식으로 평가할 필요는 없다.)

63 이번 장에 나온 방법들만 사용해서, 만일 페르마의 마지막 정리 (4.46)이 거짓이라면, 그 정리가 거짓이 되는 가장 작은 정수 n 이 반드시 소수임을 보여라. ($n = 4$ 일 때 식 (4.46)이 성립한다고 가정해도 좋다.) 더 나아가서, 만일 $a^p + b^p = c^p$ 이 가장 작은 반례라면 어떤 정수 m 에 대해 다음이 성립함을 보여라.

$$a + b = \begin{cases} m^p, & \text{만일 } p \nmid c \text{이면,} \\ p^{p-1} m^p, & \text{만일 } p \setminus c \text{이면.} \end{cases}$$

따라서 $c \geq m^p/2$는 아주 큰 값이어야 한다.

힌트: $x = a + b$로 두고, $\gcd(x, (a^p + (x-a)^p)/x) = \gcd(x, pa^{p-1})$에 주목할 것.

64 N차 퍼스 수열(Peirce sequence) $\mathcal{P}_N$은 $m \geq 0$이고 $n \leq N$인 음이 아닌 모든 분수(기약분수가 아닌 분수들도 포함)가 '<' 또는 '=' 기호로 연결된 무한 기호열이다. 이 기호열은 다음으로 시작해서 재귀적으로 정의된다.

$$\mathcal{P}_1 = \frac{0}{1} < \frac{1}{1} < \frac{2}{1} < \frac{3}{1} < \frac{4}{1} < \frac{5}{1} < \frac{6}{1} < \frac{7}{1} < \frac{8}{1} < \frac{9}{1} < \frac{10}{1} < \cdots.$$

$N \geq 1$에 대해서는, 모든 $k > 0$에 대해 $\mathcal{P}_N$의 kN번째 기호 바로 앞에 다음 두 기호를 삽입해서 $\mathcal{P}_{N+1}$을 만든다.

$$\frac{k-1}{N+1} \ = , \qquad \text{만일 } kN \text{이 홀수이면;}$$
$$\mathcal{P}_{N,kN} \ \frac{k-1}{N+1}, \qquad \text{만일 } kN \text{이 짝수이면.}$$

여기서 $\mathcal{P}_{N,j}$는 $\mathcal{P}_N$의 j번째 기호를 나타내는데, 그 기호는 j가 짝수일 때는 '<' 아니면 '='이고, j가 홀수일 때는 분수이다. 예를 들면 다음과 같다.

$$\mathcal{P}_2 = \frac{0}{2} = \frac{0}{1} = \frac{1}{2} = \frac{2}{2} = \frac{1}{1} < \frac{3}{2} = \frac{4}{2} = \frac{2}{1} < \frac{5}{2} = \frac{6}{2} = \frac{3}{1} < \frac{7}{2} = \frac{8}{2} = \frac{4}{1} < \frac{9}{2} = \frac{10}{2} = \frac{5}{1} < \cdots;$$

$$\mathcal{P}_3 = \frac{0}{2} = \frac{0}{3} = \frac{0}{1} < \frac{1}{3} < \frac{1}{2} < \frac{2}{3} = \frac{2}{2} = \frac{3}{3} = \frac{1}{1} < \frac{4}{3} < \frac{3}{2} < \frac{5}{3} < \frac{4}{2} = \frac{6}{3} = \frac{2}{1} < \frac{7}{3} < \frac{5}{2} < \cdots;$$

$$\mathcal{P}_4 = \frac{0}{2} = \frac{0}{4} = \frac{0}{3} = \frac{0}{1} < \frac{1}{4} < \frac{1}{3} < \frac{2}{4} = \frac{1}{2} < \frac{2}{3} < \frac{3}{4} < \frac{2}{2} = \frac{4}{4} = \frac{3}{3} = \frac{1}{1} < \frac{5}{4} < \frac{4}{3} < \frac{6}{4} = \cdots;$$

$$\mathcal{P}_5 = \frac{0}{2} = \frac{0}{4} = \frac{0}{5} = \frac{0}{3} = \frac{0}{1} < \frac{1}{5} < \frac{1}{4} < \frac{1}{3} < \frac{2}{5} < \frac{2}{4} = \frac{1}{2} < \frac{3}{5} < \frac{2}{3} < \frac{3}{4} < \frac{4}{5} < \frac{2}{2} = \frac{4}{4} = \cdots;$$

$$\mathcal{P}_6 = \frac{0}{2} = \frac{0}{4} = \frac{0}{6} = \frac{0}{5} = \frac{0}{3} = \frac{0}{1} < \frac{1}{6} < \frac{1}{5} < \frac{1}{4} < \frac{2}{6} = \frac{1}{3} < \frac{2}{5} < \frac{2}{4} = \frac{3}{6} = \frac{1}{2} < \frac{3}{5} < \frac{4}{6} = \cdots.$$

(상등인 원소들이 다소 이상한 순서로 출현한다.) 이러한 규칙으로 정의되는 '<' 기호와 '=' 기호가 퍼스 수열의 인접한 분수 사이의 관계를 정확하게 서술함을 증명하라.

연구 문제

65 유클리드 수 e_n은 모두 제곱 인수가 없는 수인가?

66 메르센 수 $2^p - 1$은 모두 제곱 인수가 없는 수인가?

67 $0 < a_1 < \cdots < a_n$인 모든 정수 수열에 대해 $\max_{1 \le j < k \le n} a_k/\gcd(a_j, a_k) \ge n$임을 증명 또는 반증하라.

68 모든 $n \ge 0$에 대해 $\lfloor Q^{2^n} \rfloor$이 소수인 상수 Q가 존재하는가?

69 P_n이 n번째 소수라고 하자. $P_{n+1} - P_n = O(\log P_n)^2$임을 증명 또는 반증하라.

70 $\epsilon_3(n!) = \epsilon_2(n!)/2$를 만족하는 n이 무한히 많은가?

71 증명 또는 반증하라: 만일 $k \ne 1$이면 $2^n \equiv k \pmod{n}$을 만족하는 $n > 1$이 존재한다. 그런 n이 무한히 많은가?

72 증명 또는 반증하라: 모든 정수 a에 대해, $\varphi(n) \setminus (n+a)$를 만족하는 n이 무한히 많이 존재한다.

73 만일 페리 급수

$$\mathcal{F}_n = \langle\ \mathcal{F}_n(0), \mathcal{F}_n(1), ..., \mathcal{F}_n(\Phi(n))\ \rangle$$

의 $\Phi(n)+1$개의 항들이 상당히 고르게 분포되어 있다면, $\mathcal{F}_n(k) \approx k/\Phi(n)$일 것이라고 예상할 수 있다. 그러면 합 $D(n) = \sum_{k=0}^{\Phi(n)} |\mathcal{F}_n(k) - k/\Phi(n)|$은 $\mathcal{F}_n$이 균등성(uniformity)에서 얼마나 벗어나 있는지를 나타내는 하나의 '편차(deviation)'라고 할 수 있다. 모든 $\epsilon > 0$에 대해 $D(n) = O(n^{1/2+\epsilon})$이 참일까?

74 $p \to \infty$에 따른 집합 $\{0! \bmod p, 1! \bmod p, ..., (p-1)! \bmod p\}$에 있는 서로 다른 값들이 근사적으로 몇 개나 될까?

5장

이항계수

잠시 숨을 돌리자. 이전 장에서는 바닥, 천장, 나머지, 피$^\phi$, 뮤$^\mu$ 함수가 관여하는 합들을 비롯한 몇 가지 묵직한 주제를 살펴보았다. 이번 장에서는 이항계수를 공부할 것인데, 나중에 알게 되겠지만 이항계수는 이전 장에서 살펴본 다른 모든 수량보다 (a) 응용에서 더 중요하게 쓰이고, (b) 조작하기도 쉽다.

우리로선 다행입니다!

5.1 기본적인 항등식들

$\binom{n}{k}$라는 기호를 이항계수(binomial coefficient)라고 부르는데, 그 이름은 이번 장에서 나중에 살펴볼 이항정리라는 중요한 성질에서 비롯된 것이다. 조합론적인 해석에서 $\binom{n}{k}$는 원소가 n개인 집합에서 원소가 k개인 부분집합을 선택하는 방법의 수이다. 이를 소리 내어 읽을 때에는 간단하게 "n 선택 $k(n$ choose $k)$"라고 한다. 예를 들어 $\{1,2,3,4\}$에서 2원소 부분집합(원소가 2개인 부분집합)을 선택하는 방법은 총 여섯 가지이다.

또는, 물건 n개에서 k개를 골라서 만드는 조합의 가짓수 라고 말하기도 한다.

$$\{1,2\},\{1,3\},\{1,4\},\{2,3\},\{2,4\},\{3,4\}.$$

따라서 $\binom{4}{2}=6$이다.

수 $\binom{n}{k}$를 좀 더 익숙한 형태로 표현하려면, 먼저 n원소 집합에서 선택한 k원소 수열(부분집합이 아니라)의 개수를 구하는 것이 가장 쉬운 방법이다. 집합과는 달리 수열에서는 원소들의 순서가 의미가 있다. 제4장에서 $n!$이 n개의 객체(object)로 만들 수 있는 순열들의 개수임을 보인 것과 같은 논법을 적용해 보자. 수열의 첫

요소를 선택하는 가짓수는 n이다. 그런 각 선택에 대해, 둘째 원소의 선택 수는 $n-1$이다. 그런 식으로 나아가서, k번째 원소의 선택 가짓수는 $n-k+1$이고, 전체적인 선택의 수는 $n(n-1)\dots(n-k+1) = n^{\underline{k}}$이다. 그런데 각각의 k원소 부분집합에서 원소들을 나열하는 서로 다른 순서는 정확히 $k!$가지이므로, 이 수열들의 개수에는 각 부분집합이 정확히 $k!$번 포함된다. 따라서 수열들의 개수를 $k!$로 나누면 우리가 원하는 답이 나온다.

$$\binom{n}{k} = \frac{n(n-1)\dots(n-k+1)}{k(k-1)\dots(1)}.$$

예를 들어

$$\binom{4}{2} = \frac{4\cdot3}{2\cdot1} = 6$$

인데, 이는 앞에서 부분집합들을 일일이 나열해서 얻은 값과 일치한다.

n을 상지표(upper index), k를 하지표(lower index)라고 부른다. 조합론적 해석에서 이 지표들은 반드시 음이 아닌 정수이어야 한다. 집합의 원소 개수가 음수이거나 분수일 수는 없기 때문이다. 그러나 이항계수는 조합론적 해석 이외에도 용도가 많으므로, 몇 가지 제약을 제거하기로 하겠다. 사실 알고 보면, 상지표가 임의의 실수 (심지어는 복소수)일 수도 있게 하면, 그리고 하지표가 임의의 정수일 수 있게 하면 이항계수가 아주 유용해진다. 이를 반영해서, 이항계수의 공식적인 정의를 다음과 같이 확장하기로 하자.

$$\binom{r}{k} = \begin{cases} \dfrac{r(r-1)\dots(r-k+1)}{k(k-1)\dots(1)} = \dfrac{r^{\underline{k}}}{k!}, & \text{정수 } k \geq 0; \\ 0, & \text{정수 } k < 0. \end{cases} \qquad (5.1)$$

이 정의에는 몇 가지 주목할만한 특징이 있다. 첫째로, 상지표를 n이 아니라 r이라고 표기했다. r이라는 글자는 그 위치에 임의의 실수(real number)가 있어도 이항계수가 유효함을 강조한다. 예를 들어 $\binom{-1}{3} = (-1)(-2)(-3)/(3\cdot2\cdot1) = -1$이다. 이 이항계수는 조합론의 관점에서는 별 의미가 없다. 그러나 $r=-1$이 아주 중요한 특수 사례임을 차차 알게 될 것이다. 또한, $r=-1/2$ 같은 비정수 지표가 유용함도 알게 될 것이다.

둘째로, $\binom{r}{k}$를 r의 k차 다항식으로 볼 수 있다. 이러한 관점이 유용한 경우가 많음을 차차 알게 될 것이다.

셋째로, 하지표가 정수가 아닌 경우에는 이항계수가 정의되지 않는다. 그런 경우에 대해 의미 있는 정의를 부여하는 것이 가능하긴 하지만 용도가 거의 없기 때문에, 이러한 일반화는 이번 장의 후반부로 미루기로 하겠다.

마지막으로 주목할 것은 정의의 우변에 있는 '정수 $k \geq 0$'과 '정수 $k < 0$'이라는 제한 조건들이다. 적용 범위를 명확하게 하기 위해, 이번 장에서 공부할 모든 항등식에는 이런 제한들이 붙는다. 일반적으로 항등식에는 제한이 적을수록 좋다. 가장 유용한 항등식은 제한이 전혀 없는 항등식이기 때문이다. 그렇긴 하지만, 항등식에 적용되는 제한 조건은 그 항등식의 중요한 일부이다. 이항계수를 다룰 때는 기억하기 힘든 제한들을 잠시 무시하고, 나중에 제한 위반이 있는지 점검하는 편이 매번 제한을 점검하기보다 쉽다. 그러나 점검을 아예 빼먹으면 안 된다.

예를 들어 우리가 마주치는 $\binom{n}{n}$들은 거의 모두 1과 상등이므로, $\binom{n}{n}$이 항상 1이라고 생각하기 쉽다. 그러나 정의 (5.1)을 세심히 살펴보면 $\binom{n}{n}$은 $n \geq 0$일 때에만 1이다(n이 정수라고 가정할 때). $n < 0$일 때에는 $\binom{n}{n} = 0$이다. 이런 함정은 우리의 삶을 모험적인 것으로 만들 수 있고, 실제로 그렇게 만든다.

이항계수를 길들이는 데 사용할 항등식들을 살펴보기 전에, 몇 가지 작은 값들을 미리 훔쳐보기로 하자. 표 187의 수들은 파스칼의 삼각형(Pascal's triangle)의 시작 부분을 형성한다.

표 187 파스칼의 삼각형

n	$\binom{n}{0}$	$\binom{n}{1}$	$\binom{n}{2}$	$\binom{n}{3}$	$\binom{n}{4}$	$\binom{n}{5}$	$\binom{n}{6}$	$\binom{n}{7}$	$\binom{n}{8}$	$\binom{n}{9}$	$\binom{n}{10}$
0	1										
1	1	1									
2	1	2	1								
3	1	3	3	1							
4	1	4	6	4	1						
5	1	5	10	10	5	1					
6	1	6	15	20	15	6	1				
7	1	7	21	35	35	21	7	1			
8	1	8	28	56	70	56	28	8	1		
9	1	9	36	84	126	126	84	36	9	1	
10	1	10	45	120	210	252	210	120	45	10	1

파스칼의 삼각형이라는 이름은 이항계수에 관한 영향력 있는 논문 [285]를 쓴 블레즈 파스칼$^{\text{Blaise Pascal}}$(1623-1662)의 이름을 딴 것이다. 표의 빈 항목들은 사실은 0인데, 그런 항목들의 경우 식 (5.1)의 분자에 0이 존재한다. 이를테면 $\binom{1}{2} = (1 \cdot 0)/(2 \cdot 1) = 0$이다. 표의 나머지 부분을 강조하기 위해, 그런 항목들을 빈칸으로 두었다.

처음 세 열의 공식들을 외워 두면 도움이 될 것이다.

동양에서는 파스칼이 태어나기 수세기 전에도 이항계수가 이미 유명했다.[90] 그러나 파스칼이 그런 사실을 알 수는 없었다.

$$\binom{r}{0} = 1, \quad \binom{r}{1} = r, \quad \binom{r}{2} = \frac{r(r-1)}{2}. \tag{5.2}$$

이들은 임의의 실수에 대해 성립한다. ($\binom{n+1}{2} = \frac{1}{2}n(n+1)$이 제1장에서 삼각수에 대해 유도한 공식임을 기억하기 바란다. 표 187의 $\binom{n}{2}$ 열에 있는 것이 바로 삼각수임은 명백하다.) 또한, 파스칼의 삼각형의 처음 다섯 행을 외워 두는 것도 도움이 된다. 그러면 어떤 문제에서 1,4,6,4,1이라는 패턴이 나왔을 때 뭔가 이항계수와 관련이 있을 것이라는 힌트를 얻을 수 있다.

파스칼의 삼각형에 있는 수들은 사실상 무한히 많은 항등식을 만족하기 때문에, 독자가 표를 보고 몇 가지 항등식을 즉시 발견한다고 해도 그리 놀랄 일은 아니다. 예를 들어 파스칼 삼각형에는 '육각형 성질(hexagon property)'이 있다. 표 187의 오른쪽 아래 부근을 보면 84 주위에 여섯 개의 수 56,28,36,120,210,126이 그러한 성질을 보여준다. 그 육각형의 수들을 육각형을 따라 하나 걸러 곱하는 방법은 두 가지인데, 둘 다 같은 값이다. 즉, $56 \cdot 36 \cdot 210 = 28 \cdot 120 \cdot 126 = 423360$이다. 파스칼의 삼각형의 다른 어떤 부분에서 육각형을 취해도 마찬가지이다.

이탈리아에서는 파스칼의 삼각형을 타르탈리아의 삼각형(Tartaglia's triangle)이라고 부른다.

그럼 항등식들을 살펴보자. 이번 절의 목표는 이항계수가 관여하는 실제 문제들의 대다수를 푸는 데 사용할 몇 가지 간단한 규칙을 배우는 것이다.

정의 (5.1)을, 상지표 r이 하지표 k보다 크거나 같은 정수 n인 흔한 경우에 대해 계승을 이용해서 다시 표현한다면 다음과 같다.

"C'est une chose estrange combien il est fertile en proprietez."
— B. 파스칼, [285]

$$\binom{n}{k} = \frac{n!}{k!(n-k)!}, \quad \text{정수 } n \geq k \geq 0. \tag{5.3}$$

이 공식을 얻는 방법은 간단하다. 그냥 식 (5.1)의 분자와 분모에 $(n-k)!$을 곱하면 된다. 이항계수를 이러한 계승 형태로 전개하는 것이 유용한 경우가 종종 있다(이를테면 육각형 성질을 증명할 때). 그 반대로, 계승 형태를 이항계수로 바꾸는 것이 바람직한 경우도 많다.

계승 표현은 파스칼의 삼각형에 존재하는 대칭성을 암시한다. 바로, 각 행이 왼쪽으로 읽든 오른쪽으로 읽든 같다는 것이다. 이항계수에서 k를 $n-k$로 바꾸면, 이 점을 반영하는 소위 대칭 항등식이 나온다.

$$\binom{n}{k} = \binom{n}{n-k}, \quad \begin{matrix} \text{정수 } n \geq 0, \\ \text{정수 } k \end{matrix}. \tag{5.4}$$

이 공식은 조합론에서도 의미가 있다. n가지 사물 중 k개를 선택하는 방법의 수는 선택되지 않은 $n-k$개를 선택하는 방법의 수와 같기 때문이다.

항등식 (5.4)에서 n과 k가 정수이어야 한다는 제한은 당연하다. 각 하지표가 반드시 정수이어야 하기 때문이다. 그런데 n이 음수이면 안 되는 이유는 무엇일까? 예를 들어 $n = -1$이라고 할 때, 등식

$$\binom{-1}{k} \stackrel{?}{=} \binom{-1}{-1-k}$$

가 성립할까? 그렇지는 않다. 예를 들어 $k = 0$일 때 좌변은 1이지만 우변은 0이다. 실제로, 임의의 $k \geq 0$에 대해 좌변은

$$\binom{-1}{k} = \frac{(-1)(-2)\dots(-k)}{k!} = (-1)^k$$

인데, 이는 1 아니면 -1이다. 그러나 하지표가 음수이므로 우변은 0이다. 그리고 k가 음수일 때 좌변은 0이지만 우변은

$$\binom{-1}{-1-k} = (-1)^{-1-k}$$

인데, 이는 1 아니면 -1이다. 따라서 등식 $\binom{-1}{k} = \binom{-1}{-1-k}$는 항상 거짓이다!

대칭 항등식은 다른 모든 음의 정수 n에 대해서도 성립하지 않는다. 안타깝게도 이 제한을 까먹기가 너무나 쉽다. 상지표의 수식이, 그것을 구성하는 변수가 어떤 미묘한(그러나 적법한) 값일 때에만 음수가 되는 경우가 있기 때문이다. 이항계수를 많이 다루어본 사람이라면 누구나 이러한 함정에 적어도 세 번은 **빠진** 적이 있다.

그렇긴 하지만, 대칭 항등식에는 그런 단점을 상쇄하는 커다란 장점이 있다. 바로, k의 모든 값에 대해 성립하다는 것이다. 심지어 $k < 0$이나 $k > n$에 대해서도 성립한다. (그런 경우 양변 모두 0이다.) 그렇지 않은 $0 \leq k \leq n$의 경우에는 식 (5.3)으로부터 대칭 항등식을 직접 이끌어낼 수 있다.

중간고사 때 이런 함정에 빠지지 않길 바랄 뿐.

$$\binom{n}{k} = \frac{n!}{k!\,(n-k)!} = \frac{n!}{(n-(n-k))!\,(n-k)!} = \binom{n}{n-k}.$$

다음으로, 뭔가를 이항계수 안으로 집어 넣거나 밖으로 빼낼 수 있는 항등식을 살펴 보자.

$$\binom{r}{k} = \frac{r}{k}\binom{r-1}{k-1}, \quad \text{정수 } k \neq 0. \tag{5.5}$$

여기서 k에 대한 제한은 0으로 나누기를 방지하기 위한 것이다. 식 (5.5)을 흡수(absorption) 항등식이라고 부르는데, 이항계수 밖에 있는 성가신 변수를 이항계수 안으로 흡수하는 데 이 항등식을 자주 사용하기 때문이다. 이 항등식은 정의 (5.1)로부터 바로 유도된다. $k > 0$일 때에는 $r^{\underline{k}} = r(r-1)^{\underline{k-1}}$이고 $k! = k(k-1)!$이며, $k < 0$일 때 에는 양변 모두 0이기 때문이다.

식 (5.5)의 양변에 k를 곱하면 $k = 0$일 때에도 성립하는 흡수 항등식이 나온다.

$$k\binom{r}{k} = r\binom{r-1}{k-1}, \quad \text{정수 } k. \tag{5.6}$$

이 항등식과 비슷하되 하지표가 변하지 않는 다음과 같은 항등식도 있다.

$$(r-k)\binom{r}{k} = r\binom{r-1}{k}, \quad \text{정수 } k. \tag{5.7}$$

식 (5.7)은 다음과 같이 두 대칭 항등식의 적용 사이에 식 (5.6)의 적용을 샌드위치처 럼 끼워 넣어서 유도할 수 있다.

$$\begin{aligned}
(r-k)\binom{r}{k} &= (r-k)\binom{r}{r-k} & \text{(대칭 항등식에 의해)} \\
&= r\binom{r-1}{r-k-1} & \text{(식 (5.6)에 의해)} \\
&= r\binom{r-1}{k}. & \text{(대칭 항등식에 의해)}.
\end{aligned}$$

그런데 잠깐 멈추자. 앞에서 우리는 항등식이 모든 실수 r에 대해 성립한다고 주장했 지만, 이 유도는 r이 양의 정수일 때에만 성립한다. (대칭법칙 (5.4)를 적법하게 적용하려면 상지표 $r-1$이 음이 아닌 정수이어야 한다.) 우리가 속임수를 쓴 것일까? 아니다. 이 유도가 양의 정수 r에 대해서만 유효하다는 것은 사실이다. 그럼에도 항등식이 r의 모든 값에 대해 성립한다고 주장할 수 있다. 왜냐하면 식 (5.7)의 양변

(뭐, 이곳에서는 아니다.)

은 r의 $k+1$차 다항식이기 때문이다. 차수가 d 이하이고 0이 아닌 다항식에서 서로 다른 0 항들은 d개 이하이다. 따라서 그런 두 다항식의 차이(역시 차수가 d 이하인 다항식이다)의 0 항들은 d개 이하이다(다항식 자체가 0이 아닌 한). 다른 말로 하면, 차수가 d 이하인 두 다항식이 d개 이상의 지점에서 일치한다면, 둘은 모든 곳에서 일치한다. r이 양의 정수이면 항상 $(r-k)\binom{r}{k}=r\binom{r-1}{k}$임은 앞에서 증명했다. 따라서, 이 두 다항식은 무한히 많은 지점에서 일치하며, 따라서 둘은 상등이어야 한다.

앞 문단에 쓰인 증명 기법을 다항식 논법(polynomial argument)이라고 부른다. 이러한 다항식 논법은 여러 항등식을 정수에서 실수로 확장할 때 유용하다. 이런 예를 이후에도 여러 번 보게 될 것이다. 단, 대칭 항등식 (5.4) 같은 일부 항등식은 다항식들 사이의 항등식이 아니므로, 이런 기법을 항상 사용할 수 있는 것은 아니다. 그러나 이런 기법을 적용할 수 있는 형태의 항등식들이 많이 있다.

예를 들어 다음은 또 다른 다항식 항등식인데, 어쩌면 모든 이항계수 항등식 중 가장 중요한 것일 수도 있다. 이를 덧셈 공식(addition formula)이라고 부른다.

$$\binom{r}{k} = \binom{r-1}{k}+\binom{r-1}{k-1}, \quad \text{정수 } k. \tag{5.8}$$

r이 양의 정수일 때 이 덧셈 공식은 파스칼의 삼각형의 모든 수가 이전 행에 있는 두 수(바로 위의 수와 그 수의 바로 왼쪽 수)의 합임을 말해 준다. 그리고 이 공식은 r이 음수이거나 실수, 복소수일 때도 적용된다. 유일한 제한은 k가 정수라는 것이다 (그래야 이항계수가 정의된다).

이 덧셈 공식을 증명하는 한 가지 방법은 r이 양의 정수라고 가정하고 조합론적 해석을 적용하는 것이다. $\binom{r}{k}$가 r원소 집합에서 k원소 부분집합을 선택하는 방법의 수임을 기억할 것이다. 계란 r개의 집합에 썩은 계란이 딱 하나 있다고 하자. 그 집합에서 계란 k개를 선택하는 방법은 $\binom{r}{k}$가지이다. 그리고 그 선택들 중 $\binom{r-1}{k}$개에는 멀쩡한 계란들만 있고, $\binom{r-1}{k-1}$개에는 썩은 계란이 포함되어 있다. 그런 선택들에는 $r-1$개의 멀쩡한 계란 중 $k-1$개가 포함되어 있기 때문이다. 그 두 수를 더하면 식 (5.8)이 된다. 이러한 유도는 r이 양의 정수이고 $k \geq 0$이라고 가정한다. 그런데 $k < 0$일 때에는 식 (5.8)의 양변이 0이 되며, 나머지 모든 경우에서 다항식 논법으로 식 (5.8)을 증명할 수 있다.

또한, 두 흡수 항등식 (5.7)과 (5.6)을 더해서 식 (5.8)을 유도할 수도 있다.

$$(r-k)\binom{r}{k} + k\binom{r}{k} = r\binom{r-1}{k} + r\binom{r-1}{k-1}.$$

좌변을 정리하면 $r\binom{r}{k}$이 되며, 양변을 r로 나누면 식 (5.8)이 나온다. 이러한 유도는 $r = 0$을 제외한 모든 것에 대해 유효하며, $r = 0$인 경우를 증명하는 것도 어렵지 않다.

이런 교묘한 증명들을 발견하기 어렵거나 지루하게 느껴지는 독자라면 이항계수의 정의를 직접 조작해서 식 (5.8)을 유도하는 쪽을 선호할 수도 있겠다. 만일 $k > 0$이면

$$\binom{r-1}{k} + \binom{r-1}{k-1} = \frac{(r-1)^{\underline{k}}}{k!} + \frac{(r-1)^{\underline{k-1}}}{(k-1)!}$$
$$= \frac{(r-1)^{\underline{k-1}}(r-k)}{k!} + \frac{(r-1)^{\underline{k-1}}k}{k!}$$
$$= \frac{(r-1)^{\underline{k-1}}r}{k!} = \frac{r^{\underline{k}}}{k!} = \binom{r}{k}$$

이다. 이전처럼, $k \le 0$인 경우들도 쉽게 처리할 수 있다.

지금까지 덧셈 공식의 세 가지 증명을 보았는데, 셋 다 꽤나 다르다. 이것이 놀랄 일은 아니다. 이항계수에는 유용한 성질들이 아주 많으며, 증명식 하나를 증명하는 데 사용할 수 있는 성질이 여러 개인 경우가 많다.

덧셈 공식은 본질적으로 파스칼 삼각형의 수들에 대한 점화식이다. 그런 만큼, 다른 항등식들을 수학적 귀납법으로 증명할 때 특히나 유용하다. 또한, 점화식을 펼치면 즉시 새로운 항등식이 나타난다. 예를 들어

$$\binom{5}{3} = \binom{4}{3} + \binom{4}{2}$$
$$= \binom{4}{3} + \binom{3}{2} + \binom{3}{1}$$
$$= \binom{4}{3} + \binom{3}{2} + \binom{2}{1} + \binom{2}{0}$$
$$= \binom{4}{3} + \binom{3}{2} + \binom{2}{1} + \binom{1}{0} + \binom{1}{-1}$$

인데, $\binom{1}{-1} = 0$이므로 그 항을 제거하고 전개를 멈출 수 있다. 다음은 이러한 방법을 일반화한 공식이다.

$$\sum_{k \le n} \binom{r+k}{k} = \binom{r}{0} + \binom{r+1}{1} + \cdots + \binom{r+n}{n}$$
$$= \binom{r+n+1}{n}, \quad \text{정수 } n. \tag{5.9}$$

합산의 색인에서 하계 k가 반드시 ≥ 0일 필요는 없음을 주목하기 바란다. 어차피 $k < 0$인 항들은 0이기 때문이다.

이 공식은 하나의 이항계수를 상지표와 하지표 사이의 거리가 같은 다른 이항계수들의 합으로 표현한다. 우리는 하지표가 가장 작은 이항계수를 전개하는 과정을 되풀이해서, 즉 처음에는 $\binom{5}{3}$을, 그 다음에는 $\binom{4}{2}$를, 그 다음에는 $\binom{3}{1}$을, 그 다음에는 $\binom{2}{0}$을 전개해서 이 공식을 찾아냈다. 그런데 그와는 반대의 순서로 전개한다면, 다시 말해 하지표가 가장 큰 것을 거듭 전개하면 어떻게 될까? 그러면

$$
\begin{aligned}
\binom{5}{3} &= \binom{4}{3} + \binom{4}{2} \\
&= \binom{3}{3} + \binom{3}{2} + \binom{4}{2} \\
&= \binom{2}{3} + \binom{2}{2} + \binom{3}{2} + \binom{4}{2} \\
&= \binom{1}{3} + \binom{1}{2} + \binom{2}{2} + \binom{3}{2} + \binom{4}{2} \\
&= \binom{0}{3} + \binom{0}{2} + \binom{1}{2} + \binom{2}{2} + \binom{3}{2} + \binom{4}{2}
\end{aligned}
$$

가 나온다. 이번에는 $\binom{0}{3}$이 0이다(물론 $\binom{0}{2}$와 $\binom{1}{2}$도 0이지만, 이들은 항등식을 더 좋게 만든다). 그리고 이로부터 다음과 같은 일반적인 패턴을 발견할 수 있다.

$$
\begin{aligned}
\sum_{0 \leq k \leq n} \binom{k}{m} &= \binom{0}{m} + \binom{1}{m} + \cdots + \binom{n}{m} \\
&= \binom{n+1}{m+1}, \quad \text{정수 } m, n \geq 0.
\end{aligned}
\tag{5.10}
$$

상지표에 관한 합산이라고 부르는 이 항등식은 하나의 이항계수를 하지표들이 상수인 다른 이항계수들의 합으로 표현한다. 그런데 이번에는 그 합의 하한이 반드시 $k \geq 0$이어야 한다. $k < 0$인 항들이 0이 아니기 때문이다. 또한, 일반적으로 m과 n은 음수가 아니어야 한다.

항등식 (5.10)에는 흥미로운 조합론적 해석이 있다. 0에서 n까지의 번호가 매겨진 $n+1$장의 티켓들의 집합에서 $m+1$개의 티켓을 선택하되 선택된 티켓의 가장 큰 번호가 k가 되도록 선택하는 방법은 $\binom{k}{m}$가지이다.

식 (5.9)와 식 (5.10) 둘 다 덧셈 공식을 이용해서 귀납법으로 증명할 수 있다. 한편, 하나로 다른 하나를 증명하는 것도 가능하다. 예를 들어 식 (5.9)를 식 (5.10)으로 증명해 보자. 이 증명은 이항계수의 몇 가지 공통적인 조작 방법을 보여준다.

전체적인 계획은, 식 (5.9)의 좌변인 $\sum \binom{r+k}{k}$를 적절히 조작해서 식 (5.10)의 좌변인 $\sum \binom{k}{m}$과 비슷한 모습이 되게 하는 것이다. 그런 다음에는 그 항등식을 적용해서 합을 하나의 이항계수로 대체한다. 마지막으로는 계수들을 변환해서 식 (5.9)의 우변이 나오게 한다.

편의상 r과 n이 음이 아닌 정수라고 가정해도 된다. 그런 특수 경우를 증명하고 나면, 다항식 논법을 적용해서 식 (5.9)의 일반적인 경우를 이끌어 낼 수 있다. 그럼 r 대신 m이라고 표기하기로 하자. 그것이 음이 아닌 정수에 더 잘 맞는다. 다음은 앞에서 말한 계획을 체계적으로 수행한 것이다.

$$
\begin{aligned}
\sum_{k \le n} \binom{m+k}{k} &= \sum_{-m \le k \le n} \binom{m+k}{k} \\
&= \sum_{-m \le k \le n} \binom{m+k}{m} \\
&= \sum_{0 \le k \le m+n} \binom{k}{m} \\
&= \binom{m+n+1}{m+1} = \binom{m+n+1}{n}.
\end{aligned}
$$

이 유도를 상세히 살펴보자. 핵심 단계는 대칭법칙 (5.4)를 적용해서 $\binom{m+k}{k}$를 $\binom{m+k}{m}$으로 대체하는 제2행이다. 이러한 치환은 $m+k \ge 0$일 때에만 허용되므로, 첫 행에서는 $k < -m$인 항들이 합에서 제외되도록 k의 범위를 제한했다. (어차피 그 항들은 0이므로 이렇게 해도 적법하다.) 이제 식 (5.10)을 적용할 준비가 거의 끝났다. 제3행은 k를 $k-m$으로 대체하고 합의 범위를 정리해서 식 (5.10)을 적용할 준비를 마친다. 첫 행에서처럼 이 단계는 그냥 $\sum$ 표기를 적당히 주므르는 것일 뿐이다. 이제 상지표에는 k밖에 없고 합의 한계들이 적절한 형태가 되었으므로, 제4행에서 식 (5.10)을 적용한다. 대칭 법칙을 한 번 더 적용하면 유도가 끝난다.

제1장과 제2장에서 공략한 몇몇 합들은 사실 식 (5.10)의, 또는 그 항등식의 다른 형태들의 특수 경우이다. 예를 들어 $m = 1$인 경우는 n까지의 음이 아닌 정수들의 합에 해당한다.

$$
\binom{0}{1} + \binom{1}{1} + \cdots + \binom{n}{1} = 0 + 1 + \cdots + n = \frac{(n+1)n}{2} = \binom{n+1}{2}.
$$

그리고 일반 경우는 제2장에서 본 다음 법칙의 양변을 $m!$으로 나눈 것과 동등하다.

$$
\sum_{0 \le k \le n} k^{\underline{m}} = \frac{(n+1)^{\underline{m+1}}}{m+1}, \quad \text{정수 } m, n \ge 0.
$$

사실, 덧셈 공식 (5.8)에서 r과 k를 각각 $x+1$과 m으로 대체하면 다음이 나온다.

$$\Delta\left(\binom{x}{m}\right) = \binom{x+1}{m} - \binom{x}{m} = \binom{x}{m-1}.$$

따라서, 제2장의 방법들을 적용하면 다음과 같이 편리한 부정합산(indefinite summation) 공식을 얻을 수 있다.

$$\sum \binom{x}{m} \delta x = \binom{x}{m+1} + C. \tag{5.11}$$

이항계수라는 이름은 이항정리^{二項定理}(binomial theorem)에서 온 것이다. 이항정리는 이항식(항이 두 개인 수식) $x+y$의 거듭제곱에 관한 법칙이다. 그럼 이 정리의 가장 작은 사례들을 살펴보자.

$$(x+y)^0 = 1x^0y^0$$
$$(x+y)^1 = 1x^1y^0 + 1x^0y^1$$
$$(x+y)^2 = 1x^2y^0 + 2x^1y^1 + 1x^0y^2$$
$$(x+y)^3 = 1x^3y^0 + 3x^2y^1 + 3x^1y^2 + 1x^0y^3$$
$$(x+y)^4 = 1x^4y^0 + 4x^3y^1 + 6x^2y^2 + 4x^1y^3 + 1x^0y^4.$$

계수들이 파스칼의 삼각형에 나오는 수들과 같다는 점을 눈치채기가 어렵지 않을 것이다. 다음과 같은 거듭제곱을 생각해 보자.

$$(x+y)^n = \overbrace{(x+y)(x+y)\dots(x+y)}^{n개의 \ 인수}.$$

이를 실제로 전개하면, 모든 항은 그 자체로 n개의 인수들의 곱이고, 각 인수는 x 또는 y이다. x가 k개이고 y가 $n-k$개인 항들의 개수는 비슷한 항들을 결합한 후의 x^ky^{n-k}의 계수이다. 그리고 이는 x에 기여할 n개의 이항식들 중에서 k개를 선택하는 방법의 수, 즉 $\binom{n}{k}$이다.

일부 교과서들은 x가 0으로 감소할 때 x^0과 0^x의 한곗값들이 다르다는 이유로 0^0이라는 수량을 정의하지 않고 넘어간다. 그러나 이는 실수이다. $x=0$이거나 $y=0$일 때 또는 $x=-y$일 때에도 이항정리가 유효하려면 다음과 같은 정의가 꼭 필요하다.

$$x^0 = 1, \quad 모든 \ x에 \ 대해.$$

이항정리는 너무나 중요하기 때문에 인위적인 제한을 두는 것은 바람직하지 않다! 반면 0^r이라는 함수는 별로 중요하지 않다. ([220]에 추가 논의가 나온다.)

그런데 이항정리라는 것이 정확히 무엇일까? 이항정리의 완전한 형태는 다음 항등식이다.

$$(x+y)^r = \sum_k \binom{r}{k} x^k y^{r-k}, \quad \text{정수 } r \geq 0 \text{ 또는 } |x/y| < 1. \tag{5.12}$$

합의 범위는 모든 정수 k이다. 그런데 r이 음이 아닌 정수이면 $0 \leq k \leq r$ 이외의 항들은 모두 0이므로 이 합은 사실 유한합이다. 한편, r이 음수이어도 이 정리는 유효하다. 심지어 r이 임의의 실수나 복소수일 때도 그렇다. 그런 경우들에서는 합이 실제로 무한합이며, 합이 절대수렴하려면 반드시 $|x/y| < 1$이어야 한다.

극히 단순하지만 특별히 주목할 가치가 있는 이항정리의 특수 경우가 둘 있다. 첫째로, $x = y = 1$이고 $r = n$이 음수가 아닐 때 다음이 성립한다.

$$2^n = \binom{n}{0} + \binom{n}{1} + \cdots + \binom{n}{n}, \quad \text{정수 } n \geq 0.$$

이 등식은 파스칼의 삼각형의 제n행의 합이 2^n임을 말해준다. 둘째로, x가 $+1$이 아니라 -1이면 다음이 성립한다.

$$0^n = \binom{n}{0} - \binom{n}{1} + \cdots + (-1)^n \binom{n}{n}, \quad \text{정수 } n \geq 0.$$

예를 들어 $1 - 4 + 6 - 4 + 1 = 0$이다. 파스칼의 삼각형에서 첫 행을 제외한 제n행의 원소들을 부호를 번갈아 부여해서 합하면 0이 된다(첫 행에서는 $n = 0$인데, $0^0 = 1$ 이다).

r이 음이 아닌 정수가 아닐 때에는, $y = 1$인 특수 경우에서 이항정리가 가장 자주 쓰인다. 다음은 이 특수 경우를 명시적으로 표현한 것인데, 임의의 복소수가 관여할 수 있음을 강조하기 위해 x 대신 z를 사용했다.

$$(1+z)^r = \sum_k \binom{r}{k} z^k, \quad |z| < 1. \tag{5.13}$$

이 공식에서 일반식 (5.12)를 이끌어낼 수 있다. $z = x/y$로 두고 양변에 y^r을 곱하면 그 공식이 나온다.

앞에서는 이항정리를 r이 음의 정수가 아닌 경우에 대해서만 조합론적 해석을 이용해서 증명했다. 음의 정수일 수도 있는 일반적인 경우를 다항식 논법으로 유도할 수는 없다. 그런 일반 경우에서는 합이 무한하기 때문이다. r이 임의의 수일 때에는 다음과 같은 테일러 급수(Taylor series)와 복소변수 이론을 사용하면 된다.

$$\begin{aligned} f(z) &= \frac{f(0)}{0!}z^0 + \frac{f'(0)}{1!}z^1 + \frac{f''(0)}{2!}z^2 + \cdots \\ &= \sum_{k \geq 0} \frac{f^{(k)}(0)}{k!}z^k. \end{aligned}$$

함수 $f(z) = (1+z)^r$의 도함수들은 쉽게 평가할 수 있다. 사실 $f^{(k)}(z) = r^{\underline{k}}(1+z)^{r-k}$이다. $z = 0$으로 두면 식 (5.13)이 나온다.

(*O*의 의미는 제9장에 나온다.)

그리고 $|z| < 1$이 무한합이 수렴한다는 점도 증명이 필요하다. 나중에 나올 식 (5.83)에 의해 $\binom{r}{k} = O(k^{-1-r})$이므로, 합은 실제로 수렴한다.

그럼 n이 음의 정수일 때 $\binom{n}{k}$의 값들을 좀 더 자세히 살펴보자. 이 값들을 조사하는 접근 방식 하나는, 표 187의 수들 위쪽에 있는 항목들을 덧셈 공식 (5.8)을 이용해서 채우는 것이다. 예를 들어 $\binom{0}{0} = \binom{-1}{0} + \binom{-1}{-1}$이고 $\binom{-1}{-1} = 0$이므로 반드시 $\binom{-1}{0} = 1$이다. 그러면, $\binom{0}{1} = \binom{-1}{1} + \binom{-1}{0}$이므로 $\binom{-1}{1} = -1$이다. 그런 식으로 채워 나가면 된다. 표 187이 바로 그 결과이다.

모두 익숙한 수들이다. 실제로, 표 197의 행들과 열들은 표 187의 열들에 나타난다 (마이너스 부호는 빼고). 따라서 음의 n에 대한 $\binom{n}{k}$의 값들과 양의 n에 대한 값들 사이에는 어떤 관계가 있을 것이다. 일반 법칙은 다음과 같다.

$$\binom{r}{k} = (-1)^k \binom{k-r-1}{k}, \quad \text{정수 } k; \tag{5.14}$$

표 197 위로 확장한 파스칼의 삼각형

n	$\binom{n}{0}$	$\binom{n}{1}$	$\binom{n}{2}$	$\binom{n}{3}$	$\binom{n}{4}$	$\binom{n}{5}$	$\binom{n}{6}$	$\binom{n}{7}$	$\binom{n}{8}$	$\binom{n}{9}$	$\binom{n}{10}$
-4	1	-4	10	-20	35	-56	84	-120	165	-220	286
-3	1	-3	6	-10	15	-21	28	-36	45	-55	66
-2	1	-2	3	-4	5	-6	7	-8	9	-10	11
-1	1	-1	1	-1	1	-1	1	-1	1	-1	1
0	1	0	0	0	0	0	0	0	0	0	0

이 법칙은 쉽게 증명할 수 있다. $k \geq 0$일 때

$$r^{\underline{k}} = r(r-1) \dots (r-k+1)$$
$$= (-1)^k(-r)(1-r) \dots (k-1-r) = (-1)^k(k-r-1)^{\underline{k}}$$

이고, $k < 0$일 때에는 양변이 0이다.

항등식 (5.14)는 그 어떤 제한도 없이 성립한다는 점에서 특이나 가치가 있다. (물론 하지표는 반드시 정수이어야 한다. 그래야 이항계수가 정의된다.) 식 (5.14)에 의한 변환을 상지표의 부정, 줄여서 '상부정(upper negation)'이라고 부른다.

그런데 이 중요한 공식을 외우는 좋은 방법이 없을까? 대칭, 흡수, 덧셈 등 이번 장에서 본 다른 항등식들은 상당히 간단하지만, 이 공식은 꽤나 복잡하다. 그래도 다음과 같이 그리 나쁘지 않은 기억술이 있다. 상지표를 부정하려면, $(-1)^k$를 적는 것으로 시작한다. 여기서 k는 하지표이다. (하지표는 바뀌지 않는다.) 그런 다음에는 k를 상지표와 하지표 위치에 적는다. 그 다음에는 원래의 상지표를 새 상지표에서 빼서 원래의 상지표를 부정한다. 마지막으로, 1을 한 번 더 빼서 공식을 마무리한다 (이것은 부정 절차이므로, 항상 덧셈이 아니라 **뺄셈**을 사용한다).

이게 기억술(mnemonic)이라고? 공기가 꽉 찬 기낭(pneumatic)이라고 부르는 게 낫겠다.
그래도 외우는 데 도움이 되긴 했다.

연습 삼아 상지표를 두 번 연달아 부정해 보자. 그러면 다음이 나온다.

(이 시점에서 몸풀기 연습문제 4를 풀어보는 것이 좋겠다.)

$$\binom{r}{k} = (-1)^k \binom{k-r-1}{k}$$
$$= (-1)^{2k} \binom{k-(k-r-1)-1}{k} = \binom{r}{k}.$$

출발점으로 되돌아 온 것이다. 아마 항등식 (5.14)를 만든 사람들이 이것을 의도하지는 않았을 것이다. 그러나 우리가 엉뚱한 곳으로 빠지지는 않았음을 말해준다는 점에서 위안이 된다.

물론 식 (5.14)에는 이보다 유용한 용도가 있다. 예를 들어 상지표와 하지표 사이에서 어떤 수량들을 이동할 때 이러한 상부정을 활용할 수 있다. 그 항등식을 다음과 같이 대칭적인 형태로 표현할 수 있다.

다른 어딘가로 가려고 했었다면 실망스러운 일이기도 하다.

$$(-1)^m \binom{-n-1}{m} = (-1)^n \binom{-m-1}{n}, \quad \text{정수 } m,n \geq 0. \tag{5.15}$$

양변 다 $\binom{m+n}{n}$과 같으므로 등식이 성립한다.

상부정을 다음과 같은 흥미로운 합을 유도하는 데에도 사용할 수 있다.

$$\sum_{k \le m} \binom{r}{k}(-1)^k = \binom{r}{0} - \binom{r}{1} + \cdots + (-1)^m \binom{r}{m}$$
$$= (-1)^m \binom{r-1}{m}, \quad \text{정수 } m. \tag{5.16}$$

(여기에서는 이중부정이 도움
이 된다. 부정과 부정 사이에
다른 연산을 샌드위치처럼 끼
워 넣었기 때문이다.)

핵심은 상지표를 부정하고, 식 (5.9)를 적용하고, 다시 부정하는 것이다.

$$\sum_{k \le m} \binom{r}{k}(-1)^k = \sum_{k \le m} \binom{k-r-1}{k}$$
$$= \binom{-r+m}{m}$$
$$= (-1)^m \binom{r-1}{m}.$$

이 공식은 파스칼의 삼각형의 제r행의 일부 원소들에 부호를 번갈아 부여해서 합한 것(교대합)에 해당한다. 예를 들어 $r = 5$이고 $m = 2$일 때 이 공식에 의해 $1 - 5 + 10 = 6 = (-1)^2 \binom{4}{2}$이다.

$m \ge r$일 때 식 (5.16)은 행 전체의 교대합이다. 그리고 r이 양의 정수이면 그 합은 0이다. 이 점은 앞에서 $(1-1)^r$을 이항정리를 이용해서 전개할 때 증명했다. 이 수식의 부분합을 닫힌 형식으로도 평가할 수 있다는 점을 알아 두면 이로울 것이다.

다음과 같이 좀 더 단순한 부분합은 어떨까?

$$\sum_{k \le m} \binom{n}{k} = \binom{n}{0} + \binom{n}{1} + \cdots + \binom{n}{m}. \tag{5.17}$$

만일 이 부분합과 같은 원소들의 교대합을 평가할 수 있다면, 이 부분합도 평가할 수 있을까? 그렇지는 않다. 파스칼의 삼각형의 한 행의 부분합에 대한 닫힌 형식은 없다. 열의 합은 가능하지만(식 (5.10)이 그것이다), 행의 합은 그렇지 않다. 그러나 신기하게도, 행의 원소들에 중앙과의 거리를 곱한 항들의 부분합은 닫힌 형식으로 평가할 수 있다.

$$\sum_{k \le m} \binom{r}{k}\left(\frac{r}{2} - k\right) = \frac{m+1}{2}\binom{r}{m+1}, \quad \text{정수 } m. \tag{5.18}$$

(이 공식은 m에 대한 귀납법으로 쉽게 확인할 수 있다.) 피가수에 인수 $(r/2-k)$가 있는 부분합과 없는 부분합 사이의 관계는 적분

$$\int_{-\infty}^{\alpha} x e^{-x^2} dx = -\frac{1}{2} e^{-\alpha^2} \text{과} \quad \int_{-\infty}^{\alpha} e^{-x^2} dx$$

사이의 관계와 비슷하다. 인수 x가 있는 왼쪽 적분이 인수가 없는 오른쪽 적분보다 복잡해 보인다. 그러나 왼쪽 적분에는 닫힌 형식이 있고 오른쪽 적분에는 없다. 겉모습에 현혹되기 쉽다.

상당히 일반적인 설정하에서 이항계수가 관여하는 급수의 부분합에 대한 닫힌 형식의 존재 여부를 판정하는 방법 하나를 이번 장의 끝 부근에서 배울 것이다. 그 방법을 이용하면 항등식 (5.16)과 (5.18)을 발견할 수 있으며, 식 (5.17)이 막다른 골목이라는 점도 알 수 있다.

이항급수의 부분합은 다음과 같이 또 다른 종류의 신기한 관계식으로도 이어진다.

$$\sum_{k \le m} \binom{m+r}{k} x^k y^{m-k} = \sum_{k \le m} \binom{-r}{k} (-x)^k (x+y)^{m-k}, \quad \text{정수 } m. \tag{5.19}$$

이 항등식을 귀납법으로 별 어려움 없이 증명할 수 있다. $m < 0$일 때 양변 모두 0이고 $m = 0$일 때는 모두 1이다. 왼쪽의 합을 S_m으로 표기한다고 하면,

$$S_m = \sum_{k \le m} \binom{m-1+r}{k} x^k y^{m-k} + \sum_{k \le m} \binom{m-1+r}{k-1} x^k y^{m-k}$$

이고 $m > 0$일 때

$$\sum_{k \le m} \binom{m-1+r}{k} x^k y^{m-k} = y S_{m-1} + \binom{m-1+r}{m} x^m,$$

$$\sum_{k \le m} \binom{m-1+r}{k-1} x^k y^{m-k} = x S_{m-1}$$

이다. 이는 덧셈 공식 (5.8)을 이용해서 쉽게 증명할 수 있다. 따라서

$$S_m = (x+y) S_{m-1} + \binom{-r}{m} (-x)^m$$

이다. 이 점화식은 식 (5.19)의 우변으로도 만족된다. 귀납법에 의해, 양변은 반드시 상등이다. QED.

그런데 이보다 더 깔끔한 증명이 있다. r이 $0 \ge r \ge -m$ 범위의 정수라 할 때, 이항정리에 의해 식 (5.19)의 양변은 둘 다 $(x+y)^{m+r} y^{-r}$이다. 그리고 양변이 m차 이하의 r 다항식이므로, 서로 다른 $m+1$개의 값들이 일치한다는 점만 보이면 일반적으로 상등이 성립함이 충분히(그러나 가까스로!) 증명된다.

(뭐, 오른쪽 적분은 $\frac{1}{2}\sqrt{\pi}(1+\text{erf}\,\alpha)$, 즉 상수 하나에 α의 '오차 함수(error function)'의 배수를 더한 것이다. 이것을 닫힌 형식으로 받아들일 수 있는지는 모르겠지만.)

두 합이 같음을 말해주는 항등식이라는 것이 좀 실없게 느껴질 수도 있다. 특히, 양변 모두 닫힌 형식이 없다면 더욱 그렇다. 그러나 종종 한 합이 다른 합보다 평가하기 쉽다는 점이 밝혀지기도 한다. 예를 들어 식 (5.19)에서 $x=-1$, $y=1$로 두면 다음이 된다.

$$\sum_{k \le m} \binom{m+r}{k}(-1)^k = \binom{-r}{m}, \quad \text{정수 } m \ge 0.$$

그런데 이것은 항등식 (5.16)의 또 다른 형태이다. 또한, $x=y=1$, $r=m+1$로 두면 다음이 나온다.

$$\sum_{k \le m} \binom{2m+1}{k} = \sum_{k \le m} \binom{m+k}{k}2^{m-k}.$$

좌변의 합은 상지표가 $2m+1$인 이항계수들의 절반에 해당하는데, 파스칼의 삼각형의 좌우 대칭성 때문에 그 절반의 계수들은 나머지 절반의 해당 계수들과 상등이다. 따라서 좌변은 그냥 $\frac{1}{2}2^{2m+1} = 2^{2m}$이다. 이로부터, 다음과 같은 꽤나 의외의 공식이 나온다.

([247]에 이 공식의 멋진 조합론적 증명이 나온다.)

$$\sum_{k \le m} \binom{m+k}{k}2^{-k} = 2^m, \quad \text{정수 } m \ge 0. \tag{5.20}$$

$m=2$일 때 이를 확인해 보면, $\binom{2}{0} + \frac{1}{2}\binom{3}{1} + \frac{1}{4}\binom{4}{2} = 1 + \frac{3}{2} + \frac{6}{4} = 4$이다. 놀랍다.

지금까지는 이항계수를 그 자체로, 또는 각 계수에 하나의 항이 대응되는 형태의 합으로 살펴보았다. 그런데 우리가 마주치는 어려운 문제 중에는 둘 이상의 이항계수들의 곱이 관여하는 문제들이 많다. 그런 만큼, 이번 절의 나머지는 그런 경우들을 다루는 방법을 고찰하기로 하겠다.

다음은 두 이항계수의 곱을 단순화하는 데 도움이 될 때가 많은 편리한 법칙이다.

$$\binom{r}{m}\binom{m}{k} = \binom{r}{k}\binom{r-k}{m-k}, \quad \text{정수 } m, k. \tag{5.21}$$

$k=1$인 특수 경우는 앞에서 이미 보았다. 흡수 항등식 (5.6)이 바로 그것이다. 식 (5.21)의 양변 모두 이항계수들의 곱이긴 하지만, 둘 중 하나는 공식의 나머지 부분과의 상호작용 덕분에 합을 구하기가 쉬운 경우가 많다. 예를 들어 좌변은 m을 두 번 사용하지만 우변은 한 번만 사용한다. 따라서 m에 관해 합한다면 $\binom{r}{m}\binom{m}{k}$를 $\binom{r}{k}\binom{r-k}{m-k}$로 바꾸는 것이 유리하다.

식 (5.21)이 성립하는 기본적인 이유는 $\binom{r}{m}$과 $\binom{m}{k}$의 계승 표현들에 있는 $m!$들이 적절히 소거되기 때문이다. 모든 변수가 정수이고 $r \geq m \geq k \geq 0$이라고 하면 다음이 성립한다.

$$
\begin{aligned}
\binom{r}{m}\binom{m}{k} &= \frac{r!}{m!(r-m)!} \frac{m!}{k!(m-k)!} \\
&= \frac{r!}{k!(m-k)!(r-m)!} \\
&= \frac{r!}{k!(r-k)!} \frac{(r-k)!}{(m-k)!(r-m)!} = \binom{r}{k}\binom{r-k}{m-k}.
\end{aligned}
$$

이것은 쉬웠다. 더 나아가서, 만일 $m < k$이거나 $k < 0$이면 식 (5.21)의 양변은 0이다. 따라서 이 항등식은 모든 정수 m과 k에 대해 성립한다. 마지막으로, 다항식 논법을 적용하면 이 항등식이 모든 실수 r에 대해서도 성립한다는 점이 증명된다.

맞아요.

변수들의 이름을 적절히 바꾸면, 이항계수 $\binom{r}{k} = r!/(r-k)!k!$을 $(a+b)!/a!b!$의 형태로 표현할 수 있다. 마찬가지로, 앞의 유도 과정의 중간에 나오는 $r!/k!(m-k)! \times (r-m)!$을 $(a+b+c)!/a!b!c!$의 형태로 표현할 수 있다. 이를 '삼항계수(trinomial coefficient)'라고 부르는데, 다음과 같은 '삼항정리'에서 비롯된 것이다.

$$
\begin{aligned}
(x+y+z)^n &= \sum_{\substack{0 \leq a,b,c \leq n \\ a+b+c=n}} \frac{(a+b+c)!}{a!\,b!\,c!} x^a y^b z^c \\
&= \sum_{\substack{0 \leq a,b,c \leq n \\ a+b+c=n}} \binom{a+b+c}{b+c}\binom{b+c}{c} x^a y^b z^c.
\end{aligned}
$$

표 202 이항계수 곱들의 합

$$
\sum_k \binom{r}{m+k}\binom{s}{n-k} = \binom{r+s}{m+n}, \qquad \text{정수 } m,n. \tag{5.22}
$$

$$
\sum_k \binom{l}{m+k}\binom{s}{n+k} = \binom{l+s}{l-m+n}, \qquad \begin{array}{l}\text{정수 } l \geq 0, \\ \text{정수 } m,n.\end{array} \tag{5.23}
$$

$$
\sum_k \binom{l}{m+k}\binom{s+k}{n}(-1)^k = (-1)^{l+m}\binom{s-m}{n-l}, \qquad \begin{array}{l}\text{정수 } l \geq 0, \\ \text{정수 } m,n.\end{array} \tag{5.24}
$$

$$
\sum_{k \leq l} \binom{l-k}{m}\binom{s}{k-n}(-1)^k = (-1)^{l+m}\binom{s-m-1}{l-m-n}, \qquad \begin{array}{c}\text{정수} \\ l,m,n \geq 0.\end{array} \tag{5.25}
$$

$$
\sum_{-q \leq k \leq l} \binom{l-k}{m}\binom{q+k}{n} = \binom{l+q+1}{m+n+1}, \qquad \begin{array}{l}\text{정수 } m,n \geq 0, \\ \text{정수 } l+q \geq 0.\end{array} \tag{5.26}
$$

"Excogitavi autem olim mirabilem regulam pro numeris coefficientibus potestatum, non tantum a binomio $x+y$, sed et a trinomio $x+y+z$, imo a polynomio quocunque, ut data potentia gradus cujuscunque v. gr. decimi, et potentia in ejus valore comprehensa, ut $x^5y^3z^2$, possim statim assignare numerum coefficientem, quem habere debet, sine ulla Tabula jam calculata."
— G. W. 라이프니츠Leibniz, [245]

따라서 $\binom{r}{m}\binom{m}{k}$는 사실 삼항계수이다. 삼항계수는 응용에서 자주 등장하며, 존재하는 대칭성을 강조하는 다음과 같은 간결한 표기법도 있다.

$$\binom{a+b+c}{a,b,c} = \frac{(a+b+c)!}{a!\,b!\,c!}.$$

이항계수와 삼항계수를 일반화한 것이 다항계수(multinomial coefficient)이다. 다항계수는 항상 이항계수들의 곱으로 표현할 수 있다.

$$\binom{a_1+a_2+\cdots+a_m}{a_1,a_2,\ldots,a_m} = \frac{(a_1+a_2+\cdots+a_m)!}{a_1!\,a_2!\,\ldots\,a_m!}$$
$$= \binom{a_1+a_2+\cdots+a_m}{a_2+\cdots+a_m}\cdots\binom{a_{m-1}+a_m}{a_m}.$$

따라서, 나중에 이런 흉물을 만나더라도, 앞에서 배운 표준적인 기법들을 적용해서 해치우면 된다.

표 202는 우리가 배운 표준 기법 중 가장 중요한 항등식들을 나열한 것이다. 이들은 두 이항계수의 곱이 관여하는 합과 싸울 때 의지할 수 있는 항등식이다. 이 항등식들에서 합은 모두 k에 관한 것이며, 이항계수마다 k가 한 번씩 나타난다. 또한, 각 지표 위치에 m, n, r, 등 거의 독립적인 매개변수가 네 개 나온다. k가 상지표에 나오느냐 하지표에 나오느냐에 따라, 그리고 부호가 플러스냐 마이너스냐에 따라 경우가 달라진다. $(-1)^k$이라는 추가적인 인수가 있는 항등식들도 있는데, 그 인수는 항들을 닫힌 형식으로 합산할 수 있게 하는 데 필요하다.

나중에 이 표를 바로 찾을 수 있도록 해당 페이지의 귀퉁이를 접어 두라. 이 표가 필요할 때가 있을 것이다!

표 202는 통채로 외우기에는 좀 복잡하다. 이 표는 그냥 참조용으로 제시한 것이다. 그렇지만 이 표의 첫 항등식은 다른 것들에 비하면 외우기가 쉽다. 그리고 반드시 외워야 한다. 첫 항등식은 상지표가 상수이고 하지표가 모든 k에 관한 하나의 상수 합인 두 이항계수의 곱들의 합(모든 정수 k에 관한)이 상지표들과 하지표들을 둘다 합해서 나오는 이항계수와 같다는 뜻이다. 1700년대 후반에 알렉상드르 방데르몽드Alexandre Vandermonde가 합성곱에 관한 중요한 논문 [357]을 썼기 때문에 이 항등식을 방데르몽드 합성곱(Vandermonde's convolution)이라고 부른다. 그러나 중국의 주세걸朱世傑은 늦어도 1303년에 이 항등식을 알고 있었다. 표 202의 다른 모든 항등식은 방데르몽드 합성곱에서 출발해서 상지표들을 부정하거나 대칭 법칙을 적용하는 등의 세심한 조작을 통해서 이끌어낼 수 있다. 따라서 방데르몽드 합성곱이 가장 기본적인 항등식이다.

방데르몽드 합성곱을, 그럴듯한 조합론적 해석을 부여해서 증명하는 것이 가능하다. k를 $k-m$으로, n을 $n-m$으로 대체하면 $m=0$이라고 가정할 수 있다. 그러면 다음 항등식을 증명하는 것이 곧 방데르몽드 합성곱을 증명하는 것이 된다.

$$\sum_k \binom{r}{k}\binom{s}{n-k} = \binom{r+s}{n}, \quad \text{정수 } n. \tag{5.27}$$

r과 s가 음이 아닌 정수라고 하자. 일반적인 경우는 나중에 다항식 논법을 적용해서 증명하면 된다. 우변의 $\binom{r+s}{n}$은 남자 r명과 여자 s명 중에서 n명의 사람을 선택하는 방법의 수이다. 좌변의 합의 각 항은 남자 k명과 여자 $n-k$명을 선택하는 방법의 수이다. 모든 k에 관해 합하면 각각의 가능성이 한 번씩 세어진다.

남자를 먼저 언급하다니 성차별이다!

이 항등식들을 왼쪽에서 오른쪽으로 적용하는 경우가 많다. 그것이 식이 단순화되는 방향이기 때문이다. 그러나 가끔은 그 반대 방향으로 적용해서, 식을 잠시 더 복잡하게 만들기도 한다. 그런 요령이 통하는 경우에는 흔히 이중합을 만들어서 합산의 순서를 교환한 후 식을 단순화한다.

다음 주제로 넘어가기 전에, 표 202의 항등식 두 개를 더 증명해보자. 식 (5.23)을 증명하는 것은 쉽다. 첫 이항계수를 $\binom{l}{l-m-k}$로 대체한 후 방데르몽드의 식 (5.22)를 적용하면 된다.

식 (5.24)의 증명은 약간 더 어렵다. 일련의 변환을 거치면 방데르몽드의 합성곱 형태로 축약할 수 이지만, 그냥 수학적 귀납법이라는 익숙하고 믿음직한 기법으로 쉽게 증명할 수 있다. 뭔가 자명한 방법이 바로 떠오르지 않을 때 흔히 제일 먼저 시도해 보는 것이 바로 귀납법이며, 식 (5.24)는 l에 대한 귀납법으로 어렵지 않게 증명된다.

기초 단계인 $l=0$의 경우, $k=-m$일 때를 제외하면 모든 항이 0이다. 따라서 등식의 양변은 $(-1)^m\binom{s-m}{n}$이다. 이제 어떤 고정된 값 l(여기서 $l>0$)보다 작은 모든 값에 대해 항등식이 성립한다고 가정하자. 덧셈 공식을 적용해서 $\binom{l}{m+k}$를 $\binom{l-1}{m+k}+\binom{l-1}{m+k-1}$로 대체한다. 이제 원래의 합이 다음과 같이 두 개의 합으로 분리되었으며, 두 합 모두 귀납 가설을 이용해서 평가할 수 있다.

$$\sum_k \binom{l-1}{m+k}\binom{s+k}{n}(-1)^k + \sum_k \binom{l-1}{m+k-1}\binom{s+k}{n}(-1)^k$$
$$= (-1)^{l-1+m}\binom{s-m}{n-l+1} + (-1)^{l+m}\binom{s-m+1}{n-l+1}.$$

덧셈 공식을 한 번 더 적용해서 우변을 정리하면 식 (5.24)의 우변과 같아진다.

이러한 유도에서 주목할 점이 두 가지 있다. 첫째로, 이 유도는 특정 범위의 정수들이 아니라 모든 정수 k에 관한 합이 아주 편리하다는(경계 조건들을 가지고 공연히 머리를 쓸 필요가 없으므로) 점을 다시금 보여준다. 둘째로, 덧셈 공식은 수학적 귀납법과 잘 맞는다. 애초에 덧셈 공식이 이항계수들에 대한 하나의 점화식이기 때문이다. 덧셈 공식은 상지표가 l인 이항계수를 상지표가 $l-1$인 두 이항계수로 표현하는데, 이는 귀납 가설을 적용하는 데 필요한 형태와 일치한다.

표 202에 관해서는 이 정도로 마무리하고, 셋 이상의 이항계수들의 곱을 합하는 문제를 살펴보자. 합산의 색인이 모든 이항계수에 퍼져 있다면, 닫힌 형식을 구할 가능성이 그리 크지 않다. 그런 종류의 합 중 닫힌 형식이 알려진 것은 몇 개 되지 않으므로, 우리가 구하고자 하는 합의 닫힌 형식을 구하지 못할 수 있다. 다음은 닫힌 형식이 존재하는 드문 경우 중 하나이다(증명은 연습문제 43에서).

$$\sum_k \binom{m-r+s}{k}\binom{n+r-s}{n-k}\binom{r+k}{m+n}$$
$$= \binom{r}{m}\binom{s}{n}, \quad \text{정수 } m,n. \tag{5.28}$$

다음은 또 다른 예로, 좀 더 대칭적이다.

$$\sum_k \binom{a+b}{a+k}\binom{b+c}{b+k}\binom{c+a}{c+k}(-1)^k$$
$$= \frac{(a+b+c)!}{a!\,b!\,c!}, \quad \text{정수 } a,b,c \geq 0. \tag{5.29}$$

이 항등식에는 다음과 같이 이항계수가 두 개인 버전도 있다.

$$\sum_k \binom{a+b}{a+k}\binom{b+a}{b+k}(-1)^k = \frac{(a+b)!}{a!\,b!}, \quad \text{정수 } a,b \geq 0. \tag{5.30}$$

첨언하자면, 이 항등식은 표 202에는 안 나와 있다. 한편, 이항계수 네 개짜리 합에는 닫힌 공식이 없지만, 그와 비슷한 다음 합에는 닫힌 공식이 있다.

$$\sum_k (-1)^k \binom{a+b}{a+k}\binom{b+c}{b+k}\binom{c+d}{c+k}\binom{d+a}{d+k} \bigg/ \binom{2a+2b+2c+2d}{a+b+c+d+k}$$
$$= \frac{(a+b+c+d)!(a+b+c)!(a+b+d)!(a+c+d)!(b+c+d)!}{(2a+2b+2c+2d)!(a+c)!(b+d)!a!\,b!\,c!\,d!},$$
$$\text{정수 } a,b,c,d \geq 0.$$

이 항등식은 존 두걸$^{\text{John Dougall}}$이 20세기 초에 발견한 매개변수 다섯 개짜리 항등식에서[82] 유도된 것이다.

두걸의 항등식이 지금까지 알려진 이항계수 합 중 가장 복잡한 것일까? 그렇지는 않다. 현재 챔피언은 다음과 같다.

$$\sum_{k_{ij}} (-1)^{\Sigma_{i<j}k_{ij}} \left(\prod_{1 \le i < j < n} \binom{a_i + a_j}{a_j + k_{ij}} \right) \left(\prod_{1 \le j < n} \binom{a_j + a_n}{a_n + \Sigma_{i<j}k_{ij} - \Sigma_{i>j}k_{ji}} \right)$$
$$= \binom{a_1 + \cdots + a_n}{a_1, a_2, \ldots, a_n}, \quad 정수\ a_1, a_2, \ldots, a_n \ge 0. \tag{5.31}$$

여기서 합의 범위는 $1 \le i < j < n$에 대한 $\binom{n-1}{2}$개 색인 변수 k_{ij}들이다. 식 (5.29)는 $n=3$인 특수 경우에 해당한다. 다음은 $n=4$인 경우인데, 간결함을 위해 (a_1, a_2, a_3, a_4)를 (a,b,c,d)로, (k_{12}, k_{13}, k_{23})을 (i,j,k)로 표기했다.

$$\sum_{i,j,k} (-1)^{i+j+k} \binom{a+b}{b+i} \binom{a+c}{c+j} \binom{b+c}{c+k} \binom{a+d}{d-i-j} \binom{b+d}{d+i-k} \binom{c+d}{d+j+k}$$
$$= \frac{(a+b+c+d)!}{a!\,b!\,c!\,d!}, \quad 정수\ a,b,c,d \ge 0.$$

식 (5.31)의 좌변은 분수 $n(n-1)$개의 곱

$$\prod_{\substack{1 \le i,j \le n \\ i \ne j}} \left(1 - \frac{z_i}{z_j} \right)^{a_i}$$

을 z의 양, 음 거듭제곱들로 완전히 전개했을 때의 $z_1^0 z_2^0 \ldots z_n^0$의 계수이다. 식 (5.31)의 우변은 프리먼 다이슨$^{\text{Freeman Dyson}}$이 1962년에 추측했으며, 그 후 곧 여러 사람이 증명했다. 연습문제 86에는 식 (5.31)의 "간단한" 증명이 나온다.

다음도 이항계수들이 많이 등장하는 항등식 중 주목할만한 것이다.

$$\sum_{j,k} (-1)^{j+k} \binom{j+k}{k+l} \binom{r}{j} \binom{n}{k} \binom{s+n-j-k}{m-j}$$
$$= (-1)^l \binom{n+r}{n+l} \binom{s-r}{m-n-l}, \quad 정수\ l, m, n;\ n \ge 0. \tag{5.32}$$

이 항등식은 연습문제 83에서 증명해 볼 것이다. 이처럼 복잡한 항등식도 실제 응용에서 만나게 될 가능성이 있다. 그러나 이번 절의 주제인 '기본적인 항등식들'에서는 이미 충분히 벗어났으므로, 이 정도로 마무리하고 지금까지 배운 것들을 복습하는 것이 좋을 것이다.

지금까지 보았듯이, 이항계수는 놀랄 만큼 다양한 항등식들을 만족한다. 그 중에는 다행히도 외우기 쉬운 것들도 있으며, 그렇지 않은 항등식들도 대부분은 외울 수 있는 항등식으로부터 몇 단계만에 유도할 수 있다. 표 208는 가장 유용한 공식 열 개를 모아 둔 것이다. 이들은 지금까지 알려진 최고의 항등식이다.

5.2 기본 연습

앞 절에서는 합들을 조작하고 기존의 항등식에 대입하는 요령을 이용해서 다양한 항등식을 유도했다. 그런 유도를 찾아내는 것이 아주 어렵지는 않았다. 우리는 무엇을 증명해야 하는지 알고 있었으므로, 일반적인 계획을 만들고 그 세부사항을 채우는 데 별 어려움이 없었다. 그러나 실제 응용에서는 증명할 항등식이 주어지는 것이 아니라 단순화할 합이 주어지는 경우가 많다. 그리고 합을 단순화하면 어떤 모습이 될지(심지어는 단순화하는 것이 가능한지) 미리 알 수 없는 경우가 많다. 이번 절과 다음 절에서 그런 여러 합을 공략하다 보면 우리의 이항계수 도구들이 좀 더 날카로워질 것이다.

그럼 이항계수 하나가 관여하는 합 몇 개를 살펴보는 것으로 시작하자.

문제 1: 비율들의 합

다음 합의 닫힌 형식을 구하고자 한다.

$$\sum_{k=0}^{m} \binom{m}{k} \bigg/ \binom{n}{k}, \quad \text{정수 } n \geq m \geq 0.$$

독학 알고리즘:
1 문제를 읽는다
2 해답을 시도해 본다
3 책의 해답을 대충 훑어본다
4 *if* 시도가 실패로 끝나면
  goto 1
5 *else* *goto* 다음 문제로

안타깝게도, 이 알고리즘은 무한 루프에 빠질 수 있다. 다음과 같이 수정할 것:
0 *set* $c \leftarrow 0$
3a *set* $c \leftarrow c+1$
3b *if* $c = N$
  goto 조교에게

— E. W. 데이크스트라
Dijkstra

...그치만 이번 절의 원래 제목은 BASIC practice임.

이항계수들의 몫(quotient)을 다루는 항등식은 한 번도 나오지 않았기 때문에, 이 합을 풀자니 좀 당황스러울 것이다. (게다가 이 합에는 문제 직전에 말한 것과는 달리 이항계수가 두 개이다.) 그러나, 이항계수들의 곱을 계승 표현을 이용해서 다른 형태의 곱으로 다시 표현하는 요령(식 (5.21)을 유도할 때 사용했다)을 몫에도 적용할 수 있다. 실제로, $r = n$으로 두고 식 (5.21)의 양변을 $\binom{n}{k}\binom{n}{m}$으로 나누면 지저분한 계승 표현을 피할 수 있다. 그러면 다음이 나온다.

$$\binom{m}{k} \bigg/ \binom{n}{k} = \binom{n-k}{m-k} \bigg/ \binom{n}{m}.$$

좌변은 문제의 합에 나오는 몫과 같다. 그것을 우변으로 바꿀 수 있는 것이다. 그러면 합은 다음과 같은 모습이 된다.

$$\sum_{k=0}^{m} \binom{n-k}{m-k} \Big/ \binom{n}{m}.$$

몫이 사라지지는 않았지만, 그래도 분모의 이항계수에서 합산 색인 k가 사라졌다는 점이 중요하다. 그러면 분모를 합에서 제거할 수 있다. 그 분모는 나중에 다시 복원하면 된다.

또한, 합산의 범위를 $k \geq 0$로 두면 경계 조건들이 간단해진다. 어차피 $k > m$인 항들은 0이므로 그렇게 해도 된다. 그러면 다음과 같이 그리 어려워 보이지 않는 합이 남는다.

$$\sum_{k \geq 0} \binom{n-k}{m-k}.$$

표 208 중요한 이항계수 항등식 10개

$\binom{n}{k} = \dfrac{n!}{k!(n-k)!}$,	정수 $n \geq k \geq 0$.	계승전개
$\binom{n}{k} = \binom{n}{n-k}$,	정수 $n \geq 0$, 정수 k.	대칭
$\binom{r}{k} = \dfrac{r}{k}\binom{r-1}{k-1}$,	정수 $k \neq 0$.	흡수·추출
$\binom{r}{k} = \binom{r-1}{k} + \binom{r-1}{k-1}$,	정수 k.	덧셈·귀납
$\binom{r}{k} = (-1)^k \binom{k-r-1}{k}$,	정수 k.	싱부정
$\binom{r}{m}\binom{m}{k} = \binom{r}{k}\binom{r-k}{m-k}$,	정수 m,k.	삼항버전
$\sum_{k} \binom{r}{k} x^k y^{r-k} = (x+y)^r$,	정수 $r \geq 0$, 또는 $\|x/y\| < 1$.	이항정리
$\sum_{k \leq n} \binom{r+k}{k} = \binom{r+n+1}{n}$,	정수 n.	병렬합산
$\sum_{0 \leq k \leq n} \binom{k}{m} = \binom{n+1}{m+1}$,	정수 $m,n \geq 0$.	상합산
$\sum_{k} \binom{r}{k}\binom{s}{n-k} = \binom{r+s}{n}$,	정수 n.	방데르몽드 합성곱

지표 k가 같은 부호로 두 번 나온다는 점에서 이 합은 항등식 (5.9)의 것과 비슷하다. 그러나, 지금은 지표가 $-k$이지만 식 (5.9)의 것에는 마이너스가 없다. 따라서 다음 단계는 자명하다. 해야 할 합리적인 일은 한 가지밖에 없다.

$$\sum_{k \geq 0} \binom{n-k}{m-k} = \sum_{m-k \geq 0} \binom{n-(m-k)}{m-(m-k)}$$
$$= \sum_{k \leq m} \binom{n-m+k}{k}.$$

이제 병렬 합산 항등식 (5.9)를 적용할 수 있다.

$$\sum_{k \leq m} \binom{n-m+k}{k} = \binom{(n-m)+m+1}{m} = \binom{n+1}{m}.$$

마지막으로, 이전에 합에서 제거한 분모 $\binom{n}{m}$을 다시 도입하고 식 (5.7)을 적용하면 원했던 닫힌 형식이 나온다.

$$\binom{n+1}{m} \bigg/ \binom{n}{m} = \frac{n+1}{n+1-m}.$$

이렇게 유도한 공식은 0으로 나누기가 발생하지 않는 한 임의의 실수 n에 대해 성립한다. 즉, n이 정수 $0, 1, \ldots, m-1$ 중 하나가 아닌 한 이 공식이 성립한다.

　유도가 복잡할수록 답과 맞춰 보는 것이 중요하다. 이번 것은 아주 복잡하지는 않지만, 그래도 확인할 필요가 있다. $m=2$이고 $n=4$인 작은 사례에서

$$\binom{2}{0} \bigg/ \binom{4}{0} + \binom{2}{1} \bigg/ \binom{4}{1} + \binom{2}{2} \bigg/ \binom{4}{2} = 1 + \frac{1}{2} + \frac{1}{6} = \frac{5}{3}$$

인데, 이는 닫힌 형식으로 계산한 $(4+1)/(4+1-2)$와 완벽하게 일치한다.

문제 2: 정렬에 관한 문헌에 나오는 합

다음으로 살펴볼 합은 사람들이 아직 이항계수에 익숙하지 않았던 옛날옛적에(1970년대) 등장한 문제이다. 개선된 병합(merging) 기법을 소개하는 논문 [196]은 다음과 같은 논평으로 끝난다: "... 절약된 전송들의 평균 개수가 다음 수식으로 주어짐을 증명할 수 있다.

$$T = \sum_{r=0}^{n} r \frac{_{m-r-1}C_{m-n-1}}{_{m}C_{n}}.$$

여기서 m과 n은 이전 문제에서와 같고, $_mC_n$은 m개의 사물 중 n개를 선택하는 조합(combination)의 수를 뜻한다. ... 본 저자는 절약된 전송의 평균 개수에 대한 좀 더 복잡한 수식을 방금 제시한 형태로 줄여준 논문 심사자(referee)에게 감사한다."

이제부터 보겠지만, 이 합이 그 저자의 문제에 대한 궁극의 해답은 절대로 아니다. 사실 중간고사 해답도 되지 못한다.

우선 이 합을 우리가 다룰 수 있는 어떤 형태로 변환할 필요가 있다. $_{m-r-1}C_{m-n-1}$이라는 소름 끼치는 표기법은 아마도 열정적인 논문 심사자를 제외한 모든 사람에게 방해가 될 것이다. 다음은 이 합을 이 책의 표기법으로 다시 표현한 것이다.

> 제발 중간고사 생각나게 하지 마세요.

$$T = \sum_{k=0}^{n} k\binom{m-k-1}{m-n-1} \Big/ \binom{m}{n}, \quad \text{정수 } m > n \ge 0.$$

분모의 이항계수는 합산의 색인들에 관여하지 않으므로 일단은 제거해도 무방하다. 즉, 이제부터는 다음과 같은 합을 다루면 된다.

$$S = \sum_{k=0}^{n} k\binom{m-k-1}{m-n-1}.$$

이제 무엇을 해야 할까? 합산의 색인이 이항계수의 상지표에는 나오지만 하지표에는 나오지 않는다. 따라서, 이항계수에 곱해진 k만 없었다면 합을 적절히 조작해서 식 (5.10)에 나온 상지표에 대한 합산 공식을 적용하면 그만이다. 그러나 그 k 때문에 그럴 수 없다. 만일 흡수 항등식 중 하나를 이용해서 그 k를 이항계수 안으로 흡수할 수 있다면 상지표에 관한 합을 구할 수 있다. 안타깝게도 흡수 항등식들은 여기에 적용되지 않는다. 그렇지만, 만일 k가 $m-k$였다면 흡수 항등식 (5.6)을 적용할 수 있다. 이 경우 그 항등식은 다음과 같은 모습이 된다.

$$(m-k)\binom{m-k-1}{m-n-1} = (m-n)\binom{m-k}{m-n}.$$

따라서, 핵심은 k를 $m-(m-k)$로 두고 합 S를 다음과 같이 두 개의 합으로 분리하는 것이다.

$$\sum_{k=0}^{n} k\binom{m-k-1}{m-n-1} = \sum_{k=0}^{n} (m-(m-k))\binom{m-k-1}{m-n-1}$$
$$= \sum_{k=0}^{n} m\binom{m-k-1}{m-n-1} - \sum_{k=0}^{n} (m-k)\binom{m-k-1}{m-n-1}$$

$$= \sum_{k=0}^{n} m\binom{m-k-1}{m-n-1} - \sum_{k=0}^{n} (m-k)\binom{m-k-1}{m-n-1}$$

$$= m\sum_{k=0}^{n} \binom{m-k-1}{m-n-1} - \sum_{k=0}^{n} (m-n)\binom{m-k}{m-n}$$

$$= mA - (m-n)B.$$

여기서

$$A = \sum_{k=0}^{n} \binom{m-k-1}{m-n-1}, \quad B = \sum_{k=0}^{n} \binom{m-k}{m-n}$$

이다.

남아 있는 합 A와 B는 하지표는 고정되고 상지표만 변하는 형태이므로 이전에 배운 방법들로 충분히 처리할 수 있다. 그럼 더 쉬워 보이는 B부터 공략해보자. 식을 조금 조작하면, 피가수를 식 (5.10)의 좌변과 부합하는 형태로 만들 수 있다.

$$\sum_{0 \le k \le n} \binom{m-k}{m-n} = \sum_{0 \le m-k \le n} \binom{m-(m-k)}{m-n}$$

$$= \sum_{m-n \le k \le m} \binom{k}{m-n}$$

$$= \sum_{0 \le k \le m} \binom{k}{m-n}.$$

마지막 단계에서는 $0 \le k < m-n$인 항들을 합에 포함시켰다. 그 항들은 모두 상지표가 하지표가 작으며, 따라서 값이 0이다. 이제 식 (5.10)을 이용해서 상지표에 관해 합하면 다음이 나온다.

$$B = \sum_{0 \le k \le m} \binom{k}{m-n} = \binom{m+1}{m-n+1}.$$

나머지 합 A도 m을 $m-1$로 대체해서 마찬가지 방식으로 구하면 된다. 이제 주어진 합 S에 대한 닫힌 공식을 만들 수 있다. 다음은 그것을 좀 더 단순화한 것이다.

$$S = mA - (m-n)B = m\binom{m}{m-n} - (m-n)\binom{m+1}{m-n+1}$$

$$= \left(m - (m-n)\frac{m+1}{m-n+1}\right)\binom{m}{m-n}$$

$$= \left(\frac{n}{m-n+1}\right)\binom{m}{m-n}.$$

마지막으로, 이를 이용해서 원래의 합에 대한 닫힌 공식을 만들면 다음과 같다.

$$T = S/\binom{m}{n}$$
$$= \frac{n}{m-n+1}\binom{m}{m-n}\bigg/\binom{m}{n}$$
$$= \frac{n}{m-n+1}.$$

아무리 논문 심사자라도 이 공식을 더 단순화할 수는 없을 것이다.

이번에도 작은 사례로 답을 확인해 보자. $m=4$이고 $n=2$일 때

$$T = 0 \cdot \binom{3}{1}\bigg/\binom{4}{2} + 1 \cdot \binom{2}{1}\bigg/\binom{4}{2} + 2 \cdot \binom{1}{1}\bigg/\binom{4}{2} = 0 + \frac{2}{6} + \frac{2}{6} = \frac{2}{3}$$

인데, 이는 닫힌 공식의 $2/(4-2+1)$과 일치한다.

문제 3: 예전 시험에 나온 합

이항계수 하나가 관여하는 합을 하나 더 보자. 문제 2에 나온 것과는 달리 이번 것은 학계에서 비롯된 것으로, 테이크홈 시험(take-home test; 방과 후에 풀어서 답을 제출하는 시험)의 한 문제였다. 문제는,

$$Q_n = \sum_{k \le 2^n} \binom{2^n - k}{k}(-1)^k, \quad \text{정수 } n \ge 0$$

이라 할 때 $Q_{1000000}$의 값을 구하는 것이다. 이 문제는 다른 문제들보다 어렵다. 지금까지 나온 항등식 중 그 어떤 것도 적용되지 않는다. 그리고 항의 개수가 무려 $2^{1000000}+1$개이므로, 손으로 일일이 더하는 것은 비현실적이다. 합산의 색인 k가 상지표와 하지표에 모두 나오며, 부호가 반대이다. 상지표를 부정해도 도움이 되지 않는다. 그러면 인수 $(-1)^k$이 제거되지만, 대신 상지표에 $2k$가 들어간다.

딱히 할 것이 없을 때에는 일단 작은 사례들을 살펴보는 것이 수순임은 이미 알고 있을 것이다. 작은 사례들에서 패턴을 발견하고 귀납법으로 증명할 수 있으면 좋고, 그렇지 않더라도 나중에 결과를 점검하는 데 사용할 자료는 얻게 된다. 다음은 n의 처음 네 값의 0이 아닌 항들과 그 합이다.

다음 경우인 $n=4$는 시도하지 않는 것이 좋겠다. 계산 도중에 실수를 할 확률이 너무 높기 때문이다. ($\binom{12}{4}$나 $\binom{11}{5}$ 같은 항들을 손으로 계산하는 것은(직접 결합하는 것은 물론이고) 절망적인 상황에서나 해 볼 만한 일이다.)

옛날 시험 문제들 싹 다 없어졌으면.

n			Q_n
0	$\binom{1}{0}$	$=1$	$=1$
1	$\binom{2}{0} - \binom{1}{1}$	$=1-1$	$=0$
2	$\binom{4}{0} - \binom{3}{1} + \binom{2}{2}$	$=1-3+1$	$=-1$
3	$\binom{8}{0} - \binom{7}{1} + \binom{6}{2} - \binom{5}{3} + \binom{4}{4}$	$=1-7+15-10+1$	$=0$

패턴이 1, 0, −1, 0으로 시작하는 것은 알 수 있다. 그 다음 두 항을 안다고 해도 닫힌 형식이 뚜렷하게 드러나지는 않을 것이다. 그러나, 만일 Q_n에 대한 점화식을 구해서 증명한다면, 닫힌 형식을 추측해서 증명할 수 있을지도 모른다. 점화식을 구하려면 Q_n과 Q_{n-1}(또는 $Q_{더\ 작은\ 값들}$) 사이의 관계식이 필요하다. 하지만 이를 위해서는 $\binom{128-13}{13}$ 같은 항($n=7$이고 $k=13$일 때 나오는)과 $\binom{64-13}{13}$ 같은 항의 관계식을 구해야 한다. 이런 접근 방식은 그리 유망하지 않은 것 같다. 우리는 파스칼의 삼각형에서 64행 떨어져 있는 항목들 사이에 존재하는 깔끔한 관계를 전혀 알지 못한다. 귀납 증명의 주된 도구인 덧셈 공식은 한 행 떨어져 있는 항목들 사이의 관계만 말해줄 뿐이다.

하지만 이로부터 중요한 사실을 깨달을 수 있다. 바로, 2^{n-1}행 떨어져 있는 항목들을 다룰 필요는 없다는 것이다. 변수 n은 그 자체로는 나타나지 않고, 항상 2^n의 문맥에서 나타난다. 2^n은 우리의 주의를 흐트러뜨리는 훈제 청어(red herring)였던 것이다! 2^n을 m으로 대체하면 다음과 같이 좀 더 일반적인(그러나 더 쉬운) 합이 나온다.

오, 그 시험 문제를 낸 교수의 음흉함이여.

$$R_m = \sum_{k \le m} \binom{m-k}{k}(-1)^k, \quad 정수\ m \ge 1.$$

이제 이 합의 닫힌 형식을 구하기만 하면 $Q_n = R_{2^n}$의 닫힌 형식도 알 수 있다. 그리고 덧셈 공식을 이용하면 R_m의 값들의 수열에 대한 점화식을 구할 가능성이 있다.

표 187에서 남서-북동 대각선에 있는 값들을 부호를 번갈아 합하면(즉, 더하고 빼기를 반복하면) 작은 m들에 대한 R_m의 값들을 구할 수 있다. 다음은 그 결과이다.

m	1	2	3	4	5	6	7	8	9	10
R_m	1	0	−1	−1	0	1	1	0	−1	−1

이 값들을 보면, 합산 시 서로 소거되는 항들이 꽤 많으리라고 짐작할 수 있다.

그럼 R_m의 공식에서 점화식을 정의할 수 있는지 살펴보자. 한 가지 전략은 덧셈 공식 (5.8)을 적용하고, 그 결과로 나온 수식에서 R_k 형태의 합들을 찾아 보는 것이다 (이는 제2장의 섭동법에서 했던 것과 비슷하다).

$$
\begin{aligned}
R_m &= \sum_{k \le m} \binom{m-k}{k}(-1)^k \\
&= \sum_{k \le m} \binom{m-1-k}{k}(-1)^k + \sum_{k \le m} \binom{m-1-k}{k-1}(-1)^k \\
&= \sum_{k \le m} \binom{m-1-k}{k}(-1)^k + \sum_{k+1 \le m} \binom{m-2-k}{k}(-1)^{k+1} \\
&= \sum_{k \le m-1} \binom{m-1-k}{k}(-1)^k + \binom{-1}{m}(-1)^m \\
&\quad - \sum_{k \le m-2} \binom{m-2-k}{k}(-1)^k - \binom{-1}{m-1}(-1)^{m-1} \\
&= R_{m-1} + (-1)^{2m} - R_{m-2} - (-1)^{2(m-1)} = R_{m-1} - R_{m-2}.
\end{aligned}
$$

(끝에서 두 번째 단계에서는 $\binom{-1}{m} = (-1)^m$이라는 공식을 적용했다. 아마 알겠지만 이 공식은 $m \ge 0$일 때 성립한다.) 이 유도는 $m \ge 2$에 대해 유효하다.

적어도 몸풀기 연습문제 4를 푼 사람들은 안다.

이 점화식으로부터 R_m의 값들을 빠르게 생성할 수 있으며, 그 값들을 보면 수열이 주기적임을 즉시 알 수 있다. 실제로, 다음이 성립한다.

$$
R_m = \begin{cases} 1 \\ 1 \\ 0 \\ -1 \\ -1 \\ 0 \end{cases}, \quad \text{만일 } m \bmod 6 = \begin{cases} 0 \\ 1 \\ 2 \\ 3 \\ 4 \\ 5 \end{cases} \text{이면.}
$$

이 공식으로 값들을 생성하고 수학적 귀납법을 적용하면 앞의 점화식을 증명할 수 있다. 좀 더 학술적인 증명이 필요하다면, 점화식을 한 단계 더 펼쳐서 다음을 얻는다.

$$
R_m = (R_{m-2} - R_{m-3}) - R_{m-2} = -R_{m-3}.
$$

이는 $m \ge 3$일 때 항상 성립한다. 따라서 $m \ge 7$이면 항상 $R_m = R_{m-6}$이다.

마지막으로, $Q_n = R_{2^n}$이므로, $2^n \bmod 6$를 구하고 R_m에 대한 닫힌 형식을 적용해서 Q_n을 구할 수 있다. $n = 0$일 때 $2^0 \bmod 6 = 1$이다. 그 후에는 계속 $2 (\bmod 6)$을 곱하는 것이므로, 2, 4라는 패턴이 반복된다. 따라서

$$Q_n = R_{2^n} = \begin{cases} R_1 = 1, & \text{만일 } n = 0 \text{이면;} \\ R_2 = 0, & \text{만일 } n \text{이 홀수이면;} \\ R_4 = -1, & \text{만일 } n > 0 \text{이 짝수이면} \end{cases}$$

이다. 이 Q_n의 닫힌 형식은 이번 문제의 시작 부분에서 계산한 네 값과 일치한다. 결론적으로, 답은 $Q_{1000000} = R_4 = -1$이다.

문제 4: 이항계수 두 개가 관여하는 합

이번 문제는 다음 합의 닫힌 형식을 구하는 것이다.

$$\sum_{k=0}^{n} k \binom{m-k-1}{m-n-1}, \quad \text{정수 } m > n \geq 0.$$

잠깐, 문제의 제목과는 달리 이항계수가 하나 뿐이지 않은가? 게다가, 이미 단순화된 합을 왜 더 단순화하자는 것일까? (이것은 문제 2의 합 S이다.)

사실 이 합을 피가수가 두 이항계수의 곱인 합으로 바꾸고 표 202에 나오는 일반 항등식들 중 하나를 적용하면 더 쉽게 단순화할 수 있다. 합의 피가수에서 k를 $\binom{k}{1}$로 바꾸면 두 이항계수의 곱이 된다.

$$\sum_{k=0}^{n} k \binom{m-k-1}{m-n-1} = \sum_{0 \leq k \leq n} \binom{k}{1} \binom{m-k-1}{m-n-1}.$$

우변에서 합산의 색인이 두 상지표에 모두 나타나며, 그 부호가 반대임을 주목하기 바란다. 따라서 이 합에 적용할 항등식은 식 (5.26)이다.

그런데 이 합이 아직 딱 맞는 형태는 아니다. 이 합이 식 (5.26)의 것과 완전히 일치하려면 합산의 상계가 $m-1$이어야 한다. 해결책은 간단하다. $n < k \leq m-1$에 대한 항들이 모두 0이므로, $(l, m, n, q) \leftarrow (m-1, m-n-1, 1, 0)$로 대입하면 된다. 이제 피가수는 다음과 같다.

$$S = \binom{m}{m-n+1}.$$

이 공식이 이전의 공식보다 더 깔끔하다. 식 (5.6)과 식 (5.7)을 이용하면 이것을 이전 공식으로 변환할 수 있다.

$$\binom{m}{m-n+1} = \frac{m}{m-n+1} \binom{m-1}{m-n} = \frac{n}{m-n+1} \binom{m}{m-n}.$$

이와 비슷하게, 앞에서 본 항등식들에 특별한 값들을 대입하면 흥미로운 결과를 얻을 수 있다. 예를 들어 식 (5.26)에서 $m = n = 1$, $q = 0$으로 두면 그 항등식은 다음과 같은 모습이 된다.

$$\sum_{0 \le k \le l} (l-k)k = \binom{l+1}{3}.$$

좌변은 $l((l+1)l/2) - (1^2 + 2^2 + \cdots + l^2)$ 이다. 즉, 이것은 제2장에서 철저하게 파헤쳐진 '제곱들의 합' 문제를 푸는 새로운 방법이다.

이 이야기의 교훈은, 아주 일반적인 합의 특수 경우들을 일반식으로 처리하는 것이 가장 나은 경우가 종종 있다는 것이다. 일반식을 공부할 때 그 공식의 간단한 특수화들을 배워 두는 것이 현명하다.

문제 5: 인수가 세 개인 합

다음은 그리 어렵지 않은 또 다른 합이다. 이 합을 더 단순화하고자 한다.

$$\sum_k \binom{n}{k}\binom{s}{k}k, \quad \text{정수 } n \ge 0.$$

합산의 색인 k는 두 이항계수의 하지표에 같은 부호로 나타난다. 표 202의 항등식들 중 이에 가장 가까운 형태는 식 (5.23)이다. 이 합을 조금 조작하면 그 항등식을 적용할 수 있을 것이다.

이 합과 식 (5.23)의 가장 큰 차이는, 합의 피가수에 인수 k가 붙어 있다는 점이다. 다행히 흡수 항등식들 중 하나를 사용하면 그 k를 한 이항계수에 흡수할 수 있다.

$$\sum_k \binom{n}{k}\binom{s}{k}k = \sum_k \binom{n}{k}\binom{s-1}{k-1}s$$
$$= s\sum_k \binom{n}{k}\binom{s-1}{k-1}.$$

k가 사라지는 대신 s가 생겼지만, 상수이므로 상관 없다. 이제 항등식 (5.23)을 적용하면 닫힌 형식이 나온다.

$$s\sum_k \binom{n}{k}\binom{s-1}{k-1} = s\binom{n+s-1}{n-1}.$$

첫 단계에서 k를 $\binom{s}{k}$가 아니라 $\binom{n}{k}$ 안으로 흡수했다면, $n-1$이 음수일 수도 있으므로 식 (5.23)을 직접 적용할 수 없다. 식 (5.23)을 적용하려면 두 상지표 중 적어도 하나에 음이 아닌 값이 있어야 한다.

문제 6: 골치 아픈 특성을 가진 합

다음 합은 좀 더 까다롭다. 이 합의 닫힌 형식을 구하고자 한다.

$$\sum_{k \geq 0} \binom{n+k}{2k}\binom{2k}{k}\frac{(-1)^k}{k+1}, \quad 정수 \ n \geq 0.$$

그러니까 이 합을 바다 깊은 곳에 수장해야(deep six) 한다는 거죠?

합의 난이도를 재는 한 가지 측도는 합산의 색인이 나타나는 횟수이다. 이 측도를 기준으로 볼 때 문제의 합은 대단히 어렵다. k가 여섯 번이나 나온다. 게다가, 이전 문제의 풀이에서 핵심이었던 이항계수들 바깥의 뭔가를 한 이항계수로 흡수하는 조작은 이제 통하지 않는다. $k+1$을 흡수하면 그 자리에 k가 또 나타나기 때문이다. 그것이 다가 아니다. 두 이항계수에서 합산의 색인 k가 계수 2와 묶여 있다. 대체로 가법적 상수보다 곱셈적 상수가 제거하기가 더 어렵다.

하지만 운 좋게도, 그 $2k$들은 항등식 (5.21)을 적용하는 데 딱 필요한 자리에 있다. 그 항등식을 적용하면 다음이 된다.

$$\sum_{k \geq 0} \binom{n+k}{2k}\binom{2k}{k}\frac{(-1)^k}{k+1} = \sum_{k \geq 0} \binom{n+k}{k}\binom{n}{k}\frac{(-1)^k}{k+1}.$$

두 2가 사라졌고, k도 하나 사라졌다. 이제 다섯 개 남았다.

남은 색인 중 가장 골치 아픈 특성을 가진 것은 분모의 $k+1$인데, 이제는 항등식 (5.5)을 이용해서 $\binom{n}{k}$ 안으로 흡수할 수 있다.

$$\sum_{k \geq 0} \binom{n+k}{k}\binom{n}{k}\frac{(-1)^k}{k+1} = \sum_{k} \binom{n+k}{k}\binom{n+1}{k+1}\frac{(-1)^k}{n+1}$$
$$= \frac{1}{n+1}\sum_{k} \binom{n+k}{k}\binom{n+1}{k+1}(-1)^k.$$

($n \geq 0$임을 상기할 것.) 둘 해치웠고 넷 남았다.

남은 k를 제거하기에 유망한 옵션은 두 가지이다. 하나는 $\binom{n+k}{k}$에 대한 대칭성을 사용하는 것이고, 또 하나는 상지표 $n+k$를 부정해서 k도 제거하고 인수 $(-1)^k$도 제거하는 것이다. 그럼 두 가능성을 모두 살펴보기로 하자. 우선 대칭성부터 시도하면 다음과 같다.

$$\frac{1}{n+1}\sum_{k} \binom{n+k}{k}\binom{n+1}{k+1}(-1)^k = \frac{1}{n+1}\sum_{k} \binom{n+k}{n}\binom{n+1}{k+1}(-1)^k.$$

잠시 펀트punt를 차야 하나 생각했음.

셋 해치웠고 셋 남았다(third down, three to go). 이제는 식 (5.24)를 대입하면 큰 이득이 생긴다. (l,m,n,s)을 $(n+1,1,n,n)$으로 대체하면 다음이 나온다.

$$\frac{1}{n+1}\sum_k \binom{n+k}{n}\binom{n+1}{k+1}(-1)^k = \frac{1}{n+1}(-1)^n\binom{n-1}{-1} = 0.$$

고생 끝에 얻은 공식에서 0이 나오다니, 뭔가 잘못 된 것일까? $n=2$일 때를 점검해 보자. $\binom{2}{0}\binom{0}{0}\frac{1}{1} - \binom{3}{2}\binom{2}{1}\frac{1}{2} + \binom{4}{4}\binom{4}{2}\frac{1}{3} = 1 - \frac{6}{2} + \frac{6}{3} = 0$이다. 적어도 이 경우는 답이 옳다.

이 공식의 처리는 잠시 미뤄두고, $\binom{n+k}{k}$의 상지표를 부정하는 방법을 시도해 보자.

$$\frac{1}{n+1}\sum_k \binom{n+k}{k}\binom{n+1}{k+1}(-1)^k = \frac{1}{n+1}\sum_k \binom{-n-1}{k}\binom{n+1}{k+1}.$$

이제 $(l,m,n,s) \leftarrow (n+1,1,0,-n-1)$로 두고 식 (5.23)을 적용하면 다음이 나온다.

$$\frac{1}{n+1}\sum_k \binom{-n-1}{k}\binom{n+1}{k+1} = \frac{1}{n+1}\binom{0}{n}.$$

잠깐만. $n>0$일 때는 이 공식이 0이지만 $n=0$일 때는 1이다. 앞에서는 모든 경우에서 0이었다. $n=0$일 때 합은 1이 맞다. 따라서 정답은 '$[n=0]$'이다. 앞의 유도에서는 뭔가 실수를 했음이 틀림 없다.

어디에서 불일치가 시작되었는지 파악하기 위해 $n=0$으로 두고 그 유도를 따라가 보면, 이전에 언급한 오래된 함정에 빠졌음을 알 수 있다. 상지표가 음수일 수도 있는데 대칭 항등식을 적용한 것이다! k의 범위가 모든 정수일 때에는 $\binom{n+k}{k}$를 $\binom{n+k}{n}$으로 대체하는 것이 적법하지 않다. 그러면 $k<-n$일 때 0이 0이 아닌 값으로 바뀌기 때문이다. (저자의 실수에 사과한다.)

피가수의 또 다른 인수인 $\binom{n+1}{k+1}$은 $n=0$이고 $k=-1$인 경우를 제외하면 $k<-n$일 때 0이다. $n=2$일 때 이 실수가 드러나지 않은 것은 이것 때문이었다. 연습문제 6에 해당 유도를 제대로 진행하는 방법이 나온다.

이진 검색을 시도해 볼 것: 즉, 제일 먼저 가운데 공식을 점검해서 실수가 그 전에 있었는지 그 후에 있었는지 파악하고, 그 과정을 재귀적으로 반복하라.

문제 7: 새로운 장애물

이번 것은 더욱 어렵다. 다음 합의 닫힌 형식을 구하고자 한다.

$$\sum_{k\geq 0} \binom{n+k}{m+2k}\binom{2k}{k}\frac{(-1)^k}{k+1}, \quad \text{정수 } m,n>0.$$

m이 0이라면 방금 끝낸 문제의 합과 같은 것이 된다. 그러나 아쉽게도 0이 아니며, 문제 6에서 사용한 방법이 전혀 통하지 않기 때문에 상황이 꽤나 복잡하다. (특히, 핵심이었던 첫 단계가 적용되지 않는다.)

그렇긴 하지만, 어떻게든 m을 제거할 수 있다면 앞에서 유도한 결과를 활용할 수 있다. 따라서, $\binom{n+k}{m+2k}$를 음이 아닌 어떤 정수 l에 대한 $\binom{l+k}{2k}$ 같은 항들의 합으로 대체하는 전략이 좋을 것이다. 그러면 문제 6의 피가수와 비슷한 형태가 되며, 합산 순서 교환 기법을 적용할 수 있다.

그런데 $\binom{n+k}{m+2k}$를 구체적으로 무엇으로 대체해야 할까? 이번 장에서 유도한 항등식들을 열심히 조사해 보면, 적당한 후보가 하나 뿐임을 알 수 있다. 바로, 표 202의 식 (5.26)이다. 그리고 그 항등식을 적용하는 한 가지 방법은 매개변수 (l, m, n, q, k)를 $(n+k-1, 2k, m-1, 0, j)$로 각각 대체하는 것이다.

$$\sum_{k \geq 0} \binom{n+k}{m+2k}\binom{2k}{k}\frac{(-1)^k}{k+1}$$
$$= \sum_{k \geq 0} \sum_{0 \leq j \leq n+k-1} \binom{n+k-1-j}{2k}\binom{j}{m-1}\binom{2k}{k}\frac{(-1)^k}{k+1}$$
$$= \sum_{j \geq 0} \binom{j}{m-1} \sum_{\substack{k \geq j-n+1 \\ k \geq 0}} \binom{n+k-1-j}{2k}\binom{2k}{k}\frac{(-1)^k}{k+1}.$$

마지막 단계에서는 $\sum$ 아래의 조건들을 제2장에 나온 법칙들에 따라 조작해서 합산 순서를 변경했다.

안쪽 합은 문제 6의 결과를 이용해서 대체하기가 곤란하다. $k \geq j-n+1$이라는 추가적인 조건 때문이다. 그런데 이 추가 조건은 $j-n+1 > 0$이 아닌 한, 다시 말해 $j \geq n$이 아닌 한 불필요하다. 그리고 $j \geq n$일 때에는 안쪽 합의 첫 이항계수가 0이다. 그런 경우 상지표가 0과 $k-1$ 사이인데, 그러면 반드시 하지표 $2k$보다 작기 때문이다. 바깥 합에 $j < n$이라는 제한을 추가해도 0이 아닌 항들이 포함되어서 등식이 깨지는 일이 없다. 그러면 $k \geq j-n+1$이라는 제한은 불필요해지며, 따라서 문제 6의 결과를 사용할 수 있다. 이제 이중 합은 다음과 같이 단순화된다.

$$\sum_{j \geq 0} \binom{j}{m-1} \sum_{\substack{k \geq j-n+1 \\ k \geq 0}} \binom{n+k-1-j}{2k}\binom{2k}{k}\frac{(-1)^k}{k+1}$$
$$= \sum_{0 \leq j < n} \binom{j}{m-1} \sum_{k \geq 0} \binom{n+k-1-j}{2k}\binom{2k}{k}\frac{(-1)^k}{k+1}$$
$$= \sum_{0 \leq j < n} \binom{j}{m-1}[n-1-j=0] = \binom{n-1}{m-1}.$$

$j = n-1$인 경우를 제외하면 안쪽 합들이 사라지는 덕분에, 문제의 정답이 되는 간단한 단힌 형식이 나왔다.

문제 8: 또 다른 장애물

문제 6의 합에서 갈라져 나온 또 다른 합을 살펴보자.

$$S_m = \sum_{k \geq 0} \binom{n+k}{2k}\binom{2k}{k}\frac{(-1)^k}{k+1+m}, \quad \text{정수 } m, n \geq 0.$$

$m=0$일 때 문제 6의 합과 같아진다는 점은 문제 7과 같다. 그러나, 이번에는 m이 문제 7과는 다른 장소에 등장한다. 이 문제는 문제 7보다도 어렵지만, (다행히) 해를 구하는 우리의 실력이 이전보다 조금 늘었다. 이 문제에서는 문제 6에서처럼 출발할 수 있다.

$$S_m = \sum_{k \geq 0} \binom{n+k}{k}\binom{n}{k}\frac{(-1)^k}{k+1+m}.$$

다음으로, (문제 7에서처럼) m에 의존하는 부분을 우리가 다루는 방법을 아는 항들로 전개해 보자. m이 0일 때에는 $k+1$을 $\binom{n}{k}$로 흡수했었다. 만일 $m > 0$이면, $1/(k+1+m)$을 흡수 가능한 항들로 전개한 후에 같은 방식으로 인수를 이항계수에 흡수할 수 있다. 이번에도 운 좋게 그런 전개가 가능하다. 지금 상황에 맞는 다음과 같은 항등식을 문제 1에서 증명했다.

$$\sum_{j=0}^{m} \binom{m}{j}\binom{r}{j}^{-1} = \frac{r+1}{r+1-m}, \quad \begin{array}{l}\text{정수 } m \geq 0, \\ r \notin \{0,1,\ldots,m-1\},\end{array} \tag{5.33}$$

이 항등식의 r에 $-k-2$를 대입하면 원하는 전개가 나온다.

$$S_m = \sum_{k \geq 0} \binom{n+k}{k}\binom{n}{k}\frac{(-1)^k}{k+1} \sum_{j \geq 0} \binom{m}{j}\binom{-k-2}{j}^{-1}.$$

이제 계획대로 $(k+1)^{-1}$을 $\binom{n}{k}$에 흡수할 수 있다. 사실 $\binom{-k-2}{j}^{-1}$에도 흡수할 수 있다. 이러한 이중 흡수는 무대 뒷편에서 더 많은 소거가 일어날 것임을 암시한다. 실제로 그렇다. 새 피가수의 모든 것을 계승들로 전개한 후 다시 이항계수 형태로 정리하면, k에 관해 합산할 수 있는 다음과 같은 공식이 나온다.

교수님은 우리가 이걸 메모지 한 장으로 확인할 수 있을 거라고 기대하시는군요.

$$\begin{aligned}S_m &= \frac{m!\,n!}{(m+n+1)!} \sum_{j \geq 0} (-1)^j \binom{m+n+1}{n+1+j} \sum_k \binom{n+1+j}{k+j+1}\binom{-n-1}{k} \\ &= \frac{m!\,n!}{(m+n+1)!} \sum_{j \geq 0} (-1)^j \binom{m+n+1}{n+1+j}\binom{j}{n}.\end{aligned}$$

모든 정수 j에 관한 합은 식 (5.24)에 의해 0이다. 따라서 $-S_m$의 합산 범위는 $j < 0$이다.

$j < 0$에 대해 $-S_m$을 평가하기 위해, j를 $-k-1$로 대체하고 $k \geq 0$에 대해 합해 보자.

$$
\begin{aligned}
S_m &= \frac{m!\,n!}{(m+n+1)!} \sum_{k \geq 0} (-1)^k \binom{m+n+1}{n-k}\binom{-k-1}{n}. \\
&= \frac{m!\,n!}{(m+n+1)!} \sum_{k \leq n} (-1)^{n-k} \binom{m+n+1}{k}\binom{k-n-1}{n} \\
&= \frac{m!\,n!}{(m+n+1)!} \sum_{k \leq n} (-1)^k \binom{m+n+1}{k}\binom{2n-k}{n} \\
&= \frac{m!\,n!}{(m+n+1)!} \sum_{k \leq 2n} (-1)^k \binom{m+n+1}{k}\binom{2n-k}{n}.
\end{aligned}
$$

마지막으로 식 (5.25)를 적용하면 답이 나온다.

$$
S_m = (-1)^n \frac{m!\,n!}{(m+n+1)!} \binom{m}{n} = (-1)^n m^{\underline{n}} m^{\overline{-n-1}}.
$$

휴; 이제 아는 값으로 확인해 볼 차례이다. $n = 2$일 때

$$
S_m = \frac{1}{m+1} - \frac{6}{m+2} + \frac{6}{m+3} = \frac{m(m-1)}{(m+1)(m+2)(m+3)}
$$

이다. 앞의 유도에서는 m이 정수이어야 했지만, 유도 결과는 모든 실수 m에 대해 성립한다. $(m+1)^{\overline{n+1}} S_m$이라는 수량이 m의 $\leq n$차 다항식이기 때문이다.

5.3 필수 기법

이제부터는 지금까지 배운 방법들의 위력을 크게 증폭하는 기법 세 가지를 살펴보자.

기법 1: 절반으로 만들기

기법 1이 아니라 기법 1/2이라고 불러야 마땅하다.

지금까지 배운 항등식 중에는 임의의 실수 r이 관여하는 것들이 많다. r이 "정수 빼기 2분의 1"이라는 특별한 형태일 때에는 이항계수 $\binom{r}{k}$를 그와는 상당히 다르게 보이는 이항계수들의 곱으로 표현할 수 있다. 그리고 놀랄만큼 쉽게 다룰 수 있는 새로운 부류의 항등식들을 그 곱으로부터 이끌어낼 수 있다.

다음과 같은 이중 공식(duplication formula; 두 배 공식)으로 이 기법의 작동 방식을 설명해 보겠다.

$$r^{\underline{k}}(r-\tfrac{1}{2})^{\underline{k}} = (2r)^{\underline{2k}}/2^{2k}, \quad \text{정수 } k \geq 0. \tag{5.34}$$

좌변의 내림 거듭제곱들을 전개하고 인수들의 위치를 적절히 바꿔 보면 이 항등식이 참임이 명백해진다.

$$r(r-\tfrac{1}{2})(r-1)(r-\tfrac{3}{2}) \dots (r-k+1)(r-k+\tfrac{1}{2})$$
$$= \frac{(2r)(2r-1) \dots (2r-2k+1)}{2 \cdot 2 \cdot \dots \cdot 2}.$$

이제 양변을 $k!^2$으로 나누면 다음이 나온다.

$$\binom{r}{k}\binom{r-1/2}{k} = \binom{2r}{2k}\binom{2k}{k}\bigg/2^{2k}, \quad \text{정수 } k. \tag{5.35}$$

n이 정수라 할 때 $k = r = n$으로 두면 다음이 나온다.

$$\binom{n-1/2}{n} = \binom{2n}{n}\bigg/2^{2n}, \quad \text{정수 } n. \tag{5.36}$$

그리고 상지표를 부정하면 다음과 같이 또 다른 유용한 공식이 나온다.

$$\binom{-1/2}{n} = \left(\frac{-1}{4}\right)^n\binom{2n}{n}, \quad \text{정수 } n. \tag{5.37}$$

예를 들어 $n = 4$일 때 다음이 성립한다(have).

... 2등분한다(halve) ...

$$\binom{-1/2}{4} = \frac{(-1/2)(-3/2)(-5/2)(-7/2)}{4!}$$
$$= \left(\frac{-1}{2}\right)^4\frac{1 \cdot 3 \cdot 5 \cdot 7}{1 \cdot 2 \cdot 3 \cdot 4}$$
$$= \left(\frac{-1}{4}\right)^4\frac{1 \cdot 3 \cdot 5 \cdot 7 \cdot 2 \cdot 4 \cdot 6 \cdot 8}{1 \cdot 2 \cdot 3 \cdot 4 \cdot 1 \cdot 2 \cdot 3 \cdot 4} = \left(\frac{-1}{4}\right)^4\binom{8}{4}.$$

홀수들의 곱을 하나의 계승으로 바꾼 방식에 주목하기 바란다.

항등식 (5.35)에는 재미있는 따름정리(corollary)가 있다. $r = \frac{1}{2}n$으로 두고 모든 정수 k에 관해 합을 취하면 다음과 같은 공식이 나온다.

$$\sum_k \binom{n}{2k}\binom{2k}{k}2^{-2k} = \sum_k \binom{n/2}{k}\binom{(n-1)/2}{k}$$
$$= \binom{n-1/2}{\lfloor n/2 \rfloor}, \quad \text{정수 } n \geq 0 \tag{5.38}$$

$n/2$와 $(n-1)/2$ 둘 다 음이 아닌 정수 $\lfloor n/2 \rfloor$ 이므로, 식 (5.23)에 의해 이 공식을 이끌어낼 수 있다.

또한, 방데르몽드 합성곱 (5.27)을 이용해서 다음을 유도할 수 있다.

$$\sum_k \binom{-1/2}{k}\binom{-1/2}{n-k} = \binom{-1}{n} = (-1)^n, \quad \text{정수 } n \geq 0.$$

식 (5.37)의 값들을 대입하면 다음이 나온다.

$$\binom{-1/2}{k}\binom{-1/2}{n-k} = \left(\frac{-1}{4}\right)^k\binom{2k}{k}\left(\frac{-1}{4}\right)^{n-k}\binom{2(n-k)}{n-k}$$
$$= \frac{(-1)^n}{4^n}\binom{2k}{k}\binom{2n-2k}{n-k}.$$

이것을 합산하면 $(-1)^n$이 나온다. 따라서, 파스칼의 삼각형의 '가운데' 원소들에는 다음과 같은 주목할만한 성질이 있다.

$$\sum_k \binom{2k}{k}\binom{2n-2k}{n-k} = 4^n, \quad \text{정수 } n \geq 0. \tag{5.39}$$

예를 들어 $\binom{0}{0}\binom{6}{3}+\binom{2}{1}\binom{4}{2}+\binom{4}{2}\binom{2}{1}+\binom{6}{3}\binom{0}{0}=1\cdot20+2\cdot6+6\cdot2+20\cdot1=64=4^3$이다.

첫 기법에 대한 이러한 예는, $\binom{2k}{k}$ 형태의 이항계수를 $\binom{n-1/2}{k}$ 형태의(여기서 n은 적절한 정수; 흔히 0이나 1, 또는 k) 이항계수로 바꾸어 보는 것이 바람직하다는 점을 잘 보여준다. 이렇게 바꾼 후에 수식을 조작하면 훨씬 간단한 결과가 나올 수 있다.

기법 2: 고차 차분

앞에서, 급수 $\binom{n}{k}(-1)^k$의 부분합을 계산할 수는 있지만 급수 $\binom{n}{k}$의 부분합은 그럴 수 없다는 점을 배웠다. 알고 보면, 부호가 교대되는 이항계수 $\binom{n}{k}(-1)^k$에는 중요한 용도가 많다. 그 이유 중 하나는, 그런 이항계수가 §2.6에서 정의한 차분 연산자 Δ와 밀접한 관계가 있기 때문이다.

함수 f의 점 x에서의 차분 Δf는 다음과 같다.

$$\Delta f(x) = f(x+1)-f(x).$$

Δ를 한 번 더 적용하면 2차 차분이 나온다.

$$\Delta^2 f(x) = \Delta f(x+1) - \Delta f(x) = (f(x+2) - f(x+1)) - (f(x+1) - f(x))$$
$$= f(x+2) - 2f(x+1) + f(x).$$

이는 미분을 두 번 하면 2차 도함수가 나오는 것과 비슷하다. 3차, 4차 차분들과 그 이상의 고차 차분들도 마찬가지 방식으로 정의된다.

$$\Delta^3 f(x) = f(x+3) - 3f(x+2) + 3f(x+1) - f(x);$$
$$\Delta^4 f(x) = f(x+4) - 4f(x+3) + 6f(x+2) - 4f(x+1) + f(x).$$

그런데 이러한 공식들의 계수들을 보면 부호 교대 이항계수를 발견할 수 있다. 일반적으로, n차 차분은 다음과 같이 주어진다.

$$\Delta^n f(x) = \sum_k \binom{n}{k} (-1)^{n-k} f(x+k), \quad \text{정수 } n \geq 0. \tag{5.40}$$

이 공식은 수학적 귀납법을 이용해서 손쉽게 증명할 수 있다. 그러나 연산자의 기본 원리(elementary theory of operators)를 이용해서 깔끔하게 증명하는 방법도 있다. §2.6에서 자리이동 연산자 E를 다음과 같은 법칙으로 정의했음을 기억할 것이다.

$$Ef(x) = f(x+1).$$

따라서 연산자 Δ는 $E-1$인데, 여기서 1은 $1f(x) = f(x)$라는 법칙으로 정의되는 항등 연산자이다. 이항정리에 의해

$$\Delta^n = (E-1)^n = \sum_k \binom{n}{k} E^k (-1)^{n-k}$$

이다. 이는 요소들이 연산자들인 하나의 등식이다. 그런데 E^k은 $f(x)$를 $f(x+k)$로 사상하는 연산자이므로, 이 등식은 식 (5.40)과 동등하다.

음의 내림 거듭제곱을 고찰하면 흥미롭고도 중요한 사례 하나가 나온다. $f(x) = (x-1)^{\underline{-1}} = 1/x$이라고 하자. 그러면, 법칙 (2.45)에 의해 $\Delta f(x) = (-1)(x-1)^{\underline{-2}}$이고 $\Delta^2 f(x) = (-1)(-2)(x-1)^{\underline{-3}}$이며, 일반적으로

$$\Delta^n \big((x-1)^{\underline{-1}} \big) = (-1)^n (x-1)^{\underline{-n-1}} = (-1)^n \frac{n!}{x(x+1) \dots (x+n)}$$

이다. 이제 식 (5.40)은 다음을 뜻한다.

$$\sum_k \binom{n}{k} \frac{(-1)^k}{x+k} = \frac{n!}{x(x+1)\dots(x+n)}$$

$$= x^{-1}\binom{x+n}{n}^{-1}, \quad x \not\in \{0,-1,\dots,-n\}. \tag{5.41}$$

예를 들어

$$\frac{1}{x} - \frac{4}{x+1} + \frac{6}{x+2} - \frac{4}{x+3} + \frac{1}{x+4}$$

$$= \frac{4!}{x(x+1)(x+2)(x+3)(x+4)} = 1 \Big/ x\binom{x+4}{4}$$

이다. 식 (5.41)의 합은 $n!/(x(x+1)\dots(x+n))$의 부분분수 전개(partial fraction expansion)이다.

양의 내림 거듭제곱에서도 중요한 결과들을 얻을 수 있다. $f(x)$가 d차 다항식이면 그 차분 $\Delta f(x)$는 $d-1$차 다항식이다. 따라서 $\Delta^d f(x)$는 하나의 상수이고, 만일 $n > d$이면 $\Delta^n f(x) = 0$이다. 이 극도로 중요한 사실을 이용하면 수많은 공식을 더 간단하게 만들 수 있다.

이를 좀 더 자세히 살펴보면 또 다른 정보가 나온다. 다음과 같은 임의의 d차 다항식을 생각해 보자.

$$f(x) = a_d x^d + a_{d-1} x^{d-1} + \cdots + a_1 x^1 + a_0 x^0$$

제6장에서 보겠지만, 보통의 거듭제곱을 내림 거듭제곱의 합으로 표현할 수 있다 (이를테면 $x^2 = x^2 + x^1$이다). 따라서 다음을 만족하는 계수 $b_d, b_{d-1}, \dots, b_1, b_0$이 존재한다.

$$f(x) = b_d x^{\underline{d}} + b_{d-1} x^{\underline{d-1}} + \cdots + b_1 x^{\underline{1}} + b_0 x^{\underline{0}}.$$

($b_d = a_d$이고 $b_0 = a_0$이지만, 서로 대응되는 계수들 사이에는 좀 더 복잡한 관계가 존재한다.) $0 \le k \le d$에 대해 $c_k = k! b_k$라고 하면

$$f(x) = c_d \binom{x}{d} + c_{d-1} \binom{x}{d-1} + \cdots + c_1 \binom{x}{1} + c_0 \binom{x}{0}$$

이다. 따라서, 임의의 다항식을 이항계수들의 배수들의 합으로 표현할 수 있다. 그런 전개를 가리켜 $f(x)$의 뉴턴 급수(Newton series)라고 부르는데, 아이작 뉴턴이 이를 자주 사용했기 때문에 그런 이름이 붙었다.

이번 장의 앞 부분에서 보았듯이, 덧셈 공식은 다음을 함의한다.

$$\Delta\left(\binom{x}{k}\right) = \binom{x}{k-1}.$$

따라서, 귀납에 의해, 뉴턴 급수의 n차 차분은 다음과 같이 아주 간단하다.

$$\Delta^n f(x) = c_d\binom{x}{d-n} + c_{d-1}\binom{x}{d-1-n} + \cdots + c_1\binom{x}{1-n} + c_0\binom{x}{-n}.$$

이제 $x = 0$으로 두면 우변에서 $k - n = 0$인 항을 제외한 모든 $c_k\binom{x}{k-n}$ 항이 0이 된다. 정리하자면 다음과 같다.

$$\Delta^n f(0) = \begin{cases} c_n, \text{ 만일 } n \le d\text{이면}; \\ 0, \text{ 만일 } n > d\text{이면}. \end{cases}$$

그러므로, $f(x)$의 뉴턴 급수는 다음과 같이 주어진다.

$$f(x) = \Delta^d f(0)\binom{x}{d} + \Delta^{d-1} f(0)\binom{x}{d-1} + \cdots + \Delta f(0)\binom{x}{1} + f(0)\binom{x}{0}.$$

예를 들어 $f(x) = x^3$이라고 하자. 다음과 같은 값들을 계산하기는 어렵지 않다.

$$f(0) = 0, \quad f(1) = 1, \quad f(2) = 8, \quad f(3) = 27;$$
$$\Delta f(0) = 1, \quad \Delta f(1) = 7, \quad \Delta f(2) = 19;$$
$$\Delta^2 f(0) = 6, \quad \Delta^2 f(1) = 12;$$
$$\Delta^3 f(0) = 6.$$

따라서 뉴턴 급수는 $x^3 = 6\binom{x}{3} + 6\binom{x}{2} + 1\binom{x}{1} + 0\binom{x}{0}$이다.

앞의 공식 $\Delta^n f(0) = c_n$을, 식 (5.40)에서 $x = 0$으로 두어서 다음과 같이 표현할 수도 있다.

$$\sum_k \binom{n}{k}(-1)^k\left(c_0\binom{k}{0} + c_1\binom{k}{1} + c_2\binom{k}{2} + \cdots\right) = (-1)^n c_n,$$
$$\text{정수 } n \ge 0.$$

여기서 $\langle c_0, c_1, c_2, \ldots \rangle$는 임의의 계수열이다. 무한합 $c_0\binom{k}{0} + c_1\binom{k}{1} + c_2\binom{k}{2} + \cdots$은 사실 모든 $k \ge 0$에 대해 유한하므로, 수렴은 문제가 되지 않는다. 특히, 다음과 같은 중요한 항등식이 성립한다.

$$\sum_k \binom{n}{k}(-1)^k(a_0 + a_1 k + \cdots + a_n k^n) = (-1)^n n! \, a_n,$$

$$\text{정수 } n \geq 0. \tag{5.42}$$

다항식 $a_0 + a_1 k + \cdots + a_n k^n$을 항상 $c_n = n! a_n$인 뉴턴 급수 $c_0\binom{k}{0} + c_1\binom{k}{1} + \cdots + c_n\binom{k}{n}$ 으로 표현할 수 있다는 점을 이용하면 이 항등식을 증명할 수 있다.

처음에는 공략할 가망이 전혀 없어 보이는 합이라도, n차 차분이라는 착안을 적용하면 합을 거의 자명하게 구할 수 있는 경우가 많다. 예를 들어 다음과 같은 항등식을 생각해 보자.

$$\sum_k \binom{n}{k}\binom{r - sk}{n}(-1)^k = s^n, \quad \text{정수 } n \geq 0. \tag{5.43}$$

지금까지 본 항등식과는 상당히 다른 형태라서 아주 인상적이다. 그런데 피가수의 인수 $\binom{n}{k}(-1)^k$이 뜻하는 바를 알아채기만 한다면 이 항등식을 아주 쉽게 이해할 수 있다. 함수

$$f(k) = \binom{r - sk}{n} = \frac{1}{n!}(-1)^n s^n k^n + \cdots = (-1)^n s^n \binom{k}{n} + \cdots$$

이 k의 n차 다항식이고 선행 계수가 $(-1)^n s^n / n!$이라는 점에 주목하자. 즉, 식 (5.43)는 그냥 식 (5.42)를 한 번 적용해서 나온 결과일 뿐이다.

앞에서는 $f(x)$가 하나의 다항식이라고 가정하고 뉴턴 급수를 논의했다. 그런데 무한 뉴턴 급수

$$f(x) = c_0\binom{x}{0} + c_1\binom{x}{1} + c_2\binom{x}{2} + \cdots$$

도 의미가 있음을 이미 보았다. 그런 합은 x가 음이 아닌 정수일 때 항상 유한합이기 때문이다. $\Delta^n f(0) = c_n$ 공식의 유도는 다항식의 경우뿐만 아니라 무한합의 경우에도 유효하다. 이로부터, 다음과 같은 일반적인 항등식을 세울 수 있다.

$$f(x) = f(0)\binom{x}{0} + \Delta f(0)\binom{x}{1} + \Delta^2 f(0)\binom{x}{2} + \Delta^3 f(0)\binom{x}{3} + \cdots,$$

$$\text{정수 } x \geq 0. \tag{5.44}$$

이 공식은 음이 아닌 정수 x에 대해 정의되는 임의의 함수 $f(x)$에 대해 유효하다. 더 나아가서, 우변이 x의 다른 값들로 수렴되는 경우 이 공식은 $f(x)$를 자연스러운

방식으로 "보간하는" 함수를 정의한다. (함수 값들을 보간하는 방식은 수없이 많으므로, 무한급수가 수렴한다는 조건을 만족하는 모든 x에 대해 식 (5.44)가 참이라고 단언할 수는 없다. 예를 들어 $f(x) = \sin(\pi x)$이면 모든 정수 점들에서 $f(x) = 0$이므로 식 (5.44)의 우변은 그냥 0이지만, 좌변은 정수가 아닌 모든 x에 대해 0이 아니다.)

뉴턴 급수는 무한 미적분의 테일러 급수에 대응되는 유한 미적분의 급수이다. 테일러 급수를

$$g(a+x) = \frac{g(a)}{0!}x^0 + \frac{g'(a)}{1!}x^1 + \frac{g''(a)}{2!}x^2 + \frac{g'''(a)}{3!}x^3 + \cdots$$

으로 표기할 수 있듯이, $f(x) = g(a+x)$에 대한 뉴턴 급수를 다음과 같이 표기할 수 있다.

$$g(a+x) = \frac{g(a)}{0!}x^0 + \frac{\Delta g(a)}{1!}x^1 + \frac{\Delta^2 g(a)}{2!}x^2 + \frac{\Delta^3 g(a)}{3!}x^3 + \cdots. \qquad (5.45)$$

($E = 1 + \Delta$이므로
$E^x = \Sigma_k \binom{x}{k}\Delta^k$
이다. 그리고
$E^x g(a) = g(a+x)$
이다.)

(이것은 식 (5.44)와 같다. $f(x) = g(a+x)$일 때 모든 $n \geq 0$에 대해 $\Delta^n f(0) = \Delta^n g(a)$이기 때문이다.) g가 다항식일 때나 $x = 0$일 때는 테일러 급수와 뉴턴 급수 모두 유한하다. 그리고 뉴턴 급수는 x가 양의 정수일 때에도 유한하다. 그 외의 경우에는 합들이 x의 특정 값들에 수렴할 수도 있고 수렴하지 않을 수도 있다. x가 음의 정수가 아닐 때 뉴턴 급수가 수렴한다면, 아마도 $g(a+x)$와는 다른 어떤 값으로 수렴할 것이다. 뉴턴 급수 (5.45)는 떨어져 있는 함수 값 $g(a), g(a+1), g(a+2), \ldots$ 에만 의존하기 때문이다.

수렴하는 뉴턴 급수의 한 예를 이항정리에서 볼 수 있다. $g(x) = (1+z)^x$이라고 z가 $|z| < 1$인 고정된 어떤 복소수라고 하자. 그러면 $\Delta g(x) = (1+z)^{x+1} - (1+z)^x = z(1+z)^x$이며, 따라서 $\Delta^n g(x) = z^n(1+z)^x$이다. 이 경우 무한 뉴턴 급수

$$g(a+x) = \sum_n \Delta^n g(a)\binom{x}{n} = (1+z)^a \sum_n \binom{x}{n}z^n$$

은 모든 x에 대해 "올바른" 값 $(1+z)^{a+x}$으로 수렴한다.

제임스 스털링James Stirling은 계승 함수를 음이 아닌 값들에 대해 일반화하는 데 뉴턴 급수를 이용해 보았다. 먼저 그는 $x = 0$, $x = 1$, $x = 2$ 등에 대해 다음이 항등식이 되는 계수 S_n들을 구했다.

$$x! \;=\; \sum_n S_n \binom{x}{n} \;=\; S_0\binom{x}{0} + S_1\binom{x}{1} + S_2\binom{x}{2} + \cdots. \tag{5.46}$$

그러나 그는 이로부터 나온 급수가 x가 음이 아닌 정수일 때를 제외하고는 수렴하지 않음을 발견했다. 그는 다음을 시도했다.

$$\ln x! \;=\; \sum_n s_n \binom{x}{n} \;=\; s_0\binom{x}{0} + s_1\binom{x}{1} + s_2\binom{x}{2} + \cdots. \tag{5.47}$$

이제 $\Delta(\ln x!) = \ln(x+1)! - \ln x! = \ln(x+1)$이므로, 식 (5.40)에 의해

$$
\begin{aligned}
s_n &= \Delta^n(\ln x!)\big|_{x=0} \\
&= \Delta^{n-1}(\ln(x+1))\big|_{x=0} \\
&= \sum_k \binom{n-1}{k}(-1)^{n-1-k}\ln(k+1)
\end{aligned}
$$

이다. 그러므로 계수들은 $s_0 = s_1 = 0$; $s_2 = \ln 2$; $s_3 = \ln 3 - 2\ln 2 = \ln\frac{3}{4}$; $s_4 = \ln 4 - 3\ln 3 + 3\ln 2 = \ln\frac{32}{27}$ 등이다. 이런 과정을 통해서 스털링은 실제로 수렴하는 급수를 얻었다(그가 수렴을 증명하지는 않았다). 사실 그의 급수는 모든 $x > -1$에 대해 수렴한다. 그 덕분에 그는 $\frac{1}{2}!$을 만족스럽게 평가할 수 있었다. 나머지 이야기는 연습문제 88에 나온다.

기법 3: 반전

방금 뉴턴 급수에 대해 유도한 식 (5.44)의 한 특수 경우를, 식 (5.40)을 이용해서 다음과 같은 형태로 표현할 수도 있다.

$$g(n) \;=\; \sum_k \binom{n}{k}(-1)^k f(k) \quad \Leftrightarrow \quad f(n) \;=\; \sum_k \binom{n}{k}(-1)^k g(k). \tag{5.48}$$

f와 g 사이의 이러한 쌍대(dual) 관계식을 반전 공식(inversion formula)이라고 부른다. 이 공식은 제4장에서 만난 뫼비우스 반전 공식 (4.56), (4.61)과 다소 비슷하다. 이런 반전 공식들은 합에 미지의 수열이 내장되어 있는 '암묵적 점화식(implicit recurrence; 음적 점화식)'을 푸는 방법을 말해 준다.

예를 들어 $g(n)$이 알려진 함수이고 $f(n)$이 알려지지 않은 함수이며 둘 사이에 $g(n) = \sum_k \binom{n}{k}(-1)^k f(k)$라는 관계가 있다고 하자. 그런 경우 식 (5.48)을 이용하면 $f(n)$을 알려진 값들의 합으로 표현할 수 있다.

왼쪽 여백 주석:

"이 항들이 아주 빠르게 증가하는 만큼, 그 차분들은 발산하는 수열이 될 것이며, 그러한 수열은 참값에 접근하는 포물선의 세로좌표를 방해한다. 따라서 이 문제에서, 그리고 비슷한 경우들에서, 나는 항들의 로그(그 차분들이 신속하게 수렴하는 급수를 형성하는)를 취한다."
— J. 스털링, [343]

(수렴을 증명하는 방법은 19세기에 와서야 고안되었다.)

다음을 뒤집으시오: 'zinb ppo'

식 (5.48)은 이번 장의 시작 부분에서 나온 기본 방법들을 이용해서 직접 증명할 수 있다. 모든 $n \geq 0$에 대해 $g(n) = \sum_k \binom{n}{k}(-1)^k f(k)$라고 할 때

$$\begin{aligned}
\sum_k \binom{n}{k}(-1)^k g(k) &= \sum_k \binom{n}{k}(-1)^k \sum_j \binom{k}{j}(-1)^j f(j) \\
&= \sum_j f(j) \sum_k \binom{n}{k}(-1)^{k+j}\binom{k}{j} \\
&= \sum_j f(j) \sum_k \binom{n}{j}(-1)^{k+j}\binom{n-j}{k-j} \\
&= \sum_j f(j)\binom{n}{j} \sum_k (-1)^k \binom{n-j}{k} \\
&= \sum_j f(j)\binom{n}{j}[n-j=0] = f(n)
\end{aligned}$$

이다. f와 g의 관계는 대칭적이므로, 반대 방향으로의 증명도 마찬가지이다.

설명을 위해 식 (5.48)을 '축구 승리 문제'에 적용해 보겠다. 문제는 이런 것이다. 시합에서 이긴 축구팀의 팬 n명이 자신의 모자를 하늘 높이 던진다. 그 모자들은 n명의 팬 각각에게 무작위로, 그러나 중복 없이 떨어진다. 자신이 던진 모자가 그대로 자신에게 돌아온 "운 좋은" 팬이 정확히 k명이 되는 방법의 수 $h(n,k)$는 무엇인가?

예를 들어 $n=4$이고 네 명의 팬이 A, B, C, D라고 하자. 다음은 모자들이 네 명의 팬에게 배정되는 모든 $4! = 24$가지 방법이다.

$ABCD$	4	$BACD$	2	$CABD$	1	$DABC$	0
$ABDC$	2	$BADC$	0	$CADB$	0	$DACB$	1
$ACBD$	2	$BCAD$	1	$CBAD$	2	$DBAC$	1
$ACDB$	1	$BCDA$	0	$CBDA$	1	$DBCA$	2
$ADBC$	1	$BDAC$	0	$CDAB$	0	$DCAB$	0
$ADCB$	2	$BDCA$	1	$CDBA$	0	$DCBA$	0

모자가 원래의 주인에 돌아오는 경우들을 세어 보면, $h(4,4)=1$이고 $h(4,3)=0$, $h(4,2)=6$, $h(4,1)=8$, $h(4,0)=9$이다.

$h(n,k)$가 k명의 운 좋은 모자 소유자를 선택하는 방법의 수인 $\binom{n}{k}$에 나머지 $n-k$개의 모자들 모두가 원래 주인에게 돌아가지 않도록 배열하는 방법의 수인 $h(n-k,0)$를 곱한 것이라는 점에 착안하면 $h(n,k)$의 공식을 구할 수 있다. 원 배열의 모든 원소가 다른 자리로 이동한 순열(permutation)을 가리켜 완전순열(complete permutation) 또는 난순열(derangement; 교란)이라고 부른다. 그리고 n개의 객체의

완전순열 개수를 종종 'n_i'이라는 기호로 표기하고 "n의 준계승(subfactorial)"이라고 읽는다. 따라서 $h(n-k,0) = (n-k)_i$이며, 다음과 같은 일반식이 성립한다.

$$h(n,k) \;=\; \binom{n}{k}h(n-k,0) \;=\; \binom{n}{k}(n-k)_i.$$

(이 준계승 표기법은 표준이 아니며, 아주 좋은 표기법은 아님도 명백하다. 그러나 당분간은 이 표기법을 사용하기로 하자. 어쩌면 'n_i'이라는 표기법을 좋아하게 될 수도 있겠다. 아니라면 'D_n'이나 그와 비슷한 표기로 대체하면 그만이다.)

만일 n_i에 대한 닫힌 형식이 있다면 축구 승리 문제를 풀 수 있을 것이다. 그럼 그 닫힌 형식이 무엇인지 살펴보자. 모든 k에 대한 $h(n,k)$의 합이 곧 모자 n개의 모든 순열의 개수라는 점에 착안하면 어렵지 않게 점화식을 구할 수 있다.

$$\begin{aligned} n! \;=\; \sum_k h(n,k) &\;=\; \sum_k \binom{n}{k}(n-k)_i \\ &\;=\; \sum_k \binom{n}{k}k_i, \quad \text{정수 } n \ge 0. \end{aligned} \tag{5.49}$$

(마지막 단계에서 k를 $n-k$로, $\binom{n}{n-k}$를 $\binom{n}{k}$로 바꾸었다.) 이 암묵적 점화식이 있으면 그 어떤 $h(n,k)$도 계산할 수 있다.

n	$h(n,0)$	$h(n,1)$	$h(n,2)$	$h(n,3)$	$h(n,4)$	$h(n,5)$	$h(n,6)$
0	1						
1	0	1					
2	1	0	1				
3	2	3	0	1			
4	9	8	6	0	1		
5	44	45	20	10	0	1	
6	265	264	135	40	15	0	1

예를 들어, $n=4$에 대한 행을 계산하는 방법은 이렇다. 제일 오른쪽의 두 항목은 자명하다. 모든 모자가 정확히 제 주인에게 떨어지는 방법은 하나뿐이며, 세 명만 자기 모자를 받는 경우는 없다. (그런 경우 네 번째 팬은 누구의 모자를 받겠는가?) $k=2$와 $k=1$에 대해서는 $h(n,k)$의 일반식을 적용해서 $h(4,2)=\binom{4}{2}h(2,0)=6 \cdot 1=6$과 $h(4,1)=\binom{4}{1}h(3,0)=4 \cdot 2=8$을 구하면 된다. $h(4,0)$에는 그 공식을 적용할 수 없다. 그 공식을 적용하면 $h(4,0)=\binom{4}{0}h(4,0)$이 나오는데, 등식이 참이긴

하지만 쓸모가 없다. 전략을 바꾸어서, 관계식 $h(4,0)+8+6+0+1=4!$으로부터 $h(4,0)=9$를 이끌어 낼 수 있다. 이는 4_i의 값이다. 이와 비슷하게, n_i은 $k<n$인 k_i의 값들에 의존한다.

식 (5.49) 같은 점화식을 어떻게 풀어야 할까? 쉽다. $g(n)=n!$과 $f(k)=(-1)^k k_i$으로 두면 그 점화식은 식 (5.48)과 같은 형태가 된다. 따라서 그 해는 다음과 같다.

$$n_i = (-1)^n \sum_k \binom{n}{k}(-1)^k k!.$$

그런데 사실 이것이 해는 아니다. 합을 닫힌 형식으로 표현할 수 있어야 진정한 해라 할 수 있다. 그렇지만 이것이 점화식보다는 낫다. 그리고 $k!$을 $\binom{n}{k}$에 숨어 있는 $k!$과 소거한다면 합을 더 단순화할 수 있다. 실제로 이를 시도해 보면 다음이 나온다.

$$n_i = \sum_{0 \le k \le n} \frac{n!}{(n-k)!}(-1)^{n+k} = n! \sum_{0 \le k \le n} \frac{(-1)^k}{k!}. \tag{5.50}$$

이제 합은 수 $\sum_{k \ge 0}(-1)^k/k! = e^{-1}$으로 빠르게 수렴한다. 실제로, 다음의 항들이 합에서 제외된다.

$$\begin{aligned}
n! \sum_{k > n} \frac{(-1)^k}{k!} &= \frac{(-1)^{n+1}}{n+1} \sum_{k \ge 0}(-1)^k \frac{(n+1)!}{(k+n+1)!} \\
&= \frac{(-1)^{n+1}}{n+1}\left(1 - \frac{1}{n+2} + \frac{1}{(n+2)(n+3)} - \cdots \right).
\end{aligned}$$

그리고 괄호 안의 수량은 1과 $1-\frac{1}{n+2}=\frac{n+1}{n+2}$ 사이이다. 따라서 n_i과 $n!/e$의 차이의 절댓값은 대략 $1/n$ 정도이다. 좀 더 정확하게는, 차이의 절댓값은 $1/(n+1)$과 $1/(n+2)$ 사이에 있다. 그런데 n_i은 정수이므로, $n>0$이라고 할 때 그 값은 $n!/e$를 가장 가까운 정수로 반올림한 것에 해당한다. 결론적으로, 우리가 원하는 닫힌 형식은 다음과 같다.

$$n_i = \left\lfloor \frac{n!}{e} + \frac{1}{2} \right\rfloor + [n=0]. \tag{5.51}$$

이것은 그 어떤 팬도 자신의 모자를 받지 못하는 방법의 수이다. n이 클 때에는 그런 경우가 발생할 확률을 아는 것이 좀 더 의미가 있다. $n!$가지 순열이 동일 확률로 발생한다고 가정할 때(모자를 극도로 높이 던진다면 실제로 그럴 것이다), 그 확률은 다음과 같다.

처세술에서나 수학에서나, 어떤 진실이 쓸모가 없는지를 아는 것이 중요하다.

야구 팬들을 위해: .367은 타이 콥Ty Cobb의 평생 타율이자 미국 프로야구의 역대 최고 평생 타율이다. 이게 우연의 일치일까?

(무슨 소리야. $1/e \approx .367879$이고 타이 콥의 타율은 $4191/11429 \approx .366699$라고. 그러나 웨이드 보그스Wade Boggs가 몇 시즌만 좀 더 잘쳤으면...)

$$\frac{n_i}{n!} = \frac{n!/e + O(1)}{n!} \sim \frac{1}{e} = .367\ldots .$$

따라서 n이 클 때 모든 모자가 잘못 떨어질 확률은 거의 37%이다.

첨언하자면, 준계승 점화식 (5.49)는 점화식 (5.46), 즉 스털링이 계승 함수를 일반화하면서 시도한 첫 번째 점화식과 정확히 같다. 따라서 $S_k = k_i$이다. 이 계수들은 아주 크기 때문에, 무한급수 (5.46)이 정수가 아닌 x에 대해 발산하는 것도 당연하다.

이 문제를 마무리하기 전에, $h(n,k)$의 작은 값들을 나열한 표에 나오는 흥미로운 패턴 두 개를 간단하게만 살펴보자. 첫째로, 0들로 된 대각선 아래의 수 1,3,6,10,15,...은 모두 삼각수이다. 이 사실을 증명하는 것은 어렵지 않다. 표의 그 항목들은 $h(n,n-2)$인데,

$$h(n,n-2) = \binom{n}{n-2} 2_i = \binom{n}{2}$$

이다. 그리고 처음 두 열의 수들이 ±1만큼 차이가 나는 것으로 보인다. 항상 그럴까? 다음에서 보듯이 항상 그렇다.

$$\begin{aligned} h(n,0) - h(n,1) &= n_i - n(n-1)_i \\ &= \left(n! \sum_{0 \le k \le n} \frac{(-1)^k}{k!} \right) - \left(n(n-1)! \sum_{0 \le k \le n-1} \frac{(-1)^k}{k!} \right) \\ &= n! \frac{(-1)^n}{n!} = (-1)^n. \end{aligned}$$

다른 말로 하면 $n_i = n(n-1)_i + (-1)^n$이다. 이는 이전에 나온 것보다는 훨씬 간단한 완전순열 점화식이다.

하지만 대기 역전(inversion)은 스모그의 원인이야.

그럼 뭔가 뒤집어 보자(inverse). 식 (5.41)에서 유도한 공식

$$\sum_k \binom{n}{k} \frac{(-1)^k}{x+k} = \frac{1}{x} \binom{x+n}{n}^{-1}$$

에 반전 공식을 적용하면 다음이 나온다.

$$\frac{x}{x+n} = \sum_{k \ge 0} \binom{n}{k} (-1)^k \binom{x+k}{k}^{-1}.$$

이것이 흥미롭긴 하지만, 아주 새로운 사실은 아니다. $\binom{x+k}{k}$의 상지표를 부정하면, 이미 살펴본 항등식 (5.33)이 나온다.

5.4 생성함수

이제 이 책 전체에서 가장 중요한 개념인 생성함수(generating function)를 배울 준비가 되었다. 무한수열 $\langle a_0, a_1, a_2,... \rangle$을 어떤 방식으로 다루어야 할 때, 그 수열을 다음과 같은 보조 변수 z의 멱급수(power series, 거듭제곱 급수)로 표현하면 다루기가 편해질 때가 있다.

$$A(z) \;=\; a_0 + a_1 z + a_2 z^2 + \cdots \;=\; \sum_{k \geq 0} a_k z^k. \tag{5.52}$$

영문자 z를 복소수라고 생각하는 경우가 많으므로, z를 보조 변수의 이름으로 하는 것이 적합하다. 복소변수 이론에서는 공식에서 'z'를 사용하는 것이 관례이다. 그리고 멱급수(해석함수나 정칙함수라고도 한다)는 그 이론의 중심적인 개념이다.

이후의 장들에서 생성함수들을 많이 만나게 될 것이다. 사실 제7장은 장 전체가 생성함수를 다룬다. 지금 목표는 그냥 생성함수의 기본 개념들을 소개하고 이항계수의 연구에서 생성함수가 왜 중요한지 보여주는 것뿐이다.

생성함수가 유용한 이유는, 무한수열 전체를 하나의 수량으로 표현하기 때문이다. 문제를 풀 때는, 먼저 하나 이상의 생성함수를 설정하고 이리 저리 조사하면서 지식을 모은 후 다시 계수들을 살펴본다. 운이 조금 따라서 생성함수를 충분히 파악하게 된다면, 그 계수들에 대해 알고자 했던 것도 파악하게 된다.

$A(z)$가 임의의 멱급수 $\sum_{k \geq 0} a_k z^k$이라고 할때, 이를 다음과 같이 표현하면 편리하다.

(이 표기법의 역사와 용도에 관한 논의를 원한다면 [223]을 보라.)

$$[z^n]A(z) \;=\; a_n. \tag{5.53}$$

다른 말로 하면, $[z^n]A(z)$는 $A(z)$의 z^n의 계수를 나타낸다.

식 (5.52)에서처럼 $A(z)$가 $\langle a_0, a_1, a_2,... \rangle$에 대한 생성함수라고 하자. 그리고 $B(z)$가 또 다른 수열 $\langle b_0, b_1, b_2,... \rangle$에 대한 생성함수라고 하자. 그러면 둘의 곱 $A(z)B(z)$는 다음과 같은 멱급수이다.

$$(a_0 + a_1 z + a_2 z^2 + \cdots)(b_0 + b_1 z + b_2 z^2 + \cdots)$$
$$= a_0 b_0 + (a_0 b_1 + a_1 b_0)z + (a_0 b_2 + a_1 b_1 + a_2 b_0)z^2 + \cdots.$$

그리고 이 곱의 z^n의 계수는 다음과 같다.

$$a_0 b_n + a_1 b_{n-1} + \cdots + a_n b_0 = \sum_{k=0}^{n} a_k b_{n-k}.$$

따라서, 만일 일반식이

$$c_n = \sum_{k=0}^{n} a_k b_{n-k} \tag{5.54}$$

인 임의의 합을 평가하고 싶다면, 그리고 생성함수 $A(z)$와 $B(z)$를 알고 있다면, 다음 공식을 이용하면 된다.

$$c_n = [z^n] A(z) B(z).$$

식 (5.54)가 정의하는 수열 $\langle c_n \rangle$을 수열 $\langle a_n \rangle$과 $\langle b_n \rangle$의 **합성곱**(convolution; 포갬) 이라고 부른다. 합성곱은 색인의 합이 일정한 값인 두 항의 곱들을 합해서 두 수열을 "포갠" 것에 해당한다. 앞에 나온 생성함수 설명의 핵심은, 수열들의 합성곱이 해당 생성함수들의 곱에 해당한다는 것이다.

생성함수는 특히 항등식을 발견하거나 증명할 때 강력한 도구로 쓰인다. 예를 들어 이항정리에 따르면 $(1+z)^r$은 수열 $\langle \binom{r}{0}, \binom{r}{1}, \binom{r}{2}, \ldots \rangle$의 생성함수이다. 즉,

$$(1+z)^r = \sum_{k \geq 0} \binom{r}{k} z^k$$

이다. 마찬가지로,

$$(1+z)^s = \sum_{k \geq 0} \binom{s}{k} z^k$$

이다. 이 둘을 곱하면 다음과 같은 또 다른 생성함수가 나온다.

$$(1+z)^r (1+z)^s = (1+z)^{r+s}.$$

이제 이번 절의 펀치라인을 말하자면, 이 공식의 양변에 있는 z^n의 계수들을 등호로 연결해 보면 다음과 같은 등식을 얻을 수 있다.

$$\sum_{k=0}^{n} \binom{r}{k} \binom{s}{n-k} = \binom{r+s}{n}.$$

(5.27)! =
(5.27)(4.27)
(3.27)(2.27)
(1.27)(0.27)!.

식 (5.27)에 나온 방데르몽드 합성곱을 우리가 직접 발견한 것이다!

이 문제는 쉽게 잘 풀렸다. 그럼 다른 문제를 보자. 이번에는 $(1-z)^r$을 사용하겠다. 이것은 수열 $\langle(-1)^n\binom{r}{n}\rangle = \langle\binom{r}{0}, -\binom{r}{1}, \binom{r}{2}, ...\rangle$의 생성함수이다. $(1-z)^r$에 $(1+z)^r$을 곱하면 다음과 같은 또 다른 생성함수가 나온다.

$$(1-z)^r(1+z)^r = (1-z^2)^r.$$

이 생성함수의 계수들은 우리가 이미 알고 있다. z^n의 계수들을 등호로 연결해 보면 다음과 같은 등식을 얻을 수 있다.

$$\sum_{k=0}^{n} \binom{r}{k}\binom{r}{n-k}(-1)^k = (-1)^{n/2}\binom{r}{n/2}[n\text{은 짝수}]. \tag{5.55}$$

작은 사례 한 두 개로 이것을 점검하고 넘어가야 마땅하다. 예를 들어 $n=3$일 때 결과는 다음과 같다.

$$\binom{r}{0}\binom{r}{3} - \binom{r}{1}\binom{r}{2} + \binom{r}{2}\binom{r}{1} - \binom{r}{3}\binom{r}{0} = 0.$$

각각의 양수 항이 해당 음수 항과 소거된다. n이 홀수일 때는 항상 이런 일이 발생하며, 그런 경우 합은 그리 흥미롭지 않다. 그러나 n이 짝수이면, 예를 들어 $n=2$이면, 방데르몽드 합성곱과는 다른 자명하지 않은 합이 나온다.

$$\binom{r}{0}\binom{r}{2} - \binom{r}{1}\binom{r}{1} + \binom{r}{2}\binom{r}{0} = 2\binom{r}{2} - r^2 = -r.$$

이 결과에서 보듯이, 식 (5.55)은 $n=2$일 때에도 유효하다. 참고로, 식 (5.30)은 새 항등식 (5.55)의 한 특수 경우이다.

이외에도 이항계수가 등장하는 생성함수들이 더 있는데, 가장 주목할만한 것은 다음 두 항등식이다. 둘 다 하지표는 고정되고 상지표는 변한다.

> 형광펜이 있으면 이 두 항등식을 칠해 둘 것.

$$\frac{1}{(1-z)^{n+1}} = \sum_{k \geq 0} \binom{n+k}{n} z^k, \quad \text{정수 } n \geq 0 \tag{5.56}$$

$$\frac{z^n}{(1-z)^{n+1}} = \sum_{k \geq 0} \binom{k}{n} z^k, \quad \text{정수 } n \geq 0. \tag{5.57}$$

둘째 항등식은 첫째 것에 z^n을 곱한, 다시 말해 항들을 n자리만큼 "오른쪽으로 이동한" 것이다. 첫 항등식은 그냥 이항정리의 한 특수 경우를 살짝 위장한 것에 해당한다. 식 (5.13)의 $(1-z)^{-n-1}$을 전개하면 z^k의 계수는 $\binom{-n-1}{k}(-1)^k$인데, 상지표를 부정하면 이를 $\binom{k+n}{k}$나 $\binom{n+k}{n}$으로 표기할 수 있다. 이러한 특수 경우들은 응용에서 아주 자주 등장하기 때문에 이처럼 명시적으로 표현할 가치가 있다.

$n=0$일 때에는 특수 경우의 특수 경우인 기하급수(등비급수)가 나온다.

$$\frac{1}{1-z} = 1+z+z^2+z^3+\cdots = \sum_{k \geq 0} z^k.$$

이것은 수열 $\langle 1,1,1,\ldots\rangle$에 대한 생성함수인데, 이 수열은 다른 수열과 이 수열의 합성곱이 그냥 합들의 수열이라는 점에서 특히나 유용하다. 만일 모든 k에 대해 $b_k = 1$이면 식 (5.54)는 다음으로 정리된다.

$$c_n = \sum_{k=0}^{n} a_k.$$

따라서, 만일 $A(z)$가 피가수 수열 $\langle a_0, a_1, a_2, \ldots\rangle$에 대한 생성함수이면 $A(z)/(1-z)$는 그 합들의 수열 $\langle c_0, c_1, c_2, \ldots\rangle$의 생성함수이다.

이전에 모자와 축구 팬과 관련해서 반전 공식으로 풀었던 완전수열 문제를, 생성함수를 이용해서 흥미로운 방식으로 풀 수 있다. 기본 점화식이

$$n! = \sum_{k} \binom{n}{k}(n-k)¡$$

임을 기억할 것이다. 이 점화식의 $\binom{n}{k}$를 계승들로 전개하고 양변을 $n!$으로 나누면 합성곱 형태가 된다.

$$1 = \sum_{k=0}^{n} \frac{1}{k!} \frac{(n-k)¡}{(n-k)!}.$$

수열 $\langle \frac{1}{0!}, \frac{1}{1!}, \frac{1}{2!}, \ldots\rangle$에 대한 생성함수는 e^z이다. 따라서, 만일

$$D(z) = \sum_{k \geq 0} \frac{k¡}{k!} z^k$$

으로 둔다면, 합성곱 형태의 점화식에서 다음을 이끌어낼 수 있다.

$$\frac{1}{1-z} = e^z D(z).$$

이를 $D(z)$에 대해 풀면 다음이 나온다.

$$D(z) = \frac{1}{1-z} e^{-z} = \frac{1}{1-z} \left(\frac{1}{0!} z^0 - \frac{1}{1!} z^1 + \frac{1}{2!} z^2 + \cdots \right).$$

z^n의 계수들을 등호로 연결해 보면 다음을 알 수 있다.

$$\frac{n_i}{n!} = \sum_{k=0}^{n} \frac{(-1)^k}{k!}.$$

이는 이전에 반전을 이용해서 유도한 공식과 일치한다.

지금까지 살펴본 예들은, 이전에는 좀 더 번거로운 방식으로 증명을 유도해야 했던 것들을 생성함수를 이용해서 좀 더 깔끔하게 증명할 수 있음을 보여준다. 그런데 식 (5.55)를 제외하면, 생성함수로 뭔가 새로운 결과를 만들어 내는 예는 아직 나오지 않았다. 이제 새롭고 좀 더 놀라운 뭔가를 살펴볼 때가 되었다. 멱급수 중에는 이항계수 항등식들을 특히나 풍부하게 만들어 내는 종류가 두 개 있다. 일반화된 이항급수(generalized binomial series) $\mathcal{B}_t(z)$와 일반화된 지수급수(generalized exponential series) $\mathcal{E}_t(z)$를 다음과 같이 정의하기로 하자.

$$\mathcal{B}_t(z) = \sum_{k \geq 0} (tk)^{k-1} \frac{z^k}{k!}; \quad \mathcal{E}_t(z) = \sum_{k \geq 0} (tk+1)^{k-1} \frac{z^k}{k!}. \tag{5.58}$$

§7.5에서 증명하겠지만, 이 함수들은 다음 항등식들을 만족한다.

$$\mathcal{B}_t(z)^{1-t} - \mathcal{B}_t(z)^{-t} = z; \quad \mathcal{E}_t(z)^{-t} \ln \mathcal{E}_t(z) = z. \tag{5.59}$$

$t=0$인 특수 경우에서는 다음이 성립한다.

$$\mathcal{B}_0(z) = 1+z; \quad \mathcal{E}_0(z) = e^z.$$

이들을 보면 매개변수가 t인 두 급수를 "일반화된" 이항급수와 지수급수라고 부르는 이유를 이해할 것이다. 다음 항등식 쌍들은 모든 실수 r에 대해 유효하다.

$$\mathcal{B}_t(z)^r = \sum_{k \geq 0} \binom{tk+r}{k} \frac{r}{tk+r} z^k;$$
$$\mathcal{E}_t(z)^r = \sum_{k \geq 0} r \frac{(tk+r)^{k-1}}{k!} z^k; \tag{5.60}$$

일반화된 이항급수 $\mathcal{B}_t(z)$는 1750년대에 J. H. 람베르트 Lambert가 발견했다.[236, §38] 몇 년 후 그는 그 거듭제곱들이 식 (5.60)의 첫 항등식을 만족함을 알아챘다.[237]
연습문제 84는 식 (5.60)에서 식 (5.61)을 유도하는 방법을 설명한다.

$$\frac{\mathcal{B}_t(z)^r}{1-t+t\mathcal{B}_t(z)^{-1}} = \sum_{k \geq 0} \binom{tk+r}{k} z^k;$$

$$\frac{\mathcal{E}_t(z)^r}{1-zt\mathcal{E}_t(z)^t} = \sum_{k \geq 0} \frac{(tk+r)^k}{k!} z^k.$$

$$(5.61)$$

($tk+r=0$일 때에는 z^k의 계수들을 해석할 때 조금 신중할 필요가 있다. 그런 경우 각 계수는 r의 다항식이다. 예를 들어 $\mathcal{E}_t(z)^r$의 상수항은 $r(0+r)^{-1}$인데, 이는 $r=0$일 때에도 1이다.)

식 (5.60)과 식 (5.61)이 모든 r에 대해 성립하므로, 서로 다른 지수 r과 s에 대응되는 급수들을 곱하면 대단히 일반적인 항등식들이 나온다. 예를 들면

$$\mathcal{B}_t(z)^r \frac{\mathcal{B}_t(z)^s}{1-t+t\mathcal{B}_t(z)^{-1}} = \sum_{k \geq 0} \binom{tk+r}{k} \frac{r}{tk+r} z^k \sum_{j \geq 0} \binom{tj+s}{j} z^j$$

$$= \sum_{n \geq 0} z^n \sum_{k \geq 0} \binom{tk+r}{k} \frac{r}{tk+r} \binom{t(n-k)+s}{n-k}$$

이다. 이 멱급수는 반드시 다음과 상등이다.

$$\frac{\mathcal{B}_t(z)^{r+s}}{1-t+t\mathcal{B}_t(z)^{-1}} = \sum_{n \geq 0} \binom{tn+r+s}{n} z^n.$$

속보:
$\ln \mathcal{B}_t(z) =$
$\sum_{k \geq 1} \binom{tk}{k} \frac{z^k}{tk};$
$\ln \mathcal{E}_t(z) =$
$\sum_{k \geq 1} (tk)^{k-1} \frac{z^k}{k!}.$

따라서 z^n의 계수들을 등호로 연결할 수 있다. 그러면 다음 항등식이 나온다.

$$\sum_k \binom{tk+r}{k} \binom{t(n-k)+s}{n-k} \frac{r}{tk+r} = \binom{tn+r+s}{n}, \quad \text{정수 } n.$$

이 항등식은 모든 실수 r, s, t에 대해 성립한다. $t=0$일 때 이 항등식은 방데르몽드 합성곱으로 정리된다. (이 공식에서 하필 $tk+r$이 0인 경우, 분모 인수 $tk+r$이 이항계수의 분자에 있는 $tk+r$과 소거된다고 간주해야 한다. 항등식의 양변 모두 r, s, t의 다항식이다.) $\mathcal{B}_t(z)^r$에 $\mathcal{B}_t(z)^s$ 등을 곱해도 비슷한 항등식들이 성립한다. 표 240에 그런 항등식들이 나와 있다.

앞에서 우리는 일반적인 결과의 특수 사례들을 살펴보면 도움이 된다는 점을 배웠다. 예를 들어 $t=1$로 두면 어떤 일이 생길까? 일반화된 이항급수 $\mathcal{B}_1(z)$는 아주 단순하다. 그냥

표 240 정수 $n \geq 0$에 대해 유효한 일반 합성곱 항등식들

$$\sum_k \binom{tk+r}{k}\binom{tn-tk+s}{n-k}\frac{r}{tk+r} = \binom{tn+r+s}{n}. \tag{5.62}$$

$$\sum_k \binom{tk+r}{k}\binom{tn-tk+s}{n-k}\frac{r}{tk+r} \cdot \frac{s}{tn-tk+s}$$
$$= \binom{tn+r+s}{n}\frac{r+s}{tn+r+s}. \tag{5.63}$$

$$\sum_k \binom{n}{k}(tk+r)^k(tn-tk+s)^{n-k}\frac{r}{tk+r} = (tn+r+s)^n. \tag{5.64}$$

$$\sum_k \binom{n}{k}(tk+r)^k(tn-tk+s)^{n-k}\frac{r}{tk+r} \cdot \frac{s}{tn-tk+s}$$
$$= (tn+r+s)^n\frac{r+s}{tn+r+s}. \tag{5.65}$$

$$\mathcal{B}_1(z) = \sum_{k \geq 0} z^k = \frac{1}{1-z}$$

이다. 따라서, 우리가 방데르몽드 합성곱에서 이미 알아낸 것 외외의 것을 $\mathcal{B}_1(z)$에서 알아낼 수는 없다. 그러나 $\mathcal{E}_1(z)$는 다음과 같은 중요한 함수이다.

$$\mathcal{E}(z) = \sum_{k \geq 0} (k+1)^{k-1}\frac{z^k}{k!} = 1 + z + \frac{3}{2}z^2 + \frac{8}{3}z^3 + \frac{125}{24}z^4 + \cdots. \tag{5.66}$$

이 함수는 이전에 나온 적이 없다. 이 함수는 다음과 같은 기본 항등식을 만족한다.

$$\mathcal{E}(z) = e^{z\mathcal{E}(z)}. \tag{5.67}$$

오일러와[117] 아인슈타인이[91] 처음으로 연구한 이 함수는 실제 응용에 아주 많이 등장한다.[193], [204]

일반화된 이항급수의 $t=2$, $t=-1$ 특수 경우들은 해당 계수들이 재귀적인 구조를 가진 문제들에 거듭 등장한다는 점에서 특히나 흥미롭다. 그런 만큼, 나중에 참조할 수 있도록 이 급수들을 명시적으로 표시해 두는 것이 좋겠다.

$$\mathcal{B}_2(z) = \sum_k \binom{2k}{k}\frac{z^k}{1+k}$$
$$= \sum_k \binom{2k+1}{k}\frac{z^k}{1+2k} = \frac{1-\sqrt{1-4z}}{2z}. \tag{5.68}$$

아하! 이거 내가 평소에 궁금해 했던 반복된 거듭제곱 함수 $\mathcal{E}(\ln z) = z^{z^{z^{\cdot}}}$ 이구나!

Zzzzzz...

$\mathcal{B}_{1/2}(z)^r = (\sqrt{z^2+4}+z)^{2r}/4^r$ 에 대한 멱급수도 주목할 만하다.

$$\begin{aligned} \mathcal{B}_{-1}(z) &= \sum_k \binom{1-k}{k}\frac{z^k}{1-k} \\ &= \sum_k \binom{2k-1}{k}\frac{(-z)^k}{1-2k} = \frac{1+\sqrt{1+4z}}{2}. \end{aligned} \tag{5.69}$$

$$\mathcal{B}_2(z)^r = \sum_k \binom{2k+r}{k}\frac{r}{2k+r}z^k. \tag{5.70}$$

$$\mathcal{B}_{-1}(z)^r = \sum_k \binom{r-k}{k}\frac{r}{r-k}z^k. \tag{5.71}$$

$$\frac{\mathcal{B}_2(z)^r}{\sqrt{1-4z}} = \sum_k \binom{2k+r}{k}z^k. \tag{5.72}$$

$$\frac{\mathcal{B}_{-1}(z)^{r+1}}{\sqrt{1+4z}} = \sum_k \binom{r-k}{k}z^k. \tag{5.73}$$

$\mathcal{B}_2(z)$의 계수 $\binom{2n}{n}\frac{1}{n+1}$들을 카탈랑 수(Catalan numbers)라고 부르고 C_n으로 표기한다. 카탈랑 수라는 이름은 1830년대에 이들에 관한 영향력 있는 논문[52]을 쓴 외젠 카탈랑$^{\text{Eugène Catalan}}$의 이름을 딴 것이다. 카탈랑 수들의 수열은 다음과 같이 시작한다.

n	0	1	2	3	4	5	6	7	8	9	10
C_n	1	1	2	5	14	42	132	429	1430	4862	16796

$\mathcal{B}_{-1}(z)$의 계수들도 본질적으로 이와 같되, 수열 시작에 1이 하나 더 있고 나머지 수들은 부호가 번갈아 바뀐다. 즉, $\langle 1,1,-1,2,-5,14,\dots \rangle$이다. 따라서 $\mathcal{B}_{-1}(z) = 1 + z\mathcal{B}_2(-z)$이다. 또한 $\mathcal{B}_{-1}(z) = \mathcal{B}_2(-z)^{-1}$도 성립한다.

그럼 식 (5.72)와 식 (5.73)에서 비롯된 다음과 같은 중요한 결과를 유도하는 것으로 이번 절을 마무리하자. 다음 등식은 함수 $\mathcal{B}_{-1}(z)$와 $\mathcal{B}_2(-z)$ 사이의 더 많은 연관 관계를 보여준다.

$$\frac{\mathcal{B}_{-1}(z)^{n+1}-(-z)^{n+1}\mathcal{B}_2(-z)^{n+1}}{\sqrt{1+4z}} = \sum_{k \le n}\binom{n-k}{k}z^k.$$

이 등식이 왜 성립하는지는, $k > n$일 때 $(-z)^{n+1}\mathcal{B}_2(-z)^{n+1}/\sqrt{1+4z}$에서 z^k의 계수가 다음과 같다는 점을 생각하면 이해할 수 있다.

$$[z^k]\frac{(-z)^{n+1}\mathcal{B}_2(-z)^{n+1}}{\sqrt{1+4z}} = (-1)^{n+1}[z^{k-n-1}]\frac{\mathcal{B}_2(-z)^{n+1}}{\sqrt{1+4z}}$$

$$= (-1)^{n+1}(-1)^{k-n-1}[z^{k-n-1}]\frac{\mathcal{B}_2(z)^{n+1}}{\sqrt{1+4z}}$$

$$= (-1)^k\binom{2(k-n-1)+n+1}{k-n-1}$$

$$= (-1)^k\binom{2k-n-1}{k-n-1} = (-1)^k\binom{2k-n-1}{k}$$

$$= \binom{n-k}{k} = [z^k]\frac{\mathcal{B}_{-1}(z)^{n+1}}{\sqrt{1+4z}}.$$

이 항들은 깔끔하게 서로 소거된다. 이제 식 (5.68)과 식 (5.69)를 적용하면 다음과 같은 닫힌 형식이 나온다.

$$\sum_{k\leq n}\binom{n-k}{k}z^k = \frac{1}{\sqrt{1+4z}}\left(\left(\frac{1+\sqrt{1+4z}}{2}\right)^{n+1} - \left(\frac{1-\sqrt{1+4z}}{2}\right)^{n+1}\right),$$
$$\text{정수 } n \geq 0. \quad (5.74)$$

(특수 경우 $z=-1$은 §5.2의 문제 3에 나왔던 것이다. 두 수 $\frac{1}{2}(1\pm\sqrt{-3})$은 단위원의 여섯제곱근들이므로, 합 $\sum_{k\leq n}\binom{n-k}{k}(-1)^k$들에는 그 문제에서 보았던 주기적인 습성이 있다.) 마찬가지로, 식 (5.70)과 식 (5.71)을 결합하면 큰 계수들이 소거되어서 다음이 남는다.

$$\sum_{k<n}\binom{n-k}{k}\frac{n}{n-k}z^k = \left(\frac{1+\sqrt{1+4z}}{2}\right)^n + \left(\frac{1-\sqrt{1+4z}}{2}\right)^n,$$
$$\text{정수 } n > 0. \quad (5.75)$$

5.5 초기하함수

지금까지 이항계수에 적용한 방법들은 잘 통할 때는 아주 효과적이지만, 다소 임시방편적인 것처럼 보이는 경우가 많다는 점도 인정해야 할 것이다. 사실 이들은 기법보다는 요령(trick)에 가깝다. 어떤 문제를 풀 때는 추구해볼 만한 방향이 여러 가지인 경우가 많은데, 그 방향들을 따라가다 보면 한 바퀴 돌아서 제자리로 돌아오기도 한다. 이항계수는 카멜레온처럼 자신의 모습을 쉽사리 바꾼다. 그래서 아주 다양한 이항계수 합들을 모두 한 번에 체계적으로 처리하는 어떤 통합 원리는 없는지 궁금해하는 것도 자연스러운 일이다. 다행히 그런 원리가 있다. 그 통합 원리는 초기하급수(hypergeometric series)라고 부르는 특정한 무한합들에 관한 이론에 기초한다.

> 이항계수는 카멜레온보다 더 융통성 있다. 이항계수는 여러 가지 방식으로 해부했다가 다시 원래 상태로 복원할 수 있다.

초기하급수에 관한 연구는 오래 전에 오일러, 가우스, 리만^{Riemann}이 시작했다. 초기하급수는 사실 지금도 중요한 연구 주제이다. 그런데 초기하급수의 표기법은 다소 무서운 모습이다. 아마 익숙해 지려면 시간이 걸릴 것이다.

표기가 그렇게 무서운데도 수 세기를 살아 남았다면 아주 유용한 것이겠지...

일반 초기하급수는 매개변수가 $m+n$개인 z의 멱급수로, 다음과 같이 올림 거듭제곱들로 정의된다.

$$F\begin{pmatrix} a_1,...,a_m \\ b_1,...,b_n \end{pmatrix} z \bigg) = \sum_{k \geq 0} \frac{a_1^{\bar{k}} ... a_m^{\bar{k}}}{b_1^{\bar{k}} ... b_n^{\bar{k}}} \frac{z^k}{k!}. \tag{5.76}$$

0으로 나누기를 피하려면 그 어떤 b도 0 또는 음의 정수가 아니어야 한다. 그 제한만 제외하면, a들과 b들은 그 어떤 값이어도 된다. 식 (5.76)의 두 줄짜리 형태 대신 '$F(a_1,...,a_m;b_1,...,b_n;z)$'라는 표기도 쓰인다. 조판의 관점에서는 이런 한 줄짜리 형태가 나을 때가 있다. a들을 상매개변수(upper parameter)라고 부른다. 이들은 F의 항들의 분자에 나타난다. 그리고 b들은 하매개변수(lower parameter)라고 부르며, 분모에 나타난다. 최종적인 수량 z를 인수(argument)라고 부른다.

표준적인 참고서들은 상매개변수가 m개이고 하매개변수가 n개인 초기하급수를 'F' 대신 '$_mF_n$'으로 표기하는 경우가 많다. 그러나 그런 여분의 아래 첨자를 붙이면 공식이 지저분해지고 시간이 허비되는(그런 표기를 여러 번 적어야 한다면) 경향이 있다. 매개변수 개수는 우리가 직접 셀 수 있으므로, 추가적인 잉여 정보를 위한 표기는 필요하지 않다.

중요한 함수들 중에는 일반 초기하급수의 특수 경우인 것들이 많다. 사실 그것이 초기하급수가 그토록 강력한 이유이다. 예를 들어 가장 간단한 경우는 $m=n=0$일 때, 즉 매개변수가 하나도 없을 때이다. 이 경우에는 익숙한 급수가 나온다.

$$F\begin{pmatrix} \\ \end{pmatrix} z \bigg) = \sum_{k \geq 0} \frac{z^k}{k!} = e^z.$$

그런데 m이나 n이 0일 때는 표기가 다소 어색하다. 이를 해결하기 위해, 상매개변수와 하매개변수에 여분의 '1'을 추가하기로 하자.

$$F\begin{pmatrix} 1 \\ 1 \end{pmatrix} z \bigg) = e^z.$$

일반적으로, 분자와 분모 모두에 나오는 매개변수를 소거하거나 동일한 두 매개변수를 삽입해도 함수는 변하지 않는다.

그 다음으로 간단한 경우는 $m=1$, $a_1=1$, $n=0$일 때이다. $n>0$이 되도록 매개변수들을 $m=2$, $a_1=a_2=1$, $n=1$, $b_1=1$로 바꾸기로 하자. $1^{\overline{k}}=k!$이므로, 이 경우에도 우리에게 익숙한 급수가 나온다.

$$F\left({1,1 \atop 1}\Big|z\right) = \sum_{k\geq 0} z^k = \frac{1}{1-z}.$$

이 급수는 우리의 오랜 친구인 기하급수이다. $F(a_1,...,a_m;b_1,...,b_n;z)$를 초기하급수라고 부르는 것은 기하급수 $F(1,1;1;z)$가 아주 특수한 경우로서 포함되기 때문이다.

$m=1$이고 $n=0$인 일반 경우는 식 (5.13)과 식 (5.14)를 이용해서 닫힌 형식으로 쉽사리 합산할 수 있다.

$$F\left({a,1 \atop 1}\Big|z\right) = \sum_{k\geq 0} a^{\overline{k}}\frac{z^k}{k!} = \sum_k \binom{a+k-1}{k}z^k = \frac{1}{(1-z)^a}. \tag{5.77}$$

이 공식의 a에 $-a$를, z에 $-z$를 대입하면 이항정리가 나온다.

$$F\left({-a,1 \atop 1}\Big|-z\right) = (1+z)^a.$$

상매개변수가 음의 정수이면 무한급수가 유한급수로 바뀌는 효과가 난다. 이는 $k>a\geq 0$이고 a가 정수이면 항상 $(-a)^{\overline{k}}=0$이기 때문이다.

$m=0$, $n=1$인 특수 경우에도 유명한, 그러나 이산수학 문헌에는 그리 자주 등장하지 않는 급수가 나온다.

$$F\left({1 \atop b,1}\Big|z\right) = \sum_{k\geq 0} \frac{(b-1)!}{(b-1+k)!}\frac{z^k}{k!} = I_{b-1}(2\sqrt{z})\frac{(b-1)!}{z^{(b-1)/2}}. \tag{5.78}$$

이 함수 I_{b-1}를 $b-1$차 변형 베셀 함수(modified Bessel function)라고 부른다. $b=1$인 특수 경우 $F\left({1 \atop 1,1}\big|z\right)=I_0(2\sqrt{z})$로부터 흥미로운 급수 $\sum_{k\geq 0}z^k/k!^2$이 나온다.

$m=n=1$인 특수 경우를 '합류 초기하급수(confluent hypergeometric series)'라고 부르고, 흔히 대문자 M으로 표기한다.

$$F\left({a \atop b}\Big|z\right) = \sum_{k\geq 0} \frac{a^{\overline{k}}}{b^{\overline{k}}}\frac{z^k}{k!} = M(a,b,z). \tag{5.79}$$

공학에서 중요하게 쓰이는 이 함수는 에른스트 쿠머$^{\text{Ernst Kummer}}$가 소개했다.

그런데 무한급수 (5.76)의 수렴은 왜 논의하지 않는지 궁금한 독자가 많을 것이다. 그 이유는, z를 그냥 하나의 형식적 기호(formal symbol)로 사용하는 경우에는 수렴을 무시할 수 있다는 것이다. $-\infty < n < \infty$인 $\sum_{k \geq n} \alpha_k z^k$ 형태의 형식적 무한합이 하나의 장場(field, 또는 체)을 형성함을(단, 계수 α_k들이 그 장 안에 있다고 할 때) 증명하는 것이 가능하다. 그런 형식적 합에 대해서는 수렴 여부를 걱정하지 않고 덧셈, 뺄셈, 곱셈, 나눗셈, 차분, 그리고 함수 합성을 적용할 수 있다. 지금까지 유도한 모든 항등식은 여전히 형식적으로 참이다. 예를 들어 초기하급수 $F\!\left(\genfrac{}{}{0pt}{}{1,1,1}{1}\,\middle|\,z\right) = \sum_{k \geq 0} k! z^k$은 모든 0이 아닌 z에 대해 수렴하지 않는다. 제7장에서 보겠지만, 그래도 이 초기하급수를 이용해서 문제들을 풀 수 있다. 반면, z에 어떤 구체적인 수치를 대입한 경우에는, 무한합이 잘 정의되는지를 확인할 필요가 있다.

식 (5.56), 식 (5.57), 식 (5.58), ...의 수렴도 논의하지 않았다.

이제 좀 더 복잡한 초기하급수를 살펴보자. 이제부터 살펴볼 급수는 사실 가장 유명한 초기하급수이다. 실제로, 모든 것이 임의의 m과 n으로 일반화되던 1870년경까지는 이것이 초기하급수 그 자체였다. 이 초기하급수는 상매개변수가 두 개이고 하매개변수가 하나이다.

$$F\!\left(\genfrac{}{}{0pt}{}{a,b}{c}\,\middle|\,z\right) = \sum_{k \geq 0} \frac{a^{\bar{k}} b^{\bar{k}} z^k}{c^{\bar{k}} k!}. \tag{5.80}$$

이 급수를 흔히 가우스 초기하급수라고 부르는데, 이 급수의 미묘한 성질들을 가우스가 1812년 박사 학위 논문[143]에서 처음으로 증명했기 때문이다. 단, 오일러와[118] 파프Pfaff가[292] 이 급수에 관한 몇 가지 주목할만한 사실을 이미 발견하긴 했다. 다음은 이 급수의 중요한 특수 경우 중 하나이다.

"오늘날의 대학교들에서, 물리학도와 공학도, 심지어 수학도가 연구하는 함수 중 100%는 아니더라도 95%를 이 하나의 기호 $F(a, b; c; x)$가 대신하는 곳이 많을 것이다."
— W. W. 소여Sawyer, [318]

$$\ln(1+z) = z F\!\left(\genfrac{}{}{0pt}{}{1,1}{2}\,\middle|\,-z\right) = z \sum_{k \geq 0} \frac{k! k!}{(k+1)!} \frac{(-z)^k}{k!}$$
$$= z - \frac{z^2}{2} + \frac{z^3}{3} - \frac{z^4}{4} + \cdots.$$

$z^{-1}\ln(1+z)$는 초기하함수이지만 $\ln(1+z)$ 자체는 초기하함수가 될 수 없음을 주목하기 바란다. $z = 0$일 초기하급수의 값이 항상 1이어야 하기 때문이다.

지금까지의 논의에서, 우리에게 익숙한 기하급수를 포함한다는 점 말고는 초기하급수의 유용함이 잘 드러나지 않았다. 그렇긴 하지만, 서로 아주 다른 여러 함수를 모두 초기하급수로 간주할 수 있다는 점은 이야기했다. 이제부터 이야기할 내용의 요지도 바로 그 점이다. 이제부터 커다란 부류의 합들을 '표준적인(canonical)' 방식으로 초기하급수로 표기할 수 있으며, 그럼으로써 이항계수에 관한 사실들을 효과적으로 분류하고 기억할 수 있음을 보게 될 것이다.

어떤 급수가 초기하급수인가? 이 질문은 인접한 두 항의 비, 즉 항비(term ratio)를 살펴보면 쉽게 답할 수 있다.

$$F\left({a_1,...,a_m \atop b_1,...,b_n}\bigg| z\right) = \sum_{k \ge 0} t_k, \quad t_k = \frac{a_1^{\bar{k}} ... a_m^{\bar{k}} z^k}{b_1^{\bar{k}} ... b_n^{\bar{k}} k!}.$$

첫 항은 $t_0 = 1$ 이고, 그다음 항들의 비는 다음과 같이 주어진다.

$$\begin{aligned}\frac{t_{k+1}}{t_k} &= \frac{a_1^{\overline{k+1}} ... a_m^{\overline{k+1}}}{a_1^{\bar{k}} ... a_m^{\bar{k}}} \frac{b_1^{\bar{k}} ... b_n^{\bar{k}}}{b_1^{\overline{k+1}} ... b_n^{\overline{k+1}}} \frac{k!}{(k+1)!} \frac{z^{k+1}}{z^k} \\ &= \frac{(k+a_1) ... (k+a_m) z}{(k+b_1) ... (k+b_n)(k+1)}.\end{aligned} \quad (5.81)$$

이는 k의 유리함수(rational function), 다시 말해 k의 다항식의 어떤 몫(quotient)이다. 대수학의 기본정리(Fundamental Theorem of Algebra)에 따르면, 그 어떤 k의 유리함수라도 복소수들로 인수분해해서 이 형태로 만들 수 있다. a들은 분자에 있는 다항식의 근들의 부정들이고 b들은 분모에 있는 다항식의 근들의 부정들이다. 분모에 특별한 인수 $(k+1)$이 없다면, 분자와 분모 모두에 $(k+1)$을 추가한다. 그래도 상수 인수는 변하지 않는데, 상수 인수는 곧 초기하급수 표현의 z에 해당한다. 결론적으로, 첫 항이 1이고 항비 t_{k+1}/t_k가 k의 한 유리함수인 급수가 바로 초기하급수이다.

예를 들어 항비가 다음과 같은 k의 유리함수인 무한급수를 생각해 보자.

$$\frac{t_{k+1}}{t_k} = \frac{k^2 + 7k + 10}{4k^2 + 1}.$$

이 항비의 분자에 있는 다항식은 두 인수의 곱 $(k+2)(k+5)$로 깔끔하게 인수분해되며, 분모 역시 $4(k+i/2)(k-i/2)$로 인수분해된다. 분모에 필수 인수 $(k+1)$이 없으므로, 항비를 다음과 바꾸기로 하자.

$$\frac{t_{k+1}}{t_k} = \frac{(k+2)(k+5)(k+1)(1/4)}{(k+i/2)(k-i/2)(k+1)}.$$

이제 이 공식의 매개변수들로 초기하급수 형태의 표기를 만들면 된다.

$$\sum_{k \geq 0} t_k = t_0 F\left(\begin{matrix} 2,5,1 \\ i/2, -i/2 \end{matrix} \middle| 1/4 \right).$$

정리하자면, 주어진 수량 S의 초기하급수 표현을 구하는(그것이 가능한 경우) 일반적인 방법은 다음과 같다. 먼저 S를 첫 항이 0이 아닌 무한급수로 표기한다. 그 급수는 $t_0 \neq 0$인 $\sum_{k \geq 0} t_k$인 형태이어야 한다. 그런 다음에는 t_{k+1}/t_k를 계산한다. 만일 항비가 k의 유리함수가 아니면, 초기하급수로는 표현할 수 없는 것이다. 항비가 유리함수이면, 그것을 식 (5.81)의 형태로 표현한다. 그 표현에서 $S = t_0 F(a_1,...,a_m;b_1,...,b_n;z)$ 형태에 부합하는 매개변수 $a_1,...,a_m$과 $b_1,...,b_n$, 그리고 인수 z를 찾으면 된다.

(이 시점에서 몸풀기 연습문제 11을 풀어 보면 좋을 것이다.)

가우스의 초기하급수를 다음과 같이 재귀적으로 인수분해되는 형태로 표현할 수도 있다.

$$F\left(\begin{matrix} a,b \\ c \end{matrix} \middle| z \right) = 1 + \frac{a}{1}\frac{b}{c}z\left(1 + \frac{a+1}{2}\frac{b+1}{c+1}z\left(1 + \frac{a+2}{3}\frac{b+2}{c+2}z(1 + \cdots)\right)\right).$$

항비의 중요성을 강조하고 싶다면 이러한 표현이 효과적일 것이다.

그럼 이번 장의 앞부분에서 살펴본 이항계수 항등식들을 초기하급수를 이용해서 표현해보자. 예를 들어 병렬 합산 공식

$$\sum_{k \leq n}\binom{r+k}{k} = \binom{r+n+1}{n}, \quad \text{정수 } n$$

을 초기하급수 표기법으로 표현하면 어떤 모습이 될까? 우선, 합을 $k=0$으로 시작하는 무한급수로 표기해야 한다. 이를 위해 공식의 k에 $n-k$를 대입하자.

$$\sum_{k \geq 0}\binom{r+n-k}{n-k} = \sum_{k \geq 0}\frac{(r+n-k)!}{r!(n-k)!} = \sum_{k \geq 0}t_k.$$

이 급수는 형식적으로는 무한하지만 실제로는 유한급수이다. $k > n$일 때 분모의 $(n-k)!$ 때문에 $t_k = 0$이 되기 때문이다. ($1/x!$은 모든 x에 대해 정의되며, x가 음의 정수일 때에는 $1/x! = 0$이다. 이에 대한 증명은 나중에 초기하급수에 좀 더 익숙해지면 살펴보기로 하고, 일단 지금은 그냥 이것이 사실이라고 믿고 넘어가자.)

$$\frac{t_{k+1}}{t_k} = \frac{(r+n-k-1)!\,r!\,(n-k)!}{r!\,(n-k-1)!\,(r+n-k)!} = \frac{n-k}{r+n-k}$$

$$= \frac{(k+1)(k-n)(1)}{(k-n-r)(k+1)}.$$

더 나아가서 $t_0 = \binom{r+n}{n}$이다. 따라서 병렬 합산 법칙은 다음과 같은 초기하급수 항등식과 동등하다.

$$\binom{r+n}{n} F\left(\begin{matrix} 1,-n \\ -n-r \end{matrix} \middle| 1 \right) = \binom{r+n+1}{n}.$$

양변을 $\binom{r+n}{n}$으로 나누면 좀 더 간단한 버전이 나온다.

$$F\left(\begin{matrix} 1,-n \\ -n-r \end{matrix} \middle| 1 \right) = \frac{r+n+1}{r+1}, \quad \text{만일 } \binom{r+n}{n} \neq 0 \text{이면.} \tag{5.82}$$

하나 더 해 보자. 항등식 (5.16)의 항비는 다음과 같다.

$$\sum_{k \leq m} \binom{r}{k} (-1)^k = (-1)^m \binom{r-1}{m}, \quad \text{정수 } m.$$

여기서 k를 $m-k$로 바꾸면 $(k-m)/(r-m+k+1) = (k+1)(k-m)(1)/(k-m+r+1)(k+1)$이 된다. 따라서 식 (5.16)의 우변은 다음 초기하급수의 닫힌 형식이다.

$$F\left(\begin{matrix} 1,-m \\ -m+r+1 \end{matrix} \middle| 1 \right).$$

이 초기하급수는 식 (5.82)의 좌변에 나온 초기하함수와 본질적으로 동일하다. n 대신 m이, $-r$ 대신 $r+1$이 있는 것일 뿐이다. 따라서 식 (5.9)의 초기하 버전인 식 (5.82)로부터도 식 (5.16)을 유도할 수 있다. (식 (5.9)를 이용해서 식 (5.16)을 증명하는 게 쉬웠던 이유가 바로 이것이다.)

더 나아가기 전에, 퇴화 경우(degenerate case)들, 즉 하매개변수가 0이거나 음의 정수라서 초기하급수가 정의되지 않는 경우들도 살펴볼 필요가 있다. 병렬 합산 항등식은 흔히 r과 n이 양의 정수들일 때 적용한다. 그런데 $-n-r$은 음의 정수이므로 초기하급수 (5.76)은 정의되지 않는다. 그렇다면 왜 식 (5.82)를 유효하다고 간주하는 것일까? 답은, $\epsilon \to 0$에 따른 $F\left(\begin{smallmatrix} 1,-n \\ -n-r+\epsilon \end{smallmatrix} \middle| 1 \right)$의 극한을 취할 수 있다는 것이다.

이 주제는 이번 장에서 나중에 좀 더 자세히 살펴보겠다. 일단 지금은, 일부 분모가 폭탄이 될 수 있다는 점만 인식하고 넘어가자. 한 가지 흥미로운 것은, 하필이면 초기하급수로 표현해 본 첫 합이 실제로 퇴화의 여지가 있는 합이었다는 점이다.

식 (5.82)의 유도에서 문제의 여지가 있는 또 다른 지점은, $\binom{r+n-k}{n-k}$를 $(r+n-k)!/r!(n-k)!$으로 전개하는 부분이다. r이 음의 정수이면 이 전개가 실패한다. 다음 법칙이 성립하려면, $(-m)!$이 ∞이어야 하기 때문이다.

처음에는 교란(derangement), 이제는 퇴화.

(앞에서는 항등식을 먼저 정수 r에 대해 증명하고 다항식 논법을 이용해서 항등식이 일반적으로 성립함을 보였다. 이제는 먼저 무리수 r에 대해 먼저 증명하고 극한 논법을 이용해서 정수에 대해서도 성립함을 보인다!)

$$0! \ = \ 0 \cdot (-1) \cdot (-2) \cdot \ ... \ \cdot (-m+1) \cdot (-m)!.$$

이 경우에도 $\epsilon \to 0$에 따른 $r+\epsilon$의 극한을 고려해서 정수 결과들에도 접근해야 한다.

그런데 우리는 r이 정수일 때만 계승 표현 $\binom{r}{k} = r!/k!(r-k)!$을 정의했다! 초기하급수를 효과적으로 다루려면 모든 복소수에 대해 정의되는 계승 함수가 필요하다. 다행히 그런 함수가 존재하며, 여러 가지 방식으로 정의할 수 있다. 다음은 $z!$의 정의 중 가장 유용한 것인데, 사실은 $1/z!$의 정의이다.

$$\frac{1}{z!} \ = \ \lim_{n \to \infty} \binom{n+z}{n} n^{-z}. \tag{5.83}$$

(연습문제 21을 보라. 오일러는 22살 때 이를 발견했다.[99], [100], [72] 이 극한이 모든 복소수 z에 대해 존재하며, z가 음의 정수일 때에만 이 극한이 0임을 증명할 수 있다. 또 다른 중요한 정의로는 다음이 있다.

$$z! \ = \ \int_0^\infty t^z e^{-t} dt, \quad \text{만일} \ \Re_z > -1\text{이면}. \tag{5.84}$$

이 적분은 z의 실수부가 -1보다 클 때만 존재한다. 그런데

$$z! \ = \ z(z-1)! \tag{5.85}$$

으로 두면 정의가 모든 복소수 z로(단, 음의 정수는 제외) 확장된다. 그 외에, 식 (5.47)에 나온 스털링의 $\ln z!$ 보간에도 복소수 계승 함수의 정의가 있다. 이 모든 접근 방식은 동일한 일반 계승 함수로 이어진다.

이와 아주 비슷한 함수로 감마함수라는 것이 있다. 감마함수와 보통의 계승 함수의 관계는 올림 거듭제곱과 내림 거듭제곱의 관계와 다소 비슷하다. 표준적인 참고서들은 계승과 감마함수를 동시에 사용하는 경우가 많은데, 둘 사이의 변환이 필요하다면 다음 공식들이 편리할 것이다.

$$\Gamma(z+1) \ = \ z!; \tag{5.86}$$

$$(-z)! \, \Gamma(z) \ = \ \frac{\pi}{\sin \pi z}. \tag{5.87}$$

$\overline{w}$가 w의 복소켤레(켤레복소수)를 뜻할 때는 z의 $\overline{w}$ 제곱을 어떻게 표기해야 할까? $z^{(\overline{w})}$.

일반화된 계승을 이용해서 일반화된(z와 w가 임의의 복소수인) 내림, 올림 차례거듭제곱을 다음과 같이 정의할 수 있다.

$$z^{\underline{w}} = \frac{z!}{(z-w)!}; \tag{5.88}$$

$$z^{\overline{w}} = \frac{\Gamma(z+w)}{\Gamma(z)}. \tag{5.89}$$

여기서 유일한 제한은, 이 공식들이 ∞/∞가 되는 경우 적절한 극한값을 사용해야 한다는 것이다. (이 공식들이 $0/0$이 되는 일은 없다. 계승과 감마함수의 값이 0이 되는 일이 없기 때문이다.) 이제 이항계수를 다음과 같이 표기할 수 있다.

$$\binom{z}{w} = \lim_{\zeta \to z} \lim_{\omega \to w} \frac{\zeta!}{\omega!(\zeta-\omega)!} \tag{5.90}$$

여기서 z와 w는 그 어떤 제한도 없는 임의의 복소수이다.

알았어, 하지표가 먼저 극한에 도달하는구나. 그래서 w가 음의 정수일 때 $\binom{z}{w}$의 값이 0인 거고. z가 음의 정수이고 w가 정수가 아닐 때는 그 값이 무한대야.

일반화된 계승 함수들로 무장하고, 앞에서 유도한 항등식들을 해당 초기하급수 형태로 축약하는 문제로 돌아가자. 예상했겠지만, 알고 보면 이항정리 (5.13)은 다름 아닌 식 (5.77)이다. 따라서, 그다음으로 시도할 만한 흥미로운 항등식은 방데르몽드 합성곱 (5.27)이다.

$$\sum_k \binom{r}{k}\binom{s}{n-k} = \binom{r+s}{n}, \quad \text{정수 } n.$$

이 합의 k번째 항은 다음과 같다.

$$t_k = \frac{r!}{(r-k)!\,k!}\frac{s!}{(s-n+k)!(n-k)!}.$$

이제는 이 수식들에서 일반화된 계승을 사용하는 데 주저할 이유가 없다. t_k에 $(\alpha+k)!$처럼 k 앞에 플러스 기호가 있는 인수가 있는 한, 항비 t_{k+1}/t_k에서 식 (5.85)에 의해 $(\alpha+k+1)!/(\alpha+k)! = k+\alpha+1$이 성립한다. 그러면 매개변수 '$\alpha+1$'이 해당 초기하급수에 존재하는데, 만일 t_k의 분자에 $(\alpha+k)!$이 존재한다면 그 매개변수는 상매개변수이고 존재하지 않으면 하매개변수이다. 마찬가지로, $(\alpha-k)!$ 같은 인수가 있으면 $(\alpha-k-1)!/(\alpha-k)! = (-1)/(k-\alpha)$가 성립하며, 그러면 '$-\alpha$'가 앞에 서와는 상, 하가 바뀌어서 초기하급수에 들어가며, 초기하급수의 인수가 부정된다. k와는 독립적인 $r!$ 같은 인수들은 t_0에 들어가지만, 항비에서는 사라진다. 이런 요령들을 사용하면, 계산을 더 해 보지 않아도 식 (5.27)의 항비가

$$\frac{t_{k+1}}{t_k} = \frac{k-r}{k+1}\frac{k-n}{k+s-n+1}$$

에 $(-1)^2 = 1$을 곱한 것이라고 예측할 수 있다. 그러면 방데르몽드 합성곱은 다음이 된다.

$$\binom{s}{n} F\left(\begin{array}{c} -r,-n \\ s-n+1 \end{array}\middle|1\right) = \binom{r+s}{n}. \tag{5.91}$$

이 등식을 이용해서 $z=1$이고 b가 음의 정수인 $F(a,b;c;z)$를 일반적으로 평가할 수 있다.

식 (5.91)을, 새로운 합을 평가할 때 표를 참조하기 쉬운 형태로 다시 써보자. 그 결과는 다음과 같다.

$$F\left(\begin{array}{c} a,b \\ c \end{array}\middle|1\right) = \frac{\Gamma(c-a-b)\Gamma(c)}{\Gamma(c-a)\Gamma(c-b)}; \qquad \begin{array}{l} \text{정수 } b \leq 0 \\ \text{또는 } \Re c > \Re a + \Re b \end{array} \tag{5.92}$$

방데르몽드 합성곱 (5.27)은 상매개변수 중 하나(b라고 하자)가 양이 아닌 정수일 때에만 유효하다. 그러나 가우스는 a, b, c가, 그 실수부들이 $\Re c > \Re a + \Re b$인 복소수들인 경우에도 식 (5.92)가 유효함을 증명했다.[143] 그 외의 경우에서는 무한급수 $F\left(\begin{smallmatrix} a,b \\ c \end{smallmatrix}\middle|1\right)$이 수렴하지 않는다. $b=-n$일 때에는 이 항등식을 감마함수 대신 차례거듭제곱을 이용해서 다음과 같이 좀 더 편리한 형태로 표기할 수 있다.

$$F\left(\begin{array}{c} a,-n \\ c \end{array}\middle|1\right) = \frac{(c-a)^{\overline{n}}}{c^{\overline{n}}} = \frac{(a-c)^{\underline{n}}}{(-c)^{\underline{n}}}, \quad \text{정수 } n \geq 0. \tag{5.93}$$

알고 보면, 표 202의 다섯 항등식은 모두 방데르몽드 합성곱의 특수 경우들이다. 퇴화 상황들을 적절히 조심하기만 한다면, 식 (5.93)으로 이들을 모두 포괄할 수 있다.

식 (5.82)는 $a=1$일 때의 식 (5.93)의 특수 경우일 뿐임을 주목하기 바란다. 따라서 식 (5.82)를 따로 외울 필요는 없다. 그리고 식 (5.82)로 이어지는 항등식 (5.9)가 꼭 필요하지는 않다(표 208에서 그 항등식을 외우기 쉽다고 말하긴 했지만). 공식 조작용 컴퓨터 프로그램에 $\sum_{k \leq n} \binom{r+k}{k}$를 평가하는 문제를 맡긴다면, 아마 프로그램은 그 합을 초기하급수로 바꾼 후 그것을 방데르몽드 합성곱의 일반 항등식에 대입해서 답을 구할 것이다.

§5.2의 문제 1은 다음의 값을 구하는 것이었다.

$$\sum_{k \geq 0} \binom{m}{k}\middle/\binom{n}{k}.$$

몇 주 전만 해도 우리는 가우스가 유치원에서 한 일을 배웠다.
이제는 그의 Ph.D. 학위 논문을 넘어서는 주제를 배우고 있다.
이런 것이 무서운 일이 아니고 무엇이겠는가?

이는 초기하급수로 푸는 것이 자연스러운 문제이다. 그리고 초기하급수를 조금만 연습하고 나면, 매개변수들로부터 $F(1, -m; -n; 1)$을 바로 이끌어낼 수 있을 것이다. 흠, 이 문제 역시 방데르몽드에서 비롯된 특수 경우의 하나였다!

문제 2와 문제 4의 합도 마찬가지 방식으로 풀어서 $F(2, 1-n; 2-m; 1)$을 얻을 수 있다. (먼저 k를 $k+1$로 대체해야 한다.) 그리고 문제 6의 "골치 아픈" 합을 풀면 그냥 $F(n+1, -n; 2; 1)$이 나온다. 그렇다면, 지금까지 본 합들이 모두 방데르몽드의 강력한 합성곱을 모습만 바꾼 버전일까?

그렇지는 않다. 문제 3은 조금 다르다. 그 문제는 식 (5.74)에서 고찰한 일반 합 $\sum_k \binom{n-k}{k} z^k$의 한 특수 경우를 다루는데, 그 해는 다음 초기하급수의 닫힌 형식이다.

$$F\left(\begin{matrix} 1+2\lceil n/2 \rceil, -n \\ 1/2 \end{matrix} \middle| -z/4\right).$$

그리고 식 (5.55)에서 $(1-z)^r(1+z)^r$의 계수들을 살펴보면서 뭔가 새로운 것을 증명하기도 했다. 바로 다음과 같다.

$$F\left(\begin{matrix} 1-c-2n, -2n \\ c \end{matrix} \middle| -1\right) = (-1)^n \frac{(2n)!}{n!} \frac{(c-1)!}{(c+n-1)!}, \quad \text{정수 } n \geq 0.$$

이를 복소수로 일반화하면 다음과 같은 소위 **쿠머의 공식**(Kummer's formula)이 나온다.

쿠머는 여름(summer)이었다.

$$F\left(\begin{matrix} a, b \\ 1+b-a \end{matrix} \middle| -1\right) = \frac{(b/2)!}{b!}(b-a)^{b/2}. \tag{5.94}$$

(에른스트 쿠머는 이를 1836년에 증명했다.[229])

36년의 여름.

이 두 공식을 비교해 보면 재밌다. n이 양의 정수일 때, c를 $1-2n-a$로 대체한 결과는 만일

$$(-1)^n \frac{(2n)!}{n!} = \lim_{b \to -2n} \frac{(b/2)!}{b!} = \lim_{x \to -n} \frac{x!}{(2x)!} \tag{5.95}$$

이면, 그리고 오직 그럴 때만 성립한다. 예를 들어 $n=3$이라고 하자. 그러면 반드시 $-6!/3! = \lim_{x \to -3} x!/(2x)!$이어야 한다. 그런데 알다시피 $(-3)!$과 $(-6)!$은 둘 다 무한대로 발산한다. 그런 문제점을 잠시 무시하고 $(-3)! = (-3)(-4)(-5)(-6)!$이라고 가정한다면, 두 $(-6)!$이 깔끔하게 소거될 것이다. 그러나 그런 유혹에는 저항해야 한다. 그런 유혹에 빠지면 오답이 나와버린다! 식 (5.95)에 따라, $x \to -3$에 따른 $x!/(2x)!$의 극한은 $(-3)(-4)(-5)$가 아니라 $-6!/3! = (-4)(-5)(-6)$이다.

식 (5.95)의 극한을 제대로 평가하려면 인수가 음인 계승과 인수가 양인 감마함수의 관계를 나타내는 식 (5.87)을 사용해야 한다 x에 $-n-\epsilon$을 대입하고 $\epsilon \to 0$으로 두어서 식 (5.87)을 두 번 적용하면 다음이 나온다.

$$\frac{(-n-\epsilon)!}{(-2n-2\epsilon)!}\frac{\Gamma(n+\epsilon)}{\Gamma(2n+2\epsilon)} = \frac{\sin(2n+2\epsilon)\pi}{\sin(n+\epsilon)\pi}.$$

이제 $\sin(x+y) = \sin x \cos y + \cos x \sin y$이다. 따라서 사인들의 비는 제9장의 방법들에 의해

$$\frac{\cos 2n\pi \sin 2\epsilon\pi}{\cos n\pi \sin \epsilon\pi} = (-1)^n(2+O(\epsilon))$$

이다. 그러므로, 식 (5.86)에 의해 다음이 성립한다.

$$\lim_{\epsilon \to 0}\frac{(-n-\epsilon)!}{(-2n-2\epsilon)!} = 2(-1)^n\frac{\Gamma(2n)}{\Gamma(n)} = 2(-1)^n\frac{(2n-1)!}{(n-1)!} = (-1)^n\frac{(2n)!}{n!}.$$

이는 우리가 원했던 결과이다.

그럼 논의를 마무리하는 의미에서, 이번 장에서 지금까지 살펴본 항등식들을 초기하의 옷을 입혀서 다시 표현해보자. 식 (5.29)의 세 겹 이항 합은 다음과 같이 표현할 수 있다.

$$F\left({1-a-2n, 1-b-2n, -2n \atop a, b}\bigg|1\right)$$
$$= (-1)^n\frac{(2n)!}{n!}\frac{(a+b+2n-1)^{\overline{n}}}{a^{\overline{n}}b^{\overline{n}}}, \quad \text{정수 } n \geq 0.$$

이를 복소수로 일반화하면 다음과 같은 소위 딕슨의 공식(Dixon's formula)이 나온다.

$$F\left({a, b, c \atop 1+c-a, 1+c-b}\bigg|1\right) = \frac{(c/2)!}{c!}\frac{(c-a)^{c/2}(c-b)^{c/2}}{(c-a-b)^{c/2}}, \tag{5.96}$$
$$\Re a + \Re b < 1 + \Re c/2.$$

지금까지 나온 공식 중 가장 일반적인 공식에 속하는 것이 식 (5.28)의 세 겹 이항 합이다. 이로부터 다음과 같은 잘쉬츠 항등식(Saalschütz's identity)이 나온다.

(역사 참고사항:
이 공식은 파프가 처음 발표했고,[292] 그 후 거의 100년이 지나서 잘쉬츠가 파프와는 독립적으로 이 공식을 발견했다.[315] $n \to \infty$에 따른 극한을 취하면 식 (5.92)가 나온다.)

$$F\left({a, b, -n \atop c, a+b-c-n+1}\bigg|1\right) = \frac{(c-a)^{\overline{n}}(c-b)^{\overline{n}}}{c^{\overline{n}}(c-a-b)^{\overline{n}}}$$
$$= \frac{(a-c)^{\underline{n}}(b-c)^{\underline{n}}}{(-c)^{\underline{n}}(a+b-c)^{\underline{n}}}, \quad \text{정수 } n \geq 0. \tag{5.97}$$

이 공식을 이용하면 상매개변수가 세 개, 하매개변수가 두 개인, 그리고 상매개변수 중 하나가 양이 아닌 정수이고 $b_1 + b_2 = a_1 + a_2 + a_3 + 1$임을 만족하는 일반 초기하급수의 $z = 1$에서의 값을 구할 수 있다. (만일 하매개변수들의 합에서 상매개변수들의 합을 뺀 차이가 1이 아니라 2보다 크면, $F(a_1, a_2, a_3; b_1, b_2; 1)$를 연습문제 25의 공식을 이용해서 잘쉬츠의 항등식을 만족하는 두 초기하급수로 표현할 수 있다.)

§5.2의 문제 8에서 고생스럽게 얻은 항등식은 다음으로 축약된다.

$$\frac{1}{1+x} F\left(\begin{matrix} x+1, n+1, -n \\ 1, x+2 \end{matrix} \middle| 1\right) = (-1)^n x^n x^{\overline{-n-1}}.$$

휴. 이것은 잘쉬츠 항등식 (5.97)의 $c = 1$인 특수 경우일 뿐이다. 애초에 초기하급수를 직접 사용했다면 시간이 많이 줄었을 것이다.

문제 7은 어떨까? 그 아주 골치 아픈 합에서 다음 공식이 나온다.

$$F\left(\begin{matrix} n+1, m-n, 1, \frac{1}{2} \\ \frac{1}{2}m+1, \frac{1}{2}m+\frac{1}{2}, 2 \end{matrix} \middle| 1\right) = \frac{m}{n}, \quad 정수 \ n \geq m > 0.$$

하매개변수가 세 개인 경우는 이것이 처음이다. 그래선지 새로워 보인다. 그러나 사실은 그렇지 않다. 연습문제 26을 이용하면 좌변을 다음의 배수로 대체할 수 있다.

$$F\left(\begin{matrix} n, m-n-1, -\frac{1}{2} \\ \frac{1}{2}m, \frac{1}{2}m-\frac{1}{2} \end{matrix} \middle| 1\right) - 1.$$

이번에도 결국은 잘쉬츠 항등식에 도달하게 된다.

이는 또 다른 김 빠지는 경험이었지만, 초기하 방법들의 위력을 보여주는 또 다른 예이기도 하다.

표 240의 합성곱 항등식들에 해당하는 초기하급수는 없는데, 이는 항비들이 t가 정수일 때에만 k의 유리함수이기 때문이다. 식 (5.64)와 식 (5.65)는 $t = 1$일 때도 초기하급수가 아니다. 그러나 t가 작은 정숫값일 때 식 (5.62)에서 다음을 이끌어낼 수 있다는 점은 주목해야 할 것이다.

(역사 참고사항: 이항계수 항등식들에서 초기하급수의 중요성은 1974년에 조지 앤드루스^{George} ^{Andrews}가 [9, §5]에서 처음으로 지적했다.)

$$F\left(\begin{matrix} \frac{1}{2}r, \frac{1}{2}r+\frac{1}{2}, -n, -n-s \\ r+1, -n-\frac{1}{2}s, -n-\frac{1}{2}s+\frac{1}{2} \end{matrix} \middle| 1\right) = \binom{r+s+2n}{n} \middle/ \binom{s+2n}{n};$$

$$F\left(\begin{matrix} \frac{1}{3}r, \frac{1}{3}r+\frac{1}{3}, \frac{1}{3}r+\frac{2}{3}, -n, -n-\frac{1}{2}s, -n-\frac{1}{2}s+\frac{1}{2} \\ \frac{1}{2}r+\frac{1}{2}, \frac{1}{2}r+1, -n-\frac{1}{3}s, -n-\frac{1}{3}s+\frac{1}{3}, -n-\frac{1}{3}s+\frac{2}{3} \end{matrix}\middle| 1\right)$$
$$= \binom{r+s+3n}{n}\middle/\binom{s+3n}{n}.$$

첫 공식에서 수량 (r,s,n)을 각각 $(1, m-2n-1, n-m)$으로 대체하면 문제 7의 결과가 된다.

마지막으로, "의외의" 합 (5.20)은 의외의 초기하급수 항등식으로 이어지는데, 그 항등식에서 배울 것이 꽤 많다. 그럼 그 항등식의 유도 과정을 느린 동작으로 따라가 보자. 우선 합을 무한합으로 바꾼다.

$$\sum_{k \le m} \binom{m+k}{k} 2^{-k} = 2^m \iff \sum_{k \ge 0} \binom{2m-k}{m-k} 2^k = 2^{2m}.$$

$(2m-k)! 2^k / m! (m-k)!$의 항비는 $2(k-m)/(k-2m)$이므로, 다음과 같이 $z = 2$인 초기하급수 항등식이 나온다.

$$\binom{2m}{m} F\left(\begin{matrix} 1, -m \\ -2m \end{matrix}\middle| 2\right) = 2^{2m}, \quad \text{정수 } m \ge 0. \tag{5.98}$$

그런데 하매개변수 '$-2m$'에 주목하자. 음의 정수는 금지되어 있으므로, 이 항등식은 정의되지 않는다!

앞에서 약속한 것처럼 그런 극한의 경우들을 살펴볼 때가 된 것 같다. 퇴화된 초기하급수라도 근처의 퇴화되지 않은 점들에서 접근하면 평가할 수 있을 때가 많으므로, 이들을 살펴보는 것은 가치가 있는 일이다. 그런데 극한에 접근하는 방향이 다르면 결과도 달라질 수 있으므로 조심해야 한다. 예를 들어 다음의 두 극한에서는 상매개변수 중 하나를 ϵ만큼 증가하면 그 결과가 크게 달라진다.

$$\lim_{\epsilon \to 0} F\left(\begin{matrix} -1+\epsilon, -3 \\ -2+\epsilon \end{matrix}\middle| 1\right) = \lim_{\epsilon \to 0} \left(1 + \frac{(-1+\epsilon)(-3)}{(-2+\epsilon)1!} + \frac{(-1+\epsilon)(\epsilon)(-3)(-2)}{(-2+\epsilon)(-1+\epsilon)2!} \right.$$
$$\left. + \frac{(-1+\epsilon)(\epsilon)(1+\epsilon)(-3)(-2)(-1)}{(-2+\epsilon)(-1+\epsilon)(\epsilon)3!} \right)$$
$$= 1 - \frac{3}{2} + 0 + \frac{1}{2} = 0;$$
$$\lim_{\epsilon \to 0} F\left(\begin{matrix} -1, -3 \\ -2+\epsilon \end{matrix}\middle| 1\right) = \lim_{\epsilon \to 0} \left(1 + \frac{(-1)(-3)}{(-2+\epsilon)1!} + 0 + 0 \right)$$
$$= 1 - \frac{3}{2} + 0 + 0 = -\frac{1}{2}.$$

이와 비슷하게 앞에서 $\binom{-1}{-1}=0=\lim_{\epsilon \to 0}\binom{-1+\epsilon}{-1}$로 정의했는데, 이는 $\lim_{\epsilon \to 0}\binom{-1+\epsilon}{-1+\epsilon}=1$ 과는 다르다. 식 (5.98)을 하나의 극한으로 취급할 때는, 상매개변수 $-m$이 $k>m$에 대해 급수 $\sum_{k \geq 0}\binom{2m-k}{m-k}2^k$의 모든 항을 0으로 만드는 데 쓰인다는 점을 인식해야 올바른 결과를 얻을 수 있다. 이 점을 좀 더 엄밀하게 표현하면 다음과 같다.

$$\binom{2m}{m}\lim_{\epsilon \to 0}F\left(\begin{array}{c}1,-m\\-2m+\epsilon\end{array}\bigg|2\right)=2^{2m},\quad \text{정수 } m \geq 0. \tag{5.99}$$

$k>2m$ 이전에는 분모 인수 $(-2m)^{\overline{k}}$가 0이 되지 않으므로, 이 극한의 각 항은 잘 정의된다. 따라서 이 극한은 애초에 출발점이었던 합 (5.20)과 정확히 같은 합이 된다.

5.6 초기하 변환

이제는 알려진 초기하 닫힌 형식들의 데이터베이스가 이항계수들의 합을 다루는 데 유용한 도구임이 명확해졌을 것이다. 주어진 임의의 합을 그냥 그에 해당하는 표준 초기하 형식으로 바꾼 후 표를 찾아보기만 하면 된다. 표에 해당 항목이 있으면, 그것을 적용하면 끝이다. 없는 경우, 만일 그 합을 닫힌 형식으로 표현할 수 있다면 그것을 표에 추가한다. 또한 "일반적으로 이 합에는 간단한 닫힌 형식이 없다" 같은 항목도 표에 추가면 좋을 것이다. 예를 들어 합 $\sum_{k \leq m}\binom{n}{k}$는 다음과 같은 초기하급수 에 해당한다.

$$\binom{n}{m}F\left(\begin{array}{c}1,-m\\n-m+1\end{array}\bigg|-1\right),\quad \text{정수 } n \geq m \geq 0; \tag{5.100}$$

이 급수에는 m이 0이나 $\frac{1}{2}n$, n 부근의 값일 때에만 간단한 닫힌 형식이 존재한다.

이것이 이야기의 끝은 아니다. 초기하함수들 자체에 대한 항등식들도 존재한다. 다른 말로 하면, 초기하급수들에 대한 모든 닫힌 형식은 또 다른 닫힌 형식들로 이어지며, 따라서 데이터베이스에 추가할 항목들도 많아진다. 예를 들어 연습문제 25와 26은 한 초기하급수를 매개변수들이 다른 하나나 둘의 다른 초기하급수들로 변환하는 방법을 살펴본다. 그 초기하급수들 역시 다른 초기하급수들로 변환할 수 있다.

1796년에 파프는 다음과 같은 놀라운 반사법칙(reflection law)을 발견했다.[292]

초기하 데이터베이스는 사실 '지식 기지(knowledge base)'가 되어야 한다.

$$\frac{1}{(1-z)^a} F\left(\begin{matrix} a,b \\ c \end{matrix} \middle| \frac{-z}{1-z} \right) = F\left(\begin{matrix} a,c-b \\ c \end{matrix} \middle| z \right). \tag{5.101}$$

이는 한 초기하급수를 다른 종류의 초기하급수로 변환하는 법칙이다. 좌변을 전개해서 수량 $(-z)^k/(1-z)^{k+a}$에 무한급수 $(-z)^k\left(1+\binom{k+a}{1}z+\binom{k+a+1}{2}z^2+\cdots\right)$을 대입하면 멱급수의 형식적 항등식이 된다(연습문제 50을 보라). $z \neq 1$일 때, 이 법칙을 이용해서 이미 알고 있는 항등식들로부터 새로운 공식들을 유도할 수 있다.

예를 들어 쿠머의 공식 (5.94)를 반사법칙 (5.101)과 결합하는 것이 가능하다. 두 항등식을 모두 만족하도록 매개변수들을 적절히 선택하면 된다.

$$\begin{aligned} 2^{-a}F\left(\begin{matrix} a,1-a \\ 1+b-a \end{matrix} \middle| \frac{1}{2} \right) &= F\left(\begin{matrix} a,b \\ 1+b-a \end{matrix} \middle| -1 \right) \\ &= \frac{(b/2)!}{b!}(b-a)^{\underline{b/2}}. \end{aligned} \tag{5.102}$$

이제 $a=-n$으로 두고 이 항등식으로부터 뒤로 돌아가면, 독자가 언젠가는 써먹게 될 다음과 같은 새로운 이항계수 항등식이 나온다.

$$\begin{aligned} \sum_{k\geq 0} \frac{(-n)^{\overline{k}}(1+n)^{\overline{k}}}{(1+b+n)^{\overline{k}}} \frac{2^{-k}}{k!} &= \sum_k \binom{n}{k}\left(\frac{-1}{2}\right)^k\binom{n+k}{k}\middle/\binom{n+b+k}{k} \\ &= 2^{-n}\frac{(b/2)!(b+n)!}{b!(b/2+n)!}, \text{ 정수 } n \geq 0. \end{aligned} \tag{5.103}$$

예를 들어 $n=3$일 때 이 항등식은 다음을 말해준다.

$$\begin{aligned} 1-3\frac{4}{2(4+b)}&+3\frac{4\cdot 5}{4(4+b)(5+b)}-\frac{4\cdot 5\cdot 6}{8(4+b)(5+b)(6+b)} \\ &= \frac{(b+3)(b+2)(b+1)}{(b+6)(b+4)(b+2)}. \end{aligned}$$

믿기 힘들겠지만, 이 등식은 모든 b에 대해 참이다(분모의 한 인수가 사라지는 경우를 제외할 때).

재미있으니 하나 더 해보자. 어쩌면 친구들을 정말로 놀라게 할 공식을 발견할 수도 있을 것이다. 파프의 반사법칙을 식 (5.99)의 이상한 공식($z=2$일 때인)에 적용하면 어떤 결과가 나올까? $a=-m$, $b=1$, $c=-2m+\epsilon$으로 두면 다음과 같은 공식을 얻게 된다.

$$(-1)^m \lim_{\epsilon \to 0} F\left(\begin{matrix} -m, 1 \\ -2m + \epsilon \end{matrix} \bigg| 2\right) = \lim_{\epsilon \to 0} F\left(\begin{matrix} -m, -2m - 1 + \epsilon \\ -2m + \epsilon \end{matrix} \bigg| 2\right)$$

$$= \lim_{\epsilon \to 0} \sum_{k \geq 0} \frac{(-m)^{\overline{k}} (-2m - 1 + \epsilon)^{\overline{k}}}{(-2m + \epsilon)^{\overline{k}}} \frac{2^k}{k!}$$

$$= \sum_{k \leq m} \binom{m}{k} \frac{(2m + 1)^{\underline{k}}}{(2m)^{\underline{k}}} (-2)^k.$$

이 공식은 극한 항 중 그 어떤 것도 0에 접근하지 않기 때문에 성립한다. 이 공식은
다음과 같이 또 다른 놀랄 만한 공식으로 이어진다.

(역사 참고사항:
독자가 시도했을 때 이와는
다른 결과가 나왔다면 연습문
제 51을 볼 것.)

$$\sum_{k \leq m} \binom{m}{k} \frac{2m + 1}{2m + 1 - k} (-2)^k = (-1)^m 2^{2m} \bigg/ \binom{2m}{m}$$

$$= 1 \bigg/ \binom{-1/2}{m}, \quad \text{정수 } m \geq 0. \tag{5.104}$$

예를 들어 $m = 3$일 때 합은 다음과 같다.

$$1 - 7 + \frac{84}{5} - 14 = -\frac{16}{5}.$$

그리고 $\binom{-1/2}{3}$은 실제로 $-\frac{5}{16}$와 같다.

앞에서 이항계수 항등식들을 살펴보고 초기하 형태로 변환하는 과정에서 식
(5.19)는 빠뜨렸는데, 이는 그 등식이 합과 닫힌 형식 사이의 관계식이 아니라 두
합 사이의 관계식이기 때문이었다. 그러나 이제는 식 (5.19)를 초기하급수들 사이의
항등식으로 간주할 수 있다. 그 공식을 y에 대해 n번 미분하고 k에 $m - n - k$를
대입하면 다음이 나온다.

$$\sum_{k \geq 0} \binom{m + r}{m - n - k} \binom{n + k}{n} x^{m-n-k} y^k$$

$$= \sum_{k \geq 0} \binom{-r}{m - n - k} \binom{n + k}{n} (-x)^{m-n-k} (x + y)^k.$$

이로부터 다음과 같은 초기하변환을 이끌어낼 수 있다.

$$F\left(\begin{matrix} a, -n \\ c \end{matrix} \bigg| z\right) = \frac{(a - c)^{\overline{n}}}{(-c)^{\overline{n}}} F\left(\begin{matrix} a, -n \\ 1 - n + a - c \end{matrix} \bigg| 1 - z\right), \quad \text{정수 } n \geq 0. \tag{5.105}$$

$z = 1$일 때 이것은 식 (5.93)에 나온 방데르몽드 합성곱으로 정리됨을 주목하기 바
란다.

이 예가 뭔가 말해주는 것이 있다면, 그것은 미분이 유용해 보인다는 것이다. 미분의 유용함은 제2장에서 $x + 2x^2 + \cdots + nx^n$을 합할 때도 보았다. 그럼 일반 초기하급수를 z에 대해 미분하면 어떤 일이 생기는지 살펴보자.

$$
\begin{aligned}
\frac{d}{dz} F\left(\begin{matrix} a_1,...,a_m \\ b_1,...,b_n \end{matrix} \middle| z \right) &= \sum_{k \geq 1} \frac{a_1^{\bar{k}} ... a_m^{\bar{k}} z^{k-1}}{b_1^{\bar{k}} ... b_n^{\bar{k}} (k-1)!} \\
&= \sum_{k+1 \geq 1} \frac{a_1^{\overline{k+1}} ... a_m^{\overline{k+1}} z^k}{b_1^{\overline{k+1}} ... b_n^{\overline{k+1}} k!} \\
&= \sum_{k \geq 0} \frac{a_1 (a_1+1)^{\bar{k}} ... a_m (a_m+1)^{\bar{k}} z^k}{b_1 (b_1+1)^{\bar{k}} ... b_n (b_n+1)^{\bar{k}} k!} \\
&= \frac{a_1 ... a_m}{b_1 ... b_n} F\left(\begin{matrix} a_1+1,...,a_m+1 \\ b_1+1,...,b_n+1 \end{matrix} \middle| z \right).
\end{aligned}
\tag{5.106}
$$

이처럼, 초기하급수를 미분하면 일부 매개변수들이 밖으로 빠지고 나머지 것들은 상향(증가) 이동한다.

매개변수 중 하나만 바뀌고 나머지 것들은 변하지 않도록 미분을 적용하는 것도 가능하다. 이를 위해서는 다음과 같은 연산자를 사용한다.

ϑ를 어떻게 발음하지?
(잘 모르겠지만, T$_E$X에서는
'vartheta'라고 불러.)[†]

$$
\vartheta = z \frac{d}{dz}.
$$

이 연산자는 주어진 함수를 미분한 후 z를 곱하는 작용을 한다. 다음은 이를 초기하급수에 적용한 것이다.

$$
\vartheta F\left(\begin{matrix} a_1,...,a_m \\ b_1,...,b_n \end{matrix} \middle| z \right) = z \sum_{k \geq 1} \frac{a_1^{\bar{k}} ... a_m^{\bar{k}} z^{k-1}}{b_1^{\bar{k}} ... b_n^{\bar{k}} (k-1)!} = \sum_{k \geq 0} \frac{k a_1^{\bar{k}} ... a_m^{\bar{k}} z^k}{b_1^{\bar{k}} ... b_n^{\bar{k}} k!},
$$

이러한 변환은 그 자체로는 그리 유용하지 않다. 그러나 F의 상매개변수 중 하나를, 이를테면 a_1을 F에 곱하고 그것을 ϑF에 더하면 다음에서 보듯이 매개변수 하나만 한 자리 위로 이동한다.

---

† (옮긴이) ϑ는 θ와 같은 글자이되 글자의 모양만 다른 것이다(로마자의 '인쇄체'와 '필기체'의 관계와 비슷하다). 따라서 원칙적으로는 그냥 '세타'라고 부르면 되지만, θ와의 구분이 필요하다면 이를테면 '변형(variation) 세타'나 '흘림 (cursive) 세타'라고 부를 수도 있을 것이다.

$$(\vartheta + a_1) F\left(\begin{matrix} a_1,...,a_m \\ b_1,...,b_n \end{matrix} \middle| z\right) = \sum_{k \geq 0} \frac{(k+a_1) a_1^{\bar{k}} ... a_m^{\bar{k}} z^k}{b_1^{\bar{k}} ... b_n^{\bar{k}} k!},$$

$$= \sum_{k \geq 0} \frac{a_1(a_1+1)^{\bar{k}} a_2^{\bar{k}} ... a_m^{\bar{k}} z^k}{b_1^{\bar{k}} ... b_n^{\bar{k}} k!}$$

$$= a_1 F\left(\begin{matrix} a_1+1, a_2,...,a_m \\ b_1,...,b_n \end{matrix} \middle| z\right).$$

하매개변수에도 비슷한 요령이 통한다. 단, 이 경우에는 매개변수가 위가 아니라 아래로 한 자리 이동한다.

$$(\vartheta + b_1 - 1) F\left(\begin{matrix} a_1,...,a_m \\ b_1,...,b_n \end{matrix} \middle| z\right) = \sum_{k \geq 0} \frac{(k+b_1-1) a_1^{\bar{k}} ... a_m^{\bar{k}} z^k}{b_1^{\bar{k}} ... b_n^{\bar{k}} k!},$$

$$= \sum_{k \geq 0} \frac{(b_1-1) a_1^{\bar{k}} ... a_m^{\bar{k}} z^k}{(b_1-1)^{\bar{k}} b_2^{\bar{k}} ... b_n^{\bar{k}} k!}$$

$$= (b_1-1) F\left(\begin{matrix} a_1,...,a_m \\ b_1-1, b_2,...,b_n \end{matrix} \middle| z\right).$$

이제 이 모든 연산을 하나로 결합하고 같은 수량을 서로 다른 두 방식으로 표현해서 일종의 수학적 '동음이의어 말장난(pun)'을 만들어 보자. 구체적으로 말하자면, $F = F(a_1,...,a_m; b_1,...,b_n; z)$라고 할 때

$$(\vartheta + a_1) ... (\vartheta + a_m) F = a_1 ... a_m F\left(\begin{matrix} a_1+1,...,a_m+1 \\ b_1,...,b_n \end{matrix} \middle| z\right)$$

이고

$$(\vartheta + b_1 - 1) ... (\vartheta + b_n - 1) F$$
$$= (b_1-1) ... (b_n-1) F\left(\begin{matrix} a_1,...,a_m \\ b_1-1,...,b_n-1 \end{matrix} \middle| z\right)$$

이다. 그리고 식 (5.106)을 다시 보면, 제일 윗줄이 제일 아랫줄의 도함수임을 알 수 있다. 따라서, 일반 초기하함수 F는 다음과 같은 미분방정식을 만족한다.

$$D(\vartheta + b_1 - 1) ... (\vartheta + b_n - 1) F = (\vartheta + a_1) ... (\vartheta + a_m) F. \tag{5.107}$$

여기서 D는 연산자 $\frac{d}{dz}$이다.

이쯤 해서 예제를 하나 풀고 넘어가야 할 것이다. 그럼 표준적인 상2 하1 초기하급수 $F(z) = F(a,b;c;z)$가 만족하는 미분방정식을 구해 보자. (5.107)에 따라 다음이 성립한다.

소 목장 이름을 초점(Focus)이라고 지은 형제 이야기 들어 본 사람? 아들들이 고기를 기르는(sons raise meat) 곳이라서 초점이라고 지었다더라.

$$D(\vartheta + c - 1)F \;=\; (\vartheta + a)(\vartheta + b)F.$$

이것을 보통의 표기법으로 바꾸면 어떤 의미가 될까? 우선 좌변의 $(\vartheta + c - 1)F$는 $zF'(z) + (c-1)F(z)$이며, 그것을 미분하면

$$F'(z) + zF''(z) + (c-1)F'(z)$$

가 된다. 그리고 우변은 다음과 같이 전개된다.

$$
\begin{aligned}
(\vartheta + a)(zF'(z) + bF(z)) &= z\frac{d}{dz}(zF'(z) + bF(z)) + a(zF'(z) + bF(z)) \\
&= zF'(z) + z^2 F''(z) + bzF'(z) + azF'(z) + abF(z).
\end{aligned}
$$

양변을 등호로 연결해서 정리하면 다음이 나온다.

$$z(1-z)F''(z) + (c - z(a+b+1))F'(z) - abF(z) \;=\; 0. \tag{5.108}$$

이 미분방정식은 인수분해된 형식 (5.107)과 동등하다.

반대로, 미분방정식을 멱급수로 바꿀 수도 있다. $F(z) = \sum_{k \geq 0} t_k z^k$이 식 (5.107)을 만족하는 하나의 멱급수라고 하자. 직접 풀어 보면 반드시 다음이 성립함을 알 수 있다.

$$\frac{t_{k+1}}{t_k} \;=\; \frac{(k+a_1)\dots(k+a_m)}{(k+b_1)\dots(k+b_n)(k+1)}.$$

따라서 $F(z)$는 반드시 $t_0 F(a_1, \dots, a_m; b_1, \dots, b_n; z)$이다. 이렇게 해서 우리는 초기하급수 (5.76)이 미분방정식 (5.107)을 만족하는 유일한 형식적 급수이고 상수항 1을 가지고 있음을 증명했다.

초기하급수로 세상의 모든 미분방정식을 풀 수 있다면 좋겠지만, 그렇지는 않다. 식 (5.107) 우변은 항상 $\alpha_k z^k F^{(k)}(z)$ 형태의 항들의 합으로 전개되는데, 여기서 $F^{(k)}(z)$는 $D^k F(z)$의 k차 도함수이다. 그리고 좌변은 항상 $k > 0$인 $\beta_k z^{k-1} F^{(k)}(z)$ 형태의 항들의 합으로 전개된다. 따라서 미분방정식 (5.107)은 항상 다음과 같은 특수한 형태이다.

$$z^{n-1}(\beta_n - z\alpha_n)F^{(n)}(z) + \cdots + (\beta_1 - z\alpha_1)F'(z) - \alpha_0 F(z) \;=\; 0.$$

식 (5.108)은 이 공식의 $n=2$인 특수 경우이다. 반대로, 이런 형태의 임의의 미분방정식을 ϑ 연산자를 이용해서 인수분해해서 식 (5.107)과 비슷한 미분방정식을 만들

수 있다(이 점은 연습문제 6.13에서 증명해 볼 것이다). 정리하자면, 이들은 유리수 항비를 가진 멱급수들이 해인 미분방정식이다.

식 (5.107)의 양변에 z를 곱하고 D 연산자를 분배해서 정리하면, 다음처럼 ϑ로만 이루어진 형태가 나온다.

$$\vartheta(\vartheta+b_1-1)\,...\,(\vartheta+b_n-1)F \;=\; z(\vartheta+a_1)\,...\,(\vartheta+a_m)F. \tag{5.109}$$

함수 $F(z)=(1-z)^r$은 $\vartheta F = z(\vartheta-r)F$를 만족한다. 이는 이항정리의 또 다른 증명을 제공한다.

좌변의 첫 인수 $\vartheta=(\vartheta+1-1)$은 식 (5.81)의 항비의 $(k+1)$에 대응되며, 그것은 일반 초기하급수의 k번째 항의 분모에 있는 $k!$에 대응된다. 다른 인수 $(\vartheta+b_j-1)$은 분모 인수 $(k+b_j)$에 대응되며, 그 분모 인수는 식 (5.76)의 $b_j^{\overline{k}}$에 대응된다. 우변에서 z는 z^k에, $(\vartheta+a_j)$는 $a_j^{\overline{k}}$에 대응된다.

이러한 미분 이론의 한 가지 용도는 새로운 변환을 찾고 증명하는 것이다. 예를 들어 두 초기하급수

$$F\left(\begin{matrix}2a,2b\\a+b+\dfrac{1}{2}\end{matrix}\,\middle|\,z\right)\text{와}\quad F\left(\begin{matrix}a,b\\a+b+\dfrac{1}{2}\end{matrix}\,\middle|\,4z(1-z)\right)$$

가 미분방정식

$$z(1-z)F''(z)+\left(a+b+\frac{1}{2}\right)(1-2z)F'(z)-4abF(z) \;=\; 0$$

을 만족한다는 점을 증명하기란 어렵지 않다. 이에 의해, 다음과 같은 가우스 항등식 [143, 식 102]은 반드시 참이다.

$$F\left(\begin{matrix}2a,2b\\a+b+\dfrac{1}{2}\end{matrix}\,\middle|\,z\right) = F\left(\begin{matrix}a,b\\a+b+\dfrac{1}{2}\end{matrix}\,\middle|\,4z(1-z)\right). \tag{5.110}$$

특히, 다음은 무한합들이 모두 수렴하는 한 반드시 참이다.

$$F\left(\begin{matrix}2a,2b\\a+b+\dfrac{1}{2}\end{matrix}\,\middle|\,\dfrac{1}{2}\right) = F\left(\begin{matrix}a,b\\a+b+\dfrac{1}{2}\end{matrix}\,\middle|\,1\right), \tag{5.111}$$

(주의: $|z| > 1/2$일 때에는 식 (5.110)을 조심해서 사용해야 한다. 그런 경우 식 (5.110)은 양변 모두 다항식일 때에만 안심하고 사용할 수 있다. 연습문제 53을 볼 것.)

그런데 $a+b+\frac{1}{2}$이 양이 아닌 정수인 퇴화 경우를 제외하면, 실제로 두 합 모두 항상 수렴한다.

초기하에 관한 항등식을 새로 발견하고 증명했다면, 이항계수에 관한 항등식들도 얻게 된다. 이번 항등식도 예외는 아니다. 다음 합을 생각해 보자.

$$\sum_{k \le m} \binom{m-k}{n}\binom{m+n+1}{k}\left(\frac{-1}{2}\right)^k, \quad \text{정수 } m \ge n \ge 0.$$

$0 \le k \le m-n$에 대해서는 항들이 0이 아니며, 이전에 했던 것처럼 극한을 세심하게 조작하면 이 합을 다음과 같은 초기하급수로 표현할 수 있다.

$$\lim_{\epsilon \to 0}\binom{m}{n} F\left(\begin{matrix} n-m, -n-m-1+\alpha\epsilon \\ -m+\epsilon \end{matrix} \,\middle|\, \frac{1}{2}\right).$$

α의 값은 극한에 영향을 미치지 않는다. 양이 아닌 상매개변수 $n-m$은 합을 일찍 잘라내기 때문이다. 식 (5.111)을 적용할 수 있도록 $\alpha = 2$로 두기로 하자. 이제는 우변이 식 (5.92)의 한 특수 경우에 해당하므로 극한을 평가할 수 있다. 다음은 그 결과를 정리해서 간단한 형태로 표현한 것이다(증명은 연습문제 54에 나온다).

$$\sum_{k \le m} \binom{m-k}{n}\binom{m+n+1}{k}\left(\frac{-1}{2}\right)^k$$
$$= \binom{(m+n)/2}{n} 2^{n-m}[m+n \text{은 짝수}], \quad \text{정수 } m \ge n \ge 0. \tag{5.112}$$

예를 들어 $m=5$이고 $n=2$일 때 $\binom{5}{2}\binom{8}{0} - \binom{4}{2}\binom{8}{1}/2 + \binom{3}{2}\binom{8}{2}/4 - \binom{2}{2}\binom{8}{3}/8 = 10-24+21-7 = 0$이고, $m=4$이고 $n=2$일 때에는 양변 모두 $\frac{3}{4}$이다.

$z=-1$일 때 식 (5.110)이 이항 합이 되는 경우도 찾을 수 있지만, 그런 경우 아주 괴상한 공식이 나온다. 다음은 $a = \frac{1}{6} - \frac{n}{3}$, $b=-n$으로 두었을 때 나오는 괴물 같은 공식이다.

$$F\left(\begin{matrix} \frac{1}{3} - \frac{2}{3}n, -2n \\ \frac{2}{3} - \frac{4}{3}n \end{matrix} \,\middle|\, -1\right) = F\left(\begin{matrix} \frac{1}{6} - \frac{1}{3}n, -n \\ \frac{2}{3} - \frac{4}{3}n \end{matrix} \,\middle|\, -8\right).$$

이 초기하급수들은 $n \not\equiv 2 \pmod 3$일 때는 비퇴화 다항식이다. 좌변을 식 (5.94)로 평가할 수 있도록 매개변수들을 세심하게 선택했음을 주목하기 바란다. 따라서, 이로부터 다음과 같이 진정으로 난해한 결과가 나온다.

$$\sum_k \binom{n}{k}\binom{\frac{1}{3}n - \frac{1}{6}}{k} 8^k \,\middle/\, \binom{\frac{4}{3}n - \frac{2}{3}}{k}$$
$$= \binom{2n}{n} \,\middle/\, \binom{\frac{4}{3}n - \frac{2}{3}}{k}, \quad \text{정수 } n \ge 0, \ n \not\equiv 2 \pmod 3. \tag{5.113}$$

이것은 지금까지 본 이항계수 항등식 중 가장 놀라운 항등식이다. 이 항등식의 작은 사례들조차도 손으로 점검하기가 쉽지 않다. (시도해 보면, $n = 3$일 때 양변이 실제로 $\frac{81}{7}$이 된다.) 그러나 이 항등식은 물론 전혀 쓸모가 없다. 실제 문제에서 이 항등식이 필요한 일은 결코 없을 것이다.

이것으로 초기하급수에 관한 과대 광고를 마무리하겠다. 지금까지 보았듯이, 초기하급수는 이항계수 합 안에서 벌어지는 일을 고차원에서 이해하는 방법을 제공한다. 베일리^{Bailey}의 고전 [18]과 가스퍼^{Gasper} 및 라만^{Rahman}의 후속작 [141]에서 초기하급수에 대한 추가 정보를 엄청나게 많이 얻을 수 있다.

식 (5.113)의 유일한 용도는 믿을 수 없을 정도로 쓸모 없는 항등식이 존재함을 보여주는 것이다.

5.7 부분 초기하 합

이번 장에서 평가한 합들은 대부분 합산의 범위가 모든 색인 $k \geq 0$이었다. 그러나 일반적인 범위 $a \leq k < b$에 대해 유효한 닫힌 형식을 구할 수 있는 합들도 몇 개 나왔다. 예를 들어 식 (5.16)에 의해 다음이 성립한다.

$$\sum_{k < m} \binom{n}{k}(-1)^k = (-1)^{m-1}\binom{n-1}{m-1}, \quad \text{정수 } m. \tag{5.114}$$

제2장에서 공부한 정수론은 이런 공식을 분석하는 깔끔한 방법 하나를 제공한다. 제2장에서 합의했듯이, 만일 $f(k) = \Delta g(k) = g(k+1) - g(k)$이면 이를 $\sum f(k)\delta k = g(k) + C$와

$$\sum\nolimits_a^b f(k)\,\delta k = g(k)\Big|_a^b = g(b) - g(a)$$

로 표기할 수 있다. 더 나아가서, a와 b가 $a \leq b$인 정수들이라 할 때

$$\sum\nolimits_a^b f(k)\,\delta k = \sum_{a \leq k < b} f(k) = g(b) - g(a)$$

이다. 그러므로 항등식 (5.114)은 부정합산 공식

$$\sum \binom{n}{k}(-1)^k \delta k = (-1)^{k-1}\binom{n-1}{k-1} + C$$

와 차분 공식

$$\Delta\left((-1)^k \binom{n}{k}\right) = (-1)^{k+1}\binom{n+1}{k+1}$$

에 대응된다.

함수 $g(k)$로 시작해서, 그 합이 $g(k)+C$가 되는 함수 $\Delta g(k)=f(k)$를 계산하는 것은 쉬운 일이다. 그러나 $f(k)$로 시작해서 그 부정합 $\sum f(k)\delta k = g(k)+C$를 구하는 것은 훨씬 어렵다. 이 함수 g에 간단한 형식이 없을 수도 있다. 예를 들어 $\sum\binom{n}{k}\delta k$에 대한 단순 형식이 없음은 분명하다. 단순 형식이 있다면 $\sum_{k\le n/3}\binom{n}{k}$ 같은 합도 평가할 수 있겠지만, 현재로서는 단서조차도 없다. 그래도 어쩌면 $\sum\binom{n}{k}\delta k$에 대한 단순 형식은 있을지도 모른다. 그리고 아직 그것에 대해서는 고찰하지 않았다. 그런 형식이 있는지 어떻게 알 수 있을까?

1977년에 R. W. 고스퍼^{Gosper}는 f와 g가 초기하항이라고 부르는 일반적인 부류에 속하는 함수들이라면 부정합 $\sum f(k)\delta k=g(k)+C$를 구할 수 있는 아름다운 방법 하나를 발견했다.[154] 초기하급수 $F(a_1,...,a_m;b_1,...,b_n;z)$의 k번째 항을 다음과 같이 표기한다고 하자.

$$F\left(\begin{matrix}a_1,...,a_m\\b_1,...,b_n\end{matrix}\middle| z\right)_k = \frac{a_1^{\bar{k}}...a_m^{\bar{k}}}{b_1^{\bar{k}}...b_n^{\bar{k}}}\frac{z^k}{k!}. \tag{5.115}$$

앞으로 $F(a_1,...,a_m;b_1,...,b_n;z)_k$를 z가 아니라 k의 함수로 간주하겠다. 많은 경우, $a_1,...,a_m,b_1,...,b_n$과 z가 주어졌을 때 다음을 만족하는 매개변수 $c,A_1,...,A_M,B_1,...,B_N,Z$가 존재함을 밝힐 수 있다.

$$\sum F\left(\begin{matrix}a_1,...,a_m\\b_1,...,b_n\end{matrix}\middle| z\right)_k \delta k = cF\left(\begin{matrix}A_1,...,A_M\\B_1,...,B_N\end{matrix}\middle| Z\right)_k + C. \tag{5.116}$$

그런 상수 $c,A_1,...,A_M,B_1,...,B_N,Z$가 존재하는 함수 $F(a_1,...,a_m;b_1,...,b_n;z)_k$를 가리켜 초기하항으로 합산 가능하다고 말한다. 고스퍼의 알고리즘은 미지의 상수들을 구하거나, 그런 상수들이 존재하지 않음을 증명한다.

일반적으로, 항비 $t(k+1)/t(k)$가 항상 0인 것이 아니라 k의 유리함수일 때, 항 $t(k)$를 초기하항(hypergeometric term)이라고 부른다. 본질적으로 이는 $t(k)$가 식 (5.115) 같은 항의 상수배라는 뜻이다. (단, k가 음수이고 식 (5.115)의 b들 중 하나 이상이 0 또는 음의 정수일 때에도 $t(k)$가 의미가 있으려면 0들과 관련해서 주의할 사항이 있다. 엄밀히 말해서, 대부분의 일반 초기하항은 0이 아닌 상수에 0의 한 거듭제곱을 곱한 것을 식 (5.115)에 곱하고 분자의 0들과 분모의 0들을 소거해서 얻는다. 연습문제 12의 예들이 이러한 일반 법칙을 명확히 이해하는 데 도움이 될 것이다.)

$t(k)$가 하나의 초기하항이라 할 때, $\sum t(k)\delta k$를 구해 보자. 고스퍼의 알고리즘은 두 단계로 진행되는데, 두 단계 모두 상당히 간단하다. 단계 1은 항비를 다음과 같은 특별한 형태로 표현하는 것이다.

$$\frac{t(k+1)}{t(k)} = \frac{p(k+1)}{p(k)}\frac{q(k)}{r(k+1)}. \tag{5.117}$$

여기서 p, q, r은 다음 조건을 만족하는 다항식들이다.

$$(k+\alpha)\setminus q(k) \text{ 그리고 } (k+\beta)\setminus r(k)$$
$$\Rightarrow \quad \alpha-\beta \text{가 양의 정수가 아님.} \tag{5.118}$$

이 조건을 만족하기란 어렵지 않다. 우선 임시로 $p(k)=1$로 두고 시작해서, 항비의 분자와 분모를 $q(k)$와 $r(k+1)$로 설정하고, 그것들을 일차 인수들로 인수분해한다. 예를 들어 $t(k)$가 식 (5.115)의 형태라고 하면, 인수분해 $q(k)=(k+a_1)\ldots(k+a_m)z$ 와 $r(k)=(k+b_1-1)\ldots(k+b_n-1)k$로 시작한다. 그런 다음에는 식 (5.118)의 위반 여부를 점검한다. 만일 q와 r에 $\alpha-\beta=N>0$인 인수 $(k+\alpha)$와 $(k+\beta)$가 존재한다면, 분자와 분모를 적절히 약분해서 q와 r에서 그 인수들을 제거한다. 그런 다음 $p(k)$에 다음을 대입한다.

$$p(k)(k+\alpha-1)^{\underline{N-1}} = p(k)(k+\alpha-1)(k+\alpha-2)\ldots(k+\beta+1). \tag{5.119}$$

그러면 새 p와 q, r도 여전히 식 (5.117)을 만족한다. 이러한 절차를 식 (5.118)이 성립할 때까지 반복하면 된다. 식 (5.118)이 왜 중요한지는 잠시 후에 보게 될 것이다.

고스퍼의 알고리즘의 단계 2는 마무리 단계이다. 즉, 단계 2에서는 가능하다면 다음을 만족하는 초기하항 $T(k)$를 구한다.

$$t(k) = T(k+1) - T(k). \tag{5.120}$$

그런데 그런 초기하항을 어떻게 구해야 하는지는 아직 명확하지 않다. 단계 2를 진행하려면 먼저 몇 가지 이론을 개발할 필요가 있다. 고스퍼는 수많은 특수 경우들을 연구한 후, 미지의 함수 $T(k)$를 다음과 같은 형태로 두는 것이 현명한 일임을 알게 되었다.

$$T(k) = \frac{r(k)s(k)t(k)}{p(k)}. \tag{5.121}$$

(다항식의 나누어떨어짐은 정수의 나누어떨어짐과 비슷하다. 예를 들어 $(k+\alpha)\setminus q(k)$는 몫 $q(k)/(k+\alpha)$가 하나의 다항식이라는 뜻이다. $(k+\alpha)\setminus q(k)$일 필요충분조건이 $q(-\alpha)=0$임을 증명하는 것은 어렵지 않다.)

(연습문제 55에 이러한 마법의 대입이 필요한 이유가 나온다.)

여기서 $s(k)$는 어떤 방법으로든 밝혀내야 하는 비밀의 함수이다. 이제 식 (5.121)을 식 (5.120)에 대입하고 식 (5.117)을 적용하면 다음이 나온다.

$$
\begin{aligned}
t(k) &= \frac{r(k+1)\,s(k+1)\,t(k+1)}{p(k+1)} - \frac{r(k)\,s(k)\,t(k)}{p(k)} \\
&= \frac{q(k)\,s(k+1)\,t(k)}{p(k)} - \frac{r(k)\,s(k)\,t(k)}{p(k)}.
\end{aligned}
$$

따라서 다음이 성립해야 한다.

$$
p(k) = q(k)\,s(k+1) - r(k)\,s(k). \tag{5.122}
$$

이 기본 점화식을 만족하는 $s(k)$를 구할 수만 있다면 $\sum t(k)\delta k$를 구하게 되는 것이고, 그런 함수를 구할 수 없다면 T는 없는 것이다.

$T(k)$가 하나의 초기하항이라고 가정하자. 이는 $T(k+1)/T(k)$가 k의 유리함수라는 뜻이다. 따라서, $r(k)\,s(k)/p(k) = T(k)/(T(k+1) - T(k))$는 식 (5.121)과 식 (5.120)에 의해 k의 유리함수이고, $s(k)$ 자체는 반드시 다항식들의 몫이다.

$$
s(k) = f(k)/g(k).
$$

그런데 $s(k)$ 자체가 다항식이라는 것도 증명할 수 있다. 증명은 이렇다. $g(k)$가 상수가 아니고 $f(k)$와 $g(k)$에 공통의 인수가 없다는 가정하에서, N이 $(k+\beta)$와 $(k+\beta+N-1)$ 둘 다 어떤 복소수 β에 대한 $g(k)$의 인수들임을 만족하는 가장 큰 정수라고 하자. $N=1$은 항상 그 조건을 만족하므로, 가장 큰 N은 반드시 양수이다. 식 (5.122)를 다음과 같이 표기할 수 있다.

$$
p(k)\,g(k+1)\,g(k) = q(k)\,f(k+1)\,g(k) - r(k)\,g(k+1)\,f(k).
$$

그리고 $k=-\beta$, $k=-\beta-N$으로 두면 다음이 나온다.

$$
r(-\beta)\,g(1-\beta)\,f(-\beta) = 0 = q(-\beta-N)\,f(1-\beta-N)\,g(-\beta-N).
$$

이제 $f(-\beta) \neq 0$이고 $f(1-\beta-N) \neq 0$이다. f와 g에 공통의 근이 없기 때문이다. 또한, $g(1-\beta) \neq 0$이고 $g(-\beta-N) \neq 0$이다. 그렇지 않다면 $g(k)$에는 인수 $(k+\beta-1)$이나 $(k+\beta+N)$이 있어야 하는데, 이는 N이 가장 큰 정수라는 전제와 모순이다. 따라서

$$
r(-\beta) = q(-\beta-N) = 0
$$

이다. 그런데 이는 조건 (5.118)과 모순이다. 따라서 $s(k)$는 반드시 다항식이어야 한다.

알았어, 고스퍼는 이 증명을 강행하기 위해 조건 (5.118)을 고안한 거야.

이제 우리의 과제는 주어진 $p(k)$, $q(k)$, $r(k)$와 함께 식 (5.122)를 만족하는 다항식 $s(k)$를 찾거나, 그런 다항식이 없음을 증명하는 것으로 요약된다. $s(k)$의 차수 d가 구체적으로 밝혀진 경우에는 이 과제를 쉽사리 수행할 수 있다. 왜냐하면, 미지의 계수 $(\alpha_d, ..., \alpha_0)$을 두어서

$$s(k) = \alpha_d k^d + \alpha_{d-1} k^{d-1} + \cdots + \alpha_0, \quad \alpha_d \neq 0 \tag{5.123}$$

라는 공식을 만들고, 이 공식을 기본 점화식 (5.122)에 대입하면 되기 때문이다. 다항식 $s(k)$는 만일 식 (5.122)의 각 k 거듭제곱의 계수들을 등호로 연결해서 나온 일차방정식들을 α가 만족하면, 그리고 오직 그럴 때만 그 점화식을 만족한다.

그런데 s의 차수를 어떻게 구해야 할까? 다행히, 많아야 두 가지 가능성이 있음이 밝혀졌다. 식 (5.122)를 다음과 같은 형태로 다시 쓸 수 있다.

$$2p(k) = Q(k)(s(k+1)+s(k))+R(k)(s(k+1)-s(k)),$$
$$\text{여기서 } Q(k) = q(k)-r(k) \text{ 그리고 } R(k) = q(k)+r(k). \tag{5.124}$$

만일 $s(k)$의 차수가 d이면 합 $s(k+1)+s(k)=2\alpha_d k^d + \cdots$의 차수도 d이고, 차분 $s(k+1)-s(k)=\Delta s(k)=d\alpha_d k^{d-1}+\cdots$의 차수는 $d-1$이다. (0 다항식은 차수가 -1이라고 가정할 수 있다.) 그럼 어떤 다항식 P의 차수를 $\deg(P)$라고 표기하자. 만일 $\deg(Q) \geq \deg(R)$이면, 식 (5.124)의 우변의 차수는 $\deg(Q)+d$이다. 따라서 반드시 $d=\deg(p)-\deg(Q)$이어야 한다. 한편, 만일 $\deg(Q)<\deg(R)=d'$이면 $Q(k)=\lambda' k^{d'-1}+\cdots$이고 $R(k)=\lambda k^{d'}+\cdots$이라고 표현할 수 있다(여기서 $\lambda \neq 0$). 그러면 식 (5.124)의 우변은 다음과 같은 형태이다.

$$(2\lambda'\alpha_d+\lambda d\alpha_d)k^{d+d'-1}+\cdots.$$

그런고로 가능성은 두 가지이다. $2\lambda'+\lambda d \neq 0$이고 $d=\deg(p)-\deg(R)+1$이거나, 아니면 $2\lambda'+\lambda d=0$이고 $d>\deg(p)-\deg(R)+1$이다. 후자는 $-2\lambda'/\lambda$가 $\deg(p)-\deg(R)+1$보다 큰 정수 d일 때에만 고려하면 된다.

이제 고스퍼의 2단계 알고리즘 중 단계 2를 수행하기에 충분한 사실이 모였다. d의 값이 많아야 두 가지이므로, 방정식 (5.122)에 다항식 해가 존재하는 한, 둘을 각각 시험해서 $s(k)$를 구할 수 있다. 만일 $s(k)$가 존재한다면 그것을 식 (5.121)에

대입해서 T를 구하면 끝이다. 존재하지 않는다면, $t(k)$가 초기하항으로 합산할 수 없는 함수임이 증명된 것이다.

예제를 볼 차례이다. 부분합 (5.114)를 시험해 보자. 고스퍼의 방법으로 임의의 고정된 n에 대한

$$\sum \binom{n}{k}(-1)^k \delta k$$

의 값을 유도할 수 있어야 한다. 즉, 우리가 구해야 할 것은 다음 항들의 합이다.

$$t(k) = \binom{n}{k}(-1)^k = \frac{n!(-1)^k}{k!(n-k)!}.$$

단계 1은 항비를 식 (5.117)에 나온 필수 형태로 표현하는 것이다. 그런데

$$\frac{t(k+1)}{t(k)} = \frac{k-n}{k+1} = \frac{p(k+1)q(k)}{p(k)r(k+1)}$$

이므로, $p(k)=1$, $q(k)=k-n$, $r(k)=k$로 두면 된다. 이러한 p, q, r은 n이 음의 정수가 아닌 한 식 (5.118)을 만족한다. 일단은 음의 정수가 아니라고 가정하자.

이제 단계 2 차례이다. 식 (5.124)에 따라, 반드시 다항식 $Q(k)=-n$과 $R(k)=2k-n$을 고찰해야 한다. R의 차수가 Q보다 높으므로, 두 경우를 살펴볼 필요가 있다. 하나는 $d=\deg(p)-\deg(R)+1$이고(이는 곧 0이다), 다른 하나는 $d=-2\lambda'/\lambda$이다. 그런데 둘째 경우에서 $\lambda'=-n$이고 $\lambda=2$이므로, 결국 $d=n$이다. n이 양의 정수이어야 한다는 조건이 없어서 더 쉬운 첫 경우부터 살펴보자. d의 둘째 경우는 첫 경우가 실패했을 때만 고려하면 된다. $d=0$이라고 가정하면 $s(k)$의 값은 그냥 α_0이다. 그러면 식 (5.122)는 다음으로 정리된다.

$$1 = (k-n)\alpha_0 - k\alpha_0.$$

따라서 $\alpha_0 = -1/n$으로 두면 등식이 성립하며, 결론적으로 다음과 같은 답을 구할 수 있다.

$$\begin{aligned}
T(k) &= \frac{r(k)s(k)t(k)}{p(k)} \\
&= k \cdot \left(\frac{-1}{n}\right) \cdot \binom{n}{k}(-1)^k \\
&= \binom{n-1}{k-1}(-1)^{k-1}, \qquad \text{만일 } n \neq 0\text{이면.}
\end{aligned}$$

왜 $r(k)=k+1$로 두지 않는 거지?
아, 알겠다.

이는 식 (5.114)와 부합한다.

$(-1)^k$이 없는 부정합 $\sum \binom{n}{k} \delta k$도 거의 같은 방법으로 구할 수 있다. 단, 이 경우에는 $q(k)$가 $n-k$가 되며, 따라서 $Q(k) = n-2k$가 $R(k) = n$보다 차수가 높다. 그러면 d는 $\deg(p) - \deg(Q) = -1$이라는 불가능한 값을 가진다는 결론에 도달한다. (다항식 $s(k)$가 0이면 안 되므로, 그 차수가 음수일 수는 없다.) 따라서 함수 $\binom{n}{k}$는 초기하항으로 합산할 수 없다.

그런데 불가능을 모두 제거하고 남은 것은 아무리 말이 되지 않더라도 사실이다 (셜록 홈즈에 따르면,[83]). 단계 1에서 p, q, r을 정의할 때, n이 음의 정수일 가능성을 무시했다. 그런데 실제로 음의 정수이면 어떻게 될까? N이 양의 정수이고 $n = -N$이라고 하자. 그러면 $\sum \binom{n}{k} \delta k$의 항비는 다음과 같다.

$$\frac{t(k+1)}{t(k)} = \frac{-(k+N)}{(k+1)} = \frac{p(k+1)}{p(k)} \frac{q(k)}{r(k+1)}.$$

고스퍼의 알고리즘을 적용하려면 이것을 식 (5.119)에 따라 $p(k) = (k+1)^{\overline{N-1}}$, $q(k) = -1$, $r(k) = 1$로 표현할 수 있어야 한다. 이제 고스퍼의 알고리즘의 단계 2에서 할 일은 차수가 $d = N-1$인 다항식 $s(k)$를 구하는 것이다. 그런 다항식이 존재한다면 말이다. 예를 들어 $N = 2$일 때 점화식 (5.122)를 만족하려면 다음을 풀어야한다.

$$k+1 = -((k+1)\alpha_1 + \alpha_0) - (k\alpha_1 + \alpha_0).$$

k와 1의 계수들을 등호로 연결하면 다음을 알 수 있다.

$$1 = -\alpha_1 - \alpha_1; \quad 1 = -\alpha_1 - \alpha_0 - \alpha_0.$$

따라서 $s(k) = -\frac{1}{2}k - \frac{1}{4}$은 하나의 해이고,

$$T(k) = \frac{1 \cdot \left(-\frac{1}{2}k - \frac{1}{4}\right) \cdot \binom{-2}{k}}{k+1} = (-1)^{k-1}\frac{2k+1}{4}$$

이다. 이것이 우리가 원했던 합일까? 확인해 보니 그렇다.

$$(-1)^k \frac{2k+3}{4} - (-1)^{k-1}\frac{2k+1}{4} = (-1)^k(k+1) = \binom{-2}{k}.$$

"훌륭하네, 홈즈!"
"기본일세, 친애하는 왓슨."

덧붙이자면, 이 합산 공식을 상한이 붙은 다른 형태로도 표기할 수 있다. 다음과 같다.

$$\sum_{k < m} \binom{-2}{k} = (-1)^{k-1} \frac{2k+1}{4} \bigg|_0^m$$

$$= \frac{(-1)^{m-1}}{2} \left(m + \frac{1-(-1)^m}{2} \right)$$

$$= (-1)^{m-1} \left\lceil \frac{m}{2} \right\rceil, \quad 정수\ m \geq 0.$$

이 표현은 $\binom{-2}{k}$가 초기하항으로 합산 가능한 함수라는 사실을 숨긴다. $\lceil m/2 \rceil$ 이 초기하항이 아니기 때문이다. (연습문제 12를 보라.)

만일 어떤 정수 k에 대해 $p(k) = 0$이면 식 (5.121)의 분모에서 문제가 발생한다. 연습문제 97은 그런 상황을 어떻게 타개할 것인지에 대한 약간의 통찰을 제공한다.

이번 장에서 언급한 정(definite) 초기하 합산 데이터베이스와 비슷한, 부정 합산 가능 초기하항들의 카탈로그를 만들려고 노력할 필요는 없음을 주목하기 바란다. 모든 합산 가능 경우에 대해 고스퍼의 알고리즘이 빠르고도 일관된 해법이기 때문이다.

마르코 페트코우셰크[Marko Petkovšek]는 주어진 임의의 초기하항 $t(k)$와 다항식 $p_l(k), \dots, p_1(k), p_0(k)$에 대해 l차 점화식

$$t(k) = p_l(k)\, T(k+l) + \cdots + p_1(k)\, T(k+1) + p_0(k)\, T(k) \qquad (5.125)$$

을 만족하는 모든 초기하항 $T(k)$를 구하는 방법을 보여줌으로써 고스퍼의 알고리즘을 좀 더 복잡한 반전 문제로 일반화하는 멋진 방법을 제시했다.[291]

5.8 기계적 합산

고스퍼의 알고리즘이 그 자체로 아름답긴 하지만, 우리가 실제 응용에서 만나는 이항합 중 그 알고리즘으로 닫힌 형식을 구할 수 있는 것은 일부일 뿐이다. 그러나 그 알고리즘만 사용해야 하는 것은 아니다. 도론 차일베르거[Doron Zeilberger]는 고스퍼의 알고리즘을 더욱 확장해서, 좀 더 아름다울 뿐만 아니라 훨씬 더 많은 경우에서 성공적으로 사용할 수 있는 알고리즘을 제시했다.[384] 차일베르거의 확장을 이용하면 부분합뿐만 아니라 모든 k에 대한 합산도 처리할 수 있다. 즉, 우리는 §5.5와 §5.6의 초기하 방법들에 대한 대안을 갖추게 되었다. 더 나아가서, 고스퍼의 원래의 방법도

그렇지만 차일베르거의 확장에서는 계산을 컴퓨터를 이용해서 거의 맹목적으로 수행할 수 있다. 현명함이나 운에 기댈 필요가 없는 것이다.

그 확장의 기본 착안은, 합하고자 하는 항을 두 변수 n과 k의 함수 $t(n,k)$로 간주하는 것이다. (고스퍼의 알고리즘에서는 항을 그냥 $t(k)$로 표기했다.) 차일베르거는, $t(n,k)$가 k에 대해 초기하로 부정합산할 수 있는 함수가 아님이 밝혀져도(실제로 비교적 많은 함수가 그렇다는 현실을 직시할 필요가 있다), 셀린 파센마이어^{Celine} ^{Fasenmyer} 수녀가 1940년대에 주창한 착안들[382]을 이용해서 $t(n,k)$를 적절히 수정하면 실제로 부정합산이 가능한 다른 항이 나오는 경우가 많음을 알게 되었다. 예를 들어 실제 응용에서는 적절한 다항식 $\beta_0(n)$과 $\beta_1(n)$에 대해 $\beta_0(n)t(n,k) + \beta_1(n) \times t(n+1,k)$가 k에 대한 부정합산 가능임이 밝혀지곤 한다. 그리고 그 합을 k에 대해 합산하면, 문제의 답이 되는 n의 점화식이 나온다.

그럼, 이러한 일반적 접근방식에 익숙해지도록 간단한 사례 하나를 살펴보자. 만일 우리가 이항정리를 모르는 상태에서 $\sum_k \binom{n}{k} z^k$을 평가하려면 어떻게 해야 할까? 천리안이나 영감에 의한 추측 없이 답을 구할 수 있을까? 이번 장에서, 이를테면 §5.2의 문제 3에서, 우리는 $\binom{n}{k}$를 $\binom{n-1}{k} + \binom{n-1}{k-1}$로 대체하고 식을 적절히 정리해서 원하는 결과를 얻는 방법을 배웠다. 그런데 그런 체계적인 방법이 또 있다.

또는, 208페이지를 보지 않고도.

$t(n,k) = \binom{n}{k} z^k$이라는 수량을 합산한다고 하자. 고스퍼의 알고리즘에 따르면, 임의의 n에 대한 부분합 $\sum_{k \le m} t(n,k)$는 $z = -1$인 경우를 제외하면 초기하항으로 합산할 수 없다. 따라서 다음과 같은 좀 더 일반적인 항을 고찰하기로 하자.

$$\hat{t}(n,k) = \beta_0(n)t(n,k) + \beta_1(n)t(n+1,k). \tag{5.126}$$

우리가 할 일은 고스퍼의 알고리즘이 성공할 수 있는 $\beta_0(n)$의 값과 $\beta_1(n)$의 값을 구하는 것이다. 우선, 식 (5.126)을 좀 더 간단하게 만들기 위해, $t(n+1,k)$와 $t(n,k)$의 관계를 이용해서 식에서 $t(n+1,k)$를 제거한다. 항비를 정리하면 다음이 나온다.

$$\frac{t(n+1,k)}{t(n,k)} = \frac{(n+1)!z^k}{(n+1-k)!k!} \frac{(n-k)!k!}{n!z^k}$$
$$= \frac{n+1}{n+1-k}.$$

이를 이용해서 식 (5.126)을 다음과 같이 표현할 수 있다.

$$\hat{t}(n,k) = p(n,k)\frac{t(n,k)}{n+1-k}.$$

여기서

$$p(n,k) = (n+1-k)\beta_0(n) + (n+1)\beta_1(n)$$

이다. 이제 n을 고정하고 $\hat{t}(n,k)$에 고스퍼의 알고리즘을 적용한다. 먼저, 식 (5.117)에서처럼

$$\frac{\hat{t}(n,k+1)}{\hat{t}(n,k)} = \frac{\hat{p}(n,k+1)}{\hat{p}(n,k)} \frac{q(n,k)}{r(n,k+1)} \tag{5.127}$$

로 둔다. $\hat{p}(n,k) = 1$로 시작해서 고스퍼의 방법을 적용해도 이런 표현이 나오겠지만, 차일베르거의 확장에서는 $\hat{p}(n,k) = p(n,k)$로 시작하는 것이 낫다.

만일 $\bar{t}(n,k) = \hat{t}(n,k)/p(n,k)$와 $\bar{p}(n,k) = \hat{p}(n,k)/p(n,k)$로 둔다면 식 (5.127)이 다음과 동등해짐을 주목하기 바란다.

$$\frac{\bar{t}(n,k+1)}{\bar{t}(n,k)} = \frac{\bar{p}(n,k+1)}{\bar{p}(n,k)} \frac{q(n,k)}{r(n,k+1)}. \tag{5.128}$$

따라서, 만일 $\bar{p}(n,k) = 1$로 시작해서 식 (5.128)를 만족하는 $\bar{p}$와 q, r을 구한다면 식 (5.127)을 만족하는 $\hat{p}$와 q, r을 구할 수 있다. 이런 접근 방식을 사용하면 문제 풀기가 쉬워진다. $\hat{t}(n,k)$에 나오는 미지의 수량 $\beta_0(n)$과 $\beta_1(n)$이 $\bar{t}(n,k)$에는 없기 때문이다. 지금 예에서는 $\bar{t}(n,k) = t(n,k)/(n+1-k) = n!z^k/(n+1-k)!k!$이므로,

$$\frac{\bar{t}(n,k+1)}{\bar{t}(n,k)} = \frac{(n+1-k)z}{k+1}$$

이번에는 $r(n,k)$가 $k+1$이 아닌 이유가 기억났다.

이다. $q(n,k) = (n+1-k)z$와 $r(n,k) = k$로 두면 될 것이다. 이 k의 다항식들은 조건 (5.118)을 만족해야 한다. 만일 만족하지 않는다면 q와 r에서 인수들을 제거하고 식 (5.119)의 해당 인수들을 $\bar{p}(n,k)$에 포함해야 할 것이다. 그런데 그런 조작은 식 (5.118)의 수량 $\alpha - \beta$가 n과는 무관한 양의 정수 상수일 때만 허용된다. 계산이 임의의 n에 대해 유효하려면 그런 제약이 꼭 필요하다. (사실, 우리가 유도하려는 공식들은 일반화된 계승 (5.83)을 사용한다면 n과 k가 정수가 아닐 때도 유효하다.)

그런 의미에서, 우리가 처음에 q와 r로 선택한 수량들은 실제로 식 (5.118)을 만족한다. 따라서 고스퍼의 알고리즘의 단계 2로 바로 넘어가도 된다. 단계 2에서는 식 (5.122)에 해당하는 방정식을 식 (5.117) 대신 식 (5.127)을 이용해서 풀어야 한다. 즉, 방정식

$$\hat{p}(n,k) \;=\; q(n,k)\,s(n,k+1) - r(n,k)\,s(n,k) \tag{5.129}$$

의 해를 구해서 비밀의 다항식

$$s(n,k) \;=\; \alpha_d(n)\,k^d + \alpha_{d-1}(n)\,k^{d-1} + \cdots + \alpha_0(n) \tag{5.130}$$

을 만들어야 한다. (s의 계수들은 상수가 아니라 n의 함수로 간주된다.) 지금 예에서 식 (5.129)에 해당하는 방정식은 다음과 같다.

$$(n+1-k)\beta_0(n) + (n+1)\beta_1(n)$$
$$= (n+1-k)\,z\,s(n,k+1) - k\,s(n,k).$$

이것을 계수들이 n의 함수들인 k의 다항 방정식으로 간주한다. 이전처럼 $Q(n,k) = q(n,k) - r(n,k)$와 $R(n,k) = q(n,k) + r(n,k)$에 근거해서 s의 차수 d를 구한다. 그런데 $\deg(Q) = \deg(R) = 1$이므로($z \neq \pm 1$이라고 가정할 때) $d = \deg(\hat{p}) - \deg(Q) = 0$이고 $s(n,k) = \alpha_0(n)$은 k와 독립이다. 따라서 우리의 방정식은 다음과 같은 모습이 된다.

여기서 함수 $\deg(Q)$의 차수는 n을 상수로 취급했을 때의 k의 차수이다.

$$(n+1-k)\beta_0(n) + (n+1)\beta_1(n) \;=\; (n+1-k)\,z\,\alpha_0(n) - k\,\alpha_0(n).$$

k의 지수들을 등호로 연결하면 앞의 방정식과 동등하되 k가 없는 방정식이 나온다.

$$(n+1)\,\beta_0(n) + (n+1)\,\beta_1(n) - (n+1)\,z\,\alpha_0(n) = 0,$$
$$-\beta_0(n) \qquad\qquad\qquad + (z+1)\alpha_0(n) = 0.$$

따라서 다음은 식 (5.129)의 한 해를 형성한다.

$$\beta_0(n) \;=\; z+1, \quad \beta_1(n) \;=\; -1, \quad \alpha_0(n) \;=\; s(n,k) \;=\; 1.$$

(운 좋게도 n이 떨어져 나갔다.)

이렇게 해서, $\hat{t}(n,k) = (z+1)t(n,k) - t(n+1,k)$가 초기하항으로 합산할 수 있는 함수임을, 다시 말하자면 $T(n,k)$가 k의 한 초기하항일 때

$$\hat{t}(n,k) \;=\; T(n,k+1) - T(n,k) \tag{5.131}$$

임을 순수하게 기계적인 방법으로 밝혀 냈다. 이 $T(n,k)$는 과연 무엇일까? 식 (5.121)과 식 (5.128)에 따르면

$$T(n,k) \;=\; \frac{r(n,k)\, s(n,k)\, \hat{t}(n,k)}{\hat{p}(n,k)} \;=\; r(n,k)s(n,k)\bar{t}(n,k) \tag{5.132}$$

이다. 왜냐하면 $\bar{p}(n,k) = 1$이기 때문이다. (실제로, 응용에서 $\bar{p}(n,k)$는 거의 항상 1로 판명된다.) 따라서

$$T(n,k) \;=\; \frac{k}{n+1-k}\, t(n,k) \;=\; \frac{k}{n+1-k} \binom{n}{k} z^k \;=\; \binom{n}{k-1} z^k$$

이다. 확실함을 위해 답을 점검해 보면, 식 (5.131)은 참이다.

$$(z+1)\binom{n}{k} z^k - \binom{n+1}{k} z^k = \binom{n}{k} z^{k+1} - \binom{n}{k-1} z^k.$$

그런데 사실 $T(n,k)$를 구체적으로 알 필요는 없다. 애초에 우리의 목표는 모든 정수 k에 관해 $t(n,k)$를 합하는 것이고, 이를 위해서는 n이 임의의 음이 아닌 정수일 때 $T(n,k)$가 0이 아닌 k 값들의 개수가 유한하다는 점만 알면 된다. 그 점이 사실이면, 모든 k에 관한 $T(n,k+1) - T(n,k)$의 합은 반드시 0으로 축약된다.

이제 $S_n = \sum_k t(n,k) = \sum_k \binom{n}{k} z^k$으로 두자. 이것은 우리가 애초에 구하고자 했던 합인데, 이제는 $t(n,k)$에 대해 많은 것을 알고 있으므로 실제로 계산할 수 있다. 고스퍼-차일베르거 절차를 적용해서 정리하면 이 합은 다음과 같은 모습이 된다.

$$\sum_k \left((z+1)t(n,k) - t(n+1,k) \right) \;=\; 0.$$

실제로, $|z| < 1$이고 n이 임의의 복소수일 때 $\lim_{k \to \infty} T(n,k) = 0$이다. 따라서 식 (5.133)은 모든 n에 대해 참이다. 그리고 특히, n이 음의 정수일 때 $S_n = (z+1)^n$이다.

그런데 이 합은 $(z+1)\sum_k t(n,k) - \sum_k t(n+1,k) = (z+1)S_n - S_{n+1}$이다. 따라서 다음이 성립한다.

$$S_{n+1} \;=\; (z+1)S_n. \tag{5.133}$$

아하! 우리가 해법을 알고 있는 점화식이 나왔다. S_0의 값만 안다면 해를 구할 수 있다. 그리고 당연히 $S_0 = 1$이다. 따라서 모든 정수 $n \geq 0$에 대해 $S_n = (z+1)^n$이다. QED.

그럼 지금까지의 계산 절차를 다른 피가수 $t(n,k)$에도 적용할 수 있는 형태로 정리해 보자. $t(n,k)$가 주어졌을 때 고스퍼-차일베르거 알고리즘을 다음과 같이 공식화할 수 있다.

0 $l := 0$으로 설정한다. (n의 l차 점화식을 구하고자 한다.)

1 $\hat{t}(n,k) = \beta_0(n)t(n,k) + \cdots + \beta_l(n)t(n+l,k)$로 둔다. 여기서 $\beta_0(n),\dots,\beta_l(n)$은 미지의 함수들이다. $t(n,k)$의 성질들을 이용해서 $\beta_0(n),\dots,\beta_l(n)$의 한 선형결합 $p(n,k)$를 구한다. 그 선형결합의 계수들은 n과 k의 다항식이다. 그러한 선형결합을 구하는 목적은 $\hat{t}(n,k)$를 $p(n,k)\bar{t}(n,k)$의 형태로 표기하기 위한 것이다. 여기서 $\bar{t}(n,k)$는 k의 한 초기하항이다. $\bar{t}(n,k)$의 항비를 식 (5.128)의 형태로 표현할 수 있다는 조건을 만족하는 다항식 $\bar{p}(n,k)$와 $q(n,k)$, $r(n,k)$를 구한다. 여기서 $q(n,k)$와 $r(n,k)$는 고스퍼의 조건 (5.118)을 만족하는 다항식이다. $\hat{p}(n,k) = p(n,k)\bar{p}(n,k)$로 둔다.

2a $d_Q := \deg(q-r)$, $d_R := \deg(q+r)$로 설정하고, d를 다음과 같이 설정한다.

$$d := \begin{cases} \deg(\hat{p}) - d_Q, & \text{만일 } d_Q \geq d_R \text{이고}; \\ \deg(\hat{p}) - d_R + 1, & \text{만일 } d_Q < d_R \text{이면}. \end{cases}$$

2b 만일 $d \geq 0$이면 식 (5.130)에 따라 $s(n,k)$를 정의하고, 기본 방정식 (5.129)에서 k의 지수들의 계수들을 등호로 연결해서 얻은 $\alpha_0,\dots,\alpha_d, \beta_0,\dots,\beta_l$의 일차방정식들을 고찰한다. 만일 그 일차방정식들에 $\beta_0,\dots,\beta_l$이 모두 0은 아닌 해가 존재한다면 단계 4로 간다. 그렇지 않고 만일 $d_Q < d_R$이고 $-2\lambda'/\lambda$가 d보다 큰 정수이면(여기서 λ는 $q+r$에서 k^{d_R}의 계수이고 λ'은 $q-r$에서 k^{d_R-1}의 계수) $d := -2\lambda'/\lambda$로 설정하고 이 단계 2b를 반복한다.

3 (항 $\hat{t}(n,k)$는 초기하 합산 가능이 아니다.) l을 1 증가하고 단계 1로 돌아간다.

4 (성공.) $T(n,k) := r(n,k)s(n,k)\bar{t}(n,k)/\bar{p}(n,k)$로 설정한다. 알고리즘은 $\hat{t}(n,k) = T(n,k+1) - T(n,k)$임을 밝혀냈다.

이 알고리즘은 $t(n,k)$가 고유항이라고 부르는 커다란 부류의 항들에 속한다면 항상 성공적으로 종료된다. 이 점은 나중에 증명하겠다.

이항정리를 유도하는 방법은 여러 가지이므로, 고스퍼-차일베르거의 첫 응용 예제는 인상적이라기보다는 교육적이었다. 그럼 다음으로는 방데르몽드 합성곱을 공략해보자. 고스퍼-차일베르거 알고리즘으로 $\sum_k \binom{a}{k}\binom{b}{n-k}$에 단순 형식이 존재함을 밝혀낼 수 있을까? 알고리즘은 $l = 0$으로 시작하는데, 본질적으로 이는 $\binom{a}{k}\binom{b}{n-k}$가 초기하항으로 합산 가능한 함수인지를 밝히려는 고스퍼의 원래의 알고리즘을 재현하는 것에 해당한다. 놀랍게도, 그 항은 $a+b$가 특정한 음이 아닌 정수일 때 실제로 합산 가능이다(연습문제 94를 보라). 그러나 우리의 관심 대상은 a와 b가 일반적인 값들인 경우이며, 알고리즘은 일반적으로 무한합이 초기하항이 아님을 빠르게 밝혀낸다. 그런 다음에는 알고리즘은 l을 0에서 1로 증가한 후 $\hat{t}(n,k) = \beta_0(n) t(n,k) + \beta_1(n) t(n+1,k)$를 시도해 본다. 우리가 이항정리를 유도했을 때와 마찬가지로, 알고리즘의 다음 단계는 $\hat{t}(n,k) = p(n,k)\,\bar{t}(n,k)$로 두는 것이다.

여기서 $p(n,k)$는 $t(n+1,k)/t(n,k)$의 함수들을 정리해서 얻는다. 이전과 비슷한 과정을 통해 다음을 얻게 된다(독자도 이들을 연필과 연습장으로 직접 유도해 보길 강력하게 권한다. 보기만큼 어렵지 않다).

$$
\begin{aligned}
p(n,k) &= (n+1-k)\beta_0(n) + (b-n+k)\beta_1(n) = \hat{p}(n,k), \\
\bar{t}(n,k) &= t(n,k)/(n+1-k) = a!b!/(a-k)!k!(b-n+k)!(n+1-k)!, \\
q(n,k) &= (n+1-k)(a-k), \\
r(n,k) &= (b-n+k)\,k.
\end{aligned}
$$

단계 2a에서는 $\deg(q-r) < \deg(q+r)$ 이고 $d = \deg(\hat{p}) - \deg(q+r) + 1 = 0$임을 알게 된다. 따라서 이번에도 $s(n,k)$는 k와 독립이다. 고스퍼의 기본 방정식 식 (5.129)는 미지수가 세 개인 다음 두 방정식과 동등하다.

$$
\begin{aligned}
(n+1)\,\beta_0(n) + (b-n)\,\beta_1(n) - (n+1)\,a\,\alpha_0(n) &= 0, \\
-\beta_0(n) \qquad\qquad + \beta_1(n) + (a+b+1)\alpha_0(n) &= 0.
\end{aligned}
$$

여기서 핵심은, 고스퍼-차일베르거 방법을 적용하면 항상 미지수 α들과 β들의 선형(일차) 연립방정식이 나온다는 것이다. 이는 식 (5.129)의 좌변이 β들의 선형 방정식이고 우변이 α들의 선형 방정식이기 때문이다.

그리고 이들의 해는 다음과 같다.

$$
\beta_0(n) = a+b-n, \quad \beta_1(n) = -n-1, \quad \alpha_0(n) = 1.
$$

이제 $(a+b-n)t(n,k) - (n+1)t(n+1,k)$가 k에 대해 합산 가능이라고 결론 내릴 수 있다. 따라서, 만일 $S_n = \sum_k \binom{a}{k}\binom{b}{n-k}$라면, 점화식

$$
S_{n+1} = \frac{a+b-n}{n+1} S_n
$$

은 참이다. 그리고 $S_0 = 1$이므로, 결론적으로 $S_n = \binom{a+b}{n}$이다. 식은 죽 먹기였다.

식 (5.28)에 나온 잘쉬츠의 세 겹 이항 항등식은 어떨까? 연습문제 43에 나오는 식 (5.28)의 증명이 흥미롭긴 하지만, 영감에 의존한다는 문제가 있다. 예술을 과학으로 바꿀 때는 영감(inspiration)을 땀(perspiration)으로 대체하는 것을 하나의 목표로 삼아야 한다. 그럼 합산에 대한 고스퍼-차일베르거 접근방식이 식 (5.28)을 순수

하게 기계적인 방식으로 발견하고 증명할 수 있는지 시험해 보자. 우선, 편의상 식
(5.28)에 $m = b+d, n = a, r = a+b+c+d, s = a+b+c$를 대입해서 공식을 다음과 같
이 좀 더 대칭적인 형태로 바꾼다.

$$\sum_k \frac{(a+b+c+d+k)!}{(a-k)!(b-k)!(c+k)!(d+k)!k!}$$
$$= \frac{(a+b+c+d)!(a+b+c)!(a+b+d)!}{a!b!(a+c)!(a+d)!(b+c)!(b+d)!}. \tag{5.134}$$

유한합을 만들기 위해, a나 b 중 하나가 음이 아닌 정수라고 가정한다.
$t(n,k) = (n+b+c+d+k)!/(n-k)!(b-k)!(c+k)!(d+k)!k!$이고 $\hat{t}(n,k) = \beta_0(n) \times$
$t(n,k) + \beta_1(n)t(n+1,k)$라고 하자. 이제는 익숙해진 기계적 방식으로 진행해서,

$$p(n,k) = (n+1-k)\beta_0(n) + (n+1+b+c+d+k)\beta_1(n) = \hat{p}(n,k),$$
$$\bar{t}(n,k) = \frac{t(n,k)}{n+1-k} = \frac{(n+b+c+d+k)!}{(n+1-k)!(b-k)!(c+k)!(d+k)!k!},$$
$$q(n,k) = (n+b+c+d+k+1)(n+1-k)(b-k),$$
$$r(n,k) = (c+k)(d+k)k$$

로 설정하고 식 (5.129)을 $s(n,k)$에 대해 풀어 본다. 이전처럼 $\deg(q-r) <$
$\deg(q+r)$이지만, 이번에는 $\deg(\hat{p}) - \deg(q+r) + 1 = -1$이다. 막다른 골목에 다
른 것 같지만, 단계 2b에는 중요한 두 번째 선택지가 있다. 바로, s의 차수 d를
$-2\lambda'/\lambda$로 설정하는 것이다. 포기하기 전에 그 선택을 시도해 보는 것이 좋겠다.
이때 $R(n,k) = q(n,k) + r(n,k) = 2k^3 + \cdots$이므로 $\lambda = 2$이다. 한편 다항식 $Q(n,k) =$
$q(n,k) - r(n,k)$에서 k의 차수는 거의 기적적으로 1이다. k^2의 계수가 사라진 것이
다! 따라서 $\lambda' = 0$이다. 그러면 결국 $d = 0$이 되어서 $s(n,k) = \alpha_0(n)$이 된다.

이제 풀어야 할 방정식들은 다음과 같다.

$$(n+1)\beta_0(n) + (n+1+b+c+d)\beta_1(n)$$
$$-(n+1)(n+1+b+c+d)b\alpha_0(n) = 0,$$
$$-\beta_0(n) + \beta_1(n)$$
$$-((n+1)b - (n+1+b)(n+1+b+c+d) - cd)\alpha_0(n) = 0.$$

적당한 양의 땀을 흘리면 다음과 같은 해를 구할 수 있다.

$$\beta_0(n) = (n+1+b+c)(n+1+b+d)(n+1+b+c+d),$$
$$\beta_1(n) = -(n+1)(n+1+c)(n+1+d),$$
$$\alpha_0(n) = 2n+2+b+c+d.$$

기계적이지 않은 부분은 어떤
매개변수를 n이라고 부를 것
인지 결정하는 부분뿐이다.

λ는 R의 선행 계수이지만
λ'은 Q의 선행 계수가 아님
을 주목하기 바란다. 수량 λ'
은 Q에서 $k^{\deg(R)-1}$의 계수
이다.

땀은 흐르고(flow) 항등식은
이끌린다(follow).

이로부터 항등식 (5.134)을 바로 이끌어낼 수 있다.

$n = a$가 아니라 $n = d$로 둔다면 식 (5.134)도 비슷한 방식으로 증명할 수 있다.
(연습문제 99를 보라.)

고스퍼-차일베르거 접근 방식은 모든 k에 관한 정합뿐만 아니라 제한된 범위에
관한 정합의 평가에도 도움이 된다. 예를 들어 다음 합을 생각해 보자.

$$S_n(z) = \sum_{k=0}^{n} \binom{n+k}{k} z^k. \tag{5.135}$$

$z = \frac{1}{2}$일 때에는 식 (5.20)에서 본 '의외의' 결과가 나온다. 고스퍼와 차일베르거가
이를 예상했을까? $t(n,k) = \binom{n+k}{k} z^k$으로 두면 다음을 얻게 된다.

$$
\begin{aligned}
p(n,k) &= (n+1)\beta_0(n) + (n+1+k)\beta_1(n) = \hat{p}(n,k), \\
\bar{t}(n,k) &= t(n,k)/(n+1) = (n+k)!z^k / k!(n+1)!, \\
q(n,k) &= (n+1+k)z, \\
r(n,k) &= k
\end{aligned}
$$

그리고 $\deg(s) = \deg(\hat{p}) - \deg(q-r) = 0$이다. 방정식 (5.129)의 해는 $\beta_0(n) = 1$,
$\beta_1(n) = z-1$, $s(n,k) = 1$이다. 따라서

$$t(n,k) + (z-1)t(n+1,k) = T(n,k+1) - T(n,k) \tag{5.136}$$

이다. 여기서 $T(n,k) = r(n,k)\,s(n,k)\,\hat{t}(n,k)/\hat{p}(n,k) = \binom{n+k}{k-1} z^k$이다. 이제 식 (5.136)
을 $0 \le k \le n+1$에 관해 합산할 수 있다. 그러면 다음을 얻게 된다.

$$
\begin{aligned}
S_n(z) + t(n,n+1) + (z-1)S_{n+1}(z) &= T(n,n+2) - T(n,0) \\
&= \binom{2n+2}{n+1} z^{n+2} \\
&= 2\binom{2n+1}{n} z^{n+2}.
\end{aligned}
$$

그런데 $t(n,n+1) = \binom{2n+1}{n+1} z^{n+1} = \binom{2n+1}{n} z^{n+1}$이다. 따라서

$$S_{n+1}(z) = \frac{1}{1-z}\left(S_n(z) + (1-2z)\binom{2n+1}{n} z^{n+1}\right) \tag{5.137}$$

이다. $z = \frac{1}{2}$인 경우가 특별하다는 점과 그 경우 $S_{n+1}(\frac{1}{2}) = 2S_n(\frac{1}{2})$임은 바로 알
수 있을 것이다. 더 나아가서, (5.137)의 점화식의 양변에 합산 인수 $(1-z)^{n+1}$을

적용하면 그 점화식을 좀 더 단순화할 수 있다. 그러면 다음과 같은 일반 항등식이 나온다.

$$(1-z)^n \sum_{k=0}^{n} \binom{n+k}{k} z^k = 1 + \frac{1-2z}{2-2z} \sum_{k=1}^{n} \binom{2k}{k} (z(1-z))^k. \tag{5.138}$$

고스퍼와 차일베르거의 방법이 나오기 전에는, 이 항등식을 예측한 사람이 비교적 적었다. 이제는 이런 항등식을 일상적으로 생산할 수 있다.

이와 비슷한 합으로, 식 (5.74)에서 본 다음과 같은 합은 어떨까?

$$S_n(z) = \sum_{k=0}^{n} \binom{n-k}{k} z^k. \tag{5.139}$$

자신감 넘치게 $t(n,k) = \binom{n-k}{k} z^k$으로 두고 계산을 진행하면 다음을 얻게 된다.

$$p(n,k) = (n+1-2k)\beta_0(n) + (n+1-k)\beta_1(n) = \hat{p}(n,k),$$
$$\bar{t}(n,k) = t(n,k)/(n+1-2k) = (n-k)! z^k / k! (n+1-2k)!,$$
$$q(n,k) = (n+1-2k)(n-2k)z,$$
$$r(n,k) = (n+1-k)k.$$

그런데 우와, 만일 $z \neq -\frac{1}{4}$이라고 가정한다면 식 (5.129)를 풀 방도가 없다. s의 차수는 $\deg(\hat{p}) - \deg(q-r) = -1$이어야 하기 때문이다.

$S_n(-\frac{1}{4})$은 $(n+1)/2^n$과 같다.

문제없다. 그냥 또 다른 매개변수 $\beta_2(n)$을 추가하고 $\hat{t}(n,k) = \beta_0(n)t(n,k) + \beta_1(n)t(n+1,k) + \beta_2(n)t(n+2,k)$를 시도하면 된다. 그러면 다음을 얻는다.

$$\begin{aligned} p(n,k) &= (n+1-2k)(n+2-2k)\beta_0(n) \\ &\quad + (n+1-k)(n+2-2k)\beta_1(n) \\ &\quad + (n+1-k)(n+2-k)\beta_2(n) = \hat{p}(n,k), \end{aligned}$$
$$\bar{t}(n,k) = t(n,k)/(n+1-2k)(n+2-2k) = (n-k)! z^k / k! (n+2-2k)!,$$
$$q(n,k) = (n+2-2k)(n+1-2k)z,$$
$$r(n,k) = (n+1-k)k.$$

이제는 $s(n,k) = \alpha_0(n)$를 시도할 수 있으며, 실제로 식 (5.129)에는 다음과 같은 해가 있다.

$$\beta_0(n) = z, \quad \beta_1(n) = 1, \quad \beta_2(n) = -1, \quad \alpha_0(n) = 1.$$

이렇게 해서

$$z\,t(n,k) + t(n+1,k) - t(n+2,k) \;=\; T(n,k+1) - T(n,k)$$

임을 알게 되었다. 여기서 $T(n,k)$는 $r(n,k)s(n,k)\hat{t}(n,k)/\hat{p}(n,k) = (n+1-k)k\times$ $\bar{t}(n,k) = \binom{n+1-k}{k-1}z^k$과 같다. 이제 $k=0$에서 $k=n$까지의 범위에 관해 합산하면 다음이 나온다.

$$z S_n(z) + \left(S_{n+1}(z) - \binom{0}{n+1}z^{n+1}\right) - \left(S_{n+2}(z) - \binom{0}{n+2}z^{n+2} - \binom{1}{n+1}z^{n+1}\right)$$
$$= \; T(n,n+1) - T(n,0).$$

그리고 모든 $n \geq 0$에 대해 $\binom{1}{n+1}z^{n+1} = \binom{0}{n}z^{n+1} = T(n,n+1)$이므로, 결국 다음과 같은 점화식이 나온다.

$$S_{n+2}(z) = S_{n+1}(z) + z S_n(z), \quad n \geq 0. \tag{5.140}$$

이런 점화식의 해법은 제6장과 제7장에서 공부할 것이다. 식 (5.140)에 그 장들의 방법을 적용하면 $S_0(z) = S_1(z) = 1$일 때의 닫힌 형식 (5.74)가 즉시 나온다.

예제를 하나 더 보면 전체적인 상이 완성될 것이다. 이번 예는 꽤 유명한 것이다. 프랑스 수학자 로제 아페리[Roger Apéry]는 1978년에 수 $\zeta(3) = 1 + 2^{-3} + 3^{-3} + 4^{-3} + \cdots$ 이 무리수임을 증명했다.[14] 이는 오랫동안 풀리지 않은 문제였다. 그의 증명의 주된 구성요소 중 하나에는 다음과 같은 이항 합이 관여한다.

$$A_n = \sum_k \binom{n}{k}^2 \binom{n+k}{k}^2. \tag{5.141}$$

그는 이 합이 어떤 점화식에 해당한다고 주장했는데, 당시 다른 수학자들은 그의 주장을 확인할 수 없었다. (이때부터 수 A_n을 아페리 수(Apéry numbers)라고 부르게 되었다. $A_0 = 1$이고 $A_1 = 5, A_2 = 73, A_3 = 1445, A_4 = 33001$이다.) 이후 돈 재기어[Don Zagier]와 앙리 코엥[Henri Cohen]이 아페리의 주장을 증명했다.[356] 이 특별한(그러나 어려운) 합에 대한 그들의 증명은 차일베르거가 앞에서 논의한 일반적 접근 방식을 발견하게 된 핵심적인 단서 중 하나였다.

지금까지 여러 예제로 단련했으니만큼, 이제는 식 (5.141)의 합이 거의 자명해 보일 것이다. $t(n,k) = \binom{n}{k}^2 \binom{n+k}{k}^2$, $\hat{t}(n,k) = \beta_0(n)t(n,k) + \beta_1(n)t(n+1,k) + \beta_2(n)\times$ $t(n+2,k)$로 두고 다음으로 식 (5.129)을 풀어 보자.

(처음에는 β_2 없이 시도하지만, 그 시도는 곧 끝을 보게 된다.)

$$p(n,k) = (n+1-k)^2(n+2-k)^2\beta_0(n)$$
$$+(n+1+k)^2(n+2-k)^2\beta_1(n)$$
$$+(n+1+k)^2(n+2+k)^2\beta_2(n) = \hat{p}(n,k),$$
$$\bar{t}(n,k) = t(n,k)/(n+1-k)^2(n+2-k)^2 = (n+k)!^2/k!^4(n+2-k)!^2,$$
$$q(n,k) = (n+1+k)^2(n+2-k)^2,$$
$$r(n,k) = k^4.$$

(q에는 인수 $(k+n+1)$가 있지만 r에는 인수 k가 있다는 점은 걱정하지 않아도 된다. n을 고정된 정수가 아니라 가변적인 매개변수로 간주하므로, 그래도 식 (5.118)이 위반되지는 않는다.) $q(n,k)-r(n,k)=-2k^3+\cdots$이므로 $\deg(s)=-2\lambda'/\lambda=2$로 두어도 된다. 따라서 비밀의 방정식은 다음과 같다.

$$s(n,k) = \alpha_2(n)k^2 + \alpha_1(n)k + \alpha_0(n).$$

s를 이렇게 두면 점화식 (5.129)는 결국 여섯 개의 미지수 $\beta_0(n)$, $\beta_1(n)$, $\beta_2(n)$, $\alpha_0(n)$, $\alpha_1(n)$, $\alpha_2(n)$으로 이루어진 방정식 다섯 개로 정리된다. 예를 들어 k^0의 계수들에서 얻은 방정식을 정리하면 다음과 같다.

$$\beta_0 + \beta_1 + \beta_2 - \alpha_0 - \alpha_1 - \alpha_2 = 0.$$

그리고 k^4의 계수들에서 얻은 방정식은

$$\beta_0 + \beta_1 + \beta_2 + \alpha_1 + (6+6n+2n^2)\alpha_2 = 0$$

이다. 나머지 세 방정식은 이들보다 복잡하다. 그러나 핵심은, 이 일차방정식들이 동차(homogeneous)라는 점이다(우변들이 모두 0이다). 따라서, 미지수가 방정식보다 많으면 이 연립방정식에는 항상 0이 아닌 해가 하나 존재한다. 지금 예에서 그 해를 구하면 다음과 같다.

$$\beta_0(n) = (n+1)^3,$$
$$\beta_1(n) = -(2n+3)(17n^2+51n+39),$$
$$\beta_2(n) = (n+2)^3,$$
$$\alpha_0(n) = -16(n+1)(n+2)(2n+3),$$
$$\alpha_1(n) = -12(2n+3),$$
$$\alpha_2(n) = 8(2n+3).$$

따라서

$$(n+1)^3 t(n,k) - (2n+3)(17n^2+51n+39)t(n+1,k)$$
$$+ (n+2)^3 t(n+2,k) = T(n,k+1) - T(n,k)$$

인데, 여기서 $T(n,k) = k^4 s(n,k)\bar{t}(n,k) = (2n+3)(8k^2-12k-16(n+1)(n+2)) \times (n+k)!^2/(k-1)!^4(n+2-k)!^2$ 이다. k에 관해 합하면 한때 엄청난 점화식이었던 아페리의 점화식이 나온다. 바로 다음과 같다.

"대수 항등식을 적용할 때 리틀우드Littlewood 교수는 항상 그 증명을 제시하는 수고를 피한다. 그는, 만일 참인 항등식이라면, 확인이 필요하다고 느낄 정도로 아둔한 그 누구라도 몇 줄로 증명할 수 있다고 주장한다. 다음 페이지들은 그러한 주장을 논박하는 나의 반론이다."
— F. J. 다이슨Dyson, [89]

$$(n+1)^3 A_n + (n+2)^3 A_{n+2} = (2n+3)(17n^2+51n+39)A_{n+1}. \tag{5.142}$$

고스퍼-차일베르거 방법이 이번 장에 나온 모든 합에 잘 통할까? 그렇지는 않다. 그 방법은 $t(n,k)$가 식 (5.65)의 피가수 $\binom{n}{k}(k+1)^{k-1}(n-k+1)^{n-k-1}$일 때에는 적용되지 않는다. 항비 $t(n,k+1)/t(n,k)$가 k의 유리함수가 아니기 때문이다. 또한, $t(n,k) = \binom{n}{k}n^k$ 같은 경우에도 통하지 않는데, 다른 항비 $t(n+1,k)/t(n,k)$가 k의 유리함수가 아니기 때문이다. (그러나 $\binom{n}{k}z^k$를 합한 후 $z=n$으로 설정해서 적용할 수는 있다.) 그리고 $t(n,k) = 1/(nk+1)$ 같은 비교적 간단한 피가수에서도 통하지 않는다. $t(n,k+1)/t(n,k)$와 $t(n+1,k)/t(n,k)$ 모두 n과 k의 유리함수임에도 그렇다.

그렇지만 고스퍼-차일베르거 알고리즘은 엄청나게 많은 경우에서 성공적임이 보장된다. 구체적으로 말하면, 그 알고리즘은 피가수 $t(n,k)$가 소위 고유항(proper term)일 때 항상 성공한다. 고유항은 다음과 같은 형태로 표기할 수 있는 항을 말한다.

$$t(n,k) = f(n,k)\frac{(a_1 n + a_1' k + a_1'')! \dots (a_p n + a_p' k + a_q'')!}{(b_1 n + b_1' k + b_1'')! \dots (b_q n + b_q' k + b_q'')!} w^n z^k. \tag{5.143}$$

여기서 $f(n,k)$는 n과 k의 다항식이다. 계수 $a_1, a_1', \dots, a_p, a_p', b_1, b_1', \dots, b_q, b_q'$는 특정한 정수 상수들이다. 매개변수 w와 z는 0이 아닌 수량이다. 나머지 수량 $a_1'', \dots, a_p''$, $b_1'', \dots, b_q''$는 임의의 복소수이다. 이제부터, 만일 $t(n,k)$가 고유항이면 항상 다음을 만족하는 다항식 $\beta_0(n), \dots, \beta_l(n)$ (모두가 0은 아닌)과 고유항 $T(n,k)$가 존재함을 증명해 보겠다.

$t(n,k)$가 n과는 독립적인 함수이면 어떻게 될까?

$$\beta_0(n)t(n,k) + \cdots + \beta_l(n)t(n+l,k) = T(n,k+1) - T(n,k). \tag{5.144}$$

아래의 증명은 윌프Wilf와 차일베르거의 논문 [374]에서 기인한 것이다.

N이 n을 1만큼 증가하는 연산자(작용소)이고 K가 k를 1만큼 증가하는 연산자라고 하자. 예를 들어 $N^2K^3t(n,k) = t(n+2,k+3)$이다. 이제 N과 K, n의 선형 차분연산자를 고찰한다. 구체적으로 말하면 다음과 같은 형태의 연산자 다항식들이다.

$$H(N,K,n) \ = \ \sum_{i=0}^{I} \sum_{j=0}^{J} \alpha_{i,j}(n) N^i K^j. \tag{5.145}$$

여기서 각 $\alpha_{i,j}(n)$은 n의 다항식이다. 우선 주목할 것은, 만일 $t(n,k)$가 임의의 고유항이고 $H(N,K,n)$이 임의의 선형 차분연산자이면 $H(N,K,n)t(n,k)$가 하나의 고유항이라는 것이다. t와 H가 각각 식 (5.143)과 식 (5.145)와 같이 주어졌다고 하자. 이제 '기초항(base term)'

$$\bar{t}(n,k)_{I,J} \ = \ \frac{\prod_{i=1}^{p}(a_i n + a_i' k + a_i I[a_i < 0] + a_i' J[a_i' < 0] + a_i'')!}{\prod_{i=1}^{q}(b_i n + b_i' k + b_i I[b_i > 0] + b_i' J[b_i' > 0] + b_i'')!} \, w^n z^k$$

을 정의한다. 예를 들어 $t(n,k)$가 $\binom{n-2k}{k} = (n-2k)!/k!(n-3k)!$이라고 하면, I, J차 선형 차분연산자에 해당하는 기초항은 $\bar{t}(n,k)_{I,J} = (n-2k-2J)!/(k+J)!(n-3k+I)!$이다. 여기서 핵심은, $0 \le i \le I$이고 $0 \le j \le J$이면 항상 $\alpha_{i,j}(n)N^iK^jt(n,k)$가 $\bar{t}(n,k)_{I,J}$에 어떤 n과 k의 다항식을 곱한 것과 상등이라는 것이다. 다항식들의 유한 합은 하나의 다항식이므로, $H(N,K,n)t(n,k)$는 식 (5.143)이 요구하는 형태이다.

다음 단계는 $t(n,k)$가 고유항이면 항상 다음을 만족하는 0이 아닌 선형 차분연산자 $H(N,K,n)$이 존재함을 보이는 것이다.

$$H(N,K,n)\,t(n,k) \ = \ 0.$$

만일 $0 \le i \le I$이고 $0 \le j \le J$이면, 이동된 항 $N^iK^jt(n,k)$는 $\bar{t}(n,k)_{I,J}$에 n과 k의 어떤 다항식을 곱한 것인데, 그 다항식의 변수 k의 차수는 반드시 다음을 넘지 않는다.

$$\begin{aligned} D_{I,J} \ = \ \deg(f) &+ |a_1|I + |a_1'|J + \cdots + |a_p|I + |a_p'|J \\ &+ |b_1|I + |b_1'|J + \cdots + |b_q|I + |b_q'|J. \end{aligned}$$

따라서, 만일 계수들이 n의 다항식들인 $(I+1)(J+1)$개의 변수 $\alpha_{i,j}(n)$들의 일차방정식 $D_{I,J}+1$개로 이루어진 동차 연립방정식을 풀 수 있다면, 문제가 요구하는 H가 존재하는 것이다. 그런 연립방정식을 풀려면, $(I+1)(J+1) > D_{I,J}+1$을 만족할 정도로 큰 I와 J를 정하기만 하면 된다. 예를 들어

$$A = |a_1| + \cdots + |a_p| + |b_1| + \cdots + |b_q|;$$
$$A' = |a_1'| + \cdots + |a_p'| + |b_1'| + \cdots + |b_q'|$$

이라 할 때 $I = 2A' + 1$, $J = 2A + \deg(f)$로 두면 될 것이다.

증명의 마지막 단계는 방정식 $H(N,K,n)\,t(n,k) = 0$에서 식 (5.144)의 해로 나아가는 것이다. J가 최소가 되도록 H를 선택했다고 하자. 즉, H의 K의 차수가 가능한 가장 작은 차수라고 하자. $G(N,K,n)$이 어떤 선형 차분연산자라 할 때, H를 다음과 같이 표현할 수 있다.

여기서 요령은 H를 K의 다항식으로 취급하고 K를 $\Delta + 1$로 대체하는 데 있다.

$$H(N,K,n) = H(N,1,n) - (K-1)\,G(N,K,n).$$

$H(N,1,n) = \beta_0(n) + \beta_1(n)N + \cdots + \beta_l(n)N^l$이고 $T(n,k) = G(N,K,n)\,t(n,k)$라고 하자. 그러면 $T(n,k)$는 하나의 고유항이며, 식 (5.144)가 성립한다.

증명이 거의 완성되었다. 이제 $H(N,1,n)$이 그냥 0 연산자인 것은 아님을 증명하기만 하면 된다. 만일 그것이 0 연산자이면 $T(n,k)$는 k와 독립이며, 따라서 $(\beta_0(n) + \beta_1(n)N)\,T(n,k) = 0$인 다항식 $\beta_0(n)$과 $\beta_1(n)$이 존재할 것이다. 그러나 그러면 $(\beta_0(n) + \beta_1(n)N)\,G(N,K,n)$이 차수가 $J-1$이고 $t(n,k)$를 소거하는 0이 아닌 선형 차분연산자이어야 하는데, 이는 J가 최소라는 전제와 모순이다. 이로써 식 (5.144)의 증명이 완성되었다.

어떤 고유항 T에 대해 식 (5.144)가 성립함을 알게 되었다면, 고스퍼의 알고리즘으로 T를(또는 T에 어떤 상수를 더한 것을) 구할 수 있음을 확신할 수 있다. 앞의 고스퍼의 알고리즘 증명은 단변수 k의 초기하항 $t(k)$에만 해당하는데, 그 증명을 다음과 같이 변수가 두 개인 경우로 확장할 수 있다. $q(n,k)$와 $r(n,k)$를 k의 다항식들로 완전히 인수분해했을 때 조건 (5.118)이 성립하는, 그리고 단계 2의 d의 계산이 고스퍼의 단변수 알고리즘의 계산과 일치하는 복소수 n은 무한히 많다. 그런 모든 n에 대해 적절한 k의 다항식 $s(n,k)$가 존재함은 앞의 증명에서 이미 보았다. 따라서, 적절한 n과 k의 다항식 $s(n,k)$가 반드시 존재한다. QED.

이렇게 해서 우리는 고스퍼-차일베르거 알고리즘이 어떤 l에 대한 식 (5.144)의 해를 발견할 것임을 증명했다(여기서 l은 가능한 한 작은 값이다). 그 해를 이용하면, 임의의 고유항 $t(n,k)$들의 k에 관한 합을 평가할 수 있는 n의 점화식을 구할 수 있다($t(n,k)$가 0이 아닌 값이 되는 k 값들의 개수가 유한하다고 할 때). 그리고 n과 k의 역할을 맞바꾸는 것도 물론 가능하다. 이는 식 (5.143)의 고유항 정의가 n과 k에 대해 대칭이기 때문이다.

연습문제 98~108은 고스퍼-차일베르거 알고리즘의 추가적인 예들로, 그 알고리즘의 다재다능함을 보여준다. 월프와 차일베르거는 이 결과들을 크게 확장해서, 일반화된 이항계수들과 다중 색인 합산들을 처리하는 방법들을 만들어 내었다.[374]

연습문제

몸풀기

1 11^4은 얼마인가? 이항계수를 아는 사람이라면 이 수를 쉽게 계산할 수 있는 이유는 무엇인가?

2 양의 정수 n이 주어졌을 때 $\binom{n}{k}$가 최대가 되는 k의 값(들)은 무엇인가? 독자의 답을 증명하라.

3 육각형 성질

$$\binom{n-1}{k-1}\binom{n}{k+1}\binom{n+1}{k} = \binom{n-1}{k}\binom{n+1}{k+1}\binom{n}{k-1}$$

을 증명하라.

4 $\binom{-1}{k}$를, 그 상지표를 부정해서(실제로는 부정을 취소해서) 평가하라.

5 p가 소수라고 할 때, $0 < k < p$에 대해 $\binom{p}{k} \bmod p = 0$임을 보여라. 이것이 이항계수 $\binom{p-1}{k}$에 함의하는 바는 무엇인가?

6 본문 §5.2의 문제 6에 나온 유도를, 대칭성을 제대로 적용해서 바로잡아 보라.   신원(identity) 오해 사건.

7 식 (5.34)가 $k < 0$일 때도 참인가?

8 다음 합을 평가하라.

$$\sum_k \binom{n}{k}(-1)^k(1-k/n)^n.$$

n이 아주 클 때 이 합의 근삿값은 무엇인가? 힌트: 이 합은 어떤 함수 f에 대한 $\Delta^n f(0)$이다.

9 식 (5.58)의 일반화된 지수급수가 다음 법칙을 만족함을 보여라.

$$\mathcal{E}_t(z) = \mathcal{E}(tz)^{1/t}, \quad \text{만일 } t \neq 0\text{이면.}$$

여기서 $\mathcal{E}(z)$는 $\mathcal{E}_1(z)$를 줄여 쓴 것이다.

10 $-2(\ln(1-z)+z)/z^2$이 초기하함수임을 보여라.

11 두 함수

$$\sin z = z - \frac{z^3}{3!} + \frac{z^5}{5!} - \frac{z^7}{7!} + \cdots$$
$$\arcsin z = z + \frac{1 \cdot z^3}{2 \cdot 3} + \frac{1 \cdot 3 \cdot z^5}{2 \cdot 4 \cdot 5} + \frac{1 \cdot 3 \cdot 5 \cdot z^7}{2 \cdot 4 \cdot 6 \cdot 7} + \cdots$$

을 초기하급수로 표현하라.

12 다음 k의 함수 중 §5.7에 정의된 초기하항은 무엇인가? 각 함수에 대해 그것이 초기하항인 이유 또는 초기하항이 아닌 이유를 설명하라.

a n^k.

b k^n.

c $(k! + (k+1)!)/2$.

d H_k, 즉 $\frac{1}{1} + \frac{1}{2} + \cdots + \frac{1}{k}$.

e $1/\binom{n}{k}$.

(단, t와 T가 반드시 식 (5.120)에서처럼 연관된 것은 아니다.)

f $t(k)\,T(k)$, 여기서 t와 T는 초기하항.

g $t(k) + T(k)$, 여기서 t와 T는 초기하항.

h $t(n-k)$, 여기서 t는 초기하항.

i $at(k) + bt(k+1) + ct(k+2)$, 여기서 t는 초기하항.

j $\lceil k/2 \rceil$.

k $k[k>0]$.

기초

13 연습문제 4.55에 나온 슈퍼계승(superfactorial) 함수 $P_n = \prod_{k=1}^{n} k!$과 초계승 (hyperfactorial) 함수 $Q_n = \prod_{k=1}^{n} k^k$, 그리고 곱 $R_n = \prod_{k=0}^{n} \binom{n}{k}$ 사이의 관계식들을 구하라.

14 항등식 (5.25)를, 방데르몽드 합성곱 (5.22)의 상지표를 부정해서 증명하라. 그런 다음, 한 번 더 부정하면 식 (5.26)이 나옴을 보여라.

15 $\sum_k \binom{n}{k}^3 (-1)^k$은 무엇인가? 힌트: 식 (5.29)를 볼 것.

16 a, b, c가 음이 아닌 정수일 때 합

$$\sum_k \binom{2a}{a+k}\binom{2b}{b+k}\binom{2c}{c+k}(-1)^k$$

을 평가하라.

17 $\binom{2n-1/2}{n}$과 $\binom{2n-1/2}{2n}$ 사이의 간단한 관계식을 구하라.

18 다음 곱을 식 (5.35)와 비슷한 형태로 다시 표현하라.

$$\binom{r}{k}\binom{r-1/3}{k}\binom{r-2/3}{k}.$$

19 일반화된 이항급수 (5.58)이 다음 법칙을 만족함을 보여라.

$$\mathcal{B}_t(z) = \mathcal{B}_{1-t}(-z)^{-1}.$$

20 "일반화된 블루퍼 기하급수(blooper geometric series)"를 다음과 같이 정의한다고 하자.

$$G\left(\begin{array}{c} a_1, \ldots, a_m \\ b_1, \ldots, b_n \end{array}\bigg| z\right) = \sum_{k \geq 0} \frac{a_1^{\underline{k}} \ldots a_m^{\underline{k}}}{b_1^{\underline{k}} \ldots b_n^{\underline{k}}} \frac{z^k}{k!}.$$

식 (5.76)에는 올림 거듭제곱들이 쓰였지만 이 정의에는 내림 거듭제곱들이 쓰였음을 주목하기 바란다. 이 G와 F의 관계를 설명하라.

21 오일러의 계승 정의가 보통의 정의와 모순되지 않음을, $z = m$이 양의 정수일 때 식 (5.83)의 극한이 $1/m!$임을 보여서 증명하라.

22 식 (5.83)을 이용해서 다음과 같은 계승 배증 공식(factorial duplication formula)을 증명하라. 그나저나, $(-\frac{1}{2})! = \sqrt{\pi}$ 이다.

$$x!\left(x - \frac{1}{2}\right)! = (2x)!\left(-\frac{1}{2}\right)!/2^{2x}.$$

23 $F(-n, 1; ; 1)$의 값은 무엇인가?

24 $\sum_k \binom{n}{m+k}\binom{m+k}{2k}4^k$을 초기하급수를 이용해서 구하라.

25 다음 등식을 증명하라.

$$(a_1 - b_1) F \left(\begin{matrix} a_1, a_2, ..., a_m \\ b_1 + 1, b_2, ..., b_n \end{matrix} \middle| z \right)$$

$$= a_1 F \left(\begin{matrix} a_1 + 1, a_2, ..., a_m \\ b_1 + 1, b_2, ..., b_n \end{matrix} \middle| z \right) - b_1 F \left(\begin{matrix} a_1, a_2, ..., a_m \\ b_1, b_2, ..., b_n \end{matrix} \middle| z \right).$$

그리고 초기하급수

$$F \left(\begin{matrix} a_1, a_2, a_3, ..., a_m \\ b_1, ..., b_n \end{matrix} \middle| z \right),$$

$$F \left(\begin{matrix} a_1 + 1, a_2, a_3, ..., a_m \\ b_1, ..., b_n \end{matrix} \middle| z \right),$$

$$F \left(\begin{matrix} a_1, a_2 + 1, a_3, ..., a_m \\ b_1, ..., b_n \end{matrix} \middle| z \right)$$

사이의, 앞의 등식과 비슷한 관계를 구하라.

26 다음 공식의 함수 $G(z)$를 어떤 초기하급수의 배수로 표현하라.

$$F \left(\begin{matrix} a_1, ..., a_m \\ b_1, ..., b_n \end{matrix} \middle| z \right) = 1 + G(z).$$

27 다음을 증명하라.

$$F \left(\begin{matrix} a_1, a_1 + \dfrac{1}{2}, ..., a_m, a_m + \dfrac{1}{2} \\ b_1, b_1 + \dfrac{1}{2}, ..., b_n, b_n + \dfrac{1}{2}, \dfrac{1}{2} \end{matrix} \middle| (2^{m-n-1} z)^2 \right)$$

$$= \frac{1}{2} \left(F \left(\begin{matrix} 2a_1, ..., 2a_m \\ 2b_1, ..., 2b_n \end{matrix} \middle| z \right) + F \left(\begin{matrix} 2a_1, ..., 2a_m \\ 2b_1, ..., 2b_n \end{matrix} \middle| -z \right) \right).$$

28 오일러 항등식

$$F \left(\begin{matrix} a, b \\ c \end{matrix} \middle| z \right) = (1 - z)^{c-a-b} F \left(\begin{matrix} c - a, c - b \\ c \end{matrix} \middle| z \right)$$

를, 파프의 반사법칙 (5.101)을 두 번 적용해서 증명하라.

29 합류 초기하급수가 다음을 만족함을 보여라.

$$e^z F \left(\begin{matrix} a \\ b \end{matrix} \middle| -z \right) = F \left(\begin{matrix} b - a \\ b \end{matrix} \middle| z \right).$$

30 $zF'(z) + F(z) = 1/(1-z)$를 만족하는 초기하급수 F는 무엇인가?

31 만일 $f(k)$가 초기하항으로 합산 가능한 임의의 함수이면 f 자체가 초기하항임을 보여라. 예를 들어 만일 $\sum f(k)\delta k = cF(A_1,...,A_M;B_1,...,B_N;Z)_k + C$이면, $f(k)$가 식 (5.115)의 한 배수임을 만족하는 상수 $a_1,...,a_m,b_1,...,b_n,z$가 존재한다.

32 $\sum k^2 \delta k$를 고스퍼의 방법으로 구하라.

33 고스퍼의 방법을 이용해서 $\sum \delta k/(k^2-1)$을 구하라.

34 부분 초기하 합을 다음과 같이 보통의 초기하급수의 한 극한으로 표현하는 것이 항상 가능함을 보여라.

$$\sum_{k \le c} F\left(\begin{matrix} a_1,...,a_m \\ b_1,...,b_n \end{matrix} \middle| z\right)_k = \lim_{\epsilon \to 0} F\left(\begin{matrix} -c,a_1,...,a_m \\ \epsilon-c,b_1,...,b_n \end{matrix} \middle| z\right).$$

여기서 c는 음이 아닌 정수이다. (식 (5.115)를 보라.) 이 착안을 이용해서 $\sum_{k \le m} \binom{n}{k}(-1)^k$을 평가하라.

숙제

35 $\sum_{k \le n} \binom{n}{k} 2^{k-n}$이라는 표기는 문맥이 없으면 그 의미가 모호하다. 이 합을 다음 두 가지 방식으로 평가하라.
  a k에 관한 합으로.
  b n에 관한 합으로.

36 $\binom{m+n}{m}$이 소수 p의 거듭제곱으로 나누어떨어짐을 만족하는 가장 큰 거듭제곱이 p^k이라고 하자. 여기서 m과 n은 음이 아닌 정수이다. 이때, 기수 p 체계에서 m과 n을 더했을 때 발생하는 자리 올림 횟수가 바로 k임을 보여라. 힌트: 연습문제 4.24가 도움이 된다.

37 차례거듭제곱들에도 이항계수와 비슷한 성질들이 있음을 보여라. 구체적으로 말하면, 모든 음이 아닌 정수 n에 대해 두 항등식

$$(x+y)^{\underline{n}} = \sum_k \binom{n}{k} x^{\underline{k}} y^{\underline{n-k}},$$
$$(x+y)^{\overline{n}} = \sum_k \binom{n}{k} x^{\overline{k}} y^{\overline{n-k}}$$

이 성립함을 증명하라.

38 a, b, c가 $0 \le a < b < c$인 정수들이라고 할 때, 모든 음이 아닌 정수 n을 $n = \binom{a}{1} +$ $\binom{b}{2} + \binom{c}{3}$의 형태로 유일하게 표현할 수 있음을 보여라. (이를 조합수체계(combina-torial number system)라고 부른다.)

39 만일 $xy = ax + by$이면 모든 $n > 0$에 대해

$$x^n y^n = \sum_{k=1}^{n} \binom{2n-1-k}{n-1}(a^n b^{n-k} x^k + a^{n-k} b^n y^k)$$

임을 보여라. 그리고 좀 더 일반적인 곱 $x^m y^n$에 대한 이와 비슷한 공식을 구하라. (예를 들어 $x = 1/(z-c)$이고 $y = 1/(z-d)$일 때, 이 공식들은 유용한 부분분수 전개 공식이 된다.)

40 다음 합의 닫힌 형식을 구하라.

$$\sum_{j=1}^{m} (-1)^{j+1} \binom{r}{j} \sum_{k=1}^{n} \binom{-j+rk+s}{m-j}, \quad 정수\ m, n \ge 0.$$

41 n이 음이 아닌 정수일 때 $\sum_k \binom{n}{k} k! / (n+1+k)!$을 평가하라.

42 부정합 $\sum ((-1)^x / \binom{n}{x}) \delta x$를 구하고, 그것을 이용해서 $0 \le m \le n$일 때

$$\sum_{k=0}^{m} (-1)^k / \binom{n}{k}$$

를 닫힌 형식으로 계산하라.

43 세 겹 이항 항등식 (5.28)을 증명하라. 힌트: 우선 $\binom{r+k}{m+n}$에 $\sum_j \binom{r}{m+n-j} \binom{k}{j}$를 대입할 것.

44 정수 $m \ge a \ge 0$과 $n \ge b \ge 0$이 주어졌을 때, 다음 두 이중합의 닫힌 형식을 항등식 (5.32)를 이용해서 구하라.

$$\sum_{j,k} (-1)^{j+k} \binom{j+k}{j} \binom{a}{j} \binom{b}{k} \binom{m+n-j-k}{m-j},$$
$$\sum_{j,k \ge 0} (-1)^{j+k} \binom{a}{j} \binom{m}{j} \binom{b}{k} \binom{n}{k} / \binom{m+n}{j+k}.$$

45 $\sum_{k \le n} \binom{2k}{k} 4^{-k}$의 닫힌 형식을 구하라.

46 n이 양의 정수일 때, 다음 합을 닫힌 형식으로 평가하라.

$$\sum_k \binom{2k-1}{k}\binom{4n-2k-1}{2n-k}\frac{(-1)^{k-1}}{(2k-1)(4n-2k-1)}.$$

힌트: 이번에도 생성함수가 승자이다.

47 합

$$\sum_k \binom{rk+s}{k}\binom{rn-rk-s}{n-k}$$

는 r과 s의 다항식이다. 이 합이 s에 의존하지 않음을 보여라.

48 항등식 $\sum_{k=0}^{n}\binom{n+k}{n}2^{-k}=2^n$을 $\sum_{k\geq 0}\binom{n+k}{n}z^k=1/(1-z)^{n+1}$이라는 공식과 결합하면 다음과 같은 항등식이 나온다.

$$\sum_{k>n}\binom{n+k}{n}2^{-k} = 2^n.$$

이 항등식의 초기하 형식은 무엇인가?

49 초기하 방법을 이용해서 다음을 평가하라.

$$\sum_k (-1)^k\binom{x}{k}\binom{x+n-k}{n-k}\frac{y}{y+n-k}.$$

50 파프의 반사법칙 (5.101)을, 등식 양변의 z^n의 계수들을 비교해서 증명하라.

51 식 (5.104)의 유도는 다음이 참임을 보여준다.

$$\lim_{\epsilon\to 0} F(-m,-2m-1+\epsilon;-2m+\epsilon;2) = 1\Big/\binom{-1/2}{m}.$$

이 연습문제를 통해서, 극한을 약간 다르게 적용하면 퇴화 초기하급수 $F(-m,-2m-1;-2m;2)$에 대해 그 유도에서와는 다른 답들이 나온다는 점을 알게 될 것이다.

a $\lim_{\epsilon\to 0} F(-m+\epsilon,-2m-1;-2m+2\epsilon;2)=0$임을, 모든 정수 $m\geq 0$에 대한 항등식 $F(a,-2m-1;2a;2)=0$을 파프의 반사법칙을 이용해서 증명함으로써 보여라.

b $\lim_{\epsilon \to 0} F(-m+\epsilon, -2m-1; -2m+\epsilon; 2)$는 무엇인가?

52 만일 N이 음이 아닌 정수이면

$$b_1^{\overline{N}} \ldots b_n^{\overline{N}} F\left(\begin{matrix} a_1, \ldots, a_m, -N \\ b_1, \ldots, b_n \end{matrix}\middle| z\right)$$

$$= a_1^{\overline{N}} \ldots a_m^{\overline{N}} (-z)^N F\left(\begin{matrix} 1-b_1-N, \ldots, 1-b_n-N, -N \\ 1-a_1-N, \ldots, 1-a_m-N \end{matrix}\middle| \frac{(-1)^{m+n}}{z}\right)$$

임을 증명하라.

53 식 (5.110)에 나온 가우스 항등식에 $b = -\frac{1}{2}$과 $z = 1$을 대입해서 정리하면 좌변은 -1이 되지만 우변은 $+1$이 된다. 이것이 $-1 = +1$의 증명이 아닌 이유는 무엇인가?

54 식 (5.112)의 우변이 나온 과정을 설명하라.

55 만일 초기하항 $t(k) = F(a_1, \ldots, a_m; b_1, \ldots, b_n; z)_k$와 $T(k) = F(A_1, \ldots, A_M; B_1, \ldots, B_N; Z)_k$가 모든 $k \geq 0$에 대해 $t(k) = c(T(k+1) - T(k))$를 만족한다면 $z = Z$이고 $m - n = M - N$임을 보여라.

56 $\sum \binom{-3}{k} \delta k$의 일반식을 고스퍼의 방법을 이용해서 구하라. $(-1)^{k-1} \left\lfloor \frac{k+1}{2} \right\rfloor \left\lfloor \frac{k+2}{2} \right\rfloor$도 하나의 해임을 보여라.

57 n과 z가 주어졌을 때, 다음 합이 초기하항으로 합산 가능한 함수임을 만족하는 상수 θ를 고스퍼의 방법을 이용해서 구하라.

$$\sum \binom{n}{k} z^k (k+\theta) \delta k.$$

58 m과 n이 $0 \leq m \leq n$인 정수들이고

$$T_{m,n} = \sum_{0 \leq k < n} \binom{k}{m} \frac{1}{n-k}$$

이라고 하자. $T_{m,n}$과 $T_{m-1, n-1}$ 사이의 관계식을 구하고, 그 점화식의 해를 합산 인수를 적용해서 구하라.

시험 문제

59 m과 n이 양의 정수라고 할 때, 다음 합의 닫힌 형식을 구하라.

$$\sum_{k \geq 1} \binom{n}{\lfloor \log_m k \rfloor}.$$

60 스털링의 근사 공식 (4.23)을 이용해서, m과 n 둘 다 큰 값일 때의 $\binom{m+n}{n}$의 근사 공식을 구하라. $m = n$일 때 그 공식은 무엇으로 줄어드는가?

61 p가 소수일 때, 모든 음이 아닌 정수 m과 n에 대해 다음이 성립함을 증명하라.

$$\binom{n}{m} \equiv \binom{\lfloor n/p \rfloor}{\lfloor m/p \rfloor}\binom{n \bmod p}{m \bmod p} \quad (\bmod\, p).$$

62 p가 소수, m과 n이 양의 정수라고 가정하고 $\binom{np}{mp} \bmod p^2$의 값을 구하라. 힌트: 방데르몽드 합성곱의 다음과 같은 일반화를 사용하면 좋을 것이다.

$$\sum_{k_1 + k_2 + \cdots + k_m = n} \binom{r_1}{k_1}\binom{r_2}{k_2}\cdots\binom{r_m}{k_m} = \binom{r_1 + r_2 + \cdots + r_m}{n}.$$

63 정수 $n \geq 0$이라 할 때, 다음 합의 닫힌 형식을 구하라.

$$\sum_{k=0}^{n} (-4)^k \binom{n+k}{2k}.$$

64 정수 $n \geq 0$이라 할 때, 다음을 평가하라.

$$\sum_{k=0}^{n} \binom{n}{k} \bigg/ \left\lceil \frac{k+1}{2} \right\rceil.$$

65 다음을 증명하라.

$$\sum_{k} \binom{n-1}{k} n^{-k}(k+1)! = n.$$

66 '해리의 이중합'

$$\sum_{0 \leq j \leq k} \left(\begin{array}{c} -1 \\ j - \lfloor \frac{-1}{\sqrt{k-j}} \rfloor \end{array} \right) \binom{j}{m} \frac{1}{2^j}, \quad \text{정수 } m \geq 0$$

을 m의 함수로 평가하라. (j와 k 둘 다 합산의 색인이다.)

67 다음 합의 닫힌 형식을 구하라.

$$\sum_{k=0}^{n} \binom{\binom{k}{2}}{2}\binom{2n-k}{n}, \quad \text{정수 } n \geq 0.$$

68 다음 합의 닫힌 형식을 구하라.

$$\sum_k \binom{n}{k} \min(k, n-k), \quad \text{정수 } n \geq 0.$$

69 합

$$\min_{\substack{k_1, \ldots, k_m \geq 0 \\ k_1 + \cdots + k_m = n}} \sum_{j=1}^{m} \binom{k_j}{2}$$

의 닫힌 형식을 구하라. 그 닫힌 형식은 m과 n의 함수의 형태이어야 한다.

70 다음 합의 닫힌 형식을 구하라.

$$\sum_k \binom{n}{k} \binom{2k}{k} \left(\frac{-1}{2}\right)^k, \quad \text{정수 } n \geq 0.$$

71 m과 n이 음이 아닌 정수들이라 할 때

$$S_n = \sum_{k \geq 0} \binom{n+k}{m+2k} a_k$$

라고 하자. 그리고 $A(z) = \sum_{k \geq 0} a_k z^k$이 수열 $<a_0, a_1, a_2, \ldots>$의 생성함수라고 하자.

a 생성함수 $S(z) = \sum_{n \geq 0} S_n z^n$을 $A(z)$로 표현하라.

b 이 기법을 이용해서 §5.2의 문제 7을 풀어라.

72 만일 m과 n, k가 정수들이고 $n > 0$이면

$$\binom{m/n}{k} n^{2k - \nu(k)} \text{이 정수}$$

임을 증명하라. 여기서 $\nu(k)$는 k의 이진 표현에 있는 1들의 개수이다.

73 레퍼토리법을 이용해서 다음 점화식의 해를 구하라.

$$X_0 = \alpha; \qquad X_1 = \beta;$$
$$X_n = (n-1)(X_{n-1} + X_{n-2}), \quad n > 1 \text{에 대해.}$$

힌트:: $n!$과 n_i 둘 다 이 점화식을 만족한다.

74 이번 문제는 파스칼의 삼각형의 다음과 같은 변형을 다룬다. 원래의 삼각형에서는 두 변에 해당하는 수들이 모두 1이지만, 이 변형에서는 1,2,3,4,...이다. 그래도 내부의 수들은 덧셈 공식을 만족한다.

$$
\begin{array}{ccccccccc}
& & & & 1 & & & & \\
& & & 2 & & 2 & & & \\
& & 3 & & 4 & & 3 & & \\
& 4 & & 7 & & 7 & & 4 & \\
5 & & 11 & & 14 & & 11 & & 5 \\
\end{array}
$$
$\cdot \quad \cdot \quad \cdot \quad \cdot \quad \cdot \quad \cdot \quad \cdot \quad \cdot$

$1 \le k \le n$에 대해 행 n의 k번째 수를 $\left(\!\!\binom{n}{k}\!\!\right)$로 표기하자. 그러면 $\left(\!\!\binom{n}{1}\!\!\right) = \left(\!\!\binom{n}{n}\!\!\right) = n$이고 $1 < k < n$에 대해 $\left(\!\!\binom{n}{k}\!\!\right) = \left(\!\!\binom{n-1}{k}\!\!\right) + \left(\!\!\binom{n-1}{k-1}\!\!\right)$이다. 수량 $\left(\!\!\binom{n}{k}\!\!\right)$를 닫힌 형식으로 표현하라.

75 다음 함수들과 수량 $\lfloor 2^n/3 \rfloor$ 및 $\lceil 2^n/3 \rceil$ 사이의 관계식을 구하라.

$$
\begin{aligned}
S_0(n) &= \sum_k \binom{n}{3k}, \\
S_1(n) &= \sum_k \binom{n}{3k+1}, \\
S_2(n) &= \sum_k \binom{n}{3k+2}.
\end{aligned}
$$

76 다음 점화식의 해를 구하라. $n, k \ge 0$이다.

$$
\begin{aligned}
Q_{n,0} &= 1; \qquad Q_{0,k} = [k = 0]; \\
Q_{n,k} &= Q_{n-1,k} + Q_{n-1,k-1} + \binom{n}{k}, \quad n, k > 0 \text{에 대해.}
\end{aligned}
$$

77 $m > 1$일 때 다음 합의 값은 무엇인가?

$$
\sum_{0 \le k_1, \ldots, k_m \le n} \prod_{1 \le j < m} \binom{k_{j+1}}{k_j}.
$$

78 m이 양의 정수라고 가정하고 다음 합의 닫힌 형식을 구하라.

$$
\sum_{k=0}^{2m^2} \binom{k \bmod m}{(2k+1) \bmod (2m+1)}.
$$

79 다음 부문제들에 각각 답하라.

a $\binom{2n}{1}, \binom{2n}{3}, \ldots, \binom{2n}{2n-1}$의 최대공약수는 무엇인가? 힌트: 이 n개의 수들의 합을 고찰할 것.

b $L(n) = lcm(1, 2, \ldots, n)$이라고 할 때, $\binom{n}{0}, \binom{n}{1}, \ldots, \binom{n}{n}$의 최소공배수가 $L(n+1)/(n+1)$과 같음을 보여라.

알아 두면 편리하다.

80 모든 정수 $k, n \geq 0$에 대해 $\binom{n}{k} \leq (en/k)^k$임을 증명하라.

81 만일 $0 < \theta < 1$이고 $0 \leq x \leq 1$이면, 그리고 l, m, n이 $m < n$인 음이 아닌 정수들이면, 다음 부등식이 성립함을 증명하라.

$$(-1)^{n-m-1} \sum_k \binom{l}{k}\binom{m+\theta}{n+k} x^k > 0.$$

힌트: x에 대한 미분을 취해 볼 것.

보너스 문제

82 본문에 나온 것보다도 놀라운 다음과 같은 육각형 성질을 파스칼의 삼각형이 만족함을 증명하라. 만일 $0 < k < n$이면

$$\gcd\left(\binom{n-1}{k-1}, \binom{n}{k+1}, \binom{n+1}{k}\right) = \gcd\left(\binom{n-1}{k}, \binom{n+1}{k+1}, \binom{n}{k-1}\right).$$

예를 들어 $\gcd(56, 36, 210) = \gcd(28, 120, 126) = 2$이다.

83 놀라운 5 매개변수 이중합 항등식 (5.32)을 증명하라.

84 식 (5.61)에 나온 두 번째 합성곱 항등식 쌍이 식 (5.60)의 첫 번째 항등식 쌍에서 비롯됨을 증명하라. 힌트: z에 대해 미분해 볼 것.

85 다음을 증명하라.

$$\sum_{m=1}^{n} (-1)^m \sum_{1 \leq k_1 < k_2 < \cdots < k_m \leq n} \left(\frac{k_1^3 + k_2^3 + \cdots + k_m^3 + 2^n}{n}\right)$$
$$= (-1)^n n!^3 - \binom{2^n}{n}.$$

(좌변은 $2^n - 1$개의 항들의 합이다.) 힌트: 이로부터 더 많은 항등식을 유도할 수 있다.

86 $a_1,...,a_n$이 음이 아닌 정수들이고 $C(a_1,...,a_n)$이 다음과 같은 $n(n-1)$개의 인수들의 곱을 복소변수 $z_1,...,z_n$의 양, 음 거듭제곱들로 완전히 전개했을 때 나오는 상수항 $z_1^0 ... z_n^0$의 계수라고 하자.

$$\prod_{\substack{1 \le i,j \le n \\ i \ne j}} \left(1 - \frac{z_i}{z_j}\right)^{a_i}.$$

a $C(a_1,...,a_n)$이 식 (5.31)의 좌변과 같음을 증명하라.

b 만일 $z_1,...,z_n$이 서로 다른 복소수이면 다항식

$$f(z) = \sum_{k=1}^{n} \prod_{\substack{1 \le j \le n \\ j \ne k}} \frac{z - z_j}{z_k - z_j}$$

가 항상 1과 상등임을 증명하라.

c 원래의 인수 $n(n-1)$개의 곱에 $f(0)$을 곱한 후, $C(a_1, a_2, ..., a_n)$이 다음과 같음을 유도하라.

$$C(a_1 - 1, a_2, ..., a_n) + C(a_1, a_2 - 1, ..., a_n)$$
$$+ \cdots + C(a_1, a_2, ..., a_n - 1).$$

(이 점화식은 다항계수를 정의한다. 따라서 $C(a_1,...,a_n)$은 반드시 식 (5.31)의 우변과 같다.)

87 m이 양의 정수이고 $\zeta = e^{\pi i/m}$이라고 할 때,

$$\sum_{k \le n/m} \binom{n - mk}{k} z^{mk}$$
$$= \frac{\mathcal{B}_{-m}(z^m)^{n+1}}{(1+m)\mathcal{B}_{-m}(z^m) - m}$$
$$- \sum_{0 \le j < m} \frac{\left(\zeta^{2j+1} z \mathcal{B}_{1+1/m}(\zeta^{2j+1} z)^{1/m}\right)^{n+1}}{(m+1)\mathcal{B}_{1+1/m}(\zeta^{2j+1} z)^{-1} - 1}$$

임을 보여라. ($m = 1$인 특수 경우에서 이 공식은 식 (5.74)로 축약된다.)

88 식 (5.47)의 계수 s_k들이 모든 $k > 1$에 대해

$$(-1)^k \int_0^\infty e^{-t}(1 - e^{-t})^{k-1} \frac{dt}{t}$$

와 같음을, 따라서 $|s_k| < 1/(k-1)$임을 증명하라.

89 $|x| < |y|$이고 $|x| < |x+y|$일 때 식 (5.19)의 다음과 같은 무한 버전이 성립함을 증명하라.

$$\sum_{k > m} \binom{m+r}{k} x^k y^{m-k} = \sum_{k > m} \binom{-r}{k} (-x)^k (x+y)^{m-k}, \ \text{정수} \ m.$$

이 항등식을 y에 대해 n번 미분하고 그것을 초기하급수로 표현하라. 어떤 관계식이 나오는가?

90 §5.2의 문제 1은 r과 s가 $s \geq r \geq 0$인 정수들일 때 $\sum_{k \geq 0} \binom{r}{k} / \binom{s}{k}$를 고찰한다. r과 s가 정수가 아닐 때 이 합의 값은 무엇인가?

91 다음과 같은 위플의 항등식(Whipple's identity)을, 항등식의 양변이 동일한 미분 방정식을 만족한다는 점을 보여서 증명하라.

$$F\left(\begin{matrix} \frac{1}{2}a, \frac{1}{2}a + \frac{1}{2}, 1 + a - b - c \\ 1 + a - b, 1 + a - c \end{matrix} \middle| \frac{-4z}{(1-z)^2} \right)$$
$$= (1-z)^a F\left(\begin{matrix} a, b, c \\ 1 + a - b, 1 + a - c \end{matrix} \middle| z \right).$$

92 다음과 같은 클라우센의 곱 항등식(Clausen's product identity)들을 증명하라.

$$F\left(\begin{matrix} a, b \\ a + b + \frac{1}{2} \end{matrix} \middle| z \right)^2 = F\left(\begin{matrix} 2a, a + b, 2b \\ 2a + 2b, a + b + \frac{1}{2} \end{matrix} \middle| z \right);$$

$$F\left(\begin{matrix} \frac{1}{4} + a, \frac{1}{4} + b \\ 1 + a + b \end{matrix} \middle| z \right) F\left(\begin{matrix} \frac{1}{4} - a, \frac{1}{4} - b \\ 1 - a - b \end{matrix} \middle| z \right)$$
$$= F\left(\begin{matrix} \frac{1}{2}, \frac{1}{2} + a - b, \frac{1}{2} - a + b \\ 1 + a + b, 1 - a - b \end{matrix} \middle| z \right).$$

이 공식들의 양변의 z^n의 계수들을 등호로 두었을 때 어떤 항등식들이 나오는가?

93 임의의 함수 f와 임의의 상수 $\alpha \neq 0$가 주어졌을 때, 부정합

$$\sum \left(\prod_{j=1}^{k-1} (f(j) + \alpha) \middle/ \prod_{j=1}^{k} f(j) \right) \delta k$$

에 (상당히) 간단한 공식이 있음을 보여라.

94 n이 양의 정수일 때 $\sum \binom{a}{k}\binom{-a}{n-k}\delta k$를 구하라.

95 조건 (5.118) 외에, 식 (5.117)의 다항식 p, q, r이 유일하게 결정되는 조건(들)은 무엇인가?

96 초기하항 $t(k)$가 주어졌을 때 만일 고스퍼의 알고리즘으로 식 (5.120)의 해를 찾지 못한다면, 좀 더 일반적인 방정식

$$t(k) = \left(T_1(k+1) + \cdots + T_m(k+1)\right) - \left(T_1(k) + \cdots + T_m(k)\right)$$

(여기서 $T_1(k), .., T_m(k)$는 초기하항들)에도 해가 없음을 증명하라.

97 $k!^2 / \prod_{j=1}^{k}(j^2+jz+1)$이 초기하항으로 합산 가능한 함수임을 만족하는 모든 복소수 z를 구하라.

98 합 $S_n = \sum_k \binom{n}{2k}$에 고스퍼-차일베르거 방법을 적용하면 어떤 점화식이 나오는가?

99 $t(n,k) = (n+a+b+c+k)! / (n+k)!(c+k)!(b-k)!(a-k)!k!$이고 a가 음의 아닌 정수라 할 때, $\sum_k t(n,k)$의 닫힌 형식을 고스퍼-차일베르거 방법을 이용해서 구하라.

100 다음 합의 점화식을 구하라.

$$S_n = \sum_{k=0}^{n} \frac{1}{\binom{n}{k}}.$$

그리고 그 점화식을 이용해서 S_n의 또 다른 공식을 구하라.

101 다음 합들이 만족하는 점화식을 각각 구하라.

a $S_{m,n}(z) = \sum_k \binom{m}{k}\binom{n}{k} z^k$.

b $S_n(z) = S_{n,n}(z) = \sum_k \binom{n}{k}^2 z^k$.

이 문제는(그리고 그다음 몇 문제는) 컴퓨터 대수를 활용하는 것이 낫다.

102 "쓸모없는" 항등식 (5.113)을 고스퍼-차일베르거 절차를 이용해서 일반화하는 문제이다. 다음 합에 간단한 닫힌 형식이 존재한다는 조건을 만족하는 a, b, z의 추가적인 값들을 구하라.

$$\sum_k \binom{n}{k}\binom{\frac{1}{3}n-a}{k} z^k \Bigg/ \binom{\frac{4}{3}n-b}{k}.$$

103 $t(n,k)$가 식 (5.143)으로 정의된 고유항이라고 하자. $\hat{t}(n,k) = \beta_0(n)t(n,k) + \cdots + \beta_l(n)t(n+l,k)$에 고스퍼와 차일베르거의 절차를 적용했을 때, 변수 k로 표현한 $\hat{p}(n,k)$, $q(n,k)$, $r(n,k)$의 차수는 각각 무엇인가?

104 다음과 같은 주목할만한 항등식을 고스퍼-차일베르거 절차를 이용해서 증명하라.

$$\sum_k (-1)^k \binom{r-s-k}{k}\binom{r-2k}{n-k}\frac{1}{r-n-k+1} = \binom{s}{n}\frac{1}{r-2n+1}.$$

그리고 이 합의 가장 간단한 점화식이 발견되지 않은 이유를 설명하라.

105 만일 $\omega = e^{2\pi i/3}$이면 다음 등식이 성립함을 증명하라.

$$\sum_{k+l+m=3n} \binom{3n}{k,l,m}^2 \omega^{l-m} = \binom{4n}{n,n,2n}, \quad \text{정수 } n \geq 0.$$

106 놀라운 항등식 (5.32)를 다음과 같은 접근방식으로 증명하라. $t(r,j,k)$가 그 항등식의 우변으로 나누어떨어지는 피가수라고 가정하고, 다음을 만족하는 함수 $T(r,j,k)$와 $U(r,j,k)$가 존재함을 보인다.

$$\begin{aligned} t(r+1,j,k) - t(r,j,k) &= T(r,j+1,k) - T(r,j,k) \\ &\quad + U(r,j,k+1) - U(r,j,k). \end{aligned}$$

107 $1/(nk+1)$이 고유항이 아님을 증명하라.

108 식 (5.141)의 아페리 수 A_n이 다음과 같이 정의되는 성분들로 이루어진 행렬의 주대각 성분 $A_{n,n}$임을 보여라.

$$A_{m,n} = \sum_{j,k} \binom{m}{j}^2 \binom{m}{k}^2 \binom{2m+n-j-k}{2m}.$$

그런 다음 이 행렬이 대칭임을, 그리고

$$\begin{aligned} A_{m,n} &= \sum_k \binom{m+n-k}{k}^2 \binom{m+n-2k}{m-k}^2 \\ &= \sum_k \binom{m}{k}\binom{n}{k}\binom{m+k}{k}\binom{n+k}{k} \end{aligned}$$

임을 증명하라(이것이 이번 문제의 주된 목적이다).

109 아페리 수 (5.141)이 모든 소수 p와 모든 정수 $n \geq 0$에 대해 다음을 만족함을 증명하라.

$$A_n \equiv A_{\lfloor n/p \rfloor} A_{n \bmod p} \pmod{p}$$

연구 문제

110 $\binom{2n}{n} \equiv (-1)^n \pmod{(2n+1)}$인 n의 값들은 무엇인가?

111 $q(n)$이 중간 이항계수(middle binomial coefficient) $\binom{2n}{n}$의 홀수 소인수 중 가장 작은 소인수라고 하자. 연습문제 36에 따르면, $\binom{2n}{n}$을 나누지 않는 홀수 소수 p는 n의 기수 p 표현의 모든 숫자가 $(p-1)/2$ 이하임을 만족하는 소수이다. 컴퓨터 실험들에 따르면 $1 < n < 10^{10000}$에 대해 $q(n) \leq 11$이다. 단, $q(3160) = 13$은 예외이다.

a 모든 $n > 3160$에 대해 $q(n) \leq 11$일까?

b $q(n) = 11$인 n이 무한히 많을까?

(a)나 (b)의 답을 제시한 사람에게는 $\$7 \cdot 11 \cdot 13$의 상금을 지급하겠다.

112 $n = 64$와 $n = 256$을 제외한 모든 $n > 4$에 대해, $\binom{2n}{n}$이 4나 9로 나누어떨어질까?

113 만일 $t(n+1,k)/t(n,k)$와 $t(n,k+1)/t(n,k)$가 n과 k의 유리함수들이면, 그리고 만일 $H(N,K,n)\,t(n,k) = 0$을 만족하는 0이 아닌 선형 차분연산자 $H(N,K,n)$이 존재한다면, $t(n,k)$가 고유항이라는 결론을 이끌어낼 수 있을까?

114 m이 양의 정수라고 하자. 그리고 수 $c_n^{(m)}$들을 점화식

$$\sum_k \binom{n}{k}^m \binom{n+k}{k}^m = \sum_k \binom{n}{k} \binom{n+k}{k} c_k^{(m)}$$

으로 정의하자. 수 $c_n^{(m)}$들이 정수일까?

6장

C o n c r e t e   M a t h e m a t i c s

특별한 수들

수학에는 우리가 즉시 알아볼 수 있는, 그래서 특별한 이름까지 붙인 수열이 몇 가지 있다. 예를 들어 산수를 배운 사람이라면 누구나 제곱수들의 수열 $\langle 1, 4, 9, 16, \ldots \rangle$을 알아볼 것이다. 제1장에서 우리는 삼각수 $\langle 1, 3, 6, 10, \ldots \rangle$을 만났고, 제4장에서는 소수 $\langle 2, 3, 5, 7, \ldots \rangle$을 공부했다. 제5장에서는 카탈랑 수 $\langle 1, 2, 5, 14, \ldots \rangle$을 간단하게 살펴보았다.

이번 장에서는 중요한 수열 몇 가지를 배운다. 가장 먼저 살펴볼 것은 스털링 수 $\begin{Bmatrix} n \\ k \end{Bmatrix}$와 $\begin{bmatrix} n \\ k \end{bmatrix}$, 그리고 오일러 수 $\left\langle \begin{matrix} n \\ k \end{matrix} \right\rangle$이다. 이항계수 $\binom{n}{k}$가 파스칼의 삼각형과 대응되는 것과 비슷하게, 이 수들은 계수들의 삼각형 패턴을 형성한다. 그런 다음에는 조화수열 H_n과 베르누이 수 B_n을 자세히 살펴본다. 이들은 정수가 아니라 분수라는 점에서 지금까지 공부한 다른 수열들과 다르다. 마지막으로는 매혹적인 피보나치 수 F_n과 그것의 중요한 일반화 몇 가지를 조사한다.

6.1 스털링 수

그럼 이항계수의 가까운 친척 중 하나인 스털링 수(Stirling numbers)로[†] 시작하자. 이 수열은 제임스 스털링James Stirling(1692–1770)의 이름을 딴 것이다. 이 수들은 두 가지 맛으로 나뉘는데, 전통적으로 그 둘을 각각 '제1종(the first kind) 스털링 수와

---

† (옮긴이) 원문은 복수형이지만, Bernoulli numbers를 '베르누이 수'로 번역한 대한수학회의 관례를 따라 그냥 '스털링 수'로 표기하기로 한다. 오일러 수 등도 마찬가지이다. 단수형의 스털링 수는(그리고 다른 여러 이름 붙은 수들의 단수형은) 해당 수열의 특정 항 하나를 뜻할 때도 있고 수열 전체를 뜻할 때도 있는데, 문맥을 보고 구분하기가 어렵지 않을 것이다.

'제2종 스털링 수'라는 다소 지루한 이름으로 부른다. 이 수들은 역사도 깊고 응용 분야도 많지만, 아직도 표준적인 표기법이 합의되지 않았다. 이 책에서는 요반 카라마타$^{\text{Jovan Karamata}}$ 관례에 따라 제2종 스털링 수를 $\left\{ {n \atop k} \right\}$로, 제1종 스털링 수를 $\left[{n \atop k} \right]$로 표기한다. 사람들이 시도해 온 다른 여러 표기법보다 이 표기법이 좀 더 사용자 친화적임을 알게 될 것이다.

표 305와 306은 n과 k가 작은 값일 때 $\left\{ {n \atop k} \right\}$와 $\left[{n \atop k} \right]$가 어떤 모습인지를 보여준다. 수 "1,7,6,1"이 등장하는 문제는 $\left\{ {n \atop k} \right\}$와 관련이 있을 가능성이 크고, "6,11,6,1"이 등장하는 문제는 $\left[{n \atop k} \right]$와 관련이 있을 가능성이 크다. 이는 "1,4,6,4,1"이라는 수들이 나오는 문제를 만났을 때 그 문제가 $\binom{n}{k}$와 관련되었을 것으로 추측하는 것과 마찬가지이다. 이들은 $n=4$일 때 나타나는 특징적인 수열들이다.

제2종 스털링 수가 다른 종류의 스털링 수보다 더 자주 나타나므로, 제2종을 제일 먼저 살펴보자. $\left\{ {n \atop k} \right\}$라는 기호는 원소가 n개인 집합을 비지 않은(공집합이 아닌) 부분집합 k개로 분할하는 방법의 수를 나타낸다. 예를 들어 4원소 집합을 두 부분으로 나누는 방법은 총 일곱 가지이다.

$$\{1,2,3\}\cup\{4\}, \quad \{1,2,4\}\cup\{3\}, \quad \{1,3,4\}\cup\{2\}, \quad \{2,3,4\}\cup\{1\},$$
$$\{1,2\}\cup\{3,4\}, \quad \{1,3\}\cup\{2,4\}, \quad \{1,4\}\cup\{2,3\}. \tag{6.1}$$

따라서 $\left\{ {4 \atop 2} \right\}=7$이다. 집합과 수 $\left\{ {n \atop k} \right\}$ 모두 중괄호가 쓰였음을 주목하기 바란다. 이러한 표기상의 일관성은 $\left\{ {n \atop k} \right\}$의 의미를 기억하는 데 도움이 된다. $\left\{ {n \atop k} \right\}$를 소리 내어 읽을 때는 "$n$ 부분집합 k(n subset k)"라고 읽으면 될 것이다.

그럼 작은 k들을 살펴보자. 모든 $n>0$에 대해, n개의 원소를 하나의 비지 않은 집합에 넣는 방법은 하나뿐이므로 $\left\{ {n \atop 1} \right\}=1$이다. 한편, 0원소 집합은 공집합이므로 $\left\{ {0 \atop 1} \right\}=0$이다.

$k=0$인 경우는 다소 까다롭다. 공집합을 0개의 비지 않은 부분들로 분할하는 방법이 단 하나라고, 즉, $\left\{ {0 \atop 0} \right\}=1$이라고 정의하는 것이 제일 낫다. 그러나, $n>0$에 대해서는 $\left\{ {n \atop 0} \right\}=0$이다. 비지 않은 집합에는 적어도 하나의 부분이 있어야 하기 때문이다.

$k=2$일 때는 어떨까? $\left\{ {0 \atop 2} \right\}=0$임은 확실하다. 원소가 $n>0$개인 집합을 비지 않은 두 부분으로 나눈다면, 두 부분 중 하나는 마지막 원소와 처음 $n-1$개의 원소들의 한 부분집합으로 이루어진다. 후자의 부분집합을 선택하는 방법은 2^{n-1}가지이다(처음 $n-1$개의 원소 각각 그 부분집합에 포함되거나 포함되지 않거나로 나뉘므로).

"... par cette notation, les formules deviennent plus symétriques."
— J. 카라마타. [199]

스털링 자신은 그의 책 [343]에서 제1종보다 제2종을 먼저 고찰했다.

표 305 부분집합에 대한 스털링의 삼각형

n	$\begin{Bmatrix} n \\ 0 \end{Bmatrix}$	$\begin{Bmatrix} n \\ 1 \end{Bmatrix}$	$\begin{Bmatrix} n \\ 2 \end{Bmatrix}$	$\begin{Bmatrix} n \\ 3 \end{Bmatrix}$	$\begin{Bmatrix} n \\ 4 \end{Bmatrix}$	$\begin{Bmatrix} n \\ 5 \end{Bmatrix}$	$\begin{Bmatrix} n \\ 6 \end{Bmatrix}$	$\begin{Bmatrix} n \\ 7 \end{Bmatrix}$	$\begin{Bmatrix} n \\ 8 \end{Bmatrix}$	$\begin{Bmatrix} n \\ 9 \end{Bmatrix}$
0	1									
1	0	1								
2	0	1	1							
3	0	1	3	1						
4	0	1	7	6	1					
5	0	1	15	25	10	1				
6	0	1	31	90	65	15	1			
7	0	1	63	301	350	140	21	1		
8	0	1	127	966	1701	1050	266	28	1	
9	0	1	255	3025	7770	6951	2646	462	36	1

그런데 모든 원소가 그 부분에 포함되면 다른 부분이 공집합이 되므로 적어도 한 원소는 그 부분에 포함되지 않게 해야 한다. 따라서 1을 빼야 한다. 정리하자면 다음과 같다.

$$\begin{Bmatrix} n \\ 2 \end{Bmatrix} = 2^{n-1} - 1, \quad \text{정수 } n > 0. \tag{6.2}$$

(이는 이전에 직접 나열해서 얻은 $\begin{Bmatrix} 4 \\ 2 \end{Bmatrix} = 7 = 2^3 - 1$과 부합한다.)

이 논법을 다음과 같이 조금 수정해서 적용하면 모든 k에 대해 $\begin{Bmatrix} n \\ k \end{Bmatrix}$를 계산할 수 있는 점화식이 나온다. $n > 0$개의 원소로 이루어진 집합을 k개의 비지 않은 부분들로 분할할 때, 마지막 원소를 그 원소만으로 이루어진 부분에 넣거나(이런 식으로 집합을 분할하는 방법은 $\begin{Bmatrix} n-1 \\ k-1 \end{Bmatrix}$가지이다), 처음 $n-1$개의 원소의 어떤 비지 않은 부분집합과 함께 넣는다. 후자의 방식으로 집합을 분할하는 방법은 $k\begin{Bmatrix} n-1 \\ k \end{Bmatrix}$가지이다. 처음 $n-1$개의 원소를 k개의 비지 않은 부분들로 나누는 $\begin{Bmatrix} n-1 \\ k \end{Bmatrix}$가지 방법마다 각각 n번째 원소를 k개의 부분집합 중 하나에 넣기 때문이다. 정리하자면 다음과 같다.

$$\begin{Bmatrix} n \\ k \end{Bmatrix} = k\begin{Bmatrix} n-1 \\ k \end{Bmatrix} + \begin{Bmatrix} n-1 \\ k-1 \end{Bmatrix}, \quad \text{정수 } n > 0. \tag{6.3}$$

표 306 순환고리에 대한 스털링의 삼각형

n	$\begin{bmatrix} n \\ 0 \end{bmatrix}$	$\begin{bmatrix} n \\ 1 \end{bmatrix}$	$\begin{bmatrix} n \\ 2 \end{bmatrix}$	$\begin{bmatrix} n \\ 3 \end{bmatrix}$	$\begin{bmatrix} n \\ 4 \end{bmatrix}$	$\begin{bmatrix} n \\ 5 \end{bmatrix}$	$\begin{bmatrix} n \\ 6 \end{bmatrix}$	$\begin{bmatrix} n \\ 7 \end{bmatrix}$	$\begin{bmatrix} n \\ 8 \end{bmatrix}$	$\begin{bmatrix} n \\ 9 \end{bmatrix}$
0	1									
1	0	1								
2	0	1	1							
3	0	2	3	1						
4	0	6	11	6	1					
5	0	24	50	35	10	1				
6	0	120	274	225	85	15	1			
7	0	720	1764	1624	735	175	21	1		
8	0	5040	13068	13132	6769	1960	322	28	1	
9	0	40320	109584	118124	67284	22449	4536	546	36	1

표 305는 이 공식에 따라 만든 것이다. k 인수가 없으면 이 공식은 덧셈 공식(파스칼의 삼각형을 만드는) (5.8)이 된다.

이제 제1종 스털링 수를 보자. 제1종 스털링 수 $\begin{bmatrix} n \\ k \end{bmatrix}$는 다른 종류의 스털링 수들과 비슷하되, n개의 객체를 k개의 순환마디(cycle)들로 배치하는 방법의 수를 뜻한다. '$\begin{bmatrix} n \\ k \end{bmatrix}$'를 소리 내어 읽을 때는 "$n$ 순환마디 k"라고 하면 될 것이다.

순환마디는 제4장에서 살펴본 목걸이처럼 객체들이 순환되는 배열이다. 다음과 같은 순환마디를 생각해 보자.

이를 좀 더 간결하게 '$[A,B,C,D]$'로 표기할 수 있다. 순환마디는 끝과 시작이 연결되어 있기 때문에 이름 그대로 "순환"된다는 점을 이해해야 한다. 즉,

$$[A,B,C,D] = [B,C,D,A] = [C,D,A,B] = [D,A,B,C]$$

이다. 반면, 순환마디 $[A,B,D,C]$나 $[D,C,B,A]$는 순환마디 $[A,B,C,D]$와는 다른 것이다.

네 원소로 순환마디 두 개를 만드는 방법은 총 열한 가지이다.

"부족의 노래를 짓는 방법은 아홉 하고도 육십 가지, 그리고-그-하나-하나-다 -옳지."
— 러디어드 키플링Rudyard Kipling

$$[1,2,3][4], \quad [1,2,4][3], \quad [1,3,4][2], \quad [2,3,4][1],$$
$$[1,3,2][4], \quad [1,4,2][3], \quad [1,4,3][2], \quad [2,4,3][1], \qquad (6.4)$$
$$[1,2][3,4], \quad [1,3][2,4], \quad [1,4][2,3];$$

따라서 $\begin{bmatrix} 4 \\ 2 \end{bmatrix} = 11$이다.

단원소(singleton) 순환마디(즉, 원소가 하나인 순환마디)는 단원소 집합(원소가 하나인 집합)과 같다. 마찬가지로, 원소가 두 개인 2-순환마디는 원소가 두 개인 2-집합과 비슷하다. $\{A,B\} = \{B,A\}$인 것처럼 $[A,B] = [B,A]$이기 때문이다. 그러나 3-순환마디에는 서로 다른 두 종류가 있다. $[A,B,C]$와 $[A,C,B]$는 서로 다르다. 예를 들어, 식 (6.1)의 일곱 부분집합 쌍 중 3원소 부분집합에서 두 개의 순환마디를 만들어 내면 식 (6.4)의 순환마디 열한 개가 나온다.

일반화해서, 임의의 n원소 집합으로 만들 수 있는 서로 다른 n원소 순환마디는 $n!/n = (n-1)!$개이다. (그런 집합의 순열은 $n!$개이고, 각각의 n-순환마디는 그 순열 중 n개에 대응된다. 각 순환마디의 원소 중 그 어떤 것도 첫 자리에 둘 수 있기 때문이다.) 따라서 다음이 성립한다.

$$\begin{bmatrix} n \\ 1 \end{bmatrix} = (n-1)!, \quad \text{정수 } n > 0. \qquad (6.5)$$

이는 스털링 부분집합 개수에서 구한 $\left\{ \begin{matrix} n \\ 1 \end{matrix} \right\} = 1$보다 훨씬 큰 값이다. 사실, 순환마디는 적어도 부분집합만큼은 있다. 즉, 다음 부등식이 성립한다.

$$\begin{bmatrix} n \\ k \end{bmatrix} \geq \left\{ \begin{matrix} n \\ k \end{matrix} \right\}, \quad \text{정수 } n,k \geq 0. \qquad (6.6)$$

비지 않은 부분집합들로의 모든 분할이 적어도 하나의 순환마디 배치에 대응된다는 점을 생각하면 이 부등식이 이해가 될 것이다.

식 (6.6)의 등호가 성립할 필요조건은 모든 순환마디가 단원소 또는 2원소라는 것이다. 그런 경우 순환마디는 사실상 부분집합과 같기 때문이다. $k = n$일 때와 $k = n-1$일 때 실제로 그 조건이 만족된다. 따라서 다음이 성립한다.

$$\begin{bmatrix} n \\ n \end{bmatrix} = \left\{ \begin{matrix} n \\ n \end{matrix} \right\}; \quad \begin{bmatrix} n \\ n-1 \end{bmatrix} = \left\{ \begin{matrix} n \\ n-1 \end{matrix} \right\}.$$

실제로, 다음과 같은 등식들이 성립함을 이해하기란 어렵지 않다.

$$\begin{bmatrix} n \\ n \end{bmatrix} = \begin{Bmatrix} n \\ n \end{Bmatrix} = 1; \quad \begin{bmatrix} n \\ n-1 \end{bmatrix} = \begin{Bmatrix} n \\ n-1 \end{Bmatrix} = \binom{n}{2}. \tag{6.7}$$

(n개의 원소를 $n-1$개의 순환마디 또는 부분집합들로 배치하는 방법의 수는 같은 순환마디 또는 부분집합이 될 두 원소를 선택하는 방법의 수와 같다.) 표 305과 306에 삼각수 $\binom{n}{2} = 1, 3, 6, 10, \ldots$이 있음을 주목하기 바란다.

$\begin{Bmatrix} n \\ k \end{Bmatrix}$에 적용한 논법을 조금 수정하면 $\begin{bmatrix} n \\ k \end{bmatrix}$에 대한 점화식을 유도할 수 있다. n개의 원소를 k개의 순환마디들로 배치한다고 할 때, 그러한 각 배치는 마지막 원소를 단원소 순환마디로 만들거나(총 $\begin{bmatrix} n-1 \\ k-1 \end{bmatrix}$가지), 마지막 원소를 처음 $n-1$개의 원소들로 만든 $\begin{bmatrix} n-1 \\ k \end{bmatrix}$가지 순환마디 배치 중 하나에 넣거나이다. 후자의 경우, 마지막 원소를 순환마디 배치에 넣는 방법은 총 $n-1$가지이다. (이 점을 이해하려면 생각을 좀 해야 할 것이다. 그러나 하나의 새 원소를 j원소 순환마디에 넣어서 $(j+1)$원소 순환마디를 만드는 방법의 수가 j임을 확인하는 것은 그리 어렵지 않다. 예를 들어 $j = 3$일 때 순환마디 $[A, B, C]$에 새 원소 D를 삽입해서 나오는 순환마디는

$$[A, B, C, D] \ \text{또는} \ [A, B, D, C] \ \text{또는} \ [A, D, B, C]$$

이다. 이 세 가지 이외의 순환마디가 나올 수는 없다. 이런 경우의 수들을 모든 j에 관해 합산하면, n번째 원소를 $n-1$개의 원소들의 순환마디 배치들에 삽입하는 모든 방법의 수가 $n-1$임을 알 수 있다.) 따라서, 우리가 구하고자 했던 점화식은 다음과 같다.

$$\begin{bmatrix} n \\ k \end{bmatrix} = (n-1) \begin{bmatrix} n-1 \\ k \end{bmatrix} + \begin{bmatrix} n-1 \\ k-1 \end{bmatrix}, \quad \text{정수 } n > 0. \tag{6.8}$$

이것이 표 306를 생성하는 데 쓰인, 파스칼의 삼각형의 덧셈 공식에 대응되는 공식이다.

식 (6.8)과 식 (6.3)을 비교해 보면, 스털링 순환마디 개수에서는 우변의 첫 항에 상지표 $(n-1)$이 곱해졌고 스털링 부분집합 개수에서는 우변의 첫 항에 하지표 k가 곱해졌음을 알 수 있다. 이는, 스털링 수가 관련된 점화식을 수학적 귀납법으로 증명할 때 $n \begin{bmatrix} n \\ k \end{bmatrix}$와 $k \begin{Bmatrix} n \\ k \end{Bmatrix}$ 같은 항들의 인수를 '흡수(absorption)'할 수 있음을 뜻한다.

모든 순열(치환)은 순환마디들의 집합과 동등하다. 예를 들어 123456789를 384729156으로 만드는 치환을 생각해 보자. 편의상 이를 다음과 같이 두 줄로 표기하겠다.

1 2 3 4 5 6 7 8 9
3 8 4 7 2 9 1 5 6

이 표기는 1이 3이 되고 2가 8이 되는 등으로 자리가 변함을 보여준다. 이것이 순환마디와 연관되는 지점은, 1이 3이 되고, 3이 4가 되고, 4가 7이 되고, 7이 다시 원래의 원소 1이 된다는 것이다. 즉, 이 순열에는 순환마디 [1,3,4,7]이 들어 있다. 또한, 이 순열에는 순환마디 [2,8,5]와 [6,9]도 있다. 따라서 이 순열은 다음과 같은 순환마디 배치와 동등하다.

[1,3,4,7][2,8,5][6,9].

$\{1,2,...,n\}$의 임의의 한 순열 $\pi_1\pi_2 \ldots \pi_n$의 모든 원소는 각각 개별적인 순환마디에 속한다. $m_0 = m$으로 시작해서 $m_1 = \pi_{m_0}$, $m_2 = \pi_{m_1}$ 등으로 나열하다 보면 결국에는 $m_k = m_0$으로 돌아간다는 점을 생각하면 이해가 될 것이다. (수들은 언젠가는 다시 등장하며, 처음으로 재등장하는 수는 반드시 m_0이다. 다른 수 $m_1, m_2, ..., m_{k-1}$의 유일한 선행 원소들을 우리가 알고 있기 때문이다.) 따라서 모든 순열은 하나의 순환마디 배치를 정의한다. 그리고 이러한 구축 과정을 반대로 뒤집는다면, 모든 순환마디 배치가 하나의 순열을 정의한다는 점도 확인할 수 있다. 이러한 일대일 대응 관계는 순열과 순환마디 배치가 본질적으로 같은 것임을 보여준다.

따라서 $\left[{n \atop k}\right]$는 n개의 객체의 순열 중 순환마디가 정확히 k개인 순열들의 개수이다. 만일 모든 k에 관해 $\left[{n \atop k}\right]$를 합산한다면, 그 합은 곧 모든 순열의 개수이다.

$$\sum_{k=0}^{n} \left[{n \atop k}\right] = n!, \quad \text{정수 } n \geq 0. \tag{6.9}$$

예를 들어 $6+11+6+1 = 24 = 4!$이다.

스털링 수들이 유용한 것은, 점화식 (6.3)과 (6.8)이 다양한 문제들에서 나타나기 때문이다. 예를 들어 보통의 거듭제곱 x^n을 내림 거듭제곱 $x^{\underline{n}}$으로 표현한다고 하자. 처음 몇 사례는 다음과 같다.

$$x^{\underline{0}} = x^0;$$
$$x^{\underline{1}} = x^1;$$
$$x^{\underline{2}} = x^2 + x^1;$$
$$x^{\underline{3}} = x^3 + 3x^2 + x^1;$$
$$x^{\underline{4}} = x^4 + 6x^3 + 7x^2 + x^1.$$

수상하게도 이 계수들은 표 305에 나온 수들과 비슷하다. 사실 좌우가 뒤집혀 있을 뿐이다. 따라서 일반식은 다음일 것이라고 어느 정도 강하게 확신할 수 있다.

$k < 0$ 이고 $n \geq 0$ 일 때 ${n \brace k} = {n \brack k} = 0$ 이라고 정의하는 게 나올 것이다.

$$x^n = \sum_k {n \brace k} x^{\underline{k}}, \quad \text{정수 } n \geq 0. \tag{6.10}$$

실제로, 이를 수학적 귀납법으로 간단하게 증명할 수 있다. $x^{\underline{k+1}} = x^{\underline{k}}(x-k)$ 이므로 $x \cdot x^{\underline{k}} = x^{\underline{k+1}} + kx^{\underline{k}}$ 이다. 따라서 $x \cdot x^{n-1}$ 은

$$x \sum_k {n-1 \brace k} x^{\underline{k}} = \sum_k {n-1 \brace k} x^{\underline{k+1}} + \sum_k {n-1 \brace k} k x^{\underline{k}}$$
$$= \sum_k {n-1 \brace k-1} x^{\underline{k}} + \sum_k {n-1 \brace k} k x^{\underline{k}}$$
$$= \sum_k \left(k {n-1 \brace k} + {n-1 \brace k-1} \right) x^{\underline{k}} = \sum_k {n \brace k} x^{\underline{k}}$$

이다. 다른 말로 하면, 스털링 부분집합 개수들은 보통의 거듭제곱으로 평가되는 차례거듭제곱 합의 계수들이다.

반대 방향도 가능하다. 즉, 스털링 순환마디 개수들은 차례거듭제곱으로 평가되는 보통의 거듭제곱 합의 계수들이다.

$$x^{\overline{0}} = x^0;$$
$$x^{\overline{1}} = x^1;$$
$$x^{\overline{2}} = x^2 + x^1;$$
$$x^{\overline{3}} = x^3 + 3x^2 + 2x^1;$$
$$x^{\overline{4}} = x^4 + 6x^3 + 11x^2 + 6x^1.$$

$(x+n-1) \cdot x^{\overline{k}} = x^{\overline{k+1}} + (n-1)x^{\overline{k}}$ 이므로, 앞의 증명과 비슷한 방식으로 다음을 증명할 수 있다.

$$(x+n-1)x^{\overline{n-1}} = (x+n-1) \sum_k {n-1 \brack k} x^k = \sum_k {n \brack k} x^k.$$

그리고 이에 기초해서 수학적 귀납법을 적용하면 다음과 같은 일반식을 증명할 수 있다.

$$x^{\bar{n}} = \sum_k \begin{bmatrix} n \\ k \end{bmatrix} x^k, \quad \text{정수 } n \geq 0. \tag{6.11}$$

($x = 1$로 두면 식 (6.9)가 다시 나온다.)

그런데 잠깐 걸음을 멈추고 이를 좀 더 자세히 살펴보자. 식 (6.11)에는 올림 차례거듭제곱 $x^{\bar{n}}$이 있지만 식 (6.10)에는 내림 차례거듭제곱 $x^{\underline{n}}$이 있다. 그렇다면, $x^{\bar{n}}$을 보통의 거듭제곱으로 표현하려면, 또는 x^n을 올림 차례거듭제곱으로 표현하려면 어떻게 해야 할까? 답은 쉽다. 그냥 마이너스 부호 몇 개를 추가해서 만든 다음 공식들을 사용하면 된다.

$$x^n = \sum_k \begin{Bmatrix} n \\ k \end{Bmatrix} (-1)^{n-k} x^{\bar{k}}, \quad \text{정수 } n \geq 0; \tag{6.12}$$

$$x^{\underline{n}} = \sum_k \begin{bmatrix} n \\ k \end{bmatrix} (-1)^{n-k} x^k, \quad \text{정수 } n \geq 0. \tag{6.13}$$

이 공식들이 왜 유효한지는, 예를 들어 공식

$$x^{\underline{4}} = x(x-1)(x-2)(x-3) = x^4 - 6x^3 + 11x^2 - 6x$$

와 공식

$$x^{\bar{4}} = x(x+1)(x+2)(x+3) = x^4 + 6x^3 + 11x^2 + 6x$$

가 그냥 부호들만 다르다는 점을 생각하면 이해할 수 있을 것이다. 연습문제 2.17에 나오는 일반 항등식

$$x^{\underline{n}} = (-1)^n (-x)^{\bar{n}} \tag{6.14}$$

은 식 (6.10)을 식 (6.12)로, 그리고 식 (6.11)를 식 (6.13)으로 변환한다(x의 부호를 바꾸어 적용할 때).

표 312 기본적인 스털링 수 항등식들(정수 $n \geq 0$)

점화식:

$$\left\{ {n \atop k} \right\} = k \left\{ {n-1 \atop k} \right\} + \left\{ {n-1 \atop k-1} \right\}.$$

$$\left[{n \atop k} \right] = (n-1) \left[{n-1 \atop k} \right] + \left[{n-1 \atop k-1} \right].$$

특별한 값:

$$\left\{ {n \atop 0} \right\} = \left[{n \atop 0} \right] = [n = 0].$$

$$\left\{ {n \atop 1} \right\} = [n > 0]; \qquad\qquad \left[{n \atop 1} \right] = (n-1)! [n > 0].$$

$$\left\{ {n \atop 2} \right\} = (2^{n-1} - 1)[n > 0]; \quad \left[{n \atop 2} \right] = (n-1)! H_{n-1} [n > 0].$$

$$\left\{ {n \atop n-1} \right\} = \left[{n \atop n-1} \right] = \binom{n}{2}.$$

$$\left\{ {n \atop n} \right\} = \left[{n \atop n} \right] = \binom{n}{n} = 1.$$

$$\left\{ {n \atop k} \right\} = \left[{n \atop k} \right] = \binom{n}{k} = 0, \quad \text{만일 } k > n \text{이면}.$$

거듭제곱 변환:

$$x^n = \sum_k \left\{ {n \atop k} \right\} x^{\underline{k}} = \sum_k \left\{ {n \atop k} \right\} (-1)^{n-k} x^{\overline{k}}.$$

$$x^{\underline{n}} = \sum_k \left[{n \atop k} \right] (-1)^{n-k} x^k;$$

$$x^{\overline{n}} = \sum_k \left[{n \atop k} \right] x^k.$$

반전 공식:

$$\sum_k \left[{n \atop k} \right] \left\{ {k \atop m} \right\} (-1)^{n-k} = [m = n];$$

$$\sum_k \left\{ {n \atop k} \right\} \left[{k \atop m} \right] (-1)^{n-k} = [m = n].$$

표 313 추가적인 스털링 수 항등식들(정수 $l, m, n \geq 0$)

$$\left\{ {n+1 \atop m+1} \right\} = \sum_k \binom{n}{k} \left\{ {k \atop m} \right\}. \tag{6.15}$$

$$\left[{n+1 \atop m+1} \right] = \sum_k \left[{n \atop k} \right] \binom{k}{m}. \tag{6.16}$$

$$\left\{ {n \atop m} \right\} = \sum_k \binom{n}{k} \left\{ {k+1 \atop m+1} \right\} (-1)^{n-k}. \tag{6.17}$$

$$\left[{n \atop m} \right] = \sum_k \left[{n+1 \atop k+1} \right] \binom{k}{m} (-1)^{m-k}. \tag{6.18}$$

$$m! \left\{ {n \atop m} \right\} = \sum_k \binom{m}{k} k^n (-1)^{m-k}. \tag{6.19}$$

$$\left\{ {n+1 \atop m+1} \right\} = \sum_{k=0}^n \left\{ {k \atop m} \right\} (m+1)^{n-k}. \tag{6.20}$$

$$\left[{n+1 \atop m+1} \right] = \sum_{k=0}^n \left[{k \atop m} \right] n^{\underline{n-k}} = n! \sum_{k=0}^n \left[{k \atop m} \right] / k!. \tag{6.21}$$

$$\left\{ {m+n+1 \atop m} \right\} = \sum_{k=0}^m k \left\{ {n+k \atop k} \right\}. \tag{6.22}$$

$$\left[{m+n+1 \atop m} \right] = \sum_{k=0}^m (n+k) \left[{n+k \atop k} \right]. \tag{6.23}$$

$$\binom{n}{m} = \sum_k \left\{ {n+1 \atop k+1} \right\} \left[{k \atop m} \right] (-1)^{m-k}. \tag{6.24}$$

$$n^{\underline{n-m}} [n \geq m] = \sum_k \left[{n+1 \atop k+1} \right] \left\{ {k \atop m} \right\} (-1)^{m-k}. \tag{6.25}$$

$$\left\{ {n \atop n-m} \right\} = \sum_k \binom{m-n}{m+k} \binom{m+n}{n+k} \left[{m+k \atop k} \right]. \tag{6.26}$$

$$\left[{n \atop n-m} \right] = \sum_k \binom{m-n}{m+k} \binom{m+n}{n+k} \left\{ {m+k \atop k} \right\}. \tag{6.27}$$

$$\left\{ {n \atop l+m} \right\} \binom{l+m}{l} = \sum_k \left\{ {k \atop l} \right\} \left\{ {n-k \atop m} \right\} \binom{n}{k}. \tag{6.28}$$

$$\left[{n \atop l+m} \right] \binom{l+m}{l} = \sum_k \left[{k \atop l} \right] \left[{n-k \atop m} \right] \binom{n}{k}. \tag{6.29}$$

$$n^m (-1)^{n-m} \left[{n \atop m} \right] = \sum_k \left[{n \atop k} \right] \binom{-m}{k-m} n^k.$$

또한 $\binom{n}{m}(n-1)^{\underline{n-m}}$
$= \sum_k \left[{n \atop k} \right] \left\{ {k \atop m} \right\}$ 이다. 이는
식 (6.9)의 한 일반화이다.

식 (6.12) 같은 공식에 $(-1)^{n-k}$ 인수가 들어가야 하는지 아닌지 기억하는 것은 그리 어렵지 않다. x가 클 때 거듭제곱들 사이에 다음과 같은 자연스러운 순서가 성립한다는 점을 생각하면 된다.

$$x^{\bar{n}} > x^n > x^{\underline{n}}, \quad \text{모든 } x > n > 1 \text{에 대해.} \tag{6.30}$$

스털링 수 $\left[{n \atop k} \right]$와 $\left\{ {n \atop k} \right\}$는 음이 아니므로, '작은' 거듭제곱을 '큰' 거듭제곱을 이용해서 전개할 때에는 마이너스 부호를 사용해야 한다.

식 (6.11)을 식 (6.12)에 대입하면 다음과 같은 이중합이 나온다.

$$x^n = \sum_k \left\{ {n \atop k} \right\} (-1)^{n-k} x^{\bar{k}} = \sum_{k,m} \left\{ {n \atop k} \right\} \left[{k \atop m} \right] (-1)^{n-k} x^m.$$

이 등식은 모든 x에 대해 성립하므로 우변의 $x^0, x^1, \ldots, x^{n-1}, x^{n+1}, x^{n+2}, \ldots$의 계수들은 반드시 모두 0이어야 하며, 따라서 다음 항등식이 성립한다.

$$\sum_k \left\{ {n \atop k} \right\} \left[{k \atop m} \right] (-1)^{n-k} = [m=n], \quad \text{정수 } m,n \geq 0. \tag{6.31}$$

이항계수처럼 스털링 수들도 다수의 놀라운 항등식들을 만족한다. 그런데 그 항등식들은 제5장에서 본 항등식들만큼 다재다능하지는 않기 때문에, 그만큼 자주 쓰이지는 않는다. 따라서, 언젠가 스털링 수가 관여하는 어려운 문제를 공략해야 할 때 찾아볼 수 있도록 가장 간단한 항등식 몇 개만 나열하고 넘어가기로 하겠다. 표 312와 표 313에 가장 자주 쓰이는 공식들이 정리되어 있다. 본문에서 유도한 기본적인 항등식들도 다시 나열해 두었다.

제5장에서 이항계수를 공부할 때, 음의 n에 대한 $\binom{n}{k}$를 항등식 $\binom{n}{k} = \binom{n-1}{k} + \binom{n-1}{k-1}$이 그 어떤 제한 없이도 유효하도록 정의하는 것이 바람직함을 알게 되었다. 그리고 그 항등식을 이용해서 $\binom{n}{k}$를 이항계수의 조합론적 의미 이상으로 전개하면, 본질적으로 파스칼의 삼각형이 회전된 형태로 다시 만들어진다는 점도 발견했다(표 197 참고). 스털링의 삼각형에도 같은 일을 시도해 보자. 즉, 기본 점화식

$$\left\{ {n \atop k} \right\} = k \left\{ {n-1 \atop k} \right\} + \left\{ {n-1 \atop k-1} \right\}$$

$$\left[{n \atop k} \right] = (n-1) \left[{n-1 \atop k} \right] + \left[{n-1 \atop k-1} \right]$$

표 315 세로로 나란히 배열된 스털링의 삼각형들

n	$\left\{\begin{matrix} n \\ -5 \end{matrix}\right\}$	$\left\{\begin{matrix} n \\ -4 \end{matrix}\right\}$	$\left\{\begin{matrix} n \\ -3 \end{matrix}\right\}$	$\left\{\begin{matrix} n \\ -2 \end{matrix}\right\}$	$\left\{\begin{matrix} n \\ -1 \end{matrix}\right\}$	$\left\{\begin{matrix} n \\ 0 \end{matrix}\right\}$	$\left\{\begin{matrix} n \\ 1 \end{matrix}\right\}$	$\left\{\begin{matrix} n \\ 2 \end{matrix}\right\}$	$\left\{\begin{matrix} n \\ 3 \end{matrix}\right\}$	$\left\{\begin{matrix} n \\ 4 \end{matrix}\right\}$	$\left\{\begin{matrix} n \\ 5 \end{matrix}\right\}$
-5	1										
-4	10	1									
-3	35	6	1								
-2	50	11	3	1							
-1	24	6	2	1	1						
0	0	0	0	0	0	1					
1	0	0	0	0	0	0	1				
2	0	0	0	0	0	0	1	1			
3	0	0	0	0	0	0	1	3	1		
4	0	0	0	0	0	0	1	7	6	1	
5	0	0	0	0	0	0	1	15	25	10	1

이 모든 정수 n과 k에 대해 유효하다고 하면 어떤 일이 생길까? 만일 다음과 같은 합당한 조건들을 추가한다면 유일한 답이 나온다.

$$\left\{\begin{matrix} 0 \\ k \end{matrix}\right\} = \left[\begin{matrix} 0 \\ k \end{matrix}\right] = [k=0] \text{ 그리고 } \left\{\begin{matrix} n \\ 0 \end{matrix}\right\} = \left[\begin{matrix} n \\ 0 \end{matrix}\right] = [n=0]. \tag{6.32}$$

실제로, 놀랍도록 예쁜 패턴이 발생한다. 순환마디 개수에 대한 스털링의 삼각형이 부분집합 개수에 대한 스털링의 삼각형 위에 나타나고, 그 위에 다시 순환마디 개수에 대한 스털링의 삼각형이 나타난다! 제1종 스털링 수와 제2종 스털링 수 사이의 관계는 다음과 같이 극히 간단한 법칙으로 정의된다.[220], [221]

$$\left[\begin{matrix} n \\ k \end{matrix}\right] = \left\{\begin{matrix} -k \\ -n \end{matrix}\right\}, \quad \text{정수 } k, n. \tag{6.33}$$

즉, 두 스털링 수들에는 최솟값과 최댓값, $\lfloor x \rfloor$와 $\lceil x \rceil$, x^n과 $x^{\bar{n}}$, 최대공약수와 최소공배수 사이의 관계와 비슷한 '쌍대성(duality)'이 존재한다는 것이다. 이러한 대응 관계에서 점화식 $\left[\begin{matrix} n \\ k \end{matrix}\right] = (n-1)\left[\begin{matrix} n-1 \\ k \end{matrix}\right] + \left[\begin{matrix} n-1 \\ k-1 \end{matrix}\right]$과 $\left\{\begin{matrix} n \\ k \end{matrix}\right\} = k\left\{\begin{matrix} n-1 \\ k \end{matrix}\right\} + \left\{\begin{matrix} n-1 \\ k-1 \end{matrix}\right\}$이 결국 같은 것으로 정리된다는 점은 어렵지 않게 증명할 수 있다.

6.2 오일러 수

자주 등장하는 또 다른 수 삼각형을 살펴보자. 이번 삼각형은 오일러에서 비롯된 것이다.[104, §13], [110, p. 485] 이 삼각형의 원소들을 $\left\langle {n \atop k} \right\rangle$로 표기한다. 이 표기에서 좌, 우 흩화살괄호는 '미만'과 '초과' 기호를 암시한다. $\left\langle {n \atop k} \right\rangle$는 $\{1,2,...,n\}$의 순열 $\pi_1\pi_2...\pi_n$들 중 오름(ascent)이 k개인 순열들, 다시 말해서 $\pi_j < \pi_{j+1}$인 경우가 k번 있는 순열들의 개수이다. (주의: 이 표기법은 앞에서 본 스털링 수들의 표기법 $\left[{n \atop k}\right]$와 $\left\{{n \atop k}\right\}$보다는 덜 표준적이다. 그러나, 곧 보겠지만 이 표기법은 상당히 합리적이다.)

(커누스의 [209, 제1판은 $\left\langle {n \atop k} \right\rangle$ 대신 $\left\langle {n \atop k+1} \right\rangle$을 사용했다.)

예를 들어, 다음에서 보듯이 $\{1,2,3,4\}$의 순열 중 오름이 두 개인 순열은 열 한 개이다.

$$1324, \quad 1423, \quad 2314, \quad 2413, \quad 3412;$$
$$1243, \quad 1342, \quad 2341; \quad 2134, \quad 3124, \quad 4123.$$

(첫 행은 $\pi_1 < \pi_2 > \pi_3 < \pi_4$인 순열들이고 둘째 행은 $\pi_1 < \pi_2 < \pi_3 > \pi_4$인 순열들과 $\pi_1 > \pi_2 < \pi_3 < \pi_4$인 순열들이다.) 따라서 $\left\langle {4 \atop 2} \right\rangle = 11$이다. 표 316에 가장 작은 오일러 수들이 나와 있다. 이번에는 특징적인 수열인 $1,11,11,1$임을 주목하기 바란다. $n > 0$일 때 오름은 많아야 $n-1$개이다. 그래서 삼각형의 대각선 수들은 $\left\langle {n \atop n} \right\rangle = [n=0]$이다.

표 316 오일러의 삼각형

n	$\left\langle {n \atop 0} \right\rangle$	$\left\langle {n \atop 1} \right\rangle$	$\left\langle {n \atop 2} \right\rangle$	$\left\langle {n \atop 3} \right\rangle$	$\left\langle {n \atop 4} \right\rangle$	$\left\langle {n \atop 5} \right\rangle$	$\left\langle {n \atop 6} \right\rangle$	$\left\langle {n \atop 7} \right\rangle$	$\left\langle {n \atop 8} \right\rangle$	$\left\langle {n \atop 9} \right\rangle$
0	1									
1	1	0								
2	1	1	0							
3	1	4	1	0						
4	1	11	11	1	0					
5	1	26	66	26	1	0				
6	1	57	302	302	57	1	0			
7	1	120	1191	2416	1191	120	1	0		
8	1	247	4293	15619	15619	4293	247	1	0	
9	1	502	14608	88234	156190	88234	14608	502	1	0

파스칼의 삼각형처럼 오일러의 삼각형은 좌우 대칭이다. 단, 다음에서 보듯이 대칭 법칙은 파스칼의 삼각형의 것과 조금 다르다.

$$\left\langle{n \atop k}\right\rangle = \left\langle{n \atop n-1-k}\right\rangle, \quad \text{정수 } n > 0. \tag{6.34}$$

순열 $\pi_1\pi_2 \ldots \pi_n$에 오름이 $n-1-k$개 있을 필요충분조건은 그 순열의 '반사' 순열 $\pi_n \ldots \pi_2\pi_1$에 오름이 k개 있다는 것이다.

그럼 $\left\langle{n \atop k}\right\rangle$의 점화식을 구해보자. $\{1,\ldots,n-1\}$의 각 순열 $\rho = \rho_1 \ldots \rho_{n-1}$에 모든 가능한 방법으로 새 원소 n을 삽입하면 $\{1,2,\ldots,n\}$의 새로운 순열 n개가 만들어진다. n을 j 위치에 삽입해서 순열 $\pi = \rho_1 \ldots \rho_{j-1}n\rho_j \ldots \rho_{n-1}$이 나왔다고 하자. $j=1$이거나 $\rho_{j-1} < \rho_j$이면 π의 오름 개수는 ρ의 오름 개수와 같다. 그리고 만일 $\rho_{j-1} > \rho_j$이거나 $j=n$이면 π의 오름 개수는 ρ의 것보다 하나 많다. 따라서, 오름이 k인 순열 π들을 만드는 방법의 수는 오름이 k개인 순열 ρ들로부터 π를 만드는 모든 방법의 수 $(k+1)\left\langle{n-1 \atop k}\right\rangle$에 오름이 $k-1$개인 순열 ρ들로부터 π를 만드는 모든 방법의 수 $((n-2)-(k-1)+1)\left\langle{n-1 \atop k-1}\right\rangle$을 더한 것이다. 그러므로, 원했던 점화식은 다음과 같다.

$$\left\langle{n \atop k}\right\rangle = (k+1)\left\langle{n-1 \atop k}\right\rangle + (n-k)\left\langle{n-1 \atop k-1}\right\rangle, \quad \text{정수 } n > 0. \tag{6.35}$$

이번에도 점화식의 초기 설정은

$$\left\langle{0 \atop k}\right\rangle = [k=0], \quad \text{정수 } k \tag{6.36}$$

이다. 또한, $k < 0$일 때 $\left\langle{n \atop k}\right\rangle = 0$이라고 가정한다.

오일러 수가 유용한 기본적인 이유는, 오일러 수가 보통의 거듭제곱과 연속된 이항계수를 다음과 같이 색다른 방식으로 연결해주기 때문이다.

$$x^n = \sum_k \left\langle{n \atop k}\right\rangle\binom{x+k}{n}, \quad \text{정수 } n \geq 0. \tag{6.37}$$

최근 서양 학자들은 식 (6.37)이 1867에 출간된 중국 수학자 이선란李善蘭의 책 [249]에 처음으로 등장했다는 사실을 알게 되었다.[265, pp. 320-325]

(이 공식을 '보르피츠키Worpitzky 항등식[378]'이라고 부른다. 예를 들어

$$x^2 = \binom{x}{2} + \binom{x+1}{2},$$

$$x^3 = \binom{x}{3} + 4\binom{x+1}{3} + \binom{x+2}{3},$$

$$x^4 = \binom{x}{4} + 11\binom{x+1}{4} + 11\binom{x+2}{4} + \binom{x+3}{4}$$

등이 성립한다. 식 (6.37)은 귀납법으로 쉽게 증명할 수 있다(연습문제 14).

덧붙이자면, 식 (6.37)은 처음 n개의 제곱수들의 합을 얻는 또 다른 방법을 제공한다. $k^2 = \left\langle{2\atop0}\right\rangle\binom{k}{2} + \left\langle{2\atop1}\right\rangle\binom{k+1}{2} = \binom{k}{2} + \binom{k+1}{2}$이므로

$$1^2 + 2^2 + \cdots + n^2 = \left(\binom{1}{2} + \binom{2}{2} + \cdots + \binom{n}{2}\right) + \left(\binom{2}{2} + \binom{3}{2} + \cdots + \binom{n+1}{2}\right)$$

$$= \binom{n+1}{3} + \binom{n+2}{3} = \frac{1}{6}(n+1)n((n-1) + (n+2))$$

이다.

오일러 점화식 (6.35)는 스털링 점화식 (6.3), (6.8)보다 다소 복잡하므로, 수 $\left\langle{n\atop k}\right\rangle$가 만족하는 간단한 항등식들이 스털링 수들이 만족하는 것들만큼이나 많으리라고 기대하기는 어렵다. 그렇긴 하지만, 다음과 같은 몇 개의 항등식은 성립한다.

$$\left\langle{n\atop m}\right\rangle = \sum_{k=0}^{m} \binom{n+1}{k}(m+1-k)^n(-1)^k; \tag{6.38}$$

$$m!\left\{{n\atop m}\right\} = \sum_k \left\langle{n\atop k}\right\rangle\binom{k}{n-m}; \tag{6.39}$$

$$\left\langle{n\atop m}\right\rangle = \sum_k \left\{{n\atop k}\right\}\binom{n-k}{m}(-1)^{n-k-m}k!. \tag{6.40}$$

식 (6.39)에 z^{n-m}을 곱하고 m에 관해 합하면 $\sum_m \left\{{n\atop m}\right\}m!z^{n-m} = \sum_k \left\langle{n\atop k}\right\rangle(z+1)^k$이 나온다. 이 식의 z에 $z-1$을 대입하고 z^k의 계수들을 등호로 연결하면 식 (6.40)이 나온다. 따라서 마지막 두 항등식은 본질적으로 동등하다. 첫 항등식, 즉 식 (6.38)은 m이 작을 때 특별한 값들을 산출한다.

$$\left\langle{n\atop 0}\right\rangle = 1; \quad \left\langle{n\atop 1}\right\rangle = 2^n - n - 1; \quad \left\langle{n\atop 2}\right\rangle = 3^n - (n+1)2^n + \binom{n+1}{2}.$$

표 319 2차 오일러 삼각형

n	$\left\langle\!\!\left\langle{n \atop 0}\right\rangle\!\!\right\rangle$	$\left\langle\!\!\left\langle{n \atop 1}\right\rangle\!\!\right\rangle$	$\left\langle\!\!\left\langle{n \atop 2}\right\rangle\!\!\right\rangle$	$\left\langle\!\!\left\langle{n \atop 3}\right\rangle\!\!\right\rangle$	$\left\langle\!\!\left\langle{n \atop 4}\right\rangle\!\!\right\rangle$	$\left\langle\!\!\left\langle{n \atop 5}\right\rangle\!\!\right\rangle$	$\left\langle\!\!\left\langle{n \atop 6}\right\rangle\!\!\right\rangle$	$\left\langle\!\!\left\langle{n \atop 7}\right\rangle\!\!\right\rangle$	$\left\langle\!\!\left\langle{n \atop 8}\right\rangle\!\!\right\rangle$
0	1								
1	1	0							
2	1	2	0						
3	1	8	6	0					
4	1	22	58	24	0				
5	1	52	328	444	120	0			
6	1	114	1452	4400	3708	720	0		
7	1	240	5610	32120	58140	33984	5040	0	
8	1	494	19950	195800	644020	785304	341136	40320	0

여기서 우리가 오일러 수를 더 논의할 필요는 없다. 보통은 그런 수가 있다는 점을 알아 두고, 혹시 필요할 때를 대비해서 기본적인 항등식들의 목록이 이 책에 있음을 기억하는 정도면 충분하다. 그러나 이 주제를 마치기 전에, 표 319에 나온 또 다른 중요한 계수 삼각형 패턴을 살펴볼 필요가 있다. 이 삼각형의 수들을 '2차(second-rder) 오일러 수'라고 부르고 $\left\langle\!\!\left\langle{n \atop k}\right\rangle\!\!\right\rangle$로 표기한다. 2차 오일러 수라는 이름은 이 수들이 식 (6.35)와 비슷하되 한 곳에서 n이 $2n-1$로 대체된 다음과 같은 점화식을 만족하기 때문이다.

$$\left\langle\!\!\left\langle{n \atop k}\right\rangle\!\!\right\rangle = (k+1)\left\langle\!\!\left\langle{n-1 \atop k}\right\rangle\!\!\right\rangle + (2n-1-k)\left\langle\!\!\left\langle{n-1 \atop k-1}\right\rangle\!\!\right\rangle. \tag{6.41}$$

이 수들에는 신기한 조합적 해석이 존재한다. 게젤과 스탠리[Stanley]가 처음으로 주목한[147] 그 해석은, 중복집합 $\{1,1,2,2,...,n,n\}$의 원소들을 $1 \le m \le n$에 대해 두 m의 출현 사이에 있는 모든 수가 m보다 크다는 특별한 성질을 만족하도록 자리를 바꾸어서 순열들을 만든다고 할 때, $\left\langle\!\!\left\langle{n \atop k}\right\rangle\!\!\right\rangle$는 그런 순열 중 오름이 k개인 순열들의 개수라는 것이다. 예를 들어 $\{1,1,2,2,3,3\}$의 그런 순열 중 오름이 하나인 순열은 다음 여덟 개이다.

113322, 133221, 221331, 221133, 223311, 233211, 331122, 331221.

따라서 $\left\langle\!\!\left\langle{3 \atop 1}\right\rangle\!\!\right\rangle = 8$이다. 중복집합 $\{1,1,2,2,...,n,n\}$의 순열 중 그런 순열들의 전체 개수는 다음과 같다.

$$\sum_k \left\langle\!\!\left\langle n \atop k \right\rangle\!\!\right\rangle = (2n-1)(2n-3)\ldots(1) = \frac{(2n)^{\underline{n}}}{2^n}. \tag{6.42}$$

n의 두 출현은 반드시 인접해야 하고, 그런 출현들을 $n-1$에 대한 한 순열 안에 삽입하는 장소는 $2n-1$개임을 생각하면 이 공식이 이해가 될 것이다. 예를 들어 $n=3$일 때 순열 1221에는 삽입 지점이 다섯 개 있으며, 각 지점에 33을 삽입하면 331221, 133221, 123321, 122331, 122133이 나온다. 점화식 (6.41)은 보통의 오일러 수에 사용한 논법을 확장해서 증명할 수 있다.

2차 오일러 수는 기본적으로 스털링 수와의 관계 때문에 중요하다.[148] 두 수는 다음 두 항등식에 따라 연관된다(이들은 n에 대한 귀납법으로 증명할 수 있다).

$$\left\{ x \atop x-n \right\} = \sum_k \left\langle\!\!\left\langle n \atop k \right\rangle\!\!\right\rangle \binom{x+n-1-k}{2n}, \quad \text{정수 } n \ge 0; \tag{6.43}$$

$$\left[x \atop x-n \right] = \sum_k \left\langle\!\!\left\langle n \atop k \right\rangle\!\!\right\rangle \binom{x+k}{2n}, \quad \text{정수 } n \ge 0. \tag{6.44}$$

예를 들어

$$\left\{ x \atop x-1 \right\} = \binom{x}{2}, \qquad\qquad \left[x \atop x-1 \right] = \binom{x}{2};$$

$$\left\{ x \atop x-2 \right\} = \binom{x+1}{4} + 2\binom{x}{4}, \qquad \left[x \atop x-2 \right] = \binom{x}{4} + 2\binom{x+1}{4};$$

$$\left\{ x \atop x-3 \right\} = \binom{x+2}{6} + 8\binom{x+1}{6} + 6\binom{x}{6},$$

$$\left[x \atop x-3 \right] = \binom{x}{6} + 8\binom{x+1}{6} + 6\binom{x+2}{6}$$

이다. ($n=1$인 경우는 식 (6.7)에서 이미 보았다.) 이 항등식들은 x가 정수이고 n이 음이 아닌 정수이면 항상 성립한다. 우변들이 x의 다항식이므로 식 (6.43)과 식 (6.44)를 이용해서 x의 임의의 실수(또는 복소수) 값에 대해 스털링 수 $\left\{ x \atop x-n \right\}$과 $\left[x \atop x-n \right]$을 정의할 수 있다.

만일 $n>0$이면, 다항식 $\left\{ x \atop x-n \right\}$과 $\left[x \atop x-n \right]$은 $x=0, x=1, \ldots, x=n$일 때 0이 된다. 따라서 이들은 $(x-0), (x-1), \ldots, (x-n)$으로 나누어떨어진다. 그러한 알려진 인수들을 나누어 제거하고 남은 것을 살펴보면 재미있다. 스털링 다항식(Stirling polynomial) $\sigma_n(x)$를 다음 규칙으로 정의한다.

$$\sigma_n(x) = \left[x \atop x-n \right] \Big/ (x(x-1)\ldots(x-n)). \tag{6.45}$$

표 321 스털링 합성곱 공식들

$$rs\sum_{k=0}^{n} \sigma_k(r+tk)\,\sigma_{n-k}(s+t(n-k)) \;=\; (r+s)\,\sigma_n(r+s+tn) \tag{6.46}$$

$$s\sum_{k=0}^{n} k\sigma_k(r+tk)\,\sigma_{n-k}(s+t(n-k)) \;=\; n\sigma_n(r+s+tn) \tag{6.47}$$

$$\left\{ {n \atop m} \right\} \;=\; (-1)^{n-m+1}\,\frac{n!}{(m-1)!}\,\sigma_{n-m}(-m) \tag{6.48}$$

$$\left[{n \atop m} \right] \;=\; \frac{n!}{(m-1)!}\,\sigma_{n-m}(n) \tag{6.49}$$

그러면 $1/x$이 다항식인 거야?

(미안해 몰랐어.)

($\sigma_n(x)$의 차수는 $n-1$이다.) 처음 몇 사례는 다음과 같다.

$$\sigma_0(x) \;=\; 1/x;$$
$$\sigma_1(x) \;=\; 1/2;$$
$$\sigma_2(x) \;=\; (3x-1)/24;$$
$$\sigma_3(x) \;=\; (x^2-x)/48;$$
$$\sigma_4(x) \;=\; (15x^3-30x^2+5x+2)/5760.$$

이들을 2차 오일러 수들을 이용해서 계산할 수 있다. 이를테면 다음과 같다.

$$\sigma_3(x) \;=\; ((x-4)(x-5)+8(x-4)(x+1)+6(x+2)(x+1))/6!.$$

알고 보면 이 다항식들은 다음과 같이 아주 예쁜 두 항등식을 만족한다.

$$\left(\frac{ze^z}{e^z-1}\right)^x \;=\; x\sum_n \sigma_n(x)z^n; \tag{6.50}$$

$$\left(\frac{1}{z}\ln\frac{1}{1-z}\right)^x \;=\; x\sum_n \sigma_n(x+n)z^n. \tag{6.51}$$

그리고 일반적으로, 만일 $\mathcal{S}_t(z)$가

$$\ln\left(1-z\,\mathcal{S}_t(z)^{t-1}\right) \;=\; -z\mathcal{S}_t(z)^t \tag{6.52}$$

을 만족하는 멱급수이면,

$$\mathcal{S}_t(z)^x \;=\; x\sum_n \sigma_n(x+tn)z^n \tag{6.53}$$

이다. 따라서, 표 240의 이항계수들에 대해 했던 것처럼, 스털링 수들에 대한 일반 합성곱 공식들을 만드는 것이 가능하다. 표 321에 그러한 합성곱 공식들이 나와 있다. 스털링 수들의 합이 표 312나 313의 항등식과 맞지 않는다면, 표 321의 공식들이 대안이 될 것이다. (이번 장의 식 (6.100) 다음 부분에 그런 예가 나온다. 연습문제 7.19에서는 식 (6.50)과 (6.53) 같은 항등식들에 기초해서 합성곱의 일반 원리를 논의한다.)

6.3 조화수

이번에는 제2장에서 처음 만난 조화수(harmonic numbers)를 자세히 살펴보자. 조화수(조화급수)는 다음과 같이 정의된다.

$$H_n = 1 + \frac{1}{2} + \frac{1}{3} + \cdots + \frac{1}{n} = \sum_{k=1}^{n} \frac{1}{k}, \quad \text{정수 } n \geq 0. \tag{6.54}$$

조화수는 알고리즘 분석에서 아주 자주 등장하기 때문에, 컴퓨터 과학자들에게는 이러한 수의 특별한 표기법이 필요하다. 이 책에서는 H_n을 사용하는데, 'H'는 "harmonic(배음)"을 뜻한다. 이러한 이름은 파장이 $1/n$ 단위인 음을 파장이 1 단위인 음의 n번째 배음이라고 부르는 데서 비롯되었다. 처음 몇 조화수는 다음과 같다.

n	0	1	2	3	4	5	6	7	8	9	10
H_n	0	1	$\frac{3}{2}$	$\frac{11}{6}$	$\frac{25}{12}$	$\frac{137}{60}$	$\frac{49}{20}$	$\frac{363}{140}$	$\frac{761}{280}$	$\frac{7129}{2520}$	$\frac{7381}{2520}$

$n > 1$일 때 H_n은 절대로 정수가 아닌데, 이는 연습문제 21에서 증명해 볼 것이다.

조화수가 자연스럽게 등장하는 간단한 상황의 예로, R. T. 샤프[Sharp]의 착안[325]에 기초한 카드 묘기를 하나 보자. 탁자(table) 위에 n장의 카드가 있다. 이 카드들을 탁자 가장자리에 아래 그림처럼 쌓아서, 중력 법칙이 허용하는 한도 안에서 카드들이 탁자 바깥으로 최대한 멀리 튀어나오게 하고자 한다.

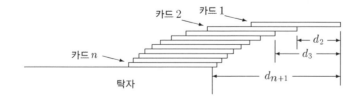

이게 표(table) 322인 거지?

문제를 좀 더 정확하게 정의하자면, $1 \le k < n$에 대해 카드 k가 카드 $k+1$ 위에 놓인다고 가정한다. 또한, 각 카드의 오른쪽 가장자리는 탁자의 가장자리와 평행해야 한다. 그런 제약이 없다면 카드 모서리가 좀 더 멀리 나오도록 카드들을 회전해서 돌출 거리를 늘릴 수 있었을 것이다. 그리고 간단한 답을 위해 모든 카드의 길이가 2단위라고 가정한다.

카드가 한 장일 때는 카드의 무게중심을 탁자 가장자리에 딱 맞게 놓았을 때 돌출 거리가 최대가 된다. 카드의 무게중심은 카드의 중앙이므로, 돌출 거리는 카드 길이의 절반인 1이다.

카드가 두 장일 때는 최상위 카드의 무게중심을 그 아래 카드의 가장자리에 두었을 때, 그리고 두 카드를 합친 것의 무게중심을 탁자 가장자리에 두었을 때 돌출 거리가 최대가 될 것이라고 확신하기란 어렵지 않다. 두 카드를 합친 것의 무게중심 (이하 '결합 무게중심')은 두 카드가 겹친 부분의 중앙이므로, 돌출 거리는 카드가 한 장일 때보다 반 단위 증가한다.

이러한 패턴으로부터, 상위 카드 k장의 결합 무게중심을 $k+1$번째 카드(상위 카드 k장을 떠받치는)의 가장자리에 놓는다는 일반적인 방법을 이끌어낼 수 있다. 이때 탁자는 $n+1$번째 카드의 역할을 한다. 이러한 조건을 대수학적으로 표기하기 위해, d_k가 최상위 카드의 바깥쪽 가장자리와 위에서 k번째 카드의 바깥쪽 가장자리 사이의 거리라고 하자. 그러면 $d_1 = 0$이다. 그리고 돌출 거리를 최대화하려면 상위 카드 k장의 결합 무게중심이 d_{k+1}이어야 한다. 이를 수식으로 표현하면 다음과 같다.

$$d_{k+1} = \frac{(d_1+1) + (d_2+1) + \cdots + (d_k+1)}{k}, \quad 1 \le k \le n \text{에 대해.} \tag{6.55}$$

(무게가 각각 $w_1, \ldots, w_k$이고 무게중심 위치가 각각 $p_1, \ldots, p_k$인 물체 k개의 결합 무게중심의 위치는 $(w_1 p_1 + \cdots + w_k p_k)/(w_1 + \cdots + w_k)$이다.) 이 점화식을 그와 동등한 다음 두 가지 형태로 표현할 수 있다.

$$kd_{k+1} = k + d_1 + \cdots + d_{k-1} + d_k, \quad k \ge 0;$$
$$(k-1)d_k = k-1 + d_1 + \cdots + d_{k-1}, \quad k \ge 1.$$

첫 등식에서 둘째 등식을 빼서 정리하면 다음이 나온다.

$$kd_{k+1} - (k-1)d_k = 1 + d_k, \qquad k \ge 1.$$

따라서 $d_{k+1} = d_k + 1/k$이다. 두 번째 카드는 세 번째 카드보다 절반 단위 튀어나오며, 세 번째 카드는 네 번째 카드보다 3분의 1단위 튀어나오는 식으로 이어진다. 일반식은 다음과 같다(귀납법으로 증명할 수 있다).

$$d_{k+1} = H_k. \tag{6.56}$$

$k = n$으로 두면 카드 n장을 앞에서 설명한 대로 쌓았을 때의 총 돌출 거리 $d_{n+1} = H_n$이 된다.

각 카드를 최대한 멀리 놓는 대신 조금 뒤로 당겨서 "중력에 의한 위치 에너지"를 축적하면 오히려 돌출 거리를 더 늘릴 수 있지 않을까? 그렇지는 않다. 모든 균형 잡힌 카드 배치에서 다음이 성립한다.

$$d_{k+1} \leq \frac{(1+d_1)+(1+d_2)+\cdots+(1+d_k)}{k}, \quad 1 \leq k \leq n.$$

더 나아가서 $d_1 = 0$이며, 귀납법에 의해 $d_{k+1} \leq H_k$이다.

최상위 카드가 탁자 가장자리를 완전히 벗어나는 데 필요한 카드 수가 그리 많지 않음을 주목하기 바란다. 돌출 거리가 카드 길이(2단위)보다 크면 그런 상황이 된다. 2보다 큰 첫 번째 조화수는 $H_4 = \frac{25}{12}$이므로, 네 장만 있으면 된다.

그리고 카드가 52장일 때 돌출 거리는 H_{52}단위이다. 계산해 보면 이는 카드 길이의 약 $H_{52}/2 \approx 2.27$배이다. (큰 n에 대한 H_n의 근삿값을 수많은 분수를 일일이 더하지 않고도 계산하는 방법을 알려주는 공식이 잠시 후에 나온다.)

'고무줄 위의 벌레'라고 부르는 재미있는 문제에도 조화수가 숨어 있다. 느리지만 꾸준한 벌레 W가 1미터 길이의 고무줄의 한끝에서 시작해서 분당 1cm의 속도로 다른 끝을 향해 기어간다. 그런데 각 분의 끝에서 벌레만큼이나 꾸준한, 그리고 W를 좌절시키는 것이 인생의 유일한 목표인 고무줄 관리자 K가 고무줄을 1m 늘린다. 즉, 1분간 기어가고 나면 W는 출발점에서 1cm, 결승점에서는 99cm 떨어진 위치에 도달하지만, 관리자 K가 고무줄을 1m 더 늘려버린다. 고무줄이 늘어날 때 W의 상대적 위치는 유지된다. 즉, 벌레는 출발점에서 1%, 결승점까지는 99%인 위치를 유지한다. 절대 위치로 말하면 W의 위치는 출발점에서 2cm, 목표에서 198cm이다. 1분 더 기어가면 W는 3cm 지나왔고 197cm 남은 위치가 되지만, K가 고무줄을 늘여서 실제 거리는 4.5와 295.5가 된다. 과연 벌레가 결승점에 도달할 수 있을까? 벌레는 계속 움직이지만, 목표가 그보다 빠르게 멀어지는 것 같다. (K와 W의 수명이 무한하며 고무줄의 탄성도 무한하고, 벌레가 무한히 작다고 가정한다.)

실제로 카드 52장으로 이 최대 돌출 거리를 달성하려고 하는 사람은 아마 완전한 카드 한 벌을 다루지는 않을 것이다. 그렇지 않다면 그는 진정한 조커일 것이다.

미터법을 사용하니 문제가 좀 더 과학적이 되었다.

그럼 공식을 몇 개 만들어 보자. K가 고무줄을 늘려도 W가 이동한 비율(분수)은 일정하다. 따라서 벌레는 첫 1분간은 1/100을 기어가고, 두 번째 1분간은 1/200을, 세 번째 1분간은 1/300을 기어가는 식으로 나아간다. n분 후에 고무줄 전체 길이에 대한 벌레의 위치는 다음과 같이 주어진다.

$$\frac{1}{100}\left(\frac{1}{1}+\frac{1}{2}+\frac{1}{3}+\cdots+\frac{1}{n}\right) = \frac{H_n}{100}. \tag{6.57}$$

따라서, 만일 H_n이 100을 넘는다면 벌레는 완주할 수 있다.

큰 n에 대한 H_n의 근삿값을 구하는 방법은 잠시 후에 보게 될 것이다. 일단 지금은, 같은 상황에서 '슈퍼벌레'라면 어떻게 했을지를 고찰해서 우리의 분석이 맞는지 확인해보자. W와는 달리 슈퍼벌레는 분당 50cm의 속도로 기어간다. 따라서, 앞의 분석에 따르면 n분 후 슈퍼벌레는 고무줄의 $H_n/2$ 지점에 있다. $H_4 > 2$이므로, 만일 앞의 분석이 옳다면 슈퍼벌레는 n이 4에 도달하기 전에 결승점에 도달할 것이다. 그리고 간단히 계산해 보면, 3분 후 슈퍼벌레의 위치는 결승점에서 $33\frac{1}{3}$cm 떨어진 곳이다. 슈퍼벌레는 3분 40초 플랫[flat]으로 결승점을 통과한다.

편충(flatworm)이라고?

조화수는 스털링의 삼각형에도 나타난다. n개의 객체의 순열 중 순환마디가 정확히 두 개인 순열의 개수인 $\left[{n \atop 2}\right]$의 닫힌 형식을 구해 보자. 점화식 (6.8)에 따르면 다음이 성립한다.

$$\left[{n+1 \atop 2}\right] = n\left[{n \atop 2}\right]+\left[{n \atop 1}\right]$$
$$= n\left[{n \atop 2}\right]+(n-1)!, \quad \text{만일 } n>0\text{이면.}$$

그리고 이 점화식을 푸는 데에는 제2장의 합산 인수 기법이 안성맞춤이다.

$$\frac{1}{n!}\left[{n+1 \atop 2}\right] = \frac{1}{(n-1)!}\left[{n \atop 2}\right]+\frac{1}{n}.$$

이 점화식을 펼치면 $\frac{1}{n!}\left[{n+1 \atop 2}\right]=H_n$임을 알 수 있다. 따라서

$$\left[{n+1 \atop 2}\right] = n!\,H_n \tag{6.58}$$

이다.

제2장에서 조화급수 $\sum_k 1/k$가 발산함을 증명했다. 이는 $n\to\infty$에 따라 H_n이 멋대로 커진다는 뜻이다. 그런데 그 증명은 간접적이었다. 제2장에서 보았듯이, 식 (2.58)

같은 무한합은 항들을 어떻게 배치하느냐에 따라 답이 달라지며, 따라서 $\sum_k 1/k$는 유계(bounded, 한계가 있음)일 수 없다. $H_n \to \infty$라는 사실이 좀 비현실적으로 느껴질 수도 있다. 그것이 사실이라면 탁자에 카드를 몇 킬로미터라도 튀어나오게 쌓을 수 있고, 벌레 W가 언젠가는 고무줄의 끝에 도달할 수 있다는 뜻이기 때문이다. 그럼 n이 큰 값일 때의 H_n의 크기를 좀 더 자세히 살펴보자.

$H_n \to \infty$를 이해하는 가장 간단한 방법은 그 항들을 2의 제곱수에 따라 묶는 것이다. 즉, 다음과 같이 하나의 항을 그룹 1로 묶고, 두 항을 그룹 2로 묶고, 네 항을 그룹 3으로, 여덟 항을 그룹 4로 묶어 보자.

$$\underbrace{\frac{1}{1}}_{\text{그룹 1}} + \underbrace{\frac{1}{2}+\frac{1}{3}}_{\text{그룹 2}} + \underbrace{\frac{1}{4}+\frac{1}{5}+\frac{1}{6}+\frac{1}{7}}_{\text{그룹 3}} + \underbrace{\frac{1}{8}+\frac{1}{9}+\frac{1}{10}+\frac{1}{11}+\frac{1}{12}+\frac{1}{13}+\frac{1}{14}+\frac{1}{15}}_{\text{그룹 4}} + \cdots.$$

그룹 2의 두 항은 모두 $\frac{1}{4}$과 $\frac{1}{2}$ 사이이며, 따라서 그 그룹의 합은 $2 \cdot \frac{1}{4} = \frac{1}{2}$과 $2 \cdot \frac{1}{2} = 1$ 사이이다. 그룹 3의 네 항은 모두 $\frac{1}{8}$과 $\frac{1}{4}$ 사이이므로 그 합 역시 $\frac{1}{2}$과 1 사이이다. 실제로, 그룹 k에 있는 2^{k-1}개의 항들은 모두 2^{-k}와 2^{1-k} 사이이며, 따라서 각각의 그룹은 모두 그 합이 $\frac{1}{2}$과 1 사이이다.

이렇게 항들을 묶어 보면, 만일 항 $1/n$이 그룹 k에 있다면 반드시 $H_n > k/2$이고 $H_n \le k$임을 알 수 있다(k에 대한 귀납법으로). 따라서 $H_n \to \infty$이며, 실제로

$$\frac{\lfloor \lg n \rfloor + 1}{2} < H_n \le \lfloor \lg n \rfloor + 1 \tag{6.59}$$

이다. 이제 H_n의 추정 범위가 2 이내로 좁아졌다. 조화수가 무한대에 접근하긴 하지만, 접근 속도가 로그적이다. 즉, 아주 느리게 접근하는 것이다.

계산을 조금 더 해보면 더 나은 한계들을 구할 수 있다. 제2장에서 우리는 H_n이 연속함수 $\ln n$의 이산 버전에 해당한다고 배웠다. 자연로그는 어떠한 곡선 아래의 면적으로 정의되므로, 둘을 기하학적으로 비교해 보면 좋을 것이다.

> 그렇게 느리다면 조화수가 아니라 벌레 수라고 불러야 하지 않을까.

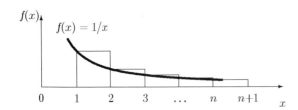

1와 n 사이에서 곡선 아래의 면적 $\int_1^n dx/x = \ln n$은 직사각형 n개의 면적 $\sum_{k=1}^n 1/k = H_n$보다 작다. 따라서 $\ln n < H_n$이다. 이는 식 (6.59)보다 좀 더 구체적인 결과이다. 그리고 직사각형들을 약간 다르게 배치하면, 상계도 마찬가지 방식으로 구할 수 있다.

"나는 이제 음악적 수열의 y^c 개의 항들의 총계 y^c를, 로그를 이용해서 구하는 방법(y^c를 구하는 것과 본질적으로 같은)도 알게 되었습니다. 그러나 그런 규칙들을 구하기 위한 y^c 계산들은 여전히 골치 아픈 일입니다."
— I. 뉴턴, [280]

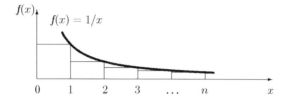

이번에는 직사각형 n개의 면적 H_n이 곡선 아래 면적에 첫 직사각형의 면적을 더한 것보다 작다. 따라서 다음이 증명되었다.

$$\ln n < H_n < \ln n + 1, \quad n > 1$에 대해.$$ (6.60)

이제 H_n을 1 이하의 오차로 추정할 수 있게 되었다.

‘2차’ 조화수 $H_n^{(2)}$은 역수들을 그대로 더하는 것이 아니라 그 제곱들을 더한 것이다.

$$H_n^{(2)} = 1 + \frac{1}{4} + \frac{1}{9} + \cdots + \frac{1}{n^2} = \sum_{k=1}^n \frac{1}{k^2}.$$

마찬가지로, r차 조화수는 지수가 $(-r)$인 거듭제곱들의 합이다.

$$H_n^{(r)} = \sum_{k=1}^n \frac{1}{k^r}.$$ (6.61)

$r > 1$일 때 이 수들은 $n \to \infty$에 따라 극한에 접근한다. 연습문제 2.31에서 말했듯이, 이 극한을 관례적으로 리만 제타 함수라고 부른다.

$$\zeta(r) = H_\infty^{(r)} = \sum_{k \geq 1} \frac{1}{k^r}.$$ (6.62)

오일러는 일반화된 조화수를 이용해서 보통의 조화수 $H_n^{(1)}$을 근사하는 깔끔한 방법을 발견했다.[103] 다음과 같은 무한급수를 생각해 보자.

$$\ln\left(\frac{k}{k-1}\right) = \frac{1}{k} + \frac{1}{2k^2} + \frac{1}{3k^3} + \frac{1}{4k^4} + \cdots.$$ (6.63)

$k > 1$일 때 이 무한급수는 수렴한다. 좌변은 $\ln k - \ln(k-1)$이다. 따라서, 양변을 $2 \le k \le n$에 관해 합하면 좌변의 합이 특정 값으로 수렴해서 다음과 같은 식이 나온다.

$$\ln n - \ln 1 = \sum_{k=2}^{n} \left(\frac{1}{k} + \frac{1}{2k^2} + \frac{1}{3k^3} + \frac{1}{4k^4} + \cdots \right)$$
$$= (H_n - 1) + \frac{1}{2}\left(H_n^{(2)} - 1\right) + \frac{1}{3}\left(H_n^{(3)} - 1\right) + \frac{1}{4}\left(H_n^{(4)} - 1\right) + \cdots .$$

항들을 적절히 재배치해서 정리하면 다음과 같이 H_n과 $\ln n$의 차이를 말해주는 수식을 얻게 된다.

$$H_n - \ln n = 1 - \frac{1}{2}\left(H_n^{(2)} - 1\right) - \frac{1}{3}\left(H_n^{(3)} - 1\right) - \frac{1}{4}\left(H_n^{(4)} - 1\right) - \cdots .$$

$n \to \infty$일 때 우변은 극한값

$$1 - \frac{1}{2}(\zeta(2) - 1) - \frac{1}{3}(\zeta(3) - 1) - \frac{1}{4}(\zeta(4) - 1) - \cdots$$

에 접근하는데, 이 값을 지금은 오일러 상수(Euler's constant)라고 부르고, 그리스 글자 γ^{감마}로 표기하는 것이 관례이다. 실제로, $\zeta(r) - 1$은 약 $1/2^r$이므로, 이 무한급수는 상당히 빠르게 수렴한다. 그 십진 값을 계산해 보면 다음과 같다.

$$\gamma = 0.5772156649 \ldots . \tag{6.64}$$

오일러는 다음과 같은 극한 관계식을 증명했다.

$$\lim_{n \to \infty} (H_n - \ln n) = \gamma; \tag{6.65}$$

따라서 H_n은 식 (6.60)의 상, 하계 사이의 약 58% 지점에 놓인다. 이제 참값에 점점 가까워지고 있다.

　　제9장에서 보겠지만, 한계들을 좀 더 정련하는 것이 가능하다. 제9장에서는 이를 테면 다음을 증명한다.

$$H_n = \ln n + \gamma + \frac{1}{2n} - \frac{1}{12n^2} + \frac{\epsilon_n}{120n^4}, \quad 0 < \epsilon_n < 1. \tag{6.66}$$

이 공식을 이용하면 백만 개의 분수를 더하지 않고도 백만 번째 조화수가

"Huius igitur quantitatis constantis C valorem deteximus, quippe est $C = 0{,}577218$."
— L. 오일러, [103]

그런 일은 없을 것이다. 그보다 훨씬 전에 브라마의 탑이 완전히 옮겨져서 세상이 끝날 테니까.

$$H_{1000000} \approx 14.3927267228657236313811275$$

라는 결론을 얻을 수 있다. 무엇보다도, 이는 카드 백만 장을 탁자 위에 쌓으면 돌출 거리가 카드 일곱 장의 길이보다 크다는 뜻이다.

식 (6.66)이 고무줄 위의 벌레 문제에는 어떻게 적용될까? H_n이 유계가 아니므로 언젠가는, 좀 더 구체적으로 말하면, H_n이 처음으로 100을 넘으면, 벌레가 목표에 도달한다. H_n 근사 공식을 이용해서 계산해 보면, 이는 n이 약

$$e^{100-\gamma} \approx e^{99.423}$$

일 때이다. 실제로, 연습문제 9.49에서는 n의 임곗값이 $\lfloor e^{100-\gamma} \rfloor$ 아니면 $\lceil e^{100-\gamma} \rceil$ 임을 증명해 본다. 출발점을 떠나고 약 287디실리언† 세기가 지난 후에 드디어 결승점을 통과했을 때 벌레의 환희를, 그리고 K의 아쉬움을 상상해 보기 바란다.

6.4 조화수 합산

이제 조화수가 관여하는 합들을 살펴보자. 우선 제2장에서 배운 몇 가지 착안을 다시 살펴보는 것이 좋겠다. 식 (2.36)과 식 (2.57)에서 다음을 증명했다.

$$\sum_{0 \le k < n} H_k = n H_n - n; \tag{6.67}$$

$$\sum_{0 \le k < n} k H_k = \frac{n(n-1)}{2} H_n - \frac{n(n-1)}{4}. \tag{6.68}$$

그럼 과감하게 나아가서, 위의 두 합을 특수한 경우로 포함하는 좀 더 일반적인 합 하나를 구해보자. m이 음이 아닌 정수일 때

$$\sum_{0 \le k < n} \binom{k}{m} H_k$$

의 값은 무엇인가?

제2장의 식 (6.67)과 식 (6.68)에서는 **부분합산**이라고 부르는 기법이 아주 잘 통했다. 그때 우리는 피가수를 $u(k)\Delta v(k)$ 형태로 표기한 후 다음과 같은 일반 항등식을 적용했다.

$$\sum_{a}^{b} u(x)\Delta v(x)\delta x = u(x)v(x)\Big|_{a}^{b} - \sum_{a}^{b} v(x+1)\Delta u(x)\delta x. \tag{6.69}$$

---

† (옮긴이) 디실리언decillion은 10의 33제곱이다.

기억 나는가? 지금 구할 합 $\sum_{0 \le k < n} \binom{k}{m} H_k$에도 이 방법이 자연스럽게 적용된다. 다음과 같이 두면 된다.

$$u(k) = H_k, \qquad \Delta u(k) = H_{k+1} - H_k = \frac{1}{k+1};$$
$$v(k) = \binom{k}{m+1}, \qquad \Delta v(k) = \binom{k+1}{m+1} - \binom{k}{m+1} = \binom{k}{m}.$$

(다른 말로 하면, 조화수에는 간단한 Δ가 있고 이항계수에는 간단한 Δ^{-1}이 있다. 그 덕분에 이런 문제들을 풀 수 있는 것이다.) 이를 식 (6.69)에 대입하면 다음이 나온다.

$$\sum_{0 \le k < n} \binom{k}{m} H_k = \sum_0^n \binom{x}{m} H_x \, \delta x = \binom{x}{m+1} H_x \Big|_0^n - \sum_0^n \binom{x+1}{m+1} \frac{\delta x}{x+1}$$
$$= \binom{n}{m+1} H_n - \sum_{0 \le k < n} \binom{k+1}{m+1} \frac{1}{k+1}.$$

남아 있는 합은 쉽다. 믿음직한 도구인 식 (5.5)을 이용해서 $(k+1)^{-1}$을 다음과 같이 합 안으로 흡수할 수 있기 때문이다.

$$\sum_{0 \le k < n} \binom{k+1}{m+1} \frac{1}{k+1} = \sum_{0 \le k < n} \binom{k}{m} \frac{1}{m+1} = \binom{n}{m+1} \frac{1}{m+1}.$$

이제 우리가 원했던 답이 나왔다.

$$\sum_{0 \le k < n} \binom{k}{m} H_k = \binom{n}{m+1} \left(H_n - \frac{1}{m+1} \right). \tag{6.70}$$

(이 공식은 $m = 0$일 때와 $m = 1$일 때 식 (6.67) 및 식 (6.68)과 잘 부합한다.) 다음으로 살펴볼 합은 곱셈 대신 나눗셈을 사용한다. 다음 합을 평가해보자.

(답을 조금이라도 누설하지 않기 위한 것임.)

$$S_n = \sum_{k=1}^n \frac{H_k}{k}.$$

H_k를 그 정의에 따라 전개하면 이중합이 나온다.

$$S_n = \sum_{1 \le j \le k \le n} \frac{1}{j \cdot k}.$$

이 문제에는 제2장의 또 다른 방법이 도움이 된다. 식 (2.33)을 적용해서 정리하면 다음과 같은 답을 얻을 수 있다.

$$S_n = \frac{1}{2}\left(\left(\sum_{k=1}^{n}\frac{1}{k}\right)^2 + \sum_{k=1}^{n}\frac{1}{k^2}\right) = \frac{1}{2}\left(H_n{}^2 + H_n^{(2)}\right). \tag{6.71}$$

참고로, 이 답을 부분합산 기법을 이용해서 이끌어낼 수도 있다(연습문제 26 참고).

이번에는 부분합산 기법으로는 풀리지 않는 좀 더 어려운 문제[354]에 도전해 보자. 평가할 합은 다음과 같다.

$$U_n = \sum_{k \geq 1}\binom{n}{k}\frac{(-1)^{k-1}}{k}(n-k)^n, \quad 정수\ n \geq 1.$$

(이 합에 조화수가 명시적으로 나타나 있지는 않지만, 언제라도 나타날지 누가 알겠는가?)

이 문제를 두 가지 방식으로 풀어 보겠다. 하나는 지루한 기계적인 절차를 따르는 것이고 다른 하나는 지혜나 운(또는 둘 다)에 의존하는 것이다. 우선 지루한 방법부터 보자. $(n-k)^n$을 이항정리에 따라 전개해서, 까다로운 분모의 k가 분자 쪽에 붙게 한다.

$$\begin{aligned} U_n &= \sum_{k \geq 1}\binom{n}{k}\frac{(-1)^{k-1}}{k}\sum_{j}\binom{n}{j}(-k)^j n^{n-j} \\ &= \sum_{j}\binom{n}{j}(-1)^{j-1}n^{n-j}\sum_{k \geq 1}\binom{n}{k}(-1)^k k^{j-1}. \end{aligned}$$

이 수식이 보기만큼 지저분한 것은 아니다. 안쪽 합의 k^{j-1}은 k의 다항식인데, 항등식 (5.40)에 의하면 안쪽 합은 그냥 이 다항식의 n차 차분을 취하는 것이다. 따라서 문제가 거의 다 풀렸다. 단, 먼저 몇 가지 사항을 정리할 필요가 있다. 첫째로 $j=0$일 때에는 k^{j-1}이 다항식이 아니다. 따라서 그 항을 떼어 내서 따로 처리할 필요가 있다. 또한, 이 합에는 n차 차분 공식의 $k=0$ 항이 빠져 있다. 그 항은 $j=1$일 때 0이 아니다. 따라서 그 항을 복원할 필요가 있다. 그 결과는 다음과 같다.

$$\begin{aligned} U_n &= \sum_{j \geq 1}\binom{n}{j}(-1)^{j-1}n^{n-j}\sum_{k \geq 0}\binom{n}{k}(-1)^k k^{j-1} \\ &\quad - \sum_{j \geq 1}\binom{n}{j}(-1)^{j-1}n^{n-j}\binom{n}{0}0^{j-1} \\ &\quad - \binom{n}{0}n^n\sum_{k \geq 1}\binom{n}{k}(-1)^k k^{-1}. \end{aligned}$$

첫 행(남아 있는 유일한 이중합)은 0이다. 첫 행은 차수가 n보다 작은 다항식들의 n차 차분들의 배수들의 합인데, 그런 n차 차분들은 모두 0이다. 둘째 행의 합은

$j=1$일 때는 $-n^n$이지만 그 외의 경우에는 모두 0이다. 따라서 실제로 풀어야 할 것은 셋째 행뿐이다. 이제 원래의 문제가 다음과 같이 훨씬 간단한 형태로 축약되었다.

$$U_n = n^n(T_n-1), \quad \text{여기서} \ \ T_n = \sum_{k \geq 1} \binom{n}{k} \frac{(-1)^{k-1}}{k}. \tag{6.72}$$

예를 들어 $U_3 = \binom{3}{1}\frac{8}{1} - \binom{3}{2}\frac{1}{2} = \frac{45}{2}$ 이고 $T_3 = \binom{3}{1}\frac{1}{1} - \binom{3}{2}\frac{1}{2} + \binom{3}{3}\frac{1}{3} = \frac{11}{6}$ 이다. 따라서 $U_3 = 27(T_3-1)$인데, 이는 원래의 문제에 주어진 공식과 부합한다.

T_n을 어떻게 평가해야 할까? 한 가지 방법은 $\binom{n}{k}$에 $\binom{n-1}{k} + \binom{n-1}{k-1}$을 대입해서 T_n에 대한 간단한 점화식(T_{n-1}로 표현된)을 만들어 내는 것이다. 그러면 식 (5.41)과 비슷한, 다음과 같은 공식이 나온다.

$$\sum_k \binom{n}{k} \frac{(-1)^k}{x+k} = \frac{n!}{x(x+1)\dots(x+n)}.$$

$k=0$에 대한 항을 빼버리고 $x=0$으로 두면 $-T_n$이 나온다. 실제로 해보자.

$$\begin{aligned}
T_n &= \left(\frac{1}{x} - \frac{n!}{x(x+1)\dots(x+n)} \right)\bigg|_{x=0} \\
&= \left(\frac{(x+1)\dots(x+n)-n!}{x(x+1)\dots(x+n)} \right)\bigg|_{x=0} \\
&= \left(\frac{x^n\begin{bmatrix}n+1\\n+1\end{bmatrix} + \cdots + x\begin{bmatrix}n+1\\2\end{bmatrix} + \begin{bmatrix}n+1\\1\end{bmatrix} - n!}{x(x+1)\dots(x+n)} \right)\bigg|_{x=0} = \frac{1}{n!}\begin{bmatrix}n+1\\2\end{bmatrix}.
\end{aligned}$$

$(x+1)\dots(x+n) = x^{\overline{n+1}}/x$는 식 (6.11)을 이용해서 전개했다. $\begin{bmatrix}n+1\\1\end{bmatrix} = n!$이므로, 분자에서 x를 나누어서 제거해도 된다.) 그런데 식 (6.58)에 의해 $\begin{bmatrix}n+1\\2\end{bmatrix} = n!H_n$이다. 따라서 $T_n = H_n$이며, 문제의 답은 다음과 같다.

$$U_n = n^n(H_n-1). \tag{6.73}$$

이상이 두 접근 방식 중 하나이다. 다른 접근 방식에서는 훨씬 더 일반적인 다음 합의 평가를 시도한다.

$$U_n(x,y) = \sum_{k \geq 1} \binom{n}{k} \frac{(-1)^{k-1}}{k}(x+ky)^n, \quad \text{정수} \ n \geq 0. \tag{6.74}$$

원래 문제의 U_n의 값은 특수 경우 $U_n(n,-1)$에 해당한다. (앞의 유도에서 주어진 문제의 세부사항이 대부분 "버려졌다." 앞에서 n차 차분이 그 세부사항들을 소거해 버린 것으로 볼 때, 그 세부사항들은 어차피 중요하지 않았을 것이 틀림없다. 이 점을 생각하면, 이처럼 좀 더 일반적인 합을 시도하는 것이 바람직하다.)

이전의 유도 과정을 조금만 바꾸어서 되풀이하면 $U_n(x,y)$의 값을 알 수 있을 것이다. 또는, $(x+ky)^n$을 $(x+ky)^{n-1}(x+ky)$로 대체하고 $\binom{n}{k}$를 $\binom{n-1}{k}+\binom{n-1}{k-1}$로 대체해서 다음과 같은 점화식을 얻을 수도 있다.

$$U_n(x,y) \;=\; x\,U_{n-1}(x,y)+x^n/n+yx^{n-1}. \tag{6.75}$$

이 점화식은 합산 인수(제5장) 방법으로 어렵지 않게 풀 수 있다.

그러나 제2장에서 유용하게 써먹은 또 다른 요령인 미분을 이용하는 것이 가장 쉽다. $U_n(x,y)$를 y에 대해 미분하면 k가 분모의 k와 소거되어서 다음과 같이 자명한 합이 나온다.

$$\begin{aligned}
\frac{\partial}{\partial y} U_n(x,y) \;&=\; \sum_{k \ge 1}\binom{n}{k}(-1)^{k-1}n(x+ky)^{n-1} \\
&=\; \binom{n}{0}nx^{n-1}-\sum_{k \ge 0}\binom{n}{k}(-1)^k n(x+ky)^{n-1} \;=\; nx^{n-1}.
\end{aligned}$$

(이번에도, 차수가 $<n$인 다항식의 n차 차분들은 소거된다.)

이렇게 해서 우리는 y에 대한 $U_n(x,y)$의 도함수가 y와는 독립적으로 nx^{n-1}임을 증명했다. 일반적으로, 만일 $f'(y)=c$이면 $f(y)=f(0)+cy$이다. 따라서 반드시 $U_n(x,y)=U_n(x,0)+nx^{n-1}y$이다.

남은 과제는 $U_n(x,0)$을 구하는 것인데, $U_n(x,0)$은 그냥 x^n에 합 $T_n=H_n$을 곱한 것이다. 그리고 그 합은 식 (6.72)에서 이미 구했다. 정리하자면, 식 (6.74)의 일반 합의 닫힌 형식은 다음과 같다.

$$U_n(x,y) \;=\; x^n H_n+nx^{n-1}y. \tag{6.76}$$

그리고 원래 문제의 해는 $U_n(n,-1)=n^n(H_n-1)$이다.

6.5 베르누이 수

이번 장에서 다음으로 살펴볼 중요한 수열은 야콥 베르누이^{Jakob Bernoulli}(1654–1705)의 이름을 딴 베르누이 수(Bernoulli numbers)이다. 그는 지수가 m인 거듭제곱(이하 간단히 m 제곱)들의 합을 연구하다가 신기한 관계를 발견했다.[26] 그것을 요즘 방식으로 표현하면 다음과 같다.

$$S_m(n) = 0^m + 1^m + \cdots + (n-1)^m = \sum_{k=0}^{n-1} k^m = \sum_0^n x^m \delta x. \tag{6.77}$$

(즉, $m > 0$일 때 일반화된 조화수 표기법으로 $S_m(n) = H_{n-1}^{(-m)}$이 성립한다.) 베르누이는 다음과 같은 일련의 공식들을 조사하면서 패턴 하나를 포착했다.

$$
\begin{aligned}
S_0(n) &= n \\
S_1(n) &= \tfrac{1}{2}n^2 - \tfrac{1}{2} \\
S_2(n) &= \tfrac{1}{3}n^3 - \tfrac{1}{2}n^2 + \tfrac{1}{6} \\
S_3(n) &= \tfrac{1}{4}n^4 - \tfrac{1}{2}n^3 + \tfrac{1}{4}n^2 \\
S_4(n) &= \tfrac{1}{5}n^5 - \tfrac{1}{2}n^4 + \tfrac{1}{3}n^3 - \tfrac{1}{30} \\
S_5(n) &= \tfrac{1}{6}n^6 - \tfrac{1}{2}n^5 + \tfrac{5}{12}n^4 - \tfrac{1}{12}n^2 \\
S_6(n) &= \tfrac{1}{7}n^7 - \tfrac{1}{2}n^6 + \tfrac{1}{2}n^5 - \tfrac{1}{6}n^3 + \tfrac{1}{42} \\
S_7(n) &= \tfrac{1}{8}n^8 - \tfrac{1}{2}n^7 + \tfrac{7}{12}n^6 - \tfrac{7}{24}n^4 + \tfrac{1}{12}n^2 \\
S_8(n) &= \tfrac{1}{9}n^9 - \tfrac{1}{2}n^8 + \tfrac{2}{3}n^7 - \tfrac{7}{15}n^5 + \tfrac{2}{9}n^3 - \tfrac{1}{30}n \\
S_9(n) &= \tfrac{1}{10}n^{10} - \tfrac{1}{2}n^9 + \tfrac{3}{4}n^8 - \tfrac{7}{10}n^6 + \tfrac{1}{2}n^4 - \tfrac{3}{20}n^2 \\
S_{10}(n) &= \tfrac{1}{11}n^{11} - \tfrac{1}{2}n^{10} + \tfrac{5}{6}n^9 - n^7 + n^5 - \tfrac{1}{2}n^3 + \tfrac{5}{66}n
\end{aligned}
$$

어떤 패턴인지 알겠는가? $S_m(n)$의 n^{m+1}의 계수는 항상 $1/(m+1)$이다. n^m의 계수는 항상 $-1/2$이다. 그리고 n^{m-1}의 계수는 항상... 그러니까... $m/12$이다. n^{m-2}의 계수는 항상 0이다. n^{m-3}의 계수는... 그러니까... 음... 그렇지, $-m(m-1) \times (m-2)/720$이다. n^{m-4}의 계수는 항상 0이다. n^{m-k}의 계수가 항상 m^k에 어떤 상수를 곱한 것이라는 패턴이 계속 이어지는 것 같다.

이것이 베르누이가 실험적으로 발견한 사실이다. (증명은 제시하지 않았다.) 그 계수들을 현대적인 표기법으로 표현하면 다음과 같다.

$$
\begin{aligned}
S_m(n) &= \frac{1}{m+1}\left(B_0 n^{m+1} + \binom{m+1}{1}B_1 n^m + \cdots + \binom{m+1}{m}B_m n\right) \\
&= \frac{1}{m+1}\sum_{k=0}^m \binom{m+1}{k} B_k n^{m+1-k}.
\end{aligned}
\tag{6.78}
$$

베르누이 수는 다음과 같은 암묵적 점화식으로 정의된다.

$$\sum_{j=0}^{m} \binom{m+1}{j} B_j = [m=0], \quad \text{모든 } m \ge 0\text{에 대해.} \qquad (6.79)$$

예를 들어 $\binom{2}{0}B_0 + \binom{2}{1}B_1 = 0$이다. 처음 몇 개의 값을 계산해 보면 다음과 같다.

n	0	1	2	3	4	5	6	7	8	9	10	11	12
B_n	1	$-\dfrac{1}{2}$	$\dfrac{1}{6}$	0	$-\dfrac{1}{30}$	0	$\dfrac{1}{42}$	0	$-\dfrac{1}{30}$	0	$\dfrac{5}{66}$	0	$-\dfrac{691}{2730}$

(B_n의 간단한 닫힌 형식에 관한 모든 추측은 $-691/2730$이라는 이상한 분수가 등장하면서 기각된다.)

베르누이의 공식 (6.78)을 섭동법(제2장에서 $S_2(n) = \square_n$을 구할 때 사용한)을 이용해서 m에 대한 귀납법으로 증명할 수 있다.

$$
\begin{aligned}
S_{m+1}(n) + n^{m+1} &= \sum_{k=0}^{n-1} (k+1)^{m+1} \\
&= \sum_{k=0}^{n-1} \sum_{j=0}^{m+1} \binom{m+1}{j} k^j = \sum_{j=0}^{m+1} \binom{m+1}{j} S_j(n).
\end{aligned}
\qquad (6.80)
$$

식 (6.78)의 우변을 $\hat{S}_m(n)$이라고 표기하기로 하자. $0 \le j < m$에 대해 $S_j(n) = \hat{S}_j(n)$이라고 가정할 때 $S_m(n) = \hat{S}_m(n)$임을 보이고자 한다. 우선 제2장에서 $m=2$에 대해 했던 것처럼, 식 (6.80)의 양변에서 $S_{m+1}(n)$을 뺀다. 그런 다음 각 $S_j(n)$을 식 (6.78)을 이용해서 전개하고, 우변의 n의 거듭제곱들의 계수들을 함께 묶어서 정리한다.

$$
\begin{aligned}
n^{m+1} &= \sum_{j=0}^{m} \binom{m+1}{j} S_j(n) = \sum_{j=0}^{m} \binom{m+1}{j} \hat{S}_j(n) + \binom{m+1}{m} \Delta \\
&= \sum_{j=0}^{m} \binom{m+1}{j} \frac{1}{j+1} \sum_{k=0}^{j} \binom{j+1}{k} B_k n^{j+1-k} + (m+1)\Delta \\
&= \sum_{0 \le k \le j \le m} \binom{m+1}{j}\binom{j+1}{k} \frac{B_k}{j+1} n^{j+1-k} + (m+1)\Delta \\
&= \sum_{0 \le k \le j \le m} \binom{m+1}{j}\binom{j+1}{j-k} \frac{B_{j-k}}{j+1} n^{k+1} + (m+1)\Delta
\end{aligned}
$$

$$= \sum_{0 \le k \le j \le m} \binom{m+1}{j}\binom{j+1}{k+1}\frac{B_{j-k}}{j+1}n^{k+1} + (m+1)\Delta$$

$$= \sum_{0 \le k \le m} \frac{n^{k+1}}{k+1} \sum_{k \le j \le m} \binom{m+1}{j}\binom{j}{k}B_{j-k} + (m+1)\Delta$$

$$= \sum_{0 \le k \le m} \frac{n^{k+1}}{k+1}\binom{m+1}{k} \sum_{k \le j \le m} \binom{m+1-k}{j-k}B_{j-k} + (m+1)\Delta$$

$$= \sum_{0 \le k \le m} \frac{n^{k+1}}{k+1}\binom{m+1}{k} \sum_{0 \le j \le m-k} \binom{m+1-k}{j}B_j + (m+1)\Delta$$

$$= \sum_{0 \le k \le m} \frac{n^{k+1}}{k+1}\binom{m+1}{k}[m-k=0] + (m+1)\Delta$$

$$= \frac{n^{m+1}}{m+1}\binom{m+1}{m} + (m+1)\Delta$$

$$= n^{m+1} + (m+1)\Delta, \quad \text{여기서 } \Delta = S_m(n) - \hat{S}_m(n).$$

(이 유도 과정은 제5장에서 배운 표준적인 조작들을 복습하기에 아주 좋다.) 따라서 $\Delta = 0$이고 $S_m(n) = \hat{S}_m(n)$이다. QED.

제7장에서는 생성함수를 이용해서 식 (6.78)을 이보다 훨씬 간단하게 증명한다. 이때 핵심 착안은 베르누이 수들이 멱급수의 계수들임을 보이는 것이다.

이하의 내용은 다소 교묘하기 때문에, 처음 읽을 때는 대강 훑어보기만 하는 것이 좋을 수도 있다.
— 친절한 조교

$$\frac{z}{e^z - 1} = \sum_{n \ge 0} B_n \frac{z^n}{n!}. \tag{6.81}$$

여기서부터 훑어보기
▼ (이번 절 끝까지)

일단은 식 (6.81)이 성립한다고 가정하고, 이로부터 얻을 수 있는 몇 가지 멋진 결과들을 유도해 보자. 양변에 $\frac{1}{2}z$를 더해서 우변의 $B_1 z/1! = -\frac{1}{2}z$ 항을 소거하면 다음이 나온다.

$$\frac{z}{e^z - 1} + \frac{z}{2} = \frac{z}{2}\frac{e^z + 1}{e^z - 1} = \frac{z}{2}\frac{e^{z/2} + e^{-z/2}}{e^{z/2} - e^{-z/2}} = \frac{z}{2}\coth\frac{z}{2}. \tag{6.82}$$

여기서 coth는 '쌍곡코탄젠트(hyperbolic cotangent)'인데, 미적분 책들에는 $\cosh z/\sinh z$라고 나온다. 이들에 대해 다음이 성립한다.

$$\sinh z = \frac{e^z - e^{-z}}{2}; \quad \cosh z = \frac{e^z + e^{-z}}{2}. \tag{6.83}$$

z를 $-z$로 바꾸면 $\left(\frac{-z}{2}\right)\coth\left(\frac{-z}{2}\right) = \frac{z}{2}\coth\frac{z}{2}$가 된다. 따라서 $\frac{z}{2}\coth\frac{z}{2}$의 홀수 번째 계수는 모두 반드시 0이며, 따라서

$$B_3 = B_5 = B_7 = B_9 = B_{11} = B_{13} = \cdots = 0 \qquad (6.84)$$

이다. 더 나아가서 식 (6.82)로부터 coth의 계수들에 대한 다음과 같은 닫힌 형식을 이끌어 낼 수 있다.

$$z \coth z = \frac{2z}{e^{2z}-1} + \frac{2z}{2} = \sum_{n \geq 0} B_{2n} \frac{(2z)^{2n}}{(2n)!} = \sum_{n \geq 0} 4^n B_{2n} \frac{z^{2n}}{(2n)!}. \qquad (6.85)$$

그런데 쌍곡선함수(hyperbolic function)들은 그리 인기가 많지 않다. 사람들은 '진짜(real)' 삼각함수들에 더 관심이 많다. 다음 규칙을 이용하면 삼각함수들을 해당 쌍곡선 사촌들로 표현할 수 있다.

$$\sin z = -i \sinh iz, \quad \cos z = \cosh iz. \qquad (6.86)$$

그리고 해당 멱급수들은 다음과 같다.

$$\sin z = \frac{z^1}{1!} - \frac{z^3}{3!} + \frac{z^5}{5!} - \cdots, \quad \sinh z = \frac{z^1}{1!} + \frac{z^3}{3!} + \frac{z^5}{5!} + \cdots;$$

$$\cos z = \frac{z^0}{0!} - \frac{z^2}{2!} + \frac{z^4}{4!} - \cdots, \quad \cosh z = \frac{z^0}{0!} + \frac{z^2}{2!} + \frac{z^4}{4!} + \cdots.$$

그렇구나. 허수를 이용해서 '실수(real)' 함수를 얻는 거야.

따라서 $\cot z = \cos z / \sin z = i \cosh iz / \sinh iz = i \coth iz$이며, 다음이 성립한다.

$$z \cot z = \sum_{n \geq 0} B_{2n} \frac{(2iz)^{2n}}{(2n)!} = \sum_{n \geq 0} (-4)^n B_{2n} \frac{z^{2n}}{(2n)!}. \qquad (6.87)$$

다음은 $z \cot z$에 대한 또 다른 주목할만한 공식으로, 오일러가 발견했다(연습문제 73).

$$z \cot z = 1 - 2 \sum_{k \geq 1} \frac{z^2}{k^2 \pi^2 - z^2}. \qquad (6.88)$$

이 오일러의 공식을 z^2의 거듭제곱들로 전개하면

$$z \cot z = 1 - 2 \sum_{k \geq 1} \left(\frac{z^2}{k^2 \pi^2} + \frac{z^4}{k^4 \pi^4} + \frac{z^6}{k^6 \pi^6} + \cdots \right)$$

$$= 1 - 2 \left(\frac{z^2}{\pi^2} H_\infty^{(2)} + \frac{z^4}{\pi^4} H_\infty^{(4)} + \frac{z^6}{\pi^6} H_\infty^{(6)} + \cdots \right)$$

이다. z^{2n}의 계수들을 식 (6.87)의 해당 계수들과 등호로 연결해 보면, 무한히 많은 무한합에 대한, 거의 기적과 같은 닫힌 형식이 나온다. 바로 다음과 같다.

$$\zeta(2n) = H_\infty^{(2n)} = (-1)^{n-1}\frac{2^{2n-1}\pi^{2n}B_{2n}}{(2n)!}, \quad \text{정수 } n > 0. \tag{6.89}$$

이를테면 다음이 성립한다.

$$\zeta(2) = H_\infty^{(2)} = 1+\frac{1}{4}+\frac{1}{9}+\cdots = \pi^2 B_2 = \pi^2/6; \tag{6.90}$$

$$\zeta(4) = H_\infty^{(4)} = 1+\frac{1}{16}+\frac{1}{81}+\cdots = -\pi^4 B_4/3 = \pi^4/90. \tag{6.91}$$

식 (6.89)은 $H_\infty^{(2n)}$의 닫힌 형식일 뿐만 아니라, B_{2n}의 크기를 근사하는 방법을 알려 주기까지 한다. n이 클 때 $H_\infty^{(2n)}$이 1에 아주 가깝기 때문이다. 또한 모든 $n > 0$에 대해 $(-1)^{n-1}B_{2n} > 0$이라는 점도 알 수 있다. 따라서 0이 아닌 베르누이 수들은 부호가 번갈아 바뀐다.

이것이 전부는 아니다. 베르누이 수는 탄젠트 함수의 계수들에도 나타난다.

↓ 여기서부터 건너뛰기

$$\tan z = \frac{\sin z}{\cos z} = \sum_{n \geq 0}(-1)^{n-1}4^n(4^n-1)B_{2n}\frac{z^{2n-1}}{(2n)!}. \tag{6.92}$$

또한 다른 삼각함수의 계수들에도 나타난다(연습문제 72). 공식 (6.92)는 베르누이 수에 관한 또 다른 중요한 사실로 이어진다. 바로 다음과 같다.

$$T_{2n-1} = (-1)^{n-1}\frac{4^n(4^n-1)}{2n}B_{2n}\text{은 양의 정수이다.} \tag{6.93}$$

이러한 T를 탄젠트 수라고 부른다. 다음은 처음 몇 개의 탄젠트 수이다.

n	1	3	5	7	9	11	13
T_n	1	2	16	272	7936	353792	22368256

B. F. 로건[Logan]의 착안에 따라, 다음 멱급수를 살펴보면 식 (6.93)을 증명하는 방법을 찾아낼 수 있다.

$$\frac{\sin z + x\cos z}{\cos z - x\sin z} = x+(1+x^2)z+(2x^3+2x)\frac{z^2}{2}+(6x^4+8x^2+2)\frac{z^3}{6}+\cdots$$
$$= \sum_{n \geq 0}T_n(x)\frac{z^n}{n!}. \tag{6.94}$$

여기서 $T_n(x)$는 x의 다항식이다. $x=0$으로 두면 $T_n(0) = T_n$, 즉 n번째 탄젠트 수가 된다. 식 (6.94)를 x에 대해 미분하면 다음이 나온다.

$x = \tan w$일 때는 $\tan(z+w)$이다. 따라서, 테일러 정리에 의해, $\tan w$의 n차 도함수는 $T_n(\tan w)$이다.

$$\frac{1}{(\cos z - x \sin z)^2} = \sum_{n \geq 0} T_n{}'(x) \frac{z^n}{n!}.$$

그러나 z에 대해 미분하면 다음이 나온다.

$$\frac{1+x^2}{(\cos z - x \sin z)^2} = \sum_{n \geq 1} T_n(x) \frac{z^{n-1}}{(n-1)!} = \sum_{n \geq 0} T_{n+1}(x) \frac{z^n}{n!}.$$

(직접 해 볼 것-소거가 아주 잘 된다.) 따라서 다음과 같은 간단한 점화식이 성립한다.

$$T_{n+1}(x) = (1+x^2) T_n{}'(x), \quad T_0(x) = x. \tag{6.95}$$

이로부터, $T_n(x)$의 계수들이 음이 아닌 정수라는 결과가 도출된다. 더 나아가서, $T_n(x)$의 차수가 $n+1$이고 그 계수들이 번갈아 0과 양수라는 점도 쉽게 증명할 수 있다. 따라서 $T_{2n+1}(0) = T_{2n+1}$은 식 (6.93)이 주장하듯이 양수이다.

점화식 (6.95)를 이용하면 베르누이 수들을 탄젠트 수들을 통해서 손쉽게 계산할 수 있다. 단순한 정수 연산들만 사용하면 된다. 반면 베르누이 수를 정의하는 점화식 (6.79)를 이용하면 분수들이 관여하는 좀 더 복잡한 산술 계산이 필요하다.

0에서 $n-1$이 아니라 a에서 $b-1$까지의 m제곱들의 합을 계산해야 한다면 어떨까? 제2장의 이론에 따르면

$$\sum_{k=a}^{b-1} k^m = \sum_a^b x^m \delta x = S_m(b) - S_m(a) \tag{6.96}$$

이다. k가 음인 경우들을 고찰하면 이 항등식에서 다음과 같은 흥미로운 결과를 이끌어 낼 수 있다.

$$\sum_{k=-n+1}^{-1} k^m = (-1)^m \sum_{k=0}^{n-1} k^m, \quad m > 0.$$

따라서

$$S_m(0) - S_m(-n+1) = (-1)^m \big(S_m(n) - S_m(0)\big)$$

이다. 그런데 $S_m(0) = 0$이므로, 다음과 같은 항등식이 성립한다.

$$S_m(1-n) = (-1)^{m+1} S_m(n), \quad m > 0. \tag{6.97}$$

그러므로 $S_m(1) = 0$이다. 다항식 $S_m(n)$을 인수분해한 형태로 표기하면 항상 인수 n과 $(n-1)$이 존재한다. 이는 그 다항식에 근 0과 1이 존재하기 때문이다. 일반적으로, $S_m(n)$은 $m+1$차 다항식이고 선행 항은 $\frac{1}{m+1}n^{m+1}$이다. 더 나아가서, 식 (6.97)에서 $n = \frac{1}{2}$로 두어서 $S_m(\frac{1}{2}) = (-1)^{m+1}S_m(\frac{1}{2})$을 도출할 수 있다. 만일 m이 짝수이면 이 공식은 $S_m(\frac{1}{2}) = 0$이 되며, 따라서 $(n-\frac{1}{2})$이라는 인수가 추가된다. 이러한 관찰들은 제2장에서 우리가 다음과 같은 간단한 인수분해를 발견한 이유를 설명해준다.

(요한 파울하버Johann Faulhaber는 1631년에 암묵적으로 식 (6.97)을 이용해서 $m \le 17$일 때의 $S_m(n)$에 대한 간단한 공식을 구했다.[119] 그 공식은 $n(n+1)/2$의 다항식이다. [222]를 보라.)

$$S_2(n) = \frac{1}{3}n(n-\frac{1}{2})(n-1).$$

그러한 추론을 이용했다면 $S_2(n)$의 값을 실제로 계산하지 않고도 도출할 수 있었을 것이다! 더 나아가서, 식 (6.97)은 남은 인수들로 이루어진 다항식 $\hat{S}_m(n) = S_m(n)/(n-\frac{1}{2})$이 항상 다음을 만족함을 함의한다.

$$\hat{S}_m(1-n) = \hat{S}_m(n), \quad m은 \ 짝수, \ m > 0.$$

이로부터, $S_m(n)$을 항상 다음과 같은 인수분해 형식으로 표현할 수 있음이 도출된다.

$$S_m(n) = \begin{cases} \dfrac{1}{m+1} \displaystyle\prod_{k=1}^{\lceil m/2 \rceil} (n-\tfrac{1}{2}-\alpha_k)(n-\tfrac{1}{2}+\alpha_k), & \text{만일 } m\text{이 홀수이면;} \\[4mm] \dfrac{(n-\tfrac{1}{2})}{m+1} \displaystyle\prod_{k=1}^{m/2} (n-\tfrac{1}{2}-\alpha_k)(n-\tfrac{1}{2}+\alpha_k), & \text{만일 } m\text{이 짝수이면.} \end{cases} \tag{6.98}$$

여기서 $\alpha_1 = \frac{1}{2}, \alpha_2, \dots, \alpha_{\lceil m/2 \rceil}$ 은 m에 의존하는 값을 가진 적절한 복소수들이다. 다음은 몇 가지 예이다.

$$S_3(n) = n^2(n-1)^2/4;$$
$$S_4(n) = n(n-\tfrac{1}{2})(n-1)(n-\tfrac{1}{2}+\sqrt{7/12})(n-\tfrac{1}{2}-\sqrt{7/12})/5;$$
$$S_5(n) = n^2(n-1)^2(n-\tfrac{1}{2}+\sqrt{3/4})(n-\tfrac{1}{2}-\sqrt{3/4})/6;$$
$$S_6(n) = n(n-\tfrac{1}{2})(n-1)(n-\tfrac{1}{2}+\alpha)(n-\tfrac{1}{2}-\alpha)(n-\tfrac{1}{2}+\bar{\alpha})(n-\tfrac{1}{2}-\bar{\alpha})/7,$$
$$\text{여기서 } \alpha = 2^{-3/2}3^{-1/4}\left(\sqrt{\sqrt{31}+\sqrt{27}} + i\sqrt{\sqrt{31}-\sqrt{27}}\right).$$

만일 m이 1보다 큰 홀수이면 $B_m = 0$이다. 따라서 $S_m(n)$은 n^2으로(그리고 $(n-1)^2$으로) 나누어떨어진다. 그 외의 경우에는 $S_m(n)$이 어떤 간단한 법칙을 따르는 것 같지는 않다.

그럼 스털링 수와의 관계를 살펴보는 것으로 베르누이 수 공부를 마무리하자. $S_m(n)$을 계산하는 한 가지 방법은 다음처럼 보통의 거듭제곱을 내림 거듭제곱으로 바꾸는 것이다. 내림 거듭제곱들은 합을 구하기 쉽기 때문이다. 그런 쉬운 합들을 계산한 다음 다시 보통의 거듭제곱으로 되돌리면 된다.

$$S_m(n) = \sum_{k=0}^{n-1} k^m = \sum_{k=0}^{n-1} \sum_{j \geq 0} \begin{Bmatrix} m \\ j \end{Bmatrix} k^{\underline{j}} = \sum_{j \geq 0} \begin{Bmatrix} m \\ j \end{Bmatrix} \sum_{k=0}^{n-1} k^{\underline{j}}$$
$$= \sum_{j \geq 0} \begin{Bmatrix} m \\ j \end{Bmatrix} \frac{n^{\underline{j+1}}}{j+1}$$
$$= \sum_{j \geq 0} \begin{Bmatrix} m \\ j \end{Bmatrix} \frac{1}{j+1} \sum_{k \geq 0} (-1)^{j+1-k} \begin{bmatrix} j+1 \\ k \end{bmatrix} n^k.$$

따라서, 계수들을 식 (6.78)의 계수들과 등호로 연결해 보면, 다음과 같은 항등식이 성립함을 알 수 있다.

$$\sum_{j \geq 0} \begin{Bmatrix} m \\ j \end{Bmatrix} \begin{bmatrix} j+1 \\ k \end{bmatrix} \frac{(-1)^{j+1-k}}{j+1} = \frac{1}{m+1} \binom{m+1}{k} B_{m+1-k}, \quad k > 0. \tag{6.99}$$

이 관계식을 직접 증명할 수 있다면 좋을 것이다. 그러면 베르누이 수를 새로운 방식으로 발견하는 것이 된다. 그러나 표 312이나 313의 항등식 중에는 식 (6.99)의 좌변의 합이 어떤 상수에 m^{k-1}를 곱한 것임을 귀납법으로 증명하는 데 써먹을 만한 것이 없다. 만일 $k = m+1$이면 좌변의 합은 그냥 $\begin{Bmatrix} m \\ m \end{Bmatrix}\begin{bmatrix} m+1 \\ m+1 \end{bmatrix}/(m+1) = 1/(m+1)$이므로 이 관계식이 간단히 증명된다. $k = m$이면 좌변의 합은 $\left\{\begin{smallmatrix} m \\ m-1 \end{smallmatrix}\right\}\begin{bmatrix} m \\ m \end{bmatrix} m^{-1} - \left\{\begin{smallmatrix} m \\ m \end{smallmatrix}\right\}\begin{bmatrix} m+1 \\ m \end{bmatrix}$ $(m+1)^{-1} = \frac{1}{2}(m-1) - \frac{1}{2}m = -\frac{1}{2}$이므로 역시 아주 쉽게 증명된다. 그러나 만일 $k < m$이면 좌변의 합은 상당히 지저분한 모습이다. 아마도 베르누이가 이쪽 길을 택했다면 베르누이 수를 발견하지 못했을 수 있다.

한 가지 해볼 만한 것은 $\begin{Bmatrix} m \\ j \end{Bmatrix}$를 $\begin{Bmatrix} m+1 \\ j+1 \end{Bmatrix} - (j+1)\begin{Bmatrix} m \\ j+1 \end{Bmatrix}$로 대체하는 것이다. 그러면 $(j+1)$이 어색한 분모와 깔끔하게 소거되어서 좌변이 다음과 같은 모습이 된다.

$$\sum_{j \geq 0} \begin{Bmatrix} m+1 \\ j+1 \end{Bmatrix} \begin{bmatrix} j+1 \\ k \end{bmatrix} \frac{(-1)^{j+1-k}}{j+1} - \sum_{j \geq 0} \begin{Bmatrix} m \\ j+1 \end{Bmatrix} \begin{bmatrix} j+1 \\ k \end{bmatrix} (-1)^{j+1-k}.$$

두 번째 합은 $k < m$일 때 0이다(식 (6.31)에 의해). 그러면 첫 합이 남는데, 식을 좀 정리할 필요가 있겠다. 합산의 인수가 k가 되도록, 그리고 나머지 매개변수들은 m과 n이 되도록 변수 이름들을 모두 바꾸기로 하자. 그러면 항등식 (6.99)는 다음과 같은 모습이 된다.

$$\sum_k \left\{{n \atop k}\right\} \left[{k \atop m}\right] \frac{(-1)^{k-m}}{k} = \frac{1}{n}\binom{n}{m} B_{n-m} + [m = n-1], \quad m > 0. \tag{6.100}$$

좋다. 이제 다루기 쉬워 보이는 공식이 나왔다. 그러나 여전히 표 313의 항등식들 중 적용할 만한 것이 바로 드러나지는 않는다.

이제는 표 321의 합성곱 공식들이 요긴하게 쓰일 차례이다. 식 (6.49)와 식 (6.48)을 이용해서 피가수를 다음과 같이 스털링 다항식들로 표현할 수 있다.

$$\left\{{n \atop k}\right\}\left[{k \atop m}\right] = (-1)^{n-k+1}\frac{n!}{(k-1)!}\sigma_{n-k}(-k) \cdot \frac{k!}{(m-1)!}\sigma_{k-m}(k);$$

$$\left\{{n \atop k}\right\}\left[{k \atop m}\right]\frac{(-1)^{k-m}}{k} = (-1)^{n+1-m}\frac{n!}{(m-1)!}\sigma_{n-k}(-k)\sigma_{k-m}(k).$$

상황이 나아졌다. 합성곱 공식 (6.46)에서 $t = 1$로 두면 다음이 나온다.

$$\sum_{k=0}^{n}\sigma_{n-k}(-k)\sigma_{k-m}(k) = \sum_{k=0}^{n-m}\sigma_{n-m-k}(-n+(n-m-k))\sigma_k(m+k)$$
$$= \frac{m-n}{(m)(-n)}\sigma_{n-m}(m-n+(n-m)).$$

이제 식 (6.100)이 증명되었으며, 베르누이 수가 스털링 다항식의 상수 항들과 다음과 같이 관련됨을 알게 되었다.

훑어보기 끝

$$\frac{B_m}{m!} = -m\sigma_m(0). \tag{6.101}$$

6.6 피보나치 수

이번에는 특별한 수열 중 아마도 가장 유쾌한 수열을 살펴보자. 바로 피보나치 수열 $<F_n>$이다.

n	0	1	2	3	4	5	6	7	8	9	10	11	12	13	14
F_n	0	1	1	2	3	5	8	13	21	34	55	89	144	233	377

조화수나 베르누이 수와는 달리 피보나치 수(Fibonacci numbers)는 다루기 쉽고 간단한 정수들이다. 이들은 다음과 같은 점화식으로 정의된다.

$$F_0 = 0;$$
$$F_1 = 1;$$
$$F_n = F_{n-1} + F_{n-2}, \quad n > 1$$ 에 대해. (6.102)

이 규칙이 이렇게 간단한(이전의 두 수에 의존하는 점화식 중 이보다 더 간단한 점화식은 있을 수 없다) 덕분에, 현실의 아주 다양한 상황에서 실제로 피보나치 수들을 볼 수 있다.

자연에서 피보나치 수가 등장하는 좋은 예가 '벌 가계도(bee tree)'이다. 벌의 수컷, 즉 수벌의 족보를 생각해 보자. 모든 수벌은 암벌(여왕벌)이 무성생식으로 낳는다. 그러나 암벌은 양부모(수벌과 암벌)에서 태어난다. 다음은 벌 가계도의 처음 몇 수준이다.

이 예의 "자연으로 돌아가라" 성격은 충격적이다. 이 책은 금지되어야 한다.

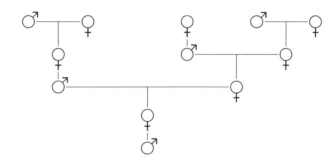

수벌 한 마리마다 할아버지 하나와 할머니 하나가 있다. 증조부는 하나이고 증조모는 둘(친, 외 하나씩), 고조부는 둘이고 고조모는 셋이다. 일반화하면, 수벌의 n대 조부는 정확히 F_{n+1}마리, n대 조모는 정확히 F_{n+2}마리이다.[†]

피보나치 수는 자연에서 자주 등장하는데, 아마도 이 벌 가계도 법칙과 비슷한 이유 때문일 것이다. 예를 들어 전형적인 해바라기의 커다란 얼굴에는 작은 통꽃들이 나선형으로 빽빽히 들어차 있는데, 보통의 경우 그 씨앗들은 한 쪽으로는 34개, 다른 쪽으로는 55개의 나선을 형성한다. 작은 해바라기들은 나선들이 21개와 34개 또는 13개와 21개이다. 영국에서는 나선들이 89개와 144개인 거대한 해바라기가 전시된 적이 있다. 특정 종류의 소나무의 솔방울에서도 비슷한 패턴이 나타난다.

필로탁시스phyllotaxis, 명사, 택시 애호.

---

† (옮긴이) 전통적인 족보 용어에서는 1대조가 아버지, 2대조가 할아버지이지만, 수식과의 일관성을 위해 여기서는 1대 조부가 할아버지, 2대 조부가 증조부, … 등으로 두기로 한다.

이번에는 성격이 좀 다른 예[277]를 보자. 두 장의 유리판을 맞붙이고 빛을 쏘았을 때, 광선이 유리판들 안에서 방향을 n번 바꾼 후에 최종적으로 유리판들을 투과하거나 반사하는 방법의 수 a_n은 무엇일까? 처음 몇 개의 사례는 다음과 같다.

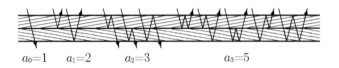

$a_0=1 \qquad a_1=2 \qquad a_2=3 \qquad a_3=5$

n이 짝수일 때에는 내부 반사 횟수가 짝수이고, 광선은 최종적으로 투과한다. n이 홀수이면 최종적으로 광선은 원래 들어왔던 쪽으로 반사된다. 아마도 a_n은 피보나치 수인 것 같은데, 좀 더 들여다 보면 왜 그런지 알 수 있다. $n \geq 2$일 때, 만일 광선이 유리판들 안에서 n번 반사되었다면, 그 광선은 반대편 표면에서 반사되어서 a_{n-1}가지 방식으로 진행했거나 중간 표면(두 유리판의 경계면)에서 반사된 후 다시 가까운 표면에서 반사되어서 a_{n-2}가지 방식으로 진행했을 것이다. 이는 곧 피보나치 점화식 $a_n = a_{n-1} + a_{n-2}$에 해당한다. 초기 조건들이 다르지만 아주 다르지는 않다. $a_0 = 1 = F_2$이고 $a_1 = 2 = F_3$이므로, 보통의 피보나치 수열에서 모든 항을 두 자리 이동한 것일 뿐이다. 즉, $a_n = F_{n+2}$이다.

레오나르도 피보나치는 이 수열을 1202년에 소개했으며, 이후 수학자들이 점차 이들에 대한 흥미로운 사실을 발견했다. 제1장에서 논의한 하노이의 탑 퍼즐을 발표한 에두아르 뤼카[Edouard Lucas]는 19세기 후반에 이 수들을 광범위하게 연구했다 (사실 '피보나치 수'라는 이름을 널리 알린 사람이 바로 뤼카이다). 그의 놀라운 결과 중 하나는, 39자리 메르센 수 $2^{127} - 1$이 소수임을 피보나치 수를 이용해서 증명한 것이다.

다음 항등식은 피보나치 수에 대한 아주 오래된 정리 중 하나로, 이탈리아의 천문학자 지안 도메니코 카시니[Gian Domenico Cassini]가 1680년에 처음 발표했다.[51]

$$F_{n+1}F_{n-1} - F_n^2 = (-1)^n, \quad n > 0\text{에 대해.} \tag{6.103}$$

예를 들어 $n = 6$일 때 이 카시니의 항등식에 따르면 $13 \cdot 5 - 8^2$은 1과 같은데, 이는 사실이다. (요하네스 케플러[Johannes Kepler]는 이 법칙을 이미 1608년에 알고 있었다.[202])

k의 작은 값들에 대한 $F_{n \pm k}$ 형태의 피보나치 수들이 관여하는 다항식은 F_n과 F_{n+1}만 관여하는 공식으로 변환할 수 있다. 이는 $m < n$일 때 F_m을 다음 법칙을 이용해서 더 높은 피보나치 수들로 표현할 수 있고,

"La suite de Fibonacci possède des propriétés nombreuses fort intéressantes."
— E. 뤼카, [259]

$$F_m = F_{m+2} - F_{m+1}, \tag{6.104}$$

$m > n+1$일 때 F_m을 다음 법칙을 이용해서 더 낮은 피보나치 수들로 표현할 수 있기 때문이다.

$$F_m = F_{m-2} + F_{m-1}. \tag{6.105}$$

예를 들어 이 규칙에 따라 식 (6.103)의 F_{n-1}에 $F_{n+1} - F_n$을 대입하면 카시니의 항등식은 다음과 같은 모습이 된다.

$$F_{n+1}^2 - F_{n+1}F_n - F_n^2 = (-1)^n. \tag{6.106}$$

더 나아가서, 카시니의 항등식에서 n을 $n+1$로 대체하면 다음과 같은 모습이 된다.

$$F_{n+2}F_n - F_{n+1}^2 = (-1)^{n+1}.$$

이는 $(F_{n+1} + F_n)F_n - F_{n+1}^2 = (-1)^{n+1}$과 같으며, 따라서 식 (6.106)과도 같다. 그러므로 Cassini(n)은 만일 Cassini$(n+1)$이 참이면, 그리고 오직 그럴 때만 참이다. 식 (6.103)이 성립함은 n에 대한 귀납법으로 증명할 수 있다.

카시니의 항등식은 루이스 캐럴이 좋아한 퍼즐[63], [319], [364] 중 하나에 쓰인 기하학적 역설의 기초이다. 체스판을 아래 그림처럼 네 조각으로 자른 다음 다시 조합해서 직사각형을 만든다고 하자.

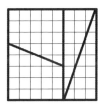 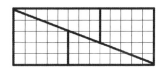

놀랍게도, 원래는 $8 \times 8 = 64$개의 정사각형 칸들로 이루어진 체스판이었는데 잘라서 재조립하니 $5 \times 13 = 65$칸이 되었다! 그림에는 변의 길이들이 13, 8, 5, 3이지만, 임의의 $F_n \times F_n$칸 체스판과 변 길이 F_{n+1}, F_n, F_{n-1}, F_{n-2}를 사용해도 비슷한 구성이 나온다. 결과는 $F_{n-1} \times F_{n+1}$ 직사각형이다. 즉, 식 (6.103)에 의하면 n이 짝수냐 홀수냐에 따라 칸 하나가 생겼거나 사라진 것이다.

엄밀히 말하면 $m \geq 2$가 아니면 식 (6.105)를 적용해서 수식을 정리할 수 없다. 음의 n에 대해서는 아직 F_n을 정의하지 않았기 때문이다. 만일 그러한 경계 조건을

이 역설을 설명하자면...
글쎄, 원래 마술은 설명하는
것이 아니지.

제거한다면, 그럼으로써 색인이 음수일 때의 피보나치 수를 식 (6.104)와 식 (6.105)을 이용해서 정의할 수 있다면, 수많은 조작이 쉬워진다. 예를 들어 F_{-1}은 $F_1 - F_0 = 1$로 판명되었다. 그러면 F_{-2}는 $F_0 - F_{-1} = -1$이다. 다음은 이런 식으로 도출한 값들이다.

n	0	-1	-2	-3	-4	-5	-6	-7	-8	-9	-10	-11
F_n	0	1	-1	2	-3	5	-8	13	-21	34	-55	89

이 값들을 보면 다음과 같은 점화식이 바로 머리에 떠오를 것이다(귀납법으로 증명할 수 있다).

$$F_{-n} = (-1)^{n-1}F_n, \quad \text{정수 } n. \tag{6.107}$$

피보나치 수열을 이런 식으로 확장한다면, 식 (6.103)에 나온 카시니의 항등식은 $n > 0$뿐만 아니라 모든 정수 n에 대해 참이다.

$F_{n\pm k}$를 식 (6.105)와 식 (6.104)를 이용해서 F_n과 F_{n+1}의 결합으로 정리하다 보면 다음과 같은 일련의 공식들이 나온다.

$$
\begin{array}{ll}
F_{n+2} = F_{n+1} + F_n & F_{n-1} = F_{n+1} - F_n \\
F_{n+3} = 2F_{n+1} + F_n & F_{n-2} = -F_{n+1} + 2F_n \\
F_{n+4} = 3F_{n+1} + 2F_n & F_{n-3} = 2F_{n+1} - 3F_n \\
F_{n+5} = 5F_{n+1} + 3F_n & F_{n-4} = -3F_{n+1} + 5F_n
\end{array}
$$

이들에는 다음과 같은 또 다른 패턴이 명백히 드러나 있다.

$$F_{n+k} = F_k F_{n+1} + F_{k-1} F_n. \tag{6.108}$$

이 항등식은 모든 정수 k와 n(양수, 음수, 0)에 대해 성립한다(귀납법으로 손쉽게 증명할 수 있다).

식 (6.108)에서 $k = n$으로 두면

$$F_{2n} = F_n F_{n+1} + F_{n-1} F_n \tag{6.109}$$

이다. 즉, F_{2n}은 F_n의 배수이다. 마찬가지로

$$F_{3n} = F_{2n} F_{n+1} + F_{2n-1} F_n$$

이며, F_{3n}도 F_n의 배수라는 결론을 내릴 수 있다. 실제로, 모든 정수 k와 n에 대해 다음 명제가 참임을 귀납법으로 증명할 수 있다.

$$F_{kn} \text{은 } F_n \text{의 배수이다.} \tag{6.110}$$

이는 예를 들어 F_{15}(값은 610)가 F_3(값은 2)의 배수이자 F_5(값은 5)의 배수인 이유를 설명해 준다. 그 외에도 많은 사실이 있는데, 연습문제 27에서는 다음을 증명한다.

$$\gcd(F_m, F_n) = F_{\gcd(m,n)}. \tag{6.111}$$

이를테면 $\gcd(F_{12}, F_{18}) = \gcd(144, 2584) = 8 = F_6$이다.

이제 식 (6.110)의 역, 즉 "만일 $n > 2$이고 F_m이 F_n의 배수이면, m은 n의 배수이다"를 증명할 수 있다. 만일 $F_n \setminus F_m$이면 $F_n \setminus \gcd(F_m, F_n) = F_{\gcd(m,n)} \le F_n$인데, 이는 $F_{\gcd(m,n)} = F_n$일 때만 가능하다. 그리고 $n > 2$이라고 가정했으므로 반드시 $\gcd(m,n) = n$이다. 따라서 $n \setminus m$이다.

유리 마티야세비치$^{\text{Yuri Matijasevich}}$는 주어진 정수 계수 다변수 다항방정식에 정수해가 존재하는지의 여부를 결정하는 알고리즘은 없다는 명제에 대한 그의 유명한 증명[266]에서 이러한 나누어떨어짐 성질의 한 확장을 활용했다. 마티야세비치의 보조정리는, $n > 2$일 때 피보나치 수 F_m이 F_n^2의 배수일 필요충분조건은 m이 nF_n의 배수라는 것이다.

그럼 이를 $k = 1, 2, 3, \ldots$에 대한 수열 $\langle F_{kn} \bmod F_n^2 \rangle$을 고찰하고 언제 $F_{kn} \bmod F_n^2 = 0$이 되는지 조사해서 증명해 보자. (만일 $F_m \bmod F_n = 0$이면 m이 반드시 kn의 형태임은 알고 있다.) 우선 $F_n \bmod F_n^2 = F_n$인데, 이것은 0이 아니다. 다음으로, 식 (6.108)에 의해

$$F_{2n} = F_n F_{n+1} + F_{n-1} F_n \equiv 2 F_n F_{n+1} \pmod{F_n 2}$$

이다. $F_{n+1} \equiv F_{n-1} \pmod{F_n}$이기 때문이다. 마찬가지로

$$F_{2n+1} = F_{n+1}^2 + F_n^2 \equiv F_{n+1}^2 \pmod{F_n^2}.$$

이다. 이러한 합동 덕분에 다음과 같은 계산이 가능하다.

$$\begin{aligned}
F_{3n} &= F_{2n+1} F_n + F_{2n} F_{n-1} \\
&\equiv F_{n+1}^2 F_n + (2 F_n F_{n+1}) F_{n+1} = 3 F_{n+1}^2 F_n \pmod{F_n^2}; \\
F_{3n+1} &= F_{2n+1} F_{n+1} + F_{2n} F_n \\
&\equiv F_{n+1}^3 + (2 F_n F_{n+1}) F_n \equiv F_{n+1}^3 \pmod{F_n^2}.
\end{aligned}$$

일반적으로 다음이 성립함을 k에 대한 귀납법으로 증명할 수 있다.

$$F_{kn} \equiv kF_n F_{n+1}^{k-1} \text{ 그리고 } F_{kn+1} \equiv F_{n+1}^k \pmod{F_n^2}.$$

이제 F_{n+1}은 F_n과 서로 소이며, 따라서

$$\begin{aligned}
F_{kn} \equiv 0 \pmod{F_n^2} &\Leftrightarrow kF_n \equiv 0 \pmod{F_n^2} \\
&\Leftrightarrow k \equiv 0 \pmod{F_n}
\end{aligned}$$

이다. 이렇게 해서 마티야세비치의 보조정리가 증명되었다.

피보나치 수의 가장 중요한 성질 중 하나는, 피보나치 수들을 특별한 방식으로 사용해서 정수를 표현할 수 있다는 것이다. 우선 다음과 같은 표기법을 정의하자.

$$j \gg k \quad \Leftrightarrow \quad j \geq k+2. \tag{6.112}$$

그러면, 모든 양의 정수에는 다음과 같은 형태의 유일한 표현이 존재한다.

$$n = F_{k_1} + F_{k_2} + \cdots + F_{k_r}, \quad k_1 \gg k_2 \gg \cdots \gg k_r \gg 0. \tag{6.113}$$

(이것은 제켄도르프^{Zeckendorf} 정리이다.[246], [381]) 예를 들어 1백만의 표현은 다음과 같다.

$$\begin{aligned}
1000000 &= 832040 + 121393 + 46368 + 144 + 55 \\
&= F_{30} + F_{26} + F_{24} + F_{12} + F_{10}.
\end{aligned}$$

F_{k_1}을 $\leq n$인 가장 큰 피보나치 수로 선택하고, F_{k_2}을 $\leq n - F_{k_1}$인 가장 큰 피보나치 수로 선택하는 식으로 나아가는 '탐욕적' 접근 방식을 이용하면 이러한 표현을 항상 구할 수 있다. (좀 더 정확히 말하면, $F_k \leq n < F_{k+1}$이라고 할 때 $0 \leq n - F_k < F_{k+1} - F_k = F_{k-1}$이다. 만일 n이 하나의 피보나치 수이면, $r=1$과 $k_1 = k$로 두면 식 (6.113)이 성립한다. 피보나치 수가 아니면, $n - F_k$에는 $F_{k_2} + \cdots + F_{k_r}$이라는 피보나치 표현이 존재한다. 이는 n에 대한 귀납법으로 증명할 수 있다. 그리고 만일 $k_1 = k$로 두면 식 (6.113)이 성립한다. 부등식 $F_{k_2} \leq n - F_k < F_{k-1}$이 $k \gg k_2$를 함의하기 때문이다.) 반대로, 식 (6.113) 형태의 임의의 표현은 다음을 함의한다.

$$F_{k_1} \leq n < F_{k_1+1}.$$

이는 $k \gg k_2 \gg \cdots \gg k_r \gg 0$일 때 $F_{k_2} + \cdots + F_{k_r}$의 값으로 가능한 가장 큰 값은 다음이기 때문이다.

[사실 고전 산스크리트 저작 프라크론 아크르타 파인갈라 Prācron akṛta Paiṅgala (1320년경)의 무명 저자는 이 표현을 수세기 전에 이미 알고 있었다.]

$$F_{k-2}+F_{k-4}+\cdots+F_{k \bmod 2+2} = F_{k-1}-1, \quad \text{만일 } k \ge 2\text{이면}. \tag{6.114}$$

(이 공식은 k에 대한 귀납법으로 쉽게 증명할 수 있다. k가 2나 3일 때 좌변은 0이다.) 따라서 k_1은 앞에서 설명한 것처럼 탐욕적으로 선택된 값이며, 이 표현은 반드시 유일하다.

임의의 유일 표현 체계는 하나의 수체계이므로, 제켄도르프의 정리에서 피보나치 수체계(Fibonacci number system)가 나온다. 임의의 음이 아닌 정수 n을 다음과 같이 0들과 1들의 기호열로 표현할 수 있다.

$$n = (b_m b_{m-1} \ldots b_2)_F \iff n = \sum_{k=2}^{m} b_k F_k. \tag{6.115}$$

이러한 수체계는 이진수(기수 2) 표기법과 다소 비슷하지만, 1이 연달아 두 번 나오는 일이 결코 없다는 특징이 있다. 예를 들어 다음은 1에서 20까지의 정수를 피보나치 수체계로 표현한 것이다.

$$\begin{array}{llll}
1=(000001)_F & 6=(001001)_F & 11=(010100)_F & 16=(100100)_F\\
2=(000010)_F & 7=(001010)_F & 12=(010101)_F & 17=(100101)_F\\
3=(000100)_F & 8=(010000)_F & 13=(100000)_F & 18=(101000)_F\\
4=(000101)_F & 9=(010001)_F & 14=(100001)_F & 19=(101001)_F\\
5=(001000)_F & 10=(010010)_F & 15=(100010)_F & 20=(101010)_F
\end{array}$$

1분 전에 보았던 1백만의 피보나치 표현을 해당 이진 표현 $2^{19}+2^{18}+2^{17}+2^{16}+2^{14}+2^9+2^6$과 비교해 보자.

$$\begin{aligned}(1000000)_{10} &= (10001010000000000010100000000)_F\\ &= (11110100001001000000)_2.\end{aligned}$$

피보나치 표현에 비트가 더 많이 필요한데, 이는 이 수체계에서 1들이 연달아 나올 수 없기 때문이다. 그렇긴 하지만 두 표현은 비슷하다.

피보나치 수체계에서 어떤 수에 1을 더하는 과정은 두 가지 경우로 갈라진다. 만일 주어진 수의 '일의 자리' 숫자가 0이면 그 숫자를 1로 바꾼다. 그러면 결과적으로 수에 $F_2=1$이 더해진다. 일의 자리 숫자는 F_2를 뜻하기 때문이다. 일의 자리가 0이 아니면 최하위 두 숫자는 01일 것이다. 그것을 10으로 바꾼다(이는 곧 $F_3-F_2=1$을 더하는 것과 같다). 마지막으로, 숫자 패턴 '011'을 '100'으로 바꾼다. 이는 자리 올림에 해당한다. (이러한 자리 올림 규칙은 $F_{m+1}+F_m$을 F_{m+2}로 대체하는 것과 동등하다.) 이러한 자리 올림을 수 표현에 1이 연달아 두 번 나오는 패턴이 없어질 때까지 반복한다. 예를 들어 $5 = (1000)_F$에서 $6 = (1001)_F$로 또는 $6 = (1001)_F$에서 $7 = (1010)_F$로 갈 때는 자리 올림이 필요하지 않다. 그러나 $7 = (1010)_F$에서 $8 = (10000)_F$로 갈 때는 자리 올림을 두 번 해야 한다.

지금까지 피보나치 수의 여러 성질을 논의했는데, 아직 피보나치 수의 닫힌 형식은 이야기하지 않았다. 이전에 스털링 수와 오일러 수, 베르누이 수의 닫힌 형식은 구하지 못했지만, 조화수의 닫힌 형식 $H_n = \left[\begin{smallmatrix} n+1 \\ 2 \end{smallmatrix} \right] / n!$은 구할 수 있었다. F_n과 우리가 아는 다른 수량 사이에 어떤 관계가 존재할까? F_n을 정의하는 점화식의 '해'를 구할 수 있을까?

그 답은 "예"이다. 실제로, 제5장에서 간략하게 살펴본 **생성함수**라는 개념을 이용해서 그 점화식을 간단하게 푸는 방법이 있다. 다음과 같은 무한급수를 생각해 보자.

$$F(z) = F_0 + F_1 z + F_2 z^2 + \cdots = \sum_{n \geq 0} F_n z^n. \tag{6.116}$$

$F(z)$에 대한 간단한 공식을 구할 수 있다면, 그 계수 F_n들에 대한 간단한 공식도 찾아낼 가능성이 상당히 크다.

제7장에서는 생성함수를 집중적으로 자세히 살펴본다. 지금 이 문제를 미리 경험해 두면 제7장을 공부할 때 도움이 될 것이다. 멱급수 $F(z)$에 z와 z^2을 곱해보면 이 멱급수의 멋진 성질 하나가 드러난다.

$$\begin{aligned}
F(z) &= F_0 + F_1 z + F_2 z^2 + F_3 z^3 + F_4 z^4 + F_5 z^5 + \cdots, \\
zF(z) &= \phantom{F_0 + {}} F_0 z + F_1 z^2 + F_2 z^3 + F_3 z^4 + F_4 z^5 + \cdots, \\
z^2 F(z) &= \phantom{F_0 + F_1 z + {}} F_0 z^2 + F_1 z^3 + F_2 z^4 + F_3 z^5 + \cdots.
\end{aligned}$$

마지막 두 방정식을 첫 방정식에서 빼면, z^2과 z^3, 그리고 지수가 4 이상인 z 거듭제곱들이 관여하는 항들이 피보나치 점화식에 의해 모두 소거된다. 더 나아가서, 상수항 F_0은 애초에 나타나지도 않는다($F_0 = 0$이므로). 따라서 뺄셈 이후 남은 것은 $(F_1 - F_0)z$인데, 이것은 그냥 z이다. 정리하자면

$$F(z) - zF(z) - z^2 F(z) = z$$

이며, 이를 $F(z)$에 대해 정리하면 다음과 같은 간결한 공식이 나온다.

$$F(z) = \frac{z}{1 - z - z^2}. \tag{6.117}$$

"Sit $1 + x + 2xx + 3x^3 + 5x^4 + 8x^5 + 13x^6 + 21x^7 + 34x^8$ &c Series nata ex divisione Unitatis per Trinomium $1 - x - xx$."
— A. 드무아브르de Moivre, [76]

"항들의 관계를 보여주는 수량 r, s, t는 분수의 분모에 있는 것들과 같다. 언뜻 자명해 보이는 이 성질을, M. 드무아브르가 무한급수에 관한 문제 (이 성질을 적용하지 않았다면 아주 까다로웠을)의 해법에 처음으로 적용했다."
— J. 스털링. [343]

이렇게 해서 피보나치 수열에 관한 모든 정보를 $z/(1-z-z^2)$이라는 간단한(인식할 수는 없다고 해도) 수식으로 축약했다. 믿거나 말거나, 이것은 큰 성과이다. 분모를 인수분해하고 부분분수를 적절히 이용하면 멱급수로 쉽게 전개할 수 있는 형태의 공식이 나오기 때문이다. 그 멱급수의 계수들은 피보나치 수를 위한 닫힌 형식이 될 것이다.

방금 개괄한 공략 계획에 거꾸로 접근하면 계획을 더 잘 이해할 수 있을 것이다. 어떤 더 간단한 생성함수가 있다고 가정하자. 이를테면 α가 상수인 $1/(1-\alpha z)$가 생성함수라고 하자. 그러면

$$\frac{1}{1-\alpha z} = 1 + \alpha z + \alpha^2 z^2 + \alpha^3 z^3 + \cdots$$

이다. 즉, 우리는 z의 모든 거듭제곱의 계수를 모두 알고 있다. 마찬가지로, $A/(1-\alpha z) + B/(1-\beta z)$ 형태의 공식을 생성함수로 둔다면,

$$\begin{aligned}\frac{A}{1-\alpha z} + \frac{B}{1-\beta z} &= A\sum_{n\geq 0}(\alpha z)^n + B\sum_{n\geq 0}(\beta z)^n \\ &= \sum_{n\geq 0}(A\alpha^n + B\beta^n)z^n\end{aligned} \tag{6.118}$$

이므로 계수들을 쉽게 구할 수 있다. 따라서 다음을 만족하는 상수 A, B, α, β를 구하기만 하면 문제가 풀린다.

$$\frac{A}{1-\alpha z} + \frac{B}{1-\beta z} = \frac{z}{1-z-z^2}.$$

그 상수들을 구했다면, $A\alpha^n + B\beta^n$이 곧 $F(z)$에 있는 z^n의 계수 F_n에 대한 닫힌 형식이다. 위의 공식의 좌변을 다음과 같이 바꿔 쓸 수 있다.

$$\frac{A}{1-\alpha z} + \frac{B}{1-\beta z} = \frac{A - A\beta z + B - B\alpha z}{(1-\alpha z)(1-\beta z)}.$$

따라서 우리가 구하고자 하는 네 상수는 다음 두 다항방정식의 해들이다.

$$(1-\alpha z)(1-\beta z) = 1-z-z^2; \tag{6.119}$$

$$(A+B) - (A\beta + B\alpha)z = z. \tag{6.120}$$

$F(z)$의 분모를 $(1-\alpha z)(1-\beta z)$ 형태로 인수분해할 수 있다면, $F(z)$를 인수 $(1-\alpha z)$와 $(1-\beta z)$가 편리하게 분리되는 두 분수의 합으로 표현할 수 있다.

식 (6.119)의 분모 인수들이 좀 더 통상적인 $c(z-\rho_1)(z-\rho_2)$ 형태(여기서 ρ_1과 ρ_2는 방정식의 근들)가 아니라 $(1-\alpha z)(1-\beta z)$ 형태임을 주목하기 바란다. 이유는, $(1-\alpha z)(1-\beta z)$가 멱급수로 더 잘 전개되기 때문이다.

α와 β를 구하는 방법은 여러 가지인데, 그중 하나는 다음과 같은 교묘한 요령을 사용한다. 새 변수 w를 도입해서 다음과 같이 인수분해한다고 하자.

$$w^2 - wz - z^2 = (w - \alpha z)(w - \beta z).$$

그러면 그냥 $w = 1$로 두면 $1 - z - z^2$이 인수분해된다. $w^2 - wz - z^2 = 0$의 근들은 이 차방정식의 근의 공식으로 구할 수 있다. 근들은 다음과 같다.

$$\frac{z \pm \sqrt{z^2 + 4z^2}}{2} \;=\; \frac{1 \pm \sqrt{5}}{2} z.$$

따라서

$$w^2 - wz - z^2 = \left(w - \frac{1 + \sqrt{5}}{2} z\right)\left(w - \frac{1 - \sqrt{5}}{2} z\right)$$

이다. 이제 우리가 찾던 상수 α와 β가 결정되었다.

수 $(1 + \sqrt{5})/2 \approx 1.61803$은 수학의 여러 부분에서 중요하며, 예술의 세계에서도 중요하다. 예로부터 이 수는 여러 종류의 설계에서 가장 만족스러운 비율로 간주되었다. 그래서 황금비(golden ratio)라는 특별한 이름까지 붙었다. 이 황금비를 그리스 문자 ϕ^피로 표기하는데, 이는 자신의 조각 작품에서 이 비율을 의식적으로 사용한 피디아스^{Phidias}를 기리기 위한 것이다. 다른 근 $(1 - \sqrt{5})/2 = -1/\phi \approx -.61803$도 ϕ와 많은 성질을 공유한다. 그래서 이 수에도 특별한 표기가 있다. 바로 $\hat{\phi}$(피 햇^{hat})이다. 이 두 수는 방정식 $w^2 - w - 1 = 0$의 근들이므로, 다음이 성립한다.

$$\phi^2 = \phi + 1; \qquad \hat{\phi}^2 = \hat{\phi} + 1. \tag{6.121}$$

(ϕ와 $\hat{\phi}$에 관해서는 나중에 좀 더 이야기하겠다.)

이렇게 해서 식 (6.119)에 필요한 상수 $\alpha = \phi$와 $\beta = \hat{\phi}$은 구했다. 이제 식 (6.120)의 A와 B만 구하면 된다. 방정식 (6.120)에서 $z = 0$으로 두면 $B = -A$임을 알 수 있다. 따라서 식 (6.120)은 다음으로 정리된다.

$$-\hat{\phi}A + \phi A = 1.$$

항상 그렇듯이, 저자들은 요령이라면 사족을 못 쓴다.

유럽 학자들의 방대한 실험적 관찰에 따르면,[136] 한 사람의 전체 신장과 배꼽까지 신장의 비는 대략 1.618이라고 한다.

이를 풀면 $A = 1/(\phi - \hat{\phi}) = 1/\sqrt{5}$ 이다. 따라서 식 (6.117)의 부분분수 전개는 다음과 같다.

$$F(z) = \frac{1}{\sqrt{5}} \left(\frac{1}{1 - \phi z} - \frac{1}{1 - \hat{\phi} z} \right). \tag{6.122}$$

원했던 $F(z)$가 바로 나와 버렸다. 분수들을 식 (6.118)에서처럼 멱급수들로 전개하면 z^n의 계수에 대한 닫힌 형식이 나온다.

$$F_n = \frac{1}{\sqrt{5}} \left(\phi^n - \hat{\phi}^n \right). \tag{6.123}$$

(이 공식은 1728년에 다니엘 베르누이가 처음 발표했지만, 1843년에 자크 비네^{Jacques} $_{Binet}$가 이를 재발견할$^{[31]}$ 때까지는 사람들이 그 사실을 잊고 있었다.)

이러한 유도 과정의 경이로움이 가시기 전에, 답이 정말로 맞는지 점검할 필요가 있다. $n = 0$일 때 이 공식은 $F_0 = 0$이라는 정답을 낸다. $n = 1$일 때에는 $F_1 = (\phi - \hat{\phi})/\sqrt{5}$인데, 이는 곧 1이다. 더 높은 지수의 거듭제곱들을 보자면, 식 (6.123)으로 정의되는 수들은 피보나치 점화식을 만족한다(이 점은 식 (6.121)로부터 도출된다). 따라서 이들이 실제로 피보나치 수들임을 귀납법으로 증명할 수 있다. (또한 ϕ^n과 $\hat{\phi}^n$을 이항정리로 전개해서 $\sqrt{5}$의 여러 거듭제곱을 조사해 볼 수도 있다. 그러나 그러면 수식이 상당히 지저분해진다. F_n의 닫힌 형식을 구하는 주된 목적은 계산을 빠르게 하는 것이 아니라 수학에서 F_n이 다른 수량들과 어떻게 관계되는지 파악하는 것이다.)

약간의 투시력을 동원해서 처음부터 식 (6.123)의 닫힌 형식을 추측하고 귀납법으로 증명할 수도 있었을 것이다. 그러나 생성함수 방법은 닫힌 형식을 발견하는 강력한 방법이다. 제7장에서는 훨씬 더 어려운 점화식의 해를 같은 방법으로 구해 본다. 덧붙이자면, 식 (6.123)을 유도하는 과정에서 무한합이 수렴하는지는 전혀 신경 쓰지 않았다. 멱급수의 계수들에 대한 대부분의 연산은 합이 실제로 수렴하는지와는 무관하게 엄격하게 증명할 수 있음이 알려져 있다.$^{[182]}$ 그렇긴 하지만 무한합에 관해 추론이 잘못되지는 않았는지 의심하는 회의주의적인 독자도 있을 텐데, 무한급수를 이용해서 식 (6.123)을 발견한 후에는 그것을 견고한 귀납 증명으로 입증할 수 있으니 안심하기 바란다.

식 (6.123)에서 도출되는 흥미로운 결과 중 하나는, n이 클 때 정수 F_n이 무리수 $\phi^n/\sqrt{5}$와 극히 가깝다는 것이다. ($\hat{\phi}$의 절댓값이 1보다 작으므로, $\hat{\phi}^n$은 지수적으로 작다. 따라서 그 효과는 거의 무시할 수 있다.) 예를 들어 $F_{10} = 55$와 $F_{11} = 89$는 각각

$$\frac{\phi^{10}}{\sqrt{5}} \approx 55.00364 \text{와 } \frac{\phi^{11}}{\sqrt{5}} \approx 88.99775$$

에 아주 가깝다. 이 관찰을 이용해서 다음과 같은 또 다른 닫힌 형식을 도출할 수 있다.

$$F_n = \left\lfloor \frac{\phi^n}{\sqrt{5}} + \frac{1}{2} \right\rfloor = \frac{\phi^n}{\sqrt{5}} \text{을 가장 가까운 정수로 반올림한 값.} \quad (6.124)$$

이 등식은 모든 $n \geq 0$에 대해 $|\hat{\phi}^n/\sqrt{5}| < \frac{1}{2}$이기 때문에 성립한다. n이 짝수일 때 F_n은 $\phi^n/\sqrt{5}$보다 약간 작고, 홀수일 때는 약간 크다.

카시니의 항등식 (6.103)을 다음과 같이 다시 쓸 수 있다.

$$\frac{F_{n+1}}{F_n} - \frac{F_n}{F_{n-1}} = \frac{(-1)^n}{F_{n-1}F_n}.$$

n이 클 때 $1/F_{n-1}F_n$은 아주 작다. 따라서 F_{n+1}/F_n은 F_n/F_{n-1}과 아주 가깝다. 그리고 식 (6.124)는 그 비율이 ϕ에 근접함을 말해준다. 실제로 다음이 성립한다.

$$F_{n+1} = \phi F_n + \hat{\phi}^n. \quad (6.125)$$

($n = 0$과 $n = 1$일 때 이 항등식이 참임은 직접 계산해 보면 증명할 수 있고, $n > 1$인 경우는 귀납법으로 증명할 수 있다. 또한, 식 (6.123)에 대입해서 직접 증명하는 것도 가능하다.) 비 F_{n+1}/F_n은 ϕ에 아주 가깝다. 그 비는 ϕ를 번갈아 넘어가거나 못 미친다.)

우연이지만, ϕ는 또한 1마일을 킬로미터 단위로 환산한 값에 아주 가깝다. (참값은 1.609344이다. 1인치가 정확히 2.54cm이기 때문이다.) F_{n+1}km가 F_n마일과 거의 같다는 점을 기억하면, 킬로미터와 마일을 머릿속에서 환산할 수 있을 것이다.

피보나치 수가 아닌 수를 킬로미터 단위에서 마일 단위로 환산한다고 하자. 30km는 미국식으로 얼마인가? 피보나치 수체계를 이용하면 암산으로도 쉽게 답을 낼 수 있다. 우선, 앞에서 설명한 탐욕적 접근 방식을 이용해서 30을 피보나치 표현 $21 + 8 + 1$으로 바꾼다. 그런 다음 각 수를 한 자리씩 아래로(앞으로) 이동해서 $13 + 5 + 1$을 만든다. (앞의 '1'은 F_2이었다. 식 (6.113)에서 $k_r \gg 0$이기 때문이다. 새 '1'은

혹시라도 USA가 미터법을 따르게 된다면, 속도 제한 표지판의 문구가 55mi/hr에서 89km/hr로 바뀔 것이다. 어쩌면 고속도로 관계자들이 관대하게 90으로 올려줄 수도 있고.

F_1이다.) 수들을 한 자리 앞으로 당기는 것은 ϕ로 나누는 것과 대략 비슷하다. 따라서 19마일이 우리의 추정치이다. (이는 정답과 상당히 가깝다. 정답은 약 18.64마일이다.) 비슷하게, 마일에서 킬로미터로 환산할 때에는 한 자리 위로(뒤로) 이동한다. 30마일은 약 $34+13+2=49$km이다. (이는 정답과 그리 가깝지 않다. 정답은 약 48.28이다.)

모든 $n \leq 100$에 대해 $n$km를 이러한 하향 자리이동 규칙을 이용해서 환산하면 실제 마일 거리를 반올림한 것과 같은 결과가 나온다는 점이 밝혀졌다. 단, $n=4,12,54,62,75,83,91,96,99$일 때는 예외이다. 그런 경우에는 결과가 정답에 조금 못미치는데, 오차는 2/3마일 미만이다. 그리고 모든 $n \leq 113$에 대해 상향 자리이동 규칙을 n마일에 적용하면 해당 킬로미터의 반올림이 나오거나 1km 더 큰 값이 나온다. (후자는 $n=4$일 때만 발생하는 데, 이 경우 $n=3+1$에 대한 개별 반올림 오차가 서로를 상쇄하는 것이 아니라 더해진다.)

'하향 자리이동' 규칙은 n을 $f(n/\phi)$로 바꾸고, '상향 자리이동' 규칙은 n을 $f(n\phi)$로 바꾼다. 여기서 $f(x)=\lfloor x+\phi^{-1}\rfloor$이다.

6.7 연항식

피보나치 수와 제4장에서 배운 슈테른-브로코 트리 사이에는 중요한 연관 관계가 있다. 그리고 피보나치 수에는 오일러가 상세하게 연구한 어떤 다항식 수열로의 중요한 일반화들이 존재한다. 오일러가 연구한 다항식들을, 다음과 같은 모습의 연분수(continued fraction)를 연구하는 데 핵심이라는 이유로 연항식(continuant polynomial)이라고[†] 부른다.

$$a_0 + \cfrac{1}{a_1 + \cfrac{1}{a_2 + \cfrac{1}{a_3 + \cfrac{1}{a_4 + \cfrac{1}{a_5 + \cfrac{1}{a_6 + \cfrac{1}{a_7}}}}}}}. \tag{6.126}$$

연항식 $K_n(x_1, x_2, \ldots, x_n)$에는 매개변수가 n개 있다. K_n은 다음과 같은 점화식으로 정의된다.

[†] (옮긴이) 연항식은 이 번역서에서 고안한 용어로, 대한수학회 용어집에는 없다. 이 책의 저자 중 한 명이 쓴 *The Art Of Computer Programming*의 번역서 『컴퓨터 프로그래밍의 예술』(류광 옮김, 한빛미디어 펴냄) 제1권과 제4a권에서는 '지속'을 사용했지만, 연분수와의 관련성이 잘 드러나지 않으므로 좋지 않은 선택이다. 제2권에서는 '연속 다항식'이라고 했는데, 의미상으로는 나쁘지 않지만 연속함수로서의 다항식과 혼동할 수 있으므로 역시 그리 좋지 않은 선택이다.

$$K_0() = 1;$$
$$K_1(x_1) = x_1; \qquad\qquad (6.127)$$
$$K_n(x_1,...,x_n) = K_{n-1}(x_1,...,x_{n-1})x_n + K_{n-2}(x_1,...,x_{n-2}).$$

예를 들어 $K_1(x_1)$ 다음의 세 사례는 다음과 같다.

$$K_2(x_1,x_2) = x_1x_2+1;$$
$$K_3(x_1,x_2,x_3) = x_1x_2x_3 + x_1 + x_3;$$
$$K_4(x_1,x_2,x_3,x_4) = x_1x_2x_3x_4 + x_1x_2 + x_1x_4 + x_3x_4 + 1.$$

항들의 개수가 피보나치 수임은 귀납법으로 쉽게 증명할 수 있다.

$$K_n(1,1,...,1) = F_{n+1}. \qquad\qquad (6.128)$$

매개변수 개수를 문맥에서 알 수 있을 때는 'K_n' 대신 그냥 'K'라고 표기해도 된다. 제5장에서 초기하함수 F를 다룰 때 매개변수 개수를 생략해도 되었던 것과 마찬가지이다. 예를 들어 $K(x_1,x_2) = K_2(x_1,x_2) = x_1x_2+1$이다. 물론 식 (6.128) 같은 공식들에서는 아래 첨자 n이 꼭 필요하다.

오일러는 곱 $x_1x_2...x_n$에서 시작해서 인접쌍 x_kx_{k+1}들을 모든 가능한 방식으로 지워 나가면 $K(x_1,x_2,...,x_n)$을 구할 수 있음을 알아냈다.[112] 오일러의 규칙을, 길이가 n인 모든 모스 부호열(Morse code sequence)을 구축해서 시각적으로 표현할 수 있다. 이 모스 부호열들은 점과 대시로 이루어지는데, 점 하나는 길이에 1을 더하고 대시 하나는 2를 더한다. 다음은 길이가 4인 모스 부호열들이다.

```
••••      ••—      •—•      —••      ——
```

이러한 점-대시 패턴들은 $K(x_1,x_2,x_3,x_4)$의 항들에 대응된다. 점은 항에 포함된 변수를 뜻하고 대시는 배제된 한 쌍의 변수들을 뜻한다. 예를 들어 •—• 은 x_1x_4에 해당한다.

길이가 n이고 대시가 k개인 하나의 모스 부호열에는 점이 $n-2k$개 있으며, 전체 기호 개수는 $n-k$이다. 그 점들과 대시들을 배열하는 방법은 $\binom{n-k}{k}$가지이므로, 각 점을 z로, 각 대시를 1로 대체하면 다음이 나온다.

$$K_n(z,z,...,z) = \sum_{k=0}^{n} \binom{n-k}{k} z^{n-2k}. \qquad\qquad (6.129)$$

그리고 하나의 연항식에 있는 항들의 전체 개수가 피보나치 수임은 이미 알고 있다. 따라서 다음과 같은 항등식이 성립한다.

$$F_{n+1} = \sum_{k=0}^{n} \binom{n-k}{k}. \tag{6.130}$$

(식 (6.129)의 한 닫힌 형식이 식 (5.74)에 나온다. 그 닫힌 형식은 오일러-비네 공식 (6.123)의 일반화이다.)

연항식과 모스 부호열 사이의 관계는 연항식에 다음과 같은 거울 대칭성이 존재함을 보여준다.

$$K(x_n,...,x_2,x_1) = K(x_1,x_2,...,x_n). \tag{6.131}$$

따라서 연항식은 정의 (6.127)에 나온, 매개변수들이 오른쪽으로 정렬되는 점화식을 만족할 뿐만 아니라, 다음처럼 매개변수들이 왼쪽으로 정렬되는 점화식도 만족한다.

$$K_n(x_1,...,x_n) = x_1 K_{n-1}(x_2,...,x_n) + K_{n-2}(x_3,...,x_n). \tag{6.132}$$

두 점화식 모두, 다음과 같은 좀 더 일반적인 법칙의 특수 경우들이다.

$$\begin{aligned}K_{m+n}&(x_1,...,x_m,x_{m+1},...,x_{m+n}) \\ &= K_m(x_1,...,x_m) K_n(x_{m+1},...,x_{m+n}) \\ &\quad + K_{m-1}(x_1,...,x_{m-1}) K_{n-1}(x_{m+2},...,x_{m+n}).\end{aligned} \tag{6.133}$$

모스 부호의 비유를 이용하면 이 법칙을 이해하기가 수월하다. 첫 곱 $K_m K_n$은 K_{m+n} 항들로 전개되는데, 그 항들은 $[m, m+1]$ 위치에 대시가 없다는 특징이 있다. 반면 둘째 곱은 그 위치에 대시가 있는 항들로 전개된다. 모든 x를 1로 두면 이 항등식은 $F_{m+n+1} = F_{m+1} F_{n+1} + F_m F_n$으로 정리된다. 즉, 식 (6.108)은 식 (6.133)의 한 특수 경우이다.

오일러는 연항식이 카시니의 항등식을 일반화하는, 다음과 같은 좀 더 주목할 만한 법칙을 만족한다는 점을 발견했다.[112]

$$\begin{aligned}K_{m+n}&(x_1,...,x_{m+n}) K_k(x_{m+1},...,x_{m+k}) \\ &= K_{m+k}(x_1,...,x_{m+k}) K_n(x_{m+1},...,x_{m+n}) \\ &\quad + (-1)^k K_{m-1}(x_1,...,x_{m-1}) K_{n-k-1}(x_{m+k+2},...,x_{m+n}).\end{aligned} \tag{6.134}$$

이 법칙(연습문제 29에서 증명한다)은 K의 모든 색인(아래 첨자)이 음수가 아니면 항상 성립한다. 예를 들어 $k=2$, $m=1$, $n=3$일 때 다음이 성립한다.

$$K(x_1,x_2,x_3,x_4) K(x_2,x_3) = K(x_1,x_2,x_3) K(x_2,x_3,x_4) + 1.$$

연항식은 유클리드 알고리즘과 밀접한 관련이 있다. 예를 들어 $\gcd(m,n)$의 계산이 다음 네 단계로 끝난다고 가정하자.

$$
\begin{aligned}
\gcd(m,n) &= \gcd(n_0,n_1) & n_0 &= m, & n_1 &= n; \\
&= \gcd(n_1,n_2) & n_2 &= n_0 \bmod n_1 = n_0 - q_1 n_1; \\
&= \gcd(n_2,n_3) & n_3 &= n_1 \bmod n_2 = n_1 - q_2 n_2; \\
&= \gcd(n_3,n_4) & n_4 &= n_2 \bmod n_3 = n_2 - q_3 n_3; \\
&= \gcd(n_4,0) = n_4. & 0 &= n_3 \bmod n_4 = n_3 - q_4 n_4.
\end{aligned}
$$

그러면 다음이 성립한다.

$$
\begin{aligned}
n_4 &= n_4 & &= K()n_4; \\
n_3 &= q_4 n_4 & &= K(q_4)n_4; \\
n_2 &= q_3 n_3 + n_4 & &= K(q_3,q_4)n_4; \\
n_1 &= q_2 n_2 + n_3 & &= K(q_2,q_3,q_4)n_4; \\
n_0 &= q_1 n_1 + n_2 & &= K(q_1,q_2,q_3,q_4)n_4.
\end{aligned}
$$

일반화하자면, 만일 어떤 두 입력 수의 최대공약수 d를 유클리드 알고리즘으로 k단계 만에 구했다면, 그리고 그때까지 계산한 몫들의 수열이 $q_1,\ldots,q_k$라면, 두 입력은 바로 $K(q_1,q_2,\ldots,q_k)d$와 $K(q_2,\ldots,q_k)d$이다. (이 사실은 토마 팡테 드라니[Thomas Fantet de Lagny]가 18세기 초에 알아냈다.[232] 그는 연항식을 명시적으로 고찰한 최초의 인물로 보인다. 이 사실에 기초해서, 라니는 연속된 피보나치 수들(q를 해당 최솟값으로 두었을 때 연항식의 형태로 나타나는)이 유클리드의 알고리즘이 주어진 단계 수로 끝나게 하는 가장 작은 입력들임을 지적했다.)

연항식은 그 이름의 연원이 된 연분수와도 밀접한 관련이 있다. 이를테면 다음이 성립한다.

$$
a_0 + \cfrac{1}{a_1 + \cfrac{1}{a_2 + \cfrac{1}{a_3}}} = \frac{K(a_0,a_1,a_2,a_3)}{K(a_1,a_2,a_3)}.
\tag{6.135}
$$

임의의 깊이의 연분수에 대해 이와 같은 패턴이 성립한다. 이 점은 귀납법으로 쉽게 증명할 수 있다. 예를 들어

$$
\frac{K(a_0,a_1,a_2,a_3+1/a_4)}{K(a_1,a_2,a_3+1/a_4)} = \frac{K(a_0,a_1,a_2,a_3,a_4)}{K(a_1,a_2,a_3,a_4)}.
$$

이다. 이는 다음과 같은 항등식 때문이다.

$$K_n(x_1,...,x_{n-1},x_n+y)$$
$$= K_n(x_1,...,x_{n-1},x_n) + K_{n-1}(x_1,...,x_{n-1})y. \tag{6.136}$$

(연습문제 30에서 이 항등식을 증명하고 일반화한다.)

더 나아가서, 연항식은 제4장에서 논의한 슈테른-브로코 트리와 밀접하게 관련되어 있다. 그 트리의 각 노드를 다음과 같은 L들과 R들의 기호열로 표현할 수 있다.

$$R^{a_0}L^{a_1}R^{a_2}L^{a_3}...R^{a_{n-2}}L^{a_{n-1}}. \tag{6.137}$$

여기서 $a_0 \geq 0, a_1 \geq 1, a_2 \geq 1, a_3 \geq 1, ..., a_{n-2} \geq 1, a_{n-1} \geq 0$이고 n은 짝수이다. L과 R을 식 (4.33)의 2×2 행렬들로 두면 식 (6.137)에 해당하는 행렬이 다음과 같음을 알 수 있다. 이를 귀납법으로 증명하기란 어렵지 않다.

$$\begin{pmatrix} K_{n-2}(a_1,...,a_{n-2}) & K_{n-1}(a_1,...,a_{n-2},a_{n-1}) \\ K_{n-1}(a_0,a_1,...,a_{n-2}) & K_n(a_0,a_1,...,a_{n-2},a_{n-1}) \end{pmatrix}. \tag{6.138}$$

(연습문제 87에서 실제로 이를 증명한다.) 예를 들어

$$R^aL^bR^cL^d = \begin{pmatrix} bc+1 & bcd+b+d \\ abc+a+c & abcd+ab+ad+cd+1 \end{pmatrix}$$

이다. 마지막으로, 따라서 식 (4.34)를 이용하면 L-R 표현이 식 (6.137)인 슈테른-브로코 트리의 분수에 대한 닫힌 형식을 구할 수 있다. 바로 다음과 같다.

$$f(R^{a_0}...L^{a_{n-1}}) = \frac{K_{n+1}(a_0,a_1,...,a_{n-1},1)}{K_n(a_1,...,a_{n-1},1)}. \tag{6.139}$$

예를 들어 $LRRL$에 해당하는 분수를 구한다고 하자. 그러면 $a_0 = 0, a_1 = 1, a_2 = 2, a_3 = 1, n = 4$로 두어서 식 (6.139)을 적용하면 된다. 답은 다음과 같다.

$$\frac{K(0,1,2,1,1)}{K(1,2,1,1)} = \frac{K(2,1,1)}{K(1,2,1,1)} = \frac{K(2,2)}{K(3,2)} = \frac{5}{7}.$$

(적용 과정에서 $K_n(x_1,...,x_{n-1},x_n+1) = K_{n+1}(x_1,...,x_{n-1},x_n,1)$이라는 법칙을 사용해서 매개변수 목록의 선행 1들과 후행 1들을 흡수했다. 이 법칙은 식 (6.136)에 $y = 1$을 대입하면 나온다.)

식 (6.135)와 (6.139)를 비교해 보면 식 (6.137)에 나온 슈테른-브로코 트리의 일반 노드 공식에 해당하는 분수의 연분수 표현이 다음과 같음을 알 수 있다.

$$f(R^{a_0} \dots L^{a_{n-1}}) = a_0 + \cfrac{1}{a_1 + \cfrac{1}{a_2 + \cfrac{1}{\dots + \cfrac{1}{a_{n-1} + \cfrac{1}{1}}}}} . \tag{6.140}$$

따라서, 할펜^{Halphen}이 암묵적으로 밝혔듯이,[174] 그냥 즉석에서 연분수를 그에 해당하는 슈테른-브로코 트리의 노드로(그리고 그 반대로) 변환하는 것이 가능하다. 이를테면

$$f(LRRL) = 0 + \cfrac{1}{1 + \cfrac{1}{2 + \cfrac{1}{1 + \cfrac{1}{1}}}}$$

이다.

제4장에서는 무리수가 슈테른-브로코 트리 안의 무한 경로를 정의한다는 점과 무리수를 L들과 R들의 무한 문자열로 표현할 수 있다는 점을 배웠다. α의 무한 문자열이 $R^{a_0} L^{a_1} R^{a_2} L^{a_3} \dots$이라고 하자. 그러한 무한 문자열에 해당하는 무한 연분수가 존재한다.

$$\alpha = a_0 + \cfrac{1}{a_1 + \cfrac{1}{a_2 + \cfrac{1}{a_3 + \cfrac{1}{a_4 + \cfrac{1}{a_5 + \cfrac{1}{\ddots}}}}}} . \tag{6.141}$$

이 무한 연분수를 직접 구하는 것도 가능하다. $\alpha_0 = \alpha$이고 $k \geq 0$에 대해

$$a_k = \lfloor \alpha_k \rfloor ; \quad \alpha_k = a_k + \frac{1}{\alpha_{k+1}} \tag{6.142}$$

이라고 하자. 이 a들을 α의 '부분몫(partial quotient)'이라고 부른다. α가 유리수 m/n이면, 이 절차는 유클리드 알고리즘을 돌렸을 때 나오는 모든 몫을 산출한 후 멈춘다(그 시점에서 $\alpha_{k+1} = \infty$이다).

혹은, 알지만 말하지 않는 것일 수도.

오일러 상수 γ가 유리수일까, 아니면 무리수일까? 아직 아무도 모른다. 슈테른브로코 트리 안에서 γ를 찾아보면 이 유명한 미해결 문제에 관한 부분적인 정보를 얻을 수 있다. 만일 γ가 유리수이면 트리 안에서 찾을 수 있을 것이고, 무리수이면 가장 가까운 유리수 근삿값들을 모두 찾을 수 있다. γ의 연분수는 다음과 같은 부분 몫들로 시작한다.

k	0	1	2	3	4	5	6	7	8
a_k	0	1	1	2	1	2	1	4	3

따라서 오일러 상수의 슈테른브로코 트리 표현은 $LRLLRLLRLLLLRRRL\ldots$로 시작한다. 여기에는 두드러진 패턴이 없다. 리처드 브렌트$^{\text{Richard Brent}}$의 계산[38]에 따르면, 만일 γ가 유리수이면 그 분모는 십진수로 10,000자리 이상의 수이다. 이 때문에 γ가 유리수라고 믿는 사람은 없다. 그러나 유리수가 아니라고 증명한 사람도 아직 없다.

글쎄, γ는 무리수일 거야. 덜 알려진 주장이지만, 아인슈타인이 "신은 거대한 분모들을 우주에 던지지 않았다"라고 말했거든.

그럼 이상의 개념들 대다수를 하나로 묶는 주목할만한 항등식을 증명하는 것으로 이번 장을 마무리하기로 하자. 제3장에서 스펙트럼이라는 개념을 소개했다. α가 주어진 하나의 상수일 때, α의 스펙트럼은 수 $\lfloor n\alpha \rfloor$들의 중복집합이다. 따라서 무한급수

$$\sum_{n \geq 1} z^{\lfloor n\phi \rfloor} = z + z^3 + z^4 + z^6 + z^8 + z^9 + \cdots$$

는 황금비 $\phi = (1+\sqrt{5})/2$의 스펙트럼에 대한 생성함수라고 말할 수 있다. 이제부터 증명할 다음 항등식은 1976년에 J. L. 데이비슨^{Davison}이 발견한[73] 것으로, 무한 연분수를 이용해서 이 생성함수를 피보나치 수열과 연관시킨다.

$$\cfrac{z^{F_1}}{1 + \cfrac{z^{F_2}}{1 + \cfrac{z^{F_3}}{1 + \cfrac{z^{F_4}}{\ddots}}}} = (1-z)\sum_{n \geq 1} z^{\lfloor n\phi \rfloor}. \tag{6.143}$$

식 (6.143)의 양변 모두 흥미롭다. 그럼 수 $\lfloor n\phi \rfloor$들부터 보자. 식 (6.113)에 나온 것처럼 n의 피보나치 표현이 $F_{k_1} + \cdots + F_{k_r}$이라고 하면, $n\phi$는 $F_{k_1+1} + \cdots + F_{k_r+1}$, 즉 피보나치 표현을 왼쪽으로 자리이동한(마일을 킬로미터로 환산할 때처럼) 수와 근사적으로 같을 것이라고 기대할 수 있다. 실제로, 식 (6.125)에 의해

$$n\phi = F_{k_1+1} + \cdots + F_{k_r+1} - \left(\hat{\phi}^{k_1} + \cdots + \hat{\phi}^{k_r} \right)$$

이다. 이제 $\hat{\phi} = -1/\phi$ 이고 $k_1 \gg \cdots \gg k_r \gg 0$ 이므로 다음이 성립한다.

$$\left| \hat{\phi}^{k_1} + \cdots + \hat{\phi}^{k_r} \right| < \phi^{-k_r} + \phi^{-k_r-2} + \phi^{-k_r-4} + \cdots$$
$$= \frac{\phi^{-k_r}}{1 - \phi^{-2}} = \phi^{1-k_r} \leq \phi^{-1} < 1.$$

그리고 $\hat{\phi}^{k_1} + \cdots + \hat{\phi}^{k_r}$ 의 부호가 $(-1)^{k_r}$ 의 부호와 같다는 점도 비슷한 논법으로 증명할 수 있다. 그러므로

$$\lfloor n\phi \rfloor = F_{k_1+1} + \cdots + F_{k_r+1} - \left[k_r(n) \text{은 짝수} \right]. \tag{6.144}$$

이다. 피보나치 표현의 최하위 비트가 1인, 다른 말로 하면 $k_r(n) = 2$ 인 수 n을 가리켜 피보나치 홀수(Fibonacci odd), 줄여서 F-홀수라고 부르기로 하자. 그리고 그 비트가 1이 아닌 n을 피보나치 짝수 또는 F-짝수라고 부르자. 예를 들어 처음 몇 개의 F-홀수들은 1, 4, 6, 9, 12, 14, 17, 19이다. 식 (6.114)에 의해, 만일 $k_r(n)$이 짝수이면 $n-1$은 F-짝수이다. 마찬가지로 $k_r(n)$이 홀수이면 $n-1$은 F-홀수이다. 따라서 다음이 성립한다.

$$k_r(n) \text{은 짝수} \quad \Leftrightarrow \quad n-1 \text{은 } F\text{-홀수}$$

더 나아가서, 만일 $k_r(n)$이 짝수이면 식 (6.144)에 의해 $k_r(\lfloor n\phi \rfloor) = 2$ 이고, $k_r(n)$이 홀수이면 식 (6.144)에 의해 $k_r(\lfloor n\phi \rfloor) = k_r(n) + 1$ 이다. 따라서 $k_r(\lfloor n\phi \rfloor)$은 항상 짝수이다. 결과적으로 다음이 증명되었다.

$\lfloor n\phi \rfloor - 1$은 항상 F-짝수이다.

반대로, 임의의 F-짝수 m이 주어졌을 때 앞의 계산 과정을 뒤집으면 $m+1 = \lfloor n\phi \rfloor$ 인 수 n을 구할 수 있다. (먼저 앞에서 설명한 대로 F-표현에 1을 더한다. 만일 자리 올림이 발생하지 않으면 n은 $(m+2)$를 오른쪽으로 자리이동한 것이고, 발생한다면 n은 $(m+1)$을 오른쪽으로 자리이동한 것이다.) 따라서 식 (6.143)의 우변에 있는 합을 다음과 같이 다시 쓸 수 있다.

$$\sum_{n \geq 1} z^{\lfloor n\phi \rfloor} = z \sum_{m \geq 0} z^m [m \text{은 } F\text{-짝수}]. \tag{6.145}$$

좌변의 연분수는 더 간단하게 할 수 있을까? 식 (6.143)의 연분수를, 식 (6.141)처럼 모든 분자가 1이 되게 바꾸어 보자.

$$\cfrac{1}{z^{-F_0}+\cfrac{1}{z^{-F_1}+\cfrac{1}{z^{-F_2}+\cfrac{1}{\ddots}}}} = \frac{1-z}{z}\sum_{n\geq 1}z^{\lfloor n\phi\rfloor}. \tag{6.146}$$

(이러한 변환은 다소 까다롭다! 분자가 z^{F_n}인 원래의 연분수의 분자와 분모를 반드시 $z^{F_{n-1}}$로 나누어야 한다.) 이 새 연분수를 $1/z^{-F_n}$에서 멈춘다면, 그 값은 식 (6.135)에서처럼 다음과 같은 연항식들의 비이다.

$$\frac{K_{n+2}(0,z^{-F_0},z^{-F_1},...,z^{-F_n})}{K_{n+1}(z^{-F_0},z^{-F_1},...,z^{-F_n})} = \frac{K_n(z^{-F_1},...,z^{-F_n})}{K_{n+1}(z^{-F_0},z^{-F_1},...,z^{-F_n})}.$$

그럼 먼저 분모를 공략할 수 있을지 살펴보자. $Q_n = K_{n+1}(z^{-F_0},...,z^{-F_n})$으로 두면 $Q_0 = 1$, $Q_1 = 1+z^{-1}$, $Q_2 = 1+z^{-1}+z^{-2}$, $Q_3 = 1+z^{-1}+z^{-2}+z^{-3}+z^{-4}$인데, 패턴이 명백하다. 일반항은 다음과 같은 기하급수이다.

$$Q_n = 1+z^{-1}+z^{-2}+\cdots+z^{-(F_{n+2}-1)}.$$

해당 분자는 $P_n = K_n(z^{-F_1},...,z^{-F_n})$인데, 계산해 보면 Q_n과 비슷하지만 항들이 더 적다. 예를 들어

$$P_5 = z^{-1}+z^{-2}+z^{-4}+z^{-5}+z^{-7}+z^{-9}+z^{-10}+z^{-12}$$

인데, $Q_5 = 1+z^{-1}+\cdots+z^{-12}$과 비슷하긴 하다. 좀 더 자세히 살펴보면 항들을 관장하는 패턴이 드러난다.

$$P_5 = \frac{1+z^2+z^3+z^5+z^7+z^8+z^{10}+z^{11}}{z^{12}} = z^{-12}\sum_{m=0}^{12}z^m[m은 \ F\text{-짝수}].$$

이고 일반항은 다음과 같다(귀납법으로 증명할 수 있다).

$$P_n = z^{1-F_{n+2}}\sum_{m=0}^{F_{n+2}-1}z^m[m은 \ F\text{-짝수}].$$

따라서

$$\frac{P_n}{Q_n} = \frac{\sum_{m=0}^{F_{n+2}-1} z^m [m \text{은 } F\text{-짝수}]}{\sum_{m=0}^{F_{n+2}-1} z^m}$$

$n \to \infty$에 따라 극한을 취하면 식 (6.145)에 의해 식 (6.146)이 나온다.

연습문제

몸풀기

1 $\{1,2,3,4\}$의 순열 중 순환마디가 정확히 두 개인 순열 $\left[{4 \atop 2}\right] = 11$개를 구하라. (순환 형식들은 식 (6.4)에 나온다. 그런 것들 대신 2314 같은 비순환 형식을 제시할 것.)

2 원소가 n개인 집합을 원소가 m개인 집합으로 사상하는 함수는 m^n개이다. 그중 치역의 크기가 정확히 k인, 다시 말해 서로 다른 함숫값이 정확히 k개인 함수는 몇 개인가?

3 현실에서 실제로 카드를 쌓아 본 사람들은 바람이 불어서 카드가 뒤집히는 사고를 대비해서 카드들을 살짝 느슨하게 쌓는 것이 현명한 일임을 안다. 최상위 카드 k장의 결합 무게중심이 $k+1$번째 카드 가장자리에서 적어도 ϵ단위 떨어져야 한다고 하자. (따라서, 예를 들어 위에서 첫 번째 카드는 두 번째 카드로부터 많아야 $1 - \epsilon$단위 돌출될 수 있다.) 이런 제약이 있어도 얼마든지 카드를 돌출시킬 수 있을까(카드가 충분히 많다고 할 때)?

4 $1/1 + 1/3 + \cdots + 1/(2n+1)$을 조화수들로 표현하라.

5 식 (6.74)에 나온 $U_n(x,y)$의 정의로부터 점화식 (6.75)를 유도하는 과정을 설명하고, 그 점화식의 해를 구하라.

6 한 탐험가가 어떤 섬에 새끼 토끼 한 쌍(두 마리)을 남겨두고 떠났다. 새끼 토끼들은 태어난 지 한 달이 지나면 다 자라며, 다자란 토끼 한 쌍은 매달 새끼 토끼 한 쌍을 낳는다고 하자. n개월 후에는 토끼 쌍이 몇 개나 될까? (두 달 후에는 두 쌍인데, 한 쌍은 새로 태어난 토끼들이다). 이 문제와 본문의 '벌 가계도' 사이의 연관 관계를 찾아보아라.

조화수가 벌레 수라면, 피보나치 수는 토끼 수이다.

7 카시니의 항등식 (6.103)이 식 (6.108)의 한 특수 경우이자 식 (6.134)의 한 특수 경우임을 보여라.

8 피보나치 수체계를 이용해서 65mi/hr를 km/hr 단위의 근삿값으로 변환하라.

9 8제곱마일은 대략 몇 제곱킬로미터인가?

10 ϕ의 연분수 표현을 구하라.

기초

11 스털링의 순환마디 개수 삼각형의 한 행의 합 $\sum_k (-1)^k {n \brack k}$는 무엇인가? 여기서 n은 음이 아닌 정수이다.

12 스털링 수들이 식 (5.48)과 비슷한 반전법칙

$$g(n) = \sum_k {n \brace k}(-1)^k f(k) \iff f(n) = \sum_k {n \brack k}(-1)^k g(k)$$

를 만족함을 증명하라.

13 제2장과 제5장에서 차분연산자 $D = \frac{d}{dz}$와 $\vartheta = zD$를 소개했다. 이들에 대해 다음이 성립한다.

$$\vartheta^2 = z^2 D^2 + zD.$$

이는, $\vartheta^2 f(z) = \vartheta z f'(z) = z\frac{d}{dz}zf'(z) = z^2 f''(z) + zf'(z)$인데 그것은 결국 $(z^2 \times D^2 + zD)f(z)$이기 때문이다. $\vartheta^3 = z^3 D^3 + 3z^2 D^2 + zD$임도 마찬가지 방식으로 증명할 수 있다. 모든 $n \geq 0$에 대한 일반 공식들은 다음과 같다.

$$\vartheta^n = \sum_k {n \brace k} z^k D^k,$$
$$z^n D^n = \sum_k {n \brack k}(-1)^{n-k}\vartheta^k.$$

이들을 증명하라. (식 (5.109)의 변환처럼, 이 공식들을 이용하면 $\sum_k \alpha_k z^k \times f^{(k)}(z)$ 형태의 표현을 $\sum_k \beta_k \vartheta^k f(z)$ 형태로 또는 그 반대로 변환할 수 있다.)

14 오일러 수에 대한 멱급수 항등식 (6.37)을 증명하라.

15 오일러 수 항등식 (6.39)를, 식 (6.37)의 m차 차분을 취해서 증명하라.

16 다음 이중 점화식의 일반해는 무엇인가?

$$A_{n,0} = a_n \, [n \geq 0]; \quad A_{0,k} = 0, \quad \text{만일} \ k > 0 \text{이면};$$
$$A_{n,k} = kA_{n-1,k} + A_{n-1,k-1}, \qquad \text{정수} \ k, n.$$

여기서 k와 n의 범위는 정수 전체 집합이다.

17 $n < 0$이거나 $k < 0$일 때 $\left|{n \atop k}\right|$가 0이라고 가정하고 다음 점화식들을 풀어라.

a $n, k \geq 0$에 대해 $\left|{n \atop k}\right| = \left|{n-1 \atop k}\right| + n\left|{n-1 \atop k-1}\right| + [n = k = 0]$.

b $n, k \geq 0$에 대해 $\left|{n \atop k}\right| = (n-k)\left|{n-1 \atop k}\right| + \left|{n-1 \atop k-1}\right| + [n = k = 0]$.

c $n, k \geq 0$에 대해 $\left|{n \atop k}\right| = k\left|{n-1 \atop k}\right| + k\left|{n-1 \atop k-1}\right| + [n = k = 0]$.

18 스털링 다항식이 다음을 만족함을 증명하라.

$$(x+1)\sigma_n(x+1) = (x-n)\sigma_n(x) + x\sigma_{n-1}(x).$$

19 일반화된 스털링 수가 다음을 만족함을 증명하라.

$$\sum_{k=0}^{n} \left\{{x+k \atop x}\right\} \left[{x \atop x-n+k}\right] (-1)^k \bigg/ \binom{x+k}{n+1} = 0, \quad \text{정수} \ n > 0;$$

$$\sum_{k=0}^{n} \left[{x+k \atop x}\right] \left\{{x \atop x-n+k}\right\} (-1)^k \bigg/ \binom{x+k}{n+1} = 0, \quad \text{정수} \ n > 0.$$

20 $\sum_{k=1}^{n} H_k^{(2)}$의 닫힌 형식을 구하라.

21 a_n과 b_n이 정수라 할 때 만일 $H_n = a_n/b_n$이면 분모 b_n이 $2^{\lfloor \lg n \rfloor}$의 배수임을 보여라. 힌트: 수 $2^{\lfloor \lg n \rfloor - 1} H_n - \frac{1}{2}$을 고찰할 것.

22 z가 음의 정수인 경우를 제외할 때 모든 복소수 z에 대해 다음 무한합이 수렴함을 증명하라.

$$\sum_{k \geq 1} \left(\frac{1}{k} - \frac{1}{k+z} \right).$$

그리고 z가 음이 아닌 정수일 때 이 합이 H_z와 같음을 보여라. (따라서, 이 공식을 이용하면 복소수 z에 대한 조화수 H_z를 정의할 수 있다.)

23 식 (6.81)을 z의 거듭제곱들로 전개하면 $z/(e^z-1)$의 계수들이 나온다. $z/(e^z+1)$의 계수들은 무엇인가? 힌트: 항등식 $(e^z+1)(e^z-1) = e^{2z}-1$을 고려할 것.

24 탄젠트 수 T_{2n+1}이 2^n의 배수임을 증명하라. 힌트: $T_{2n}(x)$와 $T_{2n+1}(x)$의 모든 계수가 2^n의 배수임을 증명해 볼 것.

25 식 (6.57)은 벌레가 언젠가는 고무줄의 끝에 도달함을 증명한다. 그 언젠가가 시간 N이라고 하자. 벌레가 언젠가 고무줄 끝에 도달한다면, 처음으로 n분 후의 지점이 $n-1$분 후의 지점보다 끝에 더 가까워진 시간 n이 존재할 것이다. 이때 $n < \frac{1}{2}N$임을 보여라.

26 부분합산 방법을 이용해서 $S_n = \sum_{k=1}^{n} H_k/k$를 평가하라.
힌트: 관련된 합 $\sum_{k=1}^{n} H_{k-1}/k$도 고려할 것.

27 피보나치 수들의 최대공약수 법칙 (6.111)을 증명하라.

28 뤼카 수(Lucas number) L_n은 $F_{n+1} + F_{n-1}$로 정의된다. 따라서, 식 (6.109)에 의해 $F_{2n} = F_n L_n$이다. 다음은 처음 몇 개의 뤼카 수이다.

n	0	1	2	3	4	5	6	7	8	9	10	11	12	13
L_n	2	1	3	4	7	11	18	29	47	76	123	199	322	521

a 레퍼토리법을 이용해서, 일반 점화식

$$Q_0 = \alpha; \quad Q_1 = \beta; \quad Q_n = Q_{n-1} + Q_{n-2}, \qquad n > 1$$

의 해 Q_n을 F_n과 L_n으로 표현할 수 있음을 보여라.

b ϕ와 $\hat{\phi}$로 표현된 L_n의 닫힌 형식을 구하라.

29 연항식에 대한 오일러의 항등식 (6.134)를 증명하라.

30 식 (6.136)을 일반화해서, 증가된 연항식 $K(x_1, ..., x_{m-1}, x_m + y, x_{m+1}, ..., x_n)$(여기서 $1 \le m \le n$)의 한 표현을 구하라.

숙제

31 다음은 올림 거듭제곱을 내림 거듭제곱으로 표현하는 공식이다.

$$x^{\overline{n}} = \sum_k \left| {n \atop k} \right| x^{\underline{k}}, \quad 정수\ n \geq 0.$$

이 표현의 계수 $\left| {n \atop k} \right|$들의 닫힌 형식을 구하라. (예를 들어 $x^{\overline{4}} = x^{\underline{4}} + 12x^{\underline{3}} + 36x^{\underline{2}} + 24x^{\underline{1}}$이므로 $\left| {4 \atop 2} \right| = 36$이다.)

32 제5장에서는 점화식 $\binom{n}{k} = \binom{n-1}{k} + \binom{n-1}{k-1}$을 두 가지 방식으로 펼쳐서 다음과 같은 공식들을 얻었다.

$$\sum_{k \leq m} \binom{n+k}{k} = \binom{n+m+1}{m}, \qquad \sum_{0 \leq k \leq m} \binom{k}{n} = \binom{m+1}{n+1}$$

그와 비슷한 점화식 $\left\{ {n \atop k} \right\} = k \left\{ {n-1 \atop k} \right\} + \left\{ {n-1 \atop k-1} \right\}$을 펼치면 어떤 항등식들이 나타나는가?

33 표 312의 공식들을 이용하면 $\left[{n \atop 2} \right]$의 값과 $\left\{ {n \atop 2} \right\}$을 값을 구할 수 있다. 그다음 경우들인 $\left[{n \atop 3} \right]$과 $\left\{ {n \atop 3} \right\}$의 닫힌 형식(스털링 수가 관여하지 않는)은 각각 무엇인가?

34 만일 기본 점화식 (6.35)가 모든 정수 k와 n에 대해 성립한다고 가정하면, 그리고 만일 모든 $k < 0$에 대해 $\left\langle {n \atop k} \right\rangle = 0$이라면, $\left\langle {-1 \atop k} \right\rangle$와 $\left\langle {-2 \atop k} \right\rangle$는 무엇인가?

35 모든 $\epsilon > 0$에 대해 $H_n \bmod 1 < \epsilon$을 만족하는 정수 $n > 1$(그 값이 ϵ에 의존하는)이 존재함을 증명하라.

36 최상위 벽돌이 최하위 벽돌의 그 어떤 점 위에도 놓이지 않도록 벽돌 n개를 쌓았다고 하자. 벽돌 100개와 같은 무게의 사람이 최상위 벽돌 중심에 올라서서 벽돌 더미를 무너뜨리지 않고 균형을 잡는 것이 가능할까?

37 m과 n이 양의 정수라고 가정하고 $\sum_{k=1}^{mn} (k \bmod m)/k(k+1)$을 조화수들로 표현하라. $n \to \infty$에 따른 극한값은 무엇인가?

38 부정합 $\sum \binom{r}{k} (-1)^k H_k \delta k$를 구하라.

39 $\sum_{k=1}^{n} H_k^2$를 n과 H_n으로 표현하라.

아! 그 멋진 시절들(prime years)!

40 $\sum_{k=1}^{1319}(-1)^{k-1}/k$의 분자가 1979로 나누어떨어짐을 증명하라. 그리고 1987 역시 마찬가지임을 증명하라. 힌트: 가우스의 요령을 이용해서 분자가 1979인 분수들의 합을 구해 볼 것. 또한, 연습문제 4도 보라.

41 n이 정수(음수일 수도 있음)라고 할 때, 다음 합의 닫힌 형식을 구하라.

$$\sum_k \binom{\lfloor (n+k)/2 \rfloor}{k}.$$

42 S가 정수들의 집합이고 $S+1$이 그 집합을 "자리이동한" 집합 $\{x+1 \mid x \in S\}$라고 하자. $\{1,2,...,n\}$의 부분집합 중 $S \cup (S+1) = \{1,2,...,n+1\}$이라는 성질을 만족하는 것은 몇 개인가?

43 다음 무한합이 유리수로 수렴함을 증명하라.

$$
\begin{aligned}
&\;\;.1 \\
+\;&.01 \\
+\;&.002 \\
+\;&.0003 \\
+\;&.00005 \\
+\;&.000008 \\
+\;&.0000013 \\
&\;\;\vdots
\end{aligned}
$$

44 카시니의 항등식 (6.106)의 역은 다음과 같다: 만일 k와 m이 $|m^2 - km - k^2| = 1$을 만족하는 정수들이면, $k = \pm F_n$이고 $m = \pm F_{n+1}$인 정수 n이 존재한다. 이 명제를 증명하라.

45 레퍼토리법을 이용해서 다음 일반 점화식의 해를 구하라.

$$X_0 = \alpha; \quad X_1 = \beta; \quad X_n = X_{n-1} + X_{n-2} + \gamma n + \delta.$$

46 $\cos 36°$와 $\cos 72°$는 무엇인가?

47 다음 항등식을 증명하라.

$$2^{n-1} F_n = \sum_k \binom{n}{2k+1} 5^k.$$

그리고 이 항등식을 이용해서 $F_p \bmod p$의 값과 $F_{p+1} \bmod p$의 값을 유도하라. 여기서 p는 소수이다.

48 연항식에서 값이 0인 매개변수를 다음과 같이 좌, 우 인접 매개변수들과 합해서 소거할 수 있음을 증명하라.

$$K_n(x_1,...,x_{m-1},0,x_{m+1},...,x_n)$$
$$= K_{n-2}(x_1,...,x_{m-2},x_{m-1}+x_{m+1},x_{m+2},...,x_n),\ 1 < m < n.$$

49 수 $\sum_{n \geq 1} 2^{-\lfloor n\phi \rfloor}$ 의 연분수 표현을 구하라.

50 모든 양의 정수 n에 대해 $f(n)$이 다음과 같은 점화식으로 정의된다고 하자.

$$f(1) = 1;$$
$$f(2n) = f(n);$$
$$f(2n+1) = f(n)+f(n+1).$$

a $f(n)$이 짝수가 되는 n은 무엇인가?

b $f(n)$을 연항식으로 표현할 수 있음을 보여라.

시험 문제

51 p가 소수라고 하자.

a $1 < k < p$에 대해 ${p \brace k} \equiv {p \brack k} \equiv 0 \pmod{p}$임을 증명하라.

b $1 \leq k < p$에 대해 ${p-1 \brack k} \equiv 1 \pmod{p}$임을 증명하라.

c 만일 $p > 2$이면 ${2p-2 \brace p} \equiv {2p-2 \brack p} \equiv 0 \pmod{p}$임을 증명하라.

d 만일 $p > 3$이면 ${p \brack 2} \equiv 0 \pmod{p^2}$이 성립함을 증명하라. 힌트: p^p을 고찰할 것.

52 H_n을 해당 기약분수 a_n/b_n으로 표기한다고 하자.

a 만일 p가 소수이면 $p \backslash b_n \Leftrightarrow p \nmid a_{\lfloor n/p \rfloor}$임을 증명하라.

b a_n이 5로 나누어떨어짐을 만족하는 모든 $n > 0$을 구하라.

53 $0 \leq m \leq n$일 때 $\sum_{k=0}^{m} \binom{n}{k}^{-1}(-1)^k H_k$의 닫힌 형식을 구하라. 힌트: 연습문제 5.42 에 H_k 인수가 없는 합이 나온다.

54 $n > 0$이라고 하자. 이 연습문제의 목적은 B_{2n}의 분모가 $(p-1) \backslash (2n)$을 만족하는 모든 소수 p의 곱임을 보이는 것이다.

a p가 소수이고 $m > 0$일 때, $S_m(p)+[(p-1) \backslash m]$이 p의 배수임을 보여라.

b 부문제 (a)의 결과를 이용해서 다음을 보여라.

$$B_{2n} + \sum_{p \text{는 소수}} \frac{[(p-1) \setminus (2n)]}{p} = I_{2n} \text{은 정수이다.}$$

힌트: 만일 p가 임의의 소수이면 분수 $B_{2n} + [(p-1) \setminus (2n)]/p$의 분모가 p로 나누어 떨어지지 않음을 증명하는 것으로 충분하다.

c B_{2n}의 분모가 항상 6의 홀수배임을, 그리고 그 분모가 6과 같다는 조건을 만족하는 n이 무한히 많음을 증명하라.

55 식 (6.70)을 좀 더 일반적인 항등식의 한 따름정리로서 증명하라. 다음 합을 구하고 x에 대해 미분해 볼 것.

$$\sum_{0 \le k < n} \binom{k}{m} \binom{x+k}{k}$$

56 $\sum_{k \ne m} \binom{n}{k} (-1)^k k^{n+1}/(k-m)$을 정수 m과 n의 함수 형태의 닫힌 형식으로 평가하라. (이 합의 합산 범위는 $k=m$을 제외한 모든 정수 k이다.)

57 5차 '순환 이항계수(wraparound binomial coefficient)'는

$$\left(\!\binom{n}{k}\!\right) = \left(\!\binom{n-1}{k}\!\right) + \left(\!\binom{n-1}{(k-1) \bmod 5}\!\right), \quad n > 0$$

과 $\left(\!\binom{0}{k}\!\right) = [k=0]$으로 정의된다. Q_n이 n행에 있는 이러한 수 중 가장 큰 것과 가장 작은 것의 차이라고 하자. 즉,

$$Q_n = \max_{0 \le k < 5} \left(\!\binom{n}{k}\!\right) - \min_{0 \le k < 5} \left(\!\binom{n}{k}\!\right)$$

이다. Q_n과 피보나치 수 사이의 관계를 서술하는 공식을 구하고 증명하라.

58 $\sum_{n \ge 0} F_n^2 z^n$과 $\sum_{n \ge 0} F_n^3 z^n$의 닫힌 형식들을 구하라. 수량 $F_{n+1}^3 - 4F_n^3 - F_{n-1}^3$에 대해 어떤 사실을 도출할 수 있는가?

59 만일 m과 n이 양의 정수이면 $F_x \equiv m \pmod{3^n}$인 정수 x가 존재함을 증명하라.

60 $F_n + 1$이 소수이거나 $F_n - 1$이 소수인 모든 양의 정수 n을 구하라.

61 다음 항등식을 증명하라.

$$\sum_{k=0}^{n} \frac{1}{F_{2^k}} = 3 - \frac{F_{2^n-1}}{F_{2^n}}, \quad \text{정수 } n \geq 1.$$

$\sum_{k=0}^{n} 1/F_{3 \cdot 2^k}$은 무엇인가?

62 $A_n = \phi^n + \phi^{-n}$이고 $B_n = \phi^n - \phi^{-n}$이라고 하자.

  a 모든 $n \geq 0$에 대해 $A_n = \alpha A_{n-1} + \beta A_{n-2}$이고 $B_n = \alpha B_{n-1} + \beta B_{n-2}$인 상수 α와 β를 구하라.

  b A_n과 B_n을 F_n과 L_n(연습문제 28 참고)으로 표현하라.

  c $\sum_{k=1}^{n} 1/(F_{2k+1}+1) = B_n/A_{n+1}$을 증명하라.

  d $\sum_{k=1}^{n} 1/(F_{2k+1}-1)$의 닫힌 형식을 구하라.

보너스 문제

위조(bogus) 문제.

63 $\{1, 2, \ldots, n\}$의 순열 $\pi_1 \pi_2 \ldots \pi_n$들 중 다음을 만족하는 색인 j가 정확히 k개인 순열들의 개수를 각각 구하라.

  a 모든 $i < j$에 대해 $\pi_i < \pi_j$(이런 j를 '좌에서 우로 최대(left-to-right maxima)'라고 부른다).

  b $\pi_j > j$(이런 j를 '초과(excedance)'라고 부른다).

64 $\left[\begin{smallmatrix} 1/2 \\ 1/2 - n \end{smallmatrix} \right]$을 약분한 기약분수의 분모는 무엇인가?

65 다음 항등식을 증명하라.

$$\int_0^1 \ldots \int_0^1 f(\lfloor x_1 + \cdots + x_n \rfloor) \, dx_1 \ldots dx_n = \sum_k \left\langle \begin{matrix} n \\ k \end{matrix} \right\rangle \frac{f(k)}{n!}.$$

66 오일러의 삼각형의 n번째 행 교대합 $\sum_k (-1)^k \left\langle \begin{smallmatrix} n \\ k \end{smallmatrix} \right\rangle$는 무엇인가?

67 다음을 증명하라.

$$\sum_k \left\{ \begin{matrix} n+1 \\ k+1 \end{matrix} \right\} \binom{n-k}{m-k} (-1)^{m-k} k! = \left\langle \begin{matrix} n \\ m \end{matrix} \right\rangle.$$

68 $\left\langle\!\!\left\langle \begin{smallmatrix} n \\ 1 \end{smallmatrix} \right\rangle\!\!\right\rangle = 2 \left\langle \begin{smallmatrix} n \\ 1 \end{smallmatrix} \right\rangle$임을 보이고, $\left\langle\!\!\left\langle \begin{smallmatrix} n \\ 2 \end{smallmatrix} \right\rangle\!\!\right\rangle$의 닫힌 형식을 구하라.

69 $\sum_{k=1}^{n} k^2 H_{n+k}$의 닫힌 형식을 구하라.

70 연습문제 22에 나온 복소 조화수의 멱급수 전개가 $H_z = \sum_{n \geq 2} (-1)^n H_\infty^{(n)} z^{n-1}$ 임을 보여라.

71 식 (5.83)의 일반화된 계승을 다음과 같은 무한곱으로 표현할 수 있음을, 이 무한 곱의 처음 n개의 인수들의 $n \to \infty$에 따른 극한을 고찰해서 증명하라.

$$\prod_{k \geq 1} \left(1 + \frac{z}{k} \right) e^{-z/k} = \frac{e^{-\gamma z}}{z!}.$$

그리고 $\frac{d}{dz}(z!)$이 연습문제 22의 일반화된 조화수와 관련됨을 보여라.

72 탄젠트 함수의 멱급수 표현 (6.92)를 증명하고, 그에 대응되는 $z/\sin z$의 멱급수 와 $\ln((\tan z)/z)$의 멱급수를 구하라.

73 $z \cot z$가 모든 정수 $n \geq 1$에 대해 다음과 상등임을 증명하라,.

$$\frac{z}{2^n} \cot \frac{z}{2^n} - \frac{z}{2^n} \tan \frac{z}{2^n} + \sum_{k=1}^{2^{n-1}-1} \frac{z}{2^n} \left(\cot \frac{z+k\pi}{2^n} + \cot \frac{z-k\pi}{2^n} \right).$$

그리고 고정된 k에 대해 k번째 피가수의 $n \to \infty$에 따른 극한이 $2z^2/(z^2 - k^2\pi^2)$ 임을 보여라.

74 수 $T_n(1)$들과 $1/\cos z$의 계수들 사이의 관계식을 구하라.

75 탄젠트 수들과 $1/\cos z$의 계수들이 다음으로 시작하는 무한한 삼각형의 변들에 나타남을 증명하라.

```
                 1
              0    1
           1    1    0
        0    1    2    2
     5    5    4    2    0
   0    5   10  -14   16   16
61   61   56   46   32   16   0
```

이 삼각형의 각 행은 그 위 행의 부분합들인데, 행마다 진행 순서가 좌, 우로 바뀐다. 힌트: 멱급수 $(\sin z + \cos z)/\cos(w + z)$의 계수들을 고찰할 것.

76 합

$$\sum_k (-1)^k \left\{ {n \atop k} \right\} 2^{n-k} k!$$

의 닫힌 형식을 구하고, n이 짝수일 때 이 합이 0임을 보여라.

77 m과 n이 정수이고 $n \geq 0$일 때, $\sigma_n(m)$의 값은 만일 $m < 0$이면 식 (6.48)로 주어지고, 만일 $m > n$이면 식 (6.49)로 주어지고, 만일 $m = 0$이면 식 (6.101)로 주어진다. 그 외의 경우에서 다음이 성립함을 보여라.

$$\sigma_n(m) = \frac{(-1)^{m+n-1}}{m!(n-m)!} \sum_{k=0}^{m-1} \left[{m \atop m-k} \right] \frac{B_{n-k}}{n-k}, \quad \text{정수 } n \geq m > 0.$$

78 스털링 수와 베르누이 수, 카탈랑 수를 연결하는 다음 관계식을 증명하라.

$$\sum_{k=0}^n \left\{ {n+k \atop k} \right\} \binom{2n}{n+k} \frac{(-1)^k}{k+1} = B_n \binom{2n}{n} \frac{1}{n+1}.$$

79 $64 = 65$가 되는 기하학 역설의 체스판 조각 네 개를 다른 방식으로 조합해서 $64 = 63$을 증명할 수도 있음을 보여라.

80 점화식 $A_1 = x$, $A_2 = y$, $A_n = A_{n-1} + A_{n-2}$로 정의되는 수열에서 $A_m = 1000000$이 되는 어떤 m이 존재한다. 그러한 m이 최대한 큰 값이 되게 하는 양의 정수 x와 y는 무엇인가?

81 본문은 $F_{n \pm k}$가 관여하는 공식을 F_n과 F_{n+1}만 관여하는 공식으로 바꾸는 방법을 설명한다. 그러한 "기약(reduced)" 공식 두 개가 형태는 다르지만 실제로는 상등일 수 있는지 궁금해 하는 것은 자연스러운 일이다. $P(x,y)$가 x와 y의 정수 계수 다항식이라고 하자. 모든 $n \geq 0$에 대해 $P(F_{n+1}, F_n) = 0$일 필요충분조건을 구하라.

82 전적으로 피보나치 수체계 안에서 양의 정수들을 더하는 방법을 설명하라.

83 피보나치 점화식 $A_n = A_{n-1} + A_{n-2}$를 만족하는 수열 $\langle A_n \rangle$의 A_0과 A_1이 서로 소라고 할 때, 그러한 수열에 소수가 전혀 없을 수 있는가?

84 m과 n이 양의 홀수 정수들이라고 하자. 다음 합들의 닫힌 형식을 각각 구하라.

$$S_{m,n}^+ = \sum_{k \geq 0} \frac{1}{F_{2mk+n} + F_m}; \quad S_{m,n}^- = \sum_{k \geq 0} \frac{1}{F_{2mk+n} - F_m}.$$

힌트: 연습문제 62의 합들은 $S_{1,3}^+ - S_{1,2n+3}^+$ 과 $S_{1,3}^- S_{1,2n+3}^-$ 이다.

85 $n \geq 0$에 대한 피보나치 잉여 $F_n \bmod N$들이 완전집합(complete set) $\{0, 1, \ldots, N-1\}$을 형성한다는 조건을 만족하는 모든 N의 특징을 서술하라(연습문제 59 참고).

86 $C_1, C_2, \ldots$이 모든 양의 정수 m과 n에 대해 다음을 만족하는 0이 아닌 정수들의 수열이라고 하자.

$$\gcd(C_m, C_n) = C_{\gcd(m,n)}$$

일반화된 이항계수

$$\binom{n}{k}_{\mathfrak{c}} = \frac{C_n C_{n-1} \ldots C_{n-k+1}}{C_k C_{k-1} \ldots C_1}$$

들이 모두 정수임을 증명하라. (특히, 피보나치 수들로부터 이런 방식으로 만들어 낸 '피보항 계수(Fibonomial coefficient)'들은 식 (6.111)에 의해 모두 정수이다.)

87 행렬들의 곱

$$\begin{pmatrix} 0 & 1 \\ 1 & x_1 \end{pmatrix} \begin{pmatrix} 0 & 1 \\ 1 & x_2 \end{pmatrix} \cdots \begin{pmatrix} 0 & 1 \\ 1 & x_n \end{pmatrix}$$

과 행렬식

$$\det \begin{pmatrix} x_1 & 1 & 0 & 0 & \ldots & 0 \\ -1 & x_2 & 1 & 0 & & 0 \\ 0 & -1 & x_3 & 1 & & \vdots \\ \vdots & & -1 & & \ddots & 1 \\ 0 & 0 & \ldots & & -1 & x_n \end{pmatrix}$$

에 연항식들이 나타남을 보여라.

88 식 (6.146)을 일반화해서, α가 임의의 양의 무리수라고 할 때 생성함수 $\sum_{n \geq 1} z^{\lfloor n\alpha \rfloor}$ 과 관련된 연분수를 구하라.

89 α가 $(0..1)$ 범위의 무리수이고 $a_1, a_2, a_3, \ldots$이 그 무리수의 연분수 표현의 부분몫들이라고 하자. $n = K(a_1, \ldots, a_m)$일 때 $|D(\alpha, n)| < 2$임을 보여라. 여기서 D는 제3장에서 정의한 불일치도이다.

90 Q_n이 슈테른-브로코 트리의 수준 n에서 가장 큰 분모라고 하자. (그러면 제4장의 도식에 따라 $\langle Q_0, Q_1, Q_2, Q_3, Q_4, \ldots \rangle = \langle 1, 2, 3, 5, 8, \ldots \rangle$이다.) $Q_n = F_{n+2}$임을 증명하라.

연구 문제

91 $\left\{ {n \atop k} \right\}$의 정의를 임의의 실수 값 n과 k로 확장하는 최선의 방법은 무엇인가?

92 H_n을 연습문제 52에서처럼 기약분수 a_n/b_n으로 표기한다고 하자.

   a 어떤 고정된 소수 p에 대해 $p \backslash a_n$을 만족하는 n이 무한히 많을까?

   b $b_n = lcm(1, 2, \ldots, n)$인 n이 무한히 많을까? (그런 값의 예를 두 가지를 들자면 $n = 250$과 $n = 1000$이다.)

93 γ와 e^γ이 무리수임을 증명하라.

94 다음과 같은 2매개변수 점화식의 해에 대한 일반 이론을 개발하라.

$$\left| {n \atop k} \right| = (\alpha n + \beta k + \gamma) \left| {n-1 \atop k} \right|$$
$$+ (\alpha' n + \beta' k + \gamma') \left| {n-1 \atop k-1} \right| + [n = k = 0], \quad n, k \geq 0 \text{에 대해.}$$

$n < 0$이거나 $k < 0$일 때 $\left| {n \atop k} \right| = 0$이라고 가정할 것. (이항계수, 스털링 수, 오일러 수, 그리고 연습문제 17과 31의 수열들은 이 수열의 특수 경우들이다.) 일반해를 표현하는 데 사용할 수 있는 '기본 해'들을 산출하는 특별한 $(\alpha, \beta, \gamma, \alpha', \beta', \gamma')$ 값들은 무엇인가?

95 고스퍼-차일베르거 알고리즘을 초기하항에서 스털링 수들이 관여할 수도 있는 항으로 확장하는 효율적인 방법을 찾아 보라.

7장

C o n c r e t e   M a t h e m a t i c s

생성함수

지금까지 알려진 바로 수열을 다루는 가장 강력한 방법은 그 수열을 "생성하는" 무한급수를 조작하는 것이다. 지금까지 다양한 수열을 배웠고 생성함수(generating function)도 몇 개 보았다. 이제 생성함수를 자세히 살펴보고 생성함수를 아주 유용하게 활용하는 방법을 배울 때가 되었다.

7.1 도미노 이론과 거스름돈

생성함수는 너무나 중요하지만, 아마 생소하게 느끼는 독자가 많을 것이다. 그런 만큼 처음에는 다소 느긋하게 접근하는 것이 좋겠다. 그래서 이번 장은 몇 가지 놀이와 게임을 살펴보면서 생성함수에 관한 우리의 직관을 기르는 것으로 시작한다. 이제부터 생성함수 개념의 두 가지 응용을 공부할 텐데, 하나에는 도미노^{domino}가 관여하고 다른 하나에는 동전이 관여한다.

$2 \times n$ 크기의 직사각형을 2×1 크기의 도미노로 완전히 덮는 방법의 수 T_n은 무엇일까? 도미노들은 모두 동일하다고 가정한다(모두 눈금이 아래를 향하도록 뒤집어 두었거나, 아니면 누군가가 이를테면 빨간색으로 칠해서 구별하지 못하게 했다고 하자). 따라서 도미노들은 놓인 방향이 수직이냐 수평이냐로만 구분된다. 즉, 이 문제는 도미노 모양의 타일들을 직사각형 바닥에 까는 '타일링' 방법의 수를 고찰하는 것이다. 예를 들어 2×3 직사각형의 타일링은 ⊞, ⊟, ⊟ 세 가지이므로 $T_3 = 3$이다.

일반항 T_n의 닫힌 형식을 구해 보자. 항상 그렇듯이 제일 먼저 할 일은 작은 사례들을 살펴보는 것이다. $n=1$일 때 타일링은 ▯ 하나뿐이고, $n=2$일 때에는 ▱과 ▤ 두 가지이다.

$n=0$일 때는 어떨까? 2×0 직사각형의 타일링은 몇 가지나 될까? 이 질문의 의미가 즉시 명확해지지는 않겠지만, 이전에 비슷한 상황을 만난 적이 있다. 0개의 객체의 순열은 하나(구체적으로 말하면 빈 순열)이므로 $0! = 1$이다. n개의 사물에서 0개의 사물을 선택하는(말하자면 아무것도 선택하지 않는) 방법은 하나이므로 $\binom{n}{0} = 1$이다. 공집합을 0개의 비지 않은 부분집합으로 분할하는 방법은 하나이지만, 비지 않은 집합을 그런 식으로 분할하는 방법은 없으므로 $\left\{ {n \atop 0} \right\} = [n=0]$이다. 이런 추론에 따라, 2×0 직사각형에 도미노들을 까는 방법은 하나, 즉 도미노를 하나도 사용하지 않는 것이다. 따라서 $T_0 = 1$이다. (이 값은 $n=1,2,3$일 때 성립하는 간단한 패턴 $T_n = n$에서 벗어난다. 그러나, 상황을 파악해 볼 때 T_0은 1이 되고 싶어 하므로, 어차피 그 패턴은 무너질 것이다.) 일반적인 진리로, 열거 문제를 풀어야 할 때는 0이 관여하는 공 사례(null case)들을 제대로 파악하는 것이 유용하다.

그럼 작은 사례를 하나 더 살펴보자. $n=4$일 때, 직사각형 왼쪽 가장자리의 타일링은 두 가지이다. 하나는 수직 도미노 하나를 두는 것이고 다른 하나는 수평 도미노 두 개를 두는 것이다. 수직 도미노 하나를 둔다면 부분해는 ▯▭이고 나머지 2×3 사각형의 타일링은 T_3가지이다. 수평 도미노 두 개를 둔다면 부분해는 ▤▭이고 나머지 부분의 타일링은 T_2가지이다. 따라서 $T_4 = T_3 + T_2 = 5$이다. (그 다섯 가지 타일링은 ▯▯▯▯, ▯▯▤, ▤▯▯, ▤▤, ▤▤이다.)

이제 T_n의 처음 다섯 값을 알게 되었다.

n	0	1	2	3	4
T_n	1	1	2	3	5

수상쩍게도 이 수들은 피보나치 수와 비슷한데, 그 이유를 파악하기란 어렵지 않다. $T_4 = T_3 + T_2$를 도출한 논법을 확장하면 $n \geq 2$에 대해 $T_n = T_{n-1} + T_{n-2}$라는 공식을 어렵지 않게 이끌어낼 수 있기 때문이다. 즉, 초기치가 $T_0 = 1$과 $T_1 = 1$이라는 작은 차이점만 제외하면 타일링에 대한 점화식은 피보나치 수의 점화식과 동일하다. 그런데 그 초기치들은 인접한 피보나치 수 F_1과 F_2이다. 다시 말해서, T들은 그냥 피보나치 수들을 한 자리 위로 이동한 것이다.

$$T_n = F_{n+1}, \quad n \geq 0\text{에 대해.}$$

(피보나치 수는 너무나 중요해서 "알려진" 것으로 간주되므로, 이 공식을 T_n의 닫힌 형식으로 간주하기로 하겠다. 또한, F_n 자체에는 산술 연산들로 표현된 닫힌 형식 식 (6.123)이 존재한다.) 이 등식이 $T_0 = 1$로 두는 지혜와 부합한다는 점을 주목하기 바란다.

그런데 이 모든 것이 생성함수와는 무슨 관계가 있다는 것인지 조바심을 내는 독자도 있을 것이다. 이제 본론에 거의 다 도달했다. T_n을 파악하는 또 다른 방법이 있다. 이 새로운 방법은 한 가지 대담한 착안에 기초한다. 모든 $n \geq 0$에 대해 모든 가능한 $2 \times n$ 타일링들의 '합'을 고찰하기로 하자. 그러한 합을 T로 표기하겠다.

이전의 타일링으로는 생각할 수 없는 대담함!

$$T = | + \square + \sqcap\!\sqcap + \boxminus + \sqcap\!\sqcap\!\sqcap + \boxminus\!\sqcap + \sqcap\!\boxminus + \cdots . \tag{7.1}$$

(우변의 첫 항 '|'는 2×0 직사각형의 공 타일링을 뜻한다.) 이 합 T는 수많은 정보를 대표한다. 이 T가 유용한 이유는, 합의 개별 항에 관한 어떤 사실을 증명하는(귀납법으로) 대신 T 자체에 관한 사실을 증명할 수 있다는 것이다.

이 합의 항들은 타일링을 나타내는데, 타일링은 조합적 객체이다. 무한히 많은 타일링을 함께 더할 때 무엇이 적법한지에 관해서는 까다롭게 굴지 않기로 하겠다. 필요하다면 모든 것을 엄밀하게 증명할 수 있다. 그러나 지금 우리의 목표는 우리의 의식을 전통적인 대수학 공식의 영역 너머로 확장하는 것이다.

앞에서 패턴들을 더했는데, 패턴들을 곱하는 것도 가능하다. 패턴들을 나란히 놓으면(병치) 된다. 예를 들어 타일링 $\square$와 $\boxminus$를 곱하면 새로운 타일링 $\square\boxminus$이 나온다. 그런데 이러한 곱셈이 가환적이지 않음을 주목하기 바란다. 이 곱셈에는 교환법칙이 성립하지 않으므로, 곱하는 순서가 중요하다. 예를 들어 $\square\boxminus$과 $\boxminus\square$은 같지 않다.

이러한 곱셈 개념에서 공 타일링이 특별한 역할을 한다는 점을 이해하기란 어렵지 않다. 공 타일링은 곱셈의 항등원이다. 예를 들어 $| \times \boxminus = \boxminus \times | = \boxminus$이다.

도미노들이 충분히 작은 한, 이 합들이 반드시 수렴할 거라는 강렬한 직감이 드는군.

이제 도미노 산술을 이용해서 무한합 T를 조작할 수 있다.

$$\begin{aligned} T &= | + \square + \sqcap\!\sqcap + \boxminus + \sqcap\!\sqcap\!\sqcap + \boxminus\!\sqcap + \sqcap\!\boxminus + \cdots \\ &= | + \square(| + \square + \sqcap\!\sqcap + \boxminus + \cdots) + \boxminus(| + \square + \sqcap\!\sqcap + \boxminus + \cdots) \\ &= | + \square T + \boxminus T . \end{aligned} \tag{7.2}$$

각 우변에서 모든 유효한 타일링이 정확히 한 번씩만 나타나므로, 비록 제2장에서 말한 '절대수렴'에 관한 주의사항을 무시했어도 이 유도 과정은 합리적이다. 이 등식의 마지막 행은 T에 있는 모든 것이 공 타일링 또는 수직 타일 하나 다음에 T에 있는 다른 어떤 타일링이 오는 형태 또는 수평 타일 두 개 다음에 T에 있는 다른 어떤 타일링이 오는 형태임을 말해준다.

그럼 이 T에 대한 방정식을 풀어 보자. 좌변의 T를 $|T$로 대체하고 우변의 마지막 두 항을 좌변으로 넘겨서 정리하면 다음이 된다.

$$(| - □ - ⊟)T = |. \tag{7.3}$$

다음은 일관성 점검을 위해 이를 전개한 것이다.

$$
\begin{array}{l}
\quad | \;+\; □ \;+\; ⊞ \;+\; ⊟ \;+\; ⊞ \;+\; ⊞ \;+\; ⊟ \;+\; \cdots . \\
-\; □ \;-\; ⊞ \;-\; ⊞ \;-\; ⊞ \;-\; ⊞ \;-\; ⊞ \;-\; ⊟ \;-\; \cdots . \\
-\; ⊟ \;-\; ⊟ \;-\; ⊞ \;-\; ⊞ \;-\; ⊞ \;-\; ⊞ \;-\; ⊞ \;-\; \cdots . \\
\hline
\quad |
\end{array}
$$

첫 줄에서 첫 항을 제외한 모든 항이 둘째 줄 또는 셋째 줄의 항과 소거되므로 식 (7.3)은 참이다.

지금까지는 공식들을 조합적으로 이해하기가 상당히 쉬웠다. 그러나 T를 좀 더 간결하게 표현하려면 조합적 경계선을 넘어야 한다. 대수학적 신념의 도약에 힘입어서 식 (7.3)의 양변을 $| - □ - ⊟$으로 나누면 다음이 나온다.

$$T = \frac{|}{\,| - □ - ⊟\,}. \tag{7.4}$$

(곱셈이 가환적이지 않으므로, 좌변의 나눗셈과 우변의 나눗셈을 구분하지 않는다는 것은 속임수(cheating)의 영역으로 넘어가는 경계선에 서 있는 것과 같다. 다행히 지금 경우는 이것이 문제가 되지 않는데, 항등원 $|$을 곱하는 것은 항상 가환적이기 때문이다. 그러나 우리의 대담한 착안이 모순으로까지 이어지지 않는 한, 너무 까다롭게 굴지는 않기로 하자.)

다음 단계는 이 분수를 다음 법칙을 이용해서 멱급수로 전개하는 것이다.

$$\frac{1}{1-z} = 1 + z + z^2 + z^3 + \cdots .$$

조합적 산술의 곱셈의 항등원인 공 타일링 $|$은 통상적인 곱셈의 항등원인 1의 역할을 하고, $□ + ⊟$은 z의 역할을 한다. 따라서 멱급수 전개는 다음과 같다.

$$\frac{|}{|-\,\boxminus-\boxminus\boxminus\,} \;=\; |+(\boxminus+\boxminus\boxminus)+(\boxminus+\boxminus\boxminus)^2+(\boxminus+\boxminus\boxminus)^3+\cdots$$

$$=\; |+(\boxminus+\boxminus\boxminus)+(\boxminus\boxminus+\boxminus\boxminus+\boxminus\boxminus+\boxminus\boxminus\boxminus)$$

$$+\;(\boxminus\boxminus\boxminus+\boxminus\boxminus\boxminus+\boxminus\boxminus\boxminus+\boxminus\boxminus\boxminus\boxminus+\boxminus\boxminus\boxminus+\boxminus\boxminus\boxminus\boxminus+\boxminus\boxminus\boxminus\boxminus+\boxminus\boxminus\boxminus\boxminus)+\cdots.$$

이는 바로 T인데, 이전과는 타일링들이 다른 순서로 나열되어 있다. 이 합에서 모든 타일링은 각각 한 번씩만 나타난다. 예를 들어 ▭▭▭▭은 $(\boxminus+\boxminus\boxminus)^7$의 전개에 나온다.

중요하지 않은 세부사항을 생략해서 이 전개를 압축해 보면 이 무한합에 관한 유용한 정보를 얻을 수 있다. 예를 들어 여러 개의 도미노로 이루어진 패턴을 분해할 수 있다고, 그리고 개별 도미노들이 서로 교환된다고 하자. 그러면 ▭▭▭▭▭처럼 수직 도미노가 넷이고 수평 도미노가 여섯인 항을 $\square^4\square^6$이라고 표기할 수 있다. 이런 식으로 수평, 수직 개수가 같은 항들을 모아서 정리하면 다음과 같은 급수가 나온다.

$$T \;=\; |+\square+\square^2+\square^2+\square^3+2\square\square^2+\square^4+3\square^2\square^2+\square^4+\cdots$$

여기서 $2\square\square^2$는 기존 전개의 두 항 ▤과 ▥, 즉 수직 도미노 하나와 수평 도미노 둘로 된 타일링들을 뜻한다. 마찬가지로 $3\square^2\square^2$은 세 항 ▤▥, ▥▤, ▤▥을 뜻한다. 본질적으로 이는 $\square$와 $\square$를 보통의(가환적인) 변수로 취급하는 것이다.

이제 이항정리를 이용하면 T의 가환 버전의 계수들에 대한 닫힌 형식을 구할 수 있다. 바로 다음과 같다.

$$\frac{|}{|-(\square+\square^2)} \;=\; |+(\square+\square^2)+(\square+\square^2)^2+(\square+\square^2)^3+\cdots$$

$$=\; \sum_{k\ge 0}(\square+\square^2)^k$$

$$=\; \sum_{j,k\ge 0}\binom{k}{j}\square^j\square^{2k-2j}$$

$$=\; \sum_{j,m\ge 0}\binom{j+m}{j}\square^j\square^{2m}. \tag{7.5}$$

(마지막 단계에서는 $k-j$에 m을 대입했는데, $0\le k<j$일 때 $\binom{k}{j}=0$이므로 이는 적법하다.) 결론적으로, $2\times(j+2m)$ 직사각형을 수직 도미노 j개와 수평 도미노 $2m$개로 타일링하는 방법의 수는 $\binom{j+m}{j}$이다. 예를 들어 좀 전에 본 2×10 타일링 ▭▭▭▭▭에는 수직 네 개와 수평 여섯 개가 쓰인다. 그런 타일링은 총 $\binom{4+3}{4}=35$가지이므로, T의 가환 버전의 한 항은 $35\,\square^4\square^6$이다.

도미노의 방향을 무시한다면 세부사항을 더욱 무시할 수 있다. 수평·수직 구분은 무시하고 $2 \times n$ 타일링의 전체 가짓수만 알면 된다고 하자. (그 가짓수는 애초에 우리가 구하고자 했던 수 T_n이다.) 이에 필요한 정보는 ▯와 ▱ 둘 다를 하나의 수량 z로 대체하면 얻을 수 있다. 또한 │도 1로 대체하는 것이 편할 것이다. 그러면 다음 이 나온다.

이제 나는 방향을 잃었어.

$$T = \frac{1}{1 - z - z^2}. \tag{7.6}$$

이는 피보나치 수의 생성함수 (6.117)과 거의 같다. 분자에 인수 z만 없을 뿐이다. 따라서 T의 전개에서 z^n의 계수가 F_{n+1}이라는 결론지을 수 있다.

압축된 표현 │/(│ − ▯ − ▥)과 │/(│ − ▯ − ▱²), 그리고 앞에서 T에 대해 도출한 $1/(1 - z - z^2)$을 생성함수(generating function)라고 부른다. 생성함수의 '생성'은 이런 함수가 문제의 계수들을 생성하기 때문에 붙은 것이다.

덧붙이자면, 앞의 유도는 $2 \times n$ 직사각형에 대해 수평 도미노 쌍이 m개인 도미노 타일링의 수가 정확히 $\binom{n-m}{m}$임을 함의한다. (수직 도미노가 $j = n - 2m$개이므로 앞의 공식에 따라 타일링 방법의 수가

$$\binom{j+m}{j} = \binom{j+m}{m} = \binom{n-m}{m}$$

이라는 점으로 증명할 수 있다.) 제6장에서 보았듯이 $\binom{n-m}{m}$은 길이가 n이고 대시가 m개인 모스 부호열의 개수이다. 실제로, $2 \times n$ 직사각형에 대한 도미노 타일링들이 모스 부호열들에 직접 대응됨은 쉽게 이해할 수 있다. (타일링 ▭▭▯▭│은 '▪ − − ▪ ▪'에 대응된다.) 따라서 도미노 타일링과 제6장에서 공부한 연항식 사이에는 밀접한 관련이 있다. 이 바닥은 좁다.

이렇게 해서 T_n 문제를 두 가지 방식으로 풀어 보았다. 쉽기로는 첫 방식, 즉 답을 추측하고 귀납법으로 증명하는 방식이 더 나았고, 화려하기로는 둘째 방식, 즉 도미노 패턴들의 무한합을 조작하고 문제의 계수들을 추출하는 방식이 더 나았다. 그런데 우리가 둘째 방식을 사용한 것이 단지 도미노들을 마치 대수 변수 다루듯이 다루는 게 재미있기 때문만은 아니었다. 둘째 방식을 소개한 진짜 이유는, 그러한 무한합 접근 방식이 훨씬 강력하기 때문이다. 둘째 방식은 마법의 추측에 의존하지 않기 때문에 첫 방식보다 훨씬 많은 문제에 적용된다.

그럼 일반화의 수준을 한 단계 높여서, 사람의 머리로는 답을 추측하는 것이 불가능한 문제 하나를 살펴보자. 문제는, $3 \times n$ 직사각형을 도미노로 타일링하는 방법의 수 U_n을 구하는 것이다.

이 문제의 처음 몇 사례를 살펴보아도 별로 건질 것이 없다. 공 타일링의 경우 $U_0 = 1$이다. $n = 1$일 때에는 유효한 타일링이 없다. 2×1 크기의 도미노 하나로는 3×1 직사각형을 채울 수 없고, 도미노 두 개는 직사각형보다 크기 때문이다. 그다음 사례인 $n = 2$는 타일링들을 손으로 나열하기가 어렵지 않다. 타일링은 총 세 가지로, ▥과 ▤, ▦이다. 따라서 $U_2 = 3$이다. (사실 이는 이미 알고 있는 사실이다. 앞의 문제에서 $T_3 = 3$인데, 3×2 직사각형의 타일링은 2×3 직사각형의 타일링과 같다.) $n = 3$일 때는 $n = 1$일 때처럼 유효한 타일링이 없다. 이 점은 가능한 타일링들을 일일이 나열해 보아도 알 수 있지만, 좀 더 높은 차원에서 생각해 보아도 알 수 있다. 3×3 직사각형의 면적은 홀수이므로, 면적이 짝수인 도미노들로는 채울 수 없다. (그리고 다른 모든 홀수 n에 대해서도 같은 논법이 적용됨이 명백하다.) 마지막으로, $n = 4$일 때에는 타일링이 열 가지가 넘는 것으로 보인다. 많은 시간을 들여서 모든 타일링을 빼먹지 않고 확실하게 나열해 보지 않고서는 정확한 수를 알기 힘들다.

따라서 이전 문제에서 잘 통했던 둘째 방식, 즉 무한합 접근 방식을 시도하는 것이 낫겠다.

$$U = | + ▥ + ▦ + ▤ + ⊞⊞ + ⊞⊟ + ⊟⊞ + ⊟⊟ + ⊞⊟ + \cdots. \tag{7.7}$$

공 타일링이 아닌 모든 타일링은 ▙ 또는 ▛ 또는 ▤으로 시작한다. 그런데 안타깝게도 이 세 가능성 중 처음 둘은 정리하려 해도 간단히 인수분해되지 않고 U가 다시 남게 된다. U의 항 중 ▙으로 시작하는 모든 항의 합을 ▙V로 표기한다고 하자. 그러면

$$V = ▯ + ⊞⊞ + ⊞▤ + ▤⊞ + ▤▤ + \cdots$$

는 왼쪽 아래 모퉁이가 잘려나간 '훼손된' $3 \times n$ 직사각형에 대한 모든 도미노 타일링의 합이다. 마찬가지로, ▛으로 시작하는 U의 모든 항의 합을 ▛$\varLambda$로 표기하자. 그러면

$$\varLambda = ▯ + ▦⊞ + ⊞▦ + ▤⊞ + ⊞▤ + \cdots$$

은 왼쪽 위 모퉁이가 잘려나간 직사각형에 대한 모든 타일링의 합이다. 급수 $\varLambda$는 V의 거울상이다. 이러한 인수분해들 사이에는 다음과 같은 관계가 있다.

$$U = | + \boxminus V + \boxminus \Lambda + \boxminus U.$$

그리고 V와 Λ도 마찬가지 방식으로 인수분해할 수 있다. 그런 타일링들은 다음 두 가지 방식으로만 시작할 수 있기 때문이다.

$$V = \square\, U + \boxminus V,$$
$$\Lambda = \square\, U + \boxminus \Lambda.$$

이제 미지수가 세 개(U, V, Λ)인 방정식이 세 개 있다. 먼저 V와 Λ를 U로 표현하고, 그 결과를 U의 방정식에 대입한다.

$$V = (\,|\, - \boxminus)^{-1}\,\square\, U, \qquad \Lambda = (\,|\, - \boxminus)^{-1}\,\square\, U;$$
$$U = | + \boxminus(\,|\, - \boxminus)^{-1}\,\square\, U + \boxminus(\,|\, - \boxminus)^{-1}\,\square\, U + \boxminus U.$$

이제 마지막 방정식을 U에 대해 풀면 다음과 같이 간결한 공식이 나온다.

$$U = \frac{|}{\,|\, - \boxminus(\,|\, - \boxminus)^{-1}\,\square\, - \boxminus(\,|\, - \boxminus)^{-1}\,\square\, + \boxminus}. \tag{7.8}$$

식 (7.4)가 T를 정의하는 것처럼, 이 공식은 무한합 U를 정의한다.

다음 단계는 가환 버전으로 가는 것이다. 도미노들을 전부 떼어내서 오직 $\square$의 거듭제곱과 $\square$의 거듭제곱만 사용한다면 모든 것이 멋지게 단순화된다.

$$
\begin{aligned}
U &= \frac{1}{1 - \square^2\square(1-\square^3)^{-1} - \square^2\square(1-\square^3)^{-1} - \square^3} \\[4pt]
&= \frac{1-\square^3}{(1-\square^3)^2 - 2\,\square^2\square} \\[4pt]
&= \frac{(1-\square^3)^{-1}}{1 - 2\,\square^2\square(1-\square^3)^{-2}} \\[4pt]
&= \frac{1}{1-\square^3} + \frac{2\,\square^2\square}{(1-\square^3)^3} + \frac{4\,\square^4\square^2}{(1-\square^3)^5} + \frac{8\,\square^6\square^3}{(1-\square^3)^7} + \cdots \\[4pt]
&= \sum_{k \ge 0} \frac{2^k\,\square^k\,\square^k}{(1-\square^3)^{2k+1}} \\[4pt]
&= \sum_{k,m \ge 0} \binom{m+2k}{m} 2^k\,\square^{2k}\,\square^{k+3m}.
\end{aligned}
$$

(이 유도 과정을 면밀하게 조사해 볼 필요가 있다. 마지막 단계에서는 $(1-w)^{-2k-1} = \sum_m \binom{m+2k}{m} w^m$, 즉 항등식 (5.56)을 사용했다.) 그럼 마지막 줄을 조사해서 의미 있는

다른 강의에서 '정규표현식(regular expression)'이라는 것을 배웠다. 내가 잘못 들은 것이 아니라면, 정규표현식의 언어에서 $U = (\boxminus\,\boxminus^*\square + \boxminus\,\boxminus^*\square + \boxminus)^*$이다. 따라서 정규표현식과 생성함수 사이에는 틀림없이 어떤 연관 관계가 있다.

사실들을 찾아보자. 우선, 마지막 줄에 따르면 모든 $3 \times n$ 타일링이 짝수개의 수직 도미노를 사용한다. 또한, 만일 수직 도미노가 $2k$이면 수평 도미노는 적어도 k개 있으며, 어떤 수평 도미노의 전체 개수는 반드시 어떤 $m \geq 0$에 대한 $k+3m$이다. 마지막으로, 수직 도미노 $2k$개와 수평 도미노 $k+3m$개로 만들 수 있는 타일링의 전체 개수는 정확히 $\binom{m+2k}{m}2^k$이다.

$3 \times n$ 문제를 처음 보았을 때는 과연 가능할지 의심스러웠지만, 이제는 3×4 타일링들을 분석할 수 있게 되었다. $n=4$일 때 직사각형의 전체 면적은 12이므로 총 여섯 개의 도미노가 필요하다. 수직 도미노 개수와 수평 도미노 개수는 어떤 k와 m에 대해 $2k$와 $k+3m$이다. 따라서 $2k+k+3m=6$이다. 다른 말로 하면 $k+m=2$이다. 수직 도미노를 전혀 사용하지 않는다면 $k=0$이고 $m=2$이다. 그러면 가능한 타일링은 $\binom{2+0}{2}2^0=1$가지이다. (이는 타일링 ⊞에 해당한다.) 수직을 두 개 사용한다면 $k=1$이고 $m=1$이다. 그런 타일링은 $\binom{1+2}{1}2^1=6$가지이다. 그리고 수직을 네 개 사용한다면 $k=2$, $m=0$이고 타일링은 $\binom{0+4}{0}2^2=4$가지이다. 이들을 합하면 $U_4=11$이다. 일반적으로, 만일 n이 짝수이면 이러한 추론에 따라 $k+m=\frac{1}{2}n$이며, 따라서 $\binom{m+2k}{m}=\binom{n/2+k}{n/2-k}$이고 $3 \times n$ 타일링 전체 개수는

$$U_n = \sum_k \binom{n/2+k}{n/2-k}2^k = \sum_m \binom{n-m}{m}2^{n/2-m} \tag{7.9}$$

이다.

앞에서처럼 ▯와 ▭ 모두 z로 대체하면 도미노 방향을 구분하지 않는 생성함수를 얻을 수 있다. 다음이 그러한 생성함수이다.

$$U = \frac{1}{1-z^3(1-z^3)^{-1}-z^3(1-z^3)^{-1}-z^3} = \frac{1-z^3}{1-4z^3+z^6}. \tag{7.10}$$

이 몫을 멱급수로 전개하면

$$U = 1 + U_2 z^3 + U_4 z^6 + U_6 z^9 + U_8 z^{12} + \cdots$$

인데, 이것이 바로 수 U_n의 생성함수이다. (이 공식에서 아래 첨자(색인)와 지수가 미묘하게 어긋나 있는데, 그 이유는 간단히 설명된다. 예를 들어 z^9의 계수는 U_6인데, 이 항은 3×6 직사각형의 타일링 가짓수이다. 그런데 그런 타일링들은 모두 도미노가 아홉 개이다. 이러한 지수와 아래 첨자 사이의 관계는 애초에 우리가 원했던 것이다.)

식 (7.10)을 더 분석해서 계수들의 닫힌 형식을 구할 수도 있겠지만, 그 문제는 이번 장에서 나중에 살펴보고, 그 전에 먼저 경험을 더 쌓는 것이 좋을 것 같다. 도미노들을 잠시 치워 두고, 이제부터는 이번 절의 제목에 나온 '거스름돈' 문제를 살펴보자.

50센트를 현금으로 지급하는 방법은 몇 가지나 될까? 이때 반드시 페니penny ①와 니켈nickel ⑤, 다임dime ⑩, 쿼터quarter ㉕ 반 달러(half-dollar) ㊿ 동전들로 지급해야 한다고 하겠다. 이 문제는 죄여지 포여George Pólya가 이 문제를 생성함수로 풀 수 있음을 교육적인 방식으로 보여주면서[298] 유명해졌다.

맞아, 옛날에는 반 달러 은화가 있었지.

도미노 문제를 풀 때 모든 가능한 도미노 패턴을 나타내는 무한합을 다루었던 것처럼, 주어진 금액을 지급하는 모든 가능한 방법을 나타내는 무한합을 만들어 보자. 처음에는 동전 종류를 줄여서 문제를 조금 쉽게 만드는 것이 좋겠다. 일단은 페니 동전들만 사용한다고 하자. 거스름돈을 페니로만 주는 모든 방법의 합을 다음과 같이 표기할 수 있다.

$$P = \cancel{1} + ① + ①① + ①①① + ①①①① + \cdots$$
$$= \cancel{1} + ① + ①^2 + ①^3 + ①^4 + \cdots .$$

첫 항은 페니를 하나도 주지 않는 것이고 둘째 항은 페니 하나를 주는 것, 셋째 항은 페니 두 개, 그다음은 페니 세 개, 등등이다. 이제 페니뿐만 아니라 니켈도 사용할 수 있다고 하면, 모든 가능한 방법의 합은 다음과 같다.

$$N = P + ⑤P + ⑤⑤P + ⑤⑤⑤P + ⑤⑤⑤⑤P + \cdots$$
$$= (\cancel{5} + ⑤ + ⑤^2 + ⑤^3 + ⑤^4 + \cdots)P.$$

각 지급은 첫 인수에서 선택한 특정 개수의 니켈과 P에서 선택한 특정 개수의 페니들로 이루어진다는 점을 생각하면 이 공식이 이해가 될 것이다. (여기서 N이 합 $\cancel{1} + ① + ⑤ + (① + ⑤)^2 + (① + ⑤)^3 + \cdots$은 아님을 주의하기 바란다. 그러한 합에서는 지급이 한 종류가 아니라 여러 종류이기 때문이다. 예를 들어 항 $(① + ⑤)^2 = ①①+①⑤+⑤①+⑤⑤$는 ①⑤와 ⑤①을 다른 것으로 취급하지만, 우리가 원하는 것은 그런 각각의 동전 집합을 순서와 무관하게 한 번씩만 세는 것이다.)

마찬가지로, 다임까지 허용한다면 다음과 같은 무한합이 된다.

$$D = (\cancel{10} + ⑩ + ⑩^2 + ⑩^3 + ⑩^4 + \cdots)N.$$

법정 화폐(coin of the realm)

이 합을 완전히 전개하면 ⑩³⑤³①⁵ = ⑩⑩⑩⑤⑤⑤①①①①① 같은 항이 나온다. 이런 항들 각각은 거스름돈을 구성하는 서로 다른 방법들이다. 가능성의 영역(realm of possibility)에 쿼터와 반 달러까지 추가하면 다음과 같은 무한합들을 얻게 된다.

$$Q = (\ \cancel{25} + ㉕ + ㉕^2 + ㉕^3 + ㉕^4 + \cdots\ )D;$$
$$C = (\ \cancel{50} + ㊵ + ㊵^2 + ㊵^3 + ㊵^4 + \cdots\ )Q.$$

이제 풀어야 할 문제는, 정확히 50센트에 해당하는 C 항들의 개수를 구하는 것이다.

이 문제는 간단한 요령 하나로 멋지게 풀린다. 무한합 공식의 ①에 z를, ⑤에 z^5을, ⑩에 z^{10}을, ㉕에 z^{25}을, ㊵에 z^{50}을 대입한다. 그러면 각 항은 원래의 금액 n이 지수인 거듭제곱 z^n이 된다. 예를 들어 ㊵⑩⑤① 은 $z^{50+10+5+1} = z^{71}$이 된다. 13센트를 지급하는 네 가지 방법, 즉 ⑩⑩①³, ⑤⑩⁸, ⑤²①³, ①¹³은 각각 z^{13}으로 축약된다. 따라서, 이처럼 z들을 대입한 후 정리하면 z^{13}의 계수는 4이다.

P_n, N_n, D_n, Q_n, C_n이 각각 많아야 1,5,10,25,50센트에 해당하는 동전들을 사용할 수 있다고 할 때 n센트를 지급하는 방법의 수들이라고 하자. 앞의 분석에 따르면, 이 수들은 다음과 같은 해당 멱급수의 z^n 항의 계수들이다.

$$P = 1 + z + z^2 + z^3 + z^4 + \cdots,$$
$$N = (1 + z^5 + z^{10} + z^{15} + z^{20} + \cdots)\,P,$$
$$D = (1 + z^{10} + z^{20} + z^{30} + z^{40} + \cdots)\,N,$$
$$Q = (1 + z^{25} + z^{50} + z^{75} + z^{100} + \cdots)\,D,$$
$$C = (1 + z^{50} + z^{100} + z^{150} + z^{200} + \cdots)\,Q.$$

그런데 이 세상에는 페니 동전이 몇 개나 있을까? 만일 n이 이를테면 10^{10}보다 크다면, '현실 세계'에서는 $P_n = 0$이라는 데 내 모든 페니를 걸겠다.

모든 $n \geq 0$에 대해 $P_n = 1$임은 명백하다. 그리고 조금 생각해 보면 $N_n = \lfloor n/5 \rfloor + 1$임을 증명할 수 있다. 즉, 페니와 니켈로 n센트를 만들려면 반드시 0개 또는 1개 또는 … $\lfloor n/5 \rfloor$개의 니켈을 선택해야 하며, 그런 후 남은 금액을 페니들로 채우는 방법은 하나뿐이다. 따라서 P_n과 N_n은 간단하다. 그러나 D_n, Q_n, C_n의 값들은 점점 더 어려워진다.

이런 공식들을 다루는 한 가지 방법은, $1 + z^m + z^{2m} + \cdots$이 그냥 $1/(1-z^m)$이라는 점을 깨닫는 것이다. 따라서 이들을 다음과 같이 정리할 수 있다.

$$P = 1/(1-z),$$
$$N = P/(1-z^5),$$
$$D = N/(1-z^{10}),$$
$$Q = D/(1-z^{25}),$$
$$C = Q/(1-z^{50}).$$

우변의 분모를 양변에 곱하면 다음이 나온다.

$$(1-z)P = 1,$$
$$(1-z^5)N = P,$$
$$(1-z^{10})D = N,$$
$$(1-z^{25})Q = D,$$
$$(1-z^{50})C = Q.$$

이제 이 등식들의 z^n의 계수들을 등호로 연결해 보면, 원했던 계수들을 빠르게 계산할 수 있는 다음과 같은 점화식들을 만들 수 있다.

$$P_n = P_{n-1} + [n=0],$$
$$N_n = N_{n-5} + P_n,$$
$$D_n = D_{n-10} + N_n,$$
$$Q_n = Q_{n-25} + D_n,$$
$$C_n = C_{n-50} + Q_n.$$

예를 들어 $D = (1-z^{25})Q$의 z^n의 계수는 $Q_n - Q_{n-25}$와 같다. 따라서 반드시 $Q_n - Q_{n-25} = D_n$인데, 이는 앞의 주장과 부합한다.

이 점화식들을 색인이 음수가 될 때까지 펼쳐 보면, 예를 들어 $Q_n = D_n + D_{n-25} + D_{n-50} + D_{n-75} + \cdots$임을 알게 된다. 그런데 이보다는 비반복(non-iterated) 공식이 편리하다. 그런 공식이 있으면 파스칼의 삼각형에서처럼 각 계수를 덧셈 한 번으로 계산할 수 있기 때문이다.

그럼 점화식들을 이용해서 C_{50}을 구해보자. 우선 $C_{50} = C_0 + Q_{50}$이다. 따라서 Q_{50}을 구해야 한다. $Q_{50} = Q_{25} + D_{50}$이고 $Q_{25} = Q_0 + D_{25}$이다. 따라서 D_{50}과 D_{25}도 알아야 한다. 그리고 이 D_n들은 차례로 $D_{40}, D_{30}, D_{20}, D_{15}, D_{10}, D_5$와 $N_{50}, N_{45}, \ldots, N_5$에 의존한다. 따라서 간단한 계산으로 필요한 모든 계수를 구할 수 있다.

n	0	5	10	15	20	25	30	35	40	45	50
P_n	1	1	1	1	1	1	1	1	1	1	1
N_n	1	2	3	4	5	6	7	8	9	10	11
D_n	1	2	4	6	9	12	16		25		36
Q_n	1					13					49
C_n	1										50

표의 마지막 값이 바로 우리가 원했던 C_{50}의 값이다. 50센트 팁을 남기는 방법은 정확히 50가지이다.

(팁을 신용카드로 지급하는 옵션은 빼고.)

C_n의 닫힌 형식은 어떨까? 등식들을 모두 곱하면 다음과 같은 간결한 수식이 나온다.

$$C = \frac{1}{1-z}\,\frac{1}{1-z^5}\,\frac{1}{1-z^{10}}\,\frac{1}{1-z^{25}}\,\frac{1}{1-z^{50}}. \tag{7.11}$$

그러나 이로부터 z^n의 계수를 구하는 방법이 바로 눈에 들어오지는 않는다. 다행히 그런 방법이 하나 있는데, 이 문제는 이번 장에서 나중에 살펴보기로 한다.

앞에서처럼 동전이 다섯 종류로 제한되지 않고 모든 가능한 정수에 해당하는 동전 (①,②,③,...)이 통용되는 나라에서는 좀 더 우아한 공식이 만들어질 것이다. 해당 생성함수는 다음과 같은 분수들의 무한곱이다.

$$\frac{1}{(1-z)(1-z^2)(1-z^3)\ldots}.$$

그리고 인수들을 모두 곱해서 전개, 정리했을 때의 z^n의 계수는 n의 분할(partition) 개수이다. 이를 $p(n)$으로 표기한다. n의 한 분할은 n을 양의 정수들의 합으로 표현한 것인데, 정수들의 순서는 무관하다. 예를 들어 5의 서로 다른 분할은 다음과 같이 총 일곱 가지이다.

$$5 = 4+1 = 3+2 = 3+1+1 = 2+2+1 = 2+1+1+1 = 1+1+1+1+1.$$

따라서 $p(5)=7$이다. (또한 $p(2)=2$, $p(3)=3$, $p(4)=5$, $p(6)=11$이다. $p(n)$이 항상 소수인 것처럼 보이지만, $p(7)=15$이라서 패턴이 깨진다.) $p(n)$에 대한 닫힌 형식은 없지만, 분할 이론은 수학의 멋진 분야이며 지금까지 주목할만한 발견들이 있었다. 예를 들어 라마누잔[Ramanujan]은 생성함수들을 독창적인 방식으로 변환해서 $p(5n+4) \equiv 0 \pmod 5$, $p(7n+5) \equiv 0 \pmod 7$, $p(11n+6) \equiv 0 \pmod{11}$을 증명했다(앤드루스[Andrews]의 [11, 제10장]을 보라).

7.2 기본 기법

그럼 멱급수를 강력하게 만드는 기법 몇 가지를 좀 더 자세히 살펴보자.

우선 용어와 표기법에 관해 일러둘 말이 있다. 생성함수의 일반적인 형태는 다음과 같다.

$$G(z) = g_0 + g_1 z + g_2 z^2 + \cdots = \sum_{n \geq 0} g_n z^n. \tag{7.12}$$

이러한 $G(z)$를 수열 $\langle g_0, g_1, g_2, \ldots \rangle$에 대한 생성함수라고 말한다. $G(z)$를 간단히 G로 표기하기도 하며, 수열을 간단히 $\langle g_n \rangle$이라고 표기하기도 한다. $G(z)$에서 z^n의 계수 g_n을 §5.4에서처럼 $[z^n]G(z)$로 표기하는 경우도 많다.

식 (7.12)에 나온 합의 합산 범위는 모든 $n \geq 0$이지만, 이를 모든 정수 n에 관한 합으로 확장하는 것이 더 편리한 경우가 많다. 그렇게 확장하는 방법은 간단하다. 그냥 $g_{-1} = g_{-2} = \cdots = 0$이라고 간주하면 된다. 그렇게 확장했다고 해도, 마치 음의 n에 대한 g_n들은 존재하지 않는 것처럼 수열 $\langle g_0, g_1, g_2, \ldots \rangle$에 대해서만 이야기하기도 한다.

생성함수를 다룰 때는 두 종류의 '닫힌 형식'이 나타난다. 하나는 생성함수 $G(z)$에 대한, z로 표현된 닫힌 형식이고 다른 하나는 수열 g_n에 대한, n으로 표현된 닫힌 형식이다. 예를 들어 피보나치 수에 대한 생성함수의 닫힌 형식은 $z/(1-z-z^2)$이며, 피보나치 수열 자체의 닫힌 형식은 $(\phi^n - \hat\phi^n)/\sqrt{5}$이다. 주어진 닫힌 형식이 둘 중 어떤 것인지는 문맥으로 구별할 수 있을 것이다.

그리고 관점에 대해서도 짚고 넘어갈 것이 있다. 생성함수 $G(z)$는 그것을 바라보는 관점에 따라 서로 다른 두 가지 실체로 보일 수 있다. 생성함수는 복소변수 z의 함수(미적분학 교과서에 증명된 모든 성질을 만족하는)일 때도 있고, z가 하나의 자리표(placeholder) 역할을 하는 형식적 멱급수(formal power series)일 때도 있다. 예를 들어 앞 절(§7.1)에서는 생성함수가 두 번째 의미로 쓰였다. 그 절의 여러 예제에서는 조합적 객체들의 '합'의 한 항의 어떤 특징을 z에 대입하는 예가 여러 개 나왔다. 그런 경우 z^n의 계수는 그 특징이 n번 나타나는 조합적 객체들의 개수였다.

$G(z)$를 복소변수 함수로 볼 때는 수렴 여부가 중요해진다. 제2장에서 말했듯이 무한급수 $\sum_{n \geq 0} g_n z^n$이 수렴(절대수렴)할 필요충분조건은 임의의 N에 대해 무한합 $\sum_{0 \leq n \leq N} |g_n z^n|$들이 결코 A를 넘지 않음을 만족하는 경계 상수 A가 존재한다는 것이다. 따라서, 만일 급수 $\sum_{n \geq 0} g_n z^n$이 어떤 값 $z = z_0$에 대해 수렴한다면, 그 급수는 $|z| < |z_0|$인 모든 z에 대해서도 수렴한다(이는 쉽게 증명할 수 있다). 더 나아가서, 반드시 $\lim_{n \to \infty} |g_n z_0^n| = 0$이다. 따라서, 만일 z_0에서 급수가 수렴한다면, 제9장의 표기법으로 표현할 때 $g_n = O(|1/z_0|^n)$이다. 그리고 반대로, 만일 $g_n = O(M^n)$이면 급수 $\sum_{n \geq 0} g_n z^n$은 모든 $|z| < 1/M$에 대해 수렴한다. 이상이 멱급수의 수렴에 관한 기본적인 사실들이다.

그런데 계수들의 점근적 습성을 연구하려는 것이 아닌 한, 우리의 목적에서는 대체로 수렴에 너무 신경 쓰지 않아도 된다. 우리가 생성함수에 대해 수행하는 거의

물리학자들이 빛을 어떨 때는 파동으로, 어떨 때는 입자로 해석하는 데 익숙하듯이, 수학자들은 생성함수를 서로 다른 두 가지 관점으로 볼 수 있어야 한다.

모든 연산은 형식적 멱급수에 대한 하나의 연산임을 엄밀하게 입증할 수 있으며, 그런 연산들은 급수가 수렴하지 않을 때도 적법하다. (관련 이론이 이를테면 벨^{Bell} [23], 니븐^{Niven} [282], 헨리치^{Henrici} [182, 제1장]에 나온다.)

더 나아가서, 모든 신중함을 바람에 날려버리고는 엄밀한 정당화를 전혀 거치지 않고 공식들을 유도한다고 해도, 그냥 그 유도 결과를 취해서 귀납법으로 증명하면 되는 경우가 많다. 예를 들어 피보나치 수에 대한 생성함수는 $|z| < 1/\phi \approx 0.618$일 때만 수렴하지만, 이전에 $F_n = (\phi^n - \hat{\phi}^n)/\sqrt{5}$ 라는 공식을 증명할 때는 그 사실을 알 필요가 없었다. 후자의 공식을 일단 발견하기만 한다면, 비록 우리가 형식적 멱급수의 이론을 믿지 않는다고 해도, 직접 입증하면 그만이다. 따라서 이번 장에서는 수렴 여부를 신경 쓰지 않기로 한다. 그런 데 신경 쓰는 것은 득보다 실이 크다.

관점에 관해서는 이 정도로 마무리하고, 생성함수의 모습을 바꾸는 기본 도구들, 다시 말해 더하고, 자리를 이동하고, 변수들을 바꾸고, 미분하고, 적분하고, 곱하는 수단들을 살펴보자. 특별한 언급이 없는 한, 이하의 내용에서 $F(z)$와 $G(z)$가 수열 $\langle f_n \rangle$과 $\langle g_n \rangle$의 생성함수라고 가정한다. 또한, 음의 n에 대해서는 f_n과 g_n이 0이라고 가정한다. 그러면 합산의 한계들을 다루기가 조금 쉬워진다.

F의 상수 배와 G의 상수 배를 더하면 무엇이 나오는지는 상당히 명백하다.

$$\alpha F(z) + \beta G(z) = \alpha \sum_n f_n z^n + \beta \sum_n g_n z^n$$
$$= \sum_n (\alpha f_n + \beta g_n) z^n. \tag{7.13}$$

이는 수열 $\langle \alpha f_n + \beta g_n \rangle$의 생성함수이다.

생성함수의 자리이동도 이보다 그리 어렵지 않다. $G(z)$를 오른쪽으로 m자리 이동하려면, 다시 말해 선행 0들이 m개인 수열 $\langle 0, ..., 0, g_0, g_1, ... \rangle = \langle g_{n-m} \rangle$을 만들려면, 그냥 생성함수에 z^m을 곱하면 된다.

$$z^m G(z) = \sum_n g_n z^{n+m} = \sum_n g_{n-m} z^n, \quad 정수 \; m \geq 0. \tag{7.14}$$

제6장에서 피보나치 수의 닫힌 형식을 구하는 과정에서 방정식 $(1 - z - z^2) \cdot F(z) = z$를 이끌어낼 때 이 연산을 덧셈과 함께 사용했다(두 번).

그리고 $G(z)$를 왼쪽으로 m자리 이동하려면, 즉, 처음 m개의 원소가 폐기된 수열 $\langle g_m, g_{m+1}, g_{m+2}, ... \rangle = \langle g_{n+m} \rangle$을 만들려면, 처음 m개의 항을 뺀 후 z^m으로 나누면 된다.

$$\frac{G(z) - g_0 - g_1 z - \cdots - g_{m-1} z^{m-1}}{z^m} = \sum_{n \geq m} g_n z^{n-m} = \sum_{n \geq 0} g_{n+m} z^n. \qquad (7.15)$$

($g_0 = \cdots = g_{m-1} = 0$이 아닌 한, 이 마지막 합의 합산 범위를 모든 n으로 확장할 수는 없다.)

z를 그것의 상수 배로 대체하는 것도 생성함수를 다루는 요령 중 하나이다.

$$G(cz) = \sum_n g_n (cz)^n = \sum_n c^n g_n z^n. \qquad (7.16)$$

이는 수열 $\langle c^n g_n \rangle$에 대한 생성함수이다. $c = -1$인 특수 경우가 특히나 유용하다.

종종 n의 한 인수를 계수로 끌어내리고 싶을 때가 있다. 이를 위한 수단이 바로 미분이다.

나는 d 생성함수 (d generating-function) dz들이 무섭다.

$$G'(z) = g_1 + 2g_2 z + 3g_3 z^2 + \cdots = \sum_n (n+1) g_{n+1} z^n. \qquad (7.17)$$

이것을 오른쪽으로 한 자리 이동하면 종종 좀 더 유용하게 써먹을 수 있는 공식이 나온다.

$$z G'(z) = \sum_n n g_n z^n. \qquad (7.18)$$

이것은 수열 $\langle n g_n \rangle$의 생성함수이다. 이러한 미분을 되풀이함으로써, 원하는 임의의 n의 다항식을 g_n에 곱할 수 있다.

반대의 연산인 적분은 항들을 n으로 나누는 효과를 낸다.

$$\int_0^z G(t) dt = g_0 z + \frac{1}{2} g_1 z^2 + \frac{1}{3} g_2 z^3 + \cdots = \sum_{n \geq 1} \frac{1}{n} g_{n-1} z^n. \qquad (7.19)$$

(상수항이 0임을 주목하기 바란다.) $\langle g_{n-1}/n \rangle$이 아니라 $\langle g_n/n \rangle$에 대한 생성함수가 필요하다면, 적분하기 전에 먼저 왼쪽으로 한 자리 이동해서 적분의 $G(t)$를 $(G(t) - g_0)/t$로 대체해야 한다.

마지막으로, 다음은 생성함수들을 곱하는 방법을 보여주는 공식이다.

$$\begin{aligned} F(z) G(z) &= (f_0 + f_1 z + f_2 z^2 + \cdots)(g_0 + g_1 z + g_2 z^2 + \cdots) \\ &= (f_0 g_0) + (f_0 g_1 + f_1 g_0) z + (f_0 g_2 + f_1 g_1 + f_2 g_0) z^2 + \cdots \\ &= \sum_n \left(\sum_k f_k g_{n-k} \right) z^n. \end{aligned} \qquad (7.20)$$

제5장에서 보았듯이, 이것은 $\langle f_n \rangle$과 $\langle g_n \rangle$의 합성곱인 $\langle h_n \rangle$의 생성함수이다. $k < 0$일 때 $f_k = 0$이고 $k > n$일 때 $g_{n-k} = 0$이므로, 합 $h_n = \sum_k f_k g_{n-k}$를 $h_n = \sum_{k=0}^{n} f_k g_{n-k}$로 표기할 수도 있다. 곱셈과 합성곱은 다른 연산보다는 조금 복잡하지만, 아주 유용하다. 너무나 유용하기 때문에 §7.5 전체에서 이들에 대한 예만 살펴본다.

곱셈에는 그 자체로 개별적인 연산으로 간주할만한 특수 경우가 몇 가지 있다. 앞에서 이미 한 가지를 보았다. $F(z) = z^m$일 때 곱셈 공식은 자리이동 공식 (7.14)가 된다. 이 경우 합 h_n은 하나의 항 g_{n-m}이 되는데, $f_m = 1$을 제외한 모든 f_k가 0이기 때문이다.

$F(z)$가 익숙한 함수 $1/(1-z) = 1 + z + z^2 + \cdots$일 때 또 다른 유용한 특수 경우가 발생한다. 그런 경우 모든 f_k($k \geq 0$에 대한)가 1이며, 다음과 같은 중요한 공식이 나온다.

$$\frac{1}{1-z}\, G(z) \;=\; \sum_n \left(\sum_{k \geq 0} g_{n-k} \right) z^n \;=\; \sum_n \left(\sum_{k \leq n} g_k \right) z^n. \tag{7.21}$$

생성함수에 $1/(1-z)$를 곱하면 원래 수열의 누적합(cumulative sum)에 대한 생성함수가 된다.

표 393 생성함수 조작 수단

$$\alpha F(z) + \beta G(z) \;=\; \sum_n (\alpha f_n + \beta g_n) z^n$$

$$z^m G(z) \;=\; \sum_n g_{n-m} z^n, \quad \text{정수 } m \geq 0$$

$$\frac{G(z) - g_0 - g_1 z - \cdots - g_{m-1} z^{m-1}}{z^m} \;=\; \sum_{n \geq 0} g_{n+m} z^n, \quad \text{정수 } m \geq 0$$

$$G(cz) \;=\; \sum_n c^n g_n z^n$$

$$G'(z) \;=\; \sum_n (n+1) g_{n+1} z^n$$

$$z G'(z) \;=\; \sum_n n g_n z^n$$

$$\int_0^z G(t)\,dt \;=\; \sum_{n \geq 1} \frac{1}{n} g_{n-1} z^n$$

$$F(z)\, G(z) \;=\; \sum_n \left(\sum_k f_k g_{n-k} \right) z^n$$

$$\frac{1}{1-z}\, G(z) \;=\; \sum_n \left(\sum_{k \leq n} g_k \right) z^n$$

표 394 간단한 수열과 해당 생성함수

수열	생성함수	닫힌형식
$\langle 1,0,0,0,0,0,... \rangle$	$\sum_{n \geq 0} [n=0] z^n$	1
$\langle 0,...,0,1,0,0,... \rangle$	$\sum_{n \geq 0} [n=m] z^n$	z^m
$\langle 1,1,1,1,1,1,... \rangle$	$\sum_{n \geq 0} z^n$	$\dfrac{1}{1-z}$
$\langle 1,-1,1,-1,1,-1,... \rangle$	$\sum_{n \geq 0} (-1)^n z^n$	$\dfrac{1}{1+z}$
$\langle 1,0,1,0,1,0,... \rangle$	$\sum_{n \geq 0} [2 \backslash n] z^n$	$\dfrac{1}{1-z^2}$
$\langle 1,0,...,0,1,0,...,0,1,0,... \rangle$	$\sum_{n \geq 0} [m \backslash n] z^n$	$\dfrac{1}{1-z^m}$
$\langle 1,2,3,4,5,6,... \rangle$	$\sum_{n \geq 0} (n+1) z^n$	$\dfrac{1}{(1-z)^2}$
$\langle 1,2,4,8,16,32,... \rangle$	$\sum_{n \geq 0} 2^n z^n$	$\dfrac{1}{1-2z}$
$\langle 1,4,6,4,1,0,0,... \rangle$	$\sum_{n \geq 0} \binom{4}{n} z^n$	$(1+z)^4$
$\langle 1,c,\binom{c}{2},\binom{c}{3},... \rangle$	$\sum_{n \geq 0} \binom{c}{n} z^n$	$(1+z)^c$
$\langle 1,c,\binom{c+1}{2},\binom{c+2}{3},... \rangle$	$\sum_{n \geq 0} \binom{c+n-1}{n} z^n$	$\dfrac{1}{(1-z)^c}$
$\langle 1,c,c^2,c^3,... \rangle$	$\sum_{n \geq 0} c^n z^n$	$\dfrac{1}{1-cz}$
$\langle 1,\binom{m+1}{m},\binom{m+2}{m},\binom{m+3}{m},... \rangle$	$\sum_{n \geq 0} \binom{m+n}{m} z^n$	$\dfrac{1}{(1-z)^{m+1}}$
$\langle 0,1,\frac{1}{2},\frac{1}{3},\frac{1}{4},... \rangle$	$\sum_{n \geq 1} \dfrac{1}{n} z^n$	$\ln \dfrac{1}{1-z}$
$\langle 0,1,-\frac{1}{2},\frac{1}{3},-\frac{1}{4},... \rangle$	$\sum_{n \geq 1} \dfrac{(-1)^{n+1}}{n} z^n$	$\ln(1+z)$
$\langle 1,1,\frac{1}{2},\frac{1}{6},\frac{1}{24},\frac{1}{120},... \rangle$	$\sum_{n \geq 0} \dfrac{1}{n!} z^n$	e^z

지금까지 논의한 연산들이 표 393에 정리되어 있다. 이 모든 조작 수단을 효과적으로 사용하는 데에는 다양한 생성함수들을 기억해 두는 것이 도움이 된다. 표 394는 가장 간단한 생성함수들이다. 이 정도 생성함수들로도 상당히 많은 문제를 풀 수 있다.

표 394의 생성함수들은 모두 중요하므로 외워둘 필요가 있다. 이들 중 다수는 다른 생성함수의 특수 경우이며, 또한 표 393의 기본 연산들을 이용해서 다른 생성함수로부터 빠르게 유도할 수 있는 것들도 많다. 따라서 이들을 모두 외우는 것이 그리 어렵지는 않을 것이다.

힌트: 수열에 이항계수가 관여한다면, 대체로 해당 생성함수에는 하나의 이항 $1 \pm z$가 관여한다.

예를 들어 수열 $\langle 1,2,3,4,\ldots \rangle$를 생각해 보자. 이 수열의 생성함수 $1/(1-z)^2$이 유용할 때가 많다. 이 생성함수는 표 394의 중간에 나오는데, 훨씬 아래에 나오는 $\langle 1, \binom{m+1}{m}, \binom{m+2}{m}, \binom{m+3}{m}, \ldots \rangle$의 $m=1$인 특수 경우이기도 하다. 또한, 밀접한 관련이 있는 수열 $\langle 1, c, \binom{c+1}{2}, \binom{c+2}{3}, \ldots \rangle$의 $c=2$인 특수 경우이기도 하다.

이 생성함수는 $\langle 1,1,1,1,\ldots \rangle$의 생성함수에 대해 식 (7.21)에서처럼 누적합을 취해서, 다시 말해 $1/(1-z)$를 $(1-z)$로 나누어서 유도할 수 있다. 아니면 식 (7.17)을 이용해서 $\langle 1,1,1,1,\ldots \rangle$의 생성함수를 미분해서 유도할 수도 있다.

예, 예, 충분히 납득했습니다.

수열 $\langle 1,0,1,0,\ldots \rangle$도 그 생성함수를 다양한 방식으로 구할 수 있는 수열이다. 항등식 $\sum_n z^n = 1/(1-z)$의 z에 z^2을 대입해서 $\sum_n z^{2n} = 1/(1-z^2)$이라는 공식을 유도할 수 있음은 자명하다. 아니면, 생성함수가 $1/(1+z)$인 수열 $\langle 1,-1,1,-1,\ldots \rangle$에 누적 합산을 적용해서 $1/(1+z)(1-z) = 1/(1-z^2)$을 얻을 수도 있다. 세 번째 방법도 있는데, 그 방법은 임의의 주어진 수열의 짝수 번째 항 $\langle g_0, 0, g_2, 0, g_4, 0, \ldots \rangle$을 추출하는 일반적인 방법에 기초한다. $G(+z)$에 $G(-z)$를 더하면 다음이 나온다.

$$G(z) + G(-z) = \sum_n g_n\big(1 + (-1)^n\big)z^n = 2\sum_n g_n[n \text{은 짝수}]z^n.$$

따라서

$$\frac{G(z) + G(-z)}{2} = \sum_n g_{2n} z^{2n} \tag{7.22}$$

이다. 홀수 번째 항들도 비슷한 방식으로 추출할 수 있다.

$$\frac{G(z) - G(-z)}{2} = \sum_n g_{2n+1} z^{2n+1}. \tag{7.23}$$

$g_n = 1$이고 $G(z) = 1/(1-z)$인 특수 경우에서 $\langle 1,0,1,0,\ldots \rangle$의 생성함수는 $\frac{1}{2}(G(z) + G(-z)) = \frac{1}{2}\left(\frac{1}{1-z} + \frac{1}{1+z}\right) = \frac{1}{1-z^2}$이다.

이러한 추출 요령을 피보나치 수의 생성함수에 적용해 보자. $\sum_n F_n z^n = z/(1-z-z^2)$임은 알고 있다. 따라서

$$\sum_n F_{2n} z^{2n} = \frac{1}{2}\left(\frac{z}{1-z-z^2} + \frac{-z}{1+z-z^2}\right)$$

$$= \frac{1}{2}\left(\frac{z+z^2-z^3-z+z^2+z^3}{(1-z^2)^2-z^2}\right) = \frac{z^2}{1-3z^2+z^4}$$

이다. 이 생성함수는 F 항들이 번갈아 끼어 있는 수열 $\langle F_0, 0, F_2, 0, F_4, \ldots \rangle$을 생성한다. 그러므로 F 항들로만 이루어진 수열 $\langle F_0, F_2, F_4, F_6, \ldots \rangle = \langle 0,1,3,8,\ldots \rangle$에는 다음과 같이 간단한 생성함수가 존재한다.

$$\sum_n F_{2n} z^n = \frac{z}{1-3z+z^2}. \tag{7.24}$$

7.3 점화식 풀기

이제부터는 생성함수의 가장 중요한 용도 중 하나로 주의를 돌리자. 그 용도란, 점화식의 해를 구하는 것이다.

어떤 점화식을 만족하는 수열 $\langle g_n \rangle$이 주어졌을 때, g_n에 대한, n으로 표현된 닫힌 형식을 구하고자 한다. 이 문제를 생성함수를 이용해서 푸는 과정은 다음 네 단계로 구성된다. 이 단계들은 컴퓨터 프로그램으로 만들 수 있을 정도로 기계적이다.

1 g_n을 수열의 다른 원소들로 표현하는 단일한 등식을 만든다. 그 등식은 $g_{-1} = g_{-2} = \cdots = 0$이라는 가정하에서 모든 정수 n에 대해 성립해야 한다.

2 등식의 양변에 z^n을 곱하고 모든 n에 관해 합한다. 그러면 등식의 좌변은 합 $\sum_n g_n z^n$이 되는데, 이것이 바로 생성함수 $G(z)$이다. 우변은 임의의 수식인데, 이를 적절히 조작해서 $G(z)$가 관여하는 수식을 만든다.

3 단계 2의 결과로 생긴 방정식을 $G(z)$에 대해 풀어서 $G(z)$의 닫힌 형식을 구한다.

4 $G(z)$를 멱급수로 전개하고, z^n의 계수를 서술하는 일반식을 만든다. 그것이 g_n의 닫힌 형식이다.

이 방법이 통하는 것은, 단일한 함수 $G(z)$가 전체 수열 $\langle g_n \rangle$을 수많은 조작이 가능한 방식으로 대표하기 때문이다.

예제 1: 피보나치 수의 재고찰

예를 들어 제6장의 피보나치 수를 다시 풀어보자. 제6장에서는 장님 문고리 잡는 식으로 진행하면서 새로운 방법을 터득했지만, 이제는 좀 더 체계적으로 진행할 수 있다. 주어진 점화식은 다음과 같다.

$$g_0 = 0; \qquad g_1 = 1;$$
$$g_n = g_{n-1} + g_{n-2}, \quad n \geq 2\text{에 대해.}$$

이 g_n의 닫힌 형식을 위의 네 단계를 이용해서 구해 보겠다.

단계 1에 따라, g_n의 점화식을 '단일한 등식'으로 표현해야 한다. 물론 다음도 엄밀히 말하면 단일한 등식이지만, 이것은 일종의 속임수이다.

$$g_n = \begin{cases} 0, & \text{만일 } n \leq 0; \\ 1, & \text{만일 } n = 1\text{이면}; \\ g_{n-1} + g_{n-2}, & \text{만일 } n > 1\text{이면} \end{cases}$$

단계 1이 요구하는 것은 경우별 설정이 관여하지 않는 진정한 단일 등식이다. 다음과 같은 단일 등식은 $n \geq 2$에 대해 성립한다.

$$g_n = g_{n-1} + g_{n-2}.$$

이 등식은 또한 $n \leq 0$일 때도 성립한다($g_0 = 0$이고 $g_{\text{음수}} = 0$이라고 가정했으므로). 그러나 $n = 1$일 때는 좌변이 1이고 우변이 0이다. 다행히, 간단한 해결책이 있다. 우변에 $[n = 1]$을 추가하면 된다. 그러면 $n = 1$일 때는 우변에 1이 더해지지만 $n \neq 1$일 때는 아무런 변화도 생기지 않는다. 결론적으로, 단계 1이 요구하는 등식은 다음과 같다.

$$g_n = g_{n-1} + g_{n-2} + [n = 1].$$

단계 2에서는 $\langle g_n \rangle$에 대한 등식을 $G(z) = \sum_n g_n z^n$에 대한 등식으로 바꾸어야 한다. 그리 어렵지 않다.

$$G(z) = \sum_n g_n z^n = \sum_n g_{n-1}z^n + \sum_n g_{n-2}z^n + \sum_n [n=1]z^n$$
$$= \sum_n g_n z^{n+1} + \sum_n g_n z^{n+2} + z$$
$$= z\,G(z) + z^2 G(z) + z.$$

단계 3 역시 간단하다(적어도 이번 문제에서는). 닫힌 형식을 구해 보면, 이제는 익숙한

$$G(z) = \frac{z}{1-z-z^2}$$

가 나온다.

단계 4가 관건이다. 제6장에서는 번득이는 영감으로 단번에 풀었는데, 이번에는 좀 더 느리게 가보기로 하자. 그러면 나중에 좀 더 어려운 문제를 만났을 때 단계 4를 안전하게 통과하는 데 도움이 될 것이다. 단계 4를 수행하려면, $z/(1-z-z^2)$을 멱급수로 전개했을 때 z^n의 계수

$$[z^n]\frac{z}{1-z-z^2}$$

의 정체를 밝혀내야 한다. 좀 더 일반화하자면, 임의의 유리함수

$$R(z) = \frac{P(z)}{Q(z)}$$

가 주어졌을 때(여기서 P와 Q는 다항식), $[z^n]R(z)$의 계수를 구해야 한다.

계수들을 다루기가 특히나 쉬운 부류의 유리함수들이 존재한다. 바로 다음과 같다.

$$\frac{a}{(1-\rho z)^{m+1}} = \sum_{n \ge 0} \binom{m+n}{m} a\rho^n z^n. \tag{7.25}$$

($\rho = 1$인 경우는 표 394에 나온다. z에 ρz를 대입하고 a를 곱하면 일반식이 된다.)
식 (7.25) 같은 함수들의 무한합

$$S(z) = \frac{a_1}{(1-\rho_1 z)^{m_1+1}} + \frac{a_2}{(1-\rho_2 z)^{m_2+1}} + \cdots + \frac{a_l}{(1-\rho_l z)^{m_l+1}} \tag{7.26}$$

의 계수들도 다루기 쉽다. 계수는 다음과 같다.

$$[z^n]S(z) = a_1\binom{m_1+n}{m_1}\rho_1^n + a_2\binom{m_2+n}{m_2}\rho_2^n$$
$$+ \cdots + a_l\binom{m_l+n}{m_l}\rho_l^n. \tag{7.27}$$

이제부터, $R(0) \neq \infty$인 모든 유리함수 $R(z)$를 다음과 같은 형식으로 표현할 수 있음을 보이고자 한다.

$$R(z) = S(z) + T(z). \tag{7.28}$$

여기서 $S(z)$는 식 (7.26) 형태의 무한합이고 $T(z)$는 하나의 다항식이다. 이러한 표현이 가능하다는 것은 계수 $[z^n]R(z)$에 대한 닫힌 형식이 존재함을 함의한다. $S(z)$와 $T(z)$를 구하는 것은 $R(z)$의 '부분분수 전개'를 구하는 것과 동등하다.

z의 값이 $1/\rho_1, \ldots, 1/\rho_l$일 때에는 $S(z) = \infty$임을 주목하기 바란다. 따라서, 수 ρ_k들($R(z)$를 원하는 형식 $S(z) + T(z)$로 표현하기 위해 구해야 하는)은 반드시 $Q(\alpha_k) = 0$인 수 α_k들의 역수들이다. (P와 Q가 다항식이라 할 때 $R(z) = P(z)/Q(z)$임을 기억하기 바란다. $R(z) = \infty$는 오직 $Q(z) = 0$일 때만 성립한다.)

$Q(z)$가 다음과 같은 형태라고 하자.

$$Q(z) = q_0 + q_1 z + \cdots + q_m z^m, \quad \text{여기서 } q_0 \neq 0 \text{이고 } q_m \neq 0.$$

'반사된' 다항식

$$Q^{\mathrm{R}}(z) = q_0 z^m + q_1 z^{m-1} + \cdots + q_m$$

과 $Q(z)$ 사이에는 다음과 같은 중요한 관계가 성립한다.

$$Q^{\mathrm{R}}(z) = q_0(z - \rho_1) \ldots (z - \rho_m)$$
$$\Leftrightarrow \quad Q(z) = q_0(1 - \rho_1 z) \ldots (1 - \rho_m z).$$

즉, Q^{R}의 근들은 Q의 근들의 역수이고, 그 역도 마찬가지이다. 따라서, 반사된 다항식 $Q^{\mathrm{R}}(z)$를 인수분해하면 우리가 원했던 수 ρ_k들을 구할 수 있다.

예를 들어 피보나치 수의 경우 다음이 성립한다.

$$Q(z) = 1 - z - z^2; \quad Q^{\mathrm{R}}(z) = z^2 - z - 1.$$

Q^R의 근들은 이차방정식의 근의 공식 $\left(-b \pm \sqrt{b^2 - 4ac}\right)/2a$에서 $(a,b,c) = (1,-1,-1)$로 두어서 구할 수 있다. 근들은 다음과 같다.

$$\phi = \frac{1+\sqrt{5}}{2}, \quad \hat{\phi} = \frac{1-\sqrt{5}}{2}.$$

따라서 $Q^R(z) = (z-\phi)(z-\hat{\phi})$이고 $Q(z) = (1-\phi z)(1-\hat{\phi}z)$이다.

ρ들을 구했다면, 그것들을 이용해서 부분분수 전개를 구한다. 근들이 모두 서로 다르면 부분분수 전개를 구하기가 가장 쉽다. 그럼 그러한 특수 경우를 먼저 살펴보기로 하자. 그전에, 그 특수 경우에 관련된 다음과 같은 일반적인 결과를 증명하고 넘어가자.

근들이 서로 다를 때의 유리 전개 정리

$Q(z) = q_0(1-\rho_1 z) \dots (1-\rho_l z)$라고 할 때, 만일 $R(z) = P(z)/Q(z)$이고 수 $(\rho_1, \dots, \rho_l)$이 서로 다르면, 그리고 만일 $P(z)$가 차수가 l 미만인 다항식이면, 다음이 성립한다.

$$[z^n]\,R(z) = a_1\rho_1^n + \cdots + a_l\rho_l^n, \quad \text{여기서} \quad a_k = \frac{-\rho_k P(1/\rho_k)}{Q'(1/\rho_k)}. \tag{7.29}$$

증명: 언급된 상수들이 $a_1, \dots, a_l$이라고 하자. 식 (7.29)는 만일 $R(z) = P(z)/Q(z)$가 다음과 상등이면 성립한다.

$$S(z) = \frac{a_1}{1-\rho_1 z} + \cdots + \frac{a_l}{1-\rho_l z}.$$

그리고 $R(z) = S(z)$임은 함수 $T(z) = R(z) - S(z)$가 $z \to 1/\rho_k$에 따라 무한대가 되지 않음을 보임으로써 증명할 수 있다. 그럴 때 무한대가 되지 않는다면 유리함수 $T(z)$는 그 어떤 경우에도 무한대가 되지 않을 것이기 때문이다. 따라서 $T(z)$는 반드시 하나의 다항식이다. 또한, $z \to \infty$에 따라 $T(z) \to 0$임도 증명할 수 있다. 따라서 $T(z)$는 반드시 0이다.

$\alpha_k = 1/\rho_k$라고 하자. $T(z)$가 z의 유리함수이므로, $\lim_{z \to \alpha_k} T(z) \neq \infty$를 증명하려면 $\lim_{z \to \alpha_k}(z-\alpha_k)T(z) = 0$임을 보이는 것으로 충분하다. 따라서 다음을 증명하면 된다.

$$\lim_{z \to \alpha_k}(z-\alpha_k)R(z) = \lim_{z \to \alpha_k}(z-\alpha_k)S(z).$$

이 페이지를 펼쳐두면 부모님이 감명을 받을 것이다.

우변의 극한은 $\lim_{z \to \alpha_k} a_k(z-\alpha_k)/(1-\rho_k z) = -a_k/\rho_k$와 같다. $(1-\rho_k z) = -\rho_k \times (z-\alpha_k)$이고 $j \neq k$에 대해 $(z-\alpha_k)/(1-\rho_j z) \to 0$이기 때문이다. 좌변의 극한은 로피탈의 정리(L'Hospital's rule)에 따라

$$\lim_{z \to \alpha_k}(z-\alpha_k)\frac{P(z)}{Q(z)} = P(\alpha_k)\lim_{z \to \alpha_k}\frac{z-\alpha_k}{Q(z)} = \frac{P(\alpha_k)}{Q'(\alpha_k)}$$

이다. 이로써 정리가 증명되었다.

다시 피보나치 문제로 돌아가서, $P(z) = z$이고 $Q(z) = 1-z-z^2 = (1-\phi z) \times (1-\hat{\phi}z)$이다. 따라서 $Q'(z) = -1-2z$이고

$$\frac{-\rho P(1/\rho)}{Q'(1/\rho)} = \frac{-1}{-1-2/\rho} = \frac{\rho}{\rho+2}$$

이다. 그러므로, 식 (7.29)에 따라, $[z^n]R(z)$에서 ϕ^n의 계수는 $\phi/(\phi+2) = 1/\sqrt{5}$ 이고 $\hat{\phi}^n$의 계수는 $\hat{\phi}/(\hat{\phi}+2) = -1/\sqrt{5}$이다. 따라서, 앞의 정리에 의해 $F_n = (\phi^n - \hat{\phi}^n)/\sqrt{5}$인데, 이는 식 (6.123)과 일치한다.

$Q(z)$에 중근(repeated root; 중복된 근)이 존재한다면 계산이 좀 더 어려워진다. 그러나 앞의 정리의 증명을 보강하면 다음과 같은 좀 더 일반적인 결과를 증명할 수 있다.

유리 생성함수의 일반 전개 정리

$Q(z) = q_0(1-\rho_1 z)^{d_1} \ldots (1-\rho_l z)^{d_l}$이라고 할 때, 만일 $R(z) = P(z)/Q(z)$이고 수 $(\rho_1,\ldots,\rho_l)$이 서로 다르면, 그리고 만일 $P(z)$가 차수가 $d_1 + \cdots + d_l$ 미만인 다항식이면, 다음이 성립한다.

$$[z^n]R(z) = f_1(n)\rho_1^n + \cdots + f_l(n)\rho_l^n, \quad \text{모든 } n \geq 0\text{에 대해.} \tag{7.30}$$

여기서 각 $f_k(n)$은 차수가 $d_k - 1$이고 선행 계수가

$$\begin{aligned} a_k &= \frac{(-\rho_k)^{d_k}P(1/\rho_k)d_k}{Q^{(d_k)}(1/\rho_k)} \\ &= \frac{P(1/\rho_k)}{(d_k-1)!q_0\prod_{j \neq k}(1-\rho_j/\rho_k)^{d_j}} \end{aligned} \tag{7.31}$$

인 다항식이다. 이 정리는 유리함수

$$R(z) - \frac{a_1(d_1-1)!}{(1-\rho_1 z)^{d_1}} - \cdots - \frac{a_l(d_l-1)!}{(1-\rho_l z)^{d_l}}$$

을 통분했을 때 분모의 다항식이 그 어떤 k에 대해서도 $(1-\rho_k z)^{d_k}$로 나누어떨어지지 않는다는 사실을 이용해서 $\max(d_1,...,d_l)$에 대한 귀납법으로 증명할 수 있다.

예제 2: 다소 변칙적인 점화식

일반적인 방법 몇 개를 배웠으니, 새로운 문제를 공략해 보자. 이번에는 다음 점화식의 닫힌 형식을 구해 보겠다.

$$\begin{aligned} g_0 &= g_1 = 1; \\ g_n &= g_{n-1} + 2g_{n-2} + (-1)^n, \quad n \geq 2 \text{에 대해.} \end{aligned} \tag{7.32}$$

항상 그렇듯이 제일 먼저 작은 사례들의 표를 만들어 보는 것이 좋다. 다행히 이 점화식은 작은 사례들을 계산하기가 쉽다.

n	0	1	2	3	4	5	6	7
$(-1)^n$	1	-1	1	-1	1	-1	1	-1
g_n	1	1	4	5	14	23	52	97

닫힌 형식이 바로 눈에 보이지는 않는다. 그리고 이 수열은 슬론의 *Handbook*[330]에도 없다. 따라서 해를 구하려면 네 단계 과정을 거쳐야 한다.

단계 1은 쉽다. 그냥 $n < 2$일 때 수들을 보정하기 위한 인위적인 인수와 항을 추가하면 된다. 다음 등식은 모든 정수 n에 대해 성립한다.

$$g_n = g_{n-1} + 2g_{n-2} + (-1)^n [n \geq 0] + [n = 1]$$

이제 단계 2로 넘어가자.

$$\begin{aligned} G(z) &= \sum_n g_n z^n = \sum_n g_{n-1} z^n + 2\sum_n g_{n-2} z^n + \sum_{n \geq 0} (-1)^n z^n + \sum_{n=1} z^n \\ &= zG(z) + 2z^2 G(z) + \frac{1}{1+z} + z. \end{aligned}$$

(덧붙이자면, $(-1)^n [n \geq 0]$ 대신 $\binom{-1}{n}$을 사용할 수도 있었다. 그러면 이항정리에 따라 $\sum_n \binom{-1}{n} z^n = (1+z)^{-1}$이 나온다.) 단계 3은 초등 대수 수준이다. 결과는 다음과 같다.

주목: $\sum_{n=1} z^n$의 상계 색인이 빠진 것이 아님!

$$G(z) = \frac{1+z(1+z)}{(1+z)(1-z-2z^2)} = \frac{1+z+z^2}{(1-2z)(1+z)^2}.$$

이제 단계 4만 해결하면 된다.

분모의 제곱 인수가 다소 골칫거리이다. 중근이 있으면 근들이 서로 다를 때보다 계산이 복잡해지기 때문이다. 그런데 여기에는 실제로 중근이 존재한다. 분모의 근은 두 종류로, $\rho_1 = 2$와 $\rho_2 = -1$이다. 일반 전개 정리 (7.30)에 의해,

$$g_n = a_1 2^n + (a_2 n + c)(-1)^n$$

인 어떤 상수 c가 존재한다. 여기서

$$a_1 = \frac{1+1/2+1/4}{(1+1/2)^2} = \frac{7}{9}; \quad a_2 = \frac{1-1+1}{1-2/(-1)} = \frac{1}{3}$$

이다. (분모에 다루기 쉬운 인수들이 있을 때는 식 (7.31)의 두 번째 a_k 공식이 첫 번째 공식보다 적용하기 쉽다. $R(z)$의 모든 곳에 $z = 1/\rho_k$를 대입하고(단, 0이 되는 곳은 제외), $(d_k - 1)!$으로 나누면 $n^{d_k - 1}\rho_k^n$의 계수가 나온다.) $n = 0$을 대입해 보면 나머지 상수 c의 값이 $\frac{2}{9}$임을 알 수 있다. 따라서 문제의 답은

$$g_n = \frac{7}{9}2^n + \left(\frac{1}{3}n + \frac{2}{9}\right)(-1)^n \tag{7.33}$$

이다. 뭔가 실수를 저지르지는 않았는지 확인하기 위해, $n = 1$과 2에 대해 이 닫힌 형식을 점검해 보기 바란다. 공식이 다소 이상해 보이므로 $n = 3$인 경우도 점검해 보는 것이 좋을 것이다. 점검해 보면, 세 경우 모두 정확한 답이 나올 것이다.

식 (7.33)을 추측으로 발견할 수도 있을까? 구체적인 값들을 더 계산한다면 n이 클 때 $g_{n+1} \approx 2g_n$임을 알 수도 있을 것이다. 그리고 뻔뻔함과 운을 동원한다면 $\frac{7}{9}$이라는 상수도 건질 수 있을 것이다. 그러나 생성함수를 수단으로 삼아서 체계적으로 진행하는 것이 더 쉽고 믿음직한 방법임은 분명하다.

예제 3: 상호 재귀 수열

둘 이상의 점화식이 서로에 의존하는 경우도 종종 있다. 그런 경우 그런 점화식들 각각에 대한 생성함수를 구한 후 앞의 네 단계 방법을 조금 확장해서 그 생성함수들로부터 답을 얻는 것이 가능하다.

예를 들어 이번 장 앞부분에서 살펴본 $3 \times n$ 도미노 타일링 문제를 다시 생각해 보자. 만일 $3 \times n$ 직사각형을 도미노들로 덮는 모든 방법의 수 U_n만 알면 된다면(그 것을 수직, 수평 도미노들로 분해할 필요는 없이), 이전에 이 문제를 풀었을 때보다 세부사항을 훨씬 많이 생략할 수 있다. 우선, 다음과 같은 점화식들을 세운다.

$$U_0 = 1, \quad U_1 = 0; \quad V_0 = 0, \quad V_1 = 1;$$
$$U_n = 2V_{n-1} + U_{n-2}, \quad V_n = U_{n-1} + V_{n-2}, \quad n \geq 2 \text{에 대해.}$$

여기서 V_n은 $3 \times n$ 직사각형에서 모퉁이 한 칸을 뺀 도형을 도미노 $(3n-1)/2$개로 덮는 방법의 수이다. 직사각형 왼쪽 가장자리에 배치할 수 있는 도미노 구성들을 고려한다면 이 점화식들을 쉽사리 떠올릴 수 있을 것이다. 다음은 작은 n에 대한 U_n과 V_n의 값들이다.

n	0	1	2	3	4	5	6	7	
U_n	1	0	3	0	11	0	41	0	(7.34)
V_n	0	1	0	4	0	15	0	56	

그럼 닫힌 형식들을 네 단계로 구해 보자. 먼저, 단계 1에서는 모든 n에 대해

$$U_n = 2V_{n-1} + U_{n-2} + [n=0], \quad V_n = U_{n-1} + V_{n-2}$$

이다. 따라서 단계 2에서는

$$U(z) = 2zV(z) + z^2 U(z) + 1, \quad V(z) = zU(z) + z^2 V(z)$$

이다. 이제 단계 3에서는 미지수가 두 개인 방정식 두 개를 풀어야 한다. 그런데 둘째 방정식을 정리하면 $V(z) = zU(z)/(1-z^2)$이므로, 답이 쉽게 나온다.

$$U(z) = \frac{1-z^2}{1-4z^2+z^4}; \quad V(z) = \frac{z}{1-4z^2+z^4}. \tag{7.35}$$

($U(z)$에 대한 공식은 식 (7.10)과 비슷하다. 식 (7.10)에서는 z^2이 아니라 z^3이다. 당시 그 공식을 유도할 때 n은 도미노 개수였지만, 지금은 직사각형의 너비이다.)

분모 $1-4z^2+z^4$은 z^2의 함수이다. $U_{2n+1}=0$이고 $V_{2n}=0$이 되는 것은 그 때문이 다. z^2의 이러한 좋은 성질을 유지하기 위해, 분모를 인수분해할 때 z^2를 남겨두기로 한다. 즉, $1-4z^2+z^4$을 $(1-\rho_k z)$ 형태의 인수 네 개의 곱으로 완전히 인수분해하지 는 않기로 한다. $(1-\rho_k z^2)$ 형태의 두 인수로 인수분해 해도 계수들에 대한 정보를 충분히 얻을 수 있다. 다른 말로 해서, 만일 생성함수

$$W(z) = \frac{1}{1-4z+z^2} = W_0 + W_1 z + W_2 z^2 + \cdots \tag{7.36}$$

을 고찰한다면, $V(z) = z W(z^2)$ 이고 $U(z) = (1-z^2) W(z^2)$ 이다. 따라서 $V_{2n+1} = W_n$ 이고 $U_{2n} = W_n - W_{n-1}$ 이다. 좀 더 단순한 함수 $W(z)$ 를 다루면 시간과 에너지가 절약된다.

다항식 $1-4z+z^2$ 의 인수들은 $(z-2-\sqrt{3})$ 과 $(z-2+\sqrt{3})$ 인데, 이 다항식은 자기 자신의 반사이므로 이 인수들을 $(1-(2+\sqrt{3})z)$ 와 $(1-(2-\sqrt{3})z)$ 로 표현할 수도 있다. 따라서 다음이 성립한다.

$$
\begin{aligned}
V_{2n+1} = W_n &= \frac{3+2\sqrt{3}}{6}(2+\sqrt{3})^n + \frac{3-2\sqrt{3}}{6}(2-\sqrt{3})^n; \\
U_{2n} = W_n - W_{n-1} &= \frac{3+\sqrt{3}}{6}(2+\sqrt{3})^n + \frac{3-\sqrt{3}}{6}(2-\sqrt{3})^n \\
&= \frac{(2+\sqrt{3})^n}{3-\sqrt{3}} + \frac{(2-\sqrt{3})^n}{3+\sqrt{3}}.
\end{aligned}
\tag{7.37}
$$

이것이 우리가 원했던, $3 \times n$ 도미노 타일링 방법의 수에 대한 닫힌 형식이다.

덧붙여 말하자면, U_{2n} 의 공식의 둘째 항이 항상 0과 1 사이라는 점을 이용하면 그 공식을 더욱 단순화할 수 있다. 수 U_{2n} 은 정수이므로 다음이 성립한다.

$$U_{2n} = \left\lceil \frac{(2+\sqrt{3})^n}{3-\sqrt{3}} \right\rceil, \quad n \geq 0 \text{에 대해.} \tag{7.38}$$

그리고 다른 항 $(2-\sqrt{3})^n/(3+\sqrt{3})$ 은 n 이 클 때 극도로 작다($2-\sqrt{3} \approx 0.268$ 이므로). 식 (7.38)을 수치 계산에 사용할 때는 이 점을 고려할 필요가 있다. 예를 들어 어떤 유명 브랜드의 상당히 비싼 계산기로 $(2+\sqrt{3})^{10}/(3-\sqrt{3})$ 을 계산하면 413403.0005라는 값이 나오는데, 이 값은 유효자리 아홉 개까지 정확하지만, 참값은 413403보다 약간 큰 것이 아니라 약간 작다. 따라서 413403.0005의 천장을 취하는 것은 실수일 것이다. 정확한 답인 $U_{20} = 413403$ 은 가장 가까운 정수로의 반올림을 적용해야 나온다. 천장은 위험할 수 있다.

여기 미끄러운 바닥도 위험하다는 것을 몸소 체험한 학생이 있음.

예제 4: 거스름돈의 닫힌 형식

앞에서는 50센트를 지급하는 방법의 수를 계산하는 것으로 거스름돈 구성 문제를 마무리했다. 그럼 이번에는 1달러 또는 1백만 달러를 만들어 보자. 이번에도 페니, 니켈, 다임, 쿼터, 반 달러 동전들만 사용한다.

이전에 유도한 생성함수는 다음과 같다.

$$C(z) = \frac{1}{1-z}\frac{1}{1-z^5}\frac{1}{1-z^{10}}\frac{1}{1-z^{25}}\frac{1}{1-z^{50}}.$$

이것은 z의 유리함수로, 분모는 91차 다항식이다. 따라서 분모를 91개의 인수로 분해할 수 있으며, 그로부터 C_n(n센트를 지급하는 방법의 수)에 대한, 항이 91개인 닫힌 형식을 얻을 수 있다. 그런데 이를 실제로 계산한다는 것은 너무 끔찍한 일이다. 이 문제에 한해서, 일반적인 방법이 제시하는 것보다 더 나은 방법은 없을까?

분모가 거의 z^5의 함수에 가깝다는 점을 깨닫는다면 희망의 빛이 한 줄기 보일 것이다. 조금 전에 $1-4z^2+z^4$이 z^2의 함수라는 사실을 이용해서 계산을 단순화 했던 요령을 $C(z)$에도 적용할 수 있다. $1/(1-z)$를 $(1+z+z^2+z^3+z^4)/(1-z^5)$ 으로 대체하면 된다.

$$\begin{aligned} C(z) &= \frac{1+z+z^2+z^3+z^4}{1-z^5}\frac{1}{1-z^5}\frac{1}{1-z^{10}}\frac{1}{1-z^{25}}\frac{1}{1-z^{50}} \\ &= (1+z+z^2+z^3+z^4)\,\check{C}(z^5), \\ \check{C}(z) &= \frac{1}{1-z}\frac{1}{1-z}\frac{1}{1-z^2}\frac{1}{1-z^5}\frac{1}{1-z^{10}}. \end{aligned}$$

압축된 함수 $\check{C}(z)$의 분모는 차수가 단 19이므로 원래의 함수보다 다루기가 훨씬 쉽다. 덧붙이자면, $C(z)$에 대한 이 새로운 수식은, $C_{5n} = C_{5n+1} = C_{5n+2} = C_{5n+3} = C_{5n+4}$라는 점도 말해준다. 사실 생각해 보면 이 등식들은 당연하다. 페니 개수는 5를 법으로 하여 미리 결정되므로, 팁 53센트를 남기는 방법의 수는 50센트를 남기 는 방법의 수와 같다.

그런데 $\check{C}(z)$가 이전보다 간단하긴 하지만, 분모의 근들에 기초한 아주 간단한 닫힌 형식을 구하기 힘들다는 점은 여전하다. $\check{C}(z)$의 계수들을 계산하는 가장 쉬운 방법은 아마도 각 분모 인수들이 $1-z^{10}$의 약수라는 점을 깨닫는 것이다. 따라서 다음과 같이 쓸 수 있다.

이제는 추론도 압축하는군.

$$\check{C}(z) = \frac{A(z)}{(1-z^{10})^5}, \quad \text{여기서 } A(z) = A_0+A_1z+\cdots+A_{31}z^{31}. \tag{7.39}$$

궁금한 독자를 위해 $A(z)$의 실제 값을 계산해 보면,

$$(1+z+ \cdots +z^9)^2(1+z^2+ \cdots +z^8)(1+z^5)$$

$$= 1+2z+4z^2+6z^3+9z^4+13z^5+18z^6+24z^7$$

$$+31z^8+39z^9+45z^{10}+52z^{11}+57z^{12}+63z^{13}+67z^{14}+69z^{15}$$

$$+69z^{16}+67z^{17}+63z^{18}+57z^{19}+52z^{20}+45z^{21}+39z^{22}+31z^{23}$$

$$+24z^{24}+18z^{25}+13z^{26}+9z^{27}+6z^{28}+4z^{29}+2z^{30}+z^{31}$$

이다. 마지막으로, $1/(1-z^{10})^5 = \sum_{k \geq 0} \binom{k+4}{4} z^{10k}$이므로, $n = 10q+r$이고 $0 \leq r < 10$ 일 때의 계수 $\check{C}_n = [z^n]\check{C}(z)$를 다음과 같이 구할 수 있다.

$$\check{C}_{10q+r} = \sum_{j,k} A_j \binom{k+4}{4}[10q+r=10k+j]$$

$$= A_r\binom{q+4}{4}+A_{r+10}\binom{q+3}{4}+A_{r+20}\binom{q+2}{4}+A_{r+30}\binom{q+1}{4}. \tag{7.40}$$

이 공식은 r의 값에 따라 총 10개의 공식으로 분기된다. 그래도 이것은 복소수의 거듭제곱들이 관여하는 다른 닫힌 형식에 비하면 상당히 좋은 닫힌 형식이다.

예를 들어 이 공식을 이용해서 $C_{50q} = \check{C}_{10q}$의 값을 도출할 수 있다. 이 경우 $r=0$ 이므로

$$C_{50q} = \binom{q+4}{4}+45\binom{q+3}{4}+52\binom{q+2}{4}+2\binom{q+1}{4}$$

이다. 50센트를 거슬러 주는 방법은 $\binom{5}{4}+45\binom{4}{4}=50$가지이고, 1달러를 거슬러 주는 방법은 $\binom{6}{4}+45\binom{5}{4}+52\binom{4}{4}=292$가지이다. 그리고 1백만 달러를 거슬러 주는 방법의 수는 다음과 같다.

$$\binom{2000004}{4}+45\binom{2000003}{4}+52\binom{2000002}{4}+2\binom{2000001}{4}$$

$$= 66666793333412666685000001.$$

예제 5: 발산하는 급수

이번에는 다음과 같이 정의되는 수 g_n의 닫힌 형식을 구해보자.

$$g_0 = 1;$$
$$g_n = ng_{n-1}, \quad n > 0\text{에 대해.}$$

요즘 사람들은 펩토초를 이야기하지.

이 점화식을 몇 나노초만 봐도 g_n이 그냥 $n!$임을 알 수 있다. 실제로, 제2장에서 설명한 합산 인수 방법을 이용하면 이 답이 바로 나온다. 그래도, 그냥 어떤 일이 생기는지

보기 위해, 이 점화식을 생성함수로 풀어 보자. (강력한 기법은 답을 추측하기 어려운 점화식뿐만 아니라 이런 쉬운 점화식도 처리할 수 있어야 한다.)

다음 등식은 모든 n에 대해 성립한다.

$$g_n = ng_{n-1}+[n=0].$$

이로부터 다음과 같은 생성함수를 만든다.

$$G(z) = \sum_n g_n z^n = \sum_n ng_{n-1}z^n + \sum_{n=0} z^n.$$

단계 2를 완료하려면 $\sum_n ng_{n-1}z^n$을 $G(z)$로 표현해야 한다. 표 393의 기본 연산들을 살펴보면, 여기에 도함수 $G'(z)=\sum_n ng_n z^{n-1}$이 관여할 것이라는 힌트를 얻을 수 있다. 그런 종류의 합으로 방향을 돌려서, 다음과 같은 방정식을 얻는다.

$$\begin{aligned}
G(z) &= 1+\sum_n (n+1)g_n z^{n+1} \\
&= 1+\sum_n ng_n z^{n+1} + \sum_n g_n z^{n+1} \\
&= 1+z^2 G'(z)+zG(z).
\end{aligned}$$

그럼 작은 n에 대한 g_n의 값들로 이 방정식을 시험해 보자. 여기서

$$\begin{aligned}
G &= 1+z+2z^2+\ 6z^3+24z^4+\cdots, \\
G' &= \qquad 1+4z\ +18z^2+96z^3+\cdots
\end{aligned}$$

이므로,

$$\begin{aligned}
z^2 G' &= \qquad\quad z^2+4z^3+18z^4+96z^5+\cdots, \\
zG &= \quad z+z^2+2z^3+\ 6z^4+24z^5+\cdots, \\
1 &= 1.
\end{aligned}$$

이다. 이 세 등식을 더하면 G가 되므로, 지금까지는 좋다. 덧붙이자면, '$G(z)$'를 그냥 'G'로 표기하는 것이 편리할 때가 많다. z를 변경하는 것이 아닌 상황에서 여분의 (z)는 그냥 공식을 지저분하게 만들 뿐이다.

이제 단계 3으로 넘어가자. 그런데 이번 예제에서 풀어야 하는 방정식은 이전 예제들에 나온 방정식과는 좀 다르다. 이번 예제의 방정식은 미분방정식인데, 다행히 §5.6의 초기하급수 기법들로 처리할 수 있다. 그 기법들이 아주 나쁘지는 않다. (초기하에 익숙하지 않은 독자도 걱정할 필요는 없다. 금방 끝난다.)

"금방 끝난다"는 내 몸에 주삿바늘을 꽂기 전에 의사 선생이 한 말이다. 이런 생각이 들었다. '초기하(hypergeometric)'라는 말이 언뜻 '피하(hypodermic)' 주사처럼 들린다는 생각이...

우선 상수 '1'을 제거해야 한다. 이를 위해 양변을 미분한다.

$$G' = (z^2 G' + z G + 1)' = (2z G' + z^2 G'') + (G + z G')$$
$$= z^2 G'' + 3z G' + G.$$

제5장의 이론이 제시하듯이, 이를 ϑ 연산자를 이용해서 다시 표현해야 한다. 그런데 연습문제 6.13에서 보았듯이

$$\vartheta G = z G', \quad \vartheta^2 G = z^2 G'' + z G'$$

이다. 따라서 바람직한 형태의 미분방정식은 다음과 같다.

$$\vartheta G = z \vartheta^2 G + 2z \vartheta G + z G = z(\vartheta + 1)^2 G.$$

(5.109)에 따라, $g_0 = 1$인 해는 초기하급수 $F(1,1;;z)$이다.

단계 3은 생각보다 힘들었다. 그래도 함수 G를 구했으니, 단계 4는 쉽다. 초기하급수의 정의 (5.76)에 따라 멱급수로 전개하면 다음이 나온다.

$$G(z) = F\left(\genfrac{}{}{0pt}{}{1,1}{}\middle| z\right) = \sum_{n \geq 0} \frac{1^{\overline{n}} 1^{\overline{n}} z^n}{n!} = \sum_{n \geq 0} n! z^n.$$

결론적으로, 구하고자 했던 닫힌 형식은 우리가 익히 잘 아는 $g_n = n!$이다.

이러한 기법은 $G(z)$가 0이 아닌 모든 z에 대해 발산한다고 해도 정답을 낸다는 점을 주목하기 바란다. 수열 $n!$은 아주 빠르게 증가하므로, $z = 0$이 아닌 이상 항 $|n! z^n|$들은 $n \to \infty$에 따라 ∞에 접근한다. 이는 형식적 멱급수를 수렴 여부의 걱정 없이 대수적으로 조작할 수 있음을 말해준다.

예제 6: 거꾸로 가는 점화식

그럼 그래프 이론의 한 문제에 생성함수를 적용하는 것으로 이번 절을 마무리하겠다. 정점(vertex)들이 $\{0,1,\dots,n\}$이고 변(edge)이 $2n-1$개인 그래프 중 정점 0이 다른 n개의 정점과 각각 하나의 변으로 연결되고 $1 \leq k < n$에 대해 정점 k는 정점 $k+1$과 하나의 변으로 연결된 그래프를 가리켜 n차 부채(fan)라고 부른다. 예를 들어 다음은 차수가 4인 부채로, 정점이 다섯 개이고 변이 일곱 개이다.

이번에 풀 문제는, 그러한 그래프에 있는 신장 트리들의 개수 f_n을 구하는 것이다. 여기서 그래프의 신장 트리(spanning tree)란 그 그래프의 모든 정점으로 이루어지되 부분그래프가 연결되기에는 충분하지만, 순환마디(cycle)가 생길 정도로 많지는 않은 변들을 담은 부분그래프를 말한다. 정점이 $n+1$개인 한 그래프의 모든 신장 트리는 변의 개수가 정확히 n개임이 밝혀졌다. 변이 n개 미만이면 부분그래프가 연결되지 않으며, n개를 넘으면 순환마디가 생긴다. 이에 대한 증명은 그래프 이론을 다루는 책에 나온다.

하나의 n차 부채에 있는 $2n-1$개의 변 중에서 n개를 선택하는 방법은 $\binom{2n-1}{n}$가지이다. 그러나 그런 선택들이 항상 신장 트리를 형성하지는 않는다. 예를 들어 다음 부분그래프를 보자.

이 부분그래프는 변이 네 개이긴 하지만 신장 트리가 아니다. 0에서 4와 3을 거쳐 0으로 돌아오는 순환마디가 있으며, $\{1,2\}$와 다른 정점들 사이에는 연결이 없기 때문이다. 우리가 원하는 것은 $\binom{2n-1}{n}$가지 선택 중 실제로 신장 트리를 산출하는 선택들의 개수이다.

그럼 작은 사례를 몇 개 보자. $n=1$, 2, 3에 대한 신장 트리들은 상당히 쉽게 나열할 수 있다.

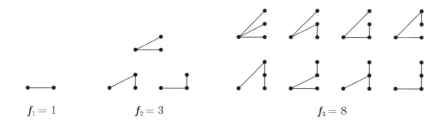

$f_1 = 1$　　　　$f_2 = 3$　　　　　　　　$f_3 = 8$

(항상 정점 0을 제일 왼쪽에 그린다는 규칙을 지키면 정점들의 번호는 굳이 표시할 필요가 없다.) $n=0$인 경우는 어떨까? 언뜻 생각하면 $f_0 = 1$로 두는 것이 합리적일 것 같다. 그러나 차수가 0인 부채는 변이 $2n-1 = -1$개인 그래프인데, 그런 그래프는 존재 자체가 비합리적이므로 $f_0 = 0$으로 두기로 한다.

4단계 절차를 적용하면 모든 n에 대해 성립하는 f_n의 점화식이 나온다. 최상위 정점(정점 n)이 신장 트리의 나머지 정점들과 연결되는 방식을 관찰하면 점화식을 발견할 수 있다. 만일 그 정점이 정점 0과 연결되지 않았다면, 그 정점은 반드시 정점 $n-1$과 연결될 것이다. 그래야 그래프의 나머지와 연결될 수 있기 때문이다. 이 경우, 부채의 나머지 부분(정점 0에서 $n-1$까지)에 대한 f_{n-1}개의 신장 트리들 각각은 모두 전체 그래프(부채 전체)에 대한 하나의 신장 그래프를 완성한다. 그렇지 않고 정점 n이 실제로 정점 0과 연결되었다면, 정점 $n, n-1, \ldots, k$가 직접 연결되되 k와 $k-1$ 사이의 변이 존재하지 않음을 만족하는 어떤 수 $k \le n$이 존재할 것이다. 그러면 정점 0과 $\{n-1, \ldots, k\}$ 사이에는 그 어떤 변도 존재하지 않아야 한다(그렇지 않다면 순환마디가 생기므로). 따라서, $k=1$일 때는 신장 트리가 완전하게 결정된다. 그리고 $k>1$일 때는 $\{0, 1, \ldots, k-1\}$에 대한 하나의 신장 트리를 형성하는 f_{k-1}가 지 방법 모두 전체 그래프에 대한 하나의 신장 트리를 형성한다. 예를 들어 다음은 $n=4$일 때 이러한 분석으로 얻은 결과이다.

다음은 $n \ge 1$에 대해 유효한 일반식이다.

$$f_n = f_{n-1} + f_{n-1} + f_{n-2} + f_{n-3} + \cdots + f_1 + 1.$$

(끝의 '1'이 아무래도 f_0일 것 같아서 $f_0 = 1$로 두어야 하지 않나 하는 생각이 들겠지만, 이전의 선택을 완강히 고수하기로 한다.) 이 공식을 조금 변경하면 모든 정수 n에 대해 유효한 등식이 나온다.

$$f_n = f_{n-1} + \sum_{k<n} f_k + [n > 0]. \tag{7.41}$$

f_{n-1}에서부터 이전의 모든 값을 훑어서 "첫 항으로 돌아가는" 점화식이라는 점에서, 이 점화식은 이번 장에서 살펴본 다른 점화식들과는 다르다. 제2장에서 빠른정렬 점화식 (2.12)를 풀 때 이와 비슷한 우변의 합을 특별한 방법을 이용해서 제거한 적이 있다. 구체적으로 말하면, 점화식의 한 인스턴스에서 다른 인스턴스를 빼는($f_{n+1} - f_n$) 방법을 사용했다. 그때와 마찬가지로, 이번에도 그 요령을 이용하면

$\sum$가 사라진다. 그러나 이번에는 이런 종류의 합을 생성함수를 이용해서 직접 다룰 수 있음을 보게 될 것이다. (조만간 훨씬 더 복잡한 점화식들이 나올 것이므로, 생성함수로 그런 일을 할 수 있다는 것은 다행스러운 일이다.)

단계 1은 끝났다. 단계 2에서는 새로운 방식의 조작이 필요하다.

$$
\begin{aligned}
F(z) &= \sum_n f_n z^n = \sum_n f_{n-1} z^n + \sum_{k,n} f_k z^n [k < n] + \sum_n [n > 0] z^n \\
&= zF(z) + \sum_k f_k z^k \sum_n [n > k] z^{n-k} + \frac{z}{1-z} \\
&= zF(z) + F(z) \sum_{m>0} z^m + \frac{z}{1-z} \\
&= zF(z) + F(z)\frac{z}{1-z} + \frac{z}{1-z}.
\end{aligned}
$$

여기서 핵심 요령은 z^n을 $z^k z^{n-k}$으로 바꾸는 것이다. 그러면 이중합의 값을 단계 2가 요구하는 대로 $F(z)$로 표현할 수 있다.

단계 3에서는 간단한 대수학으로 방정식을 풀면 된다. 그러면 다음과 같은 닫힌 형식이 나온다.

$$
F(z) = \frac{z}{1 - 3z + z^2}.
$$

기억력이 좋은 독자라면 이것이 짝수 번째 피보나치 수들에 대한 생성함수 (7.24)임을 알아챘을 것이다. 따라서 단계 4는 생략할 수 있다. 결론적으로, 부채 신장 트리 개수 문제에 대한 다소 놀라운 답은 다음과 같다.

$$
f_n = F_{2n}, \quad n \ge 0\text{에 대해.} \tag{7.42}
$$

7.4 특별한 생성함수들

앞의 예에서 보았듯이, 만일 우리가 서로 다른 여러 멱급수의 계수들을 이미 알고 있다면 4단계 절차의 단계 4가 훨씬 쉬워진다. 표 394의 전개들이 상당히 유용하지만, 그것으로 충분하지는 않다. 그 외에도 수많은 종류의 닫힌 형식이 있기 때문이다. 따라서, 제6장에서 고찰한 "특별한 수들"에 대응되는 멱급수들을 나열한 또 다른 표로 우리의 데이터베이스를 보충할 필요가 있다.

표 413 특별한 수의 생성함수

$$\frac{1}{(1-z)^{m+1}} \ln \frac{1}{1-z} = \sum_{n \geq 0} (H_{m+n} - H_m) \binom{m+n}{n} z^n \tag{7.43}$$

$$\frac{z}{e^z - 1} = \sum_{n \geq 0} B_n \frac{z^n}{n!} \tag{7.44}$$

$$\frac{F_m z}{1 - (F_{m-1} + F_{m+1})z + (-1)^m z^2} = \sum_{n \geq 0} F_{mn} z^n \tag{7.45}$$

$$\sum_k \left\{ \begin{matrix} m \\ k \end{matrix} \right\} \frac{k! z^k}{(1-z)^{k+1}} = \sum_{n \geq 0} n^m z^n \tag{7.46}$$

$$\left(z^{-1}\right)^{\overline{-m}} = \frac{z^m}{(1-z)(1-2z) \dots (1-mz)} = \sum_{n \geq 0} \left\{ \begin{matrix} n \\ m \end{matrix} \right\} z^n \tag{7.47}$$

$$z^{\overline{m}} = z(z+1) \dots (z+m-1) = \sum_{n \geq 0} \left[\begin{matrix} m \\ n \end{matrix} \right] z^n \tag{7.48}$$

$$\left(e^z - 1\right)^m = m! \sum_{n \geq 0} \left\{ \begin{matrix} n \\ m \end{matrix} \right\} \frac{z^n}{n!} \tag{7.49}$$

$$\left(\ln \frac{1}{1-z}\right)^m = m! \sum_{n \geq 0} \left[\begin{matrix} n \\ m \end{matrix} \right] \frac{z^n}{n!} \tag{7.50}$$

$$\left(\frac{z}{\ln(1+z)}\right)^m = \sum_{n \geq 0} \frac{z^n}{n!} \left\{ \begin{matrix} m \\ m-n \end{matrix} \right\} \bigg/ \binom{m-1}{n} \tag{7.51}$$

$$\left(\frac{z}{1-e^{-z}}\right)^m = \sum_{n \geq 0} \frac{z^n}{n!} \left[\begin{matrix} m \\ m-n \end{matrix} \right] \bigg/ \binom{m-1}{n} \tag{7.52}$$

$$e^{z+wz} = \sum_{m,n \geq 0} \binom{n}{m} w^m \frac{z^n}{n!} \tag{7.53}$$

$$e^{w(e^z - 1)} = \sum_{m,n \geq 0} \left\{ \begin{matrix} n \\ m \end{matrix} \right\} w^m \frac{z^n}{n!} \tag{7.54}$$

$$\frac{1}{(1-z)^w} = \sum_{m,n \geq 0} \left[\begin{matrix} n \\ m \end{matrix} \right] w^m \frac{z^n}{n!} \tag{7.55}$$

$$\frac{1-w}{e^{(w-1)z} - w} = \sum_{m,n \geq 0} \left\langle \begin{matrix} n \\ m \end{matrix} \right\rangle w^m \frac{z^n}{n!} \tag{7.56}$$

표 413은 요긴한 데이터베이스이다. 이 표의 항등식들을 증명하기란 어렵지 않으므로, 증명을 일일이 제시하지는 않겠다. 기본적으로 이 표는 새로운 문제를 만났을 때 참고하기 위한 것이다. 그렇긴 하지만, 첫 공식(7.43)에는 언급할 만한 멋진 증명이 존재한다. 이 증명은 우선 다음과 같은 항등식으로 시작한다.

$$\frac{1}{(1-z)^{x+1}} = \sum_n \binom{x+n}{n} z^n$$

이 항등식을 x에 대해 미분한다. 좌변의 $(1-z)^{-x-1}$은 $e^{(x+1)\ln(1/(1-z))}$과 같으므로, d/dx는 $\ln(1/(1-z))$의 인수를 기여한다. 우변에서 $\binom{x+n}{n}$의 분자는 $(x+n)$ ... $(x+1)$이며, d/dx는 이것을 n개의 항으로 분리한다. 그 항들의 합은 $\binom{x+n}{n}$에 다음을 곱한 것과 같다.

$$\frac{1}{x+n} + \cdots + \frac{1}{x+1} = H_{x+n} - H_x.$$

이 공식의 x에 m을 대입하면 식 (7.43)이 나온다. $H_{x+n} - H_x$는 x가 정수가 아닐 때도 의미 있게 정의됨을 주목하기 바란다.

그런데 이처럼 복잡한 곱에 미분을 적용하는(곱을 다른 형태로 바꾸지 않고) 방법은 도함수를 하나의 합으로 표현하는 방법보다 나은 경우가 많다. 예를 들어 다음 등식의 우변을 합으로 표현한다면 수식이 훨씬 지저분해진다.

$$\frac{d}{dx}\left((x+n)^n ... (x+1)^1\right) = (x+n)^n ... (x+1)^1\left(\frac{n}{x+n} + \cdots + \frac{1}{x+1}\right).$$

표 413의 일반 항등식들은 수많은 중요한 특수 경우를 포함한다. 예를 들어 $m=0$일 때 식 (7.43)은 H_n에 대한 생성함수로 단순화된다.

$$\frac{1}{1-z} \ln \frac{1}{1-z} = \sum_n H_n z^n. \tag{7.57}$$

이 항등식을 다른 방식으로 유도할 수도 있다. 이를테면 $\ln(1/(1-z))$의 멱급수를 취하고 $1-z$로 나누어서 누적합을 얻을 수도 있다.

항등식 (7.51)과 (7.52)는 각각 비 $\left\{{m \atop m-n}\right\}\big/\binom{m-1}{n}$과 $\left[{m \atop m-n}\right]\big/\binom{m-1}{n}$에 관련된다. $n \geq m$일 때 이들은 정의되지 않는 형식 $0/0$이 된다. 그런데 식 (6.45)에 나온 스털링 다항식을 이용하면 이들에 적절한 의미를 부여할 수 있다. 이는 다음 법칙들 때문이다.

$$\left\{{m \atop m-n}\right\}\Big/\binom{m-1}{n} = (-1)^{n+1} n! \, m \, \sigma_n(n-m); \tag{7.58}$$

$$\left[{m \atop m-n}\right]\Big/\binom{m-1}{n} = n! \, m \, \sigma_n(m). \tag{7.59}$$

즉, 예를 들어 $m=1$일 때 식 (7.51)은 멱급수 $\sum_{n\geq 0}(z^n/n!)\left\{{1\atop 1-n}\right\}\big/\binom{0}{n}$이 아니라 다음과 같은 무한합으로 간주해야 마땅하다.

$$\frac{z}{\ln(1+z)} = -\sum_{n\geq 0}(-z)^n\sigma_n(n-1) = 1+\frac{1}{2}z-\frac{1}{12}z^2+\cdots.$$

항등식 (7.53), (7.54), (7.55), (7.56)을 '이중(double) 생성함수' 또는 '초(super) 생성함수'라고 부른다. 이는 이 항등식들이 $G(w,z)=\sum_{m,n}g_{m,n}w^m z^n$의 형태이기 때문이다. w^m의 계수는 변수가 z인 생성함수이고 z^n의 계수는 변수가 w인 생성함수이다. 식 (7.56)을 다음과 같이 좀 더 대칭적인 형태로 표현할 수 있다.

$$\frac{e^w-e^z}{we^z-ze^w} = \sum_{m,n\geq 0}\left\langle{m+n+1\atop m}\right\rangle\frac{w^m z^n}{(m+n+1)!}. \tag{7.60}$$

7.5 합성곱

주어진 두 수열 $\langle f_0,f_1,\ldots\rangle=\langle f_n\rangle$과 $\langle g_0,g_1,\ldots\rangle=\langle g_n\rangle$의 합성곱(convolution)은 수열 $\langle f_0 g_0, f_0 g_1+f_1 g_0,\ldots\rangle=\langle\sum_k f_k g_{n-k}\rangle$이다. §5.4와 §7.2에서 보았듯이, 수열들의 합성곱은 해당 생성함수들의 곱에 대응된다. 이 사실을 활용하면, 다른 방식으로는 처리하기 힘든 여러 합을 손쉽게 평가할 수 있다.

예제 1: 피보나치 합성곱

예를 들어 $\sum_{k=0}^n F_k F_{n-k}$를 닫힌 형식으로 평가해보자. 이것은 $\langle F_n\rangle$과 그 자신의 합성곱이므로, $\langle F_n\rangle$의 생성함수가 $F(z)$라고 할 때 이 합은 반드시 $F(z)^2$의 z^n의 계수이어야 한다. 따라서 이 계수의 값이 무엇인지만 밝히면 문제가 풀린다.

생성함수 $F(z)$는 다항식들의 몫인 $z/(1-z-z^2)$이다. 따라서, 유리함수의 일반 전개 정리에 의하면 부분분수 표현으로부터 답을 구할 수 있다. 이를 위해 식 (7.30)의 일반 전개 정리를 그대로 적용해서 힘거운 계산 과정을 거칠 수도 있지만, 다음 사실을 이용해서 계산을 간단하게 만드는 것이 낫겠다.

$$\begin{aligned}F(z)^2 &= \left(\frac{1}{\sqrt 5}\left(\frac{1}{1-\phi z}-\frac{1}{1-\hat\phi z}\right)\right)^2\\&=\frac{1}{5}\left(\frac{1}{(1-\phi z)^2}-\frac{2}{(1-\phi z)(1-\hat\phi z)}+\frac{1}{(1-\hat\phi z)^2}\right)\\&=\frac{1}{5}\sum_{n\geq 0}(n+1)\phi^n z^n-\frac{2}{5}\sum_{n\geq 0}F_{n+1}z^n+\frac{1}{5}\sum_{n\geq 0}(n+1)\hat\phi^n z^n.\end{aligned}$$

그럼 ϕ와 $\hat{\phi}$가 아니라 피보나치 수들로 표현된 닫힌 형식을 구해 보자. $\phi + \hat{\phi} = 1$이 므로

$$\phi^n + \hat{\phi}^n = [z^n]\left(\frac{1}{1-\phi z} + \frac{1}{1-\hat{\phi} z}\right)$$

$$= [z^n]\frac{2-(\phi+\hat{\phi})z}{(1-\phi z)(1-\hat{\phi} z)} = [z^n]\frac{2-z}{1-z-z^2} = 2F_{n+1} - F_n$$

이다. 따라서

$$F(z)^2 = \frac{1}{5}\sum_{n \geq 0}(n+1)(2F_{n+1}-F_n)z^n - \frac{2}{5}\sum_{n \geq 0}F_{n+1}z^n$$

이며, 이로부터 우리가 구하려는 답이 나온다.

$$\sum_{k=0}^{n} F_k F_{n-k} = \frac{2nF_{n+1}-(n+1)F_n}{5}. \tag{7.61}$$

예를 들어 $n=3$일 때 이 공식의 좌변은 $F_0F_3 + F_1F_2 + F_2F_1 + F_3F_0 = 0+1+1+0 = 2$ 가 되고 우변은 $(6F_4 - 4F_3)/5 = (18-8)/5 = 2$가 된다.

예제 2: 조화수 합성곱

'표본정렬(samplesort)'이라고 하는 어떤 컴퓨터 정렬 알고리즘의 효율성은 다음 합의 값에 의존한다.

$$T_{m,n} = \sum_{0 \leq k < n}\binom{k}{m}\frac{1}{n-k}, \quad \text{정수 } m,n \geq 0.$$

연습문제 5.58에서는 이 합의 값을 합산 인수들을 이용해서 다소 난해한 이중 귀납으로 구했다. 그런데 $T_{m,n}$이 그냥 $\langle 0, \frac{1}{1}, \frac{1}{2}, ... \rangle$과 $\langle \binom{0}{m}, \binom{1}{m}, \binom{2}{m}, ... \rangle$의 합성곱의 n번째 항이라는 사실을 알면 문제가 훨씬 쉬워진다. 표 394에서 보듯이, 두 수열 모두 간단한 생성함수가 있다.

$$\sum_{n \geq 0}\binom{n}{m}z^n = \frac{z^m}{(1-z)^{m+1}}; \quad \sum_{n > 0}\frac{z^n}{n} = \ln\frac{1}{1-z}.$$

따라서, 식 (7.43)에 의해

$$T_{m,n} = [z^n] \frac{z^m}{(1-z)^{m+1}} \ln \frac{1}{1-z} = [z^{n-m}] \frac{1}{(1-z)^{m+1}} \ln \frac{1}{1-z}$$
$$= (H_n - H_m) \binom{n}{n-m}$$

이다.

사실 이와 같은 종류의 합성곱으로 이어지는 합들이 훨씬 많이 있다. 이는 모든 r과 s에 대해 다음이 성립하기 때문이다.

$$\frac{1}{(1-z)^{r+1}} \ln \frac{1}{1-z} \cdot \frac{1}{(1-z)^{s+1}} = \frac{1}{(1-z)^{r+s+2}} \ln \frac{1}{1-z}.$$

z^n의 계수들을 등호로 연결하면 다음과 같은 일반 항등식이 나온다.

$$\sum_k \binom{r+k}{k}\binom{s+n-k}{n-k}(H_{r+k} - H_r)$$
$$= \binom{r+s+n+1}{n}(H_{r+s+n+1} - H_{r+s+1}). \tag{7.62}$$

너무나 조화로우니까!

정말이라고 믿기 어려울 정도로 좋은 항등식이다. 점검해 보면 적어도 $n = 2$일 때는 이 항등식이 참이다.

$$\binom{r+1}{1}\binom{s+1}{1}\frac{1}{r+1} + \binom{r+2}{2}\binom{s+0}{0}\left(\frac{1}{r+2} + \frac{1}{r+1}\right)$$
$$= \binom{r+s+3}{2}\left(\frac{1}{r+s+3} + \frac{1}{r+s+2}\right).$$

$s = 0$ 같은 특수 경우들은 일반 경우만큼이나 주목할만하다.

이것이 전부가 아니다. 다음의 합성곱 항등식을 이용하면 H_r을 등호의 반대편으로 넘길 수 있다.

$$\sum_k \binom{r+k}{k}\binom{s+n-k}{n-k} = \binom{r+s+n+1}{n}$$

이는 H_r이 k에 독립이기 때문이다.

$$\sum_k \binom{r+k}{k}\binom{s+n-k}{n-k}H_{r+k}$$
$$= \binom{r+s+n+1}{n}(H_{r+s+n+1} - H_{r+s+1} + H_r). \tag{7.63}$$

아직 더 있다. 만일 r과 s가 음이 아닌 정수 l과 m이면, $\binom{r+k}{k}$를 $\binom{l+k}{l}$로, $\binom{s+n-k}{n-k}$를 $\binom{m+n-k}{m}$으로 대체할 수 있다. 그러면 k를 $k-l$로, n을 $n-m-l$로 바꿀 수 있으며, 결과적으로 다음과 같은 항등식이 나온다.

$$\sum_{k=0}^{n}\binom{k}{l}\binom{n-k}{m}H_k = \binom{n+1}{l+m+1}(H_{n+1} - H_{l+m+1} + H_l), \tag{7.64}$$
$$\text{정수 } l,m,n \geq 0.$$

제2장에서는 이 항등식의 특수 경우 $l=m=0$조차도 처리하기가 힘들었다. (식 (2.36)을 보라.) 여러분 모두 많이 성장했다.

예제 3: 합성곱들의 합성곱

$\langle f_n \rangle$과 $\langle g_n \rangle$의 합성곱을 만들고 그것과 세 번째 수열 $\langle h_n \rangle$의 합성곱을 만들면, n번째 항이

$$\sum_{j+k+l=n} f_j g_k h_l$$

인 수열이 나온다. 이 세 겹 합성곱의 생성함수는 물론 세 겹 곱 $F(z)\,G(z)\,H(z)$이다. 마찬가지 방식으로, 수열 $\langle g_n \rangle$과 그 자신의 m겹 합성곱의 n번째 항은

$$\sum_{k_1+k_2+\cdots+k_m=n} g_{k_1} g_{k_2} \dots g_{k_m}$$

이고 생성함수는 $G(z)^m$이다.

이러한 관찰들을 앞에서 고찰한 부채 신장 트리 문제(§7.3의 예제 6)에 적용할 수 있다. n차 부채의 신장 트리 개수 f_n을, 정점 $\{1,2,...,n\}$ 사이의 트리 변들의 구성에 기초해서 계산하는 또 다른 방법이 존재한다. 정점 k와 정점 $k+1$ 사이의 변이 신장 트리의 일부로 선택될 수도 있고 선택되지 않을 수도 있는데, 그런 변들을 선택하는 방법들 각각은 인접한 정점들이 연결된 특정한 블록을 형성하게 된다. 예를 들어 $n=10$일 때는 정점 블록 $\{1,2\},\{3\},\{4,5,6,7\},\{8,9,10\}$이 만들어진다.

콘크리트 블록들.

이 구성에서, 정점 0과 연결되는 변들을 추가해서 만들 수 있는 신장 트리는 몇 개나 될까? 0을 네 블록 각각에 연결해야 하는데, 0과 {1,2}를 연결하는 방법은 두 가지이고 {3}과 연결하는 방법은 하나, {4,5,6,7}과는 네 가지, {8,9,10}과는 세 가지이다. 전체는 $2 \cdot 1 \cdot 4 \cdot 3 = 24$가지이다. 블록들을 형성하는 모든 가능한 방법에 관해 그런 가짓수들을 합산하면 신장 트리 전체 개수에 대한 다음과 같은 수식이 나온다.

$$f_n = \sum_{m > 0} \sum_{\substack{k_1 + k_2 + \cdots + k_m = n \\ k_1, k_2, \ldots, k_m > 0}} k_1 k_2 \ldots k_m. \tag{7.65}$$

예를 들어 $f_4 = 4 + 3 \cdot 1 + 2 \cdot 2 + 1 \cdot 3 + 2 \cdot 1 \cdot 1 + 1 \cdot 2 \cdot 1 + 1 \cdot 1 \cdot 2 + 1 \cdot 1 \cdot 1 \cdot 1 = 21$이다.

이것은 $m = 1, 2, 3, \ldots$에 대한, 수열 $\langle 0, 1, 2, 3, \ldots \rangle$의 m겹 합성곱들의 합이다. 따라서 $\langle f_n \rangle$의 생성함수는 다음과 같다.

$$F(z) = G(z) + G(z)^2 + G(z)^3 + \cdots = \frac{G(z)}{1 - G(z)}.$$

여기서 $G(z)$는 $\langle 0, 1, 2, 3, \ldots \rangle$의 생성함수로, 구체적으로 말하면 $z/(1-z)^2$이다. 따라서 다음이 성립한다.

$$F(z) = \frac{z}{(1-z)^2 - z} = \frac{z}{1 - 3z + z^2}.$$

이는 이전에 얻었던 결과와 일치한다. $\langle f_n \rangle$에 대한 이러한 접근 방식이 복잡한 점화식이 관여하는 이전 방식보다 더 체계적이고 매력적이다.

예제 4: 합성곱 점화식

이번에 살펴볼 예제는 각별히 중요하다. 사실 이 예제는 점화식을 풀 때 생성함수가 왜 중요한지를 보여주는 '고전적인 예'이다.

$n+1$개의 변수 $x_0, x_1, \ldots, x_n$의 곱을 곱셈 n번으로 계산한다고 하자. 이때, 곱 $x_0 \cdot x_1 \cdot \ldots \cdot x_n$의 곱셈 순서가 완전히 결정되도록 곱셈들을 괄호로 묶는 방법의 수 C_n은 무엇인가? 예를 들어 $n=2$일 때 그런 식으로 괄호로 묶는 방법은 $x_0 \cdot (x_1 \cdot x_2)$와 $(x_0 \cdot x_1) \cdot x_2$ 두 가지이다. 그리고 $n=3$일 때에는 다음 다섯 가지이다.

$$x_0 \cdot (x_1 \cdot (x_2 \cdot x_3)), \, x_0 \cdot ((x_1 \cdot x_2) \cdot x_3), \, (x_0 \cdot x_1) \cdot (x_2 \cdot x_3),$$
$$(x_0 \cdot (x_1 \cdot x_2)) \cdot x_3, \, ((x_0 \cdot x_1) \cdot x_2) \cdot x_3.$$

따라서 $C_2 = 2$이고 $C_3 = 5$이다. 또한, $C_1 = 1$이고 $C_0 = 1$이다.

그럼 §7.3의 4단계 절차를 적용해 보자. C들의 점화식은 무엇일까? 여기서 핵심은, $n > 0$일 때 모든 괄호 바깥에 정확히 하나의 '$\cdot$' 연산이 있다는 것이다. 이것이 모든 것을 묶는 마지막 곱셈이다. 이 '$\cdot$' 연산이 x_k와 x_{k+1} 사이에 있다고 하자. 그러면 $x_0 \cdot \ldots \cdot x_k$를 완전히 괄호로 묶는 방법의 수는 C_k이고 $x_{k+1} \cdot \ldots \cdot x_n$을 완전히 괄호로 묶는 방법의 수는 C_{n-k-1}이다. 따라서 다음이 성립한다.

$$C_n = C_0 C_{n-1} + C_1 C_{n-2} + \cdots + C_{n-1} C_0, \quad \text{만일 } n > 0\text{이면.}$$

독자도 이 수식이 합성곱의 형태임을 알아챘을 것이다. 그리고 이것이 모든 정수 n에 대해 성립하도록 수식을 보완하는 방법도 이미 알고 있을 것이다. 다음이 그 결과이다.

$$C_n = \sum_k C_k C_{n-1-k} + [n=0]. \tag{7.66}$$

이제 단계 1이 끝났다. 단계 2에서는 양변에 z^n을 곱하고 우변을 합해서 하나의 방정식을 만든다.

$$\begin{aligned}
C(z) &= \sum_n C_n z^n \\
&= \sum_{k,n} C_k C_{n-1-k} z^n + \sum_{n=0} z^n \\
&= \sum_k C_k z^k \sum_n C_{n-1-k} z^{n-k} + 1 \\
&= C(z) \cdot z C(z) + 1.
\end{aligned}$$

자, 보시라! 합성곱이 생성함수의 세계에서 하나의 곱으로 변했다. 인생은 놀라움의 연속이다.

저자분들이 익살을 부리네요.

단계 3도 쉽다. 이차방정식의 근의 공식으로 $C(z)$을 구하면 된다.

$$C(z) = \frac{1 \pm \sqrt{1-4z}}{2z}.$$

그런데 + 부호와 − 부호 중 어느 것을 선택해야 할까? 두 선택 모두 $C(z) = zC(z)^2 + 1$을 만족하는 함수가 되지만, 이 문제에 적합한 것은 둘 중 하나뿐이다. 긍정적인(positive) 사고가 최선이라는 격언에 근거해서 +를 선택할 수도 있다. 그러나, 잠깐 계산해 보면 알겠지만 그러면 $C(0) = \infty$가 되어서 기존의 사실들과 모순이 발생한다. (올바른 함수 $C(z)$는 $C(0) = C_0 = 1$을 만족해야 한다.) 따라서 결론은 다음과 같다.

$$C(z) = \frac{1 - \sqrt{1-4z}}{2z}$$

마지막으로 단계 4를 보자. $[z^n]C(z)$는 무엇일까? 이항정리에 따르면

$$\sqrt{1-4z} = \sum_{k \geq 0} \binom{1/2}{k}(-4z)^k = 1 + \sum_{k \geq 1} \frac{1}{2k}\binom{-1/2}{k-1}(-4z)^k$$

이다. 따라서, 식 (5.37)을 적용하면

$$\frac{1 - \sqrt{1-4z}}{2z} = \sum_{k \geq 1} \frac{1}{k}\binom{-1/2}{k-1}(-4z)^{k-1}$$

$$= \sum_{n \geq 0} \binom{-1/2}{n}\frac{(-4z)^n}{n+1} = \sum_{n \geq 0} \binom{2n}{n}\frac{z^n}{n+1}$$

이다. 결론적으로, 인수들을 괄호로 묶는 방법의 수 C_n은 $\binom{2n}{n}\frac{1}{n+1}$이다.

이 결과는 제5장에서 카탈랑 수들의 수열 $\langle 1,1,2,5,14,\ldots \rangle = \langle C_n \rangle$을 소개할 때 이미 나왔다. 이 수열은 언뜻 보기에는 서로 무관해 보이는 수십 가지 문제에서 발생한다.[46] 이는, 합성곱 점화식 (7.66)에 대응되는 재귀적 구조를 가진 상황이 많이 있기 때문이다.

한 예로, 이런 문제를 생각해 보자. +1들과 −1들로 이루어진 수열 $\langle a_1, a_2, \ldots, a_{2n} \rangle$ 중에서

$$a_1 + a_2 + \cdots + a_{2n} = 0$$

이고 수열의 모든 부분합

그러니까 합성곱 점화식 (convoluted recurrence)이 자주 나타나는 합성곱 (oft-recurring convolution) 으로 이어지는군.

$$a_1, \ a_1 + a_2,..., \ a_1 + a_2 + \cdots + a_{2n}$$

이 음수가 아닌 수열은 몇 개나 될까? 한 가지 확실한 것은, 그러한 수열에는 $+1$이 n번, -1도 n번 나타난다는 것이다. 이 문제를, 부분합 $s_n = \sum_{k=1}^{n} a_k$들의 수열을 n의 함수로 두고 그래프를 그려서 시각화해보자. $n = 3$일 때 다섯 해의 그래프들은 다음과 같다.

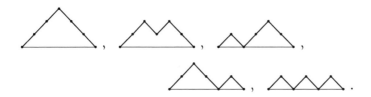

각각은 $\diagup$ 형태의 선분들과 $\diagdown$ 형태의 선분들로 이루어진, 너비가 $2n$인 '산맥'에 해당한다. 이런 산맥들을 구성하는 방법의 수는 정확히 C_n과 같다. 그리고 문제에 주어진 수열은 괄호 문제와 다음과 같은 방식으로 연관된다. 전체 공식을 여분의 괄호 쌍으로 묶어서, 총 n개의 괄호 쌍이 총 n개의 곱셈에 대응된다고 하자. 이제 각 '·'을 $+1$로, 각 ')'를 -1로 대체하고 다른 모든 기호를 제거하면 문제의 수열이 나온다. 예를 들어 곱 $x_0 \cdot ((x_1 \cdot x_2) \cdot (x_3 \cdot x_4))$를 이 규칙에 따라 변환하면 수열 $\langle +1,+1,-1,+1,+1,-1,-1,-1 \rangle$이 나온다. $x_0 \cdot x_1 \cdot x_2 \cdot x_3$을 괄호로 묶는 다섯 방법은 위에 나온, $n = 3$일 때의 다섯 산맥에 대응된다.

더 나아가서, 수열 개수 문제를 조금만 변형하면, 생성함수를 사용하지 않아도 되는 놀랄만큼 간단한 조합적 해법으로 이어지는 문제가 된다. 그 문제는, $+1$들과 -1들의 수열 $\langle a_0, a_1, a_2,..., a_{2n} \rangle$ 중

$$a_0 + a_1 + a_2 + \cdots + a_{2n} = 1$$

이고 모든 부분합

$$a_0, \ a_0 + a_1, \ a_0 + a_1 + a_2,..., \ a_0 + a_1 + \cdots + a_{2n}$$

이 반드시 양수인 것은 몇 개이냐는 것이다. 그런 수열이 이전 문제의 수열의 제일 앞에 $a_0 = +1$이라는 원소를 하나 추가한 것과 같음은 명백하다. 그런데 이 새로운 문제의 수열들을 간단한 집계 논법을 이용해서 나열할 수 있다. 그 논법은 1959년에 조지 레이니$^{George\ Raney}$가 발견한, 다음과 같은 놀라운 사실을 이용한다. 만일 $\langle x_1, x_2,..., x_m \rangle$이 그 합이 $+1$인 정수 수열이면, 그 수열의 순환 자리이동

$$\langle x_1, x_2, ..., x_m \rangle, \langle x_2, ..., x_m, x_1 \rangle, ..., \langle x_m, x_1, ..., x_{m-1} \rangle$$

중 모든 부분합이 양수인 것은 정확히 하나이다.[302] 예를 들어 수열 $\langle 3, -5, 2, -2, 3, 0 \rangle$ 을 생각해 보자. 이 수열의 순환 자리이동은 다음 여섯 가지인데, 모든 부분합이 양수인 것은 단 하나(체크 표시된 것)이다.

$$\langle 3, -5, 2, -2, 3, 0 \rangle \qquad \langle -2, 3, 0, 3, -5, 2 \rangle$$
$$\langle -5, 2, -2, 3, 0, 3 \rangle \qquad \langle 3, 0, 3, -5, 2, -2 \rangle \checkmark$$
$$\langle 2, -2, 3, 0, 3, -5 \rangle \qquad \langle 0, 3, -5, 2, -2, 3 \rangle.$$

레이니의 보조정리를 간단한 기하학적 논법으로 증명할 수 있다. 우선, 주어진 수열을 주기적으로 되풀이해서, 다시 말해 $k > 0$에 대해 $x_{m+k} = x_k$로 두어서 무한수열을 만든다.

$$\langle x_1, x_2, ..., x_m, x_1, x_2, ..., x_m, x_1, x_2, ... \rangle.$$

이제 부분합 $s_n = x_1 + \cdots + x_n$들을 n의 함수로 취급해서 그래프를 그린다고 하자. 그런데 $s_{m+n} = s_n + 1$이므로, s_n의 그래프의 '평균 기울기'는 $1/m$이다. 예를 들어 앞에서 예로 든 수열의 무한 버전 $\langle 3, -5, 2, -2, 3, 0, 3, -5, 2, ... \rangle$에 해당하는 그래프는 다음과 같이 시작한다.

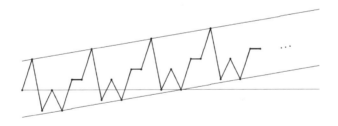

그림에서 보듯이, 그래프 전체는 기울기가 $1/m$인 두 직선 사이에 들어간다. 이 그림에서는 $m = 6$이다. 일반적으로, 이러한 경계 직선들은 m개의 점으로 이루어진 주기마다 한 번씩만 그래프와 접한다. 기울기가 $1/m$인 직선은 m단위마다 한 번씩만 정수 좌표 점과 만나기 때문이다. 아래쪽의 고유한 교점은 해당 순환주기에서 모든 부분합이 양수가 되는 유일한 지점에 해당한다. 곡선의 다른 모든 점에는 그 오른쪽으로 m단위 이내에 교점이 존재하기 때문이다.

레이니의 보조정리를 이용하면 부분합들이 모두 양수이고 총합이 $+1$인 $+1$들과 -1들의 수열 $\langle a_0, ..., a_{2n} \rangle$들을 쉽게 나열할 수 있다. -1이 n번, $+1$이 $n+1$번 나오는 수열은 $\binom{2n+1}{n}$가지이며, 레이니의 보조정리에 따르면 그런 수열 중 부분합이 모두

아, 내 주식들이 이 그래프처럼 계속 오르기만 하면 얼마나 좋을까.

(컴퓨터과학자들은 주목하시라: 이 문제의 부분합들은 인수 $n+1$개의 곱을 계산할 때의 스택 크기를 시간의 함수로서 나타낸 것에 해당한다. 각각의 '넣기(push)' 연산은 스택 크기를 $+1$만큼 변경하며, 각 곱셈은 스택 크기를 -1만큼 변경하기 때문이다.)

양수인 수열은 정확히 $1/(2n+1)$개이다. (그런 $N = \binom{2n+1}{n}$개의 수열 전체와 $2n+1$개의 순환 자리이동 전체를 $N \times (2n+1)$ 배열로 배치한다면, 각 행에는 정확히 하나의 해가 있고, 각 해는 각 열에 정확히 한 번씩만 나타난다. 따라서 배열에는 서로 다른 해가 $N/(2n+1)$개 존재하며, 그러한 각각의 해는 $(2n+1)$번 나타난다.) 결론적으로, 부분합들이 양수인 수열의 전체 개수는 다음과 같다.

$$\binom{2n+1}{n}\frac{1}{2n+1} = \binom{2n}{n}\frac{1}{n+1} = C_n.$$

예제 5: m겹 합성곱 점화식

방금 고찰한 문제를, 부분합들이 모두 양수이고 총합이 $+1$인 $+1$들과 $(1-m)$들의 수열 $\langle a_0, ..., a_{mn} \rangle$의 개수를 세는 문제로 일반화할 수 있다. 그런 수열을 m-레이니 수열이라고 불러도 좋을 것이다. 수열에 $(1-m)$이 k번 나오고 $+1$이 $mn+1-k$번 나온다면,

$$k(1-m) + (mn+1-k) = 1$$

이다. 따라서 $k = n$이다. $(1-m)$이 n개, $+1$이 $mn+1-n$개인 수열은 $\binom{mn+1}{n}$가지이며, 레이니의 보조정리에 따르면 그런 수열 중 부분합들이 모두 양수인 수열의 수는 정확히

$$\binom{mn+1}{n}\frac{1}{mn+1} = \binom{mn}{n}\frac{1}{(m-1)n+1} \tag{7.67}$$

이다. 따라서 이것은 m-레이니 수열의 개수이다. 이를 푸스-카탈랑 수(Fuss–Catalan number) $C_n^{(m)}$이라고 부르기로 하자. 이 이름은 수열 $\langle C_n^{(m)} \rangle$을 N. I. 푸스^{Fuss}가 1791년(카탈랑이 관여하기 여러 해 전인)에 처음으로 조사했다는[135] 점에서 비롯된 것이다. 보통의 카탈랑 수는 $C_n = C_n^{(2)}$이다.

이제 답 (7.67)이 나왔다. 그럼 판돈을 두 배로 키워서, 그 답의 기원이 된 원래의 질문을 파악해보자. $m = 2$일 때 질문은 "점화식 $C_n = \sum_k C_k C_{n-1-k} + [n=0]$을 만족하는 수 C_n은 무엇인가?"였다. 이제부터는 이와 비슷한 질문(비슷한 점화식)을 일반적인 경우에서 풀어보기로 한다.

길이가 1인 자명한 수열 $\langle +1 \rangle$은 하나의 m-레이니 수열이다. m개의 m-레이니 수열 중 임의의 것의 끝에 수 $(1-m)$을 추가한 결과 역시 m-레이니 수열이다.

(컴퓨터과학자들은 주목하시라: 이제는 스택 해석이 이전에 고찰한 이항 곱셈이 아니라 m항 연산에 적용된다.)

그런 경우 부분합들은 차례로 $+2, +3, \ldots, +m, +1$만큼 증가하므로, 모든 부분합이 양수라는 조건이 유지된다. 반대로, $n > 0$일 때 모든 m-레이니 수열 $\langle a_0, \ldots, a_{mn} \rangle$이 이런 방식으로 각각 유일하게 형성됨을 증명할 수 있다. 마지막 항 a_{mn}은 반드시 $(1-m)$이며, 부분합 $s_j = a_0 + \cdots + a_{j-1}$들은 $1 \le j \le mn$에 대해 양수이다. 그리고 $s_{mn} + a_{mn} = 1$이므로 $s_{mn} = m$이다. k_1이 $s_{k_1} = 1$을 만족하며 $\le mn$인 가장 큰 색인이라고 하자. 그리고 k_2가 $s_{k_2} = 2$인 가장 큰 색인이라고 하자. 이런 식으로 색인 k들을 정의했다면, $k_j < k \le mn$과 $1 \le j \le m$에 대해 $s_{k_j} = j$이고 $s_k > j$이다. 따라서 $k_m = mn$이다. 그리고 부분 수열 $\langle a_0, \ldots, a_{k_1 - 1} \rangle, \langle a_{k_1}, \ldots, a_{k_2 - 1} \rangle, \ldots,$ $\langle a_{k_{m-1}}, \ldots, a_{k_m - 1} \rangle$이 각각 하나의 m-레이니 수열임을 그리 어렵지 않게 증명할 수 있다. 그러면 어떤 음이 아닌 정수 $n_1, n_2, \ldots, n_m$에 대해 반드시 $k_1 = mn_1 + 1$, $k_2 - k_1 = mn_2 + 1, \ldots, k_m - k_{m-1} = mn_m + 1$이다.

그러므로 $\binom{mn+1}{n} \frac{1}{mn+1}$은 다음과 같은 두 흥미로운 질문의 답이다. "모든 정수 n에 대해 점화식

$$C_n^{(m)} = \left(\sum_{n_1 + n_2 + \cdots + n_m = n-1} C_{n_1}^{(m)} C_{n_2}^{(m)} \ldots C_{n_m}^{(m)} \right) + [n = 0] \tag{7.68}$$

으로 정의되는 수 $C_n^{(m)}$은 무엇인가?" "$G(z)$가

$$G(z) = z G(z)^m + 1 \tag{7.69}$$

을 만족하는 멱급수라면, $[z^n] G(z)$은 무엇인가?"

이들이 쉬운 질문이 아님을 주의하기 바란다. 보통의 카탈랑 수의 경우($m = 2$), 우리는 식 (7.69)를 이차방정식 근의 공식과 이항정리를 이용해서 $G(z)$와 그 계수에 대해 풀었다. 그런데 $m = 3$일 때는, 표준적인 기법들로는 삼차방정식 $G = zG^3 + 1$의 해법에 대해 그 어떤 단서도 얻을 수 없다. 결국, 질문보다 답을 먼저 살펴보는 것이 쉬웠던 것이다.

그러나 이제 우리는 더 어려운 질문들을 공략해서 답을 유도할 수 있을 정도의 지식을 갖추고 있다. 이런 질문은 어떨까? "l이 양의 정수이고 $G(z)$가 식 (7.69)로 정의되는 멱급수일 때, $[z^n] G(z)^l$은 무엇인가?" 조금 전에 나온 논법을 이용하면 $[z^n] G(z)^l$이 길이가 $mn + l$이고 다음 세 가지 성질을 만족하는 수열들의 개수임을 보일 수 있다.

- 각 원소는 $+1$ 아니면 $(1-m)$이다.
- 부분합들은 모두 양수이다.
- 총합은 l이다.

근거는, m-레이니 수열에 해당하는 l개의 수열들을 하나로 모아서 이런 수열을 만드는 방법이 이런 수열 각각에 대해 모두 유일하다는 것이다. 그런 방법의 수는

$$\sum_{n_1+n_2+\cdots+n_l=n} C_{n_1}^{(m)} C_{n_2}^{(m)} \ldots C_{n_l}^{(m)} = [z^n]G(z)^l$$

이다. 레이니는 그의 보조정리를 일반화한 보조정리를 증명했는데, 그 보조정리를 이용하면 이런 수열들의 개수를 셀 수 있다. 그 보조정리는 이런 것이다. 만일 $\langle x_1, x_2, \ldots, x_m \rangle$이 모든 j에 대해 $x_j \leq 1$이고 $x_1+x_2+\cdots+x_m = l > 0$인 임의의 정수 수열이면, 순환 자리이동

$$\langle x_1, x_2, \ldots, x_m \rangle, \ \langle x_2, \ldots, x_m, x_1 \rangle, \ \ldots, \ \langle x_m, x_1, \ldots, x_{m-1} \rangle$$

중 부분합이 모두 양수인 것은 정확히 l개이다.

예를 들어 수열 $\langle -2,1,-1,0,1,1,-1,1,1,1 \rangle$에 대해 이 정리를 점검해 보자. 순환 자리이동들은 다음과 같다.

$\langle -2,1,-1,0,1,1,-1,1,1,1 \rangle$ $\langle 1,-1,1,1,1,-2,1,-1,0,1 \rangle$

$\langle 1,-1,0,1,1,-1,1,1,1,-2 \rangle$ $\langle -1,1,1,1,-2,1,-1,0,1,1 \rangle$

$\langle -1,0,1,1,-1,1,1,1,-2,1 \rangle$ $\langle 1,1,1,-2,1,-1,0,1,1,-1 \rangle$ ✓

$\langle 0,1,1,-1,1,1,1,-2,1,-1 \rangle$ $\langle 1,1,-2,1,-1,0,1,1,-1,1 \rangle$

$\langle 1,1,-1,1,1,1,-2,1,-1,0 \rangle$ ✓ $\langle 1,-2,1,-1,0,1,1,-1,1,1 \rangle$

이중 모든 부분합이 양수인 것은 ✓ 표시가 있는 두 개뿐이다. 이러한 일반화된 보조정리는 연습문제 13에서 증명한다.

길이가 $mn+l$이고 총합이 l인 $+1$들과 $(1-m)$들의 수열에는 $(1-m)$이 정확히 n번 나온다. 일반화된 보조정리에 따르면, 그런 $\binom{mn+l}{n}$개의 수열 중 부분합들이 모두 양수인 것은 $l/(mn+l)$개이다. 따라서 우리의 어려운 질문의 답은 다음과 같이 놀랄 만큼 간단하다. 바로, 모든 정수 $l > 0$에 대해

$$[z^n]G(z)^l = \binom{mn+l}{n}\frac{l}{mn+l} \tag{7.70}$$

이다.

제5장을 기억하는 독자라면 여기서 일종의 기시감을 느꼈을지도 모르겠다. "저 공식 왠지 눈에 익어. 어디서 본 거 같은데?" 사실 그렇다. 람베르트의 항등식 (5.60)에 따르면

$$[z^n]\mathcal{B}_t(z)^r = \binom{tn+r}{n}\frac{r}{tn+r}$$

이다. 따라서 식 (7.69)의 생성함수 $G(z)$는 다름 아닌 일반화된 이항계수 $\mathcal{B}_m(z)$이다. 실제로, 식 (5.59)에 의해

$$\mathcal{B}_m(z)^{1-m} - \mathcal{B}_m(z)^{-m} = z$$

인데, 이는 다음과 같다.

$$\mathcal{B}_m(z) - 1 = z\mathcal{B}m(z)^m.$$

그럼 제5장의 표기법으로 전환하자. 이제 우리는 이것이 일반화된 이항계수에 관한 문제임을 알고 있다. 제5장에서 여러 항등식을 증명 없이 제시했었다. 이번 장에서 우리는

$$\mathcal{B}_t(z) = \sum_n \binom{tn+1}{n}\frac{z^n}{tn+1}$$

으로 정의되는 멱급수 $\mathcal{B}_t(z)$가, t와 r이 양의 정수들일 때

$$\mathcal{B}_t(z)^r = \sum_n \binom{tn+r}{n}\frac{rz^n}{tn+r}$$

이라는 주목할만한 성질을 만족함을 증명했으며, 이에 의해 제5장의 빈틈이 메워졌다.

이러한 결과들을 t와 r의 임의의 값들로 확장할 수 있을까? 있다. 계수 $\binom{tn+r}{n} \times \frac{r}{tn+r}$들이 t와 r의 다항식이기 때문이다. 다음으로 정의되는 일반 r 거듭제곱의 계수들은 t와 r의 다항식이다.

$$\mathcal{B}_t(z)^r = e^{r\ln\mathcal{B}_t(z)} = \sum_{n \geq 0} \frac{(r\ln\mathcal{B}_t(z))^n}{n!} = \sum_{n \geq 0}\frac{r^n}{n!}\left(-\sum_{m \geq 1}\frac{(1-\mathcal{B}_t(z))^m}{m}\right)^n.$$

그리고 그 다항식이 $\binom{tn+r}{n}\frac{r}{tn+r}$ 과 같아지는 t와 r의 값은 무한히 많다. 따라서 그러한 두 다항식 수열은 반드시 항상 상등이다.

제5장에서는 다음과 같은 일반화된 지수급수도 언급했다.

$$\mathcal{E}_t(z) = \sum_{n \geq 0} \frac{(tn+1)^{n-1}}{n!} z^n.$$

그리고 식 (5.60)에 따르면, 이 지수급수도 앞의 멱급수의 것만큼이나 주목할만한 성질 하나를 만족한다. 바로 다음과 같다.

$$[z^n]\mathcal{E}_t(z)^r = \frac{r(tn+r)^{n-1}}{n!}. \tag{7.71}$$

다음이 성립함을 보이는 것이 어렵지 않으므로, 식 (7.71)을 $\mathcal{B}_t(z)$에 대한 공식의 극한 경우로서 증명할 수 있다.

$$\mathcal{E}_t(z)^r = \lim_{x \to \infty} \mathcal{B}_{xt}(z/x)^{xr}.$$

7.6 지수 생성함수

$\langle g_n \rangle$의 생성함수는 상당히 복잡한 성질을 가지고 있지만 관련 수열 $\langle g_n/n! \rangle$의 생성함수는 상당히 간단할 때가 종종 있다. 그런 경우 당연히 우리는 $\langle g_n/n! \rangle$을 조작한 후 마지막에 $n!$을 곱하는 방법을 선호하게 된다. 이러한 요령이 잘 통하는 경우가 꽤 많기 때문에, 특별한 이름까지 붙었다. 멱급수

$$\hat{G}(z) = \sum_{n \geq 0} g_n \frac{z^n}{n!} \tag{7.72}$$

을 수열 $\langle g_0, g_1, g_2, \ldots \rangle$의 지수 생성함수(exponential generating function)라고 부르고, 줄여서 egf라고 표기한다. 이 이름은 지수함수 e^z이 $\langle 1,1,1,\ldots \rangle$의 egf라는 점에서 비롯되었다.

표 413의 생성함수 중 다수가 실제로 egf이다. 예를 들어 식 (7.50)에 따르면 $\left(\ln\frac{1}{1-z}\right)^m/m!$은 수열 $\left\langle \begin{bmatrix} 0 \\ m \end{bmatrix}, \begin{bmatrix} 1 \\ m \end{bmatrix}, \begin{bmatrix} 2 \\ m \end{bmatrix}, \ldots \right\rangle$의 egf이다. 이 수열에 대한 보통의 생성함수는 이보다 훨씬 복잡하다(게다가 발산한다).

지수 생성함수에는 §7.2에서 배운 연산들에 대응되는 독자적인 연산들이 존재한다. 예를 들어 $\langle g_n \rangle$의 egf에 z를 곱하면 다음이 나온다.

$$\sum_{n \geq 0} g_n \frac{z^{n+1}}{n!} = \sum_{n \geq 1} g_{n-1} \frac{z^n}{(n-1)!} = \sum_{n \geq 0} n g_{n-1} \frac{z^n}{n!}.$$

이것은 $\langle 0, g_0, 2g_1, \ldots \rangle = \langle n g_{n-1} \rangle$의 egf이다.

이제 좀 재미있어지려나?

$\langle g_0, g_1, g_2, \ldots \rangle$의 egf를 z에 대해 미분하면 다음이 나온다.

$$\sum_{n \geq 0} n g_n \frac{z^{n-1}}{n!} = \sum_{n \geq 1} g_n \frac{z^{n-1}}{(n-1)!} = \sum_{n \geq 0} g_{n+1} \frac{z^n}{n!}. \tag{7.73}$$

이것은 $\langle g_1, g_2, \ldots \rangle$의 egf이다. 즉, egf의 미분은 보통의 생성함수의 왼쪽 자리이동 연산 $(G(z) - g_0)/z$에 해당한다. (초기하급수 (5.106)을 공부할 때 egf의 이러한 왼쪽 자리이동 성질을 활용했다.) egf의 적분은 다음과 같다.

$$\int_0^z \sum_{n \geq 0} g_n \frac{t^n}{n!} \, dt = \sum_{n \geq 0} g_n \frac{z^{n+1}}{(n+1)!} = \sum_{n \geq 1} g_{n-1} \frac{z^n}{n!}. \tag{7.74}$$

이는 오른쪽 자리이동, 즉 $\langle 0, g_0, g_1, \ldots \rangle$의 egf에 해당한다.

생성함수에서도 그랬지만, egf에 대한 연산 중 가장 흥미로운 것은 곱셈이다. 만일 $\hat{F}(z)$와 $\hat{G}(z)$가 $\langle f_n \rangle$와 $\langle g_n \rangle$의 egf이면, $\hat{F}(z)\,\hat{G}(z) = \hat{H}(z)$는 $\langle f_n \rangle$과 $\langle g_n \rangle$의 소위 이항 합성곱(binomial convolution)에 해당하는 수열 $\langle h_n \rangle$의 egf이다. 이항 합성곱은 다음과 같이 정의된다.

$$h_n = \sum_k \binom{n}{k} f_k g_{n-k}. \tag{7.75}$$

여기에 이항계수가 등장하는 이유는 $\binom{n}{k} = n!/k!(n-k)!$이기 때문이다. 따라서

$$\frac{h_n}{n!} = \sum_{k=0}^n \frac{f_k}{k!} \frac{g_{n-k}}{(n-k)!}$$

이다. 다른 말로 하면, $\langle h_n/n! \rangle$은 $\langle f_n/n! \rangle$과 $\langle g_n/n! \rangle$의 보통의 합성곱이다.

이항 합성곱은 실제 응용에서 자주 나타난다. 예를 들어, 식 (6.79)에서는 베르누이 수를 다음과 같은 암묵적 점화식으로 정의했다.

$$\sum_{j=0}^m \binom{m+1}{j} B_j = [m = 0], \quad \text{모든 } m \geq 0 \text{에 대해.}$$

그런데 $m+1$에 n을 대입하고 양변에 B_n 항을 더하면 이를 다음과 같이 이항 합성곱 형태로 표현할 수 있다.

$$\sum_k \binom{n}{k} B_k = B_n + [n=1], \quad \text{모든 } n \geq 0 \text{에 대해.} \tag{7.76}$$

이제 베르누이 수에 대한 egf $\hat{B}(z) = \sum_{n \geq 0} B_n z^n/n!$을 도입하면 이 점화식을 멱급수와 연관지을 수 있다(제6장에서 이를 약속했었다). 식 (7.76)의 좌변은 $\langle B_n \rangle$과 상수 수열 $\langle 1,1,1,\ldots \rangle$의 이항 합성곱이다. 따라서 좌변의 egf는 $\hat{B}(z)e^z$이다. 우변의 egf는 $\sum_{n \geq 0} (B_n + [n=1]) z^n/n! = \hat{B}(z) + z$이다. 그러므로 반드시 $\hat{B}(z) = z/(e^z - 1)$이다. 이렇게 해서 식 (6.81)이 증명되었다. 식 (6.81)은 표 413의 식 (7.44)로도 나왔다.

그럼 지금까지 자주 나왔던 합 하나를 다시 살펴보자.

$$S_m(n) = 0^m + 1^m + 2^m + \cdots + (n-1)^m = \sum_{0 \leq k < n} k^m.$$

이번에는 이 문제가 갑자기 간단해지길 기대하면서 생성함수를 통해서 이 문제를 분석해보겠다. n이 고정된 값이고 m이 변수라고 가정하자. 그러면 우리의 목표는 멱급수

$$S(z,n) = S_0(n) + S_1(n)z + S_2(n)z^2 + \cdots = \sum_{m \geq 0} S_m(n) z^m$$

의 계수들을 이해하는 것이 된다. $\langle 1,k,k^2,\ldots \rangle$의 생성함수가

$$\frac{1}{1-kz} = \sum_{m \geq 0} k^m z^m$$

임은 알고 있다. 따라서, 합산 순서 교환에 의해

$$S(z,n) = \sum_{m \geq 0} \sum_{0 \leq k < n} k^m z^m = \sum_{0 \leq k < n} \frac{1}{1-kz}$$

이다. 이 합을 닫힌 형식으로 표현하면 다음과 같다.

$$\begin{aligned} S(z,n) &= \frac{1}{z}\left(\frac{1}{z^{-1}-0} + \frac{1}{z^{-1}-1} + \cdots + \frac{1}{z^{-1}-n+1}\right) \\ &= \frac{1}{z}\left(H_{z^{-1}} - H_{z^{-1}-n}\right). \end{aligned} \tag{7.77}$$

그러나 우리는 이런 닫힌 형식을 z의 거듭제곱들로 전개하는 방법을 전혀 알지 못한다.

다행히 지수 생성함수가 구원자가 된다. 이 수열 $\langle S_0(n), S_1(n), S_2(n), \ldots \rangle$의 egf는

$$\hat{S}(z,n) = S_0(n) + S_1(n)\frac{z}{1!} + S_2(n)\frac{z^2}{2!} + \cdots = \sum_{m \geq 0} S_m(n)\frac{z^m}{m!}$$

이다. $\langle 1, k, k^2, \ldots \rangle$의 egf, 즉

$$e^{kz} = \sum_{m \geq 0} k^m \frac{z^m}{m!}$$

을 이용하면 이 계수 $S_m(n)$들을 구할 수 있다. 이때

$$\hat{S}(z,n) = \sum_{m \geq 0} \sum_{0 \leq k < n} k^m \frac{z^m}{m!} = \sum_{0 \leq k < n} e^{kz}$$

인데, 후자의 합은 기하급수이므로 다음과 같은 닫힌 형식이 존재한다.

$$\hat{S}(z,n) = \frac{e^{nz} - 1}{e^z - 1}. \tag{7.78}$$

유레카! 이제 남은 일은 이 비교적 간단한 함수의 계수들을 파악하는 것이다. 그러면, $S_m(n) = m! [z^m] \hat{S}(z,n)$이므로, $S_m(n)$도 알게 된다.

여기서 베르누이 수가 등장한다. 조금 전에 베르누이 수의 egf가

$$\hat{B}(z) = \sum_{k \geq 0} B_k \frac{z^k}{k!} = \frac{z}{e^z - 1}$$

임을 밝혔다. 따라서 다음과 같은 등식을 세울 수 있다.

$$\begin{aligned}
\hat{S}(z,n) &= \hat{B}(z)\frac{e^{nz} - 1}{z} \\
&= \left(B_0 \frac{z^0}{0!} + B_1 \frac{z^1}{1!} + B_2 \frac{z^2}{2!} + \cdots \right)\left(n\frac{z^0}{1!} + n^2\frac{z^1}{2!} + n^3\frac{z^2}{3!} + \cdots \right).
\end{aligned}$$

합 $S_m(n)$은 $m!$에 이 곱의 z^m의 계수를 곱한 것이다. 이를테면 다음과 같다.

$$\begin{aligned}
S_0(n) &= 0!\left(B_0 \frac{n}{1!0!} \right) &&= n; \\
S_1(n) &= 1!\left(B_0 \frac{n^2}{2!0!} + B_1 \frac{n}{1!1!} \right) &&= \frac{1}{2}n^2 - \frac{1}{2}n; \\
S_2(n) &= 2!\left(B_0 \frac{n^3}{3!0!} + B_1 \frac{n^2}{2!1!} + B_2 \frac{n}{1!2!} \right) &&= 3n^3 - \frac{1}{2}n^2 + \frac{1}{6}n.
\end{aligned}$$

이로써 우리는 공식 $\square_n = S_2(n) = \frac{1}{3}n(n - \frac{1}{2})(n-1)$을 다시금(이것이 몇 번째인지도 모르겠다) 유도했다. 그런데 이번 유도가 가장 쉬웠다. 수식 몇 줄만으로 모든 m에 대한 $S_m(n)$의 일반적인 습성을 발견한 것이다.

이제 다음과 같은 일반 공식을 표현할 수 있다.

$$S_{m-1}(n) = \frac{1}{m}\big(B_m(n) - B_m(0)\big). \tag{7.79}$$

여기서 $B_m(x)$는 다음과 같이 정의되는 베르누이 다항식(Bernoulli polynomial)이다.

$$B_m(x) = \sum_k \binom{m}{k} B_k x^{m-k}. \tag{7.80}$$

근거는 이렇다. 베르누이 수는 수열 $\langle B_0, B_1, B_2, ...\rangle$과 $\langle 1, x, x^2, ...\rangle$의 이항 합성곱이다. 따라서 $\langle B_0(x), B_1(x), B_2(x), ...\rangle$에 대한 지수 생성함수는 해당 egf들의 곱, 즉

$$\hat{B}(z,x) = \sum_{m \geq 0} B_m(x)\frac{z^m}{m!} = \frac{z}{e^z - 1}\sum_{m \geq 0} x^m\frac{z^m}{m!} = \frac{ze^{xz}}{e^z - 1} \tag{7.81}$$

이다. 식 (7.79)는 이를 만족하는데, 왜냐하면 수열 $\langle 0, S_0(n), 2S_1(n), ...\rangle$의 egf가 식 (7.78)에 의해

$$z\frac{e^{nz} - 1}{e^z - 1} = \hat{B}(z,n) - \hat{B}(z,0)$$

이기 때문이다.

그럼 egf가 특효약인 다른 문제로 넘어가자. n개의 정점 $\{1, 2, ..., n\}$에 대한 완전그래프(complete graph)의 신장 트리는 최대 몇 개일까? 그 개수를 t_n이라고 부르기로 하자. 완전 그래프에는 서로 다른 정점 쌍마다 하나의 변이 있으므로, 변의 전체 개수는 $\frac{1}{2}n(n-1)$이다. 따라서 이 문제는 결국 주어진 n개의 사물을 $n-1$개의 선으로 연결하는 방법의 수를 구하는 것과 같다.

작은 사례들을 보자. $t_1 = t_2 = 1$이다. 또한, $t_3 = 3$이다. 세 정점에 대한 완전 그래프는 2차 부채이기 때문이다. $f_2 = 3$임은 이미 알고 있다. 그리고 $n = 4$일 때 신장 트리는 다음 열여섯 가지이다.

$$\text{(graphs)} \tag{7.82}$$

따라서 $t_4 = 16$ 이다.

부채에 관한 비슷한 문제에서 얻은 경험에 따르면, 이 문제를 공략하는 최선의 방법은 정점 하나를 택해서 고정하고, 그 특별한 정점과 만나는 모든 변을 무시한 상태에서, 모두 합쳤을 때 하나의 신장 트리를 만드는 개별 블록 또는 구성요소들을 살펴보는 것이다. 특별하지 않은 정점들이 크기가 $k_1, k_2, \ldots, k_m$ 인 m 개의 구성요소들을 형성한다고 하자. 그러면 그것들을 특별한 정점과 연결하는 방법은 $k_1 k_2 \ldots k_m$ 가지이다. 예를 들어 $n = 4$ 일 때 왼쪽 아래 정점을 특별한 정점으로 선택한다고 하자. (7.82)의 윗줄은 $3t_3$ 의 경우들로, 나머지(특별하지 않은) 세 정점을 서로 연결하는 t_3 가지 방식과 그것들을 왼쪽 아래의 특별한 정점과 연결하는 3가지 방식을 보여준다. 아랫줄은 나머지 세 정점을 크기가 2과 1인 구성요소들로 나누어서(그렇게 하는 방법은 $\binom{3}{2}$ 가지이다) 얻은 $2 \cdot 1 \times t_2 t_1 \times \binom{3}{2}$ 개의 해를 보여준다. 또한, 아랫줄에는 나머지 세 정점이 서로 전혀 연결되지 않은 경우인 ⌐도 나와 있다.

이러한 추론을 계속 밀고 나가면, 모든 $n > 1$ 에 대해

$$t_n = \sum_{m>0} \frac{1}{m!} \sum_{k_1 + \cdots + k_m = n-1} \binom{n-1}{k_1, k_2, \ldots, k_m} k_1 k_2 \ldots k_m t_{k_1} t_{k_2} \ldots t_{k_m}$$

이라는 점화식을 얻게 된다. 이 점화식이 유효한 이유는 이렇다. $n-1$ 개의 원소를 크기가 각각 $k_1, k_2, \ldots, k_m$ 인 m 개의 구성요소들의 한 수열에 배정하는 방법은 $\binom{n-1}{k_1, k_2, \ldots, k_m}$ 가지이고, 그러한 개별 구성요소를 신장 트리들과 연결하는 방법은 $t_{k_1} t_{k_2} \ldots t_{k_m}$ 가지이고, 정점 n 을 그런 구성요소들에 연결하는 방법은 $k_1 k_2 \ldots k_m$ 가지이다. $m!$ 으로 나눈 것은, 구성요소들의 순서가 달라도 같은 방법으로 간주하기 위한 것이다. 예를 들어 $n = 4$ 일 때 이 점화식을 평가하면 다음이 나온다.

$$t_4 = 3t_3 + \frac{1}{2} \left(\binom{3}{1,2} 2 t_1 t_2 + \binom{3}{2,1} 2 t_2 t_1 \right) + \frac{1}{6} \left(\binom{3}{1,1,1} t_1^3 \right) = 3t_3 + 6t_2 t_1 + t_1^3.$$

t_n 에 대한 점화식이 처음에는 아주 어려워 보일 것이다. 심지어 무서워 보일 수도 있다. 그러나 사실은 그리 나쁘지 않다. 좀 꼬였을(convoluted) 뿐이다. 만일

$$u_n = n t_n$$

으로 두면 다음처럼 모든 것이 상당히 간단해진다.

$$\frac{u_n}{n!} = \sum_{m>0} \frac{1}{m!} \sum_{k_1+k_2+\cdots+k_m=n-1} \frac{u_{k_1}}{k_1!}\frac{u_{k_2}}{k_2!}\cdots\frac{u_{k_m}}{k_m!}, \quad \text{만일 } n>1\text{이면.} \quad (7.83)$$

안쪽 합은 지수 생성함수 $\hat{U}(z)$의 z^{n-1}의 계수를 m제곱한 것이다. 만일 $m=0$인 경우에 해당하는 $\hat{U}(z)^0$ 항을 추가한다면, 이 공식은 $n=1$일 때도 유효하다. 따라서 모든 $n>0$에 대해

$$\frac{u_n}{n!} = [z^{n-1}] \sum_{m\geq 0} \frac{1}{m!}\hat{U}(z)^m = [z^{n-1}]e^{\hat{U}(z)} = [z^n]ze^{\hat{U}(z)}$$

이며, 다음과 같은 등식이 성립한다.

$$\hat{U}(z) = ze^{\hat{U}(z)}. \quad (7.84)$$

이는 큰 진척이다! 식 (7.84)는 다음 공식과 거의 비슷하다.

$$\mathcal{E}_{(z)} = e^{z\mathcal{E}(z)}.$$

이 공식은 식 (5.59)와 식 (7.71)의 일반화된 지수급수 $\mathcal{E}(z) = \mathcal{E}_1(z)$를 정의한다. 실제로,

$$\hat{U}(z) = z\mathcal{E}(z)$$

이다. 이제 이상의 결과들을 조합해서 원래의 문제의 답을 만들어 낼 수 있다.

$$t_n = \frac{u_n}{n} = \frac{n!}{n}[z^n]\hat{U}(z) = (n-1)![z^{n-1}]\mathcal{E}(z) = n^{n-2}. \quad (7.85)$$

모든 $n>0$에 대해, $\{1,2,\ldots,n\}$에 대한 완전 그래프의 신장 트리는 정확히 n^{n-2}개 이다.

7.7 디리클레 생성함수

급수로부터 수열을 생성하는 방법은 이외에도 많이 있다. 적어도 원칙적으로는, 다음을 만족하는 그 어떤 '핵(kernel)' 함수 $K_n(z)$들의 체계로도 수열을 생성할 수 있다.

$$\sum_n g_n K_n(z) = 0 \implies \text{모든 } n\text{에 대해 } g_n = 0.$$

보통의 생성함수는 $K_n(z) = z^n$을 사용하고, 지수 생성함수는 $K_n(z) = z^n/n!$을 사용한다. 또한 내림 차례거듭제곱 $z^{\underline{n}}$이나 이항계수 $z^{\underline{n}}/n! = \binom{z}{n}$도 시도해 볼 수 있다.

보통의 생성함수와 지수 생성함수에 대한 가장 중요한 대안은, 다음과 같이 $1/n^z$ 형태의 핵 함수를 생성함수로 사용하는 것이다. 이 방법은 $n=0$이 아니라 $n=1$로 시작하는 수열 $\langle g_1, g_2, ... \rangle$을 대상으로 한다.

$$\widetilde{G}(z) = \sum_{n \geq 1} \frac{g_n}{n^z}. \tag{7.86}$$

이런 생성함수를 디리클레 생성함수(Dirichlet generating function)라고 부르고, 줄여서 dgf로 표기한다. 독일의 수학자 구스타프 르죈 디리클레$^{\text{Gustav Lejeune Dirichlet}}$ (1805 -1859)가 여기에 크게 기여했기 때문에 그런 이름은 붙었다.

예를 들어 상수 수열 $\langle 1, 1, 1, ... \rangle$의 dgf는 다음과 같다.

$$\sum_{n \geq 1} \frac{1}{n^z} = \zeta(z). \tag{7.87}$$

이것은 리만 제타 함수(zeta function)이다. $z > 1$일 때 이를 일반화된 조화수 $H_\infty^{(z)}$라고 부르기로 한다.

디리클레 생성함수들의 곱은 다음과 같은 특별한 종류의 합성곱에 해당한다.

$$\widetilde{F}(z)\widetilde{G}(z) = \sum_{l,m \geq 1} \frac{f_l}{l^z}\frac{g_m}{m^z} = \sum_{n \geq 1} \frac{1}{n^z} \sum_{l,m \geq 1} f_l g_m [l \cdot m = n].$$

따라서 $\widetilde{F}(z)\widetilde{G}(z) = \widetilde{H}(z)$는 다음 수열의 dgf이다.

$$h_n = \sum_{d \backslash n} f_d g_{n/d}. \tag{7.88}$$

예를 들어, 식 (4.55)에 나왔듯이 $\sum_{d \backslash n} \mu(d) = [n=1]$이다. 이것은 뫼비우스 수열 $\langle \mu(1), \mu(2), \mu(3), ... \rangle$과 $\langle 1, 1, 1, ... \rangle$의 디리클레 합성곱이다. 따라서

$$\widetilde{M}(z)\zeta(z) = \sum_{n \geq 1} \frac{[n=1]}{n^z} = 1 \tag{7.89}$$

이다. 다른 말로 하면, $\langle \mu(1), \mu(2), \mu(3), ... \rangle$의 dgf는 $\zeta(z)^{-1}$이다.

디리클레 생성함수는 수열 $\langle g_1, g_2, \ldots \rangle$이 하나의 곱셈적 함수(multiplicative function)일 때, 다시 말해서 다음을 만족할 때 특히나 유용하다.

$$g_{mn} = g_m g_n, \quad m \perp n \text{에 대해.}$$

그런 경우 모든 n에 대한 g_n의 값들은 n이 어떤 소수의 거듭제곱일 때의 g_n의 값들로 결정되며, dgf를 다음과 같이 소수들에 관한 곱으로 인수분해할 수 있다.

$$\widetilde{G}(z) = \prod_{p\text{는 소수}} \left(1 + \frac{g_p}{p^z} + \frac{g_{p^2}}{p^{2z}} + \frac{g_{p^3}}{p^{3z}} + \cdots \right). \tag{7.90}$$

예를 들어 모든 n에 대해 $g_n = 1$로 설정한다면, 다음과 같이 리만 제타 함수의 곱 표현이 나온다.

$$\zeta(z) = \prod_{p\text{는 소수}} \left(\frac{1}{1 - p^{-z}} \right). \tag{7.91}$$

뫼비우스 함수는 $\mu(p) = -1$이고 모든 $k > 1$에 대해 $\mu(p^k) = 0$이다. 따라서 뫼비우스 함수의 dgf는

$$\widetilde{M}(z) = \prod_{p\text{는 소수}} (1 - p^{-z}) \tag{7.92}$$

이다. 이것이 식 (7.89)와 식 (7.91)에 부합함은 물론이다. 오일러의 φ 함수의 경우 $\varphi(p^k) = p^k - p^{k-1}$이므로, 해당 dgf의 인수분해된 형식은 다음과 같다.

$$\widetilde{\Phi}(z) = \prod_{p\text{는 소수}} \left(1 + \frac{p-1}{p^z - p} \right) = \prod_{p\text{는 소수}} \frac{1 - p^{-z}}{1 - p^{1-z}}. \tag{7.93}$$

따라서 $\widetilde{\Phi}(z) = \zeta(z-1)/\zeta(z)$라고 결론지을 수 있다.

연습문제

몸풀기

1 $2 \times n$ 도미노 타일링을 모으는 괴짜 수집가가 한 타일링의 가격을 그 타일링을 구성하는 수직 도미노 하나당 \$4, 수평 도미노 하나당 \$1로 쳐서 매긴다고 한다. 가격이 정확히 \$$m$인 타일링은 몇 개나 될까? 예를 들어 $m = 6$에 해당하는 타일링은 ⊟, ⊟, ⊞ 세 가지이다.

2 수열 $\langle 2, 5, 13, 35, \ldots \rangle = \langle 2^n + 3^n \rangle$의 생성함수와 지수 생성함수를 닫힌 형식으로 표현하라.

3 $\sum_{n \geq 0} H_n / 10^n$은 무엇인가?

4 유리 함수 $P(z)/Q(z)$의 일반 전개 정리가 완전히 일반적이지는 않다. P의 차수가 Q의 차수보다 작아야 한다는 제한이 있기 때문이다. P의 차수가 더 크면 어떤 일이 생길까?

5 다음을 만족하는 생성함수 $S(z)$를 구하라.

$$[z^n]S(z) \;=\; \sum_k \binom{r}{k}\binom{r}{n-2k}.$$

기초

6 점화식 (7.32)를 생성함수를 사용하지 않고 레퍼토리법으로 풀 수 있음을 보여라.

7 다음 점화식의 해를 구하라.

$$g_0 \;=\; 1;$$
$$g_n \;=\; g_{n-1} + 2g_{n-2} + \cdots + ng_0, \quad n > 0 \text{에 대해.}$$

8 $[z^n](\ln(1-z))^2/(1-z)^{m+1}$은 무엇인가?

9 이전 연습문제의 결과를 이용해서 $\sum_{k=0}^{n} H_k H_{n-k}$를 평가하라.

10 항등식 (7.62)에서 $r = s = -1/2$로 설정하고, 나타난 모든 $1/2$을 식 (5.36) 같은 요령들을 이용해서 제거한다고 하자. 이로부터 어떤 멋진 항등식을 도출할 수 있는가?

나는 클라크 켄트가 정말로 슈퍼맨이라는 결론을 도출 했다.

11 이번 문제에서는 생성함수 조작을 연습해 본다. 세 부문제는 독립적이다. $A(z) = \sum_n a_n z^n$, $B(z) = \sum_n b_n z^n$, $C(z) = \sum_n c_n z^n$이고 음의 n에 대한 계수들은 0이라고 가정한다.

a $c_n = \sum_{j+2k \leq n} a_j b_k$라고 할 때 C를 A와 B로 표현하라.

b $nb_n = \sum_{k=0}^{n} 2^k a_k/(n-k)!$이라고 할 때 A를 B로 표현하라.

c r이 실수이고 $a_n = \sum_{k=0}^{n}\binom{r+k}{k}b_{n-k}$라고 할 때 A를 B로 표현하라. 그런 다음 그 공식을 이용해서 $b_n = \sum_{k=0}^{n}f_k(r)a_{n-k}$인 계수 $f_k(r)$들을 구하라.

12 수 $\{1,2,\ldots,2n\}$을 $2\times n$ 배열로 배치하되 행들과 열들이 왼쪽에서 오른쪽으로, 위에서 아래로 증가하도록 배치하는 방법은 몇 가지인가? 예를 들어 다음은 $n=5$일 때의 한 배치이다.

$$\begin{pmatrix} 1 & 2 & 4 & 5 & 8 \\ 3 & 6 & 7 & 9 & 10 \end{pmatrix}.$$

13 식 (7.70) 바로 앞에 나온, 레이니의 일반화된 보조정리를 증명하라.

14 다음 점화식의 해를 지수 생성함수를 이용해서 구하라.

$$g_0 = 0, \quad g_1 = 1,$$
$$g_n = -2ng_{n-1} + \sum_k \binom{n}{k}g_k g_{n-k}, \quad n>1$$에 대해.

15 벨 수(Bell number) ϖ_n은 n개의 객체를 부분집합들로 분할하는 방법의 수이다. 예를 들어 $\{1,2,3\}$을 분할하는 방법은 다음 다섯 가지이므로 $\varpi_3 = 5$이다.

$$\{1,2,3\}; \{1,2\}\cup\{3\}; \{1,3\}\cup\{2\}; \{1\}\cup\{2,3\}; \{1\}\cup\{2\}\cup\{3\}.$$

$\varpi_{n+1} = \sum_k \binom{n}{k}\varpi_{n-k}$임을 증명하고, 이 점화식을 이용해서 지수 생성함수 $P(z) = \sum_n \varpi_n z^n/n!$의 닫힌 형식을 구하라.

16 두 수열 $\langle a_n \rangle$과 $\langle b_n \rangle$의 관계가 다음 합성곱 공식으로 정의된다고 하자.

$$b_n = \sum_{k_1+2k_2+\cdots+nk_n=n}\binom{a_1+k_1-1}{k_1}\binom{a_2+k_2-1}{k_2}\cdots\binom{a_n+k_n-1}{k_n}.$$

그리고 $a_0 = 0$이고 $b_0 = 1$이라고 하자. 이에 해당하는 생성함수들이 $\ln B(z) = A(z) + \frac{1}{2}A(z^2) + \frac{1}{3}A(z^3) + \cdots$을 만족함을 증명하라.

17 한 수열의 지수 생성함수 $\hat{G}(z)$과 그 수열의 보통 생성함수 $G(z)$ 사이에 다음과 같은 관계가 성립함을 증명하라.

$$\int_0^\infty \hat{G}(zt)e^{-t}dt = G(z).$$

(단, 적분이 존재한다면.)

18 다음 수열들의 디리클레 생성함수를 각각 구하라.

a $g_n = \sqrt{n}$.

b $g_n = \ln n$.

c $g_n = [n$은 제곱 인수가 없는 수$]$.

각 답을 제타 함수로 표현해야 한다. (제곱 인수가 없는 수의 정의는 연습문제 4.13에 나온다.)

19 모든 멱급수 $F(z) = \sum_{n \geq 0} f_n z^n$은 다음과 같은 규칙에 따라 다항식 $f_n(x)$들의 수열을 정의한다.

$$F(z)^x = \sum_{n \geq 0} f_n(x) z^n.$$

여기서 $f_n(1) = f_n$이고 $f_n(0) = [n = 0]$이다. 일반적으로 $f_n(x)$의 차수는 n이다. 이런 다항식들이 항상 다음 합성곱 공식을 만족함을 증명하라.

$$\sum_{k=0}^{n} f_k(x) f_{n-k}(y) = f_n(x+y);$$
$$(x+y) \sum_{k=0}^{n} k f_k(x) f_{n-k}(y) = xn f_n(x+y).$$

(표 240와 321의 항등식들은 이 요령의 특수 경우들이다.)

20 어떤 멱급수 $G(z)$에 대해, 다음 등식을 만족하며 모두 0은 아닌 다항식 $P_0(z), \ldots, P_m(z)$들의 개수가 유한하다고 하자. 그러한 멱급수 $G(z)$를 가리켜 미분가능 유한(differentiably finite) 멱급수라고 부른다.

$$P_0(z)G(z) + P_1(z)G'(z) + \cdots + P_m(z)G^{(m)}(z) = 0.$$

그와 비슷하게, 모든 정수 $n \geq 0$에 대해

$$p_0(n)g_n + p_1(n)g_{n+1} + \cdots + p_m(n)g_{n+m} = 0.$$

인 다항식 $p_0(z), \ldots, p_m(z)$들의 개수가 유한할 때(그리고 그 다항식들이 모두 0은 아닐 때), 수열 $\langle g_0, g_1, g_2, \ldots \rangle$을 가리켜 다항식 재귀(polynomially recursive) 수열이라고 부른다. 생성함수는 만일 해당 계수들의 수열이 다항식 재귀 수열이면, 그리고 오직 그럴 때만 미분가능 유한임을 증명하라.

"일반적으로"라니? 만일 $f_1 = f_2 = \cdots = f_{m-1} = 0$이면 $f_n(x)$의 차수는 $\lfloor n/m \rfloor$을 넘지 않는다.

숙제

21 한 강도가 은행을 장악하고는 $10 지폐와 $20 지폐로 $500을 만들어서 내놓으라고 강요했다. 게다가 강도는 은행원이 그런 식으로 돈을 지급하는 방법의 수도 알아내라고 강요했다. 그러한 방법의 수가 $[z^{500}]G(z)$라고 할 때, 생성함수 $G(z)$를 구하라. 그리고 그러한 방법의 수를 $[z^{50}]\breve{G}(z)$로 표현했을 때의 좀 더 간결한 생성함수 $\breve{G}(z)$도 구하라. 요구된 방법의 수를 (a) 부분분수를 이용해서, 그리고 (b) 식 (7.39) 같은 방법을 이용해서 구하라.

강도님, $2\times n$ 도미노 타일링 방법의 수는 제가 아는데 그걸로 만족하시면 안 될까요?

22 P가 다각형을 '삼각화(triangulation)'하는 모든 방법의 수라고 하자.

$$P = \_ + \triangle + \square + \square + \pentagon + \pentagon + \pentagon + \pentagon + \pentagon + \cdots .$$

(첫 항은 정점이 두 개 뿐인 퇴화 다각형을 나타낸다. 다른 모든 항은 삼각형들로 분할된 다각형을 보여준다. 예를 들어 오각형은 다섯 가지 방식으로 삼각화할 수 있다.) 삼각화된 다각형 A와 B에 대한 '곱셈' 연산 $A\triangle B$를 정의하라. 그 정의는 다음 등식을 만족해야 한다.

$$P = \_ + P\triangle P.$$

그런 다음 각 삼각형을 'z'로 대체하고, 그로부터 n각형을 삼각형들로 분해하는 방법의 수에 관해 알아낼 수 있는 것을 설명하라.

23 $2\times1\times1$ 벽돌들로 $2\times2\times n$ 기둥을 만드는 방법은 몇 가지인가?

조합(union) 기준으로는, 공사비만 있으면 얼마든지 만들 수 있고, 서비스로 몇 개 더 만들어 준다.

24 $n \geq 3$일 때 n-바퀴(wheel, n개의 '외곽' 정점이 순환마디를 이루고, 각 외곽 정점이 $(n+1)$번째 '바퀴 축' 정점 연결된 형태의 그래프)의 신장 트리는 몇 개인가?

25 $m \geq 2$가 정수라고 하자. 수열 $\langle n \bmod m \rangle$의 생성함수의 닫힌 형식을 z와 m의 함수 형태로 표현하라. 그리고 이 생성함수를 이용해서 '$n \bmod m$'을 복소수 $\omega = e^{2\pi i/m}$으로 표현하라. (예를 들어 $m = 2$일 때 $\omega = -1$이고 $n \bmod 2 = \frac{1}{2} - \frac{1}{2}(-1)^n$이다.)

26 2차 피보나치 수 $\langle \mathfrak{F}_n \rangle$은 다음 점화식으로 정의된다.

$$\mathfrak{F}_0 = 0; \qquad \mathfrak{F}_1 = 1;$$
$$\mathfrak{F}_n = \mathfrak{F}_{n-1} + \mathfrak{F}_{n-2} + F_n, \quad n > 1\text{에 대해.}$$

$\mathfrak{F}_n$을 보통의 피보나치 수 F_n과 F_{n+1}로 표현하라.

27 $2 \times n$ 도미노 타일링을, 다음과 같이 $2 \times n$ 배열 형태로 배치된 점들을 n개의 선분으로 연결하는 방법의 수로 간주할 수 있다.

이런 패턴 두 개를 겹치면 모든 점에 각각 두 개의 선분이 닿는다. 따라서 전체적으로는 순환마디들의 집합이 된다. 예를 들어 위의 선분들을

과 겹치면 다음과 같은 순환마디 집합이 생긴다.

또한, 다음 둘을 겹쳐도 위와 같은 순환마디 집합이 만들어진다.

과

그런데 만일 첫 패턴의 수직 선분들에 위, 아래 화살표들을 번갈아(즉, 상/하/상/하/...) 부여하고 둘째 패턴의 수직 선분들에는 아래, 위 화살표들을 번갈아(즉, 하/상/하/상/...) 부여하면, 겹쳐진 패턴으로부터 원래의 패턴을 재구축하는 고유한 방법이 생긴다. 이를테면 다음과 같다.

따라서, 이러한 지향(유향) 순환마디(oriented cycle) 패턴들의 수는 반드시 $T_n^2 = F_{n+1}^2$ 이다. 그리고 우리는 이를 대수학을 이용해서 증명할 수 있어야 한다. Q_n이 지향 $2 \times n$ 순환마디 패턴들의 개수라 할 때, Q_n의 점화식을 구하고, 그것의 해를 생성함수를 이용해서 구하고, $Q_n = F_{n+1}^2$ 임을 대수학적으로 유도하라.

28 식 (7.39)의 $A(z)$의 계수들은 $0 \le r < 10$에 대해 $A_r + A_{r+10} + A_{r+20} + A_{r+30} = 100$을 만족한다. 이에 관한 '간단한' 설명을 제시하라.

29 피보나치 곱들의 합

$$\sum_{m>0} \sum_{\substack{k_1 + k_2 + \cdots + k_m = n \\ k_1, k_2, \ldots, k_m > 0}} F_{k_1} F_{k_2} \ldots F_{k_m}$$

은 무엇인가?

30 생성함수 $G(z) = 1/(1-\alpha z)(1-\beta z)$의 부분분수 분해는 $a/(1-\alpha z) + b/(1-\beta z)$ 이다. $G(z)^n$의 부분분수 분해는 무엇인가?

31 다음과 같은 점화식을 만족하는 양의 정수 n의 함수 $g(n)$은 무엇인가?

$$\sum_{d \setminus n} g(d)\varphi(n/d) = 1.$$

여기서 φ는 오일러의 토티언트 함수이다.

32 다음과 같은 정수 무한집합을 등차수열(arithmetic progression)이라고 부른다.

$$\{an+b\} = \{b, a+b, 2a+b, 3a+b, \ldots\}.$$

그리고 만일 등차수열 $\{a_1 n + b_1\}, \ldots, \{a_m n + b_m\}$의 집합에서 모든 음이 아닌 정수 가 집합의 딱 하나의 등차수열에만 나타난다면, 그런 등차수열 집합을 완전 덮개 (exact cover)라고 부른다. 예를 들어 세 등차수열 $\{2n\}$, $\{4n+1\}$, $\{4n+3\}$으로 이루어진 집합은 완전 덮개이다. 만일 $\{a_1 n + b_1\}, \ldots, \{a_m n + b_m\}$이 완전 덮개이고 $2 \le a_1 \le \cdots \le a_m$이면 $a_{m-1} = a_m$임을 보여라. 힌트: 생성함수를 활용할 것.

시험 문제

33 $[w^m z^n](\ln(1+z))/(1-wz)$는 무엇인가?

34 $G_n(z)$가 다음과 같이 정의된다고 할 때, 생성함수 $\sum_{n \ge 0} G_n(z)w^n$의 닫힌 형식 을 구하라.

$$G_n(z) = \sum_{k \le n/m} \binom{n-mk}{k} z^{mk}.$$

(여기서 m은 고정된 양의 정수이다.)

35 합 $\sum_{0 < k < n} 1/k(n-k)$를 다음 두 가지 방식으로 평가하라.
a 피가수를 부분분수들로 전개한다.
b 합을 하나의 합성곱으로 취급해서 생성함수들을 활용한다.

36 $A(z)$가 $\langle a_0, a_1, a_2, a_3, \ldots \rangle$의 생성함수라고 하자. $\sum_n a_{\lfloor n/m \rfloor} z^n$을 A, z, m으로 표현하라.

37 a_n이 양의 정수 n을 2의 거듭제곱들의 합으로 표현하는 방법의 수라고 하자(2의 거듭제곱들의 순서만 다른 표현들은 같은 것으로 간주한다). 예를 들어 $4 = 2+2 = 2+1+1 = 1+1+1+1$이므로 $a_4 = 4$이다. 관례상 $a_0 = 1$로 둔다. 그리고 $b_n = \sum_{k=0}^{n} a_k$가 처음 a들의 누적합이라고 하자.

  a $n = 10$까지의 a들과 b들의 표를 만들어라. 표에서 어떤 놀라운 관계를 찾을 수 있는가? (아직 증명하지는 말 것.)

  b 생성함수 $A(z)$를 무한곱으로 표현하라.

  c 부문제 (b)의 공식을 이용해서 부문제 (a)의 결과를 증명하라.

38 이중 생성함수

$$M(w,z) = \sum_{m,n \geq 0} \min(m,n) w^m z^n$$

의 닫힌 형식을 구하라. 그리고 그것을 일반화해서, 고정된 $m \geq 2$에 대한

$$M(z_1, \ldots, z_m) = \sum_{n_1, \ldots, n_m \geq 0} \min(n_1, \ldots, n_m) z_1^{n_1} \ldots z_m^{n_m}$$

의 닫힌 형식을 구하라.

39 양의 정수 m과 n이 주어졌을 때,

$$\sum_{1 \leq k_1 < k_2 < \cdots < k_m \leq n} k_1 k_2 \ldots k_m \quad \text{과} \quad \sum_{1 \leq k_1 \leq k_2 \leq \cdots \leq k_m \leq n} k_1 k_2 \ldots k_m$$

의 닫힌 형식을 구하라. (예를 들어 $m = 2$이고 $n = 3$일 때 이 합들은 각각 $1 \cdot 2 + 1 \cdot 3 + 2 \cdot 3$과 $1 \cdot 1 + 1 \cdot 2 + 1 \cdot 3 + 2 \cdot 2 + 2 \cdot 3 + 3 \cdot 3$이다.) 힌트: 생성함수 $(1 + a_1 z) \ldots (1 + a_n z)$와 $1/(1 - a_1 z) \ldots (1 - a_n z)$의 z^m의 계수들은 무엇인가?

40 $\sum_k \binom{n}{k} (kF_{k-1} - F_k)(n-k)$¡을 닫힌 형식으로 표현하라.

41 정수 $\{1, 2, \ldots, n\}$을 대소 관계가 다음과 같이 번갈아 바뀌도록 배치한 $a_1 a_2 \ldots a_n$을 가리켜 n차 상하순열(up-down permutation)이라고 부른다.

$$a_1 < a_2 > a_3 < a_4 > \cdots.$$

예를 들어 35142는 5차 상하순열의 하나이다. n차 상하순열의 개수를 A_n으로 표기할 때, $\langle A_n \rangle$의 지수 생성함수가 $(1+\sin z)/\cos z$임을 보여라.

42 어떤 우주 탐사선이 화성에서 DNA를 포함한 유기체를 발견했다. 지구의 DNA는 네 가지 구성요소로 이루어지지만, 화성의 DNA는 다섯 가지 구성요소로 이루어진다. 그 다섯 가지 구성요소를 기호 (a,b,c,d,e)로 표기한다고 하자. 그런데 화성의 DNA 염기서열에는 네 가지 염기쌍 cd,ce,ed,ee가 전혀 나타나지 않는다. 그리고 그 외의 경우에는 염기서열에 관한 제약이 전혀 없다. (따라서, 예를 들어 $bbcda$는 불가능하지만 $bbdca$는 가능하다). 그렇다면, 길이가 n인 화성 DNA 염기서열은 몇 가지나 가능할까? ($n=2$일 때는 염기서열의 왼쪽 끝과 오른쪽 끝이 구분되지 않으므로 답은 21이다.)

43 수열 $\langle g_n \rangle$의 뉴턴 생성함수(Newtonian generating function)는 다음과 같이 정의된다.

$$\dot{G}(z) = \sum_n g_n \binom{z}{n}.$$

수열 $\langle f_n \rangle$과 $\langle g_n \rangle$, $\langle h_n \rangle$의 뉴턴 생성함수들 사이에 $\dot{F}(z)\dot{G}(z) = \dot{H}(z)$라는 관계가 있다고 할 때, 그 세 수열 사이의 관계를 정의하는 합성곱 공식을 구하라. 그 공식을 최대한 간단하게, 그리고 최대한 대칭적으로 만들어 볼 것.

44 n개의 수 $\{x_1,...,x_n\}$을 서로 비교했을 때 나올 수 있는 모든 가능한 결과의 수를 q_n으로 표기한다고 하자. 예를 들어 수가 셋일 때는 다음과 같은 가능성들이 있으므로 $q_3 = 13$이다.

$$x_1 < x_2 < x_3; \quad x_1 < x_2 = x_3; \quad x_1 < x_3 < x_2; \quad x_1 = x_2 < x_3;$$
$$x_1 = x_2 = x_3; \quad x_1 = x_3 < x_2; \quad x_2 < x_1 < x_3;$$
$$x_2 < x_1 = x_3; \quad x_2 < x_3 < x_1; \quad x_2 = x_3 < x_1;$$
$$x_3 < x_1 < x_2; \quad x_3 < x_1 = x_2; \quad x_3 < x_2 < x_1.$$

egf $\hat{Q}(z) = \sum_n q_n z^n/n!$의 닫힌 형식을 구하라. 또한, 다음을 만족하는 수열 $\langle a_n \rangle$, $\langle b_n \rangle$, $\langle c_n \rangle$을 구하라.

$$q_n = \sum_{k \geq 0} k^n a_k = \sum_k \begin{Bmatrix} n \\ k \end{Bmatrix} b_k = \sum_k \left\langle \begin{matrix} n \\ k \end{matrix} \right\rangle c_k, \quad \text{모든 } n > 0 \text{에 대해.}$$

45 $\sum_{m,n>0} [m \perp n]/m^2 n^2$을 평가하라.

46 합

$$\sum_{0 \le k \le n/2} \binom{n-2k}{k} \left(\frac{-4}{27}\right)^k$$

을 닫힌 형식으로 평가하라. 힌트: $z^3 - z^2 + \frac{4}{27} = (z + \frac{1}{3})(z - \frac{2}{3})^2$.

47 식 (7.34)에 정의된 $3 \times n$ 도미노 타일링 수 U_n과 V_n이 $\sqrt{3}$으로 수렴하는 슈테른브로코 트리의 분수들과 밀접하게 관련되어 있음을 보여라.

48 어떤 수열 $\langle g_n \rangle$이, $\gcd(a,b,c,d) = 1$인 어떤 정수 (a,b,c,d)에 대해 다음 점화식을 만족한다고 하자.

$$ag_n + bg_{n+1} + cg_{n+2} + d = 0, \quad \text{정수 } n \ge 0$$

또한, 그 수열의 닫힌 형식이 0과 1 사이의 어떤 실수 α에 대해

$$g_n = \lfloor \alpha(1+\sqrt{2})^n \rfloor, \quad \text{정수 } n \ge 0$$

이라고 하자. a, b, c, d, α를 구하라.

키신저^{Kissinger} 씨, 참고하시길.

49 이번 문제는 거듭제곱(power)과 기우성(parity, 홀짝)에 관한 것이다.

a 다음과 같은 공식으로 정의되는 수열 $\langle a_0, a_1, a_2, \ldots \rangle = \langle 2, 2, 6, \ldots \rangle$이 있다.

$$a_n = (1+\sqrt{2})^n + (1-\sqrt{2})^n.$$

이 수열이 만족하는 간단한 점화식을 구하라.

b 모든 정수 $n > 0$에 대해 $\lceil (1+\sqrt{2})^n \rceil \equiv n \pmod 2$임을 증명하라.

c p와 q가 양의 정수들이라 할 때, 모든 정수 $n > 0$에 대해 $\lfloor \alpha^n \rfloor \equiv n \pmod 2$를 만족하는 $(p + \sqrt{q})/2$ 형태의 수 α를 구하라.

보너스 문제

50 연습문제 22를 이어서, 다각형을 다각형들로 분해하는 모든 방법의 합을 고찰한다.

$$Q = \_ + \triangle + \square + \square\!\!\!\diagdown + \diagup\!\!\!\square + \pentagon$$
$$+ \pentagon + \pentagon + \pentagon + \pentagon + \pentagon + \pentagon + \cdots .$$

Q를 정의하는 공식(그림이 아니라 보통의 기호들로 표현된)을 구하고, 그것을 이용해서 볼록 n각형 안에 서로 교차하지 않는 대각선들을 그리는 방법의 수에 대한 생성함수를 구하라. (그 생성함수의 닫힌 형식을 z의 함수로 표현하면 된다. 계수들의 닫힌 형식을 구할 필요는 없다.)

51 곱

$$2^{mn/2} \prod_{\substack{1 \le j \le m \\ 1 \le k \le n}} \left(\left(\cos^2 \frac{j\pi}{m+1} \square \right)^2 + \left(\cos^2 \frac{k\pi}{n+1} \square \right)^2 \right)^{1/4}$$

이 $m \times n$ 직사각형에 도미노들을 까는 방법의 수에 대한 생성함수임을 증명하라. (이 곱의 인수는 총 mn개인데, 그 인수들을 직사각형의 mn개의 칸에 기록한다고 상상하기 바란다. 만일 mn이 홀수이면 정중앙의 인수는 0이다. $\square^j \square^k$의 계수는 수직 도미노 j개, 수평 도미노 k개를 이용한 타일링의 수이다.) 힌트: 이 문제는 어렵다. 사실 이 책의 범위를 넘는 문제이다. 그냥 $m=3$, $n=4$일 때 공식이 맞는지만 확인하고 넘어가도 된다.

이게 힌트야 경고야?

52 점화식

$$p_n(y) = \left(y - \frac{1}{4} \right)^n - \sum_{k=0}^{n-1} \binom{2n}{2k} \left(\frac{-1}{4} \right)^{n-k} p_k(y), \quad 정수 \ n \ge 0$$

으로 정의되는 다항식의 형태가 $p_n(y) = \sum_{m=0}^{n} \left| {n \atop m} \right| y^m$임을 증명하라. 여기서 $\left| {n \atop m} \right|$은 $1 \le m \le n$인 양의 정수이다. 힌트: 이 연습문제는 아주 교육적이지만, 아주 쉽지는 않다.

53 다음과 같은 오각수(pentagonal number)들의 수열 $\langle 1,5,12,22,\ldots \rangle$는 삼각수와 사각수를 자명한 방식으로 일반화한 것이다.

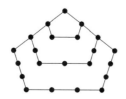

n번째 삼각수가 $T_n = n(n+1)/2$이고 n번째 오각수가 $P_n = n(3n-1)/2$이라고 하자. 그리고 U_n이 식 (7.38)에서처럼 $3 \times n$ 도미노 타일링 수라고 하자. 삼각수 $T_{(U_{4n+2}-1)/2}$가 오각수이기도 함을 증명하라. 힌트: $3U_{2n}^2 = (V_{2n-1} + V_{2n+1})^2 + 2$.

54 다음의 기묘한 수열들이 어떤 식으로 구축되었는지 생각해 보자.

1	2	3	4	5	6	7	8	9	10	11	12	13	14	15	16	...
1	2	3	4		6	7	8	9		11	12	13	14		16	...
1	3	6	10		16	23	31	40		51	63	76	90		106	...
1	3	6			16	23	31			51	63	76			106	...
1	4	10			26	49	80			131	194	270			376	...
1	4				26	49				131	194				376	...
1	5				31	80				211	405				781	...
1					31					211					781	...
1					32					243					1024	...

(제일 처음에는 양의 정수만 있는 수열로 시작해서, 매 m번째 항을 삭제한다. 위의 예에서는 $m = 5$이다. 그런 다음 남아 있는 항들을 해당 부분합들로 대체한다. 그런 다음 매 $(m-1)$번째 항을 삭제하고, 부분합들로 대체하는 과정을 반복한다.) 이런 구축의 최종 결과가 m제곱들의 수열임을 생성함수를 이용해서 증명하라. 예를 들어 $m = 5$일 때 위에 나온 것처럼 $\langle 1^5, 2^5, 3^5, 4^5, ... \rangle$이 된다.

55 만일 멱급수 $F(z)$와 $G(z)$가 미분가능 유한이면(연습문제 20의 정의에 따라) $F(z) + G(z)$와 $F(z)G(z)$도 미분가능 유한임을 증명하라.

연구 문제

56 어떤 큰 '간단한 닫힌 형식'들의 부류(class)에, $(1+z+z^2)^n$의 z^n의 계수에 대한, n의 함수로서의 '간단한 닫힌 형식'이 존재하지 않음을 증명하라.

57 다음을 증명 또는 반증하라: 만일 $G(z)$의 모든 계수가 0이거나 1이면, 그리고 $G(z)^2$의 모든 계수가 어떤 상수 M보다 작다면, $G(z)^2$의 계수 중 0인 계수가 무한히 많다.

8장

이산 확률

우리가 살고 있는 현실 세계를 이해하려면 운(chance)이라는 요소를 도입해야 하는 경우가 많다. 어떠한 복잡한 사건들이 적절한 공리(axiom)에 따라 발생한다는 가정 하에서 수학적인 **확률론**(theory of probability)을 적용하면 그러한 사건들이 실제로 일어날 가능성이 얼마나 될지 계산할 수 있다. 확률론은 과학의 모든 분야에서 중요하게 쓰이며, 이 책의 이전 장들에서 배운 기법들과 강하게 연관되어 있다.

모든 사건의 확률을 적분이 아니라 합산으로 계산할 수 있을 때, 그러한 확률들을 '이산離散(discrete)' 확률이라고 부른다. 지금까지 합산 실력을 착실히 키워왔으니만큼, 우리의 지식을 몇 가지 흥미로운 확률 및 평균 계산에 적용할 준비가 되었다고 자부해도 놀랄 일은 아닐 것이다.

8.1 정의

(확률론에 익숙하지 않은 독자라면 이 주제에 대한 펠러Feller의 고전 [12]을 숙독하는 것이 도움이 될 확률이 높다.)

확률론은 **확률공간**(probability space)이라는 개념으로 시작한다. 확률공간은 주어진 문제 안에서 발생할 수 있는 모든 일('사건')의 집합 Ω와, 각각의 기본사건(elementary event) $\omega \in \Omega$에 하나의 확률 $\Pr(\omega)$를 배정하는 규칙으로 구성된다. 확률 $\Pr(\omega)$는 반드시 음이 아닌 실수이어야 하며, 모든 이산 확률공간에서 반드시 다음 조건을 만족해야 한다.

$$\sum_{\omega \in \Omega} \Pr(\omega) = 1. \tag{8.1}$$

따라서 각 값 $\Pr(\omega)$는 반드시 $[0..1]$ 구간에 있어야 한다. $\Pr$을 **확률분포(probability distribution)**라고 부르는데, 이는 1이라는 전체 확률을 $\Pr$이 여러 사건 ω들에 나누어 배정하기 때문이다.

예를 하나 보자. 주사위† 두 개를 동시에 굴릴 때, 기본사건들의 집합 Ω는 $D^2 = \{\square\square, \square\square, ..., \boxplus\boxplus\}$이다. 여기서

$$D = \{\square, \square, \square, \square, \square, \boxplus\}$$

는 주사위(die) 하나를 굴렸을 때 나올 수 있는 여섯 가지 눈금의 집합이다. $\square\square$라는 굴림과 $\square\square$라는 굴림은 서로 다른 것으로 간주한다. 따라서, 이 주사위 두 개 굴림의 확률공간의 원소는 총 $6^2 = 36$이다.

죽는(die) 소리 마라.

일반적으로 우리는 주사위들이 "공정하다(fair)"라고 가정한다. 여기서 공정하다는 것은 특정한 하나의 주사위의 여섯 가지 가능성의 확률이 각각 $\frac{1}{6}$이며, Ω의 36가지 가능한 굴림의 확률이 각각 $\frac{1}{36}$이라는 뜻이다. 그러나 확률들의 분포가 그와는 다르게 나오도록 주사위 안에 납 같은 것을 채워 넣어서(loaded) 조작한 부정 주사위도 고려할 수 있다. 예를 들어

오발 사고 주의!

$$\Pr_1(\square) = \Pr_1(\boxplus) = \frac{1}{4};$$
$$\Pr_1(\square) = \Pr_1(\square) = \Pr_1(\square) = \Pr_1(\square) = \frac{1}{8}$$

로 둔다면, $\sum_{d \in D}\Pr_1(d) = 1$이므로 $\Pr_1$은 집합 D에 대한 하나의 확률분포이며, $\Omega = D^2$의 원소들에 다음과 같은 규칙에 따라 확률을 배정할 수 있다.

$$\Pr_{11}(dd') = \Pr_1(d)\Pr_1(d'). \tag{8.2}$$

예를 들어 $\Pr_{11}(\boxplus\square) = \frac{1}{4} \cdot \frac{1}{8} = \frac{1}{32}$이다. 이는 유효한 확률분포인데, 왜냐하면

$$\sum_{\omega \in \Omega}\Pr_{11}(\omega) = \sum_{dd' \in D^2}\Pr_{11}(dd') = \sum_{d,d' \in D}\Pr_1(d)\Pr_1(d')$$
$$= \sum_{d \in D}\Pr_1(d)\sum_{d' \in D}\Pr_1(d') = 1 \cdot 1 = 1$$

이기 때문이다. 또한, 공정 주사위 하나와 부정 주사위 하나를 굴리는 경우도 생각해 볼 수 있다.

---

† (옮긴이) 특별한 언급이 없는 한, 이 책에서 주사위는 면이 여섯 개인 주사위(d6)를 가리킨다.

$$\text{Pr}_{01}(dd') = \text{Pr}_0(d)\,\text{Pr}_1(d'), \quad \text{여기서 } \text{Pr}_0(d) = \frac{1}{6}. \tag{8.3}$$

이 경우 $\text{Pr}_{01}(\boxdot\boxdot) = \frac{1}{6} \cdot \frac{1}{8} = \frac{1}{48}$ 이다. '현실 세계'의 주사위들은 완벽하게 대칭이 아니기 때문에 각 면이 항상 동일한 빈도로 나온다고 기대하기는 무리이다. 그러나 보통의 경우 $\frac{1}{6}$ 은 사실에 가깝다.

한 정육면체의 여섯 면이 모두 동일하다면, 어떤 면이 나왔는지 어떻게 알겠는가?

하나의 사건(event)은 Ω의 한 부분집합이다. 예를 들어 주사위 게임들에서 집합

$$\{\,\boxdot\boxdot,\ \boxdot\boxdot,\ \boxdot\boxdot,\ \boxdot\boxdot,\ \boxdot\boxdot,\ \boxdot\boxdot\,\}$$

은 "더블double이 나온" 사건이다. Ω의 개별 원소 ω를 기본사건이라고 부르는데, 이는 그런 원소는 더 작은 부분집합들로 분해할 수 없기 때문이다. 원소 ω를 단원소 사건 $\{\omega\}$라고 간주할 수 있다.

한 사건 A의 확률은 다음 공식으로 정의된다.

$$\text{Pr}(\omega \in A) = \sum_{\omega \in A} \text{Pr}(\omega). \tag{8.4}$$

그리고 일반적으로, $R(\omega)$가 ω에 관한 임의의 명제라고 할 때, $R(\omega)$가 참이 되는 모든 $\text{Pr}(\omega)$의 합을 '$\text{Pr}(R(\omega))$'라고 표기한다. 따라서, 예를 들어 공정 주사위 두 개를 던졌을 때 더블이 나올 확률은 $\frac{1}{36} + \frac{1}{36} + \frac{1}{36} + \frac{1}{36} + \frac{1}{36} + \frac{1}{36} = \frac{1}{6}$ 이다. 그러나 두 주사위 모두 확률분포가 Pr_1이 되도록 조작되었다면, 더블이 나올 확률은 $\frac{1}{16} + \frac{1}{64} + \frac{1}{64} + \frac{1}{64} + \frac{1}{64} + \frac{1}{16} = \frac{3}{16} > \frac{1}{6}$ 이다. 주사위들을 조작하면 "더블이 나올" 가능성이 좀 더 높아진다.

(여기에서는 $\sum$ 표기법을 제2장에서 정의한 것보다 좀 더 일반적인 의미로 사용한다. 식 (8.1)과 식 (8.4)의 합들의 합산 범위는 정수들이 아니라 임의의 집합의 모든 원소 ω이다. 그러나 이러한 새로운 확장이 아주 비정상적인 일은 아니다. 합산의 색인이 정수가 아닐 때에는 그냥 $\sum$ 아래에 특별한 표기법을 사용하기로 합의해서 보통의 관례와 혼동하는 일이 없도록 하기만 하면 그만이다. 제2장의 다른 정의들은 여전히 유효하다. 특히, 제2장의 무한합 정의는 집합 Ω가 무한집합일 때의 합에 대해서도 적절한 의미를 부여한다. 모든 확률은 음이 아닌 수이고 모든 확률의 합은 유계이므로, 식 (8.4)의 사건 A의 확률은 모든 집합 $A \subseteq \Omega$에 대해 잘 정의된다.)

확률변수(random variable, 무작위 변수)는 한 확률공간의 기본사건 ω들을 정의역으로 하는 하나의 함수이다. 예를 들어 $\Omega = D^2$이라고 할 때, $S(\omega)$를 주사위 굴림

ω에 나온 눈들의 합으로 정의할 수 있다. 이를테면 $S(\boxdot\boxdot) = 6 + 3 = 9$이다. 눈들의 합이 7일 확률은 사건 $S(\omega) = 7$의 확률, 즉

$$\Pr(\boxdot\boxdot) + \Pr(\boxdot\boxdot) + \Pr(\boxdot\boxdot)$$
$$+ \Pr(\boxdot\boxdot) + \Pr(\boxdot\boxdot) + \Pr(\boxdot\boxdot)$$

이다. 공정 주사위($\Pr = \Pr_{00}$)의 경우 이 사건이 발생할 확률은 $\frac{1}{6}$이지만 부정 주사위($\Pr = \Pr_{11}$)의 경우 이 사건의 확률은 더블의 경우와 마찬가지로 $\frac{1}{16} + \frac{1}{64} + \frac{1}{64} + \frac{1}{64} + \frac{1}{64} + \frac{1}{16} = \frac{3}{16}$이다.

확률변수를 이야기할 때는 '(ω)'를 생략하는 것이 관례인데, 이는 어떤 구체적인 문제를 다룰 때는 확률공간이 단 하나뿐인 경우가 많기 때문이다. 여기에서도 그런 관례를 따라서, 눈들의 합이 7이 되는 사건을 그냥 '$S = 7$'이라고 표기하고, 사건 $\{\boxdot\boxdot, \boxdot\boxdot, \boxdot\boxdot\}$를 그냥 '$S = 4$'로 표기하기로 하겠다.

확률변수는 그 값들의 확률분포로 특징지을 수 있다. 예를 들어 확률변수 S가 가질 수 있는 값은 $\{2, 3, \ldots, 12\}$로 총 열 한 가지이며, 그 집합의 각 s에 대해 $S = s$인 사건의 확률을 계산해 보면 다음과 같다.

s	2	3	4	5	6	7	8	9	10	11	12
$\Pr_{00}(S = s)$	$\frac{1}{36}$	$\frac{2}{36}$	$\frac{3}{36}$	$\frac{4}{36}$	$\frac{5}{36}$	$\frac{6}{36}$	$\frac{5}{36}$	$\frac{4}{36}$	$\frac{3}{36}$	$\frac{2}{36}$	$\frac{1}{36}$
$\Pr_{11}(S = s)$	$\frac{4}{64}$	$\frac{4}{64}$	$\frac{5}{64}$	$\frac{6}{64}$	$\frac{7}{64}$	$\frac{12}{64}$	$\frac{7}{64}$	$\frac{6}{64}$	$\frac{5}{64}$	$\frac{4}{64}$	$\frac{4}{64}$

확률변수 S 하나만 관여하고 주사위의 다른 성질들은 전혀 관여하지 않는 문제를 다룰 때는 집합 $\Omega = D^2$의 세부사항과는 무관하게 이 확률들만으로 답을 계산할 수 있다. 실제로, 확률공간을 더 작은 집합 $\Omega = \{2, 3, \ldots, 12\}$로 정의할 수도 있다. 확률분포 $\Pr(s)$는 문제의 요구에 따라 적절히 설정하면 된다. 이 경우 '$S = 4$'는 하나의 기본사건이다. 이처럼, 바탕에 깔린 확률공간 Ω를 무시하고 그냥 확률변수와 그 분포를 직접 다루어도 되는 경우가 많다.

두 확률변수 X와 Y가 같은 확률공간에 관해 정의된 경우, 만일 X의 치역의 각 x와 Y의 치역의 각 y에 대한 '결합분포(joint distribution)'

딱 잘라 거절해!

$$\Pr(X = x \text{ 그리고 } Y = y)$$

를 안다면, Ω에 대해 아무것도 몰라도 둘의 습성을 특징지을 수 있다. 이때, 만일 모든 x와 y에 대해

$$\Pr(X = x \ \text{그리고} \ Y = y) \ = \ \Pr(X = x) \cdot \Pr(Y = y) \tag{8.5}$$

이면 X와 Y를 독립 확률변수들이라고 말한다. 이는 X의 값이 Y의 값에 아무런 영향도 미치지 않는다는 뜻이다.

예를 들어 Ω가 주사위 굴림들의 집합 D^2이고 S_1이 첫 주사위의 눈 수, S_2가 둘째 주사위의 눈 수라고 하자. 그러면 확률변수 S_1과 S_2는 앞에서 논의한 확률분포 $\Pr_{00}$, $\Pr_{11}$, $\Pr_{01}$에 관해 독립이다. 이는 앞에서 각 기본사건 dd'의 확률을 $S_1 = d$에 대한 확률에 $S_2 = d'$에 대한 확률을 곱한 것으로 정의했기 때문이다. 확률들을 그와는 다르게, 이를테면

아슬아슬한(dicey) 불평등.

$$\Pr(\boxdot\boxdot) / \Pr(\boxdot\boxdot) \ \neq \ \Pr(\boxdot\boxdot) / \Pr(\boxdot\boxdot)$$

라는 식으로 정의할 수도 있었지만 그렇게 하지 않았는데, 이는 주사위들이 서로에게 영향을 미치지 않는다는 합리적인 가정 때문이다. 우리의 정의에서 양변의 비율은 모두 $\Pr(S_2 = 5) / \Pr(S_2 = 6)$이다.

앞에서 우리는 S를 두 눈 수의 합 $S_1 + S_2$로 정의했다. 그럼 두 눈 수의 곱 $S_1 S_2$로 정의되는 또 다른 확률변수 P를 생각해 보자. S와 P가 독립일까? 비공식적으로, 답은 "아니요"이다. 만일 $S = 2$임을 안다면, P가 반드시 1이 될 것이기 때문이다. 공식적(형식적)으로도 답은 "아니요"이다. 식 (8.5)에 나온 독립 조건이 명백하게 깨지기 때문이다(적어도 공정 주사위의 경우). s와 p의 모든 적법한 값에 대해 $0 < \Pr_{00}(S = s) \cdot \Pr_{00}(P = p) \leq \frac{1}{6} \cdot \frac{1}{9}$이며, 이는 결코 $\frac{1}{36}$의 배수인 $\Pr_{00}(S = s$ 그리고 $P = p)$와 같을 수 없다.

주어진 확률변수의 전형적인 습성을 이해하고자 할 때 흔히 계산하는 것은 확률변수의 '평균' 값이다. 그런데 '평균(average)'이라는 개념은 다소 모호하다. 어떤 수열에 대해 사람들이 말하는 평균의 실제 의미는 다음처럼 여러 가지이다.

- 평균값(mean):[†] 모든 값의 합을 값들의 개수로 나눈 것.
- 중앙값(median): 수치상으로 중간에 해당하는 값.
- 최빈값(mode): 가장 자주 나타난 값.

예를 들어 $(3, 1, 4, 1, 5)$의 평균값은 $\frac{3+1+4+1+5}{5} = 2.8$이고 중앙값은 3, 최빈값은 1이다.

[†] (옮긴이) 대한수학회 용어집이나 일반적인 영한사전에서는 average와 mean 모두 '평균'에 대응되지만, 이 책에서는 둘의 구분을 위해(그리고 오직 구분만을 위해) average는 '평균', mean은 '평균값'으로 번역한다.

그런데 확률론 연구자들은 주로 수열이 아니라 확률변수를 다루므로, 확률변수에 대한 '평균'의 개념을 정의할 필요가 있다. 어떤 실험을 여러 번 실행하되, X의 각 값이 그 확률과 대략 비례하는 빈도로 발생하도록 독립 시행(independent trial)을 반복한다고 하자. (이를테면 한 쌍의 주사위를 여러 번 굴려서 S나 P의 값을 관찰하는 것이 그러한 실험의 예이다.) 확률변수에 대한 평균을 정의할 때는, 그런 반복 실험의 결과로 나온 수열의 평균값이나 중앙값, 최빈값이 확률변수 X의 평균값이나 중앙값, 최빈값과 거의 비슷하게 정의하는 것이 바람직하다.

이런 식으로 정의하면 될 것이다. 확률공간 Ω에 관한 실숫값 확률변수 X의 평균값을 다음과 같이 정의한다.

$$\sum_{x \in X(\Omega)} x \cdot \Pr(X = x). \tag{8.6}$$

단, 이 정의는 이 잠재적인 무한합이 존재할 때만 유효하다. (여기서 $X(\Omega)$는 $\Pr(X = x)$가 0이 아닌 모든 실숫값 x의 집합을 나타낸다.) 그리고 X의 중앙값은 다음을 만족하는 모든 $x \in X(\Omega)$의 집합으로 정의한다.

$$\Pr(X \leq x) \geq \frac{1}{2} \quad \text{그리고} \quad \Pr(X \geq x) \geq \frac{1}{2}. \tag{8.7}$$

마지막으로, X의 최빈값은 다음을 만족하는 모든 $x \in X(\Omega)$의 집합으로 정의한다.

$$\Pr(X = x) \geq \Pr(X = x') \quad \text{모든 } x' \in X(\Omega)\text{에 대해.} \tag{8.8}$$

주사위 던지기의 예에서, 분포 $\Pr_{00}$의 S의 평균값을 계산해 보면 $2 \cdot \frac{1}{36} + 3 \cdot \frac{2}{36} + \cdots + 12 \cdot \frac{1}{36} = 7$이고, 분포 $\Pr_{11}$에서도 마찬가지로 7이다. 중앙값과 최빈값 역시 두 분포 모두에서 $\{7\}$이다. 따라서 S의 평균은 세 가지 정의 모두에서 같다. 반면, 분포 $\Pr_{00}$에서 P의 평균값은 $\frac{49}{4} = 12.25$이고 중앙값은 $\{10\}$, 최빈값은 $\{6, 12\}$이다. 분포가 $\Pr_{11}$인 부정 주사위를 사용할 때 P의 평균값은 변하지 않지만, 중앙값은 $\{8\}$로 떨어지고 최빈값은 $\{6\}$ 하나로 줄어든다.

확률론 연구자들은 확률변수의 평균값에 특별한 이름과 표기법을 부여했다. 확률론 연구자들은 이를 기댓값(expected value)이라고 부르고 다음과 같이 표기한다.

$$EX = \sum_{\omega \in \Omega} X(\omega) \Pr(\omega). \tag{8.9}$$

주사위 던지기 예에서, 식 (8.6)의 합은 항이 열 한 개뿐이지만 이 합의 항은 36개(Ω의 원소당 하나)이다. 그러나 두 합의 값은 같다. 둘 다 다음과 상등이기 때문이다.

$$\sum_{\substack{\omega \in \Omega \\ x \in X(\Omega)}} x \Pr(\omega) \, [\, x = X(\omega) \,] \, .$$

알았어. 평균적으로(on average) '평균'은 '평균값'을 뜻해(mean).

실제 응용에서는, 확률변수의 여러 평균 중 평균값이 다른 것들보다 더 의미가 있다. 따라서 이제부터 중앙값과 최빈값은 거의 잊기로 하자. 이번 장의 나머지 부분에서, '기댓값'과 '평균값', '평균'은 거의 항상 같은 것을 말한다.

만일 X와 Y가 같은 확률공간에 관해 정의된 두 확률변수이면, $X+Y$도 그 공간에 관해 정의된 확률변수이다. 식 (8.9)에 의해, 두 확률변수의 합의 평균은 두 확률변수의 평균의 합이다. 즉, 다음이 성립한다.

$$E(X+Y) \; = \; \sum_{\omega \in \Omega} (X(\omega) + Y(\omega)) \Pr(\omega) \; = \; EX + EY. \tag{8.10}$$

마찬가지로, α가 임의의 상수일 때 다음과 같은 간단한 법칙이 성립한다.

$$E(\alpha X) \; = \; \alpha EX. \tag{8.11}$$

그런데 확률변수들의 곱에 대한 해당 규칙은 일반적으로 좀 더 복잡하다. 기댓값은 기본사건들에 관한 합으로 정의되는데, 곱들의 합에는 간단한 형식이 없는 경우가 많다. 이러한 어려움이 있긴 하지만, 확률변수들이 서로 독립인 특별한 경우에서는 곱의 평균값을 정의하는 아주 멋진 공식이 있다. 바로 다음과 같다.

$$E(XY) \; = \; (EX)(EY), \quad \text{만일 } X \text{와 } Y \text{가 독립이면.} \tag{8.12}$$

이를 곱셈에 대한 분배법칙으로 증명할 수 있다.

$$
\begin{aligned}
E(XY) \; &= \; \sum_{\omega \in \Omega} X(\omega)\, Y(\omega) \cdot \Pr(\omega) \\
&= \; \sum_{\substack{x \in X(\Omega) \\ y \in Y(\Omega)}} xy \cdot \Pr(X = x \text{ 그리고 } Y = y) \\
&= \; \sum_{\substack{x \in X(\Omega) \\ y \in Y(\Omega)}} xy \cdot \Pr(X = x)\Pr(Y = y) \\
&= \; \sum_{x \in X(\Omega)} x \Pr(X = x) \; \cdot \sum_{y \in Y(\Omega)} y \Pr(Y = y) \; = \; (EX)(EY) \, .
\end{aligned}
$$

예를 들어 한 쌍의 공정 주사위를 던졌을 때 첫 주사위의 눈 수와 둘째 주사위의 눈 수가 각각 S_1과 S_2라고 하면, $S = S_1 + S_2$이고 $P = S_1 S_2$이다. 이때 $ES_1 = ES_2 = \frac{7}{2}$이며, 따라서 $ES = 7$이다. 더 나아가서, S_1과 S_2이 독립이므로 $EP = \frac{7}{2} \cdot \frac{7}{2} = \frac{49}{4}$인데, 이는 앞의 주장과 부합하는 값이다. 또한 $E(S + P) = ES + EP = 7 + \frac{49}{4}$이다. 그러나 S와 P는 독립이 아니므로 $E(SP) = 7 \cdot \frac{49}{4} = \frac{343}{4}$이라고 단언할 수는 없다. 사실 SP의 기댓값을 계산해 보면 분포 $\Pr_{00}$에서는 $\frac{637}{6}$이고 분포 $\Pr_{11}$에서는 112(참값)이다.

8.2 평균과 분산

확률변수의 성질 중 기댓값 다음으로 중요한 것은 분산(variance)이다. 분산은 다음과 같이 확률변수의 값과 기댓값의 차이의 제곱의 기댓값으로 정의된다.

$$VX = E\big((X - EX)^2\big). \tag{8.13}$$

EX를 μ로 표기한다면, 분산 VX는 $(X - \mu)^2$의 기댓값이다. 이 측도는 X의 분포가 얼마나 "넓게 퍼져 있는가"를 나타낸다.

분산 계산의 간단한 예로, 독자가 다음과 같은 '거부할 수 없는 제안'을 받았다고 하자. 누군가가 독자에게 복권 구매 상품권 두 장을 선물했다. 복권 업자는 매주 복권 100장을 판매하고, 고르게 무작위한(uniformly random) 절차를 통해서 그중 한 장을 뽑는다. 고르게 무작위하다는 것은 간단히 말해서 각 복권의 선택 확률이 모두 같다는 뜻이다. 선택된 복권의 소지자는 1백만 달러의 상금을 받고, 나머지 99장의 소지자는 아무것도 받지 못한다.

독자가 받은 두 장의 상품권을 사용하는 방법은 두 가지이다. 두 상품권으로 같은 주에 추첨하는 복권 두 장을 살 수도 있고, 아니면 두 주의 것을 각각 한 장씩만 살 수도 있다. 어떤 것이 더 나은 전략일까? 이를 분석하기 위해, X_1과 X_2라는 확률변수가 각각 첫 복권으로 얻을 수 있는 상금과 둘째 복권으로 얻을 수 있는 상금을 나타낸다고 하자. X_1의 백만 단위 기댓값은

(여기서 약간 미묘한 점은, 전략에 따라 확률공간이 다르다지만, EX_1과 EX_2는 두 공간 모두에서 동일하다는 점이다.)

$$EX_1 = \frac{99}{100} \cdot 0 + \frac{1}{100} \cdot 100 = 1$$

이고 X_2의 백만 단위도 마찬가지이다. 기댓값은 가산적이므로, 전체적인 평균 상금은 어떤 전략을 사용하든

$$E(X_1 + X_2) = EX_1 + EX_2 = 2백만 \ 달러$$

이다.

그래도 두 전략은 여전히 달라 보인다. 그럼 기댓값에 만족하지 말고, $X_1 + X_2$의 확률분포를 구체적으로 조사해 보자.

	상금(백만 단위)		
	0	100	200
같은 복권 추첨	.9800	.0200	
다른 복권 추첨	.9801	.0198	.0001

같은 주 복권을 두 장 사면 상금이 0일 확률이 98%이고 100만 달러를 받을 확률이 2%이다. 서로 다른 주의 복권들을 산다면 상금이 0일 확률이 이전보다 약간 높은 98.01%이고 200만 달러를 받을 확률 역시 이전보다 약간 높은 0.01%이다. 그리고 100만 달러를 받을 확률은 1.98%이다. 따라서 이 둘째 전략에서 $X_1 + X_2$의 분포가 첫째 전략의 것보다 좀 더 넓게 분산되어 있다. 중간에 있는 값인 1백만 달러가 나올 확률은 조금 낮지만, 극단의 값들의 확률은 약간 높다.

이처럼 확률변수의 값들이 얼마나 넓게 퍼져 있는가가 바로 분산이 나타내고자 하는 개념이다. 분산은 그러한 '퍼져 있는 정도'를 확률변수와 그 평균값의 차이의 제곱으로 측정한다. 첫째 전략에서 분산은

$$.98(0M - 2M)^2 + .02(100M - 2M)^2 = 196M^2$$

이고 둘째 전략에서는

$$.9801(0M - 2M)^2 + .0198(100M - 2M)^2 + .0001(200M - 2M)^2$$
$$= 198M^2$$

이다. 기대했듯이, 후자의 분산이 조금 더 크다. 이는 후자의 분포가 좀 더 넓게 퍼져 있기 때문이다.

분산을 다룰 때는 모든 것을 제곱하기 때문에 수치가 상당히 커질 수 있다. (인수 M^2은 1조인데, 이는 고액 도박꾼들도 다소 위압적으로 느낄 규모이다.) 수치들을 좀 더 의미 있는 원래의 규모로 되돌리기 위해 분산의 제곱근을 취할 때가 많다. 그것을 표준편차(standard deviation)라고 부르고, 흔히 그리스 소문자 σ^{시그마}로 표기한다.

1달러 금액의 분산을 제곱 달러(square dollars) 단위로 표현한다는 것이 재미있군.

$$\sigma = \sqrt{VX}. \tag{8.14}$$

복권 두 장의 예에서 확률변수 $X_1 + X_2$의 표준편차는 각각 $\sqrt{196M^2} = 14.00M$과 $\sqrt{198M^2} \approx 14.071247M$이다. 이는 둘째 전략이 \$71,247만큼 더 위험하다는 뜻으로 해석할 수 있다.

분산이 전략을 선택하는 데 어떻게 도움이 되는지가 그리 명확하지는 않다. 분산이 높은 전략은 위험이 적은 것은 맞다. 그러나, 위험을 감수할 때 더 많은 돈을 얻을까, 아니면 안전하게 가야 더 많은 돈을 얻게 될까? 복권을 두 장이 아니라 100장 살 수 있다고 하자. 그러면, 구매 전략은 크게 두 가지로 나뉜다. 하나는 한 주의 복권 추첨에서 확실하게 당첨되는 것이고(이 경우 분산은 0이다), 다른 하나는 100주에 걸쳐 100장을 사서 $.99^{100} \approx .366$의 확률로 아무것도 얻지 못하거나 0보다는 큰 작은 확률로 최대 \$10,000,000,000을 얻는 것이다. 이 두 전략 중 어떤 것을 택해야 하는지는 이 책의 범위를 넘는 주제이다. 여기서는 그냥 분산을 어떻게 계산하는지만 설명하기로 한다.

사실, 식 (8.13)의 정의를 사용하지 않고 분산을 더 간단하게 계산하는 방법이 있다. (복권 추첨의 예에 나온 분산이 M^2의 정수배라는 점을 생각하면, 내부적으로 수학적인 무언가가 깔려 있다는 의심을 두지 않을 수 없겠다.) 기댓값과 분산에 대해 다음과 같은 등식이 성립한다.

$$\begin{aligned} E((X - EX)^2) &= E(X^2 - 2X(EX) + (EX)^2) \\ &= E(X^2) - 2(EX)(EX) + (EX)^2. \end{aligned}$$

그런데 (EX)는 하나의 상수이다. 따라서

$$VX = E(X^2) - (EX)^2 \tag{8.15}$$

이다. 다시 말해서, "분산은 제곱의 평균값에서 평균값의 제곱을 뺀 것이다."

예를 들어 복권 추첨 문제에서 $(X_1 + X_2)^2$의 평균값은 $.98(0M)^2 + .02(100M)^2 = 200M^2$ 또는 $.9801(0M)^2 + .0198(100M)^2 + .0001(200M)^2 = 202M^2$이다. 여기서 $4M^2$(평균값의 제곱)을 빼면 앞에서 좀 더 어려운 방식으로 계산했던 분산이 나온다.

더 나아가서, 만일 X와 Y가 독립일 때는 $V(X + Y)$를 더욱 간단하게 계산할 수 있다. 우선

$$\begin{aligned} E((X+Y)^2) &= E(X^2 + 2XY + Y^2) \\ &= E(X^2) + 2(EX)(EY) + E(Y^2) \end{aligned}$$

위험을 줄이는 또 다른 방법은 복권 추첨 관계자들에게 뇌물을 먹이는 것이다. 그런 경우 확률은 이산이 아니게 될 것으로 추측한다(주의: 이 여백의 의견이 반드시 출판사의 의견을 대표한다고는 말할 수 없음.)

인데, 두 확률변수가 독립이므로 $E(XY) = (EX)(EY)$이다. 따라서 다음이 성립한다.

$$\begin{aligned}
V(X+Y) &= E\big((X+Y)^2\big) - (EX+EY)^2 \\
&= E(X^2) + 2(EX)(EY) + E(Y^2) \\
&\quad - (EX)^2 - 2(EX)(EY) - (EY)^2 \\
&= E(X^2) - (EX)^2 + E(Y^2) - (EY)^2 \\
&= VX + VY.
\end{aligned} \tag{8.16}$$

즉, "두 독립 확률변수의 합의 분산은 개별 분산의 합이다." 예를 들어 복권 한 장으로 얻을 수 있는 상금의 분산은 다음과 같다.

$$E(X_1^2) - (EX_1)^2 = .99(0M)^2 + .01(100M)^2 - (1M)^2 = 99M^2.$$

따라서 개별적인(독립적인) 두 복권 추첨에 대한 두 복권의 총상금의 분산은 $2 \times 99M^2 = 198M^2$이다. 그리고 독립적인 복권 n장의 총상금의 분산은 $n \times 99M^2$이다.

주사위 굴림 합 S의 분산에도 같은 공식이 적용된다. $S = S_1 + S_2$는 독립적인 두 확률변수의 합이기 때문이다. 주사위들이 공정하다면

$$VS_1 = \frac{1}{6}(1^2 + 2^2 + 3^2 + 4^2 + 5^2 + 6^2) - \left(\frac{7}{2}\right)^2 = \frac{35}{12}$$

이다. 따라서 $VS = \frac{35}{12} + \frac{35}{12} = \frac{35}{6}$이다. 부정 주사위의 경우

$$VS_1 = \frac{1}{8}(2 \cdot 1^2 + 2^2 + 3^2 + 4^2 + 5^2 + 2 \cdot 6^2) - \left(\frac{7}{2}\right)^2 = \frac{45}{12}$$

이며, 만일 두 주사위 모두 조작되었다면 $VS = \frac{45}{6} = 7.5$이다. 공정 주사위보다 부정 주사위의 S의 분산이 크지만, S의 평균이 7이 되는 경우는 더 많다는 점을 주목하기 바란다. 만일 주사위 두 개를 굴려서 행운의 7이 더 많이 나오는 것이 목표라면, 분산이 아주 좋은 지표는 아니다.

지금까지 분산을 계산하는 방법을 배웠다. 그런데 애초에 분산을 왜 계산해야 하는지를 설득력 있게 설명하지는 못했다. 다들 분산을 계산하는 것 같긴 하지만, 왜 그러는 걸까? 주된 이유는 분산의 중요한 성질을 말해주는 다음과 같은 체비쇼프 부등식(Chebyshev's inequality)[29], [57] 때문이다.

만일 그가 이것을 1867년에 증명했다면, 클래식 '67 체비쇼프라고 불러야겠지.

$$\Pr\big((X - EX)^2 \geq \alpha\big) \leq VX/\alpha, \quad \text{모든 } \alpha > 0 \text{에 대해.} \tag{8.17}$$

(이것은 제2장에서 본 체비쇼프의 단조 부등식들과는 다른 것이다.) 아주 거칠게 말하자면, 식 (8.17)은 만일 확률변수 X의 분산 VX가 작다면 X와 평균값 EX의 차이가 큰 경우는 드물다는 뜻이다. 증명은 놀랄 만큼 간단하다. 분산은

$$
\begin{aligned}
VX &= \sum_{\omega \in \Omega} (X(\omega) - EX)^2 \Pr(\omega) \\
&\geq \sum_{\substack{\omega \in \Omega \\ (X(\omega) - EX)^2 \geq \alpha}} (X(\omega) - EX)^2 \Pr(\omega) \\
&\geq \sum_{\substack{\omega \in \Omega \\ (X(\omega) - EX)^2 \geq \alpha}} \alpha \Pr(\omega) = \alpha \cdot \Pr\big((X - EX)^2 \geq \alpha\big)
\end{aligned}
$$

인데, 양변을 α로 나누면 증명이 끝난다.

평균을 μ로, 표준편차를 σ로 표기한다면, 그리고 식 (8.17)의 α에 $c^2 VX$를 대입하면, $(X - EX)^2 \geq c^2 VX$라는 조건은 $(X - \mu)^2 \geq (c\sigma)^2$과 같다. 따라서 식 (8.17)은 다음을 말해준다.

$$
\Pr(|X - \mu| \geq c\sigma) \leq 1/c^2. \tag{8.18}
$$

즉, X는 대체로 자신의 평균값의 표준편차의 c배에 해당하는 구간 안에 놓이며, 그 구간을 벗어날 확률은 $1/c^2$ 이하이다. 확률변수는 적어도 75%의 경우에서 μ의 2σ 이내에 놓이며, 99%의 경우에서 $\mu - 10\sigma$와 $\mu + 10\sigma$ 사이에 놓인다. 이들은 체비쇼프 부등식의 $\alpha = 4VX$인 경우와 $\alpha = 100VX$인 경우에 해당한다.

공정 주사위 두 개를 n번 굴린다면, n이 클 때 n회 굴림의 총 눈 수는 거의 항상 $7n$에 가깝다. 그 이유는 이렇다. 독립적인 주사위 굴림 n회의 분산은 $\frac{35}{6}n$인데, 분산이 $\frac{35}{6}n$이라는 것은 표준편차가 단

$$
\sqrt{\frac{35}{6}n}
$$

이라는 뜻이다. 따라서, 공정 주사위 n개를 굴린다면, 체비쇼프 부등식에 의해 눈 수의 총합은 모든 시행의 99%에서

$$
7n - 10\sqrt{\frac{35}{6}n} \;\text{과}\; 7n + 10\sqrt{\frac{35}{6}n}
$$

사이이다. 예를 들어 1백만(10^6) 회 굴림의 총 눈 수가 6.975×10^6과 7.025×10^6 사이일 확률은 99대1보다 높다.

일반화해서, X가 확률공간 Ω에 관한 임의의 확률변수이고 그 평균값 μ와 표준편차 σ가 유한하다고 가정하고, 각각 $\omega_k \in \Omega$인 n-튜플 $(\omega_1, \omega_2, ..., \omega_n)$들이 기본사건들이고 그 확률들이 다음과 같이 주어지는 확률공간 Ω^n을 고찰해 보자.

$$\Pr(\omega_1, \omega_2, ..., \omega_n) = \Pr(\omega_1)\Pr(\omega_2) ... \Pr(\omega_n).$$

이제 확률변수 X_k를

$$X_k(\omega_1, \omega_2, ..., \omega_n) = X(\omega_k)$$

라는 공식으로 정의한다면, 수량

$$X_1 + X_2 + \cdots + X_n$$

은 n개의 독립 확률변수들의 합이다. 그리고 이는 Ω에서 X의 독립 표본 n개를 뽑아서 모두 더한 것에 해당한다. $X_1 + X_2 + \cdots + X_n$의 평균값은 $n\mu$이고 표준편차는 $\sqrt{n}\,\sigma$이다. 따라서 표본 n개의 평균

$$\frac{1}{n}(X_1 + X_2 + \cdots + X_n)$$

(그러니까 n의 임의의 고정된 값에 대해 n개의 독립 표본들의 집합을 조사할 때 99%의 경우에서 평균이 그 상, 하계 안에 들어간다는 뜻이다. 이를, n의 변화에 따른 무한수열 $X_1, X_2, X_3, ...$ 의 평균에 관한 명제로 오해하면 안 된다.)

은 적어도 99%의 경우에 $\mu - 10\sigma/\sqrt{n}$과 $\mu + 10\sigma/\sqrt{n}$ 사이에 놓인다. 다른 말로 하면, 만일 n을 충분히 큰 값으로 둔다면, n개의 독립 표본들의 평균은 거의 항상 기댓값 EX에 아주 가깝다. (확률론 교과서들에는 대수大數의 강법칙(Strong Law of Large Numbers)이라고 하는 이보다 더 강력한 정리의 증명이 나온다. 그러나 이 책의 목적에서는 방금 유도한, 체비쇼프 부등식의 단순한 결과로도 충분하다.)

그런데 확률공간의 특성을 알지 못하는 상황에서 확률변수 X의 값들을 여러 번 추출해서 X의 평균을 추정해야 할 때도 종종 있다. (이를테면 샌프란시스코의 1월 정오 기준 평균 기온을 알고 싶을 수도 있고, 보험설계사들의 평균 기대수명을 추정해야 할 수도 있다.) 독립적인 실험 측정값 $X_1, X_2, ..., X_n$이 주어졌을 때, 실제 평균의 근삿값을 다음과 같이 추정할 수 있다.

$$\hat{EX} = \frac{X_1 + X_2 + \cdots + X_n}{n}. \tag{8.19}$$

또한, 분산의 추정치도 구할 수 있다. 다음 공식이 그것이다.

$$\hat{VX} = \frac{X_1^2 + X_2^2 + \cdots + X_n^2}{n-1} - \frac{(X_1 + X_2 + \cdots + X_n)^2}{n(n-1)}. \tag{8.20}$$

이 공식의 $(n-1)$들이 수식 조판 오류가 아닌가 싶은 독자도 있을 것이다. 실제 분산 VX가 식 (8.15)에 나온 기댓값들로 정의되므로, 식 (8.19)에서처럼 n이어야 하지 않을까? 그러나 이 경우에는 n이 아니라 $n-1$으로 해야 더 나은 추정치가 나온다. 이는 정의 (8.20)이 다음을 함의하기 때문이다.

$$E(\hat{V}X) = VX. \tag{8.21}$$

이 공식의 근거는 다음과 같다.

$$\begin{aligned}
E(\hat{V}X) &= \frac{1}{n-1}E\left(\sum_{k=1}^{n} X_k^2 - \frac{1}{n}\sum_{j=1}^{n}\sum_{k=1}^{n} X_j X_k\right) \\
&= \frac{1}{n-1}\left(\sum_{k=1}^{n} E(X_k^2) - \frac{1}{n}\sum_{j=1}^{n}\sum_{k=1}^{n} E(X_j X_k)\right) \\
&= \frac{1}{n-1}\left(\sum_{k=1}^{n} E(X^2) - \frac{1}{n}\sum_{j=1}^{n}\sum_{k=1}^{n} (E(X)^2[j\neq k]+E(X^2)[j=k])\right) \\
&= \frac{1}{n-1}\left(nE(X^2) - \frac{1}{n}(nE(X^2)+n(n-1)E(X)^2)\right) \\
&= E(X^2) - E(X)^2 = VX.
\end{aligned}$$

(이 유도 과정에서 $E(X_j X_k)$를 $(EX)^2[j\neq k]+E(X^2)[j=k]$로 대체할 수 있는 것은 측정값들이 서로 독립적이기 때문이다.)

실제 응용에서, 일반적으로 어떤 확률변수 X에 관한 실험 결과들은 표본 평균값 $\hat{\mu}=\hat{E}X$와 표본 분산 $\hat{\sigma}=\sqrt{\hat{V}X}$를 계산해서 구한다. 그리고 답을 '$\hat{\mu}\pm\hat{\sigma}/\sqrt{n}$' 형태로 제시한다. 예를 들어 다음은 공정할 것이라고 가정하는 두 주사위를 열 번 굴린 결과이다.

눈 수의 합 S의 표본 평균값은

$$\hat{\mu} = (7+11+8+5+4+6+10+8+8+7)/10 = 7.4$$

이고 표본 분산은

$$(7^2+11^2+8^2+5^2+4^2+6^2+10^2+8^2+8^2+7^2-10\hat{\mu}^2)/9 \approx 2.1^2$$

이다. 실험 결과들에 근거해서, 이 주사위들의 평균 눈 수 합이 $7.4\pm2.1/\sqrt{10} \approx 7.4\pm0.7$이라고 추정할 수 있다.

그럼 평균값과 분산의 예를 하나 더 살펴보자. 이번 예의 목적은 평균값과 분산을 실험 결과가 아니라 이론적인 방식으로 계산하는 방법을 보여주는 것이다. 제5장에서 고찰한 질문 중 하나는 '축구 승리 문제'였다.. 이 문제에서 n개의 모자가 공중으로 던져지며, 그 결과는 모자들의 무작위(확률) 순열이다. 식 (5.51)에서 보았듯이, 누구도 자신의 모자를 받지 못할 확률은 $n_i/n! \approx 1/e$ 이다. 또한, 제5장에서는 정확히 k명이 자신의 모자를 받게 될 확률을 나타내는 다음과 같은 공식도 유도했다.

$$P(n,k) = \frac{1}{n!}\binom{n}{k}(n-k)_i = \frac{1}{k!}\frac{(n-k)_i}{(n-k)!}. \tag{8.22}$$

이 결과들을 이번 장에서 배운 표기법과 관례를 이용해서 다시 고찰해보자. 이 문제의 확률공간 Π_n은 $\{1,2,...,n\}$의 순열 π들(모두 $n!$개)로 이루어지며, 그 확률들은 모든 $\pi \in \Pi_n$에 대해 $\mathrm{Pr}(\pi) = 1/n!$으로 정의된다. 그리고 확률변수는 다음과 같다.

피보나치 수와 혼동하지 말 것

$$F_n(\pi) = \pi \text{의 '고정점'들의 개수}, \quad \pi \in \Pi_n \text{에 대해}.$$

이 확률변수는 축구 승리 문제에서 모자가 제 주인에게 떨어진 경우의 수를 나타낸다. 식 (8.22)의 확률 공식에 따르면 $\mathrm{Pr}(F_n = k)$이지만, 그 공식을 우리가 알지 못하며 그냥 F_n의 평균값과 표준편차를 연구하기만 한다고 가정하다.

사실 평균값은 계산하기가 엄청나게 쉽다. 제5장에서 겪었던 복잡한 사항들이 이번에는 전혀 관여하지 않는다. 그냥 다음 사실에 주목하면 된다.

$$F_n(\pi) = F_{n,1}(\pi) + F_{n,2}(\pi) + \cdots + F_{n,n}(\pi),$$
$$F_{n,k}(\pi) = [\pi \text{의 위치 } k \text{는 하나의 고정점}], \quad \pi \in \Pi_n \text{에 대해}.$$

따라서

$$EF_n = EF_{n,1} + EF_{n,2} + \cdots + EF_{n,n}$$

이다. 그리고 $F_{n,k}$의 기댓값은 그냥 $F_{n,k} = 1$일 확률인데, 이는 $1/n$이다. $n!$개의 순열 $\pi = \pi_1\pi_2 \ldots \pi_n \in \Pi_n$들 중 $\pi_k = k$인 것은 정확히 $(n-1)!$개이기 때문이다. 따라서 다음이 성립한다.

$$EF_n = n/n = 1, \quad n > 0 \text{에 대해}. \tag{8.23}$$

평균 1(One the average).

평균적으로(on the average) 하나의 모자가 제 주인에게 돌아간다. "하나의 무작위 순열에는 평균적으로 하나의 고정점이 있다."

그럼 표준편차는 어떨까? 이 질문은 좀 더 어렵다. $F_{n,k}$들이 서로 독립이 아니기 때문이다. 그렇지만 이들 사이의 상호 의존성을 분석하면 분산을 계산할 수 있다.

$$E(F_n^2) = E\left(\left(\sum_{k=1}^{n} F_{n,k}\right)^2\right) = E\left(\sum_{j=1}^{n}\sum_{k=1}^{n} F_{n,j}F_{n,k}\right)$$

$$= \sum_{j=1}^{n}\sum_{k=1}^{n} E(F_{n,j}F_{n,k}) = \sum_{1 \le k \le n} E(F_{n,k}^2) + 2\sum_{1 \le j < k \le n} E(F_{n,j}F_{n,k}).$$

(이 유도 과정에는 제2장의 식 (2.33)을 유도할 때 사용한 것과 비슷한 요령이 쓰였다.) $F_{n,k}$는 0이거나 1이므로, 이제 $F_{n,k}^2 = F_{n,k}$이다. 따라서 앞에서처럼 $E(F_{n,k}^2) = EF_{n,k} = 1/n$이다. 그리고 만일 $j < k$이면 $E(F_{n,j}F_{n,k}) = \Pr(\pi$의 j와 k가 둘 다 고정점$) = (n-2)!/n! = 1/n(n-1)$이다. 그러므로 다음이 성립한다.

$$E(F_n^2) = \frac{n}{n} + \binom{n}{2}\frac{2}{n(n-1)} = 2, \quad n \ge 2\text{에 대해} \tag{8.24}$$

(이를 점검해 보면, $n = 3$일 때 $\frac{2}{6}0^2 + \frac{3}{6}1^2 + \frac{0}{6}2^2 + \frac{1}{6}3^2 = 2$이다.) 분산은 $E(F_n^2) - (EF_n)^2 = 1$이며, 따라서 표준편차는(평균값과 마찬가지로) 1이다. "$n \ge 2$개의 원소들의 한 무작위 수열에는 1 ± 1개의 고정점이 있다."

8.3 확률 생성함수

만일 X가 오직 음이 아닌 정숫값만 취하는 확률변수이면, 해당 확률분포를 제7장의 기법들을 이용해서 정밀하게 특징지을 수 있다. X의 확률 생성함수(probability generating function), 줄여서 pgf를 다음과 같이 정의한다.

$$G_X(z) = \sum_{k \ge 0} \Pr(X = k)\, z^k. \tag{8.25}$$

이 z의 멱급수에는 확률변수 X에 관한 모든 정보가 들어 있다. 이를 또한 다음과 같이 두 가지 다른 방식으로 표현할 수도 있다.

$$G_X(z) = \sum_{\omega \in \Omega} \Pr(\omega)\, z^{X(\omega)} = E(z^X). \tag{8.26}$$

$G_X(z)$의 계수들은 음수가 아니며, 그 합은 1이다. 후자의 조건을 다음과 같이 표현할 수 있다.

$$G_X(1) \;=\; 1.\tag{8.27}$$

반대로, 계수들이 음수가 아니고 $G(1)=1$인 임의의 멱급수 $G(z)$는 어떤 확률변수의 pgf이다.

pgf의 가장 큰 장점은, pgf를 이용하면 평균값과 분산의 계산이 간단해질 때가 많다는 것이다. 예를 들어 평균값을 pgf를 이용해서 다음과 같이 손쉽게 표현할 수 있다.

$$\begin{aligned}
EX &= \sum_{k \geq 0} k \cdot \Pr(X=k)\\
&= \sum_{k \geq 0} \Pr(X=k) \cdot kz^{k-1}\Big|_{z=1}\\
&= G_X'(1).
\end{aligned}\tag{8.28}$$

그냥 pgf를 z에 대해 미분하고 $z=1$로 두면 평균값이 된다.

분산도 간단하다. 평균값보다 약간 더 복잡할 뿐이다. 우선,

$$\begin{aligned}
E(X^2) &= \sum_{k \geq 0} k^2 \cdot \Pr(X=k)\\
&= \sum_{k \geq 0} \Pr(X=k) \cdot \big(k(k-1)z^{k-2}+kz^{k-1}\big)\Big|_{z=1} \;=\; G_X''(1)+G_X'(1)
\end{aligned}$$

이며, 따라서

$$VX \;=\; G_X''(1)+G_X'(1)-G_X'(1)^2\tag{8.29}$$

이다. 식 (8.28)과 식 (8.29)는 만일 두 도함수 $G_X'(1)$과 $G_X''(1)$의 값을 구한다면 평균값과 분산을 계산할 수 있다는 뜻이다. 확률들의 닫힌 형식을 구할 필요가 없으며, 심지어는 $G_X(z)$ 자체의 닫힌 형식도 구할 필요가 없다.

G가 임의의 함수라고 할 때, 다음과 같은 정의를 도입하기로 하자.

$$\mathrm{Mean}(G) \;=\; G'(1),\tag{8.30}$$

$$\mathrm{Var}(G) \;=\; G''(1)+G'(1)-G'(1)^2.\tag{8.31}$$

확률 문제에서는 도함수들의 이런 조합들을 계산해야 할 때가 많으므로, 이렇게 정의해 두면 편하다.

pgf의 두 번째로 큰 장점은 여러 주요 경우들에서 pgf가 그냥 z의 단순한 함수라는 것이다. 예를 들어 n차 고른 분포(uniform distribution, 균등분포)를 살펴보자. 이

분포에서 확률변수는 값 $\{0, 1, \ldots, n-1\}$ 각각을 $1/n$의 확률로 취한다. 이 경우 pgf는 다음과 같다.

$$U_n(z) = \frac{1}{n}(1 + z + \cdots + z^{n-1}) = \frac{1}{n}\frac{1-z^n}{1-z}, \quad n \geq 1\text{에 대해.} \tag{8.32}$$

$U_n(z)$는 하나의 기하급수이므로, 이처럼 우리가 알고 있는 닫힌 형식이 존재한다.

그런데 알고 보면 이 닫힌 형식은 다소 실망스럽다. $U_n(z)$가 z의 임의의 값에 대해 잘 정의되는 다항식이지만, $z = 1$(pgf에 대해 가장 중요한 z의 값이다)을 대입하면 $0/0$이라는 정의되지 않는 비가 나온다. 닫힌 형식이 아닌 수식 $(1 + z + \cdots + z^{n-1})/n$을 생각하면 $U_n(1) = 1$이라는 값이 당연하지만, 닫힌 형식에서는 그렇지 않다. 닫힌 형식에서 $U_n(1)$을 결정하려면 로피탈의 법칙을 이용해서 $\lim_{z \to 1} U_n(z)$를 구해야 한다. 로피탈의 법칙으로 $U_n'(1)$을 구하는 것은 더 어렵다. 분모에 인수 $(z-1)^2$이 있기 때문이다. 그리고 $U_n''(1)$은 그보다도 어렵다.

다행히 이러한 딜레마에서 벗어나는 멋진 방법이 있다. 만일 $G(z) = \sum_{n \geq 0} g_n z^n$이 $|z| > 1$인 적어도 하나의 z의 값에서 수렴하는 임의의 멱급수이면, 멱급수 $G'(z) = \sum_{n \geq 0} n g_n z^{n-1}$ 역시 그러한 성질을 만족하며, $G''(z)$, $G'''(z)$, 등도 마찬가지이다. 따라서, 테일러 정리에 의해

$$G(1+t) = G(1) + \frac{G'(1)}{1!}t + \frac{G''(1)}{2!}t^2 + \frac{G'''(1)}{3!}t^3 + \cdots \tag{8.33}$$

이다. $z = 1$에서 $G(z)$의 모든 도함수는 계수들로 나타나며, 그때 $G(1+t)$는 t의 거듭제곱들로 전개된다.

예를 들어 고른 분포 pgf $U_n(z)$의 도함수들을 이런 방식으로 쉽게 구할 수 있다.

$$\begin{aligned}
U_n(1+t) &= \frac{1}{n}\frac{(1+t)^n - 1}{t} \\
&= \frac{1}{n}\binom{n}{1} + \frac{1}{n}\binom{n}{2}t + \frac{1}{n}\binom{n}{3}t^2 + \cdots + \frac{1}{n}\binom{n}{n}t^{n-1}.
\end{aligned}$$

이를 식 (8.33)과 비교해 보면 다음을 도출할 수 있다.

$$U_n(1) = 1; \quad U_n'(1) = \frac{n-1}{2}; \quad U_n''(1) = \frac{(n-1)(n-2)}{3}. \tag{8.34}$$

그리고 일반적으로 $U_n^{(m)}(1) = (n-1)^{\underline{m}}/(m+1)$이다. 그러나 평균값과 분산의 계산에는 $m = 1$인 경우와 $m = 2$인 경우만 있으면 된다. 고른 분포의 평균은

$$U_n{}'(1) \;=\; \frac{n-1}{2} \tag{8.35}$$

이고 분산은

$$U_n{}''(1) + U_n{}'(1) - U_n{}'(1)^2 \;=\; 4\,\frac{(n-1)(n-2)}{12} + 6\,\frac{(n-1)}{12} - 3\,\frac{(n-1)^2}{12}$$
$$=\; \frac{n^2-1}{12} \tag{8.36}$$

이다.

pgf의 세 번째로 큰 장점은 pgf들의 곱이 독립 확률변수들의 합에 대응된다는 것이다. 제5장과 제7장에서 배웠듯이, 생성함수들의 곱은 수열들의 합성곱에 대응된다. 그러나 실제 응용에서는 확률들의 합성곱이 독립 확률변수들의 합에 대응된다는 점을 아는 것이 더 중요하다. 실제로, 만일 X와 Y가 정숫값만 취하는 확률변수면, $X + Y = n$일 확률은

$$\Pr(X + Y = n) \;=\; \sum_k \Pr(X = k \text{ 그리고 } Y = n - k)$$

이다. 만일 X와 Y가 독립이면 이제 다음이 성립한다.

$$\Pr(X + Y = n) \;=\; \sum_k \Pr(X = k)\,\Pr(Y = n - k)$$

즉, 하나의 합성곱이다. 따라서(이것이 이번 절의 펀치라인이다),

$$G_{X+Y}(z) \;=\; G_X(z)\,G_Y(z), \quad \text{만일 } X \text{와 } Y \text{가 독립이면.} \tag{8.37}$$

이전에 이번 장에서 X와 Y가 독립일 때 $V(X + Y) = VX + VY$라고 했다. 그러한 X와 Y의 pgf들이 각각 $F(z)$와 $G(z)$라고 하자. 그리고 $X + Y$의 pgf가 $H(z)$라고 하자. 그러면

$$H(z) \;=\; F(z)\,G(z)$$

이며, 식 (8.28)에서 식 (8.31)까지의 평균값 및 분산 공식들에 의해 반드시 다음이 성립한다.

$$\operatorname{Mean}(H) \;=\; \operatorname{Mean}(F) + \operatorname{Mean}(G); \tag{8.38}$$
$$\operatorname{Var}(H) \;=\; \operatorname{Var}(F) + \operatorname{Var}(G). \tag{8.39}$$

이 공식들은 도함수 $\mathrm{Mean}(H) = H'(1)$과 $\mathrm{Var}(H) = H''(1) + H'(1) - H'(1)^2$의 성질들인데, 임의의 함수 곱 $H(z) = F(z)\,G(z)$에 대해 유효하지는 않다. 그러나

$$H'(z) = F'(z)\,G(z) + F(z)\,G'(z),$$
$$H''(z) = F''(z)\,G(z) + 2F'(z)\,G'(z) + F(z)\,G''(z)$$

이므로, 만일 $z=1$로 두면 식 (8.38)과 식 (8.39)는

$$F(1) = G(1) = 1 \tag{8.40}$$

이고 도함수들이 존재하기만 하면 일반적으로 성립하게 된다. 이 공식들은 '확률'들이 반드시 $[0..1]$ 범위가 아니라도 유효함을 주의하기 바란다. 필요하다면, $F(z)$와 $G(z)$를 $F(1)$과 $G(1)$로 나누어서(단, $F(1)$과 $G(1)$이 0이 아니어야 함) 확률들을 그 범위로 정규화하면 된다.

그런데 평균값과 분산이 전부는 아니다. 평균값과 분산은 덴마크 천문학자 토르발트 니콜라이 틸레[Thorvald Nicolai Thiele]가 1930년에 소개한[351] 소위 **누적률**(cumulant) 통계학의 무한급수 중 두 항일 뿐이다. 한 확률변수의 처음 두 누적률 κ_1과 κ_2가 바로 우리가 평균값과 분산이라고 부르는 것이다. 또한, 확률분포의 좀 더 미묘한 성질들을 표현하는 더 높은 차수의 누적률들도 있다. 다음은 모든 차수의 누적률을 정의하는 일반식이다.

나는 준최누등(magna cumulant)으로 졸업할 거야.

$$\ln G(e^t) = \frac{\kappa_1}{1!}t + \frac{\kappa_2}{2!}t^2 + \frac{\kappa_3}{3!}t^3 + \frac{\kappa_4}{4!}t^4 + \cdots . \tag{8.41}$$

여기서 $G(z)$는 확률변수의 pgf이다.

그럼 누적률을 좀 더 자세히 살펴보자. $G(z)$가 X의 pgf라 할 때 다음이 성립한다.

$$
\begin{aligned}
G(e^t) &= \sum_{k \geq 0} \Pr(X=k)e^{kt} = \sum_{k,m \geq 0} \Pr(X=k)\frac{k^m t^m}{m!} \\
&= 1 + \frac{\mu_1}{1!}t + \frac{\mu_2}{2!}t^2 + \frac{\mu_3}{3!}t^3 + \cdots .
\end{aligned}
\tag{8.42}
$$

여기서

$$\mu_m = \sum_{k \geq 0} k^m \Pr(X=k) = E(X^m) \tag{8.43}$$

인데, 이 수량 μ_m을 X의 'm차 모멘트[moment](적률)'라고 부른다. 식 (8.41)의 양변에 지수를 취하면 $G(e^t)$의 또 다른 공식이 나온다.

$$G(e^t) = 1 + \frac{\left(\kappa_1 t + \frac{1}{2}\kappa_2 t^2 + \cdots\right)}{1!} + \frac{\left(\kappa_1 t + \frac{1}{2}\kappa_2 t^2 + \cdots\right)^2}{2!} + \cdots$$

$$= 1 + \kappa_1 t + \frac{1}{2}(\kappa_2 + \kappa_1^2)t^2 + \cdots.$$

t의 거듭제곱들의 계수들을 등호로 연결해 보면, 누적률을 모멘트들로 정의하는 다음과 같은 일련의 공식들을 얻게 된다.

$$\kappa_1 = \mu_1, \tag{8.44}$$

$$\kappa_2 = \mu_2 - \mu_1^2, \tag{8.45}$$

$$\kappa_3 = \mu_3 - 3\mu_1\mu_2 + 2\mu_1^3, \tag{8.46}$$

$$\kappa_4 = \mu_4 - 4\mu_1\mu_3 + 12\mu_1^2\mu_2 - 3\mu_2^2 - 6\mu_1^4, \tag{8.47}$$

$$\kappa_5 = \mu_5 - 5\mu_1\mu_4 + 20\mu_1^2\mu_3 - 10\mu_2\mu_3$$
$$+ 30\mu_1\mu_2^2 - 60\mu_1^3\mu_2 + 24\mu_1^5, \tag{8.48}$$

$$\vdots$$

"이 고차 반-불변량(half-invariant)들에 대해서는 특별한 이름을 제안할 필요가 없을 것이다."
— T. N.틸레^{Thiele}, [351]

앞에서 언급했듯이 κ_2가 실제로 분산 $E(X^2) - (EX)^2$임을 주목하기 바란다.

곱의 로그는 합이므로, 식 (8.41)은 두 pgf의 곱 $F(z)\,G(z)$로 정의되는 누적률들이 $F(z)$와 $G(z)$의 해당 누적률들의 합에 해당함을 명백하고 보여준다. 따라서, 평균값과 분산이 가산적이듯이, 독립 확률변수들의 합의 모든 누적률은 가산적이다. 이러한 성질 때문에 누적률이 모멘트보다 더 중요하다.

접근 방식을 살짝 바꾸어서, 확률 생성함수를 다음과 같이 표현해 보자.

$$G(1+t) = 1 + \frac{\alpha_1}{1!}t + \frac{\alpha_2}{2!}t^2 + \frac{\alpha_3}{3!}t^3 + \cdots.$$

이를 식 (8.33)과 비교해보면, α들은 다음과 같이 정의된다. 이러한 α를 '계승모멘트(factorial moment)'라고 부른다.

$$\alpha_m = G^{(m)}(1)$$
$$= \sum_{k \geq 0} \Pr(X = k)\,k^{\underline{m}}z^{k-m}\Big|_{z=1}$$
$$= \sum_{k \geq 0} k^{\underline{m}}\Pr(X = k)$$
$$= E(X^{\underline{m}}). \tag{8.49}$$

이로부터 다음이 나온다.

$$G(e^t) = 1 + \frac{\alpha_1}{1!}(e^t-1) + \frac{\alpha_2}{2!}(e^t-1)^2 + \cdots$$
$$= 1 + \frac{\alpha_1}{1!}(t + \frac{1}{2}t^2 + \cdots) + \frac{\alpha_2}{2!}(t^2 + t^3 + \cdots) + \cdots$$
$$= 1 + \alpha_1 t + \frac{1}{2}(\alpha_2 + \alpha_1)t^2 + \cdots.$$

이제 누적률들을 도함수 $G^{(m)}(1)$들로 표현할 수 있다.

$$\kappa_1 = \alpha_1, \tag{8.50}$$
$$\kappa_2 = \alpha_2 + \alpha_1 - \alpha_1^2, \tag{8.51}$$
$$\kappa_3 = \alpha_3 + 3\alpha_2 + \alpha_1 - 3\alpha_2\alpha_1 - 3\alpha_1^2 + 2\alpha_1^3, \tag{8.52}$$
$$\vdots$$

이러한 일련의 공식들로부터, 식 (8.38)과 식 (8.39)를 모든 누적률로 확장하는 '가산적' 항등식들을 유도할 수 있다.

그럼 다시 지상으로 내려가서, 이러한 개념들을 간단한 예제들에 적용해 보자. 가장 간단한 형태의 확률변수는 X가 1의 확률로 고정된 값 x를 취하는 '확률상수 (random constant)'이다. 이 경우 $G_X(z) = z^x$이고 $\ln G_X(e^t) = xt$이다. 따라서 평균값은 x이고 그 밖의 모든 누적률은 0이다. 이로부터, 임의의 pgf에 z^x를 곱하면 평균값이 x만큼 증가하지만 분산을 비롯한 다른 모든 누적률은 변하지 않는다는 결론이 나온다.

확률 생성함수가 주사위 문제에는 어떻게 적용될까? 공정 주사위 하나를 굴렸을 때 눈 수의 분포의 pgf는 다음과 같다.

$$G(z) = \frac{z + z^2 + z^3 + z^4 + z^5 + z^6}{6} = zU_6(z).$$

여기서 U_6은 6차 고른 분포의 pgf이다. 인수 'z'는 평균값에 1을 더하므로, 평균값은 식 (8.35)의 $\frac{n-1}{2} = 2.5$가 아니라 3.5이다. 그러나 분산에는 여분의 'z'가 영향을 미치지 않는다. 분산은 식 (8.36) 그대로 $\frac{35}{12}$이다.

독립적인 두 주사위의 총 눈 수의 pgf는 한 주사위의 눈 수의 pgf의 제곱이다.

$$G_S(z) = \frac{z^2 + 2z^3 + 3z^4 + 4z^5 + 5z^6 + 6z^7 + 5z^8 + 4z^9 + 3z^{10} + 2z^{11} + z^{12}}{36}$$
$$= z^2 U_6(z)^2.$$

이와 비슷하게, 공정 주사위 한 쌍을 n번 굴렸을 때 전체적인 눈 수 총합이 k일 확률은

$$[z^k]\, G_S(z)^n \;=\; [z^k]\, z^{2n}\, U_6(z)^{2n}$$
$$=\; [z^{k-2n}]\, U_6(z)^{2n}$$

이다.

모자 분포(hat distribution)는 또 다른 종류의 고른 분포이다.

이번에는 이전에 고찰한 축구 승리 모자 던지기 문제, 다시 말해 한 무작위 순열의 고정점들을 나열하는 문제를 생각해 보자. 그 문제의 pgf를 식 (5.49)로부터 유도하면 다음과 같다.

$$F_n(z) \;=\; \sum_{0 \le k \le n} \frac{(n-k)\,\mathrm{i}}{(n-k)!} \frac{z^k}{k!}, \quad n \ge 0\text{에 대해.} \tag{8.53}$$

따라서

$$F_n{}'(z) \;=\; \sum_{1 \le k \le n} \frac{(n-k)\,\mathrm{i}}{(n-k)!} \frac{z^{k-1}}{(k-1)!}$$
$$=\; \sum_{0 \le k \le n-1} \frac{(n-1-k)\,\mathrm{i}}{(n-1-k)!} \frac{z^k}{k!}$$
$$=\; F_{n-1}(z)$$

이다. 계수들의 세부사항을 몰라도, $F_n^{(m)}(z) = F_{n-m}(z)$라는 결론을 이 점화식 $Fn'(z) = F_{n-1}(z)$로부터 이끌어낼 수 있다. 그러므로

$$F_n^{(m)}(1) \;=\; F_{n-m}(1) \;=\; [\,n \ge m\,] \tag{8.54}$$

이다. 이 공식을 이용하면 평균값과 분산을 손쉽게 계산할 수 있다. 이전에도 구했듯이(이번에는 좀 더 빨리 구할 수 있었다), $n \ge 2$일 때 평균값과 분산 모두 1이다.

사실 이제는 $n \ge m$이면 항상 이 확률변수의 m차 누적률 κ_m이 1과 같음을 보일 수 있다. 증명은 이렇다. m차 누적률은 $F_n{}'(1), F_n{}''(1), \ldots, F_n^{(m)}(1)$에만 의존하는데, 이 값들은 모두 1과 같다. 따라서 m차 누적률에 대해서도, $F_n(z)$를 다음과 같은 극한 pgf로 대체할 때와 같은 답을 얻게 된다.

$$F_{\infty(z)} \;=\; e^{z-1}, \tag{8.55}$$

이 pgf의 모든 차수의 도함수에 대해 $F_\infty^{(m)}(1) = 1$이다. 그런데 F_∞의 누적률은 항상 1과 같다. 왜냐하면

$$\ln F_\infty(e^t) = \ln e^{e^t - 1} = e^t - 1 = \frac{t}{1!} + \frac{t^2}{2!} + \frac{t^3}{3!} + \cdots$$

이기 때문이다.

8.4 동전 던지기

이번에는 결과가 단 두 종류인 절차들로 관심을 돌리자. 동전 하나를 던졌을 때 앞면이 나올 확률이 p, 뒷면이 나올 확률이 q라고 하면, 그 둘 사이에는 다음과 같은 관계가 성립한다.

$$p + q = 1.$$

사기꾼들은 새로 발행된 U.S. 페니 동전을 매끄러운 탁자 위에서 돌렸을 때 $p \approx 0.1$임을 알고 있다. (무게 분포 때문에 링컨의 머리가 아래로 깔리기 쉽다.)

(동전이 세로로 서거나 어떤 구멍 안에 들어가는 등의 일은 없다고 가정한다.) 이번 절 전체에서 수 p와 q의 합은 항상 1이다. 만일 동전이 공정하면 $p = q = \frac{1}{2}$이다. 그 외의 경우는 동전이 치우쳤다(biased, 편향)고 말한다.

동전 하나를 한 번 던졌을 때 앞면이 나오는 경우의 수의 생성함수는 다음과 같다.

$$H(z) = q + pz. \tag{8.56}$$

동전을 n번 던졌을 때(항상 각각의 동전 던지기가 독립된 사건이라고 가정한다) 앞면이 나오는 경우의 수의 생성함수는 이항정리에 따라 다음과 같이 정의된다.

$$H(z)^n = (q + pz)^n = \sum_{k \geq 0} \binom{n}{k} p^k q^{n-k} z^k, \tag{8.57}$$

따라서 동전을 n번 던졌을 때 앞면이 정확히 k번 나올 확률은 $\binom{n}{k} p^k q^{n-k}$이다. 이러한 확률들의 수열을 이항분포(binomial distribution)라고 부른다.

동전 하나를, 앞면이 처음 나올 때까지 계속 던진다고 하자. 정확히 k번 던졌을 때 앞면이 처음 나올 확률은 얼마일까? $k = 1$일 확률은 p이다(첫 번째 던지기에서 앞면이 나올 확률이 바로 그것이므로). 그리고 $k = 2$일 확률은 qp이다(첫 던지기에서 뒷면이 나오고 그다음에 앞면이 나올 확률이 그것이므로). 그리고 일반적인 k에 대한 확률은 $q^{k-1} p$이다. 따라서 생성함수는 다음과 같다.

$$pz + qpz^2 + q^2 pz^3 + \cdots = \frac{pz}{1 - qz}. \tag{8.58}$$

앞면이 n번 나올 때까지 이 과정을 반복하면 다음과 같은 pgf가 나온다.

$$\left(\frac{pz}{1-qz}\right)^n = p^n z^n \sum_k \binom{n+k-1}{k}(qz)^k$$
$$= \sum_k \binom{k-1}{k-n} p^n q^{k-n} z^k. \qquad (8.59)$$

첨언하자면, 이것은 음의 이항분포에 대한 생성함수

$$\left(\frac{p}{1-qz}\right)^n = \sum_k \binom{n+k-1}{k} p^n q^k z^k \qquad (8.60)$$

에 z^n을 곱한 것이다.

식 (8.59)는 동전 하나를 앞면이 n번 나올 때까지 던질 때의 확률공간을 나타내는데, 이 확률공간은 원소가 무한히 많다는 점에서 이번 장에서 이전에 본 확률공간들과 다르다. 이 확률공간의 각 원소는 다수의 앞면과 뒷면으로 이루어진, 앞면이 정확히 n개이고 마지막 원소들이 앞면들인 유한 기호열이다. 그리고 그러한 기호열이 나타날 확률은 $p^n q^{k-n}$인데, 여기서 $k-n$은 뒷면들의 개수이다. 따라서, 예를 들어 $n=3$일 때, 그리고 앞면을 H, 뒷면을 T로 표기할 때,[†] 기호열 THTTTHH는 확률공간의 한 원소이고 그 확률은 $qpqqqpp = p^3 q^4$이다.

X가 식 (8.57)의 이항분포를 따르는 확률변수이고, Y가 식 (8.60)의 음의 이항분포를 따르는 확률변수라고 하자. 이 분포들은 n과 p에 의존한다. X의 pgf는 $H(z)^n$이므로, 평균값은 $nH'(1)=np$이다. 분산은

$$n\big(H''(1)+H'(1)-H'(1)^2\big) = n(0+p-p^2) = npq \qquad (8.61)$$

이다. 따라서 표준편차는 $\sqrt{npq}$이다. 다른 말로 하면, 동전 하나를 n번 던질 때 앞면 개수의 기댓값은 $np \pm \sqrt{npq}$이다. Y의 평균값과 분산도 비슷한 방식으로 구할 수 있다. 만일

$$G(z) = \frac{p}{1-qz}$$

로 둔다면,

앞면이 나오면 내가 이기고 뒷면이 나오면 네가 지는 거야. 싫어? 좋아 그럼 뒷면이면 네가 지고 앞면이면 내가 이긴다. 싫다고? 그러면, 앞면이 나오면 네가 지고 뒷면이면 내가 이기는 거로 하지.

[†] (옮긴이) 참고로 H는 동전의 앞면을 뜻하는 head의 머리글자고(흔히 동전의 한 면에는 유명인의 두상이 있다) T는 동전의 뒷면을 뜻하는 tail의 머리글자다.

$$G'(z) = \frac{pq}{(1-qz)^2},$$

$$G''(z) = \frac{2pq^2}{(1-qz)^3}$$

이다. 따라서 $G'(1) = pq/p^2 = q/p$이고 $G''(1) = 2pq^2/p^3 = 2q^2/p^2$이다. 이로부터 Y 의 평균값 nq/p와 분산 nq/p^2을 이끌어낼 수 있다.

그런데 Y의 평균값과 분산을 좀 더 간단하게 도출하는 방법이 있다. 이 방법에서 는 역수 생성함수(reciprocal generating function)

$$F(z) = \frac{1-qz}{p} = \frac{1}{p} - \frac{q}{p} z \tag{8.62}$$

를 이용해서 다음과 같은 식을 세운다.

$$G(z)^n = F(z)^{-n}. \tag{8.63}$$

다항식 $F(z)$에는 음의 계수가 있으므로, 이 다항식은 확률 생성함수가 아니다. 그렇 긴 하지만 이 다항식은 $F(1) = 1$이라는 핵심적인 조건을 만족한다. 따라서 형식적으 로 $F(z)$는 앞면이 나올 확률이 $-q/p$인 동전에 해당하는 하나의 이항식(binomial)이 다. 그리고 형식적으로 $G(z)$는 그러한 동전을 -1번(!) 던지는 것에 해당한다. 그러 므로, 매개변수들이 (n,p)인 음의 이항분포를 매개변수들이 $(n',p') = (-n,-q/p)$ 인 보통의 이항분포로 간주할 수 있다. 이러한 형식적인 논법을 계속 밀고 나가면, 평균값은 $n'p' = (-n)(-q/p) = nq/p$이어야 하고 분산은 $n'p'q' = (-n)(-q/p) \times (1+q/p) = nq/p^2$이어야 한다. 애초에 보통의 이항식을 유도할 때 $0 \le p \le 1$이 전혀 사용되지 않았다는 가정을 깐 형식적 멱급수들 사이의 항등식들에 의존했으므로, 음의 확률들에 관한 이러한 형식적인 유도는 유효하다.

다른 예로 넘어가서, 앞면이 연달아 두 번 나오려면 동전을 몇 번이나 던져야 할까? 이 문제의 확률공간은 HH로 끝나는, 그리고 그 전에는 H가 연달아 나오지 않는 H,T 기호열들 전체로 구성된다.

$$\Omega = \{ \mathsf{HH}, \mathsf{THH}, \mathsf{TTHH}, \mathsf{HTHH}, \mathsf{TTTHH}, \mathsf{THTHH}, \mathsf{HTTHH}, \ldots \}.$$

임의의 주어진 기호열이 나올 확률은 H에 p를, T에 q를 대입하면 구할 수 있다. 예를 들어 기호열 THTHH가 나올 확률은 다음과 같다.

$$\Pr(\mathsf{THTHH}) = qpqpp = p^3 q^2.$$

내가 어려질 확률은 음수이다. 그래? 그러면 네가 늙거나 지금 나이를 유지할 확률은 > 1이겠네.

이제 Ω의 모든 원소의 무한합을 다음과 같이 S로 두면 제7장의 시작 부분에서 했던 것처럼 생성함수들을 조작할 수 있다.

$$S = \mathsf{HH} + \mathsf{THH} + \mathsf{TTHH} + \mathsf{HTHH} + \mathsf{TTTHH} + \mathsf{THTHH} + \mathsf{HTTHH} + \cdots .$$

이 무한합의 각 H에 pz를, 각 T에 qz를 대입하면 앞면이 연달아 두 번 나올 때까지 동전을 던지는 횟수에 대한 확률 생성함수가 된다.

S와 식 (7.1)에 나온 도미노 타일링 합

$$T = | + \square + \square\!\square + \boxminus + \square\!\square\!\square + \boxminus\!\square + \square\!\boxminus + \cdots$$

사이에는 신기한 관계가 성립한다. T의 각 $\square$를 T로, 각 $\boxminus$을 HT로 바꾼 다음 각 항의 끝에 HH를 추가하면 S가 된다. Ω의 각 원소가 어떤 $n \geq 0$에 대해 $(\mathsf{T}+\mathsf{HT})^n \mathsf{HH}$ 의 형태이고 T의 각 항이 $(\square + \boxminus)^n$의 형태라는 점을 생각하면 이러한 대응 관계를 증명하기가 어렵지 않을 것이다. 따라서, 식 (7.4)에 의해 다음이 성립한다.

$$S = (1 - \mathsf{T} - \mathsf{HT})^{-1} \mathsf{HH}.$$

그리고 지금 문제에 대한 확률 생성함수는 다음과 같다.

$$\begin{aligned} G(z) &= (1 - qz - (pz)(qz))^{-1}(pz)^2 \\ &= \frac{p^2 z^2}{1 - qz - pqz^2} . \end{aligned} \tag{8.64}$$

앞의 음의 이항분포에 대한 실험에 비추어 볼 때, 만일 확률 생성함수 (8.64)를 다음 과 같이 표현한다면 평균값과 분산을 쉽게 계산할 수 있을 것이다.

$$G(z) = \frac{z^2}{F(z)} .$$

여기서

$$F(z) = \frac{1 - qz - pqz^2}{p^2}$$

이다. 이 유사(pseudo) pgf의 '평균값'과 '분산'을 구하기만 하면 나머지 과정은 간단 하다. (이번에도 $F(1) = 1$인 함수를 도입했다). 도함수들은 다음과 같다.

$$\begin{aligned} F'(1) &= (-q - 2pq)/p^2 = 2 - p^{-1} - p^{-2} ; \\ F''(1) &= -2pq/p^2 = 2 - 2p^{-1} . \end{aligned}$$

$z^2 = F(z)\,G(z)$이므로, $\mathrm{Mean}(z^2) = 2$이고 $\mathrm{Var}(z^2) = 0$이다. 따라서 확률분포 $G(z)$의 평균값과 분산은 다음과 같다.

$$\mathrm{Mean}(G) \;=\; 2 - \mathrm{Mean}(F) \;=\; p^{-2} + p^{-1}; \tag{8.65}$$

$$\mathrm{Var}(G) \;=\; -\mathrm{Var}(F) \qquad = p^{-4} + 2p^{-3} - 2p^{-2} - p^{-1}. \tag{8.66}$$

$p = \frac{1}{2}$일 때 평균값은 6, 분산은 22이다. (연습문제 4에서는 평균값과 분산을 뺄셈으로 구하는 방법을 논의한다.)

좀 더 복잡한 실험을 시도해 보자. 이번에는 THTTH라는 패턴이 처음 나타날 때까지 동전을 거듭 던지기로 한다. 그 패턴을 포함하는 '승리' 기호열들의 합은 다음과 같다.

$$S \;=\; \text{THTTH} + \text{HTHTTH} + \text{TTHTTH}$$
$$+\; \text{HHHTTH} + \text{HTTHTTH} + \text{THTHTTH} + \text{TTTHTTH} + \cdots.$$

이 합은 이전 문제의 합보다 서술하기가 더 어렵다. 제7장에서 도미노 문제들을 풀 때 사용한 방법으로 돌아가서, S를 다음과 같은 '자동기계(automaton, 자동자)'로 정의되는 '유한 상태 언어(finite state language)'로 간주한다면 S에 대한 공식을 구할 수 있을 것이다.

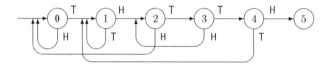

"자네는 정말 자동기계, 그러니까 계산하는 기계 같아.'라고 나는 큰소리로 말했다. '가끔 자네에게서 긍정적으로 비인간적인 뭔가가 느껴질 정도야.'"
— J. H. 왓슨Watson, [83]

이 확률공간의 기본사건은 상태 0에서 시작해서 상태 5에 도달하는 H들과 T들의 기호열이다. 예를 들어 동전을 세 번 던져서 THT가 나왔다고 하자. 이는 상태 3에 해당한다. 그다음에 뒷면이 나오면 상태 4로 가고, 앞면이 나오면 상태 2로 가게 된다(모든 경로가 상태 0으로 돌아가지는 않는다. 현재의 TH 다음에 TTH가 나올 수도 있다.)

이러한 구성에서, 상태 k에 도달하는 모든 H · T 기호열의 합을 S_k로 표기한다고 하자. 그러면

$$S_0 \;=\; 1 + S_0\,\text{H} + S_2\,\text{H},$$
$$S_1 \;=\; S_0\,\text{T} + S_1\,\text{T} + S_4\,\text{T},$$
$$S_2 \;=\; S_1\,\text{H} + S_3\,\text{H},$$

$$S_3 = S_2 \mathsf{T},$$
$$S_4 = S_3 \mathsf{T},$$
$$S_5 = S_4 \mathsf{H},$$

이다. 이 중 S_5가 바로 지금 우리가 풀고 있는 문제의 S이다. 이 S_5는 미지수가 $S_0, S_1, \ldots, S_5$로 총 여섯 개인 이 여섯 방정식을 풀면 구할 수 있다. 이 방정식들의 H에 pz를, T에 qz를 대입하면 생성함수들이 나오는데, S_k의 z^n의 계수는 동전을 n번 던져서 상태 k에 도달할 확률이다.

비슷한 방식으로, 상태 j에서 k로의 전이(transition)가 특정한 확률 $p_{j,k}$로 일어나는 임의의 상태 전이도는 해들이 전이가 n번 일어난 후의 상태 확률들인 연립방정식에 대응된다. 이런 종류의 체계를 마르코프 과정(Markov process)이라고 부르는데, 이러한 과정의 습성에 관한 이론은 일차 연립방정식 이론과 밀접하게 관련되어 있다.

그런데 동전 던지기 문제를 복잡한 일반적 유한상태 접근방식에 의존하지 않고 훨씬 간단하게 푸는 방법이 있다. S를 여섯 미지수 $S_0, S_1, \ldots S_5$의 여섯 방정식이 아니라 두 미지수의 방정식 단 두 개로 특징짓는 것이 가능하다. 이때 핵심은 주어진 패턴 THTTH가 전혀 없는 모든 동전 던지기 패턴의 보조 합 $N = S_0 + S_1 + S_2 + S_3 + S_4$를 고려하는 것이다.

$$N = 1 + \mathsf{H} + \mathsf{T} + \mathsf{HH} + \cdots + \mathsf{THTHT} + \mathsf{THTTT} + \cdots .$$

이에 대해 다음 등식이 성립한다.

$$1 + N(\mathsf{H} + \mathsf{T}) = N + S, \tag{8.67}$$

근거는, 좌변의 모든 항은 THTTH로 끝나거나(그런 항은 S에 속한다) 끝나지 않으며(그런 항은 N에 속한다), 반대로 우변의 모든 항은 빈 기호열이거나 $N\mathsf{H}$ 또는 $N\mathsf{T}$에 속한다는 것이다. 또한, 다음과 같은 중요한 항등식도 성립한다.

$$N\,\mathsf{THTTH} = S + S\,\mathsf{TTH}, \tag{8.68}$$

근거는, 좌변의 모든 항은 첫 H 또는 둘째 H 다음에 S의 한 항이 붙은 형태이고, 우변의 모든 항은 좌변에 속한다는 것이다.

이 두 방정식으로 이루어진 연립방정식의 해는 쉽게 구할 수 있다. 식 (8.67)에 의해 $N = (1 - S)(1 - \mathsf{H} - \mathsf{T})^{-1}$이므로

$$(1 - S)(1 - \mathsf{T} - \mathsf{H})^{-1}\mathsf{THTTH} = S(1 + \mathsf{TTH})$$

이다. 이전처럼, H에 pz를, T에 qz를 대입하면 동전 던지기 횟수에 대한 확률 생성함수 $G(z)$가 된다. 그런데 $p+q=1$이므로 식을 좀 더 간단하게 정리할 수 있다. 그 결과는 다음과 같다.

$$\frac{(1-G(z))\,p^2q^3z^5}{1-z} \;=\; G(z)(1+pq^2z^3).$$

따라서 해는

$$G(z) \;=\; \frac{p^2q^3z^5}{p^2q^3z^5+(1+pq^2z^3)(1-z)} \tag{8.69}$$

이다. 만일 $pq \neq 0$이면 $G(1)=1$임을 주목하기 바란다. 즉, 항상 앞면이 나오거나 항상 뒷면이 나오도록 동전이 조작된 것이 아닌 한, 언젠가는 반드시(1의 확률로) THTTH 패턴이 나온다.

확률분포 (8.69)의 평균값과 분산을 구해보자. 이전처럼 $G(z)$의 역수를 취하고, 다음과 같은 방정식 F를 도입해서 $G(z)=z^5/F(z)$로 둔다.

$$F(z) \;=\; \frac{p^2q^3z^5+(1+pq^2z^3)(1-z)}{p^2q^3}\,. \tag{8.70}$$

해당 도함수들은 다음과 같다.

$$F'(1) \;=\; 5-(1+pq^2)/p^2q^3,$$
$$F''(1) \;=\; 20-6pq^2/p^2q^3.$$

이제, X가 동전 던지기 횟수라 할 때 평균값과 분산을 다음과 같이 구하면 된다.

$$EX \;=\; \mathrm{Mean}(G) \;=\; 5-\mathrm{Mean}(F) \;=\; p^{-2}q^{-3}+p^{-1}q^{-1}; \tag{8.71}$$
$$\begin{aligned} VX \;=\; \mathrm{Var}(G) &\;=\; -\mathrm{Var}(F) \\ &\;=\; -25+p^{-2}q^{-3}+7p^{-1}q^{-1}+\mathrm{Mean}(F)^2 \\ &\;=\; (EX)^2-9p^{-2}q^{-3}-3p^{-1}q^{-1}. \end{aligned} \tag{8.72}$$

$p=\frac{1}{2}$일 때 평균값과 분산은 36과 996이다.

이를 일반화해보자. 방금 푼 문제는 앞면과 뒷면들로 이루어진 어떤 임의의 패턴 A가 처음 나타날 때까지 동전을 던지는 경우를 분석하는 방법을 보여주기에 충분할 정도로 '무작위'했다. 임의의 패턴이 나타나길 기대하는 일반적인 문제에서도, H들과

T들의 모든 '승리' 기호열의 합을 S로 두고 패턴 A가 아직 나타나지 않은 모든 기호열의 합을 N으로 두기로 하자. 식 (8.67)은 고치지 않아도 여전히 유효하다. 식 (8.68)은 다음과 같이 일반화하면 된다.

$$NA = S(1 + A^{(1)}[A^{(m-1)} = A_{(m-1)}] + A^{(2)}[A^{(m-2)} = A_{(m-2)}] \\ + \cdots + A^{(m-1)}[A^{(1)} = A_{(1)}]). \tag{8.73}$$

여기서 m은 A의 길이이고 $A^{(k)}$와 $A_{(k)}$는 각각 A의 마지막 문자 k개와 처음 문자 k개를 나타낸다. 예를 들어 패턴 A가 방금 살펴본 문제에서처럼 THTTH이면 다음이 성립한다.

$$A^{(1)} = \mathsf{H}, \quad A^{(2)} = \mathsf{TH}, \quad A^{(3)} = \mathsf{TTH}, \quad A^{(4)} = \mathsf{HTTH}, \\ A_{(1)} = \mathsf{T}, \quad A_{(2)} = \mathsf{TH}, \quad A_{(3)} = \mathsf{THT}, \quad A_{(4)} = \mathsf{THTT}.$$

그런데 완벽한 부합은 $A^{(2)} = A_{(2)}$ 뿐이므로, 이 경우 식 (8.73)은 식 (8.68)과 같아진다.

패턴 A의 H에 p^{-1}을, T에 q^{-1}을 대입한 결과를 $\widetilde{A}$로 표기하기로 하자. 그러면 식 (8.71)과 식 (8.72)의 유도 과정을 일반화해서 일반적인 평균값과 분산의 다음과 같은 정의를 이끌어내는 것이 어렵지 않다(연습문제 20).

$$EX = \sum_{k=1}^{m} \widetilde{A}_{(k)}[A^{(k)} = A_{(k)}]; \tag{8.74}$$

$$VX = (EX)^2 - \sum_{k=1}^{m} (2k-1)\widetilde{A}_{(k)}[A^{(k)} = A_{(k)}]. \tag{8.75}$$

특수 경우 $p = \frac{1}{2}$에서 이 공식들은 특히나 간단하게 해석된다. 앞면들과 뒷면들이 총 m개인 패턴 A가 주어졌을 때,

$$A : A = \sum_{k=1}^{m} 2^{k-1}[A^{(k)} = A_{(k)}] \tag{8.76}$$

라고 하자. 이 수의 이진 표현을 다음과 같은 방법으로 간단하게 구할 수 있다. 해당 문자열(기호열)과 그 복사본을 겹쳤을 때 완벽하게 부합한다면, 첫 자리에 '1'을 배치한다. 그런 다음 복사본을 한 자리 오른쪽으로 이동해서 겹친다. 만일 겹친 부분이 완벽하게 부합한다면 이동된 자리에 '1'을 배치한다. 이러한 과정을 복사본의 첫 글자가 원래 수의 마지막 글자에 도달할 때까지 반복한다.

$$A = \text{HTHTHHTHTH}$$
$$A{:}A = (1000010101)_2 = 512+16+4+1 = 533$$

```
HTHTHHTHTH    ✓
 HTHTHHTHTH
  HTHTHHTHTH
   HTHTHHTHTH
    HTHTHHTHTH
     HTHTHHTHTH    ✓
      HTHTHHTHTH
       HTHTHHTHTH    ✓
        HTHTHHTHTH
         HTHTHHTHTH    ✓
```

식 (8.74)를 적용해 보면, 동전이 공정하다고 할 때 패턴 A가 나올 때까지 동전을 던지는 횟수의 기댓값은 정확히 $2(A{:}A)$이다. $p=q=\frac{1}{2}$일 때 $\tilde{A}_{(k)}=2^k$이기 때문이다. 소련의 수학자 A. D. 솔로비예프$^{\text{Solov'ev}}$가 1966년에 처음 발견한[331] 이 결과는 언뜻 생각하면 모순인 것 같다. 스스로와 겹치지 않는 패턴들이 겹치는 패턴들보다 더 일찍 등장한다니! 예를 들어 HHHHH는 HHHHT나 THHHH보다 두 배나 늦게 나온다.

다음으로, 1969년에 월터 페니$^{\text{Walter Penney}}$가(그가 유일한 고안자는 아니겠지만) 고안한[289] 재미있는 게임 하나를 고찰해보자. 앨리스와 빌이 HHT나 HTT가 나올 때까지 동전을 던진다. 만일 패턴 HHT이 먼저 나오면 앨리스가 이기고 HTT가 먼저 나오면 빌이 이긴다. '페니 앤티$^{\text{Penney ante}}$'라고 불리는 이 게임이 공정한 게임인 것은 확실해 보인다. 공정한 동전을 사용한다고 할때, 두 패턴 HHT와 HTT를 따로 떼어서 살펴보면 둘 다 특징이 같기 때문이다. HHT가 먼저 나올 때까지의 동전 던지기 횟수에 대한 확률 생성함수는

$$G(z) = \frac{z^3}{z^3-8(z-1)}$$

이고 HTT에 대한 해당 확률 생성함수 역시 같다. 따라서 앨리스와 빌이 각자 혼자서 동전을 던진다면, 둘 중 하나가 더 유리하지는 않다.

그러나 두 패턴을 동시에 고려하면 패턴들 사이에 흥미로운 상호작용이 생긴다. S_A가 앨리스의 승리 구성들의 합이고 S_B가 빌의 승리 구성들의 합이라고 하자.

$$S_A = \text{HHT} + \text{HHHT} + \text{THHT} + \text{HHHHT} + \text{HTHHT} + \text{THHHT} + \cdots ;$$
$$S_B = \text{HTT} + \text{THTT} + \text{HTHTT} + \text{TTHTT} + \text{THTHTT} + \text{TTTHTT} + \cdots .$$

"Chem bol'she periodov u nashego slova, tem pozzhe ono poiavliaetsia."
— A. D. 솔로비예프

당연하지! 혼자 노는데 누구보다 더 유리하겠냐고!

그리고, 패턴이 하나일 때 잘 통했던 요령에서 착안해서, 두 플레이어 모두 승리하지 못한 모든 기호열의 합을 N으로 표기하자.

$$N = 1 + H + T + HH + HT + TH + TT + HHH + HTH + THH + \cdots. \tag{8.77}$$

이로부터 다음과 같은 연립방정식을 쉽사리 유도할 수 있다.

$$\begin{aligned}
1 + N(H + T) &= N + S_A + S_B; \\
NHHT &= S_A; \\
NHTT &= S_A T + S_B.
\end{aligned} \tag{8.78}$$

이제 $H = T = \frac{1}{2}$로 두어서 S_A를 계산하면 그 값이 바로 앨리스가 이길 확률이고, S_B는 빌이 이길 확률이다. 앞의 세 방정식은 다음으로 정리된다.

$$1 + N = N + S_A + S_B; \quad \frac{1}{8}N = S_A; \quad \frac{1}{8}N = \frac{1}{2}S_A + S_B.$$

따라서 $S_A = \frac{2}{3}$이고 $S_B = \frac{1}{3}$이다. 즉, 앨리스가 이길 확률이 빌의 두 배이다.

이 게임을 일반화해서, 앨리스와 빌이 앞면과 뒷면의 패턴 A와 B를 선택하고, A나 B가 나올 때까지 동전을 던진다고 하자. 두 패턴의 길이가 같을 필요는 없지만, A 안에 B가 있거나 B 안에 A가 있지는 않다고 가정하자. (그렇게 가정하지 않는다면 게임이 성립하지 않는다. 예를 들어 만일 $A = HT$이고 $B = THTH$이면 불쌍한 빌은 결코 이기지 못한다. 그리고 만일 $A = HTH$이고 $B = TH$이면 두 플레이어가 동시에 이겼다고 주장하게 된다.) 그렇다고 할 때, 식 (8.73) 및 식 (8.78)과 비슷한 다음 세 방정식을 세울 수 있다.

$$\begin{aligned}
1 + N(H + T) &= N + S_A + S_B; \\
NA &= S_A \sum_{k=1}^{l} A^{(l-k)} [A^{(k)} = A_{(k)}] + S_B \sum_{k=1}^{\min(l,m)} A^{(l-k)} [B^{(k)} = A_{(k)}]; \\
NB &= S_A \sum_{k=1}^{\min(l,m)} B^{(m-k)} [A^{(k)} = B_{(k)}] + S_B \sum_{k=1}^{m} B^{(m-k)} [B^{(k)} = B_{(k)}].
\end{aligned} \tag{8.79}$$

여기서 l은 A의 길이이고 m은 B의 길이이다. 예를 들어 $A = HTTHTHTH$이고 $B = THTHTTH$일 때 두 패턴 의존적 방정식은 다음과 같다.

$$\begin{aligned}
NHTTHTHTH &= S_A TTHTHTH + S_A + S_B TTHTHTH + S_B THTH; \\
NTHTHTTH &= S_A THTTH + S_A TTH + S_B THTTH + S_B.
\end{aligned}$$

동전이 공정하다고 할 때, $H=T=\frac{1}{2}$로 두면 두 플레이어의 승리 확률들을 구할 수 있다. 정리하면 다음과 같은 두 개의 핵심적인 방정식이 나온다.

$$N = S_A \sum_{k=1}^{l} 2^k [A^{(k)} = A_{(k)}] + S_B \sum_{k=1}^{\min(l,m)} 2^k [B^{(k)} = A_{(k)}];$$

$$N = S_A \sum_{k=1}^{\min(l,m)} 2^k [A^{(k)} = B_{(k)}] + S_B \sum_{k=1}^{m} 2^k [B^{(k)} = B_{(k)}]. \tag{8.80}$$

이제 식 (8.76)의 $A:A$ 연산을 서로 독립인 두 문자열 A와 B의 함수로 일반화할 수 있다.

$$A:B = \sum_{k=1}^{\min(l,m)} 2^{k-1} [A^{(k)} = B_{(k)}]. \tag{8.81}$$

그러면 식 (8.80)은 다음과 같이 간단해진다.

$$S_A(A:A) + S_B(B:A) = S_A(A:B) + S_B(B:B).$$

그리고 앨리스의 승산^{勝算}(odds)은 다음과 같다.

$$\frac{S_A}{S_B} = \frac{B:B - B:A}{A:A - A:B}. \tag{8.82}$$

(이 아름다운 공식은 존 호턴 콘웨이$^{\text{John Horton Conway}}$가 발견했다.[137])

예를 들어 앞에서처럼 $A =$ HTTHTHTH이고 $B =$ THTHTTH라고 하자. 그러면 $A:A = (10000001)_2 = 129$이고 $A:B = (0001010)_2 = 10$, $B:A = (0001001)_2 = 9$, $B:B = (1000010)_2 = 66$이다. 따라서 비 S_A/S_B는 $(66-9)/(129-10) = 57/119$이다. 즉, 평균적으로 앨리스는 게임 176회 중 57번만 이긴다.

페니의 게임에서 이상한 일들이 일어날 수 있다. 예를 들어 HTHH라는 패턴에 대한 HHTH 패턴의 승산은 3/2이고, THHH에 대한 HTHH의 승산은 7/5이다. 따라서 HHTH가 THHH보다 훨씬 낫다고 할 수 있다. 그렇지만 실제로는 THHH가 7/5의 승산(odds)으로 HHTH를 능가한다! 패턴들 사이의 관계는 추이적이지 않다. 실제로, 연습문제 57에서는 앨리스가 길이가 $l \geq 3$인 임의의 패턴 $\tau_1\tau_2 \dots \tau_l$을 골랐을 때 만일 빌이 τ_2와는 앞·뒷면이 반대인 $\bar{\tau}_2$를 포함하는 패턴 $\bar{\tau}_2\tau_1\tau_2 \dots \tau_{l-1}$을 고른다면 항상 빌의 승산이 높음을 증명한다.

이상해, 이상해(odd, odd).

8.5 해싱

확률론을 컴퓨터 프로그래밍에 적용하는 것으로 이번 장을 마무리하겠다. 정보를 컴퓨터 안에 저장하고 조회하는 것에 관한 여러 주요 알고리즘은 '해싱[hashing]'이라고 하는 기법에 근거한다. 일반화해서 말하자면, 하나의 '키' 값 K와 그 키에 관한 어떤 자료 $D(K)$로 이루어진 일단의 레코드[record]들을 관리한다고 할 때, 주어진 키 K에 해당하는 $D(K)$를 최대한 빨리 찾아내는 것이 바로 해싱의 목적이다. 예를 들어 키가 학생 이름이고 키에 연관된 자료는 학생의 숙제 성적인 레코드들을 생각할 수 있다.

실제 응용에서 모든 가능한 키를 담을 정도로 충분한 메모리가 컴퓨터에 갖추어져 있는 경우는 드물다. 가능한 키가 수십억 개라도, 어떤 한 응용 프로그램에서 실제로 사용하는 키는 그보다 훨씬 적다. 이 문제에 대한 한 가지 해결책은 $1 \leq j \leq N$에 대한 두 개의 테이블 KEY[j]와 DATA[j]를 유지하는 것이다. 이때 N은 메모리에 담을 수 있는 전체 레코드 개수이다. 이와는 별도로, 실제로 존재하는 레코드의 개수를 나타내는 n이라는 변수도 사용한다. 이러한 설정에서, 다음은 주어진 키 K를 키 테이블을 순차적으로 훑어서 찾는 명백한 과정이다.

S1 $j := 1$로 설정한다. (지금까지 $< j$인 모든 위치를 검색했다.)

S2 만일 $j > n$이면 중지한다. (검색이 성공하지 못했다.)

S3 만일 KEY[j] $= K$이면 중지한다. (검색이 성공했다.)

S4 j를 1 증가하고 단계 S2로 돌아간다. (좀 더 찾아본다.)

검색이 성공했다면, 원했던 자료 항목 $D(K)$는 DATA[j]에 있다. 검색이 실패했다면, 다음과 같은 설정들로 K와 $D(K)$를 테이블에 추가한다(단, 테이블에 아직 가용 저장 용량이 남아 있다고 할 때).

$$n := j, \quad \text{KEY}[n] := K, \quad \text{DATA}[n] := D(K).$$

이런 방법이 통하긴 하지만, 엄청나게 느릴 수 있다. 검색이 성공하지 못할 때마다 단계 S2를 총 $n+1$번 되풀이해야 하는데, 응용에서는 n이 아주 클 수 있다.

이러한 속도를 높이기 위해 해싱이라는 기법이 고안되었다. 널리 쓰이는 한 형태의 해싱에서 기본 착안은 하나의 거대한 목록이 아니라 m개의 개별적인 목록을 사용하는 것이다. 이때 '해시 함수'는 모든 가능한 키 K를 1과 m 사이의 목록 번호 $h(K)$로 변환한다. $1 \leq i \leq m$에 대한 보조 테이블 FIRST[i]는 목록 i의 첫 레코드를 가리킨다. 또 다른 보조 테이블 $\text{NEXT}[j]$(역시 $1 \le j \le N$)는 레코드 j가 있는 목록('자신의 목록')에서 레코드 j 다음에 있는 레코드를 가리킨다. 이때 다음과 같이 가정한다.

$\text{FIRST}[i] = -1$,   만일 목록 i가 비어 있으면;

$\text{NEXT}[j] = 0$,   만일 레코드 j가 자신의 목록의 마지막 항목이면.

그리고 앞의 순차 검색에서처럼 변수 n은 실제로 저장되어 있는 레코드 개수를 나타낸다.

예를 들어 키가 영문 이름이고, 이름들을 첫 글자에 따라 총 $m = 4$개의 목록에 나누어 담는다고 하자.

$$h(\text{이름}) = \begin{cases} 1, & \text{첫 글자가 } A\text{-}F; \\ 2, & \text{첫 글자가 } G\text{-}L; \\ 3, & \text{첫 글자가 } M\text{-}R; \\ 4, & \text{첫 글자가 } S\text{-}Z. \end{cases}$$

처음에는 빈 목록 네 개와 $n = 0$으로 시작한다. 예를 들어 처음으로 입력된 레코드의 키가 Nora라고 하면 $h(\text{Nora}) = 3$이므로 Nora는 목록 3의 첫 항목의 키가 된다. 그다음 두 레코드의 이름이 Glenn과 Jim이라고 하면, 그 둘은 모두 목록 2에 들어간다. 이제 메모리 안의 테이블들은 다음과 같은 모습이다.

$\text{FIRST}[1] = -1$, $\text{FIRST}[2] = 2$, $\text{FIRST}[3] = 1$, $\text{FIRST}[4] = -1$.

$\text{KEY}[1] = \text{Nora}$, $\text{NEXT}[1] = 0$;

$\text{KEY}[2] = \text{Glenn}$, $\text{NEXT}[2] = 3$;

$\text{KEY}[3] = \text{Jim}$, $\text{NEXT}[3] = 0$; $n = 3$.

(DATA[1]과 DATA[2], DATA[3]은 개인 정보라서 제시하지 않기로 한다.) 이런 식으로 총 18개의 레코드를 삽입하고 나면 목록들에는 이름들이 다음과 같이 저장되어 있을 것이다.

이 실험에 이름을 제공한, 구체 수학 강의의 맨 앞줄에 앉은 학생들에게 박수를!

목록 1	목록 2	목록 3	목록 4
Dianne	Glenn	Nora	Scott
Ari	Jim	Moke	Tina
Brian	Jennifer	Michael	
Fran	Joan	Ray	
Doug	Jerry	Paula	
	Jean		

그 학생들의 부모님들이 기뻐할 거라는 데 돈을 걸겠어.

그리고 이 이름들은 목록들이 효과적으로 분리되게 하는 형태로 KEY 배열과 NEXT 항목들에 뒤섞여 들어 있을 것이다. 이제 John을 검색하려면, 목록 2(공교롭게도 이것이 현재 가장 긴 목록이다)의 이름 여섯 개를 훑어야 한다. 원하는 항목을 단번에 찾지는 못하지만, 이름 열여덟 개를 모두 훑어야 하는 것보다는 낫다.

이러한 설정에서 키 K를 검색하는 알고리즘을 구체적으로 명시하자면 다음과 같다.

H1 $i := h(K)$, $j := \text{FIRST}[i]$로 설정한다.

H2 만일 $j \le 0$이면 중지한다. (검색이 성공하지 못했다.)

H3 만일 $\text{KEY}[j] = K$이면 중지한다. (검색이 성공했다.)

H4 $i := j$로 설정하고, 그런 다음 $j := \text{NEXT}[i]$로 설정한 후 단계 H2로 돌아간다. (좀 더 찾아본다.)

예를 들어, 이름들이 앞에서처럼 입력되었다고 할 때 Jennifer를 찾아보자. 단계 H1 에서는 $i := 2$, $j := 2$로 설정한다. 단계 H3에서는 $\text{Glenn} \ne \text{Jennifer}$로 판정된다. 단계 H4에서는 $j := 3$으로 설정한다. 다시 단계 H3에서는 $\text{Jim} \ne \text{Jennifer}$로 판정 된다. 단계 H4와 H3을 한 번만 더 반복하면 테이블에서 Jennifer를 찾게 된다.

검색이 성공했다면, 원했던 자료 항목 $D(K)$는 이전 알고리즘에서처럼 $\text{DATA}[j]$에 들어 있다. 검색이 실패했다면, 다음과 같은 연산들로 K와 $D(K)$를 테이블에 추가 한다.

$$n := n + 1;$$
$$\text{if } j < 0 \text{ then } \text{FIRST}[i] := n \text{ else } \text{NEXT}[i] := n;$$
$$\text{KEY}[n] := K; \quad \text{DATA}[n] := D(K); \quad \text{NEXT}[n] := 0. \tag{8.83}$$

그러면 표가 다시금 최신 상태가 된다.

목록들의 길이가 대략 같아지는 것이 바람직하다. 그러면 검색이 약 m배 빨라진 다. 보통의 경우 m의 값은 4보다 훨씬 크다. 따라서 실행 시간이 $1/m$배가 된다는 것은 커다란 향상이다.

어떤 키들이 입력될지는 미리 알 수 없지만, $h(K)$를 1과 m 사이에 고르게 분포되 는(존재하는 다른 키들의 해시 값들과는 무관하게) 확률변수로서 고찰할 수 있도록 해시 함수 h를 적절히 선택하는 것은 대체로 가능하다. 그런 경우 해시 함수의 계산 은 면이 m개인 주사위를 굴리는 것과 비슷하다. 모든 레코드의 키가 같은 목록에 담길 가능성도 없지 않지만(주사위를 굴렸는데 매번 ⊡가 나올 가능성이 없지 않은 것처럼), 확률론에 따르면 키들은 거의 항상 목록들에 상당히 고르게 분포된다.

해싱의 분석: 소개

컴퓨터 과학의 한 분야인 '알고리즘 분석(algorithmic analysis)'은 컴퓨터 방법 (method)의 효율성에 관한 정량적 정보를 도출한다. '알고리즘의 확률 분석'은 알고리즘의 실행 시간을 가정된 입력 자료의 특성에 의존하는 확률변수로 간주해서 연구하는 분야이다. 해싱은 평균적으로는 극히 효율적인 방법이지만 최악의 경우에는 고찰하기가 두려울 정도로 나쁜 성능을 낸다는 점에서 특히나 좋은 확률 분석 대상이다. (최악의 경우는 모든 키가 같은 해시 값을 가질 때 발생한다.) 사실, 해싱을 사용하는 컴퓨터 프로그래머는 확률론을 신봉하는 것이 바람직하다.

앞에서 말한 알고리즘으로 검색을 한 번 수행할 때 단계 H3가 실행되는 횟수가 P라고 하자. (H3을 한 번 실행하는 것을 테이블을 한 번 "탐사한다(probe)"라고 말한다.) 만일 P를 알고 있다면, 검색의 성공 여부에 따른 다른 단계들의 실행횟수도 알 수 있다.

단계	검색 실패	검색 성공
H1	1회	1회
H2	$P+1$회	P회
H3	P회	P회
H4	P회	$P-1$회

따라서 검색 절차의 실행 시간을 결정하는 주된 수량은 탐사 횟수 P이다.

특별한 방식으로 관리되는 주소록을 상상하면 이 알고리즘에 대한 상을 확실하게 잡을 수 있다 이 주소록에는 한 페이지에 하나의 항목만 기록한다. 주소록 앞표지에는 m개의 목록 각각의 첫 항목이 있는 페이지 번호를 기록한다. 그리고 각 이름 K는 그 이름이 속하는 목록 $h(K)$를 결정한다. 표지를 제외한 주소록의 모든 페이지에는 자신이 속한 목록의 다음 페이지의 번호가 기록되어 있다. 그러한 주소록에서 특정 이름을 찾는 데 필요한 탐사 횟수는 조사해야 하는 페이지 수이다.

테이블에 n개의 항목이 삽입되었다고 할 때, 테이블 안에서 그 항목들의 위치는 오직 해당 해시 값 $< h_1, h_2, ..., h_n >$에만 의존한다. 가능한 m^n가지 수열 $< h_1, h_2, ..., h_n >$들은 각각 동일 확률로 나타난다고 간주한다. 그리고 P는 그러한 수열에 의존하는 확률변수이다.

현관 매트 밑을 찾아봐.

경우 1: 키가 없음

그럼 n개의 레코드가 해시 테이블에 삽입된 상태에서 검색이 성공하지 못했을 때의 P의 행동을 고찰해 보자. 이 경우 해당 확률공간은 m^{n+1}개의 기본사건으로 구성되는데, 각 기본사건은 다음과 같은 형태이다.

$$\omega = (h_1, h_2, ..., h_n, h_{n+1})$$

여기서 h_j는 j번째로 삽입된 키의 해시 값이고 h_{n+1}은 검색에 실패한 키의 해시 값이다. 이러한 모든 ω에 대해 $\Pr(\omega) = 1/m^{n+1}$이 되도록 해시 함수 h를 적절히 선택했다고 가정한다.

예를 들어 $m = n = 2$일 때 다음 여덟 가능성이 동일 확률로 발생한다.

h_1	h_2	h_3	P
1	1	1:	2
1	1	2:	0
1	2	1:	1
1	2	2:	1
2	1	1:	1
2	1	2:	1
2	2	1:	0
2	2	2:	2

만일 $h_1 = h_2 = h_3$이면 두 번의 탐사 실패 후 새 키 K가 테이블에 없다는 결론에 도달한다. 만일 $h_1 = h_2 \ne h_3$이면 탐사를 한 번도 하지 않고 끝난다는 뜻이다. 다른 행들도 그런 식으로 해석할 수 있다. 이러한 모든 가능성의 목록은 $m = n = 2$일 때 P의 확률분포가 pgf $\left(\frac{2}{8} + \frac{4}{8}z + \frac{2}{8}z^2\right) = \left(\frac{1}{2} + \frac{1}{2}z\right)^2$으로 주어짐을 보여준다.

검색 실패 시 h_{n+1}번 목록의 모든 항목마다 한 번씩 탐사가 실행된다. 이를 일반식으로 표현하면 다음과 같다.

$$P = [h_1 = h_{n+1}] + [h_2 = h_{n+1}] + \cdots + [h_n = h_{n+1}]. \tag{8.84}$$

$1 \le j \le n$에 대해 $h_j = h_{n+1}$일 확률은 $1/m$이다. 따라서

$$EP = E[h_1 = h_{n+1}] + E[h_2 = h_{n+1}] + \cdots + E[h_n = h_{n+1}] = \frac{n}{m}$$

이다. 이 공식의 유도 과정을 좀 더 천천히 살펴보자. X_j가 확률변수

$$X_j = X_j(\omega) = [h_j = h_{n+1}]$$

이라고 하면, $P = X_1 + \cdots + X_n$이고 모든 $j \leq n$에 대해 $EX_j = 1/m$이다. 따라서

$$EP = EX_1 + \cdots + EX_n = n/m$$

이다. 이는 좋은 결과이다. 이전에 희망했듯이, 평균 탐사 횟수는 해싱을 사용하지 않을 때의 $1/m$인 것이다. 더 나아가서, 확률변수 X_j들은 서로 독립이며, 각각의 확률 생성함수는 모두

$$X_j(z) = \frac{m-1+z}{m}$$

로 동일하다. 따라서 검색 실패 시 총 탐사 횟수의 pgf는 다음과 같다.

$$P(z) = X_1(z) \dots X_n(z) = \left(\frac{m-1+z}{m} \right)^n. \tag{8.85}$$

이것은 $p = 1/m$이고 $q = (m-1)/m$인 이항분포이다. 다른 말로 하면, 성공하지 못하는 검색 1회의 탐사 횟수는 마치 한 번의 던지기에서 앞면이 나올 확률이 $1/m$이 되도록 조작된 동전을 던질 때 앞면이 나오는 횟수처럼 행동한다. 따라서, 식 (8.61)에 의해 P의 분산은

$$npq = \frac{n(m-1)}{m^2}$$

이다. m이 클 때 P의 분산은 근사적으로 n/m이므로, 표준편차는 근사적으로 $\sqrt{n/m}$이다.

경우 2: 키가 있음

이번에는 검색이 성공하는 경우를 살펴보자. 이 경우, 구체적인 응용에 따라서는 해당 확률공간이 약간 더 복잡할 수 있다. Ω가 다음과 같은 형태의 모든 기본사건의 집합이라고 하자.

$$\omega = (h_1, \dots, h_n; k). \tag{8.86}$$

여기서 h_j는 이전처럼 j번째 키의 해시 값이고 k는 검색할 키(해시 값이 h_k인 키)의 색인이다. 따라서 $1 \leq j \leq n$에 대해 $1 \leq h_j \leq m$이고 $1 \leq k \leq n$이다. 이러한 기본사건 ω는 총 $m^n \cdot n$개다.

테이블에 j번째로 삽입된 키를 검색할 확률이 s_j라고 하자. 그러면, ω가 식 (8.86)에 나온 기본사건이라 할 때

$$\Pr(\omega) = s_k/m^n \tag{8.87}$$

이다. (응용에 따라서는 제일 먼저 삽입된 항목이 가장 자주 검색될 수도 있고, 제일 나중에 삽입된 항목이 가장 자주 검색될 수도 있다. 따라서 모든 확률이 $s_j = 1/n$이라고 가정하지는 않겠다.) $\sum_{\omega \in \Omega} \Pr(\omega) = \sum_{k=1}^{n} s_k = 1$임에 주목하기 바란다. 따라서, 식 (8.87)은 하나의 적법한 확률공간을 정의한다.

검색 성공 시 탐색 횟수 P는 만일 K가 p번째로 자신의 목록에 삽입된 키이면 p이다. 따라서

$$P(h_1,\ldots,h_n;k) = [h_1 = h_k] + [h_2 = h_k] + \cdots + [h_k = h_k] \tag{8.88}$$

이다. 다른 식으로 말하면, X_j가 확률변수 $[h_j = h_k]$라고 하면,

$$P = X_1 + X_2 + \cdots + X_k \tag{8.89}$$

이다. 예를 들어 $m = 10$이고 $n = 16$이라고 하자. 그리고 해시 값들이 다음과 같은 '무작위' 패턴을 따른다고 하자.

이 패턴 어디서 본 것 같은데?

$$(h_1,\ldots,h_{16}) = 3\,1\,4\,1\,5\,9\,2\,6\,5\,3\,5\,8\,9\,7\,9\,3;$$
$$(P_1,\ldots,P_{16}) = 1\,1\,1\,2\,1\,1\,1\,1\,2\,2\,3\,1\,2\,1\,3\,3.$$

j번째 키를 찾는 데 필요한 탐사 횟수가 h_j 아래에 나와 있다.

식 (8.89)는 P를 확률변수들의 합으로 표현한다. 그런데 EP를 그냥 $EX_1 + \cdots + EX_k$로 계산할 수는 없다. 왜냐하면 수량 k 자체가 하나의 확률변수이기 때문이다. P의 확률 생성함수는 무엇일까? 이 질문에 답하려면 잠시 옆길로 빠져서 조건부확률(conditional probability)을 이야기할 필요가 있다.

식 (8.43)도 잠깐 옆길로 빠진 거였어.

A와 B가 같은 확률공간의 사건들이라고 할 때, B가 주어졌을 때의 A의 조건부확률을 다음과 같이 표기하고 정의한다.

$$\Pr(\omega \in A \mid \omega \in B) = \frac{\Pr(\omega \in A \cap B)}{\Pr(\omega \in B)}. \tag{8.90}$$

예를 들어 X와 Y가 확률변수이면, $Y = y$가 주어졌을 때 사건 $X = x$의 조건부 확률은

$$\Pr(X = x \mid Y = y) \;=\; \frac{\Pr(X = x \text{ 그리고 } Y = y)}{\Pr(Y = y)} \tag{8.91}$$

이다. Y의 치역에 있는 임의의 고정된 y에 대해, X의 치역에 있는 모든 x에 관한 이러한 조건부확률들의 합은 $\Pr(Y = y)/\Pr(Y = y) = 1$이다. 따라서 식 (8.91)은 하나의 확률분포를 정의하며, $\Pr((X|y) = x) = \Pr(X = x \mid Y = y)$를 만족하는 새 확률변수 '$X|y$'를 정의할 수 있다.

만일 X와 Y가 독립 확률변수들이면, 확률변수 $X|y$는 본질적으로 y의 값과는 무관하게 X와 같다. 왜냐하면 $\Pr(X = x \mid Y = y)$는 식 (8.5)에 의해 $\Pr(X = x)$와 같기 때문이다. 독립성이 뜻하는 것이 바로 그것이다. 그러나 X와 Y가 의존 확률변수들이라고 해도, $y \neq y'$일 때 확률변수 $X|y$와 $X|y'$이 반드시 어떤 방식으로든 비슷해야 하는 것은 아니다.

X가 음이 아닌 정숫값들만 취한다고 하면, 해당 pgf를 임의의 다른 확률변수 Y에 대한 조건부 pgf들의 합으로 분해할 수 있다.

$$G_X(z) \;=\; \sum_{y \in Y(\Omega)} \Pr(Y = y)\, G_{X|y}(z). \tag{8.92}$$

이 등식이 성립하는 이유는, 좌변의 z^x의 계수가 모든 $x \in X(\Omega)$에 대해 $\Pr(X = x)$이고, 우변의 해당 계수는

$$\sum_{y \in Y(\Omega)} \Pr(Y = y)$$
$$\Pr(X = x \mid Y = y) \;=\; \sum_{y \in Y(\Omega)} \Pr(X = x \text{ 그리고 } Y = y)$$
$$= \Pr(X = x)$$

이기 때문이다. 예를 들어 X가 공정한 두 주사위의 눈 수들을 곱한 것이고 Y가 눈 수들을 합한 것이라고 하면, $X|6$의 pgf는

$$G_{X|6}(z) \;=\; \frac{2}{5} z^5 + \frac{2}{5} z^8 + \frac{1}{5} z^9$$

이다. $Y = 6$에 대한 조건부 확률들은 다섯 가지 동일 확률 사건 $\{\boxdot\boxdot, \boxdot\boxdot, \boxdot\boxdot, \boxdot\boxdot, \boxdot\boxdot\}$으로 구성되기 때문이다. 이 경우 식 (8.92)는 다음으로 정리된다.

$$G_X(z) = \frac{1}{36}G_{X|2}(z) + \frac{2}{36}G_{X|3}(z) + \frac{3}{36}G_{X|4}(z) + \frac{4}{36}G_{X|5}(z)$$

$$+ \frac{5}{36}G_{X|6}(z) + \frac{6}{36}G_{X|7}(z) + \frac{5}{36}G_{X|8}(z) + \frac{4}{36}G_{X|9}(z)$$

$$+ \frac{3}{36}G_{X|10}(z) + \frac{2}{36}G_{X|11}(z) + \frac{1}{36}G_{X|12}(z).$$

수학자들의 "명백하다", "명확하다", "자명하다"라는 말이 실제로 무슨 뜻인지 이제 이해가 된다.

복잡해 보이지만, 이해만 한다면 명백한 공식이다. (옆길 끝.)

해싱의 경우, 식 (8.92)에 $X = P$와 $Y = K$를 대입하면 검색 성공 시 탐색 횟수에 대한 pgf가 나온다. 1에서 n 사이의 임의의 고정된 k에 대해, 확률변수 $P|k$는 독립 확률변수들의 합 $X_1 + \cdots + X_k$로 정의된다. 이것이 식 (8.89)이다. 따라서 해당 pgf는 다음과 같다.

$$G_{P|k}(z) = \left(\frac{m-1+z}{m}\right)^{k-1} z.$$

"'명확하다'는, 비록 완전히 자명한 것은 아니라도, 훌륭한 대학 1년생이라면 할 수 있어야 한다는 뜻이다."
— 에르되시 팔Erdős Paul,
[94]

그러므로, P 자체의 pgf 다음과 같음이 명확하다.

$$G_P(z) = \sum_{k=1}^{n} s_k G_{P|k}(z)$$

$$= \sum_{k=1}^{n} s_k \left(\frac{m-1+z}{m}\right)^{k-1} z$$

$$= z\, S\left(\frac{m-1+z}{m}\right). \tag{8.93}$$

여기서

$$S(z) = s_1 + s_2 z + s_3 z^2 + \cdots + s_n z^{n-1} \tag{8.94}$$

은 검색 확률 s_k들의 pgf이다(편의를 위해 z로 나누었다).

좋다. P에 대한 확률 생성함수까지 구했다. 이제 미분을 이용해서 평균값과 분산을 구할 수 있다. 우선, 전에 했던 것처럼 먼저 z 인수를 제거하면(그러면 P가 아니라 $P-1$의 평균값과 분산을 구하는 것이 된다) 계산이 다소 쉬워진다.

$$F(z) = G_P(z)/z = S\left(\frac{m-1+z}{m}\right);$$

$$F'(z) = \frac{1}{m} S'\left(\frac{m-1+z}{m}\right);$$

$$F''(z) = \frac{1}{m^2} S''\left(\frac{m-1+z}{m}\right).$$

따라서

$$EP = 1 + \text{Mean}(F) = 1 + F'(1) = 1 + m^{-1}\text{Mean}(S); \qquad (8.95)$$

$$\begin{aligned} VP = \text{Var}(F) &= F''(1) + F'(1) - F'(1)^2 \\ &= m^{-2}S''(1) + m^{-1}S'(1) - m^{-2}S'(1)^2 \\ &= m^{-2}\text{Var}(S) + (m^{-1} - m^{-2})\text{Mean}(S) \qquad (8.96) \end{aligned}$$

이다. 이들은 탐사 횟수 P의 평균값과 분산을 가정된 검색 분포 S의 평균값과 분산으로 표현하는 일반식들이다.

예를 들어 $1 \le k \le n$에 대해 $s_k = 1/n$이라고 하자. 이는 테이블의 모든 키의 검색 확률이 동일한, 순수하게 '무작위한' 성공적 검색을 수행하는 것에 해당한다. 그러면 $S(z)$는 식 (8.32)에 나온 고른 확률분포 $U_n(z)$에 해당하며, $\text{Mean}(S) = (n-1)/2$이고 $\text{Var}(S) = (n^2-1)/12$이다. 따라서

$$EP = \frac{n-1}{2m} + 1; \qquad (8.97)$$

$$VP = \frac{n^2-1}{12m^2} + \frac{(m-1)(n-1)}{2m^2} = \frac{(n-1)(6m+n-5)}{12m^2} \qquad (8.98)$$

이다. 이번에도 해싱이 실행 시간을 $1/m$으로 줄여 준다는 결론이 나왔다. $m \approx n/\ln n$이고 $n \to \infty$라 할 때, 이 경우 성공적인 검색 1회당 탐사 횟수는 약 $\frac{1}{2}\ln n$이고 표준편차는 점근적으로 $(\ln n)/\sqrt{12}$이다.

한편, $1 \le k \le n$에 대해 $s_k = (kH_n)^{-1}$으로 둘 수도 있다. 이러한 분포를 '지프의 법칙(Zipf's law)'이라고 부른다. 그러면 $\text{Mean}(S) = n/H_n - 1$이고 $\text{Var}(S) = \frac{1}{2}n(n+1)/H_n - n^2/H_n^2$이다. $n \to \infty$에 따른 $m \approx n/\ln n$에 대한 평균 탐사 회수는 약 2이고 표준편차는 점근적으로 $\sqrt{\ln n}/\sqrt{2}$이다.

해싱의 최악의 경우를 두려워하는 조심스러운 영혼을 가진 독자도 있겠지만, 이상의 두 분석에서 보듯이 너무 걱정할 필요는 없다. 체비쇼프의 부등식에 따르면, 극히 드문 경우를 제외하고는 목록들이 짧게 잘 유지된다.

경우 2, 계속: 여러 가지 분산

앞에서는 성공적인 검색의 탐사 횟수의 분산을, P를 $m^n \cdot n$개의 원소 $(h_1,...,h_n;k)$로 이루어진 확률공간에 대한 하나의 확률변수로 취급해서 계산했다. 그런데 그와는 다른 관점을 취할 수도 있다. 그 관점이란, 해시 값들의 각 패턴 $(h_1,...,h_n)$이 특정

자 여러분, 건너 뛰기용 신발로 갈아신을 시간이 왔습니다.
— 친절한 조교

해시 테이블에 있는 주어진 n개의 키에 대한 성공적 검색의 탐사 횟수를 나타내는 확률변수 $P|(h_1,...,h_n)$을 정의한다는 것이다. 따라서 $P|(h_1,...,h_n)$의 평균값

$$A(h_1,...,h_n) = \sum_{p=1}^{n} p \cdot \Pr\big((P|(h_1,...,h_n))=p\big) \tag{8.99}$$

는 성공적인 검색 1회의 실행 시간을 나타낸다고 할 수 있다. 이 수량 $A(h_1,...,h_n)$은 최종 구성요소 k가 아니라 $(h_1,...,h_n)$에만 의존하는 확률변수이다. 이 수량을 다음과 같은 형태로 표기할 수 있다.

$$A(h_1,...,h_n) = \sum_{k=1}^{n} s_k P(h_1,...,h_n;k).$$

여기서 $P(h_1,...,h_n;k)$는 식 (8.88)로 정의되는데, 이는 $P|(h_1,...,h_n)=p$일 확률이 다음과 같기 때문이다.

$$\frac{\sum_{k=1}^{n} \Pr\big(P(h_1,...,h_n;k)=p\big)}{\sum_{k=1}^{n} \Pr(h_1,...,h_n;k)} = \frac{\sum_{k=1}^{n} m^{-n} s_k \big[P(h_1,...,h_n;k)=p\big]}{\sum_{k=1}^{n} m^{-n} s_k}$$

$$= \sum_{k=1}^{n} s_k \big[P(h_1,...,h_n;k)=p\big].$$

m^n가지 가능성 $(h_1,...,h_n)$들 전체에 관해 합한 후 m^n로 나누어서 구한 $A(h_1,...,h_n)$의 평균값은 이전에 식 (8.95)에서 구한 평균값과 같다. 그러나 $A(h_1,...,h_n)$의 분산은 좀 다르다. 이 분산은 m^n개의 평균들의 분산이지 $m^n \cdot n$개의 탐사 횟수들의 분산이 아니다. 예를 들어 만일 $m=1$이면(즉, 목록이 하나뿐이면) '평균' 값 $A(h_1,...,h_n) = A(1,...,1)$은 상수이므로 그 분산 VA은 0이다. 그러나 성공적인 검색의 탐사 횟수는 상수가 아니므로, 분산 VP는 0이 아니다.

그러나 VP(부통령)는 선거가 있는 해에서만 0이 아니다.

$1 \le k \le n$에 대해 $s_k = 1/n$인 가장 간단한 경우, 다시 말해 검색 키들이 고르게 분포되어 있는 경우에서 일반적인 m과 n에 대해 계산을 수행해 보면 분산들 사이의 이러한 차이가 잘 드러난다. 검색 키들이 고른분포를 따른다고 가정하자. 주어진 임의의 해시 값 수열 $(h_1,...,h_n)$은 m개의 목록을 정의하는데, 각 목록은 다음을 만족하는 어떤 수 n_j에 대한 항목 $(n_1,n_2,...,n_m)$을 담는다.

$$n_1+n_2+ \cdots +n_m = n.$$

테이블에 담긴 n개의 키 각각의 검색 확률이 동일하다고 할 때, 성공적인 검색 1회의 평균 실행 시간을 규정하는 평균 탐사 횟수는

$$A(h_1,...,h_n) = \frac{(1+\cdots+n_1)+(1+\cdots+n_2)+\cdots+(1+\cdots+n_m)}{n}$$

$$= \frac{n_1(n_1+1)+n_2(n_2+1)+\cdots+n_m(n_m+1)}{2n}$$

$$= \frac{n_1^2+n_2^2+\cdots+n_m^2+n}{2n}$$

이다. 우리의 목표는 이 수량 $A(h_1,...,h_n)$의, m^n개의 수열 $(h_1,...,h_n)$ 전체로 구성된 확률공간에 대한 분산을 계산하는 것이다.

그 분산을 직접 계산하는 대신, 그와는 약간 다른 다음 수량의 분산을 구하면 계산이 쉬워진다.

$$B(h_1,...,h_n) = \binom{n_1}{2}+\binom{n_2}{2}+\cdots+\binom{n_m}{2}.$$

이때

$$A(h_1,...,h_n) = 1+B(h_1,...,h_n)/n$$

이다. 따라서 A의 평균값과 분산은 다음을 만족한다.

$$EA = 1+\frac{EB}{n}; \qquad VA = \frac{VB}{n^2}. \tag{8.100}$$

목록 크기들이 $n_1,n_2,...,n_m$이 될 확률은 다항계수

$$\binom{n}{n_1,n_2,...,n_m} = \frac{n!}{n_1!\,n_2!\,...\,n_m!}$$

을 m^n으로 나눈 것이다. 따라서 $B(h_1,...,h_n)$의 pgf는

$$B_n(z) = \sum_{\substack{n_1,n_2,...,n_m \geq 0 \\ n_1+n_2+\cdots+n_m=n}} \binom{n}{n_1,n_2,...,n_m} z^{\binom{n_1}{2}+\binom{n_2}{2}+\cdots+\binom{n_m}{2}} m^{-n}$$

이다. 경험이 적은 사람에게는 이 합이 다소 무서워 보이겠지만, 제7장의 경험 덕분에 우리는 이것이 하나의 m겹 합성곱임을 알아볼 수 있다. 실제로, 만일 지수 초생성함수

$$G(w,z) = \sum_{n \geq 0} B_n(z) \frac{m^n w^n}{n!}$$

을 고찰한다면, $G(w,z)$가 그냥 다음과 같은 하나의 m제곱임을 쉽게 확인할 수 있다.

$$G(w,z) = \left(\sum_{k \geq 0} z^{\binom{k}{2}} \frac{w^k}{k!} \right)^m.$$

점검 삼아 $z=1$로 설정해 보면 $G(w,1) = (e^w)^m$이 나온다. 따라서 $m^n w^n/n!$의 계수는 $B_n(1) = 1$이다.

만일 $B_n{}'(1)$의 값과 $B_n{}''(1)$의 값을 안다면 $\mathrm{Var}(B_n)$을 계산할 수 있다. 그럼 $G(w,z)$의 z에 대한 편도함수들을 구해보자.

$$\frac{\partial}{\partial z} G(w,z) = \sum_{n \geq 0} B_n{}'(z) \frac{m^n w^n}{n!}$$

$$= m \left(\sum_{k \geq 0} z^{\binom{k}{2}} \frac{w^k}{k!} \right)^{m-1} \sum_{k \geq 0} \binom{k}{2} z^{\binom{k}{2}-1} \frac{w^k}{k!} ;$$

$$\frac{\partial^2}{\partial z^2} G(w,z) = \sum_{n \geq 0} B_n{}''(z) \frac{m^n w^n}{n!}.$$

$$= m(m-1) \left(\sum_{k \geq 0} z^{\binom{k}{2}} \frac{w^k}{k!} \right)^{m-2} \left(\sum_{k \geq 0} \binom{k}{2} z^{\binom{k}{2}-1} \frac{w^k}{k!} \right)^2$$

$$+ m \left(\sum_{k \geq 0} z^{\binom{k}{2}} \frac{w^k}{k!} \right)^{m-1} \sum_{k \geq 0} \binom{k}{2} \left(\binom{k}{2} - 1 \right) z^{\binom{k}{2}-2} \frac{w^k}{k!}$$

실로 복잡한 공식이지만, $z=1$로 두면 모든 것이 간단해진다. 이를테면

$$\sum_{n \geq 0} B_n{}'(1) \frac{m^n w^n}{n!} = m e^{(m-1)w} \sum_{k \geq 2} \frac{w^k}{2(k-2)!}$$

$$= m e^{(m-1)w} \sum_{k \geq 0} \frac{w^{k+2}}{2 k!}$$

$$= \frac{m w^2 e^{(m-1)w}}{2} e^w = \sum_{n \geq 0} \frac{(mw)^{n+2}}{2m\, n!} = \sum_{n \geq 0} \frac{n(n-1) m^n w^n}{2m\, n!}$$

이며, 이로부터 다음을 도출할 수 있다.

$$B_n{}'(1) = \binom{n}{2} \frac{1}{m}. \tag{8.101}$$

이를 식 (8.100)에 나온 EA의 공식에 대입하면 $EA = 1 + (n-1)/2m$이 나오는데, 이는 식 (8.97)과 부합하는 결과이다.

$B_n''(1)$에 대한 공식에도 이와 비슷한 합이 있는데, 그 합을 좀 더 정리하면 다음이 나온다.

$$\sum_{k \geq 0} \binom{k}{2}\left(\binom{k}{2}-1\right)\frac{w^k}{k!} = \frac{1}{4}\sum_{k \geq 0}\frac{(k+1)k(k-1)(k-2)w^k}{k!}$$

$$= \frac{1}{4}\sum_{k \geq 3}\frac{(k+1)w^k}{(k-3)!} = \frac{1}{4}\sum_{k \geq 0}\frac{(k+4)w^{k+3}}{k!} = \left(\frac{1}{4}w^4+w^3\right)e^w.$$

이로부터 다음을 이끌어낼 수 있다.

$$\sum_{n \geq 0} B_n''(1)\frac{m^n w^n}{n!} = m(m-1)e^{w(m-2)}\left(\frac{1}{2}w^2 e^w\right)^2 + me^{w(m-1)}\left(\frac{1}{4}w^4+w^3\right)e^w$$

$$= me^{wm}\left(\frac{1}{4}mw^4+w^3\right);$$

$$B_n''(1) = \binom{n}{2}\left(\binom{n}{2}-1\right)\frac{1}{m^2}. \tag{8.102}$$

이제 이상의 결과들을 모두 조합하면 애초에 원했던 분산 VA를 구할 수 있다. 계산 과정에서 엄청나게 많은 것이 소거되어서, 다음과 같이 놀랄 만큼 간단한 결과가 나온다.

$$VA = \frac{VB}{n^2} = \frac{B_n''(1)+B_n'(1)-B_n'(1)^2}{n^2}$$

$$= \frac{n(n-1)}{m^2 n^2}\left(\frac{(n+1)(n-2)}{4}+\frac{m}{2}-\frac{n(n-1)}{4}\right)$$

$$= \frac{(m-1)(n-1)}{2m^2 n}. \tag{8.103}$$

이런 '우연'들이 발생하면 뭔가 수학적인 이유가 있을 거라는 의심이 든다. 어쩌면 답이 이처럼 간단한 이유를 말해주는, 문제를 공략하는 또 다른 방법이 있을지도 모른다. 실제로, 평균적인 성공적 검색의 분산이 일반적으로 다음과 같은 형태임을 보여주는 또 다른 접근 방식이 존재한다(연습문제 61).

$$VA = \frac{m-1}{m^2}\sum_{k=1}^{n}s_k^2(k-1). \tag{8.104}$$

여기서 s_k는 k번째로 삽입된 요소가 검색될 확률이다. 식 (8.103)은 $1 \leq k \leq n$에 대해 $s_k = 1/n$인 특수 경우에 해당한다.

평균의 분산뿐만 아니라 분산의 평균도 고찰해 보면 좋을 것이다. 다른 말로 하면, 하나의 해시 테이블을 정의하는 각 수열 $(h_1,...,h_n)$은 성공적 검색에 대한 하나의 확률분포도 정의하며, 그러한 확률분포의 분산은 탐사 횟수들이 서로 다른 성공적 검색들에 얼마나 잘 분포되는지를 말해준다. 한 예로, $n=16$개의 항목을 $m=10$개의 목록에 삽입하는 경우를 다시 고찰해보자.

$$(h_1,...,h_{16}) = 3\,1\,4\,1\,5\,9\,2\,6\,5\,3\,5\,8\,9\,7\,9\,3;$$
$$(P_1,...,P_{16}) = 1\,1\,1\,2\,1\,1\,1\,1\,2\,2\,3\,1\,2\,1\,3\,3.$$

이러한 해시 테이블에 대한 성공적 검색 1회의 pgf는 다음과 같다.

$$G(3,1,4,1,...,3) = \sum_{k=1}^{16} s_k z^{P(3,1,4,1,...,3;k)}$$
$$= s_1 z + s_2 z + s_3 z + s_4 z^2 + \cdots + s_{16} z^3.$$

앞에서 고찰한 것은 이 테이블에 대한 성공적 검색의 평균 탐사 횟수, 즉 $A(3,1,4,1,...,3) = \mathrm{Mean}(G(3,1,4,1,...,3))$이었다. 이번에는 분산

$$s_1 \cdot 1^2 + s_2 \cdot 1^2 + s_3 \cdot 1^2 + s_4 \cdot 2^2 + \cdots + s_{16} \cdot 3^2$$
$$- (s_1 \cdot 1 + s_2 \cdot 1 + s_3 \cdot 1 + s_4 \cdot 2 + \cdots + s_{16} \cdot 3)^2$$

을 생각해 보자. 이 분산은 $(h_1,...,h_n)$에 의존하는 하나의 확률변수이므로, 그 평균값을 고찰하는 것은 자연스러운 일이다.

정리하자면, 성공적 검색의 습성을 이해하는 데 도움이 되는 분산은 크게 세 종류이다. 하나는 탐사 횟수의 종합 분산(overall variance)으로, 이 분산은 모든 $(h_1,...,h_n)$과 k에 관해 계산한다. 다른 하나는 탐사 횟수의 평균의 분산으로, 평균을 모든 k에 관해 계산하고 그런 다음 분산을 모든 $(h_1,...,h_n)$에 관해 계산한다. 마지막은 탐사 횟수의 분산의 평균으로, 먼저 모든 k에 관해 분산을 계산한 후 모든 $(h_1,...,h_n)$에 관해 평균을 계산한다. 수식으로 표현하자면, 종합 분산은

$$VP = \sum_{1 \le h_1,...,h_n \le m} \sum_{k=1}^{n} \frac{s_k}{m^n} P(h_1,...,h_n;k)^2$$
$$- \left(\sum_{1 \le h_1,...,h_n \le m} \sum_{k=1}^{n} \frac{s_k}{m^n} P(h_1,...,h_n;k) \right)^2$$

이고 평균의 분산은

$$VA = \sum_{1 \le h_1,...,h_n \le m} \frac{1}{m^n}\left(\sum_{k=1}^{n} s_k P(h_1,...,h_n;k)\right)^2$$
$$- \left(\sum_{1 \le h_1,...,h_n \le m} \frac{1}{m^n} \sum_{k=1}^{n} s_k P(h_1,...,h_n;k)\right)^2$$

이다. 그리고 분산의 평균은

$$AV = \sum_{1 \le h_1,...,h_n \le m} \frac{1}{m^n}\left(\sum_{k=1}^{n} s_k P(h_1,...,h_n;k)^2 \right.$$
$$\left. - \left(\sum_{k=1}^{n} s_k P(h_1,...,h_n;k)\right)^2\right)$$

이다. 이 세 수량 사이에 다음과 같은 간단한 관계가 성립함이 밝혀졌다.

$$VP = VA + AV. \tag{8.105}$$

사실, 조건부 확률분포는 항상 다음 항등식을 만족한다.

$$VX = V(E(X|Y)) + E(V(X|Y)). \tag{8.106}$$

여기서 임의의 확률공간의 X와 Y는 확률변수이고 X는 실숫값을 취한다. (이 항등식은 연습문제 22에서 증명한다.) 식 (8.105)는 X가 성공적 검색의 탐사 횟수이고 Y가 해시 값들의 수열 $(h_1,...,h_n)$인 특수 경우에 해당한다.

식 (8.106)의 일반식을 면밀하게 파악할 필요가 있다. 기댓값과 분산을 계산하는 부분에서 서로 다른 확률변수와 확률공간들이 표기상으로 잘 구분되지 않을 수 있기 때문이다. Y의 치역의 각 y에 대해 확률변수 $X|y$가 식 (8.91)로 정의되는데, $E(X|y)$는 이 확률변수의 기댓값(y에 의존하는)이다. 한편, $E(X|Y)$는 Y의 모든 가능한 값을 취하는 y에 대한 $E(X|y)$들을 값으로 하는 확률변수이고, $V(E(X|Y))$는 Y의 확률분포에 대한 이 확률변수의 분산이다. 마찬가지로, $E(V(X|Y))$는 y의 변화에 따른 확률변수 $V(X|y)$들의 평균이다. 식 (8.106)의 좌변 VX는 X의 조건 없는 분산이다. 분산은 음수가 아니므로 항상 다음이 성립한다.

(이 시점에서 몸풀기 연습문제 6을 풀어 보면 좋을 것이다.)

$$VX \ge V(E(X|Y)) \quad \text{그리고} \quad VX \ge E(V(X|Y)). \tag{8.107}$$

경우 1, 다시: 검색 실패 재고찰

그럼 전형적인 알고리즘 분석의 예를 하나 더 살펴보는 것으로 해싱에 대한 현미경적 분석을 마무리하자. 이번에는 성공적이지 못한 검색과 연관된 총 실행 시간을 좀 더 자세히 살펴보겠다. 기존 해시 테이블에 없는 키를 검색했기 때문에 검색이 실패하며, 따라서 새 키를 테이블에 삽입한다고 가정하자.

식 (8.83)에 나온 삽입 절차는 j가 음수인지 아니면 0인지에 따라 두 경우로 나뉜다. j가 음수인 경우는 빈 목록의 FIRST 항목 때문에 발생하므로, $j < 0$일 필요충분조건은 $P = 0$이다. 따라서, 이전에 목록이 비어 있었다면 $P = 0$이며, 그러면 반드시 FIRST$[h_{n+1}] := n + 1$로 설정해야 한다. (새 레코드는 위치 $n + 1$에 삽입된다.) 그렇지 않다면 $P > 0$인 것이므로 NEXT 항목을 $n + 1$로 설정해야 한다. 이 두 경우의 실행 시간이 다를 수 있으므로, 성공적이지 못한 검색의 총 실행 시간은 다음과 같은 형태이다.

P는 여전히 탐사 횟수이다.

$$T = \alpha + \beta P + \delta[P = 0]. \tag{8.108}$$

여기서 α와 β, δ는 사용하는 컴퓨터에, 그리고 해싱을 그 컴퓨터의 내부 언어로 부호화하는 방식에 의존하는 상수들이다. T의 평균값과 분산을 구할 수 있다면 좋을 것이다. 실제 응용에서는 그런 정보가 P의 평균값 및 분산보다 더 유용하기 때문이다.

지금까지는 확률 생성함수를 음이 아닌 정숫값을 취하는 확률변수에만 연관지어서 사용했다. 그런데 X가 임의의 실숫값 확률변수일 때도 그 확률 생성함수

$$G_X(z) = \sum_{\omega \in \Omega} \Pr(\omega) z^{X(\omega)}$$

을 지금까지와 본질적으로 동일한 방식으로 다룰 수 있다. 이는, X의 본질적인 특징들이 오직 $z = 1$ 근처(z의 거듭제곱들이 잘 정의되는)에서의 G_X의 습성에만 의존하기 때문이다. 예를 들어 식 (8.108)에 나온 성공적이지 못한 검색의 총 실행 시간은 하나의 확률변수이며, 해당 확률공간은 $1 \le h_j \le m$에 대한 동일 확률 해시 값들의 수열 $(h_1, \ldots, h_n, h_{n+1})$이다. α와 β, δ가 정수가 아니라도, 다음과 같은 급수를 하나의 pgf로 간주할 수 있다.

$$G_T(z) = \frac{1}{m^{n+1}} \sum_{h_1=1}^{m} \cdots \sum_{h_n=1}^{m} \sum_{h_{n+1}=1}^{m} z^{\alpha + \beta P(h_1, \ldots, h_{n+1}) + \delta[P(h_1, \ldots, h_{n+1}) = 0]}.$$

(사실, 매개변수 α, β, δ는 시간 차원을 가지는 물리량들이다. 순수한 수도 아닌 것이다! 그렇지만 이들을 z의 지수에 사용할 수 있다.) T의 평균값과 분산도 여전히 구할 수 있다. $G_T'(1)$과 $G_T''(1)$을 평가하고 그 값들을 통상적인 방식으로 결합하면 된다.

T가 아니라 P의 생성함수는 다음과 같다.

$$P(z) = \left(\frac{m-1+z}{m}\right)^n = \sum_{p \geq 0} \Pr(P=p)z^p.$$

따라서 다음이 성립한다.

$$\begin{aligned} G_T(z) &= \sum_{p \geq 0} \Pr(P=p)z^{\alpha+\beta p+\delta[p=0]} \\ &= z^\alpha\left((z^\delta-1)\Pr(P=0) + \sum_{p \geq 0}\Pr(P=p)z^{\beta p}\right) \\ &= z^\alpha\left((z^\delta-1)\left(\frac{m-1}{m}\right)^n + \left(\frac{m-1+z^\beta}{m}\right)^n\right). \end{aligned}$$

이제 $\mathrm{Mean}(G_T)$와 $\mathrm{Var}(G_T)$는 그냥 기계적으로 구할 수 있다.

$$\mathrm{Mean}(G_T) = G_T'(1) = \alpha + \beta\frac{n}{m} + \delta\left(\frac{m-1}{m}\right)^n; \tag{8.109}$$

$$\begin{aligned} G_T''(1) &= \alpha(\alpha-1) + 2\alpha\beta\frac{n}{m} + \beta(\beta-1)\frac{n}{m} + \beta^2\frac{n(n-1)}{m^2} \\ &\quad + 2\alpha\delta\left(\frac{m-1}{m}\right)^n + \delta(\delta-1)\left(\frac{m-1}{m}\right)^n; \end{aligned}$$

$$\begin{aligned} \mathrm{Var}(G_T) &= G_T''(1) + G_T'(1) - G_T'(1)^2 \\ &= \beta^2\frac{n(m-1)}{m^2} - 2\beta\delta\left(\frac{m-1}{m}\right)^n\frac{n}{m} \\ &\quad + \delta^2\left(\left(\frac{m-1}{m}\right)^n - \left(\frac{m-1}{m}\right)^{2n}\right). \tag{8.110} \end{aligned}$$

제9장에서는 m과 n이 큰 값일 때 이런 수량을 추정하는 방법을 배운다. 예를 들어 $m=n$이고 $n\to\infty$일 때, 제9장의 기법들을 이용하면 T의 평균값과 분산이 각각 $\alpha+\beta+\delta e^{-1}+O(n^{-1})$과 $\beta^2-2\beta\delta e^{-1}+\delta^2(e^{-1}-e^{-2})+O(n^{-1})$임을 알아낼 수 있다. 그리고 $m=n/\ln n + O(1)$이고 $n\to\infty$일 때 평균값과 분산은 다음과 같다.

$$\begin{aligned} \mathrm{Mean}(G_T) &= \beta\ln n + \alpha + O\big((\log n)^2/n\big); \\ \mathrm{Var}(G_T) &= \beta^2\ln n + O\big((\log n)^2/n\big). \end{aligned}$$

연습문제

몸풀기

1 공정 주사위 하나와 부정 주사위 하나를 던진다고 하자. 식 (8.3)의 확률분포 $\Pr_{01}$에서 더블의 확률은 무엇인가? $S=7$이 나올 확률은 무엇인가?

2 무작위로 섞은 카드 한 벌(deck)의 제일 위 카드와 제일 아래 카드가 둘 다 에이스일 확률은 얼마인가? (모든 52!가지 순열의 확률은 각각 1/52!이다.)

3 1979년에 스탠포드 대학교의 구체 수학 수강생들에게 앞면이 연달아 두 번 나올 때까지 동전을 던져서(flip) 그 횟수를 보고하라고 요청했다. 그들이 보고한 결과는 다음과 같다.

> 왜 수치가 열 개 뿐이지?
> 다른 학생들은 경험주의자(empiricist)가 아니었거나, 그냥 너무 정신이 나갔어 (flipped out).

$$3, 2, 3, 5, 10, 2, 6, 6, 9, 2.$$

1987년에는 프린스턴 대학교의 구체 수학 수강생들에게도 그런 요청을 했다. 결과는 다음과 같다.

$$10, 2, 10, 7, 5, 2, 10, 6, 10, 2.$$

각각 (a) 스탠포드의 표본과 (b) 프린스턴의 표본에 기초해서 평균값과 분산을 추정하라.

4 $H(z) = F(z)/G(z)$이고 $F(1) = G(1) = 1$이라고 하자. 식 (8.38) 및 식 (8.39)에 대응되는 다음 두 등식을 증명하라.

$$\text{Mean}(H) = \text{Mean}(F) - \text{Mean}(G),$$
$$\text{Var}(H) = \text{Var}(F) - \text{Var}(G).$$

(단, 해당 도함수들이 $z = 1$에서 존재하는 경우에만.)

5 앨리스와 빌이, 앞면이 나올 확률이 p가 되도록 조작된 동전을 이용해서 식 (8.78)의 게임을 진행한다고 하자. 게임이 공정해지는 p의 값이 존재하는가?

6 X와 Y가 독립 확률변수들일 때 조건부 분산 공식 (8.106)은 무엇으로 축약되는가?

기초

7 두 주사위가 같은 확률분포로 조작되었다면 더블이 나올 확률이 항상 $\frac{1}{6}$보다 크거나 같음을 보여라.

8 두 사건 A와 B가 $A \cup B = \Omega$를 만족한다고 하자. 다음을 증명하라.

$$\Pr(\omega \in A \cap B) = \Pr(\omega \in A)\Pr(\omega \in B) - \Pr(\omega \notin A)\Pr(\omega \notin B).$$

9 다음을 증명 또는 반증하라: 만일 X와 Y가 독립 확률변수들이면, 임의의 함수 F와 G에 대해 $F(X)$와 $G(Y)$도 독립 확률변수들이다.

10 확률변수 X의 중앙값(식 (8.7)로 정의되는)들을 원소로 하는 집합의 최대 크기 (원소 개수)는 얼마인가?

11 평균값은 유한하지만 분산은 무한대인 확률변수를 고안하라.

12 a $P(z)$가 확률변수 X의 pgf라고 할 때, 다음을 증명하라.

$$\Pr(X \leq r) \leq x^{-r}P(x) \quad 0 < x \leq 1 \text{에 대해};$$
$$\Pr(X \geq r) \leq x^{-r}P(x) \quad x \geq 1 \text{에 대해}.$$

(이 중요한 관계식들을 꼬리 부등식(tail inequality)이라고 부른다.)

b $P(z) = (1+z)^n/2^n$인 특수 경우에서, $0 < \alpha < \frac{1}{2}$일 때 $\sum_{k \leq \alpha n} \binom{n}{k} \leq 1/\alpha^{\alpha n} \cdot (1-\alpha)^{(1-\alpha)n}$임을 첫 꼬리 부등식을 이용해서 증명하라.

13 $X_1, \ldots, X_{2n}$이 독립 확률변수들이고 확률분포는 모두 같다고 하자. 그리고 α가 임의의 실수라고 하자. 다음을 증명하라.

$$\Pr\left(\left|\frac{X_1 + \cdots + X_{2n}}{2n} - \alpha\right| \leq \left|\frac{X_1 + \cdots + X_n}{n} - \alpha\right|\right) \geq \frac{1}{2}.$$

14 $F(z)$와 $G(z)$가 확률 생성함수이고

$$H(z) = pF(z) + qG(z)$$

라고 하자. 여기서 $p+q=1$이다. (이러한 H를 F와 G의 혼합(mixture)이라고 부른다. 이는 동전을 던져서 앞면이 나오느냐 뒷면이 나오느냐에 따라 확률분포 F와 G 중 하나를 선택하는 것에 해당한다.) H의 평균값과 분산을 p와 q, 그리고 F와 G의 평균값 및 분산으로 표현하라.

15 $F(z)$와 $G(z)$가 확률 생성함수일 때, 다음과 같은 합성(composition)을 통해서 또 다른 pgf $H(z)$를 정의할 수 있다.

$$H(z) = F(G(z)).$$

$\mathrm{Mean}(H)$와 $\mathrm{Var}(H)$를 $\mathrm{Mean}(F)$, $\mathrm{Var}(F)$, $\mathrm{Mean}(G)$, $\mathrm{Var}(G)$로 표현하라. (식 (8.93)은 하나의 특수 경우이다.)

16 $F_n(z)$가 식 (8.53)에 정의된 축구 승리 팀 모자 고정 생성함수라고 할 때, 초생성 함수 $\sum_{n \geq 0} F_n(z) w^n$의 닫힌 형식을 구하라.

17 $X_{n,p}$와 $Y_{n,p}$가 각각 매개변수가 (n,p)인 이항분포와 음의 이항분포라고 하자. (이러한 분포들은 식 (8.57)과 식 (8.60)에 정의되어 있다.) $\Pr(Y_{n,p} \leq m) = \Pr(X_{m+n,p} \geq n)$임을 증명하라. 이것이 함의하는 이항계수들의 항등식은 무엇인가?

단위 부피의 물에 있는 물고기들의 분포.

18 확률변수 X가 모든 $k \geq 0$에 대해 $\Pr(X = k) = e^{-\mu}\mu^k/k!$을 만족할 때, 그런 확률변수를 가리켜 평균값이 μ인 **푸아송 분포**(Poisson distribution)를 따르는 확률변수라고 말한다.

a 그러한 확률변수의 pgf는 무엇인가?

b 그러한 확률변수의 평균값과 분산, 그리고 기타 누적률들은 무엇인가?

19 이전 연습문제를 이어서, X_1이 평균값이 μ_1인 푸아송 분포를 따르는 확률변수(간단히 '푸아송 확률변수')라고 하자. 그리고 X_2가 평균값이 μ_2인 푸아송 확률변수이고 X_1과는 독립이라고 하자.

a $X_1 + X_2 = n$일 확률은 무엇인가?

b $2X_1 + 3X_2$의 평균값과 분산, 그리고 기타 누적률들은 무엇인가?

20 주어진 앞면·뒷면 패턴이 나올 때까지 동전을 던지는 횟수의 평균값과 분산에 대한 일반 공식인 식 (8.74)와 식 (8.75)를 증명하라.

21 식 (8.77)에서 H와 T가 둘 다 $\frac{1}{2}$로 설정되었을 때 N의 값은 무엇을 나타내는가?

22 조건부 기댓값과 분산을 정의하는 식 (8.106)을 증명하라.

숙제

23 $\Pr_{00}$이 공정 주사위 두 개의 확률분포이고 $\Pr_{11}$이 식 (8.2)로 정의되는 부정 주사위 두 개의 확률분포라고 하자. $\Pr_{00}(A) = \Pr_{11}(A)$를 만족하는 모든 사건 A를 구하라. 그 사건들 중 확률변수 S에만 의존하는 것은 무엇인가? ($\Omega = D^2$인 확률공간에는 2^{36}개의 사건이 있는데, 그중 S에만 의존하는 것은 2^{11}개뿐이다.)

24 플레이어 J는 $2n+1$개의 공정 주사위를 굴린 후 ⚅가 나온 주사위들을 모두 제거한다. 플레이어 K는 1에서 6까지의 수 하나를 외친 후 나머지 주사위들을

굴리고, 외친 수가 나온 주사위들을 제거한다. 이러한 과정을 모든 주사위가 제거될 때까지 반복한다. 제거한 주사위 개수($n+1$개 이상)가 더 많은 플레이어가 승자이다.

a J가 제거한 주사위 수의 평균값과 분산은 무엇인가? 힌트: 주사위들은 서로 독립이다.

b $n=2$일 때 J가 이길 확률은 무엇인가?

25 이런 도박 게임을 생각해 보자. 플레이어는 어떠한 금액 A를 판돈으로 걸고 공정 주사위 하나를 굴린다. 굴려서 나온 눈 수를 k라고 할 때, 판돈에 $2(k-1)/5$를 곱한다. (특히, 만일 ⚄이 나오면 판돈이 두 배가 되고, ⚀이 나오면 판돈은 0이 된다.) 플레이어는 언제라도 게임을 중지하고 판돈을 상금으로 챙길 수 있다. 주사위를 n번 굴린 후의 판돈의 평균값과 분산은 무엇인가? (화폐 단위에 맞게 금액을 정수로 반올림할 필요는 없다.)

26 요소 n개의 무작위 순열 하나에 있는 l-순환주기 개수의 평균값과 분산을 구하라. (식 (8.23)과 식 (8.24), 식 (8.53)에서 논의한 축구 승리 팀 문제는 $l=1$인 특수 경우이다.)

27 $X_1, X_2, \ldots, X_n$이 확률변수 X의 독립 표본들이라고 하자. 식 (8.19)와 식 (8.20)은 이러한 측정값들에 기초해서 X의 평균값과 분산을 추정하는 방법을 말해준다. 이들과 비슷한, 삼차(세 번째) 누적률 κ_3을 추정하는 공식을 제시하라. (그 공식은 반드시 "치우치지 않은(unbiased)" 추정이어야 한다. 여기서 치우치지 않는다는 것은 기댓값이 반드시 κ_3이어야 한다는 뜻이다.)

28 다음 두 경우에서 식 (8.78)의 동전 던지기 게임의 평균 길이를 각각 구하라.
a 앨리스가 이기는 경우.
b 빌이 이기는 경우.

29 앨리스와 빌, 그리고 컴퓨터가 공정한 동전을 각각 A=HHTH, B=HTHH, C=THHH라는 패턴이 처음 나올 때까지 던진다고 하자. (만일 세 패턴 중 두 가지만 쓰인다면, 우리는 식 (8.82)에 의해 확률적으로 A가 B보다 유리하고, B가 C보다 유리하고, C가 A가 유리함을 알고 있다. 그러나 이번 게임에는 세 패턴이 동시에 관여한다.) 각 플레이어의 승리 확률을 구하라.

30 본문에서는 해시 테이블의 성공적 검색과 연관된 세 종류의 분산을 고찰했다. 그런데 사실은 두 종류의 분산이 더 있다. 하나는 $P(h_1,\ldots,h_n;k)$의 분산들($h_1,\ldots,$ h_n에 관한)의 평균(k에 관한)이고 또 하나는 평균들($h_1,\ldots,h_n$에 관한)의 분산(k에 관한)이다. 그러한 두 수량을 평가하라.

31 오각형 $ABCDE$의 한 꼭짓점 A에 사과가 있고, 거기서 두 꼭짓점 떨어진 C에 벌레가 한 마리 있다. 매일 벌레는 인접한 두 정점 중 하나를 동일 확률로 선택해서 그 정점으로 이동한다. 따라서 하루가 지나면 벌레가 $\frac{1}{2}$의 확률로 꼭짓점 B 또는 D에 있다. 이틀이 지나면 벌레가 다시 C로 돌아올 수도 있으나, 벌레는 자신의 이전 위치들을 기억하지 못한다. 벌레가 꼭짓점 A에 도달하면 더 이상 이동하지 않고 만찬을 즐긴다.

슈뢰딩거의 벌레.

a 만찬까지의 날(day) 수의 평균값과 분산은 무엇인가?

b 날 수가 100 이상일 확률이 p라고 하자. 체비쇼프의 부등식은 p에 관해 무엇을 말해주는가?

c 꼬리 부등식들(연습문제 12)은 p에 관해 무엇을 말해주는가?

32 앨리스와 빌이 입대해서 각자 미국의 다섯 주(state)인 캔자스, 네브래스카, 미주리, 오클라호마, 콜로라도 중 하나에 배치되었다. 처음에는 앨리스가 네브래스카로 갔고 빌은 오클라호마로 갔다. 매달 둘은 각각 인접 주들 중 동일 확률로 선택된 한 주로 이동한다. (다음은 주들의 인접성을 나타낸 도표이다. 동그라미는 초기에 배치된 주를 나타낸다.)

유한상태(finte-state) 상황이 확실함.

예를 들어 첫 달이 지난 후 앨리스는 콜로라도, 캔자스, 미주리 중 하나로 배치되는데, 각 확률은 1/3이다. 앨리스와 빌이 만나게 되는 달 수의 평균값과 분산을 구하라. (컴퓨터의 도움을 받는 것이 좋을 것이다.)

33 식 (8.89)의 확률변수 X_1과 X_2는 서로 독립인가?

34 골퍼 지나가 타수를 파(규정 타수)보다 한 타수 줄일 수 있는 '슈퍼샷'을 칠 확률이 $p = .05$, 보통의 샷을 칠 확률이 $q = .91$, 그리고 규정 타수를 한 타수 넘길만한 '서브샷'을 칠 확률이 $r = .04$이다. (골프를 치지 않는 독자를 위해 설명하자면, 각 턴에서 지나는 자신의 목표를 향해 각각 p, q, r의 확률로 2, 1, 0 걸음 나아간다. 파 m 홀에서 지나의 점수는 n턴 이후 m 걸음 이상 전진했음을 만족하는 최소의 n이다. 점수가 낮을수록 좋다.)

(이 문제의 수치 계산에 계산기를 사용할 것.)

  a 지나가 파를 치는 다른 플레이어와 파 4 홀에서 게임을 한다면 질 때보다 이길 때가 더 많음을 보여라. (다른 말로 하면, 지나의 점수가 4 미만일 확률이 4를 넘을 확률보다 크다는 것을 증명해야 한다.)

  b 파 4 홀의 평균 점수가 4를 초과함을 보여라. (따라서 지나는 '꾸준한' 선수와 총 득점을 겨룰 때는 지는 경향이 있고 홀별로 겨룰 때는 이기는 경향이 있다.)

시험 문제

35 다음과 같은 확률분포를 따르도록 조작된 부정 주사위가 있다.

$$\Pr(\boxdot) = p_1; \quad \Pr(\boxdot) = p_2; \quad \dots; \quad \Pr(\boxdot) = p_6.$$

이 주사위를 n번 던져서 나온 눈 수의 합을 S_n이라고 하자. 두 확률변수 $S_n \bmod 2$와 $S_n \bmod 3$이 모든 n에 대해 서로 독립임을 만족하는 "충전充塡 분포(loading distribution)"에 대한 필요충분조건을 구하라.

36 평범한 주사위의 여섯 면에는 $\boxdot$에서 $\boxdot$까지의 눈 패턴이 새겨져 있지만, 이번 문제에서는 여섯 면에 다음과 같은 패턴들이 새겨 있는 주사위를 가정한다.

  $\boxdot \quad \boxdot \quad \boxdot \quad \boxdot \quad \boxdot \quad \boxdot$

  a 이 주사위 여섯 면의 눈들을 다른 한 주사위에 배정하되, 두 주사위를 던졌을 때 눈들의 합이 보통의 두 주사위를 던졌을 때의 눈들의 합과 같은 확률분포를 따르도록 배정하는 방법을 제시하라.

  b 이를 일반화해서, 주사위 n개의 면 $6n$개의 눈 수 총합이 보통의 주사위 n개를 던졌을 때와 같은 확률분포를 따르도록 눈 수 패턴들을 각 면에 배정하는 모든 방법을 구하라. (각 면의 눈 수는 반드시 양수이어야 한다.)

37 공정한 동전을 정확히 n번 던졌을 때 처음으로 앞면이 연달아 두 번 나올 확률이 p_n이라고 하자. 그리고 $q_n = \sum_{k \geq n} p_k$라고 하자. p_n과 q_n의, 피보나치 수들로 표현된 닫힌 형식들을 각각 구하라.

38 공정 주사위 하나를 여섯 면이 모두 한 번씩은 나올 때까지 굴리는 횟수의 확률 생성함수는 무엇인가? 이를 m면 공정 주사위로 일반화해서, m개의 면 중 l개의 면이 한 번씩은 나올 때까지의 굴림 횟수의 평균값과 분산의 닫힌 형식들을 제시하라. 그 횟수가 정확히 n일 확률은 무엇인가?

39 디리클레 확률 생성함수(Dirichlet probability generating function)는 다음과 같은 형태이다.

$$P(z) = \sum_{n \geq 1} \frac{p_n}{n^z}.$$

따라서 $P(0) = 1$이다. X가 $\Pr(X=n) = p_n$인 확률변수라 할 때 $E(X)$와 $V(X)$, $E(\ln X)$를 $P(z)$와 그 도함수들로 표현하라.

40 이항분포 (8.57)의 m차 누적률 κ_m은 $nf_m(p)$의 형태인데, 여기서 f_m은 m차 다항식이다. (평균값과 분산이 np와 npq이므로, 예를 들어 $f_1(p) = p$이고 $f_2(p) = p - p^2$이다.)

a $f_m(p)$의 항 p^k의 계수의 닫힌 형식을 구하라.

b B_m이 m번째 베르누이 수라고 할 때, $f_m(\frac{1}{2}) = (2^m - 1)B_m/m + [m=1]$임을 증명하라.

41 확률변수 X_n이 앞면이 총 n번 나올 때까지 공정한 동전을 던지는 횟수라고 하자. $E(X_{n+1}^{-1}) = (-1)^n (\ln 2 + H_{\lfloor n/2 \rfloor} - H_n)$임을 보여라. 그리고 이 값을, 제9장의 방법들을 이용해서 절대오차 $O(n^{-3})$ 이내로 추정하라.

42 일자리를 못 구해 고민인 사람이 있다. 주어진 임의의 아침에 여전히 실직 상태이면, 그 사람은 저녁이 되기 전에 상수 확률 p_h(과거와는 독립적임)로 일자리를 얻는다. 그러나 고용 상태에서 하루를 시작한다면, 그날 저녁이 되기 전에 상수 확률 p_f로 일시 해고된다(be laid off). 첫날 고용 상태에서 n일(day)이 흘렀을 때, 그 사람이 고용 상태인 저녁의 수의 평균을 구하라. (예를 들어 $n=1$일 때 답은 $1 - p_f$이다.)

여기서 줄 바꿈 추천합니다.

43 n개의 객체의 순열 중 무작위로 선택한 순열 하나에 순환마디가 정확히 k개 있을 확률이 $p_{k,n}$이라 할 때, 그 확률 생성함수 $G_n(z) = \sum_{k \geq 0} p_{k,n} z^k$의 단힌 형식을 구하라. 이 순환마디 개수의 평균값과 표준편차는 무엇인가?

44 대학교 운동부에서 2^n명의 테니스 선수가 참가하는 교내 '녹아웃 토너먼트 knockout tournament'를 개최한다. 그 토너먼트의 진행 방식은 이렇다. 1회전에서는 선수들을 두 명씩 무작위로(동일 확률) 짝을 지어서 2^{n-1}개의 시합을 치른다. 2회전으로 진출한 승자들이 같은 방식으로 시합을 치러서 2^{n-2}명의 승자를 낸다. 이러한 과정을 최종 우승자가 나올 때까지 반복한다. 일반화하면, k회전에서 선수 2^{n-k+1}명을 무작위로 짝을 지어서 2^{n-k}회의 시합을 치르며, n회전에서 최종 우승자가 결정된다. 그런데 토너먼트 진행자들은 알지 못하지만, 사실 선수들은 실력순으로 순위가 매겨져 있다. x_1이 최고의 선수이고, x_2가 두 번째로 최고,..., x_{2^n}이 최악의 선수이다. $j < k$라고 할 때, x_j와 x_k가 시합하면 x_j가 이길 확률이 p이고 x_k가 이길 확률은 $1-p$이다. 이 확률들은 다른 시합들과는 독립이다. 모든 j와 k에 대해 같은 확률 p가 적용된다고 가정한다.

별난 테니스 선수들의 집합이로군.

a x_1이 토너먼트를 우승할 확률은 무엇인가?

b n회전, 즉 결승전에서 최상위 두 선수 x_1과 x_2가 만날 확률은 무엇인가?

c 끝에서 k번째 회전에 상위 2^k명의 선수가 시합을 치를 확률은 무엇인가? (이전 두 부문제는 $k=0$과 $k=1$인 경우들이다.)

d $N(n)$이 본질적으로 서로 다른 토너먼트 결과들의 수라고 하자. 만일 같은 선수들로 시합들이 치러지고 승자들도 같다면 두 토너먼트는 본질적으로 같은 것이다. $N(n) = 2^n!$임을 증명하라.

e x_2가 토너먼트를 우승할 확률은 무엇인가?

f $\frac{1}{2} < p < 1$이라고 할 때, $1 \leq j < 2^n$에 대해 x_j가 이길 확률이 x_{j+1}이 이길 확률보다 큼을 증명하라.

45 진정한 셰리주(sherry)는 '솔레라Solera'라고 부르는 다단식 시스템으로 제조된다. 단순함을 위해, 여기서는 포도주 제조업자가 통(배럴)을 세 개만 사용한다고 하자. 그 통 셋을 A, B, C라고 부르기로 하겠다. 제조업자는 매년 통 C에 담긴 포도주의 3분의 1을 병에 담아 출하하고, 통 B의 포도주 3분의 1을 통 C에 가득 채우고, 통 A의 포도주 3분의 1을 통 B에 가득 채운다. 마지막으로, 통 A에 새 포도주를 가득 채운다. $A(z)$, $B(z)$, $C(z)$가 확률 생성함수들이고, 각

"Une rapide opération arithmétique montre que, grâce à cette ingénieuse cascade, les xérès ont toujours au moins trois ans. Pousser plus loin le calcul de leur âge donne le vertige."
— Revue du vin de France(1984년 11월호)

확률 생성함수의 z^n의 계수는 해당 통을 다시 채운 후에 그 통에 담긴 n년 된 포도주의 비율이라고 하자.

a 기억 나지 않을 정도로 오래 전부터 이런 과정을 거듭해 왔기 때문에 매년 첫 날의 $A(z)$, $B(z)$, $C(z)$가 항상 같은 상태라고 가정하자. 이 세 생성함수의 닫힌 형식들을 구하라.

b 같은 가정하에서, 각 통에 담긴 포도주의 나이의 평균값과 표준편차를 구하라. 병에 담을 때 셰리주의 평균 나이는 무엇인가? 한 병의 셰리주에서 정확히 25년 된 포도주의 비율은 무엇인가?

c 이번에는 시간의 유한함을 고려한다. 0년 첫날에 세 통에 새 포도주를 채웠다고 가정하자. n년 첫날에 병에 담은 셰리주의 평균 나이는 무엇인가?

46 스테판 바나흐^{Stefan Banach}는 성냥갑 두 개를 가지고 다녔다고 한다. 처음에는 각 성냥갑에 n개의 성냥개비가 있다. 불이 필요할 때마다 그는 무작위로(각각 $\frac{1}{2}$의 확률로) 한 성냥갑을 선택했다. 이때 각 선택은 이전 선택과는 독립적이다. 성냥개비를 꺼낸 후에는 성냥갑을 다시 자신의 주머니에 넣었다(성냥갑이 비어도 그냥 넣었다. 모든 유명한 수학자는 이렇게 하곤 했다). 그러나 선택된 성냥갑이 비어 있으면 던져 버리고는 다른 성냥갑을 꺼냈다.

a 한 번은 그가 다른 성냥갑도 비어 있음을 알게 되었다. 이런 일이 발생할 확률은 무엇인가? ($n = 1$일 때는 두 번에 한 번꼴로, $n = 2$일 때는 3/8의 확률로 발생한다.) 이 부문제에 답하기 위해, 우선 생성함수 $P(w, z) = \sum_{m,n} p_{m,n} w^m z^n$의 닫힌 형식을 구해 보라. 여기서 $p_{m,n}$은 한 성냥갑에 m개의 성냥개비가 있고 다른 갑에는 n개가 있는 상태에서 시작해서, 첫 선택이 빈 갑일 때 다른 갑도 비어 있을 확률이다. 그런 다음 $p_{n,n}$의 닫힌 형식을 구하라.

b 부문제 (a)의 답을 일반화해서, 첫 선택이 빈 갑일 때 다른 갑에 정확히 k개의 성냥개비가 있을 확률의 닫힌 형식을 구하라.

그리고 빈 성냥갑의 성냥개비 개수의 평균도 구해보라.

c 다른 갑에 있는 성냥개비 개수의 평균의 닫힌 형식을 구하라.

47 의사들과 물리학자들의 공동 연구팀이, 한 쌍의 미생물이 기이한 방식으로 번식한다는 사실을 발견했다. 다이파지^{diphage}라고 부르는 수컷 미생물의 표면에는 두 개의 수용기(receptor)가 있다. 그리고 트라이파지^{triphage}라고 부르는 암컷 미생물에는 다음과 같은 세 개의 수용기가 있다. 다음은 이들을 도식화한 것이다.

다이파지: 트라이파지: 수용기: □

다이파지들과 트라이파지들에 프사이 입자(psi-particle) 하나를 쏘면 한 파지의 수용기 중 정확히 하나가 그 입자를 흡수하는데, 각 수용기의 확률은 동일하다. 만일 그것이 다이파지의 수용기이면, 그 다이파지는 하나의 트라이파지로 변한다. 만일 그것이 트라이파지의 수용기이면 그 트라이파지는 두 마리의 다이파지로 분열한다. 따라서, 다이파지 한 마리로 실험을 시작하면, 첫 번째 프사이 입자에 의해 그 다이파지는 트라이파지 한 마리가 되며, 두 번째 프사이 입자에 의해 그 트라이파지는 두 다이파지로 분열한다. 그리고 세 번째 프사이 입자는 두 다이파지 중 하나를 트라이파지로 바꾼다. 네 번째 프사이 입자는 다이파지 아니면 트라이파지가 흡수하며, 그러면 트라이파지 두 마리(확률은 $\frac{2}{5}$) 아니면 다이파지 세 마리(확률은 $\frac{3}{5}$)가 남는다. 다이파지 한 마리로 시작해서 단일 프사이 입자를 n번 쏘았을 때 남아 있는 다이파지 개수의 평균에 대한 닫힌 형식을 구하라.

48 다섯 사람이 오각형의 다섯 꼭짓점에 서서 프리스비^{frisbee}(플라스틱 원반)들을 던지고 받는다고 하자.

또는, 만일 이 오각형(펜타곤)이 알링턴에 있다면, 서로 미사일을 주고받는다고 하자.

프리스비는 두 개이며, 처음에는 그림처럼 인접한 꼭짓점의 두 사람이 가지고 있다. 일정 시간마다 프리스비를 가진 사람은 자신의 왼쪽 또는 오른쪽 꼭짓점 중 하나를 동일 확률로 선택해서 그 사람에게 프리스비를 던진다. 이러한 과정을 한 사람이 두 프리스비를 동시에 받을 때까지 반복한다. 그런 사람이 나오면 게임이 끝난다. (모든 던지기는 과거의 던지기들과는 독립적이다.)

프리스비는 Wham-O Manufacturing Company의 등록상표임.

a 이러한 던지기 쌍들의 횟수의 평균값과 분산을 구하라.

b 이 게임이 100단계 넘게 지속할 확률의 닫힌 형식을 피보나치 수들로 표현하라.

49 루크 스노워커[Luke Snowwalker]는 겨울 휴가를 자신의 산장에서 지낸다. 산장의 앞문(현관)에는 장화가 m 켤레 있고 뒷문에는 n 켤레가 있다. 산책하러 나갈 때마다 그는 공정한 동전을 던져서 앞문과 뒷문 중 하나를 선택한 후 그 문에 있는 장화 한 켤레를 신고 산장을 떠난다. 산책 후에는 산장의 앞문과 뒷문 중 하나로 돌아오는데, 그 확률은 출발점과는 독립적으로 50대50이다. 돌아오면 그 문에 장화를 벗어 놓고 산장으로 들어간다. 따라서 한 번의 산책 후에 앞문에는 장화 $m + [-1, 0, \text{or} +1]$ 켤레가, 뒷문에는 장화 $n - [-1, 0, \text{or} +1]$ 켤레가 남는다. 만일 모든 장화가 한쪽 문에 몰려 있으며 하필 다른 문이 선택되었다면, 루크는 맨발로 산책을 나가서 동상에 걸리며, 그러면 휴가가 끝난다. 동상으로 휴가가 끝날 때까지 그가 계속 산책을 나간다고 할 때, 초기에 앞문에 m 켤레, 뒷문에 n 켤레인 설정으로 시작해서 정확히 N번의 산책을 동상 없이 끝낼 확률을 $P_N(m,n)$ 이라고 하자. 만일 m 과 n 이 둘 다 양수이면,

$$P_N(m,n) = \frac{1}{4} P_{N-1}(m-1, n+1) + \frac{1}{2} P_{N-1}(m,n) + \frac{1}{4} P_{N-1}(m+1, n-1)$$

이다. 첫 산책은 앞/뒤, 앞/앞, 뒤/뒤, 뒤/앞 중 하나이고, 넷 다 확률이 $\frac{1}{4}$ 이며, 그다음에는 $N-1$번의 산책이 뒤따른다는 점을 생각하면 이 공식이 이해가 될 것이다.

a $m = 0$ 이거나 $n = 0$ 일 때도 성립하는 공식들을 구해서 $P_N(m,n)$ 의 점화식을 완성하라. 그리고 그 점화식을 이용해서, 확률 생성함수

$$g_{m,n}(z) = \sum_{N \geq 0} P_N(m,n) z^N$$

들 사이에 성립하는 방정식(등식)들을 유도하라.

b 그 방정식들을 미분하고 $z = 1$로 두어서 수량 $g'_{m,n}(1)$ 들 사이의 관계식을 유도하라. 그리고 그 방정식들을 풀어서 동상이 걸리기 전까지의 산책 횟수의 평균값을 구하라.

c $z = 1/\cos^2\theta$ 를 대입했을 때 $g_{m,n}$ 의 닫힌 형식이 다음과 같음을 보여라.

$$g_{m,n}\left(\frac{1}{\cos^2\theta}\right) = \frac{\sin(2m+1)\theta + \sin(2n+1)\theta}{\sin(2m+2n+2)\theta} \cos\theta.$$

50 다음 함수를 고찰한다.

$$H(z) = 1 + \frac{1-z}{2z}\left(z-3+\sqrt{(1-z)(9-z)}\;\right).$$

이번 문제의 목적은 $H(z)=\sum_{k\ge 0}h_k z^k$이 하나의 확률 생성함수임을 증명하는 것과 이 확률 생성함수에 관한 몇 가지 기본적인 사실을 알아내는 것이다.

a $(1-z)^{3/2}(9-z)^{1/2}=\sum_{k\ge 0}c_k z^k$이라고 하자. $c_0=3$, $c_1=-14/3$, $c_2=37/27$이고 모든 $l\ge 0$에 대해 $c_{3+l}=3\sum_k\binom{l}{k}\binom{1/2}{3+k}\left(\frac{8}{9}\right)^{k+3}$임을 증명하라. 힌트: 항등식

$$(9-z)^{1/2} = 3(1-z)^{1/2}\left(1+\frac{8}{9}z/(1-z)\right)^{1/2}$$

을 사용해서 $z/(1-z)$의 거듭제곱들의 마지막 인수를 전개해 볼 것.

b 부문제 (a)와 연습문제 5.81의 결과를 이용해서, $H(z)$의 계수들이 모두 양수임을 보여라.

c 놀라운 항등식

$$\sqrt{\frac{9-H(z)}{1-H(z)}} = \sqrt{\frac{9-z}{1-z}}+2$$

를 증명하라.

d H의 평균값과 분산은 무엇인가?

51 엘도라도의 공공 복권 시스템은 연습문제 50에서 정의한 H를 상금 지급 분포(payoff distribution)로 사용한다. 복권 한 장은 1더블룬doubloon(옛 스페인 금화)이고, h_k의 확률로 k더블룬의 상금을 받는다. 각 복권의 당첨 확률은 다른 복권의 당첨 확률과 완전히 독립이다. 다른 말로 하면, 복권 한 장의 당첨 여부는 같은 추첨 기간에 산 다른 복권의 당첨 여부에 아무런 영향도 미치지 않는다.

a 1더블룬을 종잣돈으로 해서 이 게임을 시작한다고 하자. 첫 게임에서 k더블룬을 땄다면, 둘째 게임에서는 복권을 k장 구매한다. 그리고 둘째 게임에서 딴 돈 전액으로 셋째 게임의 복권을 산다. 이를 반복하다가 돈을 모두 잃으면 게임을 끝낸다. n번째 게임을 마친 후의 소지금의 pgf가

$$1 - \frac{4}{\sqrt{(9-z)/(1-z)}+2n-1} + \frac{4}{\sqrt{(9-z)/(1-z)}+2n+1}$$

임을 증명하라.

b n번째 게임에서 처음으로 돈을 모두 잃을 확률이 g_n이라고 하자. 그리고 $G(z) = g_1 z + g_2 z^2 + \cdots$ 이라고 하자. $G(1) = 1$임을 증명하라. (이는, 이 게임의 참여자가 1의 확률로 언젠가는 돈을 모두 잃는다는 뜻이다. 물론 그동안 재미있게 즐길 수는 있을 것이다.) G의 평균값과 분산은 무엇인가?

c 돈을 다 잃을 때까지 구매한 총 복권 수의 평균은 무엇인가?

따따블룬.

d 더블룬 금화 한 닢이 아니라 두 닢으로 게임을 시작한다면, 돈을 다 잃을 때까지의 게임 횟수의 평균은 무엇인가?

보너스 문제

52 확률공간이 유한하다고 할 때, 본문에 나온 확률변수의 중앙값과 최빈값의 정의들이 어떤 의미 있는 방식으로 수열의 중앙값 및 최빈값의 정의에 대응됨을 보여라.

53 다음을 증명 또는 반증하라: 만일 X, Y, Z가 확률변수이고 세 쌍 (X, Y), (X, Z), (Y, Z)가 모두 서로 독립이라는 성질을 가지고 있다면, $X + Y$는 Z와 독립이다.

54 식 (8.20)은 $\hat{V}X$의 평균값이 VX임을 증명한다. $\hat{V}X$의 분산은 무엇인가?

55 보통의 트럼프 카드 한 벌은 액면가가 $\{A, 2, 3, 4, 5, 6, 7, 8, 9, 10, J, Q, K\}$인 네 종류의 카드들로 이루어진다. 따라서 카드 한 벌은 총 52장이다. 카드 한 벌의 최상위 카드와 최하위 카드의 액면가가 각각 X와 Y라고 하자. 다음과 같은 카드 섞기 (shuffle) 알고리즘을 고찰한다.

S1 각각의 배치가 1/52!의 확률로 나타나도록 한 벌을 무작위로 순열치환한다.

S2 만일 $X \neq Y$이면 앞면이 나올 확률이 p가 되도록 조작된 동전을 던져서, 앞면이 나오면 단계 S1로 돌아가고, 그렇지 않으면 카드 섞기를 종료한다. 각각의 동전 던지기와 각각의 순열치환은 다른 모든 던지기 및 순열치환과 독립이라고 가정한다. 이 절차가 끝났을 때 X와 Y가 독립 확률변수들이려면 p의 값이 얼마이어야 할까?

56 연습문제 48의 프리스비 문제를 오각형에서 m각형으로 일반화해보자. 초기에 프리스비들이 인접한 꼭짓점들에 있다고 할 때, 프리스비들이 한 사람에게 몰리기 전까지의 프리스비 던지기 횟수의 평균값과 분산은 무엇인가? 만일 m이 홀수

이면, 프리스비 던지기 횟수의 pgf를 다음과 같이 동전 던지기 분포들의 곱으로 표현할 수 있음을 보여라.

$$G_m(z) = \prod_{k=1}^{(m-1)/2} \frac{p_k z}{1 - q_k z},$$

여기서 $p_k = \sin^2 \frac{(2k-1)\pi}{2m}$, $q_k = \cos^2 \frac{(2k-1)\pi}{2m}$.

힌트: $z = 1/\cos^2\theta$를 대입해 볼 것.

57 공평한 동전을 던진다고 할 때, 그리고 $l \geq 3$일 때, 페니 앤티 패턴 $\tau_1\tau_2 \ldots \tau_{l-1}\tau_l$ 이 항상 패턴 $\bar{\tau}_2\tau_1\tau_2 \ldots \tau_{l-1}$보다 불리함을 증명하라.

58 동전 앞·뒷면들로 이루어진, 길이가 $l \geq 3$인 임의의 기호열 $A = \tau_1\tau_2 \ldots \tau_{l-1}\tau_l$ 을 고찰한다. 페니 앤티 게임에서 $\mathsf{H}\tau_1\tau_2 \ldots \tau_{l-1}$과 $\mathsf{T}\tau_1\tau_2 \ldots \tau_{l-1}$ 둘 다 A보다 동일한 정도로 유리하다는 성질을 만족하는 기호열 A가 존재하는가?

59 A와 B가 동전 앞·뒷면들의 패턴들이라고 하자. A가 B보다 길지만, 공정한 동전을 던졌을 때 절반을 넘는 경우에서 A가 B보다 먼저 나타난다는 조건을 만족하는 A와 B가 존재하는가?

60 k와 n이 고정된 양의 정수들이고 $k < n$이라고 하자.

a 목록이 m개인 해시 테이블에 k번째와 n번째로 삽입된 항목들을 찾는 데 필요한 탐사횟수들의 결합 분포에 대한 확률 생성함수

$$G(w, z) = \frac{1}{m^n} \sum_{h_1=1}^{m} \cdots \sum_{h_n=1}^{m} w^{P(h_1,\ldots,h_n;k)} z^{P(h_1,\ldots,h_n;n)}$$

의 닫힌 형식을 구하라.

b 확률변수 $P(h_1,\ldots,h_n;k)$와 $P(h_1,\ldots,h_n;n)$이 서로에 의존하긴 하지만, 다음과 같은 의미에서 이들이 어느 정도는 독립임을 보여라.

$$E\big(P(h_1,\ldots,h_n;k)P(h_1,\ldots,h_n;n)\big) = \big(EP(h_1,\ldots,h_n;k)\big)\big(EP(h_1,\ldots,h_n;n)\big).$$

61 앞 연습문제의 결과를 이용해서 식 (8.104)를 증명하라.

62 연습문제 47을 이어서, 프사이 입자를 n번 쏜 후의 다이파지 수의 분산을 구하라.

연구 문제

63 정규분포(normal distribution)는 평균값과 분산을 제외한 모든 누적률이 0이라는 특징을 가진 비이산(non-discrete) 확률분포이다. 주어진 어떤 누적률 수열 $<\kappa_1, \kappa_2, \kappa_3, ...>$이 이산 확률분포에서 비롯되었는지를 간단하게 결정하는 방법이 있을까? (이산 확률분포의 모든 확률은 반드시 원자적(atomic)이어야 한다.)

9장

점근법

구할 수만 있다면, 닫힌 형식이나 참값 같은 완전한(exact; 근사가 아닌) 답이 좋다는 것은 당연하다. 완전한 지식에는 만족스러운 뭔가가 있다. 그러나 근사(approximation)가 바람직할 때도 있다. 닫힌 형식의 해가 없는(또는, 아직 알려지지 않은) 합이나 점화식을 만났을 때, 완전한 답을 구하지 못한다고 해도 답에 대해 좀 더 알아보고 싶을 수는 있다. 전부 아니면 전무라는 극단적인 접근방식을 고집할 필요는 없는 것이다. 그리고 닫힌 형식이 있다고 해도, 우리의 지식이 불완전할 수 있다. 그것을 다른 닫힌 형식들과 어떻게 비교해야 할지 모를 수 있기 때문이다.

예를 들어 다음 합에는 닫힌 형식이 없음이 명백하다.

$$S_n = \sum_{k=0}^{n} \binom{3n}{k}.$$

그렇긴 하지만 $n \to \infty$ 에 따라

$$S_n \sim 2\binom{3n}{n}$$

어라, A-단어가 나오네.

임을 아는 것은 좋은 일이다. 이 공식은 합 S_n 이 $2\binom{3n}{n}$ 에 "점근한다(asymptotic to)"라는 뜻이다.[†] 더 나아가서, 다음과 같은 좀 더 자세한 정보를 얻는 것은 더욱 좋은 일이다.

---

† (옮긴이) 문맥에 따라서는 "A가 B에 점근한다"를 "A와 B가 점근적으로 같다" 또는 "B는 A의 점근값이다"라고도 표현한다.

$$S_n = \binom{3n}{n}\left(2 - \frac{4}{n} + O\left(\frac{1}{n^2}\right)\right). \tag{9.1}$$

이 공식은 "상대 오차가 $1/n^2$의 규모"임을 말해준다. 그러나 아직도 S_n이 다른 수량들에 비해 얼마나 큰지 파악하기에는 정보가 부족하다. 예를 들어 S_n과 피보나치수 F_{4n} 중 어느 것이 더 클까? 답: $n = 2$일 때 $S_2 = 22 > F_8 = 21$이지만, $F_{4n} \sim \phi^{4n}/\sqrt{5}$이고 $\phi^4 \approx 6.8541$인 반면

$$S_n = \sqrt{\frac{3}{\pi n}}(6.75)^n\left(1 - \frac{151}{72n} + O\left(\frac{1}{n^2}\right)\right) \tag{9.2}$$

이므로, 궁극적으로는 F_{4n}이 더 크다. 이번 장에서 독자의 목표는 이런 결과들을 큰 어려움 없이 이해하고 유도하는 방법을 배우는 것이다.

점근漸近에 해당하는 영어단어 *asymptotic*의 어원은 "함께 떨어지지 않는다(하나로 모이지 않는다)"는 뜻의 그리스어 단어이다.[†] 고대 그리스 수학자들은 원뿔의 단면을 연구하면서 $y = \sqrt{1 + x^2}$의 그래프 같은 쌍곡선을 고찰했다.

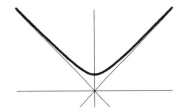

직선 $y = x$와 $y = -x$는 이 쌍곡선에 대한 '점근선(asymptote)'이다. $x \to \infty$에 따라 쌍곡선은 점근선에 무한히 접근하지만, 절대 만나지 않는다. 요즘은 점근의 의미가 좀 더 넓어져서, 어떤 매개변수가 극한값에 접근함에 따라 참값에 계속해서 가까워지는 임의의 근삿값을 그냥 점근값이라고 부른다. 지금의 우리에게 점근은 "거의 함께 떨어진다(거의 하나로 모인다)"라는 뜻이다.

점근 공식들 중에는 유도하기가 아주 어려운, 그래서 이 책의 주제를 벗어나는 것들도 있다. 이번 장에서는 이 주제를 소개하는 것으로 만족한다. 독자가 나중에 좀 더 고급의 기법들을 구축하는 데 필요한 적절한 기초를 이번 장에서 얻을 수 있으면 좋겠다. 이번 장의 주된 초점은 '$\sim$'과 'O' 같은 기호들의 정의를 이해하는 것과, 점근적 수량들을 조작하는 기본적인 방법들을 배우는 것이다.

'symptom(증상)'과 'ptomaine프토마인' 같은 단어들도 그 그리스 단어에서 비롯되었다.

[†] (옮긴이) 한편, 점근은 한자어 뜻 그대로 "점점 가까워진다"라는 뜻이다.

9.1 함수들의 위계

실제 문제에서 만나는 n의 함수들은 '점근적 증가율(asymptotic rates of growth)'이 서로 다르다. 즉, 어떤 함수는 다른 함수보다 무한대에 좀 더 빠르게 접근한다. 이를 다음과 같이 공식화할 수 있다.

$$f(n) \prec g(n) \quad \Leftrightarrow \quad \lim_{n \to \infty} \frac{f(n)}{g(n)} = 0. \tag{9.3}$$

크고 작은 모든 함수.

이러한 관계는 추이적이다. 즉, 만일 $f(n) \prec g(n)$이고 $g(n) \prec h(n)$이면 $f(n) \prec h(n)$이다. 그리고 $f(n) \prec g(n)$을 $g(n) \succ f(n)$으로 표기할 수도 있다. 이 표기법은 1871년에 폴 뒤부아-레이몽$^{Paul\ du\ Bois-Reymond}$이 도입했다.[85]

예를 들어 $n \prec n^2$이다. 이를 수식 없이 말로 표현하면, n은 n^2보다 느리게 증가한다. 실제로, α와 β가 임의의 실수일 때

$$n^\alpha \prec n^\beta \quad \Leftrightarrow \quad \alpha < \beta \tag{9.4}$$

이다.

물론 n의 거듭제곱 말고도 n의 함수는 수없이 많다. $\prec$ 관계를 이용해서, 수많은 함수를 다음과 같이 점근적 증가율에 따라 줄을 세울 수 있다.

$$1 \prec \log \log n \prec \log n \prec n^\epsilon \prec n^c \prec n^{\log n} \prec c^n \prec n^n \prec c^{c^n}.$$

(여기서 ϵ과 c는 $0 < \epsilon < 1 < c$인 임의의 상수이다.)

이 '위계(hierarchy)'에 속한 모든(1을 제외한) 함수는 n이 무한대로 감에 따라 무한대에 접근한다. 따라서 이 위계에 새 함수를 추가할 때에는 그 함수가 무한대에 접근하느냐 아니냐를 따지는 것이 아니라 무한대에 얼마나 빠르게 접근하느냐를 따져야 한다.

점근 분석을 수행할 때에는 개방적인 태도가 도움이 된다. 즉, 무한대에 접근하는 변수를 상상할 때는 반드시 크게 생각해야(think big) 한다. 예를 들어 함수 위계에 따르면 $\log n \prec n^{0.0001}$이다. 그런데 만일 1구골^{googol}, 즉 $n = 10^{100}$ 같은 조그만 수들로 우리의 지평을 제한하면 이러한 점근 관계가 틀려 보일 수 있다. 그런 경우 $\log n = 100$이지만 $n^{0.0001}$은 $10^{0.01} \approx 1.0233$밖에 되지 않는다. 그러나 규모를 구골플렉스^{googolplex}, 즉 $n = 10^{10^{100}}$으로 끌어올리면 $\log n = 10^{100}$은 $n^{0.0001} = 10^{10^{96}}$보다 훨씬 작아진다.

ϵ이 극히 작은(이를테면 $1/10^{10^{100}}$보다도 작은) 값이라고 해도, n이 충분히 크면 $\log n$의 값이 n^ϵ의 값보다 훨씬 작다. k가 $\epsilon \geq 10^{-k}$을 만족할 정도로 큰 값이라 할 때 $n = 10^{10^{2k}}$으로 두면 $\log n = 10^{2k}$이지만 $n^\epsilon \geq 10^{10^k}$이다. 따라서 비 $(\log n)/n^\epsilon$은 $n \to \infty$에 따라 0에 접근한다.

앞에 나온 함수 위계는 무한대로 가는 함수들에 관한 것이다. 그런데 0에 접근하는 함수들을 다루어야 하는 경우도 많으므로, 그런 함수들을 위한 비슷한 위계(hierarchy)를 만들어 두면 유용할 것이다. 한 가지 방법은 원래의 위계의 역수를 취하는 것이다. 만일 $f(n)$과 $g(n)$이 결코 0이 되지 않는다면 다음이 성립하기 때문이다.

아래계(loerarchy)?

$$f(n) < g(n) \quad \Leftrightarrow \quad \frac{1}{g(n)} < \frac{1}{f(n)}. \tag{9.5}$$

따라서, 예를 들어 다음은 모두(1을 제외하고) 0으로 가는 함수들의 위계이다.

$$\frac{1}{c^{c^n}} < \frac{1}{n^n} < \frac{1}{c^n} < \frac{1}{n^{\log n}} < \frac{1}{n^c} < \frac{1}{n^\epsilon} < \frac{1}{\log n} < \frac{1}{\log \log n} < 1.$$

그럼 몇 가지 함수를 두 위계에 끼워 넣어 보자. n보다 작은 소수들의 개수 $\pi(n)$은 대략 $n/\ln n$임이 알려져 있다. 그런데 $1/n^\epsilon < 1/\ln n < 1$이므로, n을 곱하면

$$n^{1-\epsilon} < \pi(n) < n$$

이다. 실제로, 이를테면 다음과 같은 관계를 이용해서 식 (9.4)을 일반화할 수 있다.

$$\begin{aligned} n^{\alpha_1}(\log n)^{\alpha_2}(\log\log n)^{\alpha_3} &< n^{\beta_1}(\log n)^{\beta_2}(\log\log n)^{\beta_3} \\ \Leftrightarrow \quad (\alpha_1, \alpha_2, \alpha_3) &< (\beta_1, \beta_2, \beta_3). \end{aligned} \tag{9.6}$$

여기서 '$(\alpha_1, \alpha_2, \alpha_3) < (\beta_1, \beta_2, \beta_3)$'은 어휘순(lexicographic order, 사전순)을 뜻한다. 다른 말로 하면, $\alpha_1 < \beta_1$이거나, 아니면 $\alpha_1 = \beta_1$이고 $\alpha_2 < \beta_2$이거나, 아니면 $\alpha_1 = \beta_1$이고 $\alpha_2 = \beta_2$이고 $\alpha_3 < \beta_3$이다.

함수 $e^{\sqrt{\log n}}$은 위계의 어느 위치에 들어갈까? 이런 질문의 답은 다음 법칙을 이용해서 구할 수 있다.

$$e^{f(n)} < e^{g(n)} \quad \Leftrightarrow \quad \lim_{n\to\infty}(f(n) - g(n)) = -\infty. \tag{9.7}$$

이 법칙은 정의 (9.3)의 로그를 취하고 두 단계로 유도할 수 있다. 이 법칙에 의해

$$1 < f(n) < g(n) \quad \Rightarrow \quad e^{|f(n)|} < e^{|g(n)|}$$

이다. 그리고 $1 < \log \log n < \sqrt{\log n} < \epsilon \log n$이므로, $\log n < e^{\sqrt{\log n}} < n^{\epsilon}$이다.

만일 두 함수 $f(n)$과 $g(n)$의 증가율이 같으면, 이를 '$f(n) \asymp g(n)$'으로 표기한다. 이 관계의 공식적인 정의는 다음과 같다.

$$f(n) \asymp g(n) \quad \Leftrightarrow \quad |f(n)| \le C|g(n)| \text{ 그리고 } |g(n)| \le C|f(n)|,$$
어떤 C에 대해, 그리고 충분히 큰 모든 n에 대해. (9.8)

이를테면 $f(n) = \cos n + \arctan n$과 0이 아닌 상수 함수 $g(n)$ 사이에 이러한 관계가 성립한다. $f(n)$과 $g(n)$이 차수가 같은 다항식들일 때 이 관계가 성립함을 잠시 후에 증명해 볼 것이다. 또한, 다음과 같이 정의되는 좀 더 강력한 관계도 있다.

$$f(n) \sim g(n) \quad \Leftrightarrow \quad \lim_{n \to \infty} \frac{f(n)}{g(n)} = 1. \tag{9.9}$$

이를 두고 "$f(n)$이 $g(n)$에 접근한다"고 말한다.

G. H. 하디^{Hardy}는 로그지수함수류(class of logarithmico-exponential functions)라고 부르는 흥미롭고도 중요한 개념을 소개했다.[179] 로그지수함수들은 다음 성질들을 만족하는 함수들의 가장 작은 모임(family) $\mathfrak{L}$로 재귀적으로 정의된다.

- 모든 실수 α에 대해, 상수 함수 $f(n) = \alpha$는 $\mathfrak{L}$에 속한다.
- 항등함수 $f(n) = n$은 $\mathfrak{L}$에 속한다.
- $f(n)$과 $g(n)$이 $\mathfrak{L}$에 속하면 $f(n) - g(n)$도 속한다.
- $f(n)$이 $\mathfrak{L}$에 속하면 $e^{f(n)}$도 속한다.
- $f(n)$이 $\mathfrak{L}$에 속하며 "결과적으로 양수(eventually positive)"이면, $\ln f(n)$도 $\mathfrak{L}$에 속한다. 여기서 함수 $f(n)$이 "결과적으로 양수"라는 것은, $n \ge n_0$이면 항상 $f(n) > 0$인 정수 n_0이 존재한다는 것이다.

이 법칙들을 이용하면, 예를 들어 $f(n)$과 $g(n)$이 $\mathfrak{L}$에 속하면 $f(n) + g(n)$도 속한다는 점을 보일 수 있다. 왜냐하면, $f(n) + g(n) = f(n) - (0 - g(n))$이기 때문이다. $f(n)$과 $g(n)$이 $\mathfrak{L}$에 속하는 결과적으로 양수 함수들이면 둘의 곱 $f(n)g(n) = e^{\ln f(n) + \ln g(n)}$과 몫 $f(n)/g(n) = e^{\ln f(n) - \ln g(n)}$도 $\mathfrak{L}$에 속한다. 따라서 $\sqrt{f(n)} = e^{\frac{1}{2}\ln f(n)}$ 같은 함수들은 로그지수함수류이다. 하디는 모든 로그지수함수가 결과적으로 양수이거나, 결과적으로 음수이거나, 항상 0임을 증명했다. 따라서 임의의 두 $\mathfrak{L}$ 함수들의 곱과 몫은 함숫값이 항상 0인 함수로 나누는 경우를 제외하면 $\mathfrak{L}$에 속한다.

로그지수함수에 관한 하디의 주된 정리는, 이들이 하나의 점근 서열을 형성한다는 것이다. 만일 $f(n)$과 $g(n)$이 $\mathfrak{L}$에 속하는 임의의 함수이면 $f(n) < g(n)$이거나, $f(n) > g(n)$이거나, $f(n) \asymp g(n)$이다. 마지막 경우에는 사실 다음을 만족하는 상수 α가 존재한다.

$$f(n) \sim \alpha\, g(n).$$

하디의 정리의 증명은 이 책의 주제 밖이다. 그래도 그런 정리가 있음을 아는 것은 좋은 일이다. 우리가 다루는 거의 모든 함수는 $\mathfrak{L}$에 속하기 때문이다. 실제 응용에서, 일반적으로 우리는 주어진 함수를 큰 어려움 없이 주어진 위계에 끼워 넣을 수 있다.

9.2 대문자 O 표기법

1894년에 파울 바흐만$^{Paul\ Bachmann}$이 점근 분석을 위한 멋진 표기 관례를 소개했고, 이후 그 표기법을 에드문트 란다우$^{Edmund\ Landau}$와 여러 사람이 대중화했다. 이 책에서 그 표기법이 이미 다음과 같은 형태로 나온 적이 있다.

$$H_n = \ln n + \gamma + O(1/n). \qquad (9.10)$$

이 등식은 n번째 조화수가 n의 자연로그 더하기 오일러 상수에 '대문자 O n분의 1'이라는 수량을 더한 것과 같다는 뜻이다. 마지막 수량은 구체적으로 명시되지 않는다. 그 수량이 무엇이든, 이러한 표기는 그 수량의 절댓값이 $1/n$에 어떤 상수를 곱한 것보다 크지 않다고 주장한다.

O-표기의 매력은 중요하지 않은 세부사항을 숨김으로써 우리가 더 두드러진 특징들에 집중할 수 있게 한다는 것이다. 지금 예에서 두드러진 특징은, 만일 $1/n$의 상수배가 중요하지 않다면, $O(1/n)$이라는 수량은 무시해도 좋을 정도로 작다는 것이다.

더 나아가서, O는 공식 안에 잘 자리 잡는다. 예를 들어 식 (9.10)을 §9.1의 표기법들로 표현하려면 반드시 '$\ln n + \gamma$'를 좌변으로 이항해서 다음과 같은 더 약한 결과를 명시하거나

$$H_n - \ln n - \gamma < \frac{\log \log n}{n},$$

다음과 같은 더 강한 결과를 명시해야 한다.

"..., wenn wir durch das Zeichen $O(n)$ eine Grösse ausdrücken, deren Ordnung in Bezug auf n die Ordnung von n nicht überschreitet; ob sie wirklich Glieder von der Ordnung n in sich enthält, bleibt bei dem bisherigen Schlussverfahren dahingestellt."
— P. 바흐만, [17]

$$H_n - \ln n - \gamma \asymp \frac{1}{n}.$$

대문자 O 표기법을 이용하면 적절한 양의 세부사항을 그 자리에서(이항 없이도) 지정할 수 있다.

몇 가지 예를 더 들어 보면 '정밀하지 않게 지정된 수량'이라는 개념을 확실히 이해할 수 있을 것이다. 예를 들어 우리는 +1이거나 −1인 어떤 수량을 흔히 '±1'로 표기한다. +1인지 −1인지 알지 못해도(또는 알 필요가 없어도) 공식 안에서 그 수량을 조작할 수 있다.

N. G. 더브라윈$^{de\ Bruijn}$의 책 *Asymptotic Methods in Analysis*[74]는 대문자 L 표기법의 고찰로 시작하는데, 그 표기법도 대문자 O 표기법의 이해에 도움이 된다. 절댓값이 5보다 작은 수를 $L(5)$라고 표기한다고 하면(그 수의 구체적인 값은 말하지 않고), 그 수에 대한 모든 사실을 밝히지 않고도 여러 가지 계산을 수행할 수 있다. 예를 들어 $1 + L(5) = L(6), L(2) + L(3) = L(5), L(2)L(3) = L(6), e^{L(5)} = L(e^5)$ 같은 공식들을 이끌어낼 수 있다. 그러나 $L(5) - L(3) = L(2)$라는 결론을 도출할 수는 없다. 좌변이 $4 - 0$일 수도 있기 때문이다. 사실, 우리가 말할 수 있는 최선의 결론은 $L(5) - L(3) = L(8)$이다.

바흐만의 O-표기는 L-표기와 비슷하되 덜 정밀하다. $O(\alpha)$는 절댓값이 상수 곱하기 $|\alpha|$를 넘지 않는 수를 나타낸다. 그 수가 무엇인지는 물론이고 그 상수가 무엇인지도 말하지 않는다. 물론, 가변적인 것이 전혀 관여하지 않는 상황에서는 '상수'라는 개념이 무의미하다. 그래서 우리는 값이 변하는 수량이 적어도 하나(이를테면 n) 존재하는 문맥에서만 O-표기를 사용한다. 그러한 문맥에서, 다음 공식은

무의미한(nonsense) 게 아니라 무던(pointless) 거지.

$$f(n) = O(g(n)), \quad \text{모든 } n \text{에 대해;} \tag{9.11}$$

다음을 만족하는 C가 존재한다는 뜻이다.

$$|f(n)| \le C|g(n)| \quad \text{모든 } n \text{에 대해.} \tag{9.12}$$

그리고 $O(g(n))$이 공식의 중간에 있을 때, 그것은 식 (9.12)를 만족하는 함수 $f(n)$을 나타낸다. 우리는 $f(n)$의 값들을 모르지만, 그 값들이 그리 크지 않다는 점은 안다. 마찬가지로, 앞에 나온 수량 $L(n)$은 함숫값들이 $|f(n)| < |n|$를 만족하는 명시되지 않은 함수 $f(n)$을 나타낸다. L과 O의 주된 차이는, O 표기법에는 명시되지 않은 상수 C가 관여한다는 점이다. 공식에 나오는 O마다 서로 다른 C가 관여할 수 있으나, 각 C는 n과는 독립이다.

목록이 있네, 목록이 있네. 묻어버리고 싶은 짜증 나는 용어와 세부사항의 목록이. 한 단어도 빼먹지 않으리, 결코 빼먹지 않으리.

예를 들어 처음 n개의 제곱수들의 합이

$$\square_n = \frac{1}{3}n(n+\frac{1}{2})(n+1) = \frac{1}{3}n^3 + \frac{1}{2}n^2 + \frac{1}{6}n$$

임은 알고 있다. 그런데 모든 정수 n에 대해 $|\frac{1}{3}n^3 + \frac{1}{2}n^2 + \frac{1}{6}n| \le \frac{1}{3}|n|^3 + \frac{1}{2}|n|^2 + \frac{1}{6}|n| \le \frac{1}{3}|n|^3 + \frac{1}{2}|n|^3 + \frac{1}{6}|n|^3 = |n|^3$이므로, 이 합을 다음과 같이 표기할 수 있다.

$$\square_n = O(n^3).$$

마찬가지로, 다음과 같이 좀 더 구체적인 공식도 성립한다.

$$\square_n = \frac{1}{3}n^3 + O(n^2).$$

또한, 다음과 같이 거의 모든 정보를 폐기한 느슨한 공식도 만들 수 있다.

$$\square_n = O(n^{10}).$$

O의 정의에는 가능한 최선의 한계를 명시하라는 요구가 없다.

그런데 잠깐만, 만일 변수 n이 정수가 아니면 어떨까? 예를 들어 실수 변수 x의 함수 $S(x) = \frac{1}{3}x^3 + \frac{1}{2}x^2 + \frac{1}{6}x$가 주어지면 어떻게 해야 할까? 이때 $S(x) = O(x^3)$이라고 할 수는 없다. 비 $S(x)/x^3 = \frac{1}{3} + \frac{1}{2}x^{-1} + \frac{1}{6}x^{-2}$은 $x \to 0$에 따라 무한대로 발산하기 때문이다. 마찬가지로, 비 $S(x)/x = \frac{1}{3}x^2 + \frac{1}{2}x + \frac{1}{6}$가 $x \to \infty$에 따라 발산하므로 $S(x) = O(x)$라고 말할 수도 없다. 따라서 $S(x)$에 대해서는 O-표기를 적용할 수 없음이 명백하다.

이러한 딜레마에 대한 답은, 대체로 O에 쓰이는 변수들은 어떤 부수 조건(side condition)들에 의존적이라는 것이다. 예를 들어 $|x| \ge 1$이라고 한정한다면, 또는 임의의 양의 상수 ϵ에 대해 $x \ge \epsilon$이라고 한정한다면, $S(x) = O(x^3)$이라고 말할 수 있다. 그리고 $|x| \le 1$이라고 하면, 또는 임의의 양의 상수 c에 대해 $|x| \le c$라고 하면, $S(x) = O(x)$라고 말할 수 있다. 이처럼 O-표기는 주어진 환경에 따라(관여하는 변수들에 대한 제약들을 통해서) 좌우된다.

이러한 제약들을 극한 관계식으로 지정하는 경우가 많다. 이를테면 다음과 같은 표현이 가능하다.

$$f(n) = O(g(n)), \quad n \to \infty\text{에 따라.} \tag{9.13}$$

이는 O 조건이 성립하려면 n이 ∞에 "가까워야" 한다는 뜻이다. n이 상당히 크지 않을 때 어떤 일이 벌어지는지는 중요하지 않다. 더 나아가서, "가깝다"의 구체적인 의미를 명시하지도 않았음을 주목하기 바란다. 이런 경우, 수식에 나오는 각 O는 암묵적으로 다음을 만족하는 두 상수 C와 n_0이 존재함을 함의한다.

$$|f(n)| \le C\,|g(n)|, \quad n \ge n_0 \text{이면 항상.} \tag{9.14}$$

C와 n_0의 값은 O마다 다를 수 있으며, 반드시 n에 의존하는 것은 아니다. 마찬가지로, 다음과 같은 표현은

$$f(x) = O(g(x)), \quad x \to 0 \text{에 따라.}$$

다음을 만족하는 두 상수 C와 ϵ이 존재함을 뜻한다.

$$|f(x)| \le C\,|g(x)|, \quad |x| \le \epsilon \text{이면 항상.} \tag{9.15}$$

극한값들이 반드시 ∞나 0이어야 하는 것은 아니다. 예를 들어 $|z-1| \le \frac{1}{2}$일 때 $|\ln z - z + 1| \le |z-1|^2$임을 증명할 수 있으므로, 다음과 같은 표현이 성립한다.

$$\ln z = z - 1 + O((z-1)^2), \quad z \to 1 \text{에 따라.}$$

지금까지 몇 페이지에 걸쳐 O의 정의를 상당히 자명한 것에서 꽤나 복잡한 것으로 조금씩 발전시켰다. 이제 O는 하나의 정의되지 않은 함수와 환경에 따라 하나 또는 두 개의 상수의 조합을 나타낸다. 합리적인 표기법이라고 하기에는 너무 복잡한 정의가 아닌가 싶지만, 이것이 다가 아니다! 또 다른 미묘한 고려사항이 배경에 숨어 있다. 무엇이냐 하면, 예를 들어

$$\frac{1}{3n^3} + \frac{1}{2}n^2 + \frac{1}{6}n = O(n^3)$$

이라고 쓸 수는 있지만, 이 등식을 좌변과 우변을 맞바꿔서 표기하면 절대로 안 된다는 것이다. 만일 그것을 허용하면, 등식 $n = O(n^2)$과 $n^2 = O(n^2)$으로부터 $n = n^2$이라는 황당한 결론을 도출할 수 있기 때문이다. O-표기나 기타 정밀하지 않게 명시된 수량들이 관여하는 공식을 다룰 때는 등호가 단방향 상등(one-way equality)을 뜻한다는 점을 명심해야 한다. 이런 경우 한 등식의 우변이 좌변보다 더 많은 정보를 제공하지 않으며, 어쩌면 정보를 덜 제공할 수도 있다. 우변은 좌변의 "조잡한(crude, 덜 세부적인) 버전"이라 할 수 있다.

그대는 그대의 성별에서 가장 매력적인 사람, 내가 그대의 영웅이 되게 해주오. 나는 그대를 x분의 1만큼 사랑하오, x가 0에 접근할 때의 값만큼.
— 마이클 스튜빈Michael Stueben
확실하게(positively).

"그리고 이런 단어들의 지루한 반복을 피하기 위해(다음과 같이 정의한다): ~와 같다: 내 저작에서 여러 번 사용했듯이, 한 쌍의 평행선 또는 같은 길이의 쌍둥이 선들, 즉 ══을 사용하기로 한다. 왜냐하면, 두 가지 것들 중에서 이것들만큼 같은 것이 없기 때문이다."
— R. 레코드Recorde, [305]

엄밀한 관점에서 보면, $O(g(n))$이라는 표기는 하나의 함수 $f(n)$을 나타내는 것이 아니라 어떤 상수 C에 대해 $|f(n)| \le C|g(n)|$을 만족하는 모든 함수 $f(n)$의 집합을 나타낸다. 이런 관점에서, O-표기가 관여하지 않는 보통의 공식 $g(n)$은 하나의 함수 $f(n) = g(n)$만 있는 함수 집합에 해당한다. S와 T가 n의 함수들의 집합들일 때, $S + T$라는 표기는 $f(n) \in S$이고 $g(n) \in T$인 $f(n) + g(n)$ 형태의 모든 함수의 집합이다. $S - T$나 ST, S/T, $\sqrt{S}$, e^S, $\ln S$ 같은 다른 표기들도 비슷한 방식으로 정의된다. 그러면 이런 함수 집합들 사이의 '상등'은 엄밀히 말해서 집합 포함관계(set inclusion)이다. 즉, '=' 기호는 사실 '⊆'을 뜻한다. 이러한 형식적 정의들 덕분에 모든 O 조작들은 견고한 논리적 근거를 가진다.

예를 들어 '등식'

$$\frac{1}{3}n^3 + O(n^2) = O(n^3)$$

은, $|f_1(n)| \le C_1|n^2|$인 상수 C_1이 존재함을 만족하는 $\frac{1}{3}n^3 + f_1(n)$ 형태의 모든 함수의 집합이 S_1이고 $|f_2(n)| \le C_2|n^3|$인 상수 C_2가 존재함을 만족하는 모든 함수 $f_2(n)$의 집합이 S_2라고 할 때 $S_1 \subseteq S_2$를 뜻한다. 이러한 '등식'을 형식적으로 증명할 때는, 좌변에서 임의의 한 원소를 취해서 그것이 우변의 한 원소임을 보이면 된다. $|f_1(n)| \le C_1|n^2|$을 만족하는 $\frac{1}{3}n^3 + f_1(n)$이 주어졌다면, $\left|\frac{1}{3}n^3 + f_1(n)\right| \le C_2|n^3|$인 상수 C_2가 존재함을 증명해야 한다. 모든 정수 n에 대해 $n^2 \le |n^3|$이므로, $C_2 = \frac{1}{3} + C_1$이 바로 그러한 상수이다.

'='가 사실은 '⊆'를 의미한다면, 등호를 남용하는 대신 애초에 '⊆'를 사용하면 되지 않을까? 그런데도 여전히 등호를 사용하는 이유는 크게 네 가지이다.

첫째는 전통이다. 수론학자들은 처음부터 O-표기에 등호를 사용했으며, 그 관행이 굳어졌다. 이제는, 수학 공동체가 마음을 바꾸길 기대하기 어려울 정도로 등호의 이러한 사용이 잘 확립되었다.

둘째는 전통이다. 컴퓨터 쪽 사람들은 등호의 남용에 꽤 익숙하다. FORTRAN 프로그래머들과 BASIC 프로그래머들은 수년간 '$N = N + 1$' 같은 배정문(assignment statement)을 작성해 왔다. 남용 사례가 하나 더 는다고 해서 별로 문제가 되지 않는다.

셋째는 전통이다. 우리는 흔히 '='를 "~이다(is)"로 읽는다. 예를 들어 $H_n = O(\log n)$이라는 공식은 "H 아래 n은 대문자 O 로그 n이다"로 읽을 수 있다. 그리고 우리의 일상 언어에서 '~이다'나 'is'는 단방향이다. "새는 동물이다"가 참이라고 해서 "동물은 새이다"가 반드시 참이 되는 것은 아니다. '동물'은 '새'의 조잡한 버전이다.

넷째로, 우리의 목적에서 이는 자연스러운 용법이다. 만일 조화수 근사 공식 $H_n = O(\log n)$처럼, 또는 정렬 알고리즘의 실행 시간을 서술하는 공식 $T(n) = O(n \log n)$처럼 O-표기가 공식의 우변 전체를 차지하는 상황에서만 대문자 O 표기법을 사용하기로 한정한다면, '='를 사용하든 아니면 다른 어떤 기호를 사용하든 문제가 되지 않는다. 그러나 점근 계산에서 흔히 하듯이 O-표기를 수식의 중간에 사용한다면, 등호를 상등 관계로 생각하고 $O(1/n)$ 같은 것을 아주 작은 수량으로 생각하는 편이 좀 더 직관적이다.

그래서 이 책에서는 계속해서 '='를 사용하며, 계속해서 $O(g(n))$를 불완전하게 명시된 함수로 간주한다. 단, 필요하다면 언제라도 집합론에 근거한 정의로 돌아갈 수 있다는 점도 기억하기 바란다.

그런데 기왕 정의를 까다롭게 따지고 있는 만큼, 세부적인 사항을 한 가지 더 언급하고 넘어가는 것이 좋겠다. 무엇이냐 하면, 만일 환경에 여러 개의 변수가 있다면, O-표기는 변수가 하나가 아니라 둘 이상인 함수들의 집합을 형식적으로 대표한다는 것이다. 이때 각 함수의 정의역은 현재 "자유로이" 변할 수 있는 모든 변수이다.

$\sum$나 그와 비슷한 계산에 의해 제어되는 하나의 변수는 한 수식의 일부에서만 정의된다는 점을 생각하면 이러한 개념을 이해하기가 조금 어려울 수 있다. 예를 들어 다음 등식을 자세히 살펴보자.

$$\sum_{k=0}^{n} \left(k^2 + O(k) \right) = \frac{1}{3} n^3 + O(n^2), \quad \text{정수 } n \geq 0. \tag{9.16}$$

좌변의 $k^2 + O(k)$라는 표현은 $0 \leq k \leq n$에 대해 $|f(k,n)| \leq Ck$인 상수 C가 존재함을 만족하는 $k^2 + f(k,n)$ 형태의 2변수 함수들의 집합을 나타낸다. 이 함수 집합의 $0 \leq k \leq n$에 대한 합은 다음과 같은 형태의 모든 함수 $g(n)$의 집합이다.

$$\sum_{k=0}^{n} \left(k^2 + f(k,n) \right) = \frac{1}{3} n^3 + \frac{1}{2} n^2 + \frac{1}{6} n + f(0,n) + f(1,n) + \cdots + f(n,n).$$

여기서 f는 앞에서 말한 성질을 가지고 있다. 그런데 다음이 성립하므로,

"= 기호가 그런 관계들에 맞지 않는다는 점은 명백하다. 이 기호는 대칭성을 암시하지만, 여기에는 그런 대칭성이 없다. …. 그러나, 일단 이 점을 주의하기만 한다면, = 기호를 사용하는 것이 반드시 해가 되는 것도 아니다. 관계라는 이유 말고 다른 이유는 없지만, 이 기호를 계속 사용하기로 한다.
— N. G. 더브라윈, [74]

$$\left| \frac{1}{2}n^2 + \frac{1}{6}n + f(0,n) + f(1,n) + \cdots + f(n,n) \right|$$

$$\leq \frac{1}{2}n^2 + \frac{1}{6}n^2 + C \cdot 0 + C \cdot 1 + \cdots + C \cdot n$$

$$< n^2 + C(n^2 + n)/2 < (C+1)n^2$$

그런 모든 함수 $g(n)$은 식 (9.16)의 우변에 속한다. 따라서 식 (9.16)은 참이다.

사람들은 종종 O-표기가 완전한 증가 규모를 제시한다고 가정하고는 O-표기를 남용한다. 그런 사람들은 마치 O-표기가 상계뿐만 아니라 하계도 명시한다고 가정하고 사용한다. 예를 들어 사람들은 n개의 수치를 정렬하는 알고리즘의 "실행 시간이 $O(n^2)$이므로" 그 알고리즘은 비효율적이라고 말한다. 그러나 실행 시간이 $O(n^2)$이라는 것이 반드시 그 알고리즘의 실행 시간이 $O(n)$일 수는 없다는 뜻은 아니다. 하계에 대해서는 대문자 오메가 표기법이라는 것이 따로 있다.

(이 시점에서 몸풀기 연습문제 3과 4를 풀어보면 좋을 것이다.)

$$f(n) = \Omega(g(n)) \quad \Leftrightarrow \quad |f(n)| \geq C|g(n)|, \quad \text{어떤 } C > 0 \text{에 대해.} \qquad (9.17)$$

만일 $g(n) = O(f(n))$이면, 그리고 오직 그럴 때만, $f(n) = \Omega(g(n))$이다. n이 충분히 클 때, 실행 시간이 $\Omega(n^2)$인 정렬 알고리즘은 실행 시간이 $O(n \log n)$인 알고리즘보다 비효율적이다.

마지막으로, 대문자 세타(Θ) 표기법이 있다. 이것은 완전한(exact) 증가율을 명시한다.

$$f(n) = \Theta(g(n)) \quad \Leftrightarrow \quad \begin{array}{l} f(n) = O(g(n)) \\ \text{그리고 } f(n) = \Omega(g(n)). \end{array} \qquad (9.18)$$

Ω와 Θ가 그리스 대문자이므로, 대문자 O 표기법의 O는 그리스 대문자 오미크론이 틀림없다. 애초에 점근을 발명한 게 그리스인들이니까.

이전에 나온 식 (9.8)의 표기법에서, 만일 $f(n) \asymp g(n)$이면, 그리고 오직 그럴 때만 $f(n) = \Theta(g(n))$이다.

에드문트 란다우는 '소문자 o' 표기법을 고안했다.[238]

$$f(n) = o(g(n))$$

$$\Leftrightarrow \quad |f(n)| \leq \epsilon|g(n)| \qquad \begin{array}{l} \text{모든 } n \geq n_0(\epsilon) \text{과} \\ \text{모든 상수 } \epsilon > 0 \text{에 대해.} \end{array} \qquad (9.19)$$

본질적으로 이는 식 (9.3)에 나온 $f(n) \prec g(n)$ 관계와 같다. 또한, 다음도 성립한다.

$$f(n) \sim g(n) \quad \Leftrightarrow \quad f(n) = g(n) + o(g(n)). \qquad (9.20)$$

접근 공식에서 'o'를 사용하는 저자가 많지만, 좀 더 명시적인 'O' 표현을 사용하는 것이 거의 항상 더 바람직하다. 예를 들어 '거품정렬(bubblesort)'이라는 컴퓨터 알고리즘의 평균 실행 시간은 합 $P(n) = \sum_{k=0}^{n} k^{n-k} k!/n!$의 접근값에 의존한다. 공식 $P(n) \sim \sqrt{\pi n/2}$가 참임은 기본적인 접근 방법들로도 충분히 증명할 수 있다. 이 공식은 $n \to \infty$에 따라 비 $P(n)/\sqrt{\pi n/2}$가 1에 접근한다는 뜻이다. 그런데 $P(n)$의 진정한 습성은 비가 아니라 차 $P(n) - \sqrt{\pi n/2}$를 고려할 때 가장 잘 이해할 수 있다.

n	$P(n)/\sqrt{\pi n/2}$	$P(n) - \sqrt{\pi n/2}$
1	0.798	-0.253
10	0.878	-0.484
20	0.904	-0.538
30	0.918	-0.561
40	0.927	-0.575
50	0.934	-0.585

가운데 열에 나온 수치적 증거가 아주 강력하지는 않다. $P(n)/\sqrt{\pi n/2}$가 1에 빠르게 접근한다는 극적인 증명에 비하면 훨씬 약하다. 그러나 오른쪽 열은 $P(n)$이 실제로 $\sqrt{\pi n/2}$에 아주 가까움을 보여준다. 따라서, 만일 다음과 같은 형태의 공식들을 유도한다면 $P(n)$의 습성을 훨씬 잘 특징지을 수 있다.

$$P(n) = \sqrt{\pi n/2} + O(1).$$

심지어는 다음과 같은 더 날카로운 추정 공식을 만들 수도 있다.

$$P(n) = \sqrt{\pi n/2} - \frac{2}{3} + O(1/\sqrt{n}).$$

O-표기가 관여하는 결과들을 증명하려면 더 강력한 접근 분석 방법들이 필요하다. 그런 더 강력한 방법들을 배우려면 추가적인 노력이 들지만, O-표기에서 얻는 좀 더 구체적인 한계들이 주는 장점이 그러한 노력을 상쇄하고도 남는다.

더 나아가서, 정렬 알고리즘 중에는 실행 시간이 다음과 같은 형태인 것들이 많다.

$$T(n) = An \lg n + Bn + O(\log n).$$

여기서 A와 B는 어떤 상수들이다. $T(n) \sim An \lg n$에서 분석을 멈추면 알고리즘의 특성을 완전히 파악하지 못하고 만다. 사실 A 값만으로 정렬 알고리즘을 선택하는 것은 나쁜 전략임이 밝혀져 있다. 'A' 값이 좋은 알고리즘이라도 'B'가 나쁘면 실행 성능이 나쁜 경우가 많다. $n \lg n$의 증가율은 n의 증가율보다 조금만 크므로, 점근적으로 더 빠른 알고리즘(A 값이 약간 더 작은 알고리즘)은 n이 실제 응용에서는 절대 나타나지 않는 큰 값일 때에만 더 빠를 수 있다. 따라서, 알고리즘을 제대로 고르려면 첫 항을 빠르게 지나친 후 B를 평가할 수 있는 점근 분석 방법들이 필요하다.

O를 더 공부하기 전에, 수학적 스타일의 작은 측면 하나를 더 살펴보자. 이번 장에는 세 종류의 로그 표기가 나왔다. 바로 lg와 ln, 그리고 log이다. 컴퓨터 알고리즘과 관련해서는 'lg'를 자주 사용하는데, 이는 그런 문맥에 이진 로그가 관여하는 경우가 많기 때문이다. 그리고 순수한 수학적 계산에서는 'ln'을 자주 사용하는데, 이는 자연로그에 대한 공식들이 다루기 쉽고 간단하기 때문이다. 그럼 'log'는 언제 사용할까? 고등학교 때 배우는, 밑이 10인 '상용' 로그가 바로 이 'log'인데, 사실 '상용' 로그는 순수 수학과 컴퓨터 과학에서 별로 등장하지 않는다. 그리고 'log'가 자연로그인지 상용로그인지 헷갈리는 수학자들이 많다. 사실 이 부분은 아직 보편적인 합의가 없는 상태이다. 그렇지만 O-표기 안에 로그가 등장할 때는 이런 혼동을 크게 걱정할 필요가 없다. 왜냐하면 O에서는 곱셈적 상수들이 무시되기 때문이다. 즉, $n \to \infty$일 때는 $O(\lg n)$과 $O(\ln n)$, $O(\log n)$ 사이에 차이가 없다. 마찬가지로, $O(\lg \lg n)$과 $O(\ln \ln n)$, $O(\log \log n)$ 사이에도 차이가 없다. 어떤 것이든 편한 것을 선택하면 된다. 그리고 발음하기에는 'log로그'가 제일 자연스럽다. 따라서, 모호함이 생기지 않는 한, 가독성을 위해 앞으로는 모든 문맥에서 'log'를 주로 사용하겠다.

그리고 듀라플레임Duraflame 로그를 뜻하는 1D도 있다.

$n \le 10$일 때는 $\log \log \log n$이 정의되지 않음을 주의할 것.

9.3 O-표기의 조작

다른 모든 수학적 형식론과 마찬가지로, O-표기에는 그 정의의 복잡함에서 벗어날 수 있는 여러 조작 법칙들이 존재한다. 일단 그 법칙들이 옳다는 것을 정의를 이용해서 증명하고 나면, 그때부터는 한 함수 집합이 다른 함수 집합에 속하는지를 실제로 검증하는 절차를 생략하고 좀 더 높은 차원에서 작업을 진행할 수 있다. 심지어, 각 O에 함축된 상수 C의 존재를 보장하는 법칙들을 따르는 한, 그런 상수를 실제로 계산할 필요도 없다.

예를 들어 다음과 같은 법칙들이 있다.

지루한 사람이 되는 비결은 모든 것을 이야기하는 것이다. — 볼테르Voltaire

$$n^m = O(n^{m'}), \quad m \le m' \text{일 때;} \tag{9.21}$$

$$O(f(n)) + O(g(n)) = O(|f(n)| + |g(n)|). \tag{9.22}$$

이들을 일단 한 번 증명하고 나면, 그때부터는 이전 절에 나온 것 같은 지루한 계산 과정을 거치지 않고 즉시 $\frac{1}{3}n^3 + \frac{1}{2}n^2 + \frac{1}{6}n = O(n^3) + O(n^3) + O(n^3) = O(n^3)$이라고 말할 수 있다.

다음은 대문자 O 표기법의 정의로부터 쉽게 유도할 수 있는 추가적인 법칙들이다.

$$f(n) = O(f(n)); \tag{9.23}$$

$$c \cdot O(f(n)) = O(f(n)), \quad \text{여기서 } c \text{는 상수}; \tag{9.24}$$

$$O(O(f(n))) = O(f(n)); \tag{9.25}$$

$$O(f(n))\,O(g(n)) = O(f(n)\,g(n)); \tag{9.26}$$

$$O(f(n)\,g(n)) = f(n)\,O(g(n)). \tag{9.27}$$

식 (9.22)는 연습문제 9에서 증명한다. 다른 법칙들의 증명도 그와 비슷하다. 변수 n에 대한 부수 조건들과는 무관하게, 좌변 형태의 공식을 언제라도 우변의 것으로 언제라도 대체할 수 있다.

식 (9.27)과 식 (9.23)을 이용하면 항등식 $O(f(n)^2) = O(f(n))^2$을 이끌어낼 수 있다. 이 항등식은 괄호를 줄이는 데 종종 도움이 된다. 예를 들어

$$O\big((\log n)^2\big) \quad \text{대신} \quad O(\log n)^2$$

이라고 쓸 수 있다. 그리고 이 둘 다 '$O(\log^2 n)$'보다 나은 표현인데, 왜냐하면 '$O(\log\log n)$'을 그렇게 표기하는 저자도 있기 때문이다.

그런데

$$O\big((\log n)^{-1}\big) \quad \text{대신} \quad O(\log n)^{-1}$$

이라고 써도 될까? 그렇지 않다! 이는 표기법의 오용이다. 함수 집합 $1/O(\log n)$은 $O(1/\log n)$의 부분집합도, 포함집합도 아니기 때문이다. $O\big((\log n)^{-1}\big)$을 $\Omega(\log n)^{-1}$으로 대체할 수는 있지만, 별 도움이 되지는 않을 것이다. 따라서 이 책에서는 양의 정수 상수인 지수만 "O-표기 괄호 밖으로" 빼낼 수 있다고 제한하겠다.

멱급수에서 아주 유용한 연산 몇 가지가 나온다. 만일 합

$$S(z) = \sum_{n \geq 0} a_n z^n$$

이 어떤 복소수 $z = z_0$에 대해 절대수렴한다면, 다음이 성립한다.

(참고: 공식 $O(f(n))^2$이 $g(n)$이 $O(f(n))$에 속함을 만족하는 모든 함수 $g(n)^2$의 집합을 나타내는 것은 아니다. 그런 함수 $g(n)$들은 음수가 될 수 없지만, 집합 $O(f(n))^2$에는 음의 함수들도 포함된다. 일반적으로, S가 하나의 집합일 때 S^2이라는 표기는 $s \in S$인 모든 제곱 s^2의 집합이 아니라, s_1과 s_2가 S의 원소임을 만족하는 모든 곱 $s_1 s_2$의 집합이다.)

$$S(z) = O(1), \quad \text{모든 } |z| \leq |z_0| \text{에 대해.}$$

이는 당연하다. 왜냐하면

$$|S(z)| \leq \sum_{n \geq 0} |a_n||z|^n \leq \sum_{n \geq 0} |a_n||z_0|^n = C < \infty$$

이기 때문이다. 특히, $S(z)$가 수렴하는 0이 아닌 z 값이 적어도 하나는 있다고 하면, $z \to 0$에 따라 $S(z) = O(1)$이고 $n \to \infty$에 따라 $S(1/n) = O(1)$이다. 이 원리를 이용해서 멱급수를 임의의 편리한 지점에서 잘라내고 그 나머지를 O로 추정할 수 있다. 예를 들어 $S(z) = O(1)$일 뿐만 아니라

$$S(z) = a_0 + O(z),$$
$$S(z) = a_0 + a_1 z + O(z^2)$$

등등이다. 왜냐하면

$$S(z) = \sum_{0 \leq k < m} a_k z^k + z^m \sum_{n \geq m} a_n z^{n-m}$$

인데, 후자의 합은 $S(z)$처럼 $z = z_0$에 대해 절대수렴하며, $O(1)$이기 때문이다. 표 533에 가장 유용한 점근 공식 몇 가지가 나와 있는데, 그중 절반은 그냥 이 법칙에 따라 멱급수를 절단한 것이다.

$\sum_{k \geq 1} a_k/k^z$ 형태의 합인 디리클레 급수도 비슷한 방식으로 잘라낼 수 있다. 디리클레 급수가 $z = z_0$에서 절대수렴한다면, 임의의 항에서 급수를 절단하고 다음과 같은 근사치를 얻을 수 있다.

$$\sum_{1 \leq k < m} a_k/k^z + O(m^{-z}).$$

이 근사치는 $\Re z \geq \Re z_0$에 대해 유효하다. 표 533에 있는 베르누이 수 B_n에 대한 점근 공식이 이 원리를 보여준다.

한편, 표 533에 있는 H_n과 $n!$, $\pi(n)$에 대한 점근 공식들은 수렴하는 급수의 절단이 아니다. 무한히 전개할 때 이들은 모든 n의 값에 대해 발산한다. $\pi(n)$의 경우에는 이 점을 증명하기가 특히나 쉽다. §7.3의 예제 5에서 보았듯이 멱급수 $\sum_{k \geq 0} k!/(\ln n)^k$은 항상 발산하기 때문이다. 그렇긴 해도, 이러한 발산급수의 절단은 유용한 근사이다.

$\Re$은 복소수의 '실수부'를 뜻한다는 점을 기억할 것.

표 533 점근 근사 공식들($n \to \infty$, $z \to 0$에 따라 유효함)

$$H_n = \ln n + \gamma + \frac{1}{2n} - \frac{1}{12n^2} + \frac{1}{120n^4} + O\!\left(\frac{1}{n^6}\right). \tag{9.28}$$

$$n! = \sqrt{2\pi n}\left(\frac{n}{e}\right)^n\!\left(1 + \frac{1}{12n} + \frac{1}{288n^2} - \frac{139}{51840n^3} + O\!\left(\frac{1}{n^4}\right)\right). \tag{9.29}$$

$$B_n = 2[n\text{은 짝수}](-1)^{n/2-1}\frac{n!}{(2\pi)^n}\left(1 + 2^{-n} + 3^{-n} + O(4^{-n})\right). \tag{9.30}$$

$$\pi(n) = \frac{n}{\ln n} + \frac{n}{(\ln n)^2} + \frac{2!\,n}{(\ln n)^3} + \frac{3!\,n}{(\ln n)^4} + O\!\left(\frac{n}{(\log n)^5}\right). \tag{9.31}$$

$$e^z = 1 + z + \frac{z^2}{2!} + \frac{z^3}{3!} + \frac{z^4}{4!} + O(z^5). \tag{9.32}$$

$$\ln(1+z) = z - \frac{z^2}{2} + \frac{z^3}{3} - \frac{z^4}{4} + O(z^5). \tag{9.33}$$

$$\frac{1}{1-z} = 1 + z + z^2 + z^3 + z^4 + O(z^5). \tag{9.34}$$

$$(1+z)^\alpha = 1 + \alpha z + \binom{\alpha}{2}z^2 + \binom{\alpha}{3}z^3 + \binom{\alpha}{4}z^4 + O(z^5). \tag{9.35}$$

$f(n)$에 O가 관여하지 않는다고 할 때, $f(n) + O(g(n))$ 형태의 점근 근사를 가리켜 절대오차가 $O(g(n))$인 근사라고 말한다. 그리고 역시 $f(n)$에 O가 관여하지 않는다고 할 때, $f(n)(1 + O(g(n)))$ 형태의 점근 근사를 가리켜 상대오차가 $O(g(n))$인 근사라고 말한다. 예를 들어 표 533의 H_n에 대한 근사 공식의 절대오차는 $O(n^{-6})$이고, $n!$에 대한 근사 공식의 상대오차는 $O(n^{-4})$이다. (식 (9.29)의 우변은 사실 요구된 형태 $f(n)(1 + O(n^{-4}))$와 부합하지 않지만, 필요하면 우변을

$$\sqrt{2\pi n}\left(\frac{n}{e}\right)^n\!\left(1 + \frac{1}{12n} + \frac{1}{288n^2} - \frac{139}{51840n^3}\right)\!\left(1 + O(n^{-4})\right)$$

으로 바꾸어 쓸 수 있다. 연습문제 12에서 이와 비슷한 계산을 다룬다.) 이 근사의 절대오차는 $O(n^{n-3.5}e^{-n})$이다. 절대오차는 O 항을 무시했을 때 소수점 아래(오른쪽)에 있는 참값 십진 숫자들의 개수와 관련이 있고, 상대오차는 '유효숫자(significant figure)'들의 개수와 관련이 있다.

멱급수 절단을 이용해서 다음과 같은 일반 법칙들을 증명할 수 있다.

$$\ln(1 + O(f(n))) = O(f(n)), \quad \text{만일 } f(n) < 1\text{이면}; \tag{9.36}$$

($1/(1+O(\epsilon)) = 1 + O(\epsilon)$이므로, 상대오차는 역수를 취하기에 좋다.)

$$e^{O(f(n))} = 1 + O(f(n)), \quad \text{만일 } f(n) = O(1)\text{이면}. \tag{9.37}$$

(이 법칙들은 $n \to \infty$라고 가정한다. $x \to 0$에 따른 $\ln(1 + O(f(x)))$와 $e^{O(f(x))}$에 대해서도 비슷한 공식들이 성립한다.) 예를 들어 $\ln(1 + g(n))$이 식 (9.36)의 좌변에 속하는 임의의 함수라고 하면, 다음을 만족하는 상수 C, n_0, c가 존재한다.

$$|g(n)| \le C|f(n)| \le c < 1, \quad \text{모든 } n \ge n_0 \text{에 대해}.$$

이로부터, 무한합

$$\ln(1 + g(n)) = g(n) \cdot \left(1 - \frac{1}{2}g(n) + \frac{1}{3}g(n)^2 - \cdots\right)$$

이 모든 $n \ge n_0$에 대해 수렴하며, 괄호 안의 급수가 상수 $1 + \frac{1}{2}c + \frac{1}{3}c^2 + \cdots$보다 작다는 결론을 이끌어낼 수 있다. 이는 식 (9.36)를 증명하며, 식 (9.37)의 증명도 이와 비슷하다. 식 (9.36)과 식 (9.37)을 결합하면 다음과 같은 유용한 공식이 나온다.

$$(1 + O(f(n)))^{O(g(n))} = 1 + O(f(n)\,g(n)), \quad \begin{array}{l} \text{만일 } f(n) < 1\text{이고} \\ f(n)\,g(n) = O(1)\text{이면} \end{array} \tag{9.38}$$

문제 1: 행운의 바퀴로 돌아가서

그럼 몇 가지 점근 문제에서 우리의 행운을 시험해 보자. 제3장에서 우리는 어떤 룰렛 게임의 승리 번호 개수에 대한 공식 (3.13)을 유도했다. 그 공식은 다음과 같다.

$$W = \lfloor N/K \rfloor + \frac{1}{2}K^2 + \frac{5}{2}K - 3, \quad K = \lfloor \sqrt[3]{N} \rfloor.$$

그리고 W의 점근 버전을 제9장에서 유도해 볼 것이라고 약속했다. 이제 제9장이니, $N \to \infty$에 따른 W를 추정해보자.

여기서 핵심은 바닥 대괄호들을 제거하고 K에 $N^{1/3} + O(1)$을 대입하는 것이다. 더 나아가서,

$$K = N^{1/3}(1 + O(N^{-1/3}))$$

으로 둘 수 있다. 이를 '큰 부분 빼내기(pulling out the large part)'라고 부른다. (이 요령은 이후에도 많이 쓰인다.) 이제, 식 (9.38)과 식 (9.26)에 의해 다음이 성립한다.

$$K^2 = N^{2/3}\big(1 + O(N^{-1/3})\big)^2$$
$$= N^{2/3}\big(1 + O(N^{-1/3})\big) = N^{2/3} + O(N^{1/3}).$$

마찬가지로,

$$\lfloor N/K \rfloor = N^{1-1/3}\big(1 + O(N^{-1/3})\big)^{-1} + O(1)$$
$$= N^{2/3}\big(1 + O(N^{-1/3})\big) + O(1) = N^{2/3} + O(N^{1/3})$$

이다. 이로부터, 승리 번호들의 개수가 다음과 같음을 유도할 수 있다.

$$W = N^{2/3} + O(N^{1/3}) + \frac{1}{2}\big(N^{2/3} + O(N^{1/3})\big) + O(N^{1/3}) + O(1) \tag{9.39}$$
$$= \frac{3}{2N^{2/3}} + O(N^{1/3}).$$

한 O 항이 다른 O 항에 흡수되는 과정이 반복되어서 결국 하나만 남게 되었음에 주목하기 바란다. 이는 전형적인 과정이며, 공식 중간에 있는 O-표기가 유용한 이유를 잘 보여준다.

문제 2: 스털링 공식의 섭동

$n!$에 대한 스털링 근사 공식이 가장 유명한 점근 공식임은 의심의 여지가 없다. 이번 장에서 나중에 이 공식을 증명해 볼 것이다. 일단 지금은 이 공식의 성질들을 좀 더 잘 이해하는 것으로 만족한다. 이 근사 공식의 한 버전을 다음과 같은 형태로 표현할 수 있다.

$$n! = \sqrt{2\pi n}\left(\frac{n}{e}\right)^n\left(1 + \frac{a}{n} + \frac{b}{n^2} + O(n^{-3})\right), \quad n\to\infty \text{에 따라.} \tag{9.40}$$

여기서 a와 b는 어떤 상수들이다. 이 공식은 모든 큰 n에 대해 성립하므로, n을 $n-1$로 바꾸어도 점근적으로 참이어야 한다.

$$(n-1)! = \sqrt{2\pi(n-1)}\left(\frac{n-1}{e}\right)^{n-1}$$
$$\times\left(1 + \frac{a}{n-1} + \frac{b}{(n-1)^2} + O((n-1)^{-3})\right). \tag{9.41}$$

물론 $(n-1)! = n!/n$임은 알고 있다. 따라서 이 공식의 우변을 단순화하면 식 (9.40)의 우변을 n으로 나눈 것이 나와야 한다.

그럼 식 (9.41)을 실제로 단순화해보자. 큰 부분을 빼내면 첫 인수가 공략 가능한 형태로 바뀐다.

$$\sqrt{2\pi(n-1)} = \sqrt{2\pi n}\,(1-n^{-1})^{1/2}$$
$$= \sqrt{2\pi n}\left(1-\frac{1}{2n}-\frac{1}{8n^2}+O(n^{-3})\right).$$

이 과정에는 식 (9.35)가 쓰였다.

마찬가지로 다음이 성립한다.

$$\frac{a}{n-1} = \frac{a}{n}(1-n^{-1})^{-1} = \frac{a}{n}+\frac{a}{n^2}+O(n^{-3})\,;$$
$$\frac{b}{(n-1)^2} = \frac{b}{n^2}(1-n^{-1})^{-2} = \frac{b}{n^2}+O(n^{-3})\,;$$
$$O\big((n-1)^{-3}\big) = O\big(n^{-3}(1-n^{-1})^{-3}\big) = O(n^{-3})\,.$$

식 (9.41)에서 다루기가 약간 까다로운 부분은 인수 $(n-1)^{n-1}$뿐이다. 그 인수는 다음과 상등이다.

$$n^{n-1}(1-n^{-1})^{n-1} = n^{n-1}(1-n^{-1})^n\big(1+n^{-1}+n^{-2}+O(n^{-3})\big).$$

(지금 하고자 하는 것은 상대오차 $O(n^{-3})$이 나올 때까지 모든 것을 전개하는 것이다. 이는 한 곱의 상대오차가 개별 인수들의 상대오차들의 합과 같다는 점에 근거한다. $O(n^{-3})$ 항들은 모두 하나로 합쳐질 것이다.)

$(1-n^{-1})^n$을 전개하기 위해, 먼저 $\ln(1-n^{-1})$을 계산하고 지수 $e^{n\ln(1-n^{-1})}$을 만든다.

$$(1-n^{-1})^n = \exp\big(n\ln(1-n^{-1})\big)$$
$$= \exp\left(n\left(-n^{-1}-\frac{1}{2}n^{-2}-\frac{1}{3}n^{-3}+O(n^{-4})\right)\right)$$
$$= \exp\left(-1-\frac{1}{2}n^{-1}-\frac{1}{3}n^{-2}+O(n^{-3})\right)$$
$$= \exp(-1)\cdot\exp(-\tfrac{1}{2}n^{-1})\cdot\exp(-\tfrac{1}{3}n^{-2})\cdot\exp\big(O(n^{-3})\big)$$
$$= \exp(-1)\cdot\left(1-\frac{1}{2}n^{-1}+\frac{1}{8}n^{-2}+O(n^{-3})\right)$$
$$\cdot\left(1-\frac{1}{3}n^{-2}+O(n^{-4})\right)\cdot(1+O(n^{-3}))$$
$$= e^{-1}\left(1-\frac{1}{2}n^{-1}-\frac{5}{24}n^{-2}+O(n^{-3})\right).$$

여기에는 거듭제곱을 e^z 대신 $\exp z$ 형태로 표기했는데, 이는 복잡한 지수를 아래 첨자 위치가 아니라 수식의 주된 행에서 다루기 위한 것이다. 로그에 n이 곱해지므로, 상대오차 $O(n^{-3})$이 나오려면 $\ln(1-n^{-1})$을 절대오차 $O(n^{-4})$까지 전개해야 한다.

이제 식 (9.41)의 우변은 $\sqrt{2\pi n}$ 곱하기 n^{n-1}/e^n에 다음과 같은 일곱 인수의 곱을 곱한 형태로 단순화되었다.

$$\left(1-\frac{1}{2}n^{-1}-\frac{1}{8}n^{-2}+O(n^{-3})\right)$$
$$\cdot\left(1+n^{-1}+n^{-2}+O(n^{-3})\right)$$
$$\cdot\left(1-\frac{1}{2}n^{-1}-\frac{5}{24}n^{-2}+O(n^{-3})\right)$$
$$\cdot\left(1+an^{-1}+(a+b)n^{-2}+O(n^{-3})\right).$$

이들을 모두 곱하고 모든 점근 항을 하나의 $O(n^{-3})$에 흡수하면 다음이 나온다.

$$1+an^{-1}+(a+b-\frac{1}{12})n^{-2}+O(n^{-3}).$$

흠, 사실 우리가 바란 것은 식 (9.40)의 우변과 부합하는 $1+an^{-1}+bn^{-2}+O(n^{-3})$이었다. 중간에 뭔가 실수가 있었을까? 그렇지는 않다. $a+b-\frac{1}{12}=b$이기만 한다면 문제는 없다.

이러한 섭동 논법이 스털링 근사의 유효함을 증명하지는 않지만, 다른 뭔가를 증명하기는 한다. 이 논법은 식 (9.40)이 유효하려면 반드시 $a=\frac{1}{12}$이어야 함을 증명한다. 만일 식 (9.40)의 $O(n^{-3})$을 $cn^{-3}+O(n^{-4})$으로 대체하고 상대오차 $O(n^{-4})$이 나올 때까지 계산을 진행했다면, 표 533에 나온 것처럼 b가 반드시 $\frac{1}{288}$이라는 결론을 도출했을 것이다. (이것이 a와 b의 값을 구하는 가장 쉬운 방법은 아니지만, 어쨌든 그 값들을 구하기는 한다.)

문제 3: n번째 소수

식 (9.31)은 $\pi(n)$, 즉 n을 넘지 않는 소수들의 개수에 대한 점근 공식이다. n에 $p=P_n$, 즉 n번째 소수를 대입하면 $\pi(p)=n$이 된다. 따라서, $n\to\infty$에 따라

$$n = \frac{p}{\ln p}+O\!\left(\frac{p}{(\log p)^2}\right) \tag{9.42}$$

이다. 그럼 이 등식을 p에 대한 방정식으로 간주해서 "풀어보자". 그러면 n번째 소수의 크기를 추정할 수 있다.

첫 단계는 O 항을 단순화하는 것이다. 양변을 $p/\ln p$로 나누면 $n\ln p/p \to 1$임을 알 수 있다. 따라서 $p/\ln p = O(n)$이고

$$O\left(\frac{p}{(\log p)^2}\right) = O\left(\frac{n}{\log p}\right) = O\left(\frac{n}{\log n}\right).$$

이다. ($p \geq n$이므로 $(\log p)^{-1} \leq (\log n)^{-1}$이 성립한다.)

둘째 단계는 식 (9.42)의 양변을 O 항만 빼고 이항하는 것이다. 이는 일반 법칙

$$a_n = b_n + O(f(n)) \quad \Leftrightarrow \quad b_n = a_n + O(f(n)) \tag{9.43}$$

때문에 유효한 연산이다. (이 법칙의 한 등식의 양변에 -1을 곱하고 $a_n + b_n$을 더하면 다른 등식이 나온다.) 따라서

$$\frac{p}{\ln p} = n + O\left(\frac{n}{\log n}\right) = n(1 + O(1/\log n))$$

이고

$$p = n\ln p(1 + O(1/\log n)) \tag{9.44}$$

이다. 이는 그 자체로 $p = P_n$에 대한 '근사 점화식(approximate recurrence)'이다. 우리의 목표는 이것을 '근사 닫힌 형식'으로 바꾸는 것인데, 점화식을 점근적으로 펼치면 그렇게 바꿀 수 있다. 그럼 식 (9.44)를 펼쳐보자.

양변에 로그를 취하면 다음을 유도할 수 있다.

$$\ln p = \ln n + \ln\ln p + O(1/\log n). \tag{9.45}$$

이 값을 바로 식 (9.44)의 $\ln p$에 대입할 수도 있겠지만, 그 전에 우변의 모든 p를 제거하는 것이 바람직하다. 그런데 p를 제거하다 보면 마지막 하나의 p는 보통의 점화식 조작 방법으로 제거할 수 없음을 알게 될 것이다. 이는 작은 p에 대한 초기 조건이 식 (9.44)에 명시되어 있지 않기 때문이다.

한 가지 해결책은 더 약한 결과 $p = O(n^2)$을 증명하는 것으로 시작하는 것이다. 증명은 간단하다. 식 (9.44)의 양변을 제곱하고 pn^2으로 나누면

$$\frac{p}{n^2} = \frac{(\ln p)^2}{p}(1 + O(1/\log n))$$

이 나오는데, 우변은 $n \to \infty$에 따라 0에 접근한다. 이렇게 해서 $p = O(n^2)$임이 확인되었으며, 따라서 $\log p = O(\log n)$이고 $\log \log p = O(\log \log n)$이다. 이제 다음과 같은 결론을 식 (9.45)로부터 이끌어낼 수 있다.

$$\ln p = \ln n + O(\log \log n).$$

사실 이 새로운 추정치가 있으면 $\ln \ln p = \ln \ln n + O(\log \log n / \log n)$을 도출할 수 있으며, 그러면 식 (9.45)에서 다음이 나온다.

$$\ln p = \ln n + \ln \ln n + O(\log \log n / \log n).$$

이를 식 (9.44)의 우변에 대입하면 다음이 나온다.

$$p = n \ln n + n \ln \ln n + O(n).$$

이것이 바로 n번째 소수의 근사적인 크기이다.

이 추정치를, 식 (9.42) 대신 $\pi(p)$의 좀 더 나은 근사를 이용해서 좀 더 정련할 수 있다. 식 (9.31)의 다음 항에 의하면

$$n = \frac{p}{\ln p} + \frac{p}{(\ln p)^2} + O\!\left(\frac{p}{(\log p)^3}\right) \tag{9.46}$$

이다. 이전과 같은 방식으로 진행하면 다음과 같은 점화식을 얻을 수 있다.

자, 자, 다시 연습장들 꺼내라.
우우, 쳇.

$$p = n \ln p \big(1 + (\ln p)^{-1}\big)^{-1}\big(1 + O(1/\log n)^2\big). \tag{9.47}$$

이 점화식의 상대오차는 $O(1/\log n)$이 아니라 $O(1/\log n)^2$이다. 다음은 양변에 로그를 취하고 정확도를 적당히(단, 과하지는 않게) 유지해서 정리한 결과이다.

$$\begin{aligned}
\ln p &= \ln n + \ln \ln p + O(1/\log n) \\
&= \ln n\left(1 + \frac{\ln \ln p}{\ln n} + O(1/\log n)^2\right); \\
\ln \ln p &= \ln \ln n + \frac{\ln \ln n}{\ln n} + O\!\left(\frac{\log \log n}{\log n}\right)^2.
\end{aligned}$$

마지막으로, 이 결과들을 식 (9.47)에 대입하면 우리가 원했던 답이 나타난다.

$$P_n = n \ln n + n \ln \ln n - n + n\frac{\ln \ln n}{\ln n} + O\!\left(\frac{n}{\log n}\right). \tag{9.48}$$

예를 들어 $n = 10^6$일 때 이 공식으로 $15631363.6 + O(n/\log n)$이라는 추정치를 얻을 수 있다. 백만 번째 소수는 사실 15485863이다. 연습문제 21은 식 (9.46) 대신 좀 더 정확한 $\pi(p)$ 근사 공식으로 시작하면 이보다도 정확한 P_n의 근사 공식을 얻을 수 있음을 보여준다.

문제 4: 옛날 기말고사에 나온 합

스탠포드 대학교의 1970–1971 학기에서 구체 수학을 처음 가르칠 때 학생들에게 다음 합의 점근값을 $O(n^{-7})$의 절대오차로 구하라는(즉, 절대오차가 $O(n^{-7})$이 될 때까지 근사하라는) 문제를 냈었다.

$$S_n = \frac{1}{n^2+1} + \frac{1}{n^2+2} + \cdots + \frac{1}{n^2+n}. \tag{9.49}$$

만일 기말고사의 일환으로 이 문제를 풀라고(그리고 다 못 풀면 집에서 풀어오라고) 요구했다면, 독자는 본능적으로 어떤 반응을 보이겠는가?

이런 문제를 보고 당황할 필요는 없다. 바람직한 첫 반응은 "크게 생각한다"이다. 예를 들어 $n = 10^{100}$으로 두고 합을 살펴보자. 우선, 합을 구성하는 n개의 항들이 각각 $1/n^2$보다 약간 작으므로, 합 자체는 $1/n$보다 약간 작을 것이다. 일반적으로, 점근 문제를 풀 때는 주어진 상황을 파악하고 대략적인 추정치를 구하는 것으로 시작하면 좋은 결과를 얻을 수 있다.

그럼 각 항의 큰 부분을 빼내서 대략적인 추정치를 좀 더 개선해보자. 우선

$$\frac{1}{n^2+k} = \frac{1}{n^2(1+k/n^2)} = \frac{1}{n^2}\left(1 - \frac{k}{n^2} + \frac{k^2}{n^4} - \frac{k^3}{n^6} + O\left(\frac{k^4}{n^8}\right)\right)$$

이므로, 이 근삿값들을 모두 더해 보는 것이 자연스러운 수순이다.

$$\frac{1}{n^2+1} = \frac{1}{n^2} - \frac{1}{n^4} + \frac{1^2}{n^6} - \frac{1^3}{n^8} + O\left(\frac{1^4}{n^{10}}\right)$$

$$\frac{1}{n^2+2} = \frac{1}{n^2} - \frac{2}{n^4} + \frac{2^2}{n^6} - \frac{2^3}{n^8} + O\left(\frac{2^4}{n^{10}}\right)$$

$$\vdots$$

$$\frac{1}{n^2+n} = \frac{1}{n^2} - \frac{n}{n^4} + \frac{n^2}{n^6} - \frac{n^3}{n^8} + O\left(\frac{n^4}{n^{10}}\right)$$

$$\overline{\qquad\qquad\qquad\qquad\qquad\qquad\qquad\qquad}$$

$$S_n = \frac{n}{n^2} - \frac{n(n+1)}{2n^4} + \cdots .$$

처음 두 열의 합들을 보면 마치 $S_n = n^{-1} - \frac{1}{2}n^{-2} + O(n^{-3})$으로 둔 것 같지만, 그 후의 계산은 점점 복잡해진다.

이 접근 방식을 계속 밀고 나가면 결국에는 목표에 도달할 것이다. 그러나 다른 열들의 합을 군이 구하려 들지는 않겠다. 그 이유는 두 가지이다. 첫째로, 마지막 열을 합하면 $n/2 \leq k \leq n$일 때 $O(n^{-6})$인 항들이 나오므로, 오차가 $O(n^{-5})$이 된다. 이는 너무 큰 오차라서 전개에 다른 열을 포함시켜야 한다. 출제자가 이토록 가학적일 수 있단 말인가? 아마도 더 나은 방법이 있을 것이다. 둘째로, 사실 더 나은 방법이 바로 우리 눈앞에 있다.

파자마에 단추가 있는가?

더 나은 방법이란 이런 것이다. S_n의 닫힌 형식은 이미 알고 있다. 닫힌 형식은 그냥 $H_{n^2+n} - H_{n^2}$이다. 그리고 우리는 조화수를 잘 근사하는 공식도 이미 알고 있다. 따라서 다음처럼 그 공식을 두 번 적용하면 된다.

$$H_{n^2+n} = \ln(n^2+n) + \gamma + \frac{1}{2(n^2+n)} - \frac{1}{12(n^2+n)^2} + O\left(\frac{1}{n^8}\right);$$

$$H_{n^2} = \ln n^2 + \gamma + \frac{1}{2n^2} - \frac{1}{12n^4} + O\left(\frac{1}{n^8}\right).$$

이제 스털링의 근사 공식을 살펴볼 때처럼 큰 항들을 빼내고 식을 단순화하면 다음이 나온다.

$$\ln(n^2+n) = \ln n^2 + \ln\left(1 + \frac{1}{n}\right) = \ln n^2 + \frac{1}{n} - \frac{1}{2n^2} + \frac{1}{3n^3} - \cdots;$$

$$\frac{1}{n^2+n} = \frac{1}{n^2} - \frac{1}{n^3} + \frac{1}{n^4} - \cdots;$$

$$\frac{1}{(n^2+n)^2} = \frac{1}{n^4} - \frac{2}{n^5} + \frac{3}{n^6} - \cdots.$$

다행히 많은 항이 소거된다. 좀 더 정리하면,

$$S_n = n^{-1} - \frac{1}{2}n^{-2} + \frac{1}{3}n^{-3} - \frac{1}{4}n^{-4} + \frac{1}{5}n^{-5} - \frac{1}{6}n^{-6}$$
$$- \frac{1}{2}n^{-3} + \frac{1}{2}n^{-4} - \frac{1}{2}n^{-5} + \frac{1}{2}n^{-6}$$
$$+ \frac{1}{6}n^{-5} - \frac{1}{4}n^{-6}$$

더하기 $O(n^{-7})$인 항들이다. 이제 산술 연산을 조금 적용하면 답이 나온다.

$$S_n = n^{-1} - \frac{1}{2}n^{-2} - \frac{1}{6}n^{-3} + \frac{1}{4}n^{-4} - \frac{2}{15}n^{-5} + \frac{1}{12}n^{-6} + O(n^{-7}). \tag{9.50}$$

이전 장들에서 완전한 결과를 유도했을 때처럼, 이 답을 수치적으로 점검할 수 있다면 좋을 것이다. 점근 공식은 검증하기가 더 어렵다. 어떤 O 항에 임의의 큰 상수가 숨어 있을 수도 있기 때문에, 그 어떤 수치적 판정도 결정적이지는 않다. 그러나 실제 응용에서는, 어떤 방해자가 있어서 우리를 함정에 빠뜨릴 것이라고 믿을 이유는 없다. 즉, 미지의 O 상수들이 비교적 작다고 가정해도 무방하다. 휴대용 계산기로 점검해 보면 $S_4 = \frac{1}{17} + \frac{1}{18} + \frac{1}{19} + \frac{1}{20} = 0.2170107$이다. 그리고 $n = 4$일 때 점근적 추정치는

$$\frac{1}{4}\left(1 + \frac{1}{4}\left(-\frac{1}{2} + \frac{1}{4}\left(-\frac{1}{6} + \frac{1}{4}\left(\frac{1}{4} + \frac{1}{4}\left(-\frac{2}{15} + \frac{1}{4} \cdot \frac{1}{12}\right)\right)\right)\right)\right) = 0.2170125$$

이다. 만일 계산에 실수가 있었다면, 예를 들어 n^{-6}에 대한 항에서 $\frac{1}{12}$의 오차가 생겼다면, 소수점 아래 다섯째 자리에서 $\frac{1}{12}\frac{1}{4096}$만큼의 차이가 생겼을 것이다. 따라서 우리의 점근적 답이 맞을 가능성이 크다.

문제 5: 무한합

이번에는 솔로몬 골롬Solomon Golomb이 제안한[152] 점근 문제 하나를 살펴보자. $N_n(k)$가 k를 기수 n 표기법으로 표현하는 데 필요한 숫자 개수라고 할 때, 다음 합의 근삿값은 무엇인가?

$$S_n = \sum_{k \geq 1} \frac{1}{kN_n(k)^2}. \tag{9.51}$$

이번에도 대략적인 추정치를 구하는 것으로 시작한다. 숫자 개수 $N_n(k)$는 대략 $\log_n k = \log k / \log n$이다. 따라서 이 합의 항들은 대략 $(\log n)^2/k(\log k)^2$이다. k에 관해 합하면 $\approx (\log n)^2 \sum_{k \geq 2} 1/k(\log k)^2$이 나오는데, 이 합을 다음 적분과 비교해 보면 이 합이 하나의 상숫값으로 수렴할 것임을 알 수 있다.

$$\int_2^\infty \frac{dx}{x(\ln x)^2} = -\frac{1}{\ln x}\bigg|_2^\infty = \frac{1}{\ln 2}.$$

따라서 S_n의 근삿값은 어떤 상수 C에 대한 $C(\log n)^2$에 가까울 것이다.

이런 주먹구구식 분석이 방향을 잡는 데는 유용하지만, 문제의 답을 구하려면 더 나은 추정치가 필요하다. 한 가지 착안은 $N_n(k)$를 완전하게 표현해 보는 것이다.

$$N_n(k) = \lfloor \log_n k \rfloor + 1. \tag{9.52}$$

즉, 예를 들어 $n^2 \le k < n^3$일 때 k를 n진법으로 표기하려면 숫자가 세 개 필요하다. 그리고 $n^2 \le k < n^3$은 정확히 $\lfloor \log_n k \rfloor = 2$일 때 성립한다. 이로부터 $N_n(k) > \log_n k$임을 유도할 수 있으며, 따라서 $S_n = \sum_{k \ge 1} 1/k N_n(k)^2 < 1 + (\log n)^2 \sum_{k \ge 2} 1/k(\log k)^2$이다.

문제 1에서처럼 진행한다면 $N_n(k) = \log_n k + O(1)$로 두고 이를 S_n의 공식에 대입해 볼 수 있다. 여기서 $O(1)$로 표현되는 항은 항상 0과 1 사이이며, 평균적으로 약 $\frac{1}{2}$이다. 따라서 그 습성이 상당히 좋을 것이다. 그러나 S_n을 잘 파악할 수 있을 정도로 좋은 근사는 아니다. k가 작을 때에는 유효숫자들이 0이 되는데(이는 상대오차가 크다는 뜻이다), 이들은 합에 가장 크게 기여하는 항들이다. 뭔가 다른 착안이 필요하다.

문제 4에서처럼, 해법의 핵심은 먼저 우리의 조작 기술들을 발휘해서 합을 좀 더 다루기 쉬운 형태로 바꾼 다음에 점근 추정치를 구하는 것이다. 우선 합산의 새 변수 $m = N_n(k)$를 도입한다.

$$\begin{aligned}
S_n &= \sum_{k,m \ge 1} \frac{[m = N_n(k)]}{km^2} \\
&= \sum_{k,m \ge 1} \frac{[n^{m-1} \le k < n^m]}{km^2} \\
&= \sum_{m \ge 1} \frac{1}{m^2} \left(H_{n^m - 1} - H_{n^{m-1} - 1} \right).
\end{aligned}$$

이 합이 원래의 합보다 더 나빠 보이겠지만, 우리에게는 조화수에 대한 아주 좋은 근사 공식이 있기 때문에 이것은 사실 진보이다.

그렇지만 여기서 만족하지 말고 공식을 좀 더 단순화해보자. 지금 당장 점근으로 들어갈 필요는 없다. 부분합산을 이용하면 근사할 $H_{n^m - 1}$의 각 값에 대한 항들을 묶을 수 있다.

$$S_n = \sum_{k \ge 1} H_{n^k - 1} \left(\frac{1}{k^2} - \frac{1}{(k+1)^2} \right).$$

예를 들어 H_{n^2-1}에는 $1/2^2$이 곱해지고, 그런 다음 $-1/3^2$이 곱해진다. (여기에는 $H_{n^0-1} = H_0 = 0$이라는 사실이 적용되었다.)

이제 조화수들을 전개할 때가 되었다. $(n-1)!$을 근사할 때의 경험에 비추어 보면, H_{n^k-1}보다는 H_{n^k}을 근사하는 것이 더 쉽다. (n^k-1)의 전개가 지저분해질 수 있기 때문이다. 따라서 다음과 같이 두기로 하자.

$$H_{n^k-1} = H_{n^k} - \frac{1}{n^k} = \ln n^k + \gamma + \frac{1}{2n^k} + O\left(\frac{1}{n^{2k}}\right) - \frac{1}{n^k}$$
$$= k\ln n + \gamma - \frac{1}{2n^k} + O\left(\frac{1}{n^{2k}}\right).$$

이제 문제의 합은 다음으로 정리된다.

$$S_n = \sum_{k \geq 1}\left(k\ln n + \gamma - \frac{1}{2n^k} + O\left(\frac{1}{n^{2k}}\right)\right)\left(\frac{1}{k^2} - \frac{1}{(k+1)^2}\right)$$
$$= (\ln n)\Sigma_1 + \gamma\Sigma_2 - \frac{1}{2}\Sigma_3(n) + O\left(\Sigma_3(n^2)\right). \tag{9.53}$$

이제 손쉬운 조각 네 개만 남았다. Σ_1과 $\Sigma_2, \Sigma_3(n), \Sigma_3(n^2)$만 해결하면 된다.

$\Sigma_3(n^2)$은 O 항이므로, Σ_3들부터 처리하자. 이들을 처리하고 나면 이 근사의 오차를 파악할 수 있다. (어차피 O 항에 흡수될 것들을 완벽한 정밀도로 계산하는 것은 무의미하다.) 이 합은 그냥 다음과 같은 멱급수이다.

큰 O에 흡수될.

$$\Sigma_3(x) = \sum_{k \geq 1}\left(\frac{1}{k^2} - \frac{1}{(k+1)^2}\right)x^{-k}.$$

그리고 이 급수는 $x \geq 1$일 때 수렴한다. 따라서 원하는 임의의 지점에서 절단해도 된다. $\Sigma_3(n^2)$을 $k=1$인 항에서 절단하면 $\Sigma_3(n^2) = O(n^{-2})$이다. 그러면 식 (9.53)은 절대오차가 $O(n^{-2})$인 근사이다. (H_{n^k}의 더 나은 근사를 이용해서 이 절대오차를 더 줄일 수도 있다. 그러나 지금은 $O(n^{-2})$도 충분히 좋다.) $\Sigma_3(n)$을 $k=2$인 항에서 절단한다면 다음이 나온다.

$$\Sigma_3(n) = \frac{3}{4}n^{-1} + O(n^{-2}).$$

이 정도 정밀도면 원하는 답을 구할 수 있다.

Σ_2도 다음과 같이 아주 쉬우므로 바로 구하고 넘어가자.

$$\Sigma_2 = \sum_{k \geq 1} \left(\frac{1}{k^2} - \frac{1}{(k+1)^2} \right).$$

이것은 망원급수 $\left(1 - \frac{1}{4}\right) + \left(\frac{1}{4} - \frac{1}{9}\right) + \left(\frac{1}{9} - \frac{1}{16}\right) + \cdots = 1$이다.

마지막으로, 식 (9.53)의 $\ln n$의 계수인 Σ_1은 S_n의 선행 항을 결정한다.

$$\Sigma_1 = \sum_{k \geq 1} k \left(\frac{1}{k^2} - \frac{1}{(k+1)^2} \right).$$

이것은 $\left(1 - \frac{1}{4}\right) + \left(\frac{2}{4} - \frac{2}{9}\right) + \left(\frac{3}{9} - \frac{3}{16}\right) + \cdots = \frac{1}{1} + \frac{1}{4} + \frac{1}{9} + \cdots = H_\infty^{(2)} = \pi^2/6$이다. (앞에서 부분합산을 적용하지 않았다면, $H_{n^k-1} - H_{n^{k-1}-1} \sim \ln n$이므로 $S_n \sim \sum_{k \geq 1}$ $(\ln n)/k^2$임을 바로 유도했을 것이다. 따라서, 부분합산 덕분에 다른 몇 가지 작업이 더 쉬워지긴 했지만, 선행 항을 평가하는 데에는 부분합산이 도움이 되지 않았다.)

이제 식 (9.53)의 세 Σ를 모두 평가했다. 이제 이들을 조합해서 골롬이 제안한 문제의 답을 구할 수 있다.

$$S_n = \frac{\pi^2}{6} \ln n + \gamma - \frac{3}{8n} + O\left(\frac{1}{n^2}\right). \tag{9.54}$$

이것이 앞에서 직관적으로 구한 추정치 $C(\log n)^2$보다 느리게 증가함을 주목하기 바란다. 이처럼 이산적인 합이 연속적인 직관을 따르지 않는 경우가 종종 있다.

문제 6: 대문자 피

제4장 끝 부근에서 페리 급수 $\mathcal{F}_n$의 분수 개수가 $1 + \Phi(n)$임을 알아냈다. 여기서

$$\Phi(n) = \varphi(1) + \varphi(2) + \cdots + \varphi(n)$$

이다. 그리고 식 (4.62)에서 보았듯이

$$\Phi(n) = \frac{1}{2} \sum_{k \geq 1} \mu(k) \lfloor n/k \rfloor \lfloor 1 + n/k \rfloor \tag{9.55}$$

이다. 그럼 n이 클 때 $\Phi(n)$을 추정해 보자. (애초에 바흐만이 O-표기법을 고안하게 된 계기가 바로 이런 종류의 합이었다.)

크게 생각해 보면, $\Phi(n)$이 아마도 n^2에 비례할 것임을 알 수 있다. 왜냐하면, 마지막 인수가 $\lfloor 1 + n/k \rfloor$가 아니라 그냥 $\lfloor n/k \rfloor$라면, 뫼비우스 함수 $\mu(k)$는 -1

또는 0 또는 +1이므로, 상계 $|\Phi(n)| \le \frac{1}{2}\sum_{k\ge1}\lfloor n/k\rfloor^2 \le \frac{1}{2}\sum_{k\ge1}(n/k)^2 = \frac{\pi^2}{12}n^2$ 이 성립할 것이기 때문이다. 마지막 인수의 추가적인 '1+'는 $\sum_{k\ge1}\mu(k)\lfloor n/k\rfloor$를 합에 추가하지만, $k>n$일 때 이 값은 0이다. 따라서 그 절댓값이 $nH_n = O(n\log n)$ 보다 클 수 없다.

이 초기 분석으로 볼 때, 합을 다음과 같이 표현하는 것이 도움이 될 것이다.

$$\Phi(n) = \frac{1}{2}\sum_{k=1}^{n}\mu(k)\left(\left(\frac{n}{k}\right)+O(1)\right)^2 = \frac{1}{2}\sum_{k=1}^{n}\mu(k)\left(\left(\frac{n}{k}\right)^2+O\left(\frac{n}{k}\right)\right)$$
$$= \frac{1}{2}\sum_{k=1}^{n}\mu(k)\left(\frac{n}{k}\right)^2 + \sum_{k=1}^{n}O\left(\frac{n}{k}\right)$$
$$= \frac{1}{2}\sum_{k=1}^{n}\mu(k)\left(\frac{n}{k}\right)^2 + O(n\log n).$$

바닥들이 모두 사라졌음을 주목하기 바란다. 이제 남은 문제는 바닥이 적용되지 않는 합 $\frac{1}{2}\sum_{k=1}^{n}\mu(k)n^2/k^2$을 $O(n\log n)$의 정밀도로 평가하는 것이다. 다른 말로 하면, $\sum_{k=1}^{n}\mu(k)1/k^2$을 $O(n^{-1}\log n)$의 정밀도로 평가하고자 한다. 그런데 이는 쉽다. 그냥 $k=\infty$까지 모든 항을 더하면 된다. 왜냐하면, 새로 추가되는 항들이

$$\sum_{k>n}\frac{\mu(k)}{k^2} = O\left(\sum_{k>n}\frac{1}{k^2}\right) = O\left(\sum_{k>n}\frac{1}{k(k-1)}\right)$$
$$= O\left(\sum_{k>n}\left(\frac{1}{k-1}-\frac{1}{k}\right)\right) = O\left(\frac{1}{n}\right)$$

이기 때문이다. 식 (7.89)에서 증명했듯이 $\sum_{k\ge1}\mu(k)/k^z = 1/\zeta(z)$이다. 따라서 $\sum_{k\ge1}\mu(k)/k^2 = 1/(\sum_{k\ge1}1/k^2) = 6/\pi^2$이며, 문제의 답은

$$\Phi(n) = \frac{3}{\pi^2}n^2 + O(n\log n) \tag{9.56}$$

이다.

(오차항이 $O(n(\log n)^{2/3}\times(\log\log n)^{1+\epsilon})$ 보다 작음을 1960년에 살티코프Saltykov가 증명했다.[316] 한편, 몽고메리 Montgomery에 따르면[275] 오차항은 $o(n(\log\log n)^{1/2})$ 보다는 크다.)

9.4 두 가지 점근 요령

이렇게 해서 몇 가지 O 조작 방법들을 갖추었다. 이제부터는 우리가 지금까지 한 일을 약간 더 높은 관점에서 바라보자. 그러면 이후에 더 어려운 문제를 공략하는 데 필요한 몇 가지 중요한 무기가 우리의 점근 무기고에 추가될 것이다.

요령 1: 부트스트래핑

§9.3의 문제 3에서 n번째 소수 P_n을 추정할 때 다음과 같은 형태의 점화식을 풀었다.

$$P_n = n \ln P_n (1 + O(1/\log n)).$$

그때 우리는 먼저 점화식을 이용해서 더 약한 결과 $O(n^2)$을 보임으로써 $P_n = n \ln n + n \ln \ln n + O(n)$임을 증명했다. 이는 **부트스트래핑**bootstrapping이라고 부르는 일반적 방법의 한 특수 경우이다. 부트스트래핑에서는 아주 대략적인 추정치를 점화식에 대입해서 좀 더 나은 추정치를 얻고, 그것을 다시 점화식에 대입해서 재귀적으로 추정치를 정련해 나간다. 부트스트래핑이라는 이름은 "신발 끈(bootstrap)을 끌어 올려서" 자신의 몸을 위로 끌어올린다는 표현에서 비롯되었다.[†]

부트스트래핑 요령을 잘 설명해주는 또 다른 예를 보자. 다음 생성함수의 계수 $g_n = [z^n] G(z)$의 $n \to \infty$에 따른 점근값은 무엇일까?

$$G(z) = \exp\left(\sum_{k \geq 1} \frac{z^k}{k^2} \right). \tag{9.57}$$

이 공식을 z에 대해 미분하면 다음이 나온다.

$$G'(z) = \sum_{n=0}^{\infty} n g_n z^{n-1} = \left(\sum_{k \geq 1} \frac{z^{k-1}}{k} \right) G(z).$$

양변의 z^{n-1}의 계수들을 등호로 연결하면 다음과 같은 점화식을 얻을 수 있다.

$$n g_n = \sum_{0 \leq k < n} \frac{g_k}{n-k}. \tag{9.58}$$

초기 조건이 $g_0 = 1$인 식 (9.58)의 해에 대한 점근 공식을 찾으면 지금 문제의 답이 나온다. 그럼 처음 몇 값을 보자.

n	0	1	2	3	4	5	6
g_n	1	1	$\dfrac{3}{4}$	$\dfrac{19}{36}$	$\dfrac{107}{288}$	$\dfrac{641}{2400}$	$\dfrac{51103}{259200}$

[†] (옮긴이) 참고로 이 표현 자체는 '허풍선이 남작'이라고도 부르는 뮌하우젠 남작에 관한 민담에서 비롯된 것으로 알려져 있는데, 민담에서 남작은 신발끈이 아니라 자신의 머리카락을 끌어 올려서 늪에서 빠져나간다고 한다(https://en.wikipedia.org/wiki/Baron_Munchausen 참고).

안타깝게도 별다른 패턴이 눈에 띄지는 않는다. 그리고 이 정수 수열 $<n!^2g_n>$은 슬론의 *Handbook* [330]에 나오지 않는다. 따라서 g_n의 닫힌 형식을 구할 희망은 버리는 것이 좋겠다. 아마도 우리가 이끌어낼 수 있는 최선의 결과는 점근적인 정보일 것이다.

이 문제의 첫 번째 실마리는 모든 $n \geq 0$에 대해 $0 < g_n \leq 1$이라는 것이다. 이는 귀납법으로 쉽게 증명할 수 있다. 따라서 다음과 같은 출발점이 생겼다.

$$g_n = O(1).$$

실제로 이 등식을 부트스트래핑 과정의 "시동을 거는" 데 사용할 수 있다. 이것을 식 (9.58)의 우변에 대입하면 다음이 나온다.

$$ng_n = \sum_{0 \leq k < n} \frac{O(1)}{n-k} = H_n O(1) = O(\log n).$$

따라서 다음이 성립한다.

$$g_n = O\left(\frac{\log n}{n}\right), \quad n > 1 \text{에 대해.}$$

그리고 이것으로 다시 부트스트래핑을 적용할 수 있다.

$$
\begin{aligned}
ng_n &= \frac{1}{n} + \sum_{0 < k < n} \frac{O((1+\log k)/k)}{n-k} \\
&= \frac{1}{n} + \sum_{0 < k < n} \frac{O(\log n)}{k(n-k)} \\
&= \frac{1}{n} + \sum_{0 < k < n} \left(\frac{1}{k} + \frac{1}{n-k}\right) \frac{O(\log n)}{n} \\
&= \frac{1}{n} + \frac{2}{n} H_{n-1} O(\log n) = \frac{1}{n} O(\log n)^2.
\end{aligned}
$$

그러면 다음을 얻는다.

$$g_n = O\left(\frac{\log n}{n}\right)^2. \tag{9.59}$$

이런 과정이 계속 반복될까? 어쩌면 모든 m에 대해 $g_n = O(n^{-1}\log n)^m$인 것은 아닐까?

사실은 그렇지 않다. 우리는 수확체감 지점에 도달한 것일 뿐이다. 부트스트래핑을 다시금 적용하면 합

$$\sum_{0<k<n} \frac{1}{k^2(n-k)} = \sum_{0<k<n} \left(\frac{1}{nk^2} + \frac{1}{n^2k} + \frac{1}{n^2(n-k)} \right)$$
$$= \frac{1}{n} H_{n-1}^{(2)} + \frac{2}{n^2} H_{n-1}$$

이 등장하는데, 이것은 $\Omega(n^{-1})$이다. 따라서 $\Omega(n^{-2})$보다 더 정확한 수준으로 g_n의 추정치를 구할 수는 없다.

그렇긴 하지만, 이제는 큰 부분 빼내기라는 익숙한 요령을 적용할 수 있을 정도로 g_n에 대해 충분히 많은 것을 알게 되었다.

$$ng_n = \sum_{0 \le k < n} \frac{g_k}{n} + \sum_{0 \le k < n} g_k \left(\frac{1}{n-k} - \frac{1}{n} \right)$$
$$= \frac{1}{n} \sum_{k \ge 0} g_k - \frac{1}{n} \sum_{k \ge n} g_k + \frac{1}{n} \sum_{0 \le k < n} \frac{kg_k}{n-k}. \tag{9.60}$$

여기서 첫 합은 $G(1) = \exp\left(\frac{1}{1} + \frac{1}{4} + \frac{1}{9} + \cdots \right) = e^{\pi^2/6}$이다($G(z)$가 모든 $|z| \le 1$에 대해 수렴하므로). 둘째 합은 첫 합의 꼬리 부분의 합이다. 식 (9.59)를 이용해서 다음과 같은 상계를 얻을 수 있다.

$$\sum_{k \ge n} g_k = O\left(\sum_{k \ge n} \frac{(\log k)^2}{k^2} \right) = O\left(\frac{(\log n)^2}{n} \right).$$

마지막 추정치의 근거는, 이를테면

$$\sum_{k > n} \frac{(\log k)^2}{k^2} < \sum_{m \ge 1} \sum_{n^m < k \le n^{m+1}} \frac{(\log n^{m+1})^2}{k(k-1)} < \sum_{m \ge 1} \frac{(m+1)^2 (\log n)^2}{n^m}$$

이라는 것이다. (연습문제 54에 이런 꼬리들을 추정하는 좀 더 일반적인 방법이 나온다.)

식 (9.60)의 셋째 합은

$$O\left(\sum_{0<k<n} \frac{(\log n)^2}{k(n-k)} \right) = O\left(\frac{(\log n)^3}{n} \right)$$

인데, 이미 익숙한 논법으로 증명할 수 있다. 따라서 식 (9.60)은 다음을 증명한다.

$$g_n = \frac{e^{\pi^2/6}}{n^2} + O(\log n/n)^3. \tag{9.61}$$

마지막으로, 이 정보를 다시 점화식에 넣어서 부트스트래핑을 한 번 더 적용하면 다음과 같은 결과가 나온다.

$$g_n = \frac{e^{\pi^2/6}}{n^2} + O(\log n/n^3). \tag{9.62}$$

(연습문제 23에서는 남아 있는 O 항의 내부를 들여다본다.)

요령 2: 꼬리 교환

식 (9.62)를 유도한 방식은 그전에 $\Phi(n)$의 점근값 식 (9.56)을 유도한 방식과 다소 비슷하다. 두 경우 모두 우리는 유한합으로 시작했지만, 무한합을 고려함으로써 결국에는 점근값을 구했다. 그냥 피가수에 O를 도입해서 무한합을 만들 수는 없었다. k가 작을 때의 접근방식과 k가 클 때의 또 다른 접근방식을 세심하게 적용해야 했다.

그러한 유도 과정들은 지금부터 좀 더 일반적인 방식으로 논의할 중요한 3단계 점근 합산법(asymptotic summation method)의 특수한 경우들이다. $\sum_k a_k(n)$의 점근값을 추정해야 할 때면 항상 다음과 같은 접근 방식을 시도해 볼 수 있다.

(이 중요한 방법은 라플라스 Laplace가 개척했다.[240])

1 우선, 주어진 합을 서로 다른 두 범위 D_n과 T_n으로 분리한다. 이때 D_n에 관한 합산이 "우세한(dominant)" 부분이 되게 해야 한다. 여기서 우세하다는 것은, n이 클 때 합의 유효숫자들을 결정하기에 충분한 항들이 그 범위에 포함된다는 뜻이다. 다른 범위 T_n에 관한 합산은 그냥 '꼬리'에 해당해야 한다. 즉, 전체적인 합에 기여하는 바가 그리 크지 않아야 한다.

2 $k \in D_n$에 대해 유효한 점근 추정치

$$a_k(n) = b_k(n) + O(c_k(n))$$

을 구한다. O 한계가 $k \in T_n$에 대해 성립할 필요는 없다.

3 마지막으로, 다음 세 합이 모두 작은 값들임을 증명한다.

$$\Sigma_a(n) = \sum_{k \in T_n} a_k(n); \quad \Sigma_b(n) = \sum_{k \in T_n} b_k(n);$$
$$\Sigma_c(n) = \sum_{k \in D_n} |c_k(n)|. \tag{9.63}$$

만일 이 세 단계를 성공적으로 완수했다면, 다음과 같은 좋은 추정치를 구한 것이다.

$$\sum_{k\in D_n \cup T_n} a_k(n) = \sum_{k\in D_n \cup T_n} b_k(n) + O\big(\Sigma_a(n)\big) + O\big(\Sigma_b(n)\big) + O\big(\Sigma_c(n)\big).$$

이유는 이렇다. 주어진 합의 꼬리를 "잘라내면" 범위 D_n에 속하는 좋은 추정치를 얻을 수 있다(여기서 좋은 추정치는 필요조건이다).

$$\sum_{k\in D_n} a_k(n) = \sum_{k\in D_n} \big(b_k(n) + O(c_k(n))\big) = \sum_{k\in D_n} b_k(n) + O\big(\Sigma_c(n)\big).$$

그리고 꼬리를 다음과 같이 다른 것으로 대체할 수 있다. 새 꼬리가 기존 것을 잘 근사하지 못할 수도 있지만, 꼬리가 총합에 크게 기여하지 않으므로 문제가 되지는 않는다.

$$\begin{aligned}\sum_{k\in T_n} a_k(n) &= \sum_{k\in T_n} \big(b_k(n) - b_k(n) + a_k(n)\big) \\ &= \sum_{k\in T_n} b_k(n) + O\big(\Sigma_b(n)\big) + O\big(\Sigma_a(n)\big).\end{aligned}$$

점근법에서 관건은 대충 해도 될 때와 정밀하게 해야 할 때를 잘 구별하는 것이다.

예를 들어 식 (9.60)의 합을 이 세 단계 합산법으로 평가한다면, 세 합은

$$\begin{aligned} a_k(n) &= [0 \le k < n]g_k/(n-k), \\ b_k(n) &= g_k/n, \\ c_k(n) &= kg_k/n(n-k) \end{aligned}$$

이고 합산의 범위들은

$$D_n = \{0,1,...,n-1\}, \quad T_n = \{n,n+1,...\}$$

이다. 세 합을 평가해 보면

$$\Sigma_a(n) = 0, \ \Sigma_b(n) = O\big((\log n)^2/n^2\big), \ \Sigma_c(n) = O\big((\log n)^3/n^2\big).$$

이며, 이로부터 식 (9.61)을 얻을 수 있다.

마찬가지로, 식 (9.55)의 $\Phi(n)$을 평가한다면

$$a_k(n) = \mu(k)\lfloor n/k\rfloor\lfloor 1+n/k\rfloor, \ b_k(n) = \mu(k)n^2/k^2, \ c_k(n) = n/k;$$
$$D_n = \{1,2,...,n\}, \quad T_n = \{n+1,n+2,...\}$$

이다. 그런데 $\Sigma_a(n)=0$이고 $\Sigma_b(n) = O(n)$, $\Sigma_c(n) = O(n\log n)$이므로, 식 (9.56)을 이끌어낼 수 있다.

꼬리 교환이 효과적인 예를 하나 더 보자. (이전 예들과는 달리 이번 것은 꼬리 교환 요령을 최대한 일반적인 형태로 보여준다. 특히, $\Sigma_a(n) \neq 0$이다.) 문제는 다음의 점근값을 구하는 것이다.

또한, 먹이 주는 시간이 다가오면 말들은 꼬리를 바꾼다(switch).

$$L_n = \sum_{k \geq 0} \frac{\ln(n+2^k)}{k!}.$$

피가수의 분모에 $k!$이 있으므로, 이 합에 크게 기여하는 항들은 k가 작을 때의 항들이다. 작은 k들에 대해, 좀 더 구체적으로는 $0 \leq k < \lfloor \lg n \rfloor$ 범위에 대해 다음이 성립한다.

$$\ln(n+2^k) = \ln n + \frac{2^k}{n} - \frac{2^{2k}}{2n^2} + O\left(\frac{2^{3k}}{n^3}\right). \tag{9.64}$$

O에 의해 절단된 원래의 항들의 한계가 다음과 같은 수렴급수로 결정된다는 점을 이용하면 이를 증명할 수 있다.

$$\sum_{m \geq 3} \frac{2^{km}}{mn^m} \leq \frac{2^{3k}}{n^3} \sum_{m \geq 3} \frac{2^{k(m-3)}}{n^{m-3}} \leq \frac{2^{3k}}{n^3}\left(1 + \frac{1}{2} + \frac{1}{4} + \cdots \right) = \frac{2^{3k}}{n^3} \cdot 2.$$

(이 범위에서 $2^k/n \leq 2^{\lfloor \lg n \rfloor - 1}/n \leq \frac{1}{2}$이다.)

이제 앞의 3단계 합산법을 다음과 같이 적용할 수 있다.

$$\begin{aligned}
a_k(n) &= \ln(n+2^k)/k!, \\
b_k(n) &= (\ln n + 2^k/n - 4^k/2n^2)/k!, \\
c_k(n) &= 8^k/n^3 k!; \\
D_n &= \{0, 1, ..., \lfloor \lg n \rfloor - 1\}, \\
T_n &= \{\lfloor \lg n \rfloor, \lfloor \lg n \rfloor + 1, ...\}.
\end{aligned}$$

남는 일은 식 (9.63)의 세 Σ의 적절한 한계를 구하는 것이다. $\sum_{k \geq 0} a_k(n) \approx \sum_{k \geq 0} b_k(n)$임은 알 수 있다.

합의 우세 부분에 맡겨 둔 오차 $\Sigma_c(n) = \sum_{k \in D_n} 8^k/n^3 k!$의 한계가 $\sum_{k \geq 0} 8^k/n^3 k! = e^8/n^3$임은 명백하므로, 이것을 $O(n^{-3})$으로 대체할 수 있다. 새 꼬리 오차는 다음과 같다.

$$\left|\Sigma_b(n)\right| = \left|\sum_{k \geq \lfloor \lg n \rfloor} b_k(n)\right|$$

$$< \sum_{k \geq \lfloor \lg n \rfloor} \frac{\ln n + 2^k + 4^k}{k!}$$

$$< \frac{\ln n + 2^{\lfloor \lg n \rfloor} + 4^{\lfloor \lg n \rfloor}}{\lfloor \lg n \rfloor !} \sum_{k \geq 0} \frac{4^k}{k!} = O\left(\frac{n^2}{\lfloor \lg n \rfloor !}\right).$$

그런데 $\lfloor \lg n \rfloor$!이 n의 임의의 거듭제곱보다 빠르게 증가하므로, 이 하잘것없는 오차는 $\Sigma_c(n) = O(n^{-3})$보다 훨씬 작다. 원래의 꼬리에서 비롯된 오차

$$\Sigma_a(n) = \sum_{k \geq \lfloor \lg n \rfloor} a_k(n) < \sum_{k \geq \lfloor \lg n \rfloor} \frac{k + \ln n}{k!}$$

는 그보다도 작다.

마지막으로, 합 $\sum_{k \geq 0} b_k(n)$을 닫힌 형식으로 평가하는것은 쉬운 일이며, 그러면 원했던 점근 공식이 나온다.

$$\sum_{k \geq 0} \frac{\ln(n + 2^k)}{k!} = e \ln n + \frac{e^2}{n} - \frac{e^4}{2n^2} + O\left(\frac{1}{n^3}\right). \tag{9.65}$$

사실, 지금 사용한 이 방법은 임의의 고정된 $m > 0$에 대해

$$\sum_{k \geq 0} \frac{\ln(n + 2^k)}{k!} = e \ln n + \sum_{k=1}^{m-1} (-1)^{k+1} \frac{e^{2^k}}{k n^k} + O\left(\frac{1}{n^m}\right) \tag{9.66}$$

임을 명확히 보여준다. (이것은 $m \to \infty$로 두었을 때 모든 고정된 n에 대해 발산하는 급수의 절단이다.)

이 해법에는 단 한 가지의 결점이 있는데, 바로 너무 조심스럽다는 것이다. 우리는 $k < \lfloor \lg n \rfloor$라는 가정하에서 식 (9.64)를 유도했지만, 연습문제 53에서는 그 추정치가 실제로는 k의 모든 값에 대해 유효함을 증명한다. 만일 우리가 더 강력한 일반적 결과를 알고 있었다면 꼬리 두 개짜리 요령을 사용할 필요 없이 그냥 최종 공식으로 직접 갔을 것이다! 그러나, 나중에 보겠지만 꼬리를 바꾸는 것 말고는 괜찮은 방법이 없는 문제들도 있다.

9.5 오일러의 합산 공식

이제 다른 요령으로 넘어가자. 사실 이번 것은 이 책에서 논의하는 주요 기법 중 마지막 기법이다. 이번 절에서는 레온하르트 오일러가 1732년에 처음 발표한[101]

일반적인 합 근사 방법을 살펴본다. (이 방법을 콜린 매클로린$^{\text{Colin Maclaurin}}$과 연관시키도 한다. 에든버러 대학의 수학 교수였던 매클로린은 오일러보다 조금 늦게 이 방법을 독자적으로 발견했다.[263, p. 305]

공식은 다음과 같다.

$$\sum_{a \le k < b} f(k) = \int_a^b f(x)\,dx + \sum_{k=1}^m \frac{B_k}{k!} f^{(k-1)}(x) \Big|_a^b + R_m, \tag{9.67}$$

$$\text{여기서 } R_m = (-1)^{m+1} \int_a^b \frac{B_m(\{x\})}{m!} f^{(m)}(x)\,dx, \quad \begin{array}{l} \text{정수 } a \le b; \\ \text{정수 } m \ge 1. \end{array} \tag{9.68}$$

좌변은 우리가 흔히 구해야 할 전형적인 합이다. 우변은 그 합의 또 다른 표현인데, 적분과 미분이 관여한다. 만일 $f(x)$가 충분히 '매끄러운' 함수여서 m개의 도함수 $f'(x),\dots,f^{(m)}(x)$가 있다면, 이 공식은 항등식이 된다. 우변이 좌변에 있는 합의 아주 훌륭한 근사인 경우가 많다. 여기서 아주 훌륭하다는 것은 나머지 항 R_m이 작다는 뜻이다. 예를 들어 $n!$에 대한 스털링의 근사는 이 오일러의 합산 공식의 한 결과이며, 이전에 우리가 이끌어낸 H_n의 점근 근사 역시 이 공식의 한 결과이다.

식 (9.67)의 수 B_k는 제6장에서 보았던 베르누이 수이다. 그리고 식 (9.68)의 함수 $B_m(\{x\})$는 제7장에서 본 베르누이 다항식이다. $\{x\}$라는 표기는 제3장에서 정의했듯이 분수부 $x - \lfloor x \rfloor$를 뜻한다. 오일러의 합산 공식은 이 모든 것이 하나로 모이는 공식이라 할 수 있다.

오일러의 일반 공식을 다룰 때는 작은 베르누이 수들의 값을 알고 있으면 편하다. 그럼 이전에 구했던 작은 값들을 떠올려보자.

$$B_0 = 1,\ B_1 = -\frac{1}{2},\ B_2 = \frac{1}{6},\ B_4 = -\frac{1}{30},\ B_6 = \frac{1}{42},\ B_8 = -\frac{1}{30};$$
$$B_3 = B_5 = B_7 = B_9 = B_{11} = \cdots = 0.$$

야콥 베르누이는 정수 거듭제곱들의 합을 연구하면서 이 수들을 발견했는데, 오일러의 공식은 그 이유를 설명해준다. $f(x) = x^{m-1}$으로 두면 $f^{(m)}(x) = 0$이며, 따라서 $R_m = 0$이다. 그러면 식 (9.67)은 다음으로 정리된다.

$$\sum_{a \le k < b} k^{m-1} = \frac{x^m}{m} \Big|_a^b + \sum_{k=1}^m \frac{B_k}{k!} (m-1)^{\underline{k-1}} x^{m-k} \Big|_a^b$$
$$= \frac{1}{m} \sum_{k=0}^m \binom{m}{k} B_k \cdot (b^{m-k} - a^{m-k}).$$

예를 들어 $m = 3$일 때는 우리가 자주 예로 들었던 합의 닫힌 형식이 나온다.

$$\sum_{0 \le k < n} k^2 = \frac{1}{3}\left(\binom{3}{0}B_0 n^3 + \binom{3}{1}B_1 n^2 + \binom{3}{2}B_2 n\right) = \frac{n^3}{3} - \frac{n^2}{2} + \frac{n}{6}.$$

모든 좋은 일에는 끝이 있기 마련.

(이 책에서 이 유명한 공식을 유도하는 것은 이번이 마지막이다.).

오일러의 공식을 증명하기 전에, 이런 공식이 존재하는 좀 더 높은 차원의 이유를 살펴보자(이하의 설명은 라그랑주의 [234]에서 기인한 것이다). 제2장에서 차분연산자 Δ를 정의하고, $\int$가 미분연산자 D의 역인 것처럼 $\sum$가 Δ의 역임을 설명했다. 테일러의 공식을 이용하면 Δ를 다음과 같이 D로 표현할 수 있다.

$$f(x + \epsilon) = f(x) + \frac{f'(x)}{1!}\epsilon + \frac{f''(x)}{2!}\epsilon^2 + \cdots.$$

$\epsilon = 1$로 두면

$$\begin{aligned}
\Delta f(x) &= f(x+1) - f(x) \\
&= f'(x)/1! + f''(x)/2! + f'''(x)/3! + \cdots \\
&= (D/1! + D^2/2! + D^3/3! + \cdots)f(x) = (e^D - 1)f(x)
\end{aligned} \tag{9.69}$$

임을 알 수 있다. 여기서 e^D은 미분 연산 $1 + D/1! + D^2/2! + D^3/3! + \cdots$ 을 뜻한다. $\Delta = e^D - 1$이므로, 역연산자 $\Sigma = 1/\Delta$는 반드시 $1/(e^D - 1)$이어야 한다. 그리고 표 413에 나와 있듯이 $z/(e^z - 1) = \sum_{k \ge 0} B_k z^k/k!$은 베르누이 수가 관여하는 멱급수이다. 따라서

$$\sum = \frac{B_0}{D} + \frac{B_1}{1!} + \frac{B_2}{2!}D + \frac{B_3}{3!}D^2 + \cdots = \int + \sum_{k \ge 1} \frac{B_k}{k!}D^{k-1} \tag{9.70}$$

이다. 이 연산자 방정식을 $f(x)$에 적용하고 한계들을 부여하면 다음이 나온다.

$$\sum\nolimits_a^b f(x)\,\delta x = \int_a^b f(x)\,dx + \sum_{k \ge 1}\frac{B_k}{k!}f^{(k-1)}(x)\Big|_a^b. \tag{9.71}$$

이는 식 (9.67)에 나온 오일러의 합산 공식에서 나머지 항을 제외한 것과 완전히 일치한다. (사실 오일러는 그 나머지를 고찰하지 않았으며, 오일러뿐만 아니라 S. D. 푸아송Poisson이 1823년에 근사 합산에 관한 중요한 연구 논문[295]을 출판하기 전까지는 누구도 고찰하지 않았다. 그 나머지 항은 무한합 $\sum_{k \ge 1}(B_k/k!)f^{(k-1)}(x)\big|_a^b$

가 발산할 때가 많다는 점에서 중요하다. 지금 우리가 식 (9.71)을 유도한 과정은 수렴과는 무관하게 순전히 형식적이었다.)

그럼 식 (9.67)을 나머지도 포함해서 증명해보자. $a = 0$이고 $b = 1$인 경우, 즉

$$f(0) = \int_0^1 f(x)\,dx + \sum_{k=1}^m \frac{B_k}{k!} f^{(k-1)}(x)\Big|_0^1 - (-1)^m \int_0^1 \frac{B_m(x)}{m!} f^{(m)}(x)\,dx$$

를 증명하는 것으로 충분하다. 그런 다음 $f(x)$를 임의의 정수 l에 대한 $f(x+l)$로 대체하면 다음이 나오기 때문이다.

$$f(l) = \int_l^{l+1} f(x)\,dx + \sum_{k=1}^m \frac{B_k}{k!} f^{(k-1)}(x)\Big|_l^{l+1} - (-1)^m \int_l^{l+1} \frac{B_m(\{x\})}{m!} f^{(m)}(x)\,dx.$$

중간 항들이 잘 소거되기 때문에, 일반식 (9.67)은 그냥 $a \le l < b$ 범위에 관해 이 항등식을 합산한 것이다.

$a = 0$이고 $b = 1$인 경우를, $m = 1$로 시작해서 m에 대한 귀납법으로 증명해 보자.

$$f(0) = \int_0^1 f(x)\,dx - \frac{1}{2}(f(1) - f(0)) + \int_0^1 \left(x - \frac{1}{2}\right)f'(x)\,dx.$$

(베르누이 다항식 $B_m(x)$의 일반 정의는 다음과 같다.

$$B_m(x) = \binom{m}{0} B_0 x^m + \binom{m}{1} B_1 x^{m-1} + \cdots + \binom{m}{m} B_m x^0 \tag{9.72}$$

따라서, 지금 경우는 $B_1(x) = x - \frac{1}{2}$이다.) 다른 말로 하면, 다음을 증명하고자 한다.

$$\frac{f(0) + f(1)}{2} = \int_0^1 f(x)\,dx + \int_0^1 \left(x - \frac{1}{2}\right)f'(x)\,dx.$$

그런데 이것은 부분적분 공식

$$u(x)v(x)\big|_0^1 = \int_0^1 u(x)\,dv(x) + \int_0^1 v(x)\,du(x) \tag{9.73}$$

의 $u(x) = f(x)$이고 $v(x) = x - \frac{1}{2}$인 한 특수 경우일 뿐이다. 따라서 $m = 1$인 경우는 쉽다.

$m-1$에서 m으로 넘어가서 $m > 1$일 때의 귀납을 완성하려면 $R_{m-1} = (B_m/m!) \times f^{(m-1)}(x)\big|_0^1 + R_m$임을, 다시 말해서

$$(-1)^m \int_0^1 \frac{B_{m-1}(x)}{(m-1)!} f^{(m-1)}(x)\,dx$$

$$= \frac{B_m}{m!} f^{(m-1)}(x) \Big|_0^1 - (-1)^m \int_0^1 \frac{B_m(x)}{m!} f^{(m)}(x)\,dx$$

임을 보여야 한다. 이 등식을 좀 더 정리하면 다음이 나온다.

$$(-1)^m B_m f^{(m-1)}(x)\big|_0^1 \;=\; m \int_0^1 B_{m-1}(x)\, f^{(m-1)}(x)\,dx + \int_0^1 B_m(x)\, f^{(m)}(x)\,dx.$$

이번에도 $u(x) = f^{(m-1)}(x)$와 $v(x) = B_m(x)$로 두어서 식 (9.73)을 두 적분에 적용할 수 있다. 왜냐하면, 베르누이 다항식 (9.72)의 도함수가

$$\frac{d}{dx} \sum_k \binom{m}{k} B_k x^{m-k} \;=\; \sum_k \binom{m}{k}(m-k) B_k x^{m-k-1}$$

$$= m \sum_k \binom{m-1}{k} B_k x^{m-1-k} \;=\; m B_{m-1}(x) \tag{9.74}$$

이기 때문이다. (여기에는 흡수 다항식 (5.7)이 유용하게 쓰였다.) 따라서, 요구된 공식이 성립할 필요충분조건은

$$(-1)^m B_m f^{(m-1)}(x)\big|_0^1 \;=\; B_m(x)\, f^{(m-1)}(x)\big|_0^1$$

이다. 다른 말로 하면, 다음이 성립해야 한다.

$$(-1)^m B_m \;=\; B_m(1) \;=\; B_m(0), \quad m > 1\text{에 대해.} \tag{9.75}$$

$B_m(0)$이 $(-1)^m B_m$이 아니라 B_m과 상등임이 명백하다는 점에서, 이는 다소 당황스러운 결과이다. 그러나 $m > 1$이므로, 그리고 m이 홀수일 때 B_m이 0이므로 문제가 되지는 않는다. (그래도 좀 아슬아슬했다.)

오일러의 합산 공식의 증명을 완성하려면 $B_m(1) = B_m(0)$임을 보여야 하는데, 이는 다음과 같은 뜻이다.

$$\sum_k \binom{m}{k} B_k \;=\; B_m, \quad m > 1\text{에 대해.}$$

그런데 이는 다름 아닌 베르누이 수의 정의 (6.79)이다. 따라서 증명이 끝났다.

항등식 $B_m{}'(x) = m B_{m-1}(x)$는 다음을 함의한다.

저자분들, 진지해질 생각이 전혀 없나요?

$$\int_0^1 B_m(x)\,dx = \frac{B_{m+1}(1) - B_{m+1}(0)}{m+1}.$$

그리고 $m \geq 1$일 때 이 적분이 0임은 이미 알고 있다. 따라서 오일러의 공식의 나머지 항

$$R_m = \frac{(-1)^{m+1}}{m!} \int_a^b B_m(\{x\}) f^{(m)}(x)\,dx$$

는 $f^{(m)}(x)$에 평균값이 0인 함수 $B_m(\{x\})$를 곱한다. 이는 R_m이 작을 확률이 상당히 크다는 뜻이다.

R_m의 습성을 지배하는 것이 $B_m(x)$이므로, $0 \leq x \leq 1$에 대한 $B_m(x)$를 좀 더 자세히 살펴보자. 다음은 m의 처음 열두 값의 $B_m(x)$들을 그래프로 그린 것이다.

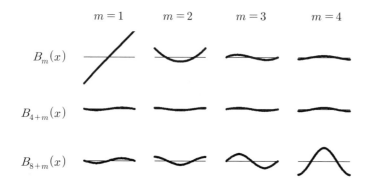

$B_3(x)$에서 $B_9(x)$까지가 상당히 작긴 하지만, 베르누이 다항식과 베르누이 수는 언젠가는 상당히 커진다. 다행히 R_m에는 이를 벌충하는 인수 $1/m!$이 있다. 이 인수가 합의 발산을 억누르는 데 도움이 된다.

$B_m(x)$의 그래프는 $m \geq 3$일 때 사인파와 아주 비슷한 모습이 된다. 연습문제 58은 실제로 $B_m(x)$를 $\cos(2\pi x - \frac{1}{2}\pi m)$의 음의 배수로 잘($O\big(2^{-m}\max_x B_m(\{x\})\big)$의 오차로) 근사할 수 있음을 증명한다.

일반적으로 $B_{4k+1}(x)$는 $0 < x < \frac{1}{2}$에 대해 음수이고 $\frac{1}{2} < x < 1$에 대해 양수이다. 따라서 그 적분 $B_{4k+2}(x)/(4k+2)$는 $0 < x < \frac{1}{2}$에서는 감소하고 $\frac{1}{2} < x < 1$에서는 증가한다. 더 나아가서 다음이 성립한다.

$$B_{4k+1}(1-x) = -B_{4k+1}(x), \quad 0 \leq x \leq 1\text{에 대해.}$$

그리고 이로부터 다음이 도출된다.

$$B_{4k+2}(1-x) = B_{4k+2}(x), \quad 0 \le x \le 1에 \ 대해.$$

상수항 B_{4k+2} 때문에 적분 $\int_0^1 B_{4k+2}(x)\,dx$가 0이 되며, 따라서 $B_{4k+2} > 0$이다. 그러므로 $B_{4k+2}(x)$의 적분 $B_{4k+3}(x)/(4k+3)$은 $0 < x < \frac{1}{2}$일 때 반드시 양수이고 $\frac{1}{2} < x < 1$일 때는 음수이어야 한다. 더 나아가서 $B_{4k+3}(1-x) = -B_{4k+3}(x)$이므로, $B_{4k+3}(x)$는 앞에서 언급한 $B_{4k+1}(x)$의 성질들의 부호를 반대로 한 성질들을 만족한다. 그러므로 $B_{4k+4}(x)$는 언급한 $B_{4k+2}(x)$의 성질들의 부호를 반대로 한 성질들을 만족한다. 그리고 $B_{4k+5}(x)$는 언급한 $B_{4k+1}(x)$의 성질들을 만족한다. 이에 의해, 언급된 성질들이 모든 k에 대해 귀납적으로 성립하는 하나의 순환마디가 완성되었다.

이러한 분석에 따르면 $B_{2m}(x)$는 $x=0$이거나 $x=\frac{1}{2}$일 때 최댓값이 된다. 연습문제 17에서 증명하겠지만,

$$B_{2m}\left(\frac{1}{2}\right) = (2^{1-2m}-1)B_{2m} \tag{9.76}$$

이다. 따라서

$$\left|B_{2m}(\{x\})\right| \le |B_{2m}| \tag{9.77}$$

이다. 이를 이용하면 오일러의 합산 공식의 나머지 항에 대한 유용한 상계를 구할 수 있다. 왜냐하면, 식 (6.89)에 의해 다음이 성립하기 때문이다.

$$\frac{|B_{2m}|}{(2m)!} = \frac{2}{(2\pi)^{2m}} \sum_{k \ge 1} \frac{1}{k^{2m}} = O\left((2\pi)^{-2m}\right), \quad m > 0일 \ 때.$$

따라서 오일러의 공식 식 (9.67)을 다음과 같이 다시 쓸 수 있다.

$$\sum_{a \le k < b} f(k) = \int_a^b f(x)\,dx - \frac{1}{2}f(x)\Big|_a^b + \sum_{k=1}^m \frac{B_{2k}}{(2k)!}f^{(2k-1)}(x)\Big|_a^b$$
$$+ O\left((2\pi)^{-2m}\right) \int_a^b \left|f^{(2m)}(x)\right|\,dx. \tag{9.78}$$

예를 들어 만일 $f(x)=e^x$이면 모든 도함수가 동일하며, 이 공식에 의해 $\sum_{a \le k < b} e^k = (e^b-e^a)\left(1-\frac{1}{2}+B_2/2!+B_4/4!+\cdots+B_{2m}/(2m)!\right)+O\left((2\pi)^{-2m}\right)$이

다. 물론, 알다시피 이 합은 사실 $(e^b - e^a)/(e-1) = (e^b - e^a)\sum_{k \geq 0} B_k/k!$과 같은 하나의 기하급수이다.

만일 $a \leq x \leq b$에 대해 $f^{(2m)}(x) \geq 0$이면 적분 $\int_a^b |f^{(2m)}(x)| dx$는 그냥 $f^{(2m-1)} \times (x)|_a^b$이므로 다음이 성립한다.

$$|R_{2m}| \leq \left| \frac{B_{2m}}{(2m)!} f^{(2m-1)}(x) \Big|_a^b \right|.$$

다른 말로 하면, 이 경우 나머지 항은 마지막 항(나머지 항 바로 앞의 항)의 크기로 한정된다. 만일 다음이 참이라면 이보다도 더 나은 추정치를 구할 수 있다.

$$f^{(2m+2)}(x) \geq 0 \text{ 그리고 } f^{(2m+4)}(x) \geq 0, \quad a \leq x \leq b \text{ 에 대해.} \tag{9.79}$$

왜냐하면, 이 부등식들은 다음과 같은 관계를 함의하기 때문이다.

$$R_{2m} = \theta_m \frac{B_{2m+2}}{(2m+2)!} f^{(2m+1)}(x) \Big|_a^b, \quad \text{어떤 } 0 \leq \theta_m \leq 1 \text{에 대해.} \tag{9.80}$$

다른 말로 하면, 이 경우 나머지는 0과 식 (9.78)에서 처음으로 폐기된 항, 줄여서 첫 폐기항 사이에 있다. 첫 폐기항이란 m을 증가했다면 마지막 항 다음에 나왔을 항을 말한다.

증명은 이렇다. 오일러의 합산 공식은 모든 m에 대해 유효하며, $m > 0$일 때 $B_{2m+1} = 0$이다. 따라서 $R_{2m} = R_{2m+1}$이며, 첫 폐기항은 반드시

$$R_{2m} - R_{2m+2}$$

이다. 따라서, R_{2m}이 0과 $R_{2m} - R_{2m+2}$ 사이임을 보이면 된다. 그런데 이는 만일 R_{2m}과 R_{2m+2}의 부호가 반대이면, 그리고 오직 그럴 때만 참이다. 이제 다음과 같은 명제를 도입한다.

만일 $a \leq x \leq b$에 대해 $f^{(2m+2)}(x) \geq 0$이면 $(-1)^m R_{2m} \geq 0$이다. $\tag{9.81}$

이 명제와 식 (9.79)을 결합하면 R_{2m}과 R_{2m+2}가 부호가 반대임이 증명되며, 따라서 식 (9.80)의 증명이 완성된다.

식 (9.81)의 명제는 R_{2m+1}의 정의와 $B_{2m+1}(x)$의 그래프에 관해 앞에서 증명했던 사실들을 떠올려 보면 그리 어렵지 않게 증명할 수 있다. 구체적으로 말해서

$$R_{2m} = R_{2m+1} = \int_a^b \frac{B_{2m+1}(\{x\})}{(2m+1)!} f^{(2m+1)}(x)\, dx$$

이며, $f^{(2m+1)}(x)$는 그 도함수 $f^{(2m+2)}(x)$가 양수이므로 증가한다. (좀 더 엄밀하게 말하면, $f^{(2m+1)}(x)$는 그 도함수가 음이 아니므로 비감소 함수이다.) $B_{2m+1}(\{x\})$의 그래프는 사인파에 $(-1)^{m+1}$을 곱한 형태와 비슷하므로, 사인파에 증가 함수를 곱할 때 각 사인파의 두 번째 부분이 첫 번째 부분보다 더 큰 영향을 미친다는 것은 기하학적으로 명백하다. 따라서 우리가 기대했듯이 $(-1)^m R_{2m+1} \ge 0$이다. 연습문제 16은 이 결과를 형식적으로 증명한다.

9.6 최종 합산

이제 모든 것을 합해서 이 책의 본문을 마무리할 때가 되었다. 이번 절에서는 오일러의 합산 공식을 흥미롭고도 중요한 몇 가지 예에 적용해 본다.

합산 1: 너무 쉬운 예

시작하는 의미로, 흥미롭지만 중요하지는 않은 예를, 좀 더 구체적으로 말하면 해법을 이미 알고 있는 합을 고찰한다. 망원 합

$$S_n = \sum_{1 \le k < n} \frac{1}{k(k+1)} = \sum_{1 \le k < n} \left(\frac{1}{k} - \frac{1}{k+1} \right) = 1 - \frac{1}{n}$$

에 오일러의 합산 공식을 적용하면 어떤 일이 생기는지 살펴보자. 오일러 공식의 진지한 점근 추정 응용을 '보조 바퀴'를 달고 시작한다고 해서 해가 되지는 않을 것이다.

$f(x) = 1/x(x+1)$을 부분분수 형태

$$f(x) = \frac{1}{x} - \frac{1}{x+1}$$

로 표기하는 것으로 출발하는 것이 좋겠다. 그러면 적분과 미분이 쉬워지기 때문이다. 실제로, $f'(x) = -1/x^2 + 1/(x+1)^2$이고 $f''(x) = 2/x^3 - 2/(x+1)^3$이다. 일반적으로는 다음이 성립한다.

$$f^{(k)}(x) = (-1)^k k! \left(\frac{1}{x^{k+1}} - \frac{1}{(x+1)^{k+1}} \right), \quad k \ge 0 \text{에 대해.}$$

더 나아가서

$$\int_1^n f(x)\,dx = \ln x - \ln(x+1)\Big|_1^n = \ln\frac{2n}{n+1}$$

이다. 이를 합산 공식 식 (9.67)에 대입하면 다음이 나온다.

$$S_n = \ln\frac{2n}{n+1} - \sum_{k=1}^m (-1)^k \frac{B_k}{k}\left(\frac{1}{n^k} - \frac{1}{(n+1)^k} - 1 + \frac{1}{2^k}\right) + R_m(n),$$

여기서 $R_m(n) = -\int_1^n B_m(\{x\})\left(\frac{1}{x^{m+1}} - \frac{1}{(x+1)^{m+1}}\right)dx$.

예를 들어, $m=4$일 때 우변은 다음과 같다.

$$\ln\frac{2n}{n+1} - \frac{1}{2}\left(\frac{1}{n} - \frac{1}{n+1} - \frac{1}{2}\right) - \frac{1}{12}\left(\frac{1}{n^2} - \frac{1}{(n+1)^2} - \frac{3}{4}\right)$$
$$+ \frac{1}{120}\left(\frac{1}{n^4} - \frac{1}{(n+1)^4} - \frac{15}{16}\right) + R_4(n).$$

그런데 공식이 다소 지저분하다. 정답인 $1-n^{-1}$과는 전혀 비슷하지 않다. 그래도 과연 무엇이 나올지 궁금하니 계속 나아가기로 하자. 우변의 항들을 어느 정도까지 n의 음의 거듭제곱들로 전개하는 방법은 이미 알고 있다. 예를 들어 다음은 $O(n^{-5})$까지 전개한 것이다.

$$\ln\frac{n}{n+1} = -n^{-1} + \frac{1}{2}n^{-2} - \frac{1}{3}n^{-3} + \frac{1}{4}n^{-4} + O(n^{-5});$$
$$\frac{1}{n+1} = n^{-1} - n^{-2} + n^{-3} - n^{-4} + O(n^{-5});$$
$$\frac{1}{(n+1)^2} = n^{-2} - 2n^{-3} + 3n^{-4} + O(n^{-5});$$
$$\frac{1}{(n+1)^4} = n^{-4} + O(n^{-5}).$$

이러한 근사의 우변 항들을 더하면 다음이 나온다.

$$\ln 2 + \frac{1}{4} + \frac{1}{16} - \frac{1}{128} + \left(-1 - \frac{1}{2} + \frac{1}{2}\right)n^{-1} + \left(\frac{1}{2} - \frac{1}{2} - \frac{1}{12} + \frac{1}{12}\right)n^{-2}$$
$$+ \left(-\frac{1}{3} + \frac{1}{2} - \frac{2}{12}\right)n^{-3} + \left(\frac{1}{4} - \frac{1}{2} + \frac{3}{12} + \frac{1}{120} - \frac{1}{120}\right)n^{-4} + R_4(n)$$
$$= \ln 2 + \frac{39}{128} - n^{-1} + R_4(n) + O(n^{-5}).$$

n^{-2}과 n^{-3}, n^{-4}의 계수들이 알맞게 잘 소거된다.

일이 잘 풀린다면 $R_4(n)$이 점근적으로 작음을, 어쩌면 $O(n^{-5})$ 규모임을 보일 수도 있을 것이다. 그러면 합의 근사치를 구할 수 있다. 그러나 우리는 완전한 상수항이 $\ln 2 + \frac{39}{128}$(이는 약 0.9978이다)이 아니라 1임을 알고 있으며, 그 점을 생각하면 그러한 증명이 불가능할 수도 있다. $R_4(n)$은 사실 $\frac{89}{128} - \ln 2 + O(n^{-5})$이지만, 오일러의 합산 공식은 이를 말해주지 않는다.

다른 말로 하면, 우리는 실패했다.

그런데 m을 점점 키웠을 때 근사 공식의 상수항들이 다음과 같이 일정한 패턴을 형성한다는 점에 주목하면 상황을 바로잡을 수 있다.

$$\ln 2 - \frac{1}{2} B_1 + \frac{1}{2} \cdot \frac{3}{4} B_2 - \frac{1}{3} \cdot \frac{7}{8} B_3 + \frac{1}{4} \cdot \frac{15}{16} B_4 - \frac{1}{5} \cdot \frac{31}{32} B_5 + \cdots .$$

혹시 항들의 개수가 무한대가 됨에 따라 이 급수가 1에 접근함을 증명할 수 있지는 않을까? 안타깝게도 그렇지 않다. 베르누이 수들은 아주 커진다. 예를 들어 $B_{22} = \frac{854513}{138} > 6192$이다. 따라서 $|R_{22}(n)|$은 $|R_4(n)|$보다 훨씬 커진다. 우리는 완전히 실패했다.

다행히 탈출로가 하나 있다. 그리고 이 탈출로는 오일러 공식의 다른 응용들에서도 중요하다. 핵심은 $n \to \infty$에 따라 $R_4(n)$이 다음과 같이 하나의 정극한(definite limit)에 접근한다는 점에 주목하는 것이다.

$$\lim_{n \to \infty} R_4(n) = -\int_1^\infty B_4(\{x\}) \left(\frac{1}{x^5} - \frac{1}{(x+1)^5} \right) dx = R_4(\infty) .$$

적분 $\int_1^\infty B_m(\{x\}) f^{(m)}(x)\, dx$는 $x \to \infty$에 따라 $f^{(m)}(x) = O(x^{-2})$이기만 하면 항상 존재한다. 그리고 이 경우 $f^{(4)}(x)$는 확실히 그러한 조건을 만족한다. 더 나아가서, 다음이 성립한다.

$$
\begin{aligned}
R_4(n) &= R_4(\infty) + \int_n^\infty B_4(\{x\}) \left(\frac{1}{x^5} - \frac{1}{(x+1)^5} \right) dx \\
&= R_4(\infty) + O\left(\int_n^\infty x^{-6}\, dx \right) = R_4(\infty) + O(n^{-5}) .
\end{aligned}
$$

이렇게 해서 우리는

$$\sum_{1 \le k < n} \frac{1}{k(k+1)} = \ln 2 + \frac{39}{128} - n^{-1} + R_4(\infty) + O(n^{-5})$$
$$= C - n^{-1} + O(n^{-5})$$

인 어떤 상수 C가 존재함을 오일러의 합산 공식을 이용해서 증명했다. 그 상수가 무엇인지는 모른다. 그 값을 구하려면 다른 어떤 방법을 사용해야 할 것이다. 어쨌든, 오일러의 합산 공식을 이용하면 그러한 상수가 존재함을 유도할 수 있다.

m의 값을 훨씬 크게 잡았다고 가정하자. 그러면 앞에서와 같은 논법에 의해 다음을 유도할 수 있을 것이다.

$$R_m(n) = R_m(\infty) + O(n^{-m-1}).$$

그리고 다음이 성립하는 어떤 상수 $c_2, c_3, \dots$이 존재함을 증명할 수 있었을 것이다.

$$\sum_{1 \le k < n} \frac{1}{k(k+1)} = C - n^{-1} + c_2 n^{-2} + c_3 n^{-3} + \cdots + c_m n^{-m} + O(n^{-m-1}).$$

우리는 이 경우 상수 c들이 0임을 알고 있다. 그러나 확신(우리 자신에 대한 확신까지는 아니더라도, 오일러의 공식에 대한)을 어느 정도 되찾자는 취지에서, 이를 직접 증명해보자. $\ln \frac{n}{n+1}$ 항은 c_m에 $(-1)^m/m$을 기여하고, $(-1)^{m+1}(B_m/m)n^{-m}$ 항은 $(-1)^{m+1}B_m/m$을 기여한다. 그리고 $(-1)^k(B_k/k)(n+1)^{-k}$ 항은 $(-1)^m\binom{m-1}{k-1}B_k/k$를 기여한다. 따라서

$$(-1)^m c_m = \frac{1}{m} - \frac{B_m}{m} + \sum_{k=1}^{m} \binom{m-1}{k-1} \frac{B_k}{k}$$
$$= \frac{1}{m} - \frac{B_m}{m} + \frac{1}{m} \sum_{k=1}^{m} \binom{m}{k} B_k = \frac{1}{m}(1 - B_m + B_m(1) - 1)$$

이다. $m > 1$일 때 이것이 0임은 확실하다. 따라서 우리는 다음을 증명했다.

$$\sum_{1 \le k < n} \frac{1}{k(k+1)} = C - n^{-1} + O(n^{-m-1}), \quad \text{모든 } m \ge 1\text{에 대해.} \tag{9.82}$$

이 결과만으로는 합이 정확히 $C - n^{-1}$과 정확히 같음이 증명되지 않는다. 실제 값은 $C - n^{-1} + 2^{-n}$ 같은 것일 수도 있다. 그렇긴 해도, 오일러의 합산 공식은 임의의 큰 m에 대한 오차 한계 $O(n^{-m-1})$을 제공한다. 그 어떤 나머지 항들도 명시적으로 평가하지 않았지만, 그래도 오차 한계를 구할 수 있는 것이다.

합산 1, 다시: 요약 및 일반화

보조 바퀴를 떼기 전에, 지금까지 한 것을 약간 더 높은 관점에서 살펴보자. 우리는 합

$$S_n = \sum_{1 \le k < n} f(k)$$

로 시작해서, 오일러의 합산 공식을 적용해서 다음을 얻었다.

$$S_n = F(n) - F(1) + \sum_{k=1}^{m} \left(T_k(n) - T_k(1) \right) + R_m(n). \tag{9.83}$$

여기서 $F(x)$는 $\int f(x)\,dx$이었고 $T_k(x)$는 B_k와 $f^{(k-1)}(x)$가 관여하는 어떤 항이었다. 또한, 우리는 다음을 만족하는 상수 c가 존재함을 알아냈다.

$$f^{(m)}(x) = O(x^{c-m}), \quad x \to \infty \text{에 따라}, \quad \text{모든 큰 } m \text{에 대해.}$$

구체적으로 말하면, $f(k)$는 $1/k(k+1)$이고 $F(x)$는 $\ln(x/(x+1))$, c는 -2, $T_k(x)$는 $(-1)^{k+1} (B_k/k)(x^{-k} - (x+1)^{-k})$이었다. 이는 충분히 큰 모든 m에 대해 나머지 항들에 다음과 같이 작은 꼬리가 있음을 함의했다.

$$\begin{aligned} R_m{}'(n) &= R_m(\infty) - R_m(n) \\ &= (-1)^{m+1} \int_n^\infty \frac{B_m(\{x\})}{m!} f^{(m)}(x)\,dx = O(n^{c+1-m}). \end{aligned} \tag{9.84}$$

그래서 우리는 다음을 만족하는 상수 C가 존재한다는 결론을 내릴 수 있었다.

$$S_n = F(n) + C + \sum_{k=1}^{m} T_k(n) - R_m{}'(n). \tag{9.85}$$

(다소 성가셨던 $T_k(1)$ 항들이 C에 잘 흡수되었음을 주목하기 바란다.)

이후의 문제들에서는 그냥 $R_m(\infty)$가 존재하면 항상 C가 존재한다고 단언하고, 불필요한 증명 작업은 생략할 수 있다.

그럼 $1 \le x \le n$에 대해 $f^{(2m+2)}(x) \ge 0$이고 $f^{(2m+4)}(x) \ge 0$이라고 가정하자. 우리는 이것이 나머지

$$R_{2m}(n) = \theta_{m,n} \left(T_{2m+2}(n) - T_{2m+2}(1) \right)$$

에 대한 간단한 한계 (9.80)을 함의함을 증명했다. 여기서 $\theta_{m,n}$은 0과 1 사이의 어떤 값이다. 그런데 우리가 구하고자 했던 것이 $R_{2m}(n)$과 $T_{2m+2}(1)$에 관여하는 한계들은 아니었다. 어차피, 상수 C를 도입하면 $T_k(1)$은 사라진다. 우리가 정말로 원하는 것은 다음과 같은 한계이다.

$$-R_{2m}{}'(n) = \phi_{m,n} T_{2m+2}(n).$$

여기서 $0 < \phi_{m,n} < 1$이다. 이런 한계를 구할 수 있으면, 나머지의 참값은 0과 첫 폐기항 사이에 있으므로, 식 (9.85)로부터 다음과 같은 결론을 이끌어낼 수 있다.

$$S_n = F(n) + C + T_1(n) + \sum_{k=1}^{m} T_{2k}(n) + \phi_{m,n} T_{2m+2}(n). \tag{9.86}$$

이전의 논법을 조금 수정하면 모든 것이 완벽하게 바로잡힌다. 우선 다음과 같이 가정하자.

$$f^{(2m+2)}(x) \geq 0 \text{ 그리고 } f^{(2m+4)}(x) \geq 0, \quad x\to\infty\text{에 따라.} \tag{9.87}$$

나머지 항들만 생각하면, 식 (9.85)의 우변은 오일러의 합산 공식 (9.67)의 우변을 부정하고 $a = n$, $b = \infty$로 둔 것과 비슷하다. 그리고 이후의 나머지 항들은 m에 대한 귀납으로 생성된다. 따라서 이전의 논법을 여기에도 적용할 수 있다.

합산 2: 조화로운 조화수

자명한(그러나 안전한) 예에서 꽤나 많은 것을 배운 덕분에, 자명하지 않은 예를 공략할 자신감이 생겼을 것이다. 이번에는 이전에 구했던 H_n의 근사 공식을 오일러의 합산 공식을 이용해서 유도해보자.

이 문제에서는 $f(x) = 1/x$이다. 이 f의 적분과 미분은 합산 1에서 보았다. 또한 $x\to\infty$에 따라 $f^{(m)}(x) = O(x^{-m-1})$이라는 것도 알고 있다. 이를 식 (9.85)에 바로 대입하면, 어떤 상수 C에 대해

$$\sum_{1 \leq k < n} \frac{1}{k} = \ln n + C + B_1 n^{-1} - \sum_{k=1}^{m} \frac{B_{2k}}{2kn^{2k}} - R_{2m}{}'(n)$$

이라는 공식이 나온다. 좌변의 합이 H_n이 아니라 H_{n-1}인데, 그냥 H_{n-1}로 작업한 후 나중에 양변에 $1/n$을 더하는 것이 우변이 $(n+1)$ 때문에 지저분해지는 것보다 낫다. 나중에 $1/n$을 더하면 $B_1 n^{-1}$은 $(B_1+1)n^{-1} = 1/(2n)$이 된다. 상수를 C가

아니라 γ라고 부르기로 하자. 실제로 오일러 상수 γ는 $\lim_{n \to \infty}(H_n - \ln n)$으로 정의되므로, 그것이 더 알맞다.

모든 $x > 0$에 대해 $f^{(2m)}(x) = (2m)!/x^{2m+1} \geq 0$이므로, 나머지 항은 몇 분 전에 전개한 이론으로 깔끔하게 추정할 수 있다. 따라서 식 (9.86)에 의하면

$$H_n = \ln n + \gamma + \frac{1}{2n} - \sum_{k=1}^{m} \frac{B_{2k}}{2kn^{2k}} - \theta_{m,n} \frac{B_{2m+2}}{(2m+2)n^{2m+2}} \tag{9.88}$$

이다. 여기서 $\theta_{m,n}$은 0과 1 사이의 어떤 분수이다. 이 일반식은 표 533에 나온 조화수 근사 공식과 부합한다. 예를 들어 $m = 2$일 때

$$H_n = \ln n + \gamma + \frac{1}{2n} - \frac{1}{12n^2} + \frac{1}{120n^4} - \frac{\theta_{2,n}}{252n^6} \tag{9.89}$$

이다. 덧붙이자면, $n = 2$일 때 이 공식은 γ를 잘 근사한다.

$$\gamma = H_2 - \ln 2 - \frac{1}{4} + \frac{1}{48} - \frac{1}{1920} + \epsilon = 0.577165\ldots + \epsilon.$$

여기서 ϵ은 0과 $\frac{1}{16128}$ 사이의 값이다. $n = 10^4$, $m = 250$으로 두면 소수점 이하 1271자리까지 정확한 γ의 값이 나온다. 다음은 그 값의 처음 몇십 자리를 나타낸 것이다.

$$\gamma = 0.57721\ 56649\ 01532\ 86066\,65120\ 90082\ 40243\ldots. \tag{9.90}$$

참고로 오일러 상수는 다른 공식들에도 나타나며, 그중에는 오일러 상수를 이보다 효율적으로 평가할 수 있는 공식들도 있다.[345]

합산 3: 스털링 근사

만일 $f(x) = \ln x$이면, $f'(x) = 1/x$이다. 따라서 로그들의 합도 역수들의 합을 구할 때와 거의 같은 계산을 통해서 평가할 수 있다. 오일러의 합산 공식으로부터 다음을 얻는다.

$$\sum_{1 \leq k < n} \ln k = n \ln n - n + \sigma - \frac{\ln n}{2}$$
$$+ \sum_{k=1}^{m} \frac{B_{2k}}{2k(2k-1)n^{2k-1}} + \varphi_{m,n} \frac{B_{2m+2}}{(2m+2)(2m+1)n^{2m+1}}.$$

여기서 σ는 '스털링 상수'라고 부를 만한 어떤 상수이고, $0 < \varphi_{m,n} < 1$이다. (이 경우 $f^{(2m)}(x)$는 양수가 아니라 음수이지만, 그래도 나머지가 첫 폐기항에 지배된다는

것은 여전히 참이다. 왜냐하면, $f(x) = \ln x$ 대신 $f(x) = -\ln x$로 시작해도 마찬가지였을 것이기 때문이다.) $m = 2$일 때 양변에 $\ln n$을 더하면 다음이 나온다.

$$\ln n! = n \ln n - n + \frac{\ln n}{2} + \sigma + \frac{1}{12n} - \frac{1}{360n^3} + \frac{\varphi_{2,n}}{1260n^5}. \tag{9.91}$$

그리고 양변에 'exp'를 취하면 표 533에 나온 근사 공식이 된다. (알고 보면 e^σ의 값은 $\sqrt{2\pi}$이지만, 아직 우리는 이 공식을 유도할 준비가 되지 않았다. 사실 스털링은 드무아브르가 상수 σ가 존재함을 증명하고[76] 몇 년이 지나서야 그 상수의 닫힌 형식을 구할 수 있었다.)

만일 m을 고정하고 $n \to \infty$로 증가하면, 일반 근사 공식은 절대오차의 관점에서 점점 더 나은 $\ln n!$의 근삿값을 산출한다. 따라서 그 공식은 상대오차의 관점에서 점점 더 나은 $n!$의 근삿값을 산출한다. 반대로, n을 고정하고 m을 증가하면, 오차 한계 $|B_{2m+2}|/(2m+2)(2m+1)n^{2m+1}$이 어느 지점까지는 감소하다가 다시 증가하기 시작한다. 따라서 근삿값은 일종의 '불확정성 원리(uncertainty principle)' 한계(오일러의 공식으로 근사할 수 있는 $n!$의 양을 제한하는) 너머의 어떤 지점에 접근한다.

제5장의 식 (5.83)에서 우리는 계승을 임의의 실수 α로 일반화했다. 그때 다음과 같은 정의가 쓰였다.

아마 하이젠베르크가 이 수업을 들었나 보다.

$$\frac{1}{\alpha!} = \lim_{n \to \infty} \binom{n+\alpha}{n} n^{-\alpha}.$$

이 정의는 오일러가 제안한 것이다. α가 큰 값이라고 가정하면

$$\ln \alpha! = \lim_{n \to \infty} \left(\alpha \ln n + \ln n! - \sum_{k=1}^{n} \ln(\alpha + k) \right)$$

이다. 우변의 합은 $f(x) = \ln(x + \alpha)$로 두어서 오일러의 합산 공식으로 추정할 수 있다.

$$\sum_{k=1}^{n} \ln(k+\alpha) = F_m(\alpha, n) - F_m(\alpha, 0) + R_{2m}(\alpha, n),$$

$$F_m(\alpha, x) = (x + \alpha) \ln(x + \alpha) - x + \frac{\ln(x+\alpha)}{2}$$
$$+ \sum_{k=1}^{m} \frac{B_{2k}}{2k(2k-1)(x+\alpha)^{2k-1}},$$

$$R_{2m}(\alpha, n) = \int_0^n \frac{B_{2m}(\{x\})}{2m} \frac{dx}{(x+\alpha)^{2m}}.$$

(유도 과정에서, $a = 0$, $b = n$으로 두고 식 (9.67)을 적용한 후 양변에 $\ln(n+\alpha) - \ln \alpha$를 더했다). $\sum_{k=1}^{n} \ln(k+\alpha)$에 대한 이러한 근사 공식을 $\ln n!$에 대한 스털링의 근사 공식에서 뺀 후 $\alpha \ln n$을 더하고 $n \to \infty$에 따른 극한을 취하면 다음이 나온다.

$$\ln \alpha! = \alpha \ln \alpha - \alpha + \frac{\ln \alpha}{2} + \sigma$$
$$+ \sum_{k=1}^{m} \frac{B_{2k}}{(2k)(2k-1)\alpha^{2k-1}} - \int_{0}^{\infty} \frac{B_{2m}(\{x\})}{2m} \frac{dx}{(x+\alpha)^{2m}}.$$

여기에는 $\alpha \ln n + n \ln n - n + \frac{1}{2} \ln n - (n+\alpha) \ln(n+\alpha) + n - \frac{1}{2} \ln(n+\alpha) \to -\alpha$라는 점과 공식에 나오지 않은 항들이 0이 되는 경향이 있다는 사실이 쓰였다. 따라서 일반화된 계승에 대한(그리고 감마함수 $\Gamma(\alpha+1) = \alpha!$에 대한) 스털링 근사의 습성은 보통의 계승에 대한 습성과 완전히 동일하다.

합산 4: 종鐘 모양 피가수

이번에는 이전 합들과는 풍미가 상당히 다른 합으로 관심을 돌려보자.

$$\Theta_n = \sum_{k} e^{-k^2/n}$$
$$= \cdots + e^{-9/n} + e^{-4/n} + e^{-1/n} + 1 + e^{-1/n} + e^{-4/n} + e^{-9/n} + \cdots. \tag{9.92}$$

이것은 하나의 이중 무한합인데, 항들은 $k = 0$일 때 최댓값 $e^0 = 1$에 도달한다. 이를 Θ_n이라고 부르는 이유는, 이것이 수량 $e^{-1/n}$의 $p(k)$제곱들이 관여하는 멱급수이기 때문이다. 여기서 $p(k)$는 2차 다항식이다. 그런 멱급수를 전통적으로 '세타함수'라고 부른다. $n = 10^{100}$일 때는 다음이 성립한다.

$$e^{-k^2/n} = \begin{cases} e^{-.01} \approx 0.99005, & k = 10^{49}\text{일 때}; \\ e^{-1} \approx 0.36788, & k = 10^{50}\text{일 때}; \\ e^{-100} < 10^{-43}, & k = 10^{51}\text{일 때}. \end{cases}$$

따라서 피가수는 k가 약 $\sqrt{n}$까지 증가하기 전까지는 1에 아주 가깝게 머무르고, 그 이후에는 값이 작아져서 0에 아주 가깝게 머무른다.

더 큰 n 값들에 대한 그래프는 수평으로 $\sqrt{n}$에 비례해서 더 늘어난 형태이다.

Θ_n은 $f(x) = e^{-x^2/n}$, $a = -\infty$, $b = +\infty$로 두어서 오일러의 합산 공식을 적용하면 추정할 수 있다. (무한대가 너무 무섭다면, $a = -A$, $b = +B$로 두고 $A, B \to \infty$에 따른 극한을 취하면 된다.) $f(x)$의 적분은 x를 $u\sqrt{n}$으로 대체하면 쉽게 구할 수 있다.

$$\int_{-\infty}^{+\infty} e^{-x^2/n} dx = \sqrt{n} \int_{-\infty}^{+\infty} e^{-u^2} du = \sqrt{n}\, C.$$

$\int_{-\infty}^{+\infty} e^{-u^2} du$의 값은 잘 알려져 있지만, 일단은 이것을 C라고 부르기로 하자. 나중에 오일러의 합산 공식에 대입한 후에 처리하면 된다.

다음으로 알아내야 할 것은 도함수들의 수열 $f'(x), f''(x), \ldots$이다. 이를 위해서는 다음과 같이 두는 것이 편하다.

$$f(x) = g(x/\sqrt{n}), \quad g(x) = e^{-x^2}.$$

그러면, 미분의 연쇄법칙에 의해

$$\frac{df(x)}{dx} = \frac{dg(y)}{dy}\frac{dy}{dx}, \quad y = \frac{x}{\sqrt{n}}$$

인데, 이는 다음과 같은 뜻이다.

$$f'(x) = \frac{1}{\sqrt{n}}\, g'(x/\sqrt{n}).$$

이제, 귀납법에 의해 다음이 성립한다.

$$f^{(k)}(x) = n^{-k/2} g^{(k)}(x/\sqrt{n}).$$

예를 들어 $g'(x) = -2xe^{-x^2}$이고 $g''(x) = (4x^2 - 2)e^{-x^2}$이다. 따라서

$$f'(x) = \frac{1}{\sqrt{n}}\left(-2\frac{x}{\sqrt{n}}\right)e^{-x^2/n}, \quad f''(x) = \frac{1}{n}\left(4\left(\frac{x}{\sqrt{n}}\right)^2 - 2\right)e^{-x^2/n}$$

이다. 더 간단한 함수 $g(x)$를 사용하면 계산 과정을 좀 더 쉽게 이해할 수 있다.

$g(x)$의 도함수들을 완전하게 평가할 필요는 없다. 중요한 것은 $x = \pm\infty$일 때의 극한값들뿐이기 때문이다. 그리고 이를 위해서는 $g(x)$의 모든 도함수가 e^{-x^2}에 x의 어떤 다항식을 곱한 것이라는 점만 알면 충분하다.

$$g^{(k)}(x) = P_k(x)e^{-x^2}, \quad \text{여기서 } P_k \text{는 } k\text{차 다항식.}$$

이것은 귀납법으로 증명할 수 있다.

지수가 음수인 거듭제곱 e^{-x^2}은 $x \to \pm\infty$에 따라 $P_k(x)$가 무한대로 가는 것보다 훨씬 빠르게 0으로 간다. 따라서 모든 $k \geq 0$에 대해

$$f^{(k)}(+\infty) = f^{(k)}(-\infty) = 0$$

이다. 그러므로 항

$$\sum_{k=1}^{m} \frac{B_k}{k!} f^{(k-1)}(x) \Big|_{-\infty}^{+\infty}$$

들은 모두 소멸하며, 결국에는 $\int f(x)\,dx$에서 비롯된 항과 나머지 항만 남는다.

$$\begin{aligned}
\Theta_n &= C\sqrt{n} + (-1)^{m+1} \int_{-\infty}^{+\infty} \frac{B_m(\{x\})}{m!} f^{(m)}(x)\,dx \\
&= C\sqrt{n} + \frac{(-1)^{m+1}}{n^{m/2}} \int_{-\infty}^{+\infty} \frac{B_m(\{x\})}{m!} g^{(m)}\left(\frac{x}{\sqrt{n}}\right) dx \qquad (x = u\sqrt{n}) \\
&= C\sqrt{n} + \frac{(-1)^{m+1}}{n^{(m-1)/2}} \int_{-\infty}^{+\infty} \frac{B_m(\{u\sqrt{n}\})}{m!} P_m(u) e^{-u^2}\,du \\
&= C\sqrt{n} + O(n^{(1-m)/2}).
\end{aligned}$$

여기서 O 추정치는 $|B_m(\{u\sqrt{n}\})|$이 유계이고 $\int_{-\infty}^{+\infty} |P(u)| e^{-u^2}\,du$는 P가 다항식이면 항상 존재한다는 점에서 비롯된다. (이 O가 함의하는 상수는 m에 의존한다.)

이렇게 해서 임의의 큰 M에 대해 $\Theta_n = C\sqrt{n} + O(n^{-M})$임을 증명했다. Θ_n과 $C\sqrt{n}$의 차이는 "지수적으로 작다." 그럼 Θ_n의 값에서 그토록 큰 역할을 하는 상수 C를 구해보자.

표에서 적분을 찾아보는 것도 C를 구하는 한 방법이겠지만, 그 값의 유도 과정을 파악하는 것이 더 바람직하다. 그러면 나중에 표에 없는 적분도 처리할 수 있을 것이기 때문이다. 만일 현명하게도 다음과 같은 이중 적분을 머리에 떠올릴 수만 있다면, 초보적인 적분 기법으로도 C를 평가할 수 있다.

$$C^2 = \int_{-\infty}^{+\infty} e^{-x^2}\,dx \int_{-\infty}^{+\infty} e^{-y^2}\,dy = \int_{-\infty}^{+\infty} \int_{-\infty}^{+\infty} e^{-(x^2+y^2)}\,dx\,dy.$$

이를 극좌표로 변환하면 다음이 나온다.

$$C^2 = \int_0^{2\pi} \int_0^\infty e^{-r^2} r \, dr \, d\theta \qquad\qquad (u = r^2)$$

$$= \frac{1}{2} \int_0^{2\pi} d\theta \int_0^\infty e^{-u} \, du$$

$$= \frac{1}{2} \int_0^{2\pi} d\theta = \pi.$$

따라서 $C = \sqrt{\pi}$ 이다. $x^2 + y^2 = r^2$이 둘레가 $2\pi r$인 원의 방정식이라는 사실을 생각하면 π가 등장한 이유를 짐작할 수 있을 것이다.

C를 평가하는 또 다른 방법은 x에 $\sqrt{t}$를, dx에 $\frac{1}{2} t^{-1/2} dt$를 대입하는 것이다.

$$C = \int_{-\infty}^{+\infty} e^{-x^2} dx = 2 \int_0^\infty e^{-x^2} dx = \int_0^\infty t^{-1/2} e^{-t} dt.$$

식 (5.84)에 따르면 $\Gamma(\alpha) = \int_0^\infty t^{\alpha-1} e^{-t} dt$이므로, 위의 적분은 $\Gamma\left(\frac{1}{2}\right)$과 같다. 결과적으로 $\Gamma\left(\frac{1}{2}\right) = \sqrt{\pi}$ 이다.

정리하자면, 최종적인 근사 공식은 다음과 같다.

$$\Theta_n = \sum_k e^{-k^2/n} = \sqrt{\pi n} + O(n^{-M}), \quad \text{모든 고정된 } M \text{에 대해.} \tag{9.93}$$

O에 함축된 상수는 M에 의존한다. M에 '고정된'을 붙인 이유가 그것이다.

예를 들어 $n = 2$일 때 무한합 Θ_2는 근사적으로 2.506628288과 같다. n이 상당히 작아도 이 값은 이미 $\sqrt{2\pi} \approx 2.506628275$에 아주 가깝다. Θ_{100}의 값은 $10\sqrt{\pi}$와 소수점 이하 427자리까지 부합한다! 연습문제 59는 좀 더 고급의 방법들을 이용해서 Θ_n을 근사하는, 빠르게 수렴하는 급수를 유도한다. 그 급수에 따르면

$$\Theta_n / \sqrt{\pi n} = 1 + 2e^{-n\pi^2} + O(e^{-4n\pi^2}) \tag{9.94}$$

이다.

합산 5: 끝내기

이제 마지막 합을 처리해 보자. 이번 문제에서 스털링 상수 σ의 값이 밝혀진다. 또한, 이 마지막 합의 풀이에는 이 마지막 장의(그리고 이 책 전체의) 다른 여러 기법이 동원된다. 따라서, 구체 수학에 대한 우리의 탐사를 마무리하기에 걸맞은 예가 될 것이다.

최종 과제는 터무니없을 정도로 쉬워 보인다. 우리가 할 일은 합

$$A_n = \sum_k \binom{2n}{k}$$

의 점근값을 오일러의 합산 공식을 이용해서 구하는 것이다.

이번에도 문제의 답을 이미 알고 있다(그런가?). 그렇지만 아는 문제에 새 방법을 시도해 보는 것은 항상 재미있는 일이다. 그러면 사실들을 비교해 볼 수 있고, 어쩌면 뭔가 새로운 것을 발견할 수도 있다.

크게 생각해 보면, A_n에 대한 주된 기여는 $k=n$ 근처의 중앙 항들에서 온다는 점을 알 수 있을 것이다. 합에 대한 가장 큰 기여가 $k=0$ 근처에서 발생하도록 표기법을 선택하는 것은 거의 항상 좋은 일이다. 그렇게 하면 꼬리 교환 요령을 이용해서 $|k|$가 큰 항들을 제거할 수 있기 때문이다. 이를 위해, k를 $n+k$로 바꾸자.

$$A_n = \sum_k \binom{2n}{n+k} = \sum_k \frac{(2n)!}{(n+k)!\,(n-k)!}.$$

n이 크고 k가 작을 때 $(n\pm k)!$을 근사하는 방법은 이미 알고 있으므로, 이렇게 나아간다면 상황이 꽤 좋아 보인다.

이제 꼬리 교환 요령과 연관된 3단계 절차를 수행해서 추정치를 구한다. 좀 더 자세히 말하면, 먼저 다음과 같이 둔다.

$$\frac{(2n)!}{(n+k)!\,(n-k)!} = a_k(n) = b_k(n) + O(c_k(n)), \quad k \in D_n \text{에 대해.}$$

그러면 다음과 같은 추정치를 얻을 수 있다.

$$A_n = \sum_k b_k(n) + O\!\left(\sum_{k \notin D_n} a_k(n)\right) + O\!\left(\sum_{k \notin D_n} b_k(n)\right) + \sum_{k \in D_n} O(c_k(n)).$$

그럼 $|k|$가 작은 값인 영역에서 $\binom{2n}{n+k}$를 추정해보자. 표 533에 나온 그대로의 스털링 근사 공식을 사용할 수도 있지만, 그보다는 식 (9.91)에 나온 로그 버전을 사용하는 것이 작업하기가 더 쉽다.

$$\begin{aligned}
\ln a_k(n) &= \ln(2n)! - \ln(n+k)! - \ln(n-k)! \\
&= 2n\ln 2n - 2n + \tfrac{1}{2}\ln 2n + \sigma + O(n^{-1}) \\
&\quad - (n+k)\ln(n+k) + n + k - \tfrac{1}{2}\ln(n+k) - \sigma + O((n+k)^{-1}) \\
&\quad - (n-k)\ln(n-k) + n - k - \tfrac{1}{2}\ln(n-k) - \sigma + O((n-k)^{-1}). \quad (9.95)
\end{aligned}$$

이를 다루기 쉽고 간단한 O 추정치로 바꿀 수 있으면 좋을 것이다.

꼬리 교환 요령을 이용하면 k가 '우세' 집합 D_n에 속할 때만 유효한 추정치를 다룰 수 있다. 그런데 D_n을 어떻게 정의해야 할까? 좋은 추정치를 얻으려면 D_n이 충분히 작아야 한다. 예를 들어 k가 n과 가까워서는 안 된다. 그랬다가는 식 (9.95)의 $O\big((n-k)^{-1}\big)$이 아주 커질 것이기 때문이다. 그렇지만, 꼬리 항들($k \not\in D_n$인 항들)이 전체 합에 비해 무시할 수 있을 정도로 작아지려면 D_n이 너무 작아도 안 된다. 대체로, 적절한 집합 D_n을 구하려면 시행착오가 필요하다. 이번 문제에서는, 이후의 계산들에서 밝혀지겠지만, 이 집합을 다음과 같이 정의하는 것이 현명한 일이다.

사실 나는 우세한 부류에는 속하지 않아.

$$k \in D_n \iff |k| \le n^{1/2+\epsilon}. \tag{9.96}$$

여기서 ϵ은 작은 양의 정수인데, 구체적인 값은 이 문제를 좀 더 이해하고 나서 정해도 된다. (이후에 나올 O 추정치들은 이 ϵ의 값에 의존한다.) 이제 식 (9.95)는 다음으로 줄어든다.

$$\begin{aligned}
\ln a_k(n) = {}& \Big(2n+\tfrac{1}{2}\Big)\ln 2 - \sigma - \tfrac{1}{2}\ln n + O(n^{-1}) \\
& -\Big(n+k+\tfrac{1}{2}\Big)\ln\big(1+k/n\big) - \Big(n-k+\tfrac{1}{2}\Big)\ln\big(1-k/n\big).
\end{aligned} \tag{9.97}$$

(정리 과정에서

$$\ln(n \pm k) = \ln n + \ln(1 \pm k/n)$$

으로 두어서 로그의 큰 부분을 빼냈다. 이 덕분에 $\ln n$ 항들이 많이 소거되었다.)

이제 할 일은, $n \to \infty$에 따라 0에 접근하는 오차항이 나타날 때까지 $\ln(1 \pm k/n)$ 항들을 점근적으로 전개하는 것이다. 이를 위해 $\ln(1 \pm k/n)$에 $(n \pm k + \tfrac{1}{2})$을 곱하고, $|k| \le n^{1/2+\epsilon}$이라는 가정을 이용해서 로그를 $o(n^{-1})$이 나올 때까지 전개한다.

$$\ln\Big(1 \pm \frac{k}{n}\Big) = \pm\frac{k}{n} - \frac{k^2}{2n^2} + O(n^{-3/2+3\epsilon}).$$

$n \pm k + \tfrac{1}{2}$을 곱하면

$$\pm k - \frac{k^2}{2n} + \frac{k^2}{n} + O(n^{-1/2+3\epsilon})$$

에 여러 항이 더해진 공식이 나오는데, 그 여러 항은 $O(n^{-1/2+3\epsilon})$에 흡수된다. 결과적으로 식 (9.97)은 다음과 같은 모습이 된다.

$$\ln a_k(n) = (2n + \frac{1}{2})\ln 2 - \sigma - \frac{1}{2}\ln n - k^2/n + O(n^{-1/2+3\epsilon}).$$

양변에 지수를 취하면 다음이 나온다.

$$a_k(n) = \frac{2^{2n+1/2}}{e^\sigma \sqrt{n}} e^{-k^2/n} \big(1 + O(n^{-1/2+3\epsilon})\big). \tag{9.98}$$

이것이 우리가 원했던 근사 공식이다. 해당 b_k와 c_k는 다음과 같다.

$$b_k(n) = \frac{2^{2n+1/2}}{e^\sigma \sqrt{n}} e^{-k^2/n}, \quad c_k(n) = 2^{2n} n^{-1+3\epsilon} e^{-k^2/n}.$$

$b_k(n)$과 $c_k(n)$에 k가 아주 간단한 방식으로 들어가 있음을 주목하기 바란다. 합산의 색인이 바로 k라는 점에서 이는 아주 다행이다.

꼬리 교환 요령에 따르면, 만일 우리가 얻은 추정치가 괜찮은 추정치라면 $\sum_k a_k(n)$이 $\sum_k b_k(n)$과 근사적으로 같을 것이다. 실제로 평가해 보면 다음과 같다.

$$\begin{aligned} \sum_k b_k(n) &= \frac{2^{2n+1/2}}{e^\sigma \sqrt{n}} \sum_k e^{-k^2/n} \\ &= \frac{2^{2n+1/2}}{e^\sigma \sqrt{n}} \Theta_n = \frac{2^{2n}\sqrt{2\pi}}{e^\sigma} \big(1 + O(n^{-M})\big). \end{aligned}$$

놀라운 우연의 일치가 아닐 수 없다.

(이번에도 운이 따랐다. 합 Θ_n은 이미 이전 예제에서 구했다.) 알다시피 원래의 합이 사실은

$$A_n = \sum_k \binom{2n}{k} = (1+1)^{2n} = 2^{2n}$$

이라는 점에서, 이러한 결과는 아주 바람직하다. 기대했던 것처럼 $e^\sigma = \sqrt{2\pi}$가 나올 것으로 보인다.

그런데 아직 끝이 아니다. 우리의 추정치가 충분히 괜찮다는 점을 증명하는 과제가 남아 있다. 그럼 먼저 $c_k(n)$이 기여하는 오차를 살펴보자.

$$\Sigma_c(n) = \sum_{|k| \le n^{1/2+\epsilon}} 2^{2n} n^{-1+3\epsilon} e^{-k^2/n} \le 2^{2n} n^{-1+3\epsilon} \Theta_n = O\big(2^{2n} n^{-\frac{1}{2}+3\epsilon}\big).$$

다행히, $3\epsilon < \frac{1}{2}$이면 오차는 이전 합보다 점근적으로 작다.

다음으로, 꼬리 항들도 반드시 점검해야 한다. 우선

$$\sum_{k > n^{1/2+\epsilon}} e^{-k^2/n} < \exp\left(- \lfloor n^{1/2+\epsilon} \rfloor^2 / n\right)\left(1 + e^{-1/n} + e^{-2/n} + \cdots\right)$$
$$= O(e^{-n^{2\epsilon}}) \cdot O(n)$$

인데, 이는 모든 M에 대해 $O(n^{-M})$이다. 따라서 $\sum_{k \not\in D_n} b_k(n)$은 점근적으로 무시할 수 있을 정도이다. ($e^{-k^2/n}$이 D_n의 바깥에서 지수적으로 작아지도록, $n^{1/2+\epsilon}$에서 항들을 절단했다. $n^{1/2}\log n$도 충분히 좋은 선택이다. 그러면 추정치가 약간 더 정확해지지만, 대신 공식이 더 복잡해진다. 가능한 가장 강한 추정치를 얻을 필요는 없다. 우리의 주된 목표는 상수 σ의 값을 구하는 것이기 때문이다.) 마찬가지로, 다른 꼬리

$$\sum_{k > n^{1/2+\epsilon}} \binom{2n}{n+k}$$

는 가장 큰 항(절단 지점 $k \approx n^{1/2+\epsilon}$에서 발생)에 $2n$을 곱한 것보다 작다. 이 최대항은 $b_k(n)$과 같이 알려져 있으며, $b_k(n)$은 A_n에 비하면 지수적으로 작다. 지수적으로 작은 이 곱수에 의해 $2n$의 인수가 제거된다.

이렇게 해서, 꼬리 교환 요령을 성공적으로 적용해서 다음 추정치를 증명했다.

$$2^{2n} = \sum_k \binom{2n}{k} = \frac{\sqrt{2\pi}}{e^\sigma} 2^{2n} + O(2^{2n} n^{-\frac{1}{2}+3\epsilon}), \quad \text{만일 } 0 < \epsilon < \frac{1}{6}\text{이면.} \tag{9.99}$$

$\epsilon = \frac{1}{8}$로 두면 다음과 같은 결론을 얻을 수 있다.

$$\sigma = \frac{1}{2}\ln 2\pi.$$

QED.

길고 어려운 책이 저자의 축하와 격려 한마디 없이 끝나는 경우를 많이 보는데, 정말 질린다. 길고 건조한 증명이 끝나자마자 딱딱하고 차가운 하드보드지 뒤표지가 나오는 대신, "이 책을 읽어주어서 고맙다, 이 책이 유용하게 쓰이길 희망한다" 같은 문구가 나오면 얼마나 좋아. 안 그래요, 여러분?

이 책을 읽어주어서 고맙다, 이 책이 유용하게 쓰이길 희망한다.
― 저자 일동.

연습문제

몸풀기

1 다음을 증명 또는 반증하라: 만일 $f_1(n) \prec g_1(n)$이고 $f_2(n) \prec g_2(n)$이면 $f_1(n) + f_2(n) \prec g_1(n) + g_2(n)$이 성립한다.

2 주어진 두 함수 중 더 빨리 증가하는 함수는?
  a $n^{(\ln n)}$과 $(\ln n)^n$.

b $n^{(\ln\ln\ln n)}$과 $(\ln n)!$.

c $(n!)!$과 $((n-1)!)!\,(n-1)!^{n!}$.

d $F^2_{\lceil H_n \rceil}$ 과 H_{F_n}.

3 다음 주장에서 잘못된 점은 무엇인가? "$n = O(n)$이고 $2n = O(n)$, 등등이므로, $\sum_{k=1}^{n} kn = \sum_{k=1}^{n} O(n) = O(n^2)$이다."

4 O-표기가 좌변에만 있고 우변에는 없는 유효한 등식의 예를 제시하라. (0을 곱하는 요령을 사용하면 안 된다. 그것은 너무 쉬운 답이다.) 힌트: 극한을 취해 볼 것.

5 다음을 증명 또는 반증하라: 만일 모든 n에 대해 $f(n)$과 $g(n)$이 양수이면 $O(f(n)+g(n)) = f(n) + O(g(n))$이다. (이를 식 (9.27과 비교해 볼 것.)

6 $(\ln n + \gamma + O(1/n))$에 $(n + O(\sqrt{n}))$을 곱한 결과를 O 표기법으로 표현하라.

7 $\sum_{k \geq 0} e^{-k/n}$을 $O(n^{-1})$의 절대오차로 추정하라.

기본

8 다음을 만족하는 함수 $f(n)$과 $g(n)$의 예를 제시하라: $f(n)$과 $g(n)$ 둘 다 ∞로 단조증가하지만, 세 관계 $f(n) < g(n)$, $f(n) > g(n)$, $f(n) \asymp g(n)$이 모두 거짓이다.

9 식 (9.22)를, 좌변이 우변의 부분집합(O의 함수 집합 정의에 따른)임을 보임으로써 엄밀하게 증명하라.

10 다음을 증명 또는 반증하라: 모든 실수 x에 대해 $\cos O(x) = 1 + O(x^2)$이다.

11 다음을 증명 또는 반증하라: $O(x+y)^2 = O(x^2) + O(y^2)$.

12 $n \to \infty$에 따라

$$1 + \frac{2}{n} + O(n^{-2}) = \left(1 + \frac{2}{n}\right)(1 + O(n^{-2}))$$

임을 증명하라.

13 $(n + 2 + O(n^{-1}))^n$을 $O(n^{-1})$의 상대오차로 추정하라.

14 $(n+\alpha)^{n+\beta} = n^{n+\beta}e^{\alpha}(1+\alpha(\beta-\frac{1}{2}\alpha)n^{-1}+O(n^{-2}))$을 증명하라.

15 '중간' 삼항계수 $\binom{3n}{n,n,n}$의, 상대오차 $O(n^{-3})$까지 정확한 점근 공식을 제시하라.

16 만일 $0 < x < \frac{1}{2}$에 대해 $B(1-x) = -B(x) \geq 0$이면, 그리고 $a \leq x \leq b$에 대해 $f'(x) \geq 0$이라고 가정하면,

$$\int_a^b B(\{x\}) f(x)\, dx \geq 0$$

임을 보여라.

17 모든 $m \geq 0$에 대해 $B_m(\frac{1}{2}) = (2^{1-m}-1)B_m$임을 생성함수들을 이용해서 보여라.

18 $\alpha > 0$이라고 할 때, $\sum_k \binom{2n}{k}^{\alpha}$의 값을 $O(n^{-1/4})$의 상대오차로 구하라.

숙제

19 표 533의 근사 공식들을, $n = 10$, $z = \alpha = 0.1$, $O(f(n)) = O(f(z)) = 0$으로 두고 컴퓨터로 근삿값을 구해서 비교하라.

20 $n \to \infty$에 따른 다음 추정치들을 다음을 증명 또는 반증하라.

  a $O\left(\left(\frac{n^2}{\log\log n}\right)^{1/2}\right) = O(\lfloor \sqrt{n} \rfloor^2)$.

  b $e^{(1+O(1/n))^2} = e + O(1/n)$.

  c $n! = O\left(\left((1-1/n)^n n\right)^n\right)$.

21 식 (9.48)은 n번째 소수를 $O(\log n)^{-2}$의 상대오차로 추정한다. 식 (9.46)에 나온 식 (9.31)의 또 다른 항으로 시작해서 그 추정치를 상대오차 $O(\log n)^{-3}$으로 개선하라.

22 식 (9.54)을 $O(n^{-3})$으로 개선하라.

23 근사 공식 (9.62)을 좀 더 밀어붙여서, 절대오차가 $O(n^{-3})$이 되도록 개선하라. 힌트: $g_n = c/(n+1)(n+2)+h_n$이라고 두었을 때, h_n은 어떤 점화식들을 만족하는가?

24 $a_n = O(f(n))$이고 $b_n = O(f(n))$이라고 하자. 다음 경우들에서 합성곱 $\sum_{k=0}^{n} a_k b_{n-k}$가 $O(f(n))$이기도 함을 증명 또는 반증하라.

  a $f(n) = n^{-\alpha}$, $\alpha > 1$.

  b $f(n) = \alpha^{-n}$, $\alpha > 1$.

25 이번 장의 도입부에 나온 식 (9.1)과 식 (9.2)를 증명하라.

26 식 (9.91)은 $\ln 10!$을 $< \frac{1}{126000000}$의 절대오차로 평가하는 방법을 보여준다. 따라서, 만일 지수를 취한다면 상대오차가 $e^{1/126000000} - 1 < 10^{-8}$인 $10!$의 근삿값이 나온다. 구체적으로는 3628799.9714이다. 그런데 $10!$은 정수이므로, 가까운 정수로 반올림하면 참값이 된다.

스털링 근사의 항들을 충분히 많이 계산한다면 $n!$을 항상 그런 식으로 계산할 수 있을까? n이 고정된 (큰) 정수일 때 $\ln n!$에 대한 최상의 근삿값을 내는 m의 값을 추정하라. 그리고 최상의 근삿값의 절대오차를 $n!$ 자체와 비교하라.

27 오일러의 합산 공식을 이용해서 $H_n^{(-\alpha)} = \sum_{k=1}^{n} k^\alpha$의 점근값을 구하라. 여기서 α는 임의의 고정된 실수이다. (답에 닫힌 형식을 알지 못하는 상수가 포함되어도 무방하다.)

28 연습문제 5.13은 초계승 함수 $Q_n = 1^1 2^2 \dots n^n$을 정의한다. Q_n의 점근값을 $O(n^{-1})$의 상대오차로 구하라. (답에 닫힌 형식을 알지 못하는 상수가 포함되어도 무방하다.)

29 $1^{1/1} 2^{1/2} \dots n^{1/n}$을 이전 연습문제와 같은 조건으로 추정하라.

30 $\sum_{k \geq 0} k^l e^{-k^2/n}$의 점근값을 $O(n^{-3})$의 절대오차로 구하라. 여기서 l은 고정된 음이 아닌 정수이다.

31 $c > 1$이고 m이 양의 정수라고 할 때, $\sum_{k \geq 0} 1/(c^k + c^m)$을 $O(c^{-3m})$의 절대오차로 평가하라.

시험 문제

32 $e^{H_n + H_n^{(2)}}$을 $O(n^{-1})$의 절대오차로 평가하라.

33 $\sum_{k \geq 0} \binom{n}{k} / n^{\bar{k}}$을 $O(n^{-3})$의 절대오차로 평가하라.

34 $(1+1/n)^{nH_n}$이 다음과 같다고 할 때, A에서 F까지의 값들을 구하라.

$$An + B(\ln n)^2 + C\ln n + D + \frac{E(\ln n)^2}{n} + \frac{F\ln n}{n} + O(n^{-1}).$$

35 $\sum_{k=1}^{n} 1/kH_k$를 $O(1)$의 절대오차로 평가하라.

36 $S_n = \sum_{k=1}^{n} 1/(n^2 + k^2)$을 $O(n^{-5})$의 절대오차로 평가하라.

37 $\sum_{k=1}^{n} (n \bmod k)$를 $O(n\log n)$의 절대오차로 평가하라.

38 $\sum_{k \geq 0} k^k \binom{n}{k}$를 $O(n^{-1})$의 상대오차로 평가하라.

39 $\sum_{0 \leq k < n} \ln(n-k)(\ln n)^k/k!$을 $O(n^{-1})$의 절대오차로 평가하라. 힌트: $k \geq 10\ln n$에 대한 항들이 무시할 수 있을 정도로 작음을 보일 것.

40 m이 (고정된) 양의 정수라고 하자. $\sum_{k=1}^{n} (-1)^k H_k^m$을 $O(1)$의 절대오차로 평가하라.

41 '피보나치 계승' $\prod_{k=1}^{n} F_k$를 $O(n^{-1})$ 또는 그보다 나은 상대오차로 평가하라. 답에 닫힌 형식을 알지 못하는 상수가 포함되어도 무방하다.

42 α가 $0 < \alpha < \frac{1}{2}$ 범위의 상수라고 하자. 이전 장들에서 보았듯이, 합 $\sum_{k \leq \alpha n} \binom{n}{k}$에 대한 일반적인 닫힌 형식은 없다. 그러나, $H(\alpha) = \alpha\lg\frac{1}{\alpha} + (1-\alpha)\lg(\frac{1}{1-\alpha})$라고 할 때 다음과 같은 점근 공식이 존재한다.

$$\sum_{k \leq \alpha n} \binom{n}{k} = 2^{nH(\alpha) - \frac{1}{2}\lg n + O(1)}.$$

이 점근 공식을 증명하라. 힌트: $0 < k \leq \alpha n$에 대해 $\binom{n}{k-1} < \frac{\alpha}{1-\alpha}\binom{n}{k}$임을 보일 것.

43 n센트를 동전들로 거슬러주는(제7장에서 이야기한 방식대로) 방법의 수 C_n이 어떤 상수 c에 대해 점근적으로 $cn^4 + O(n^3)$임을 보여라.

44 $x \to \infty$에 따라

$$x^{\underline{1/2}} = x^{1/2}\begin{bmatrix} 1/2 \\ 1/2 \end{bmatrix} - x^{-1/2}\begin{bmatrix} 1/2 \\ -1/2 \end{bmatrix} + x^{-3/2}\begin{bmatrix} 1/2 \\ -3/2 \end{bmatrix} + O(x^{-5/2})$$

임을 증명하라. (식 (5.88)의 정의 $x^{\underline{1/2}} = x!/(x - \frac{1}{2})!$과 표 321에 나온 일반화된 스털링 수 정의를 떠올리기 바란다.)

45 α가 0과 1 사이의 무리수라고 하자. 제3장에서는 $0 \le k < n$에 대한 분수부 $\{k\alpha\}$ 들이 고른분포와 얼마나 떨어져 있는지를 측정하는 최대 불일치도 $D(\alpha, n)$을 논의했다. 식 (3.31)에서 점화식

$$D(\alpha, n) \le D(\{\alpha^{-1}\}, \lfloor \alpha n \rfloor) + \alpha^{-1} + 2$$

를 증명했으며, 다음과 같은 명백한 한계들도 유도했다.

$$0 \le D(\alpha, n) \le n.$$

$\lim_{n \to \infty} D(\alpha, n)/n = 0$임을 증명하라. 힌트: 제6장에서 연분수를 논의한다.

46 연습문제 7.15의 벨 수 $\varpi_n = e^{-1} \sum_{k \ge 0} k^n/k!$이 점근적으로 다음과 같음을 보이고, 이 근삿값의 상대오차를 추정하라.

$$m(n)^n e^{m(n)-n-1/2}/\sqrt{\ln n}.$$

여기서 $m(n)\ln m(n) = n - \frac{1}{2}$이다.

47 m이 2보다 크거나 같은 정수이라고 하자. 다음 두 합을 분석하라.

$$\sum_{k=1}^{n} \lfloor \log_m k \rfloor \quad \text{그리고} \quad \sum_{k=1}^{n} \lceil \log_m k \rceil.$$

둘 중 점근적으로 $\log_m n!$에 더 가까운 것은 무엇인가?

48 $1 \le k \le n$에 대한 조화수 H_k의 십진수 값들의 표를 만들되, 표의 k번째 항목 $\hat{H}_k$는 유효숫자가 d_k개가 되도록 반올림한다고 하자. 여기서 d_k는 이 항목이 H_{k-1} 및 H_{k+1}과 구별되기에 충분히 큰 수이다. 예를 들어 다음은 그러한 표에서 뽑은, H_k가 10보다 큰 항목 다섯 개이다.

k	H_k	$\hat{H}_k$	d_k
12364	9.99980041 $-$	9.9998	5
12365	9.99988128 $+$	9.9999	5
12366	9.99996215 $-$	9.99996	6
12367	10.00004301 $-$	10.0000	6
12368	10.00012386 $+$	10.0001	6

그러한 표의 총 유효숫자 개수 $\sum_{k=1}^{n} d_k$를 $O(n)$의 절대오차로 추정하라.

49 제6장에서, 늘어나는 고무줄 위를 기어가는 벌레를 이야기했다. 벌레가 n초 후에 고무줄 끝에 도달한다고 할 때, $H_{n-1} < 100 \le H_n$이다. 만일 n이 $H_{n-1} \le \alpha \le H_n$을 만족하는 양의 정수이면

$$\lfloor e^{\alpha - \gamma} \rfloor \le n \le \lceil e^{\alpha - \gamma} \rceil$$

임을 증명하라.

50 실리콘밸리의 벤처 투자자들이, 지수적인 수익을 낼 수 있는 다음과 같은 거래를 제안받았다. $n \ge 2$라 할 때, n백만 달러의 투자에 대해 GKP 컨소시엄은 1년 후 최대 N백만 달러를 지급할 것을 약속한다. 여기서 $N = 10^n$이다. 물론 위험은 있다. 실제 거래 내용은, GKP가 $1 \le k \le N$의 각 정수 k에 대해 $1/(k^2 H_N^{(2)})$의 확률로 k백만 달러를 지급한다는 것이다. (모든 지급 금액은 메가벅스^{megabucks} 단위이다. 다시 말해 $1,000,000의 정수배이다. 지급액은 진정으로 무작위한 절차로 결정된다.) 투자자가 항상 적어도 1백만 달러는 받게 됨을 주목하기 바란다.

a n백만 달러를 투자했을 때 1년 후의 점근적 기대 지급액은 얼마인가? (다른 말로 하면, 지급액의 평균값의 점근 공식을 구하라.) 답의 절대오차가 $O(10^{-n})$달러 이내여야 한다.

한때 나는 $O(10^{-n})$달러를 번 적이 있다.

b n백만 달러를 투자했을 때 실제로 이익이 날(즉, 투자한 돈보다 더 많은 돈을 받을) 확률의 점근값을 구하라. 답의 절대오차가 $O(n^{-3})$ 이내여야 한다.

보너스 문제

51 다음을 증명 또는 반증하라: $n \to \infty$에 따라 $\int_n^\infty O(x^{-2})\, dx = O(n^{-1})$이다.

52 다음을 만족하는 모든 복소수 z에 대해 수렴하는 멱급수 $A(z) = \sum_{k \ge 0} a_n z^n$이 존재함을 보여라.

$$A(n) > \left. n^{n^{n^{\cdot^{\cdot^{\cdot}}}}} \right\} n.$$

53 다음을 증명하라: 만일 함수 $f(x)$의 도함수들이 모든 $x \ge 0$에 대해

$$f'(x) \le 0, -f''(x) \le 0, f'''(x) \le 0, \ldots, (-1)^m f^{(m+1)}(x) \le 0$$

을 만족하면 다음이 성립한다.

$$f(x) = f(0) + \frac{f'(0)}{1!}x + \cdots + \frac{f^{(m-1)}(0)}{(m-1)!}x^{m-1} + O(x^m), \quad x \geq 0 \text{에 대해.}$$

특히, $f(x) = -\ln(1+x)$인 경우는 모든 $k, n > 0$에 대해 식 (9.64)를 증명한다.

54 $f(x)$가 양의 미분가능 함수이며 $x \to \infty$에 따라 $xf'(x) < f(x)$라고 하자. 다음을 증명하라.

$$\sum_{k \geq n} \frac{f(k)}{k^{1+\alpha}} = O\left(\frac{f(n)}{n^\alpha}\right), \quad \text{만일 } \alpha > 0 \text{이면.}$$

힌트: 수량 $f(k-\frac{1}{2})/(k-\frac{1}{2})^\alpha - f(k+\frac{1}{2})/(k+\frac{1}{2})^\alpha$을 고찰할 것.

55 식 (9.99)을 상대오차 $O(n^{-3/2+5\epsilon})$으로 개선하라.

56 여러 알고리즘의 분석에서 $Q(n) = 1 + \frac{n-1}{n} + \frac{n-1}{n}\frac{n-2}{n} + \cdots = \sum_{k \geq 1} n^{\underline{k}}/n^k$이라는 수량이 등장한다. 이 수량의 점근값을 $o(1)$의 절대오차로 구하라.

57 골롬의 합 $\sum_{k \geq 1} 1/k\lfloor 1 + \log_n k \rfloor^2$의 한 점근 공식이 식 (9.54)에 유도되어 있다. 이와 비슷하되 바닥 대괄호가 없는 합 $\sum_{k \geq 1} 1/k(1 + \log_n k)^2$의 점근 공식을 구하라. 힌트: 적분 $\int_0^\infty u e^{-u} k^{-tu} du = 1/(1 + t\ln k)^2$을 고찰할 것.

58 $m \geq 2$에 대해

$$B_m(\{x\}) = -2\frac{m!}{(2\pi)^m}\sum_{k \geq 1} \frac{\cos(2\pi kx - \frac{1}{2}\pi m)}{k^m}$$

임을, 다음을 유수적분(residue calculus)으로 제곱 경로 $z = x + iy$에 관해 적분해서 증명하라.

$$\frac{1}{2\pi i}\oint \frac{2\pi i e^{2\pi i z\theta}}{e^{2\pi i z} - 1}\frac{dz}{z^m}.$$

여기서, ∞에 접근하는 정수 M에 대해 $\max(|x|, |y|) = M + \frac{1}{2}$이다.

59 t에 대한 주기 함수 $\Theta_n(t) = \sum_k e^{-(k+t)^2/n}$을 고찰한다. $\Theta_n(t)$의 푸리에 급수 (Fourier series) 전개가

$$\Theta_n(t) = \sqrt{\pi n}\,(1 + 2e^{-\pi^2 n}(\cos 2\pi t) + 2e^{-4\pi^2 n}(\cos 4\pi t) \\ + 2e^{-9\pi^2 n}(\cos 6\pi t) + \cdots)$$

임을 보여라. (이 공식을 식 (9.93)의 합 $\Theta_n = \Theta_n(0)$에 적용하면 빠르게 수렴하는 급수가 나온다.)

60 점근 전개

$$\binom{2n}{n} = \frac{4^n}{\sqrt{\pi n}}\left(1 - \frac{1}{8n} + \frac{1}{128n^2} + \frac{5}{1024n^3} - \frac{21}{32768n^4} + O(n^{-5})\right)$$

의 계수들의 분모가 항상 2의 거듭제곱인 이유를 설명하라.

61 연습문제 45는 모든 무리수 α에 대해 불일치도 $D(\alpha, n)$이 $o(n)$임을 증명한다. $D(\alpha, n)$이 임의의 $\epsilon > 0$에 대해 $O(n^{1-\epsilon})$이 아님을 만족하는 무리수 α를 하나 제시하라.

62 n이 주어졌으며, $\left\{{n \atop m(n)}\right\} = \max_k \left\{{n \atop k}\right\}$가 스털링 부분집합 삼각형의 n행에서 가장 큰 항목이라고 하자. 충분히 큰 모든 n에 대해 $m(n) = \lfloor \overline{m}(n) \rfloor$이거나 $m(n) = \lceil \overline{m}(n) \rceil$임을 보여라. 여기서

$$\overline{m}(n)(\overline{m}(n)+2)\ln(\overline{m}(n)+2) = n(\overline{m}(n)+1)$$

이다. 힌트: 이 문제는 어렵다.

63 연습문제 2.36에 나온 S. W. 골롬^{Golomb}의 자기서술 수열이 $f(n) = \phi^{2-\phi} \cdot n^{\phi-1} + O(n^{\phi-1}/\log n)$을 만족함을 증명하라.

64 다음 항등식을 '오일러 시대(18세기)' 수학만 이용해서 증명하라.

$$\sum_{n \geq 1} \frac{\cos 2n\pi x}{n^2} = \pi^2\left(x^2 - x + \frac{1}{6}\right), \quad 0 \leq x \leq 1\text{에 대해.}$$

65 점근 급수

$$1 + \frac{1}{n-1} + \frac{1}{(n-1)(n-2)} + \cdots + \frac{1}{(n-1)!} = a_0 + \frac{a_1}{n} + \frac{a_2}{n^2} + \cdots$$

의 계수들은 무엇인가?

연구 문제

66 스털링 근사의 '조합론적' 증명을 제시하라. (n^n은 $\{1,2,...,n\}$에서 그 자신으로의 단사 함수들의 수이고 $n!$은 $\{1,2,...,n\}$에서 그 자신으로의 전사 함수들의 수임을 주목할 것.)

67 $n \geq 3$이라고 할 때, 하나의 점에 네 개의 이웃점이 있는 $n \times n$ 점 배열을 고찰한다. (배열 가장자리에서는 n을 법으로 하여 '순환'이 일어난다.) 각 점에 적, 청, 백색을 배정하되 이웃점과 같은 색이 되지 않도록 배정하는 방법의 수를 χ_n이라고 하자. (예를 들어 $\chi_3 = 12$이다.) 다음을 증명하라.

$$\chi_n \sim \left(\frac{4}{3}\right)^{3n^2/2} e^{-\pi/6}.$$

68 $H_m > n$인 가장 작은 정수 m을 Q_n이라고 표기하자. $Q_n \neq \left\lfloor e^{n-\gamma} + \frac{1}{2} \right\rfloor$을 만족하는 가장 작은 정수 n을 구하라. 또는, 그러한 n이 존재하지 않음을 증명하라.

그-그-그-그럼 이만!

부록 A

연습문제 해답

이 부록에는 모든 연습문제의 해답이 실려 있다(적어도 간략하게라도). 그리고 일부 해답은 문제가 요구하는 것 이상을 말해준다. 최상의 학습을 위해서는, 이 부록을 훔쳐보기 전에 독자 스스로 해답을 진지하게 구해 보길 권한다.

만일 연구 문제의 해답(또는 해답의 일부)을 찾았다면, 또는 연구 문제가 아니더라도 더 간단한(또는 더 정확한) 해법을 알게 되었다면, 저자들에게 알려 주기 바란다.

(이 책의 모든(all) 오류의 첫 발견자에게 $2.56의 상금을 수여한다.)

모든 오류를 발견해야 하는 겁니까?

("임의의(any) 오류"라는 뜻이었음.)

그럼 상금을 한 명만 받을 수 있는 겁니까?

(흐음. 한번 시도해 보면 알게 될 거예요..)

1.1   그 증명은 $n = 2$일 때만 빼면 좋다. 만일 모든 두 말 집합(말이 두 마리인 집합)의 말들이 같은 색이라면, 그 명제는 임의의 수의 말들에 대해 참이다.

1.2 X_n이 이동 횟수라고 하면, $X_0 = 0$이고 $n > 0$일 때 $X_n = X_{n-1} + 1 + X_{n-1} + 1 + X_{n-1}$이다. 따라서(예를 들어 양변에 1을 더하면) $X_n = 3^n - 1$이다. (이동 $\frac{1}{2}X_n$회 이후에는 탑 전체가 가운데 기둥에 놓인다. 이제 반만 더 가면 된다!)

1.3   각 원반이 세 기둥 중 어떤 것에도 놓일 수 있으므로, 모든 가능한 배치는 3^n가지이다. 최단의 해법은 이동 $3^n - 1$회이므로, 반드시 그 모든 배치를 만나게 된다. (이러한 구축법은 한 번에 숫자 하나만 바꾸면서 $(0 \ldots 0)_3$에서 $(2 \ldots 2)_3$까지의 모든 수를 훑는 '삼진 그레이 부호(ternary Gray code)'의 구축법과 동등하다.)

1.4   존재하지 않는다. 만일 가장 큰 원반을 움직이지 않아도 된다면 $2^{n-1} - 1$회의 이동으로 충분하다(귀납에 의해). 그렇지 않다면 $(2^{n-1} - 1) + 1 + (2^{n-1} - 1)$회로 충분하다(역시 귀납에 의해).

핵심은 교점의 수이다. 볼록 꼴 성질은 주의를 돌리기 위한 훈제 청어(red herring) 였다.

1.5   없다. 서로 다른 두 원은 많아야 두 점에서 만나므로, 네 번째 원은 영역의 수를 많아야 14개 늘린다. 그러나 다음에서 보듯이 타원으로는 가능하다.

벤은 집합 다섯 개의 경우는 타원으로도 불가능하다고 주장했으나,[359] 그륀 바움^{Grünbaum}이 집합 다섯 개에 대한 타원 다이어그램 구축법을 발견했다.[167]

이 답은 $n > 0$이라고 가정 한다.

1.6   만일 n번째 선이 이전 선들을 $k > 0$개의 서로 다른 점에서 만난다면, 유한한 영역 $k-1$개(이전의 선 중 서로 평행인 것들이 하나도 없다고 가정할 때)와 무한한 영역 두 개가 새로 생긴다. 따라서 유한한 영역의 최대 개수는 $(n-2)+(n-3)+ \cdots = S_{n-2} = (n-1)(n-2)/2 = L_n - 2n$이다.

1.7   기본 단계가 증명되지 않았다. 사실 $H(1) \neq 2$이다.

1.8 $Q_2 = (1+\beta)/\alpha$; $Q_3 = (1+\alpha+\beta)/\alpha\beta$; $Q_4 = (1+\alpha)/\beta$; $Q_5 = \alpha$; $Q_6 = \beta$. 따라서 그 수열은 주기적이다!

1.9   (a) 부등식

$$x_1 \ldots x_{n-1}\left(\frac{x_1 + \cdots + x_{n-1}}{n-1}\right) \leq \left(\frac{x_1 + \cdots + x_{n-1}}{n-1}\right)^n$$

으로부터 $P(n-1)$을 얻는다. (b) $P(n)$에 의해 $x_1 \ldots x_n x_{n+1} \ldots x_{2n} \leq$ 이$(((x_1 + \cdots + x_n)/n)((x_{n+1} + \cdots + x_{2n})/n))^n$다. 안쪽 곱은 $P(2)$에 의해 $\leq ((x_1 + \cdots + x_{2n})/2n)^2$이다. (c) 이를테면 $P(5)$는 $P(6)$에서 나오고, $P(6)$은 $P(3)$에서, $P(3)$은 $P(4)$에서, $P(4)$는 $P(2)$에서 나온다.

1.10   우선 $n > 0$일 때 $R_n = R_{n-1} + 1 + Q_{n-1} + 1 + R_{n-1}$임을 보인다. 덧붙이자면, 제7장의 방법들을 이용하면 $Q_n = ((1+\sqrt{3})^{n+1} - (1-\sqrt{3})^{n+1})/(2\sqrt{3}) - 1$임을 알아낼 수 있다.

1.11 (a) 먼저 원반이 $(n-1)$개인 이중탑을 옮기고, 그런 다음 가장 큰 두 원반을 이동하고(그리고 두 원반의 순서를 뒤집고), 그런 다음 $(n-1)$ 원반 이중탑을 다시 옮긴다. 이보다 이동 횟수를 더 줄일 수는 없다. 따라서 $A_n = 2A_{n-1} + 2$이고 $A_n = 2T_n = 2^{n+1} - 2$이다. 이 해법에서는 가장 큰 두 원반이 교환되지만, 다른 $2n-2$개의 원반은 원래 순서를 유지한다.

    (b) B_n이 최소 이동 횟수라고 하자. 그러면 $B_1 = 3$이며, $n > 1$일 때 $B_n = A_{n-1} + 2 + A_{n-1} + 2 + B_{n-1}$보다 더 나은 전략은 없음을 보일 수 있다. 따라서 모든 $n > 0$에 대해 $B_n = 2^{n+2} - 5$이다. 신기하게도 이 값은 그냥 $2A_n - 1$이며, 또한 $B_n = A_{n-1} + 1 + A_{n-1} + 1 + A_{n-1} + 1 + A_{n-1}$도 성립한다.

1.12 만일 모든 m_k가 > 0이면 $A(m_1, \ldots, m_n) = 2A(m_1, \ldots, m_{n-1}) + m_n$이다. 이는 해가 $(m_1 \ldots m_n)_2 = 2^{n-1} m_1 + \cdots + 2 m_{n-1} + m_n$인 '일반화된 요세푸스' 형식의 방정식이다.

    덧붙이자면, 이에 대응되는 연습문제 11b의 일반화는 다음 점화식을 만족하는 것으로 보인다.

$$B(m_1, \ldots, m_n) = \begin{cases} A(m_1, \ldots, m_n), & \text{만일 } m_n = 1\text{이면}; \\ 2m_n - 1, & \text{만일 } n = 1\text{이면}; \\ 2A(m_1, \ldots, m_{n-1}) + 2m_n \\ \quad + B(m_1, \ldots, m_{n-1}), & \text{만일 } n > 1\text{이고 } m_n > 1\text{이면}. \end{cases}$$

1.13 n개의 직선이 L_n개의 영역을 정의한다고 할 때, 그 직선들을 극도로 좁은, 그리고 임의의 두 지그재그 선의 교점이 아홉 개가 될 정도로 선분들이 충분히 긴 지그재그 선들로 대체할 수 있다. 그러면 모든 $n > 0$에 대해 $ZZ_n = ZZ_{n-1} + 9n - 8$임이 증명된다. 따라서 $ZZ_n = 9S_n - 8n + 1 = \frac{9}{2} n^2 - \frac{7}{2} n + 1$이다.

1.14 각각의 새 절단으로 정의되는 새로운 3차원 영역들의 수는 새 평면과 이전 평면들의 교차로 정의되는 2차원 영역들의 수이다. 따라서 $P_n = P_{n-1} + L_{n-1}$이며, 계산해 보면 $P_5 = 26$임을 알 수 있다. (정육면체 형태의 치즈 조각을 여섯 번 자르면 작은 정육면체 27개를 만들 수 있으며, 이상한 모양으로 자른다면 최대 $P_6 = 42$조각까지 가능하다.)

    덧붙여 말하자면, 이 점화식의 해를 이항계수(제5장)로 표현하면 다음과 같이 멋진 패턴이 드러난다.

$$X_n = \binom{n}{0} + \binom{n}{1};$$

$$L_n = \binom{n}{0} + \binom{n}{1} + \binom{n}{2};$$

$$P_n = \binom{n}{0} + \binom{n}{1} + \binom{n}{2} + \binom{n}{3}.$$

여기서 X_n은 한 선의 점 n개로 정의할 수 있는 1차원 영역들의 최대 개수이다.

4차원에서 어떤 일이 벌어지는지 알 것 같아!

1.15 함수 I는 $n > 1$일 때 J와 같은 점화식을 만족하지만, $I(1)$은 정의되지 않는다. $I(2) = 2$이고 $I(3) = 1$이므로, 우리의 일반적인 방법을 적용할 수 있는 $I(1) = \alpha$의 값은 없다. 점화식 펼치기의 '끝내기(end game)'는 n의 이진수 표현의 두 선행 비트들에 의존한다.

$0 \le k < 2^{m+1} + 2^m - (2^m + 2^{m-1}) = 2^m + 2^{m-1}$이라 할 때 만일 $n = 2^m + 2^{m-1} + k$이면, 답은 모든 $n > 2$에 대해 $I(n) = 2k+1$이다. 이를 다음처럼 $n = 2^m + l$을 이용해서 표현할 수도 있다.

$$I(n) = \begin{cases} J(n) + 2^{m-1}, & \text{만일 } 0 \le l < 2^{m-1}\text{이면;} \\ J(n) - 2^m, & \text{만일 } 2^{m-1} \le l < 2^m\text{이면.} \end{cases}$$

1.16 $g(n) = a(n)\alpha + b(n)\beta_0 + c(n)\beta_1 + d(n)\gamma$라고 하자. 식 (1.18)에 따라, $n = (1 b_{m-1} \dots b_1 b_0)_2$일 때 $a(n)\alpha + b(n)\beta_0 + c(n)\beta_1 = (\alpha \beta_{b_{m-1}} \beta_{b_{m-2}} \dots \beta_{b_1} \beta_{b_0})_3$이다. 이에 의해 $a(n)$과 $b(n)$, $c(n)$이 정의된다. 점화식에서 $g(n) = n$으로 두면 $a(n) + c(n) - d(n) = n$이다. 이제 필요한 모든 것이 밝혀졌다. [$g(n) = 1$로 두면 또 다른 항등식 $a(n) - 2b(n) - 2c(n) = 1$이 나오는데, 이를 이용하면 $b(n)$을 좀 더 간단한 함수 $a(n)$과 $a(n) + c(n)$으로 정의할 수 있다.]

1.17 일반적으로 $0 \le k \le m$에 대해 $W_m \le 2W_{m-k} + T_k$가 성립한다. (이 관계식은 최상위 원반 $m-k$개를 이동하고, 오직 기둥 세 개만 이용해서 최하위 k개를 이동하고, 그런 다음 최상위 $m-k$개를 이동해서 마무리하는 것에 해당한다.) 문제의 관계식은 $m = n(n+1)/2$일 때 이 일반 부등식의 우변을 최소화하는 k의 유일한 값에 근거함이 밝혀졌다. (그러나 등호가 성립한다는 결론을 얻을 수는 없다. 탑을 옮기는 다른 여러 전략이 있을 수 있다.) 만일 $Y_n = (W_{n(n+1)/2} - 1)/2^n$으로 두면 $Y_n \le Y_{n-1} + 1$임을 알 수 있다. 따라서 $W_{n(n+1)/2} \le 2^n(n-1) + 1$이다.

1.18 $(n^{2j}, 0)$에서 꺾이는 모든 선이 $(n^{2k}, 0)$에서 꺾이는 모든 선과 교차하며, 그 교점들이 모두 서로 다르다는 점만 보이면 충분하다.

$(x_j, 0)$에서 출발해서 $(x_j - a_j, 1)$을 통과하는 선은 $(x_k, 0)$에서 출발해서 $(x_k - a_k, 1)$을 통과하는 선과 점 $(x_j - ta_j, t)$에서 교차한다. 여기서 $t = (x_k - x_j)/(a_k - a_j)$이다. $x_j = n^{2j}$이고 $a_j = n^j + (0$ 또는 $n^{-n})$이라고 하자. 그러면 비 $t = (n^{2k} - n^{2j})/(n^k - n^j + (-n^{-n}$ 또는 0 또는 $n^{-n}))$은 $n^j + n^k - 1$보다 크고 $n^j + n^k + 1$보다 작다. 따라서 교점의 y 좌표는 j와 k를 유일하게 식별한다. 또한, j와 k가 같은 네 교점은 모두 서로 다르다.

1.19 $n > 5$일 때는 안 된다. 정점에서 두 반직선의 각도가 θ와 $\theta + 30°$인 꺾인 선과 반직선들의 각도가 ϕ와 $\phi + 30°$인 꺾인 선의 교점은 오직 $30° < |\theta - \phi| < 150°$일 때만 네 개이다. 서로 이 정도로 떨어진 각도들은 최대 5개까지만 선택할 수 있다(실제로 다섯 개를 선택하는 것이 가능하다).

1.20 $h(n) = a(n)\alpha + b(n)\beta_0 + c(n)\beta_1 + d(n)\gamma_0 + e(n)\gamma_1$이라고 하자. 식 (1.18)에 따라, $n = (1 b_{m-1} \ldots b_1 b_0)_2$일 때 $a(n)\alpha + b(n)\beta_0 + c(n)\beta_1 = (\alpha \beta_{b_{m-1}} \beta_{b_{m-2}} \ldots \beta_{b_1} \beta_{b_0})_4$이다. 이에 의해 $a(n)$과 $b(n)$, $c(n)$이 정의된다. 점화식에서 $h(n) = n$으로 두면 $a(n) + c(n) - 2d(n) - 2e(n) = n$이다. 그리고 $h(n) = n^2$으로 두면 $a(n) + c(n) + 4e(n) = n^2$이다. 따라서 $d(n) = (3a(n) + 3c(n) - n^2 - 2n)/4$이며, $e(n) = (n^2 - a(n) - c(n))/4$이다.

1.21 q를 $2n, 2n-1, \ldots, n+1$의 최소공배수(또는 임의의 공배수)로 두면 된다. [어떤 덜 엄밀한 논법에 따르면, q를 '무작위' 값으로 설정했을 때 나쁜 놈들만 먼저 처형될 확률은

$$\frac{n}{2n} \frac{n-1}{2n-1} \cdots \frac{1}{n+1} = 1 \Big/ \binom{2n}{n} \sim \frac{\sqrt{\pi n}}{4^n}$$

이다. 따라서 4^n보다 작은 그러한 q를 구할 수 있을 것이다.]

나, 더브라윈 사이클 타 본 적 있어(네덜란드 뉘넌에 있는 그의 집에 방문했을 때).

1.22 변이 2^n개인 정다각형의 각 변에 길이가 2^n인 '더브라윈 순환마디(cycle)'의 원소들을 배정한다. (더브라윈 순환마디는 인접한 원소들의 모든 n튜플이 서로 다르다는 조건을 만족하는 0들과 1들의 순환 수열이다. [207, 연습문제 2.3.4.2-23]과 [208, 연습문제 3.2.2-17]을 볼 것.) 원소 1이 배정된 변에는 아주 가는 볼록 확장 도형을 붙인다. 그렇게 해서 나온 다각형의 복사본 n개를 만들고, $k = 0, 1, \ldots, n-1$에 대해 k개의 변들의 길이에 따라 다각형을 회전한다.

1.23 있다. (제4장에서 배운 초등 정수론의 원리들이 필요하다.) $L(n) = lcm(1, 2,...,n)$이라고 하자. $n > 2$라고 가정할 수 있다. 그러면, 베르트랑 공준(Bertrand's postulate)에 의해, $n/2$와 n 사이에 소수 p가 존재한다. 또한, $q' = L(n) + 1 - q$는 만일 q가 j를 남기면, 그리고 오직 그럴 때만 $j' = n + 1 - j$를 남기므로, $j > n/2$라고 가정할 수 있다. 결론적으로, $q \equiv 1 \pmod{L(n)/p}$이고 $q \equiv j + 1 - n \pmod{p}$가 되도록 q를 선택하면 된다. 그러면 사람들은 $1, 2,..., n-p, j+1, j+2, n, n-p+1,..., j-1$의 순서로 제거된다.

1.24 알려진 예들은 $X_n = 2i \sin \pi r + 1/X_{n-1}$(여기서 r은 유리수이고 $0 \le r < \frac{1}{2}$이다. r이 변함에 따라 ≥ 2인 모든 주기 길이가 나타난다), 연습문제 8의 주기가 5인 가우스 점화식, H. 토드Todd의 좀 더 주목할만한 점화식 $X_n = (1 + X_{n-1} + X_{n-2})/X_{n-3}$(주기는 8, [261]을 보라), 그리고 이 점화식들에서 X_n을 상수 곱하기 X_{mn}으로 대체해서 나오는 점화식들뿐이다. 분모에서 0이 아닌 첫 계수가 단위원(unity)이며 분자에서 0이 아닌 첫 계수는(그런 계수가 있다면) 실수부가 음수가 아니라고 가정할 수 있다. 컴퓨터 대수를 이용하면 $k = 2$일 때 주기가 ≤ 5인 해가 더 이상 없음을 쉽게 확인할 수 있다. 리네스Lyness가,[261], [262] 그리고 쿠르샨Kurshan과 고피나스Gopinath가[231] 부분적인 이론을 전개한 바 있다.

시작 값들이 실수이고 주기가 9인 또 다른 종류의 흥미로운 예는 모턴 브라운Morton Brown이 발견한[43] $X_n = |X_{n-1}| - X_{n-2}$이다. 임의의 원하는 주기($\ge 5$)를 가진 비선형 점화식을 연항식에 기초해서 구할 수 있다.[65]

1.25 보조 기둥이 k개인 설정에서 원반 n개를 옮기는 데 필요한 최소 이동 횟수를 $T^{(k)}(n)$이라고 표기한다고 하자(따라서 $T^{(1)}(n) = T_n$이고 $T^{(2)}(n) = W_n$이다). 그러면 $T^{(k)}\left(\binom{n+1}{k}\right) \le 2T^{(k)}\left(\binom{n}{k}\right) + T^{(k-1)}\left(\binom{n}{k-1}\right)$이 성립한다. 이 부등식의 등호가 성립하지 않는 (n,k)의 예는 알려진 바가 없다. k가 n보다 작을 때 수식 $2^{n+1-k}\binom{n-1}{k-1}$은 $T^{(k)}\left(\binom{n}{k}\right)$에 대한 편리한 상계가 된다.

속보: $k = 4$일 때 모든 n에 대해 등호가 성립함에 대한 티에리 보슈Thierry Bousch의 증명이 Bulletin of the Belgian Mathematical Society: Simon Stevin, vol. 21 (2014), 895–912에 실렸다.

1.26 처형 순서 순열을 모든 q과 n에 대해 $O(n \log n)$ 단계로 계산할 수 있다.[209, 연습문제 5.1.1-2와 5.1.1-5] 비요른 푸넨Bjorn Poonen은 $n \equiv 0 \pmod 3$이고 $n \ge 9$이면 항상 '나쁜 놈들'이 이 정확히 네 명인 비요세푸스 집합이 존재함을 증명했다. 사실 그런 집합의 수는 어떤 $\epsilon > 0$에 대해 적어도 $\epsilon\binom{n}{4}$가지이다. 그는 또한 $n < 24$인 또 다른 비요세푸스 집합들은 $n = 20$일 때 존재함을 방대한 계산으로 밝혀냈다. 그런

집합 중 $k=14$인 것은 236개, $k=13$인 것은 두 개이다. (후자의 두 집합 중 하나는 $\{1,2,3,4,5,6,7,8,11,14,15,16,17\}$이고, 다른 하나는 그 집합의 21에 대한 반사(reflection)이다.) $n=15$이고 $k=9$인 비요세푸스 집합은 단 하나로, 바로 $\{3,4,5,6,8,10,11,12,13\}$이다.

2.1 이 표기에 관해서는 합의된 바가 없다. 다음은 옹호 가능한 세 가지 답이다. (1) $\sum_{k=m}^{n} q_k$가 항상 $\sum_{m \leq k \leq n} q_k$와 동치라고 주장할 수 있다. 그런 경우 문제의 합은 0이다. (2) 문제의 색인 k가 0으로 감소하는 항들의 합산, 즉 $q_4+q_3+q_2+q_1+q_0$이라고 간주할 수도 있다. 그러나 이는 $n=0$일 때 $\sum_{k=1}^{n} q_k=0$이라는 널리 인정되는 관례와 충돌한다. (3) $\sum_{k=m}^{n} q_k = \sum_{k \leq n} q_k - \sum_{k < m} q_k$라고 주장할 수도 있다. 그러면 문제의 합은 $-q_1-q_2-q_3$과 같다. 이런 관례가 이상해 보이겠지만, 모든 a, b, c에 대해 $\sum_{k=a}^{b} + \sum_{k=b+1}^{c} = \sum_{k=a}^{c}$라는 유용한 법칙을 만족한다.

$\sum_{k=m}^{n}$이라는 표기는 $n-m \geq -1$일 때만 사용하는 것이 최선이다. 그러면 관례 (1)과 (3) 둘 다 만족된다.

2.2 이것은 $|x|$이다. 덧붙이자면, $([x > 0] - [x < 0])$이라는 수량을 흔히 $\text{sign}(x)$ 또는 $\text{signum}(x)$로 표기한다. 이 함수는 $x > 0$일 때는 $+1$이고 $x=0$일 때는 0, $x < 0$일 때는 -1이다.

2.3 첫 합은 물론 $a_0+a_1+a_2+a_3+a_4+a_5$이다. 둘째 합은 $a_4+a_1+a_0+a_1+a_4$이다. 왜냐하면, 이 합은 $k \in \{-2,-1,0,+1,+2\}$ 값들에 관한 합이기 때문이다. 함수 $p(k)=k^2$은 순열치환이 아니므로 여기에는 교환법칙이 적용되지 않는다. n의 값 중에는 $p(k)=n$인 k가 없는 것들도 있고(이를테면 $n=3$), 그런 k가 둘인 것들도 있다(이를테면 $n=4$).

2.4 (a) $\sum_{i=1}^{4}\sum_{j=i+1}^{4}\sum_{k=j+1}^{4} a_{ijk} = \sum_{i=1}^{2}\sum_{j=i+1}^{3}\sum_{k=j+1}^{4} a_{ijk} = ((a_{123}+a_{124})+a_{134})+a_{234}$.

(b) $\sum_{k=1}^{4}\sum_{j=1}^{k-1}\sum_{i=1}^{j-1} a_{ijk} = \sum_{k=3}^{4}\sum_{j=2}^{k-1}\sum_{i=1}^{j-1} a_{ijk} = a_{123}+(a_{124}+(a_{134}+a_{234}))$.

2.5 같은 색인 'k'를 서로 다른 두 색인 변수로 사용한 것이 잘못이다. k는 안쪽 합에 묶인 색인인데 그것을 바깥 합에다 사용하면 안 된다. 이는 수학에서(그리고 컴퓨터 프로그래밍에서) 유명한 실수 중 하나이다. 단, 만일 $1 \leq j,k \leq n$인 모든 j와 k에 대해 $a_j=a_k$라면 그 유도가 옳다.

2.6 $[1 \le j \le n](n-j+1)$이다. $j < 1$이나 $j > n$일 때 합이 0이 되어야 하므로 첫 인수는 필수이다.

2.7 $mx^{\overline{m-1}}$이다. 따라서, Δ 대신 ∇에 기초한 유한 적분의 한 버전에서는 올림 거듭제곱이 특히나 유용할 것이다.

2.8 만일 $m \ge 1$이면 0이고 만일 $m \le 0$이면 $1/|m|!$이다.

2.9 정수 m과 n에 대해 $x^{\overline{m+n}} = x^{\overline{m}}(x+m)^{\overline{n}}$이다. $m = -n$으로 두면 $x^{\overline{-n}} = 1/(x-n)^{\overline{n}} = 1/(x-1)^{\underline{n}}$이라는 정의가 나온다.

2.10 또 다른 가능한 우변은 $Eu\,\Delta v + v\,\Delta u$이다.

2.11 좌변을 두 개의 합으로 분할하고, 둘째 합에서 k를 $k+1$로 바꾼다.

2.12 만일 $p(k) = n$이면 $n+c = k+((-1)^k+1)c$이고 $((-1)^k+1)$이 짝수이다. 따라서 $(-1)^{n+c} = (-1)^k$이고 $k = n - (-1)^{n+c}c$이다. 반대로, 그러한 k 값은 $p(k) = n$을 만족한다.

2.13 $R_0 = \alpha$이고 $n > 0$에 대해 $R_n = R_{n-1} + (-1)^n(\beta + n\gamma + n^2\delta)$라고 하자. 그러면 $R(n) = A(n)\alpha + B(n)\beta + C(n)\gamma + D(n)\delta$이다. $R_n = 1$로 설정하면 $A(n) = 1$이 나온다. $R_n = (-1)^n$으로 설정하면 $A(n) + 2B(n) = (-1)^n$이 나온다. $R_n = (-1)^n n$으로 설정하면 $-B(n) + 2C(n) = (-1)^n n$이 나온다. $R_n = (-1)^n n^2$으로 설정하면 $B(n) - 2C(n) + 2D(n) = (-1)^n n^2$이 나온다. 따라서 $2D(n) = (-1)^n(n^2+n)$이다. 문제의 합은 $D(n)$이다.

2.14 제시된 다중합 표현은 $1 \le k \le n$일 때 $k = \sum_{1 \le j \le k} 1$이라는 점에서 유효하다. 그 다중합은 다음으로 축약된다.

$$\sum_{1 \le j \le n}(2^{n+1} - 2^j) = n2^{n+1} - (2^{n+1} - 2).$$

2.15 첫 단계에서는 $k(k+1)$을 $2\sum_{1 \le j \le k} j$로 대체한다. 둘째 단계에서는 $\boxplus_n + \square_n = \left(\sum_{k=1}^n k\right)^2 + \square_n$이 나온다.

2.16 식 (2.52)에 의해, $x^{\overline{m}}(x-m)^{\underline{n}} = x^{\overline{m+n}} = x^{\overline{n}}(x-n)^{\underline{m}}$.

2.17 처음 두 =들에 대해서는 귀납법을 적용하고, 셋째 =에는 (2.52)을 적용한다. 둘째 행은 첫 행에서 유도된다.

2.18 $(\Re z)^+ \le |z|$, $(\Re z)^- \le |z|$, $(\Im z)^+ \le |z|$, $(\Im z)^- \le |z|$, $|z| \le (\Re z)^+ + (\Re z)^- + (\Im z)^+ + (\Im z)^-$라는 사실들을 활용한다.

2.19 양변에 $2^{n-1}/n!$을 곱하고 $S_n = 2^n T_n/n! = S_{n-1} + 3 \cdot 2^{n-1} = 3(2^n - 1) + S_0$으로 둔다. 답은 $T_n = 3 \cdot n! + n!/2^{n-1}$이다. ($n$이 0 또는 2의 거듭제곱일 때만 T_n이 정수임을 제4장에서 알게 될 것이다.)

2.20 섭동법으로 다음을 얻을 수 있다.

$$S_n + (n+1)H_{n+1} = S_n + \left(\sum_{0 \le k \le n} H_k\right) + n + 1.$$

2.21 S_{n+1}의 마지막 항을 추출하면 $S_{n+1} = 1 - S_n$이 나온다. 첫 항을 추출하면 다음이 나온다.

$$S_{n+1} = (-1)^{n+1} + \sum_{1 \le k \le n+1} (-1)^{n+1-k} = (-1)^{n+1} + \sum_{0 \le k \le n} (-1)^{n-k}$$
$$= (-1)^{n+1} + S_n.$$

따라서 $2S_n = 1 + (-1)^n$이고, $S_n = [n$은 짝수$]$가 성립한다. 마찬가지로,

$$T_{n+1} = n + 1 - T_n = \sum_{k=0}^{n} (-1)^{n-k}(k+1) = T_n + S_n$$

임을 알 수 있다. 따라서 $2T_n = n + 1 - S_n$이고, $T_n = \frac{1}{2}(n + [n$은 홀수$])$가 성립한다. 마지막으로, 같은 접근방식을 통해서 다음을 얻는다.

$$U_{n+1} = (n+1)^2 - U_n = U_n + 2T_n + S_n$$
$$= U_n + n + [n$은 홀수$] + [n$은 짝수$]$$
$$= U_n + n + 1.$$

그러므로 U_n은 삼각수 $\frac{1}{2}(n+1)n$이다.

2.22 일반합을 두 배로 하면 $1 \le j, k \le n$에 관한 '보통' 합이 나오는데, 그 합을 분리하면 $\left(\sum_k a_k A_k\right)\left(\sum_k b_k B_k\right) - \left(\sum_k a_k B_k\right)\left(\sum_k b_k A_k\right)$가 두 번 나온다.

2.23 (a) 이 접근 방식을 적용하면 $2n + H_n - 2n + (H_n + \frac{1}{n+1} - 1)$로 평가되는 네 개의 합이 나온다. (피가수를 $1/k + 1/(k+1)$로 대체하는 것이 더 쉬웠을 것이다.) (b) $u(x) = 2x + 1$, $\Delta v(x) = 1/x(x+1) = (x-1)^{\underline{-2}}$으로 두면 $\Delta u(x) = 2$이고 $v(x) = -(x-1)^{\underline{-1}} = -1/x$이다. 답은 $2H_n - \frac{n}{n+1}$ 이다.

2.24 부분합산을 적용하면 $\sum x^{\underline{m}} H_x \delta x = x^{\underline{m+1}} H_x / (m+1) - x^{\underline{m+1}}/(m+1)^2 + C$이다. 따라서 $\sum_{0 \le k < n} k^{\underline{m}} H_k = n^{\underline{m+1}}(H_n - 1/(m+1))/(m+1) + 0^{\underline{m+1}}/(m+1)^2$이다. 주어진 문제에서는 $m = -2$이므로, 합은 $1 - (H_n + 1)/(n+1)$이 된다.

2.25 다음은 기존 법칙들에 대응되는 기본적인 법칙 몇 가지이다.

$$\sum_{k \in K} c a_k = c \sum_{k \in K} a_k \qquad \longleftrightarrow \qquad \prod_{k \in K} a_k^c = \left(\prod_{k \in K} a_k\right)^c$$

$$\sum_{k \in K} (a_k + b_k) = \sum_{k \in K} a_k + \sum_{k \in K} b_k \longleftrightarrow \prod_{k \in K} a_k b_k = \left(\prod_{k \in K} a_k\right)\left(\prod_{k \in K} b_k\right)$$

$$\sum_{k \in K} a_k = \sum_{p(k) \in K} a_{p(k)} \qquad \longleftrightarrow \qquad \prod_{k \in K} a_k = \prod_{p(k) \in K} a_{p(k)}$$

$$\sum_{\substack{j \in J \\ k \in K}} a_{j,k} = \sum_{j \in J} \sum_{k \in K} a_{j,k} \qquad \longleftrightarrow \qquad \prod_{\substack{j \in J \\ k \in K}} a_{j,k} = \prod_{j \in J} \prod_{k \in K} a_{j,k}$$

$$\sum_{k \in K} a_k = \sum_k a_k [k \in K] \qquad \longleftrightarrow \qquad \prod_{k \in K} a_k = \prod_k a_k^{[k \in K]}$$

$$\sum_{k \in K} 1 = \#K \qquad \longleftrightarrow \qquad \prod_{k \in K} c = c^{\#K}$$

2.26 $P^2 = \left(\prod_{1 \le j,k \le n} a_j a_k\right)\left(\prod_{1 \le j = k \le n} a_j a_k\right)$이다. 첫 인수는 $\left(\prod_{k=1}^n a_k^n\right)^2$과 같고 둘째 인수는 $\prod_{k=1}^n a_k^2$이다. 따라서 $P = \left(\prod_{k=1}^n a_k\right)^{n+1}$이다.

2.27 $\Delta(c^{\underline{x}}) = c^{\underline{x}}(c - x - 1) = c^{\underline{x+2}}/(c-x)$이다. $c = -2$로 설정하고 x를 2 감소하면 $\Delta(-(-2)^{\underline{x-2}}) = (-2)^{\underline{x}}/x$이 나오며, 따라서 문제의 합은 $(-2)^{\underline{-1}} - (-2)^{\underline{n-1}} = (-1)^n n! - 1$이다.

2.28 제2행과 3행 사이의 합산 인수 교환은 정당하지 않다. 이 합의 항들은 절대수렴하지 않는다. 그밖의 모든 것은, $\sum_{k \ge 1} [k = j-1] k/j$의 결과를 $[j-1 \ge 1](j-1)/j$로 표기하고 명시적으로 단순화했어야 한다는 점만 빼고는 완전히 옳다.

"불완전하게 옳다"의 반대.

2.29 부분분수 전개를 이용하면 다음이 나온다.

$$\frac{k}{4k^2 - 1} = \frac{1}{4}\left(\frac{1}{2k+1} + \frac{1}{2k-1}\right).$$

이제 $(-1)^k$ 인수는 각 항의 두 절반을 그 이웃들과 소거하는 효과를 낸다. 따라서 답은 $-1/4 + (-1)^n/(8n+4)$이다.

2.30 $\sum_a^b x\,\delta x = \frac{1}{2}(b^2 - a^2) = \frac{1}{2}(b-a)(b+a-1)$이다. 따라서 다음이 성립한다.

$$(b-a)(b+a-1) \;=\; 2100 \;=\; 2^2 \cdot 3 \cdot 5^2 \cdot 7.$$

x가 짝수이고 y가 홀수라 할 때, $2100 = x \cdot y$를 표기하는 방법마다 하나의 해가 존재한다. $a = \frac{1}{2}|x-y| + \frac{1}{2}$, $b = \frac{1}{2}(x+y) + \frac{1}{2}$로 두면, 그러한 해의 개수는 $3 \cdot 5^2 \cdot 7$의 약수들의 개수, 즉 12이다. 일반화하자면, $\prod_p p^{n_p}$을 표현하는 방법은 $\prod_{p>2}(n_p + 1)$가지이다. 여기서 곱의 범위는 소수들이다.

2.31 $\sum_{j,k \geq 2} j^{-k} = \sum_{j \geq 2} 1/j^2(1 - 1/j) = \sum_{j \geq 2} 1/j(j-1)$이다. 그와 비슷하게, 둘째 합은 $3/4$이다.

2.32 만일 $2n \leq x < 2n+1$이면 두 합은 $0 + \cdots + n + (x-n-1) + \cdots + (x-2n) = n(x-n) = (x-1) + (x-3) + \cdots + (x-2n+1)$이다. 그와 비슷하게, 만일 $2n-1 \leq x < 2n$이면 두 합 모두 $n(x-n)$과 같다. (두 경우 모두 제3장에 나오는 $\lfloor \frac{1}{2}(x+1) \rfloor \, (x - \lfloor \frac{1}{2}(x+1) \rfloor)$이라는 공식에 해당한다.)

2.33 만일 K가 공집합이면 $\bigwedge_{k \in K} a_k = \infty$이다. 다음은 기존 법칙들에 대응되는 기본적인 법칙들이다.

$$\sum_{k \in K} c a_k = c \sum_{k \in K} a_k \qquad\qquad \longleftrightarrow \qquad \bigwedge_{k \in K}(c + a_k) = c + \bigwedge_{k \in K} a_k$$

$$\sum_{k \in K}(a_k + b_k) = \sum_{k \in K} a_k + \sum_{k \in K} b_k \longleftrightarrow \bigwedge_{k \in K} \min(a_k, b_k)$$
$$= \min\left(\bigwedge_{k \in K} a_k, \bigwedge_{k \in K} b_k\right)$$

$$\sum_{k \in K} a_k = \sum_{p(k) \in K} a_{p(k)} \qquad\qquad \longleftrightarrow \qquad \bigwedge_{k \in K} a_k = \bigwedge_{p(k) \in K} a_{p(k)}$$

$$\sum_{\substack{j \in J \\ k \in K}} a_{j,k} = \sum_{j \in J} \sum_{k \in K} a_{j,k} \qquad\qquad \longleftrightarrow \qquad \bigwedge_{\substack{j \in J \\ k \in K}} a_{j,k} = \bigwedge_{j \in J} \bigwedge_{k \in K} a_{j,k}$$

$$\sum_{k \in K} a_k = \sum_k a_k [k \in K] \qquad\qquad \longleftrightarrow \qquad \bigwedge_{k \in K} a_k = \bigwedge_k a_k \cdot \infty^{[k \notin K]}$$

2.34 $K^+ = \{k \mid a_k \geq 0\}$이고 $K^- = \{k \mid a_k < 0\}$이라고 하자. 그러면, 예를 들어 만일 n이 홀수이면 F_n을 $F_{n-1} \cup E_n$으로 둔다. 여기서 $E_n \subseteq K^-$는 $\sum_{k \in (F_{n-1} \cap K^+)} a_k - \sum_{k \in E_n} (-a_k) < A^-$를 만족하는 충분히 큰 집합이다.

어떤 한 부호의 항들을 다른 부호의 항들보다 더 빨리 소비하는 순열치환은 합을 원하는 임의의 값으로 몰고 갈 수 있다.

2.35 골드바흐의 합이

$$\sum_{m,n \geq 2} m^{-n} = \sum_{m \geq 2} \frac{1}{m(m-1)} = 1$$

과 같음을 다음과 같이 증명할 수 있다. 기하급수를 전개하면 이는 $\sum_{k \in P, l \geq 1} k^{-l}$과 같다. 따라서, 만일 $m,n \geq 2$인 순서쌍 (m,n)들과 $k \in P$이고 $l \geq 1$인 순서쌍 (k,l)들 사이에 $m^n = k^l$을 만족하는 일대일 대응 관계가 성립함을 밝힌다면 증명이 완성된다. 만일 $m \notin P$이면 $(m,n) \leftrightarrow (m^n, 1)$로 두고, $m = a^b \in P$이면 $(m,n) \leftrightarrow (a^n, b)$로 두면 그러한 일대일 대응 관계가 성립한다.

2.36 (a) 정의에 의해 $g(n) - g(n-1) = f(n)$이다. (b) 부문제 (a)에 의해 $g(g(n)) - g(g(n-1)) = \sum_k f(k) [g(n-1) < k \leq g(n)] = n(g(n) - g(n-1)) = nf(n)$이다. (c) 역시 부문제 (a)에 의해 $g(g(g(n))) - g(g(g(n-1)))$은

$$\sum_k f(k) [g(g(n-1)) < k \leq g(g(n))]$$
$$= \sum_{j,k} j [j = f(k)][g(g(n-1)) < k \leq g(g(n))]$$
$$= \sum_{j,k} j [j = f(k)][g(n-1) < j \leq g(n)]$$
$$= \sum_j j(g(j) - g(j-1))[g(n-1) < j \leq g(n)]$$
$$= \sum_j jf(j) [g(n-1) < j \leq g(n)] = n\sum_j j [g(n-1) < j \leq g(n)].$$

이러한 자기서술적 특성 때문에, 골롬의 수열은 데이팅 게임에서는 그리 잘 통하지 않는다.

이다. 콜린 맬로즈$^{\text{Colin Mallows}}$는 이 수열을 다음 점화식으로도 정의할 수 있음을 발견했다.

$$f(1) = 1; \quad f(n+1) = 1 + f(n+1 - f(f(n))), \; n \geq 0에 \; 대해.$$

2.37 (RLG는 이들이 아마도 들어맞지 않을 것이라고 생각한다. DEK는 아마도 들어맞을 것이라고 생각한다. OP는 자신의 의견을 밝히지 않고 있다.)

3.1 $m = \lfloor \lg n \rfloor$; $l = n - 2^m = n - 2^{\lfloor \lg n \rfloor}$.

3.2　(a) $\lfloor x+.5 \rfloor$. (b) $\lceil x-.5 \rceil$.

3.3　$0<\{m\alpha\}<1$이므로, 문제의 수량은 $\lfloor mn-\{m\alpha\}n/\alpha \rfloor=mn-1$이다.

3.4　증명이 필요하지 않고 오직 운 좋은 추측으로 풀 수 있는 문제(아마도).

3.5　식 (3.8)과 (3.6)에 의해 $\lfloor nx \rfloor = \lfloor n\lfloor x \rfloor + n\{x\} \rfloor = n\lfloor x \rfloor + \lfloor n\{x\} \rfloor$이다. 따라서, n이 양의 정수라고 가정할 때 $\lfloor nx \rfloor = n\lfloor x \rfloor \Leftrightarrow \lfloor n\{x\} \rfloor = 0 \Leftrightarrow 0 \le n\{x\}<1 \Leftrightarrow \{x\}<1/n$이다. (이 경우 모든 x에 대해 $n\lfloor x \rfloor \le \lfloor nx \rfloor$임을 주목할 것.)

3.6　$\lfloor f(x) \rfloor = \lfloor f(\lceil x \rceil) \rfloor$.

3.7　$\lfloor n/m \rfloor + n \bmod m$.

3.8　만일 모든 상자에 $< \lceil n/m \rceil$개의 물건이 있다면 $n \le (\lceil n/m \rceil -1)m$이다. 따라서 $n/m+1 \le \lceil n/m \rceil$인데, 이는 식 (3.5)와 모순이다. 다른 증명도 이와 비슷하다.

3.9　$m/n-1/q=(n \text{ mumble } m)/qn$이 성립한다. $0 \le n \text{ mumble } m < m$이므로, 문제의 절차는 반드시 종료한다. $qn/(n \text{ mumble } m) > q$이므로 그 표현의 분모들은 순증가(strictly increasing)하며, 따라서 서로 다르다.

3.10　$\lceil x+\frac{1}{2} \rceil -[(2x+1)/4$는 정수가 아님]은 만일 $\{x\} \ne \frac{1}{2}$이면 x에 가장 가까운 정수이고 그렇지 않으면 가장 가까운 짝수 정수이다. (연습문제 2를 보라.) 따라서, 문제의 공식은 '치우치지 않은' 반올림을 수행하는 방법을 제공한다.

3.11　만일 n이 정수이면 $\alpha < n < \beta \Leftrightarrow \lfloor \alpha \rfloor < n < \lceil \beta \rceil$이다. a와 b가 정수일 때 $a<n<b$인 정수 n은 $(b-a-1)[b>a]$개이다. 따라서 만일 $\alpha = \beta =$정수이면 오답이 나온다.

3.12　양변에서 $\lfloor n/m \rfloor$을 빼고 식 (3.6)을 적용하면 $\lceil (n \bmod m)/m \rceil = \lfloor (n \bmod m + m-1)/m \rfloor$이 나온다. $0 \le n \bmod m < m$이므로, 이제 양변은 둘 다 $[n \bmod m > 0]$과 같다.

　　식 (3.24)의 첫 항이 반드시 (3.25)의 마지막 항과 같다는 점을 이용하면 더 짧지만 덜 직접적인 증명이 가능하다.

3.13 만일 이들이 하나의 분할을 형성한다면, 본문에 나온 $N(\alpha,n)$에 대한 공식은 $1/\alpha + 1/\beta = 1$을 함의한다. 만일 큰 n에 대해 $N(\alpha,n) + N(\beta,n) = n$이 성립하려면, 그 공식의 n의 계수들이 반드시 일치해야 하기 때문이다. 그러므로 α와 β는 둘 다 유리수이거나 둘 다 무리수이다. 만일 둘 다 무리수이면 본문에서 본 것처럼 하나의 분할이 형성된다. 만일 둘 다 분자 m으로 표현할 수 있다면, 두 스펙트럼 모두에서 $m-1$이라는 값은 나타나지 않으며, m은 둘 다에서 나타난다. (그러나 골롬은 $1/\alpha + 1/\beta = 1$일 때 집합 $\{\lfloor n\alpha \rfloor \mid n \geq 1\}$과 $\{\lceil n\beta \rceil - 1 \mid n \geq 1\}$이 항상 하나의 분할을 형성함을 밝혔다.[151]

3.14 만일 $ny = 0$이면 식 (3.22)에 의해 당연히 참이고, 그렇지 않으면 식 (3.21)과 (3.6)에 의해 참이다.

3.15 식 (3.24)의 n에 $\lceil mx \rceil$를 삽입하면 $\lceil mx \rceil = \lceil x \rceil + \lceil x - \frac{1}{m} \rceil + \cdots + \lceil x - \frac{m-1}{m} \rceil$이 나온다.

3.16 $0 \leq n < 3$일 때를 점검해 보면 공식 $n \bmod 3 = 1 + \frac{1}{3}((\omega - 1)\omega^n - (\omega + 2) \times \omega^{2n})$이 성립함을 확인할 수 있다.

   m이 임의의 양의 정수일 때 $n \bmod m$에 대한 일반식이 연습문제 7.25에 나온다.

3.17 $\sum_{j,k}[0 \leq k < m][1 \leq j \leq x + k/m] = \sum_{j,k}[0 \leq k < m][1 \leq j \leq \lceil x \rceil] \times [k \geq m(j - x)] = \sum_{1 \leq j \leq \lceil x \rceil}\sum_k[0 \leq k < m] - \sum_{j = \lceil x \rceil}\sum_k[0 \leq k < m(j - x)] = m\lceil x \rceil - \lceil m(\lceil x \rceil - x) \rceil = -\lceil -mx \rceil = \lfloor mx \rfloor$.

3.18 다음이 성립한다.

$$S = \sum_{0 \leq j < \lceil n\alpha \rceil}\sum_{k \geq n}[j\alpha^{-1} \leq k < (j+v)\alpha^{-1}].$$

만일 $j \leq n\alpha - 1 \leq n\alpha - v$이면, $(j+v)\alpha^{-1} \leq n$이므로 아무런 기여도 없다. 따라서 $j = \lfloor n\alpha \rfloor$인 경우만 고려하면 되는데, 그런 경우 그 값은 $\lceil (\lfloor n\alpha \rfloor + v)\alpha^{-1} \rceil - n \leq \lceil v\alpha^{-1} \rceil$이다.

3.19 필요충분조건은 b가 정수라는 것이다. (만일 b가 정수이면 $\log_b x$는 오직 정수 점들에서만 정숫값이 되는 연속 증가함수이다. 만일 b가 정수가 아니면, 주어진 조건은 $x = b$일 때 성립하지 않는다.)

3.20 $\sum_k kx[\alpha \le kx \le \beta] = x\sum_k k[\lceil \alpha/x \rceil \le k \le \lfloor \beta/x \rfloor]$가 성립하는데, 이 합은 $\frac{1}{2}x(\lfloor \beta/x \rfloor \lfloor \beta/x + 1 \rfloor - \lceil \alpha/x \rceil \lceil \alpha/x - 1 \rceil)$로 평가된다.

3.21 만일 $10^n \le 2^M < 10^{n+1}$이면, 그러한 2의 거듭제곱은 정확히 $n+1$개이다. k마다 2의 k자리 거듭제곱이 딱 하나씩 있기 때문이다. 그러므로 답은 $1 + \lfloor M\log 2 \rfloor$이다.

참고: $l > 1$일 때 선행 숫자가 l인 2의 거듭제곱의 개수를 구하는 것은 더 어렵다. 그 개수는 $\sum_{0 \le n \le M}(\lfloor n\log 2 - \log l \rfloor - \lfloor n\log 2 - \log(l+1) \rfloor)$이다.

3.22 $n = 2^{k-1}q$이고 q가 홀수라고 할 때, k번째 항을 제외한 모든 항은 n과 $n-1$에 대해 같다. 그러면 $S_n = S_{n-1} + 1$이고 $T_n = T_{n-1} + 2^k q$이며, 따라서 $S_n = n$이고 $T_n = n(n+1)$이다.

3.23 $X_n = m \iff \frac{1}{2}m(m-1) < n \le \frac{1}{2}m(m+1) \iff m^2 - m + \frac{1}{4} < 2n < m^2 + m + \frac{1}{4} \iff m - \frac{1}{2} < \sqrt{2n} < m + \frac{1}{2}$.

3.24 $\beta = \alpha/(\alpha+1)$이라고 하자. 그러면, $\mathrm{Spec}(\beta)$에 음이 아닌 정수 m이 나타나는 횟수는 $\mathrm{Spec}(\alpha)$에 나타나는 횟수보다 정확히 하나 더 많다. 왜 그럴까? $N(\beta, n) = N(\alpha, n) + n + 1$이기 때문이다.

> "수학적 귀납법으로 증명을 고안하다 보면, 서로 반대되는 두 가지 이유로 실패할 수 있다. 하나는 너무 많은 것을 증명하려다 실패하는 것이다. 즉, 여러분의 $P(n)$이 너무 큰 부담일 수 있다. 반면, 너무 적은 것을 증명하려다 실패하기도 한다. 즉, $P(n)$이 너무 약한 근거일 수 있다. 일반적으로, 여러분은 부담에 딱 맞는 근거가 되도록 정리 명제의 균형을 맞출 필요가 있다."
> — G. 포여. [297]

3.25 본문의 논법을 이어서, 만일 $K_m \le m$인 m의 값을 구할 수 있다면, $n = 2m+1$이라고 할 때 주어진 부등식은 $n+1$에 대해 성립하지 않는다. (또한 $n = 3m+1$일 때와 $n = 3m+2$일 때도 성립하지 않는다.) 그런데 그런 $m = n' + 1$이 존재하려면 $2K_{\lfloor n'/2 \rfloor} \le n'$이거나 $3K_{\lfloor n'/3 \rfloor} \le n'$이어야 한다. 즉,

$$K_{\lfloor n'/2 \rfloor} \le \lfloor n'/2 \rfloor \quad \text{또는} \quad K_{\lfloor n'/3 \rfloor} \le \lfloor n'/3 \rfloor$$

이어야 한다. 아하. 이런 식으로 나아가면 결국 $K_0 \le 0$이라는 결론에 도달하지만, 이는 $K_0 = 1$과 모순이다.

우리가 정말로 증명하고자 하는 것은 모든 $n \ge 0$에 대해 K_n이 항상 n보다 크다는 것이다. 이것은 우리가 증명할 수 없었던 것보다 더 강한 결과이지만, 사실은 귀납법으로 쉽게 증명할 수 있다!

(이 연습문제는 중요한 교훈을 준다. 이것은 바닥 함수의 성질에 관한 연습문제라기보다는 귀납의 본성에 관한 연습문제라 할 수 있다.)

3.26   다음과 같은 더 강한 가설을 이용해서 귀납법을 적용하면 된다.

$$D_n^{(q)} \leq (q-1)\left(\left(\frac{q}{q-1}\right)^{n+1} - 1\right), \quad n \geq 0 에 \ 대해.$$

3.27 a가 0 또는 1일 때, 만일 $D_n^{(3)} = 2^m b - a$이면 $D_{n+m}^{(3)} = 3^m b - a$이다.

3.28   여기서 핵심은 만일 $a_n = m^2$이면 $0 \leq k \leq m$에 대해 $a_{n+2k+1} = (m+k)^2 + m - k$이고 $a_{n+2k+2} = (m+k)^2 + 2m$이라는 것이다. 따라서 $a_{n+2m+1} = (2m)^2$이다. 다음은 문제의 답을 칼 위티$^{\text{Carl Witty}}$가 발견한 깔끔한 형태로 표현한 것이다.

$$a_{n-1} = 2^l + \left\lfloor \left(\frac{n-l}{2}\right)^2 \right\rfloor, \quad 2^l + l \leq n < 2^{l+1} + l + 1 일 \ 때.$$

3.29 $D(\alpha', \lfloor \alpha n \rfloor)$은

$$s(\alpha', \lfloor n\alpha \rfloor, v') = -s(\alpha, n, v) - S + \epsilon + \{0 \ 또는 \ 1\} + v' - \{0 또는 1\}$$

의 절댓값의 최댓값을 넘지 않는다.

3.30   귀납법에 의해 $X_n = \alpha^{2^n} + \alpha^{-2^n}$이다. 그리고 X_n은 정수이다.

3.31   다음은 '우아하고' '인상적인' 증명이다. 이 증명이 어떻게 발견되었는지에 대해서는 아무런 단서도 없다.

이 논리에는 심각한 바닥 (floor)이 있다.

$$
\begin{aligned}
\lfloor x \rfloor + \lfloor y \rfloor + \lfloor x+y \rfloor &= \lfloor x + \lfloor y \rfloor \rfloor + \lfloor x+y \rfloor \\
&\leq \left\lfloor x + \frac{1}{2}\lfloor 2y \rfloor \right\rfloor + \left\lfloor x + \frac{1}{2}\lfloor 2y \rfloor + \frac{1}{2} \right\rfloor \\
&= \lfloor 2x + \lfloor 2y \rfloor \rfloor = \lfloor 2x \rfloor + \lfloor 2y \rfloor.
\end{aligned}
$$

그런데 $0 \leq x, y < 1$인 경우만 고려하면 된다는 착안에 기초한 간단하고도 시각적인 증명이 존재한다. 그런 경우 함수들은 2차원 평면에서 다음과 같은 모습이다.

$$
\begin{array}{cc}
\begin{array}{|c|} \hline 1 \\ \hline 0 \\ \hline \end{array} & \leq \begin{array}{|c|c|} \hline 1 & 2 \\ \hline 0 & 1 \\ \hline \end{array}
\end{array}
$$

이보다 약간 더 강한 결과인 다음과 같은 부등식도 가능하다.

$$\lceil x \rceil + \lfloor y \rfloor + \lfloor x+y \rfloor \leq \lceil 2x \rceil + \lfloor 2y \rfloor.$$

그런데 이것은 $\{x\}=\frac{1}{2}$일 때만 더 강한 결과이다. 만일 이 부등식의 (x,y)에 $(-x,x+y)$를 대입하고 반사법칙 (3.4)를 적용하면 다음이 나온다.

$$\lfloor y \rfloor + \lfloor x+y \rfloor + \lfloor 2x \rfloor \le \lfloor x \rfloor + \lfloor 2x+2y \rfloor .$$

3.32 문제의 합을 $f(x)$로 표기한다고 하자. $f(x)=f(-x)$이므로 $x \ge 0$이라고 가정해도 된다. $k \to -\infty$에 따른 합의 항들의 한계는 2^k이고 $k \to +\infty$에 따른 한계는 $x^2/2^k$이다. 따라서 합은 모든 실수 x에 대해 존재한다.

$f(2x)=2\sum_k 2^{k-1}\, \| x/2^{k-1} \|^2 = 2f(x)$가 성립한다. $l(x)$가 $k \le 0$에 관한 합이고 $r(x)$가 $k > 0$에 관한 합이라 할 때, $f(x)=l(x)+r(x)$로 정의할 수 있다. 그러면 모든 x에 대해 $l(x+1)=l(x)$이고 $l(x) \le 1/2$이다. $0 \le x < 1$일 때는 $r(x)=x^2/2+x^2/4+\cdots = x^2$이고 $r(x+1)=(x-1)^2/2+(x+1)^2/4+(x+1)^2/8+\cdots = x^2+1$이다. 따라서 $0 \le x < 1$일 때 $f(x+1)=f(x)+1$이다.

이제 $0 \le x < 1$일 때 모든 정수 $n \ge 0$에 대해 $f(x+n)=f(x)+n$임을 귀납법으로 증명할 수 있다. 특히 $f(n)=n$이다. 그러므로 일반적으로 $f(x)=2^{-m} \times f(2^m x)=2^{-m} \lfloor 2^m x \rfloor + 2^{-m}f(\{2^m x\})$이다. 그런데 $f(\{2^m x\})=l(\{2^m x\})+r(\{2^m x\}) \le \frac{1}{2}+1$이므로 모든 정수 m에 대해 $|f(x)-x| \le \left| 2^{-m} \lfloor 2^m x \rfloor - x \right| + 2^{-m} \cdot \frac{3}{2} \le 2^{-m} \cdot \frac{5}{2}$이다.

이로부터, 모든 실수 x에 대해 $f(x)=|x|$라는 피할 수 없는 결론이 나온다.

3.33 $r=n-\frac{1}{2}$이 원의 반지름이라고 하자. (a) 체스판의 칸들 사이에는 수직선이 $2n-1$개, 수평선이 $2n-1$개 있다. 그리고 원은 그러한 선들을 각각 두 번씩 지나간다. 그런데 r^2은 정수가 아니므로, 피타고라스 정리에 의해 그 원은 그 어떤 칸의 모서리도 지나가지 않는다. 그러므로 원이 지나가는 칸의 개수는 원이 지나가는 점의 개수와 같다. 즉, $8n-4=8r$이다. (그 개수는 곧 체스판 가장자리에 있는 칸들의 개수이기도 하다.) (b) $f(n,k)=4 \lfloor \sqrt{r^2-k^2} \rfloor$.

(a)와 (b)로부터 다음을 유도할 수 있다.

$$\frac{1}{4}\pi r^2 - 2r \le \sum_{0 < k < r} \lfloor \sqrt{r^2-k^2} \rfloor \le \frac{1}{4}\pi r^2, \quad r=n-\frac{1}{2}.$$

이 합에 대한 좀 더 정확한 추정치를 얻는 문제는 정수론의 유명한 문제 중 하나로, 가우스와 여러 수학자가 연구한 바 있다. 딕슨^{Dickson}의 [78, 제2권, 제6장]을 보기 바란다.

3.34 (a) $m = \lceil \lg n \rceil$ 이라고 하자. 다음과 같이 $2^m - n$개의 항을 추가하면 경계에서의 계산이 간단해진다.

$$\begin{aligned}
f(n) + (2^m - n)m = \sum_{k=1}^{2^m} \lceil \lg k \rceil &= \sum_{j,k} j [j = \lceil \lg k \rceil][1 \le k \le 2^m] \\
&= \sum_{j,k} j [2^{j-1} < k \le 2^j][1 \le j \le m] \\
&= \sum_{j=1}^{m} j 2^{j-1} = 2^m(m-1) + 1 .
\end{aligned}$$

따라서 $f(n) = nm - 2^m + 1$이다.

(b) $\lceil n/2 \rceil = \lfloor (n+1)/2 \rfloor$ 이며, 따라서 일반 점화식 $g(n) = a(n) + g(\lceil n/2 \rceil) + g(\lfloor n/2 \rfloor)$의 해는 반드시 $\Delta g(n) = \Delta a(n) + \Delta g(\lfloor n/2 \rfloor)$를 만족한다. 특히, $a(n) = n - 1$일 때 n의 이진 표현의 비트 수, 즉 $\lceil \lg(n+1) \rceil$은 $\Delta f(n) = 1 + \Delta f(\lfloor n/2 \rfloor)$를 만족한다. 이제 Δ를 Σ로 바꾸면 증명이 완성된다.

$j \ge 1$에 대해 $\lceil \lg 2j \rceil = \lceil \lg j \rceil + 1$이고 $\lceil \lg(2j-1) \rceil = \lceil \lg j \rceil + [j > 1]$이라는 항등식들에 근거해서 좀 더 직접적으로 증명할 수도 있다.

3.35 $(n+1)^2 n! e = A_n + (n+1)^2 + (n+1) + B_n$이다. 여기서

$$A_n = \frac{(n+1)^2 n!}{0!} + \frac{(n+1)^2 n!}{1!} + \cdots + \frac{(n+1)^2 n!}{(n-1)!}$$

은 n의 배수이고

$$\begin{aligned}
B_n &= \frac{(n+1)^2 n!}{(n+2)!} + \frac{(n+1)^2 n!}{(n+3)!} + \cdots \\
&= \frac{n+1}{n+2}\left(1 + \frac{1}{n+3} + \frac{1}{(n+3)(n+4)} + \cdots \right) \\
&< \frac{n+1}{n+2}\left(1 + \frac{1}{n+3} + \frac{1}{(n+3)(n+3)} + \cdots \right) \\
&= \frac{(n+1)(n+3)}{(n+2)^2}
\end{aligned}$$

은 1보다 작다. 따라서 답은 $2 \bmod n$이다.

3.36 그 합은 다음과 같다.

$$\sum_{k,l,m} 2^{-l}4^{-m}\Big[m = \lfloor \lg l \rfloor \Big]\Big[l = \lfloor \lg k \rfloor \Big]\Big[1 < k < 2^{2^n}\Big]$$

$$= \sum_{k,l,m} 2^{-l}4^{-m}[2^m \le l < 2^{m+1}][2^l \le k < 2^{l+1}][0 \le m < n]$$

$$= \sum_{l,m} 4^{-m}[2^m \le l < 2^{m+1}][0 \le m < n]$$

$$= \sum_{m} 2^{-m}[0 \le m < n] \ = 2(1-2^{-n}).$$

3.37 우선 $m < n$인 경우를 고찰한다. 이 경우는 $m < \frac{1}{2}n$의 여부에 따라 여러 하위 경우들로 나뉜다. 각 경우에 대해, m을 n만큼 증가했을 때 양변이 같은 방식으로 변함을 보인다.

문제가 주어진 방식과는 달리, 이 문제는 사실 수준 4의 문제일 뿐이다.

3.38 많아야 하나의 x_k만 정수가 아니다. 모든 정수 x_k를 폐기하고 n만 남겼다고 하자. $\{x\} \ne 0$일 때 $m \to \infty$에 따른 $\{mx\}$의 평균은 $\frac{1}{4}$과 $\frac{1}{2}$ 사이이다. 따라서 $n > 1$일 때 $\{mx_1\} + \cdots + \{mx_n\} - \{mx_1 + \cdots + mx_n\}$의 평균값이 0일 수는 없다.

그런데 이러한 논법은 고른분포에 대한 한 어려운 정리에 의존한다. 기초적인 증명이 가능한데, 여기에서는 $n = 2$인 경우만 간략히 소개하겠다. P_m이 점 $(\{mx\}, \{my\})$라고 하자. 단위 정사각형 $0 \le x, y < 1$을 $x + y < 1$이냐 아니면 $x + y \ge 1$이냐에 따라 삼각형 영역 A와 B로 나눈다. 만일 $\{x\}$와 $\{y\}$가 0이 아니면 어떤 m에 대해 $P_m \in B$임을 보이고자 한다. 만일 $P_1 \in B$이면 증명은 끝이다. 그렇지 않으면, P_1이 중심이고 반지름이 $\epsilon > 0$인, 그리고 $D \subseteq A$ 를 만족하는 어떤 원반 D가 존재한다. 디리클레 상자 원리에 의해, N이 충분히 크다면 수열 $P_1, \ldots, P_N$에는 반드시 $|P_k - P_j| < \epsilon$이고 $k > j$인 두 점이 포함된다.

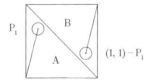

그러므로 P_{k-j-1}은 $(1,1) - P_1$을 중심으로 ϵ 이내에 있으며, 따라서 $P_{k-j-1} \in B$이다.

3.39 j를 $b - j$로 대체하고 항 $j = 0$을 합에 더하면 연습문제 15를 이용해서 j에 관해 합산할 수 있는 형태가 된다. 결과는

$$\lceil x/b^k \rceil - \lceil x/b^{k+1} \rceil + b - 1$$

인데, k에 대해 합산하면 항들이 소거되어서 요구된 형태가 된다.

3.40 $-2 \le r < 2$이고 $\lfloor 2\sqrt{n} \rfloor = 4k+r$이라고 하자. 그리고 $m = \lfloor \sqrt{n} \rfloor$이라고 하자. 그러면 다음과 같은 관계들이 성립한다. 이들은 모두 귀납법으로 증명할 수 있다.

구역	r	m	x	y	필요충분조건
W_k	-2	$2k-1$	$m(m+1)-n-k$	k	$(2k-1)(2k-1) \le n \le (2k-1)(2k)$
S_k	-1	$2k-1$	$-k$	$m(m+1)-n+k$	$(2k-1)(2k) < n < (2k)(2k)$
E_k	0	$2k$	$n-m(m+1)+k$	$-k$	$(2k)(2k) \le n \le (2k)(2k+1)$
N_k	1	$2k$	k	$n-m(m+1)-k$	$(2k)(2k+1) < n < (2k+1)(2k+1)$

따라서, $k \ge 1$일 때 W_k는 경로가 서쪽으로 가며 길이가 $2k-1$인 구역이고 $y(n) = k$이다. S_k는 경로가 남쪽으로 가며 길이가 $2k$인 구역의 내부이고 $x(n) = -k$이다. 다른 구역들도 이와 비슷하다. (a) 따라서 요구된 공식은

$$y(n) = (-1)^m \left((n-m(m+1)) \cdot \Big\lfloor \lfloor 2\sqrt{n} \rfloor \text{은 홀수} \Big\rfloor - \Big\lceil \frac{1}{2}m \Big\rceil \right)$$

이다. (b) 모든 구역에서 $k = \max(|x(n)|, |y(n)|)$이다. 구역 W_k와 S_k에서는 $x < y$이고 $n+x+y = m(m+1) = (2k)^2 - 2k$이다. 구역 E_k와 N_k에서는 $x \ge y$이고 $n-x-y = m(m+1) = (2k)^2 + 2k$이다. 그러므로 부호는 $(-1)^{[x(n) < y(n)]}$이다.

3.41 $1/\phi + 1/\phi^2 = 1$이므로, 문제의 수열들은 실제로 양의 정수들을 분할한다. $g(n) = f(f(n))+1$이라는 조건은 f와 g를 유일하게 결정하므로, 모든 $n > 0$에 대해 $\lfloor \lfloor n\phi \rfloor \phi \rfloor + 1 = \lfloor n\phi^2 \rfloor$이라는 점만 보이면 된다. 그런데 이는 연습문제 3의 결과에서 $\alpha = \phi$, $n = 1$로 두면 나온다.

3.42 존재하지 않는다. 본문과 연습문제 13에 나온 스펙트럼이 두 개인 경우의 분석과 비슷한 논법을 적용하면, 삼분할은 만일 $1/\alpha + 1/\beta + 1/\gamma = 1$이고 모든 $n > 0$에 대해

$$\left\{ \frac{n+1}{\alpha} \right\} + \left\{ \frac{n+1}{\beta} \right\} + \left\{ \frac{n+1}{\gamma} \right\} = 1$$

이면, 그리고 오직 그럴 때만 발생한다. 그런데 α가 무리수일 때 $\{(n+1)/\alpha\}$의 평균은 고른분포의 정리에 따라 $1/2$이다. 모든 매개변수가 유리수일 수는 없으

며, 만일 $\gamma = m/n$이면 평균은 $3/2 - 1/(2n)$이다. 따라서 γ는 반드시 정수인데, 이 역시 주어진 조건을 만족하지 못한다. (고른분포의 정리 없이 간단한 법칙들만 사용해서 분할 불가능을 증명할 수도 있다. [155]를 보라.)

3.43 K_n에 대한 점화식을 한 단계만 펼치면 네 수 $1 + a + a \cdot b \cdot K_{\lfloor (n-1-a)/(a \cdot b) \rfloor}$의 최솟값이 나온다. 여기서 a와 b는 각각 2 또는 3이다. (이러한 단순화 과정에는 식 (3.11)을 이용해서 바닥 안의 바닥을 제거하는 조작과 항등식 $x + \min(y,z) = \min(x+y, x+z)$가 쓰였다. 색인이 음수인, 즉 $n-1-a < 0$인 항들은 반드시 버려야 한다.)

그런 식으로 계속 진행하면 다음과 같은 해석에 도달한다: K_n은 다음과 같은 형태의 모든 수를 포함하는 중복집합 S의 n보다 큰 최소 원소이다.

$$1 + a_1 + a_1 a_2 + a_1 a_2 a_3 + \cdots + a_1 a_2 a_3 \ldots a_m.$$

여기서 $m \geq 0$이고 각 a_k는 2 또는 3이다. 따라서

$$S = \{1,3,4,7,9,10,13,15,19,21,22,27,28,31,31,\ldots\}$$

이다. 수 31은 S에 '두 번' 존재하는데, 이는 그 수의 표현이 $1+2+4+8+16 = 1+3+9+18$ 두 가지이기 때문이다. (덧붙이자면, 마이클 프레드먼Michael Fredman은 $\lim_{n\to\infty} K_n/n = 1$임을, 다시 말해 S에 어떤 커다란 틈이 존재하지는 않음을 보였다.[134])

3.44 $D_n^{(q)} = (qD_{n-1}^{(q)} + d_n^{(q)})/(q-1)$과 $a_n^{(q)} = \lceil D_{n-1}^{(q)}/(q-1) \rceil$이 성립하도록 $d_n^{(q)} = D_{n-1}^{(q)}$ mumble $(q-1)$로 두자. 그러면 $D_{k-1}^{(q)} \leq (q-1)n \Leftrightarrow a_k^{(q)} \leq n$이며, 이로부터 요구된 결과가 도출된다. (이 해법은 오일러가 발견했다.[116] 그는 하나의 수열 $D_n^{(q)}$으로 충분함을 깨닫지 못하고 a들과 d들을 차례로 구했다.)

너무 쉽다.

3.45 $\alpha > 1$이 $\alpha + 1/\alpha = 2m$을 만족한다고 하자. 그러면 $2Y_n = \alpha^{2^n} + \alpha^{-2^n}$이며, 이로부터 $Y_n = \lceil \alpha^{2^n}/2 \rceil$이 나온다.

3.46 힌트는 식 (3.9)와 $2n(n+1) = \lfloor 2(n+\frac{1}{2})^2 \rfloor$에서 비롯된 것이다. $n + \theta = (\sqrt{2}^l + \sqrt{2}^{l-1})m$이고 $n' + \theta' = (\sqrt{2}^{l+1} + \sqrt{2}^l)m$이라고 하자. 여기서 $0 \leq \theta, \theta' < 1$이다. 그러면 d가 0 또는 1이라 할 때 $\theta' = 2\theta \bmod 1 = 2\theta - d$이다. 이제 $n' = \lfloor \sqrt{2}(n + \frac{1}{2}) \rfloor$임을 증명하면 된다. 이 등식은 만일

$$0 \leq \theta'(2 - \sqrt{2}) + \sqrt{2}(1 - d) < 2$$

이면, 그리고 오직 그럴 때만 성립한다. 점화식은 $\mathrm{Spec}(1 + 1/\sqrt{2})$와 $\mathrm{Spec}(1 + \sqrt{2})$가 양의 정수들을 분할한다는 점에 착안해서 풀 수 있다. 이는 임의의 정수 a를 $a = \lfloor (\sqrt{2}^l + \sqrt{2}^{l-1})m \rfloor$의 형태로 유일하게 표현할 수 있음을 뜻한다. 여기서 l은 ≥ 0인 정수이고 m은 홀수 정수이다. 이로부터 $L_n = \lfloor (\sqrt{2}^{l+n} + \sqrt{2}^{l+n-1})m \rfloor$이 나온다.

3.47 (a) $c = -\frac{1}{2}$. (b) c는 정수이다. (c) $c = 0$. (d) c는 임의의 실수이다. 좀 더 일반적인 결과에 관해서는 [207]의 연습문제 1.2.4-40의 해답을 보라.

3.48 $x^{:0} = 1$이고 $x^{:(k+1)} = x \lfloor x^{:k} \rfloor$이라고 하자. 그리고 $a_k = \{x^{:k}\}$이고 $b_k = \lfloor x^{:k} \rfloor$라고 하자. 그러면 문제의 항등식은 $x^3 = 3x^{:3} + 3a_1a_2 + a_1^3 - 3b_1b_2 + b_1^3$이 된다. $k \geq 0$에 대해 $a_k + b_k = x^{:k} = xb_{k-1}$이므로 $(1 - xz)(1 + b_1z + b_2z^2 + \cdots) = 1 - a_1z - a_2z^2 - \cdots$이 성립한다. 따라서

$$\frac{1}{1 - xz} = \frac{1 + b_1z + b_2z^2 + \cdots}{1 - a_1z - a_2z^2 - \cdots}$$

이다. 양변에 로그를 취해서 b들로부터 a들을 분리한 후 z에 대해 미분하면 다음이 나온다.

$$\frac{x}{1 - xz} = \frac{a_1 + 2a_2z + 3a_3z^2 + \cdots}{1 - a_1z - a_2z^2 - \cdots} + \frac{b_1 + 2b_2z + 3b_3z^2 + \cdots}{1 + b_1z + b_2z^2 + \cdots}.$$

좌변에서 z^{n-1}의 계수는 x^n이고 우변의 해당 계수는 $n = 3$일 때 주어진 항등식과 부합하는 공식이다.

더 일반적인 곱 $x_0x_1 \ldots x_{n-1}$에 대한 비슷한 항등식들도 유도할 수 있다.[170]

3.49 (하인리히 롤레체크$^{\text{Heinrich Rolletschek}}$의 해답.) $\lfloor n\alpha \rfloor + \lfloor n\beta \rfloor$를 바꾸지 않고도 (α, β)를 $(\{\beta\}, \alpha + \lfloor \beta \rfloor)$로 대체할 수 있다. 따라서 $\alpha = \{\beta\}$는 필요조건이다. 이는 또한 충분조건이기도 하다. $m = \lfloor \beta \rfloor$가 주어진 중복집합의 최소 원소라고 하자. 그리고 S가 모든 n에 대해 주어진 중복집합의 n번째로 작은 원소에서 mn을 뺀 원소들로 만든 또 다른 중복집합이라고 하자. 만일 $\alpha = \{\beta\}$이면 S의 인접한 두 원소의 차이는 0 또는 2이다. 따라서 중복집합 $\frac{1}{2}S = \mathrm{Spec}(\alpha)$는 α를 결정한다.

좀 더 흥미로운(여전히 풀리지 않은) 문제 하나: α와 β가 반드시 < 1이라는 제약 하에서, 주어진 중복집합이 순서 없는 쌍 $\{\alpha, \beta\}$를 결정하는 조건을 구하라.

3.50 윌리엄 A. 비치$^{\text{William A. Veech}}$의 미출판 원고에 따르면, $\alpha\beta$와 β, 1이 유리수들에 관해 선형 독립이 되게 하는 것으로 충분하다.

3.51 H. S. 윌프^{Wilf}는 만일 $f(x)$가 임의의 구간 $(\phi..\phi+\epsilon)$에 있음을 안다면 함수 방정식 $f(x^2-1) = f(x)^2$이 모든 $x \geq \phi$에 대해 $f(x)$를 결정함을 밝혔다.

3.52 양의 정수들을 **중복된** α_k들을 이용해서 셋 이상의 일반화된 스펙트럼들로 분할하는 방법은 무한히 많다. 예를 들어

$$\mathrm{Spec}(2\alpha;0) \cup \mathrm{Spec}(4\alpha;-\alpha) \cup \mathrm{Spec}(4\alpha;-3\alpha) \cup \mathrm{Spec}(\beta;0)$$

은 $\alpha = \sqrt{2}$ 이고 $\beta = 2 + \sqrt{2}$ 일 때 그러한 분할 방법이 된다. 그러나 엄밀히 말하면 그런 모든 분할은 기본 분할 $\mathrm{Spec}(\alpha) \cup \mathrm{Spec}(\beta)$의 '확장'을 통해서 만들어진다고 할 수 있다. [158]을 보라. 현재까지 알려진, 서로 다른 α들로 이루어진 예들, 이를테면

$$\mathrm{Spec}(\frac{7}{4};0) \cup \mathrm{Spec}(\frac{7}{2};-1) \cup \mathrm{Spec}(7;-3)$$

같은 방법들은 모두 문제에 언급된 추측에 있는 것들과 비슷한 매개변수들에 의존한다. 문제의 추측은 A. S. 프랭켈^{Fraenkel}에 기인한다.[128]

3.53 부분적인 결과가 [95, pp. 30-31]에 나온다. 탐욕적 알고리즘이 종료되지 않을 수도 있다.

4.1 1,2,4,6,16,12.

4.2 $m_p + n_p = \min(m_p,n_p) + \max(m_p,n_p)$임에 주목하자. 점화식 $lcm(m,n) = (n/(n \bmod m))lcm(n \bmod m,m)$은 유효하지만, 최소공배수의 계산에 아주 적합하다고는 할 수 없다. 현재까지 알려진 바로, $lcm(m,n)$을 계산하는 최상의 방법은 먼저 $\gcd(m,n)$을 구하고 그것을 mn으로 나누는 것이다.

4.3 주어진 공식은 x가 정수일 때 성립하지만, $\pi(x)$는 모든 실수 x에 대해 정의된다. 올바른 공식은

$$\pi(x) - \pi(x-1) = [\lfloor x \rfloor \text{ 는 소수}]$$

이다. 이 공식은 쉽게 증명할 수 있다.

4.4 $\frac{1}{0}$과 $\frac{0}{-1}$ 사이에는 모든 분모가 부정된, 좌우가 뒤집힌 슈테른-브로코 트리가 있고, 등등으로 진행된다. 결국에는 $m \perp n$인 모든 분수 m/n이 나온다. 이 경우에도 구축 과정 전체에서 $m'n - mn' = 1$이라는 조건이 성립한다. (이를 슈테른-브로코 화환 (Stern-Brocot wreath)이라고 부르는데, 이는 편의상 마지막 $\frac{0}{1}$을 첫 $\frac{0}{1}$과 같은 것으로 둔다면 트리들이 최상위에서 연결되어서 하나의 고리를 형성하기 때문이다. 한 평면의 모든 유리 방향들을 나타낸다는 특징 때문에, 슈테른-브로코 화환은 컴퓨터 그래픽 분야에서 흥미로운 방식으로 응용된다.)

4.5 $L^k = \begin{pmatrix} 1 & k \\ 0 & 1 \end{pmatrix}$이고 $R^k = \begin{pmatrix} 1 & 0 \\ k & 1 \end{pmatrix}$이다. 이는 $k < 0$일 때도 성립한다. (L들과 R들의 임의의 곱에 대한 일반식을 제6장에서 구해 볼 것이다.)

4.6 $a = b$. (제3장에서는 $x \bmod 0 = x$라고 정의하는데, 일차적으로는 이것이 참이 되게 하기 위한 것이다.)

어차피 'mod y'는 어찌 보면 "y가 0인 척하자"라는 뜻이야. 따라서, 원래부터 0이었다면 0인 척할 필요가 없지.

4.7 $m \bmod 10 = 0$이고 $m \bmod 9 = k$, $m \bmod 8 = 1$이어야 한다. 그러나 m이 동시에 짝수이자 홀수일 수는 없다.

4.8 $10x + 6y \equiv 10x + y \pmod{15}$이어야 하므로 $5y \equiv 0 \pmod{15}$이다. 따라서 $y \equiv 0 \pmod 3$이다. 그러려면 반드시 $y = 0$ 또는 3이고 $x = 0$ 또는 1이어야 한다.

4.9 $3^{2k+1} \bmod 4 = 3$이므로 $(3^{2k+1} - 1)/2$는 홀수이다. 문제의 수는 $(3^7 - 1)/2$와 $(3^{11} - 1)/2$로(그리고 그 밖의 수들로) 나누어떨어진다.

4.10 $999 \left(1 - \frac{1}{3}\right)\left(1 - \frac{1}{37}\right) = 648$.

4.11 $\sigma(0) = 1$; $\sigma(1) = -1$; $n > 1$에 대해 $\sigma(n) = 0$. (임의의 부분순서 구조들에 대해 정의되는 일반화된 뫼비우스 함수에는 흥미롭고도 중요한 성질들이 있는데, 이들은 바이스너^{Weisner}가 처음 조사했고[366] 그 후 여러 사람이, 특히 지안카를로 로타$^{\text{Gian-Carlo Rota}}$가[313] 더욱 발전시켰다.)

4.12 식 (4.7)과 (4.9)에 의해, $\sum_{d \backslash m} \sum_{k \backslash d} \mu(d/k) g(k) = \sum_{k \backslash m} \sum_{d \backslash (m/k)} \mu(d) \times g(k) = \sum_{k \backslash m} g(k)[m/k = 1] = g(m)$.

4.13 (a) 모든 p에 대해 $n_p \le 1$. (b) $\mu(n) \ne 0$.

4.14 둘 다 $k > 0$일 때 참이다. 식 (4.12)와 (4.14), (4.15)로 증명할 수 있다.

4.15 아니다. 예를 들어 $e_n \bmod 5 = [2 \text{ 또는 } 3]$이고 $e_n \bmod 11 = [2, 3, 7, \text{ 또는 } 10]$이다.

4.16 $1/e_1 + 1/e_2 + \cdots + 1/e_n = 1 - 1/(e_n(e_n - 1)) = 1 - 1/(e_{n+1} - 1)$.

4.17 $f_n \bmod f_m = 2$이므로 $\gcd(f_n, f_m) = \gcd(2, f_m) = 1$이다. (덧붙이자면, $f_n = f_0 f_1 \ldots f_{n-1} + 2$라는 관계식은 유클리드 수 e_n을 정의하는 점화식과 아주 비슷하다.)

4.18 만일 $n = qm$이고 q가 홀수이면 $2^n + 1 = (2^m + 1)(2^{n-m} - 2^{n-2m} + \cdots - 2^m + 1)$이다.

4.19 첫 합은 $\pi(n)$이다. 피가수가 $[k+1$은 소수$]$이기 때문이다. 둘째 합의 안쪽 합은 $\sum_{1 \le k < m} [k \setminus m]$이며, 따라서 그 합이 1보다 클 필요충분조건은 m이 합성수라는 것이다. 이번에도 $\pi(n)$이 나온다. 마지막으로, $\lceil \{m/n\} \rceil = [n \setminus m]$이므로 셋째 합은 윌슨 정리의 한 응용이다. 물론, 이 세 공식을 $\pi(n)$을 평가하는 용도로 사용하는 것은 완전히 정신 나간 일이다.

4.20 $p_1 = 2$이고 p_n이 $2^{p_{n-1}}$보다 큰 최소 소수라고 하자. 그러면 $2^{p_{n-1}} < p_n < 2^{p_{n-1}+1}$이며, 이로부터 $b = \lim_{n \to \infty} \lg^{(n)} p_n$이 도출된다. 여기서 $\lg^{(n)}$은 함수 $\lg$을 n번 반복한 것이다. 문제의 수치는 $p_2 = 5$와 $p_3 = 37$에서 나온다. 한편 $p_4 = 2^{37} + 9$인데, 이로부터 다음과 같은 좀 더 정확한 값을 얻을 수 있다(그러나 p_5에 대해서는 아무런 단서도 없다).

$$b \approx 1.2516475977905.$$

4.21 베르트랑 공준에 의해 $P_n < 10^n$이다. 만일

$$K = \sum_{k \ge 1} 10^{-k^2} P_k = .200300005 \ldots$$

으로 둔다면, $10^{n^2} K \equiv P_n + \text{분수부} \pmod{10^{2n-1}}$이다.

4.22 $(b^{mn} - 1)/(b - 1) = ((b^m - 1)/(b - 1))(b^{mn-m} + \cdots + 1)$. $[p < 49081$에 대해 $(10^p - 1)/9$ 형태의 소수들은 $p = 2, 19, 23, 317, 1031$일 때만 나타난다.$]$ 이런 형태의 소수를 '단위반복수(repunit)'라고 부른다.

4.23 $\rho(2k+1)=0$; $k\geq 1$에 대해 $\rho(2k)=\rho(k)+1$. 만일 $n>2^m$이고 $m>\rho(n)$이면 $\rho(n)=\rho(n-2^m)$임을 귀납법으로 보일 수 있다. 하노이 탑 원반들에 $0,1,\ldots,n-1$의 번호를 부여할 때, k번째 이동에서는 원반 $\rho(k)$가 옮겨진다. 만일 k가 2의 거듭제곱이면 이는 명백하다. 그리고 만일 $2^m<k<2^{m+1}$이면 $\rho(k)<m$이 성립한다. $m+1$개의 원반을 T_m+1+T_m 단계로 옮기는 이동열에서 k번째 이동과 $k-2^m$번째 이동은 동등하다.

4.24 n에 dp^m을 기여하는 숫자는 $\epsilon_p(n!)$에 $dp^{m-1}+\cdots+d=d(p^m-1)/(p-1)$을 기여한다. 따라서 $\epsilon_p(n!)=(n-\nu_p(n))/(p-1)$이다.

4.25 모든 p에 대해 $m\,\backslash\backslash\,n \Leftrightarrow m_p=0$ 또는 $m_p=n_p$이다. 따라서 (a)는 참이고, (b)는 친숙한 예인 $m=12, n=18$에서 성립하지 않는다. (이는 흔히 범하는 오류이다.)

4.26 그렇다. $\mathcal{G}_N$이 슈테른-브로코 트리의 한 부분 트리를 정의하기 때문이다.

4.27 더 짧은 문자열에 M들을 추가해서(M은 알파벳 순으로 L과 R 사이에 있으므로) 두 문자열의 길이가 같게 한 다음 사전 순서를 적용하면 된다. 예를 들어 트리의 최상위 수준들은 $LL<LM<LR<MM<RL<RM<RR$이다. (또 다른 해법은 두 입력 모두에 무한 문자열 RL^∞를 추가하고 $L<R$이 나올 때까지 계속 비교하는 것이다.)

4.28 표현의 첫 부분만 사용하면 된다.

$$
\begin{array}{cccccccccccccccc}
R & R & R & L & L & L & L & L & L & L & R & R & R & R & R & R \\
\dfrac{1}{1}, & \dfrac{2}{1}, & \dfrac{3}{1}, & \dfrac{4}{1}, & \dfrac{7}{2}, & \dfrac{10}{3}, & \dfrac{13}{4}, & \dfrac{16}{5}, & \dfrac{19}{6}, & \dfrac{22}{7}, & \dfrac{25}{8}, & \dfrac{47}{15}, & \dfrac{69}{22}, & \dfrac{91}{29}, & \dfrac{113}{36}, & \dfrac{135}{43}, \cdots.
\end{array}
$$

분수 $\frac{4}{1}$가 나온 것은 그것이 $\frac{3}{1}$보다 더 가까워서가 아니라 $\frac{1}{0}$보다 나은 상계이기 때문이다. 비슷하게, $\frac{25}{8}$는 $\frac{3}{1}$보다 나은 하계이다. 가장 간단한 상계들과 가장 간단한 하계들이 모두 나오지만, 그다음으로 아주 좋은 근사는 R들의 문자열이 다시 L로 돌아가기 직전에야 나타난다.

4.29 $1/\alpha$. 이진 표기법에서 x로부터 $1-x$를 얻으려면 0과 1을 맞바꾸면 된다. 비슷하게, 슈테른-브로코 표기법에서 α로부터 $1/\alpha$을 얻으려면 L과 R을 맞바꾸면

된다. (유한한 경우들도 반드시 고려해야 하는데, 대응 관계가 순서를 보전하므로 그런 경우들에도 이것이 잘 통한다.)

4.30 m개의 정수 $x \in [A..A+m)$은 m을 법으로 하여 서로 다르다. 따라서 해당 나머지 $(x \bmod m_1, ..., x \bmod m_r)$은 모든 가능한 $m_1 ... m_r = m$ 값들을 훑으며, 비둘기집 원리에 의해 그중 하나는 반드시 $(a_1 \bmod m_1, ..., a_r \bmod m_r)$과 같다.

4.31 $b \equiv 1 \pmod{d}$이면 항상, 기수 b 표기법으로 표현된 수는 만일 그 숫자들의 합이 d로 나누어떨어지면, 그리고 오직 그럴 때만 d로 나누어떨어진다. 왜냐하면 $(a_m ... a_0)_b = a_m b^m + \cdots + a_0 b^0 \equiv a_m + \cdots + a_0$이기 때문이다.

4.32 $\varphi(m)$개의 수 $\{kn \bmod m \mid k \perp m$ 그리고 $0 \le k < m\}$은 $\{k \mid k \perp m$ 그리고 $0 \le k < m\}$의 수들이 순서를 바꾼 것이다. 이들을 곱하고 $\prod_{0 \le k < m, k \perp m} k$로 나누어서 증명할 수 있다.

4.33 $h(1) = 1$임은 명백하다. 만일 $m \perp n$이면 $h(mn) = \sum_{d \backslash mn} f(d) g(mn/d) = \sum_{c \backslash m, d \backslash n} f(cd) g((m/c)(n/d)) = \sum_{c \backslash m} \sum_{d \backslash n} f(c) g(m/c) f(d) g(n/d)$이다. 그런데 합의 모든 항에 대해 $c \perp d$이므로, 이것은 곧 $h(m) h(n)$이다.

4.34 x가 정수가 아닐 때, 만일 $f(x)$가 0이면

$$g(m) = \sum_{d \backslash m} f(d) = \sum_{d \backslash m} f(m/d) = \sum_{d \ge 1} f(m/d)$$

이다.

4.35 기본 경우들은 다음과 같다.

$$I(0, n) = 0; \quad I(m, 0) = 1.$$

$m, n > 0$일 때 다음 두 가지 법칙이 있는데, 첫째 것은 만일 $m > n$이면 자명하고 둘째 것은 만일 $m < n$이면 자명하다.

$$I(m, n) = I(m, n \bmod m) - \lfloor n/m \rfloor I(n \bmod m, m);$$
$$I(m, n) = I(m \bmod n, n).$$

4.36 주어진 임의의 수량을 비단위들로 인수분해할 때는 반드시 $m^2 - 10n^2 = \pm 2$ 또는 ± 3이 성립해야 하는데, 10이 법일 때는 그럴 수 없다.

4.37 $a_n = 2^{-n}\ln\left(e_n - \frac{1}{2}\right)$ 이고 $b_n = 2^{-n}\ln\left(e_n + \frac{1}{2}\right)$ 이라고 하자. 그러면 다음이 성립한다.

$$e_n = \left\lfloor E^{2^n} + \frac{1}{2} \right\rfloor \quad \Leftrightarrow \quad a_n \le \ln E < b_n.$$

그리고 $a_{n-1} < a_n < b_n < b_{n-1}$ 이므로 $E = \lim_{n \to \infty} e^{a_n}$ 으로 둘 수 있다. 실제로

$$E^2 = \frac{3}{2} \prod_{n \ge 1} \left(1 + \frac{1}{(2e_n - 1)^2}\right)^{1/2^n}$$

인데, 이 곱은 $(1.26408473530530111\ldots)^2$ 으로 빠르게 수렴한다. 그러나, 유클리드 수에 의존하지 않는 E의 또 다른 표현을 구하지 않는 한, 이러한 사실들만으로는 e_n의 정체를 알아낼 수 없다.

4.38 $r = n \bmod m$ 이라고 하자. 그러면 $a^n - b^n = (a^m - b^m)(a^{n-m}b^0 + a^{n-2m}b^m + \cdots + a^r b^{n-m-r}) + b^{m\lfloor n/m \rfloor}(a^r - b^r)$ 이다.

4.39 만일 $a_1 \ldots a_t$ 와 $b_1 \ldots b_u$ 가 완전제곱수들이면,

$$a_1 \ldots a_t b_1 \ldots b_u / c_1^2 \ldots c_v^2$$

도 완전제곱수이다. 여기서 $\{a_1, \ldots, a_t\} \cap \{b_1, \ldots, b_u\} = \{c_1, \ldots, c_v\}$ 이다. (사실, 수열 $< S(1), S(2), S(3), \ldots >$ 에 소수가 아닌 모든 양의 정수가 정확히 한 번씩만 등장함을 증명할 수 있다.)

4.40 $f(n) = \prod_{1 \le k \le n, p \nmid k} k = n! / p^{\lfloor n/p \rfloor} \lfloor n/p \rfloor!$ 이고 $g(n) = n! / p^{\epsilon_p(n!)}$ 이라고 하자. 그러면

$$g(n) = f(n) f(\lfloor n/p \rfloor) f(\lfloor n/p^2 \rfloor) \ldots = f(n) g(\lfloor n/p \rfloor)$$

이다. 또한 $f(n) \equiv a_0! (p-1)!^{\lfloor n/p \rfloor} \equiv a_0! (-1)^{\lfloor n/p \rfloor} \pmod{p}$ 이고 $\epsilon_p(n!) = \lfloor n/p \rfloor + \epsilon_p(\lfloor n/p \rfloor!)$ 이다. 이 점화식들을 이용하면 문제의 등식을 귀납법으로 쉽게 증명할 수 있다. (이와는 다른 여러 답이 가능하다.)

4.41 (a) 만일 $n^2 \equiv -1 \pmod{p}$ 이면 $(n^2)^{(p-1)/2} \equiv -1$ 이다. 그러나 페르마의 정리에 따르면 그 값은 $+1$ 이다. (b) $n = ((p-1)/2)!$ 이라고 하자. 그러면 $n \equiv (-1)^{(p-1)/2} \prod_{1 \le k < p/2}(p-k) = (p-1)!/n$ 이다. 따라서 $n^2 \equiv (p-1)!$ 이다.

4.42 우선, 유클리드 알고리즘에 의해 $\gcd(k,l) = \gcd(k, l+ak)$ 이므로, 임의의 정수 a에 대해 $k \perp l \iff k \perp l + ak$ 임에 주목하자. 그러면

$$m \perp n \text{ 그리고 } n' \perp n \iff mn' \perp n$$
$$\iff mn' + nm' \perp n$$

이다. 마찬가지로

$$m' \perp n' \text{ 그리고 } n \perp n' \iff mn' + nm' \perp n'$$

이다. 따라서

$$m \perp n \text{ 그리고 } m' \perp n' \text{ 그리고 } n \perp n' \iff mn' + nm' \perp nn'$$

이다.

4.43 $L^{-1}R$을 곱하고, $R^{-1}L^{-1}RL$을 곱하고, $L^{-1}R$을 곱하고, $R^{-2}L^{-1}RL^2$을 곱하고, 등등으로 나아간다. $\rho(n)$개의 R들을 소거해야 하므로, n번째 곱수는 $R^{-\rho(n)}L^{-1}RL^{\rho(n)}$이다. 그리고 $R^{-m}L^{-1}RL^m = \begin{pmatrix} 0 & -1 \\ 1 & 2m+1 \end{pmatrix}$이다.

4.44 구간

John .316

— 1993년 미국 월드시리즈 도중 존 크럭(John Kruk)이 타석에 들었을 때 걸린 배너.

$$[0.3155..0.3165] = \left[\frac{631}{2000} .. \frac{633}{2000} \right)$$

안에 있는 가장 간단한 유리수를 찾은 방법은, $\frac{631}{2000}$과 $\frac{633}{2000}$의 슈테른-브로코 표현들에서 전자에 L이 있고 후자에 R이 있는 지점 직전에 멈추는 것이다. 다음이 그러한 알고리즘이다.

$$(m_1, n_1, m_2, n_2) := (631, 2000, 633, 2000);$$
$$\text{while } m_1 > n_1 \text{ 또는 } m_2 \le n_2 \text{ do}$$
$$\text{if } m_2 \le n_2 \text{ then } (\text{output}(L); (n_1, n_2) := (n_1, n_2) - (m_1, m_2))$$
$$\text{else } (\text{output}(R); (m_1, m_2) := (m_1, m_2) - (n_1, n_2)).$$

출력은 $LLLRRRRR = \frac{6}{19} \approx .3158$이다. 덧붙이자면, $.334$이라는 평균 타율은 타수가 적어도 287임을 의미한다.

4.45 $x^2 \equiv x \pmod{10^n} \iff x(x-1) \equiv 0 \pmod{2^n}$ 그리고 $x(x-1) \equiv 0 \pmod{5^n}$ $\iff x \bmod 2^n = [0 \text{ 또는 } 1]$ 그리고 $x \bmod 5^n = [0 \text{ 또는 } 1]$. (마지막 단계가 유효한 것

은, 만일 $x(x-1) \bmod 5 = 0$이면 x나 $x-1$이 5의 배수인데, 그런 경우 다른 인수는 5^n과 서로 소이고 합동식으로부터 분리할 수 있다는 점 때문이다.)

따라서 해는 많아야 네 개인데, 그중 둘($x=0$과 $x=1$)은 $n=1$이 아닌 한 'n자리 수'라고 부를 수 없다. 다른 두 해는 x와 $10^n + 1 - x$의 형태인데, 둘 중 적어도 하나는 $\geq 10^{n-1}$이다. $n=4$일 때 후자의 해 $10001 - 9376 = 625$는 네 자리 수가 아니다. 모든 n의 약 80%에서 n자리 해가 나오리라고 기대하지만, 이 추측은 아직 증명되지 않았다.

(수학자들은 이런 자기재생산 수들을 예전부터 '자기동형自己同型(automorphic, 또는 보형保型)'이라고 불렀다.)

4.46 (a) 만일 $j'j - k'k = \gcd(j,k)$이면 $n^{k'k} n^{\gcd(j,k)} = n^{j'j} = 1$과 $n^{k'k} \equiv 1$이 성립한다. (b) p가 n의 가장 작은 소인수라 할 때 $n = pq$로 두자. 만일 $2^n \equiv 1 \pmod{n}$이면 $2^n \equiv 1 \pmod{p}$이다. 또한, $2^{p-1} \equiv 1 \pmod{p}$이다. 따라서 $2^{\gcd(p-1,n)} \equiv 1 \pmod{p}$이다. 그런데 p의 정의에 의해 $\gcd(p-1,n) = 1$이다.

4.47 만일 $n^{m-1} \equiv 1 \pmod{m}$이면 반드시 $n \perp m$이다. 만일 어떤 $1 \leq j < k < m$에 대해 $n^k \equiv n^j$이면 $n^{k-j} \equiv 1$이다. 왜냐하면 n^j으로 나눌 수 있기 때문이다. 따라서, 만일 수 $n^1 \bmod m, \dots, n^{m-1} \bmod m$이 모두 서로 다르지는 않다면, $n^k \equiv 1$인 $k < m-1$이 존재한다. 그러한 가장 작은 k는 $m-1$을 나눈다(연습문제 46(a)에 의해). 그러나 그러면 $kq = (m-1)/p$인 어떤 소수 p와 어떤 양의 정수 q가 존재한다는 뜻인데, $n^{kq} \not\equiv 1$이므로 그럴 수는 없다. 따라서 수 $n^1 \bmod m, \dots, n^{m-1} \bmod m$은 모두 서로 다르고 m과 서로 소이다. 그러므로 수 $1, \dots, m-1$은 m과 서로 소이며, m은 반드시 소수이다.

4.48 수들을 그 역수들과 짝지으면, 그 곱$(\bmod\, m)$을 $\prod_{1 \leq n < m,\, n^2 \bmod m = 1} n$으로 축약할 수 있다. 그러면 해들에 대해 우리가 알고 있는 것들을 $n^2 \bmod m = 1$에 적용할 수 있다. 나머지 산술을 적용해 보면, 만일 $m = 4$ 또는 p^k 또는 $2p^k$이면(여기서 $p > 2$) 결과가 $m-1$이고 그렇지 않으면 $+1$임을 알게 된다.

4.49 (a) $m < n$이거나($\Phi(N) - 1$가지 경우에서) $m = n$이거나(한 가지 경우) $m > n$이다(역시 $\Phi(N) - 1$가지 경우). 그러므로 $R(N) = 2\Phi(N) - 1$이다. (b) (4.62)에서

$$2\Phi(N) - 1 = -1 + \sum_{d \geq 1} \mu(d) \lfloor N/d \rfloor \lfloor 1 + N/d \rfloor$$

를 유도할 수 있다. 따라서, 주어진 등식의 필요충분조건은 다음과 같다.

$$\sum_{d \geq 1} \mu(d) \lfloor N/d \rfloor = 1, \quad N \geq 1 \text{에 대해.}$$

그리고 이것은 식 (4.61)의 한 특수 경우이다($f(x) = [x \geq 1]$로 둠).

4.50 (a) f가 임의의 함수라 할 때

$$
\begin{aligned}
\sum_{0 \leq k < m} f(k) &= \sum_{d \backslash m} \sum_{0 \leq k < m} f(k)[d = \gcd(k,m)] \\
&= \sum_{d \backslash m} \sum_{0 \leq k < m} f(k)[k/d \perp m/d] \\
&= \sum_{d \backslash m} \sum_{0 \leq k < m/d} f(kd)[k \perp m/d] \\
&= \sum_{d \backslash m} \sum_{0 \leq k < d} f(km/d)[k \perp d]
\end{aligned}
$$

이다. 이 공식의 특수 경우를 식 (4.63)의 유도에서 본 적이 있다. $\sum$가 아니라 $\prod$에 대한 비슷한 유도 역시 성립한다. 따라서, 그리고 $\omega^{m/d} = e^{2\pi i/d}$이므로,

$$z^m - 1 = \prod_{0 \leq k < m} (z - \omega^k) = \prod_{d \backslash m} \prod_{\substack{0 \leq k < d \\ k \perp d}} (z - \omega^{km/d}) = \prod_{d \backslash m} \Psi_d(z)$$

이다.

부문제 (b)는 부문제 (a)에서 유도할 수 있는데, 식 (4.56)과 비슷하되 합이 아니라 곱에 대한 버전을 적용하면 된다. 덧붙이자면, 이 공식은 $\Psi_m(z)$에 정수 계수들이 존재함을 말해준다. $\Psi_m(z)$는 선행 계수가 1인 다항식들을 곱하고 나누어서 얻을 수 있기 때문이다.

4.51 $(x_1 + \cdots + x_n)^p = \sum_{k_1 + \cdots + k_n = p} p!/(k_1! \ldots k_n!) x_1^{k_1} \ldots x_n^{k_n}$이고, 계수는 일부 $k_j = p$를 제외하면 p로 나누어떨어진다. 따라서 $(x_1 + \cdots + x_n)^p \equiv x_1^p + \cdots + x_n^p \pmod{p}$이다. 이제 모든 x를 1로 설정하면 $n^p \equiv n$이 나온다.

4.52 만일 $p > n$이면 증명할 것이 없다. 그렇지 않으면 $x \perp p$이므로 $x^{k(p-1)} \equiv 1 \pmod{p}$이다. 이는 주어진 수 중 적어도 $\lfloor (n-1)/(p-1) \rfloor$개가 p의 배수라는 뜻이다. 그리고, $n \geq p$이므로 $(n-1)/(p-1) \geq n/p$이다.

4.53 먼저, 만일 $m \geq 6$ 이고 m 이 소수가 아니면 $(m-2)! \equiv 0 \pmod{m}$ 임을 보인다. (만일 $m = p^2$ 이면 $(m-2)!$ 에 대한 곱에는 p 와 $2p$ 가 포함된다. 그렇지 않으면 그 곱에는 $d < m/d$ 인 d 와 m/d 가 포함된다.) 그런 다음, 다음 경우들을 고찰한다.

경우 0, $n < 5$: 주어진 조건은 $n = 1$ 에 대해서만 성립한다.

경우 1, $n \geq 5$ 이고 n 은 소수: 그러면 $(n-1)!/(n+1)$ 은 정수인데, 이것이 n 의 배수일 수는 없다.

경우 2, $n \geq 5$, n 은 합성수, $n+1$ 은 합성수: 그러면 n 과 $n+1$ 은 $(n-1)!$ 을 나누며, $n \perp n+1$ 이다. 따라서 $n(n+1) \backslash (n-1)!$ 이다.

경우 3, $n \geq 5$, n 은 합성수, $n+1$ 은 소수. 그러면 윌슨 정리에 의해 $(n-1)! \equiv 1 \pmod{n+1}$ 이다. 그리고

$$\lceil (n-1)!/(n+1) \rceil = ((n-1)! + n)/(n+1)$$

인데, 이것은 n 으로 나누어떨어진다.

그러므로 답은 4를 제외한 모든 합성수와 1이다.

4.54 $\epsilon_2(1000!) > 500$ 이고 $\epsilon_5(1000!) = 249$ 이므로, 어떤 짝수 정수 a 에 대해 $1000! = a \cdot 10^{249}$ 이다. $1000 = (13000)_5$ 이므로, 연습문제 40에 의해 $a \cdot 2^{249} = 1000!/5^{249} \equiv -1 \pmod 5$ 이다. 또한, $2^{249} \equiv 2$ 이므로 $a \equiv 2$ 이다. 그러면 $a \bmod 10 = 2$ 또는 7이다. 그러므로 답은 $2 \cdot 10^{249}$ 이다.

4.55 한 가지 방법은 먼저 $P_{2n}/P_n^4(n+1)$ 이 정수임을 귀납법으로 증명하는 것이다. 문제의 명제보다 더 강한 이 결과를 이용하면 문제의 명제를 귀납법으로 증명하기가 쉬워진다. 또 다른 방법은 각 소수 p 가 분자를 나눌 때가 분모를 나눌 때보다 적지 않다는 점을 보이는 것으로 시작하는 것이다. 이는 다음과 같은 부등식을 증명하는 것으로 정리된다.

$$\sum_{k=1}^{2n} \lfloor k/m \rfloor \geq 4 \sum_{k=1}^{n} \lfloor k/m \rfloor, \quad \text{정수 } m \geq 2.$$

이 부등식은 다음 부등식을 이용해서 증명할 수 있다.

$$\left\lfloor \frac{2n-1}{m} \right\rfloor + \left\lfloor \frac{2n}{m} \right\rfloor \geq 4 \left\lfloor \frac{n}{m} \right\rfloor + [n \bmod m = m-1] - [n \bmod m = 0].$$

그리고 이 부등식 자체는 $0 \le n < m$일 때 참이며, n을 m만큼 증가하면 양변 모두 4만큼 증가한다.

4.56 $f(m) = \sum_{k=1}^{2n-1} \min(k, 2n-k)[m \setminus k]$이고 $g(m) = \sum_{k=1}^{n-1}(2n-2k-1)[m \setminus (2k+1)]$이라고 하자. 문제에 언급된 분수의 분자가 p로 나누어떨어지는 경우는 $f(p) + f(p^2) + f(p^3) + \cdots$ 가지이고 분모가 p로 나누어떨어지는 경우는 $g(p) + g(p^2) + g(p^3) + \cdots$ 가지이다. 그런데 연습문제 2.32에 의해, m이 홀수이면 항상 $f(m) = g(m)$이다. 따라서 문제의 분수는 연습문제 3.22에 의해 $2^{n(n-1)}$으로 약분된다.

4.57 힌트는 표준 합산 교환 기법을 암시한다. 왜냐하면

$$\sum_{1 \le m \le n} [d \setminus m] = \sum_{0 < k \le n/d} [m = dk] = \lfloor n/d \rfloor$$

이기 때문이다. 힌트의 합을 $\Sigma(n)$으로 표기하면

$$\Sigma(m+n) - \Sigma(m) - \Sigma(n) = \sum_{d \in S(m,n)} \varphi(d)$$

이다. 한편, 식 (4.54)에 의해 $\Sigma(n) = \frac{1}{2}n(n+1)$이다. 그러므로 $\Sigma(m+n) - \Sigma(m) - \Sigma(n) = mn$이다.

4.58 함수 $f(m)$은 곱셈적 함수이다. 그리고 $m = p^k$일 때 그 함수는 $1 + p + \cdots + p^k$와 같다. 이것은 만일 p가 메르센 소수이고 $k = 1$이면, 그리고 오직 그럴 때만 2의 거듭제곱이다. 이 명제는, k는 반드시 홀수인데 그러면 합은

$$(1+p)(1 + p^2 + p^4 + \cdots + p^{k-1})$$

이고, $(k-1)/2$은 반드시 홀수인데 그러면 합은 … 등등으로 이어지는 논법으로 증명할 수 있다. 문제의 필요충분조건은 m이 서로 다른 메르센 소수들의 곱이라는 것이다.

4.59 힌트의 증명은 이렇다. 만일 $n = 1$이면 $x_1 = \alpha = 2$가 성립하므로 문제가 되지 않는다. 만일 $n > 1$이면 $x_1 \le \cdots \le x_n$이라고 가정할 수 있다. 경우 1, $x_1^{-1} + \cdots + x_{n-1}^{-1} + (x_n - 1)^{-1} \ge 1$이고 $x_n > x_{n-1}$: 그러면 $x_1^{-1} + \cdots + x_{n-1}^{-1} + \beta^{-1} = 1$인 $\beta \ge x_n - 1 \ge x_{n-1}$을 구할 수 있다. 따라서 귀납법에 의해 $x_n \le \beta + 1 \le e_n$이고 $x_1 \ldots x_n \le x_1 \ldots x_{n-1}(\beta + 1) \le e_1 \ldots e_n$이다. $\alpha = x_1 \ldots x_n / m$인 양의 정수 m이 존재한다.

그러므로 $\alpha \le e_1 \dots e_n = e_{n+1}-1$이고, $x_1 \dots x_n(\alpha+1) \le e_1 \dots e_n e_{n+1}$이 성립한다. 경우 2, $x_1^{-1}+\cdots+x_{n-1}^{-1}+(x_n-1)^{-1} \ge 1$이고 $x_n = x_{n-1}$: $a = x_n$이고 $a^{-1}+(a-1)^{-1}=(a-2)^{-1}+\zeta^{-1}$이라고 하자. 그러면 $a \ge 4$이고 $(a-2)(\zeta+1) \ge a^2$임을 보일 수 있다. 따라서 $x_1^{-1}+\cdots+x_{n-2}^{-1}+(a-2)^{-1}+\beta^{-1}=1$인 $\beta \ge \zeta$가 존재한다. 이로부터, $x_1 \dots x_n \le x_1 \dots x_{n-2}(a-2)(\zeta+1) \le x_1 \dots x_{n-2}(a-2)(\beta+1) \le e_1 \dots e_n$임을 귀납법으로 유도할 수 있다. 그런 다음에는 경우 1에서처럼 증명을 마무리하면 된다. 경우 3, $x_1^{-1}+\cdots+x_{n-1}^{-1}+(x_n-1)^{-1} < 1$: $a = x_n$이고 $a^{-1}+\alpha^{-1}=(a-1)^{-1}+\beta^{-1}$이라고 하자. $(a-1)(\beta+1) > a(\alpha+1)$임을 증명할 수 있다. 왜냐하면, 이 항등식은 다음과 동등하기 때문이다.

$$a\alpha^2 - a^2\alpha + a\alpha - a^2 + \alpha + a > 0.$$

그리고 이 부등식 자체는 $a\alpha(\alpha-a)+(1+a)\alpha \ge (1+a)\alpha > a^2-a$에서 비롯된다. 그러므로 x_n과 α를 $a-1$과 β로 대체할 수 있으며, 그러한 변환을 경우 1이나 2가 적용될 때까지 반복하면 된다.

힌트의 또 다른 결과는 $1/x_1+\cdots+1/x_n < 1$이 $1/x_1+\cdots+1/x_n \le 1/e_1+\cdots+1/e_n$을 함의한다는 것이다. 연습문제 16을 보라.

4.60 요점은 $\theta < \frac{2}{3}$이라는 것이다. 그러면 p_1을 충분히 크게(아래의 조건들을 만족하도록) 잡을 수 있으며, p_n을 p_{n-1}^3보다 큰 최소의 소수로 둘 수 있다. 이러한 정의에서 $a_n = 3^{-n}\ln p_n$이고 $b_n = 3^{-n}\ln(p_n+1)$이라고 하자. 만일 $a_{n-1} \le a_n < b_n \le b_{n-1}$임을 보일 수 있다면 연습문제 37에서처럼 $P = \lim_{n\to\infty} e^{a_n}$을 취할 수 있다. 그러나 이 가설은 $p_{n-1}^3 \le p_n < (p_{n-1}+1)^3$과 동등하다. 만일 이 범위에 소수 p_n이 존재하지 않는다면 $p+p^\theta > (p_{n-1}+1)^3$인 소수 $p < p_{n-1}^3$이 반드시 존재한다. 그러나 그러면 $p^\theta > 3p^{2/3}$이어야 하는데, p가 충분히 클 때는 이 부등식이 성립할 수 없다.

주어진 모든 증거는 소수들 사이의 틈에 대한 한계들이 참값(연습문제 69 참고)보다 훨씬 약함을 암시한다. 따라서 $p_1 = 2$로 두어도 안전함이 거의 확실하다. 그러면 $p_2 = 11$이고 $p_3 = 1361$, $p_4 = 2521008887$, $1.306377883863 < P < 1.306377883869$이다.

"정수는 인간이 창조했고, 나머지는 모두 디외도네 Dieudonné의 창작물이다."[†]
— R. K. 가이[Guy]

[†] (옮긴이) 위키백과와 *https://ko.wikipedia.org/wiki/레오폴트_크로네커* 페이지(2017년 7월 27일자)에 있는 표현을 빌렸다.

4.61 두 우변을 각각 $\hat m$과 $\hat n$으로 표기하자. 그러면 $\hat m n' - m'\hat n = 1$이며, 따라서 $\hat m \perp \hat n$이다. 또한, $\hat m/\hat n > m'/n'$이고 $N = ((n+N)/n')n' - n \ge \hat n > ((n+N)/n' - 1)n' - n = N - n' \ge 0$이므로 $\hat m/\hat n \ge m''/n''$이 성립한다. 만일 등호가 성립하지 않으면 $n'' = (\hat m n' - m'\hat n)n'' = n'(\hat m n'' - m''\hat n) + \hat n(m''n' - m'n'') \ge n' + \hat n > N$인데, 이는 모순이다.

덧붙여 말하자면, 이 연습문제는 $(m + m'')/(n + n'') = m'/n'$을 함의하나, 전자의 분수가 항상 약분되지는 않는다.

4.62 $2^{-1} + 2^{-2} + 2^{-3} - 2^{-6} - 2^{-7} + 2^{-12} + 2^{-13} - 2^{-20} - 2^{-21} + 2^{-30} + 2^{-31} - 2^{-42} - 2^{-43} + \cdots$을 다음과 같이 고쳐 쓸 수 있다.

$$\frac{1}{2} + 3\sum_{k \ge 0}\left(2^{-4k^2 - 6k - 3} - 2^{-4k^2 - 10k - 7}\right).$$

덧붙여 말하자면, 이 합은 '세타함수' $\theta(z, \lambda) = \sum_k e^{-\pi\lambda k^2 + 2izk}$을 이용해서 닫힌 형식으로 표현할 수 있다. 다음이 성립한다.

$$e \leftrightarrow \frac{1}{2} + \frac{3}{8}\theta\left(\frac{4}{\pi}ln\,2, 3i\ln 2\right) - \frac{3}{128}\theta\left(\frac{4}{\pi}ln\,2, 5i\ln 2\right).$$

4.63 임의의 $n > 2$에는 소인수 $d > 2$가 있거나 $d = 4$로 나누어떨어진다. 두 경우 모두, 지수가 n인 해는 지수가 d인 해 $(a^{n/d})^d + (b^{n/d})^d = (c^{n/d})^d$을 함의한다. $d = 4$인 해는 없으므로 d는 반드시 소수이다.

힌트는 이항정리와 p가 홀수일 때 $(a^p + (x-a)^p)/x \equiv pa^{p-1} \pmod{x}$라는 사실에서 비롯된다. 식 (4.46)이 성립하지 않는 가장 작은 반례에서 $a \perp x$이다. 만일 x가 p로 나누어떨어지지 않으면 x는 c^p/x와 서로 소이다. 이는 q가 소수이고 $q^e \backslash\!\backslash x$, $q^f \backslash\!\backslash c$이면 항상 $e = fp$가 성립한다는 뜻이다. 따라서 $x = m^p$인 어떤 m이 존재한다. 반면, 만일 x가 p로 나누어떨어지면 c^p/x는 p로 나누어떨어지지만 p^2으로 나누어떨어지지 않으며, c^p와 x에는 p 이외의 공약수가 없다.

나는 페르마의 마지막 정리에 대한 경이로운 증명을 발견했지만, 여백이 부족해서 여기에 적지는 않겠다.

4.64 $\mathcal{P}_N$에서 서로 같은 분수들은 다음과 같이 '오르간 파이프 순서(organ-pipe order)'로 나타난다.

$$\frac{2m}{2n}, \frac{4m}{4n}, ..., \frac{rm}{rn}, ..., \frac{3m}{3n}, \frac{m}{n}.$$

$\mathcal{P}_N$이 옳다는 가정하에서 $\mathcal{P}_{N+1}$이 옳음을 증명하고자 한다. 이는, 만일 kN이 홀수이면

$$\frac{k-1}{N+1} = P_{N,kN}$$

이고 만일 kN이 짝수이면

$$\mathcal{P}_{N,kN-1} \quad \mathcal{P}_{N,kN} \quad \frac{k-1}{N+1} \quad \mathcal{P}_{N,kN} \quad \mathcal{P}_{N,kN+1}$$

임을 보이는 것과 같다. 두 경우 모두에서, $\mathcal{P}_N$의 분수 중 $(k-1)/(N+1)$보다 작은 것들의 개수를 알면 도움이 될 것이다. 그 개수는 식 (3.32)에 의해 다음과 같다.

$$\sum_{n=1}^{N} \sum_{m} \left[0 \le \frac{m}{n} < \frac{k-1}{N+1} \right] = \sum_{n=1}^{N} \left\lceil \frac{(k-1)n}{N+1} \right\rceil = \sum_{n=0}^{N} \left\lfloor \frac{(k-1)n+N}{N+1} \right\rfloor$$
$$= \frac{(k-2)N}{2} + \frac{d-1}{2} + d \left\lfloor \frac{N}{d} \right\rfloor .$$

여기서 $d = \gcd(k-1, N+1)$이다. 그런데 $N \bmod d = d-1$이므로 이 개수는 $\frac{1}{2}(kN - d + 1)$로 축약된다.

더 나아가서, $\mathcal{P}_N$에서 $(k-1)/(N+1)$과 같되 $\mathcal{P}_{N+1}$에서는 그보다 앞에 나오는 분수의 개수는, 오르간 파이프 순서의 특징에 따라 $\frac{1}{2}(d-1-[d는 짝수])$이다.

만일 kN이 홀수이면 d는 짝수이고 $(k-1)/(N+1)$ 뒤에는 $\frac{1}{2}(kN-1)$개의 원소가 있다. 만일 kN이 짝수이면 d는 홀수이고 $\mathcal{P}_N$에서 $(k-1)/(N+1)$ 뒤에는 $\frac{1}{2}(kN)$개의 원소가 있다. 만일 $d=1$이면 $(k-1)/(N+1)$과 같은 분수는 없으며 $\mathcal{P}_{N,kN}$은 '<'이다. 그렇지 않으면 $(k-1)/(N+1)$은 서로 같은 두 원소 사이에 놓이며, $\mathcal{P}_{N,kN}$은 '='이다. (C. S. 퍼스는 $\mathcal{P}_N$을 발견한 당시에 슈테른-브로코 트리도 독자적으로 발견했다.[288])

4.65 그 수와 비슷한 페르마 수 f_n에 관한 비슷한 질문은 유명한 미해결 문제이다. 이 연습문제가 그 문제보다는 쉬울 수도 있고 어려울 수도 있다.

4.66 36×10^{18} 미만의 제곱수로는 메르센 수나 페르마 수가 나누어떨어지지 나누어 않음이 알려져 있다. 그러나 제곱 인수가 없는 메르센 수가 무한히 많을 것이라는 스힌젤Schinzel의 추측은 여전히 증명되지 않았다. 심지어, a와 b의 모든 소인수가 ≤ 31일 때 $p \backslash\backslash (a \pm b)$인 p들이 무한히 많은지도 아직 밝혀지지 않았다.

"25×10^{14} 미만의 제곱수로는 유클리드 수가 나누어떨어지지 않는다."
— 일란 바르디Ilan Vardi

4.67 M. 세게지Szegedy는 이 추측을 모든 큰 n에 대해 증명했다. 이후 R. 발라수브라마니안Balasubramanian과 K. 순다라라잔Soundararajan이 완전한 증명을 발견했다. [95, pp. 78-79], [348], [55], [19]을 보라.

4.68 이는 다음 연습문제의 결과보다 훨씬 약한 추측이다.

4.69 크라메르Cramér는 이 추측이 확률론적 기반에서 그럴듯함을 보였다.[66] 그리고 계산상의 경험들도 이를 지지한다. 브렌트Brent는 $P_{n+1} < 2.686 \times 10^{12}$에 대해 $P_{n+1} - P_n \le 602$임을 보였다.[37] 그러나 1994년까지는 연습문제 60에 나온 훨씬 약한 한계들이 알려진 최상의 한계였다.[255] 만일 모든 충분히 큰 n에 대해 $P_{n+1} - P_n < 2P_n^{1/2}$이면 연습문제 68의 답은 "그렇다"이다. 가이에 따르면,[169, 문제 A8] 에르되시 팔Erdős Pál은 모든 $c > 0$에 대해

$$P_{n+1} - P_n > \frac{c \ln n \ln \ln n \ln \ln \ln \ln n}{(\ln \ln \ln n)^2}$$

을 만족하는 n이 무한히 많음을 증명하는 사람에게 $10,000을 준다고 했다.

4.70 연습문제 24에 의해, 이 등식은 만일 $\nu_2(n) = \nu_3(n)$이면, 그리고 오직 그럴 때만 성립한다. 이 추측을 해결하는 데에는 [96]의 방법들이 유용할 수 있다.

4.71 $k = 3$일 때 가장 작은 해는 $n = 4700063497 = 19 \cdot 47 \cdot 5263229$이다. 이 경우 그 외의 해는 알려지지 않았다.

4.72 이 명제는 a의 무한히 많은 값에 대해 참임이 알려졌다. -1(당연하다)과 0(그리 명백하지는 않다)도 그러한 값이다. 레머Lehmer는 만일 n이 소수이면, 그리고 오직 그럴 때만 $\varphi(n) \setminus (n-1)$이라는 유명한 추측을 제시했다.[244]

4.73 이것은 리만 가설(z의 실수부가 $1/2$보다 클 때는 복소 제타 함수 $\zeta(z)$가 0이 아니라는)과 동치인 것으로 알려졌다.

4.74 실험적 증거에 따르면 서로 다른 값들은 약 $p(1 - 1/e)$개이다(마치 계승들이 p를 법으로 하여 무작위로 분포된 것처럼).

기수 11 수체계에서 11^4은 얼마인가?

5.1 이항정리에 의해, 기수가 $r \ge 7$인 임의의 수체계에서 $(11)_r^4 = (14641)_r$이다.

5.2 비 $\binom{n}{k+1}/\binom{n}{k}=(n-k)/(k+1)$은 $k \geq \lfloor n/2 \rfloor$ 일 때는 ≤ 1이고 $k < \lceil n/2 \rceil$ 일 때는 ≥ 1이다. 따라서 최댓값은 $k = \lfloor n/2 \rfloor$ 일 때와 $k = \lceil n/2 \rceil$ 일 때 나온다.

5.3 계승들로 전개한다. $f(n) = (n+1)!\,n!\,(n-1)!$이라고 할 때 두 곱 모두 $f(n)/f(n-k)f(k)$와 같다.

5.4 $\binom{-1}{k} = (-1)^k\binom{k+1-1}{k} = (-1)^k\binom{k}{k} = (-1)^k[k \geq 0]$.

5.5 만일 $0 < k < p$이면 $\binom{p}{k}$의 분자에는 분모와 약분되지 않는 p가 존재한다. $\binom{p}{k} = \binom{p-1}{k} + \binom{p-1}{k-1}$이므로, $0 \leq k < p$에 대해 반드시 $\binom{p-1}{k} \equiv (-1)^k \pmod{p}$이다.

5.6 핵심 단계(둘 해치운 이후의)는 다음과 같다.

$$\frac{1}{n+1}\sum_k \binom{n+k}{k}\binom{n+1}{k+1}(-1)^k$$
$$= \frac{1}{n+1}\sum_{k \geq 0}\binom{n+k}{n}\binom{n+1}{k+1}(-1)^k$$
$$= \frac{1}{n+1}\sum_k \binom{n+k}{n}\binom{n+1}{k+1}(-1)^k$$
$$- \frac{1}{n+1}\binom{n-1}{n}\binom{n+1}{0}(-1)^{-1}.$$

원래의 유도에서는 추가적인 항 $[n=0]$을 포함시키지 않는 실수를 범했다.

5.7 참이다. $r^{-k} = (-1)^k/(-r-1)^{\overline{k}}$이기 때문이다. 그리고 다음도 성립한다.

$$r^{\overline{k}}(r+\frac{1}{2})^{\overline{k}} = (2r)^{\overline{2k}}/2^{2k}.$$

5.8 $f(k) = (k/n-1)^n$은 선행 계수가 n^{-n}인 n차 다항식이다. 식 (5.40)에 따라, 합은 $n!/n^n$이다. n이 클 때 스털링 근사 공식에 따르면 이 합은 근사적으로 $\sqrt{2\pi n}/e^n$ 이다. (이 근삿값은 고정된 k와 $n\to\infty$에 대해 유효한 근사 공식인 $(1-k/n)^n \sim e^{-k}$ 으로 구한 값 $(1-1/e)$과는 상당히 다르다.)

5.9 식 (5.60)에 의해, $\mathcal{E}_t(z)^t = \sum_{k \geq 0} t(tk+t)^{k-1}z^k/k! = \sum_{k \geq 0}(k+1)^{k-1}(tz)^k/k! = \mathcal{E}_1(tz)$.

5.10 $t_{k+1}/t_k = (k+2)z/(k+3)$이므로 $\sum_{k \geq 0} 2z^k/(k+2) = F(2,1;3;z)$ 이다.

5.11 첫 함수는 베셀 함수(Besselian)이고 둘째 것은 가우스 함수이다.

그러나 임베셀 함수 (Imbesselian)는 아니다.

$$z^{-1}\sin z = \sum_{k \geq 0} (-1)^k z^{2k}/(2k+1)! = F(1;1,\tfrac{3}{2};-z^2/4);$$

$$z^{-1}\arcsin z = \sum_{k \geq 0} z^{2k}(\tfrac{1}{2})^{\bar{k}}/(2k+1)k! = F(\tfrac{1}{2},\tfrac{1}{2};\tfrac{3}{2};z^2).$$

초기하항 $t(k)$의 각 값을 $0^{e(k)}v(k)$로 표기할 수 있다. 여기서 $e(k)$는 하나의 정수이고 $v(k) \neq 0$이다. 항비 $t(k+1)/t(k)$가 $p(k)/q(k)$라고 가정하자. 그리고 p와 q가 복소수들에 관해 완전히 인수분해되었다고 하자. 그러면, 각 k에 대해 $e(k+1)$은 $e(k)$에 $p(k)$의 0 인수들의 개수를 더하고 $q(k)$의 0 인수들의 개수를 뺀 것과 같고, $v(k+1)$은 $v(k)$에 $p(k)$의 0 인수들의 개수를 곱하고 $q(k)$의 0이 아닌 인수들의 곱으로 나눈 것과 같다.

5.12 (a) 항비가 n이므로, 만일 $n \neq 0$이면 그렇다(초기하항이다). (b) n이 정수일 때 그렇다. 항비는 $(k+1)^n/k^n$이다. 식 (5.115)에서 $m = n+1$, $a_1 = \cdots = a_m = 1$, $b_1 = \cdots = b_n = 0$, $z = 1$로 두고 0^n을 곱하면 이 항이 나옴을 주목하기 바란다. (c) 그렇다. 항비는 $(k+1)(k+3)/(k+2)$이다. (d) 아니다. 항비는 $1+1/(k+1)H_k$이다. 그리고 $H_k \sim \ln k$는 유리함수가 아니다. (e) 그렇다. 임의의 초기하항의 역수는 초기하항이다. $k < 0$이거나 $k > n$일 때 $t(k) = \infty$라고 해도 $t(k)$가 초기하항이 되지 않는 것은 아니다. (f) 당연히 그렇다. (g) 이를테면 $t(k) = 2^k$이고 $T(k) = 1$일 때는 아니다. (h) 그렇다. 항비 $t(n-1-k)/t(n-1-(k+1))$은 임의의 n에 대해 유리함수(k를 $n-1-k$로 대체하면 t에 대한 항비의 역수가 되는)이다. (i) 그렇다. 항비를

$$\frac{a\,t(k+1)/t(k) + b\,t(k+2)/t(k) + c\,t(k+3)/t(k)}{a + b\,t(k+1)/t(k) + c\,t(k+2)/t(k)}$$

로 표현할 수 있으며, $t(k+m)/t(k) = (t(k+m)/t(k+m-1))\ldots(t(k+1)/t(k))$는 k의 유리함수이다. (j) 아니다. 두 유리함수 $p_1(k)/q_1(k)$와 $p_2(k)/q_2(k)$가 무한히 많은 k에 대해 같으면, $p_1(k)q_2(k) = q_1(k)p_2(k)$는 다항식 항등식이므로, 그 두 유리함수는 모든 k에 대해 같다. 따라서 항비 $\lceil (k+1)/2 \rceil / \lceil k/2 \rceil$가 유리함수이려면 그 항비는 반드시 1과 같아야 한다. (k) 아니다. 모든 $k > 0$에 대해 $(k+1)/k$이므로 항비는 $(k+1)/k$이어야 하지만, 그러면 $t(-1)$은 $t(0)$이 0^2의 배수일 때만 0일 수 있지만 $t(1)$은 $t(0) = 0^1$일 때만 1일 수 있다.

5.13 $R_n = n!^{n+1}/P_n^2 = Q_n/P_n = Q_n^2/n!^{n+1}$.

5.14 식 (5.25)의 첫 인수는 $k \leq l$일 때 $\binom{l-k}{l-k-m}$이므로, 그것은 $(-1)^{l-k-m}\binom{-m-1}{l-k-m}$이다. $m \geq 0$이므로, $k \leq l$에 대한 합은 모든 k에 관한 합이다. ($n < 0$일 때 k가 반드시 음수가 되긴 하지만, $n \geq 0$이라는 조건이 꼭 필요하지는 않다.)

식 (5.25)에서 (5.26)으로 가려면, 먼저 s를 $-1-n-q$로 대체한다.

5.15 만일 n이 홀수이면, k를 $n-k$로 대체할 수 있으므로 합은 0이다. 만일 $n = 2m$이면, 합은 식 (5.29)에서 $a = b = c = m$으로 두어서 구한 $(-1)^m(3m)!/m!^3$이다.

5.16 피가수들을 계승들로 표현해 보면, 이 합은 그냥 $(2a)!\,(2b)!\,(2c)!/(a+b)!$ $(b+c)!\,(c+a)!$ 곱하기 식 (5.29)이다.

5.17 $\binom{2n-1/2}{n}=\binom{4n}{2n}/2^{2n}$이고 $\binom{2n-1/2}{2n}=\binom{4n}{2n}/2^{4n}$이므로, $\binom{2n-1/2}{n}=2^{2n}\binom{2n-1/2}{2n}$이다.

5.18 $\binom{3r}{3k}\binom{3k}{k,k,k}/3^{3k}$.

5.19 식 (5.60)에 의해 $\mathcal{B}_{1-t}(-z)^{-1}=\sum_{k\ge0}\binom{k-tk-1}{k}(-1/(k-tk-1))(-z)^k$인데, 이 합은 $\sum_{k\ge0}\binom{tk}{k}(1/(tk-k+1))z^k=\mathcal{B}_t(z)$이다.

5.20 주어진 식은 $F(-a_1,\ldots,-a_m;-b_1,\ldots,-b_n;(-1)^{m+n}z)$와 같다. 연습문제 2.17을 보라.

5.21 $\lim_{n\to\infty}(n+m)^{\underline{m}}/n^m=1$.

5.22 식 (5.83)의 인스턴스들을 곱하고 나눈 후 식 (5.34)와 (5.36)에 따라 정리하면 다음이 나온다.

$$\frac{(-1/2)!}{x!\,(x-1/2)!}=\lim_{n\to\infty}\binom{n+x}{n}\binom{n+x-1/2}{n}n^{-2x}\bigg/\binom{n-1/2}{n}$$
$$=\lim_{n\to\infty}\binom{2n+2x}{2n}n^{-2x}.$$

또한

$$1/(2x)!=\lim_{n\to\infty}\binom{2n+2x}{2n}(2n)^{-2x}$$

이다. 나머지 과정은 생략한다. 덧붙이자면, 다음은 문제의 공식의 감마함수 버전이다.

$$\Gamma(x)\,\Gamma\!\left(x+\frac{1}{2}\right)=\Gamma(2x)\,\Gamma\!\left(\frac{1}{2}\right)\!\big/2^{2x-1}.$$

5.23 $(-1)^n n$¡ 이다. 식 (5.50)을 보라.

5.24 이 합은 식 (5.35)와 (5.93)에 의해 $\binom{n}{m}F\binom{m-n,-m}{1/2}\big|1\big)=\binom{2n}{2m}$이다.

5.25 문제의 등식은 다음 항등식과 동치인데, 이 항등식은 쉽게 증명할 수 있다.

$$(a-b)\frac{a^{\bar{k}}}{(b+1)^{\bar{k}}} = a\frac{(a+1)^{\bar{k}}}{(b+1)^{\bar{k}}} - b\frac{a^{\bar{k}}}{b^{\bar{k}}}.$$

또한 연산자 공식 $a-b=(\vartheta+a)-(\vartheta+b)$와도 동치이다.

마찬가지로, $a_1-a_2=(a_1+k)-(a_2+k)$이므로 다음이 성립한다.

$$(a_1-a_2)F\begin{pmatrix} a_1,a_2,a_3,\ ...,a_m \\ b_1,\ ...,b_n \end{pmatrix} z$$

$$= a_1 F\begin{pmatrix} a_1+1,a_2,a_3,...,a_m \\ b_1,\ ...,b_n \end{pmatrix} z - a_2 F\begin{pmatrix} a_1,a_2+1,a_3,...,a_m \\ b_1,\ ...,b_n \end{pmatrix} z .$$

a_1-b_1이 음이 아닌 정수 d라 할 때, 이 두 번째 항등식에 의해 $F(a_1,...,a_m;b_1,...,b_n;z)$를 $0 \le j \le d$에 대한 $F(a_2+j,a_3,...,a_m;b_2,...,b_n;z)$들의 일차결합으로 표현할 수 있으며, 그러면 상매개변수 하나와 하매개변수 하나를 소거할 수 있다. 이로부터, 예를 들어 $F(a,b;a-1;z)$나 $F(a,b;a-2;z)$ 등의 닫힌 형식이 나온다.

가우스는 $F(a,b;c;z)$와 매개변수들이 ± 1만큼 바뀐 임의의 두 '연속' 초기하함수 사이의 이와 비슷한 관계들을 유도했다.[143, §7] 레인빌^{Rainville}은 이를 매개변수가 더 많은 경우들로 일반화했다.[301]

5.26 만일 원래의 초기하급수의 항비가 $t_{k+1}/t_k = r(k)$이면, 새 초기하급수의 항비는 $t_{k+2}/t_{k+1} = r(k+1)$이다. 따라서

$$F\begin{pmatrix} a_1,\ ...,a_m \\ b_1,\ ...,b_n \end{pmatrix} z = 1 + \frac{a_1 ... a_m z}{b_1 ... b_n} F\begin{pmatrix} a_1+1,...,a_m+1,1 \\ b_1+1,...,b_n+1,2 \end{pmatrix} z$$

이다.

5.27 이것은 $F(2a_1,...,2a_m;2b_1,...,2b_m;z)$의 짝수 항들의 합이다. $(2a)^{\overline{2k+2}}/(2a)^{\overline{2k}} = 4(k+a)(k+a+\frac{1}{2})$ 등이 성립한다.

z^n의 계수들을 등호로 연결해 보면 파프-잘쉬츠 공식 (5.97)이 나온다.

5.28 $F\begin{pmatrix} a,b \\ c \end{pmatrix} z = (1-z)^{-a} F\begin{pmatrix} a,c-b \\ c \end{pmatrix} \frac{-z}{1-z} = (1-z)^{-a} F\begin{pmatrix} c-b,a \\ c \end{pmatrix} \frac{-z}{1-z} = (1-z)^{c-a-b} F\begin{pmatrix} c-a,c-b \\ c \end{pmatrix} z .$

(오일러는 이 항등식의 양변이 같은 미분방정식을 만족함을 보임으로써 이 항등식을 증명했다. 해당 반사법칙을 오일러의 공으로 돌리는 경우가 많지만, 그가 출판한 논문들에는 그 법칙이 나오지 않는 것으로 보인다.)

5.29 방데르몽드 합성곱 공식에 의해, z^n의 계수들은 상등이다. (쿠머의 원래 증명은 이와 다르다. 그는 반사법칙 (5.101)의 $\lim_{m\to\infty} F(m,b-a;b;z/m)$을 고찰했다.)

5.30 다시 미분하면 $z(1-z)F''(z)+(2-3z)F'(z)-F(z)=0$이 나온다. 따라서, 식 (5.108)에 의해 $F(z)=F(1,1;2;z)$이다.

5.31 조건 $f(k)=T(k+1)-T(k)$는 $f(k+1)/f(k)=(T(k+2)/T(k+1)-1)/(1-T(k)/T(k+1))$이 k의 유리함수임을 함의한다.

5.32 k에 관해 다항식을 합산할 때, 고스퍼의 방법은 '미정계수법^{未定係數法}'으로 축약된다. 이 경우 $q(k)=r(k)=1$이 되며, $p(k)=s(k+1)-s(k)$를 풀어야 한다. 고스퍼의 방법은 $s(k)$를 차수가 $d=\deg(p)+1$인 다항식으로 둘 것을 제시한다.

5.33 $k=(k-1)s(k+1)-(k+1)s(k)$의 해는 $s(k)=-k+\frac{1}{2}$이다. 따라서 답은 $(1-2k)/2k(k-1)+C$이다.

5.34 주어진 극한 관계식이 성립하는 이유는, $k>c$에 대한 모든 항이 소멸되며 다른 항들의 극한에서는 $\epsilon-c$가 $-c$와 소거되기 때문이다. 따라서 두 번째 부분합은 $\lim_{\epsilon\to 0}F(-m,-n;\epsilon-m;1)=\lim_{\epsilon\to 0}(\epsilon+n-m)^{\overline{m}}/(\epsilon-m)^{\overline{m}}=(-1)^m\binom{n-1}{m}$이다.

5.35 (a) $2^{-n}3^n[n\geq 0]$. (b) $(1-\frac{1}{2})^{-k-1}[k\geq 0]=2^{k+1}[k\geq 0]$.

5.36 $m+n$의 숫자들의 합은 m의 숫자들의 합에 n의 숫자들의 합을 더하고 거기서 $p-1$과 자리 올림 횟수의 곱을 뺀 것이다. 왜냐하면, 자리 올림이 있을 때마다 숫자들의 합이 $p-1$만큼 줄어들기 때문이다. [이 결과를 일반화된 이항계수로 확장하는 문제에 관해서는 [226]을 보라.]

5.37 첫 항등식을 $n!$으로 나누면 $\binom{x+y}{n}=\sum_k\binom{x}{k}\binom{y}{n-k}$가 나오는데, 이는 방데르몽드 합성곱이다. 둘째 항등식은 예를 들어 $x^{\overline{k}}=(-1)^k(-x)^{\underline{k}}$의 x와 y를 둘 다 부정하면 나온다.

5.38 c를 $\binom{c}{3}\leq n$을 만족하는 가장 큰 값으로 둔다. 그러면 $0\leq n-\binom{c}{3}<\binom{c+1}{3}-\binom{c}{3}=\binom{c}{2}$이다. n에 $n-\binom{c}{3}$을 대입하고 같은 과정을 반복한다. 반대로, 그 어떤 표현도 이런 방식으로 얻을 수 있다. (임의의 고정된 m에 대해

$$n = \binom{a_1}{1}+\binom{a_2}{2}+\cdots+\binom{a_m}{m},\quad 0\leq a_1<a_2<\cdots<a_m$$

으로도 같은 일이 가능하다.)

5.39 $m+n$에 대한 귀납법에 의해, 모든 $m>0$과 $n>0$에 대해 $x^m y^n = \sum_{k=1}^{m} \binom{m+n-1-k}{n-1} a^n b^{m-k} x^k + \sum_{k=1}^{n} \binom{m+n-1-k}{m-1} a^{n-k} b^m y^k$이다.

5.40 $(-1)^{m+1} \sum_{k=1}^{n} \sum_{j=1}^{m} \binom{r}{j} \binom{m-rk-s-1}{m-j} = (-1)^m \sum_{k=1}^{n} \left(\binom{m-rk-s-1}{m} - \binom{m-r(k-1)-s-1}{m} \right) = (-1)^m \left(\binom{m-rn-s-1}{m} - \binom{m-s-1}{m} \right) = \binom{rn+s}{m} - \binom{s}{m}$.

5.41 $\sum_{k \geq 0} n!/(n-k)!\,(n+k+1)! = (n!/(2n+1)!) \sum_{k>n} \binom{2n+1}{k}$인데, 이것은 $2^{2n} \times n!/(2n+1)!$이다.

5.42 n을 부정(값이 정해지지 않은) 실변수로 취급한다. $q(k)=k+1$, $r(k) = = k-1-n$으로 두고 고스퍼의 방법을 적용하면 $s(k)=1/(n+2)$가 나온다. 따라서, 요구된 부정합은 $(-1)^{x-1} \frac{n+1}{n+2} / \binom{n+1}{x}$이다. 그리고 만일 $0 \leq m \leq n$이면

$$\sum_{k=0}^{m} \frac{(-1)^k}{\binom{n}{k}} = (-1)^{x-1} \frac{n+1}{n+2} \left/ \binom{n+1}{x} \right|_{0}^{m+1} = \frac{n+1}{n+2} + \left(\frac{m+1}{n+2} \right) \frac{(-1)^m}{\binom{n}{m}}$$

다음 페이지 여백의 상자에 있는 문장은 참이다.

이다. 덧붙여 말하자면, 이 연습문제는 기본 점화식 (5.8)과 '쌍대'인 다음 공식을 함의한다.

$$\frac{1}{n \binom{n-1}{k}} = \frac{1}{(n+1) \binom{n}{k+1}} + \frac{1}{(n+1) \binom{n}{k}} .$$

5.43 힌트의 첫 단계 이후에는 식 (5.21)을 적용해서 k에 관해 합산할 수 있다. 그런 다음 식 (5.21)을 거듭 적용하고 방데르몽드 합성곱으로 마무리하면 된다. (이 항등식의 조합론적 증명이 앤드루스의 [10]에 나온다. [207, 연습문제 1.2.6-62]는 이 항등식에서 식 (5.29)의 증명으로 빠르게 넘어가는 방법을 설명한다.)

5.44 계승들을 소거하면

$$\binom{m}{j} \binom{n}{k} \binom{m+n}{m} = \binom{m+n-j-k}{m-j} \binom{j+k}{j} \binom{m+n}{j+k}$$

가 나오므로, 둘째 합은 $1/\binom{m+n}{m}$ 곱하기 첫째 합이다. 그리고 첫째 합은 그냥 식 (5.32)의 $l=0, n=b, r=a, s=m+n-b$인 한 특수 경우이므로, $\binom{a+b}{a} \binom{m+n-a-b}{n-a}$이다.

5.45 식 (5.9)에 따르면 $\sum_{k \le n}\binom{k-1/2}{k}=\binom{n+1/2}{n}$이다. 만일 이런 형식의 답이 충분히 '닫힌' 형식이 아니라면, 식 (5.35)를 적용해서 $(2n+1)\binom{2n}{n}4^{-n}$을 얻으면 된다.

5.46 식 (5.69)에 의해 이 합성곱은 $\mathcal{B}_{-1}(z)\,\mathcal{B}_{-1}(-z)$의 z^{2n}의 계수의 부정이다. 이제 $(2\mathcal{B}_{-1}(z)-1)(2\mathcal{B}_{-1}(-z)-1)=\sqrt{1-16z^2}$ 이며, 따라서 $\mathcal{B}_{-1}(z)\,\mathcal{B}_{-1}(-z)=\frac{1}{4}\sqrt{1-16z^2}+\frac{1}{2}\mathcal{B}_{-1}(z)+\frac{1}{2}\mathcal{B}_{-1}(-z)-\frac{1}{4}$이다. 이항정리에 의해

$$(1-16z^2)^{1/2} = \sum_n \binom{1/2}{n}(-16)^n z^{2n} = -\sum_n \binom{2n}{n}\frac{4^n z^{2n}}{2n-1}$$

이므로 답은 $\binom{2n}{n}4^{n-1}/(2n-1)+\binom{4n-1}{2n}/(4n-1)$이다.

5.47 $Q_r(z)=1-r+r\mathcal{B}_r(z)^{-1}$이라 할 때, 그 합은 식 (5.61)에 의해 $(\mathcal{B}_r(z)^s/Q_r(z))(\mathcal{B}_r(z)^{-s}/Q_r(z))=Q_r(z)^{-2}$의 z^n의 계수이다.

5.48 $F(2n+2,1;n+2;\frac{1}{2})=2^{2n+1}/\binom{2n+1}{n+1}$. 식 (5.111)의 한 특수 경우이다.

> 앞 페이지 여백의 상자에 있는 문장은 거짓이다.

5.49 잘쉬츠 항등식 (5.97)로 다음을 얻을 수 있다.

$$\binom{x+n}{n}\frac{y}{y+n}F\!\left(\begin{array}{c}-x,\,-n,\,-n-y\\-x-n,\,1-n-y\end{array}\bigg|\,1\right) = \frac{(y-x)^{\overline{n}}}{(y+1)^{\overline{n}}}.$$

5.50 좌변은

$$\sum_{k \ge 0}\frac{a^{\overline{k}}b^{\overline{k}}}{c^{\overline{k}}}\frac{(-z)^k}{k!}\sum_{m \ge 0}\binom{k+a+m-1}{m}z^m$$

$$= \sum_{n \ge 0}z^n\sum_{k \ge 0}\frac{a^{\overline{k}}b^{\overline{k}}}{c^{\overline{k}}k!}(-1)^k\binom{n+a-1}{n-k}$$

이고 z^n의 계수는 방데르몽드 합성곱 (5.92)에 의해

$$\binom{n+a-1}{n}F\!\left(\begin{array}{c}a,b,-n\\c,a\end{array}\bigg|\,1\right) = \frac{a^{\overline{n}}}{n!}\frac{(c-b)^{\overline{n}}}{c^{\overline{n}}}$$

이다.

5.51 (a) 반사법칙에 의해 $F(a,-n;2a;2) = (-1)^n F(a,-n;2a;2)$이다. (덧붙이자면, 이 공식은 $f(n) = 2^n x^n/(2x)^n$일 때 $\Delta^{2m+1} f(0) = 0$이라는 놀라운 항등식을 함의한다.)

임기 제한(term limits)?

(b) 항별 극한(term-by-term limit)은 $\sum_{0 \le k \le m} \binom{m}{k} \frac{2m+1}{2m+1-k}(-2)^k$ 더하기 $k = 2m+1$에 대한 추가 항 하나이다. 그 추가 항은

$$\frac{(-m)\dots(-1)(1)\dots(m)(-2m-1)\dots(-1)2^{2m+1}}{(-2m)\dots(-1)(2m+1)!}$$

$$= (-1)^{m+1} \frac{m!\,m!\,2^{2m+1}}{(2m)!} = \frac{-2}{\binom{-1/2}{m}}$$

이다. 따라서, 식 (5.104)에 의해, 이 극한은 우리가 알고 있는 것의 부정인 $-1/\binom{-1/2}{m}$이다.

5.52 두 급수 모두, $k > N$인 항들은 0이다. 이 항등식은 k를 $N-k$로 대체하는 것에 해당한다. 다음에 주목하기 바란다.

$$a^{\overline{N}} = a^{\overline{N-k}}(a+N-k)^{\overline{k}}$$
$$= a^{\overline{N-k}}(a+N-1)^{\underline{k}} = a^{\overline{N-k}}(1-a-N)^{\overline{k}}(-1)^k.$$

5.53 $b = -\frac{1}{2}$일 때, a와는 독립적으로 식 (5.110)의 좌변은 $1-2z$이고 우변은 $(1-4z+4z^2)^{1/2}$이다. 우변은 다음과 같은 형식적 멱급수이다.

$$1 + \binom{1/2}{1}4z(z-1) + \binom{1/2}{2}16z^2(z-1)^2 + \cdots.$$

이 멱급수를 전개하고 적절히 재배치하면 $1-2z+0z^2+0z^3+\cdots$을 만들 수는 있다. 그러나, 그러한 재배치 과정 도중에 $z=1$일 때 발산하는 급수들이 관여하므로, 그러한 재배치는 적법하지 않다.

5.54 만일 $m+n$이 홀수이면, 이를테면 $2N-1$이면, 다음이 성립함을 보이고자 한다.

$$\lim_{\epsilon \to 0} F\left(\begin{array}{c}N-m-\frac{1}{2}, -N+\epsilon \\ -m+\epsilon\end{array}\middle|\, 1\right) = 0.$$

여기에 식 (5.92)를 적용할 수 있다. 왜냐하면 $-m+\epsilon > -m-\frac{1}{2}+\epsilon$ 이고, $N \le m$ 이므로 분모의 인수 $\Gamma(c-b) = \Gamma(N-m)$ 은 무한하기 때문이다. 다른 인수들은 유한하다. 그렇지 않고 $m+n$ 이 짝수인 경우에는, $n = m-2N$ 으로 두면 식 (5.93)에 의해 다음이 성립한다.

$$\lim_{\epsilon \to 0} F\left(\begin{matrix} -N, N-m-\frac{1}{2}+\epsilon \\ -m+\epsilon \end{matrix} \middle| 1\right) = \frac{(N-1/2)^{\underline{N}}}{m^{\underline{N}}}.$$

이제

$$\binom{m}{m-2N}\frac{(N-1/2)!}{(-1/2)!}\frac{(m-N)!}{m!} = \binom{m-N}{m-2N}2^{-2N}$$

이 성립함을 보이기만 하면 되는데, 연습문제 22의 $x = N$ 인 경우에 의해 이 등식이 실제로 성립한다.

5.55 $Q(k) = (k+A_1)\dots(k+A_M)Z$ 이고 $R(k) = (k+B_1)\dots(k+B_N)$ 이라고 하자. 그러면, $P(k) = Q(k) - R(k)$ 가 0이 아닌 다항식이라 할 때 $t(k+1)/t(k) = P(k) \times Q(k-1)/P(k-1)R(k)$ 이다.

5.56 $-(k+1)(k+2) = s(k+1)+s(k)$ 의 해는 $s(k) = -\frac{1}{2}k^2 - k - \frac{1}{4}$ 이다. 따라서 $\sum \binom{-3}{k}\delta k = \frac{1}{8}(-1)^{k-1}(2k^2+4k+1)+C$ 이다. 또한

$$(-1)^{k-1}\left\lfloor \frac{k+1}{2} \right\rfloor \left\lfloor \frac{k+2}{2} \right\rfloor$$
$$= \frac{(-1)^{k-1}}{4}\left(k+1-\frac{1+(-1)^k}{2}\right)\left(k+2-\frac{1-(-1)^k}{2}\right)$$
$$= \frac{(-1)^{k-1}}{8}(2k^2+4k+1)+\frac{1}{8}$$

이다.

5.57 $t(k+1)/t(k) = (k-n)(k+1+\theta)(-z)/(k+1)(k+\theta)$ 이다. 따라서 $p(k) = k+\theta$, $q(k) = (k-n)(-z)$, $r(k) = k$ 로 두고 진행한다. 비밀의 함수 $s(k)$ 는 반드시 상수 α_0 이어야 하며,

$$k+\theta = (-z(k-n)-k)\alpha_0$$

이다. 따라서 $\alpha_0 = -1/(1+z)$이고 $\theta = -nz/(1+z)$이다. 합은

$$\sum \binom{n}{k} z^k \left(k - \frac{nz}{1+z}\right) \delta k = -\frac{n}{1+z}\binom{n-1}{k-1} z^k + C$$

이다. ($z=1$인 특수 경우를 식 (5.18)에서 언급했다.)

5.58 만일 $m>0$이면 $\binom{k}{m}$을 $\frac{k}{m}\binom{k-1}{m-1}$로 대체해서 $T_{m,n} = \frac{n}{m} T_{m-1,n-1} - \frac{1}{m}\binom{n-1}{m}$이라는 공식을 이끌어낼 수 있다. 따라서 합산 인수 $\binom{n}{m}^{-1}$이 적절하다.

$$\frac{T_{m,n}}{\binom{n}{m}} = \frac{T_{m-1,n-1}}{\binom{n-1}{m-1}} - \frac{1}{m} + \frac{1}{n}.$$

이를 펼치면 다음이 나온다.

$$\frac{T_{m,n}}{\binom{n}{m}} = T_{0,n-m} - H_m + H_n - H_{n-m}.$$

마지막으로, $T_{0,n-m} = H_{n-m}$이므로 $T_{m,n} = \binom{n}{m}(H_n - H_m)$이다. (생성함수를 이용해서 이 결과를 유도하는 것도 가능하다. §7.5의 예제 2를 보라.)

> 다음 페이지 여백의
> 상자에 있는 문장은
> 문장이 아니다.

5.59 $\sum_{j \geq 0, k \geq 1} \binom{n}{j} [\, j = \lfloor \log_m k \rfloor \,] = \sum_{j \geq 0, k \geq 1} \binom{n}{j} [\, m^j \leq k < m^{j+1} \,]$인데, 이것은 $\sum_{j \geq 0} \binom{n}{j}(m^{j+1} - m^j) = (m-1)\sum_{j \geq 0}\binom{n}{j}m^j = (m-1)(m+1)^n$이다.

5.60 $\binom{2n}{n} \approx 4^n/\sqrt{\pi n}$ 은 다음의 $m=n$인 경우이다.

$$\binom{m+n}{n} \approx \sqrt{\frac{1}{2\pi}\left(\frac{1}{m} + \frac{1}{n}\right)}\left(1 + \frac{m}{n}\right)^n\left(1 + \frac{n}{m}\right)^m.$$

5.61 $\lfloor n/p \rfloor = q$이고 $n \bmod p = r$이라고 하자. 다항 항등식 $(x+1)^p \equiv x^p + 1 \pmod p$는 다음을 함의한다.

$$(x+1)^{pq+r} \equiv (x+1)^r (x^p+1)^q \pmod p.$$

좌변에서 x^m의 계수는 $\binom{n}{m}$이다. 우변에서 해당 계수는 $\sum_k \binom{r}{m-pk}\binom{q}{k}$인데, $0 \leq r < p$이므로 이것은 그냥 $\binom{r}{m \bmod p}\binom{q}{\lfloor m/p \rfloor}$이다.

5.62 $\binom{np}{mp} = \sum_{k_1 + \cdots + k_n = mp} \binom{p}{k_1} \cdots \binom{p}{k_n} \equiv \binom{n}{m} \pmod{p^2}$이다. 합의 항 중 $\binom{n}{m}$개의 항을 제외한 항들은 모두 p^2의 배수이며, p와 값이 같은 k들은 정확히 m개이기 때문이다. (스탠리는 이 합동식이 $p > 3$일 때 p^3을 법으로 하여 실제로 성립함을 보였다.[335, 연습문제 1.6(d)])

5.63 이 합은 $S_n = \sum_{k=0}^n (-4)^k \binom{n+k}{n-k} = \sum_{k=0}^n (-4)^{n-k} \binom{2n-k}{k}$이다. 식 (5.74)의 분모는 $z = -1/4$일 때 0이므로, 그냥 그 공식에 대입할 수는 없다. 점화식 $S_n = -2S_{n-1} - S_{n-2}$로부터 해 $S_n = (-1)^n (2n+1)$을 구할 수 있다.

5.64 $\sum_{k \geq 0} \left(\binom{n}{2k} + \binom{n}{2k+1} \right) \big/ (k+1) = \sum_{k \geq 0} \binom{n+1}{2k+1} \big/ (k+1)$인데, 이것은 다음과 같다.

$$\frac{2}{n+2} \sum_{k \geq 0} \binom{n+2}{2k+2} = \frac{2^{n+2} - 2}{n+2}.$$

5.65 양변에 n^{n-1}을 곱하고 k에 $n-1-k$를 대입해서 다음을 얻을 수 있다.

$$\sum_k \binom{n-1}{k} n^k (n-k)! = (n-1)! \sum_{k=0}^{n-1} \left(n^{k+1}/k! - n^k/(k-1)! \right)$$
$$= (n-1)! \, n^n/(n-1)!.$$

(사실 부분합들을 고스퍼의 알고리즘으로 구할 수도 있다.) 아니면, $\binom{n}{k} k n^{n-1-k} k!$을 $\{1,\dots,n\}$에서 그 자신으로의, $f(1),\dots,f(k)$가 서로 다르고 $f(k+1) \in \{f(1),\dots,f(k)\}$인 사상들의 수로 해석할 수도 있다. k에 관해 합하면 반드시 n^n이 나온다.

5.66 이것은 모든 걸음에서 단 하나의 '명백한' 길이 존재하는 정원 산책 경로 (walk-the-garden-path problem) 문제이다. 우선 $k-j$를 l로 대체하고, 그런 다음 $\lfloor \sqrt{l} \rfloor$을 k로 대체해서 다음을 얻는다.

$$\sum_{j,k \geq 0} \binom{-1}{j-k} \binom{j}{m} \frac{2k+1}{2^j}.$$

무한급수는 수렴하는데, 이는 고정된 j에 대한 항들을 분모가 2^j인 j의 다항식이 지배하기 때문이다. 이제 k에 관해 합산하면 다음을 얻게 된다.

$$\sum_{j \geq 0} \binom{j}{m} \frac{j+1}{2^j}.$$

$j+1$을 흡수하고 식 (5.57)을 적용하면 답 $4(m+1)$이 나온다.

앞 페이지 여백의 문장이 담긴 상자는 상자가 아니다.

5.67 식 (5.26)에 의해 $3\binom{2n+2}{n+5}$이다. 왜냐하면

$$\left(\!\binom{k}{2}\!\right) = 3\binom{k+1}{4}$$

이기 때문이다.

5.68 공식

$$\sum_{k \le n/2} \binom{n}{k} = 2^{n-1} + \frac{1}{2}\binom{n}{n/2}\,[n\text{은 짝수}]$$

를 적용하면 $n\!\left(2^{n-1} - \binom{n-1}{\lfloor n/2 \rfloor}\right)$이 나온다.

5.69 $\binom{k+1}{2} + \binom{l-1}{2} \le \binom{k}{2} + \binom{l}{2} \Leftrightarrow k < l$이므로, 최솟값은 k들이 최대한 상등일 때 발생한다. 따라서, 제3장의 평등 분할(equipartition) 공식에 의해 최솟값은

$$(n \bmod m)\binom{\lceil n/m \rceil}{2} + (m - (n \bmod m))\binom{\lfloor n/m \rfloor}{2}$$
$$= m\binom{\lfloor n/m \rfloor}{2} + (n \bmod m)\left\lfloor \frac{n}{m} \right\rfloor$$

이다. 2 대신 임의의 하지수가 있는 경우에 대해서도 이와 비슷한 결과가 성립한다.

5.70 이 합은 $F(-n, \frac{1}{2}; 1; 2)$인데, 만일 k를 $n-k$로 대체하면 $(-2)^{-n}\binom{2n}{n}F(-n, -n; \frac{1}{2} - n; \frac{1}{2})$이기도 하다. 이제, 가우스의 항등식 (5.111)에 의해 $F(-n, -n; \frac{1}{2} - n; \frac{1}{2}) = F(-\frac{n}{2}, -\frac{n}{2}; \frac{1}{2} - n; 1)$이다. (아니면 반사법칙 (5.101)에 의해 $F(-n, -n; \frac{1}{2} - n; \frac{1}{2}) = 2^{-n}F(-n, \frac{1}{2}; \frac{1}{2} - n; -1)$로 풀 수도 있다. 그리고 쿠머의 공식 (5.94)를 이용하면 이것과 식 (5.55)를 관계지을 수 있다.) 답은 n이 홀수일 때는 0, n이 짝수일 때는 $2^{-n}\binom{n}{n/2}$이다. (또 다른 유도 방법이 [164, §1.2]에 나온다. 이 합은 단순 검색 알고리즘의 연구에 등장한다.[195])

5.71 (a) 다음에 주목하면 답을 구할 수 있다.

$$S(z) = \sum_{k \ge 0} a_k \frac{z^{m+k}}{(1-z)^{m+2k+1}} = \frac{z^m}{(1-z)^{m+1}} A\big(z/(1-z)^2\big).$$

(b) 여기서 $A(z) = \sum_{k \ge 0}\binom{2k}{k}(-z)^k/(k+1) = (\sqrt{1+4z} - 1)/2z$이므로, $A\big(z/(1-z)^2\big) = 1 - z$가 성립한다. 따라서 $S_n = [z^n](z/(1-z))^m = \binom{n-1}{n-m}$이다.

5.72 문제의 수량은 $m(m-n)...(m-(k-1)n)n^{k-\nu(k)}/k!$ 이다. n의 임의의 소인수 p는 분자를 적어도 $k-\nu(k)$번 나누고 분모를 많아야 $k-\nu(k)$번 나눈다. 왜냐하면 그 횟수는 2가 $k!$을 나누는 횟수이기 때문이다. n을 나누지 않는 소수 p는 만일 p^r이 $k!$을 나누면 반드시 곱 $m(m-n)...(m-(k-1)n)$을 적어도 r번 나누는데, 왜냐하면 $nn' \equiv 1$일 때 $m(m-n)...(m-(k-1)n) \equiv n^k(mn')^k = k!n^k\binom{mn'}{k} \equiv 0$ $(\bmod\, p^r)$이기 때문이다.

5.73 $X_n = n!$을 대입하면 $\alpha = \beta = 1$이 나온다. $X_n = n\text{¡}$을 대입하면 $\alpha = 1$, $\beta = 0$이 나온다. 따라서 일반해는 $X_n = \alpha n\text{¡} + \beta(n! - n\text{¡})$이다.

5.74 $1 \le k \le n$에 대해 $\binom{n+1}{k} - \binom{n-1}{k-1}$.

5.75 점화식 $S_k(n+1) = S_k(n) + S_{(k-1)\bmod 3}(n)$을 이용하면, S들 중 둘이 상등이고 $S_{(-n)\bmod 3}(n)$은 그것들과 $(-1)^n$만큼 차이가 난다는 점을 귀납법으로 증명할 수 있다. 이 세 값은 해당 합 $S_0(n) + S_1(n) + S_2(n) = 2^n$을 최대한 평등하게 분리하므로, 반드시 $\lceil 2^n/3 \rceil$은 $2^n \bmod 3$번 출현하고 $\lfloor 2^n/3 \rfloor$은 $3 - (2^n \bmod 3)$번 출현해야 한다.

5.76 $Q_{n,k} = (n+1)\binom{n}{k} - \binom{n}{k+1}$.

5.77 곱이 다항계수

$$\binom{k_m}{k_1, k_2 - k_1, ..., k_m - k_{m-1}}$$

일 때, $k_1 \le \cdots \le k_m$ 이외의 항들은 0이다. 따라서, $k_1, ..., k_{m-1}$에 관한 합은 m^{k_m}이며, k_m에 관한 최종 합은 $(m^{n+1} - 1)/(m-1)$을 산출한다.

5.78 합을 $k = 2m^2 + m - 1$로 확장한다. 새 항들은 $\binom{1}{4} + \binom{2}{6} + \cdots + \binom{m-1}{2m} = 0$이다. $m \perp (2m+1)$이므로 쌍 $(k \bmod m, k \bmod (2m+1))$들은 서로 다르다. 더 나아가서, 0에서 $2m$으로 변하는 j에 대한 수 $(2j+1) \bmod (2m+1)$들은 수 $0, 1, ..., 2m$과 일대일로 대응된다. 따라서 합은

$$\sum_{\substack{0 \le k < m \\ 0 \le j < 2m+1}} \binom{k}{j} = \sum_{0 \le k < m} 2^k = 2^m - 1$$

이다.

5.79 (a) 합은 2^{2n-1}이므로, gcd는 반드시 2의 거듭제곱이다. q가 홀수라 할 때 만일 $n = 2^k q$이면 $\binom{2n}{1}$은 2^{k+1}으로 나누어떨어지지만 2^{k+2}으로는 나누어떨어지지 않는다. 각 $\binom{2n}{2j+1}$은 2^{k+1}으로 나누어떨어진다(연습문제 36 참고). 따라서 이것은 반드시 gcd이다. (b) $k = p^r - 1$이라고 하자. 만일 $p^r \le n+1 < p^{r+1}$이면, k를 $n-k$에 더할 때 자리 올림되는 값은 기수 p를 넘지 않는다. 이 경우 자리 올림 횟수는 $r - \epsilon_p(n+1)$이고, $r = \epsilon_p(L(n+1))$이다.

5.80 우선 $k! \ge (k/e)^k$임을 귀납법으로 증명한다.

5.81 우변을 $f_{l,m,n}(x)$로 표기하자. $f_{l,m,n}(1) > 0$임을, 그리고 $0 \le x \le 1$에 대해 $f'_{l,m,n}(x) < 0$임을 보이는 것으로 충분하다. $f_{l,m,n}(1)$의 값은 식 (5.23)에 의해 $(-1)^{n-m-1}\binom{l+m+\theta}{l+n}$인데, 그 이항계수에는 음의 인수가 정확히 $n-m-1$개 있으므로 이 값은 양수이다. 같은 이유로, 부등호는 $l = 0$일 때 성립한다. 만일 $l > 0$이면 $f'_{l,m,n}(x) = -l f_{l-1,m,n+1}(x)$인데, 귀납법에 의해 이것은 음수이다.

5.82 a가 소수 p로 나누어떨어진다는 조건을 만족하는 지수를 $\epsilon_p(a)$라고 표기하자. 그리고 $m = n - k$라고 하자. 그러면 증명할 항등식은 다음과 같이 축약된다.

$$\min(\epsilon_p(m) - \epsilon_p(m+k), \epsilon_p(m+k+1) - \epsilon_p(k+1), \epsilon_p(k) - \epsilon_p(m+1))$$
$$= \min(\epsilon_p(k) - \epsilon_p(m+k), \epsilon_p(m) - \epsilon_p(k+1), \epsilon_p(m+k+1) - \epsilon_p(m+1)).$$

간결함을 위해 이를 $\min(x_1, y_1, z_1) = \min(x_2, y_2, z_2)$로 표기하자. $x_1 + y_1 + z_1 = x_2 + y_2 + z_2$임을 주목하기 바란다. 일반 관계식

$$\epsilon_p(a) < \epsilon_p(b) \implies \epsilon_p(a) = \epsilon_p(|a \pm b|)$$

를 이용하면 $x_1 \ne x_2 \Rightarrow \min(x_1, x_2) = 0$이라는 결론을 이끌어낼 수 있다. (y_1, y_2)와 (z_1, z_2)에 대해서도 마찬가지가 성립한다. 이제 증명의 나머지 부분을 완성하는 것은 간단한 일이다.

5.83 (P. 파울레[Paule]의 답.) r이 음이 아닌 정수라고 하자. 주어진 합은

$$\sum_{j,k} (-1)^{j+k} \frac{(1+x)^{j+k}}{x^k} \binom{r}{j}\binom{n}{k}(1+y)^{s+n-j-k}y^j$$
$$= \left(1 - \frac{(1+x)y}{1+y}\right)^r \left(1 - \frac{1+x}{(1+y)x}\right)^n (1+y)^{s+n}$$
$$= (-1)^n (1-xy)^{n+r}(1+y)^{s-r}/x^n$$

의 $x^l y^m$의 계수이다. 따라서 답은 분명히 $(-1)^l \binom{n+r}{n+l}\binom{s-r}{m-n-l}$이다. (연습문제 106도 보라.)

5.84 힌트에 따라 미분하면 다음이 나온다.

$$z\mathcal{B}_t(z)^{r-1}\mathcal{B}_t'(z) = \sum_{k \geq 0}\binom{tk+r}{k}\frac{kz^k}{tk+r}.$$

그리고 $\mathcal{E}_t(z)$에 대해서도 이와 비슷한 공식을 얻을 수 있다. 따라서 해당 공식 $(zt\mathcal{B}_t(z)^{-1}\mathcal{B}_t'(z)+1)\mathcal{B}_t(z)^r$과 $(zt\mathcal{E}_t(z)^{-1}\mathcal{E}_t'(z)+1)\mathcal{E}_t(z)^r$으로부터 식 (5.61)의 해당 우변들이 나온다. 그러므로 반드시 다음을 증명해야 한다.

$$zt\mathcal{B}_t(z)^{-1}\mathcal{B}_t'(z)+1 = \frac{1}{1-t+t\mathcal{B}_t(z)^{-1}},$$

$$zt\mathcal{E}_t(z)^{-1}\mathcal{E}_t'(z)+1 = \frac{1}{1-zt\mathcal{E}_t(z)^t}.$$

그런데 이들은 식 (5.59)에서 바로 유도할 수 있다.

5.85 만일 $f(x)=a_n x^n + \cdots +a_1 x+a_0$이 차수가 $\leq n$인 임의의 다항식이면, 다음을 귀납법으로 증명할 수 있다.

$$\sum_{0 \leq \epsilon_1,\ldots,\epsilon_n \leq 1}(-1)^{\epsilon_1+\cdots+\epsilon_n}f(\epsilon_1 x_1 + \cdots +\epsilon_n x_n) = (-1)^n n! a_n x_1 \ldots x_n.$$

문제의 항등식은 $a_n = 1/n!$이고 $x_k = k^3$인 특수 경우이다.

5.86 (a) 먼저 모든 $i \neq j$에 대한 $n(n-1)$개의 색인 변수 l_{ij}들로 전개한다. $1 \leq i < j < n$에 대해 $k_{ij}=l_{ij}-l_{ji}$로 설정하고 모든 $i < n$에 대해 $\sum_{i \neq j}(l_{ij}-l_{ji})=0$이라는 제한을 적용하면 $1 \leq j < n$에 대한 l_{jn}들을 합산의 범위로 하여 합을 구할 수 있고, 그런 다음에는 $1 \leq i < j < n$에 대한 l_{ji}들을 합산의 범위로 하여 방데르몽드 합성곱을 이용해서 합을 구할 수 있다. (b) $f(z)-1$은 차수가 $<n$이고 근이 n개인 다항식이므로, 그 값은 반드시 0이다. (c) 다음 곱의 상수항들을 고찰해서 유도할 수 있다.

$$\prod_{\substack{1 \leq i,j \leq n \\ i \neq j}}\left(1-\frac{z_i}{z_j}\right)^{a_i} = \sum_{k=1}^n \prod_{\substack{1 \leq i,j \leq n \\ i \neq j}}\left(1-\frac{z_i}{z_j}\right)^{a_i-[i=k]}.$$

5.87 첫 항은 식 (5.61)에 의해 $\sum_k \binom{n-k}{k} z^{mk}$이다. 둘째 항의 피가수들은

$$\frac{1}{m} \sum_{k \geq 0} \binom{(n+1)/m + (1+1/m)k}{k} (\zeta z)^{k+n+1}$$

$$= \frac{1}{m} \sum_{k > n} \binom{(1+1/m)k - n - 1}{k - n - 1} (\zeta z)^k$$

이다. $\sum_{0 \leq j < m} (\zeta^{2j+1})^k = m(-1)^l [k = ml]$이므로, 이 항들의 합은 다음과 같다.

$$\sum_{k > n/m} \binom{(1+1/m)mk - n - 1}{mk - n - 1} (-z^m)^k$$

$$= \sum_{k > n/m} \binom{(m+1)k - n - 1}{k} (-z^m)^k = \sum_{k > n/m} \binom{n - mk}{k} z^{mk}.$$

덧붙이자면, 함수 $\mathcal{B}_m(z^m)$과 $\zeta^{2j+1} z \, \mathcal{B}_{1+1/m}(\zeta^{2j+1} z)^{1/m}$은 방정식 $w^{m+1} - w^m = z^m$의 $(m+1)$개의 복소근들이다.

5.88 $\int_0^\infty (e^{-t} - e^{-nt}) \, dt/t = \ln n$이라는 사실과 $(1 - e^{-t})/t \leq 1$이라는 사실을 적용한다. (식 (5.83)에 의해, $k \to \infty$에 따라 $\binom{x}{k} = O(k^{-x-1})$이다. 따라서, 이 한계는 $x > -1$일 때 스털링 급수 $\sum_k s_k \binom{x}{k}$가 수렴함을 함의한다. 에르미트는 이 합이 $\ln \Gamma(1+x)$임을 보였다.[186]

5.89 이것을 식 (5.19)에 더하면 이항정리에 의해 양변에 $y^{-r}(x+y)^{m+r}$이 생긴다. 미분하면

$$\sum_{k > m} \binom{m+r}{k} \binom{m-k}{n} x^k y^{m-k-n}$$

$$= \sum_{k > m} \binom{-r}{k} \binom{m-k}{n} (-x)^k (x+y)^{m-k-n}$$

인데, k를 $k+m+1$로 대체하고 식 (5.15)를 적용하면 다음이 나온다.

$$\sum_{k \geq 0} \binom{m+r}{m+1+k} \binom{-n-1}{k} (-x)^{m+1+k} y^{-1-k-n}$$

$$= \sum_{k \geq 0} \binom{-r}{m+1+k} \binom{-n-1}{k} x^{m+1+k} (x+y)^{-1-k-n}.$$

이를 초기하 형식으로 표현하면 다음과 같이 정리할 수 있다.

다음 페이지 여백의 상자에 있는 문장은 자기참조(self-referential) 문장이다.

$$F\left(\begin{matrix}1-r,n+1\\m+2\end{matrix}\,\middle|\,\frac{-x}{y}\right) = \left(1+\frac{x}{y}\right)^{-n-1} F\left(\begin{matrix}m+1+r,n+1\\m+2\end{matrix}\,\middle|\,\frac{x}{x+y}\right).$$

그런데 이것은 반사법칙 (5.101)의 $(a,b,c,z) = (n+1,m+1+r,m+2,-x/y)$인 특수 경우이다. (따라서 식 (5.105)의 변환은 반사와, 그리고 연습문제 52의 공식과 관계가 있다.)

5.90 만일 r이 음이 아닌 정수이면 합은 유한하며, 본문의 유도과정은 $0 \le k \le r$에 대한 합의 항들 중 분모에 0이 있는 것이 하나도 없는 한 유효하다. 그런 항이 존재한다면 합은 무한하며, k번째 항 $\binom{k-r-1}{k}\big/\binom{k-s-1}{k}$는 식 (5.83)에 의해 근사적으로 $k^{s-r} \times (-s-1)!/(-r-1)!$이다. 따라서, 무한급수가 수렴하려면 $r > s+1$이어야 한다. (만일 r과 s가 복소수이면 $|k^z| = k^{\Re z}$이므로 그 조건은 $\Re r > \Re s+1$이다.) 문제의 합은 식 (5.92)에 의해

$$F\left(\begin{matrix}-r,1\\-s\end{matrix}\,\middle|\,1\right) = \frac{\Gamma(r-s-1)\Gamma(-s)}{\Gamma(r-s)\Gamma(-s-1)} = \frac{s+1}{s+1-r}$$

이다. 이것은 이전에 r과 s가 정수인 경우에 대해 구한 것과 같은 공식이다.

5.91 (이 문제는 컴퓨터의 도움을 받는 것이 좋다.) 우연하게도, $c = (a+1)/2$일 때 이 항등식은 파프의 반사법칙의 관점에서 가우스 항등식 (5.110)과 동치인 항등식으로 축약된다. 왜냐하면, 만일 $w = -z/(1-z)$이면 $4w(1-w) = -4z/(1-z)^2$이고

$$F\left(\begin{matrix}\frac{1}{2}a,\frac{1}{2}a+\frac{1}{2}-b\\1+a-b\end{matrix}\,\middle|\,4w(1-w)\right) = F\left(\begin{matrix}a,a+1-2b\\1+a-b\end{matrix}\,\middle|\,\frac{-z}{1-z}\right)$$
$$= (1-z)^a F\left(\begin{matrix}a,b\\1+a-b\end{matrix}\,\middle|\,z\right)$$

이기 때문이다.

앞 페이지 여백의 상자에 있는 문장은 자기참조(self-referential) 문장이 아니다.

5.92 문제의 항등식들은 양변이 같은 미분방정식을 만족함을 보여서 증명할 수 있다. 150년 전에 클라우센도 그런 식으로 증명했다. z^n의 계수들 사이의 해당 등식들을 표현하는 한 가지 방법은 다음처럼 이항계수를 사용하는 것이다.

$$\sum_k \frac{\binom{r}{k}\binom{s}{k}\binom{r}{n-k}\binom{s}{n-k}}{\binom{r+s-1/2}{k}\binom{r+s-1/2}{n-k}} = \frac{\binom{2r}{n}\binom{r+s}{n}\binom{2s}{n}}{\binom{2r+2s}{n}\binom{r+s-1/2}{n}};$$

$$\sum_k \frac{\binom{-1/4+r}{k}\binom{-1/4+s}{k}\binom{-1/4-r}{n-k}\binom{-1/4-s}{n-k}}{\binom{-1+r+s}{k}\binom{-1-r-s}{n-k}}$$

$$= \frac{\binom{-1/2}{n}\binom{-1/2+r-s}{n}\binom{-1/2-r+s}{n}}{\binom{-1+r+s}{n}\binom{-1-r-s}{n}}.$$

또는, 다음과 같이 초기하함수로 표현할 수도 있다.

$$F\left(\begin{matrix} a,b,\dfrac{1}{2}-a-b-n,-n \\[2mm] \dfrac{1}{2}+a+b,1-a-n,1-b-n \end{matrix} \,\middle|\, 1\right) = \frac{(2a)^{\overline{n}}\,(a+b)^{\overline{n}}\,(2b)^{\overline{n}}}{(2a+2b)^{\overline{n}}\,a^{\overline{n}}\,b^{\overline{n}}}\,;$$

$$F\left(\begin{matrix} \dfrac{1}{4}+a,\dfrac{1}{4}+b,a+b-n,-n \\[2mm] 1+a+b,\dfrac{3}{4}+a-n,\dfrac{3}{4}+b-n \end{matrix} \,\middle|\, 1\right)$$

$$= \frac{(1/2)^{\overline{n}}\,(1/2+a-b)^{\overline{n}}\,(1/2-a+b)^{\overline{n}}}{(1+a+b)^{\overline{n}}\,(1/4-a)^{\overline{n}}\,(1/4-b)^{\overline{n}}}\,.$$

5.93 $\alpha^{-1}\prod_{j=1}^{k-1}(f(j)+\alpha)/f(j).$

5.94 고스퍼의 알고리즘을 적용하면 $-\binom{a-1}{k-1}\binom{-a-1}{n-k}a/n+C$라는 답이 나온다. 따라서, $m \geq 0$이 정수이고 n보다 작을 때 다음이 성립한다.

$$\sum \binom{a}{k}\binom{m-a}{n-k}\delta k = \sum_j \binom{m}{j}\frac{-a}{n-j}\binom{a-1}{k-1}\binom{-a-1}{n-j-k}+C.$$

5.95 p와 r의 선행계수들은 반드시 단위원이어야 하며, p에는 q나 r과의 공약수가 없어야 한다. 인수들의 순서를 이리저리 바꾸어 보면 이러한 추가적인 조건들을 쉽게 만족할 수 있다.

이제 $p(k+1)q(k)/p(k)r(k+1) = P(k+1)Q(k)/P(k)R(k+1)$이라고 하자. 여기서 다항식 (p,q,r)과 (P,Q,R)은 둘 다 새로운 조건을 만족한다. $p_0(k)=p(k)/g(k)$이고 $P_0(k) = P(k)/g(k)$라고 하자. 여기서 $g(k)=\gcd(p(k),P(k))$는 p와 P의 모든 공약수의 곱이다. 그러면

$$p_0(k+1)\,q(k)\,P_0(k)\,R(k+1) = p_0(k)\,r(k+1)\,P_0(k+1)\,Q(k)$$

이다. $p_0(k) \neq 1$이라고 가정할 때, $p_0(\alpha)=0$을 만족하는 복소수 α가 존재한다. 그러면 $q(\alpha) \neq 0$이고 $r(\alpha) \neq 0$, $P_0(\alpha) \neq 0$이다. 따라서 반드시 $p_0(\alpha+1)\,R(\alpha+1)=0$

이고 $p_0(\alpha-1)\,Q(\alpha-1)=0$이어야 한다. N이 $p_0(\alpha+N)\neq 0$과 $p_0(\alpha-N)\neq 0$을 만족하는 양의 정수라고 하자. 같은 논법을 N번 되풀이하면 $R(\alpha+1)\ldots R(\alpha+N)=0=Q(\alpha-1)\ldots Q(\alpha-N)$이 나오는데, 이는 식 (5. 118)과 모순이다. 따라서 $p_0(k)=1$이다. 마찬가지로 $P_0(k)=1$이므로 $p(k)=P(k)$이다. 이제 $q(\alpha)=0$은 식 (5.118)에 의해 $r(\alpha+1)\neq 0$을 함의한다. 따라서 $q(k)\setminus Q(k)$이다. 마찬가지로, $Q(k)\setminus q(k)$이므로 $q(k)=Q(k)$이다. 둘 다 선행계수가 같기 때문이다. 그러면 $r(k)=R(k)$일 수밖에 없다.

5.96 만일 $r(k)$가 0이 아닌 유리함수이고 $T(k)$가 초기하항이면, $r(k)\,T(k)$는 초기하항이다. 이 초기하항을 가리켜 $T(k)$와 닮았다(similar)고 말한다. ($r(k)$를 ∞으로, $T(k)$를 0으로(또는 그 반대로) 둘 수 있는 k의 값은 무한히 많다.) 특히, $T(k+1)$은 항상 $T(k)$와 닮은 항이다. 만일 $T_1(k)$와 $T_2(k)$가 닮은 초기하항이면 $T_1(k)+T_2(k)$는 초기하항이다. 만일 $T_1(k),\ldots,T_m(k)$가 서로 닮지 않은 항이고 $m>1$이면 $T_1(k)+\cdots+T_m(k)$는 유한한 개수의 k들을 제외하고는 0일 수 없다. 그 이유는 m이 최소인 반례를 생각해 보면 알 수 있다. $r_j(k)=T_j(k+1)/T_j(k)$라고 하자. $T_1(k)+\cdots+T_m(k)=0$이므로 $r_m(k)\,T_1(k)+\cdots+r_m(k)\,T_m(k)=0$이고 $r_1(k)\times T_1(k)+\cdots+r_m(k)\,T_m(k)=T_1(k+1)+\cdots+T_m(k+1)=0$이다. 따라서 $\bigl(r_m(k)-r_1(k)\bigr)T_1(k)+\cdots+\bigl(r_m(k)-r_{m-1}(k)\bigr)T_{m-1}(k)=0$이다. 임의의 $j<m$에 대해 $r_m(k)-r_j(k)=0$이 성립할 수는 없는데, 왜냐하면 T_j와 T_m은 닮지 않았기 때문이다. 그런데 m은 최솟값이므로, 이것은 반례일 수 없다. 따라서 $m=2$이다. 그러나 그러면 $T_1(k)$와 $T_2(k)$는 반드시 닮은 항들이다. 둘 다 유한히 많은 k를 제외하고 0이기 때문이다.

　　이제 $t(k)$가 $t(k+1)/t(k)=r(k)$를 만족하는 임의의 초기하항이라고 하자. 그리고 $t(k)=\bigl(T_1(k+1)+\cdots+T_m(k+1)\bigr)-\bigl(T_1(k)+\cdots+T_m(k)\bigr)$라고 가정하자. 여기서 m은 최솟값이다. 그러면 $T_1,\ldots,T_m$은 반드시 서로 닮지 않은 항들이어야 한다. $r_j(k)$가 다음을 만족하는 유리함수라고 하자.

$$r(k)\bigl(T_j(k+1)-T_j(k)\bigr)-\bigl(T_j(k+2)-T_j(k+1)\bigr)=r_j(k)\,T_j(k).$$

그리고 $m>1$이라고 가정하자. $0=r(k)t(k)-t(k+1)=r_1(k)\,T_1(k)+\cdots+r_m(k)\,T_m(k)$이므로, $r_j(k)=0$을 만족하지 않는 j의 값은 많아야 하나이다. 만일 $r_j(k)=0$이면 함수 $\bar{t}(k)=T_j(k+1)-T_j(k)$는 $\bar{t}(k+1)/\bar{t}(k)=t(k+1)/t(k)$를 만족한다. 따라서 고스퍼의 알고리즘으로 해를 찾을 수 있다.

버마-셰이브Burma-Shave

5.97 우선 z가 임의의 정수 $d > 0$에 대해 $-d-1/d$와 같지 않다고 가정하자. 그러면, 고스퍼의 알고리즘에서 $p(k) = 1$, $q(k) = (k+1)^2$, $r(k) = k^2 + kz + 1$이다. 그런데 $\deg(Q) < \deg(R)$이고 $\deg(p) - \deg(R) + 1 = -1$이므로, 유일한 가능성은 d가 음이 아닌 정수라고 할 때 $z = d+2$뿐이다. $s(k) = \alpha_d k^d + \cdots + \alpha_0$은 $d = 0$일 때는 실패하지만 $d > 0$이면 항상 성공한다. (식 (5.122)의 $k^d, k^{d-1}, \dots, k^1$의 계수들을 등호로 연결해서 나오는 일차방정식들은 $\alpha_{d-1}, \dots, \alpha_0$을 α_d의 양의 배수로 표현하며, 그러면 남은 방정식 $1 = \alpha_d + \cdots + \alpha_1$은 α_d를 정의한다.) 예를 들어 $z = 3$일 때 부정합은 $(k+2)k!^2 / \prod_{j=1}^{k-1}(j^2 + 3j + 1) + C$이다.

한편, 만일 $z = -d - 1/d$이면 언급된 항 $t(k)$들은 $k \ge d$에 대해 무한이다. 이제 합당한 진행 방식은 두 가지인데, 하나는 다음과 같이 재정의해서 분모의 0을 소거하는 것이다.

$$t(k) = \frac{k!^2}{\displaystyle\prod_{j=d+1}^{k}\left(j^2 - j(d+1/d) + 1\right)} = \frac{(d-1/d)!\, k!^2}{(k-1/d)!\,(k-d)!}.$$

이렇게 하면 $t(k)$는 $0 \le k < d$에 대해 0이고 $k \ge d$에 대해서는 양수이다. 고스퍼의 알고리즘을 적용하면 $p(k) = k^d, q(k) = k+1, r(k) = k-1/d$가 나오며, 우변의 k^j의 계수가 $(j+1+1/d)\alpha^j$ 더하기 $\{\alpha_{j+1}, \dots, \alpha_d\}$의 배수들이므로 식 (5.122)를 $s(k)$에 대해 풀 수 있다. 예를 들어 $d = 2$일 때 부정합은 $(3/2)!\,k!\left(\frac{2}{7}k^2 - \frac{26}{35}k + \frac{32}{105}\right)/ (k-3/2)! + C$이다.

잠깐, 임의의 유한수열은 자명하게 합산 가능하다. $0 \le k < d$에 대해 $t(k)$와 부합하는 다항식을 구할 수 있기 때문이다.

다른 하나는 원래의 항들을 합하되 $0 \le k < d$의 범위에서만 합하는 것이다. 그런 다음에는 $p(k) = k^d$을 다음으로 대체할 수 있다.

$$p'(k) = \sum_{j=1}^{d} (-1)^{d-j} j \begin{bmatrix} d \\ j \end{bmatrix} k^{j-1}.$$

이는, 식 (5.117)이 $0 \le k < d-1$에 대해서도 여전히 성립하므로 유효하다. $p'(k) = \lim_{\epsilon \to 0}\left((k+\epsilon)^d - k^d\right)/\epsilon = \lim_{\epsilon \to 0}(k+\epsilon)^d/\epsilon$이므로, 이 요령은 로피탈 법칙에서처럼 본질적으로 식 (5.117)의 분자와 분모에서 0 하나를 소거한다. 이제 고스퍼의 방법을 진행하면 부정합이 나온다.

5.98 $nS_{n+1} = 2nS_n$. (주의: 이것이 S_1/S_0에 관한 정보를 제공하지는 않는다.)

5.99 $p(n,k) = (n+1+k)\beta_0(n) + (n+1+a+b+c+k)\beta_1(n) = \hat{p}(n,k)$, $\bar{t}(n,k) = t(n,k)/(n+1+k)$, $q(n,k) = (n+1+a+b+c+k)(a-k)(b-k)$, $r(n,k) = (n+1+k)(c+k)k$라고 하자. 그러면 식 (5.129)는 $\beta_0(n) = (n+1+a+b+c)(n+1+a+b)$, $\beta_1(n) = -(n+1+a)(n+1+b)$, $\alpha_0(n) = s(n,k) = -1$로 풀린다. $n = -a$일 때 이것이 참이라는 사실과 n에 대한 귀납법을 이용하면 식 (5.134)를 유도할 수 있다.

5.100 고스퍼-차일베르거 알고리즘으로 다음을 쉽게 구할 수 있다.

$$\frac{n+2}{\binom{n}{k}} - \frac{2n+2}{\binom{n+1}{k}} = \frac{n-k}{\binom{n}{k+1}} - \frac{n+1-k}{\binom{n}{k}}, \quad 0 \le k < n.$$

$k=0$에서 $n-1$까지의 범위로 합산하면 $(n+2)(S_n - 1) - (2n+2)(S_{n+1} - 1 - \frac{1}{n+1}) = -n$이 나온다. 따라서 $(2n+2)S_{n+1} = (n+2)S_n + 2n + 2$이다. 이제 합산 인수를 적용하면 $S_n = (n+1)2^{-n}\sum_{k=0}^{n} 2^k/(k+1)$이 나온다.

5.101 (a) 만일 m를 고정하고 고스퍼-차일베르거 알고리즘을 적용하면 $(n+2)\times S_{m,n+2}(z) = (z-1)(n+1)S_{m,n}(z) + (2n+3 - z(n-m+1))S_{m,n+1}(z)$를 발견하게 된다. 또한, 항

$$\beta_0(m,n)t(m,n,k) + \beta_1(m,n)t(m+1,n,k) + \beta_2(m,n)t(m,n+1,k)$$

에도 그러한 방법을 적용할 수 있다. 그러면 다음과 같이 좀 더 간단한 점화식이 나온다.

$$(m+1)S_{m+1,n}(z) - (n+1)S_{m,n+1}(z) = (1-z)(m-n)S_{m,n}(z).$$

(b) 미지수가 여섯, 방정식이 다섯이므로 좀 더 어렵다. 알고리즘을 적용하면

$$(n+1)(z-1)^2\binom{n}{k}^2 z^k - (2n+3)(z+1)\binom{n+1}{k}^2 z^k$$
$$+ (n+2)\binom{n+2}{k}^2 z^k = T(n,k+1) - T(n,k),$$
$$T(n,k) = \binom{n+1}{k-1}^2 \frac{s(n,k)}{n+1} z^k,$$
$$s(n,k) = (z-1)k^2 - 2((n+2)z - 2n - 3)k + (n+2)((n+2)z - 4n - 5)$$

가 나온다. 따라서 $(n+1)(z-1)^2 S_n(z) - (2n+3)(z+1)S_{n+1}(z) + (n+2)S_{n+2}(z) = 0$이다. 덧붙이자면, 이 점화식은 음의 n에도 성립하며, $S_{-n-1}(z) = S_n(z)/(1-z)^{2n+1}$이다.

합 $S_n(z)$를 르장드르^{Legendre} 다항식 $P_n(z) = \sum_k \binom{n}{k}^2 (z-1)^{n-k}(z+1)^k/2^n$의 수정된 형태로 간주할 수 있다. 왜냐하면 $S_n(z) = (1-z)^n P_n\left(\frac{1+z}{1-z}\right)$로 표현할 수 있기 때문이다. 마찬가지로, $S_{m,n}(z) = (1-z)^n P_n^{(0,m-n)}\left(\frac{1+z}{1-z}\right)$는 수정된 자코비^{Jacobi} 다항식이다.

$z=0$은 어떨까?

5.102 문제의 합은 $F(a-\frac{1}{3}n, -n; b-\frac{4}{3}n; -z)$이므로, $z=-1$인 경우는 고려하지 않아도 된다. $n=3m$으로 두고,

$$
\begin{aligned}
p(m,k) &= (3m+3-k)^3(m+1-k)\beta_0 + (4m+4-b-k)^4\beta_1, \\
q(m,k) &= (3m+3-k)(m+1-a-k)z, \\
r(m,k) &= k(4m+1-b-k), \\
s(m,k) &= \alpha_2 k^2 + \alpha_1 k + \alpha_0
\end{aligned}
$$

일 때의 식 (5.129)의 해들을 구한다. 그렇게 해서 나온 다섯 동차 방정식에 0이 아닌 해 $(\alpha_0, \alpha_1, \alpha_2, \beta_0, \beta_1)$이 있을 필요충분조건은, 계수들의 행렬식이 0이라는 것이다. 그리고 m의 다항식인 이 행렬식은 오직 여덟 경우에서만 소거된다. 그중 한 경우는 물론 식 (5.113)이다. 하지만 이제는 $n \not\equiv 2 \pmod 3$뿐만 아니라 모든 음이 아닌 정수 n에 대해 합을 평가할 수 있다.

$$
\sum_k \binom{n}{k}\binom{\frac{1}{3}n-\frac{1}{6}}{k} 8^k \bigg/ \binom{\frac{4}{3}n-\frac{2}{3}}{k} = [1,1,-\tfrac{1}{2}]\binom{2n}{n}\bigg/\binom{\frac{4}{3}n-\frac{2}{3}}{n}.
$$

여기서 $[c_0, c_1, c_2]$라는 표기는 하나의 값 $c_{n \bmod 3}$을 뜻한다. 다른 경우인 $(a,b,z) = (\frac{1}{2}, 0, 8)$일 때는 다음과 같은 항등식이 나온다.

$$
\sum_k \binom{n}{k}\binom{\frac{1}{3}n-\frac{1}{2}}{k} 8^k \bigg/ \binom{\frac{4}{3}n}{k} = [1,0,0]16^{n/3}\binom{\frac{2}{3}n}{\frac{1}{3}n}\bigg/\binom{\frac{4}{3}n}{n}.
$$

(놀랍게도 이 합은 n이 3의 배수가 아닐 때는 항상 0이다. 그리고 이 항등식을

$$
\sum_k \binom{3m}{k}\binom{2m}{2k}\binom{2k}{k} 2^k \bigg/ \binom{4m}{k}\binom{m}{k} = 16^m \frac{(3m)!\,(2m)!}{(4m)!\,m!}
$$

으로 표현할 수도 있는데, 어쩌면 이 표현이 더 유용할 수도 있다.) 남은 여섯 경우에서는 다음과 같이 더욱 이상한 합들이 나온다.

$$\sum_k \binom{n}{k}\binom{\frac{1}{3}n-a}{k}z^k \bigg/ \binom{\frac{4}{3}n-b}{k}$$

$$= [c_0,c_1,c_2]\,\frac{\binom{\frac{1}{3}n-a}{\lfloor n/3\rfloor}\binom{\frac{1}{3}n-a'}{\lfloor n/3\rfloor-}x^{\lfloor n/3\rfloor}}{\binom{\frac{4}{3}n-b}{n}\binom{\frac{1}{3}n-b}{\lfloor n/3\rfloor}\binom{\frac{1}{3}n-b'}{\lfloor n/3\rfloor}}\;.$$

여기서 $(a,b,z,c_0,c_1,c_2,a',b',x)$의 해당 값들은 다음과 같다.

$$\left(\tfrac{7}{12},\tfrac{1}{3},\;8,1,-1,\;\;0,\tfrac{1}{4},\,0,\;\;64\right);\quad \left(\;\tfrac{1}{4},0,\;\;8,1,2,\;\;0,\tfrac{7}{12},\tfrac{1}{3},\;\;64\right);$$

$$\left(\tfrac{5}{12},\tfrac{2}{3},\;8,1,\;\;0,-3,\tfrac{3}{4},0,\;\;64\right);\quad \left(\tfrac{1}{12},\tfrac{1}{3},\;\;8,1,3,\;\;0,\;\tfrac{3}{4},0,\;\;64\right);$$

$$\left(\;\tfrac{1}{2},0,-4,1,\;\;2,\;\;0,\tfrac{1}{6},\tfrac{1}{3},-16\right);\quad \left(\;\tfrac{1}{6},\tfrac{2}{3},-4,1,0,-3,\;\tfrac{5}{6},0,-16\right).$$

5.103 각 a_i'과 b_i'이 0이 아니라고 가정한다. 그렇게 가정하지 않으면 해당 인수들이 k의 차수들에 아무런 영향도 미치지 못할 것이기 때문이다. 그리고 $\hat{t}(n,k)=\hat{p}(n,k)\bar{t}(n,k)$라고 하자. 여기서

$$\bar{t}(n,k)\;=\;\frac{\prod_{i=1}^p (a_i n+a_i'k+a_i l\,[a_i<0]+a_i'')!}{\prod_{i=1}^q (b_i n+b_i'k+b_i l\,[b_i>0]+b_i'')!}\;z^k$$

이다. 그러면 선행계수에서 소거가 일어나는 흔치 않은 경우들을 제외할 때 $\deg(\hat{p})=\deg(f)+\max\left(\sum_{i=1}^q b_i\,[b_i>0]-\sum_{i=1}^p a_i\,[a_i<0],\;\sum_{i=1}^p a_i\,[a_i>0]-\sum_{i=1}^q b_i\,[b_i<0]\right)\geq \deg(f)+\frac{1}{2}l\left(|a_1|+\cdots+|a_p|+|b_1|+\cdots+|b_q|\right)$이다. 그리고 역시 흔치 않은 경우들을 제외할 때 $\deg(q)=\sum_{i=1}^p a_i'\,[a_i'>0]-\sum_{i=1}^q b_i'\,[b_i'<0]$, $\deg(r)=\sum_{i=1}^q b_i'\,[b_i'>0]-\sum_{i=1}^p a_i'\,[a_i'<0]$이다.

　(이 추정치들을 이용하면, l이 증가함에 따라 결국에는 $\hat{p}$의 차수가 다항식 $s(n,k)$가 가능해질 정도로 커진다는 점과 미지수 α_j들과 β_j들의 개수가 풀어야 할 동차 일차방정식들의 개수보다 많아진다는 점을 직접 증명할 수 있다. 본문에서처럼 $\beta_0(n),\dots,\beta_l(n)$이 모두 0이 아닌 해가 반드시 존재해야 한다는 논법을 유지한다면, 이를 통해서 고스퍼-차일베르거 알고리즘의 성공에 대한 또 다른 증명을 얻을 수 있다.)

5.104 $t(n,k) = (-1)^k (r-s-k)!\,(r-2k)!/((r-s-2k)!\,(r-n-k+1)!\,(n-k)!\,k!)$ 이라고 하자. 그러면 $\beta_0(n)t(n,k) + \beta_1(n)t(n+1,k)$ 는 초기하항으로 합산 가능한 함수가 아니다. 왜냐하면 $\deg(\hat{p}) = 1$ 이고 $\deg(q-r) = 3, \deg(q+r) = 4, \lambda = -8, \lambda' = -4$ 이기 때문이다. 그러나 $\beta_0(n)t(n,k) + \beta_1(n)t(n+1,k) + \beta_2(n)t(n+2,k)$ 는 초기하항으로 합산 가능한 함수이다. 왜냐하면 기본적으로 $q(n,k) = -(r-s-2k)(r-s-2k-1)(n+2-k)(r-n-k+1)$ 이고 $r(k) = (r-s-k+1)(r-2k+2)(r-2k+1) \times k$ 일 때 $\lambda' = 0$ 이기 때문이다. 해는

$$\begin{aligned}
\beta_0(n) &= (s-n)(r-n+1)(r-2n+1), \\
\beta_1(n) &= (rs - s^2 - 2rn + 2n^2 - 2r + 2n)(r-2n-1), \\
\beta_2(n) &= (s-r+n+1)(n+2)(r-2n-3), \\
\alpha_0(n) &= r-2n-1
\end{aligned}$$

이며, 문제의 합을 S_n 으로 표기할 때 $\beta_0(n)S_n + \beta_1(n)S_{n+1} + \beta_2(n)S_{n+2} = 0$ 이라고 결론지을 수 있다. 이제 $n=0$ 인 경우와 $n=1$ 인 경우를 확인한 후 귀납법으로 항등식을 충분하게 증명할 수 있다.

그런데 S_n 은 $\overline{\beta}_0(n)S_n + \overline{\beta}_1(n)S_{n+1} = 0$ 이라는 더 간단한 점화식도 만족한다. 여기서 $\overline{\beta}_0(n) = (s-n)(r-2n+1)$ 이고 $\overline{\beta}_1(n) = -(n+1)(r-2n-1)$ 이다. 고스퍼-차일베르거 방법으로 이것을 발견하지 못한 이유는 무엇일까? 사실, 그런 점화식이 반드시 항 $\overline{\beta}_0(n)t(n,k) + \overline{\beta}_1(n)t(n+1,k)$ 들의 부정합이 가능해야 함을 강제해야 한다고는 아무도 말하지 않았다. 놀라운 것은, 다른 많은 경우에서는 고스퍼-차일베르거 방법이 실제로 가장 간단한 점화식을 찾아낸다는 점이다.

우리가 구한 2차 점화식을 다음과 같이 인수분해할 수 있음을 주목하기 바란다.

$$\begin{aligned}
&\beta_0(n) + \beta_1(n)\,N + \beta_2(n)\,N^2 \\
&= ((r-n+1)N + (r-s-n-1))\left(\overline{\beta}_0(n) + \overline{\beta}_1(n)\,N\right).
\end{aligned}$$

여기서 N 은 식 (5.145)의 자리이동 연산자이다.

5.105 $a=1$ 로 두고, 헨리치의 '친근한 괴물(friendly monster)' 항등식

$$\begin{aligned}
&f(a,z)\,f(a,\omega z)\,f(a,\omega^2 z) \\
&= F\!\left(\begin{matrix} \frac{1}{2}a - \frac{1}{4},\ \frac{1}{2}a + \frac{1}{4} \\ \frac{1}{3}a,\ \frac{1}{3}a + \frac{1}{3},\ \frac{1}{3}a + \frac{2}{3},\ \frac{2}{3}a - \frac{1}{3},\ \frac{2}{3}a,\ \frac{2}{3}a + \frac{1}{3},\ a \end{matrix} \ \middle|\ \left(\frac{4z}{9}\right)^3 \right)
\end{aligned}$$

의 양변의 z^{3n}의 계수들을 비교한다. 여기서 $f(a,z) = F(1;a,1;z)$이다. 이 항등식은 양변이 같은 미분방정식을 만족함을 보임으로써 증명할 수 있다.

페터 파울레^{Peter Paule}는 그 합을 평가하는 또 다른 흥미로운 방법을 발견했다. 다음과 같다.

$$
\begin{aligned}
\sum_{k,l} \binom{N}{k,l,N-k-l}^2 \omega^{k+2l} &= \sum_{k,l} \binom{N}{k-l,l,N-k}^2 \omega^{k+l} \\
&= \sum_{k,l} \binom{N}{k}^2 \binom{k}{l}^2 \omega^{k+l} \\
&= \sum_{k} \binom{N}{k}^2 \omega^k [z^k] \left((1+z)(\omega+z)\right)^k \\
&= [z^0] \sum_{k} \binom{N}{k}^2 \left(\frac{\omega(1+z)(\omega+z)}{z}\right)^k \\
&= [z^0] \sum_{k,j} \binom{N}{k}^2 \binom{k}{j} \left(\frac{\omega(1+z)(\omega+z)}{z}-1\right)^j \\
&= [z^0] \sum_{k,j} \binom{N}{k}\binom{N-j}{N-k}\binom{N}{j}\left(\frac{(\omega z-1)^2}{\omega z}\right)^j \\
&= \sum_{j} \binom{2N-j}{N}\binom{N}{j}[z^j](z-1)^{2j} \\
&= \sum_{j} \binom{2N-j}{N}\binom{N}{j}\binom{2j}{j}(-1)^j.
\end{aligned}
$$

이 방법은 이항정리와 방데르몽드 합성곱, 그리고 $[z^0]g(az) = [z^0]g(z)$라는 사실을 이용한다. 이제 $N=3n$으로 두고 이 합 S_n에 고스퍼-차일베르거 알고리즘을 적용하면 놀랍게도 1차 점화식 $(n+1)^2 S_{n+1} = 4(4n+1)(4n+3)S_n$이 나온다. 이로부터 귀납법으로 답을 도출할 수 있다.

$3n$에 $3n+1$이나 $3n+2$를 대입하면 문제의 합은 0이 된다. 실제로 $\sum_{k+l+m=N} t(k,l,m)\omega^{l-m}$은 $N \bmod 3 \neq 0$이고 $t(k,l,m) = t(l,m,k)$일 때 항상 0이다.

5.106 (샬로시 B. 에카드^{Shalosh B. Ekhad}의 답.) 우선

$$
\begin{aligned}
T(r,j,k) &= \frac{((1+n+s)(1+r)-(1+n+r)j+(s-r)k)(j-l)\,j}{(l-m+n-r+s)(n+r+1)(j-r-1)(j+k)}\,t(r,j,k); \\
U(r,j,k) &= \frac{(s+n+1)(k+l)\,k}{(l-m+n-r+s)(n+r+1)(j+k)}\,t(r,j,k)
\end{aligned}
$$

라고 하자. 문제에 주어진 등식의 등호가 성립함은 상투적인 방식으로 증명할 수 있다. 그리고 j와 k에 관해 합산하면 식 (5.32)가 나온다. ($T(r,j+1,k) - T(r,j,k)$들

은 먼저 j에 관해 합산한 다음 k에 관해 합산한다. 그리고 다른 항 $U(r,j,k+1) - U(r,j,k)$들은 먼저 k에 관해 합산한 다음 j에 관해 합산한다.)

그런데 $r=0$일 때 항등식 (5.32)가 성립함도 증명할 필요가 있다. 그런 경우 항등식은 $\sum_k (-1)^k \binom{n}{n+l}\binom{n+l}{k+l}\binom{s+n-k}{m} = (-1)^l \binom{n}{n+l}\binom{s}{m-n-l}$의 삼항 버전을 통해서 축약할 수 있다. l과 m, n이 정수이고 $n \geq 0$이라고 가정한다. $n+l \geq 0$이 아닌 한 양변이 0임은 명백하다. $n+l \geq 0$인 경우에는 k를 $n-k$로 대체하고 식 (5.24)를 적용한다.

5.107 문제의 항이 고유항이라면 그것을 소거하는 선형 차분연산자가 존재했을 것이다. 다른 말로 하면, 다음과 같은 유한합산 항등식이 성립했을 것이다.

$$\sum_{i=0}^{I} \sum_{j=0}^{J} \alpha_{i,j}(n)/((n+i)(k+j)+1) = 0.$$

여기서 α들은 n의 다항식들이고, 모두 0은 아니다. $n > 1$이고 $\alpha_{i,j}(n) \neq 0$인 정수 i, j, n을 선택한다. 그러면, $k = -1/(n+i) - j$일 때 합의 (i,j)항은 무한하지만 다른 항들은 유한하다.

5.108 이중합의 k에 $m-k$를 대입한 후 식 (5.28)을 이용해서 k에 관해 합산하면 다음이 나온다.

$$A_{m,n} = \sum_j \binom{m}{j}^2 \binom{m+n-j}{m}^2.$$

이제 식 (5.21)의 삼항 버전을 적용하면 원했던 공식 중 하나가 나온다.

$A_{m,n}$에 대한 두 대칭합들이 상등임을 직접 증명하는 것은 어려워 보인다. 그러나 고스퍼-차일베르거 방법을 이용해서 두 합이 다음 점화식을 만족함을 보임으로써 그 등식을 간접적으로 증명하는 것은 가능하다.

$$(n+1)^3 A_{m,n} - f(m,n) A_{m,n+1} + (n+2)^3 A_{m,n+2} = 0.$$

여기서 $f(m,n) = (2n+3)(n^2+3n+2m^2+2m+3)$이다. $t_1(n,k) = \binom{m}{k}\binom{n}{k}\binom{m+k}{k}\binom{n+k}{k}$, $t_2(n,k) = \binom{m+n-k}{k}^2 \binom{m+n-2k}{m-k}^2$으로 두면 다음이 나온다.

$$(n+1)^2 t_j(n,k) - f(m,n) t_j(n+1,k) + (n+2)^2 t_j(n+2,k)$$
$$= T_j(n,k+1) - T_j(n,k).$$

여기서 $T_1(n,k)=-2(2n+3)k^4 t_1(n,k)/(n+1-k)(n+2-k)$ 이고 $T_2(n,k)=-((n+2)(4mn+n+3m^2+8m+2)-2(3mn+n+m^2+6m+2)k+(2m+1)k^2)k^2(m+n+1-k)^2 t_2(n,k)/(n+2-k)^2$ 이다. 이에 의해 점화식이 증명되므로, $n=0$일 때와 $n=1$일 때 등호가 성립하는지만 증명하면 된다. (또는, 다음과 같은 더 간단한 점화식을 사용할 수도 있다.

$$m^3 A_{m,n-1}-n^3 A_{m-1,n}=(m-n)(m^2+n^2-mn)A_{m-1,n-1}.$$

이 점화식은 연습문제 101의 방법으로 발견할 수 있다.)

$A_{m,n}$에 대한 첫 공식이 셋째 공식과 상등이라는 사실은 생성함수 $\sum_{m,n} A_{m,n}w^m z^n$들 사이의 다음과 같은 놀라운 항등식을 함의한다.

$$\sum_k \frac{w^k S_k(z)^2}{(1-z)^{2k+1}}=\sum_k \binom{2k}{k}^2 \frac{w^k}{(1-w)^{2k+1}}\frac{z^k}{(1-z)^{2k+1}}.$$

여기서 $S_k(z)=\sum_j \binom{k}{j}^2 z^j$이다. 실제로

$$\sum_k \frac{w^k S_k(x)S_k(y)}{(1-x)^k(1-y)^k}=\sum_k \binom{2k}{k}\frac{w^k}{(1-w)^{2k+1}}\frac{\sum_j \binom{k}{j}^2 x^j y^{k-j}}{(1-x)^k(1-y)^k}$$

임이 밝혀졌다. 이것은 베일리^{Bailey}가 발견한 한 항등식[19]의 특수 경우이다.

5.109 임의의 양의 정수 $a_0,a_1,\ldots,a_l$과 임의의 정수 x에 대해 $X_n=\sum_k \binom{n}{k}^{a_0}\binom{n+k}{k}^{a_1}\cdots\binom{n+lk}{k}^{a_l}x^k$라고 하자. 그러면, 만일 $0\le m<p$이면 다음이 성립한다.

$$X_{m+pn}=\sum_{j=0}^{p-1}\sum_k \binom{m+pn}{j+pk}^{a_0}\cdots\binom{m+pn+l(j+pk)}{j+pk}^{a_l}x^{j+pk},$$
$$X_m X_n=\sum_{j=0}^{p-1}\sum_k \binom{m}{j}^{a_0}\binom{n}{k}^{a_0}\cdots\binom{m+lj}{j}^{a_l}\binom{n+lk}{k}^{a_l}x^{j+k}.$$

그리고 서로 대응되는 항들은 p를 법으로 하여 합동이다. 왜냐하면, 연습문제 36은 $lj+m\ge p$일 때 그 항들이 p의 배수임을 함의하고, 연습문제 61은 $lj+m<p$일 때 이항들이 합동임을 함의하며, 식 (4.48)이 $x^p\equiv x$를 함의하기 때문이다.

5.110 만일 $2n+1$이 소수이면 합동이 성립함은 명백하다. 스티븐 스키나$^{\text{Steven Skiena}}$는 $2n+1=3\cdot11\cdot179$일 때 $n=2953$이라는 예도 발견했다.

일란 바르디는 p가 소수일 때 그 조건이 $2n+1=p^2$에 대해 성립할 필요충분조건은 $2^{p-1}\bmod p^2=1$이라고 말했다. 이로부터 $n=(1093^2-1)/2$와 $n=(3511^2-1)/2$라는 또 다른 두 예가 나온다.

5.111 [96]에 부분적인 결과가 있다. 컴퓨터 실험들은 V. A. 비소츠키^{Vyssotsky}가 수행했다.

5.112 만일 n이 2의 거듭제곱이 아니면, 연습문제 36에 의해 $\binom{2n}{n}$은 4의 배수이다. 그렇지 않은 경우, 언급된 현상을 $n \leq 2^{22000}$인 모든 값에 대해 A. 그랜빌^{Granville}과 O. 라마레^{Ramaré}가 확인한 바 있다. 그들은 또한 모든 $n > 2^{22000}$에 대해 $\binom{2n}{n}$이 소수의 제곱수로 나누어떨어짐을 보임으로써 샤르쾨지^{Sárközy}의 정리$^{[317]}$를 정련했다. 이에 의해 $n > 4$일 때 $\binom{2n}{n}$은 결코 제곱 인수가 없는 정수일 수 없다는 오래된 추측이 확인되었다.

세제곱에 관한 그에 대응되는 추측은 $\binom{2n}{n}$이 모든 $n > 1056$에 대해 소수의 세제곱으로 나누어떨어지며 모든 $n > 2^{29} + 2^{23}$에 대해 2^3 또는 3^3으로 나누어떨어진다는 것이다. 이 추측은 모든 $n < 2^{10000}$에 대해 확인되었다. 에르되시 팔은 사실 $\max_{p} \epsilon_p \left(\binom{2n}{n} \right)$이 $n \to \infty$에 따라 무한대에 접근한다고 추측했다. 아마도 이는 p를 값 2나 3으로 제한한다고 해도 참일 것이다.

5.113 이 추측을 해결하는 데는 연습문제 7.20의 생성함수에 관한 정리가 도움이 될 수 있다.

5.114 스트렐^{Strehl}은 $c_n^{(2)} = \sum_k \binom{n}{k}^3 = \sum_k \binom{n}{k}^2 \binom{2k}{n}$이 소위 '프라넬 수(Franel number$^{[132]}$)'라는 점과 $c_n^{(3)} = \sum_k \binom{n}{k}^2 \binom{2k}{k}^2 \binom{2k}{n-k}$라는 점을 보였다.$^{[344]}$ 다른 방향에서, H. S. 월프는 $n \leq 9$일 때 모든 m에 대해 $c_n^{(m)}$이 정수임을 보였다.

6.1 $2314, 2431, 3241, 1342, 3124, 4132, 4213, 1423, 2143, 3412, 4321.$

6.2 $\left\{ {n \atop k} \right\} m^{\underline{k}}$이다. 왜냐하면, 그런 모든 함수는 자신의 정의역을 k개의 비지 않은 부분집합으로 분할하며, 각 분할에 함숫값들을 배정하는 방법은 $m^{\underline{k}}$가지이기 때문이다. (k에 관해 합산하면 식 (6.10)의 조합적 증명이 나온다.)

6.3 $d_{k+1} \leq (\text{무게중심}) - \epsilon = 1 - \epsilon + (d_1 + \cdots + d_k)/k$이다. 이 점화식은 식 (6.55)와 비슷하나 1 대신 $1 - \epsilon$이 있다. 따라서 최적해는 $d_{k+1} = (1-\epsilon)H_k$이다. $\epsilon < 1$인 한 이 해는 유계가 아니다.

6.4 $H_{2n+1} - \frac{1}{2} H_n$. (마찬가지로, $\sum_{k=1}^{2n} (-1)^{k-1}/k = H_{2n} - H_n$이다.)

6.5 $U_n(x,y)$는

$$x \sum_{k \geq 1} \binom{n}{k}(-1)^{k-1}k^{-1}(x+ky)^{n-1} + y \sum_{k \geq 1} \binom{n}{k}(-1)^{k-1}k^{-1}(x+ky)^{n-1}$$

과 상등이고, 첫 합은

$$U_{n-1}(x,y) + \sum_{k \geq 1} \binom{n-1}{k-1}(-1)^{k-1}k^{-1}(x+ky)^{n-1}$$

이다. 남은 k^{-1}은 흡수될 수 있으며, 결과적으로 다음이 성립한다.

$$\sum_{k \geq 1} \binom{n}{k}(-1)^{k-1}(x+ky)^{n-1} = x^{n-1} + \sum_{k \geq 0} \binom{n}{k}(-1)^{k-1}(x+ky)^{n-1}$$
$$= x^{n-1}.$$

이에 의해 식 (6.75)가 증명된다. $R_n(x,y) = x^{-n}U_n(x,y)$라고 하자. 그러면 $R_0(x,y) = 0$이고 $R_n(x,y) = R_{n-1}(x,y) + 1/n + y/x$이므로 $R_n(x,y) = H_n + ny/x$이다. (덧붙이자면, 원래의 합 $U_n = U_n(n,-1)$이 이런 점화식으로 이어지지는 않는다. 따라서, 귀납적으로 풀기에는 n에 대한 x의 의존성을 제거하는 좀 더 일반적인 합이 특수 경우보다 더 쉽다. 이는 강한 귀납 가설이 성공과 실패를 가르는 또 다른 교훈적인 예이다.)

6.6 한 달의 끝에서 각각의 새끼 토끼 쌍 **bb**는 그다음 달의 끝에서 한 쌍의 다 자란 토끼 쌍 **aa**가 된다. 그리고 각 쌍 **aa**는 **aa**와 **bb**가 된다. 따라서 각 **bb**는 마치 벌 가계도의 수벌처럼 작용하고, 각 **aa**는 여왕벌 한 마리처럼 작용한다. 단, 벌 가계도에서는 과거로 거슬러 올라가지만 토끼 문제에서는 미래로 나아간다. n달 후 토끼 쌍의 수는 F_{n+1}인데, 그중 다 자란 토끼는 F_n쌍이고 새끼 토끼는 F_{n-1}쌍이다. (애초에 피보나치는 이 예를 통해서 피보나치 수를 소개했다.)

> 피보나치 점화식은 가산적(additive)이지만 토끼들은 번식한다(multiply).

6.7 (a) $k = 1-n$으로 설정하고 식 (6.107)을 적용한다. (b) $m = 1$, $k = n-1$로 설정하고 식 (6.128)을 적용한다.

6.8 $55 + 8 + 2$는 $89 + 13 + 3 = 105$가 된다. 참값은 104.60736이다.

6.9 21. (단위가 제곱되면 F_n에서 F_{n+2}으로 간다. 진짜 답은 약 20.72이다.)

> 그 '참값'은 65 국제 마일(international mile)을 킬로미터로 환산한 값이다. 그런데 사실 국제 마일은 미국 법정 마일(U.S. statue mile)의 .999998배밖에 되지 않는다. 3937 미국 법정 마일은 정확히 6336킬로미터이다. 피보나치 방법을 적용하면 3937이 6370으로 변환된다.

6.10 $\phi = 1 + 1/\phi$이므로, 부분몫 a_0, a_1, a_2, ...은 모두 1과 같다. (따라서 슈테른브로코 표현은 $RLRLRLRLRL\,...$이다.)

6.11 $(-1)^{\bar{n}} = [n=0] - [n=1]$. 식 (6.11)을 보라.

6.12 문제의 법칙은 식 (6.31)의 한 결과이다. 그리고 그 법칙의 쌍대 법칙이 표 312에 나와 있다.

6.13 그 두 공식은 연습문제 12에 의해 동치이다. 귀납법으로 증명할 수도 있고, 아니면 $f(z) = z^x$에 $z^n D^n$을 적용하면 $x^n z^x$이 나오지만 같은 함수에 ϑ^n을 적용하면 $x^n z^x$이 나온다는 점에 착안해서 증명할 수도 있다. 그 점 때문에, 수열 $\langle x^0, x^1, x^2, ... \rangle$이 $\langle x^{\underline{0}}, x^{\underline{1}}, x^{\underline{2}}, ... \rangle$과 연관되듯이 수열 $\langle \vartheta^0, \vartheta^1, \vartheta^2, ... \rangle$은 반드시 $\langle z^0 D^0, z^1 D^1, z^2 D^2, ... \rangle$과 연관된다.

6.14 $(n+1)x = (k+1)(x+k-n) + (n-k)(x+k+1)$이므로 다음이 성립한다.

$$x \binom{x+k}{n} = (k+1)\binom{x+k}{n+1} + (n-k)\binom{x+k+1}{n+1}.$$

(전자의 항등식은 $k=0$과 $k=-1$, $k=n$에 대해 성립함을 증명하는 것으로 충분하다.)

6.15 $\Delta\left(\binom{x+k}{n}\right) = \binom{x+k}{n-1}$이므로 다음과 같은 일반식이 성립한다.

$$\sum_k \left\langle {n \atop k} \right\rangle \binom{x+k}{n-m} = \Delta^m(x^n) = \sum_j \binom{m}{j}(-1)^{m-j}(x+j)^n.$$

$x=0$으로 설정하고 식 (6.19)를 이용해서 증명을 완성하면 된다.

6.16 $A_{n,k} = \sum_{j \geq 0} a_j \left\{{n-j \atop k}\right\}$이다. 이 합은 항상 유한하다.

6.17 (a) $\left|{n \atop k}\right| = \left[{n+1 \atop n+1-k}\right]$. (b) $\left|{n \atop k}\right| = n^{\underline{n-k}} = n!\,[n \geq k]/k!$. (c) $\left|{n \atop k}\right| = k!\left\{{n \atop k}\right\}$.

6.18 이것은 식 (6.3) 또는 식 (6.8)과 동치이다.

6.19 표 321를 사용해서 증명한다.

6.20 $\sum_{1 \leq j \leq k \leq n} 1/j^2 = \sum_{1 \leq j \leq n}(n+1-j)/j^2 = (n+1)H_n^{(2)} - H_n$.

6.21   힌트의 수는 분모가 홀수인 분수들의 합이므로, b가 홀수라 할 때 a/b의 형태이다. (덧붙이자면, 베르트랑 공준은 $n > 2$이면 항상 b_n이 적어도 하나의 홀수 소수로 나누어떨어진다는 점도 함의한다.)

6.22 $k > 2|z|$일 때 $|z/k(k+z)| \le 2|z|/k^2$이므로, 그 합은 분모들이 0이 아닐 때 잘 정의된다. 만일 $z = n$이면 $\sum_{k=1}^{m}(1/k - 1/(k+n)) = H_m - H_{m+n} + H_n$인데, 이것은 $m \to \infty$에 따라 H_n에 접근한다. (수량 $H_{z-1} - \gamma$를 흔히 사이[psi] 함수 $\psi(z)$로 표기한다.)

6.23 $z/(e^z + 1) = z/(e^z - 1) - 2z/(e^{2z} - 1) = \sum_{n \ge 0}(1 - 2^n)B_n z^n/n!$.

6.24 n이 홀수일 때 $T_n(x)$은 x^2의 다항식이다. 따라서, 도함수를 취하고 식 (6.95)에 따라 $T_{n+1}(x)$를 계산할 때 그 계수들에 짝수들이 곱해진다. (사실 더 많은 것을 증명할 수 있다. 연습문제 54에 의해, 베르누이 수 B_{2n}의 분모에는 항상 2의 1제곱이 있다. 따라서 $2^{2n-k} \backslash\!\backslash T_{2n+1} \Leftrightarrow 2^k \backslash\!\backslash (n+1)$이다. 양의 홀수 정수 $(n+1)T_{2n+1}/2^{2n}$들, 즉 $\langle 1,1,3,17,155,2073,\ldots \rangle$를 제노키[145]의 이름을 따서 제노키 수(Genocchi numbers)라고 부른다.)

(물론 오일러는 제노키가 태어나기 훨씬 전에 제노키 수를 알았다. [110]의 제2권 제7장 §181을 보라.)

6.25 $100n - nH_n < 100(n-1) - (n-1)H_{n-1} \Leftrightarrow H_{n-1} > 99$. (그러한 최소의 n은 약 $e^{99-\gamma}$이다. 벌레는 그것의 약 e배인 $N \approx e^{100-\gamma}$에서 끝에 도달했다.)

6.26 $u(k) = v(k)$가 되도록 $u(k) = H_{k-1}$, $\Delta v(k) = 1/k$로 두자. 그러면 $S_n - H_n^{(2)} = \sum_{k=1}^{n} H_{k-1}/k = H_{k-1}^2 \big|_1^{n+1} - S_n = H_n^2 - S_n$이다.

6.27 $m > n$일 때 식 (6.108)에 의해 $\gcd(F_m, F_n) = \gcd(F_{m-n}, F_n)$이 성립함을 주목하기 바란다. 이제 귀납법으로 증명을 완성하면 된다.

6.28   (a) $Q_n = \alpha(L_n - F_n)/2 + \beta F_n$. (이 답을 $Q_n = \alpha F_{n-1} + \beta F_n$이라고 표기할 수도 있다.) (b) $L_n = \phi^n + \hat{\phi}^n$.

6.29 $k = 0$일 때 그 항등식은 식 (6.133)이다. $k = 1$일 때는 본질적으로 다음과 같다.

$$K(x_1,\ldots,x_n)x_m = K(x_1,\ldots,x_m)\,K(x_m,\ldots,x_n)$$
$$- K(x_1,\ldots,x_{m-2})\,K(x_{m+2},\ldots,x_n).$$

모스 부호의 어법으로 말하자면, 우변의 둘째 곱은 첫 곱에서 교차하는 대시들이 있는 경우들을 빼낸다. $k > 1$일 때는 식 (6.127)과 (6.132)를 둘 다 사용해서 k에 대한 귀납법으로 충분히 증명할 수 있다. ($K_{-1} = 0$이라는 관례를 채용한다면, 그 항등식은 K에 대한 하나 이상의 아래 첨자들이 -1이 될 때도 성립한다. 곱셈이 비가환적일 때, 오일러의 항등식을 다음 형태로 표현하면 $k = n-1$일 때도 유효하다.

$$K_{m+n}(x_1,\dots,x_{m+n})\,K_{n-1}(x_{m+n-1},\dots,x_{m+1})$$
$$= K_{m+n-1}(x_1,\dots,x_{m+n-1})\,K_n(x_{m+n},\dots,x_{m+1})$$
$$- (-1)^n K_{m-1}(x_1,\dots,x_{m-1}).$$

예를 들어 $m = 0$, $n = 3$일 때는

$$(abc+a+c)(1+ba) \;=\; (ab+1)(cba+a+c)$$

라는 다소 놀라운 비가환적 인수분해가 나온다.)

6.30 x_m에 대한 $K(x_1,\dots,x_n)$의 도함수는

$$K(x_1,\dots,x_{m-1})\,K(x_{m+1},\dots,x_n)$$

이고, 이차도함수는 0이다. 따라서 답은

$$K(x_1,\dots,x_n) + K(x_1,\dots,x_{m-1})\,K(x_{m+1},\dots,x_n)\,y$$

이다.

6.31 $x^{\bar n} = (x+n-1)^{\underline n} = \sum_k \begin{bmatrix} n \\ k \end{bmatrix} x^k (n-1)^{\underline{n-k}}$이므로 $\left|\begin{smallmatrix} n \\ k \end{smallmatrix}\right| = \binom{n}{k}(n-1)^{\underline{n-k}}$이 성립한다. 덧붙이자면, 이 계수들은 다음 점화식을 만족한다.

$\left|\begin{smallmatrix} n \\ k \end{smallmatrix}\right| = \left|\begin{smallmatrix} -k \\ -n \end{smallmatrix}\right|.$

$$\begin{vmatrix} n \\ k \end{vmatrix} \;=\; (n-1+k)\begin{vmatrix} n-1 \\ k \end{vmatrix} + \begin{vmatrix} n-1 \\ k-1 \end{vmatrix}, \quad \text{정수 } n, k > 0.$$

6.32 $\sum_{0 \le k \le m} k \begin{Bmatrix} n+k \\ k \end{Bmatrix} = \begin{Bmatrix} m+n+1 \\ k \end{Bmatrix} - \begin{Bmatrix} n \\ -1 \end{Bmatrix} = \begin{Bmatrix} m+n+1 \\ k \end{Bmatrix} - [n = -1]$은 식 (6.22)를 음의 n으로 일반화한다. 그리고 $\sum_{k \le n} \begin{Bmatrix} k \\ m \end{Bmatrix}(m+1)^{n-k} = \begin{Bmatrix} n+1 \\ m+1 \end{Bmatrix}$은 식 (6.20)을 음의 m과 n으로 일반화한다.

6.33 만일 $n > 0$이면 식 (6.71)에 의해 $\begin{bmatrix} n \\ 3 \end{bmatrix} = \frac{1}{2}(n-1)!\,(H_{n-1}^2 - H_{n-1}^{(2)})$이 성립한다. 그리고 식 (6.19)에 의해 $\begin{Bmatrix} n \\ 3 \end{Bmatrix} = \frac{1}{6}(3^n - 3 \cdot 2^n + 3)$이다.

6.34 $\left\langle{-1\atop k}\right\rangle = 1/(k+1)$ 이고 $\left\langle{-2\atop k}\right\rangle = H_{k+1}^{(2)}$ 이다. 그리고 일반적으로 $\left\langle{n\atop k}\right\rangle$ 은 모든 정수 n 에 대해 식 (6.38)로 주어진다.

6.35 n 을 $\lfloor H_n \rfloor > \lfloor H_{n-1} \rfloor$ 을 만족하며 $> 1/\epsilon$ 인 최소의 정수로 둔다.

6.36 이 경우 $d_{k+1} = (100 + (1+d_1) + \cdots + (1+d_k))/(100+k)$ 이다. 해는 $k \geq 1$ 에 대해 $d_{k+1} = H_{k+100} - H_{101} + 1$ 이다. 이 값은 $k \geq 176$ 일 때 2보다 크다.

6.37 그 합은(부분합산에 의해) $H_{mn} - \left(\frac{m}{m} + \frac{m}{2m} + \cdots + \frac{m}{mn}\right) = H_{mn} - H_n$ 이다. 따라서 무한합은 $\ln m$ 이다. (따라서

$$\sum_{k \geq 1} \frac{\nu_m(k)}{k(k+1)} = \frac{m}{m-1} \ln m$$

이다. $\nu_m(k) = (m-1) \sum_{j \geq 1} (k \bmod m^j)/m^j$ 이기 때문이다.)

6.38 $(-1)^k \left(\binom{r-1}{k} r^{-1} - \binom{r-1}{k-1} H_k\right) + C.$ (식 (5.16)과 부분합산에 의해).

6.39 우선 그 합을 $\sum_{1 \leq j \leq n} j^{-1} \sum_{j \leq k \leq n} H_k$ 로 표기하고, 식 (6.67)을 이용해서 먼저 k 에 관해 합산하면 다음이 나온다.

$$(n+1)H_n^2 - (2n+1)H_n + 2n.$$

6.40 만일 $6n-1$ 이 소수이면 합

$$\sum_{k=1}^{4n-1} \frac{(-1)^{k-1}}{k} = H_{4n-1} - H_{2n-1}$$

의 분자는 $6n-1$ 로 나누어떨어진다. 왜냐하면 그 합은

$$\sum_{k=2n}^{4n-1} \frac{1}{k} = \sum_{k=2n}^{3n-1} \left(\frac{1}{k} + \frac{1}{6n-1-k}\right) = \sum_{k=2n}^{3n-1} \frac{6n-1}{k(6n-1-k)}$$

이기 때문이다. 그와 비슷하게, 만일 $6n+1$ 이 소수이면 $\sum_{k=1}^{4n} (-1)^{k-1}/k = H_{4n} - H_{2n}$ 의 분자는 $6n+1$ 의 배수이다. 1987은 $k=1324$ 까지 합산하면 나온다.

6.41 $S_{n+1} = \sum_k \binom{\lfloor (n+1+k)/2 \rfloor}{k} = \sum_k \binom{\lfloor (n+k)/2 \rfloor}{k-1}$ 이므로 $S_{n+1} + S_n = \sum_k \binom{\lfloor (n+k)/2+1 \rfloor}{k}$ $= S_{n+2}$ 가 성립한다. 답은 F_{n+2} 이다.

6.42 F_n개.

6.43 $\sum_{n \geq 0} F_n z^n = z/(1-z-z^2)$에서 $z = \frac{1}{10}$로 설정하면 $\frac{10}{89}$이 나온다. 문제의 합은 주기가 44인 순환소수

$$0.11235\,95505\,61797\,75280\,89887\,64044\,94382\,02247\,19101\,12359\,55+$$

이다.

6.44 필요하다면 (m,k)를 $(-m,-k)$나 $(k,-m)$ 또는 $(-k,m)$으로 대체해서 $m \geq k \geq 0$가 되게 한다. 만일 $m = k$이면 그 명제는 명백하다. 만일 $m > k$이면 (m,k)를 $(m-k,m)$으로 대체하고 귀납법을 적용하면 된다.

6.45 $X_n = A(n)\alpha + B(n)\beta + C(n)\gamma + D(n)\delta$이다. 여기서 $B(n) = F_n$, $A(n) = F_{n-1}$, $A(n) + B(n) - D(n) = 1$, $B(n) - C(n) + 3D(n) = n$이다.

6.46 $\phi/2$와 $\phi^{-1}/2$이다. $u = \cos 72°$, $v = \cos 36°$로 두면 $u = 2v^2 - 1$이고 $v = 1 - 2\sin^2 18° = 1 - 2u^2$이다. 따라서 $u + v = 2(u+v)(v-u)$이고 $4v^2 - 2v - 1 = 0$이다. 이런 식으로 계속 나아가면 다음과 같은 단위원의 복소 다섯제곱근 다섯 개를 구할 수 있다.

$$1, \quad \frac{\phi^{-1} \pm i\sqrt{2+\phi}}{2}, \quad \frac{-\phi \pm i\sqrt{3-\phi}}{2}.$$

6.47 $2^n \sqrt{5}\, F_n = (1+\sqrt{5})^n - (1-\sqrt{5})^n$이다. 그리고 $\sqrt{5}$의 짝수 거듭제곱들은 소거된다. 이제 p가 홀수 소수(odd prime)라고 하자. 그러면 $k = (p-1)/2$일 때를 제외하고 $\binom{p}{2k+1} \equiv 0$이고, $k = 0$ 또는 $k = (p-1)/2$일 때를 제외하고 $\binom{p+1}{2k+1} \equiv 0$이다. 따라서 $F_p \equiv 5^{(p-1)/2}$이고 $2F_{p+1} \equiv 1 + 5^{(p-1)/2}$ $(\mathrm{mod}\, p)$이다. p가 $10k \pm 1$의 형태일 때 $5^{(p-1)/2} \equiv 1$이고 p가 $10k \pm 3$ 형태일 때 $5^{(p-1)/2} \equiv -1$임을 보일 수 있다.

"p가 임의의 늙은 전성기(old prime)라고 하자."
([171]의 p. 419를 보라.)

6.48 $K_{i,j} = K_{j-i+1}(x_i, \ldots, x_j)$라고 하자. 식 (6.133)을 거듭 적용하면 양변은 $(K_{1,m-2}(x_{m-1} + x_{m+1}) + K_{1,m-3})K_{m+2,n} + K_{1,m-2}K_{m+3,n}$으로 전개된다.

6.49 식 (6.146)에서 $z = \frac{1}{2}$로 설정한다. 부분몫들은 $0, 2^{F_0}, 2^{F_1}, 2^{F_2}, \ldots$이다. (커누스는 이 수가 초월수임을 지적했다.[206])

6.50 (a) $f(n)$은 짝수이다 $\Leftrightarrow 3 \setminus n$. (b) m이 짝수이고 n의 이진 표현이 $(1^{a_1}0^{a_2}$ $\ldots 1^{a_{m-1}}0^{a_m})_2$라고 할 때, $f(n) = K(a_1, a_2, \ldots, a_{m-1})$이 성립한다.

6.51 (a) 조합론적 증명: $\{1, 2, \ldots, p\}$를 k개의 부분집합 또는 순환마디로 배치한다고 할 때, 만일 각 원소에 p를 법으로 하여 1을 더한다면 그러한 배치들은 하나 또는 p개의 배치로 이루어진 '궤도(orbit)'들로 나뉜다. 이를테면 다음과 같다.

$$\{1,2,4\} \cup \{3,5\} \rightarrow \{2,3,5\} \cup \{4,1\} \rightarrow \{3,4,1\} \cup \{5,2\}$$
$$\rightarrow \{4,5,2\} \cup \{1,3\} \rightarrow \{5,1,3\} \cup \{2,4\} \rightarrow \{1,2,4\} \cup \{3,5\}.$$

크기가 1인 궤도는 한 배치가 자기 자신으로 변환되는 경우에만 나온다. 그런데 그런 경우에는 $k=1$이거나 $k=p$이다. 또는, 다음과 같이 대수적으로 증명할 수도 있다. 페르마의 정리에 의해 $x^p - x$는 $(x-0)(x-1)\ldots(x-(p-1))$로 나누어떨어지므로, $x^p \equiv x^{\underline{p}} + x^{\underline{1}}$이고 $x^{\underline{p}} \equiv x^p - x \pmod{p}$이다.

(b) 이 결과는 (a)와 윌슨의 정리로부터 도출된다. 또는, $x^{\overline{p-1}} \equiv x^{\overline{p}}/(x-1) \equiv$ $(x^p - x)/(x-1) = x^{p-1} + x^{p-2} + \cdots + x$를 적용할 수도 있다.

(c) $3 \le k \le p$에 대해 $\left\{ {p+1 \atop k} \right\} \equiv \left[{p+1 \atop k} \right] \equiv 0$이고, 그러면 $4 \le k \le p$에 대해 $\left\{ {p+2 \atop k} \right\}$ $\equiv \left[{p+2 \atop k} \right] \equiv 0$이고, 등등으로 나아간다. (마찬가지로, $\left[{2p-1 \atop p} \right] \equiv -\left\{ {2p-1 \atop p} \right\} \equiv 1$이다.)

(d) $p! = p^{\underline{p}} = \sum_k (-1)^{p-k} p^k \left[{p \atop k} \right] = p^p \left[{p \atop p} \right] - p^{p-1} \left[{p \atop p-1} \right] + \cdots + p^3 \left[{p \atop 3} \right] - p^2 \left[{p \atop 2} \right] + p \left[{p \atop 1} \right]$ 이다. 그러나 $p \left[{p \atop 1} \right] = p!$이므로,

$$\left[{p \atop 2} \right] = p \left[{p \atop 3} \right] - p^2 \left[{p \atop 4} \right] + \cdots + p^{p-2} \left[{p \atop p} \right]$$

는 p^2의 배수이다. (이를 월스틴홀름의 정리(Wolstenholme's theorem)라고 부른다.)

6.52 (a) $H_n^* = \sum_{k=1}^{n} [k \perp p]/k$라 할 때 $H_n = H_n^* + H_{\lfloor n/p \rfloor}/p$임에 주목한다. (b) 5를 법으로 하여 $0 \le r \le 4$에 대해 $H_r = \langle 0,1,4,1,0 \rangle$이다. 따라서 첫 해는 $n=4$이다. 부문제 (a)에 의해 우리는 $5 \setminus a_n \Rightarrow 5 \setminus a_{\lfloor n/5 \rfloor}$임을 알고 있다. 따라서 그다음으로 가능한 범위는 $n = 20 + r$, $0 \le r \le 4$인데, 이 경우 $H_n = H_n^* + \frac{1}{5} H_4 = H_{20}^* + \frac{1}{5} H_4 + H_r - \sum_{k=1}^{r} 20/k(20+k)$가 성립한다. H_{20}^*의 분자는 H_4의 분자처럼 25로 나누어떨어진다. 따라서 이 범위의 유일한 해는 $n=20$과 $n=24$이다. 그다음으로 가능한 범위는 $n = 100 + r$인데, 이 경우 $H_n = H_n^* + \frac{1}{5} H_{20}$이다. 그런데 이 수는 $\frac{1}{5} H_{20} + H_r$에

분자가 5의 배수인 분수를 더한 것이다. m이 정수일 때 만일 $\frac{1}{5}H_{20} \equiv m \pmod{5}$이면, 조화수 H_{100+r}에 5로 나누어떨어지는 분자가 있을 필요충분조건은 $m + H_r \equiv 0 \pmod{5}$라는 것이다. 따라서 m은 반드시 $\equiv 0$ 또는 1 또는 4이다. 5를 법으로 하여 $\frac{1}{5}H_{20} = \frac{1}{5}H_{20}^* + \frac{1}{25}H_4 \equiv \frac{1}{25}H_4 = \frac{1}{12} \equiv 3$이다. 따라서 $100 \le n \le 104$에는 해가 없다. 비슷한 논법으로, $120 \le n \le 124$에도 해가 없다. 따라서 우리는 세 가지 해를 모두 구했다.

(연습문제 6.51(d)에 의해, 만일 p가 ≥ 5인 임의의 소수이면 항상 $p^2 \backslash a_{p-1}p \backslash$, a_{p^2-p}, $p \backslash a_{p^2-1}$이다. 방금 본 논증은, 만일 $0 \le r < p$에 대해 $p^{-2}H_{p-1} + H_r \equiv 0 \pmod{p}$의 해가 없으면, 그리고 오직 그럴 때만, 그 세 가지 해가 $p \backslash a_n$의 유일한 해들임을 보여준다. 전자의 조건은 $p = 5$뿐만 아니라 $p = 13$, $17, 23, 41, 67$에 대해서도 성립한다. 그리고 아마도 무한히 많은 소수에 대해 성립할 것이다. H_n의 분자는 $n = 2, 7, 22$일 때만 3으로 나누어떨어진다. 그리고 $n = 6, 42, 48, 295, 299, 337,$ $341, 2096, 2390, 14675, 16731, 16735, 102728$일 때만 7로 나누어떨어진다. 연습문제 92의 답을 참고하라.)

(컴퓨터 프로그래머들 주목: 이제 최대한 많은 소수에 대해 판정해 볼 만한 흥미로운 조건이 나온다.)

6.53 부분합산을 적용하면 다음이 나온다.

$$\frac{n+1}{(n+2)^2}\left(\frac{(-1)^m}{\binom{n+1}{m+1}}\big((n+2)H_{m+1} - 1\big) - 1 \right).$$

6.54 (a) $1 \le k < p$일 때 $k^{p-1} \equiv 1$이므로, 만일 $m \ge p$이면 $S_m(p) \equiv S_{m-(p-1)}(p) \pmod{p}$가 성립한다. 또한, $S_{p-1}(p) \equiv p - 1 \equiv -1$이다. 만일 $0 < m < p-1$이면 다음과 같이 표현할 수 있다.

$$S_m(p) = \sum_{k=0}^{p-1}\sum_{j=0}^{m} \left\{ {m \atop j} \right\} k^{\underline{j}} = \sum_{j=0}^{m} \left\{ {m \atop j} \right\} \frac{p^{\underline{j+1}}}{j+1} \equiv 0.$$

(b) 힌트의 명제는 I_{2n}의 분모가 그 어떤 소수 p로도 나누어떨어지지 않음을 뜻한다. 따라서 I_{2n}은 반드시 하나의 정수이다. 그 명제의 증명은 이렇다. 이 경우 $n > 1$이라고 가정해도 무방한데, 그러면

(베르누이 수의 *분자*들은 페르마의 마지막 정리에 관한 초기 연구에서 중요한 역할을 했다. 리벤보임 Ribenboim [308]을 보라.)

$$B_{2n} + \frac{[(p-1) \backslash (2n)]}{p} + \sum_{k=0}^{2n-2} \binom{2n+1}{k} B_k \frac{p^{2n-k}}{2n+1}$$

은 식 (6.78)과 (6.84), 그리고 부문제 (a)에 의해 하나의 정수이다. 따라서, 분수 $\binom{2n+1}{k}B_k p^{2n-k}/(2n+1) = \binom{2n}{k}B_k p^{2n-k}/(2n-k+1)$들 중 분모가 p로 나누어떨어지는 것이 하나도 없음을 보여야 한다. B_k의 분모에는 p^2이 없으므로(귀납법에 의해), $\binom{2n}{k}B_k p$의 분모는 p로 나누어떨어지지 않는다. 그리고 $k \le 2n-2$일 때 $2n-k+1 < p^{2n-k}$이므로 $p^{2n-k-1}/(2n-k+1)$의 분모는 p로 나누어떨어지지 않는다. QED. ([224]에는 수 I_{2n}의 표가 나온다. 에르미트는 1875년에 I_{18}까지의 수들을 계산했다.[184] $I_2 = I_4 = I_6 = I_8 = I_{10} = I_{12} = 1$임이 밝혀졌으며, 따라서 본문에 나온 베르누이 수들에는 $\frac{-691}{2730}$을 포함해서 '간단한' 패턴이 실제로 존재한다. 그러나 $2n > 12$일 때 수 I_{2n}들에는 기억할 만한 특징이 전혀 없는 것으로 보인다. 예를 들어 $B_{24} = -86579 - \frac{1}{2} - \frac{1}{3} - \frac{1}{5} - \frac{1}{7} - \frac{1}{13}$이고, 86579는 소수이다.)

(c) 수 $2-1$과 $3-1$은 항상 $2n$을 나눈다. 만일 n이 소수이면, $2n$의 약수는 $1, 2, n, 2n$뿐이다. 따라서 소수 $n > 2$에 대한 B_{2n}의 분모는 $2n+1$ 역시 소수가 아닌 한 6이다. 만일 $2n+1$이 소수이면 $4n+3, 8n+7, \ldots$을 시도해 볼 수 있으며, 결국에는 소수가 아닌 수가 나온다(n이 $2^{n-1}n + 2^{n-1} - 1$을 나누므로). (이 증명에는 $6k+1$ 형태의 소수가 무한히 많다는 좀 더 어려운, 그러나 참인 정리가 필요하지 않다.) B_{2n}의 분모는 n이 49 같은 비소수일 때도 6일 수 있다.

6.55 문제의 합은 방데르몽드 합성곱에 의해 $\frac{m+1}{x+m+1}\binom{x+n}{n}\binom{n}{m+1}$이다. 이를 미분하고 $x = 0$으로 설정하면 식 (6.70)이 나온다.

6.56 먼저 k^{n+1}을 $((k-m)+m)^{n+1}$으로 대체하고 $k-m$의 거듭제곱들로 전개한다. 식 (6.72)의 유도 과정에서처럼 식을 정리한다. 만일 $m > n$이거나 $m < 0$이면 답은 $(-1)^n n! - m^n/\binom{n-m}{n}$이다. 그렇지 않으면 식 (5.41)에서 $k = m$에 대한 항을 뺀 공식의 $x \to -m$에 따른 극한을 취해야 한다. 답은 $(-1)^n n! + (-1)^{m+1}\binom{n}{m}m^n(n+1+mH_{n-m} - mH_m)$이다.

6.57 우선 n번째 행에 많아야 세 개의 서로 다른 값 $A_n \ge B_n \ge C_n$이 있음을 귀납법으로 증명한다. 만일 n이 짝수이면 그 값들은 순환 순서 $[C_n, B_n, A_n, B_n, C_n]$으로 나타나고, n이 홀수이면 순환 순서 $[C_n, B_n, A_n, A_n, B_n]$으로 나타난다. 또한, 다음이 성립한다.

$$A_{2n+1} = A_{2n} + B_{2n}; \qquad A_{2n} = 2A_{2n-1};$$
$$B_{2n+1} = B_{2n} + C_{2n}; \qquad B_{2n} = A_{2n-1} + B_{2n-1};$$
$$C_{2n+1} = 2C_{2n}; \qquad C_{2n} = B_{2n-1} + C_{2n-1}.$$

이로부터 $Q_n = A_n - C_n = F_{n+1}$이 도출된다. (3차 순환 이항계수들에 대해서는 연습문제 5.75를 보라.)

6.58 (a) $\sum_{n \geq 0} F_n^2 z^n = z(1-z)/(1+z)(1-3z+z^2) = \frac{1}{5}\big((2-3z)/(1-3z+z^2) - 2/(1+z)\big)$. (비네의 공식 (6.123)을 제곱하고 n에 관해 합한 후 ϕ와 $\hat{\phi}$가 소거되도록 항들을 적절히 결합하면 이 공식이 나온다.) (b) 마찬가지로,

$$\sum_{n \geq 0} F_n^3 z^n = \frac{z(1-2z-z^2)}{(1-4z-z^2)(1+z-z^2)} = \frac{1}{5}\left(\frac{2z}{1-4z-z^2} + \frac{3z}{1+z-z^2}\right)$$

이다. 이로부터 $F_{n+1}^3 - 4F_n^3 - F_{n-1}^3 = 3(-1)^n F_n$이 도출된다. ($m$제곱들에 대한 해당 점화식에는 연습문제 86의 피보나치 계수들이 관여한다. 이것은 자르뎅Jarden과 모츠킨Motzkin이 발견했다.[194])

6.59 m이 고정된 수라고 하자. 사실은 문제의 조건뿐만 아니라 $x \not\equiv 2 \pmod 4$라는 추가적인 조건까지 만족하는 x를 구하는 것이 가능함을 n에 대한 귀납법으로 증명할 수 있다. 만일 x가 그러한 해라면, 한 차수 위인 3^{n+1}을 법으로 하는 해로 올라갈 수 있다. 왜냐하면

$$F_{8 \cdot 3^{n-1}} \equiv 3^n, \quad F_{8 \cdot 3^{n-1}-1} \equiv 3^n + 1 \pmod{3^{n+1}}$$

이기 때문이다. x나 $x+8 \cdot 3^{n-1}$ 또는 $x+16 \cdot 3^{n-1}$이면 된다.

6.60 F_1+1, F_2+1, F_3+1, F_4-1, F_6-1이 유일한 경우들이다. 그 외의 경우에는 다음과 같이 인수분해들에 연습문제 28의 루카스 수들이 나타난다.

$$F_{2m} + (-1)^m = L_{m+1}F_{m-1}; \quad F_{2m+1} + (-1)^m = L_m F_{m+1};$$
$$F_{2m} - (-1)^m = L_{m-1}F_{m+1}; \quad F_{2m+1} - (-1)^m = L_{m+1}F_m.$$

(일반적으로 $F_{m+n} - (-1)^n F_{m-n} = L_m F_n$이 성립한다.)

6.61 m이 양의 짝수일 때 $1/F_{2m} = F_{m-1}/F_m - F_{2m-1}/F_{2m}$이다. 둘째 합은 $n \geq 1$에 대해 $5/4 - F_{3 \cdot 2^n - 1}/F_{3 \cdot 2^n}$이다.

6.62 (a) $A_n = \sqrt{5} A_{n-1} - A_{n-2}$이고 $B_n = \sqrt{5} B_{n-1} - B_{n-2}$이다. 덧붙여 말하자면, $\sqrt{5} A_n + B_n = 2A_{n+1}$과 $\sqrt{5} B_n - A_n = 2B_{n-1}$도 성립한다. (b) 작은 값들로 표를 만들어 보면 다음을 알 수 있다.

$$A_n = \begin{cases} L_n, & n\text{은 짝수;} \\ \sqrt{5}\, F_n, & n\text{은 홀수;} \end{cases} \qquad B_n = \begin{cases} \sqrt{5}\, F_n, & n\text{은 짝수;} \\ L_n, & n\text{은 홀수.} \end{cases}$$

(c) $B_n A_n - B_{n-1} A_{n+1} = \sqrt{5}$ 이고 $A_n A_{n+1} = \sqrt{5}\,(F_{2n+1}+1)$이므로 $B_n/A_{n+1} - B_{n-1}/B_{n-1}/A_n = 1/(F_{2n+1}+1)$이다. $B_n/A_{n+1} = (F_n/F_{n+1})[n\text{은 짝수}] + (L_n/L_{n+1})\,[n\text{은 홀수}]$임을 주목할 것. (d) 마찬가지로, $\sum_{k=1}^n 1/(F_{2k+1}-1) = (A_0/B_1 - A_1/B_2) + \cdots + (A_{n-1}/B_n - A_n/B_{n+1}) = 2 - A_n/B_{n+1}$이다. 이 수량을 $(5F_n/L_{n+1})[n\text{은 짝수}] + (L_n/F_{n+1})[n\text{은 홀수}]$로 표현할 수도 있다.

6.63 (a) $\begin{bmatrix} n \\ k \end{bmatrix}$. $\pi_n = n$인 순열들의 개수는 $\begin{bmatrix} n-1 \\ k-1 \end{bmatrix}$이고 $\pi_n < n$인 순열들의 개수는 $(n-1)\begin{bmatrix} n-1 \\ k \end{bmatrix}$이다. (b) $\left\langle n \atop k \right\rangle$. $\{1,\dots,n-1\}$의 각 순열 $\rho_1 \dots \rho_{n-1}$은 $\pi_1 \pi_2 \dots \pi_n = \rho_1 \dots \rho_{j-1} n \rho_{j+1} \dots \rho_{n-1} \rho_j$로 이어진다. 만일 $\rho_1 \dots \rho_{n-1}$에 초과 색인이 k개 있다면, $\pi_1 \pi_2 \dots \pi_n$의 초과 색인이 k개가 되게 하는 j의 값은 $k+1$개이다. 나머지 $n-1-k$개의 값들에서는 초과 색인이 $k+1$개가 된다. 따라서 $\pi_1 \pi_2 \dots \pi_n$의 초과 색인이 k가 되게 하는 모든 방법의 수는 $(k+1)\left\langle n-1 \atop k \right\rangle + ((n-1)-(k-1))\left\langle n-1 \atop k-1 \right\rangle = \left\langle n \atop k \right\rangle$이다.

6.64 $\binom{1/2}{2n}$의 분모는 연습문제 5.72의 증명에 의해 $2^{4n-\nu_2(n)}$이다. 식 (6.44)에 의해, $\begin{bmatrix} 1/2 \\ 1/2-n \end{bmatrix}$의 분모도 그와 같다. 왜냐하면 $\left\langle\!\!\left\langle n \atop 0 \right\rangle\!\!\right\rangle = 1$이고 $k > 0$에 대해 $\left\langle\!\!\left\langle n \atop k \right\rangle\!\!\right\rangle$은 짝수이기 때문이다.

6.65 그 항등식은 $x_1, \dots, x_n$이 0과 1 사이에 고르게 분포되는 독립 확률변수들일 때 $\lfloor x_1 + \cdots + x_n \rfloor = k$일 확률이 $\left\langle n \atop k \right\rangle / n!$이라는 것과 동치이다. $y_j = (x_1 + \cdots + x_j) \bmod 1$이라고 하자. 그러면 $y_1, \dots, y_n$은 고른분포 독립 확률변수이고 $\lfloor x_1 + \cdots + x_n \rfloor$은 y들에 있는 내림(descent, 오름의 반대)들의 개수이다. y들의 순열치환은 무작위하며, 내림들이 k개일 확률은 오름들이 k개일 확률과 같다.

6.66 만일 $n > 0$이면 $2^{n+1}(2^{n+1}-1)B_{n+1}/(n+1)$이다. (식 (7.56)과 (6.92)를 보라. 이 수들은 본질적으로 $1 - \tanh z$의 계수들이다.)

6.67 문제의 합은 식 (6.3)과 (6.40)에 의해

$$\sum_k \left(\begin{Bmatrix} n \\ k+1 \end{Bmatrix} (k+1)! + \begin{Bmatrix} n \\ k \end{Bmatrix} k! \right) \binom{n-k}{n-m} (-1)^{m-k}$$

$$= \sum_k \begin{Bmatrix} n \\ k \end{Bmatrix} k! (-1)^{m-k} \left(\binom{n-k}{n-m} - \binom{n+1-k}{n-m} \right)$$

$$= \sum_k \begin{Bmatrix} n \\ k \end{Bmatrix} k! (-1)^{m+1-k} \binom{n-k}{n-m-1} = \left\langle \begin{matrix} n \\ n-m-1 \end{matrix} \right\rangle$$

이다. 이제 (6.34)를 적용한다. ([59]에 이 항등식의 조합론적 해석이 나온다.)

6.68 식 (6.38)과 비슷한, 다음과 같은 일반식이 성립한다.

$$\left\langle\!\!\left\langle \begin{matrix} n \\ m \end{matrix} \right\rangle\!\!\right\rangle = \sum_{k=0}^m \binom{2n+1}{k} \begin{Bmatrix} n+m+1-k \\ m+1-k \end{Bmatrix} (-1)^k, \quad n > m \geq 0 \text{에 대해.}$$

$m=2$일 때 이 공식은 다음이 된다.

$$\left\langle\!\!\left\langle \begin{matrix} n \\ 2 \end{matrix} \right\rangle\!\!\right\rangle = \begin{Bmatrix} n+3 \\ 3 \end{Bmatrix} - (2n+1) \begin{Bmatrix} n+2 \\ 2 \end{Bmatrix} + \binom{2n+1}{2} \begin{Bmatrix} n+1 \\ 1 \end{Bmatrix}$$

$$= \frac{1}{2} 3^{n+2} - (2n+3) 2^{n+1} + \frac{1}{2} (4n^2 + 6n + 3).$$

6.69 $\frac{1}{3} n (n+\frac{1}{2})(n+1)(2H_{2n} - H_n) - \frac{1}{36} n (10n^2 + 9n - 1)$. (이런 공식들의 유도를 자동화할 수 있다면 좋을 것이다.)

6.70 $1/k - 1/(k+z) = z/k^2 - z^2/k^3 + \cdots$. 이 전개는 $|z| < 1$일 때 수렴한다.

6.71 $\prod_{k=1}^n (1 + z/k) e^{-z/k} = \binom{n+z}{n} n^{-z} e^{(\ln n - H_n) z}$임에 주목한다. $f(z) = \frac{d}{dz}(z!)$로 두었을 때 $f(z)/z! + \gamma = H_z$이다.

6.72 $\tan z$의 멱급수 표현은 $\tan z = \cot z - 2 \cot 2z$(이는 연습문제 23의 항등식과 동치이다)를 이용해서 구할 수 있다. 또한, $z/\sin z = z \cot z + z \tan \frac{1}{2} z$의 멱급수는 $\sum_{n \geq 0} (-1)^{n-1} (4^n - 2) B_{2n} z^{2n} / (2n)!$이다. 그리고

$$\ln \frac{\tan z}{z} = \ln \frac{\sin z}{z} - \ln \cos z$$

$$= \sum_{n \geq 1} (-1)^n \frac{4^n B_{2n} z^{2n}}{(2n)(2n)!} - \sum_{n \geq 1} (-1)^n \frac{4^n (4^n - 1) B_{2n} z^{2n}}{(2n)(2n)!}$$

$$= \sum_{n \geq 1} (-1)^{n-1} \frac{4^n (4^n - 2) B_{2n} z^{2n}}{(2n)(2n)!}$$

인데, 왜냐하면 $\frac{d}{dz} \ln \sin z = \cot z$이고 $\frac{d}{dz} \ln \cos z = -\tan z$이기 때문이다.

6.73 $\cot(z+\pi) = \cot z$ 이고 $\cot(z + \frac{1}{2}\pi) = -\tan z$ 이다. 따라서 문제의 항등식은 다음과 동치이다.

$$\cot z \ = \ \frac{1}{2^n} \sum_{k=0}^{2^n-1} \cot \frac{z+k\pi}{2^n}.$$

이 공식은 $n=1$인 경우로부터 귀납법으로 증명할 수 있다. 문제에 언급된 극한은 $z \to 0$에 따라 $z \cot z \to 1$이라는 점에서 도출된다. 항별로 극한을 취하는 것이 정당함을 보일 수 있으며, 따라서 식 (6.88)은 유효하다. (덧붙이자면, 일반식

$$\cot z \ = \ \frac{1}{n} \sum_{k=0}^{n-1} \cot \frac{z+k\pi}{n}$$

도 참이다. 이 공식은 식 (6.88)이나 다음 공식으로 증명할 수 있다.

$$\frac{1}{e^{nz}-1} \ = \ \frac{1}{n} \sum_{k=0}^{n-1} \frac{1}{e^{z+2k\pi i/n}-1}.$$

그리고 이 공식은 $1/(z^n-1)$의 부분분수 전개와 동치이다.)

6.74 $\tan 2z + \sec 2z = (\sin z + \cos z)/(\cos z - \sin z)$ 이므로, 식 (6.94)에서 $x=1$로 두면 $T_n(1) = 2^n E_n$이 나온다. 여기서 $1/\cos z = \sum_{n \geq 0} E_{2n} z^{2n}/(2n)!$이다. (조합론에서는 계수 E_n을 오일러 수(Euler numbers)라고 부르는데, 오일러 수(Eulerian numbers) $\langle {n \atop k} \rangle$와는 다른 것이다. $\langle E_0, E_1, E_2, \ldots \rangle = \langle 1,1,1,2,5,16,61,272,1385,7936, 50521, \ldots \rangle$이다. 수치해석에서는 오일러 수를 이와는 다르게 정의한다. 수치해석에서 E_n은 위의 표기법으로 $(-1)^{n/2} E_n [n$은 짝수$]$이다.)

6.75 $G(w,z) = \sin z/\cos(w+z)$이고 $H(w,z) = \cos z/\cos(w+z)$, $G(w,z) + H(w,z) = \sum_{m,n} E_{m,n} w^m z^n/m!n!$이라고 하자. 그러면 등식 $G(w,0) = 0$과 $\left(\frac{\partial}{\partial z} - \frac{\partial}{\partial w}\right) G(w,z) = H(w,z)$는 m이 홀수일 때 $E_{m,0} = 0$이고 $m+n$이 짝수일 때 $E_{m,n+1} = E_{m+1,n} + E_{m,n}$임을 함의한다. 그리고 등식 $H(0,z) = 1$과 $\left(\frac{\partial}{\partial w} - \frac{\partial}{\partial z}\right) H(w,z) = G(w,z)$는 n이 짝수일 때 $E_{0,n} = [n=0]$이고 $m+n$이 홀수일 때 $E_{m+1,n} = E_{m,n+1} + E_{m,n}$임을 함의한다. 따라서 삼각형의 정점 아래로 n번째 행에는 수 $E_{n,0}, E_{n-1,1}, \ldots, E_{0,n}$이 있다. 왼쪽에서 $E_{n,0}$은 시컨트 수 $E_n [n$은 짝수$]$이고 오른쪽에서 $E_{0,n} = T_n + [n=0]$이다.

6.76 그 합을 A_n으로 표기하기로 하자. 식 (7.49)를 미리 살펴보면 $\sum_n A_n z^n/n! = \sum_{n,k} (-1)^k {n \brace k} 2^{n-k} k! \, z^n/n! = \sum_k (-1)^k 2^{-k} (e^{2z}-1)^k = 2/(e^{2z}+1) = 1 - \tanh z$ 임을 알 수 있다. 따라서, 연습문제 23이나 72에 의해

$$A_n = (2^{n+1} - 4^{n+1}) B_{n+1}/(n+1) = (-1)^{(n+1)/2} T_n + [n=0]$$

이다.

6.77 이는 연습문제 18의 점화식을 이용해서 m에 대한 귀납법으로 도출할 수 있다. 또한, 다음 사실을 이용해서 식 (6.50)으로부터 증명할 수도 있다.

$$\frac{(-1)^{m-1}(m-1)!}{(e^z-1)^m} = (D+1)^{\overline{m-1}} \frac{1}{e^z-1}$$
$$= \sum_{k=0}^{m-1} \begin{bmatrix} m \\ m-k \end{bmatrix} \frac{d^{m-k-1}}{dz^{m-k-1}} \frac{1}{e^z-1}, \quad \text{정수 } m > 0.$$

덧붙이자면, 위의 등식은 다음과 동치이다.

$$\frac{d^m}{dz^m} \frac{1}{e^z-1} = (-1)^m \sum_k \begin{Bmatrix} m+1 \\ k \end{Bmatrix} \frac{(k-1)!}{(e^z-1)^k}, \quad \text{정수 } m \geq 0.$$

6.78 $p(x)$가 차수가 $\leq n$인 임의의 다항식일 때 다음이 성립한다.

$$p(x) = \sum_k p(-k) \binom{-x}{k} \binom{x+n}{n-k}.$$

왜냐하면 이 방정식은 $x = 0, -1, \ldots, -n$에 대해 성립하기 때문이다. 문제의 항등식은 $p(x) = x\sigma_n(x)$이고 $x = 1$인 특수 경우이다. 덧붙이자면, 식 (6.99)에서 $k=1$로 두면 베르누이 수를 다음과 같이 스털링 수로 좀 더 간단하게 표현할 수 있다.

$$\sum_{k \geq 0} \begin{Bmatrix} m \\ k \end{Bmatrix} (-1)^k \frac{k!}{k+1} = B_m.$$

그는 또한 그 구성을 1904년 8월 28일자 Brooklyn Daily Eagle의 39면과 1904년 9월 11일자 37면에도 실었다.

6.79 샘 로이드$^{\text{Sam Loyd}}$는 다음과 같은 구성을 제시했다.[256, p. 288과 p. 378]

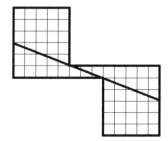

그리고 그는 1858년에 64 = 65 배치를 고안했다고(그러나 출판하지는 않았다고) 주장했다. (비슷한 역설들이 적어도 18세기까지 거슬러 올라간다. 그러나 로이드는 이들을 더 나은 방식으로 제시했다.)

6.80 $A_m/A_{m-1} \approx \phi$일 것이라고 기대하므로, $A_{m-1} = 618034 + r$과 $A_{m-2} = 381966 - r$을 시험해 본다. 그런 다음에는 $A_{m-3} = 236068 + 2r$ 등을 시도한다. 그러다 보면 $A_{m-18} = 144 - 2584r$과 $A_{m-19} = 154 + 4181r$을 얻는다. 따라서 $r = 0$, $x = 154$, $y = 144$, $m = 20$이다.

6.81 만일 $P(F_{n+1}, F_n) = 0$을 만족하는 n의 짝수 값이 무한히 많다면, $U(x,y) = x^2 - xy - y^2$이라 할 때 $P(x,y)$는 $U(x,y) - 1$로 나누어떨어진다. 이유는 이렇다. 만일 t가 P의 전체 차수라고 하면, 다음과 같이 쓸 수 있다.

$$P(x,y) = \sum_{k=0}^{t} q_k x^k y^{t-k} + \sum_{j+k<t} r_{j,k} x^j y^k = Q(x,y) + R(x,y).$$

그러면

$$\frac{P(F_{n+1}, F_n)}{F_n^{t}} = \sum_{k=0}^{t} q_k \left(\frac{F_{n+1}}{F_n}\right)^k + O(1/F_n)$$

이며, $n \to \infty$에 따라 극한을 취하면 $\sum_{k=0}^{t} q_k \phi^k = 0$이 성립한다. 따라서 $Q(x,y)$는 $U(x,y)$의 배수이다. 이를테면 $A(x,y)\,U(x,y)$인 것이다. 그런데 $U(F_{n+1}, F_n) = (-1)^n$과 n은 짝수이므로 $P_0(x,y) = P(x,y) - (U(x,y) - 1)\,A(x,y)$는 $P_0(F_{n+1}, F_n) = 0$을 만족하는 또 다른 다항식이다. P_0의 전체 차수는 t보다 작으므로, t에 대한 귀납법에 의해 P_0은 $U - 1$의 배수이다.

마찬가지로, $P(x,y)$는 $P(F_{n+1}, F_n) = 0$을 만족하는 n의 홀수 값이 무한히 많으면 $U(x,y) + 1$로 나누어떨어진다. 이 두 사실을 조합하면 문제가 요구하는 필요충분조건 "$P(x,y)$는 $U(x,y)^2 - 1$로 나누어떨어진다"가 나온다.

6.82 우선 숫자들을 자리 올림 없이 더해서 숫자 0, 1, 2를 얻는다. 그런 후 다음과 같은 두 가지 자리 올림 규칙을 제일 왼쪽 자리 올림에 적용한다(적용이 가능하면 항상).

$$0\,(d+1)\,(e+1) \to 1\,de,$$
$$0\,(d+2)\,0e \to 1\,d0\,(e+1).$$

이 절차는 반드시 종료된다. 왜냐하면 $(b_m \dots b_2)_F$를 $(b_m \dots b_2)_2$로 읽어서 얻는 이진값은 자리 올림이 수행될 때마다 증가하기 때문이다. 그런데 하나의 자리 올림이 '피보나치점(Fibonacci point)'의 오른쪽으로 전파될 수도 있다. 예를 들어 $(1)_F + (1)_F$는 $(10.01)_F$가 된다. 이러한 오른쪽 전파는 많아야 두 자리에서 전개되는데, 필요하다면 본문의 "1을 더하는 과정"을 적용해서 그런 두 자리를 다시 0으로 만들 수 있다.

연습: $m \circ n = mn + \lfloor (m+1)/\phi \rfloor n + m \lfloor (n+1)/\phi \rfloor$.

덧붙여 말하자면, 이러한 덧셈에 대응되는 음이 아닌 정수들의 '곱셈' 연산이 있다. $m = F_{j_1} + \cdots + F_{j_q}$이고 $n = F_{k_1} + \cdots + F_{k_r}$이 피보나치 수체계에 있는 두 수라고 할 때, 이진수의 곱셈과 비슷하게 $m \circ n = \sum_{b=1}^{q} \sum_{c=1}^{r} F_{j_b + k_c}$이다. (이 정의는, 비록 $1 \circ n \approx \phi^2 n$이긴 하지만, m과 n이 클 때는 $m \circ n \approx \sqrt{5}\,mn$임을 함의한다.) 피보나치 덧셈으로부터 결합법칙 $l \circ (m \circ n) = (l \circ m) \circ n$을 이끌어낼 수 있다.

6.83 그렇다. 예를 들어 다음과 같이 두면 된다.

$$A_0 = 3316356359982747374722006564307 63;$$
$$A_1 = 1510028911088401971189590305498785.$$

이 설정으로 나오는 수열에는 $n \bmod m_k = r_k$일 때 A_n이 p_k로 나누어떨어진다(그러나 p_k와 같지는 않다)는 성질이 있다. 여기서 (p_k, m_k, r_k)의 열여덟 가지 조합은 다음과 같다.

$(3,4,1)$	$(2,3,2)$	$(5,5,1)$
$(7,8,3)$	$(17,9,4)$	$(11,10,2)$
$(47,16,7)$	$(19,18,10)$	$(61,15,3)$
$(2207,32,15)$	$(53,27,16)$	$(31,30,24)$
$(1087,64,31)$	$(109,27,7)$	$(41,20,10)$
$(4481,64,63)$	$(5779,54,52)$	$(2521,60,60)$

이 세값쌍 중 하나는 모든 정수 n에 적용된다. 예를 들어 첫 열의 여섯 세값쌍은 n의 모든 홀수 값을 포괄하며, 가운데 열은 6으로 나누어떨어지지 않는 모든 짝수 n을 포괄한다. 증명의 나머지는 $A_{m+n} = A_m F_{n-1} + A_{m+1} F_n$이라는 사실과 각각의 세값쌍 (p_k, m_k, r_k)에 대해 다음의 합동식들이 성립한다는 점을 이용해서 완성할 수 있다.

$$A_0 \equiv F_{m_k - r_k} \bmod p_k,$$
$$A_1 \equiv F_{m_k - r_k + 1} \bmod p_k.$$

(A_0과 A_1이 각각 '단' 17자리인 개선된 해답도 가능하다.[218])

6.84 연습문제 62의 두 수열은 $A_{-m} = A_m$ 과 $B_{-m} = -B_m$, 그리고

$$A_m A_n = A_{m+n} + A_{m-n};$$
$$A_m B_n = B_{m+n} - B_{m-n};$$
$$B_m B_n = A_{m+n} - A_{m-n}$$

을 만족한다. $l = \frac{1}{2}(n-m)$ 이라 할 때 $f_k = B_{mk}/A_{mk+l}$ 이고 $g_k = A_{mk}/B_{mk+l}$ 이라고 하자. 그러면 $f_{k+1} - f_k = A_l B_m/(A_{2mk+n} + A_m)$ 이고 $g_k - g_{k+1} = A_l B_m/(A_{2mk+n} - A_m)$ 이다. 따라서 다음이 성립한다.

$$S_{m,n}^+ = \frac{\sqrt{5}}{A_l B_m} \lim_{k \to \infty} (f_k - f_0) = \frac{\sqrt{5}}{\phi^l A_l L_m};$$
$$S_{m,n}^- = \frac{\sqrt{5}}{A_l B_m} \lim_{k \to \infty} (g_0 - g_k) = \frac{\sqrt{5}}{A_l L_m} \left(\frac{2}{B_l} - \frac{1}{\phi^l} \right)$$
$$= \frac{2}{F_l L_l L_m} - S_{m,n}^+ .$$

6.85 문제의 조건은 만일 N이 5^k, $2 \cdot 5^k$, $4 \cdot 5^k$, $3^j \cdot 5^k$, $6 \cdot 5^k$, $7 \cdot 5^k$, $14 \cdot 5^k$ 이라는 일곱 형태 중 하나이면, 그리고 오직 그럴 때만 만족된다.

6.86 임의의 양의 정수 m 에 대해, C_j가 m으로 나누어떨어진다는 조건을 만족하는 가장 작은 색인 j를 $r(m)$으로 표기하자. 그리고, 만일 그런 j가 존재하지 않으면 $r(m) = \infty$라고 정의하자. 그러면 C_n이 m으로 나누어떨어질 필요충분조건은 $\gcd(C_n, C_{r(m)})$이 m으로 나누어떨어진다는 것이고, 그럴 필요충분조건은 $C_{\gcd(n, r(m))}$이 m으로 나누어떨어진다는 것이고, 그럴 필요충분조건은 $\gcd(n, r(m)) = r(m)$이고, 그럴 필요충분조건은 n이 $r(m)$으로 나누어떨어진다는 것이다.

(반대로, 만일 n이 $r(m)$으로 나누어떨어지면, 그리고 오직 그럴 때만 C_n이 m으로 나누어떨어짐을 만족하는 어떤 함수(무한일 수도 있다) $r(m)$이 존재한다는 것이 이 gcd 조건을 함의한다는(즉, 그것이 이 gcd 조건의 충분조건이라는) 점도 쉽게 증명할 수 있다.)

이제 $\Pi(n) = C_1 C_2 \ldots C_n$으로 두자. 그러면

$$\binom{m+n}{m}_{\mathfrak{c}} = \frac{\Pi(m+n)}{\Pi(m) \Pi(n)}$$

이다. 만일 p가 소수이면 $\Pi(n)$이 p로 나누어떨어지는 횟수는 $f_p(n) = \sum_{k \geq 1} \lfloor n/r(p^k) \rfloor$ 이다. 왜냐하면 $\lfloor n/p^k \rfloor$은 $\{C_1, \ldots, C_n\}$ 중 p^k으로 나누어떨어지는 원소

들의 개수이기 때문이다. 따라서 모든 p에 대해 $f_p(m+n) \geq f_p(m) + f_p(n)$이며, $\binom{m+n}{m}_{\mathfrak{c}}$ 는 정수이다.

6.87 행렬들의 곱은 다음과 같다.

$$\begin{pmatrix} K_{n-2}(x_2,...,x_{n-1}) & K_{n-1}(x_2,...,x_{n-1},x_n) \\ K_{n-1}(x_1,x_2,...,x_{n-1}) & K_n(x_1,x_2,...,x_{n-1},x_n) \end{pmatrix}.$$

이 곱은 식 (6.137)에서처럼 L들의 곱과 R들의 곱을 관계짓는다. 왜냐하면 다음이 성립하기 때문이다.

$$R^a \begin{pmatrix} 0 & 1 \\ 1 & 0 \end{pmatrix} = \begin{pmatrix} 0 & 1 \\ 1 & a \end{pmatrix} = \begin{pmatrix} 0 & 1 \\ 1 & 0 \end{pmatrix} L^a.$$

행렬식은 $K_n(x_1,...,x_n)$이다. 좀 더 일반적인 삼대각 행렬식

$$\det \begin{pmatrix} x_1 & 1 & 0 & ... & & 0 \\ y_2 & x_2 & 1 & & & 0 \\ 0 & y_3 & x_3 & 1 & & \vdots \\ \vdots & & & & \ddots & 1 \\ 0 & 0 & ... & & y_n & x_n \end{pmatrix}$$

은 점화식 $D_n = x_n D_{n-1} - y_n D_{n-2}$를 만족한다.

6.88 $\alpha^{-1} = a_0 + 1/(a_1 + 1/(a_2 + \cdots))$가 α^{-1}의 연분수 표현이라고 하자. 그러면 다음이 성립한다.

$$\cfrac{a_0}{z} + \cfrac{1}{A_0(z) + \cfrac{1}{A_1(z) + \cfrac{1}{A_2(z) + \cfrac{1}{\ddots}}}} = \frac{1-z}{z} \sum_{n \geq 1} z^{\lfloor n\alpha \rfloor}.$$

여기서

$$A_m(z) = \frac{z^{-q_{m+1}} - z^{-q_{m-1}}}{z^{-q_m} - 1}, \quad q_m = K_m(a_1,...,a_m)$$

이다. 제켄도르프 정리의 한 일반화를 이용하면 식 (6.146)에 대한 본문의 증명과 비슷한 증명이 가능하다(프랭켈 [129, §4]). 연습문제 49에서처럼, b가 ≥ 2인 정수라

할 때 만일 $z = 1/b$이면 앞의 공식은 초월수 $(b-1)\sum_{n \geq 1} b^{-\lfloor n\alpha \rfloor}$의 연분수 표현이 된다.

6.89 p/n이 연분수의 m번째 근사분수(convergent)가 되도록 $p = K(0, a_1, a_2, ..., a_m)$으로 두자. 그러면 $q = K(a_1, ..., a_m, \beta)$이고 $\beta > 1$일 때 $\alpha = p/n + (-1)^m/nq$이다. $0 \leq k < n$에 대한 점 $\{k\alpha\}$를 다음과 같이 표기할 수 있다.

$$\frac{0}{n}, \frac{1}{n} + \frac{(-1)^m \pi_1}{nq}, ..., \frac{n-1}{n} + \frac{(-1)^m \pi_{n-1}}{nq}.$$

여기서 $\pi_1 ... \pi_{n-1}$은 $\{1, ..., n-1\}$의 한 순열이다. $< v$인 그러한 점들의 수가 $f(v)$라고 하자. 그러면, $k = 0$일 때와 $k = n-1$일 때를 제외할 때, v가 k/n에서 $(k+1)/n$으로 증가하면 $f(v)$와 vn은 둘 다 1씩 증가한다. 따라서 둘 사이의 차이가 2 이상이 되는 일은 없다.

6.90 식 (6.139)와 (6.136)에 의해, 합이 $\leq n+1$인 모든 양의 정수 수열 중 $K(a_1, ..., a_m)$이 최대가 되는 수열을 찾아본다. 최댓값은 모든 a가 1일 때 나온다. 왜냐하면, $j \geq 1$이고 $a \geq 1$일 때 다음이 성립하기 때문이다.

$$\begin{aligned}
K_{j+k+1}&(1,...,1,a+1,b_1,...,b_k) \\
&= K_{j+k+1}(1,...,1,a,b_1,...,b_k) + K_j(1,...,1) K_k(b_1,...,b_k) \\
&\leq K_{j+k+1}(1,...,1,a,b_1,...,b_k) + K_{j+k}(1,...,1,a,b_1,...,b_k) \\
&= K_{j+k+2}(1,...,1,a,b_1,...,b_k).
\end{aligned}$$

(모츠킨과 스트라우스^{Straus}의 [278]은 연항식에 대한 좀 더 일반적인 최대화 문제를 푸는 방법을 보여준다.)

6.91 $n \bmod 1 = \frac{1}{2}$인 경우에 대한 후보 하나가 [213, §6]에 나오지만, 그 논문이 논의하는 정수들에 $\sqrt{\pi}$가 관여하는 어떤 상수를 곱하는 것이 최선일 수도 있다. 우아하고 좀 더 그럴듯한 제안을 필리페 플라졸레$^{Philippe\ Flajolet}$와 헬무트 프로딩거$^{Helmut\ Prodinger}$가 *SIAM Journal on Discrete Mathematics* **12** (1999), 155-159에 게재한 바 있다.

6.92 (a) 데이비드 보이드$^{David\ Boyd}$는 모든 $p < 500$에 대해서는 해가 유한함을 보였다. 단, $p = 83$와 127, 397는 예외일 수 있다. (b) b_n의 습성은 상당히 이상하다. $968 \leq n \leq 1066$에 대해서는 $b_n = lcm(1, ..., n)$이지만, $b_{600} = lcm(1, ..., 600)/(3^3 \cdot$

1066을 기억해야 할 또 다른 이유인가?

$5^2 \cdot 43$)이다. 앤드루 오들리츠코^{Andrew Odlyzko}는 p가 $lcm(1,...,n)/b_n$을 나눌 필요충분조건이 어떤 $m \geq 1$에 대해, 그리고 H_k의 분자가 p로 나누어떨어짐을 만족하는 어떤 $k < p$에 대해 $kp^m \leq n < (k+1)p^m$이라는 것임을 밝혔다. 따라서, 만일 거의 모든 소수에 대해 그러한 k의 값이 단 하나(구체적으로는 $k = p-1$)임을 보일 수 있다면 그러한 n이 무한히 많이 존재함이 증명된다.

6.93 (브렌트는 e^γ에서 놀랄 만큼 큰 부분몫 1568705를 발견했는데, 이는 그냥 우연인 것으로 보인다. 예를 들어 고스퍼는 π에서 그보다도 큰 부분몫들을 발견했다. 453,294번째 부분몫은 12996958이고 11,504,931번째는 878783625이다.)

6.94 생성함수 $\sum_{m,n \geq 0} \left| \begin{smallmatrix} m+n \\ m \end{smallmatrix} \right| w^m z^n$을 고찰한다. 이 생성함수는

$$\sum_k (wF(\alpha' + \beta' + \gamma', \alpha' + \beta', \alpha') + zF(\alpha+\gamma, \alpha+\beta, \alpha))^k (1)$$

과 같은데, 여기서 $F(a,b,c)$는 $a + b\vartheta_w + c\vartheta_z$의 미분연산자이다.

카우에르스는 스털링 수들이 [383]의 의미에서 '홀로노믹 holonomic'이 아닌 데도 성공했다.

6.95 이 연구 문제의 우아한 해법 하나를 마누엘 카우에르스^{Manuel Kauers}가 발견했다. 그 해법은 *Journal of Symbolic Computation* 42 (2007), 948-970에 실렸다.

7.1 생성함수에서 ▯를 z^4로, ▢를 z로 대체해서 $1/(1-z^4-z^2)$을 얻는다. 이것은 T에 대한 생성함수와 비슷하나, z가 z^2으로 대체되었다. 따라서 답은, 만일 m이 홀수이면 0이고 그렇지 않으면 $F_{m/2+1}$이다.

7.2 $G(z) = 1/(1-2z) + 1/(1-3z)$; $\hat{G}(z) = e^{2z} + e^{3z}$.

7.3 생성함수에서 $z = 1/10$로 설정해서 $\frac{10}{9} \ln \frac{10}{9}$을 얻는다.

7.4 $P(z)$를 $Q(z)$로 나누어서 몫 $T(z)$와 나머지 $P_0(z)$를 얻는다. 그 차수는 Q의 차수보다 작다. 작은 n에 대해서는 $T(z)$의 계수들을 반드시 $[z^n] P_0(z)/Q(z)$의 계수들에 더해야 한다. (이는 식 (7.28)의 다항식 $T(z)$이다.)

7.5 이것은 $(1+z^2)^r$과 $(1+z)^r$의 합성곱이므로

$$S(z) = (1+z+z^2+z^3)^r$$

이다. 덧붙이자면, 이 생성함수의 계수들에 관한 간단한 공식은 알려지지 않았다. 따라서 문제의 합에도 간단한 닫힌 형식이 없을 가능성이 크다. (생성함수들을 이용해서 양의 결과들은 물론이고 음의 결과들도 얻을 수 있다.)

7.6 $g_0 = \alpha$, $g_1 = \beta$, $g_n = g_{n-1} + 2g_{n-2} + (-1)^n \gamma$의 해가 $g_n = A(n)\alpha + B(n)\beta + C(n)\gamma$라고 하자. 함수 2^n은 $\alpha = 1$, $\beta = 2$, $\gamma = 0$일 때 성공하고, 함수 $(-1)^n$은 $\alpha = 1$, $\beta = -1$, $\gamma = 0$일 때 성공한다. 그리고 함수 $(-1)^n n$은 $\alpha = 0$, $\beta = -1$, $\gamma = 3$일 때 성공한다. 따라서 $A(n) + 2B(n) = 2^n$, $A(n) - B(n) = (-1)^n$, $-B(n) + 3C(n) = (-1)^n n$이다.

7.7 $G(z) = \left(z/(1-z)^2\right) G(z) + 1$이므로

$$G(z) = \frac{1 - 2z + z^2}{1 - 3z + z^2} = 1 + \frac{z}{1 - 3z + z^2}$$

이다. 답은 $g_n = F_{2n} + [n = 0]$이다.

내 생각에, 논의의 여지가 있는 '0차 부채'에는 신장 트리가 하나 있는 것이 확실해.

7.8 $(1-z)^{-x-1}$을 x에 대해 두 번 미분해서 다음을 얻는다.

$$\binom{x+n}{n}\left((H_{x+n} - H_x)^2 - (H_{x+n}^{(2)} - H_x^{(2)})\right).$$

이제 $x = m$으로 두면 답이 나온다.

7.9 $(n+1)(H_n^2 - H_n^{(2)}) - 2n(H_n - 1)$.

7.10 항등식 $H_{k-1/2} - H_{-1/2} = \frac{2}{2k-1} + \cdots + \frac{2}{1} = 2H_{2k} - H_k$는 $\sum_k \binom{2k}{k}\binom{2n-2k}{n-k}(2H_{2k} - H_k) = 4^n H_n$을 함의한다.

7.11 (a) $C(z) = A(z)B(z^2)/(1-z)$. (b) $zB'(z) = A(2z)e^z$이므로 $A(z) = \frac{z}{2}e^{-z/2}B'\left(\frac{z}{2}\right)$. (c) $A(z) = B(z)/(1-z)^{r+1}$이므로 $B(z) = (1-z)^{r+1}A(z)$이고, $f_k(r) = \binom{r+1}{k}(-1)^k$이 성립한다.

7.12 C_n. 위쪽 행의 수들은 '산맥'을 정의하는 $+1$들과 -1들의 수열에서 $+1$의 위치들에 대응되고, 아래쪽 행의 수들은 -1의 위치들에 대응된다. 예를 들어 주어진 배열은 다음에 대응된다.

7.13 그 수열을 주기적으로 확장해서($x_{m+k} = x_k$로 두어서) $s_n = x_1 + \cdots + x_n$을 정의한다. 그러면 $s_m = l$, $s_{2m} = 2l$, 등이 성립한다. $s_{k_j} = j$, $s_{k_j + m} = l + j$ 등을 만족하는 가장 큰 색인 k_j들이 반드시 존재한다. 그 색인 $k_1, \ldots, k_l \pmod{m}$은 문제의 순환 자리이동을 정의한다.

예를 들어 $m = 10$이고 $l = 2$인 수열 $\langle -2, 1, -1, 0, 1, 1, -1, 1, 1, 1 \rangle$에서 $k_1 = 17$이고 $k_2 = 24$이다.

7.14 $\hat{G}(z) = -2z\hat{G}(z) + \hat{G}(z)^2 + z$(마지막 항에 주의!)에 이차방정식의 근의 공식을 적용해서 다음을 얻는다.

$$\hat{G}(z) = \frac{1 + 2z - \sqrt{1 + 4z^2}}{2}.$$

따라서 모든 $n > 0$에 대해 $g_{2n+1} = 0$이고 $g_{2n} = (-1)^n (2n)!\, C_{n-1}$이다.

7.15 $n+1$을 포함하는 부분집합에서, k개의 서로 다른 대상을 가진 분할들의 개수는 $\binom{n}{k} \varpi_{n-k}$이다. 따라서 $\hat{P}'(z) = e^z \hat{P}(z)$이다. 이 미분방정식의 해는 $\hat{P}(z) = e^{e^z + c}$인데, $\hat{P}(0) = 1$이므로 $c = -1$이다. ($\varpi_n = \sum_m \left\{ {n \atop m} \right\}$이므로, 식 (7.49)을 m에 관해 합산해도 이 결과를 얻을 수 있다.)

7.16 한 가지 방법은

$$B(z) = 1/\Big((1-z)^{a_1} (1-z^2)^{a_2} (1-z^3)^{a_3} (1-z^4)^{a_4} \ldots \Big)$$

의 로그를 취한 후 $\ln\frac{1}{1-z}$에 대한 공식을 적용하고 합산 순서를 바꾸는 것이다.

7.17 문제의 관계식은 $\int_0^\infty t^n e^{-t}\, dt = n!$에서 유도할 수 있다. 또한, 그 반대 방향으로 가는 다음과 같은 공식도 있다.

$$\hat{G}(z) = \frac{1}{2\pi} \int_{-\pi}^{+\pi} G(z e^{-i\theta})\, e^{e^{i\theta}}\, d\theta.$$

7.18 (a) $\zeta(z - \frac{1}{2})$; (b) $-\zeta'(z)$; (c) $\zeta(z)/\zeta(2z)$. 모든 양의 정수는 $m^2 q$로 유일하게 표현할 수 있다. 여기서 q는 제곱 인수가 없는 정수이다.

7.19 만일 $n > 0$이면 계수 $[z^n] \exp(x \ln F(z))$는 x의 n차 다항식이자 x의 배수이다. 문제의 첫 합성곱 공식은 $F(z)^x F(z)^y = F(z)^{x+y}$에서 z^n의 계수들을 등호로 연

결하면 나온다. 둘째 합성곱은 $F'(z)\,F(z)^{x-1}F(z)^y = F'(z)\,F(z)^{x+y-1}$에서 z^{n-1}의 계수들을 등호로 연결하면 나온다. 왜냐하면

$$F'(z)\,F(z)^{x-1} = x^{-1}\frac{\partial}{\partial z}(\mathcal{F}(z)^x) = x^{-1}\sum_{n\geq 0}nf_n(x)z^{n-1}$$

이 성립하기 때문이다. (식 (7.43)에서처럼 $\partial/\partial x$을 취하면 더 많은 합성곱 공식들이 나온다.)

[221]이 보여주듯이, 참인 등식들을 더 이끌어낼 수 있다. 임의의 x와 y, t에 대해 다음이 성립한다.

$$\sum_{k=0}^{n}\frac{xf_k(x+tk)}{x+tk}\,\frac{yf_{n-k}(y+t(n-k))}{y+t(n-k)} = \frac{(x+y)f_n(x+y+tn)}{x+y+tn}.$$

사실 $xf_n(x+tn)/(x+tn)$은 $\mathcal{F}_t(z)^x$의 계수들에 대한 다항식들의 수열이다. 여기서

$$\mathcal{F}_t(z) = F(z\,\mathcal{F}_t(z)^t)$$

이다. (식 (5.59)와 식 (6.52)에 특수 경우들이 나왔다.)

7.20 $G(z) = \sum_{n\geq 0}g_n z^n$으로 두면, $n < 0$에 대해 $g_n = 0$이라고 할 때 모든 $k, l \geq 0$에 대해

$$z^l G^{(k)}(z) = \sum_{n\geq 0}n^{\underline{k}}g_n z^{n-k+l} = \sum_{n\geq 0}(n+k-l)^{\underline{k}}g_{n+k-l}z^n$$

이다. 따라서, 만일 $P_0(z),\ldots,P_m(z)$가 모두 0은 아닌 다항식들이고 최대 차수가 d이면, 다음을 만족하는 다항식 $p_0(n),\ldots,p_{m+d}(n)$이 존재한다.

$$P_0(z)\,G(z) + \cdots + P_m(z)\,G^{(m)}(z) = \sum_{n\geq 0}\sum_{j=0}^{m+d}p_j(n)\,g_{n+j-d}z^n.$$

그러므로, $G(z)$가 미분가능 유한이라는 것은 다음을 함의한다.

$$\sum_{j=0}^{m+d}p_j(n+d)\,g_{n+j} = 0, \quad \text{모든 } n\geq 0\text{에 대해.}$$

그 반대 방향의 증명도 이와 비슷하다. (한 가지 결과는, $G(z)$가 미분가능 유한일 필요충분조건은 그에 대응되는 지수 생성함수 $\hat{G}(z)$가 미분가능 유한이라는 것이다.)

이렇게 답을 느리게 찾는 방법은 경찰이 올 때까지 은행원이 시간을 끄는 방법일 뿐이다.

미국에도 2펜스 동전이 있지만, 1873년 이후에는 제조되지 않았다.

7.21 이것은 10 단위와 20 단위로 거스름돈을 만드는 문제이므로, $\breve{G}(z) = 1/(1-z)(1-z^2)$이라 할 때 $G(z) = 1/(1-z^{10})(1-z^{20}) = \breve{G}(z^{10})$이다. (a) $\breve{G}(z)$의 부분분수 분해는 $\frac{1}{2}(1-z)^{-2} + \frac{1}{4}(1-z)^{-1} + \frac{1}{4}(1+z)^{-1}$이므로 $[z^n]\breve{G}(z) = \frac{1}{4}(2n+3+(-1)^n)$이다. $n = 50$으로 설정하면 지급 방법이 26가지라는 답이 나온다. (b) $\breve{G}(z) = (1+z)/(1-z^2)^2 = (1+z)(1+2z^2+3z^4+\cdots)$이므로 $[z^n]\breve{G}(z) = \lfloor n/2 \rfloor + 1$이다. (이를 본문의 동전 거스름돈 문제에 나온 값 $N_n = \lfloor n/5 \rfloor + 1$과 비교해 보라. 은행 강도 문제는 페니 동전들과 2펜스 동전들로 거스름돈을 만드는 문제와 동치이다.)

7.22 각 다각형에는 '밑변'(제일 아래쪽 선분)이 있다. A와 B가 삼각화된 다각형들이라고 하자. 그리고 A의 밑변을 한 삼각형 $\triangle$의 왼쪽 변에 붙이고 B의 밑변을 오른쪽 변에 붙여서 만든 다각형을 $A \triangle B$라고 표기하기로 하자. 다음은 한 예이다.

(오각형을 만들기 위해 다각형들의 형태를 조금 일그러뜨렸다.) 모든 삼각화는 이런 방식으로 일어난다. 왜냐하면 밑변은 하나의 고유한 삼각형의 일부이며, 그 왼쪽과 오른쪽에는 삼각화된 다각형 A와 B가 있기 때문이다.

각 삼각형을 z로 대체하면 멱급수가 되는데, 그 멱급수에서 z^n의 계수는 삼각형 n개가 나오는 삼각화들의 수, 다시 말해서 $(n+2)$각형을 삼각형들로 분해하는 방법의 수이다. $P = 1 + zP^2$이므로 이것은 카탈랑 수 $C_0 + C_1 z + C_2 z^2 + \cdots$의 생성함수이다. n각형을 삼각화하는 방법의 수는 $C_{n-2} = \binom{2n-4}{n-2}/(n-1)$이다.

7.23 문제가 요구하는 방법의 수가 a_n이고, 제일 위에 $2 \times 1 \times 1$ 조각 하나가 빠진 기둥을 만드는 방법의 수가 b_n이라고 하자. 기둥의 위 표면에 보이는 모든 가능한 패턴을 고려하면 다음을 알 수 있다.

$$a_n = 2a_{n-1} + 4b_{n-1} + a_{n-2} + [n=0];$$
$$b_n = a_{n-1} + b_{n-1}.$$

따라서 생성함수들은 $A = 2zA + 4zB + z^2A + 1$과 $B = zA + zB$를 만족하며, 다음이 성립한다.

$$A(z) = \frac{1-z}{(1+z)(1-4z+z^2)}.$$

이 공식은 $3 \times n$ 도미노 타일링 문제와 관련이 있다. $a_n = \frac{1}{3}\left(U_{2n} + V_{2n+1} + (-1)^n\right) = \frac{1}{6}(2+\sqrt{3})^{n+1} + \frac{1}{6}(2-\sqrt{3})^{n+1} + \frac{1}{3}(-1)^n$인데, 이것은 $(2+\sqrt{3})^{n+1}/6$을 가장 가까운 정수로 반올림한 것이다.

"신기하게도, a_{2n}은 $3 \times 2n$ 직사각형을 도미노들로 덮는 방법의 수의 제곱인 U_{2n}^2 과 같다. 그리고
$a_{2n+1} = 2\,V_{2n+1}^2$ 이다."
— I. 카플란스키

7.24 $n \sum_{k_1 + \cdots + k_m = n} k_1 \cdot \ldots \cdot k_m / m = F_{2n+1} + F_{2n-1} - 2$개. ($G(z) = z/(1-z)^2$이라 할 때 계수 $[z^{n-1}] \frac{d}{dz} ln(1/(1-G(z)))$를 고찰할 것.)

7.25 $P(z) = z + 2z^2 + \cdots + (m-1)z^{m-1} = ((m-1)z^{m+1} - mz^m + z)/(1-z)^2$이라 할 때 생성함수는 $P(z)/(1-z^m)$이다. 분모는 $Q(z) = 1 - z^m = (1 - \omega^0 z)(1 - \omega^1 z)$ $\ldots (1 - \omega^{m-1} z)$이다. 서로 다른 근들에 대한 유리수 전개 정리에 의해 다음을 얻는다.

$$n \bmod m = \frac{m-1}{2} + \sum_{k=1}^{m-1} \frac{\omega^{-kn}}{\omega^k - 1}.$$

7.26 식 (7.61)에서처럼, $(1 - z - z^2)\,\mathfrak{F}(z) = F(z)$로부터 $\mathfrak{F}_n = (2(n+1)F_n + nF_{n+1})/5$를 도출할 수 있다.

7.27 각 지향 순환마디 패턴은 ⬍ 또는 ⬒ 또는 두 방향 중 하나를 향한 $2 \times k$ 순환마디($k \geq 2$에 대해)로 시작한다. 따라서 $n \geq 2$에 대해

$$Q_n = Q_{n-1} + Q_{n-2} + 2Q_{n-2} + 2Q_{n-3} + \cdots + 2Q_0$$

이고 $Q_0 = Q_1 = 1$이다. 그러므로 생성함수는

$$
\begin{aligned}
Q(z) &= zQ(z) + z^2 Q(z) + 2z^2 Q(z)/(1-z) + 1 \\
&= 1/(1 - z - z^2 - 2z^2/(1-z)) \\
&= \frac{(1-z)}{(1 - 2z - 2z^2 + z^3)} \\
&= \frac{\phi^2/5}{1 - \phi^2 z} + \frac{\phi^{-2}/5}{1 - \phi^{-2}z} + \frac{2/5}{1+z}
\end{aligned}
$$

이고 $Q_n = \left(\phi^{2n+2} + \phi^{-2n-2} + 2(-1)^n\right)/5 = \left((\phi^{n+1} - \hat{\phi}^{n+1})/\sqrt{5}\right)^2 = F_{n+1}^2$ 이다.

7.28 일반적으로, 만일 $A(z) = (1 + z + \cdots + z^{m-1})B(z)$이면 $0 \leq r < m$에 대해 $A_r + A_{r+m} + A_{r+2m} + \cdots = B(1)$이 성립한다. 이 문제에서는 $m = 10$이고 $B(z) = (1 + z + \cdots + z^9)(1 + z^2 + z^4 + z^6 + z^8)(1 + z^5)$이다.

7.29 $F(z) + F(z)^2 + F(z)^3 + \cdots = z/(1 - z - z^2 - z) = (1/(1 - (1 + \sqrt{2})z) - 1/$
$(1 - (1 - \sqrt{2})z))/\sqrt{8}$ 이므로 답은 $((1 + \sqrt{2})^n - (1 - \sqrt{2})^n)/\sqrt{8}$ 이다.

7.30 연습문제 5.39에 의해 $\sum_{k=1}^{n} \binom{2n-1-k}{n-1}\left(a^n b^{n-k}/(1 - \alpha z)^k + a^{n-k} b^n/(1 - \beta z)^k\right)$.

7.31 dgf는 $\zeta(z)^2/\zeta(z-1)$ 이다. 따라서 $g(n)$은 n을 나머지 없이 나누는 모든 소수 거듭제곱 p^k에 관한 $(k + 1 - kp)$들의 곱이다.

7.32 모든 b_k가 0보다 크거나 같다고 가정해도 무방하다. 등차수열 집합은 만일

$$\frac{1}{1-z} = \frac{z^{b_1}}{1 - z^{a_1}} + \cdots + \frac{z^{b_m}}{1 - z^{a_m}}$$

이면, 그리고 오직 그럴 때만 하나의 완전 덮개를 형성한다. 양변에서 $z^{b_m}/(1 - z^{a_m})$을 빼고 $z = e^{2\pi i/a_m}$을 대입하면, 좌변은 무한하고 우변은 $a_{m-1} = a_m$이 아닌 한 유한하다.

7.33 $(-1)^{n-m+1}[n > m]/(n - m)$.

7.34 $G_n(z) = \sum_{k_1 + (m+1)k_{m+1} = n} \binom{k_1 + k_{m+1}}{k_{m+1}} (z^m)^{k_{m+1}}$ 으로도 표기할 수 있다. 일반적으로, 만일

$$G_n = \sum_{k_1 + 2k_2 + \cdots + rk_r = n} \binom{k_1 + k_2 + \cdots + k_r}{k_1, k_2, \ldots, k_r} z_1^{k_1} z_2^{k_2} \ldots z_r^{k_r}$$

이면 $G_n = z_1 G_{n-1} + z_2 G_{n-2} + \cdots + z_r G_{n-r} + [n = 0]$이 성립하며, 생성함수는 $1/(1 - z_1 w - z_2 w^2 - \cdots - z_r w^r)$이다. 문제의 특수 경우에서 답은 $1/(1 - w - z^m w^{m+1})$이다. ($m = 1$인 경우에 대해서는 식 (5.74)를 보라.)

7.35 (a) $\frac{1}{n}\sum_{0 < k < n}(1/k + 1/(n-k)) = \frac{2}{n} H_{n-1}$. (b) 식 (7.50)과 식 (6.58)에 의해 $[z^n]\left(\ln \frac{1}{1-z}\right)^2 = \frac{2!}{n!}\begin{bmatrix} n \\ 2 \end{bmatrix} = \frac{2}{n} H_{n-1}$. 부문제 (b)는 $F(z) = \left(\ln \frac{1}{1-z}\right)^2$으로 두고 $[z^n]F(z) = \frac{1}{n}[z^{n-1}]F'(z)$라는 규칙을 이용해서 풀 수도 있다.

7.36 $\frac{1 - z^m}{1 - z} A(z^m)$. 1974년도 기말고사.

7.37 (a) 다음 표에서 $a_{2n} = a_{2n+1} = b_n$이라는 놀라운 항등식이 성립한다.

n	0	1	2	3	4	5	6	7	8	9	10
a_n	1	1	2	2	4	4	6	6	10	10	14
b_n	1	2	4	6	10	14	20	26	36	46	60

(b) $A(z) = 1/((1-z)(1-z^2)(1-z^4)(1-z^8)\ldots)$. (c) 우선, $B(z) = A(z)/(1-z)$ 이다. 그리고 $A(z) = (1+z)B(z^2)$ 임을 보인다. 그로부터 $A(z) = A(z^2)/(1-z)$ 가 나온다.

7.38 $(1-wz)M(w,z) = \sum_{m,n \geq 1}(\min(m,n) - \min(m-1,n-1))w^m z^n = \sum_{m,n \geq 1} w^m z^n = wz/(1-w)(1-z)$ 이다. 일반적으로는 다음이 성립한다.

$$M(z_1,\ldots,z_m) = \frac{z_1 \ldots z_m}{(1-z_1)\ldots(1-z_m)(1-z_1\ldots z_m)}.$$

7.39 힌트의 답은 각각

$$\sum_{1 \leq k_1 < k_2 < \cdots < k_m \leq n} a_{k_1} a_{k_2} \ldots a_{k_m} \quad \text{과} \quad \sum_{1 \leq k_1 \leq k_2 \leq \cdots \leq k_m \leq n} a_{k_1} a_{k_2} \ldots a_{k_m}$$

이다. 따라서: (a) 곱 $(1+z)(1+2z)\ldots(1+nz)$ 에서 z^m 의 계수를 구해야 한다. 그 계수는 $(z+1)^{\overline{n}}$ 의 반사이므로 $\left[{n+1 \atop n+1}\right] + \left[{n+1 \atop n}\right]z + \cdots + \left[{n+1 \atop 1}\right]z^n$ 이다. 답은 $\left[{n+1 \atop n+1-m}\right]$ 이다. (b) $1/((1-z)(1-2z)\ldots(1-nz))$ 에서 z^m 의 계수는 식 (7.47)에 의해 $\left\{{m+n \atop n}\right\}$ 이다.

7.40 $<nF_{n-1} - F_n>$ 의 egf는 $(z-1)\hat{F}(z)$ 이다. 여기서 $\hat{F}(z) = \sum_{n \geq 0} F_n z^n/n! = (e^{\phi z} - e^{\hat{\phi} z})/\sqrt{5}$ 이다. $<n_i>$ 의 egf는 $e^{-z}/(1-z)$ 이다. 둘의 곱은

$$5^{-1/2}\left(e^{(\hat{\phi}-1)z} - e^{(\phi-1)z}\right) = 5^{-1/2}\left(e^{-\phi z} - e^{-\hat{\phi} z}\right)$$

이며, $\hat{F}(z)e^{-z} = -\hat{F}(-z)$ 가 성립한다. 따라서 답은 $(-1)^n F_n$ 이다.

7.41 최대 원소 n 이 위치 $2k$ 에 있는 상하순열의 개수는 $\binom{n-1}{2k-1}A_{2k-1}A_{n-2k}$ 이다. 마찬가지로, 최소 원소 1이 위치 $2k+1$ 에 있는 상하순열은 $\binom{n-1}{2k}A_{2k}A_{n-2k-1}$ 개이다. 왜냐하면, 상하순열과 하상순열은 개수가 같기 때문이다. 모든 가능성에 관해 합산하면 다음이 나온다.

$$2A_n = \sum_k \binom{n-1}{k}A_k A_{n-1-k} + 2[n=0] + [n=1].$$

egf $\hat{A}$는 따라서 $2\hat{A}'(z) = \hat{A}(z)^2 + 1$과 $\hat{A}(0) = 1$을 만족한다. 주어진 함수는 이 미분방정식의 해이다. (결과적으로 A_n은 연습문제 6.74에 나온 오일러 수 E_n인데, 구체적으로 말하면 n이 짝수일 때는 시컨트 수이고 n이 홀수일 때는 탄젠트 수이다.)

7.42 c나 e로 끝나지 않은 화성인 DNA 염기서열의 개수가 a_n이라고 하자. 그리고 c나 e로 끝나는 염기서열의 개수가 b_n이라고 하자. 그러면

$$a_n = 3a_{n-1} + 2b_{n-1} + [n=0], \qquad b_n = 2a_{n-1} + b_{n-1};$$
$$A(z) = 3zA(z) + 2zB(z) + 1, \qquad B(z) = 2zA(z) + zB(z);$$
$$A(z) = \frac{1-z}{1-4z-z^2}, \qquad\qquad B(z) = \frac{2z}{1-4z-z^2}$$

이고 전체 개수는 $[z^n](1+z)/(1-4z-z^2) = F_{3n+2}$이다.

7.43 식 (5.45)에 의해 $g_n = \Delta^n \dot{G}(0)$이다. 곱의 n차 차분을 다음과 같이 표기할 수 있다.

$$\Delta^n A(z)B(z) = \sum_k \binom{n}{k}\big(\Delta^k E^{n-k} A(z)\big)\big(\Delta^{n-k} B(z)\big).$$

그리고 $E^{n-k} = (1+\Delta)^{n-k} = \sum_j \binom{n-k}{j}\Delta^j$이다. 이로부터 다음을 도출한다.

$$h_n = \sum_{j,k} \binom{n}{k}\binom{n-k}{j} f_{j+k} g_{n-k}.$$

이것은 합산 범위가 모든 삼항계수인 합이다. 이를 다음과 같이 좀 더 대칭적인 형태로 표현할 수 있다.

$$h_n = \sum_{j+k+l=n} \binom{n}{j,k,l} f_{j+k} g_{k+l}.$$

7.44 공집합이 아닌 k개의 부분집합들로 나누는 분할들을 나열하는 방법은 $k!$가지이므로 $b_k = k!$이다. 따라서 $\hat{Q}_{(z)} = \sum_{n,k \geq 0} \left\{{n \atop k}\right\} k! z^n / n! = \sum_{k \geq 0} (e^z - 1)^k = 1/(2 - e^z)$이다. 그리고 이것은 기하급수 $\sum_{k \geq 0} e^{kz}/2^{k+1}$이다. 그러므로 $a_k = 1/2^{k+1}$이다. 마지막으로, $c_k = 2^k$이다. x들이 서로 다를 때의 모든 순열에 대해, 아래 첨자들 사이의 각 '>'를 '<'로 바꾸고 아래 첨자들 사이의 각 '<'가 '<' 또는 '='이 되게 한다. (예를 들어, $1 < 3 > 2$이므로 순열 $x_1 x_3 x_2$로부터 $x_1 < x_3 < x_2$와 $x_1 = x_3 < x_2$를 만들수 있다.)

공집합은 무의미하다
(pointless).

7.45 n을 서로 소인 두 소인수의 곱으로 나타내는 방법의 수가 $r(n)$이라고 할 때, 이 합은 $\sum_{n \geq 1} r(n)/n^2$이다. 만일 n이 t개의 서로 소인 소수들로 나누어떨어진다면 $r(n) = 2^t$이다. 따라서 $r(n)/n^2$은 곱셈적이며, 문제의 합은

$$\prod_p \left(1 + \frac{2}{p^2} + \frac{2}{p^4} + \cdots\right) = \prod_p \left(1 + \frac{2}{p^2 - 1}\right)$$
$$= \prod_p \left(\frac{p^2 + 1}{p^2 - 1}\right) = \zeta(2)^2/\zeta(4) = \frac{5}{2}$$

이다.

7.46 $S_n = \sum_{0 \leq k \leq n/2} \binom{n-2k}{k} \alpha^k$이라고 하자. 그러면 $S_n = S_{n-1} + \alpha S_{n-3} + [n=0]$이며, 생성함수는 $1/(1 - z - \alpha z^3)$이다. $\alpha = -\frac{4}{27}$로 두고 힌트를 적용하면 $1/(1 + \frac{1}{3}z) \times (1 - \frac{2}{3}z)^2$으로 깔끔하게 인수분해된다. 이제, 일반 전개 정리에 의해 $S_n = (\frac{2}{3}n + c) \times (\frac{2}{3})^n + \frac{1}{9}(-\frac{1}{3})^n$이며, 계산해 보면 나머지 상수 c가 $\frac{8}{9}$임을 알 수 있다.

7.47 $\sqrt{3}$의 슈테른-브로코 표현은 $R(LR^2)^\infty$이다. 왜냐하면

$$\sqrt{3} + 1 = 2 + \cfrac{1}{1 + \cfrac{1}{\sqrt{3} + 1}}$$

이기 때문이다. 분수들은 $\frac{1}{1}, \frac{2}{1}, \frac{3}{2}, \frac{5}{3}, \frac{7}{4}, \frac{12}{7}, \frac{19}{11}, \frac{26}{15}, \ldots$이다. 이들은 결국 다음과 같은 순환 패턴을 형성한다.

$$\frac{V_{2n-1} + V_{2n+1}}{U_{2n}}, \frac{U_{2n} + V_{2n+1}}{V_{2n+1}}, \frac{U_{2n+2} + V_{2n-1}}{U_{2n} + V_{2n+1}}, \frac{V_{2n+1} + V_{2n+3}}{U_{2n+2}}, \ldots.$$

7.48 우선 $g_0 = 0$이다. 그리고, 만일 $g_1 = m$이면 생성함수는 다음을 만족한다.

$$aG(z) + bz^{-1}G(z) + cz^{-2}(G(z) - mz) + \frac{d}{1-z} = 0.$$

따라서 $G(z) = P(z)/(az^2 + bz + c)(1 - z)$인 어떤 다항식 $P(z)$가 존재한다. ρ_1과 ρ_2가 $cz^2 + bz + a$의 근들이고 $|\rho_1| \geq |\rho_2|$라고 하자. 만일 $b^2 - 4ac \leq 0$이면 $|\rho_1|^2 = \rho_1\rho_2 = a/c$는 유리수인데, 이는 $\sqrt[n]{g_n}$이 $1 + \sqrt{2}$에 접근한다는 사실과 모순이다. 따라

서 $\rho_1 = (-b + \sqrt{b^2 - 4ca})/2c = 1 + \sqrt{2}$ 이다. 그리고 이는 $a = -c$, $b = -2c$, $\rho_2 = 1 - \sqrt{2}$ 임을 함의한다. 이제 생성함수는 다음과 같은 형태이다.

$$
\begin{aligned}
G(z) &= \frac{z(m - (r+m)z)}{(1 - 2z - z^2)(1 - z)} \\
&= \frac{-r + (2m+r)z}{2(1 - 2z - z^2)} + \frac{r}{2(1-z)} = mz + (2m - r)z^2 + \cdots.
\end{aligned}
$$

여기서 $r = d/c$이다. g_2는 정수이므로 r은 정수이다. 또한, 다음이 성립한다.

$$
g_n = \alpha(1 + \sqrt{2})^n + \hat{\alpha}(1 - \sqrt{2})^n + \frac{1}{2}r = \lfloor \alpha(1 + \sqrt{2})^n \rfloor.
$$

그리고 이 등식은 $r = -1$일 때만 성립하는데, 왜냐하면 $(1 - \sqrt{2})^n$은 0에 접근함에 따라 부호가 교대로 바뀌기 때문이다. 따라서 $(a, b, c, d) = \pm(1, 2, -1, 1)$이다. 이제 $\alpha = \frac{1}{4}(1 + \sqrt{2}\, m)$을 구한다. 만일 $0 \le m \le 2$이면 이 값은 0과 1 사이이다. 이러한 값들은 실제로 각각 하나의 해를 제공한다. 수열 $\langle g_n \rangle$은 $\langle 0, 0, 1, 3, 8, \ldots \rangle$, $\langle 0, 1, 3, 8, 20, \ldots \rangle$, $\langle 0, 2, 5, 13, 32, \ldots \rangle$이다.

7.49 (a) $(1/(1 - (1 + \sqrt{2})z) + 1/(1 - (1 - \sqrt{2})z))$의 분모는 $1 - 2z - z^2$이다. 따라서 $n \ge 2$에 대해 $a_n = 2a_{n-1} + a_{n-2}$이다. (b) a_n이 짝수이고 $-1 < 1 - \sqrt{2} < 0$이므로 그 합동식은 참이다. (c) 우선

$$
b_n = \left(\frac{p + \sqrt{q}}{2} \right)^n + \left(\frac{p - \sqrt{q}}{2} \right)^n
$$

이라고 하자. 이 b_n은 모든 $n > 0$에 대해 홀수이고, $-1 < (p - \sqrt{q})/2 < 0$이어야 한다. 부문제 (a)처럼 진행하면 $b_0 = 2$, $b_1 = p$이고 $n \ge 2$에 대해 $b_n = pb_{n-1} + \frac{1}{4}(q - p^2)b_{n-2}$임을 알 수 있다. 만족스러운 해 하나는 $p = 3$과 $q = 17$이다.

7.50 연습문제 22의 곱셈 착안을 확장해서 다음을 얻을 수 있다.

$$
Q = \underline{} + \ Q \triangle Q \ + \ Q \square Q \ + \ {\textstyle Q \pentagon Q} \ + \cdots.
$$

각 n다각형을 z^{n-2}으로 대체한다. 이러한 대체는 곱셈에서도 적절히 작동한다. 왜냐하면, 붙이기 연산에 의해 m각형과 n각형이 하나의 $(m + n - 2)$각형을 형성하기 때문이다. 따라서 생성함수는

$$Q = 1+zQ^2+z^2Q^3+z^3Q^4+\cdots = 1+\frac{zQ^2}{1-zQ}$$

이다. 이차방정식 근의 공식을 적용하면 $Q=(1+z-\sqrt{1-6z+z^2})/4z$가 나온다. 이
멱급수에서 z^{n-2}의 계수는 겹치지 않는 다각형들로 하나의 볼록 n각형을 만드는
방법의 수이다. 이 계수들에 이 책에서 논의한 다른 수량들로 표현된 닫힌 형식이
없음은 명백하다. 그러나 이들의 점근 습성은 알려져 있다.[207, 연습문제 2.2.1-12]

덧붙이자면, 만일 Q의 각 n각형을 wz^{n-2}으로 대체하면 다음이 나온다.

$$Q = \frac{1+z-\sqrt{1-(4w+2)z+z^2}}{2(1+w)z}.$$

이 공식에서 $w^m z^{n-2}$의 계수는 n각형을 대각선이 교차하지 않는 m개의 다각형으로
분할하는 방법의 수이다.

내게 르장드르 다항식을 줘.
그러면 닫힌 형식을 줄게.

7.51 핵심적인 첫 단계는 그러한 방법의 수의 제곱이 연습문제 27을 일반화하는
어떤 종류의 순환 패턴의 수와 같다는 것이다. 그러한 패턴들의 수는 고윳값
(eigenvalue)들을 구하기가 어렵지 않은 어떤 행렬의 행렬식을 평가해서 셀 수 있다.
$m=3$이고 $n=4$일 때는 $\cos 36° = \phi/2$라는 사실이 도움이 된다(연습문제 6.46).

7.52 처음 몇 가지 사례는 $p_0(y)=1$, $p_1(y)=y$, $p_2(y)=y^2+y$, $p_3(y)=y^3+3y^2+3y$이다. $y=x(1-x)$라 할 때 $p_n(y)=q_{2n}(x)$라고 하자. $q_{2n+1}(x)$를 편리한 방식으로
정의하는 생성함수를 구하고자 한다. $\sum_n q_n(x)z^n/n! = 2e^{ixz}/(e^{iz}+1)$이 그러한 함수
중 하나이다. 이로부터 $q_n(x)=i^n E_n(x)$를 얻는다. 여기서 $E_n(x)$는 오일러 다항식이
라고 부르는 것이다. $\sum(-1)^x x^n \delta x = \frac{1}{2}(-1)^{x+1} E_n(x)$라는 점에서 오일러 다항식은
베르누이 다항식과 비슷하다. 또한, 오일러 다항식의 인수들은 식 (6.98)에 나오는
인수들과 비슷하다. 연습문제 6.23에 의해 $nE_{n-1}(x) = \sum_{k=0}^{n}\binom{n}{k}B_k x^{n-k}(2-2^{k+1})$이
다. 이 다항식은 정수 계수들이 있다(연습문제 6.54). 따라서 $q_{2n}(x)$(그 계수들에
2의 거듭제곱인 분모들이 있는)에는 반드시 정수 계수들이 있다. 그러므로 $p_n(y)$에
는 정수 계수들이 있다. 마지막으로, $(4y-1)p''_n(y)+2p'_n(y)=2n(2n-1)p_{n-1}(y)$
라는 관계식은 다음을 함의한다.

$$2m(2m-1)\left|{n\atop m}\right| = m(m+1)\left|{n\atop m+1}\right| + 2n(2n-1)\left|{n-1\atop m-1}\right|.$$

그리고 이로부터 $\left|{n \atop m}\right|$이 양수임이 도출된다. (비슷한 증명에 의해, 관련된 수량인 $(-1)^n(2n+2)E_{2n+1}(x)/(2x-1)$을 y의 n차 다항식으로 표현했을 때 양의 정수 계수들이 있다는 것도 비슷한 방식으로 증명할 수 있다.) $\left|{n \atop 1}\right|$이 제노키 수 $(-1)^{n-1} \times (2^{2n+1}-2)B_{2n}$(연습문제 6.24 참고)이라는 점과 $\left|{n \atop n-1}\right| = \binom{n}{2}$, $\left|{n \atop n-2}\right| = 2\binom{n+1}{4} + 3\binom{n}{4}$ 등이 성립함을 보이는 것도 가능하다.

7.53 그 수는 $P_{(1 + V_{4n+1} + V_{4n+3})/6}$이다. 따라서, 이를테면 $T_{20} = P_{12} = 210$이고 $T_{285} = P_{165} = 40755$이다.

7.54 $n \bmod m = k$일 때, z^n의 계수들을 제외한 모든 계수를 0으로 설정하는 어떤 연산(멱급수에 대한)이 E_k라고 하자. 문제의 구축은 다음 연산을 $1/(1-z)$에 적용하는 것과 같다.

$$E_0 S E_0 S(E_0 + E_1) S \dots S(E_0 + E_1 + \cdots + E_{m-1}).$$

여기서 S는 "$1/(1-z)$을 곱한다"라는 뜻이다. $0 \le k_j < j$에 대해 다음 형태의 항들이 $m!$개 있다.

$$E_0 S E_{k_1} S E_{k_2} S \dots S E_{k_m}.$$

r이 $k_j < k_{j+1}$인 장소들의 수라고 할 때, 이런 항들은 모두 $z^{rm}/(1-z^m)^{m+1}$으로 평가된다. 이 중 주어진 r과 값이 같은 항은 정확히 $\left\langle{m \atop r}\right\rangle$개이므로, z^{mn}의 계수는 식 (6.37)에 의해 $\sum_{r=0}^{m-1} \left\langle{m \atop r}\right\rangle \binom{n+m-r}{m} = (n+1)^m$이다. (연산 E_k을 단위원의 복소근들로 표현할 수 있다는 사실은 이 문제에 전혀 도움이 되지 않는다.)

7.55 $P_0(z)F(z) + \cdots + P_m(z)F^{(m)}(z) = Q_0(z)G(z) + \cdots + Q_n(z)G^{(n)}(z) = 0$이라고 하자. 여기서 $P_m(z)$와 $Q_n(z)$는 0이 아니다. (a) $H(z) = F(z) + G(z)$라고 하자. 그러면 $0 \le l < m+n$에 대해 $H^{(k)}(z) = R_{k,0}(z)F^{(0)}(z) + \cdots + R_{k,m-1}(z) \times F^{(m-1)}(z) + R_{k,m}(z)G^{(0)}(z) + \cdots + R_{k,m+n-1}(z)G^{(n-1)}(z)$를 만족하는 유리함수 $R_{k,l}(z)$들이 존재한다. 성분들이 유리함수인 $m+n+1$개의 벡터 $(R_{k,0}(z),...,R_{k,m+n-1}(z))$들은 $(m+n)$차원 벡터공간에서 일차종속이다. 따라서 $S_0(z)H^{(0)}(z) + \cdots + S_{m+n}(z)H^{(m+n)}(z) = 0$을 만족하며 모두 0은 아닌 유리수 $S_l(z)$들이 존재한다. (b) 마찬가지로, $H(z) = F(z)G(z)$라고 하면 $0 \le l < mn$에 대해 $H^{(k)}(z) =$

$\sum_{i=0}^{m-1} \sum_{j=0}^{n-1} R_{k,ni+j}(z) \, F^{(i)}(z) \, G^{(j)}(z)$ 인 유리함수 $R_{k,l}(z)$들이 존재한다. 따라서 모두 0은 아닌 어떤 유리수 $S_l(z)$들에 대해 $S_0(z)\,H^{(0)}(z) + \cdots + S_{mn}(z) \times H^{(mn)}(z) = 0$이다. (만일 $\langle f_n \rangle$과 $\langle g_n \rangle$이 다항식 재귀 수열이면 $\langle f_n + g_n \rangle$과 $\langle f_n g_n \rangle$도 다항식 재귀 수열이라는 것도 비슷한 방식으로 증명할 수 있다. 덧붙이자면, 몫들에 대해서는 비슷한 결과가 성립하지 않는다. 예를 들어 $\cos z$는 미분가능 유한이지만 $1/\cos z$는 그렇지 않다.)

7.56 오일러는 이 수가 $[z^n] 1/\sqrt{1 - 2z - 3z^2}$ 이기도 함을 보였으며, $t_n = \sum_{k \ge 0} n^{2k}/k!^2 = \sum_k \binom{n}{k}\binom{n-k}{k}$라는 공식을 제시했다.[113] 그는 또한 이 수들을 조사하다가 '기억할 만한 귀납의 실패' 사례도 발견했다. 비록 $0 \le n \le 8$에 대해 $3t_n - t_{n+1}$이 $F_{n-1} \times (F_{n-1}+1)$과 같긴 하지만, 신기하게도 이러한 경험법칙은 n이 9 이상이면 깨진다! 조지 앤드루스$^{\text{George Andrews}}$는 합 $\sum_k [z^{n+10k}] (1+z+z^2)^n$을 피보나치 수들을 이용해서 닫힌 형식으로 표현할 수 있음을 보임으로써 이 수수께끼를 해명했다.[12] H. S. 월프는 $f(z) = \sqrt{1 - 2bz + (b^2 - 4ac)z^2}$ 이라 할 때 $[z^n](a+bz+cz^2)^n = [z^n] 1/f(z)$ 임을 밝혔다.[373, p. 159] 이 때문에 계수들은 다음을 만족한다.

$$(n+1)A_{n+1} - (2n+1)b\,A_n + n(b^2 - 4ac)A_{n-1} = 0.$$

페트코우셰크^{Petkovšek}의 알고리즘[291]을 이용하면, 만일 $abc(b^2 - 4ac) = 0$이면, 그리고 오직 그럴 때만 이 점화식에 초기하항들의 유한합 형태의 닫힌 형식 해가 존재함을 증명할 수 있다. 따라서, 특히 가운데 삼항계수에는 그런 닫힌 형식이 없다. 아마도 다음 단계는 이 결과를 닫힌 형식들의 좀 더 큰 부류(이를테면 조화수나 스털링 수, 또는 둘 다)로 확장하는 것이 될 것이다.

> 내게 르장드르 다항식을 줘. 그러면 닫힌 형식을 줄게.

7.57 (에르되시 팔은 이 문제의 답에 대해 거듭 \$500의 상금을 걸었다.)

8.1 $\frac{1}{24} + \frac{1}{48} + \frac{1}{48} + \frac{1}{48} + \frac{1}{48} + \frac{1}{24} = \frac{1}{6}$. (사실, 적어도 하나의 주사위가 공정 주사위이면 항상 $\frac{1}{6}$의 확률로 더블이 나온다.) 눈의 합이 7인 임의의 두 면은 분포 Pr_1에서 확률이 같으므로, $S = 7$일 확률은 더블이 나올 확률과 같다.

8.2 제일 위 카드와 제일 아래 카드를 정하는 방법은 12가지이고 나머지 카드들을 배열하는 방법은 50!가지이므로, 확률은 $12 \cdot 50!/52! = 12/(51 \cdot 52) = \frac{1}{17 \cdot 13} = \frac{1}{221}$ 이다.

8.3　평균값은 $\frac{1}{10}(3+2+\cdots+9+2)=4.8$이고 분산은 $\frac{1}{9}(3^2+2^2+\cdots+9^2+2^2-10(4.8)^2)=\frac{388}{45}$로, 이는 근사적으로 8.6이다. 공정한 동전 하나를 사용할 때 평균과 분산의 참값은 6과 22이다. 따라서 스탠퍼드에서는 이상하게도 앞면이 많이 나왔다. 프린스턴의 해당 수치는 6.4와 $\frac{562}{45}\approx 12.5$이다. (이 분포에서는 $\kappa_4=2974$인데, 이는 상당히 큰 값이다. 따라서, $n=10$일 때의 이 분산의 표준편차 추정치도 상당히 큰 값인 $\sqrt{2974/10+2(22)^2/9}\approx 20.1$이다(연습문제 54에 의해). 따라서 학생들이 속임수를 썼다고 불평할 수는 없겠다.)

8.4　$F(z)=G(z)H(z)$이므로, 식 (8.38)과 (8.39)에서 두 등식을 도출할 수 있다. ($F(z)$와 $G(z)$에 음의 계수들이 있을 수 있다고 해도, 모든 누적률에 대해 이와 비슷한 공식이 성립한다.)

8.5　H에 p를, T에 $q=1-p$를 대입한다. 만일 $S_A=S_B=\frac{1}{2}$이면 $p^2qN=\frac{1}{2}$이고 $pq^2N=\frac{1}{2}q+\frac{1}{2}$이다. 답은 $p=1/\phi^2$, $q=1/\phi$이다.

8.6　이 경우 $X|y$의 분포는 모든 y에 대해 X의 분포와 같다. 따라서 $E(X|Y)=EX$는 상수이고 $V(E(X|Y))=0$이다. 또한, $V(X|Y)$는 상수이고 자신의 기댓값과 상등이다.

8.7　제2장에 나온 체비쇼프의 단조 부등식에 의해 $1=(p_1+p_2+\cdots+p_6)^2\le 6(p_1^2+p_2^2+\cdots+p_6^2)$이다.

8.8　$p=\Pr(\omega\in A\cap B)$, $q=\Pr(\omega\not\in A)$, $r=\Pr(\omega\not\in B)$라고 하자. 그러면 $p+q+r=1$이다. 이제 항등식 $p=(p+r)(p+q)-qr$을 증명하면 된다.

8.9　문제의 명제는 참이다(단, F와 G가 X와 Y의 해당 범위에 대해 정의된다는 명백한 전제조건하에서). 왜냐하면

$$
\begin{aligned}
\Pr(F(X)=f \text{ 그리고 } G(Y)=g) &= \sum_{\substack{x\in F^{-1}(f)\\ y\in G^{-1}(g)}} \Pr(X=x \text{ 그리고 } Y=y)\\
&= \sum_{\substack{x\in F^{-1}(f)\\ y\in G^{-1}(g)}} \Pr(X=x)\cdot \Pr(Y=y)\\
&= \Pr(F(X)=f)\cdot \Pr(G(Y)=g)
\end{aligned}
$$

이기 때문이다.

8.10 2. $x_1 < x_2$가 서로 다른 중앙값 원소들이라고 하면, $1 \le \Pr(X \le x_1) + \Pr(X \ge x_2) \le 1$이다. 따라서 등호가 성립한다. (중앙값 원소들이 없는 이산 분포들도 있다. 예를 들어 Ω가 $\pm 1/n$ 형태의 모든 분수의 집합이고 $\Pr(+1/n) = \Pr(-1/n) = \frac{\pi^2}{12} n^{-2}$인 경우가 그렇다.)

8.11 예를 들어 모든 정수 $k \ge 0$에 대해 $K = k$일 확률이 $4/(k+1)(k+2)(k+3)$이라고 하자. 그러면 $EK = 1$이지만 $E(K^2) = \infty$이다. (κ_m까지의 누적률들은 유한하지만 $\kappa_{m+1} = \infty$인 확률변수들을 비슷한 방식으로 구축할 수 있다.)

8.12 (a) $p_k = \Pr(X = k)$라고 하자. 만일 $0 < x \le 1$이면 $\Pr(X \le r) = \sum_{k \le r} p_k \le \sum_{k \le r} x^{k-r} p_k \le \sum_k x^{k-r} p_k = x^{-r} P(x)$가 성립한다. 다른 부등식도 이와 비슷하게 증명할 수 있다. (b) $x = \alpha/(1-\alpha)$에서 우변이 최소가 되게 한다. (주어진 합의 좀 더 정확한 추정치를 연습문제 9.42에서 구한다.)

8.13 (보리스 피텔$^{\text{Boris Pittel}}$의 답.) $Y = (X_1 + \cdots + X_n)/n$, $Z = (X_{n+1} + \cdots + X_{2n})/n$으로 설정한다. 그러면

$$\Pr\left(\left|\frac{Y+Z}{2} - \alpha\right| \le |Y-\alpha|\right)$$
$$\ge \Pr\left(\left|\frac{Y-\alpha}{2}\right| + \left|\frac{Z-\alpha}{2}\right| \le |Y-\alpha|\right)$$
$$= \Pr(|Z-\alpha| \le |Y-\alpha|) \ge \frac{1}{2}$$

이다. 임의의 이산확률분포에서 마지막 부등식은 사실 '>'이다($\Pr(Y=Z) > 0$이므로).

8.14 $\mathrm{Mean}(H) = p\,\mathrm{Mean}(F) + q\,\mathrm{Mean}(G);$

$\mathrm{Var}(H) = p\,\mathrm{Var}(F) + q\,\mathrm{Var}(G) + pq(\mathrm{Mean}(F) - \mathrm{Mean}(G))^2.$

(혼합은 사실 조건부 확률들의 한 특수 경우이다. Y가 동전이고 $X|\mathsf{H}$의 생성함수가 $F(z)$, $X|\mathsf{T}$의 생성함수가 $G(z)$라고 하자. 그러면 $EV(X|Y) = pV(X|\mathsf{H}) + qV(X|\mathsf{T})$라고 할 때 $VX = EV(X|Y) + VE(X|Y)$이며, $VE(X|Y)$는 $pz^{\mathrm{Mean}(F)} + qz^{\mathrm{Mean}(G)}$의 분산이다.)

8.15 연쇄 법칙에 의해 $H'(z) = G'(z)F'(G(z))$이고 $H''(z) = G''(z)F'(G(z)) \times G'(z)^2 F''(G(z))$이다. 따라서

$$\text{Mean}(H) = \text{Mean}(F)\text{Mean}(G);$$
$$\text{Var}(H) = \text{Var}(F)\text{Mean}(G)^2 + \text{Mean}(F)\text{Var}(G)$$

이다. (확률분포 H에 대응되는 확률변수를, 음이 아닌 정수 n을 분포 F에 따라 결정하고, 거기에 분포가 G인 독립 확률변수 n개의 값을 더한 것이라고 이해할 수 있다. 이 연습문제에 나온 분산에 관한 항등식은 식 (8.106)의 한 특수 경우로, X의 분포가 H이고 Y의 분포가 F이다.)

8.16 $e^{w(z-1)}/(1-w)$.

8.17 $\Pr(Y_{n,p} \le m) = \Pr(Y_{n,p} + n \le m+n)$ = 앞면이 n번 나올 때까지 동전을 던지는 횟수가 $\le m+n$일 확률 = 앞면이 $\ge n$번 나올 때까지 동전을 던지는 횟수가 $m+n$일 확률 = $\Pr(X_{m+n,p} \ge n)$. 따라서

$$\sum_{k \le m} \binom{n+k-1}{k} p^n q^k = \sum_{k \ge n} \binom{m+n}{k} p^k q^{m+n-k}$$
$$= \sum_{k \le m} \binom{m+n}{k} p^{m+n-k} q^k$$

인데, 이는 식 (5.19)에서 $n=r$, $x=q$, $y=p$로 둔 것과 같다.

8.18 (a) $G_X(z) = e^{\mu(z-1)}$. (b) 모든 $m \ge 1$에 대해, m차 누적률은 μ이다. ($\mu=1$인 경우를 식 (8.55)의 F_∞라고 표기한다.)

8.19 (a) $G_{X_1+X_2}(z) = G_{X_1}(z)\,G_{X_2}(z) = e^{(\mu_1+\mu_2)(z-1)}$. 따라서 문제의 확률은 $e^{-\mu_1-\mu_2} \times (\mu_1+\mu_2)^n/n!$이다. 독립 푸아송 변수들의 합은 푸아송 변수이다. (b) 일반적으로, 확률변수 X의 m차 누적률을 $K_m X$라고 표기할 때, $a,b \ge 0$에 대해 $K_m(aX_1+bX_2) = a^m(K_m X_1) + b^m(K_m X_2)$가 성립한다. 따라서 답은 $2^m\mu_1 + 3^m\mu_2$이다.

8.20 일반 pgf는 $G(z) = z^m/F(z)$이다. 여기서

$$F(z) = z^m + (1-z) \sum_{k=1}^{m} \widetilde{A}_{(k)}[A^{(k)} = A_{(k)}] z^{m-k},$$
$$F'(1) = m - \sum_{k=1}^{m} \widetilde{A}_{(k)}[A^{(k)} = A_{(k)}],$$
$$F''(1) = m(m-1) - 2\sum_{k=1}^{m} (m-k)\widetilde{A}_{(k)}[A^{(k)} = A_{(k)}]$$

이다.

8.21 그 값은 $\sum_{n \geq 0} q_n$인데, 여기서 q_n은 앨리스와 빌의 게임이 동전을 n회 던진 후에도 끝나지 않을 확률이다. n번째 던지기에서 게임이 끝날 확률이 p_n이라고 하면 $p_n + q_n = q_{n-1}$이다. 따라서, 그리고 $\lim_{n \to \infty} n q_n = 0$이므로, 게임의 평균 동전 던지기 횟수는 $\sum_{n \geq 1} n p_n = (q_0 - q_1) + 2(q_1 - q_2) + 3(q_2 - q_3) + \cdots = q_0 + q_1 + q_2 + \cdots = N$ 이다.

이 답을 구하는 또 다른 방법은 H와 T에 $\frac{1}{2}z$를 대입하는 것이다. 그런 다음 식 (8.78)의 첫 방정식의 도함수를 적용하면 $N(1) + N'(1) = N'(1) + S_A'(1) + S_B'(1)$임을 알 수 있다.

그나저나, $N = \frac{16}{3}$이다.

8.22 정의에 의해 $V(X|Y) = E(X^2|Y) - (E(X|Y))^2$과 $V(E(X|Y)) = E((E(X|Y))^2) - (E(E(X|Y)))^2$이 성립한다. 따라서 $E(V(X|Y)) + V(E(X|Y)) = E(E(X^2|Y)) - (E(E(X|Y)))^2$이다. 그런데 $E(E(X|Y)) = \sum_y \Pr(Y=y)E(X|y) = \sum_{x,y} \Pr(Y=y) \times \Pr((X|y)=x)x = EX$이고 $E(E(X^2|Y)) = E(X^2)$이므로, 결과는 그냥 VX이다.

8.23 $\Omega_0 = \{\boxdot, \boxdot\}^2$이고 $\Omega_1 = \{\boxdot, \boxdot, \boxdot, \boxdot\}^2$이라고 하자. 그리고 Ω_2가 Ω의 다른 열여섯 원소의 집합이라고 하자. 그러면 $\omega \in \Omega_0$, Ω_1, Ω_2에 따라 $\Pr_{11}(\omega) - \Pr_{00}(\omega) = \frac{+20}{576}, \frac{-7}{576}, \frac{+2}{576}$이다. 따라서 사건 A는 반드시 Ω_j에서 k_j개의 원소를 선택하는 것이어야 한다. 여기서 (k_0, k_1, k_2)는 다음 순서쌍 $(0,0,0)$, $(0,2,7)$, $(0,4,14)$, $(1,4,4)$, $(1,6,11)$, $(2,6,1)$, $(2,8,8)$, $(2,10,15)$, $(3,10,5)$, $(3,12,12)$, $(4,12,2)$, $(4,14,9)$, $(4,16,16)$ 중 하나이다. 예를 들어 $(2,6,1)$ 형식의 사건은 $\binom{4}{2}\binom{16}{6}\binom{16}{1}$가지이다. 그런 사건들의 전체 개수는 $[z^0](1+z^{20})^4(1+z^{-7})^{16}(1+z^2)^{16}$인데, 계산해 보면 이는 1304872090이다. 만일 S에만 의존하는 사건들로 제한한다면 40개의 해 $S \in A$들이 나온다. 여기서 $A = \varnothing$, $\left\{\begin{smallmatrix}2\\12\end{smallmatrix}, \begin{smallmatrix}4\\10\end{smallmatrix}, \begin{smallmatrix}6\\8\end{smallmatrix}\right\}$, $\left\{\begin{smallmatrix}2\\12\end{smallmatrix}, 5, 9\right\}$, $\left\{2, 12, \begin{smallmatrix}4\\10\end{smallmatrix}, \begin{smallmatrix}6\\8\end{smallmatrix}, 5, 9\right\}$, $\{2,4,6,8,10,12\}$, $\left\{\begin{smallmatrix}3\\11\end{smallmatrix}, 7, \begin{smallmatrix}5\\9\end{smallmatrix}, 4, 10\right\}$, 그리고 이 집합들의 여집합들이다. (여기서 '$\begin{smallmatrix}2\\12\end{smallmatrix}$'라는 표기는 2 아니면 12(둘 다는 아님)를 뜻한다.)

8.24 (a) 임의의 한 주사위가 J의 소유가 될 확률은 $p = \frac{1}{6} + \left(\frac{5}{6}\right)^2 p$이다. 따라서 $p = \frac{6}{11}$이다. $q = \frac{5}{11}$라고 하자. 그러면, J가 획득한 모든 주사위에 대한 pgf는 평균이 $(2n+1)p$이고 분산이 식 (8.61)에 의해 $(2n+1)pq$인 $(q+pz)^{2n+1}$이다. (b) $\binom{5}{3}p^3q^2 + \binom{5}{4}p^4q + \binom{5}{5}p^5 = \frac{94176}{161051} \approx .585$.

8.25 주사위를 n번 굴린 후 현재 판돈에 대한 확률 생성함수 $G_n(z)$는 다음과 같이 정의된다.

$$
\begin{aligned}
G_0(z) &= z^A; \\
G_n(z) &= \sum_{k=1}^{6} G_{n-1}(z^{2(k-1)/5})/6, \quad n > 0 \text{에 대해.}
\end{aligned}
$$

어쩌면 이 문제는 생성함수를 사용하지 않고 푸는 것이 더 쉬울 수도 있다.

(정수가 아닌 지수들이 문제가 되지는 않는다.) 이로부터 $\mathrm{Mean}(G_n) = \mathrm{Mean}(G_{n-1})$을 이끌어낼 수 있으며, $\mathrm{Var}(G_n) + \mathrm{Mean}(G_n)^2 = \frac{22}{15}\left(\mathrm{Var}(G_{n-1}) + \mathrm{Mean}(G_{n-1})^2\right)$이다. 따라서 평균은 항상 A이지만 분산은 $\left(\left(\frac{22}{15}\right)^n - 1\right)A^2$으로 증가한다.

8.26 확률 생성함수 $F_{l,n}(z)$는 $F'_{l,n}(z) = F_{l,n-l}(z)/l$을 만족한다. 따라서 $\mathrm{Mean}(F_{l,n}) = F'_{l,n}(1) = [n \geq l]/l$이고 $F''_{l,n}(1) = [n \geq 2l]/l^2$이다. 분산은 쉽게 계산할 수 있다. (사실

$$
F_{l,n}(z) = \sum_{0 \leq k \leq n/l} \frac{1}{k!}\left(\frac{z-1}{l}\right)^k
$$

이 성립하는데, $n \to \infty$에 따라 이 분포는 평균이 $1/l$인 푸아송 분포에 접근한다.)

8.27 $\Sigma_k = X_1^k + \cdots + X_n^k$이라고 할 때 $(n^2\Sigma_3 - 3n\Sigma_2\Sigma_1 + 2\Sigma_1^3)/n(n-1)(n-2)$가 그러한 평균을 가지고 있다. 이로부터 다음 항등식이 도출된다.

$$
\begin{aligned}
E(\Sigma_3) &= n\mu_3; \\
E(\Sigma_2\Sigma_1) &= n\mu_3 + n(n-1)\mu_2\mu_1; \\
E(\Sigma_1^3) &= n\mu_3 + 3n(n-1)\mu_2\mu_1 + n(n-1)(n-2)\mu_1^3.
\end{aligned}
$$

덧붙이자면, 삼차 누적률은 $\kappa_3 = E((X-EX)^3)$이지만 사차 누적률에는 그런 간단한 공식이 없다. $\kappa_4 = E((X-EX)^4) - 3(VX)^2$이 성립한다.

8.28 (이 연습문제는 암묵적으로 $p = q = \frac{1}{2}$을 요구하지만, 완전함을 위해 일반적인 답을 제시한다.) H를 pz로, T를 qz로 대체해서 $S_A(z) = p^2qz^3/(1-pz)(1-qz) \times (1-pqz^2)$과 $S_B(z) = pq^2z^3/(1-qz)(1-pqz^2)$을 얻는다. 앨리스가 게임을 이긴다고 할 때 n번째 던지기에서 앨리스가 이길 확률의 pgf는

$$
\frac{S_A(z)}{S_A(1)} = z^3 \cdot \frac{q}{1-pz} \cdot \frac{p}{1-qz} \cdot \frac{1-pq}{1-pqz^2}
$$

이다. 이것은 유사 pgf들의 곱으로, 그 평균은 $3 + p/q + q/p + 2pq/(1-pq)$이다. 빌에 대한 공식들은 이들과 같되 $q/(1-pz)$ 인수가 없다. 따라서 빌의 평균은 $3 + q/p + 2pq/(1-pq)$이다. $p = q = \frac{1}{2}$일 때, (a)의 경우 답은 $\frac{17}{3}$이고 (b)의 경우 답은 $\frac{14}{3}$이다. 빌은 절반만 승리하지만, 이길 때는 더 일찍 이기는 경향이 있다. 전체적인 평균 던지기 횟수는 $\frac{2}{3} \cdot \frac{17}{3} + \frac{1}{3} \cdot \frac{14}{3} = \frac{16}{3}$인데, 이는 연습문제 21과 부합한다. 각 패턴에 대한 1인(혼자 하는) 게임의 평균 길이는 8이다.

8.29 다음 방정식들에 $H = T = \frac{1}{2}$을 대입하면 승리 확률들이 나온다.

$$
\begin{aligned}
1 + N(\text{H+T}) &= N + S_A + S_B + S_C \\
N\,\text{HHTH} &= S_A(\text{HTH}+1) + S_B(\text{HTH}+\text{TH}) + S_C(\text{HTH}+\text{TH}) \\
N\,\text{HTHH} &= S_A(\text{THH}+\text{H}) + S_B(\text{THH}+1) + S_C(\text{THH}) \\
N\,\text{THHH} &= S_A(\text{HH}) + S_B(\text{H}) + S_C
\end{aligned}
$$

일반적으로 $S_A + S_B + S_C = 1$이고

$$
\begin{aligned}
S_A(A\!:\!A) + S_B(B\!:\!A) + S_C(C\!:\!A) &= S_A(A\!:\!B) + S_B(B\!:\!B) + S_C(C\!:\!B) \\
&= S_A(A\!:\!C) + S_B(B\!:\!C) + S_C(C\!:\!C)
\end{aligned}
$$

이다. 특히, 등식 $9S_A + 3S_B + 3S_C = 5S_A + 9S_B + S_C = 2S_A + 4S_B + 8S_C$는 $S_A = \frac{16}{52}$, $S_B = \frac{17}{52}$, $S_C = \frac{19}{52}$를 함의한다.

8.30 $P(h_1, \ldots, h_n; k) \, | \, k$의 분산은 자리이동된 이항분포 $((m-1+z)/m)^{k-1} z$의 분산인데, 그 분산은 식 (8.61)에 의해 $(k-1)(\frac{1}{m})(1 - \frac{1}{m})$이다. 따라서 분산의 평균값은 $\text{Mean}(S)(m-1)/m^2$이다. 평균값의 분산은 $(k-1)/m$의 분산, 즉 $\text{Var}(S)/m^2$이다. 식 (8.106)에 따르면 이 두 수량의 합은 반드시 VP이어야 하는데, 계산해 보면 실제로 그렇다. 사실 이상의 풀이는 식 (8.96)의 유도 과정을 살짝 다르게 표현한 것일 뿐이다. (연습문제 15를 보라.)

8.31 (a) 주먹구구식 해법으로 미지수가 다섯 개인 방정식 다섯 개를 세운다.

$$
\begin{aligned}
A &= 1; \quad B = \tfrac{1}{2}zA + \tfrac{1}{2}zC; \quad C = \tfrac{1}{2}zB + \tfrac{1}{2}zD; \\
D &= \tfrac{1}{2}zC + \tfrac{1}{2}zE; \quad E = \tfrac{1}{2}zD + \tfrac{1}{2}zA.
\end{aligned}
$$

그런데 위치 C와 D는 목표와의 거리가 같으며, B와 E도 그렇다. 따라서 이 확률 생성함수들에서 $C=D$, $B=E$로 두어도 된다. 이제 다음 방정식 두 개만 풀면 된다.

$$B = \frac{1}{2}z + \frac{1}{2}zC; \quad C = \frac{1}{2}zB + \frac{1}{2}zC.$$

따라서 $C = z^2/(4 - 2z - z^2)$이다. 결론적으로 $\mathrm{Mean}(C) = 6$이고 $\mathrm{Var}(C) = 22$이다. (뭔가가 떠오르는가? 사실 이 문제는 앞면이 연달아 두 번 나올 때까지 공정한 동전을 던지는 문제와 동등하다. 앞면은 "사과를 향해 나아간다"를 뜻하고 뒷면은 "다시 시작한다"를 뜻한다.)

(b) 체비쇼프 부등식에 의해 $\mathrm{Pr}(C \geq 100) = \mathrm{Pr}((C-6)^2 \geq 94^2) \leq 22/94^2 \approx$ .0025이다.

(c) 두 번째 꼬리 부등식은 모든 $x \geq 1$에 대해 $\mathrm{Pr}(C \geq 100) \leq 1/(x^{98}(4 - 2x - x^2))$임을 함의한다. $x = (\sqrt{49001} - 99)/100$일 때 상계 0.00000005가 나온다. (연습문제 37에 따르면 실제 확률은 $\sum_{n \geq 100} F_{n-1}/2^n = F_{101}/2^{99} \approx 0.0000000009$이다.)

8.32 대칭성에 의해, 각 달의 상황을 다음 네 가지 가능성 중 하나로 축약할 수 있다.

> D, 주들이 대각선으로 반대 방향에 있음;
> A, 주들이 인접해 있으며 캔자스가 아님;
> K, 두 주 중 하나는 캔자스이고 다른 하나는 아님;
> S, 두 주가 같음.

마르코프 전이들을 고찰해서 다음 네 방정식을 얻는다.

$$D = 1 + z\left(\frac{2}{9}D + \frac{2}{12}K\right)$$
$$A = z\left(\frac{4}{9}A + \frac{4}{12}K\right)$$
$$K = z\left(\frac{4}{9}D + \frac{4}{9}A + \frac{4}{12}K\right)$$
$$S = z\left(\frac{3}{9}D + \frac{1}{9}A + \frac{2}{12}K\right)$$

이들의 합은 $D + K + A + S = 1 + z(D + A + K)$이다. 답은

$$S = \frac{81z - 45z^2 - 4z^3}{243 - 243z + 24z^2 + 8z^3}$$

이다. 그런데 아마도 평균과 분산을 구하는 가장 간단한 방법은 $z = 1 + w$로 두고 w의 거듭제곱들로 전개하되 w^2의 배수들은 무시하는 것이다.

$$D = \frac{27}{16} + \frac{1593}{512} w + \cdots \, ;$$

$$A = \frac{9}{8} + \frac{2115}{256} w + \cdots \, ;$$

$$K = \frac{15}{8} + \frac{2661}{256} w + \cdots \, .$$

이제 $S'(1) = \frac{27}{16} + \frac{9}{8} + \frac{15}{8} = \frac{75}{16}$ 이고 $\frac{1}{2} S''(1) = \frac{1593}{512} + \frac{2115}{256} + \frac{2661}{256} = \frac{11145}{512}$ 이다. 평균은 $\frac{75}{16}$ 이고 분산은 $\frac{105}{4}$ 이다. (더 간단한 방법이 있을까?)

8.33 첫 번째 답: 분명히 그렇다. 해시 값 $h_1, \ldots, h_n$ 이 독립이기 때문이다. 두 번째 답: 확실히 아니다. 해시 값 $h_1, \ldots, h_n$ 이 독립이라도 두 확률변수는 독립이 아니다. $\Pr(X_j = 0) = \sum_{k=1}^{n} s_k [j \neq k] (m-1)/m = (1 - s_j)(m-1)/m$ 이 성립하지만, $\Pr(X_1 = X_2 = 0) = \sum_{k=1}^{n} s_k [k > 2] (m-1)^2/m^2 = (1 - s_1 - s_2)(m-1)^2/m^2 \neq \Pr(X_1 = 0) \Pr(X_2 = 0)$ 이다.

8.34 n턴 후에 지나가 $< m$ 단계 나아갔을 확률이 $[z^n] S_m(z)$라고 하자. 그러면 $S_m(1)$은 판 m 홀에서 지나의 평균 점수이고 $[z^m] S_m(z)$는 그런 홀에서 지나가 꾸준한 선수에게 질 확률이다. 그리고 $1 - [z^{m-1}] S_m(z)$는 지나가 이길 확률이다. 다음과 같은 점화식이 성립한다.

$$S_0(z) = 0;$$
$$S_m(z) = \bigl(1 + pz S_{m-2}(z) + qz S_{m-1}(z)\bigr) / (1 - rz), \quad m > 0\text{에 대해.}$$

부문제 (a)를 푸는 데에는 $m, n \leq 4$에 대한 계수들을 계산하는 것으로 충분하다. z를 $100w$로 대체하면 계산에 정수들만 관여하므로 편하다. 다음은 계산으로 구한 계수들을 표로 만든 것이다.

S_0	0	0	0	0	0
S_1	1	4	16	64	256
S_2	1	95	744	4432	23552
S_3	1	100	9065	104044	819808
S_4	1	100	9975	868535	12964304

따라서 지나가 이길 확률은 $1 - .868535 = .131465$이고 질 확률은 $.12964304$이다. (b)
다음을 계산해서 평균 타수를 구한다.

$$S_1(1) = \frac{25}{24}; \quad S_2(1) = \frac{4675}{2304}; \quad S_3(1) = \frac{667825}{221184}; \quad S_4(1) = \frac{85134475}{21233664}.$$

(덧붙이자면, $S_5(1) \approx 4.9995$이다. 지나는 파 5 홀들에서는 홀 점수와 타수 모두에
대해 승리하지만, 파가 3일 때는 두 기준 모두에 대해 패배한다.)

8.35 중국식 나머지 정리에 의해, 만일 문제의 조건이 $n = 1$에 대해 참이면, 그리고
오직 그럴 때만, 그 조건은 모든 n에 대해 참이다. 다음과 같은 다항식 항등식이
문제가 요구하는 필요충분조건이 된다.

$$\begin{aligned}
&\big(p_2 + p_4 + p_6 + (p_1 + p_3 + p_5)w\big)\big(p_3 + p_6 + (p_1 + p_4)z + (p_2 + p_5)z^2\big) \\
&= \big(p_1 wz + p_2 z^2 + p_3 w + p_4 z + p_5 wz^2 + p_6\big).
\end{aligned}$$

그러나 이것은 문제를 그냥 다르게 표현한 것일 뿐이다. 좀 더 간단한 필요충분조건
은 다음과 같다.

$$(p_2 + p_4 + p_6)(p_3 + p_6) = p_6, \quad (p_1 + p_3 + p_5)(p_2 + p_5) = p_5.$$

이 조건은 전자의 곱의 계수 중 단 두 개만 점검한다. 일반해는 자유도가 3이다.
$a_0 + a_1 = b_0 + b_1 + b_2 = 1$로 두고 $p_1 = a_1 b_1$, $p_2 = a_0 b_2$, $p_3 = a_1 b_0$, $p_4 = a_0 b_1$, $p_5 = a_1 b_2$,
$p_6 = a_0 b_0$을 대입한다.

8.36 (a) ⊡ ⊡ ⊡ ⊡ ⊡ ⊡ (b) k번째 주사위의 여섯 면 눈 수가 $s_1, \ldots, s_6$이고
$p_k(z) = z^{s_1} + \cdots + z^{s_6}$이라고 하자. $p_1(z) \ldots p_n(z) = (z + z^2 + z^3 + z^4 + z^5 + z^6)^n$을 만
족하는 다항식들을 구하고자 한다. 이러한 유리계수 다항식에서 기약 인수들은
$z^n(z+1)^n(z^2+z+1)^n(z^2-z+1)^n$이다. 따라서 $p_k(z)$는 반드시 $z^{a_k}(z+1)^{b_k}(z^2 +
z+1)^{c_k}(z^2-z+1)^{d_k}$의 형태이어야 한다. $p_k(0) = 0$이므로 반드시 $a_k \geq 1$이다. 실제
로, $a_1 + \cdots + a_n = n$이므로 $a_k = 1$이다. 더 나아가서 $p_k(1) = 6$이라는 조건은
$b_k = c_k = 1$을 함의한다. 따라서 $0 \leq d_k \leq 2$임을 쉽게 확인할 수 있다. $d_k > 2$일 때
음의 계수가 나오기 때문이다. $d = 0$일 때와 $d = 2$일 때는 부문제 (a)의 두 주사위가
나온다. 따라서 유일한 해들은 어떤 $k \leq \frac{1}{2}n$에 대해 (a)에 나온 주사위 k쌍 더하기
보통 주사위 $n - 2k$개다.

8.37 길이가 n인 동전 던지기 수열의 개수는 모든 $n > 0$에 대해 F_{n-1}이다. 이 점은 도미노 타일링과 동전 던지기의 관계로부터 이끌어낼 수 있다. 따라서, 동전이 공정할 때 정확히 n번 던져야 앞면이 연달아 두 번 나올 확률은 $F_{n-1}/2^n$이다. 또한, $\sum_{k \geq n} F_k z^k = (F_n z^n + F_{n-1} z^{n+1})/(1 - z - z^2)$ 이므로 $q_n = F_{n+1}/2^{n-1}$이다. (물론 생성함수들을 이용한 체계적인 해법도 가능하다.)

8.38 k개의 면이 나온 상황에서 새로 주사위를 굴리는 것은 $p_k = (m-k)/m$의 성공 확률로 동전들을 던지는 것과 동등하다. 따라서 pgf는 $\prod_{k=0}^{l-1} p_k z/(1 - q_k z) = \prod_{k=0}^{l-1} (m-k) z/(m - kz)$ 이다. 평균은 $\sum_{k=0}^{l-1} p_k^{-1} = m(H_m - H_{m-l})$이고 분산은 $m^2\big(H_m^{(2)} - H_{m-l}^{(2)}\big) - m(H_m - H_{m-l})$이다. 그리고 문제가 요구하는 닫힌 형식은 식 (7.47)로부터 유도할 수 있는데, 바로 $m^{-n} m! \genfrac{\{}{\}}{0pt}{}{n-1}{l-1}/(m-l)!$이다. (이 연습문제에서 논의하는 문제를 전통적으로 '쿠폰 수집 문제(coupon collecting problem)'라고 부른다.)

8.39 $E(X) = P(-1); \quad V(X) = P(-2) - P(-1)^2; \quad E(\ln X) = -P'(0)$.

8.40 식 (7.49)에 의해 $\kappa_m = n\big(0! \genfrac{\{}{\}}{0pt}{}{m}{1} p - 1! \genfrac{\{}{\}}{0pt}{}{m}{2} p^2 + 2! \genfrac{\{}{\}}{0pt}{}{m}{3} p^3 - \cdots\big)$이다. 덧붙이자면, 삼차 누적률은 $npq(q-p)$이고 사차는 $npq(1 - 6pq)$이다. 항등식 $q + pe^t = (p + qe^{-t})e^t$은 $f_m(p) = (-1)^m f_m(q) + [m=1]$임을 보여준다. 따라서, g_m이 $\lfloor m/2 \rfloor$차 다항식이라고 할 때, $m > 1$이면 항상 $f_m(p) = g_m(pq)(q-p)^{[m \text{은 홀수}]}$이 성립한다. (b) $p = \frac{1}{2}$이고 $F(t) = \ln\big(\frac{1}{2} + \frac{1}{2} e^t\big)$이라고 하자. 그러면 $\sum_{m \geq 1} \kappa_m t^{m-1}/(m-1)! = F'(t) = 1 - 1/(e^t + 1)$이다. 이제 연습문제 6.23을 적용하면 증명이 완성된다.

8.41 $G(z)$가 오직 양의 정숫값으로만 평가되는 확률변수 X의 pgf라고 하자. 그러면 $\int_0^1 G(z)\, dz/z = \sum_{k \geq 1} \Pr(X = k)/k = E(X^{-1})$이다. 만일 X가 앞면이 총 $n+1$번 나올 때까지 동전을 던진 횟수들의 분포라고 하면, 식 (8.59)에 의해 $G(z) = (pz/(1 - qz))^{n+1}$이다. 그리고 $w = pz/(1 - qz)$로 두어서 적분하면

$$\int_0^1 \left(\frac{pz}{1 - qz}\right)^{n+1} \frac{dz}{z} = \int_0^1 \frac{w^n\, dw}{1 + (q/p)w}$$

이다. $p = q$일 때는 피적분함수를 $(-1)^n\big((1+w)^{-1} - 1 + w - w^2 + \cdots + (-1)^n w^{n-1}\big)$으로 표기할 수 있으며, 따라서 적분은 $(-1)^n\big(\ln 2 - 1 + \frac{1}{2} - \frac{1}{3} + \cdots + (-1)^n/n\big)$이

다. 식 (9.28)에 의해 $H_{2n} - H_n = \ln 2 - \frac{1}{4} n^{-1} + \frac{1}{16} n^{-2} + O(n^{-4})$이 성립하며, 이로부터 $E(X_{n+1}^{-1}) = \frac{1}{2} n^{-1} \frac{1}{4} n^{-2} + O(n^{-4})$이 나온다.

8.42 $F_n(z)$가 아침에 해고 상태로 시작해서 저녁에 고용 상태인 경우의 수에 대한 pgf이고 $G_n(z)$는 아침에 고용 상태로 시작할 때의 그러한 pgf라고 하자. $q_h = 1 - p_h$, $q_f = 1 - p_f$로 두면 $F_0(z) = G_0(z) = 1$이고

$$F_n(z) = p_h z G_{n-1}(z) + q_h F_{n-1}(z);$$
$$G_n(z) = p_f F_{n-1}(z) + q_f z G_{n-1}(z)$$

이다. 문제의 답은 다음과 같은 초생성함수로 구할 수 있다.

$$G(w,z) = \sum_{n \geq 0} G_n(z) w^n = A(w)/(1 - zB(w)).$$

여기서 $B(w) = w(q_f - (q_f - p_h)w)/(1 - q_h w)$이고 $A(w) = (1 - B(w))/(1 - w)$이다. 이제 $\sum_{n \geq 0} G'_n(1) w^n = \alpha w/(1-w)^2 + \beta/(1-w) - \beta/(1 - (q_f - p_h)w)$인데, 여기서

$$\alpha = \frac{p_h}{p_h + p_f}, \quad \beta = \frac{p_f(q_f - p_h)}{(p_h + p_f)^2}$$

이다. 따라서 $G'_n(1) = \alpha n + \beta(1 - (q_f - p_h)^n)$이다. (마찬가지로 $G''_n(1) = \alpha^2 n^2 + O(n)$이며, 따라서 분산은 $O(n)$이다.)

8.43 식 (6.11)에 의해 $G_n(z) = \sum_{k \geq 0} \begin{bmatrix} n \\ k \end{bmatrix} z^k / n! = z^{\overline{n}}/n!$이다. 이것은 이항 pgf들의 곱 $\prod_{k=1}^{n} ((k-1+z)/k)$인데, 여기서 k번째 pgf의 평균은 $1/k$이고 분산은 $(k-1)/k^2$이다. 따라서 $\text{Mean}(G_n) = H_n$이고 $\text{Var}(G_n) = H_n - H_n^{(2)}$이다.

8.44 (a) 최종 우승자는 반드시 n회의 시합에 승리해야 하므로 답은 p^n이다. (b, c) 선수 $x_1, \ldots, x_{2^k}$를 무작위로 각자 다른 부분 토너먼트에 배치해야(소위 '시드 배정') 하며, 그 두 선수는 $2^k(n-k)$회의 시합을 모두 이겨야 한다. 토너먼트 트리의 잎(말단 노드) 2^n개를 채우는 방법은 $2^n!$가지이다. 시드 배정을 위해 최상위 2^k명의 선수들을 배치하는 방법은 $2^k!(2^{n-k})^{2^k}$가지이고 나머지 선수들을 배치하는 방법은 $(2^n - 2^k)!$가지이다. 따라서 확률은 $(2p)^{2^k(n-k)}/\binom{2^n}{2^k}$이다. $k=1$일 때 이는 $(2p^2)^{n-1}/(2^n - 1)$로 축약된다. (d) 각각의 토너먼트 결과는 선수들의 한 순열에 대응된다.

y_1이 최종 우승자이고 y_2가 결승에서 진 선수로 두고, y_3과 y_4는 준결승에서 y_1과 y_2에게 진 선수, $(y_5,...,y_8)$은 각각 8강에서 $(y_1,...,y_4)$에 진 선수라는 식으로 아래 첨자들을 배정한다. (1회전의 본질적으로 서로 다른 결과가 $2^n!/2^{n-1}!$가지이고, 2회전의 결과는 $2^{n-1}!/2^{n-2}!$ 등임을 보임으로서 증명할 수도 있다.) (e) S_k가 k회전에서 x_2의 상대가 될 수 있는 2^{k-1}명의 선수들의 집합이라고 하자. x_1이 S_k에 속할 때 x_2가 이길 확률은

$$\Pr(x_1 \text{과 } x_2 \text{가 시합함}) \cdot p^{n-1}(1-p) + \Pr(x_1 \text{과 } x_2 \text{가 시합하지 않음}) \cdot p^n$$
$$= p^{k-1}p^{n-1}(1-p) + (1-p^{k-1})p^n$$

이다. 그리고 $x_1 \in S_k$일 확률은 $2^{k-1}/(2^n-1)$이다. k에 관해 합하면 다음과 같은 답이 나온다.

$$\sum_{k=1}^{n} \frac{2^{k-1}}{2^n-1}\big(p^{k-1}p^{n-1}(1-p) + (1-p^{k-1})p^n\big) = p^n - \frac{(2p)^n-1}{2^n-1}p^{n-1}.$$

(f) $2^n!$가지 토너먼트 결과는 각각 특정한 확률로 발생하며, x_j가 이길 확률은 x_j가 최종 우승자인 $(2^n-1)!$가지 토너먼트 결과 전체에 관해 그 확률들을 합한 것이다. 그러한 모든 결과에서 x_j와 x_{j+1}을 맞바꾼다고 하자. 만일 x_j와 x_{j+1}이 결코 만나지 않는다면 그렇게 교환해도 확률은 변하지 않는다. 그러나 두 선수가 만난다면 그러한 교환에 의해 $(1-p)/p < 1$이 확률에 곱해진다.

8.45 (a) $A(z) = 1/(3-2z)$; $B(z) = zA(z)^2$; $C(z) = z^2A(z)^3$. 병에 담을 당시 세리주의 pgf는 $z^3 A(z)^3$인데, 이것은 매개변수가 $n=3$, $p=\frac{1}{3}$인 음의 이항분포에 z^3을 곱한 것이다. (b) $\mathrm{Mean}(A) = 2$, $\mathrm{Var}(A) = 6$; $\mathrm{Mean}(B) = 5$, $\mathrm{Var}(B) = 2\mathrm{Var}(A) = 12$; $\mathrm{Mean}(C) = 8$, $\mathrm{Var}(C) = 18$. 세리주의 평균 나이는 9이다. 25년 된 세리주의 비율은 $\binom{-3}{22}(-2)^{22}3^{-25} = \binom{24}{22}2^{22}3^{-25} = 23 \cdot \left(\frac{2}{3}\right)^{24} \approx .00137$이다. (c) w^n의 계수가 n년 시작에서의 pgf라고 하자. 그러면

$$A = \left(1 + \frac{1}{3}w/(1-w)\right)/(1-\frac{2}{3}zw);$$
$$B = \left(1 + \frac{1}{3}zwA\right)/(1-\frac{2}{3}zw);$$
$$C = \left(1 + \frac{1}{3}zwB\right)/(1-\frac{2}{3}zw)$$

이다. z에 대해 미분한 후 $z = 1$로 설정해서 방정식들을 풀면 다음이 나온다.

$$C' = \frac{8}{1-w} - \frac{1/2}{(1-\frac{2}{3}w)^3} - \frac{3/2}{(1-\frac{2}{3}w)^2} - \frac{6}{1-\frac{2}{3}w}.$$

공정이 시작된 후 n년째 되는 해에 병에 담긴 셰리주의 평균 나이는 w^{n-1}의 계수보다 1만큼 큰 값인 $9 - (\frac{2}{3})^n(3n^2 + 21n + 72)/8$이다. (이 값은 $n = 11$일 때 이미 8을 넘는다.)

8.46 (a) $P(w,z) = 1 + \frac{1}{2}(wP(w,z) + zP(w,z)) = (1 - \frac{1}{2}(w+z))^{-1}$이므로 $p_{m,n} = 2^{-m-n}\binom{m+n}{n}$이다. (b) $P_k(w,z) = \frac{1}{2}(w^k + z^k)P(w,z)$이므로

$$p_{k,m,n} = 2^{k-1-m-n}\left(\binom{m+n-k}{m} + \binom{m+n-k}{n}\right)$$

이다. (c) $\sum_k kp_{k,n,n} = \sum_{k=0}^{n} k2^{k-2n}\binom{2n-k}{n} = \sum_{k=0}^{n}(n-k)2^{-n-k}\binom{n+k}{n}$이다. 이를 식 (5.20)을 이용해서 다음과 같이 합산할 수 있다.

$$\sum_{k=0}^{n} 2^{-n-k}\left((2n+1)\binom{n+k}{n} - (n+1)\binom{n+1+k}{n+1}\right)$$
$$= (2n+1) - (n+1)2^{-n}\left(2^{n+1} - 2^{-n-1}\binom{2n+2}{n+1}\right)$$
$$= \frac{2n+1}{2^{2n}}\binom{2n}{n} - 1.$$

(제9장의 방법들을 이용하면 이것이 $2\sqrt{n/\pi} - 1 + O(n^{-1/2})$과 같음을 보일 수 있다.)

8.47 프사이 입자를 n회 투사한 후 수용기는 $n+2$개이다(모두 동일 확률). 확률변수 X_n이 그때 존재하는 다이파지 개수라고 하자. 그러면 $X_{n+1} = X_n + Y_n$로 둘 수 있는데, 여기서 Y_n은 만일 $(n+1)$번째 입자가 한 다이파지 수용기에 맞으면 -1이고 그렇지 않으면 $+2$이다. 그리고 그 입자가 수용기에 맞을 조건부 확률은 $2X_n/(n+2)$이다. 따라서

$$EX_{n+1} = EX_n + EY_n = EX_n - 2EX_n/(n+2) + 2\big(1 - 2EX_n/(n+2)\big)$$

이다. 점화식 $(n+2)EX_{n+1} = (n-4)EX_n + 2n + 4$의 해는 모든 $n > 4$에 대해 $EX_n = (2n+4)/7$이다. 이 해는 점화식의 양변에 합산 인수 $(n+1)^{\underline{5}}$을 곱해서 구할 수도

있고, 아니면 해를 추측한 후 귀납법으로 증명해도 된다. (덧붙이자면, 네 번째 투사 이후의 구성이 어떻든, 다섯 번째 투사 이후에는 항상 다이파지 두 개와 트라이파지 하나가 남는다.)

8.48 (a) 프리스비들 사이의 거리는(거리가 짝수가 되도록 측정했을 때) 0 또는 2 또는 4 단위이고, 초기에는 4이다. 해당 생성함수 A, B, C는(여기서 $[z^n]C$는 말하자면 n번째 던지기 이후에 거리가 4일 확률) 다음을 만족한다.

$$A = \frac{1}{4}zB, \quad B = \frac{1}{2}zB + \frac{1}{4}zC, \quad C = 1 + \frac{1}{4}zB + \frac{3}{4}zC.$$

이로부터 $A = z^2/(16 - 20z + 5z^2) = z^2/F(z)$를 구할 수 있으며, 그러면 $\text{Mean}(A) = 2 - \text{Mean}(F) = 12$이고 $\text{Var}(A) = -\text{Var}(F) = 100$이다. (좀 더 어렵지만 재미있는 해법은 A를 다음과 같이 인수분해한다.

$$A = \frac{p_1 z}{1 - q_1 z} \cdot \frac{p_2 z}{1 - q_2 z} = \frac{p_2}{p_2 - p_1}\frac{p_1 z}{1 - q_1 z} + \frac{p_1}{p_1 - p_2}\frac{p_2 z}{1 - q_2 z}.$$

여기서 $p_1 = \phi^2/4 = (3 + \sqrt{5})/8$이고 $p_2 = \hat{\phi}^2/4 = (3 - \sqrt{5})/8$, $p_1 + q_1 = p_2 + q_2 = 1$ 이다. 따라서, 이 게임은 앞면이 나올 확률이 각각 p_1과 p_2가 되도록 조작된 두 동전을 둘 다 앞면이 나올 때까지 한 번에 하나씩 던지는 것과 동등하다. 그리고 전체적인 동전 던지기 횟수의 분포는 프리스비 던지기 횟수의 분포와 같다. 이 두 동전에 대한 대기 시간의 평균과 분산은 각각 $6 \mp 2\sqrt{5}$와 $50 \mp 22\sqrt{5}$이므로, 전체적인 평균 과 분산은 이전처럼 12와 100이다.)

(b) 생성함수를 부분분수들로 전개하면 확률들을 합할 수 있게 된다. ($\sqrt{5}/(4\phi) + \phi^2/4 = 1$임을 주목하기 바란다. 따라서 답을 ϕ의 거듭제곱들로 표현할 수 있다.) 이 게임이 n단계 넘게 지속될 확률은 $5^{(n-1)/2}4^{-n}(\phi^{n+2} - \phi^{-n-2})$이다. n이 짝수일 때 이 확률은 $5^{n/2}4^{-n}F_{n+2}$이다. 따라서 답은 $5^{50}4^{-100}F_{102} \approx .00006$이다.

8.49 만일 $n > 0$이면 $P_N(0,n) = \frac{1}{2}[N=0] + \frac{1}{4}P_{N-1}(0,n) + \frac{1}{4}P_{N-1}(1,n-1)$이다. $P_N(m,0)$도 그와 비슷하다. $P_N(0,0) = [N=0]$이다. 따라서

$$g_{m,n} = \frac{1}{4}zg_{m-1,n+1} + \frac{1}{2}zg_{m,n} + \frac{1}{4}zg_{m+1,n-1};$$
$$g_{0,n} = \frac{1}{2} + \frac{1}{4}zg_{0,n} + \frac{1}{4}g_{1,n-1}$$

등등이다. (b) $g'_{m,n} = 1 + \frac{1}{4}g'_{m-1,n+1} + \frac{1}{2}g'_{m,n} + \frac{1}{4}g'_{m+1,n-1}$; $g'_{0,n} = \frac{1}{2} + \frac{1}{4}g'_{0,n} + \frac{1}{4}g'_{1,n-1}$ 등등이다. 그리고 m에 대한 귀납법에 의해, 모든 $m,n \geq 0$에 대해 $g'_{m,n} = (2m+1)g'_{0,m+n} - 2m^2$이 성립한다. 또한, $g'_{m,0} = g'_{0,m}$이므로 반드시 $g'_{m,n} = m + n + 2mn$이다. (c) 그 점화식은 $mn > 0$일 때 만족된다. 왜냐하면

$$\sin(2m+1)\theta = \frac{1}{\cos^2\theta}\left(\frac{\sin(2m-1)\theta}{4} + \frac{\sin(2m+1)\theta}{2} + \frac{\sin(2m+3)\theta}{4}\right)$$

이기 때문이다. 이것은 항등식 $\sin(x-y) + \sin(x+y) = 2\sin x \cos y$의 한 결과이다. 이제 경계 조건들만 점검하면 증명이 완성된다.

8.50 (a) 힌트를 이용해서 다음을 얻는다.

$$3(1-z)^2 \sum_k \binom{1/2}{k}\left(\frac{8}{9}z\right)^k (1-z)^{2-k}$$
$$= 3(1-z)^2 \sum_k \binom{1/2}{k}\left(\frac{8}{9}\right)^k \sum_j \binom{k+j-3}{j}z^{j+k}.$$

이제 z^{3+l}의 계수들을 살펴본다. (b) $H(z) = \frac{2}{3} + \frac{5}{27}z + \frac{1}{2}\sum_{l \geq 0} c_{3+l}z^{2+l}$. (c) $r = \sqrt{(1-z)(9-z)}$ 라고 하자. $(z-3+r)(z-3-r) = 4z$임을 증명할 수 있으며, 따라서 $(r/(1-z)+2)^2 = (13-5z+4r)/(1-z) = (9-H(z))/(1-H(z))$이다. (d) 1차 도함수를 $z = 1$에서 평가하면 $\text{Mean}(H) = 1$임을 알 수 있다. 2차 도함수는 $z = 1$에서 발산하므로 분산은 무한대이다.

8.51 (a) $H_n(z)$가 n번째 게임 이후의 소지금의 pgf이고 $H_0(z) = z$라고 하자. n회차의 분포는

$$H_{n+1}(z) = H_n(H(z))$$

이다. 따라서 언급된 pgf가 참임을 귀납법으로(이전 문제의 놀라운 항등식을 이용해서) 증명할 수 있다. (b) $g_n = H_n(0) - H_{n-1}(0) = 4/n(n+1)(n+2) = 4(n-1)^{\underline{-3}}$. 평균은 2이고 분산은 무한대이다. (c) n번째 게임에서 산 복권 수의 기댓값은 연습문제 15에 의해 $\text{Mean}(H_n) = 1$이다. 따라서 총 복권 수의 기댓값은 무한대이다. (그러므로 언젠가는 돈을 모두 잃을 것이 거의 확실하고, 두 번째 게임 이후에 모두 잃을

가능성이 있으며, 그렇지만 무한히 많은 수의 복권을 사게 될 가능성도 있다.) (d) 이 경우 n번째 게임 이후의 pgf는 $H_n(z)^2$이다. 부문제 (b)의 해법을 적용하면 $16 - \frac{4}{3}\pi^2 \approx 2.8$이라는 평균이 나온다. (여기서 합 $\sum_{k \ge 1} 1/k^2 = \pi^2/6$이 눈에 띈다.)

8.52 ω와 ω'이 $\Pr(\omega) > \Pr(\omega')$인 사건들이라고 하면, n개의 독립 시행들의 수열에 ω가 ω'보다 더 많이 나올 확률이 높다. 왜냐하면 ω가 나오는 횟수는 $n\Pr(\omega)$에 아주 가깝기 때문이다. 따라서, 독립 시행들의 수열에서 X의 값들의 중앙값 또는 최빈값이 확률변수 X의 중앙값 또는 최빈값일 확률은 $n \to \infty$에 따라 1에 접근한다.

8.53 각 변수가 0 또는 1인 특수 경우에서도 문제의 명제를 반증할 수 있다. $p_0 = \Pr(X = Y = Z = 0)$, $p_1 = \Pr(X = Y = \bar{Z} = 0)$,..., $p_7 = \Pr(\bar{X} = \bar{Y} = \bar{Z} = 0)$이라고 하자. 여기서 $\bar{X} = 1 - X$이다. 그러면 $p_0 + p_1 + \cdots + p_7 = 1$이며, 각 쌍의 변수들은 만일

$$(p_4 + p_5 + p_6 + p_7)(p_2 + p_3 + p_6 + p_7) = p_6 + p_7,$$
$$(p_4 + p_5 + p_6 + p_7)(p_1 + p_3 + p_5 + p_7) = p_5 + p_7,$$
$$(p_2 + p_3 + p_6 + p_7)(p_1 + p_3 + p_5 + p_7) = p_3 + p_7$$

이면, 그리고 오직 그럴 때만 서로 독립이다. 그런데 $\Pr(X + Y = Z = 0) \ne \Pr(X + Y = 0)\Pr(Z = 0) \Leftrightarrow p_0 \ne (p_0 + p_1)(p_0 + p_2 + p_4 + p_6)$이다. 한 가지 해는 다음과 같다.

$$p_0 = p_3 = p_5 = p_6 = 1/4; \quad p_1 = p_2 = p_4 = p_7 = 0.$$

이것은 공정한 동전 두 개를 던질 때 $X = $ (첫 동전이 앞면), $Y = $ (둘째 동전이 앞면), $Z = $ (두 동전의 결과가 다름)으로 둔 것과 동등하다. 모든 확률이 0이 아닌 또 다른 예는

$$p_0 = 4/64, \; p_1 = p_2 = p_4 = 5/64,$$
$$p_3 = p_5 = p_6 = 10/64, \; p_7 = 15/64$$

이다. 이러한 이유로, n개의 변수 $X_1, \ldots, X_n$은 만일

$$\Pr(X_1 = x_1 \text{ 그리고 } \cdots \text{ 그리고 } X_n = x_n) = \Pr(X_1 = x_1) \ldots \Pr(X_n = x_n)$$

이면 서로 독립이라고 할 수 있다. 쌍별 독립은 이를 보장하기에 충분하지 않다.

8.54 (표기법은 연습문제 27을 보라.) 다음이 성립한다.

$$E(\Sigma_2^2) = n\mu_4 + n(n-1)\mu_2^2;$$
$$E(\Sigma_2\Sigma_1^2) = n\mu_4 + 2n(n-1)\mu_3\mu_1 + n(n-1)\mu_2^2 + n(n-1)(n-2)\mu_2\mu_1^2;$$
$$E(\Sigma_1^4) = n\mu_4 + 4n(n-1)\mu_3\mu_1 + 3n(n-1)\mu_2^2$$
$$+ 6n(n-1)(n-2)\mu_2\mu_1^2 + n(n-1)(n-2)(n-3)\mu_1^4.$$

이로부터 $V(\hat{V}X) = \kappa_4/n + 2\kappa_2^2/(n-1)$을 얻을 수 있다.

8.55 $X = Y$인 순열은 $A = \frac{1}{17} \cdot 52!$가지이고 $X \neq Y$인 순열은 $B = \frac{16}{17} \cdot 52!$가지이다. 문제의 알고리즘을 마친 후, $X = Y$인 각 순열은 $\frac{1}{17}\big/((1-\frac{16}{17}p)A)$의 확률로 나타난다. 왜냐하면 단계 S1로 돌아갈 확률이 $\frac{16}{17}p$이기 때문이다. 마찬가지로, $X \neq Y$인 각 순열은 $\frac{16}{17}(1-p)\big/((1-\frac{16}{17}p)B)$의 확률로 나타난다. $p = \frac{1}{4}$로 두면 모든 x와 y에 대해 $\Pr(X=x$ 그리고 $Y=y) = \frac{1}{169}$이 된다. (따라서, 공정한 동전 하나를 두 번 던져서 둘 다 앞면이면 단계 S1로 돌아가도 같은 결과가 나온다.)

8.56 만일 m이 짝수이면 프리스비들은 항상 서로 홀수 단위로 떨어져 있으며, 게임은 영원히 지속한다. 만일 $m = 2l + 1$이면 해당 생성함수들은 다음과 같다.

$$G_m = \frac{1}{4}zA_1;$$
$$A_1 = \frac{1}{2}zA_1 + \frac{1}{4}zA_2,$$
$$A_k = \frac{1}{4}zA_{k-1} + \frac{1}{2}zA_k + \frac{1}{4}zA_{k+1}, \quad 1 < k < l\text{에 대해},$$
$$A_l = \frac{1}{4}zA_{l-1} + \frac{3}{4}zA_l + 1.$$

(계수 $[z^n]A_k$는 n번째 던지기 이후에 프리스비들의 거리가 $2k$일 확률이다.) 연습문제 49에 나온 비슷한 방정식들을 참고해서 $z = 1/\cos^2\theta$, $A_1 = X\sin 2\theta$로 둔다. 여기서 X가 구하고자 하는 값이다. 이로부터 $A_k = X\sin 2k\theta$임을 귀납법으로(A_l에 대한 방정식은 사용하지 않고) 도출할 수 있다. 그러므로 X는 다음을 만족해야 한다.

$$\left(1 - \frac{3}{4\cos^2\theta}\right)X\sin 2l\theta = 1 + \frac{1}{4\cos^2\theta}X\sin(2l-2)\theta.$$

계산해 보면 $X = 2\cos^2\theta/\sin\theta\cos(2l+1)\theta$임을 알 수 있으며, 따라서

$$G_m = \frac{\cos\theta}{\cos m\theta}$$

이다. θ가 $\pi/(2m)$의 홀수 배이면 분모가 소거된다. 따라서 $1 - q_k z$는 $1 \le k \le l$에 대해 분모의 한 근이며, 문제의 곱 공식이 반드시 성립한다. 평균과 분산을 구하기 위해 앞의 공식을 다음과 같이 표현한다.

$$\begin{aligned}
G_m &= (1 - \tfrac{1}{2}\theta^2 + \tfrac{1}{24}\theta^4 - \cdots)/(1 - \tfrac{1}{2}m^2\theta^2 + \tfrac{1}{24}m^4\theta^4 - \cdots) \\
&= 1 + \tfrac{1}{2}(m^2-1)\theta^2 + \tfrac{1}{24}(5m^4 - 6m^2 + 1)\theta^4 + \cdots \\
&= 1 + \tfrac{1}{2}(m^2-1)(\tan\theta)^2 + \tfrac{1}{24}(5m^4 - 14m^2 + 9)(\tan\theta)^4 + \cdots \\
&= 1 + G_m{}'(1)(\tan\theta)^2 + \tfrac{1}{2}G_m{}''(1)(\tan\theta)^4 + \cdots.
\end{aligned}$$

여기에는 $\tan^2\theta = z - 1$과 $\tan\theta = \theta + \tfrac{1}{3}\theta^3 + \cdots$ 이 쓰였다. 이제 $\mathrm{Mean}(G_m) = \tfrac{1}{2}(m^2-1)$이고 $\mathrm{Var}(G_m) = \tfrac{1}{6}m^2(m^2-1)$임을 알 수 있다. (이것이 다음 항등식들을 함의함을 주목하기 바란다.

$$\begin{aligned}
\frac{m^2-1}{2} &= \sum_{k=1}^{(m-1)/2} \frac{1}{p_k} = \sum_{k=1}^{(m-1)/2} \left(1 \middle/ \sin\frac{(2k-1)\pi}{2m}\right)^2; \\
\frac{m^2(m^2-1)}{6} &= \sum_{k=1}^{(m-1)/2} \left(\cot\frac{(2k-1)\pi}{2m} \middle/ \sin\frac{(2k-1)\pi}{2m}\right)^2.
\end{aligned}$$

이 분포의 삼차 누적률은 $\tfrac{1}{30}m^2(m^2-1)(4m^2-1)$이다. 그런데 깔끔한 누적률 인수분해 패턴은 거기서 끝난다. 평균을 훨씬 간단하게 유도하는 방법이 있다. $G_m + A_1 + \cdots + A_l = z(A_1 + \cdots + A_l) + 1$이므로, $z = 1$일 때 $G_m{}' = A_1 + \cdots + A_l$이 성립한다. 그런데 $z = 1$일 때는 $G_m = 1$이므로, 간단한 귀납법을 적용하면 $A_k = 4k$가 나온다.)

8.57 $A{:}A \ge 2^{l-1}$이고 $B{:}B < 2^{l-1} + 2^{l-3}$, $B{:}A \ge 2^{l-2}$이다. 따라서 $B{:}B - B{:}A \ge A{:}A - A{:}B$이려면 반드시 $A{:}B > 2^{l-3}$이어야 한다. 이는 $\bar{\tau}_2 = \tau_3, \tau_1 = \tau_4$, $\tau_2 = \tau_5, \ldots, \tau_{l-3} = \tau_l$임을 뜻한다. 그런데 그러면 $A{:}A \approx 2^{l-1} + 2^{l-4} + \cdots$, $A{:}B \approx 2^{l-3} + 2^{l-6} + \cdots$, $B{:}A \approx 2^{l-2} + 2^{l-5} + \cdots$, $B{:}B \approx 2^{l-1} + 2^{l-4} + \cdots$이다. 따라서 $B{:}B - B{:}A$는 결국 $A{:}A - A{:}B$보다 작다. (귀버스^{Guibas}와 오들리츠코는 이보다 더 정확한 결과를 얻었다.[168] 그들은 항상 두 패턴 $H\tau_1\ldots\tau_{l-1}$과 $T\tau_1\ldots\tau_{l-1}$ 중 하나

이번에도 삼각함수가 답이다. m각형의 각들을 따라 동전을 던지는 것과 뭔가 관련이 있는 걸까?

에서 빌의 확률이 최대화됨을 보였다. 사실 빌의 승리 전략은 유일하다. 다음 연습문제를 보라.)

8.58 (J. 치리크^{Csirik}의 답.) 만일 A가 H^l 또는 T^l이면, 두 기호열 중 하나는 A와 일치하므로 사용할 수 없다. 그렇지 않다면 $\hat{A} = \tau_1 \dots \tau_{l-1}$, $H = \mathsf{H}\hat{A}$, $T = \mathsf{T}\hat{A}$로 두었을 때 $\quad H{:}A = T{:}A = \hat{A}{:}\hat{A}, \quad H{:}H + T{:}T = 2^{l-1} + 2(\hat{A}{:}\hat{A}) + 1, \quad A{:}H + A{:}T = 1 + 2(A{:}A) - 2^l$임을 증명하기가 어렵지 않다. 따라서 등식

$$\frac{H{:}H - H{:}A}{A{:}A - A{:}H} = \frac{T{:}T - T{:}A}{A{:}A - A{:}T}$$

는 두 분수가 다음과 상등임을 함의한다.

$$\frac{H{:}H - H{:}A + T{:}T - T{:}A}{A{:}A - A{:}H + A{:}A - A{:}T} = \frac{2^{l-1} + 1}{2^l - 1}.$$

그러면 원래의 분수들을 적절히 재배치해서 다음을 유도할 수 있다.

$$\frac{H{:}H - H{:}A}{T{:}T - T{:}A} = \frac{A{:}A - A{:}H}{A{:}A - A{:}T} = \frac{p}{q}.$$

여기서 $pq > 0$이고 $p + q = \gcd(2^{l-1} + 1, 2^l - 1) = \gcd(3, 2^l - 1)$이다. 그러므로 l이 짝수라고, 그리고 $p = 1$이고 $q = 2$라고 가정해도 안전하다. 그러면 $A{:}A - A{:}H = (2^l - 1)/3$이고 $A{:}A - A{:}T = (2^{l+1} - 2)/3$이며, 따라서 $A{:}H - A{:}T = (2^l - 1)/3 \geq 2^{l-2}$이다. $A{:}H \geq 2^{l-2}$은 만일 $A = (\mathsf{TH})^{l/2}$이면, 그리고 오직 그럴 때만 참이다. 그런데 그러면 $H{:}H - H{:}A = A{:}A - A{:}H$이므로, $2^{l-1} + 1 = 2^l - 1$이고 $l = 2$이다.

(더 나아가서 치리크는 $l \geq 4$일 때 앨리스의 최상의 전략이 $\mathsf{HT}^{l-3}\mathsf{H}^2$이라는 것도 보였다.[69] 그러나 앨리스가 그 전략을 사용한다고 해도 빌의 승리 확률은 $\frac{2}{3}$에 가깝다.)

8.59 식 (8.82)에 따르면 $B{:}B - B{:}A > A{:}A - A{:}B$가 되어야 한다. 한 가지 해는 $A = \mathsf{TTHH}$, $B = \mathsf{HHH}$이다.

8.60 (a) 닫힌 형식은 다음과 같다. $h_k \neq h_n$이냐 아니면 $h_k = h_n$이냐에 따라 두 가지 경우가 발생한다.

$$\begin{aligned} G(w, z) = {} & \frac{m-1}{m} \left(\frac{m-2+w+z}{m} \right)^{k-1} w \left(\frac{m-1+z}{m} \right)^{n-k-1} z \\ & + \frac{1}{m} \left(\frac{m-1+wz}{m} \right)^{k-1} wz \left(\frac{m-1+z}{m} \right)^{n-k-1} z. \end{aligned}$$

(b) w와 z에 대해 $G(w,z)$의 편미분을 취하고 $w = z = 1$로 두어서 대수적으로 증명할 수도 있고, 아니면 다음과 같이 조합론적으로 증명할 수도 있다. $h_1,\dots,h_{n-1}$의 값이 무엇이든, $P(h_1,\dots,h_{n-1},h_n;n)$의 기댓값($h_n$에 관해 평균한)은 동일하다. 왜냐하면 해시열 $(h_1,\dots,h_{n-1})$은 언급된 기댓값이 $((n_1+1)+(n_2+1)+(n_2+1)+\cdots+(n_m+1))/m = (n-1+m)/m$임을 만족하는 목록 크기들의 수열 $(n_1,n_2,\dots,n_m)$을 결정하기 때문이다. 그러면 확률변수 $EP(h_1,\dots,h_n;n)$은 $(h_1,\dots,h_{n-1})$과 독립이며, 따라서 $P(h_1,\dots,h_n;k)$와도 독립이다.

8.61 만일 $1 \le k < l \le n$이면, 평균의 분산의 $s_k s_l$의 계수는 이전 연습문제에 의해 0이다. 따라서 s_k^2의 계수만 고찰하면 되는데, 그 계수는

$$\sum_{1 \le h_1,\dots,h_n \le m} \frac{P(h_1,\dots,h_n;k)^2}{m^n} - \left(\sum_{1 \le h_1,\dots,h_n \le m} \frac{P(h_1,\dots,h_n;k)}{m^n}\right)^2,$$

즉 $((m-1+z)/m)^{k-1}z$의 분산이며, 연습문제 30에서처럼 이것은 $(k-1)(m-1)/m^2$이다.

8.62 확률 생성함수 $D_n(z)$는 다음 점화식을 만족한다.

$$D_0(z) = z;$$
$$D_n(z) = z^2 D_{n-1}(z) + 2(1-z^3)D_{n-1}{}'(z)/(n+1), \quad n > 0\text{에 대해.}$$

점화식을 미분하면

$$D_n{}''(1) = (n-11)D_{n-1}{}''(1)/(n+1)+(8n-2)/7$$

인데, 이 미분방정식의 해는 모든 $n \ge 11$에 대해 $\frac{2}{637}(n+2)(26n+15)$이다(초기 조건과는 무관하게). 따라서 분산은 $n \ge 11$에 대해 $\frac{108}{637}(n+2)$가 된다.

8.63 (또 다른 질문은 그러한 누적률들의 수열이 어떤 분포에서 온 것이냐는 것이다. 예를 들어 κ_2는 반드시 음이 아니어야 하고, $\kappa_4 + 3\kappa_2^2 = E((X-\mu)^4)$는 반드시 $\left(E((X-\mu)^2)\right)^2 = \kappa_2^2$ 이상이어야 하고, 등등이다. 이 또 다른 문제의 필요충분조건을 함부르거Hamburger가 발견했다.[6], [175]

9.1 만일 함수들이 모두 양이면 참이다. 그렇지 않으면, 예를 들어 $f_1(n) = n^3+n^2$, $f_2(n) = -n^3$, $g_1(n) = n^4+n$, $g_2(n) = -n^4$일 수 있다.

9.2 (a) $(\ln n)^2 < n\ln c < n\ln\ln\ln n$이므로 $n^{\ln n} < c^n < (\ln n)^n$이다. (b) $n^{\ln\ln\ln n} <$ $(\ln n)! < n^{\ln\ln n}$. (c) 로그를 취해 보면 $(n!)!$이 더 승자임을 알 수 있다. (d) $F^2_{\lceil H_n \rceil} \asymp$ $\phi^{2\ln n} = n^{2\ln\phi}$이다. $\phi^2 = \phi + 1 < e$이므로 $H_{F_n} \sim n\ln\phi$가 승자이다.

9.3 kn을 $O(n)$으로 대체하려면 k마다 다른 C가 필요하다. 그러나 각 O은 하나의 C를 대표한다. 사실, 이 문맥에서 O는 두 변수 k와 n의 함수들의 집합을 대표해야 한다. $\sum_{k=1}^{n} kn = \sum_{k=1}^{n} O(n^2) = O(n^3)$이라고 썼다면 맞았을 것이다.

9.4 이를테면 $\lim_{n\to\infty} O(1/n) = 0$이 그러한 예이다. 좌변의 $O(1/n)$은 상수 C와 모든 $n \geq n_0$에 대해 $|f(n)| \leq C/n$인 n_0이 있는 모든 함수 $f(n)$의 집합이다. 그러한 집합의 모든 함수의 극한은 0이므로, 좌변은 한원소 집합 $\{0\}$이다. 우변에는 변수가 없다. 0은 $\{0\}$, 즉 "변수가 없고 값이 0인 모든 함수"의 집합(한원소 집합)을 대표한다. (여기에 내재한 논리를 인식하겠는가? 못 한다면, 내년에 다시 돌아오기 바란다. 직관을 엄격한 형식화로 정리하지 못한다고 해도 O-표기를 조작하는 것은 여전히 가능할 수 있다.)

9.5 $f(n) = n^2$, $g(n) = 1$로 두면, n은 왼쪽 집합에는 속하지만 오른쪽 집합에는 속하지 않는다. 따라서 문제의 명제는 거짓이다.

9.6 $n\ln n + \gamma n + O(\sqrt{n}\ln n)$.

9.7 $(1 - e^{-1/n})^{-1} = nB_0 - B_1 + B_2 n^{-1}/2! + \cdots = n + \frac{1}{2} + O(n^{-1})$.

9.8 $f(n) = \lfloor n/2 \rfloor!^2 + n$, $g(n) = (\lceil n/2 \rceil - 1)!\,\lceil n/2 \rceil! + n$이 그러한 예이다. 덧붙이자면, 이 함수들은 $f(n) = O(ng(n))$과 $g(n) = O(nf(n))$을 만족한다. 이보다 좀 더 극단적인 예들도 명백히 가능하다.

9.9 (완전함을 위해, $n\to\infty$라는 부수 조건이 있다고 가정한다. 이 조건에 의해, 각각의 O는 암묵적으로 두 개의 상수를 포함한다.) 왼쪽의 모든 함수는 $a(n) + b(n)$의 형태이며, $n \geq m_0$에 대해 $|a(n)| \leq B|f(n)|$이고 $n \geq n_0$에 대해 $|b(n)| \leq C|g(n)|$인 상수 m_0, B, n_0, C가 존재한다. 그러므로 $n \geq \max(m_0, n_0)$에 대해 좌변의 함수는 $\max(B, C)(|f(n)| + |g(n)|)$을 넘지 않는다. 따라서 좌변의 함수는 우변에 속한다.

9.10 만일 $g(x)$가 좌변에 속한다면, 그래서 $g(x) = \cos y$인 어떤 y가 존재한다면 (여기서 어떤 C에 대해 $|y| \le C|x|$), $0 \le 1 - g(x) = 2\sin^2(y/2) \le \frac{1}{2}y^2 \le \frac{1}{2}C^2x^2$이다. 따라서 좌변의 집합은 우변의 집합에 포함되며, 문제의 명제는 참이다.

9.11 문제의 명제는 참이다. 이유는 이렇다. 만일 $|x| \le |y|$이면 $(x+y)^2 \le 4y^2$이다. 그러면 $(x+y)^2 = O(x^2) + O(y^2)$이고, 따라서 $O(x+y)^2 = O((x+y)^2) = O(O(x^2) + O(y^2)) = O(O(x^2)) + O(O(y^2)) = O(x^2) + O(y^2)$이다.

9.12 식 (9.26)에 의해 $1 + 2/n + O(n^{-2}) = (1 + 2/n)(1 + O(n^{-2})/(1 + 2/n))$이다. 그리고 $1/(1 + 2/n) = O(1)$이다. 이제 식 (9.26)을 적용한다.

9.13 $n^n(1 + 2n^{-1} + O(n^{-2}))^n = n^n \exp(n(2n^{-1} + O(n^{-2}))) = e^2 n^n + O(n^{n-1})$.

9.14 문제의 수량은 $n^{n+\beta}\exp((n+\beta)(\alpha/n - \frac{1}{2}\alpha^2/n^2 + O(n^{-3})))$이다.

9.15 $\ln\binom{3n}{n,n,n} = 3n\ln 3 - \ln n + \frac{1}{2}\ln 3 - \ln 2\pi + (\frac{1}{36} - \frac{1}{4})n^{-1} + O(n^{-3})$이므로 답은

$$\frac{3^{3n+1/2}}{2\pi n}\left(1 - \frac{2}{9}n^{-1} + \frac{2}{81}n^{-2} + O(n^{-3})\right)$$

이다.

(이 공식을 연습문제 9.60의 가운데 *이항*계수에 대한 해당 결과와 비교해 보면 재미있다.)

9.16 l이 $a \le l < b$ 범위의 임의의 정수라고 할 때 다음이 성립한다.

$$\int_0^1 B(x)f(l+x)\,dx = \int_{1/2}^1 B(x)f(l+x)\,dx - \int_0^{1/2}B(1-x)f(l+x)\,dx$$
$$= \int_{1/2}^1 B(x)(f(l+x) - f(l+1-x))\,dx.$$

$x \ge \frac{1}{2}$일 때 $l+x \ge l+1-x$이므로, $f(x)$가 비감소이면 이 적분은 양수이다.

9.17 $\sum_{m \ge 0}B_m\left(\frac{1}{2}\right)z^m/m! = ze^{z/2}/(e^z - 1) = z/(e^{z/2} - 1) - z/(e^z - 1)$.

9.18 $\alpha = 1$인 경우에 대한 본문의 유도를 일반화하면 다음이 나온다.

$$b_k(n) = \frac{2^{(2n+1/2)\alpha}}{(2\pi n)^{\alpha/2}}e^{-k^2\alpha/n}, \; c_k(n) = 2^{2n\alpha}n^{-(1+\alpha)/2 + 3\epsilon}e^{-k^2\alpha/n}.$$

답은 $2^{2n\alpha}(\pi n)^{(1-\alpha)/2}\alpha^{-1/2}(1 + O(n^{-1/2 + 3\epsilon}))$이다.

9.19 $H_{10} = 2.928968254 \approx 2.928968256$; $10! = 3628800 \approx 3628712.4$; $B_{10} = 0.075757576 \approx 0.075757494$; $\pi(10) = 4 \approx 10.0017845$; $e^{0.1} = 1.10517092 \approx 1.10517083$; $\ln 1.1 = 0.0953102 \approx 0.0953083$; $1.1111111\ldots \approx 1.1111$; $1.1^{0.1} = 1.00957658 \approx 1.00957643$. ($n$이 클수록 $\pi(n)$의 근삿값의 유효숫자가 많아진다. 예를 들어 $\pi(10^9) = 50847534 \approx 50840742$이다.)

9.20 (a) 참이다. 좌변은 $o(n)$이지만 우변은 $O(n)$과 동치이다. (b) 참이다. 좌변은 $e \cdot e^{O(1/n)}$이다. (c) 거짓이다. 좌변은 근사적으로 $\sqrt{n}$에 우변의 한계를 곱한 것이다.

9.21 $P_n = p = n(\ln p - 1 - 1/\ln p + O(1/\log n)^2)$이 성립한다. 여기서

$$\ln p = \ln n + \ln \ln p - 1/\ln n + \ln \ln n/(\ln n)^2 + O(1/\log n)^2;$$
$$\ln \ln p = \ln \ln n + \frac{\ln \ln n}{\ln n} - \frac{(\ln \ln n)^2}{2(\ln n)^2} + \frac{\ln \ln n}{(\ln n)^2} + O(1/\log n)^2$$

이다. 이로부터 다음이 도출된다.

$$P_n = n\Big(\ln n + \ln \ln n - 1 + \frac{\ln \ln n - 2}{\ln n} - \frac{(\ln \ln n)^2/2 - 3\ln \ln n}{(\ln n)^2} + O(1/\log n)^2\Big).$$

물에 빠진 해석적 수론학자가 내는 소리는?

로그 로그 로그 ...

(이보다 약간 나은 근사 공식은 이 $O(1/\log n)^2$을 $-5.5/(\ln n)^2 + O(\log \log n/\log n)^3$이라는 수량으로 대체한다. 그 근사 공식으로는 $P_{1000000} \approx 15480992.8$이다.)

9.22 H_{n^k}을 전개하고 $O(n^{-2k})$을 $-\frac{1}{12}n^{-2k} + O(n^{-4k})$으로 대체한다. 그러면 식 (9.53)의 $O(\Sigma_3(n^2))$이 $-\frac{1}{12}\Sigma_3(n^2) + O(\Sigma_3(n^4))$으로 대체된다. 이제 다음이 성립한다.

$$\Sigma_3(n) = \frac{3}{4}n^{-1} + \frac{5}{36}n^{-2} + O(n^{-3}).$$

따라서 식 (9.54)의 $O(n^{-2})$을 $-\frac{19}{144}n^{-2} + O(n^{-3})$으로 대체할 수 있다.

9.23 $nh_n = \sum_{0 \le k < n} h_k/(n-k) + 2cH_n/(n+1)(n+2)$이다. $\sum_{k \ge 0} h_k = 0$과 $h_n = O(\log n)/n^3$이 성립하도록 $c = e^{\pi^2/6} = \sum_{k \ge 0} g_k$로 둔다. 이제 $\sum_{0 \le k < n} h_k/(n-k)$를 식 (9.60)에서처럼 전개하면 $nh_n = 2cH_n/(n+1)(n+2) + O(n^{-2})$이 나온다. 따라서

$$g_n = e^{\pi^2/6}\left(\frac{n+2\ln n+O(1)}{n^3}\right)$$

이다.

9.24 (a) 만일 $\sum_{k\geq 0}|f(k)| < \infty$이면, 그리고 만일 $0 \leq k \leq n/2$일 때 $f(n-k) = O(f(n))$이면

$$\sum_{k=0}^{n} a_k b_{n-k} = \sum_{k=0}^{n/2} O(f(k))\, O(f(n)) + \sum_{k=n/2}^{n} O(f(n))\, O(f(n-k))$$

이다. 이것은 $2O(f(n)\sum_{k\geq 0}|f(k)|)$이므로, 이 경우는 증명되었다. (b) 그러나 이 경우는, 만일 $a_n = b_n = \alpha^{-n}$이면 합성곱 $(n+1)\alpha^{-n}$은 $O(\alpha^{-n})$이 아니다.

9.25 $S_n/\binom{3n}{n} = \sum_{k=0}^{n} n^{\underline{k}}/(2n+1)^{\overline{k}}$이다. 합산의 범위를 이를테면 $0 \leq k \leq (\log n)^2$로 제한해도 된다. 이 범위에서 $n^{\underline{k}} = n^k(1-\binom{k}{2}/n+O(k^4/n^2))$이고 $(2n+1)^{\overline{k}} = (2n)^k(1+\binom{k+1}{2}/2n+O(k^4/n^2))$이므로, 피가수는

$$\frac{1}{2^k}\left(1 - \frac{3k^2-k}{4n} + O\left(\frac{k^4}{n^2}\right)\right)$$

이다. 따라서 k에 관한 합은 $2-4/n+O(1/n^2)$이다. 이제 $\binom{3n}{n} = (3n)!/(2n)!\,n!$에 스털링 근사 공식을 적용하면 식 (9.2)가 증명된다.

9.26 최솟값은 $B_{2m}/(2m)(2m-1)n^{2m-1}$ 항에서 나오는데, 여기서 $2m \approx 2\pi n + \frac{3}{2}$이다. 그리고 이 항은 근사적으로 $1/(\pi e^{2\pi n}\sqrt{n})$과 상등이다. 따라서, n이 약 $e^{2\pi+1}$보다 클 때는, 정수로 반올림해서 $n!$의 참값을 구하기에는 $\ln n!$의 절대오차가 너무 크다.

9.27 $\alpha \neq -1$라고 가정해도 된다. $f(x) = x^\alpha$이라고 할 때, 답은

$$\sum_{k=1}^{n} k^\alpha = C_\alpha + \frac{n^{\alpha+1}}{\alpha+1} + \frac{n^\alpha}{2} + \sum_{k=1}^{m} \frac{B_{2k}}{2k}\binom{\alpha}{2k-1}n^{\alpha-2k+1} + O(n^{\alpha-2m-1})$$

이다. (알고 보면 상수 C_α는 $\zeta(-\alpha)$인데, 사실 이것은 $\alpha > -1$일 때 이 공식으로 정의된다.)

특히 $\zeta(0) = -1/2$이고 정수 $n > 0$에 대해 $\zeta(-n) = -B_{n+1}/(n+1)$이다.

9.28 일반화해서, 이전 연습문제에서처럼 $\alpha \neq -1$이라고 할 때 오일러의 합산 공식에서 $f(x) = x^\alpha \ln x$라고 가정하자. 그러면 다음을 도출할 수 있다.

$$\sum_{k=1}^{n} k^\alpha \ln k = C_\alpha{}' + \frac{n^{\alpha+1}\ln n}{\alpha+1} - \frac{n^{\alpha+1}}{(\alpha+1)^2} + \frac{n^\alpha \ln n}{2}$$
$$+ \sum_{k=1}^{m} \frac{B_{2k}}{2k}\binom{\alpha}{2k-1}n^{\alpha-2k+1}(\ln n + H_\alpha - H_{\alpha-2k+1})$$
$$+ O(n^{\alpha-2m-1}\log n).$$

상수 C'_α가 $-\zeta'(-\alpha)$임을 증명할 수 있다.[74, §3.7] (α가 $\leq 2m$인 양의 정수일 때는 O 항의 $\log n$ 인수를 제거할 수 있으며, 그러면 $\alpha < 2k-1$일 때 오른쪽 합의 k번째 항을 $B_{2k}\alpha!(2k-2-\alpha)!(-1)^\alpha n^{\alpha-2k+1}/(2k)!$으로 대체할 수 있다.) 문제가 요구하는 점근값을 구하려면, $\alpha=1$, $m=1$로 두고 양변의 지수를 취해서 다음을 얻는다.

$$Q_n = A \cdot n^{n^2/2+n/2+1/12}e^{-n^2/4}\big(1+O(n^{-2})\big).$$

여기서 $A = e^{1/12-\zeta'(-1)} \approx 1.2824271291$은 '글레이셔 상수(Glaisher's constant)'이다.

9.29 $f(x) = x^{-1}\ln x$라고 하자. 이전 연습문제의 계산을 약간 바꾸면 다음이 나온다.

$$\sum_{k=1}^{n} \frac{\ln k}{k} = \frac{(\ln n)^2}{2} + \gamma_1 + \frac{\ln n}{2n}$$
$$- \sum_{k=1}^{m} \frac{B_{2k}}{2k}n^{-2k}(\ln n - H_{2k-1}) + O(n^{-2m-1}\log n).$$

여기서 $\gamma_1 \approx -0.07281584548367672486$은 '스틸티어스 상수(Stieltjes constant)'이다 (연습문제 9.57의 답을 보라). 지수를 취하면 다음이 나온다.

$$e^{\gamma_1}\sqrt{n^{\ln n}}\left(1 + \frac{\ln n}{2n} + O\left(\frac{\log n}{n}\right)^2\right).$$

9.30 $g(x) = x^l e^{-x^2}$이고 $f(x) = g(x/\sqrt{n})$이라고 하자. 그러면 $n^{-l/2}\sum_{k \geq 0} k^l e^{-k^2/n}$은

$$\int_0^\infty f(x)\,dx - \sum_{k=1}^{m} \frac{B_k}{k!}f^{(k-1)}(0) - (-1)^m \int_0^\infty \frac{B_m(\{x\})}{m!}f^{(m)}(x)\,dx$$
$$= n^{1/2}\int_0^\infty g(x)\,dx - \sum_{k=1}^{m} \frac{B_k}{k!}n^{(k-1)/2}g^{(k-1)}(0) + O(n^{-m/2})$$

이다. $g(x) = x^l - x^{2+l}/1! + x^{4+l}/2! - x^{6+l}/3! + \cdots$ 이므로, 도함수 $g^{(m)}(x)$들은 간단한 패턴을 따른다. 답은 다음과 같다.

$$\frac{1}{2} n^{(l+1)/2} \Gamma\left(\frac{l+1}{2}\right) - \frac{B_{l+1}}{(l+1)!0!} + \frac{B_{l+3}n^{-1}}{(l+3)!1!} - \frac{B_{l+5}n^{-2}}{(l+5)!2!} + O(n^{-3}).$$

9.31 다소 놀라운 항등식 $1/(c^{m-k}+c^m) + 1/(c^{m+k}+c^m) = 1/c^m$ 때문에, $0 \le k \le 2m$에 대한 항들의 합은 $(m+\frac{1}{2})/c^m$이다. 나머지 항들의 합은

$$\sum_{k \ge 1} \frac{1}{c^{2m+k}+c^m} = \sum_{k \ge 1}\left(\frac{1}{c^{2m+k}} - \frac{1}{c^{3m+2k}} + \frac{1}{c^{4m+3k}} - \cdots\right)$$
$$= \frac{1}{c^{2m+1}-c^{2m}} - \frac{1}{c^{3m+2}-c^{3m}} + \cdots$$

인데, 이 급수는 원하는 임의의 지점에서 절단해도 오차가 처음으로 생략된 항을 넘지 않는다.

9.32 상수를 알고 있으므로, 오일러의 합산 공식에 의해 $H_n^{(2)} = \pi^2/6 - 1/n + O(n^{-2})$이다. 그리고 H_n은 식 (9.89)로 주어진다. 따라서 답은

이 답에 세계 3대 상수 (e, π, γ)가 모두 등장한다.

$$ne^{\gamma+\pi^2/6}\left(1 - \frac{1}{2}n^{-1} + O(n^{-2})\right)$$

이다.

9.33 $n^{\underline{k}}/n^{\overline{k}} = 1 - k(k-1)n^{-1} + \frac{1}{2}k^2(k-1)^2 n^{-2} + O(k^6 n^{-3})$이다. $k!$으로 나누고 $k \ge 0$에 관해 합산하면 $e - en^{-1} + \frac{7}{2}en^{-2} + O(n^{-3})$이 나온다.

9.34 $A = e^\gamma$; $B = 0$; $C = -\frac{1}{2}e^\gamma$; $D = \frac{1}{2}e^\gamma(1-\gamma)$; $E = \frac{1}{8}e^\gamma$; $F = \frac{1}{12}e^\gamma(3\gamma+1)$.

9.35 $1/k(\ln k + O(1)) = 1/k\ln k + O(1/k(\log k)^2)$이므로, 주어진 합은 $\sum_{k=2}^{n} 1/k \times \ln k + O(1)$이다. 나머지 합은 오일러의 합산 공식에 의해 $\ln\ln n + O(1)$이다.

9.36 여기에는 오일러의 합산 공식이 아주 잘 적용된다.

$$S_n = \sum_{0 \le k < n} \frac{1}{n^2+k^2} + \frac{1}{n^2+x^2}\Big|_0^n$$
$$= \int_0^n \frac{dx}{n^2+x^2} + \frac{1}{2}\frac{1}{n^2+x^2}\Big|_0^n + \frac{B_2}{2!}\frac{-2x}{(n^2+x^2)^2}\Big|_0^n + O(n^{-5}).$$

따라서 $S_n = \frac{1}{4}\pi n^{-1} - \frac{1}{4}n^{-2} - \frac{1}{24}n^{-3} + O(n^{-5})$ 이다.

9.37 문제의 합은

$$\sum_{k,q \geq 1} (n-qk)[n/(q+1) < k \leq n/q]$$
$$= n^2 - \sum_{q \geq 1} q\left(\binom{\lfloor n/q \rfloor + 1}{2} - \binom{\lfloor n/(q+1) \rfloor + 1}{2}\right)$$
$$= n^2 - \sum_{q \geq 1} \binom{\lfloor n/q \rfloor + 1}{2}$$

이다. 나머지 합은 식 (9.55)와 비슷하나 인수 $\mu(q)$가 없다. 여기서도 식 (9.55)에서와 같은 방법이 통한다. 단, $1/\zeta(2)$ 대신 $\zeta(2)$가 나온다. 따라서 답은 $(1-\frac{\pi^2}{12})n^2 + O(n\log n)$이 된다.

9.38 k를 $n-k$로 대체하고 $a_k(n) = (n-k)^{n-k}\binom{n}{k}$로 둔다. 그러면 $\ln a_k(n) = n\ln n - \ln k! - k + O(kn^{-1})$이다. 이제 $b_k(n) = n^n e^{-k}/k!$, $c_k(n) = kb_k(n)/n$, $D_n = \{k \mid k \leq \ln n\}$으로 꼬리 교환을 적용하면 $\sum_{k=0}^{n} a_k(n) = n^n e^{1/e}(1 + O(n^{-1}))$이 나온다.

9.39 $b_k(n) = (\ln n - k/n - \frac{1}{2}k^2/n^2)(\ln n)^k/k!$, $c_k(n) = n^{-3}(\ln n)^{k+3}/k!$, $D_n = \{k \mid 0 \leq k \leq 10\ln n\}$으로 꼬리 교환을 적용한다. $k \approx 10\ln n$일 때는 $k! \asymp \sqrt{k}\,(10/e)^k \times (\ln n)^k$이므로, k번째 항은 $O(n^{-10\ln(10/e)}\log n)$이다. 답은 $n\ln n - \ln n - \frac{1}{2}(\ln n)(1 + \ln n)/n + O(n^{-2}(\log n)^3)$이다.

9.40 항들을 두 개씩 결합해 보면, $H_{2k}^m - (H_{2k} - \frac{1}{2k})^m = \frac{m}{2k}H_{2k}^{m-1} + ($모든 $k \geq 1$에 관한 합이 $O(1)$인 항들$)$임을 알 수 있다. n이 짝수라고 가정하자. 오일러의 합산 공식에 의해

$$\sum_{k=1}^{n/2} \frac{H_{2k}^{m-1}}{k} = \sum_{k=1}^{n/2} \frac{(\ln 2e^\gamma k)^{m-1} + O(k^{-1}(\log k)^{m-2})}{k}$$
$$= \frac{(\ln e^\gamma n)^m}{m} + O(1)$$

이다. 따라서 합은 $\frac{1}{2}H_n^m + O(1)$이다. 일반적으로 답은 $\frac{1}{2}(-1)^n H_n^m + O(1)$이다.

9.41 $\alpha = \hat{\phi}/\phi = -\phi^{-2}$이라 하면 다음이 성립한다.

$$\sum_{k=1}^{n} \ln F_k = \sum_{k=1}^{n} \left(\ln \phi^k - \ln \sqrt{5} + ln\, (1-\alpha^k) \right)$$

$$= \frac{n(n+1)}{2} \ln \phi - \frac{n}{2} \ln 5 + \sum_{k \geq 1} \ln\, (1-\alpha^k) - \sum_{k > n} \ln\, (1-\alpha^k).$$

후자의 합은 $\sum_{k > n} O(\alpha^k) = O(\alpha^n)$ 이다. 따라서 답은

$$\phi^{n(n+1)/2} 5^{-n/2} C + O(\phi^{n(n-3)/2} 5^{-n/2})$$

이다. 여기서 $C = (1-\alpha)(1-\alpha^2)(1-\alpha^3) \ldots \approx 1.226742$ 이다.

9.42 힌트는 $\binom{n}{k-1} / \binom{n}{k} = \frac{k}{n-k+1} \leq \frac{\alpha n}{n - \alpha n + 1} < \frac{\alpha}{1-\alpha}$ 로부터 도출된다. $m = \lfloor \alpha n \rfloor = \alpha n - \epsilon$ 으로 두자. 그러면

$$\binom{n}{m} < \sum_{k \leq m} \binom{n}{k}$$
$$< \binom{n}{m} \left(1 + \frac{\alpha}{1-\alpha} + \left(\frac{\alpha}{1-\alpha} \right)^2 + \cdots \right) = \binom{n}{m} \frac{1-\alpha}{1-2\alpha}$$

이다. 따라서 $\sum_{k \leq \alpha n} \binom{n}{k} = \binom{n}{m} O(1)$ 이며, 이제 $\binom{n}{m}$ 만 추정하면 된다. 스털링 근사에 의해 $\ln \binom{n}{m} = -\frac{1}{2} \ln n - (\alpha n - \epsilon) \ln\, (\alpha - \epsilon/n) - ((1-\alpha)n + \epsilon) \ln\, (1 - \alpha + \epsilon/n) + O(1) = -\frac{1}{2} \ln n - \alpha n \ln \alpha - (1-\alpha) n \ln\, (1-\alpha) + O(1)$ 이다.

9.43 ω 가 단위원의 복소근이라 할 때, 분모에는 $z - \omega$ 형태의 인수들이 있다. 그중 중복도(multiplicity)가 5인 인수는 $z - 1$ 뿐이다. 따라서, 식 (7.31)에 의해 복소근 중 계수 $\Omega(n^4)$ 이 있는 것은 단 하나 뿐이며, 그 계수는 $c = 5/(5! \cdot 1 \cdot 5 \cdot 10 \cdot 25 \cdot 50) = 1/1500000$ 이다.

9.44 스털링 근사 공식에 따르면 $\ln(x^{-\alpha} x! / (x-\alpha)!)$ 의 점근적 급수는

$$-\alpha - (x + \frac{1}{2} - \alpha) \ln\, (1 - \alpha/x) - \frac{B_2}{2 \cdot 1} (x^{-1} - (x-\alpha)^{-1})$$
$$- \frac{B_4}{4 \cdot 3} (x^{-3} - (x-\alpha)^{-3}) - \cdots$$

인데, 여기서 각 x^{-k} 의 계수는 α 의 다항식이다. 따라서, $c_n(\alpha)$ 가 α 의 다항식이라 할 때 $x \to \infty$ 에 따라 $x^{-\alpha} x! / (x-\alpha)! = c_0(\alpha) + c_1(\alpha) x^{-1} + \cdots + c_n(\alpha) x^{-n} + O(x^{-n-1})$ 이다. α 가 정수이면 항상 $c_n(\alpha) = \left[\begin{smallmatrix} \alpha \\ \alpha-n \end{smallmatrix} \right] (-1)^n$ 이고 $\left[\begin{smallmatrix} \alpha \\ \alpha-n \end{smallmatrix} \right]$ 가 α 의 $2n$차 다항식임은

알고 있다. 그러므로 모든 실수 α에 대해 $c_n(\alpha) = \left[{\alpha \atop \alpha-n}\right](-1)^n$이다. 다른 말로 하면,

([220]에 추가 논의가 있다.) 점근식

$$x^\alpha = \sum_{k=0}^{n}\left[{\alpha \atop \alpha-k}\right](-1)^k x^{\alpha-k} + O(x^{\alpha-n-1}),$$

$$x^{\bar{\alpha}} = \sum_{k=0}^{n}\left[{\alpha \atop \alpha-k}\right]x^{\alpha-k} + O(x^{\alpha-n-1})$$

은 식 (6.13)과 (6.11)을 일반화하며, 모든 정수에 대해 성립한다.

9.45 α의 부분몫이 $\langle a_1, a_2, \ldots \rangle$이고 α_m이 $m \geq 1$에 대한 연분수 $1/(a_m + \alpha_{m+1})$이라고 하자. 그러면 모든 m에 대해 $D(\alpha, n) = D(\alpha_1, n) < D(\alpha_2, \lfloor \alpha_1 n \rfloor) + a_1 + 3 < D(\alpha_3, \lfloor \alpha_2 \lfloor \alpha_1 n \rfloor \rfloor) + a_1 + a_2 + 6 < \cdots < D(\alpha_{m+1}, \lfloor \alpha_m \lfloor \ldots \lfloor \alpha_1 n \rfloor \ldots \rfloor \rfloor) + a_1 + \cdots + a_m + 3m < \alpha_1 \ldots \alpha_m n + a_1 + \cdots + a_m + 3m$이다. 이를 n으로 나누고 $n \to \infty$으로 두면, 극한점들은 위로 유계이고 그 상계는 모든 m에 대해 $\alpha_1 \ldots \alpha_m$이다. 결론적으로, 다음이 성립한다.

$$\alpha_1 \ldots \alpha_m = \frac{1}{K(a_1, \ldots, a_{m-1}, a_m + \alpha_m)} < \frac{1}{F_{m+1}}.$$

9.46 편의상 $m(n)$을 그냥 m으로 표기하기로 한다. 스털링 근사에 의해 $k^n/k!$의 최댓값은 $k \approx m \approx n/\ln n$일 때 나타나므로, k를 $m+k$로 대체해 본다. 그러면 다음이 도출된다.

$$\ln\frac{(m+k)^n}{(m+k)!} = n\ln m - m\ln m + m - \frac{\ln 2\pi m}{2}$$
$$- \frac{(m+n)k^2}{2m^2} + O(k^3 m^{-2}\log n) + O(m^{-1}).$$

그런데 실제로는 k를 $\lfloor m \rfloor + k$로 대체하는 것이 바람직하다. 그러면 $O(km^{-1}\log n)$이 추가된다. $|k| \leq m^{1/2+\epsilon}$으로 꼬리 교환을 적용하면 k에 관해 합산

참으로 벨 모양 (Bell-shaped)의 피가수. 할 수 있으며, 그러면 다음과 같이 식 (9.93)의 수량 Θ로 표현된, 상당히 정확한 점근 추정치가 나온다.

$$\varpi_n = \frac{e^{m-1}m^{n-m}}{\sqrt{2\pi m}}\left(\Theta_{2m^2/(m+n)} + O(1)\right)$$
$$= e^{m-n-1/2}m^n\frac{\sqrt{m}}{m+n}\left(1 + O\left(\frac{\log n}{n^{1/2}}\right)\right).$$

이로부터 문제의 근사 공식을 이끌어낼 수 있다. 상대오차는 $O(\log\log n/\log n)$이다.

9.47 $0 \le \theta < 1$에 대해 $\log_m n = l + \theta$라고 하자. 바닥합은 $l(n+1)+1-(m^{l+1}-1)/(m-1)$이고 천장합은 $(l+1)n-(m^{l+1}-1)/(m-1)$이다. 정확한 합은 $(l+\theta)\times n-n/\ln m+O(\log n)$이다. $o(n)$인 항들을 무시하면, 천장과 참값의 차이는 $(1-f(\theta))n$이고 참값과 바닥의 차이는 $f(\theta)n$이다. 여기서

$$f(\theta) = \frac{m^{1-\theta}}{m-1}+\theta-\frac{1}{\ln m}$$

인데, 이 함수의 최댓값은 $f(0)=f(1)=m/(m-1)-1/\ln m$이고 최솟값은 $\ln\ln m/\ln m+1-(\ln(m-1))/\ln m$이다. n이 m의 거듭제곱과 거의 같을 때는 천장 값이 참값에 더 가깝지만, θ가 0과 1 사이의 어딘가에 있을 때는 바닥 값이 참값에 더 가깝다.

9.48 소수점 왼쪽에 있는 숫자들의 개수가 a_k라 할 때 $d_k=a_k+b_k$라고 하자. 그러면 $a_k=1+\lfloor \log H_k\rfloor=\log\log k+O(1)$인데, 여기서 'log'는 $\log_{10}$을 나타낸다. b_k를 추정하기 위해, y를 그 근처에 있는 수 $y-\epsilon$과 $y+\epsilon'$과 구별하는 데 필요한 소수자릿수를 살펴보자. 반올림해서 $\hat y$가 되는 수들의 구간의 길이가 $\delta=10^{-b}$이라고 하면, $|y-\hat y|\le\frac{1}{2}\delta$이다. 또한 $y-\epsilon<\hat y-\frac{1}{2}\delta$이고 $y+\epsilon'>\hat y+\frac{1}{2}\delta$이다. 따라서 $\epsilon+\epsilon'>\delta$이다. 그리고 만일 $\delta<\min(\epsilon,\epsilon')$이면, 반올림에 의해 $\hat y$는 $y-\epsilon$과 $y+\epsilon'$ 모두와 구별된다. 그러므로 $10^{-b_k}<1/(k-1)+1/k$이고 $10^{1-b_k}\ge 1/k$이며, $b_k=\log k+O(1)$이 성립한다. 마지막으로, 따라서 $\sum_{k=1}^n d_k=\sum_{k=1}^n(\log k+\log\log k+O(1))$인데, 이것은 오일러의 합산 공식에 의해 $n\log n+n\log\log n+O(n)$이다.

9.49 $f(x)$가 모든 $x>0$에 대해 증가함수일 때 $H_n>\ln n+\gamma+\frac{1}{2}n^{-1}-\frac{1}{12}n^{-2}=f(n)$이다. 따라서, 만일 $n\ge e^{\alpha-\gamma}$이면 $H_n\ge f(e^{\alpha-\gamma})>\alpha$이다. 또한, $g(x)$가 모든 $x>0$에 대해 증가함수일 때 $H_{n-1}<\ln n+\gamma-\frac{1}{2}n^{-1}=g(n)$이다. 따라서, 만일 $n\le e^{\alpha-\gamma}$이면 $H_{n-1}\le g(e^{\alpha-\gamma})<\alpha$이다. 그러므로 $H_{n-1}\le\alpha\le H_n$은 $e^{\alpha-\gamma}+1>n>e^{\alpha+\gamma}-1$을 함의한다. (보아스[Boas]와와 렌치[Wrench]가 이보다 더 정확한 결과들을 얻었다.[33])

9.50 (a) 기대 수익은 $\sum_{1\le k\le N}k/(k^2 H_N^{(2)})=H_N/H_N^{(2)}$인데, 이것의 $O(N^{-1})$까지의 점근값을 구하면 다음과 같다.

$$\frac{\ln N + \gamma + O(N^{-1})}{\pi^2/6 - N^{-1} + O(N^{-2})} = \frac{6\ln 10}{\pi^2}n + \frac{6\gamma}{\pi^2} + \frac{36\ln 10}{\pi^4}\frac{n}{10^n} + O(10^{-n}).$$

계수 $(6\ln 10)/\pi^2 \approx 1.3998$에 따르면 기대 수익률은 약 40%이다.

(b) 수익이 날 확률은 $\sum_{n < k \le N} 1/(k^2 H_N^{(2)}) = 1 - H_n^{(2)}/H_N^{(2)}$이다. 그리고 $H_n^{(2)} = \frac{\pi^2}{6} - n^{-1} + \frac{1}{2}n^{-2} + O(n^{-3})$이므로 이는

$$\frac{n^{-1} - \dfrac{1}{2}n^{-2} + O(n^{-3})}{\pi^2/6 + O(N^{-1})} = \frac{6}{\pi^2}n^{-1} - \frac{3}{\pi^2}n^{-2} + O(n^{-3})$$

인데, 사실 이것은 n이 증가함에 따라 감소한다. (부문제 (a)의 기댓값이 높은 이유는, 실제로 지급된다면 전세계 경제에 영향이 미칠 정도로 큰 금액이 포함되기 때문이다.)

9.51 엄밀히 말해서 이 명제는 거짓이다. 왜냐하면 $O(x^{-2})$이 대표하는 함수가 적분가능이 아닐 수도 있기 때문이다. (이를테면 S가 가측집합이 아니라고 할 때 그 함수가 '$[x \in S]/x^2$'일 수도 있다.) 그러나 $x \to \infty$에 따른 $f(x) = O(x^{-2})$처럼 $f(x)$가 적분가능(intergrable) 함수라는 전제를 붙인다면, $|\int_n^\infty f(x)\,dx| \le \int_n^\infty |f(x)|\,dx \le \int_n^\infty Cx^{-2}dx = Cn^{-1}$이다.

(지긋지긋한(execrable) 함수의 반댓말.)

9.52 사실 n들의 스택^{stack}을 무한대에 접근하는(접근 속도와는 무관하게) 임의의 함수 $f(n)$으로 대체할 수 있다. 수열 $\langle m_0, m_1, m_2, ... \rangle$을, $m_0 = 0$이고 m_k는

$$\left(\frac{k+1}{k}\right)^{m_k} \ge f(k+1)^2$$

이고 $> m_{k-1}$인 가장 작은 정수라는 규칙으로 정의하자. 그리고 $A(z) = \sum_{k \ge 1}(z/k)^{m_k}$이라고 하자. 이 멱급수는 모든 z에 대해 수렴한다. 왜냐하면 $k > |z|$에 대한 항들은 하나의 기하급수에 의해 유계이기 때문이다. 또한 $A(n+1) \ge ((n+1)/n)^{m_n} \ge f(n+1)^2$이므로, $\lim_{n\to\infty} f(n)/A(n) = 0$이다.

9.53 귀납법에 의해 O 항은 $(m-1)!^{-1}\int_0^x t^{m-1}f^{(m)}(x-t)\,dt$이다. $f^{(m+1)}$은 $f^{(m)}$과 부호가 반대이므로, 이 적분의 절댓값은 $|f^{(m)}(0)|\int_0^x t^{m-1}dt$에 의해 유계이다. 따라서 오차는 처음으로 폐기된 항의 절댓값에 의해 유계이다.

9.54 $g(x)=f(x)/x^\alpha$이라고 하자. 그러면 $x\to\infty$에 따라 $g'(x)\sim-\alpha g(x)/x$이다. 그런데 평균(mean) 값 정리에 의해 $g(x-\frac{1}{2})-g(x+\frac{1}{2})=-g'(y)\sim\alpha g(y)/y$를 만 족하는 어떤 y가 $x-\frac{1}{2}$과 $x+\frac{1}{2}$ 사이에 존재한다. 이제 $g(y)=g(x)(1+O(1/x))$이 므로, $g(x-\frac{1}{2})-g(x+\frac{1}{2})\sim\alpha g(x)/x=\alpha f(x)/x^{1+\alpha}$이다. 그러므로

왠지 야비한 정리 같아.

$$\sum_{k\ge n}\frac{f(k)}{k^{1+\alpha}}=O\!\left(\sum_{k\ge n}\left(g\!\left(k-\frac{1}{2}\right)-g\!\left(k+\frac{1}{2}\right)\right)\right)=O\!\left(g\!\left(n-\frac{1}{2}\right)\right)$$

이다.

9.55 $(n+k+\frac{1}{2})\ln(1+k/n)+(n-k+\frac{1}{2})\ln(1-k/n)$의 추정치는 $k^2/n+k^4/6n^3+O(n^{-3/2+5\epsilon})$으로 확장된다. 따라서 $b_k(n)$에 여분의 인수 $e^{-k^4/6n^3}$을 두는 것이, 그리 고 $c_k(n)=2^{2n}n^{-2+5\epsilon}e^{-k^2/n}$으로 설정하는 것이 좋을 것 같다. 그런데 알고 보면 사실 은 $b_k(n)$을 그대로 놔두고

$$c_k(n)=2^{2n}n^{-2+5\epsilon}e^{-k^2/n}+2^{2n}n^{-5+5\epsilon}k^4e^{-k^2/n}$$

으로 설정해서 $e^{-k^4/6n^3}$을 $1+O(k^4/n^3)$으로 대체하는 것이 낫다. 연습문제 30에서처 럼 진행하면, 합 $\sum_k k^4e^{-k^2/n}$은 $O(n^{5/2})$이다.

9.56   만일 $k\le n^{1/2+\epsilon}$이면 스털링 근사에 의해 $\ln(n^{\underline{k}}/n^k)=-\frac{1}{2}k^2/n+\frac{1}{2}k/n-\frac{1}{6}k^3/n^2+O(n^{-1+4\epsilon})$이 성립한다. 따라서

$$n^{\underline{k}}/n^k=e^{-k^2/2n}\!\left(1+k/2n-\frac{2}{3}k^3/(2n)^2+O(n^{-1+4\epsilon})\right)$$

이다. 연습문제 30의 항등식으로 이를 합산하면(단, $k=0$에 대한 항을 생략하는 것을 잊으면 안 된다) $-1+\Theta_{2n}+\Theta_{2n}^{(1)}-\frac{2}{3}\Theta_{2n}^{(3)}+O(n^{-1/2+4\epsilon})=\sqrt{\pi n/2}-\frac{1}{3}+O(n^{-1/2+4\epsilon})$ 이 나온다.

9.57   힌트를 이용해서 문제의 합을 $\int_0^\infty ue^{-u}\zeta(1+u/\ln n)\,du$으로 바꾼다. 이때 제 타 함수는 다음과 같은 급수로 정의할 수 있다.

$$\zeta(1+z)=z^{-1}+\sum_{m\ge 0}(-1)^m\gamma_m z^m/m!.$$

여기서 $\gamma_0=\gamma$이고, γ_m은 스틸티어스 상수

$$\lim_{n\to\infty}\left(\sum_{k=1}^{n}\frac{(\ln k)^m}{k}-\frac{(\ln n)^{m+1}}{m+1}\right)$$

이다.[341], [201] 따라서 문제의 합은

$$\ln n+\gamma-2\gamma_1(\ln n)^{-1}+3\gamma_2(\ln n)^{-2}-\cdots$$

이다.

9.58 $0\le\theta\le 1$이고 $f(z)=e^{2\pi iz\theta}/(e^{2\pi iz}-1)$이라고 하자. 그러면 다음이 성립한다.

$$|f(z)|\ =\ \frac{e^{-2\pi y\theta}}{1+e^{-2\pi y}}\le 1,\qquad\qquad x\bmod 1=\frac{1}{2}\text{일 때};$$

$$|f(z)|\le\frac{e^{-2\pi y\theta}}{|e^{-2\pi y}-1|}\le\frac{1}{1-e^{-2\pi\epsilon}},\quad |y|\ge\epsilon\text{일 때}.$$

따라서 $|f(z)|$는 경로에 의해 유계이고 적분은 $O(M^{1-m})$이다. $z=k\ne 0$에서 $2\pi\mathrm{i}f(z)/z^m$의 잉여(residue)는 $e^{2\pi ik\theta}/k^m$이고 $z=0$에서의 잉여는 $(2\pi i)^m B_m(\theta)/m!$인데, 이는

$$\frac{e^{2\pi iz\theta}}{z^{m+1}}\left(B_0+B_1\frac{2\pi iz}{1!}+\cdots\right)\ =\ \frac{1}{z^{m+1}}\left(B_0(\theta)+B_1(\theta)\frac{2\pi iz}{1!}+\cdots\right)$$

의 z^{-1}의 계수이다. 따라서 경로 안쪽의 잉여들의 합은

$$\frac{(2\pi i)^m}{m!}B_m(\theta)\ +\ 2\sum_{k=1}^{M}e^{\pi im/2}\frac{\cos(2\pi k\theta-\pi m/2)}{k^m}$$

이다. 이는 경로 적분 $O(M^{1-m})$과 상등이므로, $M\to\infty$에 따라 0에 접근한다.

9.59 만일 $F(x)$의 습성이 충분히 좋다면 다음과 같은 일반 항등식이 성립한다.

$$\sum_k F(k+t)\ =\ \sum_n G(2\pi n)e^{2\pi\,int}.$$

여기서 $G(y)=\int_{-\infty}^{+\infty}e^{-iyx}F(x)\,dx$이다. (이것은 '푸아송의 합산 공식'인데, 표준적인 교과서들에 나온다. 이를테면 헨리치의 [182, 정리 10.6e]을 보라.)

9.60 연습문제 5.22에 의해, 문제에 나온 공식은 다음과 동치이다.

$$n^{\overline{1/2}} = n^{1/2}\left(1 - \frac{1}{8n} + \frac{1}{128n^2} + \frac{5}{1024n^3} - \frac{21}{32768n^4} + O(n^{-5})\right).$$

따라서 연습문제 6.64와 9.44를 이용해서 문제에서 말한 명제를 도출할 수 있다.

9.61 핵심은 α가 '거의' 유리수가 되게 하는 것이다. $a_k = 2^{2^{2^k}}$가 α의 k번째 부분몫이라고 하자. 그리고 $n = \frac{1}{2}a_{m+1}q_m$이라고 하자. 여기서 $q_m = K(a_1,\ldots,a_m)$이고 m은 짝수이다. 그러면 $0 < \{q_m\alpha\} < 1/K(a_1,\ldots,a_{m+1}) < 1/(2n)$이며, $v = a_{m+1}/(4n)$으로 두면 불일치도는 $\geq \frac{1}{4}a_{m+1}$가 된다. 이 불일치도가 $n^{1-\epsilon}$보다 작았다면 $a_{m+1}^\epsilon = O(q_m^{1-\epsilon})$이 성립했겠지만, 실제로는 $a_{m+1} > q_m^{2^m}$이다.

9.62 캔필드^{Canfield}의 [48]을 보라. 또한, 제1종, 2종 스털링 수의 점근식에 관해서는 데이비드와 바턴^{Barton}의 [71, 제16장]을 보라.

9.63 $c = \phi^{2-\phi}$이라고 하자. 추정치 $cn^{\phi-1} + o(n^{\phi-1})$은 파인^{Fine}이 증명했다.[150] 이반 바르디는 언급된 더 정확한 추정치를 오차항 $e(n) = f(n) - cn^{\phi-1}$이 근사 점화식 $c^\phi n^{2-\phi}e(n) \approx -\sum_k e(k)[1 \leq k < cn^{\phi-1}]$을 만족한다는 사실로부터 도출할 수 있음을 밝혔다. 만일 $u(x+1) = -u(x)$이면, 함수

$$\frac{n^{\phi-1}u(\ln\ln n/\ln\phi)}{\ln n}$$

는 그 점화식을 점근적으로 만족한다. (바르디는

$$f(n) = n^{\phi-1}\left(c + u\left(\frac{\ln\ln n}{\ln\phi}\right)(\ln n)^{-1} + O((\log n)^{-2})\right)$$

인 어떤 함수 u가 존재한다고 추측했다.) 작은 n 값들로 계산해 보면, $1 \leq n \leq 400$에 대해 $f(n)$이 $cn^{\phi-1}$에 가장 가까운 정수와 상등임을 알 수 있다. 단, $f(273) = 39 > c \cdot 273^{\phi-1} \approx 38.4997$이라는 한 가지 경우는 예외이다. 그러나, 연습문제 2.36에 나온 것과 비슷한 결과들 때문에 결국에는 작은 오차들이 증폭된다. 예를 들어 $e(201636503) \approx 35.73$이고 $e(919986484788) \approx -1959.07$이다.

장뤼크 레미$^{\text{Jean-Luc Rémy}}$가 이 문제에서 추가적인 진전을 보였다(Journal of Number Theory, vol. (1997), 1-28).

9.64 ($B_2(x)$에 대한 이 항등식으로부터, 연습문제 58의 항등식을 m에 대한 귀납법으로 손쉽게 이끌어낼 수 있다.) 만일 $0 < x < 1$이면 적분 $\int_x^{1/2} \sin N\pi t\, dt/\sin\pi t$를 각각 $O(N^{-2})$인 N개의 적분들의 합으로 표현할 수 있다. 따라서 이 적분 자체

는 $O(N^{-1})$이다. 이 O가 함의하는 상수가 x에 의존할 수도 있다. 항등식 $\sum_{n=1}^{N}\cos 2n\pi t = \Re\big(e^{2\pi it}(e^{2N\pi it}-1)/(e^{2\pi it}-1)\big) = -\frac{1}{2}+\frac{1}{2}\sin(2N+1)\pi t/\sin\pi t$를 적분하고 $N\to\infty$로 두면 $\sum_{n\geq 1}(\sin 2n\pi x)/n = \frac{\pi}{2}-\pi x$가 나오는데, 오일러는 이 관계식을 알고 있었다. [107], [110, 제2부, §92] 다시 적분하면 요구된 공식이 나온다. (이 해답은 E. M. E. 베르무트^{Wermuth}가 제안했다. [367] 오일러의 원래의 유도는 엄밀함에 대한 현대적인 기준을 만족하지 못한다.)

9.65 $a_0 + a_1 n^{-1} + a_2 n^{-2} + \cdots = 1 + (n-1)^{-1}(a_0 + a_1(n-1)^{-1} + a_2(n-1)^{-2} + \cdots)$ 이므로 $a_{m+1} = \sum_{k}\binom{m}{k}a_k$라는 점화식을 얻을 수 있다. 이 점화식은 벨 수에 대한 점화식과 일치한다. 따라서 $a_m = \varpi_m$이다.

식 (7.47)에 의해 $1/(n-1)\ldots(n-m) = \sum_{k}\left\{{k\atop m}\right\}/n^k$이라는 사실에 기초해서 증명할 수도 있는데, 증명이 좀 더 길지만 배울 것이 많다.

9.66 f가 $\{1,2,\ldots,n\}$에서 그 자신으로의 무작위 사상이라 할 때, 수열 $1, f(1)$, $f(f(1)),\ldots$에 있는 서로 다른 원소들의 개수의 평균은 연습문제 56의 $Q(n)$이고, 그 값은 $\frac{1}{2}\sqrt{2\pi n} + O(1)$이다. 이것이 어떤 방식으로든 인수 $\sqrt{2\pi n}$의 설명이 될 수도 있다.

9.67 $\ln\chi_n \sim \frac{3}{2}n^2\ln\frac{4}{3}$임이 알려져 있다. 상수 $e^{-\pi/6}$은 실험적으로 유효숫자 여덟 자리까지 검증되었다.

> "이제 극도의 추상들이 구체적 사실에 대한 우리의 사고를 통제하는 진정한 무기들이라는 역설이 완전히 입증되었다."
> — A. N. 화이트헤드, [372]

9.68 예를 들어 만일 어떤 정수 m과 어떤 $0 < \epsilon < \frac{1}{8}$에 대해 $e^{n-\gamma} = m + \frac{1}{2} + \epsilon/m$이면 그러한 n이 존재하지 않을 수 있다. 그러나 아직 구체적인 반례가 제시되지는 않았다.

부록 B

참고문헌

다음은 이 책에 인용된 문헌들이다. 여백의 숫자들은 인용된 문구가 있는 페이지 번호들이다.

대체로, 출판된 문제들에 대한 참조는 문제 자체의 서술이 아니라 그 해답을 찾을 수 있는 곳들을 가리킨다.

이름과 직함은 가능한 한 원래 문헌에 나온 그대로 표기했다.

757.

1   N. H. Abel, B. Holmboe에게 보낸 서신(1823), 동저자의 *Œuvres Complètes*, 제1판, 1839, 권 2, 264–265. 제2판, 1881, 권 2, 254–255에 재게재.

51.

2   Milton Abramowitz, Irene A. Stegun 엮음, *Handbook of Mathematical Functions*. United States Government Printing Office, 1964. Dover가 재발행 (1965).

760.

3   William W. Adams, J. L. Davison, "A remarkable class of continued fractions," *Proceedings of the American Mathematical Society* 65 (1977), 194–198. [또한 P. E. Böhmer, "Über die Transzendenz gewisser dyadischer Brüche," *Mathematische Annalen* 96 (1927), 367–377, 735도 보라.]

757.

4   A. V. Aho, N. J. A. Sloane, "Some doubly exponential sequences," *Fibonacci Quarterly* 11 (1973), 429–437.

11.

5   W. Ahrens, *Mathematische Unterhaltungen und Spiele*. Teubner, Leipzig, 1901. 제2판이 1910과 1918에 두 권으로 출판되었음.

6 Naum Il'ich Akhiezer, *Klassicheskaiă problema momentov i nekotorye voprosy*   704.
analiza, sviăzannye s neiŭ. Moscow, 1961. 영역본은 *The Classical Moment
Problem and Some Related Questions in Analysis*, Hafner, 1965.

7 R. E. Allardice, A. Y. Fraser, "La Tour d'Hanoï," *Proceedings of the Edinburgh*   3.
Mathematical Society 2 (1884), 50–53.

8 Désiré André, "Sur les permutations alternées," *Journal de Mathématiques*   760.
pures et appliquées, 시리즈 3, 7 (1881), 167–184.

9 George E. Andrews, "Applications of basic hypergeometric functions," *SIAM*   254, 758.
Review 16 (1974), 441–484.

10 George E. Andrews, "On sorting two ordered sets," *Discrete Mathematics*   407, 629.
11 (1975), 97–106.

11 George E. Andrews, *The Theory of Partitions*. Addison–Wesley, 1976.   389.

12 George E. Andrews, "Euler's 'exemplum memorabile inductionis fallacis' and   684.
q-trinomial coefficients," *Journal of the American Mathematical Society* 3
(1990), 653–669.

13 George E. Andrews, K. Uchimura, "Identities in combinatorics IV: Diffe-   759.
rentiation and harmonic numbers," *Utilitas Mathematica* 28 (1985), 265–269.

14 Roger Apéry, "Interpolation de fractions continues et irrationalité de certaines   281, 759.
constantes," *Mathématiques*, Ministère des universités (France), Comité des
travaux historiques et scientifiques, Section des sciences, *Bulletin de la
Section des Sciences* 3 (1981), 37–53.

15 M. D. Atkinson, "The cyclic towers of Hanoi," *Information Processing Letters*   756.
13 (1981), 118–119.

16 M. D. Atkinson, "How to compute the series expansions of $\sec x$ and $\tan x$,"   759.
American Mathematical Monthly 93 (1986), 387–389. [이 삼각형은 L. Seidel,
"Ueber eine einfache Entstehungsweise der Bernoulli'schen Zahlen und
einiger verwandten Reihen," *Sitzungsberichte der mathematisch-physikali-
schen Classe der königlich bayerischen Akademie der Wissenschaften zu
München* 7 (1877), 157–187에 처음 나왔음.]

17 Paul Bachmann, *Die analytische Zahlentheorie*. Teubner, Leipzig, 1894.   522.

264, 758.   **18** W. N. Bailey, *Generalized Hypergeometric Series*. Cambridge University Press, 1935; second edition, 1964.

650.   **19** W. N. Bailey, "The generating function for Jacobi polynomials," *Journal of the London Mathematical Society* 13 (1938), 243-246.

623.   **19′** R. Balasubramanian, K. Soundararajan, "On a conjecture of R. L. Graham," *Acta Arithmetica* 75 (1996), 1-38.

756.   **20** W. W. Rouse Ball, H. S. M. Coxeter, *Mathematical Recreations and Essays*, 제12판. University of Toronto Press, 1974. (1892년에 Macmillan에서 출판된 Ball의 *Mathematical Recreations and Problems*의 개정판임.)

757.   **21** P. Barlow, "Demonstration of a curious numerical proposition," *Journal of Natural Philosophy, Chemistry, and the Arts* 27 (1810), 193-205.

756.   **22** Samuel Beatty, "Problem 3177," *American Mathematical Monthly* 34 (1927), 159-160.

391.   **23** E. T. Bell, "Euler algebra," *Transactions of the American Mathematical Society* 25 (1923), 135-154.

760.   **24** E. T. Bell, "Exponential numbers," *American Mathematical Monthly* 41 (1934), 411-419.

761.   **25** Edward A. Bender, "Asymptotic methods in enumeration," *SIAM Review* 16 (1974), 485-515.

334.   **26** Jacobi Bernoulli, 유고 *Ars Conjectandi*. Basel, 1713. *Die Werke von Jakob Bernoulli*, 권 3, 107-286에 재게재.

757.   **27** J. Bertrand, "Mémoire sur le nombre de valeurs que peut prendre une fonction quand on y permute les lettres qu'elle renferme," *Journal de l'École Royale Polytechnique* 18, cahier 30 (1845), 123-140.

51.   **28** William H. Beyer 엮음, *CRC Standard Mathematical Tables and Formulae*, 제29판. CRC Press, Boca Raton, Florida, 1991.

459.   **29** J. Bienaymé, "Considérations à l'appui de la découverte de Laplace sur la loi de probabilité dans la méthode des moindres carrés," *Comptes Rendus hebdomadaires des séances de l'Académie des Sciences* (Paris) 37 (1853), 309-324.

30 J. Binet, "Mémoire sur un système de Formules analytiques, et leur application à des considérations géométriques," *Journal de l'École Polytechnique* 9, cahier 16 (1812), 280–354.   756.

31 J. Binet, "Mémoire sur l'intégration des équations linéaires aux différences finies, d'un ordre quelconque, à coefficients variables," *Comptes Rendus hebdomadaires des séances de l'Académie des Sciences* (Paris) 17 (1843), 559–567.   353.

32 Gunnar Blom, "Problem E 3043: Random walk until no shoes," *American Mathematical Monthly* 94 (1987), 78–79.   761.

33 R. P. Boas, Jr. and J. W. Wrench, Jr., "Partial sums of the harmonic series," *American Mathematical Monthly* 78 (1971), 864–870.   714, 762.

34 P. Bohl, "Über ein in der Theorie der säkularen Störungen vorkommendes Problem," *Journal für die reine und angewandte Mathematik* 135 (1909), 189 –283.   105.

35 Émile Borel, *Leçons sur les séries à termes positifs*. Paris, 1902.   761.

36 Jonathan M. Borwein, Peter B. Borwein, *Pi and the AGM*. Wiley, 1987.   759.

37 Richard P. Brent, "The first occurrence of large gaps between successive primes," *Mathematics of Computation* 27 (1973), 959–963.   623.

38 Richard P. Brent, "Computation of the regular continued fraction for Euler's constant," *Mathematics of Computation* 31 (1977), 771–777.   361.

39 John Brillhart, "Some miscellaneous factorizations," *Mathematics of Computation* 17 (1963), 447–450.   757.

40 Achille Brocot, "Calcul des rouages par approximation, nouvelle méthode," *Revue Chronométrique* 3 (1861), 186–194. (그는 또한 1862년에 같은 제목의 97페이지짜리 연구논문도 출판했다.)   140.

41 Maxey Brooke, C. R. Wall, "Problem B-14: A little surprise," *Fibonacci Quarterly* 1, 3 (1963), 80.   759.

42 Brother U. Alfred [Brousseau], "A mathematician's progress," *Mathematics Teacher* 59 (1966), 722–727.   756.

43 Morton Brown, "Problem 6439: A periodic sequence," *American Mathematical Monthly* 92 (1985), 218.   592.

(이 책은 그런 논문들을 인용하지 않는다.)

44 T. Brown, "Infinite multi-variable subpolynormal Woffles which do not satisfy the lower regular *Q*-property (Piffles)," *A Collection of 250 Papers on Woffle Theory Dedicated to R. S. Green on His 23rd Birthday*. A. K. Austin, "Modern research in mathematics," *The Mathematical Gazette* 51 (1967), 149-150에 인용됨.

757.

45 Thomas C. Brown, "Problem E 2619: Squares in a recursive sequence," *American Mathematical Monthly* 85 (1978), 52-53.

421.

46 William G. Brown, "Historical note on a recurrent combinatorial problem," *American Mathematical Monthly* 72 (1965), 973-977.

759, 760.

47 S. A. Burr, "On moduli for which the Fibonacci sequence contains a complete system of residues," *Fibonacci Quarterly* 9 (1971), 497-504.

718, 761.

48 E. Rodney Canfield, "On the location of the maximum Stirling number(s) of the second kind," *Studies in Applied Mathematics* 59 (1978), 83-93.

760.

49 L. Carlitz, "The generating function for $\max(n_1, n_2, \cdots, n_k)$," *Portugaliae Mathematica* 21 (1962), 201-207.

38.

50 Lewis Carroll [C. L. Dodgson의 필명], *Through the Looking Glass and What Alice Found There*. Macmillan, 1871.

344.

51 Jean-Dominique Cassini, "Une nouvelle progression de nombres," *Histoire de l'Académie Royale des Sciences*, Paris, 권 1, 201. (여기서는 Cassini의 성과를 1680년 학계에 발표한 수학적 결과들 중 하나로 요약했다. 이 책 자체는 1733년에 출판되었다.)

241.

52 E. Catalan, "Note sur une Équation aux différences finies," *Journal de Mathématiques pures et appliquées* 3 (1838), 508-516.

756.

53 Augustin-Louis Cauchy, *Cours d'analyse de l'École Royale Polytechnique*. Imprimerie Royale, Paris, 1821. 동저자의 *Œuvres complètes*, 시리즈 2, 권 3에 재게재.

756.

54 Arnold Buffum Chace, *The Rhind Mathematical Papyrus*, 권 1. Mathematical Association of America, 1927. (R. C. Archibald가 저술한, 이집트 수학에 관한 훌륭한 참고문헌 목록을 포함함.)

623.

55 M. Chaimovich, G. Freiman, J. Schönheim, "On exceptions to Szegedy's theorem," *Acta Arithmetica* 49 (1987), 107-112.

56 P. L. Tchebichef [Chebyshev], "Mémoire sur les nombres premiers," *Journal de Mathématiques pures et appliquées* 17 (1852), 366-390. 동저자의 *Œuvres*, 권 1, 51-70. 러시아어 번역본은 "O prostykh chislakh," 동저자의 *Polnoe sobranie sochineniĭ*, 권 1, 191-207. ⟨757.⟩

57 P. L. Chebyshev″, "O srednikh″ velichinakh‴", *Matematicheskiĭ Sbornik* 2,1 (1867), 1-9. 동저자의 *Polnoe sobranie sochineniĭ*, 권 2, 431-437에 재게재. 프랑스어 번역본은 "Des valeurs moyennes," *Journal de Mathématiques pures et appliquées*, 시리즈 2, 12 (1867), 177-184; 동저자의 *Œuvres*, 권 1, 685-694 에 재게재. ⟨459.⟩

58 P. L. Chebyshev″, "O priblizhennykh″ vyrazheniĭakh″ odnikh″ integralov″ cherez″ drugīe, vzĭatye v″ tĭekh″ zhe predĭelakh″," *Soobshchenĭía i protokoly zasĭedanĭĭ matematicheskago obshchestva pri Imperatorskom″ Khar'kovskom″ Universitetĭe* 4, 2 (1882), 93-98. 동저자의 *Polnoe sobranie sochineniĭ*, 권 3, 128-131에 재게재. 프랑스어 번역본은 "Sur les expressions approximatives des intégrales définies par les autres prises entre les mêmes limites," 동저자의 *Œuvres*, 권 2, 716-719. ⟨47.⟩

59 F. R. K. Chung, R. L. Graham, "On the cover polynomial of a digraph," *Journal of Combinatorial Theory*, 시리즈 B, 65 (1995), 273-290. ⟨663, 759.⟩

60 Th. Clausen, "Ueber die Fälle, wenn die Reihe von der Form ⟨758.⟩

$$y = 1 + \frac{\alpha}{1} \cdot \frac{\beta}{\gamma} x + \frac{\alpha.\alpha+1}{1.2} \cdot \frac{\beta.\beta+1}{\gamma.\gamma+1} x^2 + \text{etc.}$$

ein Quadrat von der Form

$$z = 1 + \frac{\alpha'}{1} \cdot \frac{\beta'}{\gamma'} \cdot \frac{\delta'}{\epsilon'} x + \frac{\alpha'.\alpha'+1}{1.2} \cdot \frac{\beta'.\beta'+1}{\gamma'.\gamma'+1} \cdot \frac{\delta'.\delta'+1}{\epsilon'.\epsilon'+1} x^2 + \text{etc. hat,}"$$

Journal für die reine und angewandte Mathematik 3 (1828), 89-91.

61 Th. Clausen, "Beitrag zur Theorie der Reihen," *Journal für die reine und angewandte Mathematik* 3 (1828), 92-95. ⟨758.⟩

62 Th. Clausen, "Theorem," *Astronomische Nachrichten* 17 (1840), 단(column) 351-352. ⟨759.⟩

345. **63** Stuart Dodgson Collingwood, *The Lewis Carroll Picture Book*. T. Fisher Unwin, 1899. Dover가 새 제목 *Diversions and Digressions of Lewis Carroll* 으로 재발행(1961).

762. **64** Louis Comtet, *Advanced Combinatorics*. Dordrecht, Reidel, 1974.

592. **65** J. H. Conway, R. L. Graham, "Problem E 2567: A periodic recurrence," *American Mathematical Monthly* 84 (1977), 570–571.

623, 757. **66** Harald Cramér, "On the order of magnitude of the difference between consecutive prime numbers," *Acta Arithmetica* 2 (1937), 23–46.

757. **67** A. L. Crelle, "Démonstration élémentaire du théorème de Wilson généralis é," *Journal für die reine und angewandte Mathematik* 20 (1840), 29–56.

757. **68** D. W. Crowe, "The n-dimensional cube and the Tower of Hanoi," *American Mathematical Monthly* 63 (1956), 29–30.

703. **69** János A. Csirik, "Optimal strategy for the first player in the Penney ante game," *Combinatorics, Probability and Computing* 1 (1992), 311–321.

757. **70** D. R. Curtiss, "On Kellogg's Diophantine problem," *American Mathematical Monthly* 29 (1922), 380–387.

718. **71** F. N. David, D. E. Barton, *Combinatorial Chance*. Hafner, 1962.

249. **72** Philip J. Davis, "Leonhard Euler's integral: A historical profile of the Gamma function," *American Mathematical Monthly* 66 (1959), 849–869.

361, 759. **73** J. L. Davison, "A series and its associated continued fraction," *Proceedings of the American Mathematical Society* 63 (1977), 29–32.

523, 527, 709, 761. **74** N. G. de Bruijn, *Asymptotic Methods in Analysis*. North-Holland, 1958; 제3 판, 1970. Dover가 재발행(1981).

760. **75** N. G. de Bruijn, "Problem 9," *Nieuw Archief voor Wiskunde*, 시리즈 3, 12 (1964), 68.

350, 568. **76** Abraham de Moivre, *Miscellanea analytica de seriebus et quadraturis*. London, 1730.

164. **77** R. Dedekind, "Abri β einer Theorie der höheren Congruenzen in Bezug auf einen reellen Primzahl-Modulus," *Journal für die reine und angewandte*

Mathematik 54 (1857), 1–26. 동저자의 *Gesammelte mathematische Werke*, 권 1, 40–67에 재게재.

78 Leonard Eugene Dickson, *History of the Theory of Numbers*. Carnegie Institution of Washington, 권 1, 1919; 권 2, 1920; 권 3, 1923. Stechert(1934) 와 Chelsea(1952, 1971)가 재발행. 603.

79 Edsger W. Dijkstra, *Selected Writings on Computing: A Personal Perspective*. Springer-Verlag, 1982. 759.

80 G. Lejeune Dirichlet, "Verallgemeinerung eines Satzes aus der Lehre von den Kettenbrüchen nebst einigen Anwendungen auf die Theorie der Zahlen," *Bericht über die Verhandlungen der Königlich-Preuß ischen Akademie der Wissenschaften zu Berlin* (1842), 93–95. 동저자의 *Werke*, 권 1, 635–638에 재게재. 756.

81 A. C. Dixon, "On the sum of the cubes of the coefficients in a certain expansion by the binomial theorem," *The Messenger of Mathematics*, 새 시리즈, 20 (1891), 79–80. 758.

82 John Dougall, "On Vandermonde's theorem, and some more general expansions," *Proceedings of the Edinburgh Mathematical Society* 25 (1907), 114–132. 206.

83 A. Conan Doyle, "The sign of the four; or, The problem of the Sholtos," *Lippincott's Monthly Magazine* (Philadelphia) 45 (1890), 145–223. 270, 476.

84 A. Conan Doyle, "The adventure of the final problem," *The Strand Magazine* 6 (1893), 558–570. 195.

85 P. du Bois-Reymond, "Sur la grandeur relative des infinis des fonctions," *Annali di Matematica pura ed applicata*, 시리즈 2, 4 (1871), 338–353. 519.

86 Harvey Dubner, "Generalized repunit primes," *Mathematics of Computation* 61 (1993), 927–930. 757.

87 Ernest Dudeney, *The Canterbury Puzzles and Other Curious Problems*. E. P. Dutton, New York, 1908; 제4판, Dover, 1958. (듀드니는 1896년 11월 15일 자, 1902년 5월 25일자, 1903년 3월 15일자 *The Weekly Dispatch* 지 기사들에 서 일반화된 하노이의 탑을 처음으로 고찰했다.) 756.

8.　　　**88** G. Waldo Dunnington, *Carl Friedrich Gauss: Titan of Science*. Exposition Press, New York, 1955.

283.　　**89** F. J. Dyson, "Some guesses in the theory of partitions," *Eureka* 8 (1944), 10-15.

188.　　**90** A. W. F. Edwards, *Pascal's Arithmetical Triangle*. Oxford University Press, 1987.

240.　　**91** G. Eisenstein, "Entwicklung von $\alpha^{\alpha^{\alpha}}$," *Journal für die reine und angewandte Mathematik* 28 (1844), 49-52. 동저자의 *Mathematische Werke* 1, 122-125에 재게재.

157.　　**92** Noam D. Elkies, "On $A^4 + B^4 + C^4 = D^4$," *Mathematics of Computation* 51 (1988), 825-835.

757.　　**93** Erdős Pál, "Az $\frac{1}{x_1} + \frac{1}{x_2} + \cdots + \frac{1}{x_n} = \frac{a}{b}$ egyenlet egész számú megoldásairól," *Matematikai Lapok* 1 (1950), 192-209. 영문 초록이 p. 210에 있음.

491.　　**94** Paul Erdös, "My Scottish Book 'problems'," *The Scottish Book: Mathematics from the Scottish Café*, R. Daniel Mauldin 엮음, 1981, 35-45.

609, 623, 757, 758,　**95** P. Erdös, R. L. Graham, *Old and New Problems and Results in Combina-*
759, 760.　　*torial Number Theory*. Université de Genève, L'Enseignement Mathématique, 1980.

623, 651.　**96** P. Erdös, R. L. Graham, I. Z. Ruzsa, E. G. Straus, "On the prime factors of $\binom{2n}{n}$," *Mathematics of Computation* 29 (1975), 83-92.

759, 760.　**97** Arulappah Eswarathasan, Eugene Levine, "p-integral harmonic sums," *Discrete Mathematics* 91 (1991), 249-257.

130.　　**98** Euclid, $\Sigma TOIXEIA$. Basel, 1533에 처음 출판된 고대 필사본. J. L. Heiberg의 5권 짜리 학술판(라틴어와 그리스어), Teubner, Leipzig, 1883-1888.

249, 758.　**99** Leonhard Euler, Christian Goldbach에게 보낸 편지 (1729년 10월 13일), *Correspondance mathématique et physique de quelques célèbres géomètres du XVIIIème siècle,* P. H. Fuss 엮음, St. Petersburg, 1843, 권 1, 3-7.

249.　　**100** L. Eulero, "De progressionibus transcendentibus seu quarum termini generales algebraice dari nequeunt," *Commentarii academiæ scientiarum* imperialis Petropolitanæ 5 (1730), 36-57. 동저자의 *Opera Omnia*, 시리즈 1, 권 14, 1-24에 재게재.

101 Leonh. Eulero, "Methodus generalis summandi progressiones," *Commentarii academiæ scientiarum imperialis Petropolitanæ* 6 (1732), 68-97. 동저자의 *Opera Omnia*, 시리즈 1, 권 14, 42-72에 재게재.   553.

102 Leonh. Eulero, "Observationes de theoremate quodam Fermatiano, aliisque ad numeros primos spectantibus," *Commentarii academiæ scientiarum imperialis Petropolitanæ* 6 (1732), 103-107. 동저자의 *Opera Omnia*, 시리즈 1, 권 2, 1-5에 재게재. 동저자의 *Commentationes arithmeticæ collectæ*, 권 1, 1-3에 재게재.   159.

103 Leonh. Eulero, "De progressionibus harmonicis observationes," *Commentarii academiæ scientiarum imperialis Petropolitanæ* 7 (1734), 150-161. 동저자의 *Opera Omnia*, 시리즈 1, 권 14, 87-100에 재게재.   327, 328.

104 Leonh. Eulero, "Methodus universalis series summandi ulterius promota," *Commentarii academiæ scientiarum imperialis Petropolitanæ* 8 (1736), 147-158. 동저자의 *Opera Omnia*, 시리즈 1, 권 14, 124-137에 재게재.   316.

105 Leonh. Euler, "De fractionibus continuis, Dissertatio," *Commentarii academiæ scientiarum imperialis Petropolitanæ* 9 (1737), 98-137. 동저자의 *Opera Omnia*, 시리즈 1, 권 14, 187-215에 재게재.   147.

106 Leonh. Euler, "Variæ observationes circa series infinitas," *Commentarii academiæ scientiarum imperialis Petropolitanæ* 9 (1737), 160-188. 동저자의 *Opera Omnia*, 시리즈 1, 권 14, 216-244에 재게재.   756.

107 Leonhard Euler, Goldbach에게 보낸 편지(1744년 7월 4일), *Correspondance mathématique et physique de quelques célèbres géomètres du XVIIIème siècle,* P. H. Fuss 엮음, St. Petersburg, 1843, 권 1, 278-293.   719.

108 Leonhardo Eulero, *Introductio in Analysin Infinitorum.* Tomus primus, Lausanne, 1748. 동저자의 *Opera Omnia*, 시리즈 1, 권 8에 재게재. 1786년에 프랑스어로, 1788년에 독일어로, 1936년에 러시아어로, 1988년에 영어로 번역됨.   759.

109 L. Eulero, "De partitione numerorum," *Novi commentarii academiæ scientiarum imperialis Petropolitanæ* 3 (1750), 125-169. 동저자의 *Commentationes*   760.

arithmeticæ collectæ, 권 1, 73-101에 재게재. 동저자의 *Opera Omnia*, 시리즈 1, 권 2, 254-294에 재게재.

59, 316, 654, 719, 759.

110 Leonhardo Eulero, *Institutiones Calculi Differentialis cum eius usu in Analysi Finitorum ac Doctrina Serierum*. St. Petersburg, Academiæ Imperialis Scientiarum Petropolitanæ, 1755. 동저자의 *Opera Omnia*, 시리즈 1, 권 10에 재게재. 1790년에 독일어로 번역됨.

160, 161.

111 L. Eulero, "Theoremata arithmetica nova methodo demonstrata," *Novi commentarii academiæ scientiarum imperialis Petropolitanæ* 8 (1760), 74-104. (1758년 베를린 학회에도 제출.) 동저자의 *Commentationes arithmeticæ collectæ*, 권 1, 274-286에 재게재. 동저자의 *Opera Omnia*, 시리즈 1, 권 2, 531-555에 재게재.

356, 357.

112 L. Eulero, "Specimen algorithmi singularis," *Novi commentarii academiæ scientiarum imperialis Petropolitanæ* 9 (1762), 53-69. (1757년 베를린 학회에도 제출.) 동저자의 *Opera Omnia*, 시리즈 1, 권 15, 31-49에 재게재.

684, 760.

113 L. Eulero, "Observationes analyticæ," *Novi commentarii academiæ scientiarum imperialis Petropolitanæ* 11 (1765), 124-143. 동저자의 *Opera Omnia*, 시리즈 1, 권 15, 50-69에 재게재.

760.

114 Leonhard Euler, *Vollständige Anleitung zur Algebra. Erster Theil. Von den verschiedenen Rechnungs-Arten, Verhältnissen und Proportionen*. St. Petersburg, 1770. 동저자의 *Opera Omnia*, 시리즈 1, 권 1에 재게재. 1768에 러시아어로, 1773년에 네델란드어로, 1774년에 프랑스어로, 1790년에 라틴어로, 1797년에 영어로 번역됨.

157.

115 L. Eulero, "Observationes circa bina biquadrata quorum summam in duo alia biquadrata resolvere liceat," *Novi commentarii academiæ scientiarum imperialis Petropolitanæ* 17 (1772), 64-69. 동저자의 *Commentationes arithmeticæ collectæ*, 권 1, 473-476에 재게재. 동저자의 *Opera Omnia*, 시리즈 1, 권 3, 211-217에 재게재.

607.

116 L. Eulero, "Observationes circa novum et singulare progressionum genus," *Novi commentarii academiæ scientiarum imperialis Petropolitanæ* 20 (1775), 123-139. 동저자의 *Opera Omnia*, 시리즈 1, 권 7, 246-261에 재게재.

117 L. Eulero, "De serie Lambertina, plurimisque eius insignibus proprietatibus," *Acta academiæ scientiarum imperialis Petropolitanæ* 3, 2 (1779), 29–51. 동저자의 *Opera Omnia*, 시리즈 1, 권 6, 350–369에 재게재.   240.

118 L. Eulero, "Specimen transformationis singularis serierum," *Nova acta academiæ scientiarum imperialis Petropolitanæ* 12 (1794), 58–70. 1778년에 출판을 위해 제출됨. 동저자의 *Opera Omnia*, 시리즈 1, 권 16(2), 41–55에 재게재.   245, 758.

119 Johann Faulhaber, *Academia Algebræ*, Darinnen die miraculosische Inventiones zu den höchsten Cossen weiters *continuirt* und *profitiert* werden, … bi β auff die regulierte *Zensicubiccubic* Co β durch offnen Truck *publiciert* worden. Augsburg, 1631.   340.

120 William Feller, *An Introduction to Probability Theory and Its Applications*, 권 1. Wiley, 1950; 제2판, 1957; 제3판, 1968.   449, 761.

121 Pierre de Fermat, Marin Mersenne에게 보내는 편지(1640년 12월 25일), *Œuvres de Fermat*, 권 2, 212–217.   158.

122 Leonardo filio Bonacii Pisano [Fibonacci], *Liber Abaci*. 제1판, 1202 (지금은 소실됨); 제2판, 1228. *Scritti di Leonardo Pisano*, Baldassarre Boncompagni 엮음, 1857, 권 1에 재게재.   756, 759.

123 Bruno de Finetti, *Teoria delle Probabilità*. Turin, 1970. 영역본은 *Theory of Probability*, Wiley, 1974–1975.   31.

124 Michael E. Fisher, "Statistical mechanics of dimers on a plane lattice," *Physical Review* 124 (1961), 1664–1672.   760.

125 R. A. Fisher, "Moments and product moments of sampling distributions," *Proceedings of the London Mathematical Society*, 시리즈 2, 30 (1929), 199–238.   760.

126 Pierre Forcadel, *L'arithmeticque*. Paris, 1557.   758.

127 J. Fourier, "Refroidissement séculaire du globe terrestre," *Bulletin des Sciences par la Société philomathique de Paris*, 시리즈 3, 7 (1820), 58–70. *Œuvres de Fourier*, 권 2, 271–288에 재게재.   28.

128 Aviezri S. Fraenkel, "Complementing and exactly covering sequences," *Journal of Combinatorial Theory*, 시리즈 A, 14 (1973), 8–20.   609, 757.

669. **129** Aviezri S. Fraenkel, "How to beat your Wythoff games' opponent on three fronts," *American Mathematical Monthly* 89 (1982), 353–361.

756. **130** J. S. Frame, B. M. Stewart, Otto Dunkel, "Partial solution to problem 3918," *American Mathematical Monthly* 48 (1941), 216–219.

759. **131** Piero della Francesca, *Libellus de quinque corporibus regularibus*. Vatican Library, manuscript Urbinas 632. Luca Pacioli의 이탈리아 번역본이 Pacioli의 *Diuine Proportione*, Venice, 1509의 제3부로 게재됨.

651. **132** J. Franel, 문제 42와 170의 해답, *L'Intermédiaire des Mathématiciens* 1 (1894), 45–47; 2 (1895), 33–35.

758. **133** W. D. Frazer, A. C. McKellar, "Samplesort: A sampling approach to minimal storage tree sorting," *Journal of the Association for Computing Machinery* 27 (1970), 496–507.

607. **134** Michael Lawrence Fredman, *Growth Properties of a Class of Recursively Defined Functions*. Ph.D. 학위논문, Stanford University, Computer Science Department, 1972.

424. **135** Nikolao Fuss, "Solutio quæ stionis, quot modis polygonum n laterum in polygona m laterum, per diagonales resolvi quæ at," *Nova acta academiæ scientiarum imperialis Petropolitanæ* 9 (1791), 243–251.

352. **136** Martin Gardner, "About phi, an irrational number that has some remarkable geometrical expressions," *Scientific American* 201, 2 (1959년 8월), 128–134. 동저자의 책 *The 2nd Scientific American Book of Mathematical Puzzles & Diversions*, 1961, 89–103에 추가 내용과 함께 재게재.

482. **137** Martin Gardner, "On the paradoxical situations that arise from nontransitive relations," *Scientific American* 231, 4 (1974년 10월), 120–124. 동저자의 책 *Time Travel and Other Mathematical Bewilderments*, 1988, 55–69에 추가 내용과 함께 재게재.

759. **138** Martin Gardner, "From rubber ropes to rolling cubes, a miscellany of refreshing problems," *Scientific American* 232, 3 (1975년 3월), 112–114; 232, 4 (1975년 4월), 130, 133. 동저자의 책 *Time Travel and Other Mathematical Bewilderments*, 1988, 111–124에 추가 내용과 함께 재게재.

139 Martin Gardner, "On checker jumping, the amazon game, weird dice, card tricks and other playful pastimes," *Scientific American* 238, 2 (1978년 2월), 19, 22, 24, 25, 30, 32. 동저자의 책 *Penrose Tiles to Trapdoor Ciphers*, 1989, 265–280에 재게재.

761.

140 J. Garfunkel, "Problem E 1816: An inequality related to Stirling's formula," *American Mathematical Monthly* 74 (1967), 202.

761.

141 George Gasper, Mizan Rahman, *Basic Hypergeometric Series*. Cambridge University Press, 1990.

264.

142 Carolo Friderico Gauss, *Disquisitiones Arithmeticæ*. Leipzig, 1801. 동저자의 *Werke*, 권 1에 재게재.

149, 757.

143 Carolo Friderico Gauss, "Disquisitiones generales circa seriem infinitam

245, 251, 262, 627, 758.

$$1+\frac{\alpha\beta}{1.\gamma}x+\frac{\alpha(\alpha+1)\beta(\beta+1)}{1.2.\gamma(\gamma+1)}xx$$
$$+\frac{\alpha(\alpha+1)(\alpha+2)\beta(\beta+1)(\beta+2)}{1.2.3.\gamma(\gamma+1)(\gamma+2)}x^3+\text{etc.}$$

Pars prior," *Commentationes societatis regiæ scientiarum Gottingensis recentiores* 2 (1813). (학위논문은 1812년 1월 20일 괴팅겐의 왕립학회에 전달됨.) 동저자의 *Werke*, 권 3, 123–163, 출판되지 않은 후속편(pp. 207–229)와 함께 재게재.

144 C. F. Gauss, "Pentagramma mirificum," 1836 이전에 저술. 사후 동저자의 *Werke*, 권 3, 480–490에 게재됨.

756.

145 Angelo Genocchi, "Intorno all'espressione generale de'numeri Bernulliani," *Annali di Scienze Matematiche e Fisiche* 3 (1852), 395–405.

654.

146 Ira Gessel, "Some congruences for Apéry numbers," *Journal of Number Theory* 14 (1982), 362–368.

759.

147 Ira Gessel, Richard P. Stanley, "Stirling polynomials," *Journal of Combinatorial Theory*, 시리즈 A, 24 (1978), 24–33.

319.

148 Jekuthiel Ginsburg, "Note on Stirling's numbers," *American Mathematical Monthly* 35 (1928), 77–80.

320.

149 J. W. L. Glaisher, "On the product $1^1.2^2.3^3 \dots n^n$," *The Messenger of Mathematics*, 새 시리즈, 7 (1877), 43–47.

761.

718, 756. **150** Solomon W. Golomb, "Problem 5407: A nondecreasing indicator function," *American Mathematical Monthly* 74 (1967), 740–743.

600. **151** Solomon W. Golomb, "The 'Sales Tax' theorem," *Mathematics Magazine* 49 (1976), 187–189.

542. **152** Solomon W. Golomb, "Problem E 2529: An application of $\psi(x)$," *American Mathematical Monthly* 83 (1976), 487–488.

758. **153** I. J. Good, "Short proof of a conjecture by Dyson," *Journal of Mathematical Physics* 11 (1970), 1884.

265, 758. **154** R. William Gosper, Jr., "Decision procedure for indefinite hypergeometric summation," *Proceedings of the National Academy of Sciences of the United States of America* 75 (1978), 40–42.

607. **155** R. L. Graham, "On a theorem of Uspensky," *American Mathematical Monthly* 70 (1963), 407–409.

760. **156** R. L. Graham, "A Fibonacci-like sequence of composite numbers," *Mathematics Magazine* 37 (1964), 322–324.

757. **157** R. L. Graham, "Problem 5749," *American Mathematical Monthly* 77 (1970), 775.

609. **158** Ronald L. Graham, "Covering the positive integers by disjoint sets of the form $\{[n\alpha + \beta] : n = 1, 2, \ldots\}$," *Journal of Combinatorial Theory*, 시리즈 A, 15 (1973), 354–358.

757. **159** R. L. Graham, "Problem 1242: Bijection between integers and composites," *Mathematics Magazine* 60 (1987), 180.

757. **160** R. L. Graham, D. E. Knuth, "Problem E 2982: A double infinite sum for $|x|$," *American Mathematical Monthly* 96 (1989), 525–526.

124. **161** Ronald L. Graham, Donald E. Knuth, Oren Patashnik, *Concrete Mathematics: A Foundation for Computer Science*. Addison–Wesley, 1989; 제2판, 1994.

757. **162** R. L. Graham, H. O. Pollak, "Note on a nonlinear recurrence related to $\sqrt{2}$," *Mathematics Magazine* 43 (1970), 143–145.

163 Guido Grandi, Leibniz에게 보낸 편지 (1713년 7월), in *Leibnizens mathematische Schriften*, 권 4, 215-217.

70.

164 Daniel H. Greene, Donald E. Knuth, *Mathematics for the Analysis of Algorithms*. Birkhäuser, Boston, 1981; 제3판, 1990.

635, 761.

165 Samuel L. Greitzer, *International Mathematical Olympiads, 1959-1977*. Mathematical Association of America, 1978.

757.

166 Oliver A. Gross, "Preferential arrangements," *American Mathematical Monthly* 69 (1962), 4-8.

760.

167 Branko Grünbaum, "Venn diagrams and independent families of sets," *Mathematics Magazine* 48 (1975), 12-23.

588.

168 L. J. Guibas, A. M. Odlyzko, "String overlaps, pattern matching, and nontransitive games," *Journal of Combinatorial Theory*, 시리즈 A, 30 (1981), 183-208.

702, 760, 761.

169 Richard K. Guy, *Unsolved Problems in Number Theory*. Springer-Verlag, 1981.

623.

170 Inger Johanne Håland , Donald E. Knuth, "Polynomials involving the floor function," *Mathematica Scandinavica* 76 (1995), 194-200. Knuth의 *Selected Papers on Discrete Mathematics*, 257-264에 재게재.

608, 757.

171 Marshall Hall, Jr., *The Theory of Groups*. Macmillan, 1959.

657.

172 P. R. Halmos, "How to write mathematics," *L'Enseignement Mathématique*, 시리즈 2, 16 (1970), 123-152. *How to Write Mathematics*, American Mathematical Society, 1973, 19-48에 재게재.

8.

173 Paul R. Halmos, *I Want to Be a Mathematician: An Automathography*. Springer-Verlag, 1985. Mathematical Association of America가 재발행(1988).

7.

174 G. H. Halphen, "Sur des suites de fractions analogues à la suite de Farey," *Bulletin de la Société mathématique de France* 5 (1876), 170-175. 동저자의 *Œuvres*, 권 2, 102-107에 재게재.

360.

175 Hans Hamburger, "Über eine Erweiterung des Stieltjesschen Momentenproblems," *Mathematische Annalen* 81 (1920), 235-319; 82 (1921), 120-164, 168-187.

704.

7.

176 J. M. Hammersley, "On the enfeeblement of mathematical skills by 'Modern Mathematics' and by similar soft intellectual trash in schools and universities," *Bulletin of the Institute of Mathematics and Its Applications* 4, 4 (1968년 10월), 66–85.

760.

177 J. M. Hammersley, "An undergraduate exercise in manipulation," *The Mathematical Scientist* 14 (1989), 1–23.

51.

178 Eldon R. Hansen, *A Table of Series and Products*. Prentice–Hall, 1975.

521, 761.

179 G. H. Hardy, *Orders of Infinity: The 'Infinitärcalcül' of Paul du Bois-Reymond*. Cambridge University Press, 1910; 제2판, 1924.

761.

180 G. H. Hardy, "A mathematical theorem about golf," *The Mathematical Gazette* 29 (1945), 226–227. 동저자의 *Collected Papers*, 권 7, 488에 재게재.

134, 757.

181 G. H. Hardy , E. M. Wright, *An Introduction to the Theory of Numbers*. Clarendon Press, Oxford, 1938; 제5판, 1979.

353, 391, 717, 761.

182 Peter Henrici, *Applied and Computational Complex Analysis*. Wiley, 권 1, 1974; 권 2, 1977; 권 3, 1986.

758.

183 Peter Henrici, "De Branges' proof of the Bieberbach conjecture: A view from computational analysis," *Sitzungsberichte der Berliner Mathematischen Gesellschaft* (1987), 105–121.

660.

184 Charles Hermite, C. W. Borchardt에게 보낸 편지 (1875년 9월 8일), *Journal für die reine und angewandte Mathematik* 81 (1876), 93–95. 동저자의 *Œuvres*, 권 3, 211–214에 재게재.

758.

185 Charles Hermite, *Cours de M. Hermite*. Faculté des Sciences de Paris, 1882. 제3판, 1887; 제4판, 1891.

639, 758.

186 Charles Hermite, S. Pincherle에게 보낸 편지 (1900년 5월 10일), *Annali di Matematica pura ed applicata*, 시리즈 3, 5 (1901), 57–60. 동저자의 *Œuvres*, 권 4, 529–531에 재게재.

11.

187 I. N. Herstein , I. Kaplansky, *Matters Mathematical*. Harper & Row, 1974.

758.

188 A. P. Hillman , V. E. Hoggatt, Jr., "A proof of Gould's Pascal hexagon conjecture," *Fibonacci Quarterly* 10 (1972), 565–568, 598.

35.

189 C. A. R. Hoare, "Quicksort," *The Computer Journal* 5 (1962), 10–15.

190 L. C. Hsu, "Note on a combinatorial algebraic identity and its application," *Fibonacci Quarterly* 11 (1973), 480–484.   758.

191 Kenneth E. Iverson, *A Programming Language*. Wiley, 1962.   31, 81, 756.

192 C. G. J. Jacobi, *Fundamenta nova theoriæ* functionum ellipticarum. Königsberg, Bornträger, 1829. 동저자의 *Gesammelte Werke*, 권 1, 49–239에 재게재.   78.

193 Svante Janson, Donald E. Knuth, Tomasz Łuczak, Boris Pittel, "The birth of the giant component," *Random Structures & Algorithms* 4 (1993), 233–358. Knuth의 *Selected Papers on Discrete Mathematics*, 643–792에 수정본이 재게재.   240.

194 Dov Jarden , Theodor Motzkin, "The product of sequences with a common linear recursion formula of order 2," *Riveon Lematematika* 3 (1949), 25–27, 38 (영문 초록이 있는 히브리어판). 영문판은 Dov Jarden, *Recurring Sequences*, Jerusalem, 1958, 42–45; 제2판, 1966, 30–33에 재게재.   661.

195 Arne Jonassen , Donald E. Knuth, "A trivial algorithm whose analysis isn't," *Journal of Computer and System Sciences* 16 (1978), 301–322. Knuth의 *Selected Papers on Analysis of Algorithms*, 257–282에 추가 내용과 함께 재게재.   635.

196 Bush Jones, "Note on internal merging," *Software—Practice and Experience* 2 (1972), 241–243.   209.

197 Flavius Josephus, *ΙΣΤΟΡΙΑ ΙΟΥΔΑΚΟΥ ΠΟΛΕΜΟΥ ΠΡΟΣ ΡΩΜΑΙΟΥΣ*. 영역본은 *History of the Jewish War against the Romans*, H. St. J. Thackeray 옮김, Loeb Classical Library edition of Josephus's works, 권 2와 권 3, Heinemann, London, 1927–1928. ('요세푸스 문제'는 현재는 슬라브어 버전에만 남아 있는 초기 필사본에 기초한 것일 수도 있다. 권 2, p. xi와 권 3, p. 654를 보라.)   11.

198 R. Jungen, "Sur les séries de Taylor n'ayant que des singularités algébrico-logarithmiques sur leur cercle de convergence," *Commentarii Mathematici Helvetici* 3 (1931), 266–306.   760.

199 J. Karamata, "Théorèmes sur la sommabilité exponentielle et d'autres sommabilités rattachant," *Mathematica* (Cluj) 9 (1935), 164–178.   304.

759.

200 I. Kaucký, "Problem E 2257: A harmonic identity," *American Mathematical Monthly* 78 (1971), 908.

717.

201 J. B. Keiper, "Power series expansions of Riemann's ξ function," *Mathematics of Computation* 58 (1992), 765–773.

344.

202 Johannes Kepler, Joachim Tancke에게 보낸 편지 (1608년 5월 12일), 동저자의 *Gesammelte Werke*, 권 16, 154–165.

757, 759.

203 Murray S. Klamkin, *International Mathematical Olympiads, 1978–1985, and Forty Supplementary Problems*. Mathematical Association of America, 1986.

240.

204 R. Arthur Knoebel, "Exponentials reiterated," *American Mathematical Monthly* 88 (1981), 235–252.

761.

205 Konrad Knopp, *Theorie und Anwendung der unendlichen Reihen*. Julius Springer, Berlin, 1922; 제2판, 1924. Dover가 재발행(1945). 제4판, 1947; 제5판, 1964. 영역본은 *Theory and Application of Infinite Series*, 1928; 제2판, 1951.

657.

206 Donald Knuth, "Transcendental numbers based on the Fibonacci sequence," *Fibonacci Quarterly* 2 (1964), 43–44, 52. 동저자의 *Selected Papers on Fun and Games*, 99–102에 추가 내용과 함께 재게재.

9, 591, 608, 629, 682, 756, 757, 758, 759, 760, 761.

207 Donald E. Knuth, *The Art of Computer Programming*, 권 1: *Fundamental Algorithms*. Addison-Wesley, 1968; 제3판, 1997.

132, 133, 155, 591, 757, 759, 760, 761.

208 Donald E. Knuth, *The Art of Computer Programming*, 권 2: *Seminumerical Algorithms*. Addison-Wesley, 1969; 제3판, 1997.

316, 483, 592, 759, 760, 761.

209 Donald E. Knuth, *The Art of Computer Programming*, 권 3: *Sorting and Searching*. Addison-Wesley, 1973; 제2판, 1998.

758.

210 Donald E. Knuth, "Problem E 2492: Some sum," *American Mathematical Monthly* 82 (1975), 855.

761.

211 Donald E. Knuth, *Mariages stables et leurs relations avec d'autres problèmes combinatoires*. Les Presses de l'Université de Montréal, 1976. Revised and corrected edition, 1980. English translation, *Stable Marriage and its Relation to Other Combinatorial Problems*, 1997.

212 Donald E. Knuth, *The TEXbook*. Addison-Wesley, 1984. *Computers &*   757.
Typesetting(1986)의 권 A로 재발행.

213 Donald E. Knuth, "An analysis of optimum caching," *Journal of Algorithms*   670.
6 (1985), 181–199. 동저자의 *Selected Papers on Analysis of Algorithms*, 235–
255에 추가 내용과 함께 재게재.

214 Donald E. Knuth, *Computers & Typesetting*, 권 D: *METAFONT: The*   757.
Program. Addison-Wesley, 1986.

215 Donald E. Knuth, "Problem 1280: Floor function identity," *Mathematics*   757.
Magazine 61 (1988), 319–320.

216 Donald E. Knuth, "Problem E 3106: A new sum for n^2," *American*   757.
Mathematical Monthly 94 (1987), 795–797.

217 Donald E. Knuth, "Fibonacci multiplication," *Applied Mathematics Letters* 1   759.
(1988), 57–60. 동저자의 *Selected Papers on Fun and Games*, 87–92에 추가
내용과 함께 재게재.

218 Donald E. Knuth, "A Fibonacci-like sequence of composite numbers,"   667.
Mathematics Magazine 63 (1990), 21–25. 동저자의 *Selected Papers on Fun
and Games*, 93–98에 추가 내용과 함께 재게재.

219 Donald E. Knuth, "Problem E 3309: A binomial coefficient inequality,"   758.
American Mathematical Monthly 97 (1990), 614.

220 Donald E. Knuth, "Two notes on notation," *American Mathematical Monthly*   196, 315, 713.
99 (1992), 403–422. 동저자의 *Selected Papers on Discrete Mathematics*, 15–
44에 추가 내용과 함께 재게재.

221 Donald E. Knuth, "Convolution polynomials," *The Mathematica Journal* 2,   315, 674, 760.
4 (1992년 가을호), 67–78. 동저자의 *Selected Papers on Discrete Mathe-
matics*, 225–256에 추가 내용과 함께 재게재.

222 Donald E. Knuth, "Johann Faulhaber and sums of powers," *Mathematics of*   340.
Computation 61 (1993), 277–294. 동저자의 *Selected Papers on Discrete
Mathematics*, 61–84에 추가 내용과 함께 재게재.

223 Donald E. Knuth, "Bracket notation for the coefficient-of operator," *A*   234.
Classical Mind, C. A. R. Hoare 기념 논문집, A. W. Roscoe 엮음, Prentice-

Hall, 1994, 247–258. 동저자의 *Selected Papers on Discrete Mathematics*, 45–59에 추가 내용과 함께 재게재.

660.

224 Donald E. Knuth, Thomas J. Buckholtz, "Computation of Tangent, Euler, and Bernoulli numbers," *Mathematics of Computation* 21 (1967), 663–688. Knuth의 *Selected Papers on Design of Algorithms*, 359–372에 추가 내용과 함께 재게재.

761.

225 Donald E. Knuth, Ilan Vardi, "Problem 6581: The asymptotic expansion of the middle binomial coefficient," *American Mathematical Monthly* 97 (1990), 626–630.

628, 760.

226 Donald E. Knuth, Herbert S. Wilf, "The power of a prime that divides a generalized binomial coefficient," *Journal für die reine und angewandte Mathematik* 396 (1989), 212–219. Knuth의 *Selected Papers on Discrete Mathematics*, 511–524에 재게재.

12.

227 Donald E. Knuth, Hermann Zapf, "AMS Euler—A new typeface for mathematics," *Scholarly Publishing* 20 (1989), 131–157. Knuth의 *Digital Typography*, 339–365에 재게재.

134.

228 C. Kramp, *Élémens d'arithmétique universelle*. Cologne, 1808.

252, 758.

229 E. E. Kummer, "Über die hypergeometrische Reihe

$$1+\frac{\alpha\beta}{1.\gamma}x+\frac{\alpha(\alpha+1)\beta(\beta+1)}{1.2.\gamma(\gamma+1)}xx$$
$$+\frac{\alpha(\alpha+1)(\alpha+2)\beta(\beta+1)(\beta+2)}{1.2.3.\gamma(\gamma+1)(\gamma+2)}x^3+...,"$$

Journal für die reine und angewandte Mathematik 15 (1836), 39–83, 127–172. 동저자의 *Collected Papers*, 권 2, 75–166에 재게재.

758.

230 E. E. Kummer, "Über die Ergänzungssätze zu den allgemeinen Reciprocitätsgesetzen," *Journal für die reine und angewandte Mathematik* 44 (1852), 93–146. 동저자의 *Collected Papers*, 권 1, 485–538에 재게재.

592.

231 R. P. Kurshan, B. Gopinath, "Recursively generated periodic sequences," *Canadian Journal of Mathematics* 26 (1974), 1356–1371.

232 Thomas Fantet de Lagny, *Analyse générale ou Méthodes nouvelles pour résoudre les problèmes de tous les genres et de tous les degrés à l'infini. Mémoires de l'Académie Royale des Sciences*, Paris, 1733의 권 11로 출간됨.   358.

233 de la Grange [Lagrange], "Démonstration d'un théorème nouveau concernant les nombres premiers," *Nouveaux Mémoires de l'Académie royale des Sciences et Belles-Lettres*, Berlin (1771), 125–137. 동저자의 *Œuvres*, 권 3, 425–438에 재게재.   759.

234 de la Grange [Lagrange], "Sur une nouvelle espèce de calcul rélatif à la différentiation & à l'intégration des quantités variables," *Nouveaux Mémoires de l'Académie royale des Sciences et Belles-Lettres*, Berlin (1772), 185–221. 동저자의 *Œuvres*, 권 3, 441–476에 재게재.   555.

235 I. Lah, "Eine neue Art von Zahlen, ihre Eigenschaften und Anwendung in der mathematischen Statistik," *Mitteilungsblatt für Mathematische Statistik* 7 (1955), 203–212. [좀 더 일반적인 공식들이 L. Toscano, *Commentationes* 3 (Vatican City: Accademia della Scienze, 1939), 721–757, 식 17과 117에 출판된 바 있음.]   759.

236 I. H. Lambert, "Observationes variæ in Mathesin puram," *Acta Helvetica* 3 (1758), 128–168. 동저자의 *Opera Mathematica*, 권 1, 16–51에 재게재.   238.

237 Lambert, "Observations analytiques," *Nouveaux Mémoires de l'Académie royale des Sciences et Belles-Lettres*, Berlin (1770), 225–244. 동저자의 *Opera Mathematica*, 권 2, 270–290에 재게재.   238.

238 Edmund Landau, *Handbuch der Lehre von der Verteilung der Primzahlen*, 두 권, Teubner, Leipzig, 1909.   528, 761.

239 Edmund Landau, *Vorlesungen über Zahlentheorie*, three volumes. Hirzel, Leipzig, 1927.   758.

240 P. S. de la Place [Laplace], "Mémoire sur les approximations des Formules qui sont fonctions de très-grands nombres," *Mémoires de l'Academie royale des Sciences de Paris* (1782), 1–88. 동저자의 *Œuvres Complètes* 10, 207–291 에 재게재.   550.

757.

241 Adrien-Marie Legendre, *Essai sur la Théorie des Nombres*. Paris, 1798; 제2판, 1808. 제3판 (*Théorie des Nombres*라는 제목으로 두 권으로 출판됨), 1830; 제4판, Blanchard, 1955.

757.

242 D. H. Lehmer, "Tests for primality by the converse of Fermat's theorem," *Bulletin of the American Mathematical Society*, 시리즈 2, 33 (1927), 327–340. 동저자의 *Selected Papers*, 권 1, 69–82에 재게재.

760.

243 D. H. Lehmer, "On Stern's diatomic series," *American Mathematical Monthly* 36 (1929), 59–67.

623.

244 D. H. Lehmer, "On Euler's totient function," *Bulletin of the American Mathematical Society*, 시리즈 2, 38 (1932), 745–751. 동저자의 *Selected Papers*, 권 1, 319–325에 재게재.

203.

245 G. W. Leibniz, Johann Bernoulli에게 보낸 편지 (1695년 5월), *Leibnizens mathematische Schriften*, 권 3, 174–179.

348.

246 C. G. Lekkerkerker, "Voorstelling van natuurlijke getallen door een som van getallen van Fibonacci," *Simon Stevin* 29 (1952), 190–195.

201.

247 Tamás Lengyel, "A combinatorial identity and the world series," *SIAM Review* 35 (1993), 294–297.

759.

248 Tamás Lengyel, "On some properties of the series $\sum_{k=0}^{\infty} k^n x^k$ and the Stirling numbers of the second kind," *Discrete Mathematics* 150 (1996), 281–292.

317.

249 Li Shan-Lan, *Duò Jī Bǐ Lèi* [타적비류垛积比类; 연역적으로 구한 더미들의 합]. 동저자의 *Zégǔxī Zhāi Suànxué* [칙고석재산학칙古石재算學; 고전에서 영감을 받은 수학에 관한 명상], Nanjing, 1867.

762.

250 Elliott H. Lieb, "Residual entropy of square ice," *Physical Review* 162 (1967), 162–172.

164.

251 J. Liouville, "Sur l'expression $\varphi(n)$, qui marque combien la suite $1,2,3,\ldots,n$ contient de nombres premiers à n," *Journal de Mathématiques pures et appliquées*, 시리즈 2, 2 (1857), 110–112.

757.

252 B. F. Logan, "The recovery of orthogonal polynomials from a sum of squares," *SIAM Journal on Mathematical Analysis* 21 (1990), 1031–1050.

253 B. F. Logan, "Polynomials related to the Stirling numbers," AT&T Bell Laboratories internal technical memorandum, 1987년 8월 10일.   759.

254 Calvin T. Long, Verner E. Hoggatt, Jr., "Sets of binomial coefficients with equal products," *Fibonacci Quarterly* 12 (1974), 71–79.   758.

255 Shituo Lou, Qi Yao, "A Chebychev's type of prime number theorem in a short interval-II," *Hardy-Ramanujan Journal* 15 (1992), 1–33.   623.

256 Sam Loyd, *Cyclopedia of Puzzles*. Franklin Bigelow Corporation, Morningside Press, New York, 1914.   665.

257 E. Lucas, "Sur les rapports qui existent entre la théorie des nombres et le Calcul intégral," *Comptes Rendus hebdomadaires des séances de l'Académie des Sciences* (Paris) 82 (1876), 1303–1305.   757, 759.

258 Édouard Lucas, "Sur les congruences des nombres eulériens et des coefficients différentiels des fonctions trigonométriques, suivant un module premier," *Bulletin de la Société mathématique de France* 6 (1877), 49–54.   758.

259 Edouard Lucas, *Théorie des Nombres*, 권 1. Paris, 1891.   344, 759.

260 Édouard Lucas, *Récréations mathématiques*, four volumes. Gauthier- Villars, Paris, 1891–1894. Albert Blanchard, Paris가 재발행(1960). (하노이의 탑에 대한 논의는 권 3, pp. 55–59에 나옴.)   2.

261 R. C. Lyness, "Cycles," *The Mathematical Gazette* 29 (1945), 231–233.   592.

262 R. C. Lyness, "Cycles," *The Mathematical Gazette* 45 (1961), 207–209.   592.

263 Colin MacLaurin, *Collected Letters*, Stella Mills 엮음. Shiva Publishing, Nantwich, Cheshire, 1982.   554.

264 P. A. MacMahon, "Application of a theory of permutations in circular procession to the theory of numbers," *Proceedings of the London Mathematical Society* 23 (1892), 305–313.   168.

265 J.-C. Martzloff, *Histoire des Mathématiques Chinoises*. Paris, 1988. 영역본은 *A History of Chinese Mathematics*, Springer-Verlag, 1997.   317.

266 Iŭ. V. Matiîasevich, "Diofantovost' perechislimykh mnozhestv," *Doklady Akademii Nauk SSSR* 191 (1970), 279–282. 영역본(저자의 교정 포함)은   347, 759.

"Enumerable sets are diophantine," *Soviet Mathematics—Doklady* 11 (1970), 354-357.

8.　**267** Z. A. Melzak, *Companion to Concrete Mathematics.* 권 1, *Mathematical Techniques and Various Applications*, Wiley, 1973; 권 2, *Mathematical Ideas, Modeling & Applications*, Wiley, 1976.

758.　**268** N. S. Mendelsohn, "Problem E 2227: Divisors of binomial coefficients," *American Mathematical Monthly* 78 (1971), 201.

132.　**269** Marini Mersenni, *Cogitata Physico-Mathematica.* Paris, 1644.

167.　**270** F. Mertens, "Ueber einige asymptotische Gesetze der Zahlentheorie," *Journal für die reine und angewandte Mathematik* 77 (1874), 289-338.

29.　**271** Mertens, "Ein Beitrag zur analytischen Zahlentheorie," *Journal für die reine und angewandte Mathematik* 78 (1874), 46-62.

757.　**272** W. H. Mills, "A prime representing function," *Bulletin of the American Mathematical Society*, 시리즈 2, 53 (1947), 604.

167.　**273** A. F. Möbius, "Über eine besondere Art von Umkehrung der Reihen," *Journal für die reine und angewandte Mathematik* 9 (1832), 105-123. 동저자의 *Gesammelte Werke*, 권 4, 589-612에 재게재.

760.　**274** A. Moessner, "Eine Bemerkung über die Potenzen der natürlichen Zahlen," *Sitzungsberichte der Mathematisch-Naturwissenschaftlichen Klasse der Bayerischen Akademie der Wissenschaften*, 1951, Heft 3, 29.

546.　**275** Hugh L Montgomery, "Fluctuations in the mean of Euler's phi function," *Proceedings of the Indian Academy of Sciences*, Mathematical Sciences, 97 (1987), 239-245.

758.　**276** Peter L. Montgomery, "Problem E 2686: LCM of binomial coefficients," *American Mathematical Monthly* 86 (1979), 131.

344.　**277** Leo Moser, "Problem B-6: Some reflections," *Fibonacci Quarterly* 1, 4 (1963), 75-76.

670.　**278** T. S. Motzkin, E. G. Straus, "Some combinatorial extremum problems," *Proceedings of the American Mathematical Society* 7 (1956), 1014-1021.

760.　**279** B. R. Myers, "Problem 5795: The spanning trees of an n-wheel," *American Mathematical Monthly* 79 (1972), 914-915.

280 Isaac Newton, John Collins에게 보낸 편지 (1670년 2월 18일), *The Corres-pondence of Isaac Newton*, 권 1, 27. *The Mathematical Papers of Isaac Newton*, 권 3, 563에 발췌됨. 327.

281 Ivan Niven, *Diophantine Approximations*. Interscience, 1963. 756.

282 Ivan Niven, "Formal power series," *American Mathematical Monthly* 76 (1969), 871-889. 391.

283 Andrew M. Odlyzko, Herbert S. Wilf, "Functional iteration and the Josephus problem," *Glasgow Mathematical Journal* 33 (1991), 235-240. 98.

284 Blaise Pascal, "De numeris multiplicibus," 1654년 Académie Parisienne에 제출하고 동저자의 *Traité du triangle arithmétique* [285]와 함께 출판됨. *Œuvres de Blaise Pascal*, 권 3, 314-339에 재게재. 757.

285 Blaise Pascal, "Traité du triangle arithmetique," 동저자의 *Traité du Triangle Arithmetique, avec quelques autres petits traitez sur la mesme matiere*, Paris, 1665. *Œuvres de Blaise Pascal* (Hachette, 1904-1914), 권 3, 445-503에 재게재; 권 11, 366-390에 1654년 라틴어판들 수록. 188.

286 G. P. Patil, "On the evaluation of the negative binomial distribution with examples," *Technometrics* 2 (1960), 501-505. 760.

287 C. S. Peirce, E. S. Holden에게 보낸 편지 (1901년 1월). *The New Elements of Mathematics*, Carolyn Eisele 엮음, Mouton, The Hague, 1976, 권 1, 247-253. (또한 p. 211도 보라.) 757.

288 C. S. Peirce, Henry B. Fine에게 보낸 편지 (1903년 7월 17일). In *The New Elements of Mathematics*, Carolyn Eisele 엮음, Mouton, The Hague, 1976, 권 3, 781-784. (또한, *Collected Papers of Charles Sanders Peirce*, 권 4, 268-280에 실린 1905경의 미출판 원고 "Ordinals"도 보라.) 622.

289 Walter Penney, "Problem 95: Penney-Ante," *Journal of Recreational Mathematics* 7 (1974), 321. 480.

290 J. K. Percus, *Combinatorial Methods*. Springer-Verlag, 1971. 760.

291 Marko Petkovšek, "Hypergeometric solutions of linear recurrences with polynomial coefficients," *Journal of Symbolic Computation* 14 (1992), 243-264. 271, 684, 758.

245, 253, 256, 758.

292 J. F. Pfaff, "Observationes analyticæ ad *L. Euleri* institutiones calculi integralis, Vol. IV, Supplem. II & IV," *Nova acta academiæ scientiarum imperialis Petropolitanæ* 11, Histoire 섹션, 37–57. (1798년 출판된 이 책에는 1793년부터의 회보가 대부분 수록되어 있으나, 파프의 논문이 실제로 받아들여진 것은 1797년임.)

58.

293 L. Pochhammer, "Ueber hypergeometrische Functionen n^{ter} Ordnung," *Journal für die reine und angewandte Mathematik* 71 (1870), 316–352.

761.

294 H. Poincaré, "Sur les fonctions à espaces lacunaires," *American Journal of Mathematics* 14 (1892), 201–221.

555.

295 S. D. Poisson, "Mémoire sur le calcul numérique des intégrales définies," *Mémoires de l'Académie Royale des Sciences de l'Institut de France*, 시리즈 2, 6 (1823), 571–602.

760.

296 G. Pólya, "Kombinatorische Anzahlbestimmungen für Gruppen, Graphen und chemische Verbindungen," *Acta Mathematica* 68 (1937), 145–254. 해설을 포함한 Ronald C. Read의 영역본은 *Combinatorial Enumeration of Groups, Graphs, and Chemical Compounds*, Springer-Verlag, 1987.

9, 19, 601, 756.

297 George Pólya, *Induction and Analogy in Mathematics*. Princeton University Press, 1954.

386, 760.

298 G. Pólya, "On picture-writing," *American Mathematical Monthly* 63 (1956), 689–697.

761.

299 G. Pólya, G. Szegö, *Aufgaben und Lehrsätze aus der Analysis*, two volumes. Julius Springer, Berlin, 1925; 제4판, 1970 및 1971. 영역본은 *Problems and Theorems in Analysis*, 1972 및 1976.

759.

300 R. Rado, "A note on the Bernoullian numbers," *Journal of the London Mathematical Society* 9 (1934), 88–90.

627.

301 Earl D. Rainville, "The contiguous function relations for $_pF_q$ with applications to Bateman's $J_n^{u,v}$ and Rice's $H_n(\zeta,p,v)$," *Bulletin of the American Mathematical Society*, 시리즈 2, 51 (1945), 714–723.

423, 760.

302 George N. Raney, "Functional composition patterns and power series reversion," *Transactions of the American Mathematical Society* 94 (1960), 441–451.

303 D. Rameswar Rao, "Problem E 2208: A divisibility problem," *American Mathematical Monthly* 78 (1971), 78–79.   757.

304 John William Strutt, Third Baron Rayleigh, *The Theory of Sound*. 제1판, 1877;   93.
제2판, 1894. (무리수 스펙트럼에 관해 인용한 내용은 제2판의 §92a에 나옴.)

305 Robert Recorde, *The Whetstone of Witte*. London, 1557.   525.

306 Simeon Reich, "Problem 6056: Truncated exponential-type series," *American*   761.
Mathematical Monthly 84 (1977), 494–495.

307 Georges de Rham, "Un peu de mathématiques à propos d'une courbe plane,"   759.
Elemente der Mathematik 2 (1947), 73–76, 89–97. 동저자의 *Œuvres Mathé-*
matiques, 678–689에 재게재.

308 Paulo Ribenboim, *13 Lectures on Fermat's Last Theorem*. Springer- Verlag,   659, 757.
1979.

309 Bernhard Riemann, "Ueber die Darstellbarkeit einer Function durch eine   756.
trigonometrische Reihe," Habilitationsschrift, Göttingen, 1854. *Abhandlungen*
der mathematischen Classe der Königlichen Gesellschaft der Wissenschaften
zu Göttingen 13 (1868), 87–132에 출판됨. 동저자의 *Gesammelte Mathema-*
tische Werke, 227–264에 재게재.

310 Samuel Roberts, "On the figures formed by the intercepts of a system of   756.
straight lines in a plane, and on analogous relations in space of three
dimensions," *Proceedings of the London Mathematical Society* 19 (1889), 405
–422.

311 Øystein Rødseth, "Problem E 2273: Telescoping Vandermonde convo-   758
lutions," *American Mathematical Monthly* 79 (1972), 88–89.

312 J. Barkley Rosser, Lowell Schoenfeld, "Approximate formulas for some   134
functions of prime numbers," *Illinois Journal of Mathematics* 6 (1962), 64–
94.

313 Gian-Carlo Rota, "On the foundations of combinatorial theory. I. Theory of   610
Möbius functions," *Zeitschrift für Wahrscheinlichkeitstheorie und verwandte*
Gebiete 2 (1964), 340–368.

758. **314** Ranjan Roy, "Binomial identities and hypergeometric series," *American Mathematical Monthly* 94 (1987), 36–46.

253. **315** Louis Saalschütz, "Eine Summationsformel," *Zeitschrift für Mathematik und Physik* 35 (1890), 186–188.

546. **316** A. I. Saltykov, "O funktsii Éĭlera," *Vestnik Moskovskogo Universiteta*, 시리즈 1, Matematika, Mekhanika (1960), number 6, 34–50.

651. **317** A. Sárközy, "On divisors of binomial coefficients, I," *Journal of Number Theory* 20 (1985), 70–80.

245. **318** W. W. Sawyer, *Prelude to Mathematics*. Baltimore, Penguin, 1955.

345. **319** O. Schlömilch, "Ein geometrisches Paradoxon," *Zeitschrift für Mathematik und Physik* 13 (1868), 162.

760. **320** Ernst Schröder, "Vier combinatorische Probleme," *Zeitschrift für Mathematik und Physik* 15 (1870), 361–376.

759. **321** Heinrich Schröter, "Ableitung der Partialbruch- und Produkt-Entwickelungen für die trigonometrischen Funktionen," *Zeitschrift für Mathematik und Physik* 13 (1868), 254–259.

756. **322** R. S. Scorer, P. M. Grundy, C. A. B. Smith, "Some binary games," *The Mathematical Gazette* 28 (1944), 96–103.

760. **323** J. Sedláček, "On the skeletons of a graph or digraph," *Combinatorial Structures and their Applications*, Gordon and Breach, 1970, 387–391. (이 책에는 Calgary International Conference on Combinatorial Structures and their Applications의 1969년 회보들이 수록되어 있다.)

759. **324** J. O. Shallit, "Problem 6450: Two series," *American Mathematical Monthly* 92 (1985), 513–514.

322. **325** R. T. Sharp, "Problem 52: Overhanging dominoes," *Pi Mu Epsilon Journal* 1, 10 (1954), 411–412.

105. **326** W. Sierpiński, "Sur la valeur asymptotique d'une certaine somme," *Bulletin International de l'Académie Polonaise des Sciences et des Lettres* (Cracovie), 시리즈 A (1910), 9–11.

327 W. Sierpiński, "Sur les nombres dont la somme de diviseurs est une
puissance du nombre 2," *Calcutta Mathematical Society Golden Jubilee
Commemorative Volume* (1958–1959), part 1, 7–9.   757.

328 Wacław Sierpiński, *A Selection of Problems in the Theory of Numbers*.   757.
Macmillan, 1964.

329 David L. Silverman, "Problematical Recreations 447: Numerical links,"   759.
Aviation Week & Space Technology 89, 10 (1968년 9월 1일), 71. *Second
Book of Mathematical Bafflers*, Angela Fox Dunn 엮음, Dover, 1983의 문제
147로 재게재.

330 N. J. A. Sloane, *A Handbook of Integer Sequences*. Academic Press, 1973.   51, 402, 548.
Simon Plouffe와 함께 쓴 후속편 *The Encyclopedia of Integer Sequences*,
Academic Press, 1995. *http://oeis.org/*.

331 A. D. Solov'ev, "Odno kombinatornoe tozhdestvo i ego primenenie k   480.
zadache o pervom nastuplenii redkogo sobytiĩa," *Teoriĩa veroĩatnosteĭ i
ee primeneniĩa* 11 (1966), 313–320. 영역본은 "A combinatorial identity and
its application to the problem concerning the first occurrence of a rare event,"
Theory of Probability and Its Applications 11 (1966), 276–282.

332 William G. Spohn, Jr., "Can mathematics be saved?" *Notices of the American*   7.
Mathematical Society 16 (1969), 890–894.

333 Richard P. Stanley, "Differentiably finite power series," *European Journal of*   760.
Combinatorics 1 (1980), 175–188.

334 Richard P. Stanley, "On dimer coverings of rectangles of fixed width,"   760.
Discrete Applied Mathematics 12 (1985), 81–87.

335 Richard P. Stanley, *Enumerative Combinatorics*, 권 1. Wadsworth &   634, 759, 762.
Brooks/Cole, 1986.

336 K. G. C. von Staudt, "Beweis eines Lehrsatzes, die Bernoullischen Zahlen   759.
betreffend," *Journal für die reine und angewandte Mathematik* 21 (1840),
372–374.

336′ Tor B. Staver, "Om summasjon av potenser av binomiaalkoeffisientene,"   758.
Norsk Matematisk Tidsskrift 29 (1947), 97–103.

150.

337 Guy L. Steele Jr., Donald R. Woods, Raphael A. Finkel, Mark R. Crispin, Richard M. Stallman, Geoffrey S. Goodfellow, *The Hacker's Dictionary: A Guide to the World of Computer Wizards*. Harper & Row, 1983.

6, 756.

338 J. Steiner, "Einige Gesetze über die Theilung der Ebene und des Raumes," *Journal für die reine und angewandte Mathematik* 1 (1826), 349-364. 동저자의 *Gesammelte Werke*, 권 1, 77-94에 재게재.

140.

339 M. A. Stern, "Ueber eine zahlentheoretische Funktion," *Journal für die reine und angewandte Mathematik* 55 (1858), 193-220.

757.

340 L. Stickelberger, "Ueber eine Verallgemeinerung der Kreistheilung," *Mathematische Annalen* 37 (1890), 321-367.

717.

341 T. J. Stieltjes, Hermite에게 보낸 편지들 (1885년 6월), *Correspondance d'Hermite et de Stieltjes*, 권 1, 146-159.

756.

342 T. J. Stieltjes, "Table des valeurs des sommes $S_k = \sum_1^\infty n^{-k}$," *Acta Mathematica* 10 (1887), 299-302. 동저자의 *Œuvres Complètes*, 권 2, 100-103에 재게재.

229, 304, 350.

343 James Stirling, *Methodus Differentialis*. London, 1730. 영역본은 *The Differential Method*, 1749.

759.

344 Volker Strehl, "Binomial identities—combinatorial and algorithmic aspects," *Discrete Mathematics* 136 (1994), 309-346.

567.

345 Dura W. Sweeney, "On the computation of Euler's constant," *Mathematics of Computation* 17 (1963), 170-178.

757.

346 J. J. Sylvester, "Problem 6919," *Mathematical Questions with their Solutions from the 'Educational Times'* 37 (1882), 42-43, 80.

160.

347 J. J. Sylvester, "On the number of fractions contained in any 'Farey series' of which the limiting number is given," *The London, Edinburgh and Dublin Philosophical Magazine and Journal of Science*, 시리즈 5, 15 (1883), 251-257. 동저자의 *Collected Mathematical Papers*, 권 4, 101-109에 재게재.

623.

348 M. Szegedy, "The solution of Graham's greatest common divisor problem," *Combinatorica* 6 (1986), 67-71.

349 S. Tanny, "A probabilistic interpretation of Eulerian numbers," *Duke Mathematical Journal* 40 (1973), 717–722.   759.

350 L. Theisinger, "Bemerkung über die harmonische Reihe," *Monatshefte für Mathematik und Physik* 26 (1915), 132–134.   759.

351 T. N. Thiele, *The Theory of Observations*. Charles & Edwin Layton, London, 1903. *The Annals of Mathematical Statistics* 2 (1931), 165–308에 재게재.   468, 469.

352 E. C. Titchmarsh, *The Theory of the Riemann Zeta-Function*. Clarendon Press, Oxford, 1951; 제2판, D. R. Heath-Brown이 개정, 1986.   761.

353 F. G. Tricomi, A. Erdélyi, "The asymptotic expansion of a ratio of gamma functions," *Pacific Journal of Mathematics* 1 (1951), 133–142.   761.

354 Peter Ungar, "Problem E 3052: A sum involving Stirling numbers," *American Mathematical Monthly* 94 (1987), 185–186.   331.

355 J. V. Uspensky, "On a problem arising out of the theory of a certain game," *American Mathematical Monthly* 34 (1927), 516–521.   757.

356 Alfred van der Poorten, "A proof that Euler missed ... Apéry's proof of the irrationality of $\zeta(3)$, an informal report," *The Mathematical Intelligencer* 1 (1979), 195–203.   281.

357 A. Vandermonde, "Mémoire sur des irrationnelles de différens ordres avec une application au cercle," *Mémoires de Mathématique et de Physique, tirés des registres de l'Académie Royale des Sciences* (1772), 제1부, 489–498.   203, 758.

358 Ilan Vardi, "The error term in Golomb's sequence," *Journal of Number Theory* 40 (1992), 1–11.   756, 761.

359 J. Venn, "On the diagrammatic and mechanical representation of propositions and reasonings," *The London, Edinburgh and Dublin Philosophical Magazine and Journal of Science*, 시리즈 5, 10 (1880), 1–18.   588, 756.

360 John Wallis, *A Treatise of Angular Sections*. Oxford, 1684.   759.

361 Edward Waring, *Meditationes Algebraïcæ*. Cambridge, 1770; 제3판, 1782.   759.

361′ J. Wasteels, "Quelques propriétés des nombres de Fibonacci," *Mathesis*, 시리즈 3, 11 (1902), 60–62.   759.

760.   **362** William C. Waterhouse, "Problem E 3117: Even odder than we thought," *American Mathematical Monthly* 94 (1987), 691–692.

760.   **363** Frederick V. Waugh, Margaret W. Maxfield, "Side-and-diagonal numbers," *Mathematics Magazine* 40 (1967), 74–83.

345.   **364** Warren Weaver, "Lewis Carroll and a geometrical paradox," *American Mathematical Monthly* 45 (1938), 234–236.

618.   **365** H. Weber, "Leopold Kronecker," *Jahresbericht der Deutschen Mathematiker-Vereinigung* 2 (1892), 5–31. *Mathematische Annalen* 43 (1893), 1–25에 재게재.

610.   **366** Louis Weisner, "Abstract theory of inversion of finite series," *Transactions of the American Mathematical Society* 38 (1935), 474–484.

719.   **367** Edgar M. E. Wermuth, "Die erste Fourierreihe," *Mathematische Semesterberichte* 40 (1993), 133–145.

105.   **368** Hermann Weyl, "Über die Gibbs'sche Erscheinung und verwandte Konvergenzphänomene," *Rendiconti del Circolo Matematico di Palermo* 30 (1910), 377–407.

758.   **369** F. J. W. Whipple, "Some transformations of generalized hypergeometric series," *Proceedings of the London Mathematical Society*, 시리즈 2, 26 (1927), 257–272.

595.   **370** Alfred North Whitehead, *An Introduction to Mathematics.* London and New York, 1911.

109.   **371** Alfred North Whitehead, "Technical education and its relation to science and literature," chapter 2 in *The Organization of Thought, Educational and Scientific*, London and New York, 1917. *The Aims of Education and Other Essays*, New York, 1929의 제4장으로 재게재.

719.   **372** Alfred North Whitehead, *Science and the Modern World.* New York, 1925. 제2장은 *The World of Mathematics*, James R. Newman 엮음, 1956, 권 1, 402–416에 재게재.

684, 758.   **373** Herbert S. Wilf, *generatingfunctionology.* Academic Press, 1990; 제2판, 1994.

374 Herbert S. Wilf, Doron Zeilberger, "An algorithmic proof theory for hypergeometric (ordinary and 'q') multisum/integral identities," *Inventiones Mathematicae* 108 (1992), 575–633.   283, 286, 759.

375 H. C. Williams, Harvey Dubner, "The primality of R1031," *Mathematics of Computation* 47 (1986), 703–711.   757.

376 J. Wolstenholme, "On certain properties of prime numbers," *Quarterly Journal of Pure and Applied Mathematics* 5 (1862), 35–39.   759.

377 Derick Wood, "The Towers of Brahma and Hanoi revisited," *Journal of Recreational Mathematics* 14 (1981), 17–24.   756.

378 J. Worpitzky, "Studien über die *Bernoulli*schen und *Euler*schen Zahlen," *Journal für die reine und angewandte Mathematik* 94 (1883), 203–232.   317.

379 E. M. Wright, "A prime-representing function," *American Mathematical Monthly* **58** (1951), 616–618; errata in 59 (1952), 99.   757.

380 Derek A. Zave, "A series expansion involving the harmonic numbers," *Information Processing Letters* 5 (1976), 75–77.   760.

381 E. Zeckendorf, "Représentation des nombres naturels par une somme de nombres de Fibonacci ou de nombres de Lucas," *Bulletin de la Société Royale des Sciences de Liège* 41 (1972), 179–182.   348.

382 Doron Zeilberger, "Sister Celine's technique and its generalizations," *Journal of Mathematical Analysis and Applications* 85 (1982), 114–145. 또한 Sister Mary Celine Fasenmyer, "A note on pure recurrence relations," *American Mathematical Monthly* 56 (1949), 14–17도 보라.   272.

383 Doron Zeilberger, "A holonomic systems approach to special functions identities," *Journal of Computational and Applied Mathematics* 32 (1990), 321–368.   671.

384 Doron Zeilberger, "The method of creative telescoping," *Journal of Symbolic Computation* 11 (1991), 195–204.   271.

부록 C

연습문제 출처

이 책의 연습문제들은 그 출처가 다양하다. 저자들은 이전에 출판된 적이 있는 모든 문제의 기원을 밝히려고 애썼다. 단, 고안자가 자신이 별로 고안한 것이 없다고 생각할 정도로 기초적인 문제들은 생략했다.

연습문제 중에는 스탠퍼드 대학교 구체 수학 강의의 시험들에서 비롯된 것이 많다. 조교들과 교수[†]들이 그 시험들을 위해 새로운 문제를 고안한 경우가 많으므로, 여기에 조교들과 교수들의 이름을 나열해야 마땅할 것이다.

조교 세션들은 매우 소중했다. 정말 훌륭했다.

내년에도 같은 교수님과 조교들이 계속 맡아 주시길.

강의 노트 *아주* 훌륭하고 유용함.

스털링 수는 전혀 "모르겠어".

연도	교수	조교
1970	돈 커누스[Don Knuth]	본 프랫[Vaughan Pratt]
1971	돈 커누스	레오 귀버스[Leo Guibas]
1973	돈 커누스	헨슨 그레이브스[Henson Graves], 루이 주에예[Louis Jouaillec]
1974	돈 커누스	스캇 드라이스데일[Scot Drysdale], 톰 포터[Tom Porter]
1975	돈 커누스	마크 브라운[Mark Brown], 루이스 트랍 파도[Luis Trabb Pardo]
1976	앤디 야오[Andy Yao]	마크 브라운, 라일 램쇼[Lyle Ramshaw]
1977	앤디 야오	요시 실로아치[Yossi Shiloach]
1978	프랜시스 야오[Frances Yao]	요시 실로아치
1979	론 그레이엄	프랭크 리양[Frank Liang], 크리스 통[Chris Tong], 마크 헤이먼[Mark Haiman]
1980	앤디 야오	안드레이 브로더[Andrei Broder], 짐 맥그래스[Jim McGrath]

[†] 여기서 교수는 직급 구분(강사, 부교수, 정교수 등등)과 무관하게 그냥 해당 년도에 구체 수학을 책임지고 가르친 교원을 뜻한다. 원문은 'instructor'이다.

1981	론 그레이엄	오렌 파타슈니크[Oren Patashnik]
1982	에른스트 마이어[Ernst Mayr]	조운 파이겐바움[Joan Feigenbaum], 데이브 헬름볼드[Dave Helmbold]
1983	에른스트 마이어	애너 칼린[Anna Karlin]
1984	돈 커누스	오렌 파타슈니크, 알렉스 섀퍼[Alex Schäffer]
1985	안드레이 브로더	팡 첸[Pang Chen], 스테판 샤칸스키[Stefan Sharkansky]
1986	돈 커누스	아리프 머천트[Arif Merchant], 스테판 샤칸스키

또한, 데이비드 클라너[David Klarner](1971), 밥 세지윅[Bob Sedgewick](1974), 레오 귀버스[Leo Guibas](1975), 라일 램쇼(1979)가 각각 6회 이상의 초청 강연을 통해서 강의에 기여했다. 매년 조교들이 작성하고 교수가 편집한 상세한 강의 노트들이 이 책의 기반이 되었다.

1.1	Pólya [297, p. 120].	**2.22**	Binet [30, §4].
1.2	Scorer, Grundy, Smith [322].	**2.23**	1982년 기말고사.
1.5	Venn [359].	**2.26**	[207, 연습문제 1.2.3-26].
1.6	Steiner [338]; Roberts [310].	**2.29**	1979년 중간고사.[†]
1.8	Gauss [144].	**2.30**	1973년 중간고사.
1.9	Cauchy [53, 노트 2, 정리 17].	**2.31**	Stieltjes [342].
1.10	Atkinson [15].	**2.34**	Riemann [309, §3].
1.11	Wood [377]에서 착안.	**2.35**	오일러의 [106]에 발산급수를
1.14	Steiner [338]; Pólya [297, 제3장]; Brother Alfred [42].		이용한, 틀린 '증명'이 나옴.
		2.36	Golomb [150]; Vardi [358].
1.17	Dudeney [87, 퍼즐 1].	**2.37**	Leo Moser.*
1.21	Ball [20]에 따르면 출처는 B. A. Swinden.	**3.6**	Ernst Mayr, 1982년 과제(숙제).
		3.8	Dirichlet [80].
1.22	Peter Shor의 착안에 기초함.*	**3.9**	Chace [54]; Fibonacci [122, pp. 77-83].
1.23	Bjorn Poonen.*		
1.25	Frame, Stewart, Dunkel [130].	**3.12**	[207, 연습문제 1.2.4-48(a)].
2.2	Iverson [191, p. 11].	**3.13**	Beatty [22]; Niven [281, 정리 3.7].
2.3	[207, 연습문제 1.2.3-2].		
2.5	[207, 연습문제 1.2.3-25].	**3.19**	[207, 연습문제 1.2.4-34].

[†] (옮긴이) 특별한 언급이 없는 한, 이 책에서 중간고사는 교실에서 짧은 시간 안에 문제를 푸는 시험의 형태가 아니라 "집에 가져가서(take-home)" 어느 정도 시간 여유를 가지고 풀어 오는 시험을 말한다. 기말고사도 마찬가지이다.

3.21 1975년 중간고사.

3.23 [207, 연습문제 1.2.4-41].

3.28 Brown [45].

3.30 Aho, Sloane [4].

3.31 Greitzer [165, 문제 1972/3, 해답 2].

3.32 [160].

3.33 1984년 중간고사.

3.34 1970년 중간고사.

3.35 1975년 중간고사.

3.36 1976년 중간고사.

3.37 1986년 중간고사; [215].

3.38 1974년 중간고사.

3.39 1971년 중간고사.

3.40 1980년 중간고사.

3.41 Klamkin [203, 문제 1978/3].

3.42 Uspensky [355].

3.45 Aho, Sloane [4].

3.46 Graham, Pollak [162].

3.48 Håland, Knuth [170].

3.49 R. L. Graham, D. R. Hofstadter.*

3.52 Fraenkel [128].

3.53 S. K. Stein.*

4.4 [214, §526].

4.16 Sylvester [346].

4.19 [212, pp. 148-149].

4.20 Bertrand [27, p. 129]; Chebyshev [56]; Wright [379].

4.22 Brillhart [39]; Williams, Dubner [375]; Dubner [86].

4.23 Crowe [68].

4.24 Legendre [241, 제2판, 소개].

4.26 [208, 연습문제 4.5.3-43].

4.31 Pascal [284].

4.36 Hardy, Wright [181, §14.5].

4.37 Aho, Sloane [4].

4.38 Lucas [257].

4.39 [159].

4.40 Stickelberger [340].

4.41 Legendre [241, §135]; Hardy, Wright [181, 정리 82].

4.42 [208, 연습문제 4.5.1-6].

4.44 [208, 연습문제 4.5.3-39].

4.45 [208, 연습문제 4.3.2-13].

4.47 Lehmer [242].

4.48 Gauss [142, §78]; Crelle [67].

4.52 1974년 중간고사.

4.53 1973년 중간고사, Rao [303]에서 착안.

4.54 1974년 중간고사.

4.56 Logan [252, eq. (6.15)].

4.57 [216]에 나오는 한 특수 경우.

4.58 Sierpiński [327].

4.59 Curtiss [70]; Erdős [93].

4.60 Mills [272].

4.61 [207, 연습문제 1.3.2-19].

4.63 Barlow [21]; Abel [1].

4.64 Peirce [287].

4.66 Ribenboim [308]; Sierpiński [328, 문제 P_{10}^2].

4.67 [157].

4.69 Cramér [66].

4.70 Paul Erdős.*

4.71 [95, p. 96].

4.72 [95, p. 103].

4.73 Landau [239, 권 2, eq. 648].

5.1 Forcadel [126].

5.3 Long, Hoggatt [254].

5.5 1983년 기말고사(교실 내 시험)

5.13 1975년 중간고사.

5.14 [207, 연습문제 1.2.6-20].

5.15 Dixon [81].

5.21 Euler [99]

5.25 Gauss [143, §7].

5.28 Euler [118].

5.29 Kummer [229, eq. 26.4].

5.31 Gosper [154].

5.34 Bailey [18, §10.4].

5.36 Kummer [230, p. 116].

5.37 Vandermonde [357].

5.38 [207, 연습문제 1.2.6-56].

5.40 Rødseth [311].

5.43 Pfaff [292]; [207, 연습문제 1.2.6-31].

5.48 Ranjan Roy.*

5.49 Roy [314, eq. 3.13].

5.53 Gauss [143]; Richard Askey.*

5.58 Frazer, McKellar [133].

5.59 스탠퍼드 컴퓨터 과학 종합시험, 1987년 겨울 학기.

5.60 [207, 연습문제 1.2.6-41].

5.61 Lucas [258].

5.62 1971년 중간고사.

5.63 1974년 중간고사.

5.64 1980년 중간고사.

5.65 1983년 중간고사.

5.66 1984년 중간고사.

5.67 1976년 중간고사.

5.68 1985년 중간고사.

5.69 Lyle Ramshaw, 1986년 초청 강연.

5.70 Andrews [9, 정리 5.4].

5.71 Wilf [373, 연습문제 4.16].

5.72 Hermite [185].

5.74 1979년 중간고사.

5.75 1971년 중간고사.

5.76 [207, 연습문제 1.2.6-59 (교정됨)].

5.77 1986년 중간고사.

5.78 [210].

5.79 Mendelsohn [268]; Montgomery [276].

5.81 1986년 기말고사; [219].

5.82 Hillman, Hoggatt [188].

5.85 Hsu [190].

5.86 Good [153].

5.88 Hermite [186].

5.91 Whipple [369].

5.92 Clausen [60], [61].

5.93 Gosper [154].

5.95 Petkovšek [291, 따름정리(Corollary) 3.1].

5.96 Petkovšek [291, 따름정리 5.1].

5.98 Ira Gessel.*

5.100 Staver [336].

5.102 H. S. Wilf.*

5.104 Volker Strehl.*

5.105 Henrici [183, p. 118].

5.108 Apéry [14].

5.109 Gessel [146].

5.110 R. William Gosper, Jr.*

5.111 [95, p. 71].

5.112 [95, p. 71].

5.113 Wilf, Zeilberger [374].

5.114 Strehl [344]에 따르면 출처는 A. Schmidt.

6.6 Fibonacci [122, p. 283].

6.15 [209, 연습문제 5.1.3-2].

6.21 Theisinger [350].

6.25 Gardner [138]에 따르면 출처는 Denys Wilquin.

6.27 Lucas [257].

6.28 Lucas [259, 제18장].

6.31 Lah [235]; R. W. Floyd.*

6.35 1977년 중간고사.

6.37 Shallit [324].

6.39 [207, 연습문제 1.2.7-15].

6.40 Klamkin [203, 문제 1979/1].

6.41 1973년 중간고사.

6.43 Brooke, Wall [41].

6.44 Matiîasevich [266].

6.44 Wasteels [361'].

6.46 Francesca [131]; Wallis [360, 제4장].

6.47 Lucas [257].

6.48 [208, 연습문제 4.5.3-9(c)].

6.49 Davison [73].

6.50 1985년 중간고사; Rham [307]; Dijkstra [79, pp. 230-232].

6.51 Waring [361]; Lagrange [233]; Wolstenholme [376].

6.52 Eswarathasan, Levine [97].

6.53 Kaucký [200]는 이를 한 특수 경우로 취급함.

6.54 Staudt [336]; Clausen [62]; Rado [300].

6.55 Andrews, Uchimura [13].

6.56 1986년 중간고사.

6.57 1984년 중간고사, R. W. Floyd가 제안함.*

6.58 [207, 연습문제 1.2.8-30]; 1982년 중간고사.

6.59 Burr [47].

6.61 1976년 기말고사.

6.62 Borwein, Borwein [36, §3.7].

6.63 [207, §1.2.10]; Stanley [335, 명제 1.3.12].

6.65 Tanny [349].

6.66 [209, 연습문제 5.1.3-3].

6.67 Chung, Graham [59].

6.68 Logan [253].

6.69 [209, 연습문제 6.1-13].

6.72 Euler [110, 제2부, 제8장].

6.73 Euler [108, 제9장과 제10장]; Schroter [321].

6.75 Atkinson [16].

6.76 [209, 해답 5.1.3-3]; Lengyel [248].

6.78 Logan [253].

6.79 만화 섹션, *Boston Herald*, 1904년 8월 21일자.

6.80 Silverman, Dunn [329].

6.82 [217].

6.83 [156], 수치 오류는 교정함.

6.85 Burr [47].

6.86 [226].

6.87 [208, 연습문제 4.5.3-2와 3].

6.88 Adams, Davison [3].

6.90 Lehmer [243].

6.92 부문제 (a)의 출처는 Eswaratha-san, Levine [97].

7.2 [207, 연습문제 1.2.9-1].

7.8 Zave [380].

7.9 [207, 연습문제 1.2.7-22].

7.11 1971년 기말고사.

7.12 [209, pp. 63-64].

7.13 Raney [302].

7.15 Bell [24].

7.16 Pólya [296, p. 149]; [207, 연습문제 2.3.4.4-1].

7.19 [221].

7.20 Jungen [198, p. 299]에 따르면 출처는 A. Hurwitz.

7.22 Pólya [298].

7.23 1983년 과제.

7.24 Myers [279]; Sedláček [323].

7.25 [208, 보조정리 3.3.3B에 대한 Carlitz의 증명].

7.26 [207, 연습문제 1.2.8-12].

7.32 [95, pp. 25-26]에 따르면 출처는 L. Mirsky와 M. Newman.

7.33 1971년 기말고사.

7.34 Tomás Feder.*

7.37 Euler [109, §50]; 1971년 기말고사.

7.38 Carlitz [49].

7.39 [207, 연습문제 1.2.9-18].

7.41 André [8]; [209, 연습문제 5.1.4-22].

7.42 1974년 기말고사.

7.44 Gross [166]; [209, 연습문제 5.3.1-3].

7.45 de Bruijn [75].

7.47 Waugh, Maxfield [363].

7.48 1984년 기말고사.

7.49 Waterhouse [362].

7.50 Schröder [320]; [207, 연습문제 2.3.4.4-31].

7.51 Fisher [124]; Percus [290, pp. 89-123]; Stanley [334].

7.52 Hammersley [177].

7.53 Euler [114, 제2부, §2, 제6장, §91].

7.54 Moessner [274].

7.55 Stanley [333].

7.56 Euler [113].

7.57 [95, p. 48]에 따르면 출처는 P. Erdős와 P. Turán.

8.13 Thomas M. Cover.*

8.15 [207, 연습문제 1.2.10-17].

8.17 Patil [286].

8.24 John Knuth(당시 네 살)와 DEK; 1975년 기말고사.

8.26 [207, 연습문제 1.3.3-18].

8.27 Fisher [125].

8.29 Guibas, Odlyzko [168].

8.32 1977년 기말고사.

8.34 Hardy [180]에는 부정확한 분석 때문에 반대의 결론이 나온다.

8.35 1981년 기말고사.

8.36 Gardner [139]에 따르면 출처는 George Sicherman.

8.38 [208, 연습문제 3.3.2–10].

8.39 [211, 연습문제 4.3(a)].

8.41 Feller [120, 연습문제 IX.33].

8.43 [207, §1.2.10과 §1.3.3].

8.44 1984년 기말고사.

8.45 1985년 기말고사.

8.46 Feller [120]에 따르면 출처는 Hugo Steinhaus.

8.47 1974년 기말고사, 나무 두세 그루의 '윤곽선 분석'에서 착안.

8.48 1979년 기말고사.

8.49 Blom [32]; 1984년 기말고사.

8.50 1986년 기말고사.

8.51 1986년 기말고사.

8.53 Feller [120]에 따르면 출처는 S. N. Bernstein.

8.57 Lyle Ramshaw.*

8.58 Guibas, Odlyzko [168].

9.1 Hardy [179, 1.3(g)].

9.2 부문제 (c)의 출처는 Garfunkel [140].

9.3 [207, 연습문제 1.2.11.1–6].

9.6 [207, 연습문제 1.2.11.1–3].

9.8 Hardy [179, 1.2(iv)].

9.9 Landau [238, vol. 1, p. 60].

9.14 [207, 연습문제 1.2.11.3–6].

9.16 Knopp [205, 제2판부터, §64C].

9.18 Bender [25, §3.1].

9.20 1971년 기말고사.

9.24 [164, §4.1.6].

9.27 Titchmarsh [352].

9.28 Glaisher [149].

9.29 de Bruijn [74, §3.7].

9.32 1976년 기말고사.

9.34 1973년 기말고사.

9.35 1975년 기말고사.

9.36 1980 강의 노트.

9.37 [208, eq. 4.5.3–21].

9.38 1977년 기말고사.

9.39 1975년 기말고사, Reich [306]에서 착안.

9.40 1977년 기말고사.

9.41 1980년 기말고사.

9.42 1979년 기말고사.

9.44 Tricomi, Erdélyi [353].

9.46 de Bruijn [74, §6.3].

9.47 1980 과제; [209, eq. 5.3.1–34].

9.48 1980년 기말고사.

9.49 1974년 기말고사.

9.50 1984년 기말고사.

9.51 [164, §4.2.1].

9.52 Poincaré [294]; Borel [35, p. 27].

9.53 Pólya/Szegő [299, 제1부, 문제 140].

9.57 Andrew M. Odlyzko.*

9.58 Henrici [182, 연습문제 4.9.8].

9.60 [225].

9.62 Canfield [48].

9.63 Vardi [358].

9.65 Comtet [64, 제5장, 연습문제 24].

9.66 M. P. Schützenberger.*

9.67 Lieb [250]; Stanley [335, 연습문제 4.37(c)].

9.68 Boas, Wrench [33].

* 출판되지 않은 개인적 의견교환.

찾아보기

일부 낙서들도 찾아보기에 포함되었다.

색인어가 가리키는 페이지에 연습문제가 있는 경우, 해당 연습문제의 해답(부록 A) 에도 추가 정보가 있을 수 있다. 해당 연습문제의 문장에 포함되지 않은 주제를 참조하는 경우가 아닌 한 해답의 페이지는 이 찾아보기에 포함하지 않았다. 일부 표기법(x^n, $\lfloor x \rfloor$, $\langle {n \atop m} \rangle$ 등)도 생략했는데, 그런 것들은 제1장 바로 앞의 '표기법에 관해' 절(p. xviii)에 나온다.

N

O

P

표 차례